KB050016

미국의 한반도 지배사 ❶

순종 유도의 종교와 함께 제국주의 패권국으로 성장

미국의 한반도 지배사 **1**

초판 1쇄 인쇄일 2018년 11월 21일
초판 1쇄 발행일 2018년 11월 28일

지은이 박지동
펴낸이 양옥매

펴낸곳 도서출판 책과나무
출판등록 제2012-000376
주소 서울특별시 마포구 방울내로 79 이노빌딩 302호
대표전화 02.372.1537 **팩스** 02.372.1538
이메일 booknamu2007@naver.com
홈페이지 www.booknamu.com
ISBN 979-11-5776-645-1 (04910)
ISBN 979-11-5776-644-4 (세트)

이 도서의 국립중앙도서관 출판시도서목록(CIP)은 서지정보유통지원 시스템
홈페이지(http://seoji.nl.go.kr)와 국가자료공동목록시스템
(http://www.nl.go.kr/kolisnet)에서 이용하실 수 있습니다.
(CIP제어번호 : CIP2018037624)

미국의 한반도 지배사 1

| 박지동 편저 |

자주·평등·민주·정의·복지 세계 실현을 위한
우선 과제는 진실역사의 공정한 인식과 실천

생명체로서의 인간은 누구나 고통의 감각을 지니고 있기 때문에 대체로 육신과 정신에 평안과 즐거움을 주는 평화와 행복을 추구하며 괴로움을 주는 육체노동이나 불쾌한 정신작용은 가능한 한 피하려 하지요. 그러나 불행하게도 인구가 늘어나 경쟁사회가 되면서 의식주 해결에 필수적인 노동고통을 피하고 노동의 결실만을 빼앗고 싶어하는 일부의 인간집단들은 이웃(개인과 민족)을 수탈하려는 욕구에서 정치·경제·군사적으로 근로민중을 침해 겁탈함으로써 집단간의 모순·충돌·학살전쟁까지도 서슴지 않고 저질러 왔습니다.

봉건시대의 지배세력은 「예의 도덕과 질서의 존중」이라는 우수한 보편적 이념을 앞세워 표방하면서 의식주 생산에 필수적인 고통스러운 농업노동을 신분이 고정된 약자들에게만 맡겨놓고 수탈과 피수탈의 범죄적 모순대치관계를 형성해오다가 결국은 다수의 피수탈계층의 거듭되는 불만 폭발에 의해 마지못해 조금씩 자유롭고 평등한 정치경제관계의 길을 가까스로 열어가게 되었습니다.

그러나 시간이 지나 다음 단계인 자본주의체제에서도 제국주의 침략집단이 기승을 부리면서 자본계층과 근로계층간의 불평등관계는 봉건시대 못지않게 대를 이어 악화되어 갔지요.

그리하여 인류는 한층 더 각성하여 수탈 없는 평등·민주 지향의 사회주의 이념에 의한 단결투쟁으로 수탈모순 타파에 성공하는 듯했으나 「육체노동을 싫어하고 불로소득과 자산증식·독점소유를 좋아하는 인간들의 욕망」은 여전히 지속되어 어떠한 정치경제체제의 윤리도덕으로서도 백약이 무효한 지경으로 치달아가게 되었습니다.

한반도의 경우 3·1운동 전후시기에서 볼 수 있듯이 일본제국주의자들은 "반항하면 닥치는 대로 고문하고 때려죽였으며, 고분고분 말을 잘 듣거나 아부하는 소수의 지주·자본가·지식인들에게는 관직과 재물로 출세를 보장하여 충성할 기회를 제공함으로써" 총칼의 폭력에 겁먹은 식민지 민중을 농락하면서 분열·음해·증오를 조장하였습니다.

일본제국이 주도적으로 도발한 동아시아 침략전쟁은 다행히 연합국의 승리로 돌아오긴 했으나 많은 희생을 치른 연합국들 역시 본래 제국주의 속성을 가지고 있었던 데다 식민지 해방의 은공을 빌미삼아 또 다른 점령을 강제함으로써 조선반도의 백성들은 보다 더 확고한 조국분단의 운명을 짊어지게 되었지요.

해방의 기쁨에 들떠있던 상황도 잠깐 사이에 지나가고 동포 형제자매들의 몸과 마음은, 제국주의와의 민족(외부) 모순에다 식민지 아부세력과의 내부모순에 꽁꽁 얽혀, 자주독립 투쟁 및 지향세력은 오히려, 친일반역으로 비난받던 아부세력이 미점령군의 후원으로 권력을 잡자 보복적 억압정책을 펴는 바람에 자주·평등·민주화의 정당한 요구도 못한 채 또 다시 기를 죽이고 살아가게 되었습니다.

2차대전 후 해방의 사도처럼 등장한 미국 점령군은 일본 제국군 보다는 민주화된 합리적인 통치술을 표방했음에도 불구하고 역시 제국주의 전통의 지배세력으로서의 자세를 버리지 못함으로써 분열 상쟁하고 있던 한반도 구성원 가운데 수탈적 지위의 친일계층을 영합지원하고 피수탈 노동자·농어민 계층을 배제하는 불평등·불공정한 통치사회를 방임 내지는 조장하여 왔던 것입니다.

바야흐로 해방 분단 70년이 지난 오늘의 한반도 상황은 한쪽은 지난 조선전쟁에서 무자비하게 당한 공중폭격의 참혹한 기억에 이어 세계 최대 군사강국들의 최악의 파멸 위협 속에 자주국방무력 강화에 국력을 집중시키다보니 대다수의 서민대중은 궁핍과 굶주림에 시달리도록 방치되어 있고, 다른 한쪽의 상층부는 철옹성의 재부를 콘크리트 빌딩으로 감싸 안은 채 만고강산, 불로소득의 자유가 당당히 보장되어 있는 한편 중하층 서민들은 가난 해결과 실직의 고통에 대대로 시달리고 있습니다.

이상의 모든 고통의 핵심 근원은 바로 일본제국의 식민지 분열통치와 미군의 장기간 점령·주둔 및 전쟁 주도에 있었다고 생각되며 이들 외세지배의 역사를 다시 기술하는 목적도 바로 이 같은 동포 형제자매 증오 조장의 근원을 반성의 자료로 추적해 보려는 데 있습니다.

사실 한반도의 경우는 앞에서 서술된 보편적 모순(빼앗고 빼앗기는 두 주체의 싸움에서, 이겨서 즐기는 쪽⊕과 져서 고통을 당하는 쪽⊖이 이루는 zero sum game의 대결 관계)에 더하여 제국주의 나라들에 의한 장기간의 극악한 식민통치로 인한 민족 분단·수탈 모순에 다 동포형제가 칼부림하는 증오·분열의 모순이 굳게 굳게 얽혀 있어 어지간한 자연·사회·역사 과학적 지혜가 아니고는 풀어가기 힘든 상황에 이르렀습니다.

지난 200년간 한반도를 둘러싸고 전개된 동북아 주변 열강들의 전쟁과 외교사를 대충 살펴보면 한반도를 분단 관리하게 된 목적은, 자국 이익의 보장을 위해 쟁투하여 왔다는 것이 분명해졌습니다. 강대국들은 자기들끼리의 국익을 타협하면서 한반도 전체 또는 절반을 자국의 이익보장의 장터로, 혹은 침략의 발판이자 항구적인 전초기지로 삼으려는 데 있었습니다.

이처럼 4대 군사대국이 총을 겨눈 채 눈을 부라리며 대결하고 있는 상황에서, 그들의 요구대로 갈라져있는 분단국 백성들은, 동포형제자매끼리 피를 뿜는 살육의 참극을 거듭해왔고 앞으로도 계속할 수밖에 없는 위험한 미래를 훤히 내다보고 있습니다.

현실이 이처럼 비인도적이며 동포에 대한 패륜적 사태로 역행하는 엄혹한 상황임에도 불구하고 외세의 분열장단에 맞추어 춤을 추어온 어리석은 아부세력은 사리사욕의 화신이 된 채 민족공동체의 이익에 반하는 수탈통치를 거침없이 수행했으며 이는 필연적으로 근로민중의 민주 평등화 요구와 저항에 부닥치게 되었습니다.

민족과 국민의 요구에 부응하지 않으려는 내부 통치세력은 무서운 탄압법의 시행과 함께 '붉은 악마' '좌익 ×××'라는 저주의 구호를 외쳐댔고, 그에 따라 고문과 처형을 직간접적으로 경험해온 선량한 국민들은 '살인자'라는 지탄보다 훨씬 더 무섭게 들리는 이 공포의 악담을 피하려고 귀와 입을 막고 움츠려 왔습니다.

「아는 것이 힘」이라고 했습니다. 독자제현은 아무쪼록 애국과 반역의 역사를 올바로 이해하고 인간의 도리를 정확히 실천함으로써 당당히 정의로운 공동체 역사 창조의 주인이 되어주시기를 간절히 바라면서 이 책 출생의 소망으로 기원하여 봅니다.

그리하여 영국이 제국주의 시기에 개척한 세계 도처의 식민지에 앵글로 색슨의 여러 우방을 수립했듯이, 정반대의 경우이지만 '동족 우방'으로서 상호 인정과 경제교역 정도는 충분히 가능함에도 불구하고 오히려 외세에 질세라 앞장서서 적대감을 부추겼고 군비경쟁을 심화시켜 왔던 어리석음을 깨닫고 이제는 발달된 정보수단에 의해 가능해진 지피지기와 아량의 성숙한 자세로 평화공존과 세계평화에 기여하는 인정어린 사람들이 되어주시기를 기대해 봅니다.

　편저인으로서는 서툴고 부족한 정리 편집 능력으로 말미암아 독자 여러분에게 끼칠 지루하고 불편한 독서의 수고를 크나큰 인내심으로 감내해 주시기를 부탁드리는 바입니다.

　본 저술에서는 역사자료 수집과 연구에 무능력한 편저인이 쉽게 얻을 수 없는 「역사적 진실들」을 다음에 열거된 저술들에서 무엄하게 제공받음으로써 크나큰 은혜를 입었습니다. 선배 저술인들의 염원과 저의 소망이 일치하리라는 주관적 이유를 달아 예의 없이 인용한데 대해 송구스러운 마음과 감사의 마음을 함께 드립니다.

　저로서는 이들 여러 학자·교수 분들이 땀 흘려 탐색·수집·정리해 놓은 서책과 도해자료들을 해설·전달하는 「기자의 역할」에 그치는 일만을 거들었을 뿐입니다.

권오영 「위정척사운동」 『한국근대사 강의』 한울아카데미 2008

김명호 『초기 한미관계의 재조명』 역사비평사 2005

김성웅 역 『청교도 - 속세의 성자들』 생명의 말씀사 1995

김승태 「제너럴셔먼호 사건에 대한 '조선왕조실록'의 기록」 『복음과 상황』 1995

김양선 『한국기독교사 연구』 기독교문사 1971

김원모 『한미 외교관계 100년사』 철학과 현실사 2002

김정기 「자본주의 열강의 이권침탈연구」 『역사비평』 1990

모리시마 스네오 저, 조성숙 역 『마녀사냥』 현민시스템 1998

박노자 「기독교, 전쟁 전도의 역사」 『한겨레21』 제798호, 2010. 2. 19.

박도식 『천주교와 개신교』 1996

박맹수 「19세기 사회변동과 동학의 창도」 『한국근대사 강의』 한울아카데미 2008

박순경 『민족통일과 기독교』 한길사 1986

박영호 『淸敎徒의 信仰』 기독교문서선교회 1994

박일근 『근대한미외교사』 박우사 1967

신국주 『한국근대정치외교사』 탐구당 1976

신기석 『동양외교사』 동국문화사 1976

에드먼드 모건 『미국의 노예제도와 미국의 자유』 비봉출판사 1997

역사문제연구소 『바로 잡아야할 우리 역사 37장면』 이혜석 「초기 미국선교사들은 무엇을 전파

하였나」 역사비평사 1994

유종선 『미국사 다이제스트 100』 가람기획 2012

유홍열 『한국천주교회사』 가톨릭출판사 1975

윤선자 「6.25 한국전쟁과 군종 활동」 『한국기독교와 역사』 14호, 2001

이광린 「개화기 관서지방과 기독교」 『한국의 근대화와 기독교』 1983

이만열 『아펜젤러, 한국에 온 첫 선교사』 연세대학교 출판부. 1985

이만열 『한국기독교와 민족의식』 지식산업사 2000

이원순 「병인양요와 대불항전」 『한민족독립운동사』 국사편찬위원회 1987

이장식 「미국 해외선교와 아시아교회」 『기독교사상』 제26호, 1982

이주영 『미국사』 대한교과서 1987

조찬선 『기독교 죄악사 상·하』 평단문화사 2000

주진오 「미국제국주의의 조선침략과 친미파」 『역사비평』 제3호, 1988

최웅·김봉중 『미국의 역사』 소나무 2009

최천택·김상구 『전쟁과 기독교』 책과 나무 2013

한국기독교역사연구소 『한국기독교의 역사』 기독교문사 2010

한규무 「제너럴셔먼호 사건과 토머스의 '순교' 문제 검토」 『한국기독교와 역사』 한국기독교역사연
    구소 1998

해링턴, 이광린 역 『개화기의 한미관계』 1974

헐버트, 신복룡 역 『대한제국 멸망사』 평민사 1984

홍일권 『세계기독교 정보 330선』 나단 1994

　많은 한자와 영어 낱말까지 겹쳐서 까다롭고 시간이 걸리는 타자에 참여해주신 여러분들과 편집해주신 분들에게 깊은 감사를 드립니다. 그리고 평생 반실업자가 된 가장의 무리한 행동에 묵묵히 참고 협력해준 가족들에게도 미안하고 감사하는 마음입니다.

2018년 11월　박지동 올림

차 례

자주 · 평등 · 민주 · 정의 · 복지 세계 실현을 위한
우선 과제는 진실역사의 공정한 인식과 실천

제1장 세계 제1대국이 된 미국의 제국주의 전통과 확대 과정

제2장 미국, 대륙 식민지를 독점한 영국에서 「연방공화국」으로 독립

제3장 기독교의 동아시아 선교에 뒤따른 제국주의세력의 침략과 충돌

제4장 미국, 마침내 대서양·태평양 너머로 제국주의 발길

제5장 한반도를 노린 제국주의 열강, 침략전쟁으로 거듭 충돌

제6장 청일전쟁·러일전쟁 승리한 일본, 조선 식민 통치 개시

제7장 조선민중의 반제·반봉건 투쟁 좌절, 신숭배 종교 확산, 동포의식 분열

제1장
세계 제1대국이 된 미국의
제국주의 전통과 확대 과정

1. 유럽 백인들의 아메리카 대륙 침략·정복의 역사

1) 절대주의 신숭배 신앙의 순종화 강행, 제국주의의 정복 수단

사람들은 어릴 때부터 도깨비·악마·마녀에 관한 이야기를 많이 들으며 자란다. 인간의 위험물에 대한 공포심과 경계의 소리이거니 하고 호기심어린 관심을 가지면서도 미신이거니 하는 안도의 숨을 내쉬며 나이를 먹어간다. 일반적으로 사람들은 '악마'에 관하여 인간형상을 한 초자연적 존재에 대한 상상의 산물로서만 관심에 두고 이야기를 주고받는 것에 그치는 정도로밖에는, 지독한 증오의 대상으로 삼거나 이웃 사람들을 그런 음흉한 존재로 음해하는 일은 거의 상상도 할 수 없었던 것으로 알고 있다.

그런데 서양에서는 중세 후반에서 근세의 르네상스와 종교개혁이 한창 번져가던 합리주의의 확산시기에, 이같은 사태에 불안을 느낀 봉건적 가톨릭교회에 의한 "이단異端사상 엄금정책"에 따라 믿기지 않을 정도로 무수한 '마녀'를 만들어 내어 연좌제에 의한 색출·체포·고문·족쇄·강제자백·화형 등 인간으로서는 역사상 전무후무하게 잔인한 악성을 드러냈던 사실史實이 조금씩 알려지게 되었다. 근로민중의 노동고통으로부터의 해방과 평등·민주화 지향 노력을 적대시하고 억압하기 위해 그들을 '붉은 악마'라는 말로 온 세계인들을 전율케 하여온 침탈세력의 최근까지의 비열한 배타적 인간성 표출 역시 지난날 선조들의 '마성'魔性이 그대로 남아있는 징후라고 보여져, 여기에 반성의 자료로서 그 편린의 사례나마 기록하여 인간악성의 '상한'과 '하한'의 한계범위를 알아보고자 하였다. 사실 성경을 읽는 모든 사람들에게 미리 겁부터 주려는듯, 그리스도의 "십자가 처형"을 전제로 하고 있는 "고통과 부활과 구제"의 주장은 이들 종교지배자들이 저지른 악마적 잔인성에 비하면 웃음거리에 지나지 않을 정도인 셈이다.

신앙 지배자들의 민중 탄압에 관한 역사 공부는, 근현대 자본주의 수탈시대의 개막과 더불어 찾아온 제국주의 침략시대의 정복지역 통치술에 의한 크고 작은 인권유린과 탄압의 정도를 비교·대조·판단해보는 데도 확실한 역사적 준거의 틀로서 기능할 수 있는 지식을 제공해줄 것으로 믿는다.

다만 유념할 일은, 이와 같은 일들이 오늘날의 종교계에서는 공개적으로는 불가능한 행위가 되었다는 것과, 따라서 과거 역사를 빌미로 특정 종교에 대한 편견을 갖는 일은 없도록 하여야 한다는 것이다.(2000년 3월 6일 교황청에서도 「마녀사냥」의 과오를 인정한다고 공표하였다.) 이 항목에서는 마녀사냥의 역사기록 중 몇 가지 중요한 사항만을 인용하여 간략하게 이해를 돕고자 하였다.

(1) 봉건시대 민중탄압의 철퇴 「마녀재판」은 현대판 「붉은 악마」의 선배

1318년 교황 요하네스의 마녀사냥 해금령解禁令(종교 지배세력의 마음대로 반대세력을 탄압할 수 있도록 통제를 풀었다.)과 강화령에 의해 이단심문관의 마녀사냥은 갑자기 늘어났다. 그 증가가 남프랑스에서 두드러졌다는 것은, 이단심문제異端審問制가 남프랑스의 이단운동을 억압하려는 강력한 조치로 성립되었다는 것을 입증해 주고 있다.

1307년부터 1324년까지 남프랑스 툴루즈 지방의 심문관으로 활동했던 베르나르 기는 그 기간 동안 9백 30명의 이단자를 체포해 판결을 내렸지만 그때까지 마녀는 한 명도 포함되어 있지 않았다. 그러나 같은 툴루즈 지방에서 1320년부터 1350년까지의 기록에는 마녀로 기소된 자가 6백 명이고, 그 중 4백 명이 불태워졌다. 또 같은 기간에 인접한 카르카손느 지구에서도 기소된 마녀는 4백명, 그 중 2백 명이 화형당했다. 이 숫자는 1318년 해금령을 경계로 하는 정세의 급변을 구체적으로 나타내는 것이라 생각해도 좋을 것이다. 이 정세가 서유럽 전체에 파급되는 것은 좀 더 후의 일이지만 마녀재판이 여기서 시작된 것은 확실하다.

이 시기에는 아직 마녀를 이단자로 재판하는 마녀재판의 법적 근거가 확립되어 있지는 않았다. 마녀를 이단자로 취급하는 신학적 논증은 1백년 후의 일이다. 그러나 실제상의 필요는 이론에 우선한다. 이 시기의 마녀재판은 이단자와 마녀와의 애매한 혼동에 의한 유사 마녀재판, 즉 정치적인 이유 때문에 마녀사냥 해금령이 이론적인 정당화보다도 실제적인 '무허가 재판'을 우선 시켰던 것이다.

교황 요하네스 주변에는 정치적인 마녀의 모습이 늘 끊이지 않았다. 교황은 잔인·음험·야망·탐욕·위선·미신 그 외의 모든 악덕에다가, 또 당대 일류의 신학적 박식이라는 악덕(지식은 소유자에 따라서는 최고의 악덕으로 작용하므로)을 겸비한 인물이었다.

그의 인물됨을 상징하는 이야기는 여러 가지가 전해지고 있는데, 그 한 가지는, 백년전쟁 과정에서 프랑스왕 장 2세가 영국군에게 잡혀 몸값으로 금화 80만 프로린을 요구받았지만 프랑스에서는 그 반 밖에 지불할 수 없던 시절, 같은 프랑스의 아비뇽(유폐시절) 교황청에서 생활하며 영민領民에게 무거운 세금을 물렸던 교황은 그 사후에 2천 5백만 프로린의 사재를 남겼다고 한다.(모리시마 스네오 저, 조성숙 역『마녀사냥』현민시스템 1998)

요하네스가 이단심문관에게 마녀사냥 허가를 내준 것 뿐 아니라 잇달아 마녀사냥 강화령을 발표한 것도, 그것으로 요하네스 개인의 신변을 보호하려는 사적인 사정이 다분히 있었다는 것이다. 그는 교황선거를 둘러싼 신변의 정세 때문에 자신을 배척하려는 자의 음모를 두려워하여 항상 신경을 곤두세우고 있었다. 그리고 교황에 즉위하자마자 자신의 생명을 노릴 기미가 있는 자들을 주교에게 명해 체포하도록 하고 "악마의 힘을 빌어 미래를 점치고, 사람들을 병들게 하여 죽였다"라는 마녀적 행위를 고문으로 자백시켜 처형했다. 또 같은 그의 출신지인 프랑스 카올의 주교에게 개인적인 원한에서 종신금고형을 가한데다가 자신의 생명을 노리고 있다는 이유로 그 주교를 관헌에 인도하여 화형에 처했다. 요하네스의 이런 행동은 그 외에도 여러 가지가 있는데, 그가 마녀사냥 해금령을 발표한 것은 마침 이런 때였다.

중세 후기의 그리스도교 국가에서 사람들은 서로 남을 의심하고, 또 의심받고 있었다. 조지 사튼이 적절하게 표현한 것처럼 "중세는 신앙belief의 시대가 아니라 불신disbelief의 시대였다."

① 마녀재판 받은 잔 다르크, 조국·동포 사랑한 영웅을 '신의 명령'으로 처형

마녀재판의 시초가 정치적인 도구로서 출발했다는 것을 나타내는 또 하나의 예는 잔 다르크의 이단심문일 것이다.(Jeanne d'Arc : 오를레앙의 처녀 Maid of Orleans 이라고도 하며 백년전쟁 때 오를레앙성을 포위한 영국군을 무찔러 조국의 위기를 구하였으나 나중에 영국군에게 잡혀 화형당함. 1920년 성인으로 추앙됨) 이 심문은 영국·프랑스간의 '백년전쟁'과정에서 프랑스를 승리로 이끈 20세의 시골처녀 잔 다르크를 누군가가 미워하고 몹시 싫어하며 마녀적 이단자로 만들어내고, 그에 따라서 기적적인 프랑스군의 대승을 요술의 소행으로 만들어 신성한 이단심문의 판결이라는 대의명분 아래 이 처녀를 죽이려는 영국측의 정치적인 책략이었다.

영국의 섭정 베드포드와 그의 오른팔인 프랑스 보베의 주교 꼬숑이 열렬하게 영국편을 드는 파리대학(신학에 관한 한 세계 최고의 권위)을 자기편으로 끌어들인, 영국측의 일방적인 노선으로 진행된 이단심문이었다. "대천사 미카엘에게는 머리카락이 있었을까." "당신은 미카엘과 성 캐더린에게 입맞춤했는가." "두 분을 포옹했을 때 따뜻하게 느껴졌는가." "몸의 어느 부분을 껴안았는가, 윗부분인가 아랫부분인가"…이런 질문이, 열여섯 번이나 열렸던 심문의 중심이었다. 이렇게 하여 잔 다르크의 이단은 확정되었다.

처형의 날(1431년 5월 30일) 루앙 광장에 모인 군중에게 제시된 잔 다르크의 이단내용은 '요술사' '미신자' '악마의 기도사' 등이었다. 이 시기에는 아직 새로운 마녀개념은 완성되어 있지 않았다. 1세기 후였다면 잔 다르크의 이단심문은 더 확실한 형태의 마녀재판이 되어 새롭게 확립된 마녀개념에 근거한 거짓 '자백'이 이끌어내어졌을 것이다.

② 가상의 만들어진 신神에 의탁, 가상의 죄목으로, 참혹하게 처형

베르나르 기나 에이메리크의 저술이 이단심문제의 확립을 위해 쓰여진 것이라면 『마녀의 망치』(1485년)는 마녀재판의 확립을 위해 쓰여진 것이었다. 그 이후 계속 쏟아진 같은 종류의 책은 그 논술의 내용과 형식을 포함하여 이 책을 본보기로 한 것들이다.

『마녀의 망치』(1580년 판, 627쪽)는 세 부분으로 나뉘는데, 제 1부는 「요술에 필요한 3요소 악마·마녀 및 전능하신 신의 허가에 대해」라는 제목으로 "마녀의 실재를 믿는 것은, 그것을 완고하게 부정하는 것이 명백한 이단이 될 만큼 가톨릭 신앙에 있어서 본질적인 것인가 아닌가?"라는 제1문으로 시작하는 마녀의 이단논증이다. "악마와 마녀와의 결탁"(제2문), "남색마와 여색마는 아이를 낳을 수 있을까?"(제3문), "악마와 성교를 하는 마녀에 대해"(제6문)라는 것처럼, 먼 옛날부터 전승되어 온 마녀행위를 열거하고 그 하나하나를 세밀한 신학적 근거와 스콜라학적 논리에 따라 그들의 행위가 결코 '전승적인 미신'이 아니라 '이단적인 사실'이라는 것을 입증하고 있다.

제2부는 「마녀가 요술을 행하는 방법 및 그 방법을 무효화시키는 수단에 대해」라는 제목으로, 마녀가 하늘을 나는 방법, 악마와 성교하는 방법, 마녀가 사람을 성적 무능이나 불임증으로 만드는 방법, 남자에게서 성기를 제거하는 방법, 인간을 짐승으로 바꾸는 방법, 폭풍과 벼락과 우박에 의해 사람과 가축에게 피해를 주는 방법 등에 대한 해설과 심문관의 대책이다.

제3부는 「마녀 및 모든 이단자에 대한 교회와 세속 쌍방의 법정에 있어서의 재판방법에 대해」인데, 재판의 개시・증인・투옥・체포・변호・고문・심문・판결… 등에 대한 상세한 지시와 조언이 담겨 있다. 이것은 이미 에이메리크의 『이단 심문관 지침』이나 톨케마다의 『이단심문 교재』 등이 지시하고 실행해 온 방법을 토대로 '마녀'라는 '각별히 위험한 이단자'를 재판하는 데 어울리는 방법을 구체적으로 설명한 것으로, 그 지시의 꼼꼼함은 에이메리크 이상이다.

(예)"관리가 재판을 준비하고 있는 사이에 피고를 알몸이 되게 하라. 만약 피고가 여자라면 감방으로 데려가 정직하고 훌륭한 여자의 손으로 알몸이 되게 하라. 요술에 사용하는 도구를 피고가 입고 있는 옷 속에 넣고 꿰맸을지 모르기 때문이다. 왜냐하면 그들은 그런 도구를 악마의 지시에 따라 세례 받지 않은 유아의 손발을 재료로 하여 만들기 때문이다. 이들 도구의 뒤처리가 끝나면 스스로 나와 진실을 자백하도록 재판관 자신이 피고를 설득하고, 또 신앙 깊고 정직한 사람들에게도 설득하게 하라. 만약 자백하려 하지 않으면 피고를 밧줄로 묶어 고문을 가하도록 관리에게 명한다. 관리는 곧 그 명령에 따르지 않으면 안된다. 단, 기쁜 듯이가 아니라 오히려 자기 자신의 임무에 곤혹스러워 하는 듯한 태도를 취하라. 그때 피고의 고문을 면하게 해달라고 누군가에게 열심히 탄원시켜라. 그러면 고문을 면하게 해주고 다시 설득을 거듭하라. 설득에 응하게 하기 위해서는 자백하면 사형은 면한다고 말하라…."

이 책은 마녀재판관이 필히 지녀야 할 이론과 실천 양면에 걸친, 바로 '마녀의 모든 것'이었다. 밝혀진 것만 해도 1487년부터 1520년까지 13판, 1574년부터 1669년까지 16판, 합계 29판을 거듭하고 있다. 게다가 이 시대로서는 진귀한 18절지의 포켓판이 만들어졌다는 것은 이 책이 유익하고 편리한 비결서로서 마녀재판관에게 얼마나 널리 애용되었는가를 말해주며 『마녀의 망치』가 마녀재판에 미친 영향의 깊이가 추정된다. 이 책을 한층 권위있게 하고 그 보급과 영향을 높이는 데 공헌한 것은 그 첫머리에 덧붙여진 교황 인노켄티우스 8세의 교서(1484년 12월 5일자)였다.

(2) 인간을 짐승 수준으로 낮추어 고문, 도깨비 재판으로 허위자백 시켜

이른바 마녀의 자백과 판결이 얼마나 황당한 것인가를 보여주는 판결문 예(例)를 읽어보자. 이 판결은 프랑스의 이단심문관 바스티앙 미카엘리스(도미니크수도회 수사)가 마녀재판의 최전성기인 1582년에 남프랑스 아비뇽에서 18명의 남녀 마녀에게 내린 것을 관계 항목만 요약해 놓은 것이다.

　"우리들은 피고가 이 법정에 기소된 기소 원인을 본질까지 파고들어 규명하고 그들의 진술과 자백을 증인들의 증언과 증거에 의해 심사하고 판단한 결과, 피고는 만물의 창조주인 삼위일체의 신을 부정하고 인류의 적인 악마를 예배했다고 하는 사실에 의견의 일치를 보았다.
　피고는 악마에게 몸을 맡기고 그리스도교의 신성한 세례를 거부했다.… 악마는 피고에게 새로운 세례를 행했다. 또 피고는 악마에 대한 충성의 표시로서 피고의 옷 한 조각을 악마에게 주었다. 피고가 악마에게 신하로 따르겠다는 표시로서 악마는 악마의 표지를 피고의 몸에 새겼다. 피고는 악마의 명령에 따를 것을 맹세하고, 주님의 초상과 십자가를 발로 짓밟을 것을 약속했다.
　또, 피고는 마왕의 명령에 따라서 악마로부터 받은 꺼림칙한 연고를 바른 지팡이를 가랑이 사이에 끼우고, 깊은 밤 최악의 범행에 어울리는 시각에 정해진 장소로 악마에 의해 공수되었다.(※비과학·미신의 극치로서, 성직자들의 무지와 악성을 그대로 보여준다.)
　또 피고는 마녀집회에서 부정한 불을 피우고 여러 가지 잔치음악과 무용으로 마왕을 신으로서 기린 뒤에, 무릎을 꿇고 그에게 다가가서 송진초에 불을 붙여 바쳤다. 그리고 참으로 입에 담기 부끄러운 일이지만, 더러운 그의 엉덩이 부분에 최대의 경의를 담아 입맞춤했다. 그리고 악마를 진정한 신이라 부르고, 그 자신의 요구를 거절한 자나 마음에 들지 않은 자에게 보복하기 위해서 그에게 힘써 도와줄 것을 요청했다.
　또 피고는 그에게 가르침 받은 마술과 주문을 가지고 사람과 가축에게 위해를 가하고, 많은 신생아를 살해하거나 혹은 악마의 도움을 빌어 젖부족·병약·심한 질환 등으로 인류를 고생시켰다.
　또 피고는 자기 자신의 자식을 마술에 의해 질식시킨 후에 찔러 죽였다. 그후 야음을 틈타 몰래 묘지에서 그 시체를 파내어 전에 얘기한 마녀집회로 옮겼다. 그리고 왕의 자리를 차지한 마왕에게 그 시체를 바치면, 그 지방을 짜내어 보존하고 머리와 손발을 잘라내어 동체를 구운 고기로 만들어, 꺼림칙하지만 악마가 명하는 대로 그것을 먹었다. 게다가 남자마녀는 여색마와, 여자마녀는 남색마와 성교했다. 색마와의 싸늘한 성교에 의해 피고는 언어도단인 수간獸姦(짐승을 상대로 성욕을 만족시키는 행위)의 죄를 범한 것이다."

　"이들 미워해야만 할 언어도단言語道斷(말로 표현할 수 없을만큼 기막히는 일)의 대죄는 만물의 창조주이신 전능하신 신을 직접 더럽히고 모욕한 것이다. 그 까닭에 우리들 도미니크수도회의 관할구역장인 신학박사 프롤스, 또 아비뇽 관할의 이단심문관장은 신의 어전에 있는 법정에 앉아 존경해 마지않는 신학자와 법률가의 합법적인 지시에 따라 이 명확한 판결문을 제작했다.

우리들은 주 예수 그리스도와 성모 마리아의 이름에 따라 피고 및 그 공범자 모두를 진정한 배교자, 우상 숭배자, 신성한 신앙에의 반역자, 전능하신 신의 부정자, 수간범인, 최악의 죄인, 간통자, 간음자, 요술사, 마술사, 이단자, 악마의 눈을 가진 믿지 못할 자, 살해자, 유아 살인, 악마 예배자, 악마 교도, 악마의 법률과 사악한 신앙의 신봉자, 신을 모독한 자, 거짓 맹세자, 부도덕한 자, 그 외의 모든 범죄와 위배를 범한 자로 판정된 것을 여기에 단언하고 정식으로 선고한다.

이 선고에 의해 마왕의 수족인 피고와 그 공범자가 국가의 규정에 따라 합법적으로 처벌되도록 국가의 법정으로 내려보내는 것이다."

(3) 의도된 방향의 극악무도한 고문을 신성하다고 미화한 악마의 짓

중세의 그리스도교를 지탱하는 지주支柱(버티게 해주는 기둥)는 이단심문제이고, 이단심문제의 지주는 고문이었다. 고문실에는 십자가와 고문대가 나란히 있었다. 고문은 '신의 이름으로'행해지는 정의正義였다. 정의를 행하는데 주저하는 일은 없다. "고대 그리스에서는 반역죄 이외에는 고문은 결코 사용되지 않았다. 잔학하기로 유명한 고대로마에서조차 고문을 당하는 것은 노예뿐이었다. 그때까지의 어느 시대에도 예를 찾을 수 없을 정도의 고문이 행해진 것은 중세 그리스도교 국가에서였다"(렛기)는 것은 그 때문이었다.

1808년 나폴레옹 군대가 스페인에 침입했을 때, 톨레도의 이단심문소 감옥 안에서 하나의 고문 도구가 발견되었다. 그것은 양팔을 벌리고 서 있는 여인상이었다. 가슴과 배 부분의 한쪽 면에는 뽀족한 못과 날카로운 칼이 박혀져 있었다. 손잡이를 당기면 그 여상은 이단자를 양팔 안에 싸안아 단단히 껴안는다. 그 여상은 '성모마리아'를 본떠 만든 것이었다고 한다.

유죄라고 단정하는 가장 유력한 단서가 되는 '자백'(없는 죄에 대한 강요된 거짓 자백)을 이끌어 내는 은밀한 계교에 대해서는 더 이상 이야기할 필요가 없다. 그러나 마침 여기에 하나의 기록, 없는 죄를 자백하기까지의 정경을 생생하게 전하는 기록이 있다.

이것은 16세기 중반 톨레도의 이단심문에서 엘비라라는 여자에 대해 행해진 '심문'과정을 인내심 강한 서기가 피고의 비명과 절규에 이르기까지 빠짐없이 적어 놓은 장문의 기록이다(H. C. 리『스페인 이단심문사』1905년). 그러나 여기에 그 전부를 인용하는 것은 불가능하기 때문에 원문의 일부만을 인용해 본다.

(엘비라의 양팔을 묶은 포승이 더욱 단단히 죄어지고 비틀려진다. 비명)

"재판관님, 무엇을 얘기하면 좋을지 말씀해 주십시오. 제가 무슨 짓을 한 건지 저도 모르겠습니다. 포승을 느슨하게 해 주십시오. 사실을 말할테니. 무엇을 말하길 원하시는지 저는 모르겠습니다. 말씀해 주십시오. 그대로 말하겠습니다."

더욱 포승이 죄어진다. "사실을 말하라"고 심하게 재촉 당하다 "뭐라 말하면 좋을지 가르쳐 주십시오. 무엇이든 말할테니"라고 그녀는 반복한다.

("당신은 돼지고기를 먹었을 것이다"라고 유도된다) "아니오. 먹은 적이 없습니다. 돼지고기를 먹으면 저는 기분이 나빠지기 때문입니다. 돼지고기는 좋아하지 않습니다. 저는 어떤 나쁜짓도 하지 않습니다. 제발 풀어주십시오. 무엇이든 말할테니. 무엇을 말해야 좋겠습니까. 말씀해 주십시오. 무엇이든 말하겠습니다. 풀어 주십시오.⋯ 말씀해 주십시오."

(포승은 느슨해지지 않은 채 "가톨릭 교회에 거역하는 일을 했을 것이다"라고 질문 당한다.) "풀어주십시오⋯(신음소리)⋯여기서 내려주십시오. 무엇을 말하면 좋을지 말씀해 주십시오. 아아⋯괴롭다. 원하는 대로 모두 말씀드릴테니⋯재판관님, 이미 팔이 부서졌습니다.⋯풀어 주십시오⋯"

("당신이 한 일을 상세히 말하라"라고 강요당한다.) "무엇을 말씀드리면 좋을까⋯. 그렇습니다. 했습니다. 무엇이든 했습니다.⋯ 아아, 풀어주십시오. 말씀드리지 않으면 안 될 일이 저에게는 생각나지 않습니다. 약한 여자의 몸입니다. 팔이 부서질 것 같습니다. 약한 여자에게 동정을 느끼시지는 않습니까⋯"

(재판관은 "진실을 말하면 동정을 받을 것이다"라고 말한다.) "재판관님 말씀해 주십시오. 진실이라 부르는 것을 가르쳐 주십시오⋯ (흐느낀다)⋯모르겠다. ⋯무엇을 말하면 좋을지⋯."

(같은 말의 반복과 고문이 계속된 후, "당신은 토요일에 마직옷을 갈아입었을 것이다"라는 질문을 받는다.) "예, 갈아입었습니다. 갈아입을 때가 되었기 때문입니다. 나쁜 뜻이 있어서는 아닙니다. 무엇을 생각하고 계십니까.⋯" (발가벗겨져 고문대에 눕혀진다. 사지는 사방에서 포승으로 잡아당겨진다. 입에 호스가 꽂혀져 물통에서 물이 흘러간다. 그 사이사이 그녀는 전과 같은 말을 반복한다. 여기서 고문은 일시 '중단'.)

그리고 나서 4일 후 고문이 재개되었다. 심문규정에서는 고문은 '계속'은 인정되지만 '반복'은 금지되어, 반복한 심문관은 처벌되도록 정해져 있었다. 그러나 '중단' 후의 재개는 '반복'이 아니라 '계속'이 되었다. 그러나 그 후의 길고 긴 심문의 반복을 소개할 필요는 더 이상 없을 것이다. 결국 그녀는 심문관이 유도하는 대로 모든 것을 긍정하고 그리스도교도이면서 유대교의 법률에 따른 것을 '자백'했다.

20세기 영국의 최고법원장 맥도넬씨는 말하고 있다.

"마녀재판은, '자백'이라는 것이 불충분하고 믿을 게 못된다는 것을 다른 어느 재판보다도 강력하게 증명하고 있다.⋯ 동란의 시대에는 재판이 재판관에 의해 악용될 우려가 있다는 것을 마녀재판은 분명하게 해 주었다.… 형법학을 배우는 자에게 있어서 이것은 여러 가지 의미로 교훈적이다."

심문과 고문이 반복되고 있는 동안의 감옥생활 그 자체가 또한 혹독한 고문이다. 고문실은 감옥의 지하실에 있는 경우가 많았기 때문에, 피고가 지르는 비명·신음·절규가 다른 피고의 독방까지 들리는 일이 자주 있었다. 피고들은 항상 고문의 공포와 동거하지 않으면 안되었다.

남프랑스 카르카손느의 이단심문소 감옥은 아직도 원래의 모습대로 남아있는데, 그곳에서의 수인의 상태를 묘사한 13세기말의 기록은 감방생활의 실상을 상상하는 데 도움이 될 것이다.

"감방에는 여러 가지 고문 도구가 준비되어 있다. 수인 중에는 심한 고문 때문에 손발의 자유를 잃고 완전히 폐인이 된 사람이 무척 많다. 감방은 어둡고, 공기도 통하지 않아 수인에게는 밤과 낮의 구분도 되지 않는다. 어느 감방에서는 나무 족쇄와 쇠고랑으로 속박당해 용변을 위한 몸놀림조차 어렵고 찬 흙위에서 똑바로 누운 채 잠도 잘 수 없는 사람도 있다. 낮과 밤을 구분할 수 없는 이런 고초 속에서 장기간 이런 나날을 보내는 것이다.

결핍된 것은 밝은 빛과 공기만이 아니다. 아주 약간의 빵과 물 이외에는 먹을 것은 제공되지 않는다. 위층 감방의 창틀에는 당시의 수인 한사람이 새겨놓은 aescam ! (먹을 것을 달라 !)라는 문자가 지금도 남아 있다.

○ **후스의 처형 장면**

1415년 7월 6일 콘스탄츠(서부 독일)에서 이단자로 처형된 종교개혁자 얀 후스의 최후를 본 사람은 이렇게 전하였다.

"후스는 한 무더기의 장작더미 위에 세워진 굵은 기둥에 발목주위 복사뼈의 위아래, 허벅다리, 허리, 겨드랑이 밑이 포승으로 단단히 묶이고 머리는 쇠사슬로 고정되었다. 그때 후스가 얼굴을 동쪽으로 향하고 있다는 것을 알게 되었다. 그것은 이단자의 경우에는 타당한 것이 아니었기 때문에 서쪽으로 향하도록 바로잡아졌다. 짚을 켜켜이 넣은 장작더미가 그의 둘레에 턱 부분까지 쌓아올려졌다. 이 처형의 감독인 영주 루드비히 백작은 콘스탄츠의 집행관과 함께 후스 옆으로 다가서서 최후의 회개를 요구했다. 후스가 거절하자 두 사람은 몸을 뒤로 물리며 손을 올렸다. 처형리에게 불을 붙이라는 신호였다. 장작더미가 완전히 타버리자 반쯤 탄 시체를 완전히 태워버리기 위해 아주 기분 나쁜 일이 벌어졌다. 즉 시체를 잘게 분해하여 뼈를 부수고 그 조각과 내장을 새로 추가한 통나무

불 속에 던져 넣는 것이었다. 후스와 같은 순교자의 유물은 그것이 기념물로 보존될 염려가 있는 경우에, 불이 꺼진 뒤 재를 쓸어모아 그것을 흐르는 물 속에 던져 넣는다는 특별한 주의가 요구되는 것이었다.”(H.C.리『중세』)

(4) 인륜 도덕의 탈을 쓴 종교 지배세력의 짐승 같은 잔학행위

그야말로 만에 하나나 십만에 한 번쯤 감옥 밖으로 참혹한 진상이 새나온 것이 있었다. 설명이 좀 길지만 두 경우만 소개하여 본다.

① 마녀로 찍혀 고문 학살당한 유니우스 시장의 유서

이 수기의 저자 요하네스 유니우스(당시 55세)는 1628년에 체포되기까지 20년간 반베르크 주교령(독일)의 시장의 지위에 있었던 인물이다.

독일은 그리스도교 국가 전 지역 중에서도 마녀사냥이 가장 맹렬했던 지역인데, 그런 독일 중에서는 반베르크가 비르츠부르크와 나란히 마녀사냥의 중심지의 하나였다. 1620년부터 30년에 걸쳐 유니우스와 그 외에 가장 중요한 지위에 있던 사람들을 포함하여, 6백명 이상이 마녀로서 불태워진 곳이다.(마녀는 주로 여자들이었지만 남자의 경우도 ‘마녀’의 이름으로 학살되었다.)

유니우스 사건에는 주교 고문관 게오르그 하안 박사, 그 부인 우르슬라, 딸 마리아, 아들 아담 하안 박사, 게다가 유니우스와 노이데카 등, 시장 외에 성직자까지 5명이 연좌되었다. 다음에 나오는 유니우스의 편지에서는 피고들이 고문에 못견뎌 마음에도 없이 서로를 고발하고 위증하고 있음을 알 수 있다. 유니우스의 부인은 그의 체포 직전에 이미 마녀로 처형당했다. 여기에 인용하는 유니우스의 수기는, 양친이 없이 집을 지키며 (큰 딸은 수도원에 들어가 있었다) 혼자 남아 있는 딸에게 처형 직전의 유니우스가 옥졸을 통해 몰래 전달한 것이다. 그러나 그 수기를 소개하기 전에 공식적인 법정기록을 요약하여 ‘공식의 강요된 자백’과 ‘진실의 자백’을 비교하는 자료로 인용해 놓았다.

[법정기록초] 1628년 6월 28일, 수요일, 재판관 브라운 박사(유니우스의 의형)는 유니우스에 대해 고문을 하지 않고 심문. 피고는 “그 고발은 전혀 사실무근이다. 자신을 마녀집회에서 보았다는 자의 이름을 알려주면 좋겠다”고 요구. 그래서 게오르그 하안 박사와 대질. 하안은 유니우스를 마녀집회에서 보았다고 단언. 피고는 그것을 전면적으로 부

정했다.

이어서 다른 집의 하녀 에르제와 대질. 그녀도 또 피고를 집회에서 보았다고 증언. 유니우스, 이것을 부정. 재판관은 공범자의 자백에 의해 피고의 죄상은 이미 분명해지고 있다고 알리고, 피고에게 자백을 고려하는 여유를 주었다. (하안 박사도, 하녀 에르제도 공범자로 이미 기소되어있는 피고였다.)

6월 30일 금요일 고문을 하지 않고 자백을 권고. 유니우스 자백하지 않음. 그래서 고문. 처음에 '손가락 조르기'. 자백하지 않음. 아무 것도 모른다고 말함.

그래서 피고를 발가벗기고 신체검사를 행함. 오른쪽 배 부분에 토끼풀 모양의 파란 마녀 마크를 발견. 그곳에 세 번 침을 찔러도 알지 못함과 동시에 출혈도 없음.

이어서 '묶어 매달기'. 피고는 말했다. "만약 내가 마녀라면 파렴치한 이런 고문에 걸려들 리가 없다. 내게는 악마의 힘같은 것은 전혀 없다. 신은 나의 무고함의 증명을 계시로 내려주실 것임에 틀림없다."

7월 5일 고문을 가하는 일 없이 열심히 자백을 권고. 유니우스, 마침내 자백하기 시작함. 4년 전 자신의 집 과수원에서 산양으로 모습을 바꾼 악마에게 유혹당한 일, 악마의 세례를 받고 그리스도를 부정한 일, 마녀집회에는 검은 개의 등에 올라타고 하늘을 날아간 것이 보통이었다는 것, 등을 자백한 후 공범자 수명의 이름을 지명했다. 재판관은 더욱 고려할 시간을 주고 폐정.

7월 7일 자백 계속. 마녀집회에 출석하여 그리스도를 부정하고, 악마의 세례를 받고, 여색마와의 성교 등의 행위를 상세하게 설명한 후에 공범자 27명을 고발했다.

8월 6일 유니우스는 자백서를 읽는 것을 듣고, 그것을 자유의지에 의해 전면적으로 확인했다.

이것이 공식적인 법정기록이다. 이 '공식의 자백'에 의해 '마녀' 유니우스는 우선 목이 베어지고 사체는 화형에 처해졌다.

[유니우스의 감옥으로부터의 편지] 귀여운 딸 베로니카에게. 아버지는 아무 죄도 없이 투옥되고, 아무 죄도 없이 고문당해, 아무 죄도 없이 죽어가지 않으면 안 된다. 이 감옥에 넣어진 자는 모두 마녀가 될 수밖에 없는 것이다. 거짓 자백을 하기까지는 고문이 계속되기 때문이다.

아버지가 여기서 얼마나 지독한 꼴을 당했는가를 지금 너에게 써서 남겨두고 싶다.

내가 처음 심문을 받았을 때는 브라운 박사와 케횔도르파 박사와 그 외에 내가 모르는 사람이 두 명 있었다. 브라운 박사는 "어째서 당신이 여기에 오게 되었는지 알고 있는 가?"라고 나에게 물었다. 나는 "중상모략과 불운 때문에"라고 대답했다. 그러자 박사는 이렇게 말하는 것이다. "들으시라. 당신은 마녀다. 그것을 자진해서 자백하시라. 그렇지 않으면 증인과 고문담당자를 여기 데려올까." 아버지는 말했다. "나는 마녀가 아니다. 이 점에 관해서는 나는 완전히 결백하다. 1천명의 증인이라도 무섭지 않다. 나는 자진해서 그들이 하는 말을 들어보겠다."

그러자 사법고문관의 아들 하안 박사가 불려 나왔다. 나는 말했다. "박사, 당신은 나에 대해서 무엇을 알고 있다는 것인가. 나는 지금까지 좋든 나쁘든 당신과는 아무런 관련도 가진 일이 없지 않은가." 그러자 그는 이렇게 말하는 것이다. "유니우스 선생. 이 일은 재판의 문제입니다. 당신에게 불리한 증언을 하는 것도 용서해 주십시오. 그러나 나는 당신을 마녀의 무도회에서 본 적이 있습니다." "과연 그렇다면 내가 어떤 모습으로 춤추고 있었는지 말 할 수 있습니까." 그러나 그는 대답할 수 없었다.

그래서 나는 그를 정식으로 조사해 주었으면 좋겠다고 재판관에게 요구했다. 그러나 브라운 박사는 말했다. "그렇게는 안됩니다. 그가 당신을 보았다는 것만으로 충분합니다"라고. 나는 말했다. "그러면 증언이 된다는 것입니까. 만약 그렇다면 당신 자신의 몸도 안전하지 않을 텐데요."

그 다음은 사법고문. 그도 아들과 똑같은 소리를 하는 것이다. 그리고 "당신의 모습을 발견은 했지만, 주의해서 보지는 않았기 때문에 당신이라는 것을 몰랐습니다"라고 말한다. 그 다음은 에르제 헤휀이다. "나는 당신이 하우프트 숲에서 춤추고 있는 것을 보았습니다"라고 말했다.

그때 고문담당자가 나타나 내 양손을 맞추어 묶고 양쪽의 엄지손가락에 '손가락 조르기'를 했다. 피가 손톱 사이에서 용솟음쳐 나왔다. (이 편지의 글자를 보고 알 수 있으리라 생각하지만, 그 때문에 아버지의 양손은 이 한달 남짓 맘대로 움직일 수 없게 되었다.) 그리고 나서 나를 발가벗기고 양손을 뒤쪽으로 꽁꽁 묶고 거기에 밧줄을 연결해 나를 천장까지 묶어 매달았다. 천지가 사라져 없어질 것 같은 괴로움이었다.

그러나 신은 나에게 용기를 불어넣어 주셨다. 나는 그들에게 말했다. "당신들이 바라고 있는 것은 내 몸과 혼을 망치게 하는 것뿐만이 아니라 내 집, 재산 일체를 빼앗는 것일 것이다."(주 : 반베르크에서는 유죄 결정된 마녀의 재산의 3분의 2는 주교에게, 나머지는 재판관의 손에 들어가게 되어 있다.)

브라운 박사가 "당신은 악한이다"라고 말했기 때문에 나는 응수했다. "나는 악한이 아니다. 당신과 같이 훌륭한 신사이다. 그러나 이 상태로 가면 반베르크의 신사는 누구 한 사람도 안전할 수 없을 것이다. 나와 마찬가지로 당신도 그렇다." 그러자 박사는 "나는 악마와 관계를 가진 일이 없다"고 말했다. "나 역시 그렇다. 당신이 불러들인 가짜 증인이나 당신이 사용한 무서운 고문 도구야말로 악마인 것이다. 설령 내가 당신의 고문을 전부 견뎌낸다 한들 당신은 누구 하나라도 풀어주지는 않을 것이다."

내가 이런 고문을 받은 것은 6월 30일 금요일이었다. 그 고문을 극복한 것은 신의 힘이 도우신 덕택이다. 그 이래 나는 내 스스로 옷을 입는 것도, 손을 쓰는 것도 못하고 있다. 그 외 여러 가지 괴로움을 아무 죄도 없는 채 받지 않으면 안되었다. 가까스로 나를 감방에 데리고 돌아온 고문담당자는 나에게 말했다. "나으리, 부디 거짓이라도 좋으니 무언가 자백을 하십시오. 생각해 보십시오. 그 사람들의 고문을 나으리는 도저히 견뎌내시지 못할 것입니다. 아무리 당신이 귀인이라도 말입니다. 그 사람들은 몇 번이라도 고문을 반복할 것입니다. 그 사람들의 사고방식에서 알 수 있겠지만, 마녀라고 자백하실 때까지는 당신을 결코 풀어주지 않습니다. 결말은 모두 같습니다."

그곳에 또, 한사람의 고문담당자가 찾아와서 주교는 나를 모두의 본보기로 만들 결심을 하고 있다고 말하고, "무엇이라도 좋으니 자백을 꾸미시기 바랍니다. 비록 죄가 없더라도 벗어나는 것은 불가능한 것이기 때문입니다"라고 말한다. 노이데카와 그 외의 사람들도 그렇게 말한다. 그래서 나는 하루의 유예를 얻어 사제를 만나게 해달라고 부탁했다. 그러나 사제를 만나는 것은 거절당했다.

나는 마침내 자백했다. 모두 만들어낸 것이다. 아버지는 다음과 같이 자백했다. 도저히 더는 견뎌낼 수 없었기 때문이다. 혹독한 고문을 벗어나고 싶었기 때문이다. (주 : 앞에서 서술된 법정기록과 대체로 같은 내용의 자백이 간단히 기술되어 있지만 생략한다.)

이제 이것으로 만사 끝났다고 아버지는 생각하고 있었다. 그러나 또 그들은 고문담당자를 불러들였다. 그리고 "당신이 참석한 무도회 장소를 말하라"고 말한다. 나는 대답할 수가 없었다. 그러나 전에 고문관과 그 아들과 에르제 등이 얘기했던 하우프트 숲과 그 외의 장소가 떠올랐기 때문에 그것을 말했다. 그러자 그들은 "그 무도회에서 누구를 만났는가"라고 물었다. 누구인지 전혀 모른다고 나는 대답했다. "이놈. 고문담당자를 부를 것이다. 고문관이 거기 있지 않았는가"라고 물었다. "그렇습니다. 있었습니다"라고 나는 대답했다. "또, 누가 있었는가" "모르겠습니다"라고 내가 대답하자 재판관은 관리를 향해 "이 피고를 데리고 나가 우선 시장부터 시작해서 모든 거리를 하나하나 끌고 돌아다녀라"라고 명령했다.

나는 그 거리 하나하나에 살고 있는 나의 친지의 이름을 말하지 않으면 안되는 것이다. 어느 긴 거리에 나갔다. 그러나 그 거리에는 내가 알고 있는 사람은 한사람도 없었다. 그러나 어쩔 수 없이 8명의 이름을 댔다. 그리고 나서 틴켄베르트 거리에 나갔다. 거기서 나는 또 한 명의 이름을 댔다. 결국 게오르크토르로 통하는 상류의 다리에 왔다. 그 어느 쪽에도 내가 아는 사람은 없었다. "성내에 아는 사람은 없는가. 누구라도 상관없다. 대담 하게 말하라"라고 다그쳤다. 이렇듯 관리는 지나는 곳마다 쉴새없이 묻는 것이다. 이제 그 이상은 누구의 이름도 떠오르지 않았고, 또 그 이상 열거하고 싶지도 않았다.

이렇게 하여 또, 나는 고문담당자의 손에 넘겨졌다. 재판관은 나를 발가벗겨 몸의 털 을 깎고 "이 몸을 묶어 매달라"고 명령해 놓고, "당신은 시장에 아는 사람이 한사람 있을 것이다. 그놈과 매일 함께였을 것이다. 그런데 당신은 그놈의 이름을 말하려 하지 않는 다"고 말했다. 시장인 디트마이어를 말하는 것이다. 그래서 또 나는 그 이름을 말할 수밖 에 없었다.

다음에는 내가 어떤 죄를 범했는가를 말하라고 한다. "범한 죄는 하나도 없다"고 나는 대답했다. 그러자 재판관은 나를 후려갈기며 "이놈을 고문대에 올려라 !"고 명령했다. 그 래서 나는 "내 아이를 죽이라고 악마로부터 명령받았지만 아이 대신 말을 죽였다"고 대답 했다. 그러나 그들은 그것으로 만족하지 않았다. 그래서 나는 "성병聖餠을 훔쳐 묻었다" 고 말했다. 이 자백으로 간신히 나는 심문에서 해방되었다.

이것이 내 자백의 전부이다. 이것으로 나는 죽지 않으면 안 된다. 아아 ! 그것은 모두 거짓이고 만들어낸 것이다. 이제까지 견뎌온 고문에 더하여 다시금 고문이 가해지는 것 이 두려워 나는 이런 거짓을 말해버렸다. 무언가 자백하기까지는 그들은 결코 고문을 멈 추지 않을 것이다. 아무리 신에게 경건한 인간이라도 그들의 손에 걸리면 모두 마녀가 되 지 않으면 끝나지 않는 것이다. 아무리 고귀해도 벗어날 수 없다. 신이 진실을 비추어 주 시지 않는 한 우리들의 친구도 친척도 모두 불태워져버릴 것이다. 모두 나와 똑같은 것을 자백할 수밖에 없기 때문이다.

네가 나와 마찬가지로 신에 대해 경건한 것을 아버지는 알고 있다. 그런데도 너는 여러 가지로 고생을 거듭해 왔다. 만일 가능하다면, 있는 만큼의 돈을 전부 가지고 반년 가량 순례를 떠나는 것이 좋겠다. 혹은 이후의 되어 가는 모양을 알 수 있을 때까지 잠시 교구 밖으로 나가 있는 편이 나을 거라고 생각한다.

반베르크에는 교회에 열심이고, 일에 힘쓰고, 나쁜 일은 하지 않고, 나와 마찬가지로 때묻지 않은 양심을 가진 사람이 많이 있다. 그런데도 그 사람들은 마녀의 감옥에 넣어지 는 것이다. 그리고 그 무엇을 말할 혀가 있는 한, 거짓이건 진실이건 무엇인가를 자백하 지 않으면 끝나지 않는 것이다. 노이데타, 주교 고문 ,그의 하인, 칸데르기자, 관리인의 딸, 하녀 에르제 모두가 하나가 되어 나를 고발한 것이다. 벗어날 길은 없었다. 그러나 나와 같은 운명에 있는 사람은 많이 있다. 신이 손을 빌려주시지 않으면 그런 사람들이 점점 더 많아질 것이다.

가엾은 딸. 이 편지는 누구에게도 보이지 않도록 숨겨 놓아라. 그렇지 않으면 아버지는 또 무서운 고문을 당하고, 이 편지를 전한 옥졸은 목이 잘릴 것이다. 엄한 규칙이 있기 때문에. 사촌동생인 슈타멜에게는 살짝 읽게 해도 좋다. 그 남자라면 비밀로 해둘 것이기 때문에. 이 심부름하는 남자에게 돈을 1타렐 주도록 해라.

이만큼 쓰는데도 며칠이 걸렸다. 내 손은 양쪽 다 부자유스럽다. 완전히 비참한 상태이다. 부디 이 편지를 비밀로 할 것. 그리고 내가 죽으면 신에게 목숨을 바친 아버지로 나를 위해 기도해 다오. 그러나 편지 건이 사람들에게 알려지지 않도록 주의할 것. 안나 마리아(필자주 : 수도원에 있는 큰딸)에게도 나를 위해 기도해 주도록 전해 다오. 나는 마녀가 아니라 순교자라고 신에게 맹세한다.

안녕. 너의 아버지 요하네스 유니우스는 이제 두 번 다시 너와 만날 수 없을 것이다. 그렇기 때문에 몇 번이고 몇 번이고 "안녕"을 말해 둔다. 1628년 7월 24일.

(주:편지지 가장자리 여백에 추신)

나를 고발한 자는 6명이었다. 주교 고문, 그 하인, 노이데카, 타넬, 우르슬라 호푸마이스타, 그리고 에르베 헤휀. 그러나 사실은 그들도 거짓 자백을 강요당한 것이다. 그들은 나보다 먼저 처형당했다. 그들은 처형되기 전에 나에게 용서해 달라고 말했다. 그들은 내가 선량하고 친절하다는 것 이외에는 나에 대해서는 아무 것도 알지 못한다고 내게 말했다.

나와 마찬가지로 그들도 어쩔 수 없이 내 이름을 말한 것이다. 나에게는 참회신부도 붙여주지 않는다. 그러니 내가 쓴 것을 주의해서 잘 읽어라. 그리고 편지는 엄중히 숨겨 놓거라.(모리시마 스네오 저, 조성숙 역 『마녀사냥』 현민시스템 1998)

이 편지는 지금도 독일의 반베르크시 도서관에 있다. 이 편지야말로 '진실의 자백'이었다. 그러나 이 진실도 이 도서관의 사서 라이토슈 박사가 1883년에 공표하기까지는 세상에 알려지지 않고 묻혀 있었던 것이다.

② 허황된 신숭배 시대 사람들끼리 불신의 고통에 시달려

남부 독일 바이에른의 자유도시 네르트링겐에서 1590년 5월부터 9월에 걸쳐 지위 높은 11명의 마녀가 처형되었다. 이것은 그 중 한사람인 레베카(공인회계사 페타 렘프의 처,

6명의 자녀의 어머니)가 4월에 체포되어 옥중에서 남편에게 써 보낸 편지이다. 이런 희생자를 둘러싼 비극을 이해하는 데 도움이 될 것으로 생각되어, 아무런 사정도 모른 채 옥중의 어머니에게 보낸 아이들의 편지도 함께 첨가한다. 이들의 편지는 재판관에게 발견되어 법정기록에 첨부되었다. 덧붙여 말하면 이 해가 끝날 때까지 이 작은(당시는) 마을 안에서 32명의 마녀가 불태워졌는데, 그 중에는 시장과 시참사관 등의 부인도 있었다.

(아버지는 여행 중, 6명의 자녀로부터 어머니에게)

우리들의 사랑하는 어머니! 우리들은 모두 건강합니다. 어머니도 건강하시다는 전갈을 들었습니다. 아버지는 오늘 돌아오시리라 생각합니다. 돌아오시면 곧 알게 되실 겁니다. 신이시여 제발 어머니가 건강하고 탈 없이 우리들의 품으로 돌아오시도록. 아멘.

그리운 어머니. 맥주와 빵을 사놓았습니다. 생선 프라이도 약간 구해 놓았습니다. 작은 병아리 고기를 가지러 사람을 보내주시기 바랍니다. 저는 방금 두 마리를 죽였습니다. 룸멜 선생이 집에서 식사를 하셨기 때문에. 만약 돈이 필요하시면 사람을 보내주시기 바랍니다. 어머니의 지갑에 얼마인가 들어있으니까요.

안녕히 계십시오. 사랑하는 어머니. 집으로 돌아오실 때까지는 집안일은 아무 것도 걱정하실 필요 없습니다.

당신을 사랑하는 딸, 레베카 렌핀

당신을 사랑하는 딸, 안나 마리아 렌핀

당신을 사랑하는 딸, 마리아 살로메 렌핀

어머니를 더할 수 없이 사랑하는 아들, 요하네스 콘두라스 렌핀 (주:학교에서 라틴어를 배우기 시작한 것을 보여주기 위해 라틴어로 쓰고, 서명도 라틴어 비슷하게 함.)

당신을 사랑하는 아들, 사무엘 렘프

X (주 : 아직 글을 쓸 줄 모르는 어린아이, 페타의 사인)

안녕히 계세요, 안녕히 계세요, 천번이나 안녕히 계세요.

(레베카로부터 남편에게. 아직 고문 전임을 알 수 있다.)

당신에게. 걱정 마시기를. 아무리 많은 고발을 받더라도 나는 결백합니다. 그렇지 않다면 지옥의 악마가 모두 나와 내 몸을 여덟 개로 찢어도 좋습니다. 비록 내 몸을 두들겨 부수고 또는 갈가리 찢으려 해도 나에게는 아무 것도 자백할 것이 없습니다. 그렇기 때문에 걱정하지 마시기 바랍니다. 내 양심과 혼을 걸고 나는 결백하기 때문에.

고문을 당하게 될까요. 그런 일은 있을 리가 없다고 생각합니다. 나는 어떤 죄도 범하지 않았기 때문에. 만약 내가 무언가 나쁜 일을 하고 있다면, 신이시여 부디 나를 영원히 사람들의 눈이 미치지 않는 곳으로 쫓아내 주십시오. 만일 사람들이 내 말을 믿지 않는다면, 무엇이든지 잘 아시는 전능하신 신이 나를 믿도록 기적을 행해주실 것입니다. 그렇지 않고 내가 이 불안 속에서 머무를 수밖에 없다고 하면 신은 존재하지 않는 것입니다. 나에게서 외면하지 마시기 바랍니다. 내가 결백한 것은 당신도 아십니다. 부탁입니다. 숨 막힐 것 같은 이 괴로움 속에 나를 버려두지 마시기를 !

(위의 편지로부터 몇 개월 후, 다섯 번의 고문을 받은 후에. 레베카로부터 남편에게)

아아, 당신. 나는 아무런 죄도 없이 나의 단 하나뿐인 당신으로부터 떠나지 않으면 안 되는 겁니까. 만약 그렇다면 나는 신을 영원히 원망하겠습니다. 재판관들은 무리하게 자백을 강요하려 합니다. 나도 고문 받았습니다. 그러나 나는 하늘의 신과 마찬가지로 결백합니다. 만일 내가 그런 일에 대해 아주 약간의 지식이라도 있다면, 신이시여 제발 나를 천국의 문에서 쫓아내시기 바랍니다. 아아, 당신 ! 나의 사랑하는 남편 ! 내 가슴은 찢어질 것 같습니다. 엄마 없는 자식이 될 불쌍한 내 아이들 ! 당신, 무어든 먹고 죽는 약을 보내주십시오. 그렇지 않으면 나는 고문에 굴복할 것 같습니다. 오늘 안되면 내일 보내주십시오. 곧 소식 주십시오. 레베카로부터.

(뒷면에) 아아, 결백한 레베카의 당신. 그 사람들은 나를 당신으로부터 강제로 떼어놓으려고 하고 있습니다. 그런 일을 어째서 신이 허락하시는 겁니까. 신이시여, 만약 제가 마녀라면 어떤 동정도 필요 없습니다. 아아, 말할 수 없이 잔인한 일 ! 신은 왜 제가 말하는 것을 들어주시지 않으십니까. 무엇이든 먹고 죽는 약을 보내주십시오. 그렇지 않으면 나의 혼조차 위험해질 것 같습니다.

이 마지막 말은 고문에 굴복하여 거짓자백을 하고 친지를 배신하여 억울한 공범자를 만들어낼지 모르는 '양심의 위기'를 두려워하고 있는 것일 것이다. 남편 페타는 부인의 결백을 호소하고 사면을 바라는 장문의 탄원서를 두 번에 걸쳐 재판관에게 제출했다. 그러나 마녀재판 법정의 문은 항상 처형장으로의 입구일 뿐이었다. 9월 9일 레베카는 불태워졌다.

(5) 인간성 회복의 개혁을 했다는 개신교 쪽도 마녀사냥 악행

종교개혁 거점의 하나인 독일은 가장 가혹하고 격렬한 마녀재판의 본고장이었으며 그 독일에서 마녀사냥이 가혹하고 격렬해진 것은 종교개혁으로부터이자 신교도의 손에 의해서였다.

독일에 이어 마녀사냥에 바빴던 스코틀랜드에서도 종교개혁 전에는 한 명의 마녀도 불태워지지 않았고 그 적발과 처형이 격화한 것은 신교왕 제임스 6세의 히스테릭한 마녀사냥으로부터이자 칼뱅주의의 장로교회의 손에 의해서였다.

잉글랜드는 원래 가톨릭교회의 이단심문제가 그 세력을 확장시키지 못했던 지역이고, 따라서 마녀재판도 다른 나라에 비해 미약했지만, 그런 잉글랜드에서도 마녀추궁이 격렬해진 것은 신교도로서의 기치를 선명히 한 엘리자벳 여왕이 마녀사냥 강화령을 반포(1563년)하면서부터였다. 이 마녀사냥은 제임스 1세의 강화령(1604년)에 의해 한층 더 강력히 추진되어 청교도 지배 하에서 절정에 달했다.

구교 세력이 압도적으로 강하고 신교와의 항쟁이 미약했던 아일랜드에서는 최초의 마녀재판(1314년)에서 최후의 그것(1711년)까지 겨우 5건 정도를 헤아리는데 그쳤다. 게다가 최초의 것을 뺀 나중 것 전부는 신교도의 손에 의한 재판이었다.

애초에 마녀재판은 로마교회에 반항하는 이단자를 이단심문관이 '악마와의 결탁자'로 처리한 것에서 시작되었다. 따라서 신구 양교도가 서로를 이단자(악마와의 결탁자)로 처리하자고 하면, 쌍방에 있어서 마녀재판이 격화되는 것은 자연스런 귀결이었을 것이다. 개혁운동에 대항하여 일어난 가톨릭측의 대항 개혁운동이 강렬했던 남부 독일(특히 비르츠부르크와 반베르크)에서 열광적인 마녀사냥이 행해진 이유도 거기에 있었다(그래서 적발된 마녀의 많은 수는 남성이고, 여러 차례 법정기록에 '루터파'라고 적혀 있다).

이 신구 양 세력의 충돌은 결국 30년 전쟁(1618~1648)을 불러일으켜 그 전화는 독일의 도시와 농촌을 철저히 황폐화시키고 독일을 피폐의 밑바닥으로 던져놓았지만, 이 시기는 또한 마녀사냥의 최전성기를 맞이하고 있었다.

이런 객관적 조건과는 별도로 신교도는 구교 창작의 마녀상(악마와 결탁한 새로운 마녀)을 실재하는 것으로 믿고, 따라서 마녀사냥에 열중하게 된다는 주관적 조건을 갖추고 있었다.

옛 교회의 형해화한 제도와 조직을 뛰어넘어 직접 성서에 귀일하려고 했던 신교도는 성서가 가는 곳마다 악마를 찾아내어 악마와 대결했던 것이다. 루터의 유명한 『교리문답』에서는 '그리스도'의 이름이 63회 나오는데 비해 '악마'의 이름은 67회 나온다고 한다. 그만큼 악마는 루터의 몸 가까이 늘 따라다니고 있었다. 그는 악마에 대한 자신의 체험을 여러 번 이야기하고 있다. 비텐베르크의 수도원에 있을 때는 악마가 떠드는 소리에 항상 시달렸었다고 그는 말한다. 발트부르크성에 체재하고 있었을 때 그의 거실 벽에는 그가 악마를 향해 잉크병을 던졌던 검은 잉크자국이 지금도 남아있다고 한다.

이런 루터의 마녀에 대한 공포와 증오는 그 자신의 말에 잘 나타나 있다.

"나는 이런 마녀에게는 어떤 동정도 갖지 않는다. 나는 그들을 모두 죽이고 싶다.… 창조주를 반역하고, 또 악마에게는 인정하는 권리를 신에게 대해서는 인정하려 하지 않는 마녀가 사형으로 대가를 치르지 않는 일이 어떻게 있을 수 있을까."(『식탁담화』)

자신이 받드는 신조와 교리에서 아주 약간이라도 일탈하는 것은 죽음으로 벌한다는 불관용intolerance과 박해의 정신에 있어서는 신구 양교 모두 완전히 일치하고 있었다. 다음의 신문기사는 천 여 년 만에 죄과를 일부 인정한 로마 교황청의 신앙고백이다.(2000년 3월 7일 『한겨레』)

교황청 '교회의 범죄' 고백

십자군 원정·유대인학살 침묵 등 역사적 과오 인정

교황 '회상과 화해' 12일 미사서 공개 예정

로마=dpa 연합】 로마 교황청은 5일 기독교 2000년 역사를 통해 교회가 인류에게 범했던 각종 과오를 공식적으로 인정하는 문건을 발표했다. 교황청은 '회상과 화해 : 교회의 과거 범죄'라는 제목의 40쪽 분량의 이 문건을 통해 피로 얼룩진 십자군 원정 등의 과오를 인정했다. 교황 요한 바오로 2세는 12일 바티칸 미사에서 이를 정식으로 공개할 예정이다. 문건에 따르면 1095년 교황 우르반 2세의 칙령에 따라 시작된 십자군 원정 당시 많은 유대인과 회교도들이 학살당했다. 십자군은 첫 원정때 예루살렘에서 7만명의 주민을 학살했으며 6차례 원정기간 동안 콘스탄티노플과 베이루트를 약탈했다.

기독교의 유대인 박해도 부끄러운 교회의 역사였다.

4세기 교부 크리소스토무스는 유대인들이 예수를 빌라도 총독에게 넘겨 처형당하도록 했다는 이유로 이들을 '백정'이라고 부르고 영원히 저주를 내렸으며, 교회는 나치에 의한 유대인 대량학살(홀로코스트)에도 불구하고 침묵을 지켰다. 또 중세에 신앙의 순수성을 수호한다는 명분 아래 자행된 각종 고문형은 교회역사의 가장 어두운 장이었다. 12세기 성로마제국의 황제 프레데릭 2세가 화형을 도입했고, 교황 이노센스 4세는 1252년 신앙고백을 이끌어 내기 위한 수단으로 고문의 사용을 승인했다. 15세기 유행처럼 번진 마녀 화형식은 이후 100년 동안 유럽을 공포의 도가니로 몰아넣었다. 스페인 이탈리아 등에서 교회의 고문형은 19세기나 돼서야 공식 폐지되었다.

문건은 원주민들을 옹호한 신부들의 얘기를 그린 영화 '미션'과는 달리 교회가 신대륙의 원주민 말살에도 앞장섰다고 밝혔다.

◎ 종교 헌금을 천당길 여비로 여긴 신숭배인들의 미신 놀음

① 면죄 기능을 할 수 없는 면죄부免罪符 Indulgence

하나님의 대리자라는 교황의 요청에 따라 출전한 십자군의 인명 피해와 재정적인 손실은 막대했다. 그러나 동방의 이교도들을 살육한 십자군 전쟁이 소기의 목적 달성에 실패하자 보이지 않는 하나님을 원망할 수 없었던 유럽 천주교 사회에서 "하나님의 이름으로 십자군을 부른" 교황의 위신은 땅에 떨어지게 되었다.

그 후에도 약 300년 동안 많은 타락한 교황들이 오고 가면서 천주교인들에게 더욱 큰 실망을 안겨주었다. 그들의 위신이 떨어지고 권위가 없어진다는 것을 느낀 교황들은 권위와 위신을 지키기 위해 안간힘을 쓰면서 교황청의 독선과 독재를 강화하였다.

○ 조찬선 『기독교 죄악사 상·하』 평단문화사 2000. 약 500년 전인 1492년 교황 자리를 돈으로 산 알렉산더 6세(Alexander Ⅵ : 1492~1503)는 타락한 생활을 즐기다가 죽고, 피우스 3세(PiusⅢ : 1503)의 26일간의 짧은 교황 생활을 뒤이어, 또 10년 동안 자기 마음대로 어디서나 막대기로 사람을 때리는 난폭한 매독환자였으며 남색을 즐기던 교황 율리우스 2세(JuliusⅡ : 1503~1513)의 시대가 계속되었다.

당시 유럽 전역을 휩쓸었던 병마와 종교 탄압 및 전쟁은 유럽인들에게 큰 재앙이 아닐 수 없었다. 교황청과 국왕들의 대립, 또 국가 간 지역 간의 대립, 그리고 산발적으로 계속 터져 나오는 피비린내 나는 종교전쟁과 이단자 숙청 등은 시민들을 공포의 도가니로 몰아넣었다.

이러한 유럽사회는 종교적인 면에서뿐만 아니라 도덕적·정치적·경제적, 그리고 사회적인 혼란에 허덕이고 있었다. 그러한 환경 속에서 종교개혁의 싹이 트기 시작하였다.

○ 낭비벽과 타락한 생활 때문에 전 유럽에서 레오 10세의 위신은 땅에 떨어졌다. 레오 10세가 남긴 가장 중요한 공헌은 그의 본의와는 반대로 그가 시작한 면죄부제도가 종교개혁운동의 기폭제가 되고 도화선이 된 것이다. 천주교의 타락과 교황들이 만들어내는 불의를 더 이상 참고 견딜 수 없었던 사람들이 로마 천주교의 개혁을 주장하고 나왔다. 그 대표적인 사람의 하나가 당시 독일의 비텐베르크대학 교수였던 마틴 루터이다. 그가 중심이 되어 추진한 천주교 개혁운동이 폭발하였으며, 그 개혁의 불길은 프랑스·스위스·영국·네덜란드 등으로 비화하여 일대 종교개혁운동으로 확대되었다. 소위 개신교Christianity의 탄생은 그렇게 천주교Catholicism의 개혁운동으로부터 시작되었다.

1513년 로마에서는 말썽 많았던 지오바니Giovanni de'Medici가 레오 10세(Leo X 1513~1521) 교황으로 선출되었다. 낭비와 호모로 유명했던 그는 호화로운 생활을 즐겼으며 식도락가였던 것으로 알려져 있다.(그가 외국의 귀빈들과 대사들 및 대주교들과 그들의 부인들을 초대한 연회에는 많게는 65코스의 음식이 나왔는데, 푸딩 속에서 그가 좋아하는 나체의 소년들이 나와 장관을 이루었다고 전해진다.)

교황에 취임하여 마음껏 낭비를 일삼던 레오 10세는 1517년 성베드로 대성당 건축기금을 모금한다는 명목으로 사람이 죽은 후에 구원을 받을 수 있다는 속죄의 표라고 선전하면서 면죄부를 팔기 시작하였다. 그렇게 시작한 면죄부는 비록 표면상의 이유나 목적은 그럴 듯하였으나 결국 돈을 모으기 위한 술책에 불과했다.

② 신앙은 미신이 되고 모금은 부패 타락을 불러 상호 불신 증대

역사는 지상 최대의 종교요, 인류 구원의 소리를 높이 외치고 있던 대로마 천주교의 면죄부 판매를 천주교의 타락과 부패의 결과로 기록하고 있다. 그럼에도 불구하고 천주교는 오랫동안 면죄부에 대해서 터무니없는 오해라고 변명을 하고 있으므로, 여기서 천주교의 설명을 한번 경청해 볼 필요가 있다. 한국 천주교의 저명한 학자인 신부가 전하는 천주교의 변명을 요약해 본다.

면죄부라는 말은 'Indulgence'를 번역한 말인데, 그것은 면죄부란 뜻이 아니라 대사부大赦符, 또는 사면赦免이라고 번역하는 것이 더 정확하다. 크게 사함을 받는 증거부(증명서)라는 뜻이다. 그 당시 독일교회의 담당 대주교였던 알베르트Albert는 대사부를 받는 방법으로 신도들에게 다음과 같은 세 가지 조건을 제시하였다.
1) 과거의 죄를 회개하고 고해성사를 받을 것
2) 성당을 순례하며 주님의 오상五傷(두 손, 두 발, 옆구리 등 다섯 곳의 상처)을 묵상할 것
3) 베드로 성당 건축비로 헌금할 것
이 세 가지 중에서 처음 두 가지를 행한다는 조건으로 헌금하는 신도에게는 헌금 영수증을 주었는데, 그 영수증이 곧 대사부였다. 이 대사부가 '면죄부'로 잘못 번역되어서 세상을 떠들썩하게 만들면서 마치 돈만 내면 죄가 없어진다는 식으로 와전되어 천주교는 면죄부 판매라는 누명을 쓰게 되었다. 또 대사부 판매로 입금된 헌금은 물론 전액을 성 베드로 대성당 건축비로만 사용했다. 성당 건축비로 헌금 받는 것은 교회의 정당하고 합법적인 방법이다. 개신교에서도 다 그렇게 하지 않는가?(박도식『천주교와 개신교』1996.)

이상은 그 사제의 설명을 요약한 것이지만 천주교의 해명이라고 보아도 큰 차이는 없

을 것이다. 그 신부의 설명을 듣고 저자(조찬선 목사)는 아래의 세 가지를 지적하지 않을 수 없다.

첫째, 돈을 내고 대사부(영수증)를 받고 고해성사와 5상을 묵상만 하면 죄 사함을 받게 되어 있으니 그것이 곧 면죄부가 아니고 무엇인가? 대사부와 면죄부는 그 의미가 다를 것이 없었다. 즉 면죄부를 사는 돈이 헌금 궤 속에 쩔렁 떨어지는 소리와 함께 면죄된다고 선전하였으니 100% 면죄부였다.

둘째, 대사부는 판매금은 전액을 성당 건축비로만 사용하였기 때문에 대사부 판매는 성당 건축을 위한 합법적인 모금방법이라고 해명하였는데, 성당 건축을 위해서는 대사부를 팔아도 되는가? 그렇다면 지금도 성당 건축비를 모금할 때 왜 대사부를 팔지 않는가? 그렇게 합법적인 방법인데 그때는 왜 중단하였는가? 라고 묻지 않을 수 없다.

셋째, 대사부 판매금은 전액을 성당 건축비로만 사용했다고 했는데 사실은 반半 이상을 교황과 주교 등이 착복하고 횡령한 것은 역사가 증명하고 세상이 다 아는 사실史實인데 이를 아직도 부정하고 있는가? 혹은 모르고 있는가?

대사부도 아니고 면죄부도 아니고 사기부였는데, 그것을 아직도 감추려고 몸부림치는 심정을 우리는 이해하고 동정할 수도 있다. 그러나 그것은 결코 감출 수 없는 역사적인 사실임을 깨닫고 솔직하게 고백해야 한다.

위와 같이 처음 두 가지를 행하는 조건으로 헌금하는 사람에게 대사부를 발행하였다면, 그것은 면죄부가 아니라 사기부이다. '사기꾼들이 만든 사기부'라고 하면 틀렸다고 할 수 있을까? 돈으로 천당 길을 살 수 있다고 하였기 때문이다.

로마의 성 베드로대성당은 그때 벌써 백 년 이상을 건축 중이었으나 완공하지 못한 상태였다. 이때 남색가이고 매독환자였던 교황 율리우스 2세(Julius Ⅱ : 1503~1513)는 성당 건축비를 조달하려고 1506년 교좌에서 면죄부 제작과 판매 포고령을 선포하고 즉시 실천에 들어갔다.

그후 그의 후계자인 교황 레오 10세가 대대적인 판매를 계획하고 있을 때, 시장조사를 해보고 면죄부의 소비량이 막대할 것을 안 독일 부란덴부르크의 대주교 알베르트 Albert(1511~1568)는 약삭빠르게 교황에게 거금을 바치고 독일의 세 주교구 내에서 면죄부를 팔 수 있는 소위 면죄부 총판권總販權을 독점하였다. 후에 그는 총판권 소유자로서 입금되는 총액의 반半을 차지했다.(Walker, A History of the Christian Church, 류형기 역, 1979.)

이때 면죄부 판매 책임자인 수도사이며 웅변가였던 요한 텟젤(Johann Tetzel : 1465~1519)은 막대한 수입을 올리려고 다음과 같이 설교하였다. 그는 면죄부가 하나님의 고마

우신 선물이라고 찬양하였다.

"지금은 맬 수도 있고 풀 수도 있는 권세를 받은 교회가 천국과 지옥문을 열어 놓았다. 면죄부를 사는 사람은 과거·현재·미래의 죄가 이 자리에서 곧 사함을 받을 것이요. 회개의 필요 없이 현재 살아 있는 자뿐만 아니라 죽은 자나 또 연옥에 있는 자를 위하여 이 표를 사면 그 돈이 헌금 궤 속에 쩔렁 떨어지는 소리와 함께 그는 곧 천국으로 올라 갈 것이다."

이 설교를 들은 순박한 신도들은 이 사기꾼을 마치 하늘에서 내려온 천사처럼 믿고 하나님을 친히 맞이하는 심정으로 환영하고 다투어가며 가산을 팔아 자기의 죄를 위하여 또 사랑하는 자녀, 친척의 죄를 위하여 면죄부를 사려고 장터를 이루었다.

참으로 황당무계한 사기행각이었으나 누가 감히 이것을 반대하였으랴? 왕도, 황제도 못하였다. 그러나 루터는 단호히 반대하고 나섰다. 자신이 시무하던 성당의 신도들이 면죄부를 사 가지고 와서 루터에게 고해성사를 받으러 왔을 때 그는 이를 거절하였다. 아무리 면죄부를 많이 사 가지고 와도 회개하고 변화된 삶이 없으면 멸망할 수밖에 없다고 경고하며 되돌려 보냈다.

신도들은 면죄부를 산 곳으로 되돌아가 루터 신부의 말을 전하며 헌금 반환을 요구하였다. 이에 텟젤은 대노하여 광장에 불을 피워 놓고 "이 대사부(면죄부)를 반대하는 모든 이단자들을 화형에 처하라는 교황 성하의 명령을 받았다"고 협박하면서 그들을 저주하며 쫓아버렸다.

면죄부 판매로 사제들의 재산은 증가하였다. 그들의 화려한 저택과 사치스런 식탁은 백성들을 빈곤하게 만들었다. 이런 사건이 생기기 약 백여 년 전에 이미 영국의 존 위클리프John Wycliffe는 그 당시의 천주교를 이렇게 묘사하였다. "로마의 사제들은 암처럼 우리를 좀 먹고 있다. 하나님께서 우리를 구원하시지 않으면 백성들은 멸망할 것이다."(White, E. G., The Great Controversy, 천세원 편 『각 시대의 대전쟁』上, 1982.)

이와 같이 당시의 로마 천주교회는 사회의 암적 존재가 되어 백성들을 괴롭히고 빈곤과 멸망으로 끌고 가는 집단에 불과하였다. 그들은 이런 악한 짓을 감히 하나님의 이름으로 자행했던 것이다.

천주교는 면죄부에 대하여 이제 더 구구한 변명을 중단하는 것이 좋을 것 같다. 그러한 변명은 하면 할수록 더 큰 눈덩어리가 되기 때문이다. 이제 천주교는 종교의 대종가답게 다음과 같은 태도를 취하면 어떨까? "그것은 당시 일부 타락한 성직자들의 실수로 일어났던 부끄러운 사건이었다. 우리는 그것을 깊이 회개하고 있다"라고 솔직하고 겸허한 자세로 인정하는 것이다. 이 간단한 한 구절의 성명으로 충분하다. 이것으로 천주교는 면죄부의 부끄러운 과거를 청산할 수 있을 것이다. 타락한 성직자는 어떤 시대에도, 어떤 종파에도, 또 어디에서나 있을 수 있기 때문이다.

여기에 참고로 루터의 95개 조항문 중에서 중요한 몇 가지만을 소개한다.(변홍규 『신학원론』 1953.)

5번 : 교황은 자기 교회가 만든 법을 범한 죄 이외엔 아무의 죄도 사면할 의지도, 권한도 없다.

10번 : 신부가 사망자의 연옥 고를 사죄로 면케 한다는 것은 못된 짓이요, 무식에서 나온 소치이다.

27번 : 면죄부 판매자들이 설교하기를 돈이 헌금 궤에 쩔렁 떨어질 때마다 영혼이 연옥에서 천국으로 날아온다고 하였다.

36번 : 참된 그리스도인은 살았거나 죽었거나 면죄부가 없어도 고통과 정죄를 면할 수 있다.

86번 : 교황은 거부인데 왜 자기 돈을 쓰지 않고 가난한 신도들의 돈으로 성당을 지으려 하는가?

87번 : 하나님 앞에 회개하고 사죄 받은 사람을 어찌 교황이 또 사죄할 수 있단 말인가?

90번 : 신도들이 질문하면 설명하지 못하고 어찌 폭력으로만 나가는가? 교회는 원수들의 비방거리가 될 것이다.(당시 심각하게 교리에 관하여 질문하면 모독죄로 종교재판에 회부되므로 질문도 못하였다. 후에 개신교에서도 그 같은 죄를 범하여 이단이란 명목으로 많은 피해자들을 만들어냈다.)

2) 신의 대리자 교황과 제국주의 군주의 명령, 대륙 정복의 길로

(1) 「신천지 개척」이란 이름의 땅 점유 · 원주민 유인 · 노예화

1454년 교황의 교서로 인도양의 탐험과 정복의 길에서 배제된 스페인 왕실은 포르투갈이 독점한 길과는 다른 길로 인도와 중국에 갈 수 있다는 콜롬부스의 말에 흥미를 느꼈다.(개척시기 호칭은 '콜롬부스'로, 그후 영미인들의 호칭 '컬럼버스'는 그대로 표기)

콜롬부스는 자신의 신념은 성경에 토대하고 있으며 자신이 가는 길은 성경(이사야 11:10~12; II Esdras 3:18)에 암시되어 있다고 하며, 여왕에게 성경 구절을 반복 설명하면서 하나님의 뜻을 주장하였다. 현대 사람들은 믿지 않겠지만 그 당시의 독실한 신도들은 다 그의 말을 믿었을 것이라고 기록되어 있다.

콜롬부스는 자기가 발견하고 정복한 모든 것을 스페인 왕에게 바치겠다고 굳게 맹세하며 간곡하게 부탁하였다. 콜롬부스를 호의적으로 본 이사벨 여왕은 전쟁에서 사용하고 남은 배 세 척과 필요한 자금 지원을 해주었다.

당시의 스페인 왕실도, 포르투갈이 인도와 중국의 직항로를 발견하기 전에 자기들이 그 길을 발견하면 세계 최강국이 될 수 있고, 스페인 출신의 교황도 자기들을 도와 주리라 믿고 콜롬부스를 지원하기로 하였다. 일확천금과 부귀영화를 꿈꾸던 콜롬부스가 제시한 조건은 자기를 총지휘관인 제독으로 임명할 것과 수익금의 10%를 자기에게 줄 것 등이었다. 쌍방의 욕망과 꿈이 어우러져 만들어진 합작품이었다.(조찬선 『기독교 죄악사 상・하』 평단문화사 2000)

① 제1차 항해, 인도에 도착한 것으로 착각

콜롬부스는 산타 마리아Santa Maria호와 핀타Pinta호와 니나Nina호 등 배 3척에 90명의 선원을 인솔하고 부자의 나라 중국과 인도를 거쳐서 돌아오겠다고 장담하고, 1492년 8월 3일 팔로스Palos항을 떠났다.(Castleden R., The Concise Encyclopedia of World History, 1994.)

1492년 10월 12일 오전 2시, 콜롬부스는 출항한 지 69일 만에 중남미에 위치한 지금의 카리브 해Caribbean Sea에서 작은 섬 하나를 발견하고 너무나 감격하여 산살바도르 San Salvador(성스러운 구세주라는 뜻)라고 명명하고, 상륙하여 스페인 국기를 세우고 스페인 왕국의 영토를 선언하였다. 그 섬의 주민 타이노Taino족은 평생 처음 보는 백인들을 신기하게 여겨 환영하며 헤엄쳐서 배에 접근하여 각종 과일과 그들이 필요한 모든 것을 제공하였다. 그때 콜롬부스 일행은 자기들이 도착한 곳을 인도나 일본 근처라고 착각하여 그들을 인디언Indian이라고 불렀다.

후에 콜롬부스는 그곳이 자기의 목적지였던 고도의 문화를 가진 중국이나 인도가 아님을 알고 일시 실망하였다. 그러나 아프리카 흑인노예에 대해서 알고 있었던 그는 이 순진하고 온화한 원주민들을 천주교로 개종시켜서 노예로 사용하리라 자위하면서 중국으로 가는 길을 찾으려고 계속 노력하였다.

10월 15일 콜롬부스는 원주민 안내자 7명을 데리고 그 부근 일대의 섬들을 찾아다니면서 발견한 섬마다 성스러운 이름을 붙였다. 제1차 항해에서 큰 성과를 올린 콜롬부스는 원주민 6명을 증거로 데리고 귀국하였다.

1493년 1월 4일에 출발하여 3월 4일 리스본Lisbon에 도착하고, 이어서 3월 15일 팔로스에 귀항하였다. 그 후 그는 당시의 스페인의 수도 바르셀로나Barcelona에 도착하여 6명의 정장한 원주민을 앞세우고 입궐하여 왕에게 진기한 선물들을 바치고 최고의 대우를 받았다.

동행한 원주민들은 자의인지 타의인지 알 수 없으나 모두 세례를 받았다. 그 후 콜롬부스는 그 동안의 『경험 수기』를 전 유럽에 출판, 보급하여 일약 영웅이 되었다. 그의 신대륙 발견은 '천지창조' 이후 '예수의 강림'과 십자가 사건 외에 최대의 역사적인 사건으로 평가받았다.

콜롬부스 자신은 물론 당시의 스페인 사람들이 상상도 할 수 없었던 새로운 대륙을 발견한 사실을 모르고 스페인으로 돌아와서 인도양에 있는 섬에까지 갔다 왔다고 주장하고 그 지역을 인디스Indies라고 명명하였다.

○ 사실은 어느 유럽인들보다 먼저 아시아인들이 빙하시대에 베링해를 건너와서 미 대륙에 정착하여 살고 있었다. 유럽인 중심으로 저술된 잘못된 세계사를 정정하여 정확하게 말하자면, 콜롬부스가 미 대륙을 발견한 것이 아니라 아시아인들이 먼저 미 대륙을 발견한 것이다. 콜롬부스가 원주민들을 잘못 알고 인디언이라고 부르기 시작한 것이 오늘날까지 이어지고 있다.

또한 콜롬부스가 최초로 미 대륙에 도착한 유럽인도 아니다. 10세기 초에 이미 북유럽의 고기잡이들과 바이킹들Vikings이 아메리카를 발견하였으나 그것을 수백년 간 비밀로 하고 있었다. 그러나 콜롬부스 일행이 도착한 후, 그 사실이 신대륙 발견으로 알려지자 세계는 달라졌다. 이와 같이 유럽인들의 입장에서 보아도, 엄격히 말하면 바이킹들이 콜롬부스보다 훨씬 먼저 미 대륙에 도착한 것이다. 그러므로 콜롬부스가 먼저 미 대륙을 발견했다고 하는 것은 역사적으로는 물론 유럽인들의 입장에서 보아도 정확하지 않다. 또 아시아인들, 즉 원주민들의 선착을 무시하는 처사이며 엄연한 사실을 부정하는 역사의 왜곡이다.(조찬선, 앞의 책)

제국주의 세력, 특히 미국인들은 원주민의 정체를 무시하고 자기들이 대륙의 주인 행세를 하기 위한 역사왜곡의 의도에서 「아메리카 대륙은 콜롬부스에 의해 처음 발견되었다The America was discovered by Columbus」고 반복해서 강조, 세계 어린이들의 교육용 교과서에서부터 세뇌시켜왔던 것이다.

스페인 왕실도 콜롬부스 일행이 유럽 대륙보다 더 큰 새로운 대륙을 발견한 사실을 몰랐다. 콜롬부스의 말을 믿고 즉시 자기들의 새로운 침략과 교역수로를 확보하기 위하여 교황의 교서를 신청하고, 자기들이 상상한 인도와 중국을 향한 대서양의 동남쪽 방향을 그들이 독자적으로 탐험하고 정복할 수 있는 권한을 교황으로부터 인정받았다. 그러나 당시 세계 최강의 해군력을 보유하고 있던 포르투갈은 만일 자기들을 배제하면 전쟁도 불사하겠다고 교황과 스페인을 협박하고 나왔다. 이때 두 천주교 국가 간의 대립을 교황이 중재하였다.

　그 당시 포르투갈을 상대로 한 전쟁에서 승리할 자신이 없었던 스페인은 교황의 중재를 받아들여 스페인의 서부에 위치한 토르데시야스Tordesillas에서 1494년에 조약을 체결하였다. 이 토르데시야스 신식민지 분할조약新植民地 分割條約은 이미 스페인에게 준 교황의 승인을 철회하는 것이었지만 포르투갈의 협박을 이기지 못한 교황과 스페인이 그들의 요구를 받아들임으로써 두 천주교 국가의 중남미 침략이 시작되었다. 교황의 축복을 받은 천주교인들의 중남미 침략과 착취가 원주민들에게 남긴 비참한 결과는 오늘날 중남미의 역사와 현실이 증명하고 있다.

② 제2차 항해, 스페인 왕의 찬사와 적극적 재정지원 받아

　콜룸부스의 영광은 전대미문의 것이었다. 왕의 찬사를 받은 그는 쉴 새도 없이 새로운 식민지를 개척하여 보물을 쟁탈하고 교역수로를 열어 스페인 국민을 영주시키고 대륙을 더 깊이 탐험하여 대업을 성취하려는 정열에 불타게 되었다. 제1차 출발 때에 반대하던 자들도 그의 성공을 부러워하게 되어 무명의 콜룸부스는 하루아침에 세계적인 탐험가가 되었고 개척자로서 제2차 항해를 시작할 수 있게 되었다.(콜룸부스의 제2차 항해는 스페인 왕이 몰수한 유대인들의 재산을 판 돈으로 조달하였다.)

　1493년 9월 25일 스페인 왕 부부의 절대적인 신임과 지지를 얻은 그는 이번에는 배 17척에 1,500명 정도의 지망자들을 인솔하고 충분한 식량과 말·가축까지 싣고 출발할 수 있었다. 11월 3일에 도착한 섬을 그는 도미니카Dominica라고 명명하였다.

　콜룸부스는 선원들을 총으로 무장시켜 그 순박한 원주민들의 촌을 습격하여 사람들을 사로잡아 노예로 만들었다(도미니카는 1844년 스페인으로부터 공화국으로 독립한다). 그리고 1496년 6월 11일 귀국하였다. 그러나 소기의 목적달성에 그쳤을 뿐 스페인 왕 부부에게 굳게 약속한 중국 도착이 실패로 끝났으므로, 그는 크게 낙심하였고 선원들과 스페인 왕실도 실망하게 되었다.

③ 제3차 항해, 서인도제도의 트리니다드 명명

　1498년 5월 30일, 배 6척과 여자 30명까지 거느리고 다시 제3차 항해를 떠난 콜룸부스는 서인도제도에 도착하여 첫 섬을 발견하고 트리니다드Trinidad(삼위일체라는 뜻)로 명명하였다.

　콜룸부스는 제3차 항해에서 별다른 성과도 없이 돌아왔다. 인도와 중국으로 가는 수로를 발견하여 스페인 왕실에 최대 최귀의 보물과 향미료와 양념과 차등을 조달하겠다는 약속을 하고, 많은 재정적 지원을 받고 떠났던 세 번째 항해를 끝낸 후 그는 왕실뿐만 아니라 일반인에게도 신망을 상실했다.

④ 제4차 항해, 온두라스·코스타리카 발견

콜룸부스는 1502년 5월 11일 150명을 인솔하고 배 4척으로 8개월 간의 마지막 항해를 떠나 산토도밍고Santo Domingo 항에 도착하였다. 그러나 성 루시아 St. Lucia, 온두라스Honduras, 코스타리카Costa Rica 등을 발견한 것 외에 성과를 올리지 못하고 돌아왔다. 콜룸부스는 스페인의 왕 부부뿐만 아니라 각계의 신망을 잃고 거의 폐인이 되어 시골 성당에서 2년 후에 병사하였다.

(2) 군대 조직으로 무장, 원주민을 노예로 납치, 전염병 퍼뜨려

콜룸부스는 성직자는 아니었다. 그러나 그는 성직자 못지 않게 신앙이 깊었을 뿐만 아니라 150년 후에는(그때를 기준하여) 세계의 종말이 온다는 굳은 말세관末世觀을 가지고 있었다. 그의 항해의 목적은 네 가지로 요약할 수 있다.

첫째, 영토를 침략하여 스페인의 식민지를 넓힌다.

둘째, 동양과 미지의 세계 등 발견하는 모든 영토에 복음을 전파하여 천주교 세계 지배권을 확립시킨다.

셋째, 새로운 영토에서 금金을 캐내어 그 자금으로 예루살렘 성을 이슬람교로부터 탈환한다.

넷째, 중국으로 가는 수로를 발견하여 양념 등의 향미료 교역을 독점하고 보물을 찾는다.

그가 독실한 천주교 신도였다는 것을 뒷받침하는 증거도 적지 않다. 그가 항해 중에 스페인 왕에게 쓴 편지를 보면 그는 뼛속까지 신앙으로 충만한 사람임을 확인할 수 있다. 그의 편지의 일부를 살펴보자.

"……주님은 제 소망에 자비를 베풀어 주셨습니다. 주님은 제게 항해술에 관한 모든 것을 알게 하시고 천문학에 관하여도 필요한 모든 지식을 주셨습니다. 지구를 그리고, 그 위에 있는 도시와 하천과 산과 섬과 항구의 위치를 정확하게 그리기 위한 지성과 기술도 주셨습니다. 제 계획을 아는 사람들은 모두 제 계획을 인정하지 않고 비웃었습니다. 그러나 언제나 변함없이 믿어주신 분은 오직 폐하뿐이었습니다. 이 광영은 폐하와 마찬가지로 제게도 성령님께서 주신 것을 누가 의심할 수 있겠습니까? '구하라 주실 것이요, 두드리라 열어주시리라.' 무슨 계획이든지 주님께 봉사하려는 신성한 목적을 위하여 올바른 것이라면 주님의 이름으로 그 계획은 이루어질 것으로 믿습니다. 주님께서 힘을 주시기 때문입니다."

이 편지는 콜럼부스의 깊은 신앙을 잘 묘사하고 있다. 그래서 사람들은 신대륙 발견 400주년 기념일에 콜럼부스를 성자의 반열에 올려놓으려

콜럼부스가 신대륙을 발견하기 훨씬 이전인 15,000~40,000년 전부터 아메리카 대륙은 인디안들의 땅이었다. 백인들이 도착하자 인디안들은 처음엔 그들을 환대하였다. 그러나 인디안들에게 돌아온 것은 배신과 살육이었다.(최웅·김봉중 『미국의 역사』 소나무, 2009)

고 교황 피우스Pius 9세와 리오Leo 13세에게 청원서를 올렸다. 그 청원서의 일부는 다음과 같다.

"신이 창조하신 넓은 세계를 우리 눈앞에 분명하게 밝힐 책임을 받은 자는 콜럼부스 바로 그 사람입니다. 이 세상 사람들이 최후에는 알 수 있겠지만 그것은 콜럼부스를 통해서일 것입니다. 그는 이사야의 예언을 실현했고 말라기의 예언을 완성하기 위해 온 사람이었습니다. 대해에서 신의 말씀을 처음으로 선포하고 구 세계가 알지 못하였던 지역에 십자가를 가지고 간 사람은 신의 항해사 콜럼부스입니다. 육지와 바다에서 성모 마리아의 영광을 찬양하고 죄 없는 마을을 건설한 사람은 주님의 완전무결한 신봉자, 정신과 진실의 숭배자인 콜럼부스입니다."

콜럼부스 일행이 서인도 제도West Indies 일대를 발견하고 탐험한 후, 제2차 항해 때부터 비인도적인 만행은 시작되었다. 총으로 무장한 200여 명을 정식 군대로 조직하여 원주민을 잡아 노예로 삼았다.

1494년에 콜럼부스는 서인도에서 500명의 카리브 원주민들을 끌고 가서 노예로 팔려고 하였는데, 이사벨Isabella 여왕의 명령으로 돌려보내야 했다. 그러나 그 후에 콜럼부스 일행은 원주민들을 닥치는 대로 잡아서 노예로 매매했을 뿐만 아니라 아프리카에서 노예수입까지 하였다. 1498년에는 또 600명의 카리브인들을 노예로 팔기 위하여 스페

인으로 강제 납치, 연행하였다. 날벼락을 만난 선량한 원주민들은 가족과 집을 잃고 콜럼부스의 군대를 피하여 마을을 떠나 울면서 원시림으로 피신해야만 했다.

또 그들은 유럽에서 가져온 병균을 의도적으로 원주민들에게 전염시켰다. 2년 안에 원주민 인구의 1/3이 전염병으로 쓰러졌다. 원주민들에게는 유럽인들이 가져온 전염병에 대한 면역력도, 약품도 없었다.

콜럼부스 일행의 만행을 증명하는 실례를 몇 가지 더 들 수 있다. 지금의 도미니카 Dominican공화국(Cuba 동쪽에 위치한 섬)에 5개 왕국이 있었던 시대의 실화이다.

○ 마리엔Marien 왕국의 최후, 원주민은 도움주고도 살해 당해

콜럼부스 일행이 이 섬에 처음으로 도착하였을 때, 원주민(마리엔 왕국)들은 신기한 배와 이상한 사람들을 하늘에서 내려온 천사인줄 알고 전원을 초대하여 성대한 환영 만찬을 베풀어주었다. 또한 콜럼부스가 타고 온 배 한 척이 파선되었을 때도 온 국민이 나서서 구조하는 일을 도왔을 뿐 아니라 필요한 재료를 모두 제공하고 배 수리까지 도와주었다. 그들의 도움으로 콜럼부스 일행은 죽음의 고비를 넘길 수 있었다.

그러나 콜럼부스 일행이었던 천주교인들은 은인들을 배은망덕으로 보답하였다. 며칠 후에 안정을 되찾은 그들은 원주민들의 고마움을 잊어버리고 악마로 돌변했다. 그들은 원주민 촌을 포위, 기습공격으로 순식간에 거의 전 주민을 살해하고 그들의 왕국을 점령해버렸다.

그들에게 아낌없는 도움을 베풀었던 왕은 모든 것을 포기한 채 남은 사람들과 함께 숲속으로 피난가야만 했다. 진실로 배은망덕하고 교활하고 비인간적이며, 사악한 학살 행위였다. 이것이 콜럼부스가 인솔하고 온 천주교인들이 그들이 발견한 섬들에서 일으킨 천인공노할 만행의 시작이었다.

○ 하라과Jaragwa 왕국의 비화悲話

도미니카Dominica 섬의 중심부에 위치하고 있던 이 왕국은 비옥한 땅과 가장 발달한 문화를 지니고 있었다. 그들의 문화와 예절은 그 나라 귀족 사회의 자랑이었다. 여왕은 우아한 미인으로서 인자하고 사랑이 넘치는 분이었다. 콜럼부스 일행(천주교도들)이 처음 그 나라에 왔을 때 낯선 손님에게 베푼 호의와 또 콜럼부스 일행을 수차 죽을 위기에서 구하여 준 이야기는 수다하다.

그런데 여기서도 콜럼부스 일행은 그들의 고마움을 배은망덕으로 갚았다. 60명의 기병과 300여 명의 군대를 동원하여 일시에 그들을 불로 태워 죽여버렸다. 그들의 계략은 이러했다. 먼저 그 나라의 유력자, 귀족들 300여 명을 은혜를 갚는다는 구실로 만찬에 초청하여 몇 채의 가옥에 집합시켰다. 그리고 일시에 불을 놓아 태워 죽였다. 불을 피하여 집 밖으로 뛰쳐나오는 귀족들은 사전에 포위하고 있던 콜룸부스의 군인들이 창으로 찔러 죽였다. 도망가다 넘어진 어린애는 칼로 다리를 잘라 버렸다.

그때 양심의 가책을 느꼈던 어떤 천주교 군인이 도망 나온 어린애를 살리려고 말에 태우려 하였으나, 다른 군인이 그 애를 창으로 찔러 죽였다. 또 어떤 천주교 군인은 땅바닥에 쓰러져 울고 있는 어린애의 다리를 잘라 버렸다. 여왕은 정의를 표시한다며 총이나 칼을 사용하지 않고 목매달아 죽였다.

학살의 현장에서 살아남은 주민들은 카누를 타고 다른 무인도로 도피해야 했다. 그러나 콜룸부스 일행의 천주교도 지휘관은 그들을 끝까지 추격하여 한 명도 남김없이 모두 사로잡으라고 명령하였다. 인간의 탈을 뒤집어 쓴 악마가 바로 그들이었다.

수다한 원주민을 잡아 노예로 혹사한 콜룸부스는 다음과 같은 구실로 자신들의 행동을 정당화 하였다. 원주민들은 잔인하고 욕심이 많고 타락한 영혼이기에 이들을 천주교 신앙으로 무장시켜야 구원의 백성이 될 수 있다. 그 방법으로 노예들을 합숙시켜 남자들은 금을 채굴시키려고 광산으로 보냈고, 부녀자들은 땅을 개척하여 농사를 짓도록 하였다. 이는 원주민들에게 가혹한 중노동이었다.

노예 부부가 함께 거하면 아기의 출산으로 노동력이 저하될 것을 우려하여 서로 만나지도 못하게 하였다. 그들의 식사는 잡초였다. 그들은 동물로 취급되었는데, 아이가 태어나 산모의 영양 부족으로 젖이 나오지 않아 굶어죽을 수밖에 없었다.

군인들은 노예들을 회초리와 몽둥이로 다스렸다. 원주민들에게는 잔인한 고통의 연속이었으며, 남녀 노예들은 과로와 영양 부족으로 매일 죽어 갔다. 이와 같이 콜룸부스 일행은 복음 전파보다는 원주민들의 재산과 노동력을 착취하는 살인강도집단으로 변했다. 이러한 콜룸부스에게 신대륙 발견 400주년 기념일에 「성자」라는 칭호를 주자고 교황에게 청원서를 보냈다니, 이는 도덕성의 마비이며, 정의감을 상실한 명백한 증거였다. 콜룸부스의 도착은 원주민들에게는 악마의 도착이었고, 멸망의 서곡이었다. 잔존한 원주민들은 생활면에서 지금도 노예 상태와 별로 다를 바가 없기 때문이다.

원주민들은 '발견'이라는 말을 극구 반대한다. 그것은 '도착'이었을 뿐 '발견'은 아니다. 그들이 이미 수만 년 전부터 거주하고 있었으므로 타당한 주장이다. 그가 도착한 날부터 원주민들은 하루도 평안한 날이 없었고, 친절과 호의에 대한 배신만이 되풀이되었다. 원주민들에게 있어서 백인 천주교인이란, 곧 악마·살인자·약탈자·배신자·강간자라는 뜻 밖에 다른 의미는 없었다. 또한 그들이 가지고 다니는 십자가는 살인마 집단의 상징으로 보였을 것이다.

콜럼부스는 신세계의 복음 전파와 천주교 세계 지배권을 확립하기 위해서는 위의 방법만이 유일하다고 믿었던 모양이다.

2. 자본계층의 등장과 종교개혁, 봉건절대주의에 저항

1) 영국의 자본주의 발전과 시장개척 필요성, 식민지 찾아 출동

16세기에 영국은 봉건 관계가 계속 해체되고 자본주의적 생산이 발전하는 과정에 처해 있었다. 새 항로가 개척된 후 유럽의 주요한 통상로와 무역 중심은 지중해 구역으로부터 대서양 연안으로 옮겨졌다. 이것은 영국 상공업의 발전을 촉진시켰다. 당시 모방직업毛紡職業은 영국의 주요한 공업 부문으로 되었으며, 모방직업에 종사하는 인구가 영국 인수의 반수 이상을 차지하였다. 모방직업은 대소 도시들에만 국한되어 발전한 것이 아니라, 농촌에 이르기까지 광범히 보급되었다. 대규모적이고 업종이 집중된 모방직 수공업공장들이 이미 출현하였고 또 점차 발전하고 있었다.

16세기 말엽에 한 모방직 공장에 대하여 아래와 같이 묘사한 민요 한 수가 유행되고 있었다.

직포기 2백 틀 직포공 2백 명, 널따란 작업장에 줄지어 섰네…… 커다란 옆칸에 여직포공 백 명, 그 곁 방에도 처녀 2백 명……재간 많은 처녀들 지쳐서 실을 뽑네. 바깥방엔 또 아동공 백 50명 줄지어 앉아서 가는 털 고른다네. 그들의 쓰라림 어디에 하소연하랴! 모두 다 가난뱅이 우마보다 못한 신세, 꼭두새벽 일어나 한밤중에 잠들건만 하루에 받는 건 땡전 몇 푼, 끼니마다 먹는 건 멀건 죽뿐, 저기 저 대청의 50명 절단공, 그 솜씨 흠잡을 데 있을손가! 또 80명의 노동자 천짜기에 바빠 도우나. 80명의 노동자 물감들이고 20명의 노동자 천을 접으니, 피륙은 쌓여서 태산 이루네.

모방직 수공업의 발전으로 하여 양털의 수요량이 부단히 늘어나고 그 가격도 끊임없이 올랐다. 귀족과 지주들은 양을 기르는 것이 곡식을 심는 것보다 더 많은 이익을 얻을 수 있다는 것을 알고 일찍이 15세기 말엽부터 폭력으로 농민들을 소작지에서 쫓아내는 동시에 또 원래 농민들이 공용으로 쓰던 초지·산림·소택沼澤(늪과 못)들을 강점하였다. 그들은 밭지경을 없애고, 원래의 농민들을 쫓아내고, 농민들의 오막살이집을 불사른 후, 넓은 땅에 울타리를 둘러막고 목장을 만들었다(공유지를 사유화함 Enclosure Acts). 그들은 고용인을 두고 숱한 양을 기르기도 하였으며, 고율의 지대를 받고 목장을 남에게 빌려 주기도 하였다.

땅을 잃은 농민들은 더는 살 길이 없어 늙은이를 부축하고 어린 것들을 이끌고 정처없이 유랑하였다. 이것이 바로 영국 자본주의의 피어린 발전의 역사에서 "양이 사람을 잡아먹는"「엔클로우저(울치기)운동」이었다. 영국의 유명한 인문주의자 토머스 모어(1478~1535년)는 그의 명작『유토피아』에서 엔클로우저에 대하여 다음과 같이 신랄하게 풍자하였다. "당신의 양은 유순하여 조금만 먹어도 흡족해 하였는데 지금은 탐욕스러워지고 사나워져서 사람마저 잡아먹으려 덤비는구만…." 이렇게 남의 땅 빼앗기에 성공한 귀족들은 자산계급화한 신귀족으로 되었다.

'울치기'에 대한 농민들의 반대 투쟁이 연속 폭발하였지만, 모두 영국 정부의 피비린내나는 탄압을 당하였다. 파산당하여 유랑하는 농민들에 대하여 영국 정부에서는 일하기 싫어서 도피한 자들이라고 모독하였다. 정부에서는 일련의 혹독한 법령을 발포하여 그들을 죄다 범죄자로 몰았다. 그리하여 어떤 사람에게는 낙인을 찍거나 매질을 하는 등의 혹형을 가하였고, 어떤 사람에 대해서는 종신 노예로 판결하였다. 심지어 어떤 사람에 대해서는 사형까지 선고하였다. 1509년부터 1547년까지의 기간에 이렇게 비참히 죽은 사람이 7만 2천 명에 달하였다. 맨주먹밖에 없는 농민들은 하는 수 없이 수공업 공장에 고용 노동자로 들어가 자본가의 착취를 받게 되었다.

16세기부터 영국은 대서양 항로의 중심에 위치한 우월한 조건을 이용하여 적극적으로 대외 무역을 발전시켰으며, 식민주의적 활동을 진행하여 식민지 약탈을 감행하였다. 영국 자본주의는 발전되었다. 이런 발전은 국내외 농민들의 토지를 잔혹하게 빼앗고 식민지를 야만적으로 약탈하는 것을 통하여 실현되었던 것이다. 그러므로 어느 노동운동가의 말처럼 "자본은 머리끝으로부터 발끝까지의 모든 털구멍에서 피와 오물을 흘리면서 이 세상에 나온다"는 것을 알 수 있었다.

(1) 스튜어트 왕조의 전제專制와 사회 모순의 격화

1603년에 영국의 여왕 엘리자베스가 죽었으나 그를 계승할 직계 친척이 없었다. 그의 먼 친척인 스코틀랜드 국왕 제임스가 영국의 왕으로 되었고, 제임스 1세(1603~1625년)라고 칭하였다. 그리하여 영국에서 스튜어트 왕조의 통치가 시작되었다. 줄곧 "임금의 권리는 신이 주었다"고 믿어온 제임스 1세는 독단 독행하기를 좋아하였으며, 군권을 제한하는 그 어떤 일이든지 모두 오류라고 주장하였다. 그러나 영국의 의회는 오래전부터 저들의 동의가 없이는 법률을 제정할 수도 폐지할 수도 없고, 세금을 징수할 수도 없다는 하나의 전통을 이루고 있었으므로, 제임스 1세와 의회 사이의 관계는 아주 긴장되었다.

○ 영국 의회는 13세기에 출현하였는데, 상원과 하원으로 나뉘어져 있었다. 처음에 상원은 세습 귀족과 고급 승려들에게 장악되고, 하원의 의원들은 주로 지주들 가운데서 선거에 의하여 선출되었다. 17세기 상반기에는 400~500여 명의 하원 의원들 중에서 절대 다수가 자산 계급과 신귀족의 대표들이었다.

스튜어트 왕조가 영국을 통치하기 시작할 때 영국은 아직 봉건적인 농업국이었다. 그러나 자본주의적 생산이 이미 비교적 크게 발전되고 있었다. 모방직 공업은 전국적인 공업으로 되었다. 전국의 여러 도시, 심지어 제일 작은 농촌에서까지 많은 사람들이 나사羅紗를 짜내는 업에 종사하였다. 이밖에 제철·조선·유리 제조·화약 제조·제지 등 공업도 빨리 발전하여 많은 수공업 공장이 일어섰다. 자본주의의 발전에 따라 자산 계급의 역량이 성장하였다. 그들은 정권을 장악하여 자본주의를 발전시키려 하였다. 그런데 스튜어트 왕조의 전제통치는 영국 자본주의의 가일층의 발전을 몹시 저해했다.

제임스 1세의 뒤를 이어서 찰스 1세(1625~1649년 재위)가 국왕으로 되었는데, 그도 여전히 독단 독행하였다. 그는 자기가 마음대로 세금을 징수하는데 대하여 동의하지 않는 의회를 여러 차례 해산시켰으며, 심지어 1629년부터 1640년 사이에는 의회도 열지 않고 의회가 없는 통치를 실시하였다. 왕실의 생활은 그지없이 호화로웠다. 국왕은 여러 가지 가렴苛斂(조세 등의 가혹한 징수) 잡세를 징수하고 근로 인민들을 압박하고 착취하였다. 또 비누·소금·술·석탄·철 등의 전매권을 독점하고, 그것을 팔아서 거액의 금전을 수탈하였다. 그리하여 생산과 무역이 혼란에 빠지고 상공업이 불경기에 처하게 되었으며, 대량의 노동자들이 실업당하고 광범한 근로 인민들이 살 길이 없게 되었다. 영국 사회의 각종 모순은 급속히 격화되었다.

농민들은 울치기 운동을 반대하고 봉건적 압박을 반대하면서 지대를 취소하고 토지를 달라는 요구를 제기하였다. 그리하여 농민 혁명 운동이 세차게 일어났다. 도시 평민들과 실직당한 수공업자들은 생계를 유지하기 위하여 늘 봉기를 일으켰다. 인민 혁명 운동의 주동하에서 자산 계급과 신귀족들은 자기들의 이익을 위하여 서로 동맹을 맺고 봉건 통치를 반대하는 대열에 참가한 동시에 운동에 대한 주도권을 잡았다. 노동자·농민 계층을 '병사'로 하여 자산계층의 혁명이 가능해진 것이다.

(2) 혁명 전쟁, 의회파와 민중의 승리

자산 계급 혁명 형세가 성숙되어 가고 있을 때, 스코틀랜드 인민들이 먼저 봉기를 일으켜 찰스 1세의 전제 통치에 반항하였다. 봉기자들은 변경을 넘어 잉글랜드 북부에 들어갔다. 스코틀랜드 인민들의 봉기는 영국 자산 계급 혁명의 도화선이 되었다.

찰스 1세는 군사비를 긁어모으고 봉기를 탄압하기 위하여 1640년에 장기간 문을 닫았던 의회의 문을 할 수 없이 다시 열었다.

새 의회에서는 자산 계급과 신귀족들이 반대파를 모아가지고 봉건 세력을 대표한 국왕을 반대하여 투쟁하였으므로 서민 대중들의 지지를 받았다. 새 의회는 국왕과 대신들의 활동을 감독하며 국왕의 전매권을 취소하였고, 의회의 동의가 없이 마음대로 세금을 징수하는 것은 불법행위라고 선포하는 것으로 왕권의 제한을 요구하였다. 자기의 전제 권력을 잃어버리는 것을 달가워하지 않은 찰스 1세는 1642년에 의회의 반대파 대표 인물들을 체포하려고 군대를 거느리고 의회에 뛰어들었다. 그러나 반대파 대표 인물들이 벌써 런던 시민들의 엄호를 받아 피신하였기 때문에 그는 허탕을 치고 말았다.

런던 시민들의 이같은 행동은 국왕에 대한 그들의 분노를 반영하였으며, 런던 부근의 농민들도 반대파를 성원하였다. 수공업자(장인)·직인과 도제들로 조직된 민병들이 의회를 보호하였기 때문에 며칠이 지난 후 찰스 1세와 그의 추종자들은 런던에서 도망하여 봉건 세력이 비교적 강한 서부와 북부에 가서 반동 역량을 긁어모았다. 그해 8월에는 '의회에 대한 토벌'을 선포하고 국내 전쟁을 도발하였다.

국내 전쟁 초기에 의회측의 지도자들이 국왕과 화의하려는 환상을 가지고 과단성 없이 망설인 탓으로 군사상 불리한 형세가 조성되었다. 의회군은 싸움에서 연속 패전하고, 국왕군이 런던에 바짝 죄어 들었다. 국왕군은 1643년 여름에 삼면으로부터 런던을 위협하였다. 런던의 수공업자와 빈민들은 일어나 수도를 보위하고 국왕군의 공세를 막아내었다. 이와 동시에 동부의 자작농들이 자율적으로 기병대를 조직하여 가지고 측면으로부터 국왕군을 공격하여 런던에 대한 그들의 압력을 위축시켰다. 1644년 7월에 마스톤 초원의 전투에서 크롬웰이 지휘한 기병들이 용감히 싸워 중대한 승리를 달성하였다. 그러나 다른 곳에서 싸우던 의회군이 실패하였기 때문에 마스톤 초원에서 얻은 승리의 과실은 거의 다 없어지고 말았다.

근로 민중들의 강렬한 요구에 의회는 군대를 재편성하고 과단성 있는 장수를 선발하지 않으면 안되었다. 1645년 초에 의회는 군대를 재편성할 결의를 채택하였다. 새로 편성된 이 군대를 「신모범군New Model Army」이라고 하였다.

신모범군은 한 갈래의 정규적인 통일된 군대로서 10개의 기병 연대, 12개의 보병 연대 도합 2만여 명의 병력을 가지고 있었다. 병사는 자영농을 위주로 하고, 그 외에 수공업자·도제와 직인들을 포괄하였다. 신모범군은 규율이 엄격하고 싸움에 용감하고 지휘가 통일되어 건강한 전투력을 가지고 있었다. 신모범군의 영도권은 실제상 신귀족인 크롬웰에게 장악되어 있었다.

올리버 크롬웰(1599~1658)은 신귀족 출신으로서 1640년에 신귀족을 대표하여 의회 의원으로 당선되었다. 처음에 그는 혁명에 참가하려 하지 않고 단지 국왕에게 일부 개혁을 진행할 것만 요구하였다. 1642년에 국내 전쟁이 폭발된 후에야 자기가 모집한 자영농으로 구성된 60명의 기병부대를 거느리고 의회군의 작전에 참가하였다. 혁명 전쟁 과정에서 크롬웰은 영국 자산 계급과 신귀족의 지도자가 되었다.

크롬웰은 새로 편성된 군대를 거느리고 연속 국왕군을 격파하였는데, 1645년 6월에는 네스비 전투에서 국왕군의 주력을 격파하였다. 국왕은 1646년 5월에 스코틀랜드로 도망하였다가 후에 의회군에 의하여 포로가 되었다. 그리하여 제1차 국내 전쟁은 종말을 고하였다.

그러나 자산 계급은 인민들의 선혈로 탈취한 승리의 결실을 독점하려고 시도하였다. 의회는 왕실의 토지를 경매하는 방법으로 대부분의 토지를 자산 계급과 신귀족들의 손에 들어가도록 하였다. 의회는 국왕에 대한 지주의 납세 의무를 폐지하였지만 농민들은 여전히 지주에게 지대를 납부해야 했다. 인민들은 이런 조치에 큰 불만을 품고 일어나 반대하였다. 혁명 진영 내부에서 의회와 군대와의 투쟁이 벌어졌다. 찰스 1세는 이 기회를 타서 도망하여 졸개들을 긁어모아 가지고 다시 돌아와 제2차 국내 전쟁을 일으켰다. 대적 앞에서 혁명 역량은 연합하여 재빨리 국왕군을 쳐부수고 다시금 찰스 1세를 포로로 하고 내전을 종식시켰다.

1649년 1월에 찰스 1세는 폭군·반역자·살인범·인민의 공동의 원수라는 죄명으로 형장에 끌려나가 사형 당하였다. 그해 5월에 영국은 공화국, 즉 자산 계급과 신귀족들이 독재하는 공화국을 선포하였다.

찰스 1세를 사형에 처한 것은 전적으로 인민 대중들의 공로였다. 엥겔스가 말한 바와 같이 "만약 이러한 자영농과 도시 평민들이 없이 자산 계급만으로는 절대로 이 싸움을 끝까지 수행하지 못하였을 것이며, 찰스 1세를 절대로 단두대에 올리지도 못하였을 것이다."

(3) 크롬웰의 독재 정치, 아일랜드를 점령 · 통치

공화국이 창건된 후 대권을 틀어쥔 크롬웰은 사실상 군사 독재자로 되었다. 그는 자산 계급과 신귀족들이 이미 얻은 이익만 극력 수호하고, 인민들의 생사에 대해서는 조금도 돌보지 않았다. 심지어 총끝을 돌려 인민들을 적으로 삼고 국내에서 디거스diggers (땅파는 자) 운동을 탄압하였으며, 또 군사를 풀어 아일랜드에 대한 '원정'을 진행하였다.

디거스 운동은 가난한 인민들이 혁명을 계속 진행시키려 한 일종의 집단적 표현이었다. 이 운동은 1649년 봄에 런던 부근의 센트죠지산에서의 황무지 개간 문제를 발단으로 하여 가난한 농민들이 일으킨 운동으로서 신속히 많은 지방에 파급되었다. 디거스 운동은 왕권을 폐지한 후에도 인민들이 여전히 탄압받고 있는 현실을 폭로하였으며, 토지 사유제를 폐지하여야 하며 사람마다 평등하여야 한다는 정치 주장을 제기하였다. 디거스 운동에 대한 크롬웰의 탄압은 자산 계급의 반인민적인 일면을 충분히 폭로하였다.

아일랜드는 오랫동안 영국의 통치와 압박을 받아왔다. 아일랜드 인민들은 영국 국내 전쟁이 폭발한 기회를 타서 민족 봉기를 일으켰다. 1649년 가을부터 이듬해 5월까지 크롬웰이 이끄는 영국 군대는 아일랜드에 건너가 봉기를 탄압하고, 아일랜드 인민에 대하여 피비린내 나는 학살을 감행하였으며, 아일랜드의 3분의 2 이상의 토지를 강점하였다. 크롬웰과 그의 부하들인 고급 군관 및 많은 영국 상인들과 신귀족들은 모두 아일랜드의 대지주로 되었다.

이들은 아일랜드에서 영국의 통치를 수호하는 지주 계층을 이루었다. 수많은 아일랜드인들이 토지를 잃었으며 또한 학살당하였다. 그리고 수많은 아일랜드인들이 핍박에 못 이겨 북아메리카에 가서 고역살이를 하거나 다른 나라에 가서 유랑 생활을 하였다. 그리하여 1641년에 약 150만 명이었던 아일랜드의 인구가 1652년에 이르러서는 85만명으로 급격히 줄어들었다.

1653년에 크롬웰은 의회를 해산시키고 '호국경護國卿'으로 취임하였다. 그는 육해군을 장악하고 재정과 사법을 통제하였으며, 외교를 주관함으로써 자산 계급과 신귀족들의 통치를 수호하는 '보검寶劍'으로 되었다. 그러나 그의 정권은 인민의 이익을 돌보지 않앉으므로 인민들의 지지를 받지 못하였다. 그리하여 이 '보검'도 날이 무디어 봉건적 복고復古 세력의 진공을 막아낼 수 없었다. 1658년에 크롬웰은 병으로 죽었다. 그후 고위 군관들의 권력 다툼으로 하여 호국경 정부는 위급한 상태에 처하게 되었다. 울치기운동을 반대하는 동부 지구 농민들의 투쟁이 다시 앙양되었으며, 병사들 속에서도 새로운 봉기가 준비되고 있었다. 자산 계급과 신귀족들은 복고를 시도하는 스튜어트 왕조와 결탁하여 인민 대중들의 혁명운동에 대처할 협의를 달성하였다. 1660년 5월에 자산 계급과 신귀족들은 프랑스에 망명하였던 찰스 2세를 데려다 영국의 국왕으로 올려앉혔다. 이리하여 스튜어트 왕조는 복고되었다.

(4) 영국에서의 자산 계급과 신귀족 통치 지위의 확립

프랑스로 도망쳤던 찰스 2세는 영국으로 돌아오던 중에 네덜란드에서 성명을 발표하여 정치범들을 석방하고 종교 자유를 실시하며 혁명 기간에 개혁된 재정 소유권을 그대로 두겠다고 표명하였다. 망명 생활 속에서 교훈을 얻게된 찰스 2세는 "다시는 지난날에 자기가 겪은 역사를 되풀이하지 않겠다"고 표명하였다. 그러나 찰스 2세가 왕위에 오른 지 얼마 안 되어 왕당파들은 백정의 칼을 휘둘러 혁명파들을 대량으로 학살하였다. 왕당파들은 찰스 1세를 사형하는 데 참가하였던 많은 사람들을 죄다 사형에 처하고 심지어는 크롬웰의 시체까지 무덤에서 파내어 교수형에 매달았다.

복고된 왕조는 자기의 통치를 공고히 하기 위하여 혁명 시기에 몰수됐던 모든 토지와 아직 팔지 않은 봉건 지주들의 토지를 원주인에게 돌려주고, 이미 판 것은 국가에서 원주인에게 경제적으로 배상하라는 명령을 내렸다. 여기에 필요한 거액의 금액은 인민들에게서 긁어낸 세금으로 지불하였다. 그리하여 가렴 잡세가 한없이 많아졌다. 심지어 밥을 짓는데도 '부엌세' 또는 '가마세'를 바쳐야만 되었다.

1685년에 찰스 2세의 동생 제임스 2세가 왕위를 계승하였다. 그는 대외적으로는 프랑스에 의지하고, 대내적으로는 봉건 제도를 복구하는 반동정책을 실시하였다. 이는 인민들의 이익을 해쳤을 뿐더러 자산 계급과 신귀족들의 이익도 해쳤던 것이다. 그러나 이때의 영국 자산 계급과 신귀족들은 이미 인민을 이탈하였고 또 인민과 강대한 인민 혁명운동을 두려워하였다.

그들은 봉건 귀족과 타협하고 결합하여 1688년 6월에 궁정 정변을 일으키고, 영국 국왕 제임스 2세의 사위이며 네덜란드의 집정자인 윌리엄을 영국의 국왕으로 요청하였다.

그해 11월에 윌리엄이 거느린 군대가 영국에 상륙하자 고립무원의 처지에 빠진 제임스 2세는 황급히 프랑스로 도망쳤다. 피를 흘리지 않아 명예혁명Glorious Revolution이라 했다.

군주의 권리를 제한하기 위하여 영국 의회는 1689년에 『권리장전』을 채택하였다. 이는 영국 정치사에서 중요한 문헌의 하나가 되었다. 『권리장전』은 다음과 같이 명확하게 규정하였다. 「국왕에게는 법률을 폐지하거나 법률의 집행을 정지시킬 권리가 없으며, 의회의 동의가 없이 국왕은 세금을 징수할 수 없고, 평화 시기에 상비군을 둘 수 없으며, 의회는 정기적으로 소집하며, 의회 의원의 선거는 국왕의 간섭을 받지 않고, 의회 의원들은 의회에서 활동할 자유가 있다」는 것 등이었다. 『권리장전』은 왕권을 제한하도록 헌법으로 규정되었다. 그리하여 근 반세기 동안의 반복적인 권력투쟁을 거쳐 영국에서 마침내 입헌군주제에 의한 자산계급 독재가 확립되었다.

○ Bill of Rights의 내용 1. 영국왕은 영국교회에 속한다. 2. 왕은 법의 집행을 정지시키지 못한다. 3. 의회의 동의 없이 징세는 안된다. 4. 의회내의 언론의 자유가 보장된다. 5. 백성(인민)은 청원권을 가지며 과도한 벌금 · 보석금 · 잔인한 처벌을 받지 아니한다. 6. 의회의 회기는 자주 연다.

영국 자산계급 혁명은 인류 역사에서 봉건 제도에 대한 자본주의 제도의 한 차례의 중대한 승리이며 "봉건적 소유에 대한 자산 계급적 소유의 승리"였다(엥겔스). 이 혁명은 자본주의의 급속한 발전을 위하여 길을 닦았으며 생산력의 발전을 크게 촉진시켰다. 그리고 이 혁명에 의하여 수립된 자본주의 제도는 봉건 제도에 비해서 인류 역사에서의 또한 차례의 중대한 진보였다. 그러나 이 혁명은 결국 하나의 착취제도를 다른 하나의 착취제도로 교체한 혁명에 불과했다. 봉건 제도의 쇠사슬은 부서졌으나 자본주의의 쇠사슬이 다시금 인민들의 머리 위에 들씌워졌다.

영국 자산 계급의 통치는 몇 차례의 반복을 거쳐서야 비로소 확립되었다. 그러나 겉보기에 강대한 듯한 봉건 세력으로서는 이 역사적 추세를 막아낼 수 없었다. 영국 자산계급 혁명은 유럽과 북아메리카의 성세 호대한 자산계급 혁명운동의 서막을 열어 놓았다. 그러므로 이 혁명은 세계사적 의의를 가지고 있었으며 세계 근대 민주주의 역사의 시작을 알리는 것이었다.

2) 북아메리카 동부 연안에 차례로 식민정착

영국은 유럽의 경쟁국들 가운데서 가장 먼저 정착지 건설에 성공함으로써 장차 신대륙을 차지하기 위한 유리한 고지를 점령하였다. 영국은 컬럼버스의 아메리카 발견 직후인 1497~1498년에 이탈리아 인 존 캐벗John Cabot을 파견하여 신대륙을 탐사하게 하였다.(여기에서는 '컬럼버스'로 표기를 바꿔놓음) 그러나 당시 영국은 국력이 약하고 국민의 관심이 주로 국내 문제에 쏠려 있었기 때문에, 캐벗의 탐험은 아무런 실질적 결과를 가져오지 못하였다.

그 대신 영국의 해적들은 신대륙에서 유럽으로 돌아오는 스페인 선박을 공격하여, 주로 금과 은을 약탈하였다. 이러한 해적들 가운데 가장 유명한 사람이 프랜시스 드레이크Francis Drake였다. 그가 약탈한 물건을 싣고 런던 항에 입항하였을 때 엘리자베스Elizabeth 여왕은 직접 배에 올라가 그에게 귀족의 작위를 수여할 정도였다. 이에 격분한 스페인은 1588년에 132척의 군함으로 조직된, 이른바 '무적 함대'無敵艦隊를 영국으로 파견하였다. 영국은 국력을 총동원하여 스페인의 공격을 저지하였다. 게다가 스페인 함대는 폭풍우를 만나 완전히 궤멸되고 말았다.

한편 영국은 인구 과잉과 빈민, 그리고 영국 국교國敎에 대해 반항하는 종교적 급진파 문제로 골치를 앓고 있었다. 그러므로 영국 왕실은 이들 달갑지 않은 자들을 아메리카로 보내려고 하였다. 이것은 왕실과 정통 교회에 대해 충성심을 가진 사람들에 한해서만 아메리카로 이주하는 것을 허용했던 스페인의 경우와는 좋은 대조를 이루는 것이었다.(영어로 settlement는 점잖은 말로 이민의 정착을 뜻하지만, 영국의 아메리카·오스트레일리아 식민지 개척에서나 최근의 이스라엘이 팔레스타인 영토를 점령해 가는 과정에서, 사실은 침략·점령·약탈에 의해 원주민을 내쫓고 점령군의 경계 초소 안에서 주택과 공장을 건설해 가는 침탈행위 과정을 일컫는 말이 되었다.)

(1) 버지니아 식민지 개척, 이주민마다 대토지 제공 받아

영국은 1585년에 지금의 노스캐롤라이나에 있는 로아녹 섬Roanoke Island에 2개의 식민지를 건설하기 위해 이민移民을 파견하였다. 그러나 이민의 일부는 1년 후에 영국으로 되돌아오고 나머지는 그대로 남았다. 5년 후 영국 선박들이 그곳을 찾았을 때에는 그들의 흔적조차 찾아볼 수 없었다. 따라서 신대륙에 영구 정착지를 건설하려던 영국인들의 노력은 일단 실패로 돌아가고 말았다.

1606년에 영국왕 제임스 1세는 당시 버지니아Virginia로 불린 넓은 지역, 즉 북쪽의 메인Maine으로부터 남쪽의 노스캐롤라이나에 이르는 광활한 지역에 식민지를 건설할 권한을 런던 회사와 플리머스Plymouth회사에 부여하였다. 이 땅이 버지니아로 불리게 된 것은 제임스 1세 바로 앞서 영국을 통치했던 엘리자베스 여왕의 이름(Virgin 처녀)을 기리기 위해, 월터 롤리경卿이 그와 같이 부른 데서 시작되었다. 런던 회사는 남쪽을 개척하고, 플리머스 회사는 북쪽을 개척하도록 영역이 정해졌다.

이들 회사의 특허장特許狀 Charter 즉 정관定款은 아메리카 정착민과 그 후손들에게 영국인이 누리고 있는 권리를 똑같이 누리도록 보장한다는 것을 규정하고 있었다. 특허장에는 "원주민을 기독교로 개종시킬 의무"도 명시되어 있었다. 회사원들은 금金을 발견하거나 어업과 모피 무역에서 이익을 얻을 수 있을 것으로 막연히 기대하였다. 이렇게 하여 「특허장 식민지Charter Colony」가 건설될 토대가 마련되었다.

1606년 12월 런던 회사는 수잔 콘스탄트 호를 포함한 3척의 배와 144명의 남자를 아메리카로 파견하였다. 일행은 오랜 항해 끝이 1607년 4월에 오늘날의 버지니아주와 메릴랜드 근처의 체서피크만Chesapeake Bay에 도착하였다. 그들은 버지니아 해안 가까이 제임스강James River 하구에 제임스타운Jamestown을 건설하였다. 그러나 굶주림과 질병으로 그 해가 지나면서 겨우 38명만이 살아 남았다. 그들은 질병과 인디언의 공격으로 또다시 '굶주림의 시기'를 맞이하게 되었다.

1610년에 버지니아 정착민들은 제임스타운을 버리고 본국으로 돌아가기로 결심하였다. 그러나 돌아가는 도중에 영국으로부터 오는 보급선들을 만나 그들은 다시 제임스타운으로 돌아왔다. 그들은 존 스미스 선장의 영도로 인디언과 우호 관계를 수립하고, 영국으로부터 새로운 기술자와 농민을 받아들였다. 드디어 영구적인 식민지가 뿌리를 내리게 되었던 것이다.

1613년에 런던 회사는 장차 영국 식민지 건설에 큰 의미가 될 새로운 토지 제도을 버지니아에 도입하였다. 그 때까지 버지니아 식민지에서는 토지 소유권을 회사가 가지고 생산된 농산물을 창고에 넣어 두었다가 개인의 필요에 따라 나누어 주는 방식을 택하고 있었다. 그러나 이 때부터 회사는 개인에게 3에이커의 토지를 나누어 주고 지대地代 rent로 매년 일정량의 농산물을 회사에 바치게 하였는데, 이것은 개인의 이윤 추구 동기를 유발함으로써 생산을 증대시키려는 것이었다. 1612년에 존 롤프가 담배 재배에 성공하면서부터 버지니아 식민지는 활기를 띠기 시작하였다. 식민지인들은 1617년에 2만 파운드의 담배를 영국에 수출할 정도가 되었다. 이제 버지니아의 경제적 토대는 안정되기 시작하였다.

런던 회사는 이민移民을 끌기 위해 1618년부터 회사의 주식을 사는 사람들에게는 무조건 50에이커의 토지를 주었다. 그리고 교회를 유지하기 위해, 영국 국교회國教會에도 토지를 주었다. 그리하여 마침내 유명한 인두권 제도人頭權制度 Headright System가 채택되었다. 이것은 아메리카로 오는 사람에게는 무조건 50에이커의 토지를 회사가 주고, 인두권人頭權을 얻은 개인은 자기 가족은 물론 데려 온 하인에게도 인두권을 얻어 줄 수 있게 된 제도였다. 이 제도로 가난한 영국인은 아메리카에 와서 자영농自營農이 되고, 부유한 영국인은 대농장plantation주가 될 수 있게 되었다. 이 제도는 사유 재산과 개인의 이윤 추구 동기를 토대로 하여 식민지를 번창하게 만들려는 의도에서 나온 것이었다. 또한 그것은 영국령 식민지가 귀족과 농노農奴로 이루어진 스페인령 식민지와는 달리, 독립적인 자유민自由民으로 이루어지도록 하는데 기여하였다.

버지니아 식민지에서 또 다른 중요한 특징으로 나타난 것은 자치 제도의 발달이었다. 통치자의 전횡專橫에 대한 식민지인들의 불평이 많았으므로, 1618년에 런던 회사는 식민지인의 동의 없이는 어떠한 정부도 세우지 않을 것임을 약속하였다. 한 걸음 더 나아가 신임 지사 조지 여들리George Yeadley경은 1619년에 식민지 의회의 구성을 허락하였다. 의회는 각 정착지와 대농장이 각기 2명씩 파견한 대표들로 구성되었다. 그리하여 1619년에 유명한 버지니아 하원下院 House of Burgesses이 제임스타운 교회에서 처음으로 소집되었다.

버지니아 의회는 하인이나 17세의 청년들도 선거에 참여할 정도로 상당히 민주적인 방식으로 구성되었다. 의원의 수는 22명에 불과하였지만, 영국 하원을 모방하여 식민지 정부에 필요한 법을 제정하고, 자기들의 권한을 확대하기 위한 청원서請願書를 회사에 제출하였다. 그 결과, 1621년에 회사는 하원의 동의가 없는 회사의 명령은 시행하지 않을 것이라고 약속하지 않을 수 없었다. 물론 주민 전체가 아닌 백인 점령자들끼리만의 민주주의였다.

그러나 식민지인들의 생활은 그렇게 순조로운 것만은 아니었다. 영국본토에서 도덕주의자들이 금연 운동을 벌이고, 그들의 압력으로 버지니아 담배 수입에 대해 무거운 세금을 물리게 됨에 따라 식민지인들은 어려움에 부딪히게 되었다. 더욱이 1622년에는 인디언의 공격으로 많은 버지니아인들이 학살을 당하였고, 회사 재산이 파괴되는 일이 있었다. 그러자 영국 국왕 찰스1세는 회사를 해체시켰다. 그리고 그는 1624년에 지사 governor와 상원上院 council을 직접 임명하여 통치하게 하였다. 이제 버지니아는 회사 식민지會社植民地으로부터 왕령식민지王領植民地로 바뀌게 되었다. 그러나 식민지인들의 하원과 법원法院은 그대로 지속되었다.

그러한 정치적 변화에도 불구하고, 버지니아 식민지 사회는 계속 이민을 받아들였다. 담배 농장에서는 항상 노동력이 부족하였으므로, 가난한 영국인들을 계약 하인 indentured servants의 형태로 받아들였다. 계약 하인들은 이주 비용을 보조받는 대가로 2년에서 7년간 주인을 위해 일하도록 되었다. 계약 기간이 끝난 다음에는 자유민이 되었고, 관대한 조건으로 토지를 얻어 자영농이 되는 것이 보통이었다. 이주민 가운데는 강제로 끌려오는 경우도 있었고, 범죄자나 정치범이 추방당하여 오는 경우도 있었다. 아일랜드인처럼 전쟁에서 포로로 잡힌 사람들도 있었고, 사실상 노예 신분으로 끌려오는 경우도 있었으며, 가난한 어린이들이 양자로 오는 경우도 있었다. 그러나 어떤 방법과 어떤 신분으로 오든 간에 신세계新世界에서 그들의 사회적·경제적 지위는 구세계舊世界에서의 그것보다 한 단계 뛰어오른 것이 보통이었다. 자영농과 상인들처럼 처음부터 어느 정도의 재산을 가지고 대서양을 건너 온 사람들은 넓은 토지를 얻어 대농장주planter가 되어 상류 계급을 형성하였다.

버지니아 식민지에서는 본국에서와 마찬가지로 영국 국교Anglicanism가 공인된 신앙이었다. 그리하여 영국 국교는 주민들의 세금으로 유지되었고, 신앙의 획일성이 요구되었다. 그러나 신세계의 특수한 환경 때문에 종교적 통제는 영국에서처럼 그렇게 쉽사리 이루어지지는 않았다. 땅이 넓고 정착지가 멀리 흩어져 있었으므로 교회 출석이 어려워 종교적 무관심이 높아졌다. 그에 따라 성직자들의 영향력도 그만큼 적어졌다.

정착에 또 다른 큰 위협으로 생각되었던 인디언과의 충돌 문제도 점차 해결되어 가고 있었다. 식민지인들은 인디언들과 우호 관계를 유지하기 위하여 토지에 대해 돈을 지불하기도 하였다. 특히, 존 롤프John Rolfe가 인디언 추장 포우하탄의 딸과 혼인함으로써 얼마동안 평화가 유지되었다. 추장의 딸은 인디언의 공격 계획을 미리 알려 줄 정도로 백인에게 우호적이었다. 그러나 새로운 추장이 들어서자 관계는 다시 악화되어, 1622년의 학살과 같은 무서운 사건들이 일어났다. 그러나 영국으로부터 무기가 도입되어 방위를 강화한 다음부터는 평온해졌다.

버지니아 식민지는 1644년 이후부터는 인디언의 위협으로부터 대체로 평온해졌다. 이에 최초의 영국령 식민지는 생존에 성공한 것이다. 그리고 시간이 지남에 따라 토지 획득이 쉬운 사유 재산 제도과 자치 제도에 토대를 둔 영국령 식민지는 절대주의와 봉건제도를 부과한 스페인령 식민지보다 더 능률적임이 드러났다. 따라서 영국이 신대륙을 차지하고 넓혀가는 데 유리하게 되었다.

(2) 대영주 독점의 메릴랜드 식민지, 노예제 사회 등장

그동안 체서피크 만Chesapeake Bay의 다른 한쪽에서는 또 다른 영국령 식민지 메릴랜드Maryland가 건설되고 있었다. 메릴랜드의 정치·경제·사회 제도는 버지니아와 매우 비슷하였다. 1632년에 영국왕 찰스 1세는 자기를 도와 준 볼티모어Baltimore경卿, 즉 조지 캘버트George Calvert에게 포토맥 강Phtomac River 남쪽의 광활한 땅을 봉건 영지封建領地로 주었다. 그 댓가로 찰스 1세는 볼티모어경으로부터 충성의 표시로 1년에 인디언 화살 2개를 받기로 하였다. 가톨릭 교도이면서도 가난한 귀족인 볼티모어경은 아메리아카에서 재산을 모아, 영국에서 박해를 받고 있던 가톨릭 교도들에게 피난처를 마련해 주려 하였다.

이리하여 메릴랜드는 영주 식민지領土植民地 proprietary colony로 출발하게 되었으나 볼티모어경은 성공을 보지 못한 채 죽었다. 그러나 그의 아들들은 개척에 착수하여 마침내 1634년에 수백 명의 이주민을 파견하는 데 성공하였다. 그러나 메릴랜드에는 가톨릭 교도 뿐만 아니라 프로테스탄트 교도들도 모여있었으며, 버지니아와 같이 담배 농장을 중심으로 정착지가 형성되었다.

명목상 모든 주민은 영주領主인 캘버트 가문의 소작농이 되어 지대地代을 물음으로써, 영주와 경작자들 사이에는 분쟁이 빈번히 일어나게 되었다. 특히 이 분쟁은 프로테스탄트(개신교) 교도가 늘어가면서 더욱도 심해졌다. 그 때문에 여기서도 버지니아에서처럼 자유민의 대의 기구代議機構가 설치되고, 종교적 관용을 허용하지 않을 수 없었다. 이제 메릴랜드도 개인적 자유와 자치 제도의 실험장이 되어 가고 있었다.

그러나 다른 한편에서는 이와 같은 평등주의적인 풍토와는 전혀 어긋나는 흑인 노예제가 동시에 형성되고 있었다. 버지니아와 메릴랜드에서 담배 농장이 확장되어 감에 따라 노동력에 대한 수요는 더욱 더 늘어갔다. 그러나 1660년대의 영국에서는 그 전과는 달리 노동력 부족으로 허덕이고 있었으므로 신대륙으로의 이주를 억제하는 경향이 나타났다. 전염병으로 많은 빈민이 죽어 노동력 공급이 줄어들고 그에 따라 임금이 크게 상승하였기 때문이었다. 그리고 기술자와 농민과 같은 생산적인 집단이 신대륙으로 빠져나가는 데 대한 비판도 높았다. 그러므로 영국 정부는 포르투갈과 스페인처럼 노예 무역을 통해 식민지에서의 노동력 부족을 해결하려 하였다.

국왕 찰스 2세Charles II는 왕립 아프리카 회사에게 노예 무역을 독점하게 하는 특허장을 주었다. 나중에 영국인들은 아프리카 노예를 스페인 제국에 팔 수 있는 특권을 스페인으로부터 얻어냈다. 물론 노예는 노동력 부족으로 골머리를 앓고 있던 식민지 대농장주들의 관심을 끌기에 충분하였다.

1650년경을 전후로 하여 영국령 식민지에서 노예 제도가 나타났는데, 이것은 식민지의 성격을 결정하는 데 큰 작용을 하였다. 흔히, '해안Tidewater식민지'라고도 불리는 버지니아와 메릴랜드에 흑인 노예제가 도입됨으로써 가장 눈에 띠게 나타난 것은 대농장제도plantation system의 확장과 대농장주planter의 지위 향상이었다. 흑인 노예가 들어온 다음부터 버지니아와 메릴랜드의 정치는 수십 명 또는 수백 명의 노예를 거느리고 담배를 재배하는 대농장주大農場主들에 의해 좌우되었다. 수천 에이커의 좋은 땅을 가진 이들 대농장주들과 경쟁할 수 없는 소농민小農民들은 내륙으로 더 들어가 블루리지 산맥 기슭의 피드먼트 지방으로 쫓겨갈 수밖에 없었다.

이제 대농장주들은 새로운 귀족으로 등장하여 영국의 향신鄕紳 gentry의 생활 방식과 문화를 그대로 모방하였다. 그들은 강변의 거대한 저택에 살았고, 사치스러운 모임을 즐겼으며, 자식들은 영국으로 유학을 보냈다. 그들은 특권 계급으로서의 지위와 가문을 대대로 유지하기 위하여 토지를 맏아들에게만 상속하게 하는 장자상속법長子相續法 primogeniture과 토지를 어느 한도 이상 처분할 수 없게 만든 한사법限嗣法 entail을 제정하였다. 이 두 법은 모두 가문의 토지를 작은 땅덩이로 쪼개어 처분하지 못하게 함으로써, 대지주로서의 특권을 지속시키는 데 필요하였다. 나중에 독립 전쟁에서 중요한 역할을 하게 될 조지 워싱턴George Washington이나 토머스 제퍼슨Thomas Jefferson 같은 인물들은, 바로 이러한 대농장주 출신들이었다.

미국이 세계의 패권적 제국주의 강국으로 발전하여 약소국들의 자산계층만 앞잡이로 삼고 일반 민중을 착취의 대상이자 적대세력으로 만들어가게 된 부도덕한 침략세력이 된 원인이 여기에 있었다.

그럼에도 불구하고 신대륙의 풍부한 토지는, 유럽에서와 같은 엄격한 '배타적인 세습적 신분caste' 제도에로의 후퇴를 허용하지는 않았다. 광활하게 펼쳐져 있는 미개지未開地는 여전히 가난한 정착민과 계약 하인들에게 경제적으로 자립할 기회를 제공함으로써, 식민지 사회를 유럽 사회와는 비교할 수 없게 자유롭고 유동적인 것으로 만들고 있었다.

3) 청교도들, 독선적 신앙의 자유 앞세워 이민족 침탈 당연시

청교도들은 신앙의 자유를 찾아 신대륙 아메리카로 이주하여 오늘의 강력한 미국을 건설한 성스러운 역군들이라고 대다수의 사람들이 알고 있다. 그러면 청교도들은 어떻게 시작되었으며 또 그들은 어떠한 수단과 방법으로 오늘의 미국을 건설하였는가? 이 문제를 역사적 사실에 입각하여 공정하게 객관적인 입장에서 살펴 볼 필요가 있다.

○ 조찬선 『기독교 죄악사(하)』 평단문화사, 2001, 123~212쪽. "약 300년 동안 계속되어 온 청교도들의 북미 침략과 그 결과를 이 장에서 구체적으로 다룬다는 것은 불가능하다. 그러나 승자의 입장에서 그려진 역사와 자료를 무시하고, 패자의 입장과 제3자의 입장에서 본 청교도들의 침략사를 저자(조찬선)가 보는 시각에서 간략하게 재조명해 보기로 한다. 제한된 지면상 구체적인 예를 충분히 들 수 없는 것이 유감이다."

영국 왕 헨리 8세(Henry Ⅷ 1509~1547)는 자신의 결혼문제(6차례 결혼)로 로마 교황에게 파문(1533년)을 당한 후에, 교황과의 관계를 단절하고 1534년 국회의결로 영국 독립교회인 성공회Anglican Church를 국교로 세우고, 자신이 영국교회의 수장이 되었다.(Walker, A History of the Christian Church, 3rd. edition(Charles Scribuner's Sons, New York) 1969, 류형기 역, 기독교회사, 1979, p. 348) 또 그의 딸 엘리자베스(Elizabeth 1558~1603) 여왕도 그 나름대로 종교개혁을 단행하였으나 아직도 모든 예배양식이나 교리는 여전히 로마 천주교를 그대로 답습하였을 뿐 영국 국교인 성공회는 로마 천주교 영역에서 크게 벗어나지 못했다.

여기에 반대하여 장로가 중심이 되는 칼뱅주의 신학으로 철저하게 영국 교회를 개혁하자고 주장한 일파가 있었으니 그들을 정치적으로 분리주의자分離主義者 Separatist라고 불렀다. 그들의 신앙은 칼뱅주의의 엄격한 신학사상에 입각하였으며, 하나님의 뜻을 무상(無上=至上)의 법칙으로 신봉하고 인간의 권위에 두려움 없이 오직 하나님의 뜻을 수행하는 것만이 최상의 삶이라고 믿었다. "구원을 받느냐 못 받느냐?" 하는 문제는 그들에게 생명 그 자체였다. 이와 같은 교리에 입각한 그들의 생활은 청렴결백하였으므로, 1560년 초부터 그들은 청교도Puritans라고 불리었다.

그러한 교리에 입각하여 존 스미스(John Smith ?~1612)는 게인스보로Gainsborough에서 제일회중교회를 시작했고, 윌리엄 브루스터(William Brewster 1560~1644)는 스크루비Scrooby에 있는 자기 집에서 제2회중교회를 시작하였다. 왜냐하면 영국교회가 로마 천주교에서 물려받은 예배 양식은 '우상숭배'의 요소가 농후했기 때문에 그들의 신앙의 양심을 가지고서는 도저히 영국교회의 예배에 참석할 수가 없었다.(사실 실체 없는 존재라서, 다른 사람의 하나님은 언제라도 '우상'이나 '미신의 대상'으로 폄하 가능했을 것이다.)

그런데 영국교회는 국법으로 운영되고 있었으므로 예배에 출석을 거부하거나 교회의

식에 반대하는 것은 용납되지 않았다. 뿐만 아니라 허가 없는 종교집회도 금지되어 있었으며 위반자는 경중에 따라 투옥·추방·사형 등의 형벌이 내려졌다.

　그러한 여건에서 청교도들은 국법을 지지하는 왕실과 지주층과 유력한 구 세력과의 심각한 대립으로 철저한 탄압과 박해를 면치 못하게 되었다. 또 그 대립은 심각한 종교적·경제적·정치적 투쟁으로 변하게 되어, 국교회와 정부의 박해 때문에 영국에서는 도저히 살 수 없는 궁지에까지 몰리게 된 청교도들은 복종이냐, 추방이냐, 탈출이냐 이 세 가지 가운데 하나를 택하지 않을 수 없게 되었다. 이때 그들이 택한 길은 신앙의 자유를 위한 탈출, 도피였다.

(1) 영국 청교도들의 도피, 네덜란드로, 아메리카로

　"이제 영국은 우리가 영구히 거주할 곳이 되지 못한다"고 판단한 그들은 네덜란드로 피난길을 떠나기로 했다. 그리하여 제일회중교회는 1608년 암스테르담Amsterdam으로 이주하여 침례교회를 세웠고, 제2교회는 존 로빈슨 목사와 윌리엄 브루스터 지휘하에 1609년 라이덴Leyden으로 피난길을 떠났다. 이 두 사람은 모두 케임브리지 대학 출신들이었다.

　약 백 명의 교인들이 모인 제2교회의 지도자들은 라이덴에서 약 12년간 목회하면서 동시에 인쇄업을 경영하여 분리주의 교회의 필요성을 소책자로 만들어 영국으로 밀수하던 중, 두 나라 정부간의 교섭으로 인쇄소는 몰수되고 브루스터는 투옥되었다. 피난처였던 네덜란드도 영구히 거주할 땅이 못 된다는 것을 깨달은 그들은 조금도 굴함 없이 신앙의 자유를 찾아 신대륙 아메리카를 향하여 모험의 이민 길을 떠나기로 결의하였다.

　이 일을 선두에서 주장한 이는 존 로빈슨 목사와 윌리엄 부루스터였다. 부루스터는 부인과 아이들 등 35명의 청교도 동지들과 함께 떠나기로 하였지만, 로빈슨 목사는 사정으로 떠나지 못하였다. 이들이 35명의 뱃삯 7,000파운드를 미국에 가서 상환한다는 조건으로 런던의 무역회사에서 무담보로 빌릴 수 있었던 것은 실로 천만다행한 일이었다.(Cairns, Christianity Through the Centuries, A History of the Christian Church, Zondervan Publishing, 1954, 河本哲夫「基督教會史」聖書圖書刊行社, 仙台, 1957, p. 483)

　이들이 아메리카로 떠날 때, 1620년 7월 20일 라이덴 교회에서는 그들을 위해서 송별예배를 드렸다. 로빈슨Robinson 목사는「스가랴」8장 21절~23절을 읽고 청교도들을 하나님께 부탁하였다. 여기에 그의 설교 내용 중 중요 부분만을 간단히 소개한다.(박

영호 『淸敎徒의 信仰』 기독교문서선교회 1994, p. 338)

"형제들이여, 우리는 이제 영구히 나누일 마당에 임하였습니다. 내가 과연 형제들의 낯을 다시 볼 수 있을지 없을지는 오로지 하나님께서만 아시는 바입니다. 하나님께서 과연 다시 만날 기회를 주실지 아니 주실지는 알 바가 아닙니다. 오직 나는 하나님과 거룩한 천사들 앞에서 형제들에게 부탁할 것이 있으니 형제들은 내가 그리스도를 따라가는만큼 이 점에 있어서 나를 따르기를 희망합니다.……일찍이 여러분이 교회에서 한 서약, 이미 나타난 바 또는 후일에 나타날 바 주의 길을 온전히 걸어가기로 동의한 그 서약을 기억하십시오. 여러분에게 성경상 어떠한 진리와 빛이 나타나든지 이를 복종하겠다고 하나님을 향하여, 또는 피차에 서로 맹세하고 약속한 바를 기억하십시오. 그리고 또한 주의할 것은 여러분이 어떠한 진리든지 이를 받아들이는 경우에는 반드시 그것을 다른 성경 진리와 비교하여 상고하라는 것입니다. 왜냐하면 그리스도의 교회는 극히 최근에야 비 그리스도적 암흑 가운데서 나왔을 뿐 아주 완전한 지식이 한꺼번에 환하게 비췄다고 말할 수는 없기 때문입니다.……"

예배가 끝나자 그들은 이별의 정을 나누며 비장한 각오를 가지고 미지未知의 세계로 신앙의 자유를 찾아 떠나게 되었다.

그 35명의 청교도들The Pilgrim Fathers은 60톤급의 선박 스피드웰Speedwell이라는 배를 타고, 영국 남쪽 해안에 위치한 싸우샘튼Southampton항으로 향하였다. 거기서부터는, 일확천금을 꿈꾸며 아메리카로 이민 가는 상인들 65명을 싣고 가는 메이플라워Mayflower호와 함께 항해하기로 하였다.

싸우샘튼에 도착하여 메이플라워호와 함께 항해하던 스피드웰호가 얼마 못 가서 물이 새어 항해가 어려워졌다. 그래서 부근의 소항구 다트머스Dartmouth에 입항하여 수리하고 다시 메이플라워호와 함께 아메리카로 향하였다.

그러나 수리한 배가 다시 고장이 나서 항해가 어려워졌으므로 그 부근 플리머스Plymouth항으로 들어가 청교도 35명은 고장난 스피드웰 호를 포기하고 181톤급인 범선 메이플라워호에 합승하였다. 먼저 타고 있던 65명과 합쳐서 100명과, 선장 크리스토퍼 존스Christopher Jones 등 선원 48명을 실은 메이플라워호는 1620년 9월 16일 느린 속도로 미지의 대륙 아메리카로 출항하였다.

그들은 대부분 젊은 사람들이었다. 남자 72명(그 중 성인은 44명), 여자 29명(그 중 부인은 18명, 미혼녀 11명), 합계 101명이었다.(메이플라워호를 타고 간 사람 수는 100명 설, 102명 설 등이 있다. 그러나 메이플라워호 규약에 101명으로 되어 있으므로 그 숫자가 정확한 것 같다.)

그들은 영국교회의 박해를 피해 신앙의 자유를 찾아 모진 풍랑과 싸우며 서쪽으로, 서쪽으로 신대륙을 찾아 항해했다. 물이 부족하여 세수도 못하고 불을 피울 수가 없어서 찬 음식을 먹으면서 고생스런 항해를 계속하면서도 그들은 「창세기」 12장과 「히브리서」 11장 8~16절을 읽으며 희망을 잃지 않고 어려움을 견디어 낼 수 있었다. 출항 후 66일 만에, 즉 11월 11일에 그들은 마침내 아메리카에 도착할 수 있었다.

도착한 곳은 지금의 보스턴 시 남쪽에 위치한 케이프 코드Cape Cod 반도 북단 끝에 있는 프로빈스타운Provincetown이었다.(Carruth, The Encyclopedia of World Facts and Dates, 1993, p. 260.)

상륙이 가까워지면서 청교도들은 상륙 후의 문제 때문에 고민하였다. 메이플라워호에 먼저 타고 가던 65명은 청교도들과는 너무나 이질적인 사람들이었기 때문이었다. 그 65명이 상륙 후에 무법천지로 날뛰면 어떻게 하나 고민할 수밖에 없었다. 청교도들은 사전에 예기되는 무법천지에서의 무질서한 행동을 규제하기 위하여 상륙전에 배 안에서 하나의 엄격한 규약을 만들어 그들의 동의를 얻어낼 필요가 있었다. 새로운 땅에서의 질서를 유지하기 위한 규약이었다. 이것이 메이플라워 규약The Mayflower Compact이었다.

하나님의 이름으로 아멘 하라! 하나님의 은총에 따라 우리의 영도자요 군주이며, 대영제국·프랑스·아일랜드의 왕이신 신앙의 옹호자 제임스James 폐하의 충성된 국민인 우리는 하나님의 영광과 기독교 신앙의 진흥, 우리의 왕과 조국의 명예를 위하여 버지니아의 북부 지방에서 최초의 식민지를 건설하고자 항해를 시도했다. 여기 본 증서에 의하여 엄숙하게 상호 계약함으로 하나님과 각 개인 앞에서 계약에 의한 정치단체를 만들어 이것으로써 공동의 질서와 안전을 촉진하고 그 위에 상기의 목적을 수행하기 위하여 법령의 제정과 제도조직을 구성한다. 동등한 법률·법령·조례·헌법과 행정부를 때때로 구성한다. 이 모두는 식민지의 일반적인 안전을 위한 간편하고 적합한 생각에서 이루어져야 한다. 우리는 모두 여기에 당연히 복종할 것을 계약한다. 이에 우리의 이름을 서명한다.

1620년 11월 11일 케이프 코드에서
John Cover 일행 8명
William Bradford 일행 2명
Williams Brewster 일행 6명 등 41명이 서명하고
그 가족과 총 101명

앞의 계약서에 나타난 신앙고백의 내용을 아래와 같이 간추릴 수 있다.

첫째, 하나님의 영광과 신앙의 진흥

둘째, 제임스 왕과 조국의 명예를 위하여 식민지를 개척하려고 함, 즉 빈손 들고 남의 땅에 와서 원주민들의 땅을 약탈하고 식민지를 건설하려는 속셈이었다.

이 규약으로 101명 전원은 일치 단결하여 행동통일이 가능해졌고 모두 청교도 산하에, 즉 윌리엄 브루스터의 지휘하에 들어가게 되었다.

청교도들은 엄격한 도덕주의자들로서 다음과 같은 삼대 원리를 신봉하고 있었다.

첫째, 신앙생활에 성경적인 형식을 엄수한다.

둘째, 성경적인 건전한 교리를 확립한다.

셋째, 신앙과 생활을 일치시키고 깨끗한 교회생활을 한다.

이와 같은 이상을 가진 그들은 신대륙에 정착하면 그들이 원하는 신조의 교회를 중심으로 죄와 미움이 없고 행복과 사랑과 믿음만이 넘치는 낙천지를 건설하려고 하였다. 그것은 성경의 명백한 법 Plain Law에 따라 지상에 건설되는 거룩한 나라 Holy Common-wealth인 동시에 신성 성서국 Theocratic Bible Commonwealth을 건설하는 것이었다.

그러기 위해서는 높은 교육을 받은 성직자가 성경을 바로 읽고 바로 주석하여 그것을 청교도 후예들에게 가르쳐서 영원한 신앙 자유의 나라를 건설하는 방법밖에는 없었다. 그러므로 사람들은 청교도들을 '성자'라고 불렀다. 또 리랜드 라이큰Leland Ryken이 청교도의 신앙을 소개하는 그의 저서명著書名을『속세의 성자들Worldly Saint』이라고 붙인 것을 보면, 그들은 엄격한 도덕과 신앙의 소유자였음을 엿볼 수 있을 것 같다.

그러나 인간이 사는 곳에는 언제나 믿음과는 반대되는 죄와, 사랑에 반대되는 증오와 질투 때문에 대립 분쟁이 생기기 마련이었고 또 불행과 사망도 뒤따랐다. 그들은 이 엄숙한 현실 앞에 어쩔 수 없이 처녀지 한쪽에는 공동묘지를 만들어야 했고, 또 일각에는 감옥도 건설해야 했다. 또 보스턴 시내 한가운데는 형대刑臺을 만들어 놓고 죄인들을 준엄하게 공개 처형하여 다시는 범죄자가 생기지 않도록 시민 공개 재판소도 만들 수밖에 없었다. 이 시대를 배경으로 나다니엘 호손의『주홍글씨The Scarlet Letter』가 나왔다.

○ Ryken, Worldly Saint-The Puritans as They Really Were, Michigan, 1986, 김성웅 역『청교도 - 속세의 성자들』생명의 말씀사 1995.

소설『주홍글씨』: 청교도의 식민지 보스턴에서 일어난 목사와 유부녀와의 간통 사건을 다루었다. 진정한 구원은 사회적인 위치와는 무관하며 '사랑과 용서'에 토대한다는 메시지를 역설적으로 담고 있다.

(2) 청교도들의 아메리카 정착定着

오랜 항해 끝에 식량이 부족했던 그들은 케이프 코드Cape Cod 반도 북단인 프로빈스타운에 정박하고 굶주림을 채우기 위하여 원주민Indian 식량 저장소에 들어가 옥수수를 훔쳐서 연명해야 했다. 청교도들이 신대륙에 도착하여 제일 먼저 한 일은 교회 건설이 아니고 식량 도적질이었다. 신앙의 자유를 찾아 험난한 대서양을 건너온 그들도 굶주림 앞에서는 어쩔 수 없었던 모양이다.

한동안 정착지를 찾고 있던 그들은 12월 21일 프로빈스타운 맞은 편에 있는 플리머스Plymouth에 상륙하여 해변가에 정착촌을 건설하였다. 그곳은 원주민들이 여름 캠프를 치던 곳이었다. 날마다 식량은 줄어들고 겨울옷이 부족하여 청교도들은 추위에 떨게 되었고, 새해 2월에는 거의 모든 사람들이 병에 걸렸다.

폐결핵과 독감이었다. 폐결핵은 전염병이기 때문에 한 방에서 공동생활을 하던 그들에게 전염은 피할 도리가 없었다. 그 당시 폐결핵은 불치병이었으므로 달마다 사망자 수는 늘어나서 겨울을 나는 동안에 50명이 죽어 생존자 수는 51명뿐이었다. 성한 사람은 6~7명뿐이었고 건강한 사람은 그들의 지도자 윌리엄 브루스터와, 그들의 군사 지도자요 제2인자였던 스탠디쉬Standish뿐이었다.

다행스럽게도 1621년 추수감사절 때에는 영국에서 온 새 이민 35명이 합세하였고, 그 다음해 1622년엔 67명이 와서 청교도의 가족수는 점증하여 일손이 많아졌다.

이때 플리머스 지방 일대에 이상한 사람들이 상륙한 것을 본 원주민들에게 비상이 걸렸다. 이 지방의 왐파노악 족Wampanoags의 추장 마사소잇Massasoit 지휘하에 원주민들은 청교도들의 상륙촌을 포위하고 조심스럽게 포위망을 좁혀갔지만 청교도들은 대항할 준비도 않고 온순하게 그대로 있었다. 원주민들은 그들 촌에 들어가 병들고 굶주리고 헐벗고 떠는 그들의 모습을 보고 불쌍히 여겨 식량과 겨울용 침구 등을 주어 연명할 수 있게 해주었다. 그때 청교도들의 참상은 말로 다 표현할 수 없을 정도였다.

그때 유력한 추장이었던 마사소잇은 청교도들을 일거에 전멸시킬 수도 있었으나, 선량하였던 그는 청교도들을 따뜻하게 보살펴 주었다. 애호와 환대를 받은 청교도들은 그와 같은 대우를 오직 '하나님의 은총'으로만 여겼다.

지루하도록 길고 긴 암담했던 겨울이 지나고 새봄(1621년)이 왔다. 청교도들이 농사를 지으려고 들에 나갔으나 원시림이나 황무지를 개간할 필요가 없었다. 그들이 도착하기 4년 전(1616년)에 영국 어부들이 가져온 전염병으로 그 지방 인구의 반이 감소되어 원주민들이 일궈놓은 비옥한 농토가 주인 없이 놀고 있었기 때문이었다. 청교도들은 그 땅을 바라보면서 원주민에 대한 감사는 하지 않고 그들 하나님께 병균의 역사役事를 감사하고, "여호와 이레"를 연발하면서 25에이커(3만평) 땅에 농사를 짓기 시작하였다.(Jehovah-Jireh : 「여호와가 예비하실 것이다」 아브라함이 이삭을 번제로 바치려고 준비한 것〔곳〕에 대해 붙여진 이름(창22:14))

청교도 중에는 농사를 지어본 이가 없었으므로 원주민이 가르쳐주었는데, 그때 심은 종자는 케이프 코드Cape Cod의 원주민 창고에서 훔쳐온 옥수수였다. 겨울 동안 식량으로 쓰고 남겨두었던 종자였다. 원주민들은 청교도들에게 옥수수·보리·밀·감자·호박·토마토 등을 재배하는 법과 바다에서 물고기 잡는 법을 가르쳤다.

청교도들에게 농사법을 가르친 원주민은 6년 전 유럽인들에게 노예로 잡혀서 스페인으로 팔려갔다가 영국을 거쳐 다시 아메리카로 돌아온 사람이었다. 그는 그 지방의 추장 마사소잇의 통역관으로 있으면서 영어로 청교도들에게 농사법을 가르칠 수가 있었다. 노예로 팔려간 동안에 전염병이 유행되었기 때문에 그는 전염병을 피할 수 있었다.

추장 마사소잇은 60명의 부하를 거느리고 와서 청교도들과 상호 불가침 평화조약을 체결하고 청교도들을 겨울 위기에서 가을 추수기까지 보살펴 주었다. 그러므로 지금도 플리머스 해변가에는 마사소잇의 동상이 세워져 그의 고마움을 기리고 있다.

여름이 지나고 가을이 왔다. 풍년이 들어 청교도들은 잠깐 숨을 돌릴 수 있게 되었다. 그들이 기쁨에 넘쳐 감사제를 드릴 때, 추장 마사소잇은 부하 90명을 거느리고 사슴 5마리와 야생 칠면조 다수와 토산물과 옥수수 튀김 등을 가지고 와서 축하해 주었다. 그때가 11월 마지막 목요일 이었다. 축제는 여러 날 계속되었다.

청교도들의 기쁨과 감격은 충천하였다. 지난 일 년 동안 어려웠던 고난과 역경 속에서 헐벗고 굶주리고 생사를 헤매던 그들에게 살 길이 열렸기 때문이었다. 그것은 실로 인내와 승리의 기쁨이었다. 이제 그들은 초기의 목적이었던 신앙의 자유를 누릴 수 있었고, 또 신천지에서 살아갈 자신도 생겼다. 그들의 앞날은 밝은 희망으로 충만하였다.

그런데 뜻하지 않았던 문제가 발생하였다. 청교도들은 왐파노악 족과 평화조약을 체결하고 친밀하게 지냈으나, 그 지방 일대에 산재한 타 부족들은 서구인들을 탐탁치 않게 여겨 적개심을 품고 있었다. 당시(1622년) 보스턴 남쪽으로 이민 온 서구인들이 원주민들의 식량을 훔친 데 격분한 그들은 마사소잇 추장을 친백인파親白人派로 낙인 찍고 그를 경계하였기 때문에 마사소잇 추장은 고립 상태에 빠지게 되었다.

1622년 타 부족들이 연합군을 조직하고 마사소잇 추장을 공격할 준비를 하고 있을 때였다. 이 소식을 들은 청교도들은 마사소잇 추장과 부족의 단독의 힘으로는 그 연합군을 방어할 능력이 없음을 알게 되어 청교도들의 안보를 염려하게 되었다.

청교도들은 마사소잇 추장과 협력하여 싸울 계획에 들어갔다. 이 일은 청교도의 제2 인자였던 스탠디쉬가 전담하기로 하여 그가 작전을 짜서 실천하기로 하였다. 먼저 그는 청교도 청년 8명을 무장시키고 요소에 잠복시켰다. 그리고 평화교섭을 하자는 명목으로 연합군 부족의 네 명의 추장들을 특별 만찬에 초대하였다. 마음을 연 네 추장들이 만찬에 왔을 때, 잠복했던 청교도 청년들이 그들을 일시에 암살해 버렸다. 그리고 그들의 목을 긴 장대 끝에 달아매서 20년 동안이나 플리머스 청교도 마을 앞에 매달아 두었다.

졸지에 추장을 잃어버린 부족들은 맥없이 물러갈 수밖에 없었다. 이미 4년 전에 전염병으로 인구가 반으로 감소된 그들은 추장을 잃은 후에 싸울 의욕도 잃고 반격할 여력도 없이 "저 청교도놈들은 살인마, 목 자르는 악마!"라고 외치면서 물러갔다. 청교도들은 무서워서 피난 가는 원주민들의 토지와 가옥을 차지하였다.

이와 같이 청교도들이 신대륙에서 "성공적으로 대륙을 개척하고 있다"는 소식을 들은 영국의 청교도들은 영국교회의 박해를 피하여 줄줄이 신대륙으로 이민 길에 올랐다. 이렇게 모여든 청교도들의 숫자가 급증하여 플리머스 해안 지대의 땅만으로는 부족하게 되어 내륙으로 농토를 넓히는 수밖에 없었다. 전에 연합군 추장들을 암살하여 영토를 확장한 청교도들은 이제는 늘어난 인구에 자신감을 가지고 내륙으로 침입하여 영토를 확장하기 시작하였다.

유럽의 기독교인들에 의한 중남미의 침략은 컬럼버스를 따라 온 스페인 사람들이 먼저 시작하였으며, 그 뒤를 이어 포르투갈·프랑스·네덜란드·영국 등의 유럽 사람들이 앞다투어 식민지 개척이라는 명분을 내세우고 미대륙을 침략해 왔다.

영국인들은 1607년에 크리스토퍼 뉴포트Christopher Newport가 먼저 버지니아에 상륙하여 제임스타운Jamestown 식민지 설립을 선언한 후, 초대 지휘자로 존 스미스 대위 Captain John Smith를 임명하였다. 영국의 초기 식민지 개척자들을 스미스 대위에게 맡긴 크리스토퍼 뉴포트는 후속 식민지 개척자들(주로 군인·농부·목수·성직자들)을 모집하고 물자를 보급하기 위하여 영국으로 돌아갔다.

제임스 타운에 온 사람들의 이민생활은 의식주 문제 때문에 말로 다 할 수 없이 고생스러웠다. 1607년부터 3년 동안에 그 지역에 이민 온 영국인의 수는 900명이었으나 3년 후 1610년에는 겨우 150명만 생존한 것을 보면 그들의 고생을 가히 짐작할 수 있다.(그들은 청교도들이 1620년 11월 11일 케이프 코드Cape Cod 반도의 북단 끝에 있는 프로빈스타운 Provincetown에 도착하기 13년 전에 도착하였다. 제임스타운과 존 스미스에 관한 좀더 자세한 기록은 포카혼타스 공주 이야기를 참조할 것.)

의식주가 부족했던 그들은 원주민들을 찾아가 사기 · 강탈 · 공갈 · 협박 등으로 필요한 물품을 약탈하였다. 그때 원주민들은 그들에게 "당신들이 필요한 것은 우리가 다 사랑으로 줄 수 있는데 왜 당신들은 폭력과 협박으로 빼앗으려 하는가?"라고 반문하였다. 제임스 타운의 지휘관이었던 존 스미스는 그때 광경을 다음과 같이 기록하고 있다.

"식량은 떨어지고 굶주림에 지쳐 있을 때 원주민들이 그 기미를 알아채고 습격해 올 것을 기대하고 있었는데, 그들이 식량을 가지고 와 우리를 구해 준 것은 실로 하나님의 은총이었다."

이민사를 요약하면 신대륙에 제일 먼저 온 영국인들은 1607년 제임스타운Jamestown에 도착하였으며, 제2진은 1620년 프로빈스타운Provincetown을 거쳐서 플리머스Plymouth에 정착한 청교도들이었고, 제3진은 1628년 매서추시츠주의 세일럼Salem에 도착한 50명의 영국인들이었다. 제4진은 1625년에 온 네덜란드인들이었다. 그들은 1623년에 맨해튼Manhattan섬을 원주민에게 24불 상당의 물품을 주고 사서 뉴 암스테르담Nieuw Amsterdam이라고 이름 붙였는데, 1664년 찰스 2세의 명령으로 영국 군인들이 그 섬을 빼앗아 왕 찰스 2세의 동생 이름인 욕York을 따서 뉴욕New York이라고 개명하였다. 제5진은 1634년 천주교인 볼티모어Baltimore를 단장으로 하여 메릴랜드Maryland 주에 온 영국의 식민지 개척자들이었다. 이것이 미대륙에 이민 온 유럽인들의 초기 이민 약사이다.

◎ 포카혼타스 공주Princess Pocahontas에 관한 슬픈 이야기

유럽인들의 미대륙 침략사에서 빼놓을 수 없는 가련한 비화가 있다. 이야기의 주인공은 본명이 마토아카Matoaka로 원주민 왕(추장) 포우하탄(Powhatan 1550?~1618)의 아름다운 딸이었는데, 포카혼타스 공주(Princess Pocahontas 1596~1617)로 널리 알려진 전설적인 여인이다.

원주민의 왕 포우하탄 : 식민지 개척자들에 의해 왕국과 가족을 해체당한 그의 이야기는 한 개인의 사례가 아니라 모든 인디언 부족이 당한 고통과 비애의 상징이었다.

유럽 사람들은 자기들은 국토의 면적이나 인구에 관계없이 예부터 수만 명밖에 안 되는 나라의 우두머리도 전부 왕王 · 황제皇帝로 불렀으나, 광대한 나라에서 수백만 혹은 수천만의 인구를 통치하면서 잘 살고 있었던 원주민들의 왕들을 전부 추장Chief이라고 불렀다. 현재도 그들이 쓴 역사책에는 'Chief'로 기록되어 있다. 본 저자(조찬선)는 이 책에서 원주민 추장을 왕이라고 칭하였다.

일확천금을 꿈꾸면서 미지의 나라를 식민지화 하려는 침략 목적으로 신대륙에 상륙한 유럽의 기독교인들은 그럴듯한 이유와 변명으로 자기들의 침략을 미화해왔다. 그들은 명백한 침략을 침략이라고 하지 않고 개척이나 개화라는 미명하에 죄 없는 원주민들을 무차별 학살하고 침략과 착취를 강행하면서 '개척정신'을 외치고 자기들의 승리를 자화 자찬하여 왔다. (조찬선『기독교 죄악사』평단문화사 2000)

그들은 자기들의 이주는 개척정신의 발로이며, 미개인에게 개화의 기회를 주고 하나 님의 사랑을 전파하기 위한 것이라고 주장하기도 했다. 포카혼타스 공주의 이야기는 그 러한 영국 사람들이 처음으로 미대륙에 도착하여 침략을 시도하는 과정에서 선의의 어린 소녀가 영국 사람들의 희생양이 된 이야기이다.

먼저 식민지 개척자들이 그녀를 어떻게 이용하였는가, 그리고 그 불운한 소녀가 어떻 게 영국 식민지 개척자들에게 이용당하다가 결국 식민지 개척자 중의 한 사람과 결혼하 게 되었으며, 그후 영국에까지 가서 객사하였는가를 살펴보았다.

이미 지적한 바와 같이 북아메리카에서는 1620년 11월 11일 청교도들이 케이프 코 드Cape Cod에 도착하기 13년 전인, 1607년 5월 14일에 영국의 런던회사에 소속된 크 리스토퍼 뉴포트Christopher Newport가 105명의 식민지 개척자들을 싣고 현 버지니아 Virginia주의 해안에 도착하였다. 그는 그 지역을 제임스타운으로 명명하고 존 스미스 대 위Captain John Smith에게 새로운 영국의 식민지를 개척하도록 맡기고 다음달, 즉 6월 22일에 영국으로 돌아갔다. 이것이 미대륙에서 시작한 영국 식민지 개척사의 첫 페이지 이다.

역사학자들은 이민 온 영국인들이 미대륙에서 처음으로 개척한 식민지를 제임스 왕의 이름을 붙여서 제임스타운이라고 부른 것은 당시의 영국 왕 제임스 1세King James I 에 대한 충성심을 표시하기 위한 것이었다고 해석했다. 이 제임스타운에 온 식민지 개척자 들은, 메이플라워 호를 타고 종교의 자유를 찾아서 영국을 탈출해 온 청교도들과는 다르 다.

1607년 추운 12월, 존 스미스는 기아 상태에 빠져 있는 대원들을 살리려고 원주민들 의 마을에 침입하여 옥수수를 강탈했고, 또 그후에도 그들은 원주민들을 총으로 협박하 여 식량을 빼앗았다. (Axelrod, A., Chronicle of the Indian Wars. 1993)

외래인들에 의한 강탈과 협박이 자행되고 있다는 소식을 들은 포우하탄 왕은 스미스 를 체포하라는 명령을 내렸다. 주변 강변을 탐색하던 스미스는 체포되어 처형을 당하게 되었다.(여러 가지 이설異說이 많은 이 이야기를 어느 정도 객관성을 유지하면서 전하기 위하여 여기서 지적해 둘 것은 포우하탄 왕이 잡혀온 스미스를 즉시 죽이려고 한 것이 아니고 너무 못 먹고 초라한 그를 보고 불쌍히 여겨 후대하였으며 식량까지 주어서 돌려보냈다고만 기록된 책도 있다는 사실이다. 단 스미스가 후일 사실은 포카혼타스 공주가 자기를 구출해 주었다고 주장한 것이 근거가 되어 전설은 시작된 것 같다.)

그때 수상한 이국인異國人이 체포되어 처형된다는 말을 듣고 처형장으로 나가 자기의 아버지인 왕에게 애원하여 존 스미스의 생명을 구해 준 인정 많은 소녀가 바로 12살 된 포카혼타스 공주였다.

포우하탄 왕은 어린 딸의 간곡한 간청을 거절하지 못하고 스미스를 살려주었다. 더구나 그는 굶주린 흔적이 보이는 스미스를 수일동안 잘 먹여서 후대한 후 곡물까지 주어서 보냈다. 그후 계속하여 인정 많은 포카혼타스 공주의 노력으로 침략자들은 살아남을 수 있었다. 노련한 스미스가 어린 포카혼타스 공주를 이용한 것이다.

만일 침략자들이 도착한 초기에 그 침략자들의 궁극적인 의도를 원주민들이 알았더라면 그들을 전멸시켜 버렸을 것이다. 그러한 사실을 안 스페인은 당시 미국 동부에서 최초로 형성된 가장 강력한 연방을 거느리고 있었던 포우하탄 왕에게 특사를 보내 얼마 되지 않은 영국의 식민지 개척자들을 없애버리라고 권고하였다. 그러나 결국 침략자들의 숨은 의도를 잘 모르고 주저하던 선량한 원주민들은 스페인의 말을 듣지 않고 포카혼타스 공주의 말을 들어준 것이 얼마나 잘못이었는가를 후일 깨닫게 된다.

새로운 물자 보급과 증원으로 용기를 얻은 침략자들은 자기들의 꿈을 살리기 위하여 불에 탄 보루(요새)도 재건하고 식민지를 점점 확대시켜 나갔으나, 겨울이 되면 역시 식량 부족으로 굶주림을 면할 수가 없었다. 그때마다 포카혼타스 공주가 식량을 제공하여 연명할 수 있었다.

침략자들에게 위협을 느끼기 시작한 원주민들이 다시 이주자들을 공격하려고 준비하고 있었다. 그때 자기 아버지의 진영에서 침략자들을 공격할 준비를 하고 있다는 전략적인 정보까지 스미스에게 전해 주면서 피신하도록 경고하고 식민 개척자들을 도와 준 포카혼타스 공주의 덕택으로 이주자들은 난을 면할 수가 있었으며, 원주민 전사들이 대기하고 있던 지역을 피할 수도 있었다.

침략자들은 이러한 공주의 호의와 도움을 하나님의 은총으로 알고 감사하였다. 또한 포우하탄 왕이 제공한 식량을 우월한 서구인들에게 야만인들이 바치는 조공으로 생각하였다. 오만한 침략자들은 교활한 식민지 확대 작전을 끊임없이 계속하였다. 스미스와 포카혼타스의 특별한 관계에도 불구하고 그의 독선적인 성격 때문에 분쟁이 생겼다.

그후 영국에서 온 토머스 데일Sir Thomas Dale의 지휘하에 새로 보급된 총칼로 무장한 제임스타운의 특공대원들은 그들의 본성을 드러내어 대담하게 원주민들을 기습 공격하는 야비한 침략전쟁을 전개하였다. 원주민들은 폭발물이나 총을 만들지 못하였기 때문에 침략자들이 사용한 폭발물이나 총 앞에 무력하였다. 총칼을 들고 기습해 오는 침략자들을 상대로 화살이나 도끼를 들고 싸워서 승리할 수 없었던 원주민들은 적의 총을 빼앗거나 육탄전으로 자기들의 조국을 지켰다.

그러나 침략자들이 원주민들보다 우수한 무기를 들고 야간 기습 작전까지 펴도 그들 편에서 희생자가 나올 뿐 원주민 사수대원들을 상대로 간단히 승리할 수 없었다. 침략자들은 원주민의 왕을 굴복시키고 잡혀간 영국인 포로를 구출하고 영토확장을 위해 더욱 비겁한 방법을 택했다.

1613년 영국에서 온 식민지 개척자들은 18세의 아름다운 처녀로 성장한 포카혼타스 공주를 감언이설로 유인誘引하여 납치한 후, 그녀의 아버지인 포우하탄 왕에게 영국인 포로 전원과 딸 포카혼타스 공주를 교환하자고 제의하였다. (포카혼타스 공주는 상처한 롤프와 결혼하기 전에 이미 결혼한 기혼녀였는데, 감금 중에 사랑에 빠져 스스로 남편을 버리고 롤프와 결혼했다는 설도 있다.)

포우하탄 왕은 영국인들의 말을 믿고 포로들을 모두 풀어주었다. 영국인들은 약속을 지키지 않았다. 포우하탄 왕은 포로들을 풀어주고 난 후에야 비로소 영국인들에게 속은 것을 알았으나 납치당한 딸의 생명 때문에 어쩔 수가 없었다.

침략자들은 공주를 납치한 후 영어를 가르치고 기독교인으로 개종시켰다. 감금 중 그녀에게 세례를 받게 하여 레베카Rebecca라는 이름을 지어 주고, 영국의 식민지 확장을 위하여 공주를 이용하였다.

침략자들은 아직도 존 스미스를 생각하고 있던 포카혼타스 공주에게 그가 죽었다는 거짓말을 하고, 상처喪妻한 존 롤프John Rolfe과 결혼시킨다. 그때 그녀의 나이 19세 (1614년)였다. 포우하탄 왕은 딸의 결혼식에 참석하지 않았다.

공주는 1년 가까이 작은 배 안에 있는 단칸방에 감금된 상태에서 겨우 연명하였다. 감옥 같은 환경에서 생명의 위협까지 받은 그녀가 어떻게 결혼 경험까지 있는 롤프의 여자가 되었을까?

인종차별을 하던 영국 사람들이 그녀를 이용하기 위해 그녀와 롤프를 결혼시킨 것은 자기들이 남긴 기록이 증명하고 있다. 롤프가 "우리의 이익을 위하여, 우리 나라의 명예를 위하여, 신의 영광을 위하여, 나 자신의 구제를 위하여, 이교도인 포카혼타스를 하나님과 그리스도에게 개종시키기 위하여" 결혼했다고 말한 것을 보면 그의 속셈을 짐작할 수 있다. 그들은 자기들의 목적을 달성하기 위하여 공주와 친했던 스미스가 멀쩡하게 살아있는데도 불구하고 그가 이미 죽었다고 공주를 속였으며, 리더격인 롤프는 자신과 침략자들의 신변안전과 이익을 위하여 비겁하게 정략결혼을 하고 19세의 젊은 공주의 육체를 유린하였다.

공주와 그녀의 아버지 덕택으로 침략자들은 상당한 땅을 확보하여 식생활을 해결하려고 농경을 시작하였으며, 영국으로 수출하여 돈을 벌기 위하여 담배tobacco 등을 재배하였다.

포카혼타스 공주를 인질로 잡고 아버지를 협박하여 휴전을 확보한 영국인들은 그녀를 평화적인 침략도구로 이용할 목적으로 또 다른 계획을 세운다. 즉 런던의 버지니아 회사 The Virginia Company of London은 영국인들과 원주민들이 서로 결혼하여 행복하게 살 수 있다는 증거로 포카혼타스 공주를 영국으로 데려가기로 결정했다.

그들은 신대륙에서 식민지를 개척하는 데 원주민들이 도움이 된다고 선전하고, 1616년에는 존 롤프 부부와 한 살 된 어린 아들 토머스Thomas(1615년에 탄생)와 10여 명의 원주민들까지 영국으로 데리고 갔다.

영국의 왕 제임스에게 먼저 그들을 보인 다음 여기저기 끌고 다니면서 전시용展示用으로 이용하여 많은 투자가와 이주자들을 공모하였다.

한 살 된 어린 아들 토머스를 돌보면서 낯선 이국에서 여기저기 전시용으로 끌려다니는 강행군을 마치고 귀국하려던 공주는 원주민에게는 면역성이 없는 유럽인들의 병에 걸려 쓰러졌다.

그때 영국으로 돌아와 있던 존 스미스가 그녀의 소식을 듣고 병실로 찾아왔다. 존 스미스는, 당시 12살이었던 포카혼타스 공주가 생명을 구해준 이방인이었는데, 그녀에게 처음으로 '사랑'이라는 단어를 가르쳐 준 사람이었다. 이미 죽은 줄로만 알았던 존 스미스가 자신의 병실에 나타났을 때의 공주의 마음을 그 누가 상상할 수 있으랴?

포카혼타스는 이미 결혼하여 아들까지 있는 몸이었다. 자기의 생명을 구해 준 은인이 불치의 병에 걸려서 누워 있다는 소식을 듣고 찾아온 스미스는 무슨 말을 하였을까? 또 공주가 스미스에게 제임스타운 사람들이 그가 영국에서 이미 죽었다고 하여 죽은 줄 알고 롤프와 결혼하게 되었다고 하였을 때, 스미스는 무슨 생각을 하였을까? 제임스타운에서 만났던 두 남녀 사이의 로맨틱한 사랑 이면에는 '원주민'과 '침략자' 사이에 얽힌 '불평등한 야만의 역사'가 깔려 있었다.

병의 경과가 좋아지지 않을 것을 알고 포카혼타스 공주는 죽어도 자기의 고향에 가서 죽겠다고 고국으로 돌아오는 배에 올랐으나, 결국 1617년 3월에 남편 존과 아들 토머스를 남기고 객사하고 만다. 그때 그녀의 나이 겨우 22세의 꽃다운 청춘이었다. 그녀는 영국의 Gravesend에 묻혀졌다. 자의거나 혹은 타의거나 여하간 그녀는 그 착한 마음과 아름다운 몸을 영국의 침략사에 바친 것이다.(Grant, Concise Encyclopedia of the American Indian, 1958, p.249)

누구보다도 사랑하던 딸을 침략자들에게 빼앗긴 것을 슬퍼하던 그녀의 아버지 포우하탄 왕도 그의 귀여운 딸이 손자와 마을 사람들까지 데리고 외국으로 끌려가서 적에게 실컷 이용당한 후에 객사하게 된 것을 비통해 하다가 다음 해에 세상을 떠났다.

포우하탄 왕이 죽은 후, 한때 스미스에게 권총으로 협박을 받은 경험이 있는 그의 이복동생 오페찬카노우가 왕위를 계승하고 영국 식민지 개척자들에 대한 반격을 준비하고 있었다. 그런데 1622년에는 제임스타운에 1,000명 이상의 영국인들이 왔으며 그들의 농장도 50개 가까이 확장되었다.

1622년 3월, 영국인들이 오페찬카노우 왕의 보좌관을 죽인 2주 후에 오페찬카노우 왕이 직접 지휘하는 포우하탄 연방군이 침략자들을 기습 공격하여 347명을 죽이는 승리를 거두었다.

그 소식을 들은 영국 런던회사는 즉시 원주민 전멸작전을 명령했다. 침략자들은 포우하탄 세력을 영원히 제거해 버리기 위하여 포우하탄 연방군의 총 지휘자이며 전략가인 오페찬카노우 왕의 목에 막대한 현상금까지 걸었다. 전투가 계속되는데도 그는 잡히지 않았다.

영국인들은 오페찬카노우 왕이 잡히지 않고 전투는 점점 가열해지는 것을 해결하기 위하여, 수백 명의 원주민 지도자들과 전투 지휘자들을 평화협상에 초대하여 만찬을 베풀면서 원만하게 회담을 진행시켰다. 평화회담이 끝날 때 영국인들은 '영원한 우정'을 외치면서 건배하였다.

원주민 지도자들이 그 자리에서 쓰러져 죽고, 쓰러지지 않은 남은 일부는 대기하고 있던 특공대원들의 손에 무참하게 살해당하고 말았다. 정직하고 순진한 원주민들은 영국인들의 독살 계략에 빠져 의심하지 않고 독주를 마신 것이다.

오페찬카노우 왕이 다음 해에 800명의 용사를 지휘하고 또 다시 영국인들과 전투를 한 것을 보면, 회의에 참석하였다고 가정하더라도 영국인들의 함정에 빠지지 않고 살아남았던 것이 확실하다.

영국인의 계략에 속아서 많은 유능한 지도자를 잃은 포우하탄 연방이 그후 점점 세력이 약화되는 반면, 영국 개척자들의 세력은 새로운 무기 공급과 인력 증가로 나날이 강력해졌다. 막강해진 영국인들에게 밀려 자기들의 국토의 변두리까지 후퇴한 포우하탄 연방 사람들은 1632년에 어쩔 수 없이 불공평한 휴전협정에 합의한다.

그런데 그 휴전협정마저 치명적인 결과를 초래했다. 영국인들이 휴전기간 동안 본토에서 더 많은 원군과 무기 공급을 받아서 결정적인 승리를 쟁취할 계획을 세우고 있었기 때문이다.

휴전 후 12년이 지난 1644년에 더 이상 후퇴할 수 없게 된 포우하탄 연방은 최후의 결사적인 기습반격을 시도하여 500명의 영국인들을 살해하였으나, 이미 수적으로 우세해진 그들을 상대로 승리할 수는 없었다.

마지막 전투에서 생포된 오페찬카노우 왕은 걸을 수도 없고 눈도 뜰 수 없을 정도였으나, 영국인들은 포박당한 그를 전시한 후 뒤에서 총살하였다. 포우하탄 연방은 조국의 국토를 사수하려고 막강한 외적을 상대로 싸웠으나 결국 패배하였다. 총칼 앞에 모든 것을 강탈당하고 나라를 잃은 그들의 역사는 피와 눈물로 막을 내리게 되었다. 2대에 걸친 포우하탄 왕들의 용맹에도 불구하고 욕망에 눈이 멀어 악착같이 침략하려는 기독교 세력 앞에 왕과 공주의 생명까지 바친 비화는 이렇게 끝이 났다.

그들이 죽은 후에 침략자들은 존 롤프가 소개한 담배 재배로 돈을 벌었으며, 계속 원주민들의 땅을 점령해 나가는 끝없는 욕심과 상혼商魂으로 휴전조약은 지켜지지 않았다. 이미 지적한 바와 같이 1622년까지는 포우하탄 연방이 제임스 타운에 정착한 침략자들을 전멸시킬 수 있었으나, 시간이 지나자 반대로 원주민들이 침략자들의 손에 거의 전멸하거나 타지방으로 추방당하고 조국의 땅을 다 빼앗기게 되었다.(Garraty, J. A., 1001 Things Everyone Should Know About American History, 1989, p.92.)

비통한 원주민의 역사는 여기서 그치지 않았다. 얼마 후에 제임스타운 근처뿐만 아니라 전 북중남미 대륙은 개척이라는 미명하에 침공해 온 유럽의 침략자들에 의하여 무참하게 희생당하고 만다.

그것은 침략자들의 숨은 의도를 모르는 선의의 어린 소녀가 교활한 침략자들의 희생양이 된 이야기이다. 이 비화의 이면을 세심하게 들여다보자.

첫째, 교활한 강자들의 침략 때문에 일어났다.

둘째, 착한 약자들의 멸망이 강자들의 부귀영화를 보장하는 기초가 되었다.

셋째, 그 과정에서 두 살 된 아들을 두고 객지에서 죽어간 22살의 젊고 아름다운 공주의 사랑과 비애가 교차하는 사연이 있었다.

넷째, 선의와 악의의 대결에서 악의가 승리한 또 하나의 표본이 되었다. 무자비한 침략 정신과 그 침략자들의 두뇌가 만들어 낸 무기와 그 교활한 두뇌가 짜낸 조직적이고 과학적인 전략 전술에, 원주민들의 단순한 애국애족심과 용기가 패한 것이다. 조직력과 무력을 결여한 사람들의 단순한 애국애족심이나 애향심愛鄕心은 강력한 조직력과 우수한 무기로 잘 조직된 살인강도 집단에게는 언제나 약육강식의 대상이 된다는 증거가 되었다.

다섯째, 선진문화문명이 후진문화나 문명을 마음대로 말살하고 피에 얼룩진 승리를 자화자찬하는 또 하나의 예가 되었다.

여섯째, 하나님의 이름으로 이 모든 것이 다 정당화되고 축복 받았다고 믿었다. 원주민들 조상의 무덤이나 성지까지 모두 없애고 전국 각지에는 청교도들의 교회가 건립되어 종소리가 울려 퍼졌다. 이 종소리는 기독교의 승리를 뜻하는 것이었을까?

그러한 기독교인들에 의하여 원주민들이나 흑인들은 하나님을 믿을 수 있는 영혼조차도 없는 야만인이라고 차별 받고 학대받던 시대가 오래 전이 아니었다는 것을 인류는, 특히 선량한 기독교인들은 잊어서는 안 될 것이다. 차별 없는 인류사회 건설은 누가, 언제 완성할 것인가? 인간이 인간을 차별하지 않고 다같이 행복하게 살 수 있는 지상낙원 건설이라는 올림픽을 시작하고 주최할 나라의 출현을 기대할 수는 없을까? 비록 이것이 우리의 꿈에 불과하다고 하여도 인류역사에 또다시 제2, 제3의 포카혼타스 공주 같은 삶의 비애가 있어서는 안 될 것이다.

아이러니하게도 침략주의자들이 주장하기 시작한 주권국가의 자주독립과 민주주의 및 인간의 자유와 평등이 인류사회에서 가장 중요한 이념으로 인정받게 된 현재의 세계에서도 그럴듯한 여러 가지 미명하에 강대국가들에 의한 지배-피지배 관계가 유지되고 있으며, 또 새로운 종속관계가 우호조약이나 우방국이라는 이름으로 형성되어 가고 있다.

(3) 지금도 계속되는 침략자들의 목적과 계략 및 결과

한쪽은 사람을 죽이는 한이 있더라도 남의 나라를 침략하여 자기의 것으로 만들겠다는 악의와 야욕에 찬 적극적인 침략자들이었으며, 또 한쪽은 침략세력에 대항하여 그들의 고향과 조국을 사수하겠다는 수동적이며 소극적인 원주민들이었다. 이러한 두 집단 사이에서 전개된 치열한 공방전은 기독교인들이 주장하는 사랑이나 하나님의 뜻이 아니라 무기와 계략에 의하여 결정되었으며 돌이킬 수 없는 참담한 결과를 가져왔다.

오늘날의 경우에도 경제적인 예속관계가 자유경쟁과 시장경제라는 구호 아래 강력하게 형성되어 가고 있는 명백한 사실을 약소 민족국가들은 뼈아프게 느끼고 포카혼타스나 그녀의 민족과 같이 간단하게 속아넘어가지 말고 그에 대한 대책을 세워야 할 것이다.

원주민들은 조직이나 군사훈련이나 무기 면에서 비교할 수 없을 정도로 뒤떨어져 있었다. 또 벌떼처럼 몰려오는 유럽의 침략자들에 비하여 원주민들은 인적·물적 자원 면에서도 비교가 안 되는 불리한 입장에서 대항해야만 했다. 찬란한 문화를 자랑하는 유럽이 원주민에게 적용한 것은 '약육강식의 법칙'이었다.

군사적인 우위를 아는 침략자들은 기회 있을 때마다 무차별 공격을 가하면서 약자들을 전멸하거나 추방하고 그들에게 속한 모든 것을 빼앗으려고 하였다. 처음에는 식민지 건설을 위하여 침략전쟁을 시작하였으나 후에는 부강한 나라를 건설하기 위하여 필요할 때마다 전쟁을 일으켰다. 심지어 오늘날에는 만들어 놓은 무기를 팔기 위해서 전쟁물자 생산과 군사인력 가동을 위해 전쟁을 일으키려고 발광하고 있다.

그 피비린내 나는 비정한 침략과정에서 일어난, 한 소녀의 선의를 악용한 침략자들의 악의에 찬 계략에 빠진 포카혼타스 공주의 비운의 일생은 시사하는 바가 크다.

누가 생각해도 그녀의 입장에서 보면 어디까지나 선의로 시작된 일이었다. 비록 자기의 나라를 침범한 이국인이었으나 사람이 죽는 것을 보고 싶지 않았던 어린 소녀가 자기 아버지에게 간청하여 침략자의 총독을 구명해 주었다 그 선행이 악연이 되어 후일 자기 가족과 자기 국민들에게 어떠한 결과를 가져올 것인가를 그녀나 원주민들이 상상이나 했겠는가?

포카혼타스 공주가 영국의 청교도들을 위하여 선의를 베푼 것은 물론 자기의 사랑과 몸과 생명까지 바쳐가면서 최선을 다하였으나 결과는 어떻게 나타났는가? 상대방의 악의와 힘을 모르고 선의로써 그들을 대했던 포카혼타스와 그들 부족의 잘못으로 원주민들의 운명은 결코 돌이킬 수 없는 죽음의 길로 접어들게 되었다.

형식이야 다르겠지만 현대사회에서 그러한 역사가 되풀이된다는 역사의 준엄한 교훈을 약소국가들은 알아야 한다. 그러한 의미에서 포카혼타스 공주의 짧은 생애가 남긴 교훈은 결코 낭만적인 전설이 아니다.

어린 소녀의 순수한 인정과 선의로 시작된 악연이 자기 일신의 희생으로만 끝나지 않고 본의 아니게 자기 나라와 민족을 멸망시키는 결과로 이어졌다. 포카혼타스 공주의 이야기는 오늘날에도 약소민족국가들이 강대국의 경제적·문화적 침략에 방심하면 아메리카 원주민들과 똑같은 운명에 처하게 된다는 경고를 담고 있다.

끝으로 포카혼타스 공주가 영국에 가서 이용당한 일을 중심으로 침략주의가 남긴 역사를 조명해 보자. 당시 제임스타운 침략의 선봉자 역할을 했던 영국 회사 사람들은 다음과 같은 목적을 달성하기 위하여 포카혼타스 일행을 영국으로 데리고 갔다.

(1) 자기들이 미개인 혹은 야만인savage이라고 부르고 때로는 짐승beast과 같은 하등 동물로 취급하던 원주민들도 개척자들의 노력에 따라 문명인으로 개화시킬 수 있으며, 영어를 가르치고 교육을 시키면 포카혼타스 공주와 같은 문화인이 될 수 있다는 것을 보여주기 위하여

(2) 미개인들에게 복음을 전달해 기독교인으로 개종시킬 수 있다는 것을 보여주기 위하여

(3) 개척자들도 롤프와 같이 원주민 공주와 결혼해 아이를 낳고 잘 살 수 있다는 것을 보여주기 위하여

(4) 식민지 개척에 동참하는 것은 제임스 왕과 영국을 위한 영광스러운 일이 될 뿐만 아니라 개척자 자신들도 노력하면 영광스러운 장래를 보장 받을 수 있다는 것을 보여주기 위하여

(5) 일확천금의 꿈을 가진 용감한 자는 롤프와 같이 식민지 개척에 동참할 것을 권장하기 위하여

(6) 무진장한 자원이 있고 아직도 끝을 모르는 거대한 대륙을 식민지화하는 데 투자하는 사람들은 큰 이윤을 기대할 수 있다는 것을 보여주기 위하여

북미대륙에서 행한 영국 식민주의자들의 강도 짓과도 같은 상술商術이나 식민지 개척을 그들 자신이나 후손들이 어떤 말로 변명한다고 하여도, 결국 그들은 국수주의·제국주의·상업주의·식민주의·모험주의·영웅주의·인종차별주의·이기적 기독교선교사업 등등을 자행한 침략주의자들이었으며, 그들이 주장한 소위 '개척'은 한없는 야욕을 충족시키기 위한 침략행위에 불과했다고 요약할 수 있다.

그 침략자들의 성공은 죄 없는 원주민들과 그들의 부족과 나라의 멸망 위에 이루어진 것이며 선하고, 착하고, 인정 많은 한 젊은 여인의 희생(이는 한 여인의 희생이 아니라 무수한 약소 민족·국가의 희생으로 확대 해석되어야 한다) 위에 이루어졌다. 두 살 된 어린 아들을 두고 간 그녀가 눈도 감지 못하고 세상을 떠났을 것 같아서 마음이 아프다. 무참하게 희생당한 다른 영혼들과 그녀의 명복을 빌면서 인류사회의 정의구현을 염원해 본다.(조찬선 『기독교 죄악사』 평단문화사 2000)

4) 독선적 청교도들의 침탈에 대한 종교적 비판

청교도들이 미대륙에 도착한 초기에 굶주리고 헐벗고 병들어 곤경에 처했을 때, 원주민들은 그들에게 각종 식량과 가죽 등 입을 것을 갖다 주면서 온정과 구원의 손길을 폈다. 이 때 청교도들은 감격에 넘쳐 원주민들을 "하나님께서 보내 주신 천사"라고 믿고 환대하였다. 그러나 미대륙에서의 정착이 성공적으로 되어가자 청교도들은 한없는 토지욕土地慾에 불타기 시작했고, 원주민들의 존재는 장애물이 되기 시작했다.

이때부터 더욱 원주민을 이교도시異敎徒視하여 마귀 사탄의 앞잡이로 낙인을 찍었는데, 이는 원주민들이 하나님의 은총을 받은 청교도들의 번영과 전진에 장애물이 되기 때문이었다. 즉 "하나님께서 보내 주신 천사"라는 찬사는 하루아침에 "마귀가 보내준 사탄"으로 변해 버렸다. 그들은 자기들이 굶주렸을 때에 원주민들이 식량을 가져다 준 것은 하나님의 은총이 되고, 자기들이 강해진 후에 원주민들을 학살하고 땅을 빼앗은 것은 하나님의 축복의 결과라고 믿고 감사하였다 그러므로 그들은 원주민을 가능한 한 많이 살상하고 추방하여 청교도들의 정착지를 확장하는 것은 곧 하나님 나라를 건설하는 봉사의 길이요, 신앙의 실천이라고 굳게 믿었다. 자기들의 잘못된 야욕을 하나님의 이름으로 정당화한 것이다. 이것이 당시 청교도들의 일관된 신조였다.

다시 말하면 하나님의 이름으로 원주민을 죽이고, 하나님의 이름으로 그들의 토지를 빼앗고, 하나님의 이름으로 대륙 개척을 시작하였다. 그들에게는 신대륙 개척도 성전聖戰의 일환이었다. 즉 성전이란 미명하에 살인·약탈·강간·방화를 자행하였으니 여기엔 양심의 가책이나 반성이 없었다. 예를 들면 기독교인들이 원주민 체로키 족이 살고 있는 지역으로 침입하여 여자들을 살해하고 그들의 음부를 무참하게 찌르고, 어린아이들의 두 팔을 잘라 어머니의 가슴에 안겨 주었다. 이같은 야만스런 행동은 조선전쟁 시기 황해도 신천을 비롯한 여러 곳의 살육전에서 벌어졌으며 이 지역주민들이 극단적으로 반미감정을 갖게 만든 원인이 되었다.

이 야만스런 광경을 바라본 원주민들이 치를 떨며, "우리들이 믿는 신은 남을 사랑하고 도우라고 가르치는데 당신들이 믿는 신은 왜 남을 죽이고 빼앗으라고만 가르치느냐"고 울부짖으면서 남긴 눈물겨운 호소는 지금도 심금을 울리고 있다. 그러나 침략자들은 계속 사랑의 하나님을 살인과 약탈과 악마의 하나님으로 전락시켰고, 청교도들도 중남미를 침략한 천주교도들처럼 살인 강도단으로 돌변해 버렸다. 그리고 하나님 나라 건설이라는 미명으로 자기들의 만행을 정당화하고 미화하여 역사기록으로 온 세계에 자랑하여왔다.

(1) 하나님 앞세워 땅을 빼앗고, 사람을 죽였다

토지 개인소유권, 즉 사유재산권제도가 없었던 원주민들은 과실이나 토지는 만인의 것이라고 믿고 아무런 욕심도, 악의도 없이 순진하고 천진난만한 삶을 살았다. 비록 다른 부족들과 투쟁하기도 했지만 그들에게는 그 땅이 에덴이었다. 그 에덴을 기독교인 침략자들이 들어와서 살인과 지옥의 수라장으로 만들고 은혜를 원수로 갚았다.

영악스러워진 기독교도들의 생각은 달랐다. 청교도들은 토지를 다음과 같이 생각하고 있었다.

○ 전 세계의 땅은 모두 하나님의 것이다. 땅을 아담과 하와에게 주어 경작하고 번성하라고 하셨다. 그러므로 땅을 경작하고 개량하는 것은 하나님의 뜻이다.
○ 먼저 발견한 땅은 발견한 자의 것이다. 거기에 정주하고 경작할 권리를 갖는 것은 당연하다. 그러나 원주민들은 예외이다.
○ 아직도 아무에게나 점유되지 않은 땅은 몰수하여 경작 가능한 자에게 주어야 한다.
○ 하나님을 모르는 이교도인 원주민들은 영혼이 없는 마귀의 앞잡이들이기 때문에 하나님을 믿는 우리 성민聖民의 번영을 위해서는 원주민을 추방하고 우리가 그 땅을 소유하는 행위는 정의로운 일이다.

청교도들은 이와 같은 이기적인 논리와 명분을 가지고 원주민을 추방하고 그들의 땅을 빼앗았다.

1637년, 청교도들은 대담하게도 민병대를 조직하여 원주민 촌을 습격하여 500명을 죽이고 살아남은 부녀자와 아이들을 노예로 잡아 서인도에 팔아 버렸다. 그리고 청교도들은 "우리는 오늘 600명의 이교도들을 지옥으로 보냈다"고 하며, 하나님께 감사예배를 드렸다. 이 사건은 청교도들이 북아메리카에서 '기독교 제국주의'의 본질을 유감없이 발휘한 최초의 대표적인 대학살이며, 침략전이라고 할 수 있다. 1637년 5월 매서추시츠 주 당국은 작전대장으로 존 메이슨John Mason대위를 임명하여 그 부근 일대의 원주민 소탕전을 전개하였다. 원주민은 남녀노소 구별 없이 전멸시키고 생존자는 노예로 팔아서 원주민을 지상에서 깨끗이 청소해 버렸다.

이 메이슨 대위의 무공담이 당시 미국 초등학교 4학년 교과서에 실려 있었다. 이 이야기의 주인공인 초등학교 4학년생 밥Bob은 메이슨 대위 무공담에 열중한다.

"그 부대는 새벽 아직 어둠이 캄캄할 때 원주민 촌에 은밀히 접근하여 일제히 습격했다. 군인들은 원주민 촌의 나무 울타리를 부수고 속으로 들어가 집에 불을 지르고 남녀노소 할 것 없이 전멸시키고 그들이 저장했던 식량・가구・의류 등 일체를 불살라 버렸다. 이렇게 귀찮은 원주민을 깨끗이 소탕해 버렸다. 이 광경을 바라본 다른 지방의 원주민들은 청교도가 얼마나 무서운 인간들이란 것을 알고 감히 대결할 생각도 못하였다."

이러한 글을 읽은 밥Bob은 크게 한숨을 쉬면서 말한다.

"아! 나도 그때 함께 가서 한몫을 하였으면 좋았을 것을!"

밥은 세월이 흐르면 건강한 청년으로 성장할 것이다. 이런 교육을 받고 자란 청년이 장차 어떤 일을 저지를 것인가? 신앙의 자유를 찾아 신대륙으로 이민 온 청교도들의 후예는 이런 교육을 받고 자라나고 있었다.

이것이 과연 믿음・소망・사랑을 실천하기 위해 이민 온 청교도의 교육이었는가? 침략과 약탈과 살인을 정당화하는 교육이 아닌가? 분명히 청교도들은 잘못된 길을 가고 있었다.

원주민들에게 있어서 '토지의 개인 소유'란 것은 상상도 하지 못했던 개념이었다. 토지는 그 종족 전체의 공유물이며 그곳에서 공동으로 작업하여 얻은 결실을 공동의 식량으로 삼고 살아가는 것이 조상 대대로 전래되어 온 풍습이었다.

○ 1910년 조선이 일제日帝에 강제 합병될 당시에도 봉건조선의 토지소유관계는, 왕의 소유지와 소수의 지주들만을 제외하고 대부분의 토지가 등기가 되어 있지 않았기 때문에 일본인들의 소유로 차지하기가 쉬웠고 김성수金性洙와 같은 자들은 일제에 붙어서 대토지 등기가 가능했고, 그래서 또 진짜 친일파가, 아니 사실은 조선의 '매국노'로서 '일본인'이 되었다.

그리하여 그는 전조선민중의 3・1항일운동에 겁을 먹은 일본이 「조선 독립정신의 말살과 완전 일본인화」를 위해 친일반조선親日反朝鮮 신문을 허가하자 1920년에 『동아일보』를 출간, 『조선일보』 집단과 함께 「조선어 일본신문」을 만들었고 오늘날까지 100년 가까이 '반민중' '반통일' 성격의 신문을 만들어 민족동포간의 증오・분열을 조장하여왔다.

그런데 청교도들은 대지를 인위적으로 분할하여 개인소유로 만들어 놓고 타인은 거기에 들어가지도 못하고 농사도 지을 수 없게 하였다. 뻔뻔스럽게 남의 땅을 빼앗고 그 농토에서는 사냥도 할 수 없게 만든 유럽인들의 사고방식을 원주민들은 도저히 이해할 수가 없었다. 원주민들은, 땅은 물이나 공기처럼 공동의 재산으로 생각하였다. 그러므로 만일 땅이 필요하면 필요한 자가 적당히 일시적으로 사용하면 되었다. 이것이 원주민들의 토지의 공동소유제도였으며, 기본적인 사고방식이었다.

그러므로 새로 침입한 유럽인들이 땅이 필요하다고 하면 서슴없이 땅을 양보하고 빌려주기도 하였다. 그러던 중에 침략자들의 인구가 급격히 증가하기 시작하였고, 또 땅에 대한 그들의 욕심이 한이 없다는 것을 알게 되었을 때부터, 원주민들은 땅에 대하여 관심을 갖기 시작하였고 자기들의 농토를 지켜야 되겠다는 경계심과 함께 불안감을 갖게 되었다.

청교도들은 원주민의 토지에 대한 개념을 알고 있었으므로 그것을 악용하여 비교적 간단하게 원주민의 토지를 빼앗았다. 즉 청교도들의 입장에서 합법적으로 빼앗기 위하여 「권리 매각증서」를 만들어 가지고 그것이 무엇인지도 모르는 원주민에게 X표 서명을 얻는 방법을 썼다. 물론 원주민들은 문서상의 계약과 서명이 어떤 결과를 가져온다는 것을 알 리 없었다. 또 문자가 없었던 그들은 문서에 서명하는 것이 그들이 개척해 놓은 광대하고 비옥한 지역에서 쫓겨나는 것을 의미한다는 것은 물론 일단 서명해서 그들에게 빼앗긴 땅에는 들어갈 수 없고 거기에서 새 한 마리조차 사냥할 수 없다는 사실을 모르고 있었다.

그러므로 원주민들은 청교도들이 보여주는 문서에 그들이 주는 연필을 들고, 그들이 시키는 대로 X표를 그려 주었다. 개중에 어떤 원주민은 청교도들이 주는 적은 보수를 뇌물로 받고 타 종족의 토지 문서에도 서명해 주는 웃지 못할 일도 있었다.

이런 일을 할 때 청교도들은 으레 위스키를 가지고 와서 그들의 기분을 황홀하게 만들어 놓고 X표를 요구하였다. 술을 처음 맛보는 원주민들은 그것을 화수火水 fire water라고 부르며 술에 흠뻑 빠져들었다. 술을 보기만 하면 그들은 그 동안 저축해 놓았던 가죽 · 식량 등을 아낌없이 주고 사버렸다. 그러므로 여기에 놀란 벤자민 프랭클린 (Benjamin Franklin : 1706~1790)은 "술은 원주민을 쓸어버리기 위하여 하나님께서 우리에게 주신 축복이다"라며 감탄하였다.

이런 방식으로 취득한 토지에 경작을 했든 하지 않았든 관계없이 원주민들은 거기에 들어가도 안 되고 사냥을 해도 안 되었다. 청교도들이 방목하는 가축(소 · 돼지 등)은 이웃 원주민의 밭에 들어가 마음놓고 뜯어먹어도 원주민들은 아무런 항의조차 할 수 없었다. 만일 이럴 때 청교도들의 가축을 몰아내면 그는 범죄자가 되어 군청 재판소로 끌려나가 시민재판에 걸려 처형되기 때문이다.

이렇게 하여 청교도들은 북미에 처음으로 토지의 '개인 소유권제도'를 확립하고 소유권이란 개념도 모르는 원주민들의 땅을 빼앗아 분할하기 시작하였다. 그 후 약 260년 동안에 전 북미지역의 땅을 다 빼앗거나 매입하고 원주민들을 강제로 수용소Reservation에 이주시켜 버렸다. 이것이 서구인들이 하나님과 정의와 자유와 평등이란 미명 하에 건설한 북아메리카이며 또 캐나다였다.

(2) 자기들은 「신앙의 자유」 외치면서 다른 사람은 노예로 매매

청교도들은 유럽에서 종교적 탄압 때문에 살기 어려워서 종교의 자유를 찾아 신대륙으로 탈출해 왔다. 그들은 천주교 세력이 이미 크게 성공한 중남미에는 갈 수 없었기에 결국 북미를 선택하였다. 그들은 종교의 자유를 찾아 신천지에 왔으나 메이플라워 규약 Mayflower Compact이 증명하는 바와 같이, 하나님과 제임스 왕의 이름으로 버지니아 주에 새로운 식민지를 개척할 목적을 명백히 하고 있었다. 또 그들은 기독교의 진흥과 조국의 명예를 위하여 북미이주의 목적을 다음의 다섯 가지로 요약할 수 있었다.

○ 생명의 위협을 느끼는 종교적 탄압을 피하여, 즉 종교의 자유를 찾아서 편히 살려고 유럽을 탈출한 것, 다시 말하면 유럽에서 살수 없었기 때문에 탈출한 사람들이라는 것. 유럽에서 잘 살 수 있는 사람들은 오지 않았다는 사실을 기억해 두어야 여기에서 그리려고 하는 역사의 교훈을 정확하게 볼 수 있다.
○ 원주민의 땅을 빼앗아서 새로운 식민지를 건설할 목적
○ 남의 나라를 정복하여 그 땅에 기독교 천국을 건설할 목적
○ 식민지 확장전擴張戰에 참여하여 일확천금을 꿈꾸고 온 사람들도 적지 않았다는 사실
○ 새로운 식민지 개척에 성공하여 자기들의 고국과 그 가족에 이바지하고 자기들의 이름을 역사에 남기며 또 자손들에게 그 영광을 남기려는 전형적인 침략자들의 꿈을 갖고 왔다는 점.

초기 청교도들의 성공담을 듣고 뒤를 따라온 사람들의 대부분은 전형적인 침략주의자들이었다는 사실은 누구도 부정할 수 없다. 청교도들은 당시의 유럽을 지배했던 왕족이나 귀족 출신이 아니었다. 해적들도 뒤를 따랐다.

그들의 행적을 보면, 영토의 확장이나 인구 증가와 부의 축적이 침략자들의 성공의 척도였다.

일부 몰지각하고 천진난만한 지식인들이 생각하는 것처럼, 그들은 도덕성이나 종교의

자유·평등 등을 실현할 목적으로 민주주의 혹은 인권을 옹호하는 지상낙원을 건설하려고 온 것이 아니었다.

물론 영토의 확장이나 전쟁에는 돈과 군사력이 필요하기 때문에 미국이 현재의 영토를 확보할 때까지 청교도들의 식민지 확장이 계속되었다는 것은 역사적인 사실이다. 그렇다면 거대한 자금이나 물자를 유럽에서 가져오지 않은 청교도들이 어떻게 성공적으로 침략전을 전개하였으며, 필요한 물자나 인력을 어떻게 동원하였겠는가를 생각해 보면 청교도들의 도덕성이나 인간성을 짐작할 수 있을 것이다. 그들의 대부분이 맨주먹으로 대서양을 건너온 사람들이었기 때문에 무기 이외에는 모두 현지 조달하였다. 즉 원주민의 나라에 와서 원주민들을 속이거나 죽이고 필요한 것을 다 빼앗은 것이다. 무기를 가지고 와서 원주민 촌을 습격한 것을 보면 그들의 의도가 무엇이었는지 알고도 남음이 있다.

초기에는 청교도들을 선의로 도와주었으나, 그 후 침략자들의 의도와 잔인성을 알게 된 원주민들이 저항하거나 공격하면 싸울만한 구실을 얻은 청교도들은 전멸작전으로 대응하였다. 다시 말하면 미국이 오늘날의 영토를 확보할 때까지 기독교인들의 침략전이 계속되었다고 할 수 있다. 뿐만 아니라 원주민들이 소유하고 있던 땅을 빼앗거나 이용하려는 것과 그들에 대한 차별이나 인권 침해를 볼 때, 기독교인들의 침략은 아직도 계속되고 있다고 볼 수 있다.

이러한 과정과 결과를 보면 청교도들은 초기에 종교적인 탄압과 박해를 피하여 신앙의 자유를 찾아왔다지만, 목적지에 도착한 후부터는 원주민들의 종교를 무시하고 원주민들을 학살하는 침략자로 변해 버렸다. 그들은 원주민들을 추방하거나 학살하고, 땅을 빼앗아서 자기들만 잘 살려고 이주해 온 것이다. 원주민들과 공존 공영할 생각은 추호도 없었음이 역사적 사실로 입증되어 왔다.

그들은 자기들의 목적 달성을 위하여 약 300년 동안 최소한 1억 이상의 원주민들과 또 원주민들의 식량의 근원이었던 야생 들소Buffalo 6,000만 마리를 무차별 학살하였다고 한다. 결국 청교도들은 원주민들을 학살하고 그들의 나라를 빼앗고 그 안에 있는 모든 것을 강탈하였다.(1890년도 미국세조사 보고에 의하면 잔존 원주민 수는 25만명 뿐이었다. Stannard, American Holocaust, 1992.)

그리고 쓸모없는 지역을 수용소로 설정하여 살아남은 원주민을 수용해 버렸다. 현재 백인의 평균 수명은 76~78세에 달하고 있는데, 원주민의 평균 수명은 아직도 40세 중반이라고 하니 이 얼마나 기가 막히는 일인가.

기독교인들은 총칼로 빼앗은 땅을 개척하는 데 필요한 노동력의 공급을 위하여 약 300년 동안에 아프리카에서 1,200~1,500만 명의 흑인들을 잡아와 주로 남북아메리카와 서인도제도 등 대농장에 팔아넘겨졌다. 노예들의 인권을 유린하고 노동력을 착취하면서 치부致富에 열중한 것이다.(Meyer, Esclarces et N grieers, Stannard, Ibid., p. 151, Stannard 교수는 또 백인들에 의하여 최소한 3천만 명, 많게는 6천만 명의 아프리카 흑인들이 학살당했을 것으로 추측하고 있다.; Everrett, History of Slavery, 1996, p.6.)

자기들의 종교의 자유와 보다 안전하고 복된 삶을 위하여 남의 나라를 침략한다는 것은 무엇으로도 정당화될 수 없는 일이다. 대규모의 침략전이나 전쟁의 승리에는 반드시 그에 상응한 희생과 피해가 따르는데, 청교도의 승리 뒤에는 원주민들과 흑인들의 크나큰 희생이 있었다는 사실을 잊어서는 안 될 것이다. 그들의 후예들 역시 21세기까지도 자기들의 대부대가 정복하여 주둔하고 있으면서도 항상 상대방이 호전적이어서 먼저 공격했기 때문에 전쟁이 일어났다고 억지를 부리면서 침략 영토를 넓히고 주민을 대량 학살하여 종속국을 만들어놓고 불평등 무역으로 경제수탈을 공공연히 강요하여 왔다.

가해자와 피해자의 관계를 좀 더 확실하게 이해하기 위하여, 하나의 가상적인 예로, 그 당시는 물론 현재 종교 탄압을 피하여 타지역으로부터 얼마나 많은 유색인종들이 유럽이나 미국으로 이주할 수 있겠는가의 가능성을 한번 생각해 보자.

특히 미주지역의 원주민들이나 아프리카인들이 자기들의 식민지를 건설하기 위하여 전 유럽을 침략하여 유럽인들을 학살한 후에 거기에 새로운 독립국가를 세우고 자기들의 종교의 자유를 위하여 기독교를 금지시키고 그들의 종교를 유럽인들에게 강요하였다면 수용소에서 살아남은 유럽인들이 어떻게 생각하고 어떻게 대처하였을 것이며 또 어떻게 그 사실을 기록했겠는가?

그러한 결과와 피해를 상상할 수 있다면 미주지역이나 아프리카지역을 침략한 유럽인들의 일방적인 논리나 독선적인 사고방식은 물론 그들의 인간성이나 잔인성을 짐작할 수 있을 것이다. 침략 당시 많은 유럽인들은 짐승에 가까운, 그것도 포식동물과 비슷하게 도덕적 불감증에 걸려 있었음에 틀림없다.

특히 종교 탄압을 피해 온 사람들이 남의 나라에 와서 남의 종교를 탄압한 것은 용납할 수 없는 일이다. 자신의 종교와 자신의 삶을 위하여 남을 죽이고 그 죽은 사람들의 땅이나 나라를 빼앗는 침략행위를 위하여 유럽인들이 북미에 온 것은 그 목적이나 동기부터가 잘못된 것이라고 하지 않을 수 없다.

만일 중남미를 침략한 천주교(가톨릭)세력이나 북미를 침략한 청교도들이 택한 방법 그대로 원주민들이나 아프리카인들이 정반대로 유럽이나 현재의 미국을 침략하여 그들의 식민지를 건설한다면, 유럽인들이나 북미지역을 지배하는 유럽인들의 자손들이 무엇이라고 하겠는가를 생각해 보면 자명해지는 일이다. 원주민들이나 아프리카인들의 성전

聖戰은 아직 시작되지 않았는지도 모른다.

또 일부 비교적 양심적인 지식인들은 그러한 침략행위는 다 과거에 있었던 일인데 지금에 와서 어떻게 하라는 말이냐고 반문하면서 이제는 어쩔 수 없는 현실이라고 주장한다. 그리고 원주민들이 자기들의 힘으로 독립을 쟁취한다든가 원상복구를 할 수도 없는데, 힘있는 권력층의 어떤 사람들이 그들의 기득권을 스스로 포기하겠느냐고 하면서 설득력 있는 현실론, 즉 현실우위론現實優位論을 제기한다. 인류의 역사가 다 그렇다는 것이다.

그렇다면 미래의 인류역사도 결국 백인 기독교인 중심의 침략과 정복의 연속이란 말인가 묻지 않을 수 없다. 배리적背理的인 말이 되겠지만 인류사회에 공정성과 정의가 통하는 참다운 민주주의가 정착할 때까지 강자와 약자간의 지배와 복종, 즉 과거 및 현재와 같은 종속관계는 피할 수 없는 일인가? 아무튼 지금도 그러한 현실 속에서 인류가 살고 있는 것만은 틀림이 없는 것 같다.

이러한 견해나 의견을 크게 분류하면 다음의 세 가지 집단과 이견異見으로 나눌 수 있다.

첫째는 승자의 논리인데, 그 승자들이 만든 기정사실을 긍정적으로 받아들이는 사람들이 대부분 유럽계의 서구인들이라는 사실이다. 그들은 이구동성으로 현상유지 아니면 기정사실을 인정하자고 주장한다.

둘째는 피해자들의 주장인데, 원주민들의 다수는 두말할 것도 없이 유럽인들의 침략을 부정적으로 보며 지금도 강도 높게 비난한다. 그리고 땅과 나라를 잃었다 찾은 현재의 이스라엘처럼 가능하면 자기들도 언젠가는 독립하여 자기들의 문화를 부활시키고 자기들의 말을 하면서 살고 싶은 꿈을 꿀 때도 있다고 한다. 사실 20세기의 이스라엘은 서구의 대량살육을 넘어, 자신들도 남의 땅을 점령, 학살과 식민정착 범죄를 수시로 저지르고 있다.

셋째는 흑인들인데, 대부분의 흑인들은 그들의 슬픈 과거사를 잊을 수도 없거니와 그렇다고 하여 돌아갈 수 있는 나라도 없는 상태이다. 물론 이제는 당당한 미국 시민들이지만 미국에서 가장 많은 실업률을 차지하고 있는 그들은 불만과 불평을 감추지 않는다. 그들이 아마 미국에서 가장 강력한 사회불안 요소가 될 가능성을 부정할 수 없다. 그들은 지금도 노예제도에 대한 미국 백인들의 사과를 요구하고 있다.

우리는 청교도들의 유럽 탈출이나 그들의 침략이 원주민들에게 어떠한 피해를 주었는가를 보면서 역사적인 정당한 평가를 기대해 보고 싶다. 역사는 왜 인류 전체를 위한 공정한 평가를 게을리 하고 있는지 알 수 없다.

(3) 극도의 이기배타성, 상대방에겐 언제나 패배·고통 안겨

청교도의 성직자들은 원주민에 대하여 근본적인 편견을 갖고 있었다. 즉 원주민들의 사고방식이나 생활양식은 물론 그들의 조상 때부터 전래된 종교신앙에 경의를 표할 줄 모르고 전적으로 그것을 미신으로만 취급하고 일고의 가치도 없는 야만인들의 사교邪敎로 취급하여 무시하였다. 제국주의자들, 특히 기독교세력이 식민지 원주민들의 조상숭배(제사)나 종교신앙을 무시·억압한 이유는, 피정복민의 역사와 사상과 의지를 깡그리 부정하여 동등한 인격을 가진 인간임을 스스로 포기케함으로써 짐승처럼 일만하는 노예의식으로 세뇌, 주인의 명령에 절대 복종시키려는 데 목적이 있었기 때문이었다.

그러므로 기독교인들은 그 야만적인 사교를 즉시 버리고 자기들의 종교로 개종하도록 강요하였다. 청교도들이 상륙한 플리머스 지방 일대에서는 원주민들에게도 기독교의 교리를 지키도록 엄격한 규율을 제정하였다. 즉 주일제도가 무엇인지 알지도 못하는 원주민들에게 주일에는 낚시질이나 사냥 등을 금지시키고 무거운 짐 운반 금지법 등을 제정하여 위반자는 범죄자로 처벌하였다. 이런 법에 대하여 청교도들 사이에서도, 신앙의 자유를 침범한다는 반대의견이 있었으나, 대부분의 청교도들은 이에 아랑곳하지 않고 원주민들의 신앙을 철저히 무시해 버렸다. 이것은 실로 청교도들의 자가당착이었다. 신앙의 자유를 찾아온 청교도들이 타인의 신앙의 자유를 박탈하였기 때문이다. 그것도 하나님의 이름으로 자행하였다.

청교도들은 칼뱅주의의 영향하에 있었기 때문에 자기들의 신앙체계만이 옳다고 하는 독선과 배타성이 그들을 지배하고 있었던 것이다. 내가 가진 신앙체계는 옳고 그 밖의 다른 신앙체계는 다 틀렸다는 절대적인 독선이나 우월감이 그들에게 자기들의 교리에 도취되어 자가당착에 빠지는 죄를 범하게 했다.

역사적 진실을 따져보면, 자신들을 「청교도」라고 한 것부터가, 지향하는 이상理想으로서의 호칭이라면 가능하다 하겠으나 실체적 사실과 거리가 먼 지극히 주관적이고 독선적으로 붙여진 호칭·주장임이 400여년의 사악한 실천행동에서 생생하게 드러났다.

기독교 이외의 모든 종교를 사교로 생각했던 당시 대부분의 기독교인들은 원주민을 단순히 이단으로 취급하였을 뿐만 아니라 자기들이 섬기는 하나님을 믿을 수 있는 능력이나 영혼조차도 없다고 생각했다.

특히 성직자들이 그것을 강조하였으며 그런 종교적인 가르침이나 지침이 그들의 신념이 되었으니 그들의 원주민들에 대한 태도는 충분히 상상할 수 있었다. 문명과 야만의 차이는 무엇인가? 음식·의복·주거지 등의 기본적인 생활 양식이나 생활 습관·혼인제도 등의 문화적 환경으로는 판단할 수 없다. 자문화 중심주의는 국수주의를 낳게 마련이다. 오히려 상대에 대한 배려나 이웃에 대한 사랑이 '문화 민족'을 가름하는 기준이 되어야 한다. 그런 면에서 정복 당시의 천주교나 청교도들은 틀림없는 야만인이었다. 이웃에 대한 배려는커녕 이웃의 생명과 같은 땅과 재물을 빼앗기 위해 집단적 학살과 노예매매를 일삼았으니까.

중남미 지역에서의 천주교도들과 같이 북미지역의 청교도들도 그러한 철저한 종교적인 독선을 유일 절대적인 것으로 북미대륙에 정착시켰다. 기수旗手 역할을 한 것은 물론 성직자들이었다. 여기서도 종교가 권력과 결탁해서 목적을 달성하였다.

소위 이들이 개척이라는 이름으로 침략하고 빼앗은 땅에서, 자기들의 새로운 나라를 건설해 가는 과정에서 생겨난 그러한 사고방식이나 종교적인 제국주의 정책이 피 침략자들에게 참을 수 없는 고통을 준 것은 '엄연한' 역사적 사실이다.

유럽의 침략자들이 나타날 때까지 수만 년 동안 자기들의 땅이라고 믿고 살아온 원주민들을 학살하고 땅을 빼앗아 자기 땅이라고 주장하면서 뻔뻔스럽게 통치하는 유럽인들의 태도나 정책은 원주민들에게는 치욕을 넘어서 생사의 문제였다.

그러한 기독교인들의 침략에 반대하거나 종교적인 독재에 순종하지 않는 원주민들은 가차없이 살해되었다. 원주민들은 모든 것을 다 빼앗기고 말았다. 그들에게는 청교도들이 주장하는 종교의 자유나 기본적인 인권이라는 것은 아예 없었다.

그러한 비인간적이고 살인적인 침략자들의 일방적인 통치 하에서 참고 살아남은 원주민들은 그들의 사생활은 물론 종교생활까지 침략자들에 의해서 철저한 통제를 받게 되었다. 생활양식이나 교육과 언어까지 침략자들이 결정하는 정책에 따라야 했으며 주거지도 그들이 선정한 지역으로 제한되었다.

기독교인들이 원주민들에게 강요한 이런 「기독교 제국주의」는 참으로 위험하고 그릇된 종교정책이었다. 자기 종교의 자유를 주장하는 사람들이 남의 종교의 자유를 부정하고 탄압하는 것은 언어도단이며 용납될 수 없는 일이었다.

심각한 사실은 현재에도 이러한 종교정책이 문화제국주의가 되어 전 세계 각지에서 일촉즉발의 대결상태를 유지하고 있다는 점이다. 이 문화제국주의는 세계 지배를 목적으로 강력한 정치·경제 및 군사 제국주의와 일심동체가 되었으며, 많은 종교가 서로 치열한 경쟁을 계속하고 있기 때문에 종교간의 긴장상태는 좀처럼 완화될 것 같지 않다. 언제나 자기가 믿는 종교를 위하여 생명을 바치고 성전을 시작할 사람들이 전 세계에 퍼져 있기 때문이다. 이러한 종교적인 대립은, 곧 무기와 직결된다는 현실적인 위험이 상존한다. 여기에는 종교가 항시 주장하는 사랑이나 자비도 없고 인도적인 행동지침도 없으며 생명의 존엄성이나 인류의 평화도 없다. 있는 것은 자기의 종교만을 위한 희생정신과 애착·순교정신 뿐이다. 이러한 맹목이 결사적인 투쟁으로 이어지면 인류는 파멸하고 말 것이다.

「자기는 천사이고 상대는 악마」라는 사고는 한반도의 남과 북에도 강압적으로 적용되어, 남쪽의 종교적 편파성향이 사라지지 않는 한 남북공동체의 평화와 협력과 통일은 불가능하게 될 것이다.

이처럼 잘못된 종교정책은 다른 정책과는 비교할 수 없는 정신적·심리적 그리고 신앙적인 깊은 상처를 남긴다. 인간의 신앙생활과 사생활뿐만 아니라 정신세계와 영적인 세계를 통제하려는 종교정책은 신중하게 다루어졌어야 했는데, 침략자들은 너무나 이기적이었으며 경솔했다. 이러한 현실을 직시하고 모든 종교가 이 문제를 극복하지 않는 한 인류사회에 참다운 평화나 종교적인 공존이 가능하리라는 기대는 하기 어렵다. 기독교인들이 원주민들에게 범한 죄악이 다른 지역에서 또 다른 탈을 쓰고 되풀이되어서는 결코 안 될 것이다.

(4) 인디언은 사탄의 아들, 저항엔 언제나 집단학살

청교도의 목사들이 인디언들을 사탄의 아들이라는 말로 매도하고 그들을 학살하도록 부추겼던 사실은 매우 주목할 만하다. 매서추시츠의 항구에 물밀 듯이 밀려오는 상업주의와 물질주의는 점차 유토피아적 공동체를 꿈꾸어 왔던 청교도들의 경건한 신앙심과 소박한 생활 이념을 온데간데없이 사라져 버리게 하고 청교도의 유산인 도덕주의와 이상주의를 퇴색시켰다.(the Pilgrims=the Pilgrim Fathers : 1620년 Mayflower호로 미국에 건너가 Plymouth에 주거를 정한 102명의 영국 청교도단)

1620년에 필그림스가 메이플라워호에 탑승하여 북미 대륙에 착륙한 이래 수십만 명의 청교도들이 신대륙을 찾아 밀려들기 시작했다. 그러나 청교도들의 수효는 일반 이주민들의 수효와는 비교할 수 없이 적었다. 그들은 미국 역사가들의 주장처럼 청교도와 필그림스는 좋은 뜻에서든 나쁜 뜻에서든 미국 사회의 정신적인 지주가 되었던 것은 사실이다. 「아메리카 인디언들은 사탄의 아들이므로 그들을 학살하고 그들의 땅을 빼앗은 것은 정당하다」고 설교했던 청교도와 필그림스 목사들의 주장은 미국인들의 개척정신에 깊은 뿌리를 내렸던 것이다.

신대륙에 최초로 도착한 청교도들은 점차 이민 사회에서 청교도 지도자의 자리를 굳히고 이주민들을 교화시켜 나갔으나 점차 물욕에 탐닉하고 더 많은 토지를 소유하려는 욕심으로 원주민들을 대량 학살하는 만행을 자행했던 사람들이다. 그러나 이들이 오늘날 미국인들의 조상들이었다는 실상을 숨겨오고 온갖 미사여구로 그들을 찬양하고 있는 것이다. 청교도들이 소유권자가 없는 인적미답의 초원이 끝없이 펼쳐진 신대륙을 개척하고 종교의 자유를 위해 그리고 문명을 갖지 못한 것으로 알려진 원주민들을 학살하고 그들의 영토를 빼앗는 등의 만행을 저질렀던 것은 이미 잘 알려진 사실이다.

인디언 학살과 흑인들에 대한 인종차별과 노예제도는 '숭고한 청교도 정신'으로 미국을 건국했다는 미국 건국이념의 뒤안길에서 숨겨져 버렸다. 피로 얼룩진 정복의 역사와 비인간적인 만행으로 수많은 원주민 아메리카 인디언들이 희생된 초창기 미국의 역사에 이어 미국이 주변 국가들에 대해 저질렀던 침략사와 미국인들의 축소 왜곡한 과거 역사를 바르게 연구하는 것은 현대 미국을 올바르게 이해하는데 도움이 될 것이다.

여기에 필그림스 조상들과 그 밖의 식민지 개척에 참여했던 영국인·프랑스인·네덜란드인들은 창세기 이후 세계의 어떤 정복자들보다도 더 철저하게 인간의 생명과 존엄성을 무시하고 잔인하게 인디언 원주민들을 학살했다. 신대륙 개척 당시에 일어났던 많은 대량 학살의 예가 있지만 여기에 그 몇 가지 예만 들어본다.

1643년 네덜란드인 농부 한 명이 살해되는 사건이 발생했다. 이에 뉴 암스테르담New Amsterdam(네덜란드인이 1625년 Manhattan섬에 건설한 식민 도시. 1664년 영국인에 의해 New York으로 개칭)의 총독은 인디언들을 모두 죽이라는 명령을 내렸다. 그 인디언 부족은 네덜란드 사람들이 추위와 굶주림으로 사경을 헤매고 있을 때 그들을 구해 준 사람들이었다. 그들은 하룻밤 사이에 모두 목이 잘려 죽었다. 그들의 머리는 장대 위에 매달리거나 산채로 가죽이 벗겨지고 심지어는 성기가 잘렸다. 또한 살을 베어 내 같은 인디언에게 강제로 먹이는 등의 인간 이하의 만행을 저지르기도 했다.

개척 초기만 해도 인디언들은 새로 이주해 온 사람들이 자리 잡고 살 수 있도록 씨앗을 제공하고 신대륙의 기후에 맞는 농사를 짓는 방법을 가르쳐 주는 등 많은 배려를 아끼지 않았다. 그러나 이주민들이 증가하고 그들과의 접촉이 잦아지면서 인디언들은 이주민들과 마찰을 빚기 시작했다. 더구나 백인들이 그들의 생활터전을 침식하기 시작하자 마침내 이주민들과 인디언들 간에는 싸움이 시작되었다.

보스턴에 거주하고 있던 청교도들은 광활한 농토를 차지하려는 욕심으로 월등한 무력을 앞세워 인디언들을 모두 내몰았고 뉴잉글랜드(미 북동부 6개 주) 지역에 거주하고 있던 피쿼트Pequots부족도 모두 살육했다. 청교도 목사들의 지시를 받은 청교도들은 1637년 피쿼트족에 대하여 날조된 살인혐의를 씌워 전면 전쟁을 벌였던 것이다. 그리고 일부 살아남은 인디언들은 노예상인들에게 팔아 버리고 거의 대부분의 뉴잉글랜드(미 북동부 5개주) 인디언 지역을 차지하였다. 청교도들은 피쿼트족이 모두 잠을 자고 있는 한밤중에 인디언 원주민들의 부락을 포위하고 불을 지르는 수법을 동원하였다. 그들은 단숨에 마을주민 6백여 명을 모두 살해하고 마을을 불태워 버렸다. 그때 많은 인디언 주민들이 청교도들에게 붙잡혀 남자 어른들은 모두 살해되고 아이들은 노예상인들에게 팔려 가고 부녀자들은 청교도들의 노예가 되는 운명을 맞았으며 이 학살로 피쿼트족은 인디언 역사에서 완전히 사라졌다. 이것은 밝혀진 하나의 작은 예에 불과하다. 1676년 피쿼트전쟁은 초기 인디언전쟁 가운데 가장 극렬했던 것으로 알려져 있다. 피쿼트족과의 전투에 관해 윌리엄 브래드퍼드 주지사가 쓴『플리머스 개척사』라는 책에 기술한 내용을 여기에 소개한다.

전투에서 죽은 인디언들의 시체를 태우는 불꽃 속에서 흘러내리는 핏물이 강을 이뤄 흘러가는 광경은 너무나 처절하고 무서웠다. 그보다 더 끔찍한 것은 그 시체에서 나오는 악취였다. 피쿼트 인디언들을 이길 수 있게 해 준 하나님의 놀라운 은혜에 대해 감사의 기도를 드린다.

(5) 청교도들의 신권정치, 신앙학대의 극치 마녀사냥

1692년 뉴잉글랜드의 세일럼 타운Salem Town에서는 교회와 정부 청교도의 조직 속에서 밀접하게 연계된 소위 신권정치가 실현되고 있었다. 사무엘 패리스 목사의 아홉 살 난 딸 베티와 열한 살 난 조카딸 아비가일 그리고 동네 유지의 딸 푸트남의 세 소녀들이 어느 날 조금 이상한 행동을 하기 시작했다. 그들을 진찰한 의사는 그들 소녀는 마녀에 의해 마법에 걸렸다고 진단했다. 그래서 목사의 집에서 일하는 흑인 노예가 그들에게 마술놀이와 점쟁이 놀음을 가르쳐 준 죄로 감옥에 갇혔다. 재판이 벌어져 그들 세 소녀는 재미 삼아 그 놀이를 했을 뿐이라고 증언했음에도 불구하고 재판은 이상한 방향으로 불거져 확대되기 시작했다.

소위 한때 중세 시대에 유행했던 마녀사냥의 악몽이 되살아나 수백명이 재판정에 불려나와 엉터리 증언을 하던 사람들은 방면되고 조금이라도 양식을 갖고 결백을 주장하거나 이웃사람들의 연루혐의를 부인하거나 재판절차를 비난하기도 하던 사람들은 모두 유죄판결을 받아 그 가운데 28명이 처형되고 1백 5십여 명이 형무소로 가는 그야말로 어처구니없는 사건이 벌어졌다. 이에 놀란 주지사가 더 이상의 마녀사냥식 재판의 진행을 중단시켜 가까스로 이 사건은 종결되었다. 1850년에 미국의 문호 나타니엘 호슨의『주홍글씨』도 이 마녀사냥식 재판에서 힌트를 얻어 쓴 작품이었다.

신대륙으로 온 청교도들은 그들이 꿈꾸어 왔던 이상적인 세계는 결국 이루지 못했다. 그러나 아직도 미국인들은 이러한 청교도들의 이상을 포기하지 않았다. 「언덕 위의 도성」을 건설하고자 했던 환상은 독립 전쟁 이념 가운데서도 잘 나타나 있으며, 19세기 중엽의 영토확장주의와 링컨의 게티스버그Gettysburg 연설에서도 잘 드러나 있다. 그러나 그들의 이상이 무엇이었든 후대의 미국인들이 17세기 청교도들의 종교관을 칭찬하고 청교도 사회가 이상적인 신앙사회였다고 미화시키는 것은 역사의 허구일 뿐이다.

다시 말해서 신대륙으로 이주해 올 때의 청교도들의 경건했다고 하는 기독교 정신은 온데간데 없이 사라지고 다른 민족과 마찬가지로, 오히려 훨씬 더 많은 물욕과 이기심에 젖은 본래 인간의 모습으로 되돌아갔음을 잘 말해 주고 있다. 미국인들은 수백년 동안 찬양·미화시켜온 필그림스 조상들의 성스러운 기독교적 신앙심과 불굴의 개척정신이 미국인들의 정신적 지주가 되었다고 주장하고 있다. 하지만 자신들을 죽음으로부터 구해 준 생명의 은인인 인디언들을 학살한 사악하고 이기심에 젖은 개척정신이 신대륙을 개척한 이래 그들이 국내외적으로 저지른 수많은 범죄행위의 기원이 되었다는 정직한 학자들의 주장을 부정할 수는 없을 것이다. 미국인들은 인권 외교를 펼치기 전에 자신들의 추악했던 과거 역사를 반추하고 국익을 앞세운 거짓된 인권 외교를 지양해야 할 것이다. 또한 누구나 공감할 수 있는 공정한 인권주의를 펼칠 때에만 세계 모든 국가들로부터 호응을 받을 수 있다는 것을 명심해야 할 것이다.

미국인들은 그들이 "하나님의 선택된 국민으로서 세계를 미국의 자유 민주주의 사상으로 개조시키는 무거운 임무를 부여받았으며 그 임무의 완성을 위해서 최대한으로 헌신해야 한다"고 확신한다. 그러나 그러한 고상한 사상 속에 숨겨져 있는 인간 본능의 욕망과 편견을 미국은 과소평가할 때가 많았다. 미국의 우월주의와 비뚤어진 선민사상은 신대륙 개척 당시 미화된 청교도의 이상주의를 진짜 삐뚤어진 방향으로 오염시켰다.

미 연방헌법에는 인디언들의 법적인 지위를 명확하게 밝혀야함에도 불구하고 그렇게 하지 않았다. 더구나 미국 백인들과 인디언들 사이의 관계를 결정하는 주요 쟁점 사항인 토지에 관하여서는 일체 다루지 않았던 것 같다. 건국 초창기 미 연방헌법에 흑인문제를 포함시켰음에도 불구하고 오늘날까지 헌법에 명시된 영토권에 관한 기본법 어디에도 원주민 인디언들에 관해서는 단 한마디의 문구도 없었던 것을 보더라도 미국인들이 인디언들을 철저히 멸종된 인간들로 취급했음을 짐작할 수 있다.

5) 미국 침략세력의 사상적 토대, 칼벵교의 성격

인류의 역사를 돌이켜보면 불완전한 인간들이, 자연법칙과 같은 불변의 진리를 자신들이 의존할 정신적 기둥으로 삼으려고 형상화시킨 신神의 존재를, 「만물의 창조주」라고 믿고, 자기네식으로 믿기를 강요하면서부터 (신은 객관적으로 눈에 보이지 않으니까) 사람들은 다른 사람들을 행복하게 만들기도 하고 상호 분열의 증오심을 조장하여 불행하게 만들기도 하여 왔다.

여기서는 남북 아케리카 대륙, 특히 북아메리카 대륙을 앵글로색슨 민족이 그네들의 역사기록 및 선전과는 반대로, 원주민과 흑인들을 어찌하여 그토록 잔인하고 비열하게 학살하고 노예로 부렸던가를 좀더 깊이 알아보기 위해, 침략주체들의 종교신앙의 근본 성격과 전통을 캐내봄으로써 그들의 탐욕적 의지와 잔인함의 결과를 「동기와 행위」의 인과관계로 묶어 정리하여 후대 독자들의 이해를 돕고자 하였다.

(1) 칼벵교파의 생성과 종교법원Consistory Court의 죄악

장로교의 창시자 칼벵(1509~1564)은 프랑스 태생으로 스위스에 가서 생명의 위협을 무릅쓰고 끈질기게 종교개혁 투쟁을 전개한 천재적인 학자였으며 선구자요, 크리스트교 역사상 큰 공적을 남긴 위대한 인물로 알려져 있다. 그는 지금도 칼벵신학을 추종하는 전 세계의 많은 교회와 성직자들로부터 존경을 받고 있다.(조찬선, 앞의 책, 87~113쪽. 칼벵 Jean Calvin : 크리스트교 칼벵Calvinists파의 교조, 스위스 제네바에서 종교개혁을 단행하여 일반 시민에게까지 미치는 '신권 정치'를 함)

그가 남긴 업적을 살펴보면 다음과 같다. 첫째, 그가 설립한 제네바 아카데미Geneva Academy는 후에 제네바 대학이 되어 그의 명성을 듣고 유럽 각국에서 모여든 수많은 청년 학도들을 교육시키고 유능한 성직자들을 양성하는데 공헌하여 개신교의 기초를 세웠다. 둘째, 제네바 대학에서 칼벵의 교육을 받은 존 낙스(John Knox 1513~1572)는 귀국하여 스코틀랜드를 전적으로 칼벵주의 신학의 장로교로 개혁하는 데 성공하였다. 셋째, 영국 청교도들의 신앙체계와 신학도 칼벵의 영향을 받았다. 넷째, 프랑스의 개신교파인 위그노Huguenot의 신앙체계도 칼벵신학의 영향으로 개혁되었고 그 밖에도 칼벵은 독일·네덜란드 등 거의 전 유럽의 개신교 개척에 공헌하였다. 다섯째, 그의 업적 중에서도 최대의 업적은 저서 『기독교 강요Institute of Christian Religion』이다. 이것은 아우구스티누스(Augustinus 354~430)의 『신의 도성City of God』과, 토마스 아퀴나스 (Thomas Aquinas 1225~1274)의 『신학대전Summa Theologica』과 함께 신학계의 3대 저서로 알려져 있다.(Calvin, Institutio Christianae Religionis, 1559)

서론에서 진술한 바와 같이 그처럼 위대했던 칼벵 형의 안경視覺을 벗어버리고, 또 그의 영역을 방어하는 (변호해주는) 우산도 집어던지고 세계사적 입장에서 그를 다시 한번 냉정하게 객관적으로 조명해 볼 필요가 있다.

칼벵은 제네바 시의 종교개혁을 위하여 23년 동안 전력하였다. 처음의 13년간은 고전苦戰의 시기였고, 후의 9년간은 승리의 시기였다고 볼 수 있다.

그는 교회법Church Order을 제정하여 교회정치는 국가의 간섭이나 그 밖에 누구의 간섭도 받을 수 없으며 오직 목사・장로・집사・교사에 의해 운영될 수 있도록 만들었다. (김수학『世界敎會史』1993)

이 승리의 시기 중에서도, 특히 그가 제네바 시의 종교법원Consistory Court을 주관하던 4년간(1542~1546)은 무르익은 전성기라고 할 수 있다. 그의 최종 목표는 제네바 시에 신정일치(神政一致 혹은 政敎一致) 제도를 확립하여 교회와 시정市政을 신앙의 엄격한 규율로 통치하려는 것이었다.

칼벵은 인구 13,000명의 도시 제네바를 세 교구로 구분하고 시민들을 주일에 세 번씩, 즉 새벽・정오・오후예배에 출석케 하였으며, 매 월・수・금 예배에도 출석을 강요하였다. 만일 이유 없이 결석하는 자는 벌금을 바쳐야 했으며 게으른 신도들을 위해서는 그들을 책임지는 직분제도를 만들었다.(Houghton, Sketch from Church History, 1960, 정중은 역『기독교교회사』1994, p. 188)

종교법원은 목사 5명, 장로 12명, 합 17명으로 구성된 조직체로서 제네바 시의 신정일치 제도를 실천하기 위한 중추기관이며, 교회의 규율과 시민의 도덕을 관장하는 최고의 의결기관이었다. 칼벵은 목사로서 일개 회원에 불과하였으나 「성경 해석자」로서 최고의 권리를 가진 특별한 지위에 있었다. 당시는 현재와 같은 '목사안수제도'도 없었고 또 그럴 수 있는 조직체도 없었기 때문에 칼벵이 '목사 안수'를 받았다는 기록은 없으나, 그는 제네바 시의회에서 목사로 추대받아 목사로 활약하였다.

그는 성경 해석자로서의 최후의 판결권을 독점한 왕자의 지위에 있었을 뿐 아니라 실제로는 종교법원을 좌우할 수 있는 판사의 역할까지 담당하였다. 그의 성경 해석 여하에 따라 모든 죄의 유무와 경중이 결정되었다. 그는 엄격하게 시정을 관리하여 음주・방탕・저속한 노래 등을 금지시키고, 교회 규율을 엄격히 하기 위하여 수많은 신도들을 투옥・추방하고 사형도 서슴치 않았다.

천주교의 종교재판Inquisition을 보고 자라온 그는 특히 종교적 범죄자를 잔인하게 처벌하였다. 춤췄다고 투옥하고, 설교를 들을 때 웃었다고 투옥했으며, 부모를 구타한 소녀는 목잘라 처형하고, 귀신 쫓는 마법사도 사형시켰다. 이와 같이 그가 종교법원에서 막강한 권세를 과시하던 4년 동안 그는 76명을 추방하거나 투옥하고 58명을 처형하였다. 처형당한 이유는 대개 예정설·성서의 권위 문제·삼위일체설·유아세례·성만찬 등의 해석을 칼벵과 달리했기 때문이었다. 특히 성경 해석에 있어서 그 수다한 성경구절 중에서 한 구절만이라도 그 해석이 칼벵과 일치하지 않으면 이단으로 몰릴 수 있었다. 일단 이단이란 낙인이 찍혀지면 그는 숙청의 대상이 된다. 숙청은 경중에 따라 추방·투옥·사형 등으로 구분되었다.

칼벵에게 이단자로 몰려 사형당한 예를 하나만 소개한다.

스페인의 학자 미카엘 세르베투스(Michael Servetus 1511~1553)는 혈액순환을 발견한 의학자요 신학자요 철학의 천재였고, 한 때 칼벵을 구출하여 그에게 승리를 얻도록 도와준 동지 중의 한 사람이었다. 그런데 그는 자신의 저서에서 니케아 회의에서 결정된 '삼위일체설'과 칼케돈 회의에서 결정된 '기독론'과 '유아세례', 이 세 가지 교리가 교회를 부패시키는 요인이라고 주장하며, 칼벵의 저서 『기독교 강요』(법전)를 비판했다. 후에 그는 체포되어 감옥에 갇혔으나 용케 탈출하여 제네바 시로 피신하여 한 달 동안 숨어살다가, 타처로 떠나려던 차에 발각되어 제네바 시에서 재차 체포되었다.

이 때 칼벵은 그가 7, 8년 전에 서신으로 자기의 저서 『기독교 강요』를 비난하였으므로 그 감정도 작용한 듯 그를 체포하여 처형해 버렸다(1553년 10월 27일). 화형 당할 때 "영원하신 하나님의 아들 예수여, 나를 불쌍히 여기소서"라는 마지막 기도를 드리고 이 42세의 꽃다운 청년 천재학자는 생을 마쳤다. 이 일로 인하여 칼벵은 비난의 화살을 받아야만 했다.(Latourette, A History of Christianity, vol II, 1975, 윤두혁 역 『基督敎史』 1980, p.389 ; Walker, A History of Christian Church, 4th edition, 1985)

칼벵과 칼벵주의의 엄격한 독선, 독재에 관한 또 하나의 이야기는 Taylor, G. R., Sex In History, New York, 1954, pp. 158~165에 간략히 기록되어 있다. 칼벵은 절대적인 신권주의자였으며 여성을 무시하였고 동시에 마술을 믿었다. 칼벵은 신권의 절대성을 믿었으며 동시에 부권父權의 신성불가침성을 주장하였는데, 테일러는 칼벵이 지배하던 제네바에서 부권의 절대성을 증명하는 예로 아버지를 구타한 어린이를 교수형에 처하고 스코틀랜드에서는 아버지의 명에 불복종한 아이들에게는 엄한 처벌을 지시한 것을 지적하고 있다. 아버지의 명에 불복종하는 경우보다 더 엄한 벌은 칼벵의 권위와 명령에 불복한 사람들에게 주어졌다. 특히 칼벵은 자기를 Mr. 즉 monsieur Calvin으로 부르지 않은 사람들을 처벌하였으며 자기의 설교나 훈계에 비판적인 사람들에게는 3일 동안 빵과 물을 금지했다. 그루에Gruet는 자기의 책에 칼벵의 주장을 어리석은 교리라고 썼다는 이유로 반역과 모독죄로 목이 잘리는 죽임을 당했으며 칼벵이 설립한 종교법원의 파문권에 도전하였다는 죄로 베르텔뤼Berthelieu와 그의 지지자들 역시 교수형에 처해졌다. 이러한 칼벵을 보고 카스텔리오Castellio는 만일 예수나 혹은 그의 명령하에 이런 일을 다 한다면 마귀가 할 일로 남는 것은 무엇이겠냐고 물었다. 그러나 칼벵에게는 교회와 국가가 동일한 신정일치한 것이었기 때문에 그의 명에 대하여 비판적이거나 반대하는 자들은 전부 이단이며 반역죄로 처단할 수 있었다.

칼벵은 세르베투스를 이단으로 처단하였는데, 이 두 사람 가운데 과연 누가 이단인가를 한번 생각해 보자. 칼벵은 정통을 주장하기 위하여 살인을 하였다. 그러면 정통을 내세우기만 하면 살인을 해도 되는가? 정통은 살인 금지의 제5계명보다 더 크고 중요한가? 이단을 방지하고 정통을 관철하기 위해서는 살인 금지의 계명을 무시해도 되는가? 칼벵의 살인은 정통신앙을 확립하고 이단을 말살하기 위한 작전이기 때문에 요한계시록(21:8; 22:15)에 명시된 살인자의 무서운 형벌을 면할 수 있는가? 칼벵은 그 자신이 절대시하던 성경을 무시하고 '이단'이란 죄목으로 수없는 살인을 감행하였으니 결과적으로 그 자신이 성경의 절대성을 무시한 게 아닌가?

그러면 무엇을 기준으로 하여 칼벵은 정통이고 세르베투스는 이단인가? 살인자가 정통인가, 이단인가? 결과를 보면 살인자가 기독교인을 죽인 것이 아닌가?

예수의 교훈과 계명을 무시하는 반성서적인 사람이 기독교인을 이단으로 몰아 처형해 버린 셈이다. 정통을 내세우고 예수의 교훈과 계명을 범하는 자는 정통을 가장한 이단이 아닌가? 정통과 이단을 가르는 기준은 무엇인가? '예수의 사랑'을 망각할 때는 광기의 역사가 전개된다.

칼벵이 종교법원을 주관한 기간이 4년간뿐이었던 것은 실로 천만다행이었다. 만일 그가 장기간 종교법원을 장악했더라면 천주교의 종교재판처럼 수많은 선량한 신도들과 학자들이 사소한 문제로 처형되었을 것이다. 또 그의 독선과 잔인성은 점증하여 천주교의 종교재판처럼 이성과 상식을 외면했을 수도 있다. 상상만 해도 공포와 의분이 엇갈리는 장면이다.

칼벵의 업적을 무시할 수는 없으나, 반면에 그는 독선과 배타성을 가지고, 믿음으로 살려던 수많은 형제자매들을 종교법원에서 이단이란 명목을 붙여서 사소한 일까지 트집 잡아 투옥·추방·처형한 사실을 누구도 부정할 수 없다. 성직자인 그의 편협성과 잔인성이 지나쳤다는 것이 오늘의 비판이다.

더욱 놀라운 사실은 그의 저서 『기독교 강요』 제 1권 서론에 기록된 바와 같이 프랑스 왕에게 보내는 서신에 다음과 같은 내용이 있다. 즉 프랑스 왕은 칼뱅의 교리를 이단으로 규정하고, 투옥·추방·인권 탄압·사형 등으로 탄압하려고 하겠지만 이 책을 읽고 나면 납득이 될 것이라는 것이다.

프랑스 왕에게 그런 글을 써 보낸 칼뱅이 어찌하여 자기 교리를 비판하는 자들을 투옥·추방·사형 등으로 처단하였는가? 아무리 생각해도 이해하기 어렵다. 자기만이 올바른 성경 해석이 가능하다고 믿고, 자기 해석을 기준으로 하여 이단과 정통을 판가름하는 그런 독선과 배타성은 자신을 표준화하고 자신을 신격화하는 반신적反神的인 사고라고 할 수 있다. 이 얼마나 무서운 범죄인가?

(2) 칼뱅주의의 독선과 영향 확산

여기서 '칼뱅주의의 여파'가 어떤 모습으로 나타나고 있는가 하는 문제를 한번 제기하지 않을 수 없다. 칼뱅을 추종하는 교단에서는 신학교를 개교 혹은 선전할 때, 또는 교회를 창립 혹은 선전할 때 거의 틀림없이 아래와 같은 취지나 광고를 표방한다.

"본교는 칼뱅주의 정통신학에 입각하여……", "본 교회는 칼뱅주의 정통신학에 입각하여……" 등등이다. 그 취지는 무엇을 의미하는가? 적어도 두 가지 뜻을 찾아볼 수 있었다.

첫째, 그것은 칼뱅주의의 정통을 따른다는 뜻이다. 그렇게 해야 이단이란 시비에서 벗어날 뿐만 아니라 정통을 과시할 수 있기 때문이다.

둘째, 칼뱅주의에서 벗어난 이단은 정죄하고 배척하여 대립과 분쟁도 서슴지 않겠다는 뜻이 내포되어 있다고 볼 수 있다.

1995년도 발표에 의하면, 한국에는 지금 '××총회 신학교'라고 이름 붙인 신학교가 50여 교가 되고, 또 '××장로교'라는 간판을 달고 있는 교파가 130여 개가 된다고 하며 그 숫자는 계속 증가일로에 있다. (한국교회주소록, 1995, pp.1~29)

하필이면 왜 신학교 명에 '총회'라는 명칭이 들어가야 하는가? 그 이유는 본교는 총회에서 경영하고 또 총회가 인정하는 칼뱅의 정통파이고 이단이 아니라는 의미이다. 즉 총회라는 명칭이 붙어있는 한 어느 누구도 교리 문제로 이단이라고 의심하지 못할 뿐만 아니라 칼뱅주의에 입각하고 있다는 자부심을 표방할 수도 있고, 또 본교 졸업생은 총회 인정하에서 목회할 수 있음을 보여줄 수 있기 때문이다. 즉 칼뱅의 정통신학에 입각하여 있는 총회이며 또 그 총회가 운영하고 있는 요지부동의 칼벵 정통 신학교라는 뜻이다.

그런데 요즘은 '총회'도 부족한 듯 '총회정통'이라는 교파도 생겼다고 한다. 만일 이러한 경향이 계속된다면 앞으로 '총회진정통眞正統'이나 '진총회 진정통'이라는 교파도 나올 만하다는 말에 일리가 있다.

정통과 총회를 유지하기 위하여 한국 장로교는 현재 128개의 교파로 분열되었으며 앞으로도 계속하여 그 수는 증가할 것으로 전망되고 있다. 사실 자고 나면 교파가 생기는 현실에서 교파마다 신학교가 신설된다고 비꼬는 사람도 있다. 그런데 한국에 그 알쏭달쏭한 약 400개의 신학교 간판밑에서 양성되는 졸업생 수는 매년 15,000명을 돌파하고 있다. (홍일권 『세계기독교 정보(330선)』 1994)

도대체 한국 교회는 앞으로 얼마나 더 분열될 것이며, 또 신학교는 몇 천개가 더 생겨날 것인가? 끝없는 분열과 신학교의 증가가 곧 복음화요 부흥이요, 교회의 또는 교파의 성장 발전이란 말인가? 또 그것이 총회의 목표이며 정통의 상징이란 말인가? 혹은 삼천리 강산을 온통 신학교와 교파가 남발하는 남대문 시장통으로 만들어야 한국 민족을 구원할 수 있다는 말인가? 그것이 한국 교회가 보여주는 부흥상인가, 혹은 분열과 타락상인가? (미국 남가주 일대에도 한국인을 위한 신학교 수는 50개가 넘고 전 미국에는 130개가 된다.)

'총회'와 '정통'을 고집하는 동안에 한국기독교는 교계는 물론 사회적으로도 앞으로 심각한 문제가 될 것이라고 보는 사람도 적지 않다. 이러한 형태의 기독교는 하나로 뭉칠 수 있는 성격의 종교가 못 된다. 끼리끼리 대립·분열·분쟁을 계속하여 사회악을 조성하고 있으며, 교회 내부에서는 보수·진보·자유 등의 신학사상으로 구별되어 그들의 독성인 배타성이 신앙의 속성처럼 되어서 또 하나의 전통이 되기 때문이다. 이러한 배타성의 결과로 전세계 개신교의 교파 수는 25,500개나 된다. 그렇다면 기독교는 지금 올바른 방향으로 가고 있는가?

그런데 그 분열과 대립을 조성하는 주역들은 대개 정통을 외치는 성직자들이라고 평하는 사람들이 많다. 만일 이러한 집단들이 땅끝까지 선교하여 세계를 복음화 시킨다면 그 때 인류는 과연 구원받은 백성으로 행복한 삶을 영위할 수 있으며 예수의 평화스러운 사랑의 왕국이 건설될 수 있을 것인가? 아니면 북아일랜드처럼 한없이 계속되는 분열과 대립으로 지구촌은 온통 아수라장으로 변모될 것인가?

신앙생활을 통해서 인간의 도덕성과 정신세계를 지도하는 종교가 분열·대립하면, 그를 추종하는 신도들도 분열·대립할 수밖에 없다. 교회가 인종이나 지역은 물론 민족과 국민들을 분열시키는 역할을 한다는 것은 인류의 역사가 증명하고 있다. 이러한 교회가 남북통일을 앞당기자고 통일운동에 나선다면 그것은 웃기는 이야기인가, 아니면 울리는 이야기인가? 현재의 자세대로라면 한국기독교의 남북통일이란, 북을 악마시·적대시하여 증오·파멸의 대상으로 삼고, '하나님의 형제자매'인 미국의 군사력과 신앙력의 지원을 받아 흡수통일하자는 데 목표를 두고 있으니까 몇차례이든 전쟁을 끝내야 판가름낼 것이다.

정통이냐 아니냐, 혹은 총회가 인정하느냐 하지 않느냐도 문제지만 그보다 더 심각한 것은 종교 이전의 문제이다.

그 첫 번째는 분열을 계속하고 대립을 격화시키는 인간 자체에 있으며, 둘째는 누가 예수의 교훈에 더 충실한가 못한가에 달려 있다. 만일 예수의 교훈보다 칼뱅이나 정통 또는 총회가 더 중요하다면 이는 근본이 잘못된 교회이다. 예수를 떠난 교회이기 때문이다. 그러한 교파는 예수의 교회는 아니다. 독선과 배타성으로 이렇듯 분열과 대립을 계속하고 있는 기독교는 예수의 몸을 갈기갈기 찢는 강도와 다름없다.

지금과 같이 정통과 총회를 추구하는 한 독선과 배타성 때문에 타교파와의 대화가 어려울 뿐만 아니라 자파 내에서도 공존할 수 없는 독선의 집단체로 전락할 수 밖에 없다. 사랑·희생·봉사·자비·용서를 가르치신 예수의 정신과는 정반대의 길을 걷고 있는 것이다.

교파간의 대립이나 분열은 전적으로 성직자들의 잘못된 독선과 배타적인 욕심에 토대한 인위적인 결과이다. 인위적인 결정에 권위를 붙이기 위하여 하나님의 이름으로 대립이나 분열을 정당화하고 있는 신앙은 과연 올바른 길을 걷고 있는가? 세속적인 목적을 달성하기 위하여 하나님의 이름을 악용하는 행위는 정당한가? 이와 같은 분열 속에서 예수의 진실한 신앙을 찾을 수 있을까? 예수가 가르친 사랑과 진실이 없는 신앙은 가짜요, 거짓이요, 위선이요, 기만이 아닌가?

우리는 분명히 알고 있다. 성령의 역사는 사랑의 응답으로 겸손·화합·협동을 가져오고, 사탄의 역사는 욕심의 응답으로 대립·분열·배타·독선을 가져온다. 그러므로 아무리 정통과 총회를 주장한다 하여도 분열·대립이 계속되면 그것은 사탄의 역사가 되지 않겠는가?(조찬선 『기독교 죄악사 상·하』 평단문화사 2000)

여기서 잠시 「칼뱅주의」의 기본 노선이란 무엇을 의미하는지를 살펴보자. 간단히 결론적으로 요약하면 칼뱅주의란 신앙생활에 있어서 "나와 같은 방향으로 믿고, 행동하고, 그리고 교리나 성경 해석도 나와 일치하지 않으면 이단"이라는 뜻을 내포하고 있다.

이는 칼뱅이 종교법원에서 판결한 사건들을 보면 명백해진다. 직설적으로 표현하면 "나와 다른 신앙체계를 가진 자는 죽여 없애버린다"는 뜻이다. 칼뱅은 그런 형의 신앙노선을 주장하였고 또 그것을 최상의 정통 교리 수호의 길로 믿고 그러한 주의와 방법으로

교회를 관리하였으며, 제네바 시를 통치하였던 것은 누구도 부정할 수 없는 사실이다. 58명을 사형에 처하고 76명을 추방·투옥한 일이 이를 뒷받침하고 있다.

만일 위의 추론이 옳고 또 칼뱅의 행적과 사고방식을 옳게 판단하였다면, 그에게 다음과 같은 여섯 가지 명칭을 줄 수 있을 것 같다.

첫째는 칼뱅주의 신학으로 교회를 개혁한 자, 둘째는 살인자, 셋째는 교파분열의 전통을 세운 자, 넷째는 독선 배타주의자, 다섯째는 성경이나 교리 해석권의 독점을 시도한 자, 여섯째는 자기 자신을 불가침의 표준으로 삼으려고 시도한 자 등이다. 이렇게 여섯 가지로 말한다면 틀린 표현일까? 중세기 교황권하에서 교황 통치를 보며 살아온 그는 자신을 마치 새로운 교단의 교황으로 착각하였는지도 모른다.

그의 동기나 근본 목적과는 관계없이 그 결과는 위의 여섯 가지 명칭과 크게 다를 바가 없지 않은가? 특히 성경 해석권을 독점하고 거기에 입각하여 정통·이단을 구분하고, 이단에게는 살인도 서슴지 않았던 그의 행적은 중세기 천주교의 교황권이나 종교재판과 다를 바가 없다. 자기 자신을 교황화 하고 표준화를 시도하였다면 그것은 인간사회에서는 물론 특히 종교계에서도 용납될 수 없는 일이며 또 있을 수도 없는 일이라 하겠다.

전세계 도처에서 칼뱅을 추종하는 교단들이 칼뱅주의 추종이란 명목하에 끼리끼리 서로 반목·배척·대립하면서 분열하고 있는 것은 칼뱅주의의 전통을 계승한 까닭이 아닐까? 자기와 동일한 신앙체계를 갖고 있지 않는 사람들과는 비록 같은 칼뱅 추종을 표방하는 교단일지라도, '나는 정통, 너는 이단'의 논리가 적용되면 한자리에 앉아서 예배도 같이 드릴 수 없게 된다. 이와 같이 마귀 사탄은 지혜롭게도 정통을 들고 나온다. 나는 정통인데 이단자들과 합석할 수 있겠는가 하는 사고방식은 실로 사탄의 농락이 아닐 수 없다.

이러한 논리와 사고방식으로 소경이된 성직자들이 강단에서 외치는 소리, '우리 교회는 복음에 입각한 정통, 저 교회는 이단'이라고 정죄하는 주장은 기독교를 멍들게 하고 인류 사회를 분열과 대립으로 끌고 가는 마귀 사탄의 전략에 이용당하는 것임을 모르고 도리어 그것이 정통을 수호하는 성령의 역사로 착각하고 있는 것 같다. 정통을 내세워 이단을 정죄하는 행위는, 마치 소경이 소경을 절벽으로 인도하는 것과 같다.

기독교 내에서 교파간의 대립 분쟁은 오랜 기독교 통일주의Ecumenism 운동에도 불구하고 세계 각지에서 매일같이 일어나는 무수한 분쟁의 요소가 되고 있다. 이는 종교적인 문제에서 끝나지 않고 정치적·경제적·사회적·문화적, 특히 도덕적이고 교육적인 현실 문제로 나타나서 인간의 사생활에까지 깊은 영향을 미치고 있다. 자기가 정통이고 옳다는 주장을 각 교파가 버리지 않을 뿐만 아니라 타교파와의 교류는 물론 타교파의 교회에 한번 찾아가는 것까지도 용납할 수 없다고 비난하기 때문이다. 다 같은 성경을 읽고 다같이 예수의 가르침을 따르고 실천한다는 사람들이 하는 짓이다.

압도적인 다수의 천주교 신도를 갖고 있는 아일랜드에서 천주교와 개신교 간에 다리를 만들어 기독교의 두 집안이 서로 사이좋게 살게 하겠다고 공약하고 대통령에 당선된 메리 맥앨리스Mary McAleese 대통령 당선자에 관한 이야기를 들어보자.

「뉴욕 타임스New York Times」(1997년 12월 21일)가 전하는 이 소식은 기독교 내부의 대립, 즉 천주교와 개신교간의 대립이 얼마나 골 깊은 가를 잘 보여주는 예이다. 독선·배타성·편협성이 현실화 되면 얼마나 무서운 것인가를 보여주고 있다.

문제의 발단은 독실한 천주교 신자인 그녀가 대통령으로 당선된 후, 지난 1997년 12월 7일 천주교와 개신교 간의 우호관계의 증진을 위하여 대통령 당선자로서 더블린의 한 개신교의 성찬식에 참석하였다. 그녀의 동기와 목적에 대한 아무런 고려 없이 천주교 중진들이 일제히 포문을 열고 그녀를 비난했다. 즉 그녀가 개신교의 성찬식에 참석한 것은 천주교의 교회법을 위반한 것이라는 주장이었다. 옛날 같으면 즉시 종교재판에 회부될 문제라고 했다.

이에 대하여 아일랜드 개신교의 대주교인 로빈 에임즈Dr.Robin Eames는 천주교의 그러한 비난을 강력하게 반격하고 나섰다. 또 로마 교황청 아일랜드 주재 대사는 이러한 사실을 교황에게 즉시 보고했다. 그리고 아일랜드 천주교인들은 모든 언론기관을 통해서 자기들의 주장을 맹렬하게 피력하였다고 한다.

또 이 사건은 즉시 이웃 북아일랜드에까지 그 영향을 미쳤다. 그렇지 않아도 천주교와 개신교 간의 대립 때문에 약 30년 가까이 많은 인명 피해를 내고 계속 피를 흘려온 그곳에서도 쌍방이 자기들의 주장만을 되풀이하는 반응을 보였다. 쌍방의 성직자들은 학교를 통합한다든가 어린이들이 같은 교육을 받으면 서로 이해도 깊어지고 공존공영할 수 있다고 하는 의견도 있으나 소수 의견이고 다수에게는 전혀 통하지 않았다.

천주교와 개신교의 이러한 철저한 분리와 배척은 교육도 별도로, 예배도 별도로, 친목도 별도로, 결혼도 끼리끼리만 하고 살다가 죽은 후에도 자기들만이 할 수 있는 특수한 장례식을 거쳐서 별도로 지정된 다른 묘지에 묻히면 된다는 것을 의미하는 것이다. 그들이 그렇게 살다가 천국에 간다면, 그 천국은 같은 천국인가, 아니면 다른 천국인가? 같은 천국이라면 그곳에도 싸움이 계속되지 않겠는가? 또 천국에서 하나님을 만나면 세상에서 남을 배척하고 차별하고 우리끼리 잘 살다가 왔다고 말할 것인가? 그들에게 무슨 자비·관용·희생정신·사랑을 기대할 수 있겠는가? 그러면 하나님은 그들을 그대로 천국에 둘 것인가, 지옥으로 모두 내쫓아 버릴까?

새로운 교단을 만들어 독립교단을 조직한 지도급 성직자가 말하는 경험담을 간단히 요약하면 대개 다음과 같다.

"나는 정통, 너는 이단", "나는 진짜, 너는 가짜", "내 신앙은 옳고 네 신앙은 틀린 것", "내 일은 성령의 역사, 네가 하는 일은 마귀의 역사", "그러므로 나는 너와는 같이 할 수 없으니 우리 진짜들은 따로 모인다" 등의 일련의 과정을 거쳐서 교파가 분열한다.

하나의 새로운 교단이 탄생되는 그 배후에는 예외는 있을 수 있으나 대개는 믿음의 형제들을 불신·멸시·배척·정죄하는 독선·배타의 정신이 숨어 있으며 또 개중에는 성격의 차이나 명예와 물욕 때문에 분열하는 무리도 있다.

교파의 분열과 대립은 주로 성경 해석과 교리 차이 때문에 일어난다. 그리고 하나님의 이름으로 분열이 자행되고, 기도하며, 대립하는 것이다. 그러나 아무리 성경을 들고 기도하며 성령의 역사임을 강조할지라도 그것은 분명히 사탄의 역사임을 부정할 수 없다. 겸손·사랑·관용은 예수의 정신이요, 독선·교만·멸시·대립·분쟁은 사탄의 농락으로 보아야 하기 때문이다.

사람이 만든 교리나 사람이 하는 신학적인 해석 때문에 생기는 사람과 사람간의 대립 분쟁으로 얼마나 더 많은 인류가 죽고 더 많은 고통을 겪어야 하는가?

예수를 믿는다면서 교파가 다르다고 예배도 같이 드릴 수 없는 기독교인들이 건설하는 사회가 얼마나 화목하고 평화스러울까?

독선과 대립과 배타성이 없어지지 않는 한, 교회가 인류를 구원하고 사회를 화목하게 정화한다는 것은 요원해 보인다. 독선적이며 배타적인 집단은, 분열과 대립을 조성하는 사회악을 조장하기 때문이다. 각자의 독선에 따라 자의적으로 '예수의 말씀'을 해석하는 무리는 분열과 대립을 낳기 마련이다. 칼벵은 개혁이란 업적은 남겼으나 동시에 교파분열이라는 씨를 뿌리고 배타적인 독선의 인습을 세운 실수를 범했다.

그러므로 자기의 과오를 자각하고 일대 방향전환을 하지 않으면 기독교는 인류 구원이란 목표에서 멀리 탈선할 것이다. 그런 교회세력은 '암적인 존재'가 되어 200년 내에 박물관적 존재가 될 것이라고 예측하는 미래학자들의 예견에 우리는 주목해야 한다.

(3) 개신교 교파 분열로 인한 공동체 파괴 현상

개신교의 주류를 이루고 있는 칼벵주의 종교인들의 한결같은 일방적 욕구를 다시 한 번 생각해보자.

기독교 정통주의자들의 주장은, 전세계에 산재하고 있는 수많은 종교 중에서 기독교만을 믿어야 하고, 그 기독교 중에서도 개신교만을 택해야 하고, 그 개신교 중에서도 정통 신앙에 입각해야 한다는 것이다. 그리고 또 정통 신앙에서 한치라도 벗어나면 이단이 된다. 이단이란 말은 처형의 대상이 된다는 뜻이었다. "죽여 없애 버린다"는 뜻이었다. 그렇다면 그런 신앙 속에 예수의 사랑이 있을 수 있는가? 예수 없는 신앙이 정통인가, 이단인가?

　개신교는 정통신앙의 논리하에 지금 전세계에 25,000여 개의 교파로 분열되어 있다. 분열된 수많은 교파들은 대체로 '나는 정통, 너는 이단'이란 독선으로 끼리끼리 분열되어 반목 · 대립하고, 적대시하고, 멸시하고, 정죄하고, 배척하면서 분파되었다.

　따라서 각 교파에 속한 신도들도 서로를 적대시하고, 멸시하고, 정죄할 수 밖에 없는 방향으로 나아가고 있다. 기독교의 교파 분열은 곧 인종과 민족뿐만 아니라 같은 마을 주민들의 분열까지도 촉진하는 요인이 되고 있다.

　옥스퍼드 대학 출판사에서 발표한 통계에 의하면 1985년도의 전세계 기독교의 교파 수는 223개국에 22,150개로 나타나 있다. 교파의 증가 속도로 추산해 보면 1997년을 기준으로 총 교파 수는 약 25,270개가 된다. 주말만 빼면 교파가 거의 매일 하나씩 생긴다는 계산이다. 1970년에서 1980년까지 10년 동안 증가된 교파 수는 2,619개이다. 즉 10년 동안 약 2,600여 개가 증가하고 1년에 약 260개가 증가한 셈이다. 그러면 1995년도에는 24,750개가 될 것이고, 1997년 현재는 25,270개라는 계산이 나온다.

　개신교의 그 많은 25,270개의 교파가 모두 꼭 같은 하나님을 믿고 꼭 같은 성경을 읽고 꼭 같은 사도신경을 고백하면서도 이렇게까지 분파되었다. 앞으로 얼마나 더 분열할 것인가? 이 많은 교파가 거의 다 '나는 정통, 너는 이단'이란 논리하에서 서로가 대립, 배척, 반목하면서 이단과는 한자리에 앉아서 예배도 같이 드릴 수 없다고 거부하여 분열을 계속해 왔다.

　기독교가 이와 같이 인류의 화합은 고사하고 기독교인들 자신들끼리도 끼리끼리 흩어지고 갈기갈기 쪼개져서 인류 사회를 분열 · 대립시키는 집단체라는 것이 증명되었다. 기독교의 밑바닥이 보이기 시작한 것이다. 이러고도 기독교만이 인류 구원의 종교라고 장담할 수 있는가? 그런 상태의 기독교가 어디에 가서 누구에게 뻔뻔스럽게 선교할 수 있을 것인가? 교회는 이기적 집단체가 되었고 기독교라는 종교는 그 이기심에 입각하여 독선과 배타성을 실천하는 종교가 되었다. 부정할 수 있을까? 기독교는 지금 과연 올바른 방향으로 가고 있는가 자문자답해 보자.

　자기 신앙을 기준으로 삼아 남의 신앙을 이단으로 낙인 찍는 자는 정녕 마귀 사탄의 앞잡이다. 남을 사랑하고 도우라는 예수의 정신은 어디론가 없어지고 그 대신 예수의 이름으로 교회들끼리, 교파들끼리, 기독교인들끼리 서로 증오와 대립으로 적대시하며 인류 사회를 사람 살기 어려운 세상으로 전락시키고 있지 않는가? 이것이 '나는 정통, 너는 이단'이라는 독선 배타성이 인류에게 끼친 해악이다. 더구나 한국에서의 기독교 독선의 성향은 노동자·농민을 위하는 말만 나와도 '빨갱이' '종북' '붉은 악마'라며 의심하고 을러대니 이것이 과연 인류애를 가진 종교인지 의심스럽다. 이러한 해악 때문에 인류의 미래는 생존의 위기를 논할 수밖에 없는 지경에까지 이르렀다.

그럼에도 불구하고 아직도 많은 성직자들의 정통·이단 논쟁은 그칠 날이 없으니 웃어야 할 것인가, 울어야 할 것인가? 만일 기독교가 땅 끝까지 이르러 복음을 전파하여 지구촌을 독점하는 날 기독교는 이단·정통의 분쟁에 휩싸일 것이다. 지구촌은 지금의 북아일랜드처럼 교파 전쟁으로 심각한 위기를 맞이하게 될 것이다. 그러면 그 책임은 누가 져야 할 것인가? 인류를 망치는 종교가 될 것인가, 혹은 인류 구원의 종교가 될 것인가 신중히 고려해 보아야 할 때이다.

○ 침탈세력의 선민의식·우월감·흑백논리를 조장한 이기적 '예정론'

예정론豫定論predestinarianism이란 하나님이 인류의 얼마를 그리스도 안에서 구원하기로 하신 영원한 목적을 일컫는 말이다. 넓은 의미로는 역사적 사건들이 미리 설정된 하나님의 계획이나 결정에 따라서 발생한다는 견해를 가리키는데, 이를 '신의 작정'Divine decrees이라고도 부른다. 그러나 일반적으로 예정론이라 하면 전자를 가리킨다. 구약성서에 하나님의 섭리에 의한 세계 지배가 나오는데, 이것이 신약성서에 이르러 예수 그리스도의 구원과 관련해 이 교리가 생겨났다.

초대 기독교에서는 구원과 신의 은총을 받은 것이 인간의 자유의지에서 기인된다는 생각이 일반적이었으나, 아우구스티누스가 "하나님의 의지적인 선택에 의해 구원받을 자와 못 받을 자가 정해진다"는 예정설을 주장했다. 이후 예정론의 경향은 '구원에의 예정'이었다. 그러다가 이것이 칼뱅에 의해 구원과 멸망에의 예정이라는 이중예정설로 발전하게 되었다. 선善 지향의 격려담에서 공포감 지향의 악담으로 바뀌었다. 그에 의하면 하나님은 영원 전부터 인간을 구원할 자와 멸할 자로 예정하셨다. 이것을 선택과 유기遺棄라고 하는데, 이러한 하나님의 주권 행사에 대해 인간은 항의할 자격이 없다(롬 9:16-25).

그리고 선택의 이유와 근거는 그 자신들에게 있지 않고 하나님의 은혜에 있으며(롬 9:16) 유기된 자들의 영벌永罰(지옥에서 받는 영원한 벌)의 이유와 근거는 그 자신들에게 있다(롬 9:16-18, 19). 즉 하나님이 선택을 안했기 때문에 구원을 못받는 것이 아니라 그들이 본질상 죄인이기 때문에 영벌을 받는다는 것이다. 이 대목에서 칼벵의 독선적 재단과 이단 처벌의 정당화가 이루어졌다. 기독교 침략자들이 이민족 학살의 배경 지원세력으로서 표명하는 주장이기도 했다. 한편 이러한 선택과 인간의 행위와의 관계에 있어서 루터는 하나님이 만세 전에 미리 인간의 행위를 예지豫知하시고 선택했다는 조건적 예정론을, 칼벵은 행위와 상관없이 무조건적으로 선택했다는 무조건적 예정론을 주장했다.

이러한 예정론에 대해 운명론이라는 반대도 있으나, 예정론은 운명론과 달리 인격적 하나님의 선택을 전제하고, 믿는 자는 구원을 얻는다는 인간의 자유의지를 내포하고 있다는 데서 운명론과 다르다. 예정론과 자유의지의 관계에 있어서는 자유의지를 포함한 예정론, 하나님편의 관점과 인간편의 관점, 믿은 자의 결과론적 신앙고백과 믿을 자의 결단을 촉구하는 초대 등의 설명이 있으나 아직까지 이론적 정립은 되어 있지 않은 형편이다. 그러나 성경은 그 두 가지를 아무 모순 없는 듯 주장하고 있다.(한영제『기독교사전』)

3. 노예 혹사 · 수탈 자유 덕분에 부국이 된 「불평등 공화국」

1) 「노예 학대」로부터 「근로민중 차별」까지 400년 미국 역사

(1) 「노예수탈 역사」에서 훗날 「반공 악담」의 배후 세력 될 필연성 보여

17세기 중반 영국의 식민지 버지니아는 모국인 영국을 괴롭히던 사회문제를 흡수함으로써 식민지 본국을 구했다고도 말할 수 있을 것이다. 영국은 엘리자베스조 시기 사회를 혼란에 빠뜨렸던 떠돌이 부랑자 무리의 증가로 골머리를 앓았다. 영국 사회는 이들을 빈민구제소로 보내기도 하고, 교수형에 처하기도 하고, 태형을 가한 후 본래의 출신 지역으로 돌려보내기도 하고, 혹은 군대에 편입시켜 군사 원정에 보내는 방식으로 다스렸다.

이런 자들 중 상당수는 버지니아로도 보내졌던 것이다. 100년 전쯤 이미 리처드 해클루트는 신대륙이 그들에게 활로를 열어주길 희망했다. 버지니아는 해클루트의 소망대로 교수대로 보내질 이들의 목숨을 구해 주었다. 버지니아인들 자신도 마음이 내키는 일은 아니었지만, 어쩔 수 없이 17세기 내내 그런 자들을 더 많이 보내 줄 것을 본국에 요청하게 되었다. 그들에게는 노동인력이 절대적으로 부족했기 때문이었다. 사람이 아무리 많이 건너와도 충분치 않았던 것이다. 그런데 버지니아에서의 문제는 영국에서처럼 단순히 일자리의 부족이 아니라 "어떻게 이들이 상류층 사람들을 위해서 일하도록 만들 것인가"였다.

버지니아 지배층은 이 문제를 해결하기 위해 여러 가지 방법을 동원했다. 지배층은 우선 경작할 수 있는 토지를 인위적으로 줄임으로써 이들을 종속 상태에 묶어두고자 했다. 또한 이들의 예속 기한을 연장하는 방법을 쓰기도 했다. 그런가 하면 일하지 않고서는 먹을 것을 마련하지 못하도록 하기 위해 야생 돼지를 못 잡게 하고 이를 어길 경우 중벌을 가했다. 지대와 세금을 높게 책정한 것도 이들을 다스리기 위한 하나의 수단이었다. 식민의회의 의원·자문위원·징세관은 각종 수수료의 명목으로 이들의 적은 수입을 다시 갈취하여 자기네 호주머니를 불룩하게 만들었다. 버지니아 계약 하인들을 짓누른 이와 같은 과중한 부담으로 인해 버지니아는 늘 반란 일보직전이었다고 말할 수 있었다.(에드먼드 모건『미국의 노예제도와 미국의 자유』비봉출판사 1997)

다른 지역에서는 노동력을 극대화하고 노동의 채산성을 높이기 위해 보다 덜 위험한 방식을 선택했음을 알 수 있다. 먼 미래에까지 지속적으로 활용되었던 그 방식 중의 하나는 막스 베버가 "프로테스탄트의 윤리"라고 지칭한 사상을 바탕으로 한 것이었다.(Protestant : 항의자·신교도, ~ism 신교·개신교 교회·교리) 특정한 종교에서 출발했든 아니했든, 이 사상은 고용주나 피고용자 모두에게서 유래를 찾아볼 수 없는, 일에 대한 열정을 불러일으켰다. 구원에 대한 갈망에서 사람들은, 근면하고 조직적인 노동을 통해 천국의 즐거움을 누리도록 미리 선택되었다는 확신을 얻고자 했다.

자기 스스로는 물론 다른 사람에게, 하나님의 선택받은 존재로서 자신이 지닌 모습을 과시하려는 열망 때문에, 어떠한 외적 강제에 의한 방식보다도 더 많은 노동을 했다. 프로테스탄트 윤리에 충실한 사람들이 보여주는 이 엄청난 노동능력은 기실 종교적 열정의 부산물이었다.

버지니아인들이 이러한 종교적 열정이 두드러진 사람들은 아니었다. 이 점은 버클리 지사가 그토록 경멸했던 뉴잉글랜드 사람들의 특질이었다.(New England : 미국 북동부 코네티컷·메서추시츠·로드아일랜드·버몬트·뉴햄프셔·메인 6주의 총칭) 버지니아 사람들은 반란의 위험을 피하면서 노동력을 극대화시킬 수 있는 또 다른 방식을 찾아냈다.

노동을 강요하는 한 방식으로서 노예제는 경작지가 많은 지역에서 종종 채택되기에 이르렀다. 버지니아인들은 노동력을 동원한 수익 사업의 가능성을 발견하면서부터 이미 노예제에 이끌리고 있었다.(Evsey Domar, Causes of Slavery or Serfdom) 버지니아의 담배농장에 예속되어 하는 일은 당시 영국 사회에서 행해지던 어떤 노동보다도 더 노예제에 근접한 형태였다고 말할 수 있다. 농장의 일꾼들은 다른 지역보다 더 오래 일했고, 더 가혹한 체벌을 받았으며, 1620년대에 이르러 농장 일꾼은 이미 상품처럼 교환의 대상으로 전락해 있었다.

1620년대, 1660년대, 그리고 1670년대의 버지니아 자산가들이 하인을 노예로 삼지 않은 것은 윤리적 가책이나 그 이점을 미처 인식하지 못했기 때문은 아니었다. 영국에 노예제도가 존재하지는 않았지만, 영국인들은 그것이 무엇인지를 전해들어야 할 만큼 노예제에 대해 무지하지는 않았다. 그들은 스페인 사람들이 노예 노동에 의존하여 금과 은을 채굴하고 있다는 사실을 알고 있었고, 그들 자신도 16세기에 범죄의 징벌 수단으로 노예제도의 도입을 고려한 적이 있었다.

버지니아 식민지인들이 계약 하인이나 가난한 이웃사람들을 노예로 부리려고 했다면, 베이컨의 반란에서 이들이 약탈자로 표변한 데서 알 수 있듯이, 훨씬 더 큰 위험에 직면했을 것이다. 노예제도는 일단 정착되면 유순한 노동력을 줄곧 유지할 수 있다는 커다란 이점이 있지만, 자유민을 노예로 만드는 것은 위험이 따르는 일이었다. 이 일은 단계적으로, 각 단계에서 반란이 발발하지 않도록 치밀한 계산 속에서 서서히 진행되지 않으면 안 되었다.

그것이 성공했더라면 영국이나 유럽에서 노예로 부릴 수 있는 자들의 유입을 종식시키지는 못한다 하더라도 줄일 수는 있었을 것이다. 그러기 위해서는 더구나 의식적이고 신중한 정책적인 결정이 내려져야 했을 것이다. 다시 말해, 정책결정 각 단계마다 모두 의회의 결의가 필요했을 것이고, 그것이 다시 영국 정부에 추인되어야 하는 번거로운 과정을 거쳐야 했을 것이다. 설령 버지니아 식민지 집정자들이 그와 같은 일련의 순서를 밟았다 하더라도, 본국 정부는 심중팔구 반란에 대한 두려움이나, 다른 식민지에로 인구가 이동해 국왕의 담배 세입 감소를 초래할 수 있다는 우려 때문에 이를 거부했을 것이다.

그러나 버지니아에 노예제도를 도입하면서 그 어느 누구도 노예로 만들 필요가 없었다. 버지니아는 다만 다른 지역에서 초창기에 위험을 무릅쓰면서 노예로 변모시켜 놓은 자들을 사들이면 되었기 때문이다. 버지니아는 「계약 하인이 아니라 노예를 사들여오는 간단한 방식으로」 노예제의 길로 들어섰다. 그 과정이 그처럼 간단하고, 노예 노동이 주는 이점이 그처럼 명백하고, 그들의 생산 체제나 노동자들에 대한 태도 역시 그처럼 수용적인 것이었기 때문에, 버지니아가 왜 좀더 일찍 노예제를 받아들이지 않았는지 놀라울 뿐이었다.

앞에서 살펴본 것처럼 아프리카 노예는 초창기부터 이미 버지니아에 존재했다. 1619년에 버지니아에 도착한 것으로 알려져 있는 최초의 흑인은 아마 노예였을 것이다. 버지니아 법원은 적어도 1640년대에 이미 「사람과 그 자식을 재산으로 인정」하고 있었다. 그리고 담배 재배자가 원하는 대로 노예를 들여와도 규제하는 법이 없었다. 그렇다면 왜 버지니아인들은 담배농장을 시작하면서 곧바로 노예제를 택하지 않았는가? 무엇이 그들을 그처럼 오랫동안 기다리게 만들었을까?

이에 대한 해답은 노예 노동이 외견상 이점이 많은 듯이 보이지만 17세기 전반기에는 실제로 「연한年限 계약 노동indentured labor」에 비해 유리한 점이 없었다는 사실에서 찾아야 한다. 버지니아로 이주한 사람들의 높은 사망률 때문에 사람을 평생 노예로 소유해 부리는 것이 건장한 일정 기간만 하인으로 쓰는 것보다 더 이익될 게 없었다. 더욱이 노예는 계약 하인보다 값을 대략 두 배는 더 주어야 했다. 버지니아에 이주한 후 첫 5년 동안에 사망할 확률이 50% 이상일 정도로 사망률이 높았다. 영국인 노동자를 노예처럼 열심히 부릴 수 있다면, 5년 계약의 영국인 노동자를 쓰는 편이 더 나은 장사였던 것이다.

5년 기한의 영국인 계약 노동자를 쓰는 비용은 1640년대와 1650년대 초에는 담배 약 1,000파운드 정도였다. 지금 남아 있는 가장 오래된 흑인 수입 계약은 1649년에 작성된 것인데, 이에 따르면 흑인 노예는 도착 즉시 1인당 2,000파운드씩 값이 매겨져 있었다. 이들이 실제로 그 값에 팔렸는지는 미지수이다. 그후 숙달된 흑인 남녀 노예의 값은 2,000 내지 3,000파운드였다. 1650년 말에 이르면서 노예나 연한 계약 노동자들의 값은 상승하여, 계약노동자는 3,000파운드, 노예는 4,000파운드에 거래되었다.

버지니아 식민지 자산가들이 그 값을 주고 흑인 노예를 쓰려고만 했다면 공급상의 문제는 별로 없었을 것이다. 16세기 전반기에 네덜란드는 포르투갈 제국을 와해시키는 데 힘을 쏟았는데, 이 과정에서 흑인 노예 무역을 넘겨받았다. 네덜란드는 서인도 제도의 영국인 사탕수수 농장 개발을 촉진시키기 위해 충분한 노예를 공급해 주었다. 예컨대 바베이도스(버지니아보다 20년 뒤에 개척되었다)의 흑인 노예 숫자는 1645년에 5,000명이었다가 1660년에 이르면 2만 명으로 증가했다. 이때에 버지니아 흑인 노예의 숫자는 이의 1/10에도 미치지 못했다. 네덜란드인들은 버지니아의 담배를 수입해 가는 주고객이었다. 이런 무역 거래를 하면서 네덜란드인들은 버지니아 사람들이 원하기만 하면 얼마든지 노예를 공급해 주었을 것이다.(Richard Dunn, Sugar and Slaves : The Rise of the Planter Class in the English West Indies, 1624-1713 Chapel Hill 1972)

바베이도스의 사망률 역시 버지니아 못지않게 높았다는 사실을 생각하면, 바베이도스 사탕수수 경작자들은 흑인 노예를 썼는데, 왜 버지니아의 담배 재배자들은 노예를 쓰지 않았는지 설명이 필요하다. 연한 계약 노동자들이 왜 버지니아에서는 유리하고, 바베이도스에서는 그렇지 못했는가?(Barbados : 대서양에서 카리브해로 들어가는 입구, 小앤틸리스제도의 섬)

　바베이도스의 주산물이 버지니아와 마찬가지로 담배에 국한되었던 1640년대까지만 해도 바베이도스의 노동력 역시 버지니아의 경우처럼 주로 백인노동자에 의해서 충당되었다. 1640년대 초에 경작물이 담배에서 면화로, 뒤이어 사탕수수로 바뀌면서 바베이도스는 바다 건너 아메리카 대륙의 노동자들에게는 본토보다 덜 매력적인 곳이 되었다. 설탕 생산은 힘든 노동을 요구했기 때문에 사람들이 기피했던 것이다.

　사탕수수 재배자들은 사탕수수를 심어 수확하고 제당하는 일에서 담배 재배자들보다 훨씬 더 힘든 노동을 노동자들에게 요구했다. 1640년대 말에 리처드 리건Richard Ligon은 바베이도스 농장주들이 일을 시키기 위해 노동자를 때리는 장면을 보고 분개한 기록을 남기고 있다.(Ligon, True and Exact History) 더더구나 계약 노동자가 계약 기간이 만료되어 자유민이 된다 해도 바베이도스는 버지니아나 메릴랜드에 비해 자영할 만한 토지가 많지 않았다. 설령 토지를 임차하더라도 지대가 비쌌고, 설탕 생산은(담배와는 달리) 감당할 수 없을 정도로 막대한 시설비가 소요되었다. 이런 이유로 바베이도스 노동자들은 자유민이 되더라도 대개 버지니아나 본토의 다른 식민주로 이주했다.

　바베이도스의 사탕수수 농장주들은 이처럼 백인 노동자를 쉽게 구할 수가 없었기 때문에 노예를 살 수밖에 없었다. 백인 노동자를 납치해오거나, 혹은 그 당시의 표현대로 "바베이도스에 주저앉도록barbadosed" 강요하거나, 아니면 크롬웰이 포로로 잡은 스코틀랜드와 아일랜드 병사들을 유배시킨 경우처럼 죄수로 끌려온 사람이 아닌 한, 백인 노동자를 구할 수는 없었다. 바베이도스는 이처럼 자발적인 백인 노동자의 공급이 줄면서 노예에 의존할 수밖에 없었다.

　바베이도스의 경우처럼, 버지니아로 유입되던 백인 노동자의 수가 감소했더라면 버지니아도 노예제도로 전환했을 것이다. 베이컨의 반란을 초래한 사회적 조건, 그리고 뒤이어 지속된 소요는 버지니아의 평판을 나쁘게 만들었다. 17세기의 후반기에 접어들면서 영국인들은 나라를 떠나려는 사회적 압력을 덜 받게 되었다.

　정치가와 정치사상가들이 빈민층의 일자리를 마련할 방책을 적극적으로 강구하면서 인구 과잉에 대한 우려가 잠잠해졌기 때문이었다. 그리하여 버지니아로 이주하던 백인의 숫자도 감소되었다. 이런 사정이 버지니아가 유색인종을 부리는 노예제로 전환한 요인이었지만, 그보다 더 중요한 요인은 17세기 중엽으로 접어들면서 사망률이 현저히 줄 있다는 것이었다. 평균수명이 신장되어 이제는 백인 노동자를 사는 것보다 노예를 사는 것이 더 유리하게 되었다.

버지니아 식민지 정복자들이 노예를 사는 게 더 득이 되었던 시점은 아마 1660년경일 것이다. 이 해에 영국 의회는 흑인을 들여오는 네덜란드 선박에 대한 지방세를 면제해주었다. 그러나 같은 해, 의회는 항해조례를 통과시킴으로써 식민지에서 네덜란드로 수출하던 담배를 포함해 네덜란드 무역선과 하던 교역 활동을 금지시켰다. 「항해조례 Navigation Act」(1651)는 크롬웰공화국 정부가 선포한 무역정책으로, 모든 해외로의 운송을 배제(통제)하였다. 담배는 반드시 영국이나 영국의 다른 식민지로만 수출할 수 있게 되었다. 항해조례의 과녁은 네덜란드였다.

이로 인해 버지니아의 노예제 전환은 늦추어지게 된다. 영국 정부는 네덜란드가 하던 노예 무역을 왕실이 후원하는 무역회사인 왕립 모험가협회Royal Adventurers를 통해 보전해주고자 했다. 이 회사는 1672년 왕립 아프리카 회사Royal African Company로 재정비되어 왕실로부터 재특허를 받아 사업을 시작했다.

이 회사는 1698년까지 영국의 모든 식민지에 독점적으로 아프리카인 노예를 공급했다. 그러나 회사의 운영 책임자는 아프리카나 노예 무역에 대해 문외한이어서 사업을 성공적으로 이끌기에는 역부족이었다. 경험이 풍부한 개인 무역업자를 배제하고 회사에 노예 무역의 독점권을 부여했지만 효과적으로 행사되지 못했던 것이다. 담배와 사탕수수 농장주들이 이 회사 때문에 필요한 만큼의 노동자를 구하지 못한다고 불평한 데서 그 실정을 짐작할 수 있었다.(Davies, The Royal African Company, London 1957) 버지니아는 이처럼 바베이도스의 사탕수수 농장주와 공급이 줄어든 노예를 놓고 경쟁을 벌여야 하는 때에 본격적으로 노예제로 전환하기 시작했던 것이다. 이 당시 노예의 숫자는 바베이도스가 노예제로 전환했던 무렵의, 보다 자유로운 무역 환경에서 구할 수 있었던 노예의 숫자보다도 적었다.

1660년 이후에도 바베이도스 사탕수수 농장주들은 노예의 구매 경쟁에서 여전히 유리한 위치에 있었다. 설탕과 담배 모두 영국이나 영국의 다른 식민지에만 판매해야 하는 "특별히 지정된" 물품이지만, 설탕세는 담배세만큼 높지는 않았다. 1668~1669년간 영국에 수입된 약 50,000파운드의 담배에 부과된 수입 관세는75,000파운드였는데 반하여, 180,000파운드가 수입된 설탕에 부과된 관세는 18,000파운드에 불과하였다.(Dunn, Sugar and Slaves)

따라서 소비자 값의 상당 부분이 재배자의 몫으로 돌아왔다. 게다가 서인도 제도에서 노예의 값은 버지니아에 비해 쌌다. 서인도 제도는 아프리카에 좀 더 가깝기 때문에 노예의 수송비도 상대적으로 저렴했고, "중간 항로"에서 발생하는 손실의 위험도 적었기 때문이다. 1672년 영국 아프리카 회사에서 추산한 노예 1인당 비용은 바베이도스는 15달러인데 반하여 버지니아는 18달러였다.

17세기 마지막 25년 동안 바베이도스·자메이카·리워드 군도에서 수입한 흑인 노예의 숫자는 모두 버지니아를 크게 능가했다. 버지니아에 그나마 흑인 노예가 유입된 것은 흑인 노예가 담배농장주들에게 투자의 대상으로 떠오르는 데 반하여, 서인도제도의 설탕 재배의 이익은 점차 감소되어간 사정 때문이었다.

현재 남아 있는 자료로는, 17세기 서인도 제도에서 설탕 투자로 얻은 수익과 같은 액수를 버지니아의 담배에 투자했을 때 매 분기 얼마의 수익을 얻었을지 산출할 수 없다. 사탕수수 투자수익에 대한 당대의 여러 자료가 남아있다.(예컨대, Ligon, True and Exact History) 그러나 이 자료도 실제 생산량에 입각한 것은 아니다. 이 자료들은 사탕수수 농장주들의 수익이 좋았다든지 혹은 나빴다든지 하는 주장을 뒷받침하기 위하여 작성된 것이기 때문에 입장에 따라 지나치게 낙관적이거나 비관적이다.

그러나 17세기 말 아니 어쩌면 마지막 25년 무렵부터, 담배농장주들은 노예의 평균 수명이 연장되어 상당한 강점을 갖기 시작했음이 분명하다. 그리하여 총수익에 대한 노동력 대체 비용의 비중이 점차 줄어들고 이에 따라 노예를 사들이는 처음의 고비용도 감당할 수 있게 되었던 것 같다. 그러나 17세기는 물론이려니와 18세기 대부분의 기간에도 바베이도스의 평균 수명, 특히 흑인들의 수명은 계속 낮았다. 바베이도스 농장에서 노예는 연 평균 6% 정도의 비율로 교체되었다. 바베이도스 노예의 성비는 반반이었다. 여자 노예보다는 남자 노예가 많이 수입되었지만, 그들은 여자들보다 빨리 사망하였고, 사망자 총수가 출생자 총수를 능가하였다.(Dunn, Sugar and Slaves)

1640년에서 1700년 사이에 노예 26만4천 명이 영국령 서인도 제도에 수입된 것으로 추산된다. 1700년의 흑인 총인구는 약 10만 명이었다.(Curtin, Atlantic Slave Trade) 1712년에서 1762년 사이에 노예 15만 명이 수입되었으나, 바베이도스의 흑인 인구는 2만8천 명이 증가하는데 그쳤다.(David Lowenthal, "The Population of Barbados" Social and Economic Studies, 1957) 이에 비해 버지니아는 1700년에서 1750년 사이에 대략 4만5천 명의 노예를 수입했는데, 흑인 인구가 8천 내지 1만 명에서 10만 명 이상으로 증가했다. 버지니아에서는 질병으로 인한 사망이 감소되었을 뿐만 아니라, 상대적으로 담배농장 일이 덜 힘들었으므로 흑인들이 건강을 유지했고 그래서 인구도 증가했던 것이다.

이익을 내기 위해서 사탕수수 농장주들은 흑인을 혹사시켰으나 담배농장주는 그렇게 하지 않아도 되었다. 서인도제도에서는 질병이, 높은 사망률의 원인이었을 것이다. 서인도 제도에서 질병으로 인한 사망률은 17세기 초의 버지니아의 그것처럼 계속해서 높았다. 버지니아에서는 서인도 제도에 비해 노예를 오랜 기간 유용하게 써먹었다. 그래서 단기간으로 보면 투자 수익이 떨어졌을지 모르나, 장기적으로는 더 많은 이익을 내었다.

버지니아와 서인도 제도의 노예를 살 수 있는 재력의 차이도 주생산물의 시장 가격의 변화로 17세기 말에 이르면서 점점 좁혀졌다. 서인도 제도가 노예제를 도입하기 시작한 1640년대에 흑설탕의 판매 가격은 백 파운드당 60실링(런던에서 도매 가격은 80실링)이었다. 1650년대와 1660년대에는 약 30실링으로, 1670년대에는 15실링, 1680년대에는 10실링까지 떨어졌다가, 1690년대에 이르러 약간 회복되었다. 담배는 1660년대 및 1670년대에 100파운드당 10실링에 거래되었는데, 그 이후 거의 반세기 동안 약간의 등락은 있었지만 대체로 그 가격을 유지했다.

농장주들이 이러한 가격에서 이익을 남겼는가의 여부는 사탕수수 노동자와 담배 노동자의 생산성에 달려 있다. 그러나 그것은 실제 생산 기록이 남아 있지 않아서 판단하기 쉽지 않은 일이다. 19세기 이전에는 재배 기술이나 정제 과정에서 혁신적인 변화는 없었다. 이 두 작물의 생산업자들은 1660년에 이미 작물의 상태에 대해 훤히 꿰뚫고 있었고 어떻게 하면 생산을 극대화시킬 수 있는지 잘 알고 있었다. 사탕수수의 경우 노동자 1인당 생산성에 대한 당대의 수치는 편차가 많은데, 평균적으로 1년에 1,500파운드쯤으로 추산된다. 버지니아의 변덕스러운 기후 때문에 담배 수확량은 아마 설탕의 경우보다 해마다 그 차이가 더 컸을 것 같다. 담배는 또한 잎줄기의 수를 줄임으로써 작지만 고가품으로 키울 수도 있었다. 따라서 담배의 생산성에 대한 계측은 더 불확실했다.

이러한 사정을 감안한 담배 생산성은 1660년대까지는 소출이 적은 해에는 노동자 1인당 약 1,000파운드, 많은 해에는 2,000파운드까지 생산한 것으로 추정해 볼 수 있다. 장기적으로 보면 결국 노동자 1인당 연간 생산량은 버지니아의 담배나 서인도 제도의 설탕이나 거의 비슷했던 것으로 볼 수 있다. 그러나 담배 노동자는 자신의 몫으로 옥수수 또한 재배할 수 있었다. 그리고 요크 강과 라파하노크 강 연안처럼 조건이 양호한 지역에서는 여러 종류의 담배(향이 좋은)를 재배하여 보다 높은 가격으로 판매할 수 있었고, 무게도 보통 품인 오리노코보다 더 나가 수송비를 줄일 수 있었다.

이밖에도 담배는 생산 설비의 투자 비용이 덜 든다는 이점이 있었다. 경작지의 땅값도, 예전보다 면적이 줄어들긴 했지만 여전히 서인도 제도보다는 버지니아가 쌌다. 사탕수수가 재배되고 있던 서인도 제도로 훨씬 많은 노예가 유입되었다는 것은 설탕에 대한 투자가 영국에서는 더 매력적이었음을 말해주는 것이다. 담배 재배도 여기 거의 필적할 만한 투자 대상이어서, 1680년대 이전에 이미 노예들이 바베이도스에서 실려와 버지니아에서 팔리고 있었다.(Elizabeth Donnan, Documents Illustrated of the History of the Slave Trade to America Washington, DC 1930~1935)

　노예 구매에 드는 추가 자금을 마련하기 위해 버지니아 식민지인들이 전적으로 담배 값 상승만을 기다리고 있었던 것은 아니었다. 그들에게는 17세기의 전반기에 축적된 자본이 있었다. 담배에서 얻은 이익(그들이 영국으로 가져간 이익금을 제외하고서)을 그들은, 소와 돼지 그리고 노동자에 재투자했다. 바베이도스의 노예를 사오면서 그들은 소와 돼지로 그 비용을 치를 수 있었다. 서인도 제도에서는 땅이 귀해 식량 생산에 매달릴 수가 없었다. 그래서 사탕수수 농장주들은 가공육은 물론 살아 있는 소를 구입하길 원했다. 그들은 소를 들여와 맷돌을 돌리는데 활용했고 소의 두엄(퇴비)은 사탕수수 재배로 지력이 떨어진 농장에 거름으로 썼다.

　그러한 필요를 충족시키기 위해 버지니아인들은 뉴잉글랜드 사람들을 따랐다. 버지니아와 바베이도스의 교역량을 가늠할 통계 수치는 나와 있지 않지만, 지방 법원의 기록에는 17세기에 양자 간에 빈번한 접촉이 있었다는 증거가 많이 나와 있다. 노예를 사오는 비용이 가축 판매로만 충당된 것은 아니었다. 1660년 이후에는 담배 재배의 채산성이 악화하긴 했지만, 상인들 가운데에는 기업적인 영농으로 이익을 얻는 자도 있었고 관청을 효과적으로 이용해 자금을 비축하는 자도 있었다.

　버지니아의 토착 자본보다도 더 중요한 것은 담배의 상품 가치가 오르면서 본국에서 유입되기 시작한 자본이었다. 이전에 바베이도스에 투자하던 상당수의 사람들이 방향을 버지니아로 돌려 토지와 노동력을 구매하거나 임차했다. 사탕수수 농장을 시작하기에는 충분치 않은 소자본을 가진 사람들도 버지니아에서는 훌륭한 농장을 마련할 수 있었다. 이제 버지니아 식민지가 무일푼인 계약 노동자들에게 더 이상 기회의 땅은 아니었지만, 300내지 400파운드의 여유 자금이 있는 자들에게는 여전히 상당한 투자 이익을 기대할 수 있는 곳이었다. 그 반액 정도로 위치가 좋은 농장을 사고, 그 나머지로 8~10명의 노예를 살 여유가 있었기 때문이다.

　그렇게 투자했던 윌리엄 핏즈휴William Fitzhugh의 표현대로 그것은 "멋지고 확실한 생활"을 보장해주었다. 10명의 노예를 부리면 작황이 좋을 때는 약 2만 파운드의 담배를 생산할 수 있었는데, 그것은 핏즈휴의 시대에는 100 내지 200파운드의 돈가치에 상당하는 것이었다. 10명의 노예를 먹이고 입히는 데는 거의 비용이 들지 않았다. 이만한 투자 이익은 영국 내에서는 어떤 형태의 기업농에서도 기대할 수 없는 것이었다.

　소자본을 가진 영국인들이 버지니아로 몰려든 또 다른 이유는, 재력있는 이들이 버지니아에서 누릴 수 있는 특권에 대한 기대가 재산과 가문을 자랑하는 사람들이 많은 영국에 비해 상대적으로 컸기 때문이다. 17세기 중엽 이후에 버지니아로 이주한 부자들과 그 자식들은 버지니아의 집권 정치 세력이 될 수 있었다. 이는 초창기 이민자들의 남자쪽 자손들 중 살아남은 자가 많지 않았던 탓 때문이기도 했다.

그렇다고 초기 이민자들이 험난했던 17세기의 첫 반세기 중 일구어낸 재산이 그대로 유실되어버린 것만은 아니었다. 그 재산은 미망인의 손에서 계속 불어나기도 하고 결혼을 통해 부유한 이민자들이 가지고 온 재산과 합쳐지기도 했다. 가령 러드웰·버드·카터·스펜서·워밀리·코올빈의 가문 등은 관직을 차지해 재산을 늘렸을 뿐만 아니라 정략적인 결혼을 통해 전세대가 비축해놓은 자산을 나눠가졌다. 랭커스터 카운티에서 1653년과 1679년 사이에 20명분 이상의 과세 대상자 12명 중 1명은 미망인이었고, 나머지 11명 중 9명이 재혼한 미망인이었다.

이들은 계약하인 대신 노예를 사들임으로써 버지니아에 노예제를 도입한 장본인들이었다. 노예는 계약하인보다 비쌌기 때문에 소자본을 가진 사람들은 대개 계약하인을 고용했다. 1699년 식민의회는 빈한한 농장주 휘하에서 일하는 노동자들의 대부분이 기독교도라고 확인한 바 있다. 그러나 대규모로 농장을 경영하는 사람들은 길게 보아 이익이 되는 노예를 쉽사리 구할 수 있게 되자 사들였던 것이다. 흑인 노예를 얼마나 쉽사리 구할 수 있었는지, 또 버지니아에 노예 노동이 일반화되는 데 얼마의 시일이 걸렸는지 단정적으로 말하기는 어렵다. 왕립 아프리카 회사가 노예 무역의 독점권을 가지고 있었기 때문에 불법 무역업자들로부터 노예를 매입한 경우 그것을 감춰야 했던 사정을 감안하지 않으면 안되기 때문이다.

아프리카 회사의 독점권이 인정되던 기간 중(1663~1698)에는 아마 바베이도스에서 노예를 합법적으로 사들일 수 있었을 것이다. 그러나, 두 지역간의 거래에 대한 기록은 거의 있지 않다. 그렇지만 단편적인 정보를 통해서 우리는 버지니아 농장주들이 아프리카 회사 이외의 다른 중개상을 통해서 노예를 사들였다는 것과 그 가격이 어느 정도였는지를 알 수 있다.

브리스톨 소속의 배 소사이어티 호는 1687년 약 100명의 노예를 버지니아에 수송한 것으로 기록되어 있다. 그 배는 불법 선박이었다. 그래서 제임스 장 하류의 징세관이었던 윌리엄 코울에 의해서 나포되었고, 코울은 나중에 배에 실려 있던 노예들을 처분하는 일도 책임지게 되었다. 코울이 받은 노예의 값은 나이·성별·신체적 조건에 따라 서로 달랐다.

"움직이거나 서 있을 수 없는 5명의 병든 노예"의 값으로 그는 20파운드를 받았다. 성인 남자 노예 1명은 23파운드, 한 젊은 노예는 20파운드, 다른 젊은 노예는 21파운드, 또 다른 노예는 22파운드 등등이었다. 13명의 병든(그 중에서 2명은 "거의 죽은") 노예와 12세 미만의 어린이 노예 몇 명을 포함하여 총 90명의 노예(그가 인수한 뒤 사망한 7명의 노예는 계산하지 않았다)를 팔고 그가 받은 대금 총액은 1,501 파운드 13실링 6펜스였다. 따라서 노예 1인당 16파운드 6실링을 받은 셈이다.

월리엄 핏츠휴 같으면 이보다 나은 값을 받을 수 있으리라고 생각했을 것 같다. 1683년 그는 뉴잉글랜드의 상인에게 담배 5만 파운드에 상당하는 노예를 사고 싶다는 요청을 했는데, 그가 제시한 가격은 3천 파운드(7세 11세까지의 어린이)에서 5천 파운드(15세에서 24세까지의 남녀 노예)까지로 차등을 둔 것이었다. 이 당시 담배는 100파운드당 10실링 정도였으니까, 핏츠휴가 부른 제일 높은 가격은 25파운드였던 셈이다.

서인도 제도와 마찬가지로 버지니아 농장주들도 노예를 사는 데만 열중했지 그 대금을 갚는 데는 느렸다. 18세기의 첫 5년간, 이들의 신용한도가 초과되어 아프리카 회사는 다수의 지불거절 대체어음을 처리하지 않으면 안되었다. 1705년에 이르면서 버지니아 의회는 빚의 증가를 우려하여 노예 거래를 줄이려는 노력을 기울였는데, 노예에 대한 수입세는 그대로 유지하면서 계약 하인에 대한 수입세를 폐지한 조치는 그 중의 하나였다. 노예에 매긴 수입관세는 또한 노동력을 줄임으로써 담배 생산을 억제하여 담배 가격을 상승시키고자 하는 과거부터 실시해온 시책의 일환이기도 했다. 이미 다수의 노예를 소유한 농장주들은 이 조치를 환영하였는데, 그것은 그로 인해 노예값이 오르리라는 기대 때문이었다.(Jones, *Present State of Virginia*) 그러나 이 무렵에는 이미 노예 노동으로의 전환이 거의 마무리된 실정이었다.

1708년에 에드먼드 제닝스Edmund Jennings가 남긴 기록에 따르면 그 이전 6년간 백인 노동자가 수입된 사례는 전혀 없었다. 이것이 버지니아에서 백인 노예 노동의 종식을 뜻하는 것은 아니지만, 어쨌든 이후로는 담배농장에서 백인 노동자의 존재는 이전에 흑인 노예의 존재가 그랬던 것처럼 드문 일이 되었다. 1708년과 1750년 사이에 버지니아에 유입된 흑인 노예는 모두 38,418명으로 기록되었다.

버지니아의 농장 제도는 노예가 없는 상태에서 시작된 것이었기 때문에, 노예의 다량 유입으로 인해 생산 방식의 변화가 일어나지는 않았다. 18세기 몇몇 농장이 소유한 거대한 노동력은 17세기 농장에서는 거의 볼 수 없었을 정도로 양적 팽창을 이루었지만, 농장의 운영 방식은 이전과 거의 같았다. 17세기에 이미 버지니아 농장에는 별도로 하인용 전용 숙소나 집이 있었다. 그들의 노동은 이미 8~10명씩 그룹을 지어서 행해졌고 이를 감독자가 감독하는 방식이었다. 그들은 이미 채찍으로 교정을 받는 가혹한 노동에 시달리고 있었다. 뿐만 아니라 이미 영양 부족과 의복의 부족을 겪고 있었다. 주인들은 이때 이미 노동자들이 반란을 일으키지 않을까 두려워하고 있었다. 그러나 버지니아에서 반란은 결코 성공을 거두지 못했다. 백인 지주·자본가들은 제국주의 침략과 해외 식민지 정복 및 수탈의 숫법도 인간심리의 터득을 통해 차근차근 익혀갔다.

(2) 농장주 매질 잦고 징벌로 인한 불구·살인까지 법원이 합법화

계약 하인들에 의해서도 농장은 잘 운영되었다. 담배농장의 경영으로 많은 버지니아 사람들이 부자가 되었고, 본국의 상인과 왕들도 이로 인해 더욱 부유해졌다. 그러나 여기에는 극복하기 어려운 커다란 문제점이 있었다. 매년 농장에서 계약 연한이 끝난 자유민이 신분 상승의 기회가 제한된 사회로 쏟아져나왔기 때문이다.

이 자유민들은 위험한 존재들이었다. 그들은 1676년 독립 혁명 이전에 아메리카에서 일어난 최대의 민중 봉기라 할 수 있는 「베이컨의 난」을 일으켰고, 1682년에는 「담배 베어내기 반란」을 다시 일으켰다. 노예에 의한 「계약 하인」의 대체는 점차 이들의 위협을 완화시켰고 종국에는 그 위협으로부터 버지니아를 해방시켰다. 계약하인의 유입이 매년 줄어들면서 자유를 얻는 백인 노동자의 수도 감소되었기 때문이다.

백인 계약 하인 대신 흑인 노예를 쓰면서 농장주들이 그로 인해 사회적 안정을 꾀할 수 있으리라고 처음부터 기대한 것은 아니었다. 노예제도에 관해 버지니아인들이 의견을 피력할 기회가 있을 때, 그들은 그것이 식민지의 반란을 확대하지 않을까 염려했다. 그들은 종종 자신들을 증오할 충분한 이유가 있는 사람들을 집안으로 끌어들인 것을 자책하기도 하고 스스로 자기 연민에 빠지기도 했다.

윌리엄 버드는 1736년 7월에 에그먼트 백작Earl of Egmont에게 "우리의 노예 가운데 비참한 운명에 내몰린 자가 절박한 용기를 내서 봉기한다면 아마 카탈로니아보다 유리한 입장에서 노예 반란을 일으킬 수 있을 것이고, 그렇게 되면 버지니아의 강줄기는 피로 물들 것"이라고 걱정했다. 그러나 위협이 현실로 나타난 적은 없었다. 이따금씩 노예들의 반란 음모가 드러나서 농장주들이 놀란 적은 있었다. 그러나 그 때마다 그 속에 배반자가 있어서 반란을 적기에 분쇄할 수 있도록 알려주곤 했다. 식민지 시대에 버지니아에서 노예의 반란으로 죽은 백인은 한 사람도 없었다.

노예들이 실상 자유민이 된 백인 노동자나 연한에 묶여 있는 백인 노동자보다 덜 위험한 존재라는 것이 입증된 셈이다. 인간사에 기록된 허다한 반란의 궁극적 원인이라고 볼 수 있는 「신분 상승에의 기대」가 그들에게는 전혀 없었던 것이다.(Gerald Mullin,

Flight and REbellion : Slave Resistance in Eighteenth-century Virginia(New York, 1972)에서는 노예 반란의 유형을 분석하고 가장 "문화적응이 잘된" 노예가 가장 반항적이었다는 결론을 내리고 있다. 바꾸어 말하면, 흑인 노예들이 그들이 밀어낸 빈한한 자유민을 닮으면 닮을수록 그들은 위험한 존재로 변모되었다고도 말할 수 있을 것이다.)

그들은 무기도 없었지만 또 무기를 갖출 필요도 없었다. 그들에게는 희망이 없었고 희망을 불러일으킬만한 여지도 없었다. 윌리엄 버드 자신도 흑인 위험성을 심각하게 생각해본 적이 없었던 듯하다. 에그먼트에게 편지를 보내기 불과 7개월 전에 그는 자메이카의 피터 백포드Peter Beckford에게 "이곳의 흑인 노예들은 우리를 걱정스럽게 하거나 불안하게 할만큼 많지 않고 결속력도 없습니다"라고 써낼 정도였다.

노예제의 도입과 함께 버지니아 농장의 생산성은 이전의 모든 기록을 갱신했다. 18세기의 전반기에는, 소요로 들떠 있던 사회를 안정시키기 위해, 농장주들은 일이 곧 재화이고 시간이 돈이라는 인식 속에서도 백인 노동자에게 일정 시간 이상의 노동을 강요하기를 삼갔다. 이에 반해 흑인 노예의 경우 주인은 그들이 계속해서 일할 수 있도록 먹이고 잠재우는 시간을 초과하면서까지도 일을 시키고 부릴 수가 있었다. 노미니 홀의 로버트 카터Robert Carter는 인정 많은 사람으로 알려져 있었지만, 노예들에게 적정량보다 적은 식량을 주고 부족분은 스스로 닭을 길러 충당하도록 하고, 일요일에도 노예 숙소에 딸린 채소밭을 가꾸도록 하는 것을 원칙으로 삼았다. 카터의 아저씨가 되는 새빈 홀의 랜든 카터는 노예들 스스로가 채소를 길러 거기서 얻은 수익금으로 옷을 사 입도록 했다.(London Carter, Diary)

인구분포 면에서도 노예제도로의 전환은 생산성을 극대화시킬 수 있는 여건을 향상시켰다. 이민 초기에는 노동 가능한 남자의 인구가 인구 분포의 주종을 이루었는데, 그것은 이민자들 중에 여자와 어린이가 얼마 되지 않았는데다 사망률도 높았기 때문이었다. 그러나 여자가 남자에 비해 오래 사는 경향이었기 때문에, 여자와 아이들의 비율이 서서히 증가했다. 또한 사망률이 감소하면서 일할 수 없는 노령 인구비도 증가했다. 요컨대 인구 분포에서 비생산적인 인구의 비율이 증가한 것이다. 노예제는 생산성이 높은 인구 분포로 복귀를 가능하게 했고 또 유지를 가능하게 했다. 농장주들은 백인 노동자를 고용했을 때는 부인들을 담배농장으로 내몰지 않았지만, 노예의 경우는 주저없이 여자 노예도 농장일을 하도록 했다. 그리고 노예의 아이들 역시 백인 노동자의 아이들보다 이른 나이부터 일을 시켰던 것 같다. 1680년에서 1705년까지 수입된 흑인 노예의 자식들은 12세에 1/10세 과세 대상이 된데 반하여 수입된 "기독교 노동자"의 자식들은 14세에 과세 대상이 되었다. 1705년에는 그 연령이 양쪽 모두 16세로 상향 조정되었다.

노예의 아이들은 교육 때문에 일을 시키지 못할 염려도 없었다. 노예의 경우는 또한 "교회 목회자가 영적으로 인도할 대상이 아니기 때문에 노예의 생산 에너지를 그런 목적으로 낭비할 필요도 없었다." 위와 같은 이유들로 노예는 동갑과 동성인 백인 자유민 노동자의 경우보다 생산성이 높았다. 뿐만 아니라 노예는 인구의 증가라는 면에서도 역시, 대체로 수입된 숫자에 비례하여 불어나는 백인 노동자에 비해 빨랐다.

노예 무역상들은 대개 남자 셋에 여자 둘의 비율로 노예를 들여왔는데 여자의 비율이 이처럼 백인 노동자들의 경우보다 훨씬 많았다. 여자 노예들은 담배농장에서 일을 하면서 자식을 키울 수 있었으므로 결국 생산인구의 증가에 기여했다. 게다가 노예의 자식은 자동적으로 주인의 소유물이 되었다. 농장주에게 노예는 말하자면 소를 기르고 하인을 두는 장점이 합쳐진 이득을 안겨주었던 것이다. 이러한 점에서 노예를 사들이는 것이 버지니아에서는 가장 매력적인 투자였다.(Davies, Royal African Company)

버지니아의 농장주들에게 노예제의 유일한 문제점은 소박한 것이었다. 즉 노동의 동기 부여를 위한 자극이 없다는 점이었다. 그러나 노예의 인센티브(동기 부여)나 연한에 묶여 있는 노동자의 그것이나 노동 동기에 대한 자극이란 측면에서 별반 차이는 없었다. 계약 하인들의 경우 노예와는 달리 대서양을 건너오는 배삯으로 급료가 이미 지불된 상태였기 때문이다. 그들은 그토록 갈망했던 신대륙 이주를 위한 배삯에 상당하는 만큼의 노동을 담보로 잡힌 셈이었다. 노동의 대가를 이미 선금으로 받은 셈이기 때문에 백인 노동자들은 농장주의 위협에 아랑곳하지 않았다.

버지니아 농장주들은 이들을 부리기 위해 영국의 경우보다 더 자주 채찍을 휘둘러댈 수밖에 없었다. 백인 농장주들은 노예를 부리기 이전에 이미 이처럼 일하기 싫어하는 자들로부터 노동력을 째나는 방법을 잘 알고 있었다. 차이는 있었다. 백인 노동자의 경우 일을 게을리하거나 도망치면, 혹은 일을 빼먹거나 시키지 않은 일을 해서 주인의 재산 손실을 가져오면, 주인은 법원에 호소해 노역 기간을 연장시킬 수 있었다. 그러나 노예 소유주는 그럴 수가 없었다. 백인 노동자가 자기 급료를 선금으로 받았다면, 노예는 결국 징벌을 미리 받고 있던 셈이었다. 노예의 노동 기한은 이미 무한정으로 연장되어 있었기 때문이다.

농장주들은 이 무기한으로 연장된 노역 기간의 악용을 막는 장치를 필요로 했다. 다시 말해 그들은 웬만한 교정矯正으로는 다루기 힘든 노동자들에 대한 자구책을 찾고자 한 것이다. 그 첫 결실이 1661년에 통과된 법령인데 이는 버지니아에서 최초로 노예제를 공식 인정한 법이라 할 수 있다. 이 법령은 노예 노동에 대한 반항의 형태로 가장 일반화되어 있는 백인 노동자가 흑인 노예와 함께 도망치는 행위를 규제할 목적으로 제정되었다.

이 법은 노예가 도망쳐서 주인이 입은 손실을 함께 도망친 백인 노동자가 배상하도록 규정하고 있었다.

법조문은 이렇게 되어 있다. "영국인 노동자가, 노역 기간을 연장하더라도 보상이 충족되지 않는 신분에 있는 노예와 함께 도망쳤을 경우에는, 그렇게 도망친 영국인 노동자는 그 노예의 부재에 해당하는 기간을 이전의 법령에 정해진 바에 따라 직접 자신의 노역을 통해 보상해야 한다(이전의 법은 부재하는 기간의 두 배를 노역하도록 규정되어 있었다)."

초창기의 백인 노동자와 흑인 노예 사이의 관계의 양상을 짐작하게 해주는 이 법조항은 노예보다는 백인 노동자에게 효력을 발휘했다. 백인 노동자와 마찬가지의 방식으로 노예를 부렸는데도 노예가 주인이 원하는 만큼의 일을 해주지 않을 때 이 법령은 아무런 해결책이 되지 못했다. 한 가지 해결책으로 채찍보다는 당근을 써서 한 일에 대해 보상을 해주는 방법이 있었다. 초기에는 이런 방식에 의존한 농장주들도 더러 있었다. 정해진 기간 동안 열심히 일을 하면 그 대가로 자유를 주기로 약속을 한다든지, 보상으로 얼마간의 땅을 주어 거기에서 생산되는 담배나 옥수수를 자신의 몫으로 쓰게 해주었던 것이다.

그러나 문제는 이러한 방식의 보상은 노예제의 모든 이점을 상실하게 한다는 데 있었다. 결국 버지니아 농장주들은 백인 노동자를 부리던 경우와는 달리 노예의 경우는 보다 가혹한 고통을 주지 않으면 안 된다는 사실을 수용하기에 이른다. 노예는 자유를 상실할지도 모른다는 정도의 두려움만으로는 부릴 수가 없기 때문에, 생명을 위협하는 수밖에 없었던 것이다.

2) 백인 농장주들의 잔인한 채찍질에 노예들 분노의 항쟁

(1) 노예주들은 징벌로 살해해도 합법화 · 정당화되었다

미국의 노예제도를 상황 · 참상 그대로 설명하기는 아주 어렵다. 노예제를 경험하지 못한 사람들은 아마 결코 설명할 수 없을 것이다. 북부의 두 자유주의적 역사가가 저술한 베스트셀러 교과서의 1932년 판에서는, 노예제를 흑인들의 "문명화를 위해 필요한 과도기"로 보았다. 경제학자나 계량 경제사가들(통계역사학자들)은 노예들의 식료품과 의료보호에 얼마나 많은 돈을 지출했는가를 추산함으로써 노예제를 평가하고자 했다. 그러나 과연 이것을 통해 노예제하에서 생활했던 인간존재에 관한 것으로서 노예제의 실체를 설명할 수 있을까? 노예제의 상황 조건의 서술만으로 고통으로 피멍이 들고 구타로 죽어갔던 생명체들의 참상을 설명해낼 수는 없었다.

노예출신 존 리틀John Little은 이렇게 썼다.

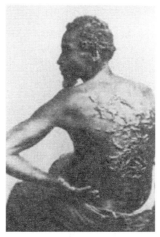

채찍질을 당한 흑인 노예. 목화농장에서 일했던 흑인 노예의 등이다. 노예주의 채찍에 맞아 갈라진 등에 셀 수 없이 많은 흉터가 있다.

　그들은 노예들이 웃고 즐길 수 있으므로 행복하다고 한다. 나 자신을 비롯한 서너 명은 하루에 200대 정도의 채찍질을 당했으며 두 다리는 족쇄에 묶였다. 그런 상황에서도 밤에는 노래하고 춤추면서 덜거덕거리는 족쇄 소리로 다른 사람들을 웃기곤 했다. 우리는 행복한 사람들임이 틀림없다! 우리는 고뇌를 억누르려고, 터질 것 같은 심장을 진정시키려고 노래하고 춤을 췄다. 그것이 절대적인 진리이다! 자, 보라. 우리가 행복에 겨울 리가 없지 않은가? 그럼에도 나는 족쇄를 찬 채로 신나게 뛰어다녔다.

　노예를 죽임으로써 손해를 자초하길 원하는 농장주는 없었겠지만, 적어도 백인 노동자가 하던 만큼 노예에게 일을 시키려면 더 심한 매질을 하지 않으면 안되었는데, 그 매질이 가혹하다 보니 실제로 노예를 죽게 할 가능성이 높았다. 노예 소유주들이 이런 방식으로 노예를 교정시키다가 매질이 지나쳐 그를 죽게 했을 경우 법적 제재를 받는다면, 노예를 부린다는 것은 법률적인 위험이 많이 따르는 일이 되었을 것이다. 그리하여 1669년 의회는 이 문제를 직시하여 그 해결을 위한 법안을 통과시켰다.

○ 노예의 과실 치사에 관한 합법화 법령

　주인이나 안주인 혹은 감독자에게 저항하는 게으르고 못된 노동자를 징벌하는 수단으로 시행중인 유일한 법이 흑인에게는 적용되지 않기 때문에(왜냐하면 그 징벌이 예속 연한의 연장에 있기 때문에) 또한 그들의 완강한 저항은 엄한 징벌에 의하지 않고는 시정되지 않기 때문에 의회는 다음과 같이 법을 제정하여 선포한다. 어떤 노예든지 주인에게 저항하거나 혹은 그를 교화시키라는 주인의 명에 따른 자에게 저항했을 경우, 버릇을 가르치다가 극단적인 경우 노예가 죽게 되더라도 이는 살인죄로 보지 않는다. 그래서 주인은, 혹은 주인의 명을 받아 징벌을 준 사람은 이에 대한 법적 제재로부터 면책된다. 왜냐하면 고의적인 악의를 가지고(이 경우의 살인은 중죄에 해당되지만) 자기 재산을 훼손할 사람은 없을 것이기 때문이다.

1669년에 이미 이러한 법을 명문화함으로써, 버지니아는 대량으로 유입되기 시작한 노예를 최대한으로 부릴 준비를 마친 셈이었다. 노예제도에 대한 이후의 입법은 여기에서 확인된 원칙, 곧 노예의 징벌이 설령 치사致死에 이르더라도 법적으로 문제가 되지 않는다는 것의 확대에 불과했다. 추후의 입법에서 가장 중요한 것은 도망 노예에 관한 것이다. 노예의 수가 증가하고 노예의 숙소가 주인이 사는 본채로부터 멀어지면서, 도망친 노예들은 종종 인근 숲에 숨어 있다가 밤에 친지나 가족의 숙소로 찾아들어 음식을 얻어 먹고 잠을 자고 가곤 했다.

이 문제를 해소하기 위해 식민의회는 예배를 본 사람들이 알 수 있도록 도망친 노예의 이름을 카운티 내의 모든 교회의 문 앞에 게시할 것을 의무로 정했다. 그런 후 도망 노예가 제발로 돌아오지 않으면, "그러한 노예는 누가 죽이더라도, 또 어떤 방식으로 죽이더라도 법적으로 아무런 문제가 되지 않는다"는 법령을 마련했다. 이 법은 결국 1680년에 통과된 법으로 대체되었는데, 그것은 "사법 당국으로부터 도망 노예를 체포할 권한을 위임받은" 사람은 도망 노예가 저항할 경우 죽일 수 있다는 내용을 담고 있었다. 노예 소유주는 이렇게 해서 살해된 노예에 대한 손실을 식민정부로부터 보상받았다. 도망 노예가 생포될 경우, 주인은 "그 지역 법원의 허가를 받아 노예를 징벌할 수 있는데, 예컨대 팔다리를 절단하거나, 생명에 지장이 없는 한, 그를 길들이고 다른 노예들에게 본보기가 되도록 하기 위해 적절하다고 판단되는 어떤 형식의 징벌이라도 내릴 수가 있었다." 1723년에 이 법은 더 확대되어 "밤중에 나돌아다니거나, 도망치거나, 혹은 밖에 나와 숨는 죄를 지은 노예의 경우 그를 다른 방법으로는 교화시킬 수 없다고 판단되면" 그 사지의 절단을 허용하기에 이른다. 이와 동시에 사지의 절단이나 징죄의 과정에서 노예가 사망하더라도 이로 인해 처벌받지 않는다는 것도 명기되었다.

이 모두는 말뿐인 위협만은 결코 아니었다. 법조문 속의 표현들(예컨대 '교화'·'사지절단'·'재량' 등)이 징벌의 가혹함을 완화시키는 듯이 보이지만, 법은 일터를 무단 이탈한 노예를 가혹하게 벌주는 행동을 정당화시켜주었을 뿐만 아니라, 생포된 노예의 팔다리를 일부러 못쓰게 만드는 체벌을 법적 제재로 뒷받침해 주었다. 1707년 혹은 1708년 3월 10일자 랭커스터 지방 법원의 기록에서 우리는 이 법이 어떻게 실행되었는지 그 단면을 엿볼 수 있다.

로버트 카터 씨는 본 법원에 밤배라 해리와 다이나라는 두 교화 불가능한 노예에 대한 징벌로, 문제의 두 흑인의 팔다리를 절단하는 것을 허가해 달라는 탄원서를 제출했다. 이 두 노예를 길들이고 다른 노예들이 악습에 빠지지 않도록 경고하기 위해 본 법원은 앞서 언급한 로버트 카터씨에게 법에 따라 앞서 말한 흑인의 사지를 절단하거나 발가락을 자를 수 있는 전권을 부여한다.

노예제도의 도입이 낳은 후과는 이런 것이었다. 버지니아의 농장주들은 이러한 후과를 치를 준비가 되어 있었다. 고통이 없는 나날 이외에는 더 바랄 게 아무것도 없는 사람들을 일시키자면, 채찍으로 때리고 병신을 만들고 때로는 죽이기까지 할 짐승보다 못한 몹쓸 각오를 갖지 않으면 안 되는 것이다. 사회도 그런 개인들을 지원할 준비가 되어 있어야 했다. 그런 사람이 노예를 죽임으로써 입은 재산상의 손실을 보전해 줄 정도로 말이다. 그리하여 개인이든 국가이든 아메리카 정복자들의 탐욕과 학살은 인류역사 최악의 살인마로 육성되어갔다.

지금까지 우리는 버지니아 식민지가 노예제로 전환하는 과정에 대해 설명하면서도 인종 문제는 언급하지 않았다. 인종 문제에 대한 언급을 적어도 당분간은 삼갈 필요가 있었다. 왜냐하면 버지니아의 노예제 도입이나, 농장주들이 계약 하인 대신 노예를 사들이기로 한 것, 그리고 마지못해 하는 노예의 노동을 강제적으로 시켜야하는 주인을 법적으로 보호하는 것, 이런 사실들이 인종 문제와 반드시 연관되어 있는 것은 아니었기 때문이다. 버지니아인들은 왕립아프리카 회사나 노예 무역상이 들여온 흑인을 노예로 만든 것이 아니고, 다만 노예로 부리는 데만 관심을 쏟았을 뿐이었다. 그들을 노예로 부리기 위해서는 노예 소유주가 법적으로 할 수 있는 일이 무엇인지를 결정지어야 했다. 그리고 그러한 결정들은 인종 문제와 반드시 연관된 것은 아니었다는 얘기이다.

그러나 정말 그럴까? 로버트 카터에게 노예의 발가락을 잘라 낼 권한을 부여한 랭커스터 법원의 기록은 우리를 의아하게 만든다. 과연 법원이 교화 불가능한 영국인 노동자라면 그러한 징벌을 허용했을까, 아니 허용할 수 있었을까? 식민의회도 그런 입법이 가능했을까? 본국 정부도 표면적으로는 그러한 조치를 용납해주었을 것 같지가 않다. 그러나 버지니아인들은 흑인 노예에 관한 법령은 그것이 영국법에 저촉이 되더라도 본국이 이를 눈감아주리라고 확신할 수 있었다.

1679년 바베이도스에서 노예 소유주에게 버지니아의 경우와 비슷한 징벌의 권한을 부여하는 법안이 제출되었을 때, 영국 정부는 이를 영국법으로 수용할 수 있는지 여부를 검토한 적이 있었다. 무역위원회의 요청에 의해 이를 검토한 법률 자문관은 이를 승인할 수 있다고 결론지었다. 그는 이렇게 그 이유를 설명했다.

"바베이도스 섬의 흑인들이 같은 성격의 범법 사안에 대해 섬의 다른 사람들과 달리 더 가혹하게 징벌을 받을 수 있다 할지라도, 흑인 노예에 관한 이 법령은 적법하다고 생각합니다. 그들은 수가 많기 때문에 위험하고, 본래 짐승과 같은 자들일 뿐만 아니라 섬에서는 상품이나 재산으로 간주되고 있기 때문에, 식민지 정부와 영국과 다른 법으로 그들을 다스리는 것은 필요한 일이고 또한 편의에 맞는 일입니다. 그렇게 하는 게 섬에 거주하는 농장주와 주민들에게 일어날 수 있는 커다란 위해危害를 예방할 수 있습니다."

과연 앵글로색슨 정복자들의 성향은 본국인들이나 식민지 현지인들이나 똑 같았다. 결국 인간의 기본권을 보장하는 영국법을 아프리카인들에게까지 확대 적용할 필요가 없다는 논리였다. 왜냐하면 아프리카인들은 "짐승과 같은 자들brutish sort of people"이기 때문이다. 그리고 "짐승과 같기 때문에" 그들에게 일을 시키기 위해서는 죽이거나 병신으로 만들기도 하는 것이 필요하며 "편의에 맞는" 일이었다.

버지니아에서 흑인 노예를 살해하고 불구로 만드는 일이 흔하지는 않았다. 자신이 소유한 두 노예의 사지 절단 징벌을 탄원한 로버트 카터와 같은 사안은 기록상으로 아주 드문 일이었다. 그러나 오늘날 남아 있는 일기나 편지에서 노예에 대한 일상화된 매질을 언급한 대목을 읽어보면, 노예 소유주들이 매질을 아주 무의식적으로, 또 당연한 일로 받아들이고 있음을 알 수 있는데, 그러한 태도의 밑바탕에는 자기네가 다루는 흑인들이 "짐승과 같은 자"들이라는 생각이 깔려 있었던 것이 분명하다.

가령 윌리엄스버그의 토머스 조운즈Thomas Jones가 출타 중인 아내에게 보낸 편지에서 아내의 노예에 대해 언급한 대목이 있는데, 거기에는 체벌이 애정의 발로인양 기술되어 있다. "대프네와 낸시는 잘 하고 있소. 그러나 쥴리엣은 여전히 그 모양이오. 그렇다고 그렇게 자주 교화시킬 필요는 없는 듯하오. 지난 토요일에는 30대를 때려서 쥴리엣의 기운을 북돋아 주었고 화요일에도 또 30대를 때렸더니, 오늘은 아파서 누워 있다고 하오."

주인이 백인 하녀에 대해 이렇게 쓴 것일 수도 있다. 하인들의 경우도 매질을 심하게 당해 죽는 사례도 분명 있었다. 차별적 인종주의가 노예제의 필수적인 요인인지 아닌지는 논란의 여지가 있을지 모르지만, 그것이 하나의 요인이었던 것만은 분명하다. 버지니아의 노예제도는 인종주의를 수반하지 않고는 도입될 수 없었다. 버지니아의 노예는 영국인이 아닌 다른 한 종족으로 구성되어 있었기 때문이다. 노예제도를 도입한 후 버지니아에 들어선 새로운 사회 질서는 노예제 못지 않게 인종 자체가 그 결정요인으로 작용했음이 진실로 드러났다.

3) 원주민살육, 땅 뺏고 불모의 땅에 강제수용하거나 노예화

(1) 원주민 촌 포위, 총으로 협박, 젊은이들을 잡아 노예로 팔아

흑인노예제도에 관한 이야기는 대개 상식적으로 알려져 있으나 아메리카 원주민 노예에 관한 사실은 별로 알려진 바가 없다. 그러나 사실은 플리머스에 청교도들이 상륙하기 전인 1614년에 이미 영국인들은 원주민 27명을 잡아 스페인에 노예로 팔았다. 그 후 17세기 후반부터 18세기 전반까지 약 100년 동안 노예사냥을 위한 조직적이고 대대적인 전투가 계속되었다.

노예사냥을 하면 일석삼조의 이익을 볼 수 있었기 때문에 기독교인들은 여기에 열중하게 되었다.

첫째, 노예를 잡아 팔면 현금과 필요한 물건을 구입할 수 있었다.

둘째, 노예를 잡으면 그 노예들이 경작하던 농토를 그저 장악할 수 있었다.

셋째, 잡은 노예를 부려 농사를 지어 식량을 확보할 수 있었다.

노예상인들은 아프리카에서와 같은 방법으로 원주민 촌을 포위하고 총으로 위협하면서 젊은이들을 잡았다. 또 어떤 때는 부족간의 대립을 조작하거나 싸우게 하여 어부지리를 얻기도 하였다. 이렇게 잡힌 노예는 현재의 남 캐롤라이나 주의 찰스톤 항에 집합시켰다가 각지로 팔아넘겼다.

유럽인들의 침략이 시작되기 전의 원주민 생활은 비교적 단조로웠다. 여자는 농사일을 , 남자는 주로 사냥을 하며 대자연 속에서 자유롭게 살고 있었다. 그러한 원주민들의 나라가 기독교인들의 침범으로 전운戰雲에 휩싸이게 되었다. 기독교인들의 날벼락 같은 침략으로 중년 신사, 양가집 규수들이 일시에 노예의 몸으로 전락하게 되었다. 일반 원주민들은 물론 추장들, 즉 원주민 왕 등이나 왕족들이 잠자는 동안에 말살되거나, 갑작스러운 불운을 피할 수 없었던 젊은 남녀들은 사로잡혀서 모두 노예로 끌려갔다.

정확한 기록은 남아 있지 않기 때문에 전 미주지역에서 매매된 원주민 노예수가 얼마나 되는지 알 길이 없다. 그러나 하나의 예로 남 캐롤라이나 주의 1708년도 인구조사를 보자. 유럽인들은 5,300명이었고, 흑인노예는 2,900명이었으며, 원주민 노예는 1,400명이었다. 다시 말하면 백인은 5,300이었는데 흑인과 원주민 노예는 4,300명이었다. 즉 노예 수가 노예 소유자들인 백인의 약 81%에 달했다. (원주민 노예 수는 약 300만 명 정도로 추측되고 있으나 정확한 숫자는 알 수 없다. Stannard의 책 1992. Kolchin, American

Slavery, 1619~1877, 1993.)

　미국에서는 매년 독립기념일인 7월 4일에 전국 방방곡곡에서 우렁차게 울리는 승자의 애국가가 들려온다. 그리고 승리를 축하하는 지상 최고의 화려한 불꽃놀이가 펼쳐지고 이와 함께 터져 나오는 「승자의 영광의 노래와 행진곡」은 듣는 사람들의 귀가 아플 정도이고 보는 사람들의 마음을 들뜨게 한다.

　나라를 빼앗은 사람들이 그 우렁찬 승자의 영광의 노래와 행진이 자아내는 흥겨운 분위기 속에서 승리의 축제를 즐길 때에, 한편 TV를 통해서 들려오는 원주민들의 한에 맺힌 노래는 너무나 대조적이다. 그 슬픈 노랫소리는 듣는 사람의 가슴을 뜨겁게 하며 눈물을 금할 수 없게 만든다. 이러한 패자의 한과 슬픔을 모르는 사람들에게 인정이나 정의를 기대하기는 어려울 수밖에 없다.

(2) 북미대륙 원주민을 싹쓸이 한 후 대외침략에 나서

　침략자들은 북미의 대부분의 땅을 원주민에게서 빼앗았으며, 또한 청교도들은 천주교계 침략자들로부터 상당 부분의 땅을 매입하거나 빼앗았다. 예를 들면 1819년에 현재의 플로리다를 가톨릭 국가인 스페인으로부터 할양割讓받았으며, 1848년에 현재의 캘리포니아 · 텍서스 · 뉴멕시코 · 애리조나 · 네바다 · 유타와 콜로라도의 일부를 미국의 압력에 굴복한 멕시코로부터 할양 받았다.(스페인 · 포르투칼 제국주의자-좋게 표현해 탐험가-들은 로마 가톨릭 신봉자들이었으므로 주로 중 · 남아메리카 대부분을 정복하면서 자기들의 종교를 원주민들에게 강요하여 신봉케했다. 북아메리카의 여러 주나 멕시코의 경우도 스페인의 식민지였다가 미국에 무력으로 강탈되거나 매도되었다.)

　일부의 영토는 미국이 영국으로부터 독립한 후에 다른 유럽의 식민지 국가들이 이미 빼앗은 땅을 19세기에 매입한 것이다. 예를 들면 루이지애나 주의 주변부터 미시시피 강 서부지역의 영토는 1803년에 $11,250,000을 주고 프랑스의 나폴레옹으로부터 사들였으며, 알래스카는 1867년에 $7,000,000을 주고 러시아에서 매입하였다. 미국은 에이커acre 당 2전cents을 주고 알렉산더Tsar Alexander황제에게 알래스카를 매입하였는데, 당시의 많은 미국인들은 정부가 무용지물을 매입했다고 생각하였다. 동시에 캐나다의 경우는 영국계와 프랑스계가 함께 선점先占하였지만, 후에 프랑스가 패배하여 영국계 사람들이 중심이 되어 공동으로 나라를 만들었다.

　이러한 침략 과정에서 결국 약 600종족의 원주민들 중에서 반 이상의 종족이 무참하게 말살 당하고 현재는 약 279종족의 소수만이 살아남았다고 기록되어 있다.(Grant,

Concise Encyclopedia of the American Indian. 1994.) 살아남은 원주민들은 자기들의 나라를 침략한 기독교인들이 지정한 수용소에 수용 당하고 말았다. 수용을 반대하거나 저항한 원주민들은 모두 투옥되거나 처형당하였다. 남의 나라에 와서 침략자로 변한 유럽인들 때문에 손님과 주인 사이가 주객전도되어 버리고 만 것이다.

광활한 대륙에서 자유롭게 사냥과 낚시를 즐기면서 살던 원주민들은 침략자로 변한 손님들이 지정한 수용소에서 일생을 보내야 하는 처지가 되어 버렸다. 그들은 오랫동안 자기 나라에서 살았지만 침략자들이 그들의 땅 위에 건설한 미국의 시민권도 소유할 수 없었다. 물론 현재는 원주민들도 타지에 가서 살 수 있으나 서구문화에 잘 적응하지 못하여 대부분 실패하고 다시 수용소로 돌아가고 있다.

미국에 약 180만 명의 원주민 '인디언'들이 아직 살아남아 있기 때문에 그들이 살고 있는 278개소의 수용소가 전 미국 각 지역에 있다. 그러나 대부분의 수용소는 백인들이 살기 어려운 산간벽지나 물도 없고 짐승들도 살기 어려운 사막 지대에 있다. 침략자들에 의하여 정책적으로 선정된 것이다. 이러한 침략이나 주객전도가 모두 「하나님의 이름」으로 이루어졌다.

그나마 원주민 수용소의 면적은 날이 갈수록 좁아지고 있다. 1881년도에는 약 1억 5천만 에이커였으나 현재는 1/3밖에 안된다. 그것도 계속 침략자들에 의하여 돈으로 매수 당하여 빼앗기고, 때로는 사기나 강제로 빼앗겨왔다.

「예레미야 애가」는 마치 원주민들의 슬픔을 읊은 것처럼 읽혀지기도 하는데, 특히 다음의 몇 구절은 이 패자들의 슬픔을 잘 묘사하고 있다.

…제사장들과 선지자들이 어찌 주의 성소에서 살육을 당하오리이까. 노유老幼는 다 길바닥에 엎드려졌사오며 내 처녀들과 소년들이 칼에 죽었나이다. 주께서 진노하신 날에 죽이시되 긍휼히 여기지 아니하시고 살육하셨나이다(2:20~21).

두려움과 함정과 잔해와 멸망이 우리에게 임하였도다. 내 백성의 파멸로 인하여 내 눈에 눈물이 시내처럼 흐르도다. 내 눈의 흐르는 눈물이 그치지 아니하고 쉬지 아니함이여. 여호와께서 하늘에서 살피시고 돌아보시기를 기다리는도다…… 무고히 나의 대적이 된 자가 나를 새와 같이 심히 쫓도다. 저희가 내 생명을 끊으려고 나를 구덩이에 넣고 그 위에 돌을 던짐이여. 물이 내 머리에 넘치니 내가 스스로 이르기를 이제는 멸절되었다 하도다(3:47~54).

영국으로부터 독립하기 위하여 전쟁을 지휘하던 워싱턴은 영국군과 숲 속에서 대결할 때에 그 지역의 지리에 밝은 원주민들의 도움을 많이 받았다. 일부 원주민들은 전투에도 참가하여 워싱턴의 승리에 중요한 공을 세우기도 했다. 백인들은 동부지역에 자리잡고 있던 이로쿼와Iroquois 연방을 이간시키고 일부가 자기들을 돕게 하였으나, 독립 후에 그들을 다 추방하거나 학살하고 그들의 땅 까지 모두 빼앗았다. 그리고 어쩔 수 없이 순종하면서 살아남은 일부의 원주민들을 수용소에 가둬 버렸다.

   이로쿼와Iroquois 연방은 1570년경 이로쿼와족과 모호옥족Mohawks·오네이다족Oneidas·오논다거족Onondagas·카유거족Cayugas이라고 불리는 부족과 이로쿼와연방 중 최대의 부족이었던 세네카족Senecas 등 5부족이 연합하여 The Five Nations라고 호칭하던 강력한 연방이었는데, 1722년에 터스카로라 족Tuscaroras이 가담하여 북미 최대의 원주민 연방이 되었다. 그들은 광대한 지역에 살고 있었으며 문화의 정도가 높은 민족이었다. 그러나 미국 독립전쟁 후에 대부분은 고향산천을 버리고 캐나다로 이주하였으며, 일부는 현재의 뉴욕 주와 위스콘신 주에 살고 있다.

   사실은 워싱턴의 부하들이 캐나다를 쳐들어갈 때나 프랑스군과의 충돌이 있을 때도 원주민들은 양쪽에 이용당했다. 또 한 지역의 원주민을 공략하고 그 땅을 빼앗기 위하여 타지역의 원주민들을 이용했다. 첫 번째 목적이 달성되면, 그 후에 자기들을 도와준 원주민마저 잡아버리는 교활하고 비겁한 계략으로 많은 원주민들을 울렸다. 상상력이 있는 사람이라면 누구나 원주민들의 허탈감과 배신감을 짐작할 수 있을 것이다. 또 기독교인들은 미주 지역의 원주민을 공략하는 데 아프리카에서 잡아온 흑인 노예까지 동원하여 출전시켰다.(링컨도 남북전쟁 때에 18만 명의 흑인들로 구성된 군대를 동원하였다.)
   그뿐만 아니라 일선에서 미국 군이나 행정관이 원주민들과 맺은 조약이나 약속을 연방정부가 임의로 거절하고 파약破約시켰다. 연방정부도 주 정부나 군인들, 행정관 못지 않게 그들 스스로가 원주민들과 체결한 조약을 지키지 않고 원주민을 공략하거나 땅을 빼앗는 등 상습적인 범행을 저질렀다는 백인들의 기록이 남아 있다. 좋은 예로 현재의 조지아 주 북부에 살던 체로키 족이나, 오레곤주에 거주하고 있던 네스퍼스가 이끌던 원주민들과의 조약이나, 플로리다 주에 살던 세미놀 족과의 관계를 들 수 있다.
   13개 주가 단결하여 영국과 싸워서 독립을 달성한 후에 미국은 50개 주로 영토를 확장하였다. 그렇게 폭력으로 성장한 미국을 지상최고의 낙원이며 가장 아름답고 훌륭한 민주국가를 건설하였다고 주장하는 성직자나 학자들도 있다. 그러나 원주민들과 노예로 끌려 온 흑인들은 수백 년 동안 시민권도 없었으며 인간 대우를 받지 못하였다. 특히 흑인들은 애완견만도 못한 대우를 받았으며 언제나 사고 팔 수 있는 가구나 가축과 같은 대우를 받았다.
   다시 말하면 오랫동안 유색인종, 즉 원주민·흑인, 남미 계통의 사람들, 아시아계 사람들은 물론 유대인들도 서구인들에게 주어진 인권이 보장되지 않았다. 그들에게는 너무나 오랫동안 미국의 민주주의 과정에 참여할 수 있는 기회도 주어지지 않았다.

아시아계 특히 중국계나 일본계 이민들도 20세기 초까지 시민권을 주지 않았으며 미국에서 태어난 그 자손들도 20세기 전반까지 시민권을 주지 않았다. 중국계와 일본계는 미연방의회가 제정한 법으로 상당 기간 이민을 금지당한 적도 있었다. 물론 유럽인들의 이민은 오랫동안 자유였으며 아무런 수적 제한도 없었다. 유색인종들은 미국 헌법이 보장하는 기본권, 즉 국가나 정부도 빼앗아 갈 수 없다는 불가침의 인권이 보장되지 않았으며 참정권도 없었다. 국적에 관한 한 속지주의屬地主義를 택한 미국에서는 서구인이라면 누구나 미국 영토 안에서 태어나면 자동적으로 미국시민이 된다. 그런데 동양인이나 흑인들, 즉 유색인종들은 그러한 기본권을 수백 년 동안 박탈당했다. 그러나 아이러니컬한 것은 그러한 법이나 정책을 만들어서 미국을 지배해 온 초기의 청교도들도 모두 유럽에서 온 불법 이민자들이었으며 그들의 자손들이라는 사실이다. 이처럼 인권에 관한 한 할 말이 없어야 할 인간들이 지금도 다른 나라에 대해서는 언제나 '인권 운운' 하며 트집을 잡곤 한다.

1863년 남북전쟁 중에 있었던 링컨의 노예해방선언 후에도 오랫동안 흑인들이나 원주민들에게는 투표권이 없었다. 남북전쟁이나 그 후에 일어난 스페인 전쟁, 원주민들과의 전쟁, 세계 제1·2차 대전에 흑인과 원주민들도 동원되어 미국을 위해 용감하게 싸웠다. 한국전쟁과 베트남전쟁에서도 흑인들이 병사의 주력을 이루었다.

그 동안 전쟁에 증원병으로 참전하여 전사한 유색인종 군인들은 백인 전사자들이 안치된 국립묘지에 안장될 수도 없었다. 다같이 나라를 위하여 싸우다가 생명을 바친 애국 전사자들이라도 유색인종 병사들은 사후에도 차별대우를 받았다. 급할 때 혈형血型만 같으면 피부색과 관계없이 그들의 피를 백인들에게 수혈하기는 했어도, 죽은 후에 같은 국립묘지에 묻힐 수 없었던 철저한 인종차별정책이었다.

뿐만 아니라 살아서 돌아온 유색인종 출신 군인들에게는 온갖 술책을 동원하여 투표권을 행사하지 못하게 하였다. 백인들에게는 요구되지 않은 시험을 요구하거나 터무니없는 투표세를 징수하거나 선거인 명단에서 빠지게 하여 투표를 저지하였다. 지금도 수용소에 사는 원주민들은 조약과 법으로 분리되어 있다는 이유로 투표를 하지 못한다. 유색인종차별정책이나 법적 조치와 태도는 다 백인우월주의와 독선적인 배타성에서 나온 것이다. 수백 년 간 계속된 유색인종차별을 시정하기 위하여 만들어진 것이 1964~1965년의 인권법안들이었다. 링컨이 노예해방선언을 한 100년 후에야 겨우 시정된 것이다.

특히 청교도들이 건설한 미국에서의 민주주의나 헌법이 보장한 기본적인 인권이나 독립선언문이 주창하는 평등주의는 유색인종을 포함하지 않았다. 아니 처음부터 의식적으로 철저하게 배제되어 있었다. 그러한 사회에서 유색인종은 물론 약자나 소수의 인권이 정당하게 보호될 수 없다는 것은 인류 역사가 증명하고 있다.

미국 독립전쟁 때와 같이 필요할 때는 원주민들을 이용하고 독립 후에는 필요 없으니 잔인하게 처리해 버리는 데에서 나타난 그들의 비인간적인 사고방식이나 행동이 더 이상 용납되어서는 안된다. 만일 그들의 인간성이 변할 수 없는 것이라면 그들이 현재 지향하고 또 만들고 있는 신세계 질서 하에서의 유색인종의 미래는 어떻게 될 것인가?

중동지역에 대한 미국의 전멸적 파괴와 동아시아에 대한 줄기찬 전쟁과 협박정책은, 인디언·흑인 노예화와 인권 차별정책의 연장선에서 주목해볼 현실이다.

침략자들의 독립국가 창설은 원주민들의 비참한 학살로 이어졌으며, 살아남은 소수의 비교적 운이 좋은 원주민들은 수용소로 들어가게 되었다. 이와 같이 한 인종의 식민지 개척과 그 독립은 다른 한 인종의 망국과 멸망의 고귀한 대가 위에 이루어졌다.

하나의 국가 특히 민족의 영원한 멸망은 돈으로 산정할 수 없는 엄청난 손실이다. 침략주의자들과 그 지지자들은 그것이 돌이킬 수 없는 인류의 영원한 손실이라는 것을 알아야 한다. 식물이나 동물의 멸종을 걱정하는 사람들이 유색인종이나 민족의 멸망을 외면하는 비인간적인 기현상이 계속되는 한 인류사회의 정의나 평화를 기대하기는 어렵다.

이상과 같은 초기 역사는 청교도들이 건설한 미국이 남긴 비극이었으며 원주민들에게는 영원히 잊을 수 없는 망국의 한이 되었다. 그리고 미국의 발전을 위하여, 아니 서구인들의 안락한 생활을 위하여 노예생활을 강요당했던 수많은 흑인의 희생을 그 비극사에서 빼놓을 수 없다.

동시에 기독교인들의 종교의 자유와 발전은, 원주민들의 종교의 부자유와 멸망을 초래했다는 사실을 잊어서는 안 된다. 그것은 미국에서 일어난 인종간의 착취였으며, 정의와 힘의 격돌이었고, 종교간의 전쟁이었다. 백인들이 되풀이하는 상징적인 말이 있다. 즉 "좋은 흑인은 죽은 흑인이며, 좋은 인디언은 죽은 인디언"이라는 말이다. 백인들은 흑인이나 인디언을 사람 취급하고 있지 않았으며, 또한 그들의 과오를 인정하지 않겠다는 오만이었다. 말 못하는 짐승처럼 주는 대로 먹고 마시며 반항하지 말라는 의미를 내포하고 있다. 나와 우리는 언제나 승리자이고 상대방은 반드시 패배자여야 하는 것이다.

현명한 독자들은 이미 청교도들의 침략사의 큰 줄기를 이해하였겠지만, 다시 한번 강조하면 원주민들의 기구한 운명은 미국이 독립전쟁에 승리한 후에 더욱 심각해졌다. 예를 들면 제7대 대통령 앤드류 잭슨은 현 조지아 주의 북부에 살던 체로키Cherokee 원주민들을 강제로 오클라호마로 이동시켰다.

체로키 원주민들은 자기들의 땅을 강제로 빼앗으려던 조지아 주와 충돌하여 연방대법원까지 가서 승리했음에도 불구하고 원주민 학살과 영국군 격멸로 이름난 앤드류 잭슨이 대통령이 되자 비운은 다시 시작되었다.

체로키 원주민들을 말살하거나 타지역으로 추방하고 땅을 빼앗으려던 조지아 주에 정착한 기독교인들은 잭슨 대통령을 이용하여 원주민들의 의사도 권리도, 또 미연방대법원의 판결도 무시하고 추운 겨울 그들을 강제로 오클라호마로 이동시켰다. 그 당시 잭슨 대통령의 명령에 의하여 체로키 원주민의 강제 이동에 참여하였던 백인이 기록한 비화를 살펴보자.

○ **체로키 족이 겪은 눈물 젖은 고난의 압송길**

여기에 소개된 글은, 체로키족이 조상 대대로 살아오던 정든 땅 미국의 남부 지방에서 (지금의 조지아 주 북부) 백인 기독교인들에게 추방당하여 눈보라치는 엄동설 속에 미지의 땅 서부로 가축처럼 끌려가는 과정을 그린 병사 존 버넷John Burnett의 수기이다. 존 버넷이 80세 되는 생일에 이웃 어린아이들을 모아놓고 들려준 이야기로서 피눈물을 뿌린 원주민들의 참상의 역사기록이자 관찰자의 인간다운 사상을 토로한 참다운 언론인 셈이다.

체로키 족이 추방당할 때, 그들을 호송하는 임무를 띤 병사가 직접 겪은 생생한 체험담을 수기로 써서 후세들에게 전해 준 살아 있는 역사이다. 필자 존 버넷은 체로키 족이 강제 이주당할 때 제2연대 아브라함 중대 소속의 기마 병사였다. 제목은 「눈물 젖은 길The Trail of Tears」이다. (조찬선 『기독교 죄악사 상·하』 평단문화사 2000)

"아이들아! 1890년 12월 11일은 나의 생일로, 오늘 나는 80세가 되었다. 나는 1810년 12월 11일 테네시 주 스히반 군에 있는 킹스 철공소에서 태어났다. 나는 샛강에서 고기잡이와 숲 속에서 사슴·곰·멧돼지·늑대 등을 사냥하면서 자랐다. 나는 작은 사냥 칼과 작은 낫을 허리에 차고 고독하게 수주 동안을 자연 속에서 홀로 방랑한 적이 많았다.

여행 중에 나는 많은 체로키 인디언들을 만나 사귀며 함께 사냥하고 밤에는 그들의 캠프, 모닥불 옆에서 노숙하기도 하였다. 나는 그들의 말을 배웠고 또 그들은 동물 추적법·사냥·기구·덫 놓는 기술 등을 가르쳐 주었다.

1829년 가을, 숲 속에서 사냥하고 있을 때 유랑중인 사냥꾼들의 총에 맞은 체로키 족의 한 청년을 우연히 발견하였다. 그는 경사진 바위틈에 숨어서 추적자들에게 잡히지 않고 용케 살아남을 수가 있었다.

　그는 과다한 출혈로 힘을 잃어 걸을 수도 없었으며 목말라 죽어가고 있었다. 나는 그를 샘터로 업고 가서 상처를 씻겨주고 총 맞은 상처를 싸매주었다. 그리고 밤나무 껍질을 벗겨서 피난처를 지어주었다. 밤과 사슴고기를 먹이며 돌보자 그는 기운을 차리고 걸을 수 있게 되었다. 그를 체로키 사람들이 사는 마을로 데려다 주었다. 그곳에서는 오랫동안 실종된 것으로 소문이 났다. 그 때 나는 소총 사격의 명수가 되었으며, 활도 비교적 잘 쏠 수 있었고, 덫으로 짐승을 잘 잡을 수 있는 사람이 되어 매일 숲 속에서 사냥을 하면서 지냈다.

　그들과 여러 날을 보내면서 많은 인디언들을 알게 되었고, 또 그들 언어에도 유창하게 되어 1838년 5월 스모키 마운틴 군에 통역관으로 가게 되었다. 그리하여 나는 미국 전쟁사에서 가장 잔인한 명령을 강제로 집행하는 장면을 목격하는 증인이 될 수 있었다. 나는 체로키 족들이 집에서 체포되어 총검으로 위협 당하며 뾰족한 말뚝을 세워서 울타리로 만든 수용소로 끌려가는 것을 보았다. 그리고 1838년 10월, 차가운 가랑비 내리는 새벽에 그들은 가축처럼 645대의 마차에 실려 서쪽으로 추방당하게 되었다.

　인간이라면 누구나 그 슬프고 장엄했던 그 아침의 일을 잊을 수가 없을 것이다. 추장 존 로스John Ross가 기도하고 나팔소리가 울려 퍼지자 마차들은 출발하였다. 그때 정든 고향산천과 영원히 헤어지게 되었다는 것을 안 아이들은 소리지르고 발을 구르며 작은 손을 흔들고 눈물을 흘렸다. 그들의 대부분은 담요도 없는 상태에서 맨발로 강제로 끌려나왔다.

　얼어붙은 차가운 빗물과 무섭게 눈보라 치는 11월 17일 아침부터, 목적지에 도착한 1839년 3월 26일 까지 체로키 족의 고난은 실로 끔찍하고 지독하였다. 그 추방의 길은 죽음의 길이었다. 그들은 밤에 마차에서, 혹은 맨땅 위에서 불도 없이 자야했다. 나는 하룻밤 사이에 22명이 치료도 받지 못하고 폐렴으로, 감기로, 혹은 담요도 없이 얼어죽는 것을 보았다.

　그 중에는 기독교인이었으며, 우아한 부인인 추장 존 로스의 아내도 있었다. 고상하고 인정 많은 여인은 병든 어린아이를 살리려고 한 장밖에 없었던 자신의 담요를 아이에게 덮어주고 희생되었다. 그녀는 살갗을 에이는 겨울밤에 얇은 옷을 입은 채 바람이 새어드는 마차에서 진눈깨비와 눈보라를 맞으며 폐렴으로 신음하다가 그레그스 중위의 안장용 담요를 베고 죽었다.

　나는 체로키족들과 함께 서부로 가는 긴 여행에서 그들의 고통을 덜어주기 위하여 사병으로서 할 수 있는 최선을 다하였다. 야간경비 근무 때 내 구역을 여러 번 순찰하면서 병든 아이들을 따뜻하게 해주려고 웃옷만 입고 외투는 벗어 덮어 주었다.

추장 로스의 부인은 내가 야근하는 날 밤에 세상을 떠났다. 심야 근무가 다른 병사로 교대되었으나 나는 돌아가지 않고 추장 로스에게 안타까운 조의를 표하고 마차 옆에 머물러 있었다. 낮이 되자 맥클렌 대위가 도중에 죽은 다른 불운한 사람들과 같이 그녀를 묻으라고 지시했다. 그녀는 관도 없이 고향에서 멀리 떨어진 어떤 길가에서 자그마한 무덤으로 남았다. 그리고 아무 일도 없었다는 듯이 마차행렬은 계속되었다.

나는 청년이었으므로 젊은 여자들이나 소년들과 자유로 교제할 수 있었다. 잠자야 할 시간에도 그들과 즐거운 시간을 많이 가졌다. 그들은 나에게 그들의 산 노래를 여러 번 불러주었다. 나의 친절에 대하여 보답할 길은 그것밖에 없었기 때문이다. 1838년 10월부터 1839년 3월 26일까지, 인디언 소녀들과 교제하면서 나는 부도덕한 소녀를 한 명도 보지 못하였다. 그들은 온순하고 다정다감했으며 아름다웠다.

서부로 가는 여정에서 내가 겪은 유일한 갈등은, 말을 채찍질할 때 사용하는 회초리로 쇠약하고 늙은 체로키 노인을 매질하면서 마차에 몰아넣는 잔인한 마차 운전사 벤 맥도날과의 문제였다. 모진 매를 맞고 부들부들 떨고 있는, 눈도 보이지 않는 그 체로키 노인을 보는 것은 나에게 참을 수 없는 고통이었다.

나는 맥도날이 더 이상 매질을 못하게 중지시키려고 하였는데, 그것이 그만 싸움이 되고 말았다. 그가 나의 얼굴을 때렸는데, 회초리 끝에 달린 철사가 볼에 깊은 상처를 냈다. 그 때 나에게는 사냥하러 다닐 때부터 항시 허리띠에 차고 다니던 작은 손도끼가 있었다. 순식간에 맥도날은 의식을 잃고 현장에서 쓰러졌다.

나는 그 일 때문에 구속감시를 받게 되었으나, 군기의 기수였던 헨리 불록 소위와 엘카나 밀라드 병사가 현장을 본 증인이 되어 맥클렌 대위에게 사실을 보고한 덕택으로 재판에 회부되지는 않았다. 그로부터 몇 년 후에 나는 롸일 중위와 기수 불록을 브리스톨에 있었던 존 로빈슨스 쇼에서 만났다. 불록은 나에게 아직 군사재판이 미결상태인데 언제까지 재판을 미룰 것인가 알고 싶다고 농담을 건넸다.

서부를 향해 계속되었던 그 길고 고통스럽던 여정은 스모키 산맥 언덕에서부터 오클라호마에 설치한 서부의 인디언 지역에 이르기까지 4,000개의 말없는 무덤을 남기고 1839년 3월 26일에 끝났다. 백인들의 탐욕이 체로키 원주민들이 겪어야 했던 모든 고난의 원인이었다.

1640년 페르디난드 데소토가 원주민 지역을 여행한 후부터 체로키 원주민들의 본거지인 스모키 산 어느 지역에 좋은 금광이 있다는 전설이 떠돌았는데, 나는 그 전설을 사실로 생각한다.

1829년 이카타에서 행해진 크리스마스날 밤 축제에서 나는 금으로 보이는 목걸이로 장식한 인디언 소녀와 함께 춤을 추고 놀았다. 1828년 워드 개울가에서 살던 인디언소년이 백인 상인에게 천연금괴를 판 일이 있는데, 그 천연 금괴가 체로키 족의 멸망을 결정했다. 얼마 안 가서 그 지방은 그 나라의 법적 소유자인 인디언의 권리를 무시하고 자기들의 정부의 관리라고 주장하는 무장한 산적들에게 유린당하였다. 그들이 범한 죄는 문명에 대한 모독이었다. 금에 굶주린 산적들의 총에 맞아 처참하게 죽임을 당했고, 땅은 빼앗겼으며, 집은 불타고, 주민들은 쫓겨났다.

추장 쥬날루스카Junaluska는 앤드류 잭슨Andrew Jackson 제7대 대통령을 개인적으로 알고 있었다. 쥬날루스카는 체로키의 꽃 같은 정예부대 500명의 장정을 거느리고 35명을 전사시키면서 호스 슈Horse Shoe 전투에서 잭슨을 살려준 일이 있다. 그 전투에서 쥬날루스카는 잭슨을 죽이려고 달려드는 북미의 강력한 크릭Creek 원주민 용사의 머리를 도끼로 찍어 죽였다. 그때 잭슨은 원주민 토벌을 작전하러 나왔던 사령관이었다.

추장 존 로스는 체로키 족의 보호와 서부 이동 중지를 청원하기 위하여 쥬날루스카를 사절단 대표로 잭슨 대통령에게 보냈다. 그러나 자기의 생명을 구해 준 이 건장한 산림의 사나이에 대한 잭슨의 태도는 냉담했고 쌀쌀하였다. 잭슨은 쥬날루스카의 호소를 들었다. 그리고 나서 잭슨은 무뚝뚝하게 "접견은 끝났습니다. 그러나 내가 당신을 위하여 할수 있는 일은 없습니다"라고 대답하였다. 체로키 족의 파멸은 결정되었던 것이며, 워싱턴 정부는 체로키 족을 서부로 추방하고 그들의 땅을 백인들에게 양도하라는 포고령을 내렸다. 그리고 1838년 5월 4,000명의 정규군과 3,000명의 자원병은 윈휠드 스코트 Winfield Scott 장군 지휘 하에 체로키의 나라로 진군하여 미국 역사에서 가장 잔악한 페이지를 기록하게 되었다.

들에서 일하던 남자들은 체포되어 뾰족한 말뚝을 나란히 세워서 만든 울타리 안에 감금되었다. 집에 있던 부인과 처녀들은 알아들을 수도 없는 말을 하는 백인 병사들에게 끌려나왔다. 어린아이들은 부모와 따로 수감되어 하늘을 이불 삼고 땅을 베개로 삼아야 했다. 나이 많은 쇠약한 노인들조차 예외는 아니어서 총검에 찔려가며 수용되었다.

어느 집에선 밤사이에 어린애가 죽어서 곰 가죽으로 만든 의자 위에 누워 있었다. 여자들은 그 어린애를 묻으려고 준비하고 있었다. 그런데 그들은 어린 시체를 내버려둔 채로 모두 쫓겨나야 했다. 그 어린 시체를 누가 묻었는지 나는 아직도 모른다.

또 다른 집에선 과부로 보이는 어떤 가냘픈 어머니가 어린애 셋을 데리고 살고 있었는데 한 아이는 갓난아기였다. 그 엄마는 아이들을 무릎 앞에 모아 놓고 공손한 기도를 드린 후에 오랫동안 같이 살았던 강아지의 머리를 쓰다듬으면서 "충성스럽던 강아지야, 잘 있어라" 이별하고 갓난아기는 등에 업고 두 어린애의 양손을 붙잡은 채 집에서 쫓겨 나왔다. 세 아이를 데리고 가기에 엄마는 힘에 부쳤다. 심장마비가 엄마를 고통에서 구원해 주었다. 갓난아기를 등에 업고 양손에 아이를 잡은 채 엄마는 죽고 말았다.

호스 슈 전투에서 잭슨 대통령의 목숨을 구해 주었던 추장 쥬날루스카는 이 광경을 바라보았다. 그의 뺨에선 눈물이 쉴새없이 흘러내렸다. 기독교인이었던 그는 모자를 벗어들고 하늘을 쳐다보면서 기도하기를 "오! 나의 하나님, 만일 제가 호스 슈 전투 때에 지금 내가 알게 된 사실을 알 수만 있었더라면 미국역사는 달리 기록되었을 것입니다" 하고 한없이 울었다.

무력한 인종에게 범한 범죄의 극악성을 1890년인 현재 우리 어린이들이 충분히 이해하기에는, 체로키 원주민들의 강제적인 이주가 있었던 때로부터 시간이 충분히 지나지 않았다. 더군다나 젊은이들에겐 그 사실이 은폐되었다. 현재의 학생들은, 백인들이 금에 대한 탐욕을 만족시키려고 무력한 인종들의 땅을 총칼로 빼앗았고, 그 땅 위에 우리가 살고 있다는 사실을 모르고 있다.

후세 사람들은 이 글을 읽고 범죄행위를 비난할 것이다. 스코트장군에 의하여 강제로, 원주민 추장과 그의 어린 자식들을 총살한 나와 같은 병사들과 네 명의 체로키 족은 상관의 명령에 복종해야만 했다는 것을 이해해 주기를 바란다. 우리에게는 선택의 자유가 없었다.

체로키 족이 서부로 강제 이주당한 때로부터 25년 후, 토마스 대령의 지휘 하에 남부 동맹군의 군복을 입고 있는 많은 체로키인들을 만날 수 있는 기회가 있었다. 그들은 졸리 코퍼에 진을 치고 야영하고 있었다. 그들의 대부분은 서부로 끌려갈 때 아주 어린 소년들이었다. 그들은 즉시 나를 알아보고 자기들에게 잘해 주었던 군인이라고 기뻐하였으며, 나는 그들의 말로 그들과 대화하며 즐거운 하루를 보냈다. 그들에게서 1863년인 그때의 추장 존 로스가 아직도 그 지방의 통치자라는 소식도 들었다. 나는 1890년인 지금도 그가 살아있을까 하고 생각할 때가 있다. 그는 고결한 마음을 가진 사람이었으며 종족을 위하여 많은 수난을 겪은 분이었다.

기를 꺾기 위하여 침략자들은 그를 체포하여 한동안 더러운 감방에 가두기도 했으나 끝까지 굴복하지 않고 그는 민족에게 진실하였고, 추방 길에 오를 때도 기도로 이끌었다. 그의 크리스천 아내는 폐렴으로 앓고 있던 소녀를 구하기 위하여 자기의 생명을 바쳤다. 병든 소녀를 위하여 한 장뿐인 담요를 주고 자기는 희생된 고상한 행위를 영구히 기념하기 위하여 후에 앵글로색슨족이 큰 기념탑을 세웠다. 소녀는 회복되었으나, 로스 부인은 스모키 산에 있는 고향집에서 멀리 떨어진 곳, 표지도 없는 무덤 속에 잠들어 있다.

스코트장군이 체로키인들을 이주시키기 위하여 침공하였을 때, 소수의 체로키인들이 피신하여 산 속 깊이 또는 굴속으로 숨어서 붙잡히지 않았는데, 아직도 그들의 후손들이 그 지역에 살고 있다. 나는 오랫동안 그들을 만나보려고 하였으나 한 해 한 해 연기하다가 지금은 쇠약해져서 멀리 갈 수가 없게 되었다. 빠른 세월이 오고가서 노인이 되어 버렸으나 내 총이나 칼이 체로키의 피로 얼룩진 적은 없다고 진심으로 말할 수 있다.

그들이 친구가 필요할 때 나는 그들을 위하여 최선을 다했다고 진심으로 말할 수 있다. 그들이 서부로 이주 당하고 25년이 지난 후에도 나는 '우리들에게 잘해 주었던 병사'로 지금도 그들의 기억 속에 살아 있다. 그러나 남몰래 살금살금 숨어 다니는 악한들에 의한 살인이나, 힘찬 군가에 보조를 맞추어 전진하는 군복을 입은 군인들에 의한 살인도 엄연한 살인이다.

1838년 여름 원주민 국토에서 강처럼 흘러내렸던 인디언의 피에 대하여 누군가가 설명하여야 한다. 누군가가 체로키 족이 추방되어 지나간 길을 표시하고 4,000개의 말없는 무덤에 대하여 설명하여야 한다.

나는 이제 모든 것을 다 잊고 싶다. 그러나 645대의 마차가 수난에 신음하는 사람들을 짐처럼 싣고 얼어붙은 땅 위로 가던 모습은 아직도 뇌리에 선연하다. 훗날 미래의 역사가로 하여금 그들의 한숨, 그들의 눈물과 또 그들이 죽어가면서 신음하고 울부짖던 슬픈 이야기를 말하게 하여라. 또 이 지상의 위대한 심판자인 신에게 우리가 저지른 행동을 저울질하게 하고 우리가 한 일에 따라 보상케 하여라.

아이들아! 내가 약속한 나의 생일 이야기는 이렇게 끝난다. 오늘 1890년 12월 11일."

이 이야기는 여러 부족이 여러 번에 걸쳐서 추방되었을 때에도 끝까지 추방을 거부하던 체로키 족이 백인 정부군의 총칼 앞에서 어쩔 수 없이 강제 이주당한 모습을 생생하게 묘사하고 있다.

지금 오클라호마주 일대에 살고 있는 4만여 명의 체로키 족들은 그때 4,000리 길을 끌려가서 그곳에서 살아남은 그들의 후손들이다. 그리고 지금 체로키 지역에 남아 있는 사람들은 '인디언 이주령'에 응하지 않고 숨어서 기적적으로 살아남은 체로키 족의 후예들이다.

전술한 바와 같이 17세기에 아메리카 신대륙으로 이주한 청교도들은 처음에는 정복자처럼 오지도 않았고, 세도 내지 않고 셋집에 들어오는 사람들처럼 가난하고 초라한 피난민 차림으로 왔다. 그러나 그들은 일단 교두보를 확보하자 무력으로 인디언들의 땅을 침범하였다. 이것이 소위 미국의 '프론티어 정신'으로 미화된 것이다. 인디언들의 기름진 땅을 빼앗고 그들을 소탕하면서 황금 노다지를 좇아 서부로, 서부로 달리던 gold rush 기독교인들이 자기들의 침략정신을 이른바 개척정신의 발휘로 표현한 자화자찬이다.

이와 같이 정든 고향 산천에서 수천 년 동안 부족사회를 이루어 나름의 문화를 유지하며 살아오던 인디언들은 황무지 서부로 쫓겨가야만 했다.

기독교인들은 인디언을 쫓아내고 땅을 빼앗은 것을 강제적인 몰수나 침략행위가 아니라 하나님의 축복으로 해석하였다. 청교도들은 빼앗은 땅에서 원주민들을 죽이거나 추방하고, 그들의 신앙을 부정했다. 그리고 자기들의 신앙의 자유를 누릴 수 있게 된 것은 하나님의 축복의 결과이기 때문에 옳은 일이며 또 당연한 일로 간주하였다.

이러한 방법으로 유럽의 침략자들은 콜롬부스가 도착한 1492년부터 약 400년 동안에 유럽의 4배 이상이 되는 북·중남미 전지역의 침략에 성공하고 자기들이 원하는 나라를 건설하였다. 그 후 그들은 지상에서 가장 부유한 경제권을 형성하게 되었으며 가장 강력한 군사력을 구축하고 세계질서를 좌우할 정도로 성장하였다.

그 과정에서 1억에 가까운 원주민들이 희생당했다고 주장하는 백인 학자도 있다. 콜롬부스가 오기 전에 원주민의 총 인구 수는 약 1억 4천 5백만이었다. 그런데 그가 들어온 후부터 유럽의 침략자들이 약 300년 동안 원주민들을 살해하여, 1890년도 북미 인구통계에 의하면 원주민 인구는 25만 명뿐이었다. 또 그들이 300년 동안에 증가했을 인구를 총 합산해 보면 희생자의 수가 얼마나 많을까를 짐작할 수 있다. 이러한 인류의 대학살을 주동한 자들은 도대체 어떤 종류의 인간들인가.

현대의 전문가들이 제시한 것과 같이 콜롬부스 일행이 도착하기 전에 북 중남미에서 살던 원주민 인구는 1억 4천 5백만 정도였다. 만일 유럽의 기독교인들이 그들을 무차별 학살하고 생태계를 파괴하지 않았더라면 원주민들의 현재 인구는 얼마나 되었을까 하고 생각지 않을 수 없다. 자기들의 욕망 때문에 하나님의 이름으로 기독교인들이 저지른 죄악이다. 어떠한 일이 있어도 민족이나 문화가 허울 좋은 명목, 즉 종교나 사상 또는 선진문화의 이름으로 말살당하는 일은 이 지구상에서 다시 일어나서는 안 될 것이다. 또 인간의 추악한 욕망을 감춰주고 그러한 잔인한 살상과 침략정복까지 축복해 주고 변명해 주는 종교는 인류사회에 필요 없다는 것을 인류는 하루 속히 깨달아야 할 것이다.(조찬선, 앞의 책 하권.)

이것은 히틀러가 학살한 유대인보다 몇 십 배가 되는 엄청난 숫자인데, 극소수의 양심적인 학자들을 제외하고는 아직까지 아무도 인정하지도 않고 문제삼지도 않는다. 그 이유는 어디에 있을까?

세계평화나 정의구현을 주장하고 자유평등을 외치는 선진국 사람들이, 특히 학살과
침략으로 성공한 사람들과 그 자손들이 이러한 문제에 대해 진지한 사과와 명확한 설명
을 하지 않고 있는 한 인류사회에 진정한 정의나 공평성을 기대할 수는 없을 것 같다.

제2장
미국, 대륙 식민지를 독점한
영국에서 「연방공화국」으로 독립

1. 원주민과의 대결·학살과 노예제 참상은 그대로 계속

1) 제국주의 방식으로 국내 정복하고 해외 팽창·점령 준비

미국의 초기 역사는 어느 면에서 「인디언의 땅 위에다 아프리카 흑인들의 노동으로 이루어졌다」고 해도 과언이 아니다. 대부분의 경우에 역사는 승자의 편에서 해석되기에 북미 대륙의 원주민이었던 아메리카 대륙의 인디언과 경제 발전의 큰 몫을 담당하였던 아프리카 흑인들의 이야기는 무시되어 왔다. 가장 전형적인 초창기 미국사의 이야기는 「지적·종교적·과학적으로 우월한 유럽의 백인들이 북미 대륙의 식민지를 개척하기 위하여 야만적이고 열등한 인디언들과 아프리카 흑인 노예를 사용하였다」는 것으로 시작된다. 그럼에도 불구하고 대부분의 미국사 서술은 미국 초기사 과정에서 수백만 인디언들의 목숨이 사라졌으며, 아무런 죄도 없이 5,000마일 이상의 대서양을 넘어 잡혀와 비인간적인 대접을 받으며 뿌렸던 헤아릴 수 없는 아프리카 노예들의 피와 땀이 포함되어 있다는 것을 감추어 버렸다.(최웅·김봉중 『미국의 역사』 소나무 2009)

다행히 1960년대의 흑인 민권 운동의 영향으로 흑인 노예 문화와 생활상이 몇몇 미국인 학자들에 의해서 들추어지고 있으며, 더불어서 유럽인들이 인디언에게 행하였던 비인간적인 과거들이 공개되고 연구도 한창 이루어지고 있다. 그리하여 이제 피해자 인디언과 흑인 노예의 위치도 미국사의 주요한 부분을 차지하게 되었다. 미국 초기사는 우월한 백인들이 일방적으로 북미 대륙을 개척한 역사만은 아니다. 오히려 북미 대륙의 광대한 무대에서 인디언과 흑인들이 백인들과 끊임없이 접촉하면서 생활하였던 쌍방의 역사였다는 것을 우리는 인식하여야 한다.

유럽의 백인들이 인디언과 흑인들을 착취하였던 과거는 미국인들의 핏속에 돌이킬 수 없는 죄악으로 남아 있으며, 알게 모르게 그들의 마음과 정신에 깊은 죄의식으로 존재하고 있다. 물론 역사를 통해서 백인들이 그들의 과거를 여러 가지 모습으로 합리화시켰고 앞으로도 그렇겠지만 미국은 바로 그들의 돌이킬 수 없는 과오의 대가를 지불하였고 또 지불하게 될 것이다. 물질적·기계적으로 우세한 민족이 연약한 다른 민족들을 짓밟고 대국으로 성장하여도 아무런 역사적 심판을 받을 수 없다면 이는 불공평하다. 그런데 미국인들이 자기들의 과거 역사에 대해서 후회하기보다는 오히려 그들의 핏속에서 백인 우월주의가 아직도 지워지지 않고 있다는 점을 볼 때 미국의 앞날은 순탄치 않을 것이다. 미국은 더 한층의 대각성의 시기가 있어야 할 것이다.

남북 전쟁이 끝나면서 흑인들은 겉으로는 오랫동안의 노예 생활을 청산하게 되었고 미국 헌법 수정안 14조(1866년)와 15조(1869년)에 의하여 미국의 정당한 시민으로서의 자격을 갖추게 되었다. 그러나, 그 후로도 그들은 살인적인 반흑인 단체인 케이케이케이단(K.K.K., Ku Klux Klan)의 공포에 시달려야 했고 1965년 이전까지 또다른 1세기를 폭력과 차별의 뒤안길에서 어둡게 생활할 수밖에 없었다. 1989년 2월에 케이케이케이 출신의 젊은 지도자 데이비드 듀크David Duke는 루이지애나 주 의원으로 당선되었고, 아직도 남부의 많은 주에서 케이케이케이는 청소년들에게 백인 우월주의로 세뇌 교육을 시키고 있으며, 언젠가 다가올 인종 전쟁을 위하여 게릴라 훈련을 쌓고 있는 게 현실이다.

미국은 마약 문제와 낙태 문제로 국회와 행정부에서 계속 떠들썩하고 강경한 법적 제지를 강구하고 있으면서도 130여 년 동안 미국의 흑인들과 소수 민족들을 위협하는 케이케이케이단체에 대해서는 이렇다 할 제재를 하지 않고 있는 것 또한 미국의 현실이다.

먼저 유럽의 백인들과 인디언들이 북미 대륙에서 어떻게 서로 접촉하였는가 살펴보자.

1492년 신대륙을 발견한 후 크리스토퍼 컬럼버스Christopher Columbus는 그의 일기에 이렇게 적었다. (이탈리아인 「콜롬부스」를 여기서는 영어발음으로 바꾸어 호칭)

발견한 최초의 섬에 도착하자마자 원주민들로부터 정보를 얻기 위해서 무력으로 그들을 사로잡았다.

물론 컬럼버스가 얻고자 하는 정보는 금이 어디에 있나를 알고자 하는 것이었다. 바로 이러한 물질욕을 채우기 위해서 인디언들을 사로잡거나 살육했던 것이 유럽인들이 아메리카 대륙에서 행하였던 전형적인 행동이었다. 백인과 인디언 관계는 의심과 폭력과 오해와 그에 따른 피비린내 나는 전쟁의 연속이었다.

처음에 인디언들은 유럽인들을 환영하였다. 옛날에 인디언들이 피부가 하얗고 허리에는 날카로운 금속 무기를 차고 그들에게 다가오는 컬럼버스의 일행에 앵무새들과 둥근 면화덩이를 가져와 교역을 원했던 것처럼 훗날 체서피크 만에 도착한 영국인들에게 포우하탄Powhatans 부족들은 우호적으로 접근하였다. 1614년에 존 롤프John Rolfe가 포우하탄 추장의 딸인 포카혼타스Pocahontas와 결혼한 것은 유명한 일화이다. 그러나 1618년에 포우하탄 추장이 죽고 담배 경작의 성공으로 수많은 영국인들이 체서피크 만 지역에 이주하기 시작하면서 백인들과 인디언의 관계는 적대적으로 변해갔다. 유럽인들이 가지고 온 질병으로 인해서 면역이 되어 있지 않던 인디언들이 순식간에 몰사되어가는 것을 지켜보다 못한 젊은 새 추장 오페찬카노우는 부족을 이끌고 백인 부락을 습격하여 백인 주민의 1/3 정도를 살해하였고, 그 보복으로 영국인들은 몇 차례의 인디언 대량 살육 전쟁을 감행하였다. 1620년과 1630년 사이에 버지니아의 민병대는 체계적으로 인디언 부락을 침공하여 그들을 거의 몰살하였다.

결국 1646년에 영국 식민지와 버지니아 원주민간에 공식적인 협상이 이루어져서 그동안의 전쟁을 종식시키는 약속을 하고 서로간의 영토를 가르게 되었다. 물론 대부분의 땅들이 백인들 수중에 들어가게 된 것이다.

이것은 북미 대륙에서 백인들과 인디언과의 협상에서 이루어진 가장 기본적인 형태가 되었는데, 인디언들은 이러한 협상을 통해 자꾸만 서쪽으로 밀려나게 되었다. 그 후 인디언과 백인들의 접촉은 거의 이런 형태였다. 인디언들이 갈수록 커져가는 백인들의 사회에 위협을 느껴서 선제 공격을 하든지 아니면 토지에 욕심이 있는 백인들이 먼저 구실을 붙여 인디언 부락을 습격하든지 하여 처참한 살육 전쟁을 하게 되고, 결국 무력에서 약세인 인디언들이 그들의 땅을 포기하고 서쪽으로 도망가든지 혹은 백인과 계약을 맺어 한정된 지역에서 생활할 수 있는 보장을 받는 대신 자기들의 땅을 내어주는 그러한 형태의 반복이었다.

남아메리카에서 인디언들과 융화했던 스페인인들과는 달리 영국인들은 처음부터 인디언과 분리하여 생활하였다. 물론 스페인인들 역시 초창기에는 매우 혹독하게 인디언들을 착취하였던 것이 사실이다. 그들은 거의 광적으로 인디언들의 금과 은을 빼앗기에 분주하였고 인디언들의 정치·문화·사회 형태를 그들의 지배 목적에 따라 강제로 개조하였다. 그러나 시간이 지남에 따라 본국 정부의 식민지 정책과 그에 따른 수적, 경제적 약화 등의 이유로 그들은 점차 인디언들과 융화하게 되었다.

프랑스인들 역시 인디언들에게 위협적인 존재가 되지 못하였다. 프랑스인들의 대부분은 거주자로서 북미 대륙에 건너왔다기보다는 상업적 사냥꾼이나 선교의 목적으로 건너와서 생활하였기에 직접적으로 인디언들을 착취하지는 아니하였다. 이에 반하여 영국인들은 인디언들에게 가장 위협적인 공포의 대상이었다. 왜냐하면 이들 영국인들은 인디언들을 그들의 식민지 개척에 불필요한 존재로 단정하고 이들을 사회에 융화시키는 것보다는 제거하거나 분리시키는 정책을 펴나갔기 때문이다. 땅에 굶주린 영국인들의 눈에는 광대한 땅에 거주하고 있던 인디언들이 단순히 그들의 방해자로 보였을 뿐이다.

그렇다면 왜 똑같은 백인들인데 스페인인들이나 포르투갈인들은 영국인과 달리 인디언 융화 정책을 폈을까? 그것은 그들의 국가적 성격 차이보다도 서로 다른 사회 환경적 차이에서 연유한 것 같다. 노동력이 절대적으로 필요했고 백인 여성들이 희박했던 스페인인들은 노동과 성적 욕구를 충족시켜줄 수 있었던 인디언들과 융화하는 정책을 폈던 것이고, 그와 달리 더 많은 땅을 원했고 가족 단위로 이주해 온 영국인들에게는 인디언들이 필요하기보다는 방해물이었기에 분리주의를 택하였던 것이다. 이러한 땅에 대한 탐욕은 1676년의 베이컨 반란으로 잘 나타난다. 나타니엘 베이컨은 동부의 영국인 거주민들과 함께 버지니아 인디언들을 소멸시키기 위하여 인디언 부락을 공격하였다.

(1) 노동력 착취와 소유는 신의 뜻이라며 원주민의 공동소유의 땅 강탈

더 많은 땅을 차지하기 위한 백인들의 욕심이 영국인과 인디언 사이에 불편한 관계를 조성했지만 그보다 더 근본적인 분규의 이유는 자기들의 인디언에 대한 편견과 사회구조상의 차이점에 있었다. 유럽인들은 그들이 가장 문명화된 인종이며 인디언들은 이교도들로서 야만인들이라고 생각하였다. 유럽인들은 자연 만물은 신이 그들의 생활에 유용하게 쓰도록 만들어준 것이며, 구약의 창세기에 나온 것처럼, 인간은 이러한 자연을 다스려야 한다고 믿었다. 또한 지구상에 살아 움직이는 모든 것 위에 인간이 군림해야 하며 그들의 생존과 번영을 위하여 그것들을 가꾸고 지배하도록 되어 있다고 믿었다. 그러니까 백인들은 가상의 신을 만들어 놓고 인간들의 욕망을, 그것도 다른 민족에 해를 끼치는 행위를 그 신이 정당화시켜준다는 이기적인 침략자들이었다. 복음서(성경)는 인간과 신을 억지로(백인 중심의 이기적 관계로) 엮어놓은 소설 fiction虛構이었던 셈이다.

그러나 인디언들은 정반대의 생각을 갖고 있었다. 그들은 모든 만물이 신성하며 영혼을 갖고 있다고 믿었다. 그들은 나무나 짐승·돌 그 모든 것이 자연의 신성한 부분으로 존중되어야 하며 인간도 단지 이러한 자연의 한 부분일 뿐이라고 믿었다. 그들은 이러한 자연물에는 영혼이 깃들어 있어서 숭배해야 하며, 만약 인간이 이들을 함부로 다스릴 경우에는 그들로부터 복수를 당한다고 생각하였다.

유럽인들에게는 땅이란 인간의 이익을 위해서 소유되고 개발되어야 하는 대상이었고, 이에 반하여 인디언들에겐 땅이란 어느 한 특정인들이 소유해서는 안 되며 다만 인간들에게 필요한 만큼 사용해야 하는 것이었다. 백인들은 각 개인이 자기 소유의 재산과 물질을 소유하고 그것 들을 늘려가는 것을 미덕으로 받아들였으며, 이러한 재산의 많고 적음을 그들의 정치·사회적 위치를 판단하는 사회 계급 분리의 기준으로 사용했다. 토지를 많이 소유한 부유한 사람들은 사회 조직의 상부 계층에서 지배자로 군림하고 토지가 없거나 부족한 부류들은 조직 체계내의 하층부를 차지하며 상부 계층을 위해서 고용되는 것이 통상적인 사회조직 형태였다.

이러한 이유에서 영국인들은 인디언들이 땅에 거주는 하지만 소유는 하지 않고 있기 때문에 그들이 무력으로라도 인디언 땅을 빼앗을 수 있다고 믿게 되었고 이 착복 행위를 결코 심각하게 생각하지 않았다. 인디언들에게는 사유 재산 관념이 존재하지 않았으며 각 부족들은 한정된 부족의 테두리 안에서 모든 것을 서로 함께 소유하고 함께 사용하는 공산공유共産公有의 사회였다. 이들에게는 개인보다 공동체가 먼저였으며 개인적인 부나 욕심보다는 전체 구성원의 이득이 먼저여서 극히 평등한 사회를 이루고 있었다. 백인들의 눈에는 인디언들의 농업 방식이 극히 비효율적으로 보인 반면에, 인디언들의 눈에는 백인들이 필요 이상의 농산물을 소비하고 생산하는 극히 비자연적인 생활을 하고 있는 것으로 보였다. 이러한 유럽인들이 시장성 농업과 인디언들의 자급 자족적 생계 유지성 농업은 정면 충돌을 하지 않을 수 없었다.

또한 인디언 사회에서는 여성의 위치가 높았으며 모계 중심적인 사회 구조를 가진 부족들이 많았다. 예를 들면, 북미 북동쪽에서 가장 세력이 강했던 이로쿠와Iroquois 부족은 남자가 결혼을 하면 그 부인의 집에서 생활하였다. 부락회의에서는 여성들이 주요한 결정권을 가졌다. 부락의 여자 우두머리의 허락 없이는 누구도 다른 부족과 계약을 체결할 수 없었으며 필요하다고 생각되는 경우에는 이 여자 우두머리가 추장까지도 갈아치울 수가 있었다. 이혼도 여성이 결정권을 가졌으며 여성이 이혼을 원할 때면 간단히 남편의 소유물을 떼어서 막사 밖에다 내놓으면 되었다.

이러한 인디언의 사회 구조는 백인들의 눈에 극히 비도덕적으로 보일 수밖에 없었다.

17, 18세기의 유럽인들에게는 감히 상상도 할 수 없는 이러한 여권 신장 제도는 야만인들이나 할 수 있는 그러한 사회 제도로 생각되었다. 이러한 현상은 1919년에 가서야 미국이 수정 헌법 제 19조로 여성 참정권을 주었던 점을 생각하면 이해할 만한 일이다. 무엇보다도 인디언들의 자연만물 숭배사상은 기독교 문명 위에 선 유럽인들에게는 일종의 악령 숭배적인 것으로서 신성 모독적인 사상으로 철저히 없어져야 할 것으로 여겨졌으며 이러한 야만인들은 개종되어야 할 존재로 보였다.

사우스 캐롤라이나의 남부 지역에서도 백인과 인디언의 접촉은 예외없이 비극으로 끝났다. 주요 부족인 야마스Yamasses 족은 처음에는 영국인들과 우호적인 관계를 지속하였으나 영국 상인들이 계속되는 거짓말로 그들의 땅을 조금씩 침식해 오고 인디언 여자들을 강제로 납치해 가는 일이 빈번해지자 1715년에 다른 소수 부족과 연합하여 영국인들을 공격하기 시작하였다. 그러나 체서피크 연안의 경우처럼 그들은 백인들의 우수한 무력을 당해내지 못하고 거의 멸족하고 말았다. 백인 거주자들은 야마스 족의 적인 체로키Cherokees 족의 도움을 받아 저항하는 인디언 부족들을 사실상 소멸시켜버렸다.

여기에서 언급해야 할 것은, 인디언들간의 전통적인 당파와 분파주의가 자기들의 세력 약화에 적지 않은 역할을 했다는 점이다. 백인들이 갖고 온 여러가지 질병과 백인들과의 살육 전쟁, 그리고 인디언 부족 간의 계속되는 당파적 싸움은 북미 대륙에서 인디언들의 힘을 약화시켰던 결정적인 3대 요소였다. 그렇다고 이러한 인디언들의 부족 분쟁이나 당파 싸움을 크게 부각시키는 것은 주의를 요한다. 인디언들간의 쟁투와 분파는 인디언들의 전매품이 아니었다는 사실을 알아야 한다. 이것은 오히려 유럽 국가들 사이에 더 심했으며, 이러한 쟁투 때문에 얼마나 많은 유럽인들이 죽어갔는지는 역사가 증명하고 있다.

북미 대륙에는 수많은 서로 다른 인디언 부족들이 서로 다른 언어를 사용하며 살았다. 그들은 결코 하나의 큰 나라의 연합체가 아니었으며 여러 부족들이 경제와 생활 안정을 위하여 서로 견제하며 살고 있었다. 유럽이 하나의 국가가 아닌 것처럼 인디언들 역시 하나의 국가가 아니었다. 인디언들은 유럽인들처럼 인종적·정치적·문화적으로 다양한 집단이었다. 그렇다고 인디언들의 멸종이나 유럽인들과의 비극적 투쟁의 밑바탕에는 그들 부족 간의 분쟁이 큰 몫을 차지했다는 사고방식은 다분히 유럽인 중심적 역사 해석인 것이다.

뉴잉글랜드 지역에서 백인과 인디언들의 접촉 역시 다른 지역과 공통적인 형태를 따랐다. 다른 것이 있다면 다른 지역들보다 여기에서는 종교적으로 헌신되어 있었던 청교도들이 인디언들을 기독교로 개종시키려 노력하였고 17세기 중반까지는 인디언들과 비교적 화평한 관계를 유지하였다는 점이다. 그러나 시간이 지남에 따라 그들의 선교가 효과를 보지 못한 데다 토지에 야심이 있는 자들이 속속 도착하면서 이젠 인디언들을 야만인으로 취급하는 한편 자신들의 종교적인 사명에 대한 방해자로 여기게 되었다. 앞의 항목에서 밝힌 바와 같이 청교도들은 처음에 그들이 지상과제로 여겼던 소위 "언덕 위의 도성City Upon a Hill" 건설에 인디언들의 협조를 필요로 하였다.

그러나 인디언들이 순순히 그들의 생각대로 따라주지 않게 되자 그들은 일종의 좌절감과 토지에 대한 욕망으로 인디언은 그들의 이상적인 사회 건설에 방해가 되므로 제거해야 한다고 믿게 되었다. 그들의 눈에는 인디언들은 '악마의 자손들'이었다. 결국 1636년 피쿼트Piquots 부족과의 전쟁을 시작으로 청교도들과 인디언은 처참한 살육전을 감행하게 되었다. 결국 체서피크에서의 전철이 이곳 뉴잉글랜드에서도 재현되기에 이르고 말았다.

컬럼버스가 북미 대륙을 발견할 당시 천만 명의 인디언들이 북미대륙에 살았는데, 이제 채 백만 명도 되지 않는 인디언들만 이곳저곳에서 흩어져 살게 되었다. 거의 200년 동안 900만 명의 인디언들이 목숨을 잃은 셈이다. 인류의 역사가 문맹국에서 문명국으로 전환해가는 역사라 하지만 900만 명의 생명을 희생시켜 가면서 인류의 역사가 진보한다면 역사의 진보가 꼭 필요한 것인지 의문이 생긴다. 히틀러는 유대인을 대량 학살해서 문명을 발전시키려 했고, 똑같은 이유로 처칠은 드레스덴과 함부르크 공습을 명령하였고, 트루먼은 히로시마와 나가사키에 원자 폭탄을 투하하였다.

그러한 일들은 모두 이젠 유명한 역사적 사실이 되었고, 다시는 그런 일이 없어야 한다고 모두들 아우성친다. 그러나 17세기에 북미 대륙에서는 더 많은 인디언들이 인류 문명의 진보라는 이유 앞에 생명을 잃었다는 사실에 대해서는 잘 언급 되지 않고 있다.

모든 인디언 부족들이 백인들의 정책에 밀려나거나 희생을 당한 것은 아니었다. 북미 대륙의 주도권主導權을 잡기 위해서 영국과 프랑스가 17세기 말부터 18세기 중엽까지 식민지 전쟁을 수행하고 있을 때, 몇몇 강력한 인디언 부족들은 이러한 유럽 강대국 사이에서 특출한 외교술을 발휘하면서 그들 부족의 이익을 추구하였다. 일반적으로 대부분의 부족들은 네 차례의 주요한 식민지 전쟁(윌리엄 왕의 전쟁 1698~97, 앤 여왕의 전쟁 1702~13, 조지 왕의 전쟁 1740~48, 그리고 프랑스와 인디언 전쟁 1754~63)에서 프랑스 편을 들었다.

한편 강력한 이로쿼와 연합 부족은 일반적으로 영국 편을 들었다. 이들은 단지 어느 한편이 그들에게 연합을 강요해서 그쪽 편을 들었다기보다는 그들이 영국과 프랑스 세력들이 서로 견제하도록 중간에서 현명한 정책을 폈다. 예를 들면 1701년 여름에 이로쿼와 부족은 영국 및 프랑스와 동시에 조약을 맺었다. 이 조약으로 양쪽 유럽 국가 사이에서 적극적으로 중립 정책을 펼쳐나갔다. 이것은 현명한 결정이었는데, 프랑스와 평화 조약을 체결함으로써 그들이 영국과 프랑스의 다가올 전쟁에 중립을 약속하였으며, 한편 영국에게는 그들에게 별로 유용하지 않았던 서쪽 사냥터를 양도해 주었다.

이러한 중립 정책으로 양국을 만족시켰는데, 프랑스는 이제 이로쿼와의 군사적 침략 위험으로부터 해방되었으며 영국은 물론 그들의 주요 인디언 동맹 세력을 상실하였지만 더 많은 땅을 소유하게 되었다.

그러나 「7년 전쟁」으로 알려진 프랑스와 인디언 전쟁을 마지막으로 영국이 북미 대륙에서 결정적인 승리를 하자 미시시피 강 동쪽의 북미 대륙은 영국의 영토가 되었다. 이제 인디언들은 더 이상 영국과 프랑스의 중간에서 그들의 이익에 따라 외교 활동을 할 수 없게 되었다. 오직 영국만이 그들이 상대해야 할 교역 대상국이 되었기 때문이다. 영국은 전쟁 직후 선포한 「1763년의 선포」에서 애팔래치아 산맥 서부의 땅은 인디언 영토임을 선언하였다. 그러나 이러한 선언은 서부의 땅들을 넘보던 팽창주의적 영국인들에 의해서 사실상 효력을 발휘하지 못했으며 영토 문제로 북미 식민지 점령세력과 인디언들은 끊임없는 갈등을 겪게 되었다. 갈수록 북미 식민지에 거주하는 유럽인들은 인디언 영토를 속임수와 무력으로 침투하게 되었고, 인디언들은 1763년 5월의 폰티악Pontiac 반란처럼 부족 연합으로 백인들을 공격 하든지, 소규모 부족으로 유럽 거주민들을 간헐적으로 침공하든지, 아니면 가능한 한 가장 비싼 가격으로 땅을 팔든지 하는 선택의 기로에 서게 되었다.

영국인들은 북미 대륙의 광활한 토지를 독차지 하기 위해서 인디언 원주민들을 자기들의 토지를 관리하고 가꿀 줄도 모르는 야만인들로서 비인간적 존재로 전락시키는 것이 필요했던 것처럼, 아프리카 흑인 노예 제도를 합리화시키기 위해서 흑인들을 인간 하등 동물로 추락시켰으며, 노예 상태로 계속 남아 있도록 온갖 음해적 노력을 다하였다.

(2) 아프리카에서 사냥·납치된 흑인, 굴비처럼 엮어 배에 실어 수송

15세기 이래 스페인인과 포르투갈인 그리고 네덜란드인들은 아프리카 흑인들을 대량으로 신세계에 실어 공급하였다. 그들은 남미와 서인도제도의 플랜테이션plantation(대농장)에서 일할 값싼 노동력이 필요하였기 때문이다. 물론 이러한 노예 무역이 역사적으로 처음 일어난 일은 아니었다. 15세기부터는 지중해 연안 국가들의 노동력 부족으로 인하여 아랍인과 무어족들이 아프리카의 흑인들을 사하라 사막의 통로를 통하여 지중해 국가들에게 팔아 넘겼다. 7세기 후에는 포르투갈인들이 유럽인들로는 최초로 이러한 노예무역을 시작하였다. 특히 그들의 사탕수수 재배가 성황을 이루면서 그들은 본격적으로 아프리카 노예를 수입하기 시작하였다.

대개 이러한 노예들은 아프리카 부족 사회에서 범죄자로 갇혀 있는 자들이나 부족 전쟁에서 포로로 잡혀 있던 자들이었다. 그러나 노예무역이 성업을 이루자 노예상과 현지 지배자들의 결탁에 의해 강제 납치·강제 수송에 의한 대량 매매 행위로 변화되었다. 16세기 내내 스페인과 포르투갈은 산토 도밍고와 브라질 등 남미 대륙의 사탕수수와 담배 재배를 위하여 아프리카 노예 무역을 점차 증가시켰다.

영국은 1663년에 찰스 2세가 왕실 모험 회사Royal Adventurers에 특허장을 줌으로써 뒤늦게 아프리카 노예 무역에 참가하게 되었다. 영국은 17세기 말까지는 네덜란드와의 비교되지 않는 소규모의 노예 무역을 하였으나 북미 대륙에서의 식민지 확장과 해상 세력의 성장으로 18세기 말경에는 유럽 국가들 중에서 가장 대규모의 노예무역 국가로 등장하게 되었으며 18세기 내내 영국은 적어도 6백만 명의 아프리카인들을 아메리카 대륙으로 운반하기에 이르렀다.

아프리카인들이 북미 대륙까지 팔려가는 과정은 참혹한 인간 역사의 드라마였다. 그들이 받은 육체적·정신적 고통은 이루 말로 헤아릴 수 없었다. 그들은 대부분이 아프리카 노예 사냥꾼에 의해 붙들려서 멀고 먼 적도선을 따라 손목과 목을 쇠줄로 묶인 채 여러 사람의 무역꾼들의 손을 거쳐 황금 해안으로 불리는 서해안으로 끌려왔다. 어떨 때는 1,000마일 이상을 쇠사슬에 묶여 맨발로 행군하여 끌려왔는데 그 과정에서 5명 중 2명 꼴로 죽어갔다. 그들이 겪게 되는 육체적인 고통은 상상을 초월하며 어떤 자들은 고통을 견디다 못해 자살하기도 하였다.

그들이 일단 서해안에 도착하면 영국인 의사들의 검진을 받고 신체적으로 정상적인 사람들만 선택되어서 조그마한 나룻배에 분선하여 해안 밖에 정박하고 있는 노예 본선에 탑승하였다. 이 과정에서 망망한 대양과 무언가 알지 못하는 불안한 예감으로 아프리카인들은 아우성을 치고 멀어져가는 그들의 아프리카 땅과 불길한 상선을 번갈아 보면서 통곡하고 수많은 사람들이 배에서 뛰어 내려 자살을 하고 말았다. 한 영국인 선장은 그러한 광경을 이렇게 서술하였다.

흑인들은 그들의 모국을 떠나게 되자 질색을 하고 가끔 카누와 보트 그리고 배에서 뛰어내려 죽을 때까지 물속에서 나오지 않았다.

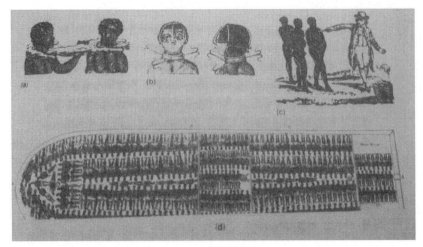

18세기의 노예조달방법. (a) 사냥한 흑인 장정들을 항구로 운송할 때는 멍에를 씌운다. (b) 숲에서는 탈출을 방지하기 위해 입에 재갈을 물리고 목걸이에 갈고리를 단다. (c) 팔린 노예는 몸에 낙인을 찍는다 (d) 긴 항해를 위해 갑판 아래에 노예들을 차곡차곡 쟁인다.(최웅·김봉중 『미국의 역사』 소나무 2009)

노예선의 환경 또한 생지옥이었다. 한 치도 움직일 수 없도록 특별 제조된 노예선에 반듯이 누워 망망한 하늘과 바짝 붙어 있는 똑같은 처지의 동료 흑인들만이 한달 남짓한 긴 항해 동안 그들이 보는 전부였다. 수많은 아프리카인들은 죽기를 결심하고 음식을 거부하였다. 한정된 계약 노예들을 무사히 북미 대륙의 도착지까지 수송해야 하는 선원들은 음식을 거부하는 자들에게는 뜨거운 석탄 덩어리를 입술에 갖다 대어 강제로 입을 벌리고 음식을 집어넣든지 아니면 입을 벌리도록 특별히 제조된 쇠집게를 이용해서 반항하는 흑인들의 입을 벌려 음식을 집어넣곤 하였다.

그러나 7명 중에서 1명 꼴로 흑인들은 항해 도중에 목숨을 잃었고 살아서 도착한 상당수도 질병과 영양부족 등으로 거의 반죽음 상태에 있곤 하였다. 도착한 노예들은 이제 전혀 낯선 땅과 사람들과 언어 사회에서 그들의 주인들에 의해 어딘가로 운반되고 처참한 노예 생활을 시작하게 되었다.

버지니아와 메릴랜드에서는 17세기 중반까지 그리고 노스캐롤라이나와 사우스캐롤라이나에선 18세기 초반까지 백인 연기 계약 하인年期契約下人 indentured servants들이 비교적 소수의 흑인 노예들과 함께 노동하였다. 그러나 남미와 카리브 해안에서는 사탕수수 재배를 위해서 아프리카 흑인들이 대량 수입되기 시작하였고, 특히 17세기 후반에는 담배와 쌀 재배를 위해서 체서피크 부근의 식민지들에 엄청난 숫자의 흑인들이 수입되었다.

펜실베이니어·뉴저지·델라웨어 등 북부 식민지에서는 아프리카 노예들이 비정기적으로 수입되었으며 숫자도 남부 식민지에 비해 훨씬 적었다. 이것은 이들 지역에는 17세기 중반 이후에야 백인들이 정착하기 시작하였고 아직 노동 집약적인 농산물이 재배되지 않았기 때문이었다. 단지 뉴욕 식민지에만 네덜란드인들이 그들의 서인도 회사를 통해 1664년 이전에 수입한 노예들이 상당히 남아 있었다. 이들 노예들은 주로 기능공이나 가내 하인들로 주로 주인과 밀접하게 생활하였으며 남부의 대농장에서 중노동하는 아프리카 노예들에 비해서 육체적으로 비교적 수월한 생활을 할 수가 있었다.

그러나 북부 식민지에서는 노예가 많이 필요하지 않았기 때문에 백인들이 노예무역으로 별로 이득을 보지 못하였다고 단정할 수는 없다. 오히려 그 반대였다. 1640년경부터 뉴잉글랜드 지방의 상인들은 자기들의 상선을 이용한 노예무역으로 엄청난 이득을 보았다. 로드아일랜드의 반 이상의 상인들은 1750년까지 이러한 노예무역으로 부를 축적하였고 뉴욕이나 필라델피아에서는 이러한 노예선 제조가 그들의 주된 상업 활동이 되었다. 뉴잉글랜드 지역에선 서인도제도의 사탕수수로 만든 럼 술이 가장 중요한 교환 수단이 되었다. 즉, 플랜테이션 농업으로 인해 남부 식민지들이 직접적으로 이러한 인신매매에 종사하였지만 거의 모든 북부 식민지도 사실상 이러한 비도덕적 노예무역에 참가하고 있었던 것이다.

북미 식민지에 아프리카 노예의 숫자가 급속히 늘어나면서 유럽인들은 그들을 인간 이하의 동산動産으로 하락시키기에 급급하였다. 노예들을 사회적·법적으로 철저히 눌러야만 그들의 노예무역과 노예 착취 행위를 합리화시킬 수 있었기 때문이다. 처음에는 이러한 노예들이 백인의 연기 계약 하인처럼 일종의 계약 하인으로 일정 기간의 노역이 끝나면 해방되어서 그들 나름대로 상업이나 임금 노역에 종사하였다.

그러나 17세기가 지나면서 플랜테이션 농업의 증가로 더 많은 노예들이 필요하였고 이 많은 노예들을 통제하기 위하여 점차 비인간적인 법들로 아프리카인들을 단속하고 묶어 놓기 시작하였다. 가장 심각한 횡포는 이들 아프리카인들을 평생 노예로 전락시킨 것이다. 이제 한번 노예로 팔려 왔으면 평생 노예로 남게 되었으며 이러한 노예의 몸에서 태어난 어린아이들도 자동적으로 노예가 되어서 역시 평생토록 노예 신분으로 살게 되었다. 오직 죽음만이 그들을 자유롭게 하였다. 대부분의 흑인 영가靈歌들이 「저 멀리 보이는 천국을 사모하는 몸부림치는 듯한 가사와 곡조들로 가득 차 있는 이유」가 바로 여기에 있었다.

17세기 중엽 때까지 버지니아에서는 흑인들의 (자유인이든 노예든) 총기 소유를 법적으로 금하였으며 백인 여자와 흑인 노예와의 결혼은 그 나라의 가장 수치스러운 일로 여겨져 사회적으로 용납되지 않았다. 흑인들은 여러 면에서 백인들보다 열등하며 이들이 노예로서 백인 사회에서 보호를 받고 사는 것이 그들에게 더 유리한 일이라고 굳게 믿었다. 유럽 문화에서 검정색은 사악한 것과 더러운 것의 상징이며 흰색은 깨끗하며 아름다운 것의 상징으로 여겼던 것을 북미 대륙에서는 더욱 강조하였다.

18세기 초까지는 대부분의 식민지 의회에서 흑인들을 통제하는 「흑인 단속법 Black Codes」을 제정하여 흑인의 지위와 활동 범위를 갈수록 좁혀 갔다. 이 단속법에 의해서 흑인들은 상업 활동, 재산 소유권, 정치적 행사 참가, 허가 없는 여행, 법적인 결혼이나 친권 등을 행사 할 수 없게 되었다. 흑인은 사람의 권리로서는 거의 모든 것을 박탈당했으며 오직 하나의 움직이는 자산으로서 백인들 사회를 위해 희생하도록 강요당했다. 대부분의 유럽인들은 구대륙의 정치적·종교적 탄압과 경제적 몰락으로 인하여 신대륙에 건너왔으며 이곳에서 자유롭고 행복한 삶을 추구하려던 그들이 아프리카인들을 비인간적으로 취급하고, 착취하며 억압하였던 것은 역사의 역설이었다.

더군다나 훗날 19세기 중엽의 노예 해방론자들이 등장하기 전까지 백인들은 그러한 짓에 대해 전혀 양심의 가책을 느끼지 못했으니 한심한 일이 아닐 수 없다. 또한 이러한 「흑인 단속법」은 노예 해방이 선포된 이후에도 남부 지역에서 재현되었고, 1965년까지 흑인들은 미국의 인종분리 차별 정책의 희생물이 되었던 점을 생각할 때 백인들의 인종 차별 횡포는 유전자처럼 대를 이어 계속되었다.

물론 아프리카 노예들이 식민지 전체에서 똑같은 처우를 받고 생활한 것은 아니었다. 각 지역적 환경에 따라 그들의 생활과 문화는 다양하였다. 흑인들의 문화는 주로 세 지역에서 다양하게 성장하였다. 그들의 생활 문화는 북부 식민지와 중부의 체서피크 연안 식민지 그리고 캐롤라이나와 조지아주 중심의 남부 식민지로 나누어 이야기할 수가 있다.

전반적으로 볼 때 북미 대륙의 아프리카인들은 다른 남미나 서인도 제도의 노예들에 비해서 비교적 양호한 환경에서 생활하였다. 무엇보다도 북미 식민지에 있는 아프리카인들은 다른 지역의 노예들보다 훨씬 사망률이 낮았는데, 이것은 바로 서인도 제도나 다른 남미의 노예들은 적도의 질병에 견디지 못하고 수없이 죽어간 반면, 미국 식민지의 흑인들은 비교적 이러한 질병을 예방할 수 있었다는 것을 이야기해 준다. 또한 영국인들이 그들 노예의 건강을 잘 진단하고 질병을 예방한 것이 사망률이 낮은 이유도 된다.

그러나 여기에서 알아야 할 것은 영국인들이 인도주의적인 이유에서 흑인들의 건강을 검진하고 예방했다기보다는 그들의 값비싼 자산인 노예들을 건강하게 살려 놓아 경제적 이익에 사용하고자 하는 동기가 더 강했다는 것이다. 아무튼 북미에 거주하는 아프리카인들이 다른 지역에 비해 훨씬 건강하고 안정된 생활을 한 것만은 사실이다. 예를 들면

1775년에 버지니아 지역과 자마이카 지역은 똑같이 각각 20만 명의 노예가 거주하고 있었는데, 그러면서도 자마이카가 버지니아보다 3배 이상의 노예를 수입하였던 점을 고려해 볼 때 서인도 제도에서의 노예 사망률이 얼마나 높았는지를 알 수 있다.

특히, 북쪽 식민지에서는 아직 주요 농산물 재배가 이루어지지 않아서 소수의 노예들이 기능공이나 간단한 농장일 혹은 개인적인 가내 하인으로서 일을 하였다. 이들 노예들은 다른 지역과는 달리 열대성 기후와 여러 가지 질병으로부터 면제되었으며 그들의 인구도 전체 인구의 10% 남짓이었기에 백인들과의 심한 충돌은 흔하지 않았다. 이러한 지역적 인구적인 환경 때문에 북쪽에 거주하는 노예들은 남부의 노예와는 다른 독특한 문화를 형성하게 되었다.

즉 대부분의 노예들이 그들의 주인들과 같은 집에서 거주하였기에 그들은 유럽인들의 생활 방식에 쉽고 빠르게 적응할 수 있었으며 비교적 덜 강압적인 북부인들의 대우에 따라 그들은 여러 가지 여가 활동을 할 수 있었다. 그리하여 상당수 노예들은 그들이 습득한 기술을 이용하여 비공식적으로 상업 활동에 종사하기도 하였다.

백인 사회와의 밀착으로 인하여 이들 아프리카인들은 그들의 문화를 쉽게 잊어버리게 되었으며 갈수록 백인들의 문화에 융화되어갔다. 간혹 백인 기능공들이 값싼 노동력을 이용하여 상업에 종사하는 흑인들을 경계하고 위협하기도 하였지만, 전반적인 노동력 부족과 흑백간의 확실한 차별에 의해서 이들간의 마찰은 그렇게 심각한 것은 아니었다. 즉 북부에 사는 노예들은 남부의 노예들처럼 플랜테이션 농장 등에서 군집해 살면서 죽도록 노동하지 않았고 대부분 백인 주인들과 함께 거주하였으며, 북부의 백인들도 그들의 노동력 부족을 충당하는 의미에서 노예들을 소유했다기보다는 그들의 사회적 · 경제적 지위를 과시 하기 위하여 노예들을 소유했다고 볼 수 있었다.

체서피크 지역의 노예 상태는 북부와는 정반대였다. 1675년에 약 4천명의 노예들이 버지니아와 매릴랜드에서 흩어져 생활하였는데 약 반세기가 지난 이후에 담배 재배의 성공에 따른 노동력의 필요와 또한 백인 계약 하인들의 수가 감소함에 따라 엄청난 아프리카 노예들이 체서피크 만에 도착하였다. 1760년경에는 185,000명 정도나 되는 노예들이 여기서 거주하게 되었다. 이들 지역에서는 '흑인 단속법'이 엄하게 시행되어서 노예들의 일거수일투족이 제한되었으며 그들의 대부분을 플랜테이션 농장 노역에 집단으로 수용하였다.

아프리카 노예들은 그들의 숫자가 많아짐에 따라 가족을 형성하게 되었다. 물론 「흑인 단속법」에 의해서 법적인 가정을 꾸리는 것은 허락되지 않았지만 백인 주인들은 그들의 경험에서 흑인들이 가족을 꾸릴 수 있도록 허락하는 것이 그들의 경제 발전에 유익하다는 것을 깨달았기 때문에 이들의 가족 형성을 반대하지 않았으며 오히려 장려하기도 하였다. 즉 가족을 형성한 노예들이 도망갈 확률이 덜했으며 또한 농장에서의 일도 더 성실하게 할 수 있었기 때문이다. 1740년경에 와서는 체서피크 지역 노예들의 상당수가 미국에서 태어났으며 그들의 부모들과 함께 온종일 농장에서 일한 후에 막사에 들어와서 그들 자신의 가족 생활을 영위할 수가 있었다.

캐롤라이나와 조지아 식민지에 거주하는 아프리카 흑인들은 여러 가지 면에서 더 혹독한 생활을 영위하였다. 이 지역에서는 쌀 생산이 주된 농업이었는데, 이곳의 기후는 아프리카의 기후와 비교적 유사하였고, 또한 쌀 재배를 위해서는 이러한 기후에 적응이 된 아프리카 노예들이 필요하였기 때문에 쌀 재배의 성공과 함께 수많은 노예들을 수입하였다. 1760년경에는 이러한 수입 노예의 숫자가 백인들을 3대 1 정도로 능가하게 되어서 이들은 아프리카 문화를 잃지 않고 그들 사이에 계속 전수시켜 나갔다.

그들은 오랫동안 아프리카 언어를 사용하였으며 어린아이들에게 그들 고유의 아프리카 이름을 붙이기도 하였다. 그러나 백인들이 자신들의 수적 열세를 느끼고 흑인들이 반란을 일으킬 것을 우려하여 흑인들을 「흑인 단속법」으로 더욱 철저히 얽매었으므로 다른 식민지 지역보다 이 지역에 거주하는 아프리카 노예들은 백인들로부터 가장 심한 학대와 모욕을 받았다. 백인들은 흑인 노예를 완전히 제압하지 않으면 폭동과 반란이 일어날까 두려워 갈수록 강압적인 정책을 펴게 된 것이다.

흑인노예들이 이러한 백인들의 강압적인 정책을 순순히 따르지만은 않았다. 많은 노예들이 그들의 혹독한 생활을 견디다 못하여 도망가기가 일쑤였고 물건을 훔치거나 혹은 주인을 살해하는 경우도 있었다. 그들에게는 그러한 반항이 이러한 정신적·육체적 고통을 이겨나가는 하나의 수단으로 받아들여졌다. 백인들은 노예의 죄에 대해서는 엄한 벌로 다스렸는데 주로 사형이나 거세 또는 심한 매질이 그들의 처벌 방식이었다. 흑인들 사이에 반란의 음모가 발견되면 백인들은 가차 없이 그들을 고문하거나 교수형에 처했다. 1740년에 사우스캐롤라이나에서 반란 음모가 나돌자 백인들은 50명 노예들을 체포하여 목매달아 죽이고는 그들의 머리를 장대에 달아 도시 한복판에 세워둠으로써 흑인에게 경고하였다. 특히 흑인 인구가 백인 인구를 능가하는 사우스캐롤라이나 지방에서는 흑인 폭동을 우려하여 백인들이 더욱 잔인하고 포악하게 흑인을 통제하였다.

그러나 북미 대륙에서의 흑인들의 반항은 브라질이나 서인도 제도의 경우에 비하면 극히 미약한 편이었다. 남미와 서인도제도의 흑인들은 백인들을 수적인 면에서 능가하였고 또한 쉽게 도망갈 수가 있었기 때문에 빈번한 폭동이 일어났다. 그렇다고 해서 북미의 노예들이 남미의 흑인들과는 달리 그저 수동적으로 백인 사회에 의존하였으며 맹목적으로 복종했다고 생각할 수는 없다. 단지 다른 지역에 비해서 북미대륙의 흑인들이 폭동을 덜 일으켰던 이유는 사우스캐롤라이나를 제외하고는 흑인들의 인구가 백인들의 인구를 능가하지 않았으며, 백인들의 강압적인 통제 등으로 인하여 반란에 성공할 확률이 적었기 때문이다. (최웅·김봉중 『미국의 역사』 소나무 2009)

　그럼 왜 남미에 거주하는 백인들은 흑인 노예들에게 느슨한 정책을 펼쳤을까? 스페인인들이나 포르투갈인들이 비교적 다른 유럽인들에 비해서 인종차별 정신이 약해서 그랬다고 볼 수는 없다. 다만 그들의 사회적·경제적·인구 분포 면에서 느슨한 정책을 펼 수밖에 없었던 것이다. 즉 남미에는 백인들의 수가 흑인들의 수에 비해 압도적으로 적었으며 이러한 상황에서 백인들은 흑인노예의 농장 노동 아니라 기능직이나 감독하는 일, 소를 키우는 일, 혹은 그들의 방위를 위하여 군인들을 필요로 하였기에 비교적 많은 흑인 노예들이 사회 여러 방면에 진출해서 종사할 수 있었다.

　또한 북미 대륙과는 달리 남미에 거주하는 유럽인들은 압도적으로 남성들만 거주하였기 때문에 인디언 여자나 흑인 여자들과 쉽게 섞일 수가 있었다. 그리하여 백인들과 인디언, 혹은 흑인과의 결혼이 비교적 빈번히 일어나게 되었고 또한 여기에서 태어난 혼혈아들의 숫자가 늘어나면서 훗날 명백한 인종 차별은 서서히 사라지게 되었다.

　북미 대륙에 거주하는 노예들은 반란과 탈출이 사실상 불가능하였기 때문에 그들이 전혀 수동적으로 백인들의 명령에 따랐던 것만은 아니었다. 물론 눈에 띄는 대중 봉기나 살인은 할 수가 없었지만 그들은 일을 의도적으로 끈다든지, 꾀병을 부린다든지, 명령을 어긴다든지, 농장 기구들을 부수는 것 등 간접적으로 백인 주인들에게 반항하였다. 이렇게 교묘한 방법으로 백인에게 반항하자 백인들은 흑인들을 더욱 효율적으로 부리기 위한 갖가지 수단을 강구하였다. 필요한 경우에는 흑인을 더욱 혹독하게 다루었으며 어떤 때는 그들을 회유하여 느슨하게 다루기도 하였고, 당일 일할 과제와 작업량을 선정해서 흑인들이 하루에 어느 정도의 일을 끝내면 그들의 숙소에 들어가서 그들 나름대로의 자유 시간을 허용하기도 하였다. 아프리카 흑인들은 혹독한 노예 생활 중에서도 그들의 전통과 문화를 잊지 않고 계속 살려나갔다. 물론 백인들과 밀접하게 생활하였던 북부 노예들은 그들의 문화를 상당히 잃어버렸지만, 남부의 노예들은 계속 아프리카 문화를 살릴 수가 있었다. 남부에서 담배와 면화 및 쌀 재배가 성공하면서 농장주인들은 엄청난 부를 획득하게 되었고 이러한 주인들은 이제 농장 경영을 감독자에게 맡기고 그들은 농장을 떠나서 대도시에서 거주하였다.

　이렇게 주인과 분리된 남부 노예들은 그들의 독특한 문화를 계속 살릴 수가 있었으며 강한 가족 관계를 가질 수가 있었다. 특히 흑인 기독교 문화는 가장 독특한 흑인 문화로 발전하게 되었다. 물론 백인 성직자들이 체계적이고 의도적으로 노예에게 기독교와 「온유와 순종 등의 정신만을 강조하여 흑인들의 복종」을 강요하려고 하였지만 노예들은 그들 나름대로 기독교를 그들의 생활에 적용시켰다.

이러한 기독교는 흑인 노예들에게 잠시나마 통제로부터 벗어날 수 있는 기회를 주었으며 무엇보다도 그들의 고통스러운 생활에 따른 심리적 및 육체적인 아픔을 씻겨주는 중요한 매체가 되었다. 특히 흑인 영가들은 이러한 독특한 흑인 문화를 잘 대변해 주고 있다. 백인들이 부르던 성가를 그들의 독특한 아프리카 리듬에 맞추고 춤과 손뼉과 부르짖는 듯한 아우성이 잘 섞여 그들의 고통을 잠시 잊게 해주는 주요한 수단이 되었고 그들에게 인간으로서의 가치 의식을 심어주었으며, 결국 언젠가는 그들이 해방되어 백인들과 동등하게 되거나 혹은 더 우월하게 되리라는 소망을 불러일으켜 주었다.

가족은 그들에게 가장 중요한 조직이었다. 이 가족을 통해서 그들은 그들의 어려운 노예 생활을 극복할 수 있는 정신적인 안식을 찾을 수 있었기 때문이다. 그러나 그들이 안정된 가정을 꾸미기에는 너무나 어려운 난관이 가로막고 있었다. 가장 힘들었던 것은 주인에 의해서 남성들은 자기 아내와 갈리게 된 경우였다. 많은 경우 흑인 남성들은 자기 아내와 자식들로부터 분리되어 생활하였으며 상당수의 흑인 여성들은 백인 주인에 의해 성적 착취의 희생물이 되었다. 아마 이런 성적 착취는 흑인 남성들에게 가장 참을 수 없는 정신적 아픔이었을 것이다.

통계에 따르면 대부분의 흑인 성인 남성은 그의 일생 동안에 적어도 한번 정도는 가족과 분리되는 경험을 했다. 이러한 이유 때문에 흑인 여성들은 가족과 사회에서 중요한 역할을 하게 되었다. 흑인 아이들은 보통 그들의 어머니와 함께 생활을 하였는데, 대부분 이들이 약 8세쯤 되면 그들의 부모와 분리되곤 하였다. 이러한 분리는 백인 주인들이 의도적으로 하기도 하였고 또는 주인이 다른 데로 이사를 가거나, 아니면 경제적인 이유로 농장의 상당부분을 노예와 함께 다른 사람에게 팔았기 때문에 일어나기도 하였다.

이러한 가족의 분리는 흑인들에게 가장 힘든 경험이었음에 틀림없다. 남북전쟁 중에 「헌법 수정안 제13조」에 의하여 흑인이 해방되었고 이제 그들은 자유스럽게 생활할 수 있었는데, 흑인이 이러한 노예 해방으로 가장 즐거워했던 일은 바로 이제는 더 이상 가족이 분리되는 일이 없을 것이었기 때문이었다. 노예 해방 이후에 왜 흑인들이 강력하게 그들의 법적 지위를 주장하지 않았나 하는 의구심도 있지만 아마 그들이 적어도 이제는 가족이 분리되지 않고 함께 생활할 수 있다는 것으로 만족했기 때문이었던 것으로 보인다.

2) 자주독립, 노예제 존속시킨 채 백인 상충부 중심의 공화제 채택

(1) 절대군주국의 식민지에서 주 연합체제로 3권 분립 지향

1776년 7월 4일 아메리카 합중국The United States Of America의 독립이 대내외적으로 선포되었다. 미국인들은 1세기 반 정도의 오랜 영국 통치로부터 벗어나 공식적으로 아메리카 합중국이란 독립 국가를 이룩한 것이다. 그 당시 세계 최강이었던 영국에 대항하여 8년간의 오랜 독립 전쟁을 치른 후 1783년 파리 평화 조약으로 미국은 신생 공화국으로 정식 출발하였다.

미국의 독립 혁명은 식민지 반란으로는 세계 역사상 최초의 것이었으며 앞으로의 혁명과 식민지 독립 운동에 큰 영향을 미치게 되었다. 미국의 혁명은 여러 가지 면에서 독특하다. 아시아나 아프리카의 독립 혁명과는 달리 미국 식민지는 모국인 영국과 사회·경제와 피부·언어·습관·풍습에서 거의 같았으며 이념과 사상 역시 영국과 동일하였다.

그 당시 해상권을 지배하고 있던 세계 최강 제국의 영향권 밑에서 미국 식민지는 비교적 풍요롭고 안정된 생활을 하고 있었다. 통계에 의하면 여러 가지 산업 체제의 변혁과 정치적 불안과 전통적인 귀족 중심 사회에서 살고 있던 영국이나 프랑스 국민들보다 미국 식민지인들이 훨씬 풍요로운 생활을 하고 있었다. 물론 미국 내에서도 빈부의 차이나 사회 계급 차이가 있었음에 틀림없으나 유럽의 국가들처럼 이러한 계급 차이가 고착되어 있었던 것은 아니다. 광활한 토지와 경제적 기회로 인하여 미국에서의 계급의 벽은 성벽같이 견고하고 높은 것이 아니라 유연하고 유동성이 있었다.

그렇다면 문제는 왜 미국인들이 독립을 원하였는가이다. 어떠한 이유와 동기에서 미국인들이 모국에 반란을 일으켰으며 이들 반란을 누가 주도 했는가 하는 것이다. 또한 미국인들이 이러한 독립으로 과연 어떠한 이념과 형태의 정부를 수립하고자 하였는가도 중요한 문제이다. 소위 미국의 독립 정신은 미국의 정치 제도와 사상을 규정해 주는 것으로 미국의 역사에 중요한 의미를 갖는다. 소위 미국의 「건국의 부조父祖들Founding Fathers」이 무엇을 생각했으며 어떠한 이유에서 영국에 반기를 들었으며, 어떠한 성격의 정부를 구상했는가 하는 문제는 오늘날에도 정치가와 역사가들 사이에 자주 거론되는 것이기도 하다.

19세기 말까지 지배적이었던 해석은 미국의 독립이 영국의 가중되는 통상 규제와 정치적 압박으로 인하여 일어났던 우발적인 것이 아니라, 그동안 자유와 자치 사상에 젖어 있던 미국 정신이 19세기 중반에 들어와 여러 가지 사건들에 의해 촉매 역할을 받아 독립 혁명으로 발전된 것이라는 주장이었다. 영국이 미국인들의 이러한 자유에 대한 의지를 계속 압박하였기 때문에 혁명이 어쩔 수 없이 일어났다는 것이다. 즉 1776년에 미국인들은 인간의 자유 확보를 위한 투쟁을 벌인 셈이다. '건국의 부조들'은 영웅시되었으며 이러한 자유의 사도들에 의하여 미국의 독립이 가능하였다고 주장하였다.

그러나 20세기에 넘어오면서 인간적인 요소보다 사회경제적인 요소에서 독립 혁명의 근원을 찾는 움직임이 일어나게 되었다. 20세기 초에 혁신주의적 분위기를 타고 급진주의 학자들이 등장하였는데, 이들에 의하면 미국의 독립이, 자유를 부르짖었던 여러 정치적·사상적 지도자들이 영국의 압제에서 해방되기 위하여 독립 운동을 벌였다기보다는 영국과 미국 사이, 그리고 미국 내에서의 경제적 이해관계 대립에 의하여 생겨난 독립이라고 주장하였다. 즉 인간적·사상적 요소보다는 경제적 요소가 미국 혁명의 주요 원인이 되었다는 것이다.

1950년대 초반에 소위 신휘그주의자들New-Whigs은 혁명의 기원에 대하여 더욱 광범위한 해석을 하였다. 이들은 단지 경제적인 이해관계 때문에 혁명이 일어났다기보다는 그밖에 여러 가지 심리적인 문제까지 포함하여 헌법의 원리, 정치적 권력, 자유, 재산의 보호, 법적 권리 등 여러 가지 이해관계 때문에 혁명이 발생했다고 주장하였다.

이들은 영국에 대한 미국인들의 오랫동안 쌓여온 불만에 관심을 집중시켰는데, 혁명은 본질적으로 보수적인 운동으로서 미국인들의 권리와 자유를 위한 운동을 모국으로부터의 자극에 의해 폭발시켰다고 주장하였다. 예를 들어 1765년의 인지세Syamp Act는 미국인들에게 심각한 경제적 부담감을 안겨준 것은 사실이지만 식민지인들이 그토록 맹렬하게 이 세법에 대항하여 투쟁했던 것은 「대표자 없는 곳에는 세금을 부과할 수 없다」는 헌법적 원리 때문이었다는 것이다.

또한 많은 학자들은 혁명의 근원이 식민지에 있었다기보다는 영국 본토에 있었다고 주장하였다. 영국 왕과 의회의 갈등 및 이들의 식민지에 대한 불확실한 정책이 식민지인들에게 결정적인 피해를 주게 되었다는 것이다. 영국 왕 조지 3세는 독재자로서 헌법을 무너뜨리려고 구상하고 있었으며 의회도 이해관계·인척·혈연관계에 따라 여러 당파로 분리되어 미국에 대하여 지속적이고 확실한 정책을 펴지 못하고 우왕좌왕하였으며 때로는 너무나 상반되는 식민지 정책을 폄으로써 결과적으로 식민지인들을 자극하게 되었다는 것이다.

미국의 독립혁명은 영국내의 문제뿐만 아니라 식민지 내에서 일어나고 있었던 여러 경제·사회·정치적 문제들이 복잡하게 서로 뒤얽혀 있었다. 특히 불인전쟁French and Indian War이라 알려진 프랑스와의 7년 전쟁의 종결과 함께 북미 대륙은 급격한 변화를 맞게 되었다. 이러한 변화 속에서 이유야 어찌되었든간에 식민지인들은 7년 전쟁 이후에 식민지의 경제와 정치를 압박하는 영국의 새로운 법들을 철회하고 옛날의 느슨한 제국 정책으로 복원해줄 것을 요구하다가 결국 독립으로 향한 거센 반란의 물결을 타게 되었다.

　7년 전쟁을 마무리 짓는 1763년의 파리조약 전까지의 영국의 식민지 정책은 비교적 온건하였다 할 수 있다. 무엇보다 영국의 식민지 정책은 일관성 없이 왔다갔다 하였다. 17세기에 영국의 식민지 정책은 특별한 원칙에 의해서 시행되었다기보다는 왕의 개인적 호의에 의하여 토지를 영주들에게 부여하는 사적私的인 정책이었다. 1640년대에는 내 란으로 말미암아 영국왕은 식민지에 대하여 힘을 쓰지 못하였으며 그리하여 식민지는 지 방분권적이고 자유방임주의적 체제로 운영되었다.

　○ 1642년 찰스 1세는 의회와의 충돌로 청교도 혁명, 1646년에 크롬웰이 이끄는 청교도 군에 패해 스코틀랜드로 피신, 1648년 다시 군대를 일으켰다가 체포되어 1649년 "반역자·국민의 적"으로 처형당함.

　1660년 왕권이 복구되면서 식민지는 좀더 조직적이고 강력하게 지배되었는데, 이때 에도 식민지 정책의 주된 관심사는 정치적인 것보다 주로 경제적인 것이었다. 1688년의 명예혁명은 식민지에서 왕권을 그렇게 약화시킨 것이 아니었다. 왕은 여전히 특혜를 누 렸다. 그는 임의대로 각료를 선임할 수 있었으며 영국 하원의 주도 세력을 형성할 수 있 는 특권을 갖고 있었다.

　○ 명예혁명Glorious Revolution : 1688년 영국에서 입헌군주제(군주도 헌법 규정에 따 라 통치)의 기초를 다진 시민혁명. 왕정복고로 왕위에 오른 찰스 2세에 이어 제임스 2세는 가 톨릭 부활정책과 전제주의 실시로 국민 분노, 의회의 토리·휘그 양당 지도자들은 제임스 2세 전부인의 장녀로 개신교도인 메리(후에 메리 2세)와 그 남편인 네덜란드 총독 오렌지공 윌리 엄(후에 윌리엄 3세)에게 군대를 이끌고 영국으로 오도록 초청, 1688년 11월 윌리엄 부부는 군대를 이끌고 영국에 상륙하여 런던으로 진격했고 (제임스 2세는 12월 프랑스로 탈출) 1689년 2월 의회가 제출한 「권리선언」을 승인하고 왕위에 올랐다. 이것이 권리장전權利章 典 Bill of Rights으로 미국의 독립선언·프랑스 인권선언 등에 영향을 주었다.

명예혁명 이후 영국은 제국 건설에 더욱 박차를 가하였다. 그것은 경쟁국 프랑스와 오랜 전쟁을 유발시켰다. 1713년에 종결지은 앤 여왕의 전쟁Queen Ann's War을 마지막으로 영국과 프랑스는 잠시 휴전하는 듯하였으나, 그동안에도 양국은 서로 전쟁 준비에 총력을 기울였으며 1750년에는 북미지역에서의 우월권을 둘러싸고 다시 전쟁 상태로 들어갔다. 1740년대에 영국은 오하이오 계곡 서쪽으로 깊이 침투하여 그곳에 그들의 군대를 주둔시켰으며 프랑스가 장악하고 있었던 세인트로렌스 강에서부터 5대호를 거쳐 오하이오와 미시시피 계곡의 서쪽에 이르는 프랑스의 귀중한 인디언 무역로를 위협하였다.

이러한 영국의 서부로의 팽창 정책에 프랑스는 무력으로 맞섰다. 프랑스는 1755년 영국 교역자들을 오하이오 계곡에서 무력으로 쫓아내고 지금의 피츠버그 부근에까지 군대를 주둔시켜 영국의 팽창을 막으려 하여 아메리카에서는 「불인 전쟁」이라고 불리는 7년 전쟁이 발발하였다.(앞에서 언급)

처음 3, 4년간의 전쟁 양상은 프랑스의 우세로 진행되었다. 프랑스는 펜실베이니어와 오하이오 강 경계선에서 버지니아 민병대를 이끈, 훗날 미국 초대 대통령을 역임한 조지 워싱턴 부대를 섬멸한 것을 비롯하여 5대호 등지에서 영국군들을 성공적으로 물리쳤다.

한편 프랑스와 영국이 전쟁 상태로 들어가게 되자 북미 식민지에서는 서로간의 연락과 연합을 강화시키기 위하여 1754년 6월에 뉴욕의 올버(뉴욕주의 수도)에서 7개 식민지 대표들이 참석한 가운데 회의를 열었다. 그들은 "뭉치지 않으면 죽는다"라는 구호 아래 연합하여 영국과 함께 프랑스를 물리치는 데 노력하였으나 아직 아무런 공동체 의식이나 연합의 필요를 느끼지 못하였던 그들은 그 이상 별다른 합의를 보지 못하고 해산해버렸다.

윌리엄 피트가 1757년에 영국의 새로운 수상으로 등장하면서 북미 대륙에서의 전쟁 양상은 급격히 바뀌어갔다. 피트는 유럽에서의 전쟁보다 먼저 북미에서 프랑스를 몰아낼 것을 결심하고 영국 군대를 북미에 총동원시켰다. 1757년에 23,000명의 육군과 14,000명의 해군이 식민지로 진출하여 프랑스를 밀어내기 시작하였다. 1759년에 프랑스의 나이아가라 항과 퀘벡이 영국의 수중에 들어갔고 1760년에는 몬티리올도 영국에게 빼앗기게 되자, 프랑스는 1763년 오랜 협상 끝에 파리조약을 맺어 영국의 승리를 인정하고 북으로는 세인트로렌스 강에서부터, 서쪽으로는 미시시피 강 동부, 그리고 남쪽으로는 플로리다와 뉴올리언즈를 제외한 전 지역을 영국에 넘겨주었다.

프랑스와의 7년 전쟁은 영국의 북아메리카 식민지에 대한 결정적인 변화를 낳게 하였다. 전쟁을 종결하는 파리조약으로 말미암아 이제 엄청난 북미 대륙을 소유하게 된 영국은 이 제국을 어떻게 관리하고 보호해야 하는가에 대한 문제로 고심하였다. 프랑스는 영국과의 전쟁에서 졌지만 서부 지역에 여전히 남아있던 프랑스의 동맹자인 인디언들은 영국에 승복하기를 거절하고 대대적인 기습 작전을 벌였다. 오하이오 주변의 인디언을 대표하는 오타와 족의 추장인 폰티악은 1763년 5월 디트로이트를 습격하여 비록 내부적 문제로 실패는 하였으나 영국 부대들을 향하여 끊임없이 산발적인 전쟁을 전개해 나갔다. 그들은 오하이오 강 부근에서 영국군 부대를 섬멸하기까지 하였다.

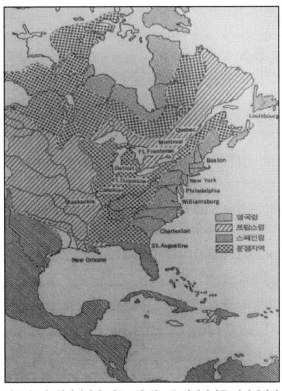

원주민들을 학살하거나 내쫓으며 북·중 아메리카를 점령해가던 제국주의 침략국들의 영역도(17C~18C).(최웅·김봉중『미국의 역사』소나무 2009)

서부 펜실베이니어 지역에서 1755년과 1763년 두 차례에 걸쳐 영국은 인디언들과 대대적인 전투를 벌였다. 인디언들은 끊임없이 서부 거주민들과 영국 부대를 괴롭히고 있었다. 사우스 캐롤라이나 지방에서는 체로키 족이 계속 백인 거주민들을 괴롭히고 있었다. 그들은 뉴올리언즈 지방의 스페인과 합류하여 영국의 서부 거주민들의 미시시피 강 항해를 방해하였다.

이러한 외부의 도전을 물리치기 위해서는 1만 명의 상비군이 필요하였다. 식민지내의 상비군을 유지하기 위해서 영국은 국방 예산을 더욱 늘려야 했고 그러기 위해서는 식민지인들로부터 더 많은 세금을 징수해야 할 처지에 놓였다. 그러나 영국은 프랑스와 마찬가지로 전쟁 후에 심각한 경제난을 겪었고 부채에 시달리고 있었다. 결국 그렌빌 경의 새 내각이 생각해 낸 것은 더욱 엄격히 미국 식민지의 통상을 규제하고 새로운 법들을 적용하여 현지 주민들이 이러한 영국의 방위 체제를 돕도록 한다는 것이었다.

영국은 함대의 순찰을 강화하여 북미 항구에서의 밀수를 철저히 단속하였다. 1764년에는 설탕법Sugar Act을 제정하여 외국산 설탕 뿐만 아니라 외국산 직물·포도주·커피

등에 새로운 「수입 관세」를 부과하여 식민지 경제와 안보 비용에 충당하려고 하였다. 이것은 영국인 식민지의 통상을 규제하는 과거의 전통적인 정책을 넘어서 그들의 예산을 늘리기 위한 소위 세수를 목적으로 한 최초의 세입법이었다.

계속되는 인디언과의 충돌을 예방하기 위하여 영국은 「1763년의 선포Proclamation of 1763」로 애팔래치아 산맥 능선을 경계선으로 하여 식민지 주민들이 이 경계선 서쪽으로 이동하는 것을 금지하고 이 지역에 대한 토지 조사나 임의적인 토지 이양도 금지시켰다. 이러한 정책은 서부 지향적인 식민지인들의 큰 반발을 사게 되었다. 당시 북미인들은 선언서를 무시하고 비밀리에 인디언 부족과 조약을 맺거나 그렇지 않으면 전쟁을 통하여 계속 서쪽으로 이주해 갔다. 1688년에 서부인들은 이로쿠와 족 및 체로키 족과 조약을 맺어 서부 뉴욕과 펜실베이니어의 남서부 지역까지 진출하였고 남으로는 오하이오와 테네시 중간 지역까지 차지하였다.

또한 벤자민 프랭클린과 윌리엄 존슨 등을 포함한 투기꾼들은 지금의 웨스트 버지니아와 동부 켄터키까지 진출하여 그곳에 반달리아Vandalia라는 식민지 건설을 계획하였다. 이 계획은 결국 독립 혁명의 시작과 함께 무산되고 말았다. 그러나 그동안 오하이오 부근에 거주한 쇼니족은 이로쿠와와 체로키 족이 양도한 계약을 인정하지 않고 백인 거주민들을 공격하였다. 결국 1744년에 영국의 원정대에 의하여 그들은 패배당하고 오하이오 지역이 영국 영토임을 인정하였다.

북미 식민지 사회는 7년 전쟁으로 깊은 영향을 받아 여러 지역에서 소규모적 내란이 일어났다. 1763년에 펜실베이니어 서부에서 일단의 변경인들이 인디언에 대한 방위와 과세 제도의 개정을 요구하여 퀘이커교도들이 주도하는 필라델피아 정부를 공격하였다. 사우스 캐롤라이나의 오지 지역에서도 체로키 족과의 전쟁으로 인하여 사회적 불안이 계속되었고, 찰스톤 정부는 그곳을 다스릴 수 없는 지경에까지 이르렀다. 버몬트 지역은 불인 전쟁으로 새로운 땅을 얻게 되었으나 그 땅을 다스리는 문제로 뉴잉글랜드 사람들과 뉴욕 사람들간에 투쟁이 벌어졌다. 뉴저지와 뉴욕에서도 토지 영유권을 놓고 소요가 일어났다.

(2) 7년 전쟁 동안 민병대 양성, 인지세 부과에 독립전쟁 궐기

가장 심각한 소요가 일어났던 곳은 노스캐롤라이나였다. 해안지대의 엘리트 지도자들이 급격히 불어나는 서부 주민들을 통치할 수 없게 되자 부패한 정부와 경제적 불평등에 반항하여 서부 주민들이 소요를 일으켰다. 소위 「조정자」들의 반란이라고 알려진 이 항거는 결국 1771년을 고비로 점차 수그러들었지만 이러한 지역내의 투쟁은 앞으로 미국 독립전쟁 때까지 완전히 사라지지 않고 사회 불안 요소로 남아있었다. 7년 전쟁이 남겨놓은 경제적인 악영향으로 인하여 메서추시츠에서도 정치적인 위기가 조성되고 버지니아에서도 정치적 부패로 인한 사회적 긴장이 고조되고 있었다.

독립 전쟁 전의 3세대 동안 미국 인구는 유럽으로부터의 이민으로 인하여 거의 10배로 늘어났다. 1700년경에 총 25만 명밖에 안되었던 식민지 인구가 1775년에는 250만 명으로 증가한 것이다. 그동안 비교적 동질적인 국가와 종교에 의하여 이룩된 미국 식민지가 혁명 시기에는 종교와 국적을 달리하는 다양한 사람들로 붐비고 있었다.

영국인 외의 인종으로 흑인 노예뿐만 아니라 독일 계통의 이민들, 그리고 스카치아일랜드인Scotch-Irish(스코틀랜드계 아일랜드 사람)들을 합하여 거의 50만 명이 독립 전에 미국에 이주하고 있었다. 1763년까지 북미 대륙은 인종적으로 다양하였으며 지역적으로는 동쪽 해안 중심의 사회에서 서부로 뻗어나가는 확장된 식민지로 발전하고 있었다.

7년 전쟁이 가져다준 중요한 결과의 하나는 식민지 입법 의회가 전쟁 기간에 그 권력을 강화하였다는 점이다. 영국과 함께 전쟁 수행을 위하여 식민지 의회는 더 강력한 권위를 갖고 전쟁에 필요한 예산을 충당하기 위하여 세금을 부과하였을 뿐만 아니라 민병대를 훈련시킬 수 있었다.

이러한 전쟁 경험은 앞으로 미국 독립을 주도할 많은 정치적 인물들을 낳았다. 그 중에서도 조지 워싱턴 · 사무엘 애덤스 · 벤자민 프랭클린 · 패트릭 헨리 등은 유명하였다. 전쟁중 식민지인들의 연합은 올버니 회의에서 보여준 것처럼 성공은 거두지 못하였지만 식민지인들 사이에서 서서히 동질감을 갖게 하는 계기가 되었으며, 영국의 도움 없이도 그들이 뭉치면 스페인이나 인디언 · 프랑스로부터 식민지를 독자적으로 방어할 수 있으리라는 생각을 갖게 되었다.

7년 전쟁이 이렇게 영국뿐만 아니라 북미 식민지에도 여러 가지 경제 · 사회 · 정치적 분위기를 바꾸고 있을 즈음에 영국 의회는 결정적인 실수를 범하고 있었다. 그렌빌 수상은 설탕법이나 현존하는 식민지에 대한 관세법 등의 세수만으로는 전후 북미에 주둔하게 될 10,000명의 영국 군대를 유지하기에 부족하다는 것을 알고 1765년 초에 런던에 거주하는 식민지 대표단에게 인지세를 부과할 계획을 타진하였다.

식민지 대표단은 이구동성으로 이러한 세금이 식민지인들을 자극할 뿐만 아니라 북미 경제에 크나큰 타격을 준다고 하여 반대하였다. 그러나 이들이 뚜렷한 대안을 제시하지 못하자 그렌빌 경은 인지세 법안을 의회에 제출하고 의회는 쉽게 이 법안을 통과시켰다.(Georg Grenville 1712~1770 : 영국의 정치가. Georg 3세 때의 재상宰相·首相. 무리한 북미 식민지정책을 강행하여 독립전쟁을 초래)

영국은 인지세법에 의해 징수된 세금을 북미 식미지 내에 주둔하고 있는 상비군 유지비의 일부로 충당시키려 하였다. 동법은 그 당시 식민지에서 나오는 모든 신문·팜플렛·벽보·연감·계약서·대학 졸업장 그리고 심지어 주사위와 카드에까지도 인지를 부착하게 하였는데, 이것은 전식민지인들의 크나큰 반발을 사게 되었다.

○ the Stamp Act 印紙條例 : 1765년 영국이 세입을 늘이기 위해 북미 식민지에서는 일체의 법률문서·공문서·상업상의 서류에 인지를 붙이지 않으면 무효라고 규정한 법령. 식민지인들의 맹렬한 반대로 실시되지 못하고 이듬해에 폐지되었다.

그전의 설탕법과 같은 식민지법들은 대부분 해상 교역을 주업으로 하는 뉴잉글랜드 상인에게만 피해를 주었는데, 이 인지세법은 전식민지에 영향을 가하게 되어 전국적으로 거센 반발을 유발시켰다. 거기에다 그해 5月에는 군대 숙영법Quartering Act을 제정하여 식민지가 영국군의 숙식을 책임지게 하였다. 인지세법은 시기적으로도 좋지 않았다. 그것은 이 법이 그동안 식민지인들의 정신 속에서 움트고 있던 자유와 평등 정신에 크게 도전하였기 때문이다.

1690년에 발간된 존 로크의 『정부론Two Treaties on Government』이라는 책을 통하여 식민지 지성인들은 이미 영국의 역사를 왕정 독재에 대항하여 생명·자유·재산을 보장하려는 의회 투쟁으로 인식하고 있었으며 청교도들의 오랜 종교적 유산으로서 인간은 본질적으로 악하며 타락할 수밖에 없는 존재임을 잘 알고 있었다. 그들은 인간이 세운 사악한 권력은 권력으로 대응해야 한다고 믿고 있었다. 또한 그들은 영국의 정치가 왕·귀족·평민으로 나뉘어 서로 견제하는 정치 제도라는 것도 잘 알고 있었으며 더 나아가 프랑스의 몽테스키외가 『법의 정신Spirit Of Law』에서 영국의 이러한 견제 혼합 정치 제도 외에도 행정부·입법부·사법부에 의한 삼권 분립의 새로운 정치 제도를 제시 하였던 것도 잘 알고 있었다.

식민지인들은 영국의 그렌빌 행정부가 인지세법과 같은 독재 방법을 통하여 이제 왕권 독재가 아닌 의회 독재를 시도하려고 한다고 생각하였으며, 북미내에 거주하고 있는 영국의 상비군은 역사에서 증명된 것처럼 그들의 친위대로서 독재 정치를 옹호하려는 수단이라고 믿게 되었다. 이러한 인지세에 대한 항거 열기가 한창 일때인 1765년에 존 애덤스는 자유의 정신이 영국과 관련된 국가들에 이미 확고하게 자리잡고 있는데 소수의 개인들이 이러한 계몽주의적 역사적 추세를 뒤엎고 옛날의 전제주의로 되돌아가려는 복고주의적 획책을 하고 있다고 경고하였다.

이전의 스튜어트 「독재 왕조와 대중의 자유」와의 투쟁이 이제 식민지에서 그대로 재현될 가능성을 보여주면서, 이러한 타락한 인간들의 획책이 재발될 경우에 미국인들은 과감하게 이에 대응해야 한다는 것을 그는 암시하였다. 그 당시 이러한 계몽주의 사상들은 급속히 발전하고 있던 신문이나 팜플렛 따위의 문서 등으로 미국인들 사이에 널리 알려지고 있었는데, 바로 이러한 자들에게 인지세를 부과하려는 그렌빌의 계획은 바싹 마른 짚단에 성냥을 그어대는 것처럼 위험스러운 것이었다.

버지니아 하원에서는 패트릭 헨리가 미국은 영국인들과 똑같은 대우를 받아야 하며 그래서 영국법대로 "대표자가 없는 곳에서는 세금을 부과할 수 없다"고 주장하였다. 즉 영국의회에 미국 식민지인들은 대표자를 보내지 않고 있었기 때문에 영국의회는 인지세와 같은 세금을 부과할 권한이 없다는 것이었다. 그렌빌은 "미국이 그들의 대표자를 보내지 않아도 영국 의회는 식민지를 '사실상 대표'하고 있다"고 주장하였다. 그는 영국의 맨체스터나 버밍엄과 같은 신흥 공업 도시들이 영국 의회에 대표자를 보내지 않고 있지만 의회는 전국민을 대표하는 것이라는 논리로 영국 의회의 과세권을 합리화하려 하였다.

인지세에 대한 항거 운동은 식민지 사상 최초로 농민·기능공·노역자·장사꾼·부두 노동자·선원 등 하층민들이 정치에 참가하는 기회를 마련해 주었다. 이것은 미국의 혁명을 이해하는 데 중요한 요소 중의 하나이다. 그동안 미국내의 사회적 불평등과 빈부의 격차 등으로 불만 세력을 형성하였던 사회 계층이 본격적으로 정치 운동에 참가하게 되면서 앞으로 미국 혁명의 중요한 열쇠를 쥐게 되었다.

특히 보스턴(매서추시츠 주의 주도)·뉴욕·필라델피아 지역의 빈부 격차는 갈수록 심각하였으며 계급간에 불편한 관계가 계속되어 왔다. 보스턴에서는 토머스 허친슨 총독이 소수 부유한 상인들과 법률가 등의 상부 계층과 결탁하여 그들 부유층의 이익만을 대변하는 정책을 펴고, 가난한 자들에게는 불리한 정책을 펴서 하층민들의 불만을 사고 있었다. 어느 학자의 통계에 의하면 1771년에 보스턴 인구의 상부 10%가 전체 부富의 3분의 1을 차지하고 있었으며 그들은 도시의 한복판 부자촌에 살면서 하층민들에게 존경을 강요하였다는 것이다.

특히 새로 들어오는 이민의 수가 늘어나면서 이러한 경제적 불균형은 더욱 심각해졌다. 극빈자들이 1771년에 30~40% 였던 것이, 20년 뒤에는 37~47%로 늘어났던 것을 보아도 가난한 빈민의 수가 갈수록 늘어갔던 것은 틀림이 없다. 물론 이러한 추세는 그 당시 영국과 프랑스를 비교해 볼 때는 훨씬 조건이 좋은 것이었다고 할 수 있다. 그러나 미국 식민지에 거주하였던 빈민자들이 그들의 생활을 다른 유럽국가들과 비교해서 자위했으리라고는 생각되지 않으며, 다만 그들이 도시의 부를 장악하고 있었던 귀족들과 비교하면서 서서히 계급 차별주의적인 사회 구조에 불만을 가졌다고 보아야 할 것이다.

미국의 귀족층 역시 영국과 비교하면 그 세력과 정치적 위치상 훨씬 약했고 수적으로도 영국 귀족과 비교할 바가 되지 못했다. 그렇다고 해서 미국의 귀족층들이 하층민들에게 덜 강압적이었고 식민지 정치에 덜 능동적이었다는 추측은 할 수 없다. 오히려 미국의 귀족층은 영국의 제도를 흠모하였으며 영국 귀족들을 흉내내려고 하였다. 값비싼 생활 도구와 물품들을 외국에서 수입하고 호화스러운 저택을 지었으며 그들 나름의 사교 혹은 정치 모임으로 위신을 높이기에 여념이 없었다. 또한 그들은 대부분의 미국의 주요 도시 관료직을 독점하여 영국의 식민지 관료들과 함께 미국의 정치를 주도해갔다.

뉴저지나 허드슨 계곡 그리고 뉴욕의 북동부에 살고 있던 농민들은 독립전쟁이 일어나자 점차 조직적으로 그들의 불만을 해소하기 위해 부유층의 집이나 재산을 파괴하고 농작물을 망쳐놓고 심지어 죄수들을 석방하는 등 과격한 행동을 하고 있었다. 이들은 아직도 조직적이고 집합적인 청교도적 유산을 지니고 있는 자들이었지만 강한 개인주의와 물질주의의 등장으로 사회 계급의 차이가 벌어지면서 불만은 점차 고조되고 있었다. 남쪽에서는 노스캐롤라이나의 조정자들의 반란이 가장 대표적이었다고 할 수 있다.

이 지역은 다른 어느 식민지보다도 부가 비교적 균등하게 분배된 지역이었음에도 불구하고 이곳의 농부들은 비생산자인 변호사·대상인·고리대금업자·토지 투기꾼 등이 정치와 법률을 주무르고 그들의 이익에 따라 불공평한 세금정책을 펴고 있다고 불평하다가 18세기말부터는 대대적인 투쟁을 벌였다. 이들은 자기들의 불만이 지방 관료들에게 올바로 전달되기를 원했으며 이러한 사회적 불평등을 해소하기 위해 지방 관료들과 계속적으로 협상을 추진하거나 법정에서 싸우기도 하였고, 때로는 폭력을 동원하여 시민들을 모아 민중 봉기를 일으킴으로써 미지근한 지방 관료들을 위협하기도 하였다. 이들은 미국 독립이 시작되자 대개 중립을 지켰다. 이들에게는 왕당파나 부유한 휘그 혁명파 세력들이 근본적으로 별반 차이가 없는 것이었기 때문에 어느 한쪽으로 치우치지 않았던 것이다.

보스턴에서는 「로열 나인Royal Nine」이란 조직체가 설립되어 항의 투쟁을 주도하였다. 이들은 영국 왕과 의회에 서신을 보내 인지세법이 식민지 경제를 마비시킨다고 주장하고 이 법을 철회해 줄 것을 요구하면서 군중들을 모아 대규모 집회를 가졌다. 그들은 보스턴 중심지 하노버 광장에 있는 자유의 나무Liberty Tree 앞에서 대대적인 집회를 열어 인지세 대리인이었던 앤드류 올리버의 허수아비 화형식을 갖고 인지세 사무실을 파괴하였다. 올리버는 두려워서 사임하였다. 올리버의 경우처럼 다른 세금 징수 대리인들도 거의 다 두려워서 사임하였을 뿐만 아니라 인지세법은 사실상 사문화한 것이나 마찬가지였다.

식민지인들은 인지를 부착하지 않고 신문 등을 발간하였으며 인지가 들어가야 할 문서의 모퉁이에 해골바가지와 뼈를 교차해 그려 놓음으로써 인지세법을 조롱하기도 하였다. 일부 군중들은 그동안 그들의 사회적·경제적 불평등의 대상이었던 허친슨의 집으로 쳐들어가 집을 파괴하였다. 이 과정에서 그들은 보수파와 온건파로 나뉘어지게 되었다. 로열 나인은 사회적으로 보수적이며 경제적으로 중산층 이상의 사람들로 구성된 자들로서 질서를 요구하고 온건한 시위를 주도했고, 보스턴에서 가장 가난하였던 자들은 과격한 군중 행동의 주류를 이루었다.

군중들이 올리버의 화형식을 거행하고 그의 사무실과 집기들을 파손하였을 때 이들 보수 세력들의 모습은 보이지 않았으며 허친슨 집을 습격할 때도 그들은 참가하지 않았다. 오히려 이들은 중무장하여 보스턴 시내를 순찰하고 과격한 폭도들을 체포하면서 질서를 강화시켰다. 「자유의 아들들Sons Of Liberty」이란 단체가 창립되어 독립 운동에서 주도적인 역할을 하게 되었는데, 이들 역시 식민지의 엘리트들로 구성되었으며 하층민들의 항거를 완화시켜 온건한 범식민지적 반영 투쟁 운동을 벌이고자 하였다.

인지세법에 따른 군중들의 투쟁은 이러한 엘리트 집단들에게 두려움을 던져주었다. 군중들이 단합하여 투쟁을 할 경우 엄청난 정치적인 힘을 과시하게 될 것이며 결국 이들 정치 엘리트들의 통치 범위를 벗어나 독자적인 투쟁을 할 것이기 때문이었다. 그리하여 보스턴의 지배 계층에서는 대부분 하층 민중과 소상인들로 구성되어 있는 극렬 과격 분자를 대對 영국 항의 투쟁운동으로부터 분리시키려고 노력하였다.

미국의 상인들은 영국 상품 불매운동을 전개하였다. 그들은 단합하여 영국 상품 배척을 약속하고 영국 상품 수입업자들에게 압력을 가하여 영국 상품이 미국 항구에 들어오지 못하도록 하였다. 그즈음 영국에서는 로킹엄 경이 그렌빌을 대체하여 새로운 수상으로 들어섰다. 그는 의회에서 인지세법을 반대해 왔던 사람이었다. 결국 식민지내의 반란과 영국 의회내의 반대 세력으로 말미암아 새 정부는 1767년에 인지세법을 포기하였다는 인상을 주지 않기 위하여 같은 해에 선언법Declaratory Act을 발표하였다. 이 법에서 어떠한 경우에서든지 영국 의회는 미국 식민지에 세금을 부과하고 식민지를 구속할 법을 제정할 수 있다고 선언하였다. 그러나 이것은 미국인들에게는 영국의 단순한 체면 유지 제스처로 보였을 뿐 실제로는 인지세법 투쟁에서 자신들이 승리했다고 생각하여 그들은 불꽃놀이·시가 행진 등의 축제를 벌였다.

그러나 계속 경제적으로 쪼들리게 된 영국은 1767년에 재무 장관 찰스 타운센드의 건의에 따라 일종의 외국세인 「타운센드법Townshend Acts」을 제정하였다. 이 법은 영국으로부터 수입되는 종이·유리·차·납·페인트 등의 품목에 수입 관세를 붙이게 한 것인데 주목적은 식민지에 거주하는 영국 관료들의 봉급을 지불하기 위함이었다. 영국은 또한 관세청 감독관과 해사 법원을 신설하여 옛날의 느슨한 관세법 규제와는 달리 강력하게 법을 집행하려고 하였다. 이것은 그동안 영국의 관세를 피하여 밀수 등으로 상행위를 해오던 상인들에게 큰 타격을 주었다.

(3) 민주·평등 사상과 불만의 확산, 독립투쟁 대열 늘어나

식민지에서는 다시 대대적인 항의 집회가 거행되고 상품불매운동을 전개하기 시작하였다. 존 디킨슨은 「어느 펜실베이니어 농민의 편지」라는 12개의 글을 발표하여 영국 의회는 식민지 통상을 규제할 수 있되 세입을 늘리기 위한 법을 제정할 수 없다고 주장하였다. 그러나 디킨슨은 자유란 혼란으로 얻기에는 너무 고상한 것이라고 주장하면서 온건한 방법을 사용하도록 군중들을 설득하였다.

「자유의 아들들」의 주도자였던 사무엘 애덤스는 하버드 대학 졸업생으로 비교적 과격한 투쟁을 전개하였던 엘리트였다. 그는 영국 의회가 식민지에 아무런 권한이 없다고 주장하면서 다른 식민지인들도 이러한 투쟁 운동에 동참해줄 것을 요구하였다. 특히 그는 「순회편지Circular Letters」를 발간하여 영국 의회가 제정한 식민지법의 부당성을 시민들에게 계몽하는 데 큰 역할을 하였다.

이러한 식민지의 분위기에는 아랑곳없이 국무장관이란 신설 직위에 오른 힐스보로우 백작은 식민지 의회로 하여금 이러한 불법 서신들을 압수하라고 명령하였다. 그러나 메서추시츠 의회가 92대 17의 압도적인 투표로 이러한 공고를 무시하자 동의회는 결국 해산당했다. 영국 의회는 반란 음모자를 체포해서 식민지 법정이 아닌 영국 법정에서 재판을 받아야 한다고 명령하고, 이에 대해서 식민지인들은 그러한 영국의 일련의 정책들을 과세 문제 이상의 것으로 자유와 자치 문제를 위협하는 것이라고 경고하고 대대적인 집회와 시위를 전개하였다.

그러나 전반적으로 볼 때 동법에 대한 항거는 인지세법에 대한 항거와는 달리 비교적 조용한 형태를 취하였다. 그들은 대부분 영국 상품 불매 운동에 투쟁력을 집중하였다. 여기에서 일반 노동자·농부·기능공 집단과 대상인 및 엘리트 집단은 의견 차이를 보여 투쟁 방법을 둘러싸고 그들 사이에 온건파와 과격파로 나뉘어지게 되었다.

엘리트들에 의해 주도되고 있던 투쟁 지도자들은 신문 등을 통하여 그들의 의견을 발표하여 영국이 그러한 부당한 법들을 철회하도록 요구하면서도 군중들이 직접적으로 실력 행사를 하는 것을 방지하고자 하였다. 1768년 3월 중순경에 군중들이 2명의 세금 관료들을 교수형에 처하자 「자유의 아들들」은 될 수 있으면 이러한 사건들이 밖으로 퍼져 나가지 못하게 하고, 그러한 짓은 단지 철없는 사람들의 소행이라고 간주하여 사건이 쉽게 아물도록 노력하였다.

1769년 10월부터 보스턴 학살이 있었던 1770년 3월까지 보스턴에서는 일반 민중들과 2천 명의 영국 군인들 사이에 계속 불편한 관계가 유지되고 있었다. 그 큰 이유 중의 하나는 영국 군인들이 근무 시간 이후에 그 부두 주변에서 일감을 잡아 돈을 벌자 그 지역의 일반 노동자들의 심한 반발을 산 것이었다. 그렇지 않아도 경제·사회적인 불안으로 말미암아 실업자들이 많이 있었던 그 당시에 영국 군인들까지 그들의 일을 가로채자 노동자들은 분노하였다.

그럴 때마다 지방 엘리트 세력들은 그들의 운동을 영국 상품 불매 운동에 집중하도록 하고 읍민 회의 등을 통하여 영국에 대한 항의 연설을 하는 것을 제한하고 민중들의 직접적 실력 행사를 무마하고자 하였다. 그 과정에서 1770년 3월 5일에 관세청을 지키던 군인들과 군중들 사이에 마찰이 일어난 소위 「보스턴 학살 사건」이 발생하였다.

군중들은 군인들에게 욕을 퍼붓고 눈덩이를 던지면서 조롱하기 시작하였는데 그때 누군가가 읍내 종을 쳐서 수많은 인파가 군중들과 합류하였다. 그때 어느 한 병사가 밀쳐서 뒤로 넘어지고 그가 바로 일어설 순간에 총성이 보스턴항에 메아리쳤다. 총성이 멈추고 군중들이 흩어진 뒤에 거리에는 4명의 시체가 땅바닥에 누워 있었고 8명이 부상을 당하였다.

사건의 긴박성을 알아차린 엘리트 지도자들은 신속히 움직였다. 하층민들이 총기를 가지러 가는 사이에 이들은 읍민 회당에 모여서 군중들로 하여금 영국과 타협안이 이루어질 때까지 자제해 주도록 요구하였다. 존 애덤스와 조시아 퀸시 등은 군중들이 실력을 행사하지 못하도록 설득하였다. 애덤스는 변호사로서 사격을 하였던 영국군을 변호하였다. 결국 체포된 자 중 2명의 군인들은 무죄 판결을 받아 석방되고 나머지는 가벼운 형벌을 받는 것으로 마무리되었다.

이러한 사건에 당황한 영국 의회는 그들의 권위를 유지하기 위한 상징으로 차茶에 대한 관세만을 남겨두고 모든 수입 관세를 철회하였다. 그러나 여전히 불신은 남아 있었다. 설탕법·숙영법·해사법원·관세 감독관 등이 식민지에 대한 강압적인 정책의 상징으로 계속 남아 있었고 영국의 상비 군대가 식민지로부터 철수는 했지만 해군 함정들이 계속 순찰을 강화하면서 식민지 상인들과 빈번한 마찰을 빚고 있었다.

보스턴 학살 사건으로 대대적인 투쟁이 벌어질 것으로 기대하였으나 이렇다 할 항의 없이 사건은 잠잠해졌다. 1770년부터 1772년말까지 이상하리만큼 식민지는 조용하였다. 사무엘 애덤스 등의 급진 세력들은 영국에 대한 투쟁운동이 갑자기 잠잠해지자 1772년 11월에 통신위원회를 조직하여 식민지끼리 서로 연락을 하면서 영국의 부당한 처사에 대한 자료를 수집하여 국민들에게 알리며 서로간의 일치된 행동을 강구하여 영국에 대한 식민지인들의 분노가 식지 않도록 노력하였다.(講究 :좋은 방법을 찾아냄)

1773년에는 타운센드법 조항에서 오직 차에 대한 관세만 유일하게 남아 있었는데, 바로 이 차에 대한 문제가 혁명의 결정적인 도화선이 되었다. 1773년에 영국 의회는 차세법Tea Act을 제정하여 파산 위기에 있던 영국의 동인도 회사로 하여금 창고에 쌓여 있던 차를 미국에 덤핑 판매할 수 있도록 하였다. 영국은 이러한 값싼 차가 미국인들의 감정을 상하게 하지 않으리라고 보았으나 동인도 회사에 차수입권을 빼앗긴 미국의 상인들은 이러한 정책에 분노를 금치 못하였다.

사무엘 애덤스와 패트릭 헨리 등의 급진 세력은 드디어 그들의 통신 위원회에 때가 왔다고 보았다. 이들은 상인들의 강력한 협조로 영국차 불매 운동을 대대적으로 전개하였다. 뉴욕과 펜실베이니어에서는 군중들이 압력을 넣어 차 수입 대리인들을 사임시켰으며 아무도 차를 사지 못하도록 강요하였다. 이러한 강력한 식민지인들의 대응으로 차를 싣고 온 많은 상선들이 다시 영국으로 되돌아갔다. 보스턴에서는 허친슨 총독이 강압적으로 차를 하역시키려 하여 문제를 일으켰다.

그의 두 아들이 화물 인수자로 내정되어 있던 허친슨총독은 영국의 차가 아무런 저항 없이 보스턴 항에 하역되도록 조치를 취하고 식민지 관료들로 하여금 그의 계획을 돕도록 명령하였다. 그러나 11월 30일에 통신위원회가 주도하는 읍민회는 식민지 관료들로 하여금 허친슨의 명령을 따르지 말라고 경고하고 그날 밤 사무엘 애덤스와 존 핸콕 등 150여 명의 「자유의 아들들」은 모호크 족 인디언으로 분장하여 보스턴 항에 정박중이던 세 척의 배에 침투하여 싣고 있던 차를 전부 바다로 내던졌다. 이것이 유명한 「보스턴 차당사건 Boston Tea Party」(1773년)이었다.

이에 분노를 금치못한 영국 의회는 1774년 3월에 이러한 사건을 응징하기 위하여 「강제법Coercive Acts」을 제정하였다. 이 법은 4개로 나뉘어지는데, 첫째는 손실된 차의 값을 배상할 때까지 보스턴 항구를 봉쇄하는 것이며, 둘째는 통치법Government Act으로 식민지 의회의 상원 의원과 보안관을 영국 국왕이 직접 임명하게 하고 보안관이 배심원을 임명할 수 있게 하였다. 그리고 연례적으로 관료를 뽑기 위하여 모이는 읍민회를 제외하고는 모든 읍민들의 모임은 총독의 승낙 없이는 열 수 없게 하였다. 세번째는 재판 운영법인데 유죄 혐의를 받은 영국 관리나 병사는 식민지 법정이 아니라 영국 본토에 와서 재판을 받도록 한 것이었다.

마지막으로, 군대 숙영 민박법Quartering Act은 필요한 경우에 식민지가 영국의 군대에 민박을 제공해야 한다는 것이었다. 그리고 5월에 토머스 게이지 장군이 허친슨의 후임으로 메서추시츠의 새 총독겸 영국군 총사령관으로 부임하였다. 이는 영국이 보스턴을 다른 식민지로부터 고립시켜 강압적으로 통치하여 다른 식민지인들에게 본때를 보여주려고 한 것이었다.

그러나 이러한 영국의 의도는 오히려 역효과를 내고 말았다. 식민지인들은 메서추시츠에 가한 이러한 일련의 법들을 참을 수 없는 법으로 간주하면서 그들이 이러한 법에 대항하여 투쟁하지 않으면 메서추시츠와 똑같은 심한 압제가 전식민지에 퍼질 것으로 믿고 대대적인 투쟁을 벌였다. 버지니아 통신 위원회의 젊은 회원이었던 토머스 제퍼슨은 6월 1일을 버지니아의 금식과 기도의 날로 선포하고 메서추시츠에 대한 영국의 강압적인 정책에 간접적으로 항의하였다. 이에 대응하여 총독이 버지니아 하원을 해산시키자 그들은 독자적으로 투쟁 방법을 논의하고 제 1차 대륙 회의를 소집할 것을 결의하였다.

1774년 9월 5일 필라델피아의 카펜터즈 홀에서 조지아를 제외한 모든 식민지에서 뽑혀 온 55명의 식민지 대표들로 구성된 제 1차 대륙 회의가 열렸다. 여기에서 버지니아의 페이튼 랜돌프가 회장으로 선출되었으며 필라델피아의 사무엘 애덤스로 알려진 찰스 톰슨이 서기로 선출되었다. 그러나 이 대륙 회의에서는 아직 미국 독립에 대한 구체적인 대안이 나오지 않았고 다만 메서추시츠에 대한 영국의 법들을 참을 수 없는 법들이라고 규정하고 영국에 대한 항의안을 채택하였다.

이어서 이 대륙 회의는 미국인의 권리 선언을 채택하여 미국은 영국 의회가 미국의 통상을 규제하기 위하여 제정한 법은 인정하지만 식민지의 내정문제는 간섭할 수 없다고 선언하고, 또한 영국왕에 대한 청원서를 작성하여 식민지인에 대한 억압 정책을 국왕이 철회해 주기를 요구하였다.

그러나 영국 의회에서는 비교적 온건한 대륙 회의의 결의안조차도 받아들일 분위기가 아니었다. 의회는 메서추시츠가 반란 상태에 있다고 선포하고 뉴잉글랜드가 다른 나라와 통상하는 것을 전면 금지시켰으며 북대서양에서 어업권을 행사하지 못하도록 하였다.(최웅·김봉중『미국의 역사』소나무 2009)

이제 영국과 미국 식민지는 걷잡을 수 없는 파경으로 곤두박질쳤으며 그것은 결국 독립 전쟁으로 확대되기에 이르렀다. 인간적인 요소들과 감정들이 역사를 움직이는 데 아주 중요한 역할을 하고 있다는 실례를 우리는 여기에서 엿볼 수 있다. 영국과 미국 양측은 이제 서로를 믿지 못하였고 상대방을 가장 나쁜 면으로 해석하기 시작하였다. 대륙회의에서 보수파는 급진파의 강경론을 제압하고 조셉 겔로웨이 등을 중심으로 사실상 영국과의 타협을 모색하였다. 그들은 영국왕에게 청원서를 보내 식민지인들은 영국 국왕의 충성스러운 신민임을 재천명하면서 영국이 식민지에 대한 억압적인 정책을 철회함으로써 옛날의 평화스러웠던 식민지 체제를 복구하도록 촉구하였다.

그러나 영국은 식민지인들이 모국의 권위를 추락시키면서 반란음모를 획책하고 있다고 보았다. 타협의 소지가 다분히 있었음에도 불구하고 한번 불신과 의심을 하게 되자 이러한 부정적인 관념은 연쇄반응을 일으켜 어떠한 행동도 서로에게 위협을 주는 것으로 받아들이게 되었다. 미국은 영국이 미국 식민지를 노예화하려고 획책하고 있다고 두려워하였고, 영국은 미국의 폭도들을 제압하기 위하여 강압적인 수단으로 맞서야 한다고 생각하였다. 결국 수많은 역사의 경우와 같이 결과는 전쟁으로 결판이 났다. 고정된 불신과 의심의 꼬리를 무는 인간적인 요소가 전쟁의 피를 불러일으키게 된다는 좋은 본보기가 된 셈이다.

나중에 미국의 북부와 남부가 이와 똑같은 편견과 의심의 가속화로 인하여 타협의 소지가 있었음에도 불구하고 4년간의 처절한 남북 전쟁을 치렀던 것이나 2차 세계 대전이 일어나기 전에 미국과 일본과의 관계가 이러한 인간적인 요소에 의하여 가속화되었던 것, 그리고 제 2차 세계 대전 종결과 함께 미국과 소련이 등을 돌리고 원수지간이 되었던 것도 이러한 인간적 요소가 크게 작용했다고 할 수 있다.

역사란 자유를 억압하는 세력으로부터 끊임없이 해방되려고 하는 인간 몸부림의 연속이라고 할 수 있다. 이러한 역사적 추세를 가정한다면 미국의 독립도 분명 언젠가는 오게될 것임에 틀림이 없었다. 그러나 1775년 이전까지 미국인들의 대부분은 영국으로부터의 독립은 생각하지 않았으며, 다만 영국의 강압적인 식민 정책에 대해 항의하고 영국 정부가 그것을 철회해 주도록 요구하였을 뿐이다. 사무엘 애덤스나 패트릭 헨리와 같은 급진 세력들도 미국이 궁극적으로 독립을 해야 한다고는 생각하였지만 구체적인 방안을 제시하지 못하고 있었고, 제 1차 대륙 회의에서와 같이 미국은 온건주의가 지배하여 세계 최강의 영국의 식민지로서 과거에 평안하였던 식민지 관계를 지속시키려고 하였다.

특히 경제적·사회적으로 하부 구조를 이루고 있던 민중들은 영국으로부터의 완전한 독립을 생각하지도 않았다. 그들의 가장 큰 관심사는 오히려 3,000마일 떨어진 영국 본토에서 왕과 의회가 어떠한 정책을 펴고 있었는가보다는 식민지내에서의 사회적·경제적 불평등에 더 관심이 있었다. 영국의 식민지 정책에 불만이 있었다면 바로 그들의 일상

경제 활동을 제약하는 일련의 통상 규제법이나 관세법들에 대한 불만이었다.

　이러한 강압적인 법들이 철회되고 정상적인 상업 활동이 재개될 경우에는 미국 식민지의 일반 군중들이 과격하게 미국 독립을 외칠 아무런 이유가 없었다. 이런 점에서 미국 혁명의 가장 직접적이고 중요한 동기는 영국 정부가 메서추시츠에 적용하였던 강제법과 같은 일련의 강압적인 식민지 정책을 편 데 있었다고 하겠다. 그러한 강압 정책들은 그동안 미국의 정치・경제를 장악하고 있던 식민지의 엘리트층들에게 직접적인 도전을 한 것이었다. 영국이 그들의 의견을 무시하고 더욱 강경한 정책을 펴게 되자 식민지 엘리트들은 인지세법 이후로 과격해지고 있던 민중들의 힘을 이용하여 영국으로부터의 독립을 구상하게 되었던 것이다.

　1775년 4월 19일 영국군 일개 중대와 식민지 민병대와의 역사적인 렉싱턴 전투를 시작으로 영국과 미국은 전쟁 상태에 들어갔음에도 미국 식민지내에서는 영국으로부터의 완전한 독립을 주장하는 급진파와, 영국의 강압적인 정책들을 철회하도록 계속 노력하자는 온건파가 대립하고 있었다. 그러나 1776년 중반 이후로 대세는 토머스 페인 등의 급진주의 사상가들의 영향으로 미국은 타락한 군주제로부터 벗어나 독립을 해야 한다는 쪽으로 기울어졌다. 그리하여 1776년 7월 4일 대륙 회의에서는 공식적으로 독립 선언서를 채택하였다.

　이 선언서에서 인간은 자연적 평등권과 자연권을 소유하고 있으며 이 사실에 대하여는 논쟁할 여지가 없는 자명한 진리라고 밝혔다. 이러한 "인간의 절대 자연권에 따라 인간은 생명・자유・행복 추구의 권리를 갖고 있으며 이러한 인민의 권리를 보장하기 위해 정부가 필요하며 그 정부는 인민들에 의해 구성되어야 한다"고 발표하였다. 즉 영국의 왕권으로부터 독립하여 인간 자연권을 보장한 새로운 독립 정부를 인민들에 의해 구성한다고 선언한 것이다.

　그러나 자연권에 의한 새로운 정부 건설은 그렇게 쉽지는 않았다. 존 애덤스가 말한 것처럼 이 문제는 세계 역사의 어느 순간에도 해결되지 못하였으며 앞으로도 해결이 가능하지 못할 어려운 과제였다. 주권이 인민의 손에 있어야 한다는 이론이야 오래전부터 있었지만 어떻게 구체적으로 주권을 인민의 손에 돌려줘야 할 것이냐에 대해서는 모두들 막연한 생각뿐이었다. 타락한 영국으로부터 독립을 해야 한다는 데에는 동의하고, 또한 새 국가를 창조한다는 희망으로 모두 다 들떠 있었지만 독립 국가를 구성하는 일은 통치의 경험이 없었던 미국인들에게는 너무나 벅찬 것이었다.

　독립이 단지 그들의 경제적 고통과 영국의 부당한 정책 때문만이 아니라 어떠한 숭고한 이념적 이유에서 발생하였다는 것을 주장하기 위하여 미국의 엘리트들은 고심하였고,

결국 그들이 주장하고 나선 것이 소위 혁명적 공화주의였다. 이 공화주의는 독립 선언서에 잘 나타나 있듯이 인민들에 의하여 움직여지며 인민들의 생명·자유·평등을 보장하는 정부를 건설하는 것이었다. 그러나 이상주의적 공화주의를 내세웠지만 구체적으로 어떠한 세력이 정부를 주도해야 하는가에 대하여는 날카로운 대립을 보였다.

즉 보수주의자들은 깊은 청교도적 사상을 가지고 있어서 인간은 본래 타락과 부패하기 마련이기 때문에, 순수한 인민에 의한 정부가 들어서고, 인민들에게 절대적 자유를 주게 되면 타락한 인간 속성 때문에 그 자유조차 다수에 의한 독재의 경향으로 갈 수가 있으며 사회 질서가 개개인의 이익 때문에 깨질 수 있게 되고, 한번 질서와 체제가 깨어지면 오히려 국민들의 공익을 해치게 되므로 구체적인 강력한 견제 세력이 있어야 한다고 주장하였다.

이미 전쟁 중에도 계급 투쟁적 요소가 보였고, 전쟁에 협조하지 않는 세력도 많았으며, 전쟁으로 자기의 욕심만 채우는 사람들도 나타나게 되었다. 이와 같이 이미 독립 전부터 다양해진 사회에서 당파적 문제 등으로 완전한 인민에 의한 자유 정부를 수립하기에는 많은 어려움이 있었다. 만약 혁명 후에 이러한 불안한 요소가 재현될 경우 새 정부는 걷잡을 수 없는 파경에 이를 가능성이 농후하였다.

혁명 기간, 농부·소작인·노동자·기능공들을 포함한 그동안 정치에서 소외되었던 자들이 정치에 깊이 참여하게 되었다. 정상적인 입법 회의나 대표자회의 등이 독립전쟁 기간에 불가능하게 되자 각 지역마다 읍민회 등을 소집하여 그때그때 필요한 사항들을 스스로 결정하였다. 인지세 반대 투쟁 때부터 당국의 허가 없이도 읍민 회의에서 가격과 임금을 규정하였다. 토리 당원들을 협박하여 세금을 징수하고 심지어 무엇을 먹고, 마시고, 입고, 말하고, 생각할 것인가까지도 이러한 읍민회에서 결정하였다.

이러한 국민의 자치와 자유주의는 인쇄물과 종교로부터 크게 영향을 받았다. 신문 외에도 팜플렛 등이 이러한 공화주의적 사상을 국민들에게 전달하는 데 큰 역할을 하였다. 1,500개 정도나 되는 팜플렛이 독립 혁명과 공화주의 문제를 집중적으로 다루었다. 그때까지 세계사의 어느 시대 어느 나라에서도 이렇게 값싸고 광범위하게 퍼진 문서로써 새로운 정부 구성에 대한 문제로 노동자·농민 할 것 없이 모든 국민들을 계몽했던 적은 없었다.

또한 독립전쟁 30년 전부터 시작된 미국 전역에 걸친 대각성운동의 복음주의적 신앙 부흥 운동은 미국인들로 하여금 그리스도가 곧 재림하여 지상 왕국을 건설할 것이라고 믿게 하였다. 그리하여 그들은 하루 빨리 타락한 영국으로부터 분리되어야 하며 새로운 이스라엘로 미국이 하나님의 선택을 받았으므로 모든 국민은 능동적이고 긍정적으로 악하고 타락한 세상을 타도하고 자유를 보존하는 이상적인 국가를 건설해야 한다고 주장하였다.

그러나 이러한 대중 운동과 인민들의 정치 참여는, 공화주의를 부르짖으며 영국으로부터 독립을 주장하였던 엘리트 귀족층에게 심대한 우려를 안겨주었다. 특히 독립전쟁이 막바지에 들어서자 사회·경제 엘리트elite(사회 지도층·명사들)들은 새 정부는 일반 대중들에 의하여 주도되는 것보다 능력이 있고 지혜로우며 어느 정도의 기본 재산을 갖고 있는 귀족들에 의하여 주도되어야 한다고 주장하였다. 이들은 공화주의적 국가를 이룩하는 데에 일반 민중이 정치에 참여하는 것을 위험스럽게 생각하였다. 일반 민중에 의한 정치는 사회 불안을 조성하고 이러한 불안은 오히려 일반인들의 공익을 해칠 수 있다고 생각하여 대중들의 정치 참여를 제재하려는 움직임을 보였다.

이러한 보수파와 과격파간의 논쟁은 쉽게 합의를 보지 못하였다. 그간의 사정은 펜실베이니어와 메서추시츠 주의 헌법이 잘 나타내 주고 있다. 펜실베이니어는 토머스 페인·토머스 영Thomas Young의 진보적 세력과, 서부의 농민, 필라델피아의 기능공·소상인 등이 뭉쳐서 가장 진보적인 색채를 띤 정부를 수립하였다. 여기에서는 지사나 상원 등의 기존 정치 체제를 벗어나 매년 선거를 통해 당선된 하원으로만 구성된 하나의 강력한 의회를 구성하였는데, 이 의회는 인민 전체의 이익을 대변하는 것이었다.

그동안 관직 취임 요건으로 공식화되었던 재산권을 없앰으로써 재산이 없는 하층민도 관직에 오를 수 있게 되었다. 또한 권리장전을 제정하여 종교 및 언론의 자유와 배심원에 의해 재판을 받을 수 있는 권리 등을 보장하였다. 가장 진보적이었던 것은 재산의 재분배 원칙이었는데, 펜실베이니어 정부는 소수 개인들에 의해 장악된 엄청난 양의 재산은 일반 국민의 자유에 위험한 것이라고 생각하여 이러한 재산 소유를 제한하는 법을 제정하려는 움직임을 보였다.

한편 존 애덤스가 큰 영향을 끼쳤던 메서추시츠 주에서는 주권이 전적으로 국민에게 있는 공화주의 정부를 설치하되 상부 계층과 하부 계층의 균형을 맞추기 위해 양원제를 채택하였다. 하원은 인민을 정확히 대표하는 기구로서 그들과 함께 생각·느낌·행동·이성을 같이 나누는 자들로 구성되며, 상원은 토지 귀족이나 기타 많은 재산권을 소유한 부유한 엘리트로 구성되게 하였다.

애덤스에 의하면 인류 역사는 민주주의 세력과 귀족 세력과의 분단이 필연적인 것인데, 이러한 양 세력을 견제하기 위해서는 독립적인 지사 중심의 행정부를 구성하여 이 행정부로 하여금 의안 거부권, 군사 지휘권, 지출 감시권, 관리 임명권 등을 담당하도록 하는 것이었다. 물론 이 제안은 메서추시츠 지방의 노동자와 농민 그리고 하층민들로부터 완강한 반대를 받았지만 당분간 이런 정도만으로도 만족해야 한다고 설득하여 결국 1779년 7월에 주 헌법으로 제정되었다.

영국에 대한 미국의 승리가 거의 확실해져가던 1781년 3월에 대륙 회의에서는 13개 식민지를 연합하는 영구적인 동맹을 맺기로 하고 그 헌법으로 연합헌장을 채택하였다. 이에 의하면 각 나라는 아메리카 합중국으로 불리는 하나의 국가에 속해 있지만 그 자신이 조그마한 국가로서 존재하고 다만 공동 방위와 안전을 위하여 서로 동맹을 맺을 뿐이었다. 이것은 다만 '우정의 동맹'으로 그동안 대륙 회의가 가졌던 권위를 그대로 인정하고, 그 규모와 관계없이 각 나라는 동일하게 한 표를 갖게 하였다. 연합 의회는 선전 포고권, 조약 체결권, 동맹 체결권, 해상 지배권, 육해군 유지권, 대사 파견권의 권한을 가졌다.

그것은 전쟁 중에 대륙 군대를 훈련시키고 유지하는 데 크게 이바지하였으며 프랑스와 동맹을 맺고 외국과의 통상을 체결하여 독립전쟁을 수행하는 데 재정적 문제가 없도록 하였다. 그러나 연합 의회는 중앙 정부로서 통상을 규제하거나 각 나라의 재정 문제를 조절할 수 있는 권한을 갖지 못하였다. 간단히 말해서 연합 의회는 영국으로부터의 독립전쟁을 성공적으로 수행하기 위해 성립된 것이었으나 전쟁 이후에 여러 가지 경제·외교·정치적인 문제를 해결할 중앙 정부로서의 법적 권한을 갖고 있지는 않았다. 실로 그것은 미국인의 강력한 중앙 정부에 대한 불신의 산물이었다.

미국인들은 강력한 중앙 정부에 반대하고 있었다. 강한 중앙 정부는 인민에 의해 구성되고 인민의 전반적인 이익을 대변하는 공화주의적 정치에 위반하는 것이며, 자칫하면 다시 유럽과 같은 독재 전제주의적 경향으로 전환될 수 있다는 것이었다. 그러나 전쟁이 끝나고 독립을 이루게 되면서 연합 의회는 전후의 여러 문제들에 대처할 권한을 소유하지 못하였고, 갓 태어난 공화국의 독립을 성공적으로 유지하는데 부족하다는 것을 깨달은 것은, 독립 후의 제반 문제가 야기되면서부터였다.

2. 독립 후에도 강화된 노예 혹사와 반란 속출, 남북전쟁 발발

1) 노예제 찬성한 주와 반대한 자유주, 연방 대표권 놓고 대결

(1) 자유 · 인권 현란하게 강조한 공화국, 노예반란 진압은 잔인무도

1831년, 버지니아 사우샘프턴에서 냇 터너Nat Turner(1800~1831)라는 한 흑인 노예와 그를 추종하던 70여 명의 흑인들이 폭동을 일으켰다. 이들은 사전에 치밀하게 모의한 듯 먼저 각자의 주인을 죽이고 길거리에 나와 백인들을 남녀노소 할 것 없이 닥치는 대로 살해하기 시작했다. 광란이 끝났을 때 길거리에는 백인 57명의 시체가 널려 있었고 공포에 질린 백인들은 모두 도망쳐서 거리는 유령의 도시처럼 텅 비었다. 주모자 냇 터너는 이 무장폭동이 노예해방의 서곡이고, 짐승처럼 살아가는 동료 흑인들이 자신의 용기에 고무되어 전국적인 노예해방 투쟁을 시작할 것이라고 믿었다.

그러나 불행히도 흑인들은 냇 터너보다는 그들의 백인 주인들에게 충성을 바쳤다. 의외로 사태가 확대되지 않자 폭도들은 당황하기 시작했고 그러는 동안 백인 토벌대가 들이닥쳤다. 폭동에 가담한 많은 흑인들이 그 자리에서 살해되었다. 냇 터너는 간신히 몸을 피해 지하로 잠적했지만 결국 수색대에 잡혀 길거리에서 공개교수형에 처해졌다. 백인들의 역테러로 모두 100명 이상의 흑인들이 죽었다. 이것이 당시 남부의 백인들을 공포의 도가니로 몰아넣었던 『냇 터너의 반란』 사건이다.(유종선 『미국사 다이제스트 100』 가람기획 2012)

『냇 터너의 반란』은 두말할 것 없이 당시 미국 남부의 비인간적 노예제도가 그 배경이다. 미국에서 흑인 노예제도는 이미 17세기 초에 시작되었다. 그러나 우리가 미국 역사책이나 영화에서 보아 알고 있는 가혹한 노예제도는 19세기 초, 면화농장의 발달과 더불어 본격화되었다.

이전까지 남부 농장들에서는 주로 담배를 경작하고 있었다. 그러나 담배는 지나치게 땅을 황폐화시켰고 여기에 과잉생산으로 담뱃값이 폭락하여 담배 농장주들은 극심한 경제적 어려움에 시달렸다. 물론 농장주들은 이때 이미 면화라는 대체작물을 떠올리고 있었다. 당시 전 세계적으로 양모 대신 면으로의 의복혁명이 일어나고 있었기 때문에 면화의 수요는 무궁무진했을 뿐만 아니라 값도 하루가 다르게 치솟고 있었던 것이다.

문제는 면화 재배가 막대한 노동력을 필요로 한다는 것이었다. 송이를 하나하나 사람 손으로 따야 하는 것은 둘째 치고, 더 문제가 되는 것은 씨를 빼내는 작업이었다. 목화 섬

유에 돌돌 말려 있는 씨는
여간해서는 빼기가 쉽지 않
았고 노예 한 사람이 밤을
새워 일을 해도 씨를 빼낸
목화송이가 겨우 한 아름
정도밖에 되지 않았다. 이
래서야 도저히 수지를 맞출
수 없었다.

SLAVE-BRANDING.

흑인 노예의 등에 인두로 낙인을 찍는 백인 노예주.신생국 미국의
부는 이 같은 비인간적인 노예제 노동 위에 쌓아올려졌다. 노예는
미국 경제를 떠받치는 주춧돌이었다.(유종선『미국사 다이제스트
100』가람기획 2012)

　　그러다가 일라이 휘트니
라는 사람이 조면기(목화
송이에서 씨를 뽑는 기계)
를 발명한 것은 농장주들에
게는 그야말로 복음이 아닐 수 없었다. 곧 담배밭을 갈아엎고 거기에 목화씨를 뿌렸다.
넓고 비옥한 토지에 거의 공짜나 다름없는 풍부한 노동력, 미국은 사실 면화농사에는 더
할 나위 없이 좋은 조건을 갖추고 있었다.(Eli Whitney 1765~1825 : 미국의 발명가. 조면기
繰綿機·cotton gin를 발명)

　　예상했던 대로 면화 농사는 남부의 농장주들에게 엄청난 이윤을 안겨주었다. 그들은
노동력이 허용하는 데까지 농장을 늘려갔고, 여기에 북부에서 돈푼깨나 있는 사람들도
가세하여 남부는 하루아침에 거대한 '면화 왕국'으로 변모했다. 1860년 미국의 면화 생
산량은 총 23억 파운드, 총 수출의 3분의 2가 면화였다.

　　씨는 기계로 뽑는다고 해도 면화 농사는 손이 많이 갔다. 아무리 농장을 늘리고 싶어도
사람이 모자라면 할 수 없는 일이었다. 당연히 노예의 가격은 하루가 다르게 치솟았고,
농장주들은 조금이라도 더 노예들을 부려먹기 위해 혈안이 되었다. 게으름을 피웠다간
감시인의 가죽 채찍이 사정없이 등줄기를 내리쳤고, 도망치다 붙잡히면 맞아 병신이 되
거나 죽음을 각오해야 했다. 농장주들은 그제서야 비로소 노예의 가치를 깨달았다. 그들
에게 노예는 곧 돈이고 재산이었다. 뿐만 아니고 북부의 상인, 섬유업자, 무역상들도 결
국은 노예를 통해 돈을 벌었다. 한마디로 노예는 미국의 경제를 떠받치는 주춧돌 같은 존
재였다.

　　아무튼 면화 농장과 더불어 노예들의 형편은 더욱 비참해졌고 노예제도는 사회적으로
더욱 공고해졌다. 동시에 노예제도를 둘러싼 치열한 논쟁이 전국적으로 다시 일었다. 이
전까지는 남부에서조차 노예제는 어쩔 수 없이 생겨났을 뿐 그 자체는 비도덕적이고 비

기독교적이라는 것이 사람들의 생각이었다. 아니, 속으로는 아무리 다르게 생각하더라도 원칙적으로 노예제도가 옳지 않다는 것에 대해서는 아무도 공개적으로 반론을 제기하지 못했다. 그러나 이제는 공공연히 노예제도를 옹호하는 사람들이 생겨났다. 윌리엄앤메리 대학 철학과 교수인 토머스 듀라는 사람이 나서서 "동물들 사이에 약육강식이 법칙이듯 인간이 인간을 노예로 삼는 것 역시 자연의 섭리"라는 주장을 폈다.

합중국 부통령을 지낸 반연방주의자 칼훈은 "노예제도가 없이는 부유하고 문명한 사회는 존재할 수 없다"고 하며, 고대 아테네의 민주주의가 노예제도 때문에 가능했다는 예를 제시했다. 하나님이 노예의 표시로 흑인들의 피부 색깔을 검게 만들었다고 주장하는 목사들도 있었다. 노예제가 도덕적이냐 아니냐를 떠나서 노예가 없으면 미국 경제가 하루아침에 무너지고 말 것이라는 이유로 노예제를 옹호하는 경제학자들도 있었다.

노예 폐지론자들도 더욱 격렬한 주장과 행동으로 맞섰다. 윌리엄 로이드 개리슨 같은 사람은 노예 옹호론자들뿐 아니라 소극적 노예제도 반대론자들까지도 문명과 기독교의 적으로 간주하고, 전 노예의 즉각적 해방을 외치는 『해방자TheLiberator』라는 신문을 발행했다. "노예 문제는 조용히 말로 해결하기에는 너무 사태가 급박하다, 불이 났으면 소리를 지르고 불을 꺼야지, 불이야 외치는 사람에게 어떻게 조용히 하라고, 이 문제를 차근차근 생각해 보자고 할 수 있단 말인가."

개리슨의 격렬한 논조에 고무되어 퀘이커교도들이 「지하철도UndergroundRailroad」라는 흑인해방 지하조직을 만들었다. 이것은 농장을 탈출한 노예들을 추격자들로부터 보호하고 비밀통로를 통해 안전한 지역까지 데려다 주는 전국적 점조직망이었다. 1833년에는 노예폐지협회가 조직되어 전국적인 노예폐지 운동을 전개하기 시작했다. 1817년 조직된 미국식민협회는 여기서 한 걸음 더 나아가 흑인들을 그들의 고향 아프리카로 돌려보내기 위한 운동을 전개했다. 이 협회의 노력으로 수만 명의 흑인노예가 아프리카로 건너가 오늘날의 라이베리아 공화국을 건설했다.

노예문제는 확실히 당시 미국이 당면한 최대의 정치 문제요 사회 문제였다. 격렬한 논쟁, 인신공격, 테러가 난무했고, 노예제도 옹호론자들과 반대론자들, 그리고 지역적으로 이를 대표하는 남부와 북부의 골이 점점 깊어져갔다. 워싱턴에서는 남부와 북부 출신 정치인들 사이에 노예제를 둘러싼 감정적 논쟁이 그치지 않았다. 이것이 결국 남부의 연방 탈퇴와 내전(남북전쟁)으로 이어지게 되었다.

(2) 남부 7개 노예제 찬성 주들, 노예 소유 반대하면 연방 탈퇴 위협

영국으로부터 연방공화국으로 독립을 쟁취한 미국인들은 13개 연합주에서 점차 서부로 남부로 세력을 확장시켜 동서 두 대양 사이를 통일하게 된다. 이 과정에서 서북부 주들에서는 상공업 계층이 지배권을 잡았고 동남부 주들에서는 대토지·대농장 경영주들이 정치·경제 지배의 주도권을 잡게 되었다.

미국인들은 생산을 위한 노예노동력 사용 및 수입 문제에서나 대외무역과 시장 확보 문제 등에서 단순한 지역주의 이상의 갈등과 대결 상태를 맞이하게 되었다.

이미 식민 초기부터 남부에는 노예를 이용한 플랜테이션 농업이 성행했고, 북부에는 자영농과 가내 수공업, 그리고 상업이 발달했다. 이런 경제 구조의 차이는 자연히 서로 다른 경제적 이해관계를 낳았고, 연방정부의 경제 정책을 두고 북부와 남부는 처음부터 첨예한 대립을 보여 왔다.

노예 문제만 해도 그랬다. 남부는 산업 구조 자체가 노예제를 기반으로 하고 있었다. 담배나 면화농사에는 막대한 노동력이 필요한데 노예가 없으면 노동력을 도저히 충당할 수가 없었다. 남부에서는 노예제도가 경제적 사활이 걸린 문제였다. 그러나 북부에서는 남부의 노예제도 때문에 상대적으로 값싼 노동력을 이용할 수 없는 불만이 있었다. 물론 북부가 노예제도를 반대한 데에는 도덕적 이유도 없지는 않았지만 이런 경제적인 이유도 과소평가할 수가 없었다.

건국 초에는 남북간에 세력 균형이 잘 이루어져 이런 문제들이 타협적으로 잘 처리되었다. 그러나 영토 확장으로 새로 연방에 가입해오는 주가 늘어나면서 문제가 발생하기 시작했다. 특히 신가입 주에 노예제를 허용할 것인가 하는 문제는 남북 모두에게 사활이 달린 정치적 의미를 갖고 있었다.

1819년 미주리 주가 노예주로 연방가입을 신청하면서 문제가 생기기 시작했다. 남부는 당연히 미주리 주의 연방가입을 찬성했다. 그러나 북부는 미주리 주가 노예주로 가입할 경우 노예의 5분의 3을 인구로 계산하는 현행 제도 때문에 연방 국회에서 노예주 대표들이 너무 많아진다는 이유를 들어 미주리 주의 연방가입에 강력히 반대했다. 논란 끝에 미주리 주는 일단 연방에 받아들이는 대신에 앞으로 루이지애나 북위 36도 30분 이북에서는 노예제를 일체 금지한다는 타협이 이루어졌다. 그러나 불씨는 여전히 남아 있었다.

노예제를 둘러싼 남북의 갈등은 1820년대 이후 서부 진출과 산업 발전의 열기로 잠시 수그러드는 듯 했다. 그러나 서부의 인구 증가로 새로 연방가입을 신청하는 주가 늘어나면서 문제가 다시 불거지기 시작했다. 먼저 1845년에 텍사스 주가 노예주로 연방가입을 신청해 왔는데, 워낙 남쪽에 치우쳐 있는데다 현실적으로 북부가 끝까지 반대할 형편이 아니어서 결국 가입이 승인되었다. 그러나 캘리포니아 주, 뉴멕시코 주, 유타 주 등에 이르러서는 문제가 심각했다. 당시 이 지역에 몰려든 이민들은 대부분 북부 출신이었으므로 그대로 두면 이들이 자유주로 연방가입을 신청하리라는 것이 거의 확실했다. 이것은 지금까지 불안하게나마 유지되어 왔던 자유주와 노예주 사이의 균형을 결정적으로 무너지게 할 위험이 있었다.

우려했던 대로 캘리포니아 주가 1849년에 자유주로 연방가입을 신청해 왔다. 그해 실시된 투표에서 주민들이 12,000 대 800이라는 압도적 표차로 노예제를 허용하지 않기로 결정했던 것이다. 의회는 발칵 뒤집혔다. 많은 남부 출신 의원들은 캘리포니아 주가 (노예제를 반대하는) 자유주로 된다면 남부는 연방에서 탈퇴하겠다고 공공연하게 떠들어대기 시작했다. 테일러 대통령은 캘리포니아 주민들의 의사가 절대 존중되어야 하며, 이를 이유로 연방을 탈퇴하려는 움직임에 대해서는 무력으로라도 개입하겠다고 응수했다. 바야흐로 일촉즉발의 정치적 위기가 감돌았다.

헨리 클레이 상원의원이 타협안을 제시했다. 노예제 허용 여부는 주민의 의사를 존중하되, 기존 탈출노예법을 더욱 엄격하게 개정하여 남부의 권리를 보장하자는 것이 요지였다. 이에 따르면 탈출노예를 도와주면 형사 처벌을 받도록 하고 탈출노예는 주인이 당국의 영장 없이도 체포하여 끌고 갈 수 있었다.

그러나 클레이의 타협안은 남부와 북부 모두의 반대에 직면했다. 남부의 대변인격인 칼훈이 나서서, 북부는 노예 문제를 빌미로 남부를 압살하려는 음모를 즉시 중단하고 최초 연방 구성 당시 남북이 합의했던 세력 균형의 원칙을 지키라고 했다. 나아가 그는 현재의 정부 체제로는 남부의 권익이 제대로 보호되지 않기 때문에 남북에서 각각 대통령이 나오는 이원 집정부제로 헌법을 개정할 것을 주장했다. 북부에서는 뉴욕 출신 시워드 의원이 등단하여, 탈출노예법은 신의 명령에 명백히 위반되는 것이며 아무리 국회라도 이 따위 불경한 법률을 승인할 권한이 없다는 요지의 열변을 토했다.

이 문제를 두고 상원에서는 1850년 1월부터 8월까지 남북간에 지루한, 그러나 사활을 건 논쟁이 계속되었다. 전국의 내로라 하는 논객들이 모두 나서서 입장을 개진했다. 마침내 이 논쟁은 일리노이 출신 스티븐 더글러스 의원의 열변으로 마무리되었다. 나중에 링컨과의 공개토론으로 더욱 유명해진 그는, 비록 5척 단신이었으나 장중한 목소리와 불같은 열정으로 모두를 감동시켰다. 클레이 안대로 타협이 안 되면 연방이 둘로 갈라지는 것은 불 보듯 뻔하다는 것이 그의 연설의 요지였다. 많은 민주당 의원들이 타협안 쪽으로 돌아서는 바람에 골수 남부주의자들도 어쩔 수 없었다. 결국 그해 9월 클레이의 타협안이 상원을 통과하고 캘리포니아는 자유주로 연방의 일원이 되었다.

이렇게 해서 일단 위기는 넘겼지만 이것으로 문제가 해결된 것은 결코 아니었다. 남북 모두가 타협안에 크게 불만이었으므로 이것은 오히려 새로운 문제의 시작을 의미할 뿐이었다. 북부의 골수 노예 해방론자들은 탈출노예법을 공공연히 무시하고 '지하철도' 조직을 더욱 강화하기 시작했다. 남부는 남부대로 노예제에 관한 주민 자결의 원칙이 이대로 굳어질지 모른다는 의구심과 두려움을 가지고 있었다. 많은 사람들에게 남북의 분열과 피의 대결은 이제 피할 수 없는 일로 다가오고 있었다.

(3) 사악한 「노예제 수용안」과 「폐지안」으로 남·북부 주들 충돌

노예제를 둘러싼 갈등은 결국 심각한 유혈 사태를 몰고 왔다. 1856년 5월, 캔자스 주의 로렌스에서 노예주의자들과 반노예주의자들간에 무력 충돌이 일어났다. 처음에는 그렇게 심각한 사태가 아닌 듯했으나 존 브라운이라는 과격 노예해방론자가 이른바 「포타와타미 학살」 사건을 일으키면서 사태는 걷잡을 수 없이 확대되었다. 존 브라운과 그의 부하들이 노예제를 열렬히 옹호하는 백인 이주자 다섯 명을 잔인하게 살해한 사건이었다. 사건의 여파로 테러·습격·보복이 거듭되면서 그해에만 200명 이상의 주민이 희생되었다. 신문들은 「피 흘리는 캔자스」 사태를 대서특필하기 시작했고, 미국 전역에는 다시 한 번 남북간의 긴장감이

『톰 아저씨의 오두막』의 삽화. 그리스도교적인 휴머니즘의 입장에서 쓰여진 이 소설은 선악의 선명한 대비로 노예제 폐지에 큰 영향을 끼쳤다.

극적으로 고조되었다. 연방정부의 무력 개입으로 사태가 가까스로 진정되기는 했으나, 이는 다가올 거대한 폭풍의 예고와도 같은 것이었다.

캔자스 사태의 직접적 발단은 1854년에 의회가 이른바 「캔자스-네브라스카법」을 통

과시킨 데 있었다. 스티븐 더글러스 상원의원이 발기한 이 법은 당시 이주민이 급증한 미주리·오하이오 서부 지역을 네브라스카와 캔자스 두 지방으로 나누고, 노예제 허용 여부는 주민투표로 결정한다는 것이었다. 이 법이 특히 문제가 된 것은 북위 36도 30분 이북에서는 앞으로 노예제를 허용하지 않는다는 '미주리 타협안'이 이 법안의 통과로 사실상 폐기되었기 때문이다. 미주리 타협안에 따른다면 이 지역에서는 노예제가 당연히 금지되어야 했다. 북부는 이를 근거로 캔자스-네브라스카법에 맹렬히 반대했으나 남부 출신 의원들의 강경한 주장으로 결국 법안이 국회를 통과했다.

캔자스와 네브라스카에서는 다가온 주민투표를 앞두고 우세를 점하려는 양파간의 물밑경쟁이 치열했는데, 상대적으로 남부에 가까운 캔자스에서 더욱 그러했다. 북부는 이민보조협회를 조직하여 북부인들을 그 지역으로 대량 이주시키려 했고, 남부는 이에 맞서 미주리-캔자스 접경지역 주민들을 선거일에 대거 동원하는 전략을 썼다. 결국 남부의 전략이 적중하여 1855년 3월 실시된 선거에서 노예제가 공식 채택되었다.

반노예주의자들은 즉각 이 '부정선거'를 규탄하고 토피카에 따로 정부를 세웠다. 연방에 가입하기도 전에 캔자스는 사실상 두 개의 정부로 분열되었다. 양파간의 대립은 급기야 심각한 유혈 사태로 번졌고, 두 개의 정부가 서로 다른 헌법을 들고 연방가입을 신청하는 웃지 못할 사태가 벌어졌다.

연방정부는 이 문제로 다시 한 번 아수라장이 되었다. 매서추시츠 출신 찰스 섬너 상원의원이 "남부가 캔자스 사태를 조종하고 있다"는 요지의 발언을 했다가 남부 출신 프레스턴 브룩스 의원이 휘두른 지팡이에 맞아 의식불명이 되었다. 브룩스는 일약 남부의 영웅이 되었다. 의원직을 박탈당하고 고향에 내려온 브룩스를 사람들은 열렬히 환영하고 너도나도 지팡이를 선물로 건넸다. 의기양양한 브룩스는 "사실은 금으로 된 손잡이가 부서질까봐 너무 세게 내려치지는 못했다"고 호기를 부렸다. 그러자 지지자 한 사람이 "미친개는 머리통을 지팡이로 한 대 갈겨야 정신을 차린다"고 화답했다. 이쯤해서 남북의 대립은 이미 돌이킬 수 없이 감정적으로 치닫고 있었다.

재미있는 사실은 캔자스 사태가 노예제 때문이었다고 하는데, 당시 캔자스에는 흑인이 전무했다는 것이다. 1860년 인구조사 때 공식적인 흑인 노예는 단 한 명 있었다. 이를 놓고 보더라도 남북의 대립은 흑인노예문제가 그 핵심은 아니었다. 여기에는 어떤 근본적인 지역감정, 문화적 차이, 경제적 이해관계 같은 것이 저변에 깔려 있었으며, 노예제도 문제는 구실에 불과했던 것이다.

아무튼 캔자스 문제는 이후 몇 년을 지루하게 끌다가 연방정부의 개입으로 1858년에 재선거가 실시되었다. 결과는 자유주 옹호론자들의 압도적 승리였다. 남부는 다시 한 번

뼈아픈 패배를 맛보았고, 자꾸만 불리해져가는 상황을 반전시키기 위해서는 뭔가 극적인 반격의 수단이 있어야 한다고 생각했다.

(4) 노예해방론자 존 브라운의 죽음과 남북전쟁의 폭발

존 브라운은 『톰 아저씨의 오두막』을 쓴 스토 부인과 더불어 남북전쟁 전 미국에서 가장 유명했던 노예해방론자의 한 사람이다. 존 브라운은 1800년 5월 9일 코네티컷 주 토링턴에서 태어났다. 아버지는 소규모 가내 피혁공장을 운영했는데, 집안 형편이 넉넉지 못해 존 브라운은 변변한 교육도 받지 못하고 아버지의 일을 거들며 어린 시절을 보냈다. 그의 아버지는 열렬한 청교도이자 반노예주의자였다. 그의 집은 도망쳐나온 남부 노예들을 보호하는 비밀결사인 '지하철도'의 중요한 거점이 되었다. 존 브라운은 이런 아버지의 영향을 받아 어릴 때부터 철저한 흑인해방론자로 성장했다.(Harriet Elizabeth Beecher Stowe 1811~1896 : 미국의 여류작가. 그의 저작 Uncle Tom's Cabin(1852)은 노예해방운동을 촉진)

그는 이를 위해서는 폭력이 불가피하다고 생각했다. "나는 이 죄악의 땅에서 일어나는 범죄는 피흘림 없이 씻어지지 않을 것임을 확신한다"고 말했다. 워낙 뿌리 깊은 노예제를 타파하기 위해서는 온건한 방법으로는 절대 안 된다는 것이 그의 신념이었다. 1851년에 그는 「미국 길리어드 동맹」이라는, 도망친 노예들로 구성된 폭력 비밀결사를 조직했는데 탈출한 노예들을 백인 추적자들로부터 보호하는 것이 주요 목적이었다. 이를 위해 단원들은 모두 총으로 무장하고 백인 노예주들과 노예 옹호론자들에게 무장 테러를 감행하기도 했다.

존 브라운이 전국적 명사로 떠오른 것은 캔자스에서의 무장투쟁을 통해서였다. 그는 1855년에 캔자스로 이주했는데, 당시 캔자스에서는 캔자스-네브라스카법의 여파로 노예옹호론자들과 폐지론자들간의 대립이 점점 극으로 치닫는 상황이었다. 존 브라운은 동지들과 이 싸움에 뛰어들어 유명한 「포타와타미 학살」 사건을 일으켰다. 노예제를 열렬히 옹호하는 백인 이주자 다섯 명이 존 브라운과 그의 동료들에게 잔인하게 살해된 사건이었는데, 존 브라운은 자신은 다만 신의 명령을 따랐을 뿐 여기에 아무런 양심의 가책도 없다고 말했다.

그의 행동은 더욱 대담해져, 남부 산악지역 한 곳에 탈주 노예들의 공화국을 만들고 이곳에서 노예해방 전쟁의 깃발을 올리려는 계획을 세웠다. 이를 위해서는 무엇보다 무기가 필요하다고 생각한 그는 21명의 동지들과 함께 1859년 10월 16일 버지니아 주 하퍼스 페리의 한 정부군 무기고를 습격했다. 공격은 일단 성공했으나 밤에 잠시 휴식을 취하는 사이 로버트 리 대령 휘하 연방 해병대의 기습을 받았다. 동지 열 명이 전사하고 존 브라운도 총상을 입고 포로로 잡혔다. 그의 아들 중 하나도 이 싸움에서 목숨을 잃었다. 그렇지만 이 영웅적 전투에서 그가 보여준 신념과 불굴의 의지는 매우 인상적이었다. 그에게 포로로 잡혀 싸움의 전말을 지켜본 연방군 병사 하나는 당시 그의 모습을 이렇게 증언했다.

"브라운은 내가 본 중에 가장 침착하고 의지가 굳은 사람이었다. 정의를 위해 위험과 죽음에 저항하는 그의 모습은 아주 감동적이었다. 총에 맞아 죽어가는 아들을 옆에 두고 그는 한 손으로는 아들의 손목을 잡고 다른 한 손에는 총을 든 채 부하들을 지휘했다. 아주 침착하게, 군센 의지로 최후까지 싸우라고 그들을 격려하면서."

이것은 당시 전국을 뒤흔든 대사건이었다. 특히 남부는 이런 노예해방의 극렬 투쟁이 백인의 손에 의해 자행되었다는 사실에 경악했다. 북부에서는 그에게 동정적인 분위기가 강했다. 그러나 아무리 고상한 목적을 위해서라지만 연방군을 공격한 그의 행위는 명백한 국가변란죄에 해당했다. 결국 그는 재판정에서 사형을 언도받고 1859년 12월 2일 웨스트버지니아 주의 찰스타운에서 교수형에 처해졌다.

존 브라운의 행적에 대해서는 오늘날까지도 사람들 사이에 평가가 극과 극으로 나뉜다. 그를 마틴 루터 킹에 버금가는 위대한 흑인해방론자로 보는 사람들이 있는가 하면 광신적 미치광이로 보는 사람들도 있다. 당시 많은 사람들은 그의 눈에서 번뜩이는 광기를 보았다고 했고, 그의 가문에 정신병자들이 많다는 주장도 있었다. 그는 두 번 결혼하여 무려 21명의 자녀를 두었다는데, 이를 보더라도 평범한 사람은 아니었던 것 같다. 반면 그의 법정 진술과 옥중 유고들은 매우 감동적이고 인간미에 넘치는, 한마디로 아주 온전한 사람의 말과 글이라는 느낌을 준다.

아무튼 그가 죽자마자 남북전쟁이 발발했고, 그는 하루아침에 북부의 우상이 되었다. 그의 장렬한 투쟁과 죽음을 묘사한 「존 브라운의 주검 John Brown's Body」이라는 노래는 남북전쟁 때 북군이 가장 즐겨 부른 군가였다. 문호 랠프 에머슨도 그를 '성인'이라고까지 칭송하면서, 예수 이래로 그렇게 값지게 생을 마감한 사람은 일찍이 없었다고 했다.

2) 연방제로의 통일을 위해서는 노예제 폐지가 여론의 대세

(1) 노예 드레드 스콧의 소송 패배, 링컨의 대통령 당선으로 뒤집어

1857년 3월 6일, 노예 문제를 둘러싼 남북간 대립을 결정적으로 악화시킨 또 하나의 사건이 벌어졌다. 드레드 스콧 사건에 대한 연방 대법원의 판결이 그것이다.

드레드 스콧은 미주리 출신 흑인 노예로, 존 에머슨이라는 군의관이 그의 소유주였다. 에머슨은 군인이라는 신분상 임지를 이리저리 옮겨다닐 수밖에 없었는데, 노예 드레드 스콧을 항상 데리고 다녔다. 그런데 공교롭게도 그들이 거쳐간 일리노이 주와 위스콘신 주가 자유주였다는 데에 문제의 발단이 있었다(일리노이 주는 서북영지법에 의해, 위스콘신 주는 미주리 타협안에 의해 노예제를 금지하는 헌법을 채택하고 있었다.)

드레드 스콧은 정작 주인과 함께 자유주에 머물고 있을 때는 가만히 있다가 주인과 함께 고향으로 돌아온 후 주인을 상대로 소송을 제기했다. 이전에 자유주에 살았기 때문에 자신은 그때 이미 자유민이 되었으며, 따라서 아직도 자신을 노예로 부리는 주인의 행위는 불법이라는 것이 소장의 요지였다. 사실인즉 드레드 스콧은 일자무식이었으나 열성적인 반노예주의자 몇 사람이 그를 도와주고 있었다.

드레드 스콧의 주장은 아주 어려운 법리적 문제를 포함하고 있는 데다 당시의 분위기도 있고 하여 이내 미묘한 정치적 문제로 비화했다. 사건은 지방법원을 거쳐 결국 연방대법원에까지 소장이 접수되었다. 온 나라가 법원의 판결에 촉각을 곤두세우고 있었는데, 놀랍게도 대법원은 대법원장 로저 태니의 주도로 원고 패소 판결을 내렸다. 흑인은 헌법상 연방 시민이 아니기 때문에 재판을 청구할 자격 자체가 없고 노예는 헌법에 보장된 재산권의 일부로서 절대 보호되어야 한다는 것이었다.

대법원의 이런 판결은 곧 맹렬한 논쟁을 불러일으켰다. 설령 법조문에는 맞을지 모르지만 대법원의 이 판결은 시계바늘을 1세기 이상 거꾸로 돌려놓은 시대착오적 행위인 것이 분명했다. 이미 독립 이전부터 사람들이 노예제의 비도덕성을 인정하고 이를 개선 내지는 폐지하려는 노력이 끊임없이 이어지고 있었는데, 이제 와서 노예를 신성불가침한 재산의 일부라고 주장하는 것은 분명 논란의 여지가 있었다. 이 사건에서 보여준 대법원의 독단적이고 보수적인 성향에 여론이 등을 돌림으로써 이후 얼마 동안 연방대법원은 정부에서 그 역할이 크게 위축되는 결과를 낳았다.

다른 한편으로 대법원의 "몰상식하고 시대착오적인" 판결은 반노예주의자들에게 결정적인 공격의 기회를 주었다. 특히 노예제 반대의 기치를 내걸고 출범한 신생 공화당은 이를 이용하여 크게 정치적 입지를 넓힐 수 있었다.

이런 상황에서 에이브러햄 링컨이라는 인물이 혜성과 같이 등장했다. 불과 몇 해 전까지만 해도 그는 출신지 일리노이 밖에서는 거의 무명에 가까웠다. 그가 일약 전국적 유명인사로 등장한 것은 1858년 일리노이 주 연방 상원의원 선거를 통해서였다. 상대는 유명한 스티븐 더글러스, 몇 번이나 민주당 대통령 후보로 거론된 적이 있고, 1850년의 타협안, 1954년의 캔자스-네브래스카법을 통과시키는 데 주도적 역할을 한 인물이다. 링컨은 신생 공화당 후보로 선출되어 그와 힘겨운 싸움을 벌이게 되었다.

객관적으로 열세인 링컨이 먼저 싸움을 걸었다. "분열된 집은 바로 설 수 없다." 이것은 그의 공화당 후보 수락연설 제목인데, 드레드 스콧 판결에 대하여 더글러스가 취한 모호한 태도를 공격한 것이다. 더불어 링컨은 이 연설에서 노예 문제에 대한 자신의 단호한 반대 의사를 내외에 천명했다.

…… 스스로 분열된 집은 바로 설 수 없습니다. 어떤 주는 노예제를 고집하고 어떤 주는 이를 반대하는 한 우리 정부는 오래 가지 못할 것입니다. 나는 연방이 해체되는 것을 원하지 않습니다. 우리의 집이 분열되는 것을 원하지 않습니다. 분열을 더 이상 방치해서는 안 됩니다. 이쪽이든 저쪽이든 태도를 분명히 해야 할 것입니다.……

링컨의 이 연설은 물론 노예제에 대한 북부의 의견을 대변한 것이다. 그러나 연방의 존립을 위해서는 어느 쪽으로든 태도를 분명히 해야 한다는 그의 의견은 어느 면에서 옳았다. 위험한 줄타기를 언제까지 계속할 수는 없기 때문이다.

그러나 현실적인 문제는 어떤가? 만약 연방정부가 노예제를 금지한다고 하면 그것은 곧 연방의 분열, 나아가 내란을 의미했다. 노예 폐지론자는 곧 인류애를 가장한 전쟁광이요 비애국자라고도 말할 수 있는 것이다. 링컨의 '분열된 집' 연설은 곧 격렬한 논쟁을 불러일으켰다. 그러자 링컨은 더글러스에게 유권자들 앞에서 이 문제에 대한 공개 토론회를 제의했다. 더글러스는 아주 입장이 난처했다. 토론 결과가 어떻든 그로서는 별로 득이 될 것 같지 않았기 때문이다. 그렇다고 이 도전을 회피하면 애송이 정치가에게 앉아서 한방 먹는 꼴이므로 그는 도전을 받아들이기로 결정했다.

링컨과 더글러스의 논쟁은 일리노이 뿐 아니라 전국적인 화젯거리로 떠올랐다. 논제자체가 아주 민감한 탓도 있었지만 두 사람간의 아주 판이한 성격도 호기심을 부추기는 데 한몫을 했다. 큰 키에 약간 얼빠진 모습의 링컨, 단신임에도 세련된 용모와 화술로 거인의 인상을 풍기는 더글러스, 링컨과 더글러스 사이에 벌어진 일곱 차례의 공개 토론회는 굉장한 구경거리였다. 근처에 사는 사람들뿐 아니라 전국에서 사람이 몰려오고 나중에는 가장행렬과 악대도 등장했다.

논쟁의 초점은 연방의회의 결정으로 미국에서 노예제를 금지해야 할 것인가, 또는 과연 연방의회에 그런 권한이 있는가 하는 것이었다. 링컨은 당연히 그렇다는 입장이었다. 더글러스는 노예제 문제는 어디까지나 각 주의 주민들이 스스로 결정할 사항이지 여기에 연방정부가 끼어들어서는 안 된다고 했다. 링컨은 더글러스를 비도덕적인 노예제 옹호론자로 몰아세웠다. 더글러스는 링컨이야말로 위험한 극단주의자이고 연방의 분열을 부추기는 인물이라고 맞받아쳤다. 논쟁은 갈수록 열기를 더해 갔으나 결말은 나지 않았다. 아니, 날 수가 없었다고 말하는 것이 옳을 것이다.

결국 토론회는 무승부로 끝나고, 세인의 관심 속에 치러진 선거에서 더글러스는 아주 근소한 차이로 승리를 거둘 수 있었다. 그러나 진정한 승자는 링컨이었다. 풋내기 시골 변호사가 전국적 인물을 상대로 이만큼 싸운 것은 정말 대단한 일이었다. 또한 선거에서는 졌지만 링컨은 이를 계기로 일약 전국적인 유명인사로 떠올랐다. 그의 용모·행적, 말 한 마디 한 마디가 신문의 기삿거리였다. 여기에 그의 입지전적 삶에 관한 적당한 허풍까지도 가미되어 링컨은 '정직한 에이브'(에이브는 그의 본명 에이브러햄의 애칭), 청교도적 양심과 숭고한 인류애의 화신으로 미국인들의 머리에 깊은 인상을 심었다. 2년 후의 대통령 선거에서 북부의 반노예주의자들은 일치단결하여 그를 대통령에 당선시켰다. 그렇지만 많은 남부인들에게 그는 불구대천의 원수가 되었다.

(2) 남부주들 노예제 고수 위해 연방 탈퇴, 남과 북 유혈 상쟁

남북전쟁의 원인에 대해서는 아직도 많은 사람들이 그것은 노예제 때문이었다고 생각하는 경향이 있다. 포악하고 탐욕스러운 남부 농장주들로부터 노예를 해방시키려는 기독교인들의 거룩한 투쟁이 남북전쟁이라는 것이다. 모든 전쟁이 그렇지만, 남북전쟁을 이처럼 선과 악의 싸움으로 도식화하는 것은 아주 순진하고 위험한 발상이다. 당시 노예제가 아무리 가혹했다고는 하지만 솔직히 북부의 공장주들 역시 노동자들을 노예보다 더 낫게 대우하지는 않았고, 남부의 노예주들 중에는 양심적인 사람들도 많았다.
어떻게 보면 노예 문제는 표면적이고 상징적인 이유에 불과했다. 남북전쟁의 보다 근원적인 원인을 알려면 노예제로 대변되는 남과 북의 생활 방식, 특히 경제 구조의 근본적

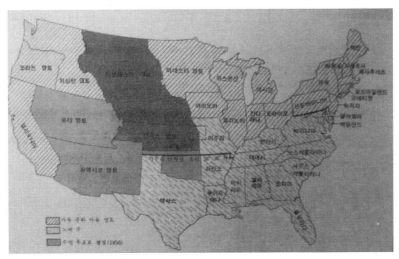

1854년의 캔자스(Kansas)와 네브래스카(Nebraska)

차이에 주목해야만 한다. 이미 17세기부터 남부는 전원적이며 농업 위주였고 북부는 도시적이고 공업 위주였다. 초기에는 이 둘이 그런 대로 조화와 균형을 이루고 있었다. 그러나 나라가 커지고 산업이 발달하면서 북부의 생활양식이 남부를 압도하기 시작했고 남부의 입지는 자꾸만 좁아져 갔다.

연방의회는 북부에 일방적으로 유리한 법령만을 통과시키고 철도의 대부분은 북부에만 건설되었다. 이민은 기반잡기가 비교적 쉬운 북부에 집중되었고 노예들도 '지하열차'를 타고 북부로, 서부로 도망쳐 나갔다. 그것도 부족하여 이제 북부는 노예제 폐지를 외치며 농업노동을 주로하는 남부의 생활 기반을 송두리째 파괴하려 나서고 있었다.(유종선 『미국사 다이제스트 100』 가람기획 2012)

이런 사정으로 1850년대 들어 남부에는 위기감이 확산되고 있었다. 캘리포니아를 위시한 서부의 여러 주들이 노예제를 금지하고, 최후의 보루로 여겼던 캔자스까지 반노예주의자들의 수중에 들어가면서 남부의 위기감은 극도로 고조되었다. 이대로 가다가는 남북간의 실력 차이가 갈수록 벌어져 남부는 앉아서 망할 것이 불 보듯 뻔했다. 이런 점에서 1860년의 대통령 선거는 남부에 사활적 의미를 가지고 있었다. 의회는 이미 북부가 다수를 점하고 있으므로 남부 출신, 아니면 최소한 남부에 동정적인 인물이 대통령에 당선되지 않으면 남부에는 더 이상 희망이 없어 보였다.

그러나 불행히도 이미 때가 늦었다. 남부에 동정적인 민주당이 강경파와 온건파로 나뉘어 단일후보조차 내지 못하는 사이에, 공화당은 혜성처럼 등장한 대중의 우상 링컨을

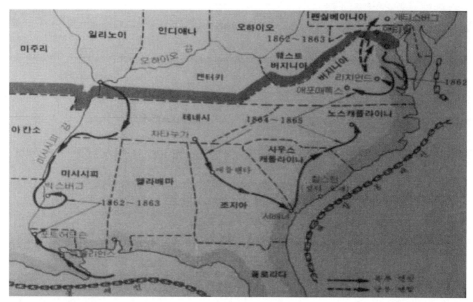

남북전쟁(1861~1865) 자료 : 이주영 『미국사』 대한교과서 1987

후보로 내세워 전국적인 바람몰이를 시작했다. 링컨은 불과 몇 년 전만 해도 거의 무명에
가까웠으나 1858년 일리노이 주 상원의원 선거에 공화당 후보로 출마하여 거물 정치인
스티븐 더글러스와 대결하면서 일약 전국적인 인물로 부상했다. 치열한 선거전 끝에 근
소한 표차로 지기는 했지만 선거가 끝났을 때 그는 이미 더글러스보다 더 유명하고 인기
있는 인물이 되어 있었다. 2년 후 그는 압도적인 지지로 공화당 대통령 후보로 선출되었
고, 당연히 노예제 폐지를 선거 공약으로 내걸었다.

당시 더글러스를 비롯한 서부인들은 캘리포니아에 이르는 대륙횡단 철도를 부설하려
하였는데, 그 노선은 대체로 시카고를 지나는 북부선을 생각하고 있었다. 이에 반해 남
부인들은 남쪽의 뉴올리언스를 지나 태평양에 이르는 남부선을 생각하고 있었다. 더글
러스는 대륙 횡단 철도를 북부선으로 결정하기 위해서는 남부인들의 지지가 절대적으로
필요하다고 생각하여, 남부인들에게 어떤 혜택을 주려 하였다.

이런 속셈에서 나온 것이, 이른바 1854년의 캔자스 - 네브래스카법Kansas-Nebraska
Act이었다.

이것은 캔자스와 네브래스카 영토가 앞으로 자유주州가 될 것인지, 아니면 노예주가
될 것인지를 결정하는 것은, 그 주민이어야 한다는 「주민주권住民主權」의 원리를 적용하
려는 것이었다. 북부의 노예 폐지론자들은 맹렬히 이에 반대하였다. 그들은 캔자스와 네
브래스카는 1820년의 「미주리 타협」에서 정한 북위 30° 30′선 북쪽에 있으므로, 당연

히 노예제는 금지돼야 한다고 주장하였다. 그러나 더글러스는 퍼어스 대통령의 협력을 얻어 자기의 법안을 의회에서 통과시키는데 성공하였다.(이주영『미국사』대한교과서 1987)

많은 사람들의 우려 속에 치러진 1860년 대통령 선거의 결과는 예상대로 링컨의 승리였다. 당시 연방에는 18개의 자유주와 15개의 노예주가 있었는데, 링컨은 모든 자유주에서 압도적 지지를 획득했다. 대신 남부에서는 불과 2만 4천표밖에 얻지 못했고, 9개 주에서는 단 한 표도 얻지 못했다. 연방은 그의 지지 여부를 둘러싸고 완전히 두 쪽이 났다. 그렇지만 선거인단 투표에서는 링컨이 과반수를 획득, 대통령에 당선되었다.

마지막 희망마저도 사라진 남부로서는 이제 달리 방법이 없었다. 링컨의 당선이 확정되자마자 지금까지 반연방주의의 선봉에 서 왔던 사우스캐롤라이나 주가 비장한 선언문과 함께 맨 먼저 연방에서 탈퇴했다. 선언문의 핵심은 다음과 같았다.

    …… 연방헌법 제4조의 규정은 이렇다. "어떤 주에서 그 주의 법에 따라 사역이나 노동을 하는 자가 타주로 도망할 경우, 타주의 어떤 법이나 규정도 상기 사역이나 노동을 면제할 수 없으며, 상기 사역이나 노동을 받을 권리가 있는 자의 요구가 있을 경우에는 그에게 즉시로 인도되어야 한다." 이 조항은 너무나 중요하여 만약 그것이 없었다면 연방의 계약은 애초에 이루어지지도 않았을 것이다. …… 그러나 이같은 헌법상의 계약이 비노예소유주들에 의해 고의적으로 위반되고 무시되어 왔다. 따라서 사우스캐롤라이나 주는 당연히 그 의무로부터 해방된다. ……(비노예소유주들은) 수많은 우리의 노예들이 집을 떠나도록 부추기고 그들에게 원조를 제공하고 있다. 남아 있는 노예들은 반란을 일으키도록 선동하고 있다.……
    그러므로 우리들 사우스캐롤라이나 주 주민들은 대표자 회의에 모인 우리의 대표들을 통하여 세계의 유식자들에게 우리 취지의 정당함을 호소하면서, 지금까지 본 주와 북아메리카 다른 주들 사이에 존재해 온 연방은 해체되었고, 본 주는 전쟁의 수행, 강화, 동맹체결, 통상 그리고 독립국이 정당하게 취할 수 있는 다른 모든 행동과 사무를 처리하는 완전한 권리를 가진, 개별적이고 독립적인 국가로서 세계의 국가들 가운데 그 지위를 되찾았음을 엄숙히 선언하는 바이다.

한 마디로 연방탈퇴와 독립선언이었다. 경악한 연방의회가 황급히 타협을 제의했지만 이미 물은 엎질러졌다. 이듬해 2월 1일에는 미시시피·플로리다·앨라배마·조지아·루이지애나·텍서스가 사우스캐롤라이나의 뒤를 따랐다. 2월 4일, 연방을 탈퇴한 주들은 미연합국 Confederate States of America이라는 이름으로 새로운 독립국가를 결성하고 제퍼슨 데이비스를 대통령으로 선출하는 한편 독자적인 헌법도 만들었다. 주저하던 버지니아가 마침내 남부 연합에 가담하자 아칸소·테네시·노스캐롤라이나가 뒤를 이었다. 이로써 미국은 건국 84년 만에 공식적으로 분열되었다. 남부 연합에는 인구 9백만 11개 주, 그리고 북부 연방에는 인구 2천 2백만 23개 주가 가담했다.

남은 것은 전쟁뿐이었다. 링컨은 취임 연설에서 남부의 연방 탈퇴를 '내란'으로 규정하고, "정부를 유지, 보호, 수호하기 위해" 무력 사용도 불사하겠다는 강력한 경고를 했지만 이것은 오히려 불에 기름을 끼얹은 격이 되었다. 1861년 4월 12일 새벽 4시 30분, 남부 연합군이 연방군의 섬터 요새를 공격함으로써 남북전쟁의 막이 올랐다.

(3) 전쟁이 터진 후 노예해방 선언으로 흑인 노예들 북군 지원 참전

적어도 표면적으로는 노예제 허용 여부가 전쟁의 직접적 원인이었으므로, 전쟁 발발과 더불어 이 문제가 어떻게 될까 하는 것은 모든 사람의 초미의 관심사였다. 사람들은 링컨 대통령이 즉시 노예제 철폐 선언을 할 것으로 기대했으나, 뜻밖에도 링컨은 주저하는 태도를 보였다.

링컨이 노예 문제에 있어서 어떤 태도를 가지고 있었느냐 하는 것은 오늘날까지도 역사가들 사이에 의견이 분분하다. 아마도 우리는 한 양심적인 기독교인으로서의 링컨과 대통령이라는 공인으로서의 링컨을 구별해야만 할 것이다. 그는 개인적으로는 노예제 자체를 반대했다. 그러나 대통령으로서 노예제 폐지가 가져올 여러 결과들에 대해서도 생각을 하지 않을 수 없었다. 대통령 당선 이전 링컨의 공식 입장은 이미 노예제가 합법적으로 실시되고 있는 주는 그대로 두고, 그밖의 지역에 대해서만 연방의회가 이를 법률로써 금해야 한다는 것이었다. 대통령 당선 후에도 마찬가지 생각이었다.

사실 이것은 정치적으로 아주 위험한 태도였다. 남부는 말할 것도 없지만 북부 역시 링컨의 태도에 의구심을 가지고 있었다. 전쟁이 터지고 나서도 링컨이 우물쭈물하자 사람들은 조바심을 내기 시작했다. 왜 링컨은 명확한 입장을 밝히지 않는가? 마침내『뉴욕 트리뷴』신문이 링컨의 모호한 태도를 공격하면서 즉각적인 노예해방을 촉구했다. 그러자 링컨은 편집국장 호레이스 그릴리에게 편지를 보내 그의 '분명한' 태도를 밝혔다.

…… 나의 정책이 분명하지 않다고 말하는 사람들이 있지만 그것은 옳지 않습니다. 나의 제일의 관심은 연방을 유지하는 것입니다. 노예제를 허용하느냐 금하느냐 하는 것은 그 다음 문제입니다. 만약 노예를 해방하지 않고도 연방이 존속될 수 있다면 그렇게 하겠습니다. 연방을 위해 모든 노예를 해방해야 한다면 역시 그렇게 하겠습니다. 일부는 해방하고 일부는 그대로

해방된 흑인 노예들(버지니아의 리치먼드).링컨의 노예해방 선언은 전쟁의 양상에도 큰 영향을 미쳤다. 수많은 남부의 흑인 노예들이 탈출, 북군에 의용병으로 가담했다.(유종선 『미국사 다이제스트 100』 가람기획 2012)

두어야 연방이 존속된다면 역시 또 그렇게 하겠습니다.

  이것은 기껏해야 아주 교묘한 논리로써 문제의 핵심을 피해가는 '정치적' 발언이었다. 사실 아무리 개인적으로는 노예제를 반대하더라도, 그리고 아무리 노예해방의 여론이 드셀지라도 링컨으로서는 함부로 행동을 취할 입장이 못 되었다. 그것은 노예 주로서 연방에 남아 있는 이른바 '변경주들' 문제가 있었기 때문이다. 만약 노예를 해방하면 변경주들은 즉각 연방을 탈퇴할 것이고, 이것은 전쟁 중인 남북의 세력 균형에 결정적 영향을 미치게 될 것이기 때문이다. 그러므로 추세로 보아 필연적으로 노예해방 선언을 해야 한다고 하더라고 시기와 범위를 신중하게 결정해야 하는 것이었다.

  원래 링컨은 노예를 전면 해방하는 대신 노예주들에게는 금전적으로 손해를 보상한다는 복안을 가지고 있었다고 한다. 그러나 이에 대해서는 정부 내에서조차 강한 반대 의견들이 있었다. 그러자 그는 1862년 7월 22일 각의에서 우선 현재 반란 지역에 대해서만 노예해방 선언을 하는 것이 어떻겠느냐는 의견을 내놓았다. 이번에도 그 효과가 자기들에게까지 파급될 것을 우려한 변경 주들이 크게 반발했다. 당시 전황이 혼미를 거듭하고 있을 때이므로 링컨은 자신의 의견만을 고집할 수가 없어 이 문제는 일단 보류하기로 했다. 결국 중요한 것은 전쟁이 어떻게 결말나느냐 하는 것이었다.

사실 전쟁이 시작될 때만 해도 남부는 북부에 비해 인구・물자 등 모든 면에서 크게 불리했기 때문에, 많은 사람들은 전쟁이 금방 끝날지도 모른다는 기대를 가지고 있었다. 그러나 남부에는 로버트 리라는 불세출의 명장이 있었다.(Robert Lee, 1807~1870, 남북전쟁 때 남부군 총사령관) 링컨은 원래 그에게 북부군 총사령관직을 제의했지만 자신의 고향 버지니아가 남부로 돌아서자 그는 주저 없이 북부를 떠나 남부 연합군의 지휘를 맡았다. 초기에 밀리는 듯하던 남부군은 리 장군의 지휘 아래 대규모 반격을 감행, 매너서스 전투에서 북부군을 격파하고 연방 수도 워싱턴을 위협하기 시작했다. 북부로서는 절체절명絶體絶命(아무리 하여도 별다른 도리가 없는 궁박한 경우)의 위기였다.

남부의 승리를 예견한 프랑스와 영국은 남부를 국가로 승인할 조짐마저 보였다. 그러나 북부군은 신임 총사령관 맥클레런의 지휘 아래 적극적 대반격을 시도, 9월 17일의 앤티텀 전투에서 남부군을 대파했다. 북부군이 추격을 멈추지 않았더라면 남부군은 아마 궤멸했을 것이다. 이로써 북부는 적어도 전쟁을 장기전으로 끌고 갈 수 있는 발판을 마련할 수 있었다. 링컨은 마침내 때가 왔다고 생각했다. 앤티텀에서의 승리로부터 사흘 뒤인 9월 22일 소집된 각의에서 링컨은 역사적인 「노예해방 선언」을 했다. 몇몇 각료들이 반대하려 했지만 링컨은 "노예해방은 신의 엄숙한 명령"이라는 한 마디로 일축해 버렸다.

"…… 미국의 대통령인 나, 에이브러햄 링컨은 …… 반란주로 지정된 주에서 노예로 있는 모든 사람은 1863년 1월 1일을 기해 영원히 자유의 몸이 될 것임을 선포한다. …… 이 선언은 진실로 정의를 위한 행위이며 군사상의 필요에 의한 합헌적 행위이다. 이 선언에 대하여 전능하신 하느님의 은총과 인류의 신중한 판단이 있기를 기원한다."

위의 선언문 내용을 보면 선언 당시에는 한 명의 노예도 실질적으로 해방되지 않았고, 또 북부 연방 내의 노예들에 대해서는 전혀 언급이 없었다. 여기에는 연방 내 '변경주들'의 반발을 무마하고, 반란주들의 노예들을 부추겨 북군에 가담시키려는 고도의 정치적 계산이 들어 있었다. 또한 만약 북부가 전쟁에서 승리한다면 이 '부분' 노예해방 선언은 보나마나 전면적인 노예해방으로 이어질 것이다. 연방 내 노예해방 반대자들도 이 점을 알고 있었으나 링컨의 교묘한 전략에 말려 변변한 반대 의견조차 내지 못했다.

예상대로 링컨의 노예해방 선언은 엄청난 효과를 가져왔다. 특히 남부의 수많은 흑인 노예들이 주인집을 도망쳐 나와 의용병으로 북군에 가담했다. 꼭 이들 때문에 북부가 승리했다고는 말할 수 없겠지만 전쟁 중 흑인 의용군의 활약은 참으로 눈부신 바가 있었다.

그리고 전황이 북부에 결정적으로 유리해진 1865년 1월, 마침내 의회는 노예제도를 전면 금지하는 수정헌법 13조를 통과시켜 적어도 법률상으로 노예제도는 미국에서 공식적인 종말을 고했다.

(4) 링컨의 게티스버그 연설로 미국의 인권 · 민주 명성 높여

게티즈버그는 수도 워싱턴에서 북쪽으로 약 100킬로미터 떨어진, 펜실베이니아와 메릴랜드 접경의 자그마한 마을이다. 넓은 초원과 울창한 숲, 나지막한 언덕들, 귀족적이고 전원적인 농가 등 한 마디로 미국의 전형적인 시골 풍경이 펼쳐져 있는 곳이다. 이곳에서 남북전쟁 최대의 전투가 벌어졌다. 1863년 7월 2일의 일이었다.

개전 초기 잠깐 유리했던 적도 있었지만 1862년 겨울 무렵 이후로 남부는 점점 수세에 몰리기 시작했다. 남북전쟁은 크게 남부 수도 리치먼드와 연방 수도 워싱턴을 잇는 동부 전선, 그리고 미시시피 강의 제해권 장악을 둘러싼 서부 전선으로 나뉘어 있었다. 불세출의 명장 리가 이끄는 동부 전선에서 남부는 그런 대로 선전하고 있었다.(Richmond : 버지니아주의 수도. 남북전쟁시 남부연합의 수도 1861~1865)

그러나 서부 전선에서는 참패를 거듭했다. 특히 남부가 사력을 다해 지키려 했던 전략 요충 빅스버그가 6주간의 치열한 공방 끝에 북군에 함락되면서 전세는 급격히 북부로 기울어갔다. 북군은 빅스버그 승리로 미시시피 강을 제압함으로써 남부를 강 양쪽으로 양분시키는 데 성공했고, 이제 남쪽에 대군을 상륙시켜 리치먼드를 향해 진격해올 것으로 예상되었다.

리 장군은 중대한 결심을 하지 않으면 안 되었다. 가만히 있다간 남북에서 죄어오는 포위망에 걸려 힘 한번 제대로 써보지 못하고 패배할 것이다. 그렇다면 차라리 적극적인 공세로 나가야 조금이라도 승리의 희망이 있을 것 같았다. 어쨌든 워싱턴은 리치먼드에서 아주 가까운 거리에 있는 것이다. 다만 북군의 주력이 포진하고 있는 워싱턴을 직접 공격하는 것은 무리이므로 북쪽을 빙 둘러 포위해버리면 될 것 같았다. 수도가 함락될 위기에 처하면 북부는 강화를 요청할 것이고 남북은 남부의 독립을 조건으로 강화 조약을 체결한다. 그러면 일단 남부로서는 전쟁의 목적은 달성되는 것이다.

물론 여기에는 큰 위험이 따랐다. 이 대규모 군사 작전을 위해서는 남아 있는 남군 병력을 총동원해야 하고 그러면 리치먼드는 무방비 상태로 방치될 수밖에 없었다. 만약 그 사이에 북군이 진격하여 리치먼드를 점령하면 어떻게 할 것인가? 부하 한 사람이 걱정스럽게 질문하자 리 장군은 "그러면 서로 대통령을 바꿔 하면 된다"고 대답했다.

1863년 봄, 리 장군은 대군을 이끌고 용약 출전했다. 처음에는 만사가 순조로웠다. 특히 4월 27일 벌어진 챈슬러즈빌 전투에서 남군은 북군의 최정예로 알려진 포토맥 군단을 대파했다. 그렇지만 남군도 가장 유능한 야전사령관이자 리 장군의 오른팔격인 스톤월 잭슨 장군을 이 전투에서 잃었다.

남군은 북진을 계속했고, 링컨은 이의 저지에 연방의 운명을 걸었다. 드디어 7월 2일, 남북의 대군은 게티즈버그에서 만났다. 양측 병력은 남군이 약 7만 5천, 북군은 10만 이상이었다. 북군은 구릉을 따라 참호를 파고 들어앉아 방어하는 전술을 썼고, 남부군은 인해전술로 이를 정면돌파하려 했다. 일진일퇴의 공방전이 계속되었으나 결국 승리의 여신은 북군 편이었다. 7월 4일의 세메터리 리지 전투에서 남군은 결정적으로 패배했고, 포토맥 강을 건너 황급히 버지니아로 퇴각했다. 사흘에 걸친 무시무시한 백병전이 끝났을 때 게티즈버그의 평온한 들판은 주검으로 가득 메워졌다. 양측 합쳐 5만 이상이 죽거나 다쳤으며, 특히 남군의 피해가 막심했다.

이 전투에서 비록 승리하기는 했으나 북군 역시 엄청난 희생을 치렀다. 또한 아무리 고상한 목적을 위해서라지만, 전쟁의 참화는 남북을 떠나 사람들 모두에게 심한 정신적 충격을 안겨 주었다. 게티즈버그에는 전몰자들을 위한 묘지와 충혼탑이 건립되고 링컨은 헌납식에 참석해 그 유명한 추도연설을 했다. 역사상 가장 훌륭하고 감동적인 연설의 하나로 꼽히는 이 추도사에서 링컨은 적과 동지를 떠나 전몰자 모두의 고귀한 이념과 용기를 찬양하고 민주주의의 승리를 다짐했다.(Gettysburg Address : 1863년 11월 19일 Abraham Lincoln이 이곳에서 한 연설)

"…… 세계는 여기서 쓰러진 용사들이 바로 이곳에서 한 일을 결코 잊지 않을 것입니다. 그러나 여기서 싸운 사람들이 지금까지 훌륭하게 추진해 온 그 미완성의 사업에 몸을 바쳐야 할 사람들은 오히려 우리들 살아 있는 사람들입니다.…… 그 대사업이란 이들 명예로운 전사자들이 최후까지 온 힘을 다하여 싸운 대의에 대하여 우리가 더욱 더 헌신해야 한다는 것, 이들 전사자의 죽음을 헛되게 하지 않으리라고 굳게 맹세하는 것, 이 나라를 하느님의 뜻으로 새로운 자유의 나라로 탄생시키는 것, 그리고 인민의, 인민에 의한, 인민을 위한 정부가 지상에서 사라지지 않도록 하는 것입니다."

게티즈버그 전투로 전쟁은 사실상 판가름이 났다. 이후로도 전쟁은 2년을 더 끌었지만 이는 순전히 최후까지 명예를 지키려는 남부인들의 자존심과 용기 때문이었다. 9개월에 걸친 포위 공격으로 1865년 3월 남부 수도 리치먼드가 결국 북군에 함락되었고, 4월 9일 애퍼매톡스에서 남부군 총사령관인 리 장군이 항복문서에 서명함으로써 4년여에 걸친 전쟁은 대단원의 막을 내렸다.

3) 천하통일 시기 백인 지배계층의 정치활동과 노예들의 상황

(1) 경제체제 정비, 군사 전략·전술 경험, 노예제 고민

남북 전쟁은 1861년 4월부터 1865년 4월까지 만 4년이 걸렸다. 그것은 문자 그대로 국민 전쟁國民戰爭이었다. 총 1400만 명의 청년 가운데 280만 명이 군복을 입었다. 지역별로 보면 북부는 200만, 남부는 80만이 동원되었다. 이것은 미국의 어떤 전쟁보다 높은 동원율이었다. 여기서 특별히 언급할 것은 북군에는 전체 병력의 1/10이 되는 20만 명의 흑인이 병사로 전투에 참가하였다는 사실이다.

양측의 전력을 비교해 볼 때 남부는 애당초부터 북부에 비해 불리하였다. 남부 연합의 11개 주는 545만 명의 백인 인구만을 가졌을 뿐인 데 비해, 북부의 19개 주는 1895만 의 인구를 가지고 있었다. 경제력에 있어서도 북부는 남부에 비해 우세하였다. 북부는 남부보다 자본에 있어서는 4배, 제조업체 수에 있어서는 6.5 대 1, 산업 노동자에 있어서는 12 대 1, 공업 생산에 있어서는 11 대 1, 철도 길이에 있어서는 2 대 1로 우세하였다.

그러나 북부에게도 불리한 점은 있었다. 우선 북부는 공격하는 입장에 있었으므로, 막대한 양의 군수 물자軍需物資와 병력을 수송해야 하는 어려움이 있었다. 그리고 수송은 철도 외에 마차에 의존하고 있었으므로, 말이 식량의 대부분을 먹어 버리는 비능률적인 결과가 일어났다.

전쟁 전에 미국은 상비군이 1만 6천 명 밖에 되지 않는 민간인의 국가였으므로, 전쟁 중 양측은 동원·장비·훈련·조직에 있어서 비능률적이었고 또한 부패하였다. 병력의 대부분은 지원제志願制로 충당되었다. 전쟁 후반부에 징병제徵兵制가 나타나기는 하였으나, 북부의 경우는 300 달러의 대체료代替料를 물든지 대리인을 내 보내면 병역兵役이 면제되었다. 지원병에게는 약간의 돈이 지불되었으므로, 돈을 벌기 위해 여러 곳을 떠돌아다니며 입대하는 사람도 적지 않았다. 지원병은 일정 기간만 복무하게 되어 있으므로,

복무 기간이 끝나면 전투 직전이라도 집으로 돌아갈 수 있었다. 또 지원병 부대는 처음에 중령 이하의 장교를 선출하였으므로, 엄한 규율을 시행할 수가 없었다. 남부에서는 노예 소유주에게는 병역이 면제됨으로써 불평을 낳았다. 간단히 말해 남북 전쟁은 오늘날의 관점에서 보면 아마추어의 전쟁이라 할 수 있었다.

남북 전쟁을 군사적인 측면에서 보면, 남부는 결코 북부에 뒤지지 않았다. 남부 연합 은 우수한 장교단과 자기 고장을 지키려는 의지로 무장된 사기 높은 병사들을 가지고 있 었다. 그러나 문제는 경제력이었다. 남부는 사회와 경제를 어떻게 조직하는가 하는 문제 에서 패배하였다. 북부는 공업 경제工業經濟를 가지고 있었으므로 전쟁은 오히려 공업을 자극하였고, 고용을 증대시킴으로써 경제에 활력을 불어넣었다. 미국의 침략세력은 여 기에서 「전쟁은 오히려 공업생산을 늘리면서 수행될 수 있다」는 경험을 얻고 그 후 경기 침체가 오거나 실업자가 늘어나면 오히려 약탈적 전쟁에 언제든지 주저함이 없이 임하게 되었다.

이에 반해, 면화 생산에 기반을 두고 있던 남부의 경제는 전쟁으로 마비되었고, 1863 년의 리치먼드 식량 폭동과 같은 혼란을 가져왔다. 남부인들은 영국과의 관계에서 자기 들의 경제가 가지고 있는 의미를 잘못 이해하고 있었다. 영국의 방직 공업은 남부의 면화 를 필요로 하였으므로, 영국인들이 남부를 지원해 줄 것으로 믿었다. 그러나 남부인들의 계산은 잘못임이 판명되었다. 영국은 부족한 면화를 이집트와 인도로부터 수입함으로써 위기를 극복하였다. 영국은 남부에 대해 호의적이면서도 끝내 남부 연합을 외교적으로 승인하지는 않았다. 북부의 해상 봉쇄海上封鎖 정책은 영국과 해상충돌을 일으켰지만, 교 전交戰 상태로까지는 악화되지 않았다.

남부는 북부의 해상 봉쇄를 뚫고 영국과 교역交易을 하려 하였으나 실패하였다. 전비戰 費 조달이 어려웠으므로, 남부 연합 정부는 차입借入의 방법에 의존하였는데, 이것은 극 심한 인플레이션을 일으켰다. 또한 전쟁 수행에 필요한 병력과 물자의 배당 문제를 놓고, 남부 연합 정부는 주 정부들과 충돌을 일으켰다. 남부 연합은 연방으로부터 탈퇴시킨 바 로 그 지역주의地域主義 때문에 분열하고 있었던 것이다. 간단히 말해, 남부의 경제는 전 쟁으로 인하여 파멸 국면에 접어들고 있었다.

이에 반해, 북부의 경제는 오히려 활기를 띠어 가고 있었다. 남북 전쟁의 발발로 의회 에서 남부의 농업 세력이 물러 나가자, 북부의 공업 세력은 마음놓고 자기들의 정책을 실 현할 수 있게 되었다. 1861년 2월, 아직 의회에서 퇴장한 남부 의원들의 자리가 식기도 전에, 공화당은 세율이 높은 「모릴 관세법the Morrill Tariff」을 제정하였다. 그리고 오 랫동안 남부와 북부 사이에 논란의 대상이 되어 오던 태평양에 이르는 횡단 철도의 노선을 결정하였다. 10여 년 동안 남부는 남부선을 고집하고, 북부는 북부선을 고집하여 왔는데, 이제 남부인들이 없어졌으므로 노선은 북부선으로 결정된 것이다.

1862년에 의회는 유니언 퍼시픽 철도 회사로 하여금 네브래스카의 오마하Omaha로부터 서쪽으로 철도를 놓아 가도록 하고, 센트럴 퍼시픽 철도 회사로 하여금 캘리포니아의 새크라멘토Sacramento로부터 동쪽으로 철도를 놓게 하여, 중간의 유타주의 프로몬토리 포인트Promontory Point에서 만나도록 하였다. 그리고 의회는 철도 부설 과정에서 철도 회사들에게 막대한 이익을 주었다. 그것은 회사가 1마일의 철도를 놓는 데 대해 10평방 마일의 토지와 1만 6천 달러에서 4만 8천 달러에 이르는 융자금을 주었다. 이것은 사업이 성공하면 기업이 이익을 보고, 실패하면 정부가 손해를 보게 되는 것으로서, 오늘날의 모험 자본주의venture capitalism(벤처 사업)와 비슷하였다. 결국 정부는 비용을 부담하는 모험을 하고, 성공하면 나중에 민간 회사가 투자의 대부분과 운영권을 가지도록 회사에 유리하게 결정하였다.

태평양 횡단 철도는 남북 전쟁이 끝나고 4년이 지난 1869년에 완공되었고, 미국은 두 대양大洋을 잇는 광대한 대륙 국가大陸國家가 되었다.

공화당 정부는 오랫동안 북부 상공업자들의 숙원이었던 중앙집권화와 통일된 금융 및 통화 제도를 마련하는 데 성공하였다. 1832년에 잭슨 대통령이 합중국 은행을 폐지한 이후 미국의 금융·통화 제도는 분권화하고 문란하였다. 화폐의 기본 수단은 경화硬貨 hard-money였지만, 주로 통용된 것은 정부의 허락을 받아 각 은행이 발행하는 지폐紙幣였다.

그러나 지폐는 그것을 발행하는 은행과 주법에 따라 신용도나 종류가 달랐다. 어떤 은행권은 액면 가치 그대로 통용되고 있는 데 반해, 어떤 것은 그 이하로 통용되고 있었다. 간단히 말해 미국의 화폐·금융 제도에는 통일성이 없었다.

그러나 1863년에 연방 정부가 전쟁 수행을 쉽게 하기 위해 제정한 국민금융법 National Banking Act은 금융 제도에 대한 연방 정부의 통제권을 확립하는 데 기여하였다. 이것은 정부가 전비戰費 조달을 위해 만든 법으로, 정부가 급히 돈이 필요할 때 「그린백Greenbacks」으로 불리는 지폐를 발행하였다. 그러나 대부분의 전비는 정부 증권을 판매하는 차입借入의 방법으로 충당하였다. 정부는 정부 증권을 은행에 팔고, 그 대가로 국민은행권國民銀行券을 주었다. 국민 은행권은 대출이 될 수 있었으므로, 은행은 대출받은 사람으로부터 이자를 받고, 또한 정부 증권에 대해서는 정부로부터도 이자를 받았다. 이 과정에서 은행은 막대한 이득을 얻을 수 있었다. 그 때문에 국민 은행권은 전국적인 통용 수단이 될 수 있었다.

이와 같은 사실들은 모두 남북 전쟁이 경제적으로 남부와 북부에게 정반대의 결과를 가져다주었음을 보여 준다. 전쟁 그 자체는 미국 국민 전체에 비추어 보면 파멸적인 것이었지만, 지역적으로 나누어 보면 반드시 그런 것만은 아니었음을 알 수 있다. 전쟁으로 남부는 회복할 수 없을 정도의 파괴를 당하여 오랫동안 후진 지역으로 남아 있게 되었다. 그러나 북부는 전쟁을 통해 연방 안에서 경쟁자인 남부를 물리치고 주도권을 잡는 계기를 잡았다. 따라서 남북 전쟁에서 남부의 패배는 전선戰線에서의 패배를 넘어 후방의 경제전經濟戰에서 패배했다고 할 수 있다.

(3) 전후의 혼란과 남부 재건

남북 전쟁의 원인에 관해서는 후세의 역사가들뿐만 아니라 전쟁 당시의 양측 사이에서도 격렬한 논쟁을 일으켰다. 북부인들은 남부인들이 미국의 건국 이념에 어긋나는 노예제를 유지하려고 고집한 데서 전쟁이 일어났다고 주장한 반면, 남부인들은 북부의 양키들이(남북전쟁 당시 남부주 사람들이 동북 6개주의 사람들을 비난할 때 사용한 호칭) 각 주의 권리를 침해하였기 때문에, 주권州權을 지키기 위해 무기를 들지 않을 수 없었다고 주장하였다. 경제적 결정론자經濟的決定論者로 불리는 비교적 냉정한 입장의 역사가들은 남북 전쟁은 서로 반대되는 2개의 경제 집단, 즉 남부의 지주地主 세력과 북부의 상공업 세력 사이의 충돌이었으며, 그 때문에 노예제는 별로 중요하지 않은 문제였다고 주장한다. 그 증거로서 그들은 링컨이 노예 해방을 선언한 것은, 전쟁승리를 위한 한 가지 수단으로서 (흑인 노동력과 병력, 인간 평등성에 대한 자부심) 전쟁이 일어난 지 1년 5개월이 지난 다음이었다는 사실을 지적하고 있다.

1940년대의 수정주의Revisionism 역사가들은 남북 전쟁이 문화와 가치관이 다른 2개의 문명文明을 하나의 국가로 통합했던 부자연스러운 상태의 필연적인 결과였다고 주장하였다. 남북은 어떤 구체적인 이해利害 관계를 놓고 싸웠다기보다는, 단순한 감정感情 내지는 격정激情 때문에 싸웠다는 것이다. 즉 그들은 서로 상대방에 대해 왜곡되고 그릇된 생각을 가지게 되었고, 결국은 그러한 허상image에 대항해 싸웠던 것이라고 주장하였다. 또 다른 역사가들은, 나라의 힘power이 단순하고 지방 분권적인 느슨하게 조직된 농업 사회로부터, 복잡하고 중앙 집권적인 산업 사회로 옮겨가는 현대화 과정에서 나타난 필연적인 결과라고 하였다.

이와 같은 다양한 설명에도 불구하고, 남북 전쟁이 일어나게 된 데에는 노예제 문제가 중요하게 작용하였다는 사실을 부정하기는 어렵다. 그것이 전쟁을 가져오는 데 결정적인 역할을 했다고는 말할 수 없을는지 모르지만, 중요한 요인의 하나였다고 하는 데에는 부정할 수 없을 것이다.

　앞에서도 언급한 바와 같이, 링컨은 노예제 문제보다 그것으로 인해 연방Union이 파괴되는 데 관심이 있었으므로, 그 문제에 대한 신중한 태도를 보였다. 그는 노예제 자체는 좋지 않은 것이라고 생각하였지만, 그렇다고 인종적 평등을 믿고 있었던 것도 아니었다. 그는 백인과 흑인이 한 사회 속에서 나란히 평화롭게 살 수 있다고는 생각하지 않았다. 그러므로 그들은 흑인들을 서인도의 아이티나 중앙 아메리카로 보내 식민지를 건설하게 할 생각도 가지고 있었다. 따라서 링컨은 남북 전쟁이 일어났을 때에도 남부를 자극하지 않기 위해, 노예제 문제에 대해 분명한 태도를 밝히지 않았다. 전쟁이 시작된 지 얼마 안 되어, 장군들이 점령한 지역에서나마 노예제를 즉각 폐지하자고 건의하였을 때에도 그는 반대하였다. 그러다가 전쟁 기간의 1/3이 지난 1862년 7월에 와서야 그는 노예해방령奴隸解放令을 선포하였다.

　그것은 반란 중에 있는 지역의 모든 노예는 1863년 1월 1일을 기해 영원히 자유롭게 된다는 것이었다. 그러나 뉴올리언스와 같이 북군이 미리 점령하고 있던 지역의 노예나 남북 경계주境界州의 노예에 대해서는 아무런 언급이 없었다. 또 반란을 일으킨 주州라할지라도 90일 안에 다시 연방으로 돌아오면 노예제의 존속은 그대로 인정될 것이라고 선언하였다. 간단히 말해 링컨은 노예제 문제보다 연방의 보존에 더 관심이 있는 국민주의자nationalist로서 행동하였다. 링컨의 온건하고 보수적인 태도에 대해, 의회의 공화당 급진파들과 프레더릭 더글러스 같은 흑인 지도자들은 불만이었다.

　반면에 '독사毒蛇 copperheads'로 불리어졌던 "남부를 동정한 북부 민주당 의원들"은, 링컨이 남부에 대해 너무 가혹하다고 경고하였다. 그들은 노예제에 반대하는 더 이상의 행동을 하지 말 것은 물론, 남부와 휴전할 것을 촉구하였다. 또 그들은 백인 노동자들에게 만일 북부가 승리하여 노예 해방이 되면, 그들의 일자리를 흑인들에게 빼앗기게 될 것이라고 선전하였다. 이에 따라 1863년 7월, 뉴욕에서 징집 거부 폭동이 일어나 흑인을 공격함으로써, 수백 명이 죽은 사건이 일어났다.

　전쟁이 끝났을 때 남부 주들의 연방 복귀復歸 조건을 놓고, 공화당의 급진파 의원들과 링컨 사이에 격렬한 대립이 일어났다. 의회가 남부의 반란 주들을 응징하기 위한 웨이드-데이비스 법안the Wade-Davis Bill을 통과시키자, 링컨은 거부권을 행사하였다. 그 대신 링컨은 남부 주들이 다시 연방에 충성하도록 관대한 조건을 제시하려고 하였다. 남부 연합에 협력했던 사람이라 할지라도, 다시 연방에 대한 충성을 서약한다면 사면赦免하려

하였다. 그리고 남북 전쟁 전에 시민이었던 사람들, 즉 백인의 1/10이 충성을 약속하면 새로운 주 정부를 수립하도록 허락하려 하였다. 그는 연방 복귀의 조건으로 노예제 폐지를 요구하지 않았다. 이러한 링컨의 제의를 남부측에서 호의적으로 생각하여 루이지애나를 시작으로 버지니아·테네시·아칸소가 수락하였다.

그러나 급진파가 지배하는 의회는 링컨의 제안이 너무 관대하고 유화적宥和的이라고 비난하였다. 그리하여 그들은 1864년의 대통령 선거에서 링컨 대신 재무 장관 셀먼 체이스를 대통령 후보로 지명하려고까지 했다. 공화당은 남부 문제를 놓고 분열하였다. 그러나 그들은 링컨을 다시 후보로 지명하기로 하고, 단결을 과시하기 위하여 공화당이란 명칭을 버리고 통일당이란 당명을 사용하였다. 링컨의 통일당은 매클레런George McClellan장군을 후보로 내세운 민주당에 대해 승리하였다. 그러나 제2차 임기가 한 달이 지나고 전쟁이 끝난 지 바로 며칠 후에, 링컨은 존 윌크스 부스John Wilkes Booth에 의해 암살되어, 부통령인 앤드루 존슨Andrew Johnson이 그 뒤를 이었다.

앤드루 존슨 대통령은 노예 소유 주 출신으로서, 자기 부인으로부터 글을 배울 때까지 문맹자文盲者였던 전직 재단사였다. 존슨은 링컨보다 남부에 대해 더 관대한 사람이었다. 그는 1865년 5월에 연방에 대해 충성을 서약하는 자에게는 모두 사면한다는 포고령을 발표하였다. 그리고 각 주 정부 수립에 흑인을 제외하도록 지시하고 해방된 흑인의 문제는 각 주별로 결정하도록 지시하였다. 이와 같은 관대한 조치에 대해 남부의 주들은 즉각 호응하여 1865년이 지나기 전에 텍서스를 제외한 모든 남부의 주들이 존슨의 요구 조건을 수락하였다.

그러나 공화당 급진파Radicals는 존슨의 유화 정책宥和政策에 대해 반대하였다. 그들은 남부 도처에서 해방된 흑인들을 억압하기 위한 흑인 단속법Black Codes이 제정되는 것을 보고 분노하였다. 이들 법에 따르면 흑인들은 투표권은 물론 배심원 자격을 포함한 시민권의 대부분을 빼앗기고, 재산을 소유하거나 직업을 가지는 것도 금지되었다. 또 새로 수립된 주 정부에는 남부 연합에 협력했던 자들이 그대로 참여하고 있었다. 즉 연방의회 의원으로 새로 당선된 사람들 중에는, 남부 연합의 부통령, 4명의 장군, 5명의 대령, 6명의 고위 관리, 58명의 남부 연합 의원 출신들이 포함되어 있었다. 남부는 해방된 흑인의 수만큼 의석議席을 더 많이 배정받았으면서도, 흑인들은 사실상 투표를 하지 못하게 하였다. 그 때문에 실제로 연방의회 안에서 남부 세력은 반흑인 기세가 전쟁 전보다 더 강해졌다는 역설적인 결과가 나타났다.

그러므로 공화당 급진파는 남부 출신 의원들을 의회에 받아들이지 않기로 결심하였다. 동시에 그들은 존슨의 행동에 대해 제동을 걸려고 하였다. 그들은 흑인이 노예 상태로부터 자유인으로 전환하는 것을 돕기 위해 세워진 해방 흑인국Freemen's Bureau의 존속을 연장시키고, 그 활동을 확대하려는 민권법Civil Rights Acts을 제정하였다. 그러나 존슨 대통령은 이를 거부권을 행사하여 무효화시켰다. 이에 1866년 6월에 의회는 흑인의 시민권을 보장하는 수정 헌법 14조Fourteenth Amendment를 통과시켰다. 그것은 흑인들에게 시민으로서의 특권과 면책권免責權을 부여하고, 법에 의한 평등한 보호를 보장하는 동시에, 정부는 법의 '정당한 절차' 없이 개인의 생명·자유·재산을 빼앗지 못한다는 것이었다.

그러나 흑인에게 참정권參政權을 부여하는 조항은 없었다. 그 이유는 남부인들이 두 가지 제안 중 한 가지를 선택하도록 하기 위해서였다. 즉 남부의 주들은 흑인에게 참정권을 주지 않는 대신, 연방 의회에서의 의석을 그만큼 잃든지, 아니면 흑인 참정권을 인정하고 의석을 늘리든지 하는 것 중 한 가지를 선택하는 것이었다. 또한 수정 헌법 14조에는 남북 전쟁 전에 고위직을 가지고 있다가 남부 연합에 협력했던 사람들은 다시 연방 정부의 고위직을 차지하지 못하도록 규정하였는데, 이것은 남부 지도자들을 정치적으로 제거하려는 의도에서였다. 존슨 대통령은 수정 헌법 14조를 거부하였다. 존슨의 권고로 남부의 주들도 거부하기로 결정하였다.

사태가 이렇게 되자, 의회의 급진파들은 자기들 노선에 맞는 주 정부를 남부에 세우기 위해, 1867년에 일련의 재건법Reconstruction Acts을 제정하였다. 이 법은 10개의 남부 주를 5개의 군정 지구軍政地區로 나누어, 각 지구에 군정 지사Millitary Governor를 임명하고, 이들 군정 지사는 새로운 헌법을 제정하기 위한 주 협의회를 구성하도록 하였다. 이 과정에서 흑인은 투표권을 행사한 반면, 남부 연합을 지지했던 백인들 중 상당수는 투표권을 행사하지 못하였다. 이와 같이 수립된 주 정부는 반드시 수정 헌법 14조를 비준한 다음 연방에 가입하게 되었다.

그러므로 북부가 남부 문제에 손을 댄 것은 전쟁이 끝난 지 만 2년이 지난 다음이었다. 대부분의 남부 주들은 1867년 말에서 1868년 초에 이르는 시기에 이 절차를 밟아 연방에 가입하였다. 미시시피·텍사스는 1870년에 와서야 비준을 끝냈다. 그리고 군정 기간은 주마다 달라 노스캐롤라이나는 3년, 테네시와 조지아는 4년이었다. 그러나 텍사스는 6년, 앨라배마와 아칸소는 7년, 미시시피는 8년, 플로리다·루이지애나·사우스캐롤라이나는 10년이나 지속되었다.

남부인들은 군정 기간을 독재와 부패의 암흑기로 비난하였다. 남부인들의 주장에 따르면, 처음에 남부에는 총칼을 든 군인들이 몰려들었고, 그 다음에는 한 몫 잡으려는 북부의 '낭인들'浪人·政商輩 Carpetbaggers이 몰려들어 무식한 흑인들을 이용하여 남부 백인들을 억압하였다는 것이다. 여기에 남부인 '부역자'附逆者 Scalawags들이 합세하여 부패와 약탈을 일삼았다는 것이다. 그러나 북부인들은 이와는 정반대되는 주장을 하였다.

그들의 주장에 따르면 군정 기간에 남부인들이 주장하는 억압은 그렇게 심하지 않았다는 것이다. 그 증거로서 그들은 1869년에 점령군의 수는 버지니아에 단지 1천 명, 미시시피에 716명에 불과했던 사실을 지적하고 있다. 그리고 북부에서 온 사람들 중에는, 흑인에게 글을 가르치거나 공장을 세우기 위해 온 사람들도 많았으므로, 재건기는 상당히 건설적인 시기였다는 것이다. 그리고 남부인들은 흑인의 횡포를 말하지만, 실제로 흑인들은 백인을 지배할 만한 힘을 가지고 있지 못했다는 것이다.

어느 주장이 사실이든 간에 한 가지 분명한 것은, 시간이 흐르면서 남부 각 주에서는 공화당이 약해지고, 대신 남부에 기반을 가지고 있던 민주당이 점차 우세해져 갔다는 사실이다. 공화당지지 세력의 하나인 흑인은 오랫동안 노예 상태에 있었으므로 너무나 무지하고 무력하였다. 북부에서 온 사람들이 흑인 지도자의 양성을 위해 하워드·휘스크·모어하우스·탈라데가 등의 대학을 세웠지만, 그 효과가 빨리 나타난 것은 아니었다. 해방된 노예들을 자립시키기 위해 40 에이커의 토지와 망아지 한 마리를 주려는 공화당 급진파의 노력도 실패하였다.

남부 백인들은 전쟁에서의 패배에도 불구하고, 여전히 실질적인 힘을 가지고 있었다. 그들은 토지와 일자리와 자본을 가지고 전쟁 전과 거의 같은 기존 체제를 장악하고 있었다. 그리고 백인들은 법망을 피해 흑인들에게 교묘하게 사형私刑을 가하였다. 1867년에 테네시에서 조직되어 남부 전역으로 퍼진 큐클럭스클랜Ku Klux Klans 조직은 흑인들에 대해 조직적인 폭력을 사용하였다. 그들은 흰색의 단복團服을 입고 채찍이나 총으로 흑인을 위협하였으며, 심지어는 공화당원에까지 폭력을 사용하였다. 의회에서는 이들의 활동을 금지하기 위한 법을 제정하였으나 소용이 없었다. 법으로 흑인에게 평등권을 보장해 주려던 공화당 급진파의 노력은 수포로 돌아갔다.

(3) '노예해방' 선전에도 불구하고 당시는 학대·억압 강화

인류의 역사에는 많은 종족들이 인간을 동물 이하로 혹사시키는 예가 많이 있었다. 본격적인 노예제도가 성행하기 시작한 것은 이집트가 유태민족을 피라미드와 각종 신전들을 건축하는데 동원했던 때부터라고 한다.

이는 로마제국이 점령한 지역의 민족을 노예로 잡아 갖가지 잡역에 종사시켰던 것으로 우리가 이미 알고 있는 역사적 사실이다. 바로 지금의 제국주의자들의 약탈의 선조격인 로마 제국주의자들의 침략은 이처럼 이민족을 노예화시켜 학대하며 공짜로 부려먹은 데에 그 특징이 있었다. 15세기 이후에는 스페인과 포르투갈·네덜란드인들이 아프리카 흑인들을 사냥하여 중남미와 서인도제도의 대농장에 팔아 넘긴 것을 시작으로, 중남미대륙에서 사탕수수·담배와 목화를 재배하는 데 본격적으로 흑인들을 수입하기 시작하였다.

북미 대륙에서는 영국의 찰스 2세 치세 무렵 왕성하게 노예무역을 시작하였다. 처음에는 소규모로 시작되었던 노예무역은 신대륙으로 이주한 백인들이 자신과 가족의 능력으로는 도저히 개간할 수 없을 만큼의 땅을, 원주민을 죽이고 빼앗아 나누어 갖게 되자 농지로 개간하기 위해 점차 규모를 키워갔다. 즉 자신의 능력을 초과하는 땅을 차지하려는 욕심이 다른 사람을 짐승처럼 부려먹는 노예제도를 낳았던 것이다.

영국 함대가 스페인의 무적 함대를 무찌른 이후 해상에 대한 제해권制海權을 차지하게 되자 영국은 18세기 말경에 유럽 국가들 가운데 가장 왕성한 노예 국가로 성장하게 되었다. 18세기 이후 영국은 최소한 9백만 명에서 1천만 명 사이의 아프리카인들을 북미 대륙으로 운반해 왔다. 아프리카 흑인들이 백인 사냥꾼들에 의해 납치되어 사랑하는 가족들로부터 영원히 떠나거나 경우에 따라서는 가족과 함께 납치되는 경우도 왕왕 있었다. 똑같이 생각하고 판단력을 갖춘 인간으로서 미대륙으로 끌려가는 이들의 심정은 말할 수 없이 참담하였을 것이다. 이는 차마 눈뜨고 볼 수 없을 정도의 참혹한 인간의 역사였다.

흑인 노예들의 수요가 남부보다 훨씬 적었던 북부에서는 노예들을 농업에 투입하는 것보다 상선을 이용하여 노예무역을 하는 것이 훨씬 더 이익이 많이 남았다. 남부에서는 대단위 농장 운영으로 더 많은 흑인 노예가 필요하자 이들을 통제할 방법이 필요했다. 남부 지주들은 노예들을 사회적으로, 그리고 법적으로 철저히 통제해야 그들의 반발이나 반항을 막을 수 있다는 판단으로 비인간적인 법률로 그들을 단속하였다. 이 당시 기독교의 신에 대한 절대순종 설교도, 고통을 겪던 흑인 노예들의 마음을 사로잡아 스스로 신과 인간에게 복종케 하는 데에 큰 몫을 차지하였다.

그리고 그들은 자신들의 흑인 소유권을 세습화하여 흑인들이 결혼하여 출생한 자녀들도 자신의 노예로 등록하여 그들을 영원한 노예의 신분으로 묶어 놨다. 또한 이들이 도망갈 수 없도록 하기 위해 소뿔을 인두로 지지듯 그들의 몸에 인두로 낙인을 찍는 천인공노할 만행을 저질렀다. 흑인들은 영원히 노예의 신분을 벗어날 수 없는 자신들의 신세를 한탄하다가 자연발생적으로 그들의 한맺힌 심경을 노래로 불러 자기 위안을 했던 것이 지금의 흑인 영가靈歌이다.

18세기 초까지 대부분의 북부 신대륙 식민지에서는 흑인들을 통제하는 흑인 단속법 Black Code을 제정해서 그들의 인권을 말살하는 정책을 수행해 왔다. 흑인 노예들의 인권은 존재하지 않았고 그들은 겨우 집에서 기르는 가축보다 조금 개선된 지위에 만족할 수밖에 없었다. 노예의 주인들은 그들을 동적 재산권으로 간주하고 그 노예들이 낳은 아이들도 자신의 소유로 만들었다. 심지어 상당수의 백인 남자들은 흑인 여성 노예들을 그들의 성적 노리개로 이용하였고 흑인 노예로부터 태어난 백인의 아이들조차 흑인 노예로 취급하는 패륜적인 행동도 서슴지 않았다.

미국의 초대 대통령인 조지 워싱턴과 미국 민주주의의 아버지로 숭앙을 받고 있는 미국 제3대 대통령 토머스 제퍼슨도 수백 명에 달하는 흑인 노예를 거느리고 있었으며 흑인 노예들 가운데 얼굴이 반반하게 생긴 젊은 여성 노예들을 성적노리개로 이용하였던 것으로 알려져 있다. 토머스 제퍼슨은 물론 그의 가족들까지도 이러한 사실을 부인하다가 마침내 1999년 4월 한 미국 흑인여성이 토머스 제퍼슨이 자신의 조상이라는 재판을 제기하여 토머스 제퍼슨의 시체에서 DNA를 추출하고 그녀의 DNA와 대조 실험한 결과 두 DNA가 완전 일치하여 재판부에서도 그녀가 토머스 제퍼슨의 자손이라는 판정을 내릴 수밖에 없었던 일이 일어났다.

독립선언문에 하나님은 인간을 평등하게 만들었다고 선언했던 바로 그 당사자가 흑인의 인권을 무시하고 심지어는 자기의 친자식까지도 노예로 몰아 버린 파렴치한 행위를 저질렀던 것이다. 그는 미국 독립의 일등공신이며, 민주주의의 창설자로 전국민들의 숭배를 받고 있었으나 자신의 핏줄보다 자신의 명예와 가식에 찬 위선으로 점철된 보통 미국인에 지나지 않았던 모양이다. 미국인들의 탐욕스럽게 잔인했던 인종차별은 자신의 핏줄보다 더 중요했던 것이다. 이 유전자 검사는 백인 자산계층 중심 사회의 반민주체제의 전통을 그대로 드러내보인 것이다.

(4) 미국의 전쟁 역사상 가장 희생이 컸던 동족상쟁

남북 갈등의 근본 원인은 단순히 흑인 노예해방 문제 따위가 아니었다. 남북전쟁으로 얼마나 많은 피해를 입었는지 군인들의 피해사항만으로도 가히 이 전쟁이 단지 흑인 노예해방 문제가 주요 원인이었다는 것은 납득하기 어렵다는 사실을 이해하게 될 것이다.

남북전쟁 당시 미국의 인구는 약 3천만 명으로 그 중 북부 인구는 약 2천1백만 명, 남부는 약 9백만 명이었다. 북부군의 예를 들어보면, 이 가운데 여성 인구가 절반을 차지하므로 이를 제외하면 1천5십만 명, 또 이들 가운데 어린아이들과 노약자에 해당하는 5백만 명을 제외하면 전쟁에 참여할 수 있는 연령층의 인구는 불과 5백만 명밖에 안 된다. 이 5백만 명의 가용 인구 가운데 군인으로 복무하고 있는 인구는 1백5십5만 명, 국가를 운영하는 행정요원들과 후방지원 인구를 제외하면 징집가용 인구의 절대부족으로 매우 심각한 실정이었다.

그런데 미국 정부가 집계한 군인들의 전쟁사상자는 다음과 같다. 북부군의 병력은 1백55만 6천 명이었으며 사망자는 35만9천528 명, 부상자는 27만5천175 명, 그리고 남부군의 병력은 80만 명(남부군은 추정치)이었으며 사망자는 25만8천 명, 부상자는 22만5천 명으로 남북군의 사망자의 합계는 모두 61만 7천 528명에 달했다. 그리고 부상자는 모두 50만 175 명이었으며 전쟁사상자의 수는 무려 1백 12만 명이었고 전쟁참여가능 인구 대비 거의 20퍼센트를 넘어섰다. 다시 말해 국가를 이끌어갈 젊은 노동계층의 멸망으로 국가로서 존재하기가 대단히 위험한 수치였던 것이다. 여기에 민간인들의 사상자까지 포함시키면 전쟁의 희생자는 엄청난 것이었다.

더구나 이 전쟁은 유럽국가들이나 인디언 원주민들이 개입되지 않은 앵글로색슨족 내부에서 벌어진 전쟁이었다. 다시 말해서 이는 동족간에 벌어진 골육상쟁이었다. 위의 수치는 미국 정부의 공식 집계이며 민간인 사상자는 여기에 포함되어 있지 않다. 이 당시 남과 북에 거주하고 있던 흑인 인구는 약 4백만 명이었다. 이들은 무려 4년이나 전쟁을 끌어갔고 이 사상자의 수를 보더라도 남부와 북부 사람들이 상대에 대한 증오감이 얼마나 심했던가를 미루어 알 수 있을 것이다.

남북전쟁에서 사망한 군인들의 숫자는 미국이 독립전쟁을 시작으로 영토확장전쟁, 제1·2차 세계대전, 조선전쟁, 베트남전쟁 등에서 사망한 군인들의 숫자보다 더 많았다. 이는 실로 엄청난 인명살상 전쟁이었다는 것을 알 수 있다. 이러한 증거에도 불구하고 미국인들은 남북전쟁이 흑인 노예해방을 위한 명예전쟁이었다고 주장하고 있으며, 대량학살의 피해를 겪게 한 조선전쟁을 일으켜 동포형제끼리 죽이게 하면서도 우리의 젊은이들에게 미국 침략자들의 위선과 허위로 점철된, 그래서 크게 왜곡된 역사교과서를 가르쳐온 것이다.

(5) 앵글로색슨족의 흑인노예 쟁탈전쟁

미국의 주장대로 만일 미국의 남북전쟁이 흑인 노예를 해방시킨 전쟁이었다면 남북 양측 군인들의 숫자만 1백60여 만 명 이상의 희생이 있었고 전투가 벌어졌던 중남부 지역은 거의 초토화되는 엄청난 파괴를 가져왔던 사실을 어떻게 설명할 수 있을 것인가? 북부 미국인들이 언제부터 그렇게 인도주의를 존중하고 평등사상을 존중해서 자신들의 부모를 죽게 만들고 형제와 친구마저 죽이고 흑인의 평등권을 위해서라면 자신들의 생명을 받치려 했단 말인가? 미국인들에게 국가를 남과 북으로 분리시킬 만큼 흑인의 평등권이 중요한 문제였는지 미국인들의 실제 역사경험으로는 설명이 안된다.

1865년 5월에 찰스 섬너Charles Sumner상원 의원이 노예제를 철저히 반대한다는 연설을 했다. 이에 당시 하원 의원이었던 프레스톤 버틀러Preston Butler는 휴게실에서 섬너 의원을 무거운 지팡이로 마구 때려 섬너는 의식을 잃고 다시는 상원에 돌아올 수 없었다. 그러나 폭력을 휘둘렀다는 이유로 하원에서 제명당한 버틀러는 사우스 캐롤라이나 주에서 재출마하여 당선되었을 정도로 남부에서는 영웅으로 대접받았다. 이것만 보아도 북부와 남부 사이의 적대감이 얼마나 심각했는지 알 수 있다.

지금도 미국의 남부에 가보면 남북전쟁 당시 사용하고 있던 남부군기가 각 빌딩, 심지어는 각 학교와 가정집에까지 게양되어 바람에 펄럭이고 있는 것을 볼 수 있다. 그 당시 얼마나 극악스럽게 죽이고 죽었으면 남부에서는 지금까지도 북부에 대한 원한과 감정의 골이 깊게 남아있단 말인가? 무엇이 두 지역간에 그처럼 적대감을 만들었는가? 명백히 북부와 남부 모두 앵글로색슨족이었지만 그들 사이에는 중요한 사회적·경제적 차이가 있었고 지역간의 이해득실로 심각한 의견대립이 계속되었다. 하지만 흑인 납치·수입과 노예노동력으로의 이용과 학대는 남북 백인들의 입장이 똑같았다.

미합중국 의회는 국제 여론에 밀려 흑인 노예의 수입을 금지시키는 법안을 가결시켰다. 그러자 북부의 공장주들은 값싼 노동인력을 구할 수 없게 되었고 공장 문을 닫아야 할 위험수위에 이르렀다. 그러나 남부 농민들은 이미 4백만 명이라는 엄청난 수의 흑인 노예를 확보하고 있었고 또 그 노예들이 출산한 어린 흑인 아이들까지도 세습하여 노예로 소유할 수 있도록 법으로 만들어놓고 있었기 때문에 흑인 노동력을 충분히 확보하고 있었다. 이러한 극단적인 노동인력의 편중으로 북부로서는 흑인 노동력 확보가 그들의 사활이 걸린 심각한 문제였다. 남부 또한 흑인 노예는 북부에 빼앗길 수 없는, 백인 불한당不汗黨들의 불로소득을 위한 생명선이나 다름없었다. 흑인 빼앗기 전쟁이었다.

(6) 흑인 억압을 위한 백색 테러와 공포의 시대

남북전쟁에서 남부가 패배하자 남부 사람들은 더 이상 흑인들을 합법적으로 제재할 방법이 없게 되었다. 그러자 결국에는 비합법적인 수단을 동원하여 흑인들을 통제하거나 위협하여 그들의 노예상태를 지연시키려는 술책을 강구하기에 이르렀다. 남부의 백인 계급에서는 흑인들이 정치에 참여하고 백인들만의 세계에 흑인들이 간여하게 된다는 것은 상상할 수도 없는 일이었다. 그래서 흑인들이 사회에 참여하는 것을 막으려는 단체가 여기저기서 생겨났다. 「메이플라워호」의 저자 레론 베넷Leron Benette에 의하면 Ku Klux Klan단(큐클럭스클랜) 일명 KKK단의 흑인 배척 수법을 다음과 같이 기술했다.

첫째 : 흑인들을 정치적인 파워를 형성 할 수 없게 만든다.
둘째 : 흑인에 대한 절도와 살인.
셋째 : 두각을 나타내는 흑인들은 경제적 협박과 정치적 암살을 한다.
넷째 : 젖먹이 어린애를 어미의 품에서 떼어내 잔인하게 죽인다.
다섯째 : 아내 앞에서 남편을 참살하고 남편이 보는 앞에서 아내를 강간한다.

그들은 흑인의 인권을 말살하기 위해 이런 극악스러운 시나리오로 테러를 자행했다. 그들은 자신들의 불법적인 폭력 · 방화 · 납치 · 테러행위가 탄로 나는 것을 방지하기 위해 눈과 입 구멍만 뚫어 놓은 원추형의 흰색 얼굴 가리개와 온 몸을 흰색 가운으로 감싼 유니폼을 입었다. 그 외에 여러 흑인 테러 단체들이 남부 전역에서 활동하고 있었지만 그들 가운데 KKK가 가장 강력한 조직을 가지고 오랫동안 활동했으며 그 세력이 미약하나마 지금까지도 이어지고 있다.

KKK는 1866년 테네시Tennesy주 폴라스키Polasky라는 마을에서부터 처음 조직되어 활동하기 시작하다가 전 남부로 확대되었다. KKK는 흑인들에 대한 납치 · 고문 · 방화 및 살인 행위를 저지르며 흑인들의 참정권을 적극적으로 방해했고, 노예해방 이후에도 조직적으로 흑인들에게 폭력을 행사하였다. 그들은 남부의 교회 교직자들과 전직 군인들, 그리고 남부 사회에 영향력이 있는 지도자들로 구성되어 있었으며 조금이라도 눈에 거슬리거나 영향력이 있는 흑인들의 단체나 집에 불을 지르고 기물을 파손했다. 또한 그들을 납치하고 참혹한 폭력 행위를 자행해 흑인들에게는 공포의 대상이 되었다. 이와 비슷한 사례로는 아직까지도 절대군주치하에 있으면서 내각장관들도 대신大臣으로 부르고 있는 일본제국에서도 극우 폭력집단은, 모든 정부조직과 시민단체를 제압하는 폭력

국가의 민중억압 원천이 되고 있다.

KKK의 지도자는 그랜드 드래곤Grand Dragon으로 불렸다. 이 백인 결사단은 세력이 커지자 흑인 해방운동을 하는 백인들에게까지도 공갈 협박하거나 구타하고 집을 불태우는 등의 폭력을 서슴지 않았다. 이들의 횡포가 날로 심해지자 정부에서는 연방군을 동원해 이들을 제지하기 시작했다. 1872년경 이들의 세력은 조금 수그러들기 시작했으나 흑인들에 대한 공포와 위협적인 행동은 사라지지 않았고 흑인들의 참정권에 위협을 가하고 흑인들에 대한 차별은 계속되었다.

1920년대에 이르러서는 수면 밑에 가라앉았던 KKK단의 세력이 다시 살아나서 한때 전 미국으로 확산되어 무려 4백50만 명에 이르는 거대 집단으로 커졌다. 그들은 일부 상원 의원과 주지사를 그들의 추종자들로 선출했고 1925년 8월에는 수십만 명의 KKK 단원들이 백색 두건과 유니폼을 입고 워싱턴 DC 중심 시가지를 행진하기도 했다. 1930년대에는 점차 그들의 조직이 약화되다가 1960년대 흑인 민권운동이 본격화되자 그들의 조직이 다시 살아나 흑인들에 대한 테러행위를 시작하기도 했다. 1964년 시민권 법안이 의회를 통과하자 그들의 세력은 많이 약화되었지만 아직도 KKK단체들은 흑백 문제가 돌출 될 때마다 그들의 세력을 과시하고 백인 지배 사회를 유지하려는 목표를 추구하고 있다. 기독교라는 종교를 바탕으로 하는 KKK는 청교도 정신을 구현하려는 백인 우월 사상과 외국인에 대한 배척 운동은 물론, 유색인종과 외국인을 배척하는 비폭력 활동도 벌이고 있다.

지난 2000년 6월에는 그들의 세력이 확고하다는 것을 보여주려는 듯 워싱턴의 백악관 앞에서 대대적인 시위를 벌이기도 했다. 그리고 미국 기독교인들의 극단적 배타정신은, 미군이 점령한 한반도 남쪽에도 영향을 주어, 심지어는 일제로부터의 독립투쟁을 추모하는 3·1절 기념일에까지 성조기星條旗를 흔들며 미국에 대한 어떠한 비판도 거부하는 미치광이 공조세력을 낳기도 하였다.

제3장
기독교의 동아시아 선교에 뒤따른 제국주의세력의 침략과 충돌

1. 유럽 가톨릭세력, 제국주의세력 앞서 동북아 선교

1) 유교체제 봉건 조선, 절대신 숭배 세력 단호히 배격

16세기 유럽 국가들은 신흥 시민세력에 의한 종교개혁을 체험했다. 가톨릭교회, 즉 천주교회는 자신들이 믿어온 교리를 부정하면서 생겨난 신흥 종교(개신교)세력을 제압하기 위한 반종교개혁운동의 일환으로 해외선교에 매진하게 된다.

예수회를 비롯하여 프란체스코회·도미니쿠스회 등은 동양에 많은 선교사들을 파송하여 동양 선교를 추진했다. 인도를 거점으로 하여 일본에 선교사가 도착한 것이 1549년이었고 중국 본토에는 1583년에 진출하였다. 그 결과 16세기 말에서 17세기 초에 이르는 동안에 동양의 중국과 일본에는 천주교회가 크게 성행하였다.

조선반도 주변의 일본과 중국이 천주교회를 수용함으로써 천주교회는 조선과도 관계를 맺을 수밖에 없었다. 그런데 그 관계는 우호적인 면에서 맺어지지 못했다. 당시 조선을 둘러싼 동아시아권에서는 새로운 정치질서가 창출되고 있었다.

일본은 오랜 전국시대를 끝내고 강력한 봉건적 군사정권인 막부幕府 통치시대를 열고 있었으며, 그 과정에서 필연적으로 나타날 지배층의 갈등을 해소하기 위한 방편의 하나로 조선 정벌을 추구하였다. 이것이 소위 임진왜란(壬辰倭亂 1592~1598. 7년간 2차례 침공)이다.(한국기독교역사연구소『한국기독교의 역사』기독교문사 2010)

중국 대륙에서도 세력 교체의 조짐이 보였으니 만주족(여진족)을 배경으로 한 후금(後

金, 후에 淸)이 중국 본토의 명을 위협하기 시작하였다. 후금은 명을 치기 전에 우선 명과 공고한 외교관계를 맺고 있던 조선을 쳤으니 그것이 병자호란(丙子胡亂 1637, 인조 14년)이었다. 이 전쟁이 끝난 후 중국에서는 명이 쇠퇴하고 대신 청이 들어서는 세력 교체가 이루어졌다.

이와 같은 일본과 후금의 침략전쟁을 통해 조선은 막대한 인명과 재산상의 피해를 입었고 국토가 유린되었는데, 이러한 일련의 전쟁을 통해 천주교는 조선과 첫 관계를 맺게 된다. 외적의 침략으로 인한 민족의 수난과 함께 기독교 접촉의 역사가 시작되었다는 것은 이후에 이루어질 조선 기독교사 이해의 한 단서(외래 종교 침투의 성격)를 드러내 주었다. 18세기 중엽부터 본격적으로 시작된 천주교의 조선 전래(차라리 '침투'라고 해야 바른 표현이 될 것 같다.)와 수용의 역사도 같은 맥락에서 이해될 수 있다.

(1) 가톨릭天主教 선교사들의 다각적인 조선 접근(1594~1800)

① 임진왜란 시기 침략 세력에 동참한 예수회 선교 세력

세습적 지역 군벌이 살육을 일삼던 전국戰國 체제의 일본은 16세기 중엽 오다 노부나가織田信長에 의해 전국의 통일이 이루어졌다. 강력한 통일국가를 이루는 데에는 포르투갈·스페인 등 서구에서 들여 온 신무기가 큰 역할을 감당하였다. 그러한 면에서 특히 기리시단 다이묘들의 활약도 클 수밖에 없었다.(大名 : 대토지를 점유하고 사유私有의 군사조직과 봉건영주 노릇까지 하던 지방권력자, 그리스도교인·크리스천·기리시단 다이묘)

오다의 뒤를 이어 통치권을 장악한 도요토미 히데요시豊臣秀吉는 강력한 통일국가를 지향하는 한편 내적 불안 요인들을 극복하는 방법의 하나로 조선에 대한 침략전쟁을 일으켰으니 그것이 1592년에 시작되어 1598년에 끝난 조선침략전쟁(임진왜란과 정유재란)이었다.

이 전쟁 중에 조선은 처음으로 기독교(천주교)와 관련을 맺게 된다. 그것은 두 가지 형태로 이루어졌는데, 첫째는 전쟁 중에 서양인 성직자가 최초로 이 땅에 발을 내딛게 된 것이고 둘째는 전쟁 중에 포로로 잡혀 간 많은 조선인 포로 중에 상당수의 천주교 개종자가 나왔으며 그들 가운데는 이른바 '순교의 영광'에 이른 사람도 있다.

조선 침략의 선봉장의 한 사람인 고니시 유키나가小西行長는 유명한 기리시단 다이묘 중의 하나였다. 고니시 가문은 일찍이 기리시단으로 개종하였고 도요토미의 주요 지지 세력 중의 하나였다. 불과 20여일 만에 서울을 함락시켰고 평양까지 진출했던 고니시 부대는 조선 의병들의 저항을 받아 후퇴, 경상도 남단의 웅천을 거점으로 삼아 교두보를 확보하고 있었다.

전쟁이 오래 끌자 고니시는 본국에 있는 예수회 신부들에게 종군 사제를 한 사람 보내달라는 서한을 띄웠다. 휘하 장병들의 사기 진작을 위한 것이었다. 이에 예수회 일본 부관구장 고메스 신부는 스페인 출신의 예수회 신부 세스페데스와 일본인 후칸 에이온을 조선에 파송했다. 이렇게 되어 1594년 기독교 성직자로서는 최초로 세스페데스가 조선 땅에 발을 내디뎠다.

고니시 유키나가(1558~1600)는 1584년 기리시단이 되어 세례명이 아우구스 티노라 불렀다. 히데요시를 도와 규슈 정벌에 공을 세웠고 임진왜란에 참여했으며 1600년 도쿠가와 이에야스와의 세키가하라關ヶ原 전투에서 패한 후 이에야스의 포로가 되어 참수당했다. 그의 부친·형·딸도 독실한 기리시단으로 집안이 기리시단 가문이었다.(『日本人 キリシタン略傳』)

조선에 온 세스페데스는 고니시가 자리잡고 있던 웅천(진해)을 중심으로 일본군 진지를 순방하며 성사聖事를 집행했다. 그러나 이와 같은 세스페데스의 래조來朝와 활약이 다른 침략 선봉장 가토加藤淸正에게는 고니시를 음해할 수 있는 구실이 되었다. 이미 1587년 도요토미에 의해 선교사 추방령이 내려져 있었음을 아는 가토는 세스페데스의 내조 활동을 눈치채고 이를 본국 도요토미에게 알려 경쟁자 고니시에게 타격을 가할 수 있는 기회를 엿보고 있었다. 이에 고니시는 정치적 위험을 직감하고 세스페데스 일행의 일본 귀환을 서둘러 1595년 4月경 조선을 떠나게 했다. 결국 세스페데스의 조선에서의 침략을 돕는 종교 활동은 1년 조금 넘게 진행되었다.

그러나 세스페데스의 조선 방문이나 선교활동은 조선의 기독교 역사와는 직접적인 관련이 없었던 것으로 보인다. 그는 침략군의 종군사제從軍司祭였고 그의 선교 활동도 침략군인 일본군에 제한되었던 것이다.그가 조선인을 만나 선교하려는 시도를 했다는 기록은 찾아볼 수 없다.

그러나 임진왜란 중에 잡혀 간 조선인 포로들 중에 상당수의 개종자들이 나왔고 그들 가운데 복자福者 위에까지 오른 순교자들이 있었다는 사실은, 비록 그 일이 일본에서 이루어진 것이기는 하지만 조선 기독교사에 중요한 의미를 지니고 있다. 임진왜란 중 일본에 끌려간 조선인 포로는 적게 잡아도 5만 명 이상으로 추산된다.(柳洪烈『增補 한국천주교회사』가톨릭출판사 1975)

그 중에 전후 양국 정부의 협상에 따라 조선에 귀환한 포로 수는 7천에 이르고 있어 대부분의 포로들은 남방에 노예로 팔려가거나 일본에 남아 포로 생활을 해야 했다. 이들 일본에 잔류한 포로들 가운데 천주교로 개종하는 경우가 생겨났다. 일본 나가사키에서 활약하던 프로에Louis Froes 신부가 보낸 1595년 보고서에서 그 사실이 확인되었다.

"여기 나가사키에 사는 조선인 노예들은 남자 여자 도합 3백 명이 넘는데, 그중 많은 이에게 금년에 교리를 가르쳤읍니다. 그들 대부분이 2년 전에 영세하였고, 거의 전부가 금년에 고백 성사를 받았읍니다. 우리는 경험에 의하여 조선 백성은 우리 거룩한 신덕信德을 받아들일 준비가 잘 되어 있음을 명백히 알 수 있읍니다. 이들은 매우 친절하며 기쁜 마음으로 성세聖洗를 받고 자기들이 천주교인이 된 것을 기뻐합니다."

나가사키와 히라도·규슈 지방에 있던 조선인 포로들 가운데 이같은 집단 개종이 있었음이 확인되고 있다. 일본에 잡혀 갔던 포로들 중에 천주교인이 된 조선인 수는 대략 7천명에 이르며 그 중에는 예수회 회원이 되어 신학 훈련까지 받고 조선 선교를 시도했던 권權빈센트 같은 인물도 있었다. 그는 전쟁 중 고아가 되어 고니시 유키나가의 딸 마리아에게 보살핌을 받았고 빠체코 신부에 의해 신학 훈련을 받았다. 일본에 있던 예수회 신부들은 조선인 포로들의 개종을 기회로 삼아 그들을 통해 조선 선교를 시도하기도 했다.

그러나 이같은 시도는 조·일 양국간의 적대 관계, 일본 내의 천주교 박해 상황 등의 이유 때문에 성공하지는 못했다. 특히 1614년 도쿠가와가 선교사 추방령을 내리고 천주교인 박해를 대대적으로 추진하는 바람에 조선 선교 의도는 실현되지 못했다. 대신 많은 포로 출신 천주교인들이 박해 중에 일본인 교인들 속에 섞여 '순교'의 이름으로 고문·학살당했다.(한국기독교역사연구소 『한국기독교의 역사 Ⅰ』)

지금까지 밝혀진 자료에 의하면 일본에 포로로 잡혀 갔다가 순교한 조선인 가운데 복자福者 위를 받은 자가 고스마 다께야 등 9명, 순교자 칭호를 받은 이가 미카엘 등 11명에 이르고 있다.

이들은 일본인 교인들 속에 포함되어 복자 혹은 순교자로 인정받고 있기 때문에 정확한 우리 이름이 밝혀지지 않고 있으나 자료에 의해 조선인으로 밝혀진 경우들이다.

이 외에 임진왜란 때 일본으로 끌려가 도쿠가와 궁전 안에서 궁녀로 있으면서 끝까지 신앙을 지키다가 고오즈시마神津島란 조그만 섬에 유배당해 그곳에서 절명한 오타 줄리아Ota Julia를 비롯하여 6명의 증거자들이 일본 천주교회사에 기록되고 있다. 증거자란 순교에 이르지 못했더라도 유배된 이들을 의미한다. 일본에서의 6인 조선인 증거자는 오타 줄리아(1612년 유배)·이사벨라(1629년 고문)·막센시아(1613년 고문)·군나이

도메(1614년 추방)·박마리아(1614년 유배) 등이다. 최근 일본인 성인 26인 중 3인이 조선인이라는 주장이 제기되고 있으나 학계의 객관적인 인정을 받지 못하고 있는 실정이다.

② 병자호란 때 볼모로 잡혀간 소현세자의 선교사 접촉

임진왜란을 겪은지 30년이 못되어 조선은 또다시 외족의 침략을 받았다. 북방 여진족(後金, 후의 淸)의 침략으로 1627년에 일어난 정묘호란이 바로 그것이었다. 이 침략은 1636~1637년 병자호란으로 끝나기까지 10여 년 동안 계속되었다. 이 전쟁에서 승리한 청은 조선에 대해 막대한 전쟁 물자를 요구했고 명과 전쟁할 때 군사적 원조까지 해 줄 것도 요구했다. 이와 함께 볼모로 왕세자인 소현세자昭顯世子와 왕자 봉림대군鳳林大君을 데리고 갔다.

조선을 평정하는데 성공한 청은 중국 본토 공략에 주력하여 1644년 마침내 명의 수도 북경을 함락시키고 수도를 그곳으로 옮겼다. 이때 볼모로 잡혀 갔던 소현세자 일행도 심양(瀋陽 혹은 奉天)에서 북경으로

아담샬.

옮겨졌다. 소현세자로서는 볼모로 잡혀 온지 7년째 되는 해였다. 그가 북경에 머무는 동안 예수회 신부 아담 샬Adam Schall von Bell(湯若望)과 사귀게 되었다. 아담 샬은 독일인으로 1628년 중국에 와서 명조 말기와 청조 초기에 활약한 과학자이자 신부였다. 그는 역법曆法에 능해 『大淸時憲曆』(대청시헌력)을 만들었고 벼슬은 광록대부光祿大夫 정1품에까지 이를 정도로 중국 정부의 인정을 받았다.(方豪『中國天主敎人物傳』臺中, 香港公敎眞理學會 1970)

명 대신에 중국 대륙을 통치하게 된 청도 예수회 중심의 천주교회에 대해 유화정책을 폈다. 그 결과 명 말기에 유행했던 천주교회는 청 초기에도 그대로 성세를 유지할 수 있었다. 마테오 리치 후에 중국 천주교회를 이끈 대표적 인물이 아담 샬과 베르비스트 Verbiest와 같은 학자 출신의 예수회 신부들이었다. 이들은 왕실의 신임을 얻어 중국의

역법曆法 개수 작업에 착수하였고 아담 샬은 흠천감欽天監 감정監正직에 오르게 되었다.

소현세자가 묵고 있던 동화문 안의 문연각은 아담 샬이 묵고 있던 동문안 동東천주당과 그리 멀지 않았다. 신부들은 볼모로 잡혀 와있던 조선의 왕세자에게 관심이 깊었고 세자 역시 서양 신부들의 서구과학 지식에 깊은 관심을 두었다. 한 쪽에서는 선교적 관심에서, 다른 한쪽에서는 지적 호기심에서 서로를 요구하고 있었다. 이런 상황에서 아담 샬과 소현세자 사이의 교분이 이루어진 것이다.

"順治 元年(1644년) 조선의 왕세자는 북경에 볼모로 잡혀와 있으면서 湯若望이 훌륭하다는 말을 듣고 때때로 천주당에 찾아와 천문학 등을 묻고 배워갔다. 若望도 자주 세자가 거처하는 곳을 찾아 가서 오랫동안 이야기 하였는데 두 사람 사이에는 깊이 뜻을 같이하는 바가 있었다. 若望은 연달아 천주교가 바른 길임을 이야기하고 세자도 자못 듣기를 좋아하여 자세히 묻곤 하였다."

아담 샬로서는 조선의 왕세자와 교류함으로써 조선 선교를 추구하려는 계획도 세웠던 것 같다. 그러나 소현세자의 북경 체류가 짧았기 때문에 선교사들의 계획은 구체적으로 추진되지 못했다. 청의 세조는 북경으로 수도를 옮기고 중국 본토를 평정한 후 조선에 대해서 전과 같은 강압적 태도를 버리고 완화정책을 쓰기 시작했다. 볼모로 잡혀 와 있던 소현세자 일행의 귀국을 허락한 것도 그 같은 태도변화의 일환이었다. 귀국을 앞두고 소현세자는 아담 샬에게 선물을 보냈고 이에 답례로 아담 샬도 천문天文과 역산曆算에 관한 서책과 천구의天球儀 등 서구 과학기물들을 보냈으며, 이와 함께 『성교정도聖敎正道』 등 천주교 서적 몇 권과 구세주상救世主像을 한 장 보냈다.

이러한 선물을 받은 소현세자는 과학에 관한 서책과 기물을 제외한 천주교 관계 서적과 구세주상은 정중한 사양의 서한과 함께 돌려보냈다.

"이제 이러한 서적과 천주상을 고국에 가져갈 수 있기를 갈망하옵니다마는 저희 나라에는 아직 천주 숭배의 도를 일찍 듣지 못하였으므로 도리어 그 존엄성을 모독할까 염려하올제 매우 두려운 걱정이 가슴에 사무치나이다. 이러한 이유 때문에 귀하가 만일 허락하신다면 이 천주상만은 돌려드리는 것이 저의 책임을 다하는 것이라고 믿으며 황공히 삼가 말씀드립니다."

소현세자는 그 대신에 북경에서처럼 조선의 수도에서도 선교사가 주재하면서 정부를 위해 봉사할 수 있도록 선교사 한 명을 귀국할 때 동행할 수 있게 해 달라고 요청하였다. 그러나 당시 상황으로 조선에 선교사를 보낼 여유가 없었다. 선교사들은 그 대신에 귀국하는 소현세자 일행 속에 교인을 배행시키는 방법을 썼다. 즉 중국인 궁녀 감독관으로 선발된 환관 5명을 교인들로 구성했던 것이다.

소현세자 일행은 1644년 11월 말에 북경을 출발하여 이듬해 2월 서울에 도착했다. 그런데 소현세자는 귀국한지 70여 일만에 돌연 득병하여 죽고 말았다. 소현세자의 죽음을 두고 북경에서 가져온 물품이 그 원인이 되었다는 등 미신적인 소문이 퍼졌다. 그리고 오래지 않아 소현세자가 가져온 물품과 서책이 불살라졌으며 소현세자를 수행해 온 중국인 궁녀들과 환관들까지 본국으로 돌려보냈다. 이로써 소현세자를 통해 조선 선교를 개척하려고 했던 선교사들의 계획은 수포로 돌아가고 말았다.

그러나 소현세자와 선교사의 접촉과 소현세자의 선교사에 대한 우호적인 태도 등에 관한 이야기는 중국 선교사들을 통해 유럽에까지 알려지게 되었고 동양 선교사 증원과 후원을 호소하는 한 가지 근거로 인용되기도 했다. 프랑스 파리에서 해외 선교를 주창하는 소책자 속에는 『조선 왕자 이야기』로 소현세자 이야기가 등장하였으며 이것이 파리 외방전교회Societe des Missions Etrangeres de Paris 설립의 한 계기가 되었다는 점에서, 더욱이 이 선교단체가 1830년 정식으로 조선교구가 창설된 이후 조선 선교를 관장한 기구가 되었다는 점에서 소현세자와 선교사의 교류는 무의미한 것만은 아니었음을 알수 있다.

북경에 있던 마르티니Martini 신부가 1656년에 제작한 『新中國地圖』 속에 소현세자의 이야기를 삽입했고 이것이 파리의 성체회가 중심이 된 해외선교 선전 팜플렛 속에 게재되어 뿌려졌다고 한다.

비록 왕실을 통한 선교계획은 실패하고 말았지만 이미 다른 경로를 통해 복음은 조선에 전달되고 있었다.

(2) 외교사절단을 통한 서학서와 지도 반입

왜란과 호란을 겪으면서 조선사회가 갖고 있던 구조적 모순은 드러나기 시작했다. 그러나 이미 공론화公論化된 성리학은 이 모순을 극복할 수 없었다. 거기에다 당쟁이 격화되면서 조선 후기사회는 집권 양반간의 갈등과 민중으로부터의 다양한 개혁 요구에 직면하게 되었다.

이러한 역사적 상황 속에서 중국을 통해 한역서학서漢譯西學書와 서양 선교사들이 제작한 세계지도를 비롯한 서구 과학 기물들이 국내에 유입되었다. 이러한 서학 관계 서적과 기물들은 새로운 학문에의 욕구를 갖고 있던 현실비판 성향의 학자들에게 신선한 충격을 가져다주었다. 그리고 이러한 새로운 학문 연구 분위기가 고조되면서 서학파西學派라는 새로운 학풍이 조성되었던 것이다.(李元淳『韓國西學史研究』일지사 1986)

서학 연구의 근거가 되었던 한역서학서와 서양 기물의 조선 유입은 17세기 초에 이미 시작되었던 것으로 보인다. 그것은 주로 조·중 간의 정기 외교사절이었던 부연사행赴燕 使行에 의해 이루어졌다. 중국 수도인 연경(燕京 혹은 北京)을 방문하는 외교 사절단을 일 컫는 것으로 입연사행入燕使行, 혹은 부경사행赴京使行 등이 있었다. 절기 때마다 보내는 원단사元旦使·동지사冬至使·성절사聖節使·천추사千秋使가 있고 양국간에 특별한 논의 나 길흉사가 있을 때 보내는 진주사陳奏使·진위사陳慰使 등도 있었다. 정식 사절과 수행 원을 합쳐 3백~5백 명 정도였다.

외교 사절로 중국의 수도 연경(북경)을 방문한 조선 사신 일행 가운데는 그곳에 있던 천주교회당을 찾아보고 선교사들과 만나 대화까지 나눈 인물들도 있었다. 처음엔 호기 심에 끌려 서학 관계 서적과 기물을 열람하였고 때론 일부러 수집하여 국내에 들여오기 도 했다. 당시 북경에는 네 곳에 천주당이 설립되어 있었다. 1601년 리치가 설립한 남 당, 동문안에 아담 샬이 세운 동당, 1703년 서안문 밖에 세운 북당, 1723년 서직문안에 세운 서당이 그것이다. 그중에서도 남당은 주교좌 성당이었다.

전래된 최초의 서학 관계 물품은 1603(선조 36년)에 부연사행赴燕使行 이광정에 의 해 유입된 세계지도「곤여만국전도坤輿萬國全圖」로 기록되고 있다. 6폭으로 된 이 지도 는 리치가 제작한 것으로 1584년 조경肇慶에서 처음 만들었던 것을 1601년 북경 체재 허락을 받은 후 개판 작업에 착수하여 이듬해 북경에서 만들어 낸 것인데 불과 1년만에 조선에 유입된 셈이다. 이후에도 베르비스트가 제작한『곤여전도坤輿全圖』, 리치가 제 작한『양의현람도兩儀玄覽圖』등 세계지도와『곤여도설坤輿圖說』『직방외기職方外紀』 등 인문지리서들이 계속 유입되어 종래 동양, 그 중에도 중국 중심의 폐쇄적인 세계관을 갖고 있던 조선 학자들에게 큰 충격을 가져다 주었다.

부연사행들 중에는 선교사들을 만나 담화를 나누고 서학 관계 서적과 기물器物을 선물 로 받아오는 경우도 많았다. 1630년(인조 8년) 사행使行 정두원이 북경에 가던 도중 등주 登州에서 로드리게스Rodriguez(陸若漢)를 만나 홍이포紅夷砲의 제작방법과 천문·역학에 대한 지식을 배우고 또 천문·역산·지리에 관한 많은 서적과 기물을 선물로 받아가지고 돌아 온 일이라든지, 1720년(숙종 46년)에 주청사奏請使로 북경에 갔던 이이명이 남南천 주당에 가서 쾨글러Kogler(載進賢)·수와레스Suarez(蘇霖)를 만나 역시 천문과 역학에 대해 대화를 나누고 서교西敎(천주교)에 대해 논평을 가한 것 등이 그 대표적인 예였다.

1766년(영조 42년)에도 홍대용이 북경에 가서 남천주당에 거주하던 독일인 신부 할레르쉬타인Von Hallerstein 및 고가이슬Gogeisl과 만나 대화를 나누었는데, 당시 할레르쉬타인은 흠천감 감정, 고가이슬은 부정副正의 자리에 있으면서 중국 역법 관리를 맡고 있었다. 홍대용은 이들과 만나 천문·역학에 대한 것 뿐 아니라 서교에 대해서도 상당히 깊이 있는 대화를 나누고 돌아왔다. 이들 부연사행들의 선교사 접촉 및 서학서적과 기물 반입은 종교적인 것이라기보다는 학문적 관심에 의해 이루어진 것들이었다. 서교에 대한 대화가 있었다 할지라도 유교와의 비교 차원을 벗어나지 못했고 주된 관심은 천문·역학과 같은 서구 과학 지식과 기물에 있었다.

① 서학에 대한 관심은 과학·실증적 실학으로 발전

이러한 서학 유입 시기를 지나 18세기 중엽부터는 조선 학자들 가운데 서학을 본격적으로 연구하는 분위기가 형성되었다. 가장 대표적인 인물은 성호星湖 이익李瀷 (1681~1763)이었다. 성리학의 사변적 공론空論에 염증을 느끼며 실용적 학문으로서의 새로운 경학經學 탐구에 몰두하던 이익은 중국으로부터 유입된 다양한 한역서학서들을 폭넓게 탐독하기 시작했다. 그는 특히 서학서를 통해 서구의 과학적 지식의 세계를 탐구하는데 많은 시간을 할애했다. 서학의 물질적 측면인 '기' 器에만 관심을 둔 것이 아니라 그 기적器的 측면의 정신적 근거가 되는 '이' 理의 세계, 즉 '서교'의 종교·철학 사상을 연구하는 데도 힘을 기울였다. 그는 "서교가 선유先儒의 상제사상上帝思想과 통하는 보유론적 체계補儒論的 體系임을 이해"하면서도 "그의 실증정신에 비추어 이해될 수 있는 것만을 수긍한 것이고, 때로는 날카롭게 논단 폐척廢斥(버릴 것은 버리는)하기도 했다." 그 전에 이수광·유몽인·허균 등도 학문적인 관심에서 서학을 논급한 예가 없는 것은 아니나 단순한 호기심에서가 아니라 학문적 탐구대상으로 삼고 본격적인 서학 연구가 이루어진 것은 이익에서부터 비롯된 것으로 볼 수 있다. 그리하여 이익이 저술로 남긴 『성호사설星湖僿說』에는 당시의 행적과 상황이 담겨져 있어서 귀중한 자료가 되고 있다.(僿說：細細한 말. 자세히 풀어놓은 글)

이익의 이같은 서학 연구는 그의 제자·문하생들에게 확산 되어 『조선 서학』이란 학문 체계가 수립되며 조선 후기 실학實學 형성의 중요한 줄기가 된다. 그러나 이익에서 비롯된 조선 서학파는 서학 수용의 정도에 따라 벽사적闢邪的 입장에서 서학을 비판하는 측면이 강한 학자들과 수용적인 입장에서 서학을 적극적으로 받아들이려는 학자들의 둘로 나뉘어졌다.(闢邪：사악한 것, 특히 천주교를 배척함) 전자를 대표하는 학자로 신후담·안정복을 꼽을 수 있고 후자의 경우엔 이벽·권철신·권일신·정약종·정약전·정약용·이가환 등을 꼽을 수 있다.

이익에서 비롯된 서학파가 서학의 이理적 측면(이론·철학·사상)을 강조한 것이라면, 이와는 다른 기器적 측면(과학·기술)을 강조한 또다른 서학 연구 흐름이 생겨났으니 그것을 소위 북학파北學派라 불렀다. 북경을 다녀 온 홍대용을 비롯하여 박지원·이덕무·박제가 등을 대표적 학자로 꼽을 수 있는데, 이들은 서학의 실용적인 측면을 높이 평가하며 이의 적극적인 수용을 추구했다.

특히 서양과학과 기술을 적극 도입함으로써 "부국유민富國裕民을 위한 이용후생利用厚生에 기여" 하도록 촉구하였다. 비록 종교적인 면에서는 서교에 대해 폐쇄적이기는 했지만 이들은 서학의 실용성 수용면에서는 이익의 서학파보다 더 적극적인 면이 있었다. 이 북학파도 조선 후기 실학의 형성 과정에서 중요한 역할을 담당하였다.

② 기호 지방 남인계 학자들은 천주학〔천주교〕 실천까지

17세기 초에 부연사행을 통해 호기심의 단계로 유입되기 시작한 서학은 18세기 중엽부터 이익·홍대용 등과 같은 실용적 학자들에 의해 학문적 연구 대상으로 탐구되었다. 서학파·북학파로 구별되는 서학 연구의 붐이 무르익어갈 무렵 서학의 사상적 근거로 등장한 서교, 즉 천주학(혹은 천주교)까지도 적극 수용하여 실천하려는 모험적인 학자들이 생겨나기 시작했다. 이익의 호를 따 이름 붙여진 성호학파星湖學派 일각에서 그런 움직임이 일어났는데 적극적인 서학 수용을 주장하던 학자들, 권철신·권일신·정약용·정약전·정약종·이가환·이벽·이승훈·이기양 등이 그들이었다. 이들은 주로 기호畿湖지방의 남인계南人系 학자들이었다.

최초로 서학(천주학)이 요구하는 종교적 계율을 실천에 옮긴 인물은 이벽의 제자였던 홍유한이었던 것으로 알려지고 있다. 홍유한은 1770년(영조 46년)에 처음으로 천주학서를 얻어 보고 그 이후로 7일마다 하루씩 노동을 금하고 기도와 금욕생활을 실천하였다고 한다.

보다 확실한 자료에 의해 밝혀진 신앙실천은 권철신·정약전이 주도한 1777년(정조 원년) 겨울의 교리연구회에서 비롯되었다. 권철신·정약전·이벽을 비롯한 수 명의 학자들이 천주교 교리를 연구할 목적으로 외딴 절에 모였는데, 이곳에서 10여 일 서학과 천주교 관계 서적을 연구하면서 마침내 '종교적 진리'에 접근하게 되었다.

○ 「종교적 진리」는 "주관적 당위론적 주장"이므로 "실체와 인식된 개념의 일치"에 의한 「과학적 진리」와는 동일할 수도 있고 전혀 다를 수도 있다. 신神숭배 종교에서의 '진리'는 말

씀의 주체도, 말씀도 실체가 없으므로 막연하게 '올바른 소리' 정도로 이해하면 좋을 듯하다.

그들은 이 모임 후에 아침 저녁 기도, 주일主日의 노동 금지, 금육재禁肉齋 등 천주교에서 요구하는 몇 가지 계율을 지켜나가기 시작했다. 이러한 교리연구회는 그 후에도 계속되었던 것으로 보이며 주로 천진암天眞庵·주어사走魚寺 등지에서 강학회講學會로 열렸다. 1779년 겨울에 주어사에서 열렸던 강학회에서는 보다 구체적이고 철저한 신앙 실천 모습이 발견된다.

"겨울에 주어사에 우거하면서 강학회를 가졌는데, 김원성·권상학·이총억 등 여러 명이 참석하였다. 그들은 권철신이 정한 규정에 따라 새벽에 일어나서 찬 샘물로 세수하였고 봉야잠鳳夜箴을 낭송하였으며 해가 뜰 때 경재잠敬齋箴을, 정오에는 사물잠四勿箴을, 해가 질 때엔 서명西銘을 외웠는데 그 의식이 장엄하고 근신하며 공손하였고 이때로부터 규칙과 법도를 어김이 없었다."

이 주어사 강학회에 모인 인물들은 위에서 언급된 김원성·이총억·권상학 외에 모임을 주관한 권철신, 그리고 정약용·정약전·이벽 등이었다. 이 모임에 참석했던 학자들은 보다 적극적으로 천주교를 신용하는 쪽과 오히려 천주교를 경계하는 쪽으로 나뉘게 되었는데, 적극적으로 신앙실천을 추구한 인물로는 이벽·정약전·권상학·이총억 등이었고 경계하는 인물은 이가환·김원성 등이었다. 또 이 모임에 참석했던 사람들 중에 그 소감을 노래가사로 지어 남긴 인물들이 있는데, 호교적인 입장에서 이벽은 천주공경가天主恭敬歌를, 정약전은 십계명가十誡命歌을 남겼고 비판적인 입장에서 이가환은 경세가警世歌를 남겼다. 그들은 삼강오륜·효·충과 같은 유교의 기본 관념은 그대로 지키고 있으나 당시의 불사佛事와 우상숭배와 같은 미신행위에 대해서는 반대 입장을 취하고 있음을 알 수 있다.

대체로 유교와는 긍정적인 관계를, 불교나 미신행위에 대해서는 부정적인 관계를 맺으면서 천주교가 유입되었음을 알 수 있다. 천주(하나님)의 존재, 천당과 지옥의 존재와 같은 형이상학적인 (또 다른 미신) 문제에 대해서는 유교와 천주교의 완전 합일을 이룰 수 없었지만 초기 천주교는 유교적 가치에 보탬이 되는 보유론적補儒論的 기능을 수행 할 수 있는 종교로 이해되었다.

초기 강학회의 주동적 인물 중에서도 무반武班 출신의 이벽이 가장 적극적이었다. 서울에서 출생한 그는 개인적으로는 정약전의 처남이 되었다. 무반 출신이면서도 경서經

書 탐구에 몰두했던 그는 서학과 천주교 관계서적을 읽으면서 새로운 종교, 천주교에 접근하였고 남다른 열심으로 천주교를 탐구하였다. 그러나 중국에서 들여온 서학 관계서적들만으로는 그의 탐구적 욕심이 채워지지 못했다. 그럴즈음 그의 친구 이승훈이 북경에 갈 기회를 얻게 되었다.

○ 이승훈은 「베드로」라는 이름으로 세례 받아

1783년(정조 7년) 이승훈의 아버지 이동욱이 동지사 서장관으로 임명되어 북경에 가게 되었다. 이때 이승훈도 부친을 따라 함께 가기로 되어 있었다. 1780년에 진사가 된 이승훈은 예禮에 밝은 학자로 주위에서 그의 예법을 보고 "하夏·은殷·주周 3대의 문걸文傑이 다시 밝혀졌다"고 평할만큼 인정받는 학자였다. 그는 또 정약용의 매서妹婿(매제, 누이 동생의 남편)이기도 했다. 이벽은 이승훈을 찾아가 "북경에 가거든 천주당을 찾아보고 그곳에 있는 서양 선비(선교사)를 만나보고 신경信經도 얻어오고 아울러 영세도 청하여 받고 오도록" 부탁하였다.

북경에 들어간 이승훈은 이벽의 말대로 북경의 북천주당을 찾았다. 북천주당은 예수회 해산 이후 프랑스 선교사들이 맡아보고 있었다. 그곳에서 프랑스인 신부를 만나 천주교 서적을 얻어 열심히 읽고 또 신부의 가르침도 받았다. 이 과정에서 이승훈은 자신이 입교할 결심을 하기에 이르렀고 부친의 동의를 얻어 마침내 그라몽Grammont 梁棟林 신부에게 '베드로'란 영세명으로 세례를 받았다. 그때가 1784년 정월 말경 귀국 직전이었다.

세례를 받은 이승훈은 북경에서 많은 책과 십자고상十字苦像과 상본像本(성화) 등 천주교 성물을 선물로 받아가지고 1784년 봄 서울로 귀환했다. 이것들을 가장 애타게 기다리고 있던 이벽은 이승훈으로부터 서적을 전달받자마자 외딴 집을 세내어 집중적으로 탐구하기 시작했다. 달레의 표현을 빌자면 다음과 같다.

"그는 종교라는 것이 무엇인지를 전체적으로 또 세부적으로 대강 알 수 있었다. 그러므로 책을 읽어 나가는데 따라서 새로운 생명이 자기 마음 속에 뚫고 들어오는 것을 느꼈다. 예수 그리스도께 대한 그의 신앙이 커가고, 신앙과 더불어 자기 동포들에게 하느님의 은혜를 알려 주고자 하는 욕망도 커갔다."

그는 어렴풋이 알았던 천주교의 실체에 보다 가까이 접근할 수 있었고 신앙의 본질에 대한 체험이 이루어진 것이다. 지식인들의 이같은 체험의 바탕 위에서 조선 천주교회는 창설되었던 것이다.

2) 「조선 천주교회」 창설과 조정의 박해 시작

(1) 중인 출신 역관들을 중심으로 천주교 입교

이벽은 이승훈을 통해 전달받은 천주교 서적을 탐독하면서 천주교에 대한 보다 확고한 신앙을 갖게 되었다. 오랫동안 은둔처에서 책을 읽으며 천주교 교리에 접했던 그는 신앙의 확신을 가진 후 먼저 이승훈·정약전·정약용 등 가까웠던 동지들을 찾아가 다음과 같은 고백적인 발언을 하기에 이른다.

"이것은 참으로 훌륭한 도리이고 참된 길이요. 위대하신 천주께서 우리가 그들에게 구속의 은혜에 참여케 하기를 원하시오. 이것은 천주의 명령이오. 우리는 천주의 부르심에 귀를 막고 있을 수가 없소. 천주교를 전파하고 모든 사람에게 복음을 전해야 하오."

즉 이벽은 이승훈과 정약용·정약전 형제에게 보다 적극적인 신앙 실천을 요구하고 나선 것이다. 이벽은 계속해서 천주교 전파에 적극적으로 나섰다. 그는 양반계층보다는 중인中人계층에 전교를 시도했다. 역관譯官인 최창현·김범우·최인길·지황·김종교 등이 그의 전도를 받아 입교했다. 이들 중인계층 역관 출신들은 전통 유학에 사로잡힌 양반계층보다는 새로운 사상과 종교를 받아들이는데 개방적이었다. 그들은 북경을 왕래하며 이미 서학의 정신과 문명세계의 진보성을 보아 알고 있던 터였기에 이벽의 권유에 찬동할 수 있었다.

그러나 양반계층에게 전도하려는 이벽의 시도도 계속되었다. 이가환·이기양과 같은 학자들과 공개 토론까지 벌이면서 입교를 꾀했으나 실패하고 말았다. 대신 1784년 9월, 경기도 양근에 사는 권철신·권일신에게 전도하여 그중 권일신을 입교시키는데 성공하였다. 강학회 당시만 해도 적극적이었던 권철신은 정작 입교 권유를 받자 주저하였다.(한국기독교역사연구소『한국기독교의 역사』기독교문사 2010)

1784년 9월경 이승훈은 이벽과 권일신에게 세례를 베풀었다. 이벽에겐 세례자 요한, 권일신에겐 프란체스코 사베리오란 세례명이 주어졌다. 이벽과 함께 권일신도 열심으로 전도하기 시작했다. 권일신은 자신의 장인인 안정복에게 열심으로 전도하였으나 교인으로 만드는 데는 실패했다. 그러나 자기의 매부인 이윤하와 친구인 조동섬에게 전도하여 입교시키는데 성공했다. 권철신의 외숙이었던 홍교만도 이 무렵 입교하였는데 홍교만에 의해 그의 고향인 경기도 포천 지방에도 천주교 신앙이 퍼지기 시작했다. 또한 권일신은 충청도 내포內浦(현 아산지방) 출신인 이존창과 전라도 전주 출신인 유항검을 교인으로 얻었다.

거의 같은 시기에 예산 사람 홍낙민이 이승훈·정약용 등과 친분을 나누던 중 교인이 되었고 이기양의 아들 이총억, 외숙인 정섭 등이 교인이 되었으며, 전라도 진산 사람 윤지충이 김범우의 전도를 받아 교인이 되었다. 그리하여 이승훈이 세례를 받고 돌아온 지 불과 1년도 못되어 서울과 경기도 마재·양근·포천 지방, 충청도 내포·예산 지방, 전라도 전주·진산 지방에 천주교 신앙이 확산되었다.

이렇게 조선 천주교회는 창설되어 갔다. 이승훈의 수세受洗, 그리고 이승훈에 의한 이벽·권일신 세례, 위 3인의 적극적인 전교활동에 의해 자생적 신앙공동체가 형성된 것이다. 당시 천주교인들은 자신에게 세례를 베풀어 준 인물을 신부神父라 칭했고 교리를 가르쳐 준 인물을 대부代父라 불렀다. 비록 정통 천주교 교리에서 보면 불법적인 칭호 사용이었지만 신앙적 열정에 사로잡혀 있었던 초기 신앙인들의 적극적인 자세를 읽을 수 있는 대목이었다.

초기의 신앙공동체는 이벽·권일신·유항검 등이 주축이 된 일종의 평의회 조직을 갖고 있었다. 초기 신앙공동체 안에서 일어나는 제반 업무는 이 모임을 통해 추진되었다. 오래지 않아 이 모임은 신앙공동체 안에서의 성사聖事 집행의 필요성을 느끼게 되었다. 순수한 의미에서 복음을 전하고 교인들의 신앙을 북돋아 준다는 목적에서 성사 집행이 추진되었다. 이를 위해 신부 외에 주교主敎와 같은 고위 성직이 필요함을 알고 연장자인 권일신이 주교로 지명되었고 이승훈·이존창·유항검·최창현 등이 신부로 선출되었다.

이것은 물론 로마교황청이나 북경 주교의 허락을 받지 않은 일종의 불법적 교회 조직이었다. 그래서 이것을 가성직제假聖職制 혹은 가교계제도假敎階制度라 부른다. 자체적으로 교회 제도를 확립한 후 흩어져 각종 성사를 집행하기 시작했는데 기왕부터 실시하던 세례 외에도 고해성사告解聖事·견진성사堅振聖事를 집행하였다.(견진성사 : 영세 받은 신자에게 은총을 더하기 위해 주교가 신자의 이마에 성유를 바르고 성신과 그 칠은七恩을 받도록 하는 성사)

이같은 가성직제도에 의한 성사집행은 로마 가톨릭교회 전통에서 볼 때엔 무효無效한 것이었지만 천주교 신앙 확산에는 참으로 유효有效한 것이었다. 지역뿐만 아니라 신분계층면에서도 천주교는 더욱 폭넓게 확산될 수 있었고 개개인들의 신앙도 종교 본질에 좀 더 가깝게 접근될 수 있었다. 이승훈은 이 무렵의 천주교 신도수를 1천명으로 보고하고 있다.

그러나 무지에서 시작된 가성직제도의 부당성이 발견된 것은 1787년 경의 일이었다. 신부 칭호를 갖고 있던 유항검은 여러 교리서들을 숙독한 결과 지금 조선 천주교회가 실시하고 있는 교회제도가 불법적인 것이며 특히 무자격자에 의한 성사 집행이 독성죄瀆聖 罪에 해당된다는 사실을 알게 되었다. 그는 즉시 이승훈에게 이 사실을 편지로 알렸고 성사 집행을 중단할 것을 요구하였다. 그리고 북경에 있는 신부들에게 이 사실을 알리고 지시를 받아야 할 것임도 밝혔다.

이에 이승훈·권일신이 대표로 서한을 북경 신부에게 보내는 한편 행하던 성사도 중지하였다. 조선 천주교회 지도자들의 서한은 권일신의 제자 윤유일을 통해 북경에 전달되었다. 윤유일은 동지사 일행 속에 장사꾼으로 변장하고 1789년 10월 서울을 떠나 그해 겨울 북경에 도착, 북천주당을 찾아가 로Raux신부를 만나 조선 천주교회의 상황을 알렸다. 구베아 주교를 비롯한 북경의 신부들로서는 충격적인 보고였다.

"아무 신부도 일찍이 예수 그리스도의 이름을 전파한 일이 없는 나라에서 와서, 그 나라에 신앙이 얼마나 기묘하게 보급되었는지를 설명하는 이 천주교인의 존재는 선교사들과 특히 구베아 주교에게 가장 즐거운 광경이었다."

비록 조선 천주교인들이 불법적인 교회제도를 세운 점에 있어서는 잘못이 있었지만 선교사들의 도움없이 순수한 신앙적 열정에 사로잡혀 신앙공동체를 형성하고 꾸려 나가고 있다는 사실만으로도 그들에겐 깊은 감격을 가져다 주었다. 구베아 주교는 윤유일을 통해 알게 된 조선 천주교회의 발전에 깊이 고무되어 그들의 신앙과 전교행위를 찬사하면서도 이승훈이나 권일신이 "신품성사神品聖事를 받지 않았으므로 미사성제聖祭를 절대로 거행할 수 없고, 영세를 제외한 성사를 행할 수가 절대로 없다는 것을 설명"한 사목교서司牧敎書를 써서 조선 천주교인들에게 밝혔다. 1790년 봄 귀국하기 직전 윤유일은 로신부에게 영세와 견진성사를 받았으며 구베아 주교의 서한을 간직하고 돌아왔다.

구베아 주교의 서한을 통해 그동안의 교회 제도가 불법이었음이 확인되었고 교회 지도자들은 주교의 지시를 그대로 받아들였다. 그 대신 성사를 집행할 신부를 요청하기로 했다. 마침 1790년 9월에 청의 건륭황제 탄신을 축하하는 사절단이 떠나게 되어서 윤유일이 다시 그 일행에 끼어 북경을 다녀왔다. 구베아 주교는 윤유일을 통해 보낸 서한에서 신부 파견을 약속했다. 그런데 윤유일이 두번째 북경에 갔을 때 그는 조상제사 문제를 비롯한 몇가지 전통적 신앙행위에 대한 주교의 해답을 요구하는 조선 교인들의 질문을 가지고 갔다. 그가 제시한 조상숭배 문제에 대해 프란체스코회 소속이었던 구베아 주교는 조상제사를 금하는 천주교회의 입장을 분명하게 밝혔다.

조상 제사에 대해 긍정적이었던 예수회가 교황에 의해 1773년 해산된 후에도 그라몽·방따봉 등 예수회 선교사들은 계속 북경에 남아 북천주당에 거주하고 있었다. 그러나 북경 주교로 중국 천주교회를 이끌고 있던 구베아 주교는 프란체스코회 소속으로 조상제사 등 전례문제에 대해 단호한 입장을 취하고 있었기에 조선 교인들에게도 그같은 해석을 내렸던 것이다.

부모를 비롯한 조상에 대한 추모와 효성은 기독교 사회에도 엄연히 존재했음에도 불구하고 구태여 미신으로 취급하며 멸시한 사실은 바로 타민족을 경멸하는 제국주의 침략종교의 배타적 성격과 허상 절대주의자들의 정체를 그대로 보여주는 것이었다.

바로 이 점이 조선 천주교회가 처음으로 맞게 된 시련의 계기가 되었다. 조상제사를 금한다는 교회의 입장이 전해지자 아직은 유교적 전통이 강했던 상당수의 교인들은 교회를 떠나게 되었다. 최초의 세례교인 이승훈이 교회를 떠난 것도 이 무렵이었다. 뿐만 아니라 조상제사를 거부하는 종교로 세인들의 눈에 비치게 됨으로써 조상숭배를 효孝의 근본으로 삼고 있던 전통 종교적 상황 속에서 천주교는 배척받을 수 밖에 없는 형편이 되었다.

유교적 전통에 익숙해 있던 조선사회에 서학이 이단자로 부각되기 시작한 것이다. 안으로는 유교적 인습을 포기하지 못한 양반 계층 교인들이 이탈하고 밖으로부터는 척사세력의 공격을 받는 시련이 찾아왔다.(闢邪衛正 벽사위정 : 조선왕조 후기 사교邪敎인 천주교를 배척하고 正道인 유교를 호위해야 한다는 주장)

(2) 「부모 제사도 거부하는 사교邪敎」로 당연히 배척 받아

① 을사추조적발 사건乙巳秋曹摘發事件

1784년에 창설된 「조선 천주교회」는, 1886년 「조선·프랑스 조약」이 체결되어 사실상의 종교 신앙의 자유를 얻기까지 1백년 동안 박해와 수난으로 점철된 역사를 겪었다. 이같은 박해의 역사는 조선 천주교회가 창설된 이듬해인 1785년부터 시작된다.

1785년(정조 9년 乙巳) 봄에 형조의 금리禁吏들이 우연히 명례방明禮坊(명동) 김범우의 집을 지나다가 이상한 집회가 열리고 있음을 보게 되었다. 이벽이 중앙에 앉아 천주교 교리를 설명하고 있었고 이승훈·정약전·정약종·정약용 3형제, 권일신·권상학 부자

등이 모여 있었다. 금리들은 처음에 노름하는 것은 아닌가 하여 들어갔다가 천주교 서적과 화상들이 있는 것을 보고 그것을 압수하여 형조에 갖다 바쳤다. 당시 형조판서 김화진은 집주인인 중인中人 김범우만 체포하고 나머지 양반계층 교인들은 책유責諭하여 내보내는 것으로 사건을 일단락 지었다.(이만채『闢衛編』권2, 을사추조적발.『정조실록』권33 정조 15년 11월 을유)

이것이 소위 을사추조적발사건이다. 천주교인의 실체가 정부 기관에 의해 최초로 발각된 사건이었다. 이 사건에 연루, 체포된 김범우는 단양에 유배당한 후 1년만에 유배지에서 사망, "조선 천주교회의 첫 순교자"가 되었다. 김범우의 집이 있던 명례방(명동)에는 그 후「명동천주교회」건물이 세워졌다. 비록 중인 계층의 김범우 한 사람의 희생으로 끝나고 말았지만 이 사건으로 천주교회의 실체가 사회에 알려지게 되었고 보수적 유림儒林들로부터 천주교가 배척당하기 시작하였다.

1785년 3월에 태학생太學生 이용서・정서 등이 사학邪學을 엄하게 배척할 것을 요구하는 내용의 통문通文을 내었는데, 이것이 유림에서 나온 최초의 천주교 배격문으로 기록되고 있다. 이때로부터 서학을 연구한 바 있는 학자들에 의해 천주교 비판이 나오기 시작했다. 이익의 문하생이었던 안정복이 대표적인 인물이었다. 권일신의 장인이기도 했던 안정복은 1785년에『천학고天學考』와『천학문답天學問答』을 집필하여 천주학을 사학邪學으로 규정하였음은 물론, 권철신에게 권씨 집안과 문하에 유행하고 있는 천주교를 엄금할 것을 요청하기도 했다. 그는 또 당시 우의정이었던 채제공에게도 좀더 천주교 배척에 적극 대처하기 바란다는 내용의 서한을 보내기도 했다. 안정복 외에 이헌경・홍정하・홍낙안・이기경 등이 유학의 입장에서 천주교를 비판하였다.

이럴 즈음 1787년 겨울에 이승훈・정약용・강이원 등이 반촌泮村에 있는 김석태의 집에 모여 서학서를 공부한 사실이 폭로되는 사건이 터졌다. 이것을 정미반회사건丁未泮會事件이라 하는데 이 사건을 폭로한 인물은 이승훈・정약용과 절친한 친구 사이였고 처음엔 서학에 호의적 관심을 보였던 이기경이었다. 이기경은 반촌에서 있었던 서학 연구 모임의 실황을 홍낙안에게 알렸고 홍낙안은 이 사실을 세상에 폭로하여 왕으로 하여금 '성죄치토' 聲罪致討하도록 해야 할 것임을 주장하였다. 여기에 권영헌・성영우 등이 동조하고 나섰다.

그는 서학의 사설邪說을 금하지 않으면 점차 백성들에게 퍼져 무군멸친無君滅親하는 폐단이 발생할 것이라고 주장하며 우선 서학 관계 서적을 불살라 없애는 것이 시급하다고 하였다. 그리고 유하원・이경명 등이 같은 취지의 상소를 계속 올리자 정조正祖는 마침내 그 청을 받아들여 집안에 비장된 서학서들을 모두 불에 태우거나 물에 던져버리고 북경으로부터의 서학서 수입을 엄중 단속하라는 명을 내렸다.

② 천주교의 조상제사 금지령 따르다 참수형

이같은 위기의 상황 속에서 소위 진산사건珍山事件이 터졌다. 1791년(정조 15년, 丁亥) 전라도 진산에서 천주교인 윤지충·권상연이 체포되어 처형당한 사건이 터졌으니 조선 천주교회로서는 처음으로 맞은 대규모 박해였다.(『정조실록』권33, 정조 15년 11월 「윤지충·권상연 공안供案」 供案 : 취조 문서)

정약용의 외종外從이 되는 윤지충은 진사 시험(1783년)에 합격한 양반계층 신분으로 1784년 서울에 갔다가 김범우의 집에 들러 『천주실의天主實義』와 『칠극七克』을 얻어 보았으며 고향에 돌아와 그의 외종형外從兄 되는 권상연과 함께 서학을 연구하던 중 둘이 함께 입교하였다. 정미반회사건 이후 정부에서 서학을 금하는 명이 내리자 집에 있던 서학서를 태웠으나 은밀하게 신앙은 계속 지켰다. 그는 1790년 말 윤유일을 통해 전달된 북경주교의 조상제사 금지령에 따라 조상제사를 폐지하고 그 신주神主들을 땅에 묻었다. 그러나 이같은 은밀한 신앙행위가 1791년 여름 그의 어머니 권씨가 별세하게 되자 폭로될 수밖에 없었다.

주자가례朱子家禮에서 가장 중요한 부분으로 여겨지고 있던 상례喪禮에 제사를 지내지 않고 신위마저 만들지 않은 윤지충이나 그의 행위를 지지하는 권상연의 행위는 전통 양반사회에 큰 충격을 주기에 충분했다. 이같은 공개적 제사 폐지 행위는 소문을 통해 중앙에 알려지게 되었다.

이 사건을 정치문제화시킨 장본인은 홍낙안이었다. 정미년 반회사건을 폭로하여 조정으로 하여금 서학서를 불사르도록 명을 내리게 했던 그는 진산 사건에 접하자 즉시 당시의 집권자 채제공에게 윤지충을 사형시킬 것을 요구하는 서한을 냈고 진산군수 신사원에게 윤지충의 체포를 촉구하고 나섰다. 결국 윤지충과 권상연은 진산군수에게 체포되어 심문을 받은 후 곧 전라감사 정민시의 심문을 받았다. 특히 신주를 모시지 않는 것이 국가에 대항하는 행위라고 추궁받았다. 그러나 이에 대한 윤지충의 대답은 확고했다.

"거듭 말씀드리거니와 천주교를 신봉함으로써 제 양반 칭호를 박탈 당해야 한다 해도, 저는 천주께 죄를 짓기는 원치 않습니다. 뿐만 아니라 신주를 모시지 않는 서민들이 그렇다고 하여 정부를 반대하는 것이 아니라는 것과, 또 가난하기 때문에 모든 제사를 규정대로 지내지 못하는 양반들도 엄한 책망을 당하지 않는다는 것을 고려하여 주십시오. 그러므로 제 낮은 생각으로는 신주를 모시지 않고 죽은 이들에게 제사를 드리지 않으면서도, 제 집에서 천주교를 충실히 신봉하는 것은 결코 국법을 어기는 것이 아닌 듯합니다."

윤지충은 "양반 칭호를 박탈 당해야 한다 해도 천주께 죄를 짓기는 원치 않는다"고 분명하게 밝힘으로써 당시 유교를 바탕으로 하여 형성되어 있던 봉건주의 사회체제에 저항하고 있음을 알 수 있다. 유교는 양반 중심의 종교 체계로서 소수의 양반 계층을 위한 정치·경제·사회적 구조를 뒷받침해 주고 있었다. 그런 점에서 유교가 요구한 제례적 행위를 거부한 것은 곧 양반계층의 권력구조에 대한 저항이었고 이것은 양반으로 상정되는 국가에 대한 반역으로 해석될 것은 당연했다.

신분이 양반이 아니거나 양반이더라도 가난하기 때문에 신주를 모시고 제대로 제사를 지내지 못한 백성들에겐 벌을 내리지 않으면서 유독 양반 계층의 제사 폐지 행위에 대해 엄한 벌을 내리려는 정부의 처사는 결국 천주교를 기존의 사회·정치 질서체제에 대한 반항세력으로 해석하고 있다는 증거이기도 하였다. 이 점을 알고 있던 윤지충은 과감히 "양반 칭호를 박탈당한다 해도 …" 라는 체제부정적인 선언을 할 수 있었던 것이다. 결국 윤지충과 권상연은 '멸륜패상'滅倫敗常·'무군무부'無君無父의 난행亂行을 범한 죄목으로 사형이 선고되어 1791년 12월 8일(음 11월 13일) 전주 풍남문 밖 형장에서 참수斬首(목을 벰) 되었다.

이 사건은 홍낙안·이기경·목만중 등 척사세력의 승리로 마무리되었다. 그들은 계속해서 서학과 관계있는 인물들에 대한 배격 상소를 올렸다. 진산사건은 양반계층 교인들에게도 큰 충격을 가져다 주었다. 이미 이 무렵 전부터 일부 양반계층 교인들 중에 배교하는 사례가 있었으나 진산사건 이후 대부분의 양반 교인들은 신앙의 위기를 맞았다. 홍낙안에 의해 진산사건의 두목이란 모함을 받은 권일신은 1791년 11월에 체포되어 심문을 받고 제주도 유배형이 선고되었는데 이 과정에서 마음이 흔들려 천주교를 비난하는 글을 쓰고 말았으며 이미 「벽이문闢異文」이란 글을 지어 천주교를 배격하는 입장을 선언하고 평택 현감으로 봉직 중이던 이승훈도 이 사건에 연루되어 홍낙안의 비난을 받게 되자 재차 자신의 무관함을 밝히는 글을 쓰기도 했다.

충청도 내포의 사도로 불리던 이존창도 이 무렵 배교하였다. 이 외에 중인계층이었던 최필공·최인철·최인길·최필제·정인혁·손경윤·양덕윤 등도 체포되었다가 배교하고 풀려났다.

진산사건으로 천주교는 조상제사를 금하는 '무군무부'의 종교로 인식되기 시작하였다. 이에 따라 조선 천주교회는 위기에 처하게 되었는데, 그것은 교계 밖으로부터의 박해와 안에서의 배교로 나타났다. 곧 진산사건은 "보유론적 견지에서 천주교를 이해하려는 입장의 한계성을 드러낸 사건"이었다. 거기에다 중국으로부터의 서학 유입이 금지당함으로써 북경 교회와의 연락도 끊어지고 말았다. 성사는 중단되고 교인들이 흩어질 수밖에 없었다.

이같은 위기 상황에서 천주교회를 지켜나간 인물들은 중인 계층의 교인들이었다. 역관 출신인 최창현·윤유일·최인길, 악사樂師 출신인 지황 등은 양반계층이 떠나간 초기 조선천주교회를 지켜나갔다. 이들에 의해 신부神父 영입운동이 추진되었고 흩어진 교인 규합이 이루어지게 되었다.

(3) 중국인 신부 주문모의 잠입과 활동

진산사건(혹은 신해박해)으로 천주교는 단순한 학문의 대상이 아니라 신앙이며, 따라서 전통 유교와는 다른 종교로 인식되었다. 종래의 보유론적 입장에서 서학을 수용하려 했던 학문적 노력은 이제 한계를 드러내게 되었다. 서학→천주학→천주교로 이행되는 과정에서 신앙 실천의 용기가 없었던 많은 학자들이 이탈되었으며 더욱이 진산사건으로 인해 천주교가 종교적·정치적 탄압의 대상이 되자 역시 많은 양반계층 교인들이 배교하였다. 그 공백을 중인계층이 메우게 되었는데 이로써 조선 천주교회의 주도 세력의 변화도 불가피하였다.

그 중에서도 교회를 유지시켜 나간 최창현·최인길·지황·윤유일 등은 비록 초기 학자층 양반 교인들만큼 학식이나 명성은 갖추지 못했을지라도 신앙에 대한 열성은 양반 교인들을 능가하고 있었다. 그들은 우선 성사聖事를 집행할 신부가 필요함을 느끼고 먼저 신부 영입운동을 벌였다. 박해의 여운이 가실 무렵인 1793년 말에 윤유일·지황 등이 북경으로 떠났다.

한편 북경의 구베아 주교는 나름대로 조선 선교를 추진하기 위해 노력하고 있었다. 1790년 윤유일에게 선교사 파송 약속을 했던 그는 이듬해 마카오에 있던 중국인 오吳 신부를 조선 선교사로 임명하였다.(포르투갈 이름은 레메디오스Johan dos Reme dios였으며 조선에 오기 전에 성을 이李로 바꾸기도 했다.) 오 신부는 만주 책문柵門에까지 진출, 조선 사절의 일행으로 가장하여 잠입하려 했으나 윤유일과 약속이 어긋나 부득이 북경으로 돌아가고 말았다. 조선 선교에 관한 한 로마 교황청으로부터 전권을 위임받은 구베아 주교는 중국인 주문모 신부를 조선 선교사로 임명하였다.(구베아로부터 조선 선교현황과 관리문제에 대한 서한(1790. 10. 6)을 받고 로마 교황청 포교성은 1792년 4월 1일자로 조선교회를 북경 주교 지도하에 맡긴다고 통보하였다.)

윤유일·지황 등은 북경에 들어가 그동안의 박해 상황을 주교에게 보고하는 한편, 조선 천주교회에 대해 북경 주교로부터 "사도직 수행을 위한 일반적인 권한과 비상 권한을 모두 받은 주문모 신부를 안내하여 1794년 12월 23일 압록강을 건너 국내에 잠입하는 데 성공했다.

　1795년 초 서울에 도착한 주문모 신부는 최인길이 맡아 관리하던 북촌 사택에 거주하며 우리 말을 익히는 한편 은밀하게 세례 등 성사를 베풀기 시작했다. 신부가 들어왔다는 소문이 돌자 은둔했거나 배교했던 교인들이 다시 모이기 시작했다. 그러던 중 외국인 신부가 국내에 들어와 종교활동을 벌이고 있다는 소문은 관청에까지 들리게 되었고 1795년 6월 국왕의 신부 체포령이 떨어졌다. (정약용 저서집『여유당 전집』제1집. 시문집.「자찬묘지명自撰墓誌銘」'여유당'은 정약용의 당호)

　마침 주문모 신부는 조선인 교인들의 주선으로 체포를 면하고 멀리 연산의 이보현의 집에 숨을 수 있었으나 신부 영입을 주도했던 윤유일·지황은 물론, 신부 사택을 마련했던 최인길까지 체포되었다. 이들은 1795년 6월 28일에 처형되었다. 이 사건과 관련되어 홍낙민·김종교·허수·이가환·이승훈·황사영 등이 체포되어 문초를 받았는데 대부분이 배교하거나 신부 입국사건과 직접적인 관련이 없음이 드러나 풀려났다. 일이 이 정도로 정리된 것은 무엇보다 정조正祖가 과격한 천주교 탄압을 싫어했으며 권력을 잡고 있던 채제공이 남인南人 시파時派에 속했던 인물로 천주교와 관련된 인물들이 대부분 자신과 같은 정치적 색채를 띠고 있었기 때문에 사건을 축소화 하려는 정책을 폈기 때문이었다.

　연산으로 피신했던 주문모 신부는 1년 후 다시 서울로 잠입하여 여자 교인 강완숙의 집에 숨어 있으면서 이후 6년동안 은밀하게 조선 천주교회를 지도해 나갔다. 1년 전의 사건을 거울삼아 교인 접촉에도 신중을 기했다. 신부의 행방은 강완숙만이 알고 있었다. 성사 집행은 엄격한 심사를 거친 교인들에게만 베풀어졌다. 교인들조차도 신부가 와 있다는 사실조차도 모를 정도였다. 황사영의 증언이다.

　"주신부가 이 나라에 온 처음에 곧 고발한 자가 있어 이미 임금이 알게 된 까닭으로 7년 동안 조심 아니하고 두려워서 일을 덜지 아니한 때가 없었고 감히 성사를 널리 집행하지 못하여 그 은혜를 입은 자가 본래 많지 못했으며 그 반 이상이 여교우였다. 지방의 교우들과 시내의 평민들 중 열심한 자가 적지 아니하였으나 그 은혜를 받은 자가 극히 드물었다."(『黃嗣永帛書』84행)

◎ 봉건사회 불평등의 상징, 여성들의 입교 증가

　주문모 신부의 활동이 여러가지 면에서 제약을 받고 있었으나 그의 활약으로 교회는 점차 활기를 띠게 되었다. 특히 그가 들어온 이후 조선 천주교회는 여성 교인들의 증가라는 새로운 양상을 보이게 되었다. 전통 봉건주의 사회체제 속에서 신분상의 제약을 받아오던 여성들의 신앙 진출이 이루어지고 있음을 알 수 있다.

　교회의 주체 세력의 변화는 여기에서도 나타난다. 초기 상류 양반계층이 주도했던 천주교회는 잇단 정부측의 박해로 점차 중인 계층이 주도세력으로 바뀌었음은 이미 앞에서 살펴보았는데, 이제 또다른 소외계층이었던 여성들이 교회에 진출하여 주도세력으로 등장한 것이다. 강완숙은 여러모로 선구적인 여성 지도자였다.(김교신『한국천주교여성사』한국여자수도회상연합회 1984) 주문모 신부가 들어오자마자 그에게 세례를 받고 박해기간 중 신부의 피신과 은둔을 주선했으며 1796년 이후 실질적인 신부 보호인 역할을 감당했다. 위에서 언급된 여교인 증가도 강완숙이 열심히 전교활동을 한 결과였다. 달레의 증언이다.

　"(강완숙) 골롬바는 건실한 지식에 크나큰 말재주를 겸하였으므로 여자들을 많이 입교시켰는데, 그 중에는 높은 양반집 부인들도 상당히 있었다. 국법은 반역죄를 빼고는 양반집 부인들에게 형벌을 가하지 아니하였으므로 이 여자 신입교우들은 정부의 금령을 개의치 않았다."

　여성 교인들의 신앙지도도 강완숙이 맡았다. 그는 동정녀 윤점혜의 도움을 받으며 여성 교인들의 신앙생활을 지도해 나갔다. 강완숙의 활약으로 왕족에게까지 신앙이 전파되었으니 양제궁良娣宮에 살고 있던 은언군恩彦君 부인 송씨와 그 며느리 신씨가 입교하여 세례를 받았으며 뿐만 아니라 양반집 부녀자들과 궁 안의 궁녀들도 여럿 입교하였다.

　강완숙 외에 정약종·황사영·홍익만·황심·신태보 등이 신부를 도왔고 최창현·유항검·최인철·유관검·이존창 등 배교하거나 냉담했던 교인들도 다시 돌아와 돕고 나섰다. 우리 말에 어느 정도 익숙해진 주문모 신부는 교인들의 교리연구회 성격을 지닌 「명도회明道會」를 조직하여 조선인 스스로 신앙 훈련을 쌓도록 유도했다. 초대 명도회 회장으로 정약종을 임명했으며 이 회원들이 열심히 전도하여 주문모 신부가 입국하기 전 4천여 명에 불과했던 교인 수가 몇 년 후엔 1만여 명에 이르렀다. 주신부는 서울 이외에 경기도 여주, 충청도의 공주·온양·내포·고산·남포, 전라도 전주 등지를 돌면서 지방 교인들의 신앙 생활도 지도하였다.

　주문모 신부는 조선 천주교회의 상황을 북경의 주교에게 보고하면서 조선에서의 선교

상황을 호전시키는 방법의 하나로 포르투갈 정부로 하여금 조선 정부에 사절을 보내 정식 외교관계를 수립케 하는 방법을 제시하기도 했다. 즉 정부차원의 외교 관계를 맺음으로써 조선정부의 대외적인 쇄국정책을 타개하고 그런 연후에 선교사를 통해 본격적인 선교활동을 벌인다는 선교정책은 후에 조선에 대한 침략 야욕의 한 증거로 간주되어 천주교회가 정부의 박해를 받게 되는 계기가 되었지만 이는 당시 신부를 비롯한 대부분의 지도급 교인들이 갖고 있던 의식을 어렴풋이나마 대변하는 것이기도 했다.

2. 제국주의 세력의 선교와 유교국의 주권수호 · 박해로 충돌

1) 황당한 신숭배 강조, 봉건적 유교지배세력의 권위를 파괴

(1) 신神 이용한 봉건타파 불가능, '반역'과 '순교' 대결 뿐

조선 천주교회는 창설되는 시작부터 전통 보수세력들로부터 공격과 박해를 받았다. 박해의 과정을 통해 천주교회 내부에도 상당한 변화가 야기되었으니, 교인의 신분 계층이 양반 · 학자 계층에서 점차 중인 및 중인 이하 상민 · 천민 계층으로 변한 것과 교인 분포가 경기 · 서울 중심에서 지방으로 확산된 것이다. 이로써 성리학이 이룩하지 못했던 피지배 계층, 즉 민중 계층의 사회적 각성이 천주교를 통해 가능하게 되었다.

이들이 천주교회를 통해 의식화되고 조직화될 때 사회변혁의 주체 세력으로 발전할 수 있었다. 전통 보수세력의 천주교 박해 원인을 여기서도 찾아 볼 수 있었다. 결국 조선 천주교회는 조선 후기 사회체제의 변화 과정 속에 그 역사가 진행되었고 기존 보수세력에 대한 저항세력으로 이해되어 계속되는 박해를 겪어야 했다.

바꾸어 말하면 서양 종교세력은 어리석은 민중을 '인간평등'을 미끼로 한 제2의 미신사상 주입으로 충동하여 봉건 지배계층의 차별과 착취에 각성 · 반항케함으로써 이 사회의 지배조직을 흔들어 파괴하면서 제국주의 세력의 식민지 개척의 토대 구축을 위한 침략의 마수를 서서히 뻗어왔다. 종교는 이제 침략세력의 지배확대 수단으로 자리잡게 되었다.

1801년에 시작된 신유박해로부터 1866년에 일어나는 병인박해에 이르기까지 천주교회는 잔혹한 수난을 겪어야 했으며, 그러한 박해 속에서도 순교적 신앙을 지닌 교인들에 의해 조선 천주교회는 유지되고 발전되었다.

① 신유박해와 황사영 백서 사건

주문모 신부의 입국과 지하 선교 활동으로 조선 천주교회는 발전의 기틀을 다지게 되었다. 1만여 교인이 생겨났고 명도회가 조직되어있어 교리연구와 조선 교인들 사이의 자체적인 신앙훈련을 기할 수 있었다. 교인 계층도 다양해졌고 특히 여성 교인들이 반 이상을 차지하게 됨으로써 천주교회의 신앙 정착이 더욱 확실해졌다.

천주교에 대한 큰 박해사건은 조선후기 정파적 분쟁 등 정치권의 변동과 깊이 관련되어 있다. 정조가 재위하는 동안, 대부분의 천주교 관련 양반들과 같은 정치적 파벌인 남인 시파를 옹호하는 채제공이 정권을 잡고 있었기 때문에 큰 박해는 없었으나 1795년의 윤유일·최인길·지황의 순교, 그에 따른 천주교인 체포 사건이 있었고 1798~9년 사이에 경기도·충청도 등지에서의 교인 체포사건들이 있었다.(달레『한국천주교회사』) 목만중·홍낙안·한영익 등 기존의 반대세력은 물론 대사헌大司憲 권유 등이 끈질기게 천주교 관련인사, 특히 정약용·이가환·이승훈의 치죄治罪를 상소하고 천주교를 엄금할 것을 요구하고 나섰다.(이기경『벽위편』)

이들 3인은 사실상 천주교를 떠난 인물들이었으나 치죄를 요구하고 나오는 것은 다분히 정치적인 공세였다. 황사영은 이렇게 증언하였다.(최석우『한국천주교회의 역사』)

"이 나라 양반들은 2백년 이래 당파가 갈려서 따로 떨어졌다. 남인·노론·소론·소북이 그四色의 종목이다. 先王(정조) 말년에 남인이 또 갈려서 둘이 되었는데 한편은 이가환·정약용·이승훈·홍낙민 등 몇사람들로 모두 이전에 천주를 믿었으나 생명이 아까워서 배교한 사람들이므로 겉으로는 비록 천주교를 혹독히 박해할지라도 마음에는 아직도 작은 신앙이 남아 있었고 그 당을 찬동하는 수는 적으므로 그 세력이 외롭고 위태로웠다. 또 한편은 홍의회(낙안)·목만중 등인데 진심으로 천주교를 박해하는 사람들로서 10년 이래 양편에는 아주 깊은 원한이 맺혀 있었다."

1799년 남인 시파時派의 상징적 인물이었던 채제공이 죽고 이듬해 정조마저 승하하자 사태는 급변하였다. 정조의 뒤를 이어 순조純祖가 즉위했으나 나이가 11세에 불과해 순조의 증조모이자 영조의 계비 정순왕후 김씨가 수렴청정을 하게 되었다. 정순왕후 김씨는 벽파의 우두머리였다가 정조 때 전라도로 귀양 가서 죽은 김구주의 누이동생이었다. (사도세자를 동정하던 쪽을 시파라 했는데 천주교 신봉의 남인과 가깝던 그의 아들 정조가 죽고 순조가 집권하자 반대파 벽파僻派의 천주교 탄압이 거세짐.)

정순왕후 자신은 물론 그의 친척과 주변 인물들이 노론 벽파에 속한 인물들이었다. 수렴청정을 계기로 벽파는 정조 때 남인 시파에 눌려 정치적으로 배척당했던 한을 풀 수 있는 기회를 얻은 것이고 또 그 기회를 놓치지 않고 이용했다. 이같은 정치적 갈등의 배경에서 야기된 천주교 박해가 바로 신유박해로 표현되는 1801년의 대규모 교난사건이었다.(敎難 : 종교상의 박해나 곤란)

1800년 11월 하순, 정조의 국장이 끝나기가 무섭게 정순왕후는 시파에 속하는 고관들을 파직하고 대신 자기 오빠인 김관주를 비롯하여 이병모・심환지 등 노론 벽파 인물들을 요직에 앉혔다. 목만중・홍낙안・이기경 등 남인 벽파에 속한 인물들도 계속 천주교 박멸을 요구하는 상소를 올리고 있었다. 1800년 12월 17일에 중인 계층 최필공과 그의 사촌동생 최필제가 체포되고. 1801년 정초에 유력한 교인 최창현이 체포된 것은 곧 있을 대대적인 박해의 전조를 알려주는 것이었다.

정순왕후는 마침내 1801년 1월 10일(음력)에 "각 고을 수령들은 각기 자기 관할지역 전역에 서로 연대 책임을 지는 오가작통법을 만들어, 만일 그 다섯 집 중에 사학邪學을 따르는 자가 있으면 그 감시를 맡은 통수統首는 수령에게 보고하여 개심케해야 한다. 그런 다음에도 마음을 돌리지 않으면, 국법이 있으니 그들을 싹도 나지 않도록 뿌리 뽑아 버리라"는 교서敎書를 반포하였다.(五家作統法 : 1485년 성종 16년에 만든 인보자치조직법隣保自治組織法. 다섯 집을 1統, 5統을 1里 또는 坊, 그 위에 面을 두어 이웃간에 어른을 공경하고 안전을 도모함. 일본 식민지 시기에는 침략・통치자들의 감시망 조직으로 악용되었다.)

이 교서 반포에 따라 전국에 걸쳐 천주교인 체포가 실시되었다. 처음엔 중인계층 이하의 교인들이 체포되다가 점차 상류 양반계층 교인들도 체포되었다. 교서가 반포된지 9일 만에 명도회장 정약종이 천주교 관계 서적과 성물聖物들을 고리짝에 넣어 숨기려고 옮기다가 발각되는 바람에 주문모 신부의 활약상은 물론 천주교인들의 실상이 폭로되고 말았다. 양반 계층 교인들의 천주교 관련 사실이 밝혀짐에 따라 벽파의 처벌 요구는 더욱 거세졌고 마침내 2월에 접어들면서 이가환・정약용・이승훈・홍낙민・권철신・홍교만・정약종 등이 체포되었다.

이들 중 정약종・홍낙민・최창현・홍교만・최필공・이승훈 등 6명이 2월 26일에 서소문 밖에서 참수되었고 이가환・권철신은 옥사했으며 정약용・정약전은 배교하고 유배당했다. 박해는 지방으로도 확산되어 내포의 이존창, 여주・양근의 원경도・임희

영·이중배·최창주·정종호·윤유오·유한숙 등이 체포되어 처형당했다. 정부에서는 천주교 전파의 핵심 인물인 주문모 신부 체포에 진력했다. 황해도 황주까지 피신했던 주문모 신부는 교인들의 피해를 줄일 목적으로 3월 12일 의금부에 자수하였다. 주문모 신부의 체포로 그 동안의 행적이 소상히 밝혀졌고 무엇보다 은언군의 부인과 며느리가 교인이 되었다는 것, 궁 안에도 상당수의 교인이 있다는 놀라운 사실이 밝혀졌다.

그리고 강완숙을 비롯한 여자 교인들의 실태도 발각되고 말았다. 강화에 유배 중이던 은언군이 사사되었고 그의 부인 송씨와 며느리 신씨도 사약을 받았다. 주문모 신부는 4월 19일 군문효수軍門梟首되었고 그를 숨겨주거나 도와주었던 강완숙·이희영·김이백·김건순·강이천·홍필주·김종교·최인철·김현우 등과 궁녀출신 강경복·문영인 및 강완숙을 도왔던 동정녀 윤점혜도 처형당했다. 이러한 엄청난 박해가 신유년(1801)에 일어났다하여 신유박해(일반 국사에서는 신유사옥)라 하며 이때 희생된 천주교인의 수는 3백 명이 넘는다.

② 황사영백서에서 드러낸 초기 천주교인들의 대외인식

신유박해는 9월 25일 충청도 제천 배론舟論에 숨어 있던 황사영이 체포됨으로써 새로운 국면에 접어들었다. 그가 체포될 때 북경에 보내려고 만들었던 장문의 서한이 함께 발견되었는데 그 내용이 정부를 더욱 흥분시켰다. 황사영은 박해가 일어나자마자 배론으로 피신하였으나 박해 초기에 이미 체포령이 내려져 있었다. 이같은 급박한 상황에 처한 황사영은 배론의 은둔처에서 박해 내용을 비단에 적었는데 이를 황사영백서黃嗣永帛書라 한다. 그는 이것을 황심黃沁을 통해 북경에 보내려 했다. 그러나 황심이 체포되자 은신처가 탄로나고 황사영도 체포되었으며 백서도 발각되고 말았던 것이다.

이 백서는 가로 62cm, 세로 38cm되는 흰 비단에 110자씩 122행, 13,311자를 가는 글씨로 쓴 것인데 원본은 포도청·의금부 등에 보관되어 있다가 1894년 갑오개혁시 고문서를 정리하던 중 발견되어 당시 조선주교 뮈텔에게 넘어가 1925년 로마 교황에게 헌납되어 현재 로마교황청 고문서관에 소장되어 있다.(윤재영 역 『황사영백서』 정음문고 1981)

백서는 1만 3천여 자에 이르는 장문의 서한으로 그 내용은 크게 두 부분으로 나누어진다. 첫째는 신유박해를 중심으로 박해의 경위와 주문모 신부를 비롯한 순교자들의 사적을 적었으며, 둘째는 폐허가 된 조선 천주교회를 살리는 방도를 나름대로 제시한 것이다. 첫째 부분의 내용은 초기 조선 천주교회의 역사적 자료로 귀중한 사료적 가치를 지닌 것으로 평가된다. 그러나 둘째 부분에 대해서는 교회 안팎에서 논쟁이 야기되고 있다.

황사영은 신앙의 자유를 획득할 수 있는 방안을 세 가지로 제안하고 있다. 첫째는 청의 황제가 직접 조선 왕에게 서양 선교사를 받아들이도록 권면하는 방법이다. 둘째는 청의 황제와 친한 중국인 신자를 조선에 파견하여 평양과 안주 사이에 무안사撫安司를 두고 조선의 정치를 감호監護케 하고 또 청의 공주를 조선 왕비로 삼게 함으로써 천주교 신앙을 확산시키는 방법이다. 마지막 셋째 방법은 서양 함대를 동원하여 조선 정부를 위협하여 강제적으로라도 천주교를 받아들이도록 하는 것이다. 셋째 방법과 관련, 그는 이렇게 썼다.

"만약에 배 수백 척에 강한 군인 5, 6만과 대포 기타 필요한 무기를 많이 싣고, 거기에다 글을 잘 알고 일에 능란한 중국인 3, 4명을 태워 가지고 조선의 해안으로 바로 와서, 글을 왕에게 보내어 말하기를 '우리들은 서양전교대西洋傳敎隊인데 자녀子女나 옥백玉帛을 탐내어 온 것이 아니다. 명령을 교종(敎宗, 즉 교황)에게서 받고 귀국의 백성들을 구하고자 하는 바이다. 귀국에서 이 한 가지 전교하는 일만 허락한다면 우리는 그 외에 더 바라지를 않는다. … 그렇지만 천주의 사자를 받아들이지 않는다면, 곧 천주를 대신하여 징계와 벌을 줄 것이고, 죽는 한이 있어도 돌아서지 않겠다. 왕은 이 요구를 들어주어 온 나라가 벌 받는 것을 면하려고 할 것인가? 그렇지 않으면, 한 사람을 받아들이지 않음으로 나라 전체를 잃으려고 하는가? 왕은 이것을 잘 택하라 …'라고 말하면 좋을 것이다."

황사영의 이 제안은, 비록 종교의 자유와 전파의 방도를 서술했다고는 하지만 조선의 입장, 특히 유교적 사고방식의 지배계층 입장에서 볼 때는 분명히 사대매국事大賣國하려는 반역자의 행동이었다. 더구나 숭배하려는 종교의 선교사들은, 또하나의 미신이라할 허상을 빙자하여 약소국을 파멸시켜 식민지로 개척하려던 서양 강대국들의 침략 선발대였음이 그 후에 밝혀졌는데, 당시로서는 정부든 개인이든 별로 그런 의도를 간파하지 못하고 있었던 것 같다.

마침내 제국주의 무장세력을 불러들이는(스스로는 착한 하나님의 자녀라고 생각했을) 앞잡이 세력이 국내에서 준동하기 시작하였다. 반세기 정도 지나면서는 프랑스와 미국은 강화도와 대동강에서 살인행패를 부리며 조국의 운명을 난도질하였고 끝내는 일본 강도들에게 식민지 노예화의 칼자루를 던져주고 말았으니 말이다.

당시 백서의 내용은 이미 앞서 주문모 신부가 북경에 편지를 보내 포르투갈 국왕으로 하여금 조선 국왕과 직접 외교관계를 맺게 하는 것이 선교 자유를 얻는 방법임을 밝힌 것과 같은 맥락이다. 청의 황실이 조선 정부에 갖고 있는 위세, 그것도 안 되면 서양 제국의 무력 시위를 통해 조선 정부를 굴복시키는 방법으로 선교의 자유를 획득하려는 적극적인 계책이었다. 결국 이 백서는 천주교회를 대역부도大逆不道하고 반국가적인 단체로 몰아 넣을 결정적인 근거가 되었다. 황사영이 대역부도죄로 능지처참을 당했고 그와 관계 맺었던 현계흠·옥천희·황심·김한빈 등도 모두 참수되었다.

중국인 신부를 참수함으로써 청 정부와 야기될지도 모를 외교 문제로 고심하던 정부로서는 「황사영백서」로 박해의 결정적인 근거를 확보한 셈이 되었다. 정부는 백서의 내용을 재편집하여 소위 「가백서假帛書」를 제작, 천주교 박해의 당위성을 적은 「토사주문討邪奏文」과 함께 진주사陳奏使 편에 청 정부에 보냈다.

황사영백서 사건으로 천주교 박해는 일단락되었다. 지도급 교인 뿐만 아니라 조금이라도 천주교와 관계가 있던 인물들은 제거되었다. 이 박해로 죽은 자가 1백여 명에 이르며 유배된 자가 4백 명에 이르러 도합 5백여 명이 희생당했다. 살아 남은 교인들은 산간 벽지로 몸을 숨겨야 했고 교회의 존재는 표면상 사라지고 말았다.

정부에서는 황사영백서 사건이 일단락되자 1801년 12월 22일 「토사주문討邪奏文」을 발표하여 박해에 대한 정부측 입장을 정리하였으며 사학 죄인에 대한 심문이나 처형을 연말 안에 끝내도록 지시함으로써 1년간에 걸친 박해를 마감지었다. 신유박해와 황사영백서사건은 조선 천주교가 겪은 최초의 대규모 박해사건이었으며 당시 정치적 갈등과 마찰이 빚어 낸 것이기 때문에 그 피해가 더욱 클 수 밖에 없었다.(『순조실록』 권3, 순조 원년 12월 22일 甲子條 : 이기경 『討逆反敎文』)

정치적으로 볼 때 신유박해로 남인 시파는 전멸하여 재기불능의 상태에 이르렀다. 박해를 주도한 노론이나 남인 벽파로 보아서는 완벽한 승리였다. 종교적인 면으로도 사학邪學으로 규정된 천주교는 멸절된 것으로 보였다. 오가작통법은 서울 뿐만 아니라 지방의 교인 색출에 효과적이었다. 천주교를 믿으면 본인은 물론 가족과 이웃까지도 해를 당한다는 인식이 생겨나게 되면서 천주교의 침투 가능성은 더욱 약해질 수밖에 없었다. 무엇보다 천주교에 대한 사회 전반적인 배척의 분위기가 성숙된 것이 보수 세력으로서는 큰 소득이었다. 천주교를 '무군무부'無君無父의 종교, '대역부도'한 사학의 무리로 규정한 정부측 입장은 황사영백서와 같은 증거로 보장을 받게 된 셈이다. 그러나 이러한 절망적인 상황 속에서 신앙은 재기한다. 다음과 같은 달레의 지적은 '사학'의 끈질김을 나타내 주었다.

"박해는 신앙의 눈으로 보아서 훨씬 더 귀중한 결과를 낳았다. 천국에는 새로운 간선자揀選者가 많이 생겼고, 조선 천주교는 하느님 앞에 힘있는 전구자轉求者의 무리를 보냈으니, 나중에 갖가지 장애가 있었음에도 불구하고 선교사들의 말이 구원의 열매를 풍부히 맺은 것은 순교자들이 기구하여 주신 덕택이다."(揀 고를 간, 선택. 간택揀擇 : 임금·왕자·왕녀의 배우자를 고르는 일. 轉求 : 직접적이 아니고 간접적으로, 성모 마리아와 성인을 통해서 은혜를 구함)

(2) 천주교 조선교구의 창설과 기해·병오 박해

① 프랑스 브뤼기에르, 교구장 맡았으나 입국 못하고 사망

천주교회는 신유박해를 겪은 후 한동안 침체 상태를 벗어나지 못했다. 1801년 12월에 정부는 공식적으로는 천주교 박해 종식을 선포했지만 지방에서는 크고 작은 박해 사건들이 계속 일어나고 있었다. 대표적인 것으로 1811년 3월과 10월에 일어난 충청도 교인 박해, 1815~16년에 일어난 경상도·강원도 교인박해(을해박해), 1837년의 전라도·서울·충청도 교인박해 등을 꼽을 수 있다.

목숨을 건진 교인들은 숨어 살거나 고향을 떠나야 했다. "집회는 고사하고, 서로 말할 생각조차 못하였고, 마을 안에서나 한길에서 만나면, 멀리서 서로 인사하는 것이 고작이었다."(달레 Dallet, *Historie de L'Eglise de Coree* 『한국천구교회사』 안응열·최석우 역 분도출판사 1980)

그러나 시간이 흐르면서 점차 교인들은 용기를 갖고 다시 모이기 시작했다. 재난을 당한 교인 가족을 돌보고 그런 가족들끼리 모여 공동생활을 꾸려 나갔다. 이러한 과정을 통해 신앙공동체가 재조직되었고 나아가 교우촌敎友村이라는 집단적 교인 촌락이 형성되었다. 배교하고 나갔던 교인들이 다시 찾아왔으며 몇몇 용기 있는 교인들의 순교 장면을 보고 감명을 받은 사람들이 입교를 원하기도 했다.

이렇게 해서 다시 모이기 시작한 교인들을 중심으로 교회 재건운동이 전개되었으니 그 주역들은 초기 천주교 도입에 관련 되었던 인물들의 다음 세대, 즉 제2 세대였다. 권철신의 조카 권기인, 홍낙민의 아들 홍우송, 정약종의 아들 정하상과 주문모 시절 믿기 시작했던 이여진 및 그의 사촌 신태보 등이 대표적인 인물들이었다. 배교했던 정약용도 이들을 돕고 나섰다.(정약용의 서학사상 및 천주교 신앙 활동에 대해서는 주명준 「정약용 형제들의 천주교 신앙 활동」 『전주사학史學』 창간호, 전주대학교 사학회)

이들은 우선 북경에 연락을 취해 새로이 신부를 영입해 모셔오는 일이 시급함을 느꼈다. 북경과의 연락은 부연사행을 통해서 이루어질 수 있었는데, 박해 이후 사절단에 대한 감시가 엄중해져서 쉽게 기회를 얻지 못하였다. 박해가 끝난지 10년이 지난 1811년에야 겨우 기회를 잡을 수 있었다.

신부 파송을 요청하는 서한은 권기인이 작성했다. 북경 주교와 로마 교황 앞으로 각각한 통을 써서 이여진이 숨기고 1811년의 동지사冬至使 일행에 끼어 북경에 들어가는 데성공했다. 조선선교를 관장하던 구베아 주교는 1808년에 사망했고 대신 나자리스트회소속의 삐레Pires 신부가 주교 직무를 맡아보고 있었다. 이여진 일행을 만난 삐레 주교는박해 속에서 살아 남은 조선 교인들의 간절한 신부 파견 요청을 감명깊게 들었으나 그들의 요청에 그대로 응답해 줄 수 있는 형편이 못되었다.

중국에서도 1805년 천주교인에 대한 박해가 있었으며 성당과 신학교들이 파괴되었고중국인 신부 살해가 자행되었다. 게다가 북경 천주교회를 지원하고 있던 프랑스 본국에서 오는 경제적 지원도 원활하지 못했다. 결국, "주교는 찢어지는 듯한 가슴을 안고 장래에 대한 아무런 약속도 하지 못한 채, 이여진 요한을 돌려 보낼 수밖에 없었다." 북경 주교를 통해 유럽에 전달된 또 한 통의 서한도 교황 비오 7세에게 전해지기는 했으나 당시교황은 교황령 문제로 프랑스의 나폴레옹과 대립상태에 처해 있었고 나폴레옹에 의해 퐁텐블로 성에 감금된 형편이었기 때문에 조선 교인들의 요청에 적극적으로 대응할 수 없는 처지였다.

이여진의 뒤를 이어 정하상이 신부 영입 운동에 적극 나섰다. 그는 1816년 말 처음으로 북경을 다녀온 후 기회 있을 때마다 북경에 들어가 조선에 신부를 파송해 줄 것을 요청하였다. 1824년부터는 역관 출신인 유진길이 동행하였다. 이러한 조선 교인들의 끈질긴 신부 영입운동은 마침내 교황의 마음을 움직였다. 유진길이 교황에게 쓴 장문의 서한이 1827년 로마에 도착했다. 조선 교인들의 간절한 요청을 받은 교황 레오 12세는"조선에 독립된 포교구를 설치하여 교황청에 직속하게 하고 포교사업은 파리 외방전교회에 맡기기로" 결정하였다.

이 결정에 따라 교황청 포교성성布教聖省은 파리 외방전교회 신학교에 조선 선교를 주관할 선교사 선발을 위촉하였고 이에 태국에서 활약 중이던 프랑스 출신의 브뤼기에르Bruguiere 신부가 1829년 조선 선교를 자원하고 나섰다. 그는 조선에서의 박해 상황과박해 후 교인들이 신부 파견을 끈질기게 요청하고 있다는 사실을 알고 있었다. 브뤼기에르의 요청이 받아들여지고 마침내 1831년 9월 9일(양력) 교황 그레고리오 16세는 교서를 발표하여 조선 교구 설정을 밝혔다.

"본인은 자진하여, 그리고 확실한 지식과 깊은 고려 끝에 교황의 충만한 직권을 가지고 이 교황 교서로써 조선왕국을 지금 당장 새 교구로 설정하는 바이며, 이 교구에 북경주교로부터 완전히 독립한 교구장을 세울 것을 선언하는 바입니다. 그리고 중국 각 지방이나 중국에 인접한 지방에 있는 교구장들에게 관례적으로 부여되어 온 특권을 모두 또한 일일이 교황청에서 택할 이런 교구장에게 전기한 본인의 권한으로 부여하는 바입니다."

또 같은 날짜로 브뤼기에르에게 친서를 보내 그를 초대 교구장으로 임명하였다.

"…나의 이 친서로서 지금 그대를 본인과 교황청의 자의로 조선 나라의 교구장으로 선택하고 임명하고 정하여 중국 지방과 중국에 인접한 지방에 관례적으로 부여되는 모든 특권을 부여하는 바입니다."

이로써 조선 천주교회는 독립된 교회로 지위를 확립하였다. 조선 교구 설정은 "진취적인 조선 교회의 평신도 지도자들"에 의해 주도된 "적극적이고 지속적인" 신부영입운동의 결과로 얻어진 것이었다. (이원순 「한국교구 설정의 역사적 계기」『교회사연구』제4집, 한국교회사연구소 1983) 이것은 또한 북경으로부터 조선 교회의 정치적 독립을 확보한 사건이기도 했다. 당시 조선 교회는 북경 주교 관할하에 있었다. 북경 교구는 포르투갈의 보호권에 속해 있었다. 그러므로 조선에 교구가 설립되고 그 관할권을 프랑스 배경을 지닌 파리 외방전교회에게 넘겨 줌으로써 북경이나 포르투갈의 영향권에서 독립을 취할 수 있었다.

그러나 엄밀한 의미에서 1831년 설정된 교구는 정식 교구diocese가 아니라 대목구代牧區 vicariate apostolic였으며 브뤼기에르도 정식 주교가 아닌 명의주교名義主教로 조선 초대 대목이 되었다. 조선교구를 대목구로 설정한 것은 아직 정식 교구로 설정되기 어려운 정치적, 종교적 상황 때문이기도 했지만 로마 교황청이 기왕의 아시아 지역 보호권을 장악하고있던 포르투갈로부터 교회 치리권을 확보하기 위한 정치적 계산에서 비롯된 것이기도 하였다. 포르투갈은 1493년 교황 알렉산더 6세에 의해 선포된 서경 50°선 동쪽 지역의 보호권을 계속 주장하고 있었다. 중국이 그 보호권 안에 속해 있었고 조선 천주교회가 북경 주교 관할 밑에 있었으므로(1792. 4. 1일자 포교성 포고) 조선교회에 대한 계속적인 지배권을 주장하였던 것이고 그 때문에 포르투갈 선교사들과 프랑스 선교사들 사이에 적잖은 갈등이 표출되었던 것이다. (최석우 「빠리외방전교회의 한국 진출」『한국교회사의 탐구』한국교회사연구소 1981)

교황은 조선 대목구를 설정함으로써 조선 천주교회를 교황청 포교성성 직속에 넣었던 것이다. 따라서 비록 대목이었지만 기능과 권한에서는 다른 주교와 다를 바 없었다. 조선(한국) 천주교회가 대목구에서 정식 교구로 선포된 것은 1962년의 일이므로 130년 동안 대목구 제도를 채용하였다. 그러나 주교가 아닌 대목이 교회를 치리하였다 하 더라도 통상 교구와 다를 바 없는 조직이었고 칭호도 대목 대신 주교란 칭호를 사용했다.(정식 교구는 1962년 3월 10일자로 반포되었다. Acta Apostolicae Sedis,1962)

브뤼기에르가 자신이 조선교구 초대 교구장에 임명된 사실을 안 것은 1832년 7월이었다. 그는 즉시 싱가포르·필리핀·마카오를 거쳐 중국 사천에 도착하여 조선 입국의 기회를 찾았다. 그는 사천으로 오던 도중 모방Maubant 신부를 통역자로 만나게 되었고 곧이어 샤스땅Chastan도 합류하였다. 주교는 중국인 교인 왕요셉을 내세워 조선 입국의 길을 모색했으나 조선 교인들과의 접촉이 이루어지지 않아 입국이 지연되었다. 그 사이에 로마에서 유학하던 중국인 신부 유방제가 조선 선교를 자원하여 포교성성 허락을 받아 조선에 파송되었는데, 그의 목적은 브뤼기에르 주교의 입국을 준비하는 것이었다. 1834년 유진길·조신철 등 조선 교인들의 안내를 받아 입국에 성공한 유방제 신부는 오히려 주교의 입국을 지연시키는 행위를 자행했다.

이것은 조선 선교권을 둘러싸고 파리 외방전교회와 북경 천주교회 사이의 갈등이 있었음을 보여 준 예였다. 유방제 신부는 "북경주교의 관할 밑에서 혼자 조선 포교지를 맡아 가지고 있기를 희망 하였고" 독자적으로 조선 청년들을 성직자로 양성할 목적을 갖고 있었다. 그리하여 브뤼기에르 주교는 만주까지 가서 기다리다가 결국 입국을 못하고 1835년 10월 20일에 사망하고 말았다. 이로써 조선교구의 초대 주교는 조선 땅을 밟아보지도 못한 채 죽었고 조선 선교는 다른 선교사들에 의해 추진되었다.(브뤼기에르 주교의 유해는 내몽고 서만자 부근에 안장되었다가 1931년 조선교구 설립 1백주년을 맞아 서울의 용산 성직자 묘지로 이장되었다. "소쥬교의 분묘를 몽고에서 죠선으로 쳔묘"『경향잡지』 25권 제718호, 1931. 10)

② 기해박해와 병오박해

브뤼기에르가 죽은 후 1836년 4월, 교황은 엥베르Imbert를 주교로 임명했다. 엥베르는 브뤼기에르 주교가 생존해 있을 때 이미 그의 보좌주교로 임명되었고 주교가 죽은 후 샤스땅·모방 등도 그를 주교로 추천하였다. 그 사이에 모방은 조신철·정하상 등 조선 교인들의 안내를 받아 1836년 1월 12일 조선에 입국하는데 성공했다. 그는 서울에 도착하자마자 유방제 신부의 어긋난 행적을 확인할 수 있었다. 유방제 신부는 결국 중국으로 추방되고 말았다. 모방 신부는 은밀하게 숨어 지내며 우리말을 익히는 한편 지방에 흩어져 있는 교인들을 찾아 다니며 성사를 집행하였다.

1837년 1월에는 샤스땅 신부가 입국하는데 성공했고 그해 12월에는 엥베르 주교까지 들어왔다. 프랑스인 신부 3명이 들어와 활동하자 교회는 급진전을 보였다. 모방이 입국할 당시 6천 명에 미치지 못했던 교인 수가 1838년 말에 이르러 9천 명에 이르고 있었다. (Archives de la Societe des Missions Etrangeres『외방전교회 자료』Vol.577)

1836년 말 김대건·최양업·최방제 등 조선 청년들이 신학 수업을 받기 위해 마카오로 간 것도 성숙된 교회의 모습을 보여주는 한 가지 예였다. 이들 3명은 모방 신부에 의해 선발되어 중국을 거쳐 마카오에 있는 파리외방전교회 경리부에 머물면서 공부를 시작했다. 1838년에 죽은 최방제를 제외하고는 김대건·최양업이 신부가 되어 돌아왔다.

이처럼 천주교가 다시 성행하게 된 것은 선교사들과 조선 천주교 지도자들의 헌신적인 활약에 힘입은 바가 컸지만 당시의 정치적 정세가 천주교에 유리한 방향으로 전개되었던 데도 원인을 찾아 볼 수 있다. 신해박해 이후 지방에서 크고 작은 박해는 계속 있었지만 중앙정부가 관여한 대규모 박해는 없었다. 1801년의 신유박해를 주도한 장본인 정순왕후 김씨가 1805년에 죽었고 대신 순조의 장인인 김조순이 정권을 장악하게 된 것도 천주교에 대한 박해 분위기가 누그러진 동기의 하나였다.

벽파였던 정순왕후 대신 시파였던 김조순이 등장하였는데 이같은 정세 변화는 천주교 입장에서 볼 때 다행스러운 일이었다. 김조순의 등장은 시파의 득세를 의미하는 것일 뿐만 아니라 소위 안동김씨 세도정치의 도래를 의미하는 것이기도 했다. 안동김씨가의 세도정치는 종래의 당파 정치와 다른 차원의 족벌정치를 야기시켰다. 정치 권력은 문벌에 의해서가 아니라 족벌에 의해 좌우되었다. 왕의 처족들에 의한 권력 집중이 불가피해졌고 이러한 족벌정치의 폐단이 조선 후기 사회의 정치·사회적 부패의 원인이 되었음은 물론이다.

순조 말기에 들어서면서 안동김씨 세력은 새로운 족벌정치 세력인 풍양조씨 세력의 도전을 받게 된다. 순조의 아들 효명 세자孝明世子 부인은 풍양조씨 조만영의 딸이었다. 정치에 관심이 적었던 순조는 1827년에 효명세자로 하여금 정사를 맡아 보게 하였는데, 이때로부터 조만영·조인영 형제를 중심한 풍양조씨 세력이 본격적으로 등장하여 안동김씨 세력과 마찰을 일으키기 시작했다. 그러나 1830년 효명세자가 갑자기 죽자 풍양조씨 세력의 진출은 주춤해졌다.

그렇지만 1832년 안동김씨 세력의 핵심이었던 김조순이 죽고 1834년 순조마저 승하하게 되면서 안동김씨 세력은 열세에 몰리게 되었다. 효명세자의 아들이 헌종으로 즉위하였으나 당시 나이 8세밖에 안되어 또다시 수렴청정을 해야 했는데 순조 왕비였던 순원왕후 김씨가 대왕대비로 정권을 맡게 되었다. 순원왕후가 정사를 맡아 보고 김조순의 아들 김유근이 남아 있어 표면상으론 안동김씨가 계속 정권을 장악하고 있는 것 같아 보였으나 내부적으론 안동김씨 집권체제가 상당히 불안한 형편이었다.

헌종이 즉위한 직후 조만영·조인영을 중심한 풍양조씨 세력의 도전이 거세어졌다. 이에 순원왕후는 자기 인척이던 김조근의 딸을 헌종비로 맞아들임으로써 안동김씨 세력을 견고하게 하려 했으나 풍양조씨 세력으로부터 계속 은퇴의 압력을 받고 있었으며 안동김씨 세력의 중심인물이었던 김유근이 병으로 눕게 되자 상황은 더욱 불리하게 전개되었다. 1839년에 이르러 조만영은 정부의 명령을 관장하는 기관인 홍문관 대제학, 조인영은 이조판서, 그의 조카인 조병현은 형조판서가 되었고 우의정이던 이지연도 풍양조씨 세력의 편에 서게 되자 실질적인 권한은 풍양조씨 세력이 장악한 셈이었다.

1839년(헌종 5년)에 신유박해보다 더 치열한 천주교 박해가 일어났으니 그것이 곧 기해박해己亥迫害이다. 이 박해는 이지연을 비롯한 풍양조씨 세력이 순원왕후에게 천주교 처벌을 끈질기게 요구하여 이를 물리치지 못한 순원왕후의 박해령 포고로 시작되었다. 그 전에 1835년 경기도 이천에서 체포된 교인 이호영이 사형선고를 받고 투옥되었다가 1838년 11월에 옥중에서 사망한 것이라든지 1839년 1월에 서울에서 권득인을 비롯한 교인 가족들이 체포된 일이 있었으나 본격적인 박해는 4월 18일에 선포된 「사학토치령邪學討治令」에서 비롯되었다. 오가작통법 실시를 골자로 한 이 교서가 발표되면서 전국적으로 교인 체포가 실행되었고 기왕에 잡혀들어온 교인들에 대한 심문과 처형이 실시되었다.

5월 24일, 남명혁·권득인·이광헌·박희순·이아가다·김업이 등이 서소문 밖에서 처형당한 것을 필두로 서울과 전주·홍주·공주·원주 등 지방에서 교인 체포와 처형이 진행되었다. 김순성이란 배교인背敎人이 있어 교인들에 대한 정보를 정부에 알려 주어 많은 지도급 교인들이 체포되었는데, 유진길·정하상·조신철 등 교회 재건운동의 주역들이 그의 밀고로 체포되었다. 또 김순성의 간계로 8월에는 앵베르 주교까지 체포되었다. 그리고 모방·샤스땅 신부도 앵베르 주교의 자수 권유 서한을 받고 자수하여 체포당했다. 세 명의 프랑스 신부는 국사범으로 취급되어 의금부로 압송되었고 심문을 받은 후 9월 21일에 새남터에서 처형되었다. 그 이튿날에는 정하상·유진길이 서소문 밖에서 처형당했고. 9월 26일에는 조신철·김제준·남이권·허계임 등이 역시 같은 장소에서 처형당했다.

그해(1839년) 11월에 정부는 「척사윤음斥邪綸音」을 반포하여 천주교 박해에 대한 정부 처사의 정당성을 백성에게 선전하였는데, 이 윤음 반포는 박해를 마무리 짓겠다는 의사표시이기도 했다. 이후 정부는 사건 마무리에 나서 12월 29일에 최창흡·조중이·

현경련 등을 서소문 밖에서 처형하였고 1840년 2월 1일에 있은 홍영주·이문우·최영이 동의 당고개 처형으로 1년에 걸친 박해는 막을 내렸다.

기해박해는 신유박해 이상 가는 피해를 교회에 안겨다 주었다. 이 무렵 기록된 「기해일기」에 따르면 참수된 순교자가 54명, 옥중에서 죽은 자가 60여명에 이르며 배교하고 석방된 자가 4, 50명에 이른다. 이처럼 처참한 박해를 받았으나 교회의 회복 능력도 전보다 강하여 신유박해 때처럼 오랜 세월 폐허 상태에 머물지는 않았다. 교황은 순교한 앵베르 후임으로 1843년 1월 페레올Ferreol 신부를 3대 주교로 임명하였고 메스트 르Maistre 신부를 조선 선교사로 임명하여 입국하도록 했다. 1836년 마닐라 유학을 떠났던 김대건은 1845년 8월 조선인 최초로 사제 서품을 받고 입국의 기회를 모색했다. 마침내 김대건은 페레올 주교와 새로 임명된 다블뤼Daveluy 신부와 함께 1845년 10월 12일 충청도 강경을 통해 입국하는데 성공했다.

그동안 만주를 통해 의주로 잠입하던 통로는 정부의 엄중한 감시로 막혀버린 상태였으므로 대신 상해에서 해로를 통해 서해안에 직접 상륙했던 것이다. 페레올과 다블뤼는 도착 즉시 서울과 충청도 지방에서 선교활동에 착수했다. 김대건 신부는 만주에서 입국의 기회를 찾고 있는 메스트르 신부의 입국을 주선하기 위해 황해도 해안으로 갔다가 등산곶 근처에서 등산첨사 정기호에게 체포되고 말았다. 그것이 1846년(헌종 12년) 6월 5일의 일로 이 사건을 계기로 또 한 차례 박해 선풍이 불었다. 페레올이나 다블뤼는 다행히 체포를 면했으나 김대건 신부를 비롯해 현석문·남경문·한이형·임군집 등 기해박해 때 살아남았던 교인들이 처형당했다. 김대건 신부의 체포를 계기로 일어난 박해를 별도로 병오박해丙午迫害라 부르나 보통 1839년의 기해박해의 연장으로 보는 것이 일반적인 추세다.

기해·병오 박해로 순교한 교인 중 79명은 1925년에 복자福者로 시복되었고 다시 1984년에 성인聖人으로 시성諡聖되었다.

○ **시성諡聖 canonization**

로마 가톨릭교회에서 죽은 성도 중에 공적인 숭배를 받을 만한 가치가 있는 인물로 선언하고 그의 이름을 성자聖者로 인정된 사람들의 공인된 명부에 기명하는 공식적인 행위로 시성이라고 한다. 순교자의 유해를 그의 매장지에서 어떤 교회로 이장하는 것도 시성과 동등하게 보았다. 시성은 교황에게 청원하여 그의 확증으로 이루어졌다.

시복諡福 beatification의 경우도, 가톨릭 신앙 안에서 죽은 사람이 공적인 존경을 받고 복자(福者·福女)라 부르도록 교황의 권위로 인정하는 공식행위를 말한다.

기해·병오박해는 신유박해에 비할 때, 규모와 범위면에서 보다 "보편적이고 전국적인 것"이었다. 신분의 구별 없이 교인이면 누구나 추적받았다. 지역적 범위도 서울·경기도가 심했지만 강원도·전라도·경상도·충청도 등 조선반도 남부 전반에 걸쳐 진행되었다. 이같은 사실은 당시 천주교인의 분포가 전국에 걸쳐 확산되어 있었다는 사실을 증명하는 것이기도 했다. 또한 교인들의 신분 계층에 있어서도 신유박해 때와 비교할 때 상당한 변화가 있었음을 알 수 있다. 최근에 발표된 순교자들의 신분 분석 연구에 따르면 1801~46년 사이에 다음과 같은 신앙계층 변화가 이루어졌음을 알 수 있다.

기간	신 분(괄호 안은 구성비 %)					
	양반	중인	상(양인)	천인	미상	계
1784~1801년	192(27.75)	92(13.29)	178(25.72)	38(5.49)	192(27.75)	692(100)
1802~1846년	94(21.32)	20(4.54)	100(22.68)	5(1.13)	222(50.34)	441(100)

신유박해 때에 비해 양반·중인 계층의 구성비가 줄어든 대신 상민常民 계층이 급증하였음을 알 수 있다. 여성 교인들의 증가도 눈에 두드러지게 나타났다. 이같은 사실들은 초기 천주교회가 양반·유식자 계층에 의해 주도되다가 점차 중인 이하 상민·여성 계층에 의해 주도되는 형태로 변화되었음을 밝혀주었다. 이같은 교인 신분계층의 저변화는 기해박해 이후로도 계속되어 1860년대 병인박해 때엔 무식·빈곤 하층인들이 교회의 기본세력을 이루고 있었음을 알 수 있다.

희생자들은 대부분 참수와 고문·옥사 등으로 처참하게 죽어갔는데, 이런 정황으로 보아 봉건절대주의 사회가 얼마나 완고했는가를 짐작할 수 있음과 동시에 외세의 사상침투 역시 용의주도했음도 명백히 밝혀주었다. 민족간의 모순·갈등·충돌의 시작이었다.

2) 대원군의 집권과 계속된 천주교 박해

(1) 천주교 세력의 불굴의 재건과 발전

기해·병오박해는 기존 안동김씨 세도세력에 대한 풍양조씨 세도세력의 도전이라는 정치적 상황 변화를 배경으로 하여 이루어진 천주교 박해사건이었다. 박해를 일으킴으로써 안동김씨 세력을 곤경에 빠뜨리려던 풍양조씨 세력의 음모는 어느 정도 성공을 거두었다. 그러나 기해박해 때 풍양조씨 세력에 이용되어 박해를 주도했던 이지연은 박해 도중인 1840년에 우의정에서 쫓겨나 귀양가서 죽었고 풍양조씨 세력의 중심인물인 조만영은 1843년 두 눈이 멀어 고생하다가 1846년 갑자기 사망하였다. 조만영의 동생 조인영도 1849년 세도를 잃고 추방되었다가 1850년에 죽고, 형조판서로 교인 박해의 주역이었던 조병현도 1849년 귀양갔다가 죽고 말았다. 이로써 풍양조씨 세력은 20년을 채우지 못하고 몰락하고 말았다.

풍양조씨 세력이 이처럼 급속히 몰락한 데는 헌종의 갑작스런 죽음에도 원인이 있었다. 1844년 아들없이 헌종이 승하하자 왕위 결정권은 한때 풍양조씨 세력에 밀려났던 순원왕후 김씨에게 있었다. 순원왕후는 강화도에 있던 은언군의 손자를 철종으로 옹립했다. 당시 19세이던 철종을 왕으로 세우고 순원왕후가 다시 정사를 맡아 보게 되었으니 안동김씨 세력이 재등장하게 됨은 물론 전통적으로 천주교에 대해 우호적이었던 시파의 복귀도 당연한 현상이었다.

신유박해 때 천주교와 연루되었다는 죄목으로 사형된 은언군 내외와 며느리 신씨의 혐의가 풀렸고 역시 신유박해 때 천주교 관계로 처형당한 이승훈의 죄도 그의 아들 이신규의 청원을 받아들여 죄명을 씻어 주었다. 천주교에 대한 이같은 완화정책은 순원왕후가 정계에서 물러난 1851년 이후 철종의 장인이 되어 권력을 잡은 김문근에 의해 12년 동안 계속 되었다.

이같은 정치적 변화에 따라 조선 천주교회는 유례없는 발전을 기할 수 있었다. 병오박해 때 체포를 면한 페레올 주교와 다블뤼 주교는 박해 와중에도 1846년 11월 공주 수리치골에서 「성모성심회聖母聖心會」라는 수도단체를 창설하였다. 성모성심회는 1836년 파리에서 데쥬네뜨 신부에 의해 창설된 수도단체로 특히 죄인의 회개를 강조하여 회원들은 매일 1회 성모송과 기도를 드렸다.

김대건에 이어 조선인으로는 두번째로 1849년 4월에 사제 서품을 받은 최양업 신부도 그 해 12월에 의주를 통해 입국하는데 성공했다. 계속해서 1852년에 메스트르 신부가 전라도 해안을 통해 입국하였고 1854년에는 장수Jansou 신부가 입국했다. 3대 주교로 활약했던 페레올 주교가 1853년에 갑자기 사망하자 대신 베르뇌Berneux 신부가 4대 주교로 임명받아 1856년 쁘띠니꼴라Petitnicolas·뿌르띠에Pourthie 신부를 대동하고 황해도 장연을 통해 입국하였다.

계속해서 1857년 페롱Feron 신부가 입국했고 1861년에는 랑드르Landre·조안노

Joanno・리델Ridel・깔래Calais 신부가, 1863년에 오메트르Aumaitre 신부가, 1865
년에 도리Dorie・브르뜨 니에르Ranier de Bretenieres・위앵Huin・볼뤼Beaulieu 신부
등이 각각 입국하였다. 이로써 1836년 모방 신부가 조선에 나온 이래 30년 동안 파리
외방전교회 소속의 프랑스인 신부는 20명이 나왔다.

그 중 3명(엥베르・모방・샤스땅)이 기해교난 때 희생되었고 5명(장수・페레올・메
스트르・조안노・랑드르)은 조선에서 활약하다가 병으로 죽었으며 나머지 12명 중 3명
(리델・페롱・깔래)을 제외한 9명이 1866년 일어난 병인박해 때 희생되었다. 이와 같
은 파리외방전교회 신부들의 희생적인 선교활동으로 조선 천주교회가 1840년대 이후
크게 발전할 수 있었던 것은 부인할 수 없다. 그 결과 기해・병오박해 직후 1만 명을 넘
지 못했던 교인 수는 1865년에 이르러 2만 3천여 명으로 증가할 수 있었던 것이다.

파리외방전교회 신부들은 조선 천주교회의 자생능력을 키우는 것이 시급함을 알고 그
것을 위해 몇 가지 사업을 추진했다. 우선 조선인 성직자 양성을 위한 신학교를 설립하였
다. 이미 김대건・최양업 등 조선인 성직자들이 배출되었지만 종래의 방법대로 성직자
후보생들을 해외로 유학시켜 사제로 양성하는데는 여러 가지 문제점들이 노출되었다.
유학간 학생들이 기후 적응이 안되어 풍토병으로 사망하는 경우가 많았고 10여 명이 넘
는 신부들이 입국해서 활동하고 있었으므로 구태여 외국에까지 보내지 않고 국내에서 신
학교육을 실시할 수 있는 형편이 되었다.

게다가 철종 즉위(1849년) 이후 천주교에 대한 정부 태도가 완화되어 가고 있었으므
로 베르뇌 주교는 용기를 내어 1856년 충청도 배론에 신학당을 설립하였던 것이다. 장
낙소의 집에서 시작된 이 신학당에서는 다블뤼 신부가 원장, 뿌르띠에 신부가 교수가 되
어 10여명의 학생들을 모아 가르치기 시작했다. 주변의 주민들로부터 박해가 없었던 것
은 아니나 신부나 학생들이 체포되는 상황까지 발전되지는 않았다. 이 배론신학당은 병
인박해 때 폐교되기는 했으나 조선 천주교회 신학교육의 효시로 오늘의 가톨릭대학 모체
가 되었다.

다음으로 우리말로 된 교리서를 비롯하여 천주교 관계 문헌들을 펴내기 시작했다. 이
분야에 있어 다블뤼 신부가 가장 큰 활약을 보였다. 그는 1853년 이후 조선에 올 선교사
들을 위해『조・한・불 자전朝漢佛字典』편찬에 착수하였고, 조선인 순교자 자료를 모으
는 한편 조선 천주교회사를 집필하기도 했다. 그가 정리한 순교자 및 조선 천주교회 역사
자료는 1857년 로마 교황에 의해 기해・병오박해 때 순교자 82명이 가경자可敬者로 선
포되는 데 중요한 근거로 채택되었을 뿐 아니라 달레의『조선천주교회사Histoire de
l'Eglise en Coree』편찬의 기본 자료로 사용되었다. 이외에 천주교회의 기본 교리서

인『신명초행』『회죄직지』『령셰대의』『셩찰긔략』 등을 한글로 번역하거나 저술하였다.

조선 천주교회의 교리서는 17세기 초에 들어 오기 시작한 한역漢譯서학서에 그 기원을 두고 있다. 18세기 중엽 일부 선구적 양반계층이 서학을 신봉하는 차원에서 신앙실천운동을 벌일 때 근거로 삼았던 것도 중국에서 발간된 한문 교리서들이었다. 따라서 초기 조선 천주교회에서 사용하던 교리서들 중에는 한문에서 번역된 것들이 대부분이었다. 1840년대에 이미 사용되고 있던『셩교절요』나『셩교요리문답』 등도 모두 한문에서 번역된 것들이었다.

그렇다고 모든 것이 한문에서 번역되었던 것은 아니다. 초기 조선인 지도급 교인들은 나름대로 천주교 교리를 소화시켜 창조적인 글을 남겼다. 이벽이 지었다는『셩교요지聖敎要旨』는 초기 교인들의 신앙의 요체를 보여 주고 있으며, 1801년에 순교한 정약종이 지은『주교요지』도 주문모 신부에 의해 인준을 받을 정도로 천주교 교리에 정통한 순수 조선인 작품이었다. 교리서는 아니지만 1839년 기해박해 때 순교한 정하상이 남긴『상재상서上宰相書』도 초기 천주교회 변증서로 귀중한 사료적 가치를 지니고 있다.

처음엔 이런 교리서들이 필사본 형태로 유포되었으나, 1840년에 이르러 서울 두 곳에 목판 인쇄소를 설치한 후 대량 인쇄 반포가 가능하게 되었다. 앞에서 언급한 다블뤼의『신명초행』『회죄직지』『령셰대의』『셩찰긔략』 외에『셩교요리문답』『텬쥬셩교공과』『텬쥬셩교 례규』『쥬교요지』『텬당직로』『쥬년쳠례광익』『셩교절요』등 10여 종의 교리서들이 이 무렵 인쇄되어 나왔다.

이와 같은 한글 교리서의 인쇄·보급은 천주교 신앙 확산의 도구로 그치지 않고 조선 사회에 보다 광범위한 문화적 영향을 끼쳤다. 즉 한글 교리서의 보급으로 한글 문화가 재창출될 수 있었던 것이다. 15세기 중엽에 한글이 창제된 이후 한글은 우리 문화의 한 분야를 차지하고 있었으나 한문 중심의 유식계층 문화에 밀려 제대로 문화적 창의력을 발휘하지 못하고 있었던 것이 사실이다. 결국 한글문화는 민족의 전통문화 속에 자리잡지 못한 채 외곽문화로 전락된 상태였다. 양반·관료계층에 소외당한 채 부녀자와 같은 민중계층의 언어로 명맥을 유지하고 있었다.

이같은 한글을 천주교에서 적극 수용하여 모든 교회 관계 서적을 한글로 펴냄으로써 문자로서의 기능 뿐만 아니라 서민대중의 사상과 의사소통에서 한글의 우수성을 발견할 수 있게 되었다.

이러한 의미에서 서지학자 꾸랑Morris Courant이 "조선에의 가톨릭 전래는 한글문학이란 새로운 분야를 탄생시켰다"고 표현한 것은 타당한 것이었다.

그리고 천주교회가 이처럼 한글을 적극 수용함으로써 이미 신유박해 이후 두드러지기 시작한 교인의 신분계층의 변화, 즉 양반·중인계층에서 상민·민중계층으로 변하고 있는 현상에 적절히 대응하였다. 소수 유식자 계층의 언어인 한문이 아니라 한글 사용에 의해 민중 지향적인 선교가 가능하였으며 민중계층이 교회의 주체세력으로 성장할 수 있는 계기가 되었다. 또한 1850~60년대 최양업 신부에 의해 만들어져 교인들 사이에 퍼졌던 「천주가사天主歌辭」들이 예외 없이 4·4조 순 한글로 만들어진 민요조 노래였다는 사실도 천주교의 민중지향적 성격을 반증하는 사례였다.(김진소 「천주가사와 민중사상」『한글성서와 겨레문화』) 이와 같은 과정을 통해 조선후기 사회에서 정치적·경제적 피압박 계층이었던 민중이 천주교에 흡수될 수 있었고 현실 비판적이며 강한 내세지향적 신앙 양태를 표방하게 되었다. 이같은 민중지향적인 교회의 성격은 다른 한편 현실 체제에 대한 개혁을 요구하는 저항 세력으로 발전할 수 있었으며 그러한 면에서 기존의 보수세력에게는 도전으로 해석되었고 그에 따라 박해가 불가피해졌다.(고흥식 「병인교난기 신도들의 신앙」『교회사연구』제6집)

조선 민족 전체의 입장에서 보면 자기의 조상과 부모와의 관계까지도 멀리하게 한 서양의 神절대주의·개인주의·분열주의의 신앙 행태에 놀아나는 부도덕하고 반민족·반동포사회적 정신사상에 휩쓸려가게 되었다. 따라서 조선 민족 주체성을 가진 사람들은 유교적 봉건사회라는 단점이 있었음에도 불구하고 비슷한 봉건 착취 체제를 확산시키려던 기독교세력의 침략성에 반발, 저항의 자세를 강화하게 되었던 것이다.

(2) 대원군의 집권, 유럽·미국 선박의 침투와 충돌

철종 조에 발전하였던 조선 천주교회는 철종이 죽고 새 왕이 등극하면서 또다시 박해의 회오리 속에 싸이게 되었다. 철종 즉위는 안동김씨 세도정치의 재등장을 의미한 것이었고 천주 교회의 발전적 분위기가 조성되는 계기였다. 그러나 안동김씨 족벌정치는 철종 말기에 이르러 여러 가지 폐단을 창출하였으니 가장 대표적인 것이 삼정三政의 문란이었다. 안동김씨 세력은 모든 정치·경제·문화적 혜택을 독점하였고 부패하고 타락한 정치를 연출하였다.(삼정이란 전정田政·군정軍政·환곡還穀을 의미하는 것으로 국가 경제의 기본 요건을 말한다. 이선근 「세도정치와 농민의 항거」『한국사』국사편찬위원회 1983)

철종 자신도 1859년 왕자를 잃은 후 방종한 생활을 즐기며 정사를 돌보지 않았다. 1857년 안동김씨 세력의 중추였던 순원왕후 김씨가 죽고 철종의 장인이었던 김문근도 1863년에 죽었다. 바로 그 이듬해인 1864년에 철종은 후사 없이 병으로 죽고 말았다.

또 다시 왕을 궁 밖에서 데려와야 했다. 당시 궁안의 최고 권력자는 기해박해의 주역 조만영의 딸인 신정왕후 조씨였다. 신정왕후는 홍선군의 아들을 왕으로 삼았으니 그가 고종이다.

안동김씨 세력에 대해 공통적으로 반감을 갖고 있던 신정왕후와 홍선군은 고종의 즉위로 정권을 장악하였고 곧이어 안동김씨 세력을 축출하기 시작했다. 초기엔 풍양조씨 세력이 다시 정부의 요직을 차지하고 나섰으나 1865년부터 홍선군은 처족인 여흥 민씨 세력을 이용하여 정권에 도전, 1866년에 이르러는 민치록의 딸을 고종비로 간택하고 신정왕후의 정계 은퇴를 유도하여 정권을 장악하는 데 성공했다.(유홍렬『고종치하 서학수난의 연구』을유문화사 1962)

홍선대원군은 집권하자마자 혁신적인 정책을 실시하여 안동김씨 세도정치에 의해 쌓인 사회적 불만과 부정을 추방하려고 노력했다. 오랜 당파 싸움의 원인이 되었던 서원書院을 철폐한 것이라든지 임진왜란 때 파괴된 후 방치되어 왔던 경복궁을 중건하기 시작한 것 등이 대표적인 예다. 그러나 그의 과격한 혁신 정책은 적잖은 저항을 받게 되었다. 보수세력의 상징인 유림儒林들로부터 서원철폐 때문에 저항을 받을 것은 자명했다.

더욱이 전통적 모화慕華사상의 상징이었던 청주의 만동묘萬東廟를 철폐한 것으로 전국 유생의 규탄을 불러 일으켰다. 또한 경복궁 중건에 필요한 경비를 조달하기 위해 원납전願納錢을 징수하였는데, 이것이 민중 수탈의 수단이 되었고 매관매직의 계기가 되면서 백성들의 지탄을 받게 되었다. 이같은 내적인 불만과 저항이 그의 정권 유지에 저해 요인이 되었다.

여기에 서구 제국주의 국가들이 보낸 선박들이 끊임없이 조선 해안에 나타나 통상을 요구한 것도 국가적 불안의 큰 요인이었다.19세기에 접어 들면서 영국·프랑스·미국·러시아·일본 등 신흥 제국주의 국가들의 진출이 본격화되었다. 포르투갈·스페인 등 17~18세기 동서무역의 주역이었던 국가들은 퇴조하였고 대신 후기 자본주의 국가들이 동양 무역에 적극 나서고 있었다. 종교적으로 본다면 가톨릭 국가로는 프랑스가, 프로테스탄트改新敎 국가로는 영국과 미국이 적극적이었다.

특히 영국은 1842년 아편전쟁에서 승리하여 중국대륙을 준準식민지화한데 힘입어 극동아시아에서 확고한 위치를 차지하였고 그 여세로 극동 아시아의 다른 국가들과의 통상 및 식민지화에 총력을 기울이고 있었다.(병인양요·셔먼호 사건 등 충돌·전투 기사는 다음 항목에서 자세히 기술)

조선에 정식으로 통상을 요구하고 나타난 외국 선박도 영국 소유였다. 1832년(순조 32년)에 영국 동인도회사 소속의 로드 앰허스트Lord Amherst호가 황해도 장산곶과 충청도 고대도에 나타나 조선 정부에 통상을 요구하다가 돌아간 것이 첫 번째 사건이었다.(이 배에 독일인 목사 귀츨라프Gützlaff가 타고 있었다. Rhodes,"The First Protestant Missionary to Korea." The Korea Mission Field, 1931)

1845년에는 영국 군함 사마랑Samarang호가 제주도와 전라도 해안을 탐사하고 갔다. 군함의 출현은 경제적 통상요구의 한계를 넘는 군사적 침략행위였다. 해안 측정은 해상 군사 작전에 제일 필요한 작업이었다. 서양 선박들의 군사적 위협 태도는 1846∼1847년에 걸쳐 나타난 프랑스 함대의 무력 시위에서 더욱 두드러졌다.

1846년 6월(음력) 세실 함장이 이끄는 사빈느호 · 끌레오빠뜨르호 · 빅또리외즈호로 이루어진 프랑스 함대는 충청도 외연도에 나타나 1839년 기해박해 때 있었던 프랑스인 신부 3명의 처형을 항의하는 서한을 조선 정부에 전달하고 돌아갔다. 이듬해에 글로와르호 · 빅또리외즈호가 세실 서한의 회답을 요구하기 위해 다시 왔다가 전라도 고군산열도 해안에 좌초하는 바람에 뜻을 이루지 못하고 돌아갔다. 프랑스의 조선 원정 야욕은 1856년 군함 비르지니호를 파견하여 서해안 일대를 정찰하게 한 데서 더욱 노골화되었다. 정찰을 마친 게렝Guerin 선장은 다음과 같은 보고서를 본국에 냈던 것이다.(게렝의 1856년 9월 30일자 서한. 「병인박해 연구서설」 『한국천주교회의 역사』)

"지금 조선은 허약하므로 쉽게 열강의 야심에 희생이 될 것 입니다. 그런데 종주국인 淸朝(청나라)가 무능해진 틈을 타서 露國(러시아)이 조선을 침략할 기회를 노리고 있으니만큼 佛國(프랑스)은 선수를 쳐서 그것을 예방해야 할 것입니다."

사실 러시아의 남하정책도 집요했다 · 1853년 4월에 러시아 함대가 나타나 동해안 영일만까지 내려와 해안을 측량하고 돌아갔으며 1855년에도 함대를 함경도 영흥 · 덕원 앞바다에 보내 통상을 요구하였다. 특히 러시아의 통상요구는 1864∼5년 사이에 더욱 빈번했다.

이와 같은 영국 · 프랑스 · 러시아의 통상요구와 군사적 침략 행위는 대원군 정부를 불안케 하는 요인이 되기에 충분했다. 대원군으로서는 그가 즐겨 쓰던 정책인 '이이제이'以夷制夷 즉 이방민족으로 다른 이방민족을 통제하는 정책의 일환으로, 프랑스 힘을 빌어 러시아의 남하를 막아보려는 생각도 한 때 가졌던 것 같다. 그런 시각에서 프랑스인 신부들을 이용하려 했던 것이다.

21세기에 와서 돌아보면 「러시아의 조선 위협」설은 영 · 미 · 불 제국주의 세력의 역선전 구실로 많이 이용되었다. 실제로 당시 영국은 인도를 이미 식민지로, 중국을 반식민지로 차지했고, 프랑스는 인도차이나(베트남·캄보디아·라오스)를 거의 식민지화 하여가고 있었으며, 미국은 극동함대에 의해 스페인으로부터 필리핀을 탈취하려고 때를 기다리는 중이었고 종교세력을 선두로 중국과 조선을 호시탐탐 노리고 있었다.

사실 대원군 개인을 놓고 볼 때에는 오히려 천주교회와 가까운 인연이 있는 면을 찾아 볼 수 있다. 집권하기 전 불우했던 시절에 교인들과 접촉한 사실이 있었고 그의 부인인 민부대부인閔府大夫人은 천주교 교리에 대해서도 어느 정도 알았고 기도문을 외울 정도로 천주교에 흥미를 가졌던 인물이었다. 또 고종의 유모인 박씨는 마르다란 세례명까지 가진 독실한 교인이었다. 대원군이 집권 초기에 사학邪學죄인으로 몰렸던 경평군 이세보 등을 석방한 것도 그가 처음부터 천주교에 대해 반감을 가진 것은 아니었음을 밝혀주는 대목이다.

그러던 그가 천주교 박해로 선회하게 된 원인은 앞에서 살펴본 대로 과격한 내정 개혁 으로 인한 내적인 저항에다 이양선異樣船, 즉 외국 선박들의 잇단 도래로 인한 외적인 침 략의 위협을 받게 됨으로써 정치적 위기를 느꼈던 데서 찾아 볼 수 있다. 즉 그 위기를 타 개해 나갈 방법의 하나로 천주교 박해를 선택한 것으로 추측된다. 1842년에 있었던 중 국에서의 아편전쟁이나 1860년의 영·불 연합군에 의한 북경 함락도 외국, 특히 서양 세력 침략의 분명한 예로 인식되었다.

잇단 이양선의 출몰은 서구 제국주의 침략의 전초로 보였고 그런 점에서 서양에서 파 견된 신부들의 활약과 그들이 이끌고 있는 천주교회에 대한 박해는 「조국의 국토 방위와 민족혼의 견지堅持」라는 명분이 있었다. 비록 조선에 나와 있던 파리 외방전교회 신부들 이 표면적으로 조국 프랑스의 제국주의적 침략의 선봉자先鋒者들로 활약하지는 않았다 하더라도 조선 정부의 입장에서는 그들에 대한 오해가 일어날 만큼 당시 극동 아시아는 서구 제국주의 세력의 각축장이 되어 있었음을 부인할 수 없다. 그런 과정에서 병인년의 천주교 박해가 일어나게 되었다.

(3) 병인양요(프랑스군 침략)의 구실이 된 병인박해

1866년(고종 3년)에 시작된 병인박해는 종래 천주교 박해의 원인이 되었던 다양한 요 인들이 복합적으로 작용하여 이루어졌다. 초기 박해였던 신유박해에서 나타났던 전통 유학계층의 수구적인 서학 배척 요인 뿐만 아니라 기해박해에서 나타났던 정치 세력간의 갈등에 의한 정치적 요인에다, 서구 제국주의 국가들의 침략에 의한 위기의식이 복합적으로 작용하여 일어난 박해였다.

여기에다 오랜 세월 소수 양반·관료 중심의 전제봉건주의의 폐단으로 인해 야기된 민중계층의 사회적 불만을 적절하게 해소시키지 못한 집권 세력의 무능도 또다른 사회불안의 요인이 되고 있었다. 잇단 지방의 민란들이 민중의 정치에 대한 반발을 암시해 주는 예증들이었다. 이같은 복잡한 사회·경제·정치적 상황에서 대원군은 대외적으로는 쇄국정책을 표방하여 외국과의 통상이나 교류를 엄금하였고 내적으로는 사회불안의 요인으로 인식된 천주교에 대한 대대적인 박해를 가함으로써 자신의 정치적 위기를 모면해 보려 하였다.

이처럼 복잡하고도 다양한 요인을 갖고 시작된 박해였으므로 그 범위나 정도가 앞에 있었던 어느 박해보다 규모가 크고 넓을 수밖에 없었다. 앞에 있었던 박해는 1, 2년 사이에 마무리되었으나 병인박해는 1866년에 시작되어 1873년 대원군이 실각할 때까지 무려 8년간이나 계속되었다. 그 박해의 범위는 한반도 전역에 미쳤으며 8년간 순교한 교인 수는 대략 8천∼2만여 명으로 추산되었다.

박해가 이처럼 장기간에 걸쳐 광범위하게 진행되었다는 것은 그만큼 천주교회가 조선 반도 전역에 넓게 확산되어 있었다는 사실을 증명하는 것이기도 했다. 그러나 박해기간 중에 프랑스·미국·영국의 선박이 계속해서 도래하여 위압적인 자세로 통상을 요구하거나 군사적인 도발을 감행하였는데, 이로써 선교세력과 협동작전을 벌여온 침략군대와 조선군 사이의 전쟁이 박해를 장기화시켰다고 볼 수 있다. 즉 1866년의 제너럴 셔먼호 사건, 병인양요, 오페르트의 남연군 묘소 도굴사건, 1871년의 신미양요 등 서양인들과의 무력충돌이 계속 일어나자 「천주교 박해」는 단순한 종교적 탄압이 아니라 서구 제국주의 세력의 침략에 대한 공동체 방어의 차원에서 벌인 반침략전쟁의 한 형태였다.(이원순 「병인양요와 대불항전」『한민족독립운동사』국사편찬위원회 1987)

1866년 1월에 당시 조선 천주교회의 중심인물이며 정부에서도 영향력이 있던 남종삼·홍봉주 등이 대원군을 찾아가 남하하는 러시아를 막기 위해 영국·프랑스와 동맹을 맺는 것이 어떻겠느냐는 계책을 내었는데, 이에 대해 대원군이 호의적으로 답변할 때까지는 천주교에 위험한 요소는 없었다. 그러나 대원군이 심경의 변화를 일으켜 2월 23일 홍봉주와 베르뇌 주교를 체포하면서부터 잔혹한 박해는 시작되었다. 당시 조선에 나와 있던 신부는 베르뇌 주교를 비롯해 12명이나 되었고 교인 수는 2만 3천 명에 이르고 있었다. 배론에 신학교가 있었고 서울에는 목판 인쇄소가 두 곳이나 있어 많은 교리서들을 찍어내고 있었다.

베르뇌 주교를 체포한 정부는 놀랄 정도로 퍼져있는 천주교회의 실상을 확인하게 되었고 철저한 수색과 교인 체포를 지방에 명령하였다. 12명의 신부 중 리델·페롱·깔래 등 3인을 제외한 9명이 체포되었다. 3월 7일 베르뇌 주교와 브르뜨니에르·도리·볼리외 신부가 새남터에서 군문효수형을 당했고 같은 날 홍봉주·남종삼도 서소문 밖에서 처형되었다. 베르뇌 주교가 처형당하자 부주교였던 다블뤼가 주교직을 계승했으나 그도 바로 체포되어 3월 30일에 위앵·오메뜨르 신부 및 장주기·황석두 등과 함께 군문효수형으로 충청도 갈매못에서 처형되었다.

교인들의 도움으로 체포를 면한 리델 신부는 6월 말에 배를 타고 중국으로 탈출하여 조선에서의 박해상황을 당시 중국에 주둔하고 있던 프랑스 함대 사령관 로즈Roze에게 알렸다. 로즈는 아직 조선에 남아 있는 페롱·깔래 두 선교사를 구출하기 위해 함대를 이끌고 조선으로 출정할 것을 약속했다. 그러나 당시 프랑스 침략자들에 의해 식민지로 침탈 당해가고 있던 베트남에서 소요가 일어나는 바람에 로즈 제독은 우선 그곳으로 가야 했고 조선 원정은 3개월 후로 연기되었다. 그 사이에 미국의 상선商船을 가장한 중고中古 군함 제너럴 셔먼General Sherman호가 대동강을 거슬러 올라와 역시 통상을 요구한 사건이 터졌다. 이 사건에 대해서는 뒤에서 언급될 것이지만 이것을 계기로 또 한차례 천주교 박해가 가해졌다.

리델에게 조선 원정을 약속했던 로즈 제독은 9월 말에 프리모게Primauguet호·데룰레드Deroulede호·따르디프Tardif호를 보내 강화도 일대를 정찰하게 했는데, 이때 리델과 조선에서 탈출한 조선인 교인 3명이 길안내 겸 통역으로 동승했다. 그 사이에 남아있던 페롱과 깔래 신부도 탈출에 성공하여 중국에 도착했다. 그러나 로즈 제독은 조선 원정을 감행하여 10월 11일에 프리모게호·따르디프호·데룰레드호 외에 게리에르Guerriere호·라쁠라스Laplace호·키엥상Kien-chan호·르브르똥Lebrethon호 등 일곱 척의 군함을 이끌고 산동성 지푸를 출발하여 15일에 강화도를 점령하였다.

이로써 조선군과 프랑스 해군 사이의 공방전이 한 달간 계속되었으니 이것을 병인양요라 한다. 로즈 함대의 침공은 통상요구가 아니라 프랑스인 신부 살해에 대한 무력적 보복의 성격이 짙었다. 프랑스군은 강화도 일대를 점령하고 한강 중류 양화진까지 진격했으나 조선군의 지형을 이용한 공격에 밀려 결국 11월 11일 퇴각하고 말았다. 프랑스군은 퇴각하면서 강화성에 소장되어 있던 은괴銀塊 열 아홉 상자(약 888.5kg)와 함께 강화사고江華史庫에 보관되어 있던 각종 귀중 사료들과 문화재를 강탈하여 싣고 가버렸다. 병인양요는 프랑스군의 약탈행위로 끝났다. 서구 제국주의 국가의 침략적 행위가 적나라하게 폭로된 사건이었다.

1868년 6월에는 ,독일인 상인 오페르트Oppert가 충청도 덕산에 상륙하여 대원군의 부친인 남연군南延君 묘소를 도굴하려다 실패한 사건이 터졌다. 1866년에 이미 두 차례나 조선에 나타나 통상을 요구하다 실패하고 돌아간 오페르트는 남연군 묘소를 도굴하여 무덤에서 몇 가지 유물을 담보물로 잡고 대원군의 기세를 꺾어보려는 계획을 수립하였다. 이같은 계획은 페롱 신부의 제안에 의해 수립되었다고 한다.(E. Oppert, *A Forbidden Land : Voyage to the Corea*, London, 1880. 유홍열『고종 치하 서학 수난의 연구』)

오페르트는 페롱·깔래 등 조선에서 탈출한 신부들과 최선일 등 조선인 교인들의 안내를 받아 덕산에 상륙하여 남연군 묘소를 파다가 서해안의 바닷물이 빠지는 바람에 중단하고 돌아갔다. 이 사건은 대원군을 더욱 분노하게 만들었다. 신부와 교인들이 이 사건에 관련되었다는 사실이 밝혀지게 됨으로써 천주교에 대한 박해는 더 한층 가열될 수밖에 없었다.

제4장
미국, 마침내 대서양·태평양 너머로 본격적 제국주의 발길

1. 해군 함대 창설, 포함외교·무력 협박 채비

1) 해군력은 제국주의 경쟁자를 제압, 식민지 정복의 첫째 수단

조선과 미국의 관계를 이해함에 있어서 먼저 알아야 할 것은, 19세기 미국의 대외정책이 어떻게 전개되었고, 미국의 해군함대가 어떻게 창설되었으며, 포함외교砲艦外交 gunboat diplomacy가 어떻게 전개되었는가 하는 점 등을 밝히는 일이다. 19세기 말 미국의 해군력 이론가인 머핸Alfred Thayer Mahan은 영국의 해군력에 의한 세계 지배를 모범으로 삼아 미국의 대외 발전 단계를 다음과 같이 정의하였다.

"1.제해권制海權을 장악한 연후에 2.대외무역의 범위를 확대한다. 그런 다음 3.국가 팽창national greatness을 달성할 수 있다"는 것이다.

머핸은 이러한 세 단계를 거쳐야 비로소 위대한 국가를 이룩할 수 있다고 전제하면서, 이러한 국가 목표를 실현시키는 수단은 곧 '해군력'이라고 정의하고 있다. 머핸은 주로 식민지 시대와 나폴레옹 시대에 있어서의 영국 해군력의 역할과 영향에 관하여 집중적인 연구를 한 끝에 이 같은 「해군력 이론」을 정립했던 것이다.

머핸의 이론은, 독립혁명을 치르고 신생 공화국으로 출범한 미국이 기존의 제국주의 열강들과 더불어 식민지를 개척하고 국부를 증대시키기 위해 대서양과 태평양으로 진출을 기도하는 데 있어서 「아메리카 해군력 정책 수립」에 그대로 적용되었다. 따라서 이러한 문제를 이해하기에 앞서서 항상 염두에 둘 것은, 미국은 대외 팽창 정책 목표를 시행함에 있어서 반드시 해군력이 그 밑바탕이 되었다는 점이다.

미국은 1776년에 영국의 식민지 지배로부터 벗어나서 독립을 달성했다. 그리하여 대외 진출의 첫 대상지가 곧 지중해 해역의 이슬람 여러 나라였다. 트리폴리·튀니스·알제리 등과 같은 이슬람교를 믿는 여러 나라와 통상무역 관계를 맺는 것이 당면 문제였다. 그런데 미국 상선들이 이러한 이슬람교 여러 나라와 거래함에 있어서 가장 문제가 되는 것은 미국 상선에 대한 해적선의 약탈 행위와 이슬람 국가들의 공물貢物 강요 행위였다. 그래서 이러한 공물 징수와 상선 약탈을 어떻게 막느냐 하는 것이 미국의 당면 문제였다.

물론 이들 문제는 방어적인 경우이고 미국이 미지의 땅을 차지하고 지배하려 할 경우 그 원주민들을 설득·강제·순종시키기 위해서는 무력, 특히 해군 함포 무력은 필수적인 수단이 되었다.

이와 같은 세계지배력 증대를 위한 첫 번째 목표이자 수단으로 미국은 포함외교정책을 수립했다. 그리고 해군력sea power이 포함외교 정책 구현의 무력적 수단이 되었다. 포함외교란 첫째, 미국 상선을 해적의 약탈로부터 보호한다. 둘째, 외교관·선교사·상인 등 미국인의 생명과 재산을 보호한다. 셋째, 성조기를 게양한 해군함정을 정기적으로 순항, 무력시위를 한다. 만약 무력적 공격을 받을 경우, '성조기 모독죄'를 들면서 보상과 사죄를 요구한다. 이에 불응하면 응징·보복 원정을 단행한다는 것이다.(김원모 『한미 외교관계 100년사』 철학과 현실사 2002)

(1) 「지중해 함대」 창설, 유럽 열강과 이슬람세력 견제

독립 직후 미국은 해군이 없었기 때문에 영국 해군에 상선 보호를 의뢰했다. 그러나 과거에 비록 식민지 미국의 종주국이었다 할지라도 영국의 해군이 언제까지나 계속해서 미국 상선을 보호해줄 수는 없었다. 그래서 미국 정부는 상선을 보호하려면 자체의 해군력이 있어야 되겠기에 해군함대의 창설을 구상하게 된 것이다. 이러한 시대적인 요망에 의하여 드디어 1801년에 지중해함대the Mediterranean Fleet를 창설하게 되었다. 지중해 함대는 미국의 대외정책 수행에 있어서, 또 통상무역 팽창 정책을 추진하는데 있어서 포함외교 구현의 강력한 무력적 수단이 되었다.

미국 해군함대의 주임무를 정리해 보면 첫째, 해군함대의 무력적인 힘을 배경으로 해서 통상 및 외교 문제를 해결하는 것이다. 따라서 해군함대의 정기적인 순항을 통해 무력을 과시함으로써 상선을 보호하고 해적의 발호를 방지한다는 것이다. 둘째, 해외 주재 미국 외교관·선교사·상인의 생명과 재산을 보호한다. 셋째, 일단 유사시, 가령 대외 교섭을 평화적으로 해결할 수 없을 때 언제든지 함대의 병력을 동원함으로써 강압적인 포함책략을 수행한다는 것이었다. 이같은 안하무인의 침략성은 2018년 현재까지 변치 않고 있다.

이리하여 미국은 지중해 연안의 이슬람교 국가들과 여러 가지 정책적인 대결 및 교섭 과정에서 지중해함대의 힘에 의해 모든 문제를 해결했다. 이슬람 여러 나라와 조약을 체 결하고 나아가서는 통상무역 관계의 범위를 확대해 갔던 것이다.

1801년에 지중해함대를 창설하고부터 미국은 이러한 포함외교의 전통이 수립되기에 이르렀다. 이러한 전통은 여기에서 그치지 않고 장차 아시아·태평양 지역에서 창설되 는 해군함대에까지 그 전통이 연면하게 계속되었다. 지중해함대에서 활약했던 해군 인 사들이 「아시아·태평양 함대」에 배치되어 포함외교의 경험과 전통을 계승하게 되었 다.

1815년에 최초로 일본원정을 제의했던 포터David Porter제독이나, 지중해 및 동인도 함대 사령관을 지냈고 1844년에 미·청간 망하조약望廈條約 비준 문서를 교환했고 대일 협상을 전개한 바 있는 비들James Biddle, 또 동인도 함대 사령관을 지냈던 커니 Lawrence Kearny, 1832년에 동남아시아 수마트라를 원정했던 다운즈John Downes 제 독, 1867년 제너럴 셔먼호 사건을 탐문하기 위하여 조선을 방문했던 슈펠트Robert Shufeldt 제독, 1853∼1854년 일본원정을 단행했던 페리Matthew Perry 제독, 그리고 1871년 조선 강화도로 내침한 로저스John Rodgers 제독 등의 해군제독들은 하나같이 과거에 지중해함대에서의 근무 중 포함책략을 익혀서 아시아·태평양 지역으로 전역되 어 포함책략을 구사한 해군 인사들이었다. 이런 점에서 볼 때 포함외교의 전통은 지중해 함대에서 수립되어 아시아·태평양 함대로 연면하게 계승되었다는 사실을 우리는 알 수 있다.

(2) 아시아·태평양 지역을 지배할 「아시아함대」 창설

지중해함대는 1801년에 창설되었지만, 아시아·태평양 지역에서 처음으로 아메리 카·태평양 함대American Pacific Squadron가 창설된 것은 1822년이었다. 이 아메리 카·태평양 함대는 1835년에 동인도 및 중국해함대East India and China Seas

Squadron라고 명칭이 바뀌었으며, 또 1865년 남북전쟁 직후에는 아시아함대Asiatic Fleet라고 이름이 바뀌었다. 그러나 이렇게 함대의 명칭이 두 번이나 바뀌었지만 그 기능과 업무는 동일했다. 이 아시아·태평양 함대가 수행할 임무와 과업을 보면 다음과 같았다.

첫째, 일본 북해도 연안에서 포경업을 할 때 그 포경선을 보호하는 것이 가장 중요한 임무이고, 둘째, 아시아·태평양 지역에 가있는 미국인 외교관·선교사·상인들의 생명과 재산을 보호하며, 셋째, 정기적으로 순항을 함으로써 해적의 해상 약탈 행위로부터 상선을 보호한다는 것이다. 1871년 로브슨Robeson해군장관은 아시아함대의 임무를 다음과 같이 정의하고 있다.

"당시 중국 내의 모든 유럽인 거류지 뿐만 아니라 미국의 상인·선교사들 사이에 비상한 불안감이 팽배하고 있었다. 그래서 아시아함대는 위협받을지도 모를 미국의 권익을 보호하기 위하여 정기적인 순항을 벌이고 있다."

미국의 초기 대아시아정책의 표면상 기본노선은 통상무역 팽창주의 정책이었다. 미제 상품을 판매하기 위하여, 판매시장 개척과 통상무역 범위를 확대하기 위하여 아시아 각국과 조약을 체결하고 개항시킴으로써 통상교역의 범위를 확대한다는 것이다. 이러한 정책 구현의 수단이 곧 아시아함대의 해군력에 의한 포함책략이었다.

미국이 아시아·태평양 지역에서 최초로 무력 개입을 한 곳은 동남아시아의 아치에 Atjeh 왕국이었다. 아치에 왕국은 현재 인도네시아 수마트라에 해당하는 지역이다. 아치에 왕국은 원래 영국의 식민지 지배를 받았지만 1824년 영·화和 조약 이후 네덜란드和蘭의 지배를 받은 식민지 국가이다. 19세기 초부터 수마트라는 후추 무역 중개 중심지로 각광을 받기 시작했다.

미국은 1830년대에 후추 무역권을 독점하면서 수마트라를 중심으로 후추 무역을 활발하게 전개했다. 1831년에 미국 상선 프렌드쉽Friendship호가 수마트라 콸라 바투에 입항하자, 수마트라 원주민들이 야간에 프렌드쉽호를 습격해서 미국 상인 세 사람을 학살하고 한 사람을 부상시켰다. 뿐만 아니라 거기에 적재한 모든 상품을 약탈해 간 불상사가 발생했다. 이 소식은 본국 정부에 즉각 알려졌다. 이에 미국의 잭슨Andrew Jackson 대통령은 아치에 왕국의 야만적이고 비인도적인 습격과 약탈 행위를 규탄, "이 같은 처사는 미국 성조기에 대한 모독 행위이다. 그러므로 도저히 이를 묵과할 수 없다"라고 말하면서, 해군장관에게 보복 응징 원정을 단행하라는 명령을 내렸다.

해군장관이 이러한 보복 원정을 다운즈John Downes제독에게 명하자, 다운즈 제독은 포토막Potomac호와 대포 50문, 수·해병 500명을 이끌고 수마트라 원정을 준비했다.

이리하여 다운즈 제독은 1831년 8월 26일 뉴욕 항을 출항, 수마트라 원정에 올랐다. 수마트라 원정을 앞두고 미국 정부는 아치에 왕국 당국에 다음과 같은 두 가지를 요구했다.

첫째, 프렌드쉽호에 대한 살육·약탈 행위에 대해서 충분한 보상을 할 것. 둘째, 이같은 만행에 대해서 충분한 사죄를 할 것. 만약 이 두 가지 요구를 들어 주지 않을 경우에는 가차없이 보복작전을 단행하겠다고 엄포를 놓았다.

다운즈 제독은 수마트라에 입항하면서 이 두 가지 요구조건을 다시 강조했지만, 아치에 왕국에서는 아무런 사죄나 보상 조치를 취하지 않았다. 이에 다운즈 제독은 응징·보복을 위해 대대적인 상륙작전을 벌여 수마트라의 성채를 파괴·방화하고, 무자비한 학살을 감행했다. 미 해군의 상륙부대는 심지어 아녀자까지 학살하는 등 잔인한 살육을 자행했다. 이 전투에서 미군의 전사자는 단 2명, 부상자는 11명이었다. 이에 반해서 수마트라 원주민의 사상자는 무려 150명에 달하는 일방적인 전쟁이었다. 이 전쟁의 결과 미국은 동남아시아에서 후추 무역권을 독점할 수 있게 되었다.

(3) 상선·포경선 보호와 개항 위해 일본 위협 원정

두 번째는 일본원정이었다. 당시 미국은 아시아 지역에 대해서보다는 주로 지중해 연안의 여러 나라와의 통상무역에만 더 많은 관심을 가지고 있었다. 왜냐하면 지중해 연안에서의 무역관계에서 이익이 많이 생겼기 때문에 아직은 아시아·태평양 지역에 대해 상대적으로 관심이 적었다.

아시아·태평양의 주요 통상 대상국은 중국·조선·일본이었다. 세 나라는 극동아시아의 중심이 되는 나라였으나, 미국은 1840년 아편전쟁이 발발할 때까지만 해도 적극적인 관심을 갖지 않았다. 가령 미국의 대통령이 해마다 한 번씩 발표하는 대통령 교서에도 중국에 관한 언급은 1831년까지 한마디도 없었고, 일본에 관해서는 1852년에, 조선에 관해서는 1870년에야 나타난다. 이런 점으로 보아 미국의 아시아에 대한 관심은 대서양이나 지중해 연안 여러 나라에 대한 관심에 비해 뒤늦었다는 사실을 알 수 있다.

미국의 아시아 진출에 있어서 일본의 중요성을 깨닫고 일본원정을 최초로 제의한 사람은 1815년 포터David Porter 제독이었다. 포터 제독은 그 당시의 매디슨James Madison 대통령(4대 1751~1836)에게 일본을 원정해서 일본의 문호를 개방하여 통상무역 관계를 수립해야 한다고 역설했다. 그러나 전술한 바와 같이, 이 당시 미국은 아시아 지역에 대한 관심이 적은데다가 아메리카 대륙의 영토를 확대시키는 이른바 서점운동西

漸運動을 전개하고 있을 때였으므로 대외 문제, 특히 아시아·태평양 문제에 관심을 기울일 수 있는 형편이 아니었으므로 일본개항 문제는 묵살되고 말았다.

일본개항 문제에 본격적으로 관심을 기울이게 된 것은 1850년대 무렵으로, 이때 미국은 일본을 원정해야겠다는 생각에서 올리크Aulick를 일본개항의 책임자로 임명, 일본원정을 단행하게 했다. 그 당시 파나마 운하가 개통되지 않았기 때문에 올리크 제독은 함대를 이끌고 미국을 떠나 남아메리카를 회항해서 일본으로 항행했다. 그러나 항해 도중에 자기 휘하의 함정들과 사소한 분쟁으로 여러 가지 불상사가 일어나 일본원정을 포기하고 본국으로 돌아가고 말았다. 이에 해군 장관 그레이엄Graham은 올리크의 후임에 페리 제독을 임명, 일본개항의 임무를 부여하면서 일본원정을 결행케 했다.

1852년 페리 제독은 「동인도 및 중국해 함대 사령관」으로 임명되어 해군 함정 5척과 수·해병 500명을 거느리고 일본원정을 나서게 되었다. 일본원정의 목적은 다음 세 가지였다.

1. 일본 연안에서 조난되는 조난선원의 구휼협정救恤協定을 체결하는 문제, 즉 미·일간의 조난선원 구휼협정을 체결한다.
2. 일본 연안에서 미국 상선이나 모든 포경선의 식량·담수·연료 공급을 보장받는다.
3. 일본과 무역을 하기 위해서는 미국 상선이 일본 항구를 자유로이 출입함은 물론, 선박 수리를 위해 기항을 보장받도록 한다.

일본원정은 이러한 세 가지가 기본 목적으로 되어 있었다. 그러나 페리 제독의 궁극적 목적은 일본 근해에 있어서의 미국 해군기지 또는 저탄소貯炭所를 확보하는데 있었다. 미국은 해군기지와 저탄소를 확보해야만 장차 아시아에 있어서 무역 팽창과 영토 확대 정책을 원활하게 추진할 수 있었기 때문이었다.(석탄은 증기선 추진의 동력원이었음) 이와 같은 목적으로 페리 제독은 1853년 에도江戸만에 입항, 해상에는 함정의 무력시위가 있는 가운데 500명의 수·해병을 거느리고 상륙하여 도쿠가와 막부의 전권대표에게 필모어Fillmore 대통령의 국서를 제정했다. 이것이 바로 미국의 대일 포함외교였다.(에도 : 도쿄東京의 옛 이름. 1868년 메이지明治 1년에 동경으로 개칭)

그런데 이 당시 일본 도쿠가와 막부德川幕府는 이미 문호를 개방하려는 현명한 개항정책을 채택했기 때문에 미국과 큰 충돌 없이 평화적인 방법으로 협상이 전개되었다. 만약 일본이 쇄국정책을 고수, 저항했더라면 미·일간에는 전쟁이 발발했을 것이다.(막부 : 절대군주제로의 변혁인 메이지유신明治維新(1867) 이전의 장군 지배의 군사정권)

그리하여 페리 제독은 필모어 대통령의 국서를 제정한 후 일단 중국 지푸로 돌아갔다. 중국 지푸로 돌아간 페리 제독은 프랑스 함대와 러시아 함대가 움직인다는 정보를 입수하자, 만약에 프랑스 함대와 러시아 함대에게 일본개항의 주도권을 빼앗긴다면 일본개항의 공로가 수포로 돌아간다고 생각하여 부랴부랴 1854년 1월 추운 날씨에도 불구하고 함정을 이끌고 일본을 다시 방문하게 되었다. 마침내 페리 제독은 평화적인 교섭에 의해 드디어 1854년 3월 31일 미·일 화친조약을 체결, 일본의 문호를 개방시키는데 성공했다.

이와 같이 미국은 일본원정에서 전쟁을 통하지 않고 평화적인 방법에 의해 일본의 문호를 개방했고, 페리 제독은 일본개항에 있어는 가장 공로가 많은 해군 인사로 높이 평가받게 되었다.

(4) 중국에 대한 포함외교, 청·미조약 체결·기독교도 보호

1840년 아편전쟁이 발발했는데, 이 전쟁은 역사상 청국과 서방 세계간의 최초의 군사적 충돌이었다. 아편전쟁 결과 1842년 8월 영·청간에 남경조약이 체결되었으며 이 조약은 불평등조약이었다. 남경조약의 골자를 두 가지로 요약해 보면, 첫째, 영국 시민은 개항장開港場 내에서 여하한 외부의 간섭이나 제약을 받지 않고 거주가 허용된다는 것. 둘째, 영국영사는 수병을 통솔할 수 있으며, 소란을 미연에 방지할 수 있도록 5개 개항장에 각각 영국 해군의 순양함을 주둔시킬 수 있다는 것이었다. 이것은 결국 최혜국 대우最惠國待遇와 치외법권治外法權을 인정하는, 상당한 정도로 중국의 주권을 박탈한 불평등조약이었다.

남경조약이 체결되었다는 소식을 전해들은 타일러 대통령은 미국도 청과 정식으로 통상조약을 체결해야 할 필요성을 절감했다. 이에 쿠싱Caleb Cushing을 파견, 1844년 7월 3일 미·청간의 망하조약望厦條約을 체결했다. 그리고 미국은 남경조약에서 인정된 불평등조약을 그대로 인정받았다. 영국은 청나라와 전쟁을 통해서 불평등조약을 맺었지만, 미국은 청나라와 전쟁을 하지 않고도 이러한 불평등 조약의 최혜국 대우를 인정받았다. 특히 5개 개항장에 해군함정 출입이 허용되었다. 그러니까 전쟁 없이 극동지역에 5개의 군사기지가 생긴 셈이다.

그러다가 마침내 1856년에 미·청 전쟁이 발발했다. 1856년에는 애로Arrow호 사건이 발생했다. 애로호 사건은 영국과 프랑스 두 나라와 청나라간의 전쟁이었다. 애로호 사건이 일어날 당시 광주만廣州灣에는 미국 시민들이 상당수 살고 있었다. 그래서 광주 주재 미국영사는 양광 총독兩廣總督 엽명침葉名琛에게 영국·프랑스와 청나라와의 전쟁에서 미국 시민을 보호해 달라고 요구했다. 양광 총독은 영국 사람과 프랑스 사람, 미국 사람을 구별하지 못하니까 미국 시민을 소개하라고 요구했다. 이리하여 암스트롱 제독은 광주만에 있는 미국 시민들을 소개하기 위해서 함대를 이끌고 광주만에 입항하게 되었다.

이때 광주성에는 대포가 176문이나 비치되어 있었고, 청나라 군대가 5천 명이나 주둔하고 있었는데, 광주만에 암스트롱 제독이 함대를 이끌고 입항하자 광주만을 지키고 있던 청나라 군대는 미국 함대에 느닷없이 포격을 가했다. 이에 암스트롱 제독은 미국 해군의 전통적인 포함책략에 입각, 「성조기에 입힌 불법행위에 대한 보상」을 요구하기로 결정했다.

암스트롱 제독은 "이러한 포격은 야만적인 기습행위이다. 이것은 미국 성조기의 명예와 국가적인 체면을 위해서 도저히 묵과할 수 없으며 보복 원정을 해야 되겠다"고 하며, 이 포격사건에 대한 충분한 사죄나, 또 이에 대한 충분한 보상이 없는 한 보복 원정을 단행하겠다고 위협했다. 이것이 바로 미국의 중국에 대한 포함외교의 개시였다.

그러나 청나라측에서는 이에 대해서 별반 우호적인 반응이 없자, 미국은 1856년 11월에 대대적인 상륙작전을 벌여 광주 성채의 공략을 시도했다. 이 전쟁에 동원된 미국 해군의 병력은 대포가 34문, 상륙군 부대가 287명이었다. 보복 상륙작전은 1856년 11월 22일부터 12월 6일까지 계속되어 드디어 광주 성채를 함락시키고 말았다. 이것이 이른바 중국 본토에서 벌인 최초의 미·청 전쟁이었다. 이 전쟁에서 미국측의 전사자는 불과 7명, 부상자는 22명이었으나, 이에 반하여 청나라측 사상자는 무려 500명에 달했다.

이에 청나라 엽총독葉總督이 미국측에 무조건 항복을 하자 모든 것은 미국에게 유리하게 처리되었다. 미국측은 미국 해군함대의 광주만 철수를 거부하면서 앞으로 중국 해역에서 미국 성조기는 존중된다는 보장을 받았다. 이로써 미국의 대중 포함외교는 한층 강화되었고, 뿐만 아니라 위협적인 포함 순항을 통해 재중 미국인의 생명과 재산을 보호할 수 있게 되었다. 이것은 미국이 중국에서 벌인 포함외교의 가장 전형적인 사례라고 할 수 있다.

미·청 전쟁이 일어나고 나서, 미국은 정기적으로 중국 내의 5개 조약항 내에 포함을 정기적으로 순항시키는 것과 더불어 양자강을 거슬러서 내륙 도시에까지 정기적으로 순항巡航을 하게 되었다. 이를 양자강 초계함대哨戒艦隊라 불렀다. 양자강 내륙 도시인 의창이나 한구까지 함대를 순항시킨다 하는 것은 엄연히 청나라에 대한 영토 침략 행위요 주권 침해 행위였던 것이다. 그러나 미국은 양자강 내륙 멀리 한구라든지 의창까지 거슬러 올라가면서 정기적인 순항을 벌여 포함무력의 힘을 과시했다.

이러한 순항의 목적을 대개 두 가지로 정리해 볼 수 있었다. 첫째, 무력 과시로 미국인의 생명과 재산을 보호하며, 해적의 약탈을 미연에 방지할 수 있다. 둘째, 이 당시 청나라에서는 반기독교 폭동이 자주 일어나고 배외감정排外感情이 팽배하고 있었으나, 이러한 포함 순항을 통해서 반기독교적인 폭동을 미연에 방지하고, 배외감정을 진압하는데 커다란 효과를 거두었다는 것이다.

2) 제국주의 시대, 조선반도 해안에 출몰한 이양선들

(1) 네덜란드와 영국 해양 탐색선들의 출몰

19세기 중반기부터 조선반도 해안에는 외국의 이상한 배가 나타나기 시작했다. 이러한 외국의 이상한 배를 조선의 역사책史書에서는 이양선異樣船이라 부르고 있다. 그러면 그 이양선이 나타났을 때 조선 주민들은 어떤 반응을 보였을까? 조선왕국은 수백 년 동안 외국의 문물과 전연 단절된 쇄국鎖國의 상태에 놓여 있었기 때문에, 시커먼 연기를 뿜으며 접근하는 서양의 증기선이 나타났을 때 그 연안의 주민들은 일종의 공포와 호기심의 대상으로 보지 않을 수 없었다. 이같은 이양선이 나타나게 된 역사적인 배경은 이러했다.

15, 16세기 이후 서양사에서 말하는 「지리상의 대발견」이 전개되면서 「서양 세력이 동아시아 여러 나라로 침입해 온다」는 이른바 서세동점西勢東漸의 시대를 맞이하게 되었다. 이 지리상의 대발견과 더불어 신항로 발견을 적극적으로 추진한 나라는 먼저 스페인(에스파냐)・포르투갈・네덜란드 등 서구 여러 나라였고, 그 뒤를 이어서 영국・프랑스 등의 나라가 가담했다. 이러한 네덜란드・영국・프랑스 등의 나라가 계속 동남아시아와 중국 해안을 거쳐서 조선반도 연안에까지 도달하게 되었던 것이다.

최초로 조선 해안에 표착한 이양선은 네덜란드의 상선이었다. 1627년 네덜란드 배인 우베르케르크호가 제주도에 우연하게 표착했다. 이 배는 바타비아(현재의 자카르타)를 출발, 대만을 거쳐 일본 나가사키의 데시마에 있는 네덜란드상관和蘭商館으로 왕래하는 상선으로, 폭풍에 휩쓸려 제주도 서귀포 근해에 표류했다. 이 배에 타고 있었던 세 사람의 승무원이 제주도에 상륙했는데, 선원 중 벨테브레Weltevree라는 사람은 본국으로 가지 않고 조선에 귀화해서 박연朴淵이라는 이름으로 조선 여인과 결혼, 조선 관리로 계속 영주하게 되었다.(김원모『한미 외교관계 100년사』철학과 현실사 2002)

그로부터 26년 후인 1653년 역시 네덜란드 상선 스페르웨르호가 역시 바타비아를 거쳐서 일본 나가사키로 가던 도중에 폭풍에 휩쓸려서 제주도에 표착을 하게 되었다. 이 배에는 무려 64명의 승무원이 타고 있었으나 선원 대부분이 익사하고 22명만이 살아 겨우 제주도에 상륙해서 목숨을 구하게 되었다. 그 중에 하멜Hendrik Hamel이라는 사람은 제주도로부터 서울까지 송환되어서 조선 왕궁을 보고 한국의 풍속·문화·습관·역사를 직접 견문했다. 그는 13년간의 억류 생활 끝에 드디어 1666년에 탈출에 성공해서 본국으로 돌아갔다. 본국으로 돌아가서 조선에서 보고 들은 대로 조선의 문화와 역사와 풍속을 적은 이른바『하멜표류기』를 남겼다.『하멜표류기』는 한국을 서구 세계에 전한 최초의 역사적인 문헌이라는 점에서 사료적 가치가 높이 평가되고 있다.

1797년 영국선 프로비던스호가 동해를 탐험하러 와서 동해 일원을 세밀하게 탐사하고 돌아갔으며, 1816년 7월에는 홀 선장이 이끄는 영국 군함 알세스트호 및 리라호가 서해안을 탐험하고 돌아갔다. 1832년에는 영국 로드 앰허스트호가 통상 탐색을 하기 위해서 황해도 몽금포 앞바다에 내도했다. 로드 앰허스트호는 최초로 조선과 통상교섭을 하기 위해서 온 영국의 상선이었다.

그런데 이 배에는 독일인 귀츨라프가 동승을 했는데, 그는 개신교 선교사였다. 귀츨라프 선교사는 전라도 어느 지방에 상륙해서 감자 종자를 비롯해서 여러 가지 신종자를 전하고, 뿐만 아니라 의약품 및 선교용 팜플렛을 전하고 돌아갔다. 영국은 이때 통상교역을 요구했으나, 조선은 중국의 공식적인 허락인 문빙文憑도 없이 전대부터 없었던 교역을 요구함은 '사리에 어긋난 일'이라고 지적하면서, 조선은 타국과 교섭하는 일이 국금國禁으로 되어 있다고 정식으로 이를 거절했다.(문빙 : 증거가 될만한 문서) 이처럼 조선은 중국과의 조공관계朝貢關係를 들면서 "조공국은 외교를 할 수 없다"는 번신무외교藩臣無外交의 원칙에 따라 공무역公貿易을 할 수 없다고 잘라 말했다

1845년 영국 벨처 함장이 이끄는 사마랭호가 역시 남해안 일대를 탐색했다. 벨처는 거문도를 '해밀턴'Hamilton이라 명명하고 돌아갔다.

(2) 선교사 처형에 대한 프랑스 함대의 보복성 침략, 병인양요

영국은 조선왕국과 통상을 하기 위하여 접근을 해왔지만, 프랑스는 처음부터 조선반도에 로마가톨릭교를 전교하기 위해서 접근해 왔다.

1836년 프랑스의 모방 신부가 방갓에 상복 차림으로 변장하고 결빙된 압록강을 건너 서울로 잠입해서 천주교를 전교하기 시작했다. 뒤이어 1837년에는 샤스땅·엥베르 신부가 역시 서울로 잠입해서 모방과 합류하면서 포교 활동을 전개했다.

조선은 로마가톨릭교를 사교邪敎로 단정하고 금압하기 시작했다. 그 결과 1839년 샤스땅·엥베르·모방 세 사람을 붙잡아 처형하고 말았다. 이것이 이른바 기해박해己亥迫害이다. 이 소식이 중국에 전해지자 중국해에 주둔하고 있던 프랑스 함대에서는 이 세 사람의 학살은 비인도적인 만행이라고 규탄하면서 도저히 묵과할 수 없는 야만적 처사라고 주장했다. 그래서 1846년 프랑스는 세실 함대를 파견, 기해박해에 대한 보복을 하기 위해서 내침했다. 그러나 보복 원정은 실패하고 기해박해 때 프랑스 신부를 학살한데 대한 항의 편지만 전달하고 돌아갔다.

세실 제독은 이 편지에서 "지구상 이 지역에 있는 우리 동포를 보호할 임무를 띠고 있는 본인은 프랑스의 대덕지사大德之士인 엥베르·샤스땅·모방 등이 귀국에서 처형되었다는 소식을 듣고 과연 이 같은 참혹한 처벌을 받을만한 큰 죄를 그들이 저질렀는지의 여부를 알려고 왔다"고 보복 원정 이유를 밝히고 있다.

그 이듬해인 1847년에는 라삐에르 제독이 해군함대를 이끌고 2차 조선원정을 단행했으나 역시 실패했다. 그들은 전라도 만경 지방에서 폭풍을 만나 조난되었고, 560명 선원은 겨우 고군산도에 상륙하여 목숨을 건졌다. 그들은 전라감사에게 편지를 전하고 돌아갔다.

1849년에는 프랑스 포경선 리앙쿠르호가 동해를 항해할 때에 사람이 살지 않는 바위로 된 섬을 발견하고 그 배의 이름을 따서 「리앙쿠르 록Liancourt Rocks」이라 명명하면서 해도에 기입했는데, 이것이 오늘날 서구 세계에 최초로 소개된 독도獨島이다. 그러므로 서구에서는 독도를 「리앙쿠르 록岩」이라 부르고 있다.

1855년 10월 프랑스 식민성 및 해군성은 인도차이나 기지 사령관 게랭 제독에게 조선을 탐험해서 그 결과를 보고하라고 명령을 내렸다. 이에 게랭 제독은 1856년 모함 비르지니호를 이끌고 조선반도로 왔다. 이리하여 1856년 7월부터 약 2개월 간 동해안 원산만에서 남해안·서해안에 걸쳐서 세밀하게 탐험을 한 후 프랑스 식민성에 조선반도를 무력으로 정복해서 식민지화할 것을 건의했다.

그는 조선반도 무력 정복 이유를 이렇게 밝히고 있다. "조선은 관민官民이 분열되어 있고 무기력한 국가이다. 외국 군함 한 척만 나타나도 도망칠 줄밖에 모르는 약소국가이기에 유럽 열강 중 어느 한 나라가 야심만 가진다면 당장 점령할 수 있다. 조선의 종주국인 청나라는 더 이상 조선을 보호할 수 없게 되었다. 종주국과 속국간의 이같은 유대이완의 허점을 틈타서 러시아가 조선을 노리고 있다. 그러므로 프랑스가 선제 공격을 해서 조선반도를 무력적으로 정복, 식민지화해야 한다"라고 정조론征朝論을 처음으로 주장했다. 게랭 제독은 조선은 나라는 있지만 군대가 없는 국방 부재의 나라이기 때문에 보병 6천 명만 있으면 무난히 정복 지배할 수 있다고 조선정벌론을 해군성에 건의했다.

1859년에 영국 애지마호가 남해안을 답사하고 돌아갔다. 마침내 1866년 9~10월에 프랑스 로즈 제독이 대함대를 이끌고 강화도에 내침했다. 이 침략이 바로 병인양요丙寅洋擾로서 1866년 초에 일어난 병인박해丙寅迫害에 대한 보복 원정이었다. 프랑스 신부를 9명이나 학살한데 대한 보복 원정을 하기 위해 로즈 함대가 대병력을 이끌고 침략해 온 것이다. 프랑스의 조선원정의 목적은 병인박해에 대한 보복 응징을 하고, 조선개항을 해서 통상관계를 수립하며, 나아가서는 조선에 로마가톨릭교를 포교하기 위한 것이었다. 로즈 제독은 강화도를 침략하면서 교섭을 벌였지만 대원군의 강력한 쇄국정책에 부딪쳐 강화도 전투에서는 이겼으나 목적 달성은 못하고 돌아갔다.

(3) 미국의 조선 접촉은 포경선 표착漂着이 처음

비록 직접적인 교역관계는 아니었지만 조선과 미국의 최초의 접촉은 멀리 미국의 독립전쟁 이전인 식민지 시대에까지 거슬러 올라간다. 1757년 영국의 동인도회사 소속의 상선을 이용하여 코네티컷과 매서추시츠 산 인삼을 중국으로 수출하면서부터 중국 시장에서 미국은 조선의 고려인삼과 경쟁을 벌이게 되었다. 당시 고려인삼은 중국 시장에서 독점권을 누려 왔었다. 미국은 인삼 수출에 있어서 조선의 강력한 경쟁국이 되었다.

1776년 영국의 식민지 지배에서 벗어나 독립한 뒤 미국은 주로 대서양을 건너 지중해 연안에 있는 여러 이슬람교 국가와 교역관계를 수립하는데 관심을 집중하고 있었다. 아직 서부개척이 진행 중이었고, 태평양 연안까지 영토를 확장시키는 이른바 서점西漸 운동Westward Movement이 전개되고 있는 터라, 태평양을 건너 아시아 여러 나라와 교역관계를 수립한다는 것은 상상할 수도 없는 일이었다.

미국이 아시아 여러 나라와 수교를 고려하게 된 것은 1840년 아편 전쟁 전후부터이다. 유럽 열강의 중국에 대한對中國 침략이 본격적으로 벌어지기 시작하면서 미국도 태평양을 건너 극동아시아 여러 나라의 문호를 두드리게 된 것이다. 미국은 아시아 지역에 대해 통상교역의 가치를 느끼게 됨에 따라 1834년 아시아 여러 나라와의 통상 증진 방안의 일환으로 로버츠 특사를 파견하게 되었다. 로버츠 특사는 극동 지역의 통상 탐색 임무를 끝마치고 귀국하여 폴사이드 국무장관에게 "일본과 통상교역의 길을 트게 되면, 장차 조선과도 교역할 가능성이 있다"고 보고했다. 이것은 미국이 최초로 조선에 대한對朝鮮 관심을 공식적으로 표명한 것이었다. 그러나 로버츠의 「일본·조선과의 교역 권고안」은 즉각적으로 미국의 대외정책에 반영, 채택되지는 못했다

미국이 아시아 문제에 본격적으로 관심을 가지게 된 것은 아편전쟁 이후 1844년 청나라와 망하조약을 체결, 통상관계를 수립하게 되면서부터이다. 중국의 문호를 개방하고부터 미국에선 통상무역의 범위를 일본과 조선으로 확대시켜 보려는 움직임이 일어나기 시작했다. 1845년 2월 15일 미국 하원 해군문제위원회 위원장 프래트 의원은 「미국 통상 연장 : 일본 및 조선에 대한 통상 사절 파견안」을 제출하면서 "일본제국과 조선왕국에 대해 즉각적으로 통상 조치를 강구할 것을 제의한다"고 주장했다.

프래트 의원의 주목적은 일본 개항이고 조선 개항은 부수적·종속적인 가치만을 지니고 있었던데 불과했다. 프래트 의원은 이 결의안에서 일본과의 통상관계 수립의 타당성을 다음과 같이 분석했다. 일본의 인구는 미국의 세 배에 달하는 5천 만(과장된 표현)이나 되고 일본의 산업은 중국과 맞먹어 장차 미국의 상품 판매 대상지로서의 일본의 시장 잠재력은 중국 시장과 필적될 수 있다고 강조하면서, 대일 통상의 당위성을 역설하고 있다. 프래트 의원이 이 같은 결의안을 제출하게 된 근본 동기와 그가 노린 목표는 바로 일본과의 통상관계 수립에 있었다.

프래트의 「파견안」에 조선을 포함시킨 것은 조선이 지니고 있는 「경제적 가치의 잠재력」때문이 아니라 조선왕국이 일본 가까이에 자리잡고 있다는 지역적 인접성에 근거하고 있다. 이러한 미국의 대일 우선 정책은 19세기 미국의 대아시아 정책의 기본 노선이었다. 미국은 조선 보다 일본에 경제적 이권의 우위를 두고 있었다. 이와 같이 미국은 대일 통상교섭을 전개하기 위하여 외교사절을 일본으로 파견할 때 추가 비용을 조금만 더 들인다면 조선과도 통상관계 수립이 가능하리라고 판단하고 조선을 이에 포함시켰던 것이다.

프래트 의원은 이처럼 조선과 일본 양국과의 통상관계 수립을 위한 외교사절단을 파견할 것을 제의하면서 "우리의 성조기는 대외 통상 확대에 종사하는 모든 미국인들에게

보호 및 충분한 항해권의 상징으로 인식되고 있다'라고 선언했다. 이는 미국 성조기에 대한 존엄성의 선언인 동시에 장차 포함(위세 과시, 강압)외교를 전개하겠다는 미국 정부의 결의를 표명한 것이었다. 제국주의적 침략의 구실을 미리 마련해놓고 상대국에 이러저러한 통상목적을 명분으로 내걸고 접근하였다.

그러나 프래트 의원의 식견 높은 주장에도 불구하고. 서부 개척 등의 국내 개발 문제, 멕시코 전쟁 등으로 이 파견안은 묵살되고 말았다. 대일 통상관계 수립의 꿈은 1854년 페리 제독의 일본원정을 통해서 비로소 실현되었다.

이처럼 중국과 일본이 개항했음에도 불구하고, 오직 조선왕국만은 양이洋夷들과는 일체 교섭하지 않고 사교邪敎인 천주교에 물들지 않는다며 순결성을 스스로 고수함으로써, 조선반도는 마치 절해고도처럼 완전히 외부세계와 단절된 쇄국의 울타리 안에 안주하고 있었다. 사실상 19세기 조선의 대외관계는 중국과의 조공무역朝貢貿易과 통신사通信使의 일본 왕래가 그 전부였을 뿐, 아시아 지역을 벗어난 다른 서방 세계와의 관계는 금기시되었다.

미국이 아시아에서 가장 관심을 가진 첫 번째 문제는 일본 북해도 연안을 중심으로 하는 고래잡이, 즉 포경업이었다. 이 포경업은 1840년대부터 활발하게 전개되기 시작하였는데, 조선반도에 처음으로 미국배가 들어오게 된 것도 이 포경선의 하나이다. 1852년 12월(양력으로는 1853년 1월) 미국 소속 포경선 한 척이 일본 해역에서 고래잡이를 하다가 폭풍에 휩쓸려 부산 용당포 앞바다에 표착했다.

이 포경선(South America 호, 616톤)은 43명의 승무원을 태운 비교적 큰 배였다. 이 포경선을 최초로 발견한 사람은 곽돌교라는 사람인데, 이 사람이 부산첨사에게 "어떤 이상한 배가 부산 앞바다에 왔다"고 보고했다. 이에 부산첨사는 훈도 김시경·별차(통역관) 김정구·소통사 김예돈 등 세 사람을 문정問情을 위해 파견했다.

이 세 사람은 조그마한 조선배를 타고서 이 포경선에 올라가 비로소 미국의 인물과 풍물을 직접 목격하게 되고, 미국인과 직접 접촉을 하게 되었다. 물론 이들은 미국 정부가 정식으로 파견한 외교상의 대표는 아니지만, 이것이 조·미 관계를 여는 최초의 시발점이었다는 점에서 주목을 끌고 있다. 이 세 사람이 미국배에 올라가 미국인들을 보니까 그 인물은 하나같이 아주 고괴古怪하게 생겼고, 머리는 고슴도치처럼 산발이 되어 있고 머리에는 담전(털모자)을 썼으며 그것은 조선의 전립戰笠 같은 모양이었다. 그 사람들의 얼굴 생김새는 콧대는 오똑하고 수염은 없고, 안정眼睛은 황색 아니면 청색으로 보였으며, 신체에는 하나같이 자육문신刺肉文身이 있었다.

이때 조선 문정관들의 최대 관심은 과연 이 43명의 승무원들이 어느 나라에서 왔으며,

이 배는 어느 나라 소속인가에 관한 것이었다. 그러나 언어불통으로 의사가 소통되지 않아 알 수가 없었다. 그들은 영어를 쓰고, 조선 문정관들은 조선말·일본말 또는 중국말을 해보았지만 의사소통이 전혀 되지 않았다. 의사소통이 되지 않을 경우에는 필담으로 의사소통할 수밖에 없었는데, 조선 문정관이 쓴 한자와, 또 그 쪽 미국인이 쓴 영자가 통할 리가 없었다. 미국 사람들의 글씨를 보니까 아무리 보아도 그것은 "구름같이 생겼고 그림같이 생겼더라如雲如畵. 또 그 글자는 전서篆書(복잡한 전자체 한자)도 아니고 언서諺書(언문 글자)도 아니더라." 조선 문정관은 이렇게 영문 글자의 첫 인상을 밝혔다

언어가 소통되지 않자 미국 사람들은 답답한 듯이 가슴을 치면서 자기 자신들과 배를 가리키며 "우리는 미국 사람이다We are from America. 우리는 미국에서 왔다"라고 외치면서 "아메리카 아메리카"를 수없이 되풀이하자 이 '아메리카'는 조선 문정관이 듣기에는 '며리계'旀里界라고 들렸던 것이다. 며리계는 곧 아메리카를 음사音寫한 것이다. 이리하여 동래부사는 "최초로 포경선을 타고 온 낯선 사람은 며리계 나라에서 왔다"라고 공식적으로 정부에 보고했다.

1855년에는 미국 투 브러더즈호Tow Brothers가 동해안의 통천 앞바다에 표도漂到했는데, 이 배 역시 미국 포경선의 하나였다. 10대 후반에서 20대 초의 청년이었던 투 브러더즈호 승무원 네 사람은 동해를 표류하다가 강원도 통천 앞바다에서 지방관에 의해 구원되었다. 투브러더즈호의 선장은 차일즈였다. 선장은 이 네 사람을 인간적으로 대우하지 않고 충분한 음식을 제공하지도 않았을 뿐만 아니라, 의복도 제공하지 않아서 이들의 불평·불만이 대단했다.

그래서 이 네 사람들은 선장에 대해서 반란을 일으켰다. 투 브러더즈호가 쓰가루津輕 해협을 거쳐 동해로 들어왔을 때, 선원 네 명은 자유를 찾아 탈출을 시도했다. 동해로 진입할 때에 야간에 이 네 사람은 탈출해서 자유를 찾아 정처 없이 약 일주일 동안 해상을 헤매다가 드디어 통천 앞바다에서 조선 지방관리에 의하여 구조가 된 것이다

조선은 조선반도 근해에서 표류하고 난파한 모든 선원을 국적 여하를 불문하고 인도적으로 구원하고 있었다. 그래서 지방관은 조난선원에게 좋은 의복과 음식을 대접해서 이들을 본국으로 송환해 주고 있었는데, 이것을 '유원지의'柔遠之義라 하였다. 말하자면 국적 여하를 막론하고 낯선 이방인을 잘 대접해서 보낸다는 뜻이었다. 그래서 통천 군수는 이 '유원지의'에 의해서 이 네 사람을 구원, 좋은 음식과 좋은 의복을 제공하는 등의 보호 조치를 취했다.

그런데 유감스럽게도 역시 언어가 완전히 불통했기 때문에 이들이 어느 나라 사람인지 알 수가 없었다. 그래서 조선 역사 기록에서는 이 사람들을 단순히 이국인이라고 기록

하고 있을 뿐이다.

　조선은 이국인들과의 외교관계가 없었기 때문에 반드시 이러한 낯선 서양 사람들이 있을 경우에는 청나라 북경으로 송환해서 청나라로 하여금 본국으로 송환하게 하는 방법을 취해 오고 있었다. 이에 따라 이 네 사람들은 의주를 거쳐서 봉천을 지나 흥안령을 넘어 만리장성을 지나 북경으로 송환하게 되었다. 이렇게 해서 투 브러더즈호의 선원 네 명은 청나라에서 미국 상해 영사에 인계됨으로써 본국 정부에 송환되었다.

　조선에 있을 때는 이들 네 사람이 어느 나라 사람인지 몰랐기 때문에 무조건 '이국인'이라고 기록했지만, 청나라에 도착하고 나서부터 이 네 사람들이 화기국花旗國 The Flowery Flag Country 사람임이 판명되었다. 미국을 화기국이라고 한 것은 아마 성조기가 아름답다 해서 그렇게 부른 것으로 보인다.

　이국인 네 사람이 조선 근해에 표류하게 된 역사적 의의를 정리해 보면, 첫째, 조·미 관계사상 미국 사람으로서는 최초로 조선반도에 상륙했다는 점이다. 둘째, 미국인으로서는 최초로 북경에 입성했다는 점이다. 미·청간의 망하조약이 체결된 것은 1844년이었으나 미국공사는 북경에는 주재할 수 없었고 계속 광주에 머물러 있어야만 했다. 미국공사가 북경에 입성이 허락된 것은 1859년 워드 주청 미국공사부터이다. 그래서 이국인 네 사람은 워드 주청 미국공사보다도 4년 앞서서 북경에 입성했다.

　그런데 한 가지 유감스러운 점은, 이국인 네 사람의 미국인이 조선반도에 최초로 상륙해서 조선에서 약 1개월 반, 만주여행이 약 2개월, 북경에서 지체한 것이 1개월, 또 북경에서 상해까지 2개월, 이렇게 해서 전후 약 6개월 동안 극동아시아 대륙종단 여행을 하고도, 여행 기록을 전혀 남기지 않았다는 사실이다. 이들은 워낙 무식했기 때문에 조선에서 겪은 일, 만주에서 겪은 일, 중국에서 체험한 일 등에 대한 견문을 기록하지 못했다. 만약 이 사람들이 여행 기록을 남겼다면 조선반도에 대한 최초의 견문기록이 되었겠지만 이러한 기록을 남기지 않았던 것이다.

2. 미국의 제국주의적 태평양 정복과 동아시아 종속화 시도

1) 신의 후광과 능숙한 외교술 앞세운 무력 점령이 기본 수단

19세기 미국의 애국주의 역사학자 뱅크로프트는 미국을 전 세계 문명을 융합한 결정판으로 미화하며 미국의 건국 과정을 "이탈리아의 콜럼버스와 스페인 여왕 이사벨라가 합작한 신대륙 탐험과 발견, 프랑스가 지원한 독립전쟁, 인도에 기원을 둔 영어, 팔레스타인에 그 뿌리를 둔 기독교, 그리스 문명에서 기원한 문화, 로마에서 기원한 법, 영국으로부터 전수받은 대의 제도, 네덜란드 연방으로부터 받아들인 연방제 원리와 사상적 관용의 정신을 하나로 녹여 인류의 보편적 정치 체제를 가진 나라"로 묘사했다.(Christopher Columbus 1446~1506 이탈리아 항해가로 아메리카대륙 발견 1492. 역시 이탈리아 항해사 Amerigo Vespucci : 1451~1512의 이름을 따서 America 명칭 생겨남)(George Bancroft 1800~1891 미국의 역사가 · 정치가 A History of the United States)

그러나 구대륙의 타락으로부터 탈출하여 새로운 도덕적 국가로 태어났다고 치장된 미국은 실제로는 끊임없이 지속된 침략 전쟁을 바탕으로 성장한 제국주의 역사를 가지고 있다는 사실을 알아야 된다.

미국의 대외정책은 '힘(무력)의 정치'와 '도덕주의적 외피'라는 상반된 모습으로 나타나고 있다. 이 두 가지 모순된 외교정책의 밑바탕에는 신神의 후광을 입힌 기독교의 소명의식이 자리 잡고 있다. 즉 전쟁을 포함한 미국의 모든 외교적 행위는 "도덕적인 것"이며, "신의 섭리"에 부합하는 행위이지만, "미국의 기준에서 벗어나는 모든 국제 정치 행위는 반도덕적인 것이며, 신의 섭리에 어긋나는 것"이 된다.(핵폭탄 6000~7000개의 위력으로 70여년을 협박해온 미국이, 이것이 무서워 핵능력의 보유로 억제 · 방어력을 가지려는 약소국을 여지없이 깔아뭉개려는 2017년도의 대결 모습에서 끝없는 이기적 욕망의 본성을 보였다.)

그런 까닭에 미국은 스스로를 "구세주의 나라 Redeemer Nation, 세계의 십자군"으로 표현한다. 어쨌든 미국은 오늘날 세계 유일의 초강대국으로 불리며 지구상에서 가장 많은 군대를 가졌으며, 세계 자본주의 경제를 좌지우지하는 나라다. 이러한 미국의 성장 동력은 무기의 대량 판매와 전쟁으로 획득한 독점적 지위와 영토, 방대한 원료자원 그리고 노예무역으로 상징되는 노동력의 확보였다.

미국은 건국 이후 전쟁을 멈추지 않음으로써 자국의 산업을 끊임없이 성장시켜왔다. 미국이 지금까지 수행한 전쟁은 300여 차례에 이른다. 1년에 평균 한 차례 이상의 전쟁을 치르고 있는 미국 전쟁의 역사는, 1만년 역사를 가진 중국의 전쟁 횟수에 비견될 정도다. 이 같은 미국의 제국주의적 팽창정책은 이미 전 세계의 눈총과 질타를 받고 있으며 기정화된 사실이다.(최천택·김상구 『전쟁과 기독교』 책과 나무 2013)

2003년 3월 이라크 전쟁이 시작되고 열흘 정도가 지날 무렵 알자지라 방송은 럼스펠드를 인터뷰하며 미국이 "제국 건설empire building을 하고 있는가?"라고 묻자 럼스펠드는 "우리는 제국을 추구하지 않는다. 우리는 제국적이지 않다. 그리고 과거에도 그런 적이 없다"고 화를 내며 말했다.

럼스펠드는 왜 화를 냈을까? 과연 미국은 제국이 아닐까? 그리고 미국은 정말 제국을 추구한 과거가 없었을까? 우리의 오해는 '고립주의'라고 배운 "먼로 닥트린"이 미국 외교의 출발선이라고 알고 있는 미국의 외교에 대한 잘못된 지식으로부터 시작된다. 엄밀히 말해 먼로 닥트린은 미국의 고립주의가 아니라 유럽에 대해 아메리카 대륙에 대한 배타적 권리가 미국에 있음을 주장한 선언이었다. 먼로 닥트린은 미국이 국제정치에 참가하지 않겠다는 것이 아니라 중남아메리카 대륙에 대한 독점적 권리가 미국에 있음을 유럽에 명심시켜 따돌리려는 경고였다. 그것을 우리는 오랫동안 스페인의 식민지로 있던 라틴 아메리카의 독립을 지원하기 위한 미국의 우호적 정책으로 오해해 왔다.

럼스펠드가 보인 과민한 반응의 이유와 우리의 잘못된 역사 인식을 바로 잡기 위해선, 미국 인디애나 주 상원의원(공화당) 앨버트 비버리지(Albert Jeremiah Beveridge, 1862~1927)가 1900년 미국 상원에서 행한 "미 제국을 지지하며(In Support of an American Empire)"라는 제목의 연설문을 소개하는 것으로 충분하다고 본다.

이 연설은 "MR. PRESIDENT, the times call for candor. The Philippines are ours forever.…"라고 시작되며 주요 내용은 다음과 같다.

"필리핀은 영원히 우리 것이다.…게다가 필리핀 건너편에는 중국이라는 무한한 시장이 있다.…태평양은 이제 우리의 바다다." "태평양을 제압하는 자가 세계를 제압할 것이다.…그 자리는 지금도 그리고 앞으로도 영원히 미국이 차지할 것이다."

"우리는 세계를 지배할 인종이다.…우리는 세계의 문명화를 담당하라는 사명을 신으로부터 위탁받은 특별한 인종이다. 그러므로 우리는 그 역할을 방기하지 않을 것이다.…신은 우리를 선택하셨다.…야만스럽고 망령든 사람들을 통치하기 위해 신은 우리를 통치의 달인으로 만드셨다."(candor 솔직·정직, call for 필요로 하다)

비버리지가 자신의 조국 미국을 제국으로 선언하고, 제국의 영위를 위해 제안한 몇 가지 사안 즉 필리핀 식민지 문제, 중국 시장 개척, 태평양 블록화 등은 당시 미국 대통령 맥킨리(William McKinley, 1843~1901)의 주요 정책이었을 뿐 아니라 후임 대통령 루즈벨트를 거쳐 21세기 현재까지도 미국 외교의 근간이 되고 있는 정책들이다. 건국 초기부터 시작된 백인·기독교 선민選民주의라는 미신도 이 연설문에 포함되어 있다.

(1) 정복의 길 가로막고 저항하면 어디서나 원주민 대량학살 제압

미국의 역사는 원주민에 대한 사기·약탈과 살육으로 시작하여 현재에 이르고 있다. 1620년 메이플라워 호the Mayflower로 미국에 도착한 2년 후인 1622년부터 원주민이 거의 전멸한 1898년까지 276년 간 146번에 걸친 원주민 학살이 계속되었다. 백인들은 이를 인디언전쟁Indian Wars이라 부르지만, 무기와 숫자에서 열세인 원주민에게는 일방적 살육이라는 표현이 보다 정확하다. 1890년 12월 29일 마지막 대량 학살이 자행되었다. 미 7기병대에 의하여 수족의 유명한 추장 빅풋Big Foot과 약 200명이 무참히 학살되어 집단으로 매장되었다. 이 사건은 사실상 원주민의 마지막 대량 학살이라는 점에서, 그리고 사진기의 발달로 기록이 남아 있고 책으로 발간되어 유명할 뿐, 이보다 더 잔인한 학살은 수없이 많았다.

안타깝게도 원주민들에게는 문자가 없어 정확한 기록이 남아 있지 않다. 다만 1492년경 약 3백만 명으로 추정되고 있던 원주민은, 백인의 침략 후 약 300년 동안 최소 5천만 명에서 최대 8천만 명의 원주민이 학살된 것으로 추산하고 있다. 이런 학살이 자행되던 1776년, 미국의 독립선언문에는 다음과 같은 글이 기록되어 있다.

우리들은 다음과 같은 사실을 자명한 진리로 받아들인다. 즉 모든 사람은 평등하게 태어났고, 창조주는 몇 개의 양도할 수 없는 권리를 부여했으며,

(백인) 그 권리 중에는 생명과 자유와 행복의 추구가 있다.

(원주민) 그 권리 중에는 죽음과 구속과 행복의 포기가 있다.

(엄연한 양 극단의 (이율배반의) 현실을 놓고 거짓말 선언을 한 제국주의자들의 어리석음을 지적해 주고 있다.)

대단히 합리적이고 민주적인 이 표현이 과연 미국인들의 진심일까, 아니면 위장하기 위한 명분에 지나지 않을까? 원주민들과 흑인 노예를 생각하면 판단은 분명하다. 특히 미국 이민의 선조격인 소위 청교도들이 1620년 11월 말 케이프 코드 반도 북단 끝 프로

빈스 타운에 상륙하여 서명한 규약(앞 63~64페이지에서 서술)을 보면 그들의 목적을 명확하게 알 수 있다.

즉 제임스 왕과 조국의 명예를 위해 빈손으로 남의 땅에 와서 원주민들의 땅을 약탈하고 식민지를 건설하는 것이 최초의 목표였으나 앞으로는 영국의 간섭과 지배를 벗어나 개신교를 믿는 오직 백인들만의 나라를 새로이 건설한다는 것이 1776년의 미국 독립선언문이라고 보면 틀림없을 것이다.

미연방정부는 독립 직후인 1787년부터 현재까지 주로 원주민 토지에 관한 750건이 넘는 조약과 협정을 맺었으나 체결 즉시 이를 무시하였다. 이에 대한 항의로 1972년, 아메리카인디언운동American Indian Movement, AIM 등 8개의 원주민 단체가 전국을 순회하며 항의 차량행렬을 하였다. 이 행렬에서 원주민 주권회복, 토지반환 조약 이행 등 20개 항의 요구를 하였다. 「눈물의 행진The Trail of Tears」을 연상시킨 이 행렬을 「약속 파탄 항의 행진 The trail of Broken Treaties Caravan」이라 부른다. 그러나 미국연방정부는 이를 완전히 묵살했다.

◎ 원주민 말살 정책과 운디드니 학살

원주민 전멸 정책의 대표적인 사례 중의 하나가 바로 「눈물의 행진」이었다. 미국정부는 원주민 말살 정책을 강화하기 위해 1830년 원주민 강제이주령The Indian Removal Act을 통과시켰다. 이 악법에 따라 1838년 5월 미 육군은 이미 강제이주 요새에 잡혀있던 노스캐롤라이나·조지아·앨라배마·테네시 주 등 더운 지역에 살아온 체로키 인디언 약 15,000명을 강제 이주시켰다. 이들은 북부의 오클라호마 주까지 맨발로 미국 대륙을 종단하면서 끌려갔다. 5월부터 9월까지 약 5개월간, 1천 600킬로미터에 이르는 죽음의 행진을 하는 동안 굶주림·질병·학대·고문·피로 등으로 인해 전체 체로키 인디언 15,000명의 4분의 1이 넘는 최소 4,000여 명이 죽임을 당하는 비극을 당했다. 이를 "눈물의 행진" 또는 "눈물의 길"이라 부른다.

이 전멸 정책은 백인White Anglo-Saxon Protestant, WASP을 제외한 모든 인종에 해당됐다.(최호근 『제노사이드』책세상 2005, 미국 7대 대통령 앤드루 잭슨은 현 조지아주 북부에 살던 체로키 원주민들을 오클라호마로 강제 이주시켰다. 당시 강제이동에 참여하였던 백인 병사 버넷 John Burnett이 80세 생일을 맞아 이웃 어린이들에게 들려준 이야기가 수필 형식으로 발간된 『눈물 젖은 길 The Trail of Tears』이다.)

1880년대 말, 보호구역 축소로 반 아사 상태에 빠진 테톤 수족은 백인의 멸망과 풍요로웠던 과거의 재현을 꿈꾸며 예언자 워보카의 말에 따라, 고스트 댄스라 불리는 의식을 거행하기로 했다. 하지만 이들의 새로운 종교적 열광이 백인들에게 경각심을 불러일으키자 결국 연방정부군이 개입했다. 즉 정부군이 수족의 고스트 댄스를 저지하자 1890년 12월 28일 인디언들은 제7기병대 추적대에 조용히 투항했다.

그러나 그날 밤, 무장해제당한 인디언들이 사우스다코타의 운디드니 강가에서 야영을 하던 중 백인 병사가 소총에 피살되는 사건이 일어났다. 이 사건이 도화선이 되어 정부군은 인디언들을 살육하기 시작했다. 결국 이 날 미국 군대는 여자와 어린이를 포함한 북아메리카 인디언 수족 200여 명을 학살했다. 이 학살사건은 북아메리카에서 백인들이 인디언을 정복하게 되는 결정적인 사건이 되었다. 운디드니 학살사건은 약 3세기에 걸친 인디언 전쟁을 종식시켰다는 상징적인 의미를 지닌다.

1900년대에 들어서기 전, 운디드니 학살사건을 축으로 인디언은 인디언이주법과 수많은 조약들 그리고 학살과 전쟁의 과정을 거쳐 고스란히 미국의 한 부분이 되어있었다. 인디언들의 제도와 문화는 여러 가지로 변모를 거듭하고 이들은 변화하는 상황에 순응해 나갔다. 그러나 인디언들은 그들의 독자성 때문에 일어나는 문제를 해결함에 있어, 흔적 없이 사라지거나 또는 미국의 정치 체계 안으로 완벽하게 용해되어가는 식의 방법만큼은 분명하게 거부하였다.

그런데 1928년의 메리엄 보고서를 통해 보호구역의 실상이 드러나면서 미국 정부는 인디언들이 동화되고 있지 않다는 뜻밖의 사실을 알게 되었다. 그리하여 미국 정부는 인디언 문제를 종식시키기 위해 가능한 모든 수단을 동원해 동화 정책을 강화하고, 인디언들을 하루빨리 미국의 주류 사회에 편입시키려는 생각에 매달렸다. 하지만 보호구역 내의 열악한 주거조건, 형편없는 건강 상태, 가난과 궁핍, 실업문제를 뒤로한 채였다. 이렇게 동화라는 정책에 매달리던 중 1934년, 콜리어는 「인디언 재조직 법안」이라는 새로운 인디언 정책을 내놓기에 이른다. 이 법안은 아메리카 원주민들이 자신들의 문화와 전통, 제도들을 부흥시켜 스스로 자기 운명을 선택·장려하도록 하기 위해 제정됐다.

즉, 만일 인디언들이 동화를 원할 경우 그 속도를 주체적으로 조절할 수 있게 했으며, 동시에 그들이 원한다면 동화되지 않고 그대로 남아 있을 수 있도록 허용했다. 이 법안의 밑바탕에는 "인디언은 인디언이 될 수 있는 권리를 가지고 있다"는 이념이 깔려있었다.

그러나 이 같은 콜리어의 진보적 신념은 '동화'에 사로잡혀있던 사람들에게는 받아들여지지 않았다. 심지어 당시에는 인디언의 이익을 옹호하는 단체들조차도 그 취지를 받아들이지 않았다. 그럼에도 불구하고 「휠러-하우어 법령」이라고 불린 이 재조직법에 많은 인디언 부족들이 자결권을 가지고 자치정부를 구성할 수 있었다.

1953년, 또다시 새로운 시대의 개막을 알리는 신호탄이 터졌다. 바로 공법 280조의 제정이다. 즉 기존의 연방과 인디언 부족 간의 관계가 무너지고, 인디언 문제의 연방 정부 개입을 청산하는 시대가 시작된 것이다.(공법 280조Public Law 280는 보호구역 내의 형사 및 민사 사건에 대해 각 주가 단독으로 사법권을 행사할 수 있게 하고, 가급적 빠른 시일 안에 연방과 인디언 부족 사이의 관계를 종식시키겠다는 의지를 표명한 것이다.)

그러나 이 청산 정책은 인디언이 원하든 원하지 않든 무조건적으로 강요되었다. 그것의 요체는 연방 정부가 인디언과 맺고 있던 관계를 모조리 단절하겠다는 것이었다. 이후 연방정부와의 관계를 청산당한 인디언들은 자신들이 소속된 주에 병합되고, 그들이 보유하고 있던 자원은 민간 기업으로 넘어가게 됐다. 부족민들은 더 큰 혼란과 경제적 곤궁에 빠졌다.

공법 280조는 사실상 인디언 멸종정책Indian Termination Policy의 일환이었다. 1954년부터 1960년 사이에 61개 부족의 보호구역이 철폐되었다. 그러나 이에 반대하는 데모와 항의 집회가 잇따르자 다른 부족으로까지 더 이상 확산되지는 못했다.(최승언·김정명『미국 명백한 운명인가 독선과 착각인가』리수 2008)

1968년 여름, 인디언을 멸종시키려는 일련의 법 제정에 저항하여 미네소타주 미네아폴리스에 약 200명의 원주민 대표들이 모여 독립을 선포하고 이미 맺은 조약의 이행을 요구했다. 하지만 미 정부는 조약이행을 거부하고 잔인하게 진압했다. 원주민을 왜 이렇게 철저하게 탄압·말살하려는 것일까? 그것은 원주민의 주권회복·영토반환·보상 등의 요인을 근본적으로 없애려는 음모 때문이다. 그렇다면 그동안 학살된 원주민의 숫자는 모두 얼마나 될까?

미국정부가 주관한 조사에서는 1백만 명에서 4백만 명이 학살되었다고 한다. 민간인 단체가 실시한 조사에서는 1천만 명에서 1억 1천만 명이 학살된 것으로 추산한다. 스태너드Stannard의 저서『미국의 대학살American Holocaust』(옥스포드 대학 출판부 1992년)에서도 1억 명 이상이 학살되었다고 한다. 현재 원주민의 인구는 미국 전체 인구의 0.9%인 2백90만 명이다.

(2) 인디언 학살과 강제수용 끝내고 태평양 진출, 점령 개시

아메리카 제국American Empire 또는 미 제국美帝國은 아메리카 합중국(미국)의 정치적·경제적·군사적·문화적 영향력을 나타내는 용어다. 미 제국의 개념이 일반화된 것은 미국의 제11대 대통령 포크James K. Polk(1795~1849)가 1846년, 멕시코-미국전쟁을 일으키고 캘리포니아 · 개즈던Gadsden 등을 매입하면서 부터였다.(Sidney Lens · Howard Zinn, The Forging of the American Empire 2003)

마르크스주의 이론가들은 제국주의를 자본주의의 최고 독점 단계라고 정의한다. 오늘날, 미국이 세계 질서를 조정하는 역할을 해야 한다고 믿는 신보수주의자들이 추진하는 미국의 공격적인 정책을 비판할 때 이 같은 개념으로 사용하는 경우가 많다.

영국의 경제학자 홉슨John Atkinson Hobson(1858~1940)이 저서 『Imperialism』에서 미국 제국주의의 원인에 경제적 해석을 시도한 바 있다. 특히 미국 혁신주의 학파의 상징인 버드Charles Beard는 자본가 세력과 공화당과의 관계에 주목했다. 당시 유럽의 보호관세 정책으로 유럽으로의 진출이 막히자 공화당과 밀접한 관계에 있던 자본가들은 정책 변환을 시도하여 중국 · 태평양 · 중남미 등으로 시야를 돌렸다고 해석한 것이다.(Charles Beard, The rise of American Civilzation, New York : Macmillian Company, 1972)

거론된 학자들 이외에 아메리카 제국주의론을 제기하는 학자들 대부분은 미제국의 출발선을 멕시코-미국 전쟁 혹은 스페인-미국 전쟁으로 본다. 그러나 건국 초기부터 미국인들은 팽창주의를 선택했으며 '제국'을 수립했다고 주장하는 학자들도 다수 있다. 주목할 학자로는 윌리엄스(William Williams, 1921~1990)가 있다. 윌리엄스는 미국의 대 스페인 전쟁을 돌출된 하나의 사건으로 보지 않고 미국 사회가 갖고 있는 역사적 배경에서 찾는 시도를 하였다.

"미국인들은 건국 당시부터 미국을 하나의 제국으로 생각했는데, 이것은 미국의 독립혁명 당시에 절정을 이루었던 독단적 자아의식의 한 부분이었다. … 이런 주장은 일단 놀라운 것일지 모르나, 실제로 제국으로 보는 사고방식이 건국 초부터 우세했다는 사실은 이상할 것도 설명하기 어려운 것도 아니다. 많은 제국들이 경합하던 시대에 대영제국의 일원으로서 성장해온 식민지인들이 일단 본국과 대립하게 되면서 그러한 사고방식을 갖게 된다는 것은 자연스러운 일이었다."(William A. William, The Tragedy of America Diplomacy, 1972)

윌리엄스는 「제국주의」를 다음과 같이 정의한다. "선진 산업 국가가 더 취약한 나라의 경제 개발에 대해 지배적이고 일방적인 역할을 하거나 하려고할 때 이 강대국의 정책은 '제국주의'다."

제국주의Imperialism란 한 나라가 무력 · 정치 · 경제와 문화적으로 다른 지역이나 정치적 영역을 팽창시키거나 지배하는 것을 말한다. 제국주의라는 용어는 후진약소국들이

제국주의를 하고 있는 강대국을 제국empire이라 부르며, 제국의 지배자를 황제emperor 라 부르던 것에서 나왔다.

제국주의의 형용사는 imperial이다. 제국주의라는 용어는 지배와 착취를 당하고 있는 후진국들이 제국주의를 하고 있는 강대국을 비난하기 위하여 쓴 것이 아니라, 강대국들이 자기들의 무력과 위세를 과시하기 위하여 스스로 사용한 용어다. 일본 제국주의자들이 조선을 강제로 병탄하고 식민지 관료를 양성하기 위해 대학을 세우고 경성제국대학이라고 명칭을 붙인 데서도 알 수 있다. 제국들은 무력과 위용을 과시하고 자원을 활용하기 위하여 동물원·식물원·박물관·도서관 등을 세워 제국 명칭까지 붙여 자국민들을 격려하고 우월감을 갖도록 하여 「제국주의를 합리화」하는데 활용했다.

한 가지 예를 들면, 영국은 제1차 아편전쟁(1839-1842)이 끝난 직후인 1848년, 중국이 혼란한 틈을 타서 인도 소재 동인도 회사를 통해 스코틀랜드 식물원 연구원 출신 포춘(Robert Fortune, 1812-1880)을 중국에 보내 차나 은을 훔쳐오게 했다. 이 차를 영국의 식민지인 인도와 실론(현재 스리랑카)에서 재배하고 개량하여 막대한 수확을 얻었고 중국은 주요 수출품목 하나를 잃게 되었다.

미국은 1776년 영국으로부터 독립한 뒤, 학살과 수탈에 그치지 않고 원주민을 속이기까지 하는 만행 끝에 미국토의 겨우 2.3%만을 인디언 보호지역으로 남겨주고 전국토의 97.7%를 강탈하였다. 1803년 나폴레옹은 전쟁비용이 부족해지자 미본토의 약 3분의 1에 해당하는 미국 중부 지역의 프랑스 식민지를 미국에 판매하였다. 이를 루이지애나구매Louisiana Purchase라 부른다.

이름에서 알 수 있는 바와 같이 이 지역은 프랑스의 루이Louis 14세의 땅이라는 의미다. 이 지역의 넓이는 2,120,000 ㎢로 우리나라 전체 면적(222,154㎢)의 10배나 되는 땅이다. 이 넓은 땅을 겨우 1천 5백만 달러에 사들였다. 1㎢ 당 7달러의 파격적인 가격이었다. 이 지역은 현재 루이지애나·미주리·아칸소·아이오와·노스다코타·사우스다코타·네브래스카·오클라호마·캔자스·콜로라도·와이오밍·몬태나·미네소타 주로 나뉘었다.

그리고 1846년부터 1848년까지 멕시코와 전쟁을 벌여 나머지 미국토의 약 3분의 1에 해당하는 서부 지역을 빼앗아 영토를 넓혀 강대국의 모습을 갖추었다. 이 침략전쟁은 정치가들뿐만 아니라 많은 미국 시민들도 이 제국주의 전쟁에 기꺼이 참가한다. 예를 들면, 5만 명의 지원병을 모집하는데 20만 명이 지원하여 침략주의의 광기를 보여주기도 했다. 하지만 소로(Henry David Thoreau, 1817~1862)같은 양심적인 사람들은 매우 불의한 침략 전쟁이라고 이 전쟁을 규정하며 비난하였다. 소로는 그 뒤에 『시민 불복종의 의무』 등의 저서를 통해 비폭력 저항을 강조하였다. 이 책은 인도의 간디(1869~1948)와 러시아의 톨스토이(1828~1910) 등 많은 사람들에게 영향을 주었다.

1861년부터 1865년까지의 남북전쟁에서, 공업지역인 북군이 승리함으로써 영토와 공업을 기반으로 제국의 조건을 갖추게 된다. 그 다음 1867년도에는 러시아로부터 알래스카를 사들임으로써 제국의 기반을 더욱 굳건하게 다져나간다. 알래스카는 구석기시대(BC 12,000년경)에 아시아 계통의 사람들이 이주한 것으로 알려져 있다.

1741년 덴마크의 항해가이며 탐험가인 비투스 베링(Vitus Jonassen Bering 1681~1741)이 러시아 황제의 명으로 북태평양을 탐험하다가 알래스카에 도달하였다. 이후 러시아와 미국의 모피상들이 진출하여 사업을 했다. 그러나 러시아는 영국 같은 나라가 이곳을 점령할지 모른다는 우려와 모피산업의 쇠퇴, 그리고 결정적으로 러시아의 재정 악화로 1867년 미국의 국무장관 슈워드(William Henry Seaward 1801~1872)와 합의하여 7,200,000 달러에 매각하였다.

면적이 1,522,596km^2(587,878 평방마일)로 한반도의 7.5배에 해당하는 넓은 땅이다. 그 결과 원주민들은 새로운 국경으로 이산가족이 되기도 했다. 특히 냉전 시대에는 지척에 살고 있는 가족이나 친척도 국경에 막혀 만나지 못하는 비극을 겪었다.

(3) 정부의 배후조종과 선교사들의 경제술수, 하와이 왕국 합병

미 제국의 마각은 이미 멕시코전쟁에서 나타났다. 그리고 미국 본토를 벗어난 본격적인 침략은 하와이왕국의 강제병탄으로 본격화되었다. 라이트Harrison Wright는 그의 편저 『신제국주의The New Imperialism』에서 제국주의의 앞잡이는 탐험가·개척자·선교사(explorers·pioneers·missionaries)이고 뒤를 이어 군함들이 쳐들어온다고 했다. 이런 사실은 하와이왕국의 강제병탄이 선교사와 그 후손들에 의하여 이루어짐으로써 입증되었다.

하와이는 카메하메하 1세(Kamehameha I,1758~1819, 재위 1795~1819)가 1795년 하와이왕국을 세우고 대를 이어 왕국을 유지하고 있었다. 미국·영국·프랑스·독일·일본 등 여러 나라는 하와이를 합법적인 독립국가로 인정하였다.

1820년부터 미국 매서추시츠 주에 본부를 둔 회중교회(현재 명칭: United Church of Christ)가 하와이에 선교사를 보내기 시작하였다. 1850년까지 100명 이상의 선교사들을 보냈다. 선교사들의 구호 3G(Gospel·Gold·Glory)가 의미하는 바와 같이 gospel과

glory는 명분일 뿐 진짜 목적은 돈gold이었다. 선교사들과 그 후손들은 하와이의 사탕수수 밭에서 엄청난 수입을 얻게 되었다.

이 이권을 독점하고 영속시키기 위하여 선교사의 자식들The Missionary Boys은 단순히 대농장의 소유주일 뿐만 아니라 정치세력도 겸하게 되었다. 또 이들은 자신들의 이익만을 위하여 하와이 왕국의 왕권을 찬탈하고 미국에 합병시켰다.

이 음모에 중요한 역할을 한 자는 선교사의 손자로, 소위 선교사의 자식Missionary Boy인 서스톤(Lorrin Andrews Thurston, 1858~1931)이었다. 그의 친가와 처가가 모두 선교사의 후손이다. 그는 정치가·변호사·언론인이었는데, 불법적일뿐만 아니라 비신앙적이고 비양심적인 인물의 전형이었다.

사탕수수밭으로 부자가 된 그는 이익의 극대화를 위해 하와이의 마지막 왕인 8대 여왕 릴리우오칼라니(Liliuokalani, 1838~1917, 재위: 1891년 1월 29일~1893년 1월 17일)의 왕권을 무력으로 찬탈하고 하와이를 미국에 합병시켰다. 이들은 1887년 백인 농장주들로 구성된 하와이 연맹Hawaiian League이라는 비밀단체를 조직하고 총으로 무장했다. 그들은 왕을 위협하여, 왕의 통치권을 완전히 박탈하는 헌법이라는 걸 만들어 서명하게 만들었다.

총검으로 위협하여 만들었다고 해서 대검헌법Bayonet Constitution이라고 부르기도 한다. 이로 인해 왕은 통치권을 완전히 상실하였고 원주민들은 투표권을 박탈당했다. 왕은 백인 폭도들의 꼭두각시가 되었다.

릴리우오칼라니는 1891년 샌프란시스코에서 병 치료를 받다가 사망한 7대 왕 '칼라카우아'의 누이동생이었다. 그녀는 1891년 1월 29일 마지막 8대 여왕으로 즉위하였다.

여왕은 즉위하자 대검헌법을 무력화하고 왕권을 회복하려 노력하였으나, 서스톤 일당은 이를 저지하기 위하여 소위 안전위원회Safety Committee라는 비밀조직을 운영하며, 대검헌법을 근거로 불법적인 정부를 세웠다. 그리고 선교사의 자식인 샌퍼드 돌(Sanford Dole, 1877~1958)을 대통령에 임명하였다. 이 자로 말하자면 선교사의 아들일 뿐 아니라 대농장주였다.

그 후 그는 「돌 파인애플회사Dole Pineapple Company」를 세워 막대한 재산을 모았다. 이 회사는 그후 「돌 식품회사Dole Food Company」로 이름을 바꾸었으며 연매출 수십억 달러의 큰 회사가 되었다. 우리가 먹는 파인애플 통조림 하나하나에도 하와이 원주민의 한이 서려있다는 사실을 우리는 모르고 먹고 있을 따름이다.

여왕과 백인 조직 사이에 긴장이 고조되자 하와이 주재 미 대표(현재 대사와 유사한 직책)였던 스티븐스(John Stevens 1820~1895)는 항구에 정박 중이던 미 군함 보스턴USS

Boston에 미국인의 생명과 재산을 보호해야 한다는 허위 전갈을 보내 162명의 해병대가 대포와 기관총으로 중무장하고 상륙하도록 하여 하와이 여왕을 무력으로 제압하였다.

그는 극단적인 팽창주의자로 미국법과 국제법을 완전히 무시하고 이 만행을 저질렀다. 1893년 그가 미 국무성에 보낸 문서에서 "하와이라는 배梨가 아주 잘 익었다. 지금은 미국이 이 배를 딸 최적기이다" 라고 보고하기도 했다. 병력과 장비에서 매우 열세인 하와이 여왕은 이들 해병대가 쳐들어오는 걸 바라보고만 있을 뿐이었다. 이리하여 서스톤 일당이 음모를 꾸민지 32일 만에 하와이는 미국에

릴리우오칼라니(Lili´uokalani) 하와이 여왕

합병되고 만다. 미국 대표였던 스티븐스는 자신이 저지른 이 합병을 미국정부를 대신해 공인하였다. 서스톤과 그 일당은 워싱턴으로 가서 병합을 승인받으려 했다.

그러나 당시 민주당 출신의 제24대 미국 대통령 클리블랜드(Grover Cleveland 1893~1897 재임)는 오히려 이 불법적인 사건의 조사를 명령했다. 스티븐스는 하와이 왕국의 하와이 국기를 내리고 미국 국기를 게양하며 여왕을 재판에 회부하는 등의 횡포를 저질렀다. 하지만 곧 클리블랜드의 임기가 끝나고 태프트를 필리핀의 총독으로 임명하는 매킨리가 대통령이 되자 하와이의 합병을 공식화하였다. 매킨리 대통령은 돌Dole을 총독으로 임명하였다.

미국은 하와이 침략 100주년인 1993년 11월 23일, 103차 양원합동 결의문 19호(공법 Public Law 103-105)에 따라 하와이왕국 침략 행위를 사과했다. 약 3쪽에 달하는 결의문에서 그 과정과 불법성을 자세히 기술하고 있다. 얼핏 생각하면 그래도 미국은 상당히 양심적인 국가라 생각할 수도 있다. 그러나 조금만 생각해보면 미국은 너무나 많은 나라를 침략하고 고통을 준데 대해서는 전혀 사과나 배상을 하지 않았음을 알 수 있다.

그러면 하와이에 대해서는 상하 양원이 왜 결의문까지 내면서 사과했을까? 이미 하와이는 식민지 시절을 지나 1959년 미국의 50번째 주로 편입되었다. 이제 영토문제나 원주민들에 대한 배상 문제도 희박해졌다. 2008년도 인구 통계에 따르면 하와이 인구 구성은 다음과 같다.

○ 필리핀계(175,000명), 일본계(161,000명), 히스패닉(110,000명), 하와이 원주민 (70,000명), 중국계(53,000명), 한국계(40,000명), 푸에르토리코계(35,000명)

미국은 이 통계를 인용하며 원주민에게 보상이나 책임질 일 없이 전 세계를 향하여 마치 자신들이 양심적인 국가인 것처럼 가장하는 자료로 삼았다. 5대륙에 걸쳐 미국의 침략이나 공격을 받은 나라는 우리나라를 위시하여 너무나 많다. 미국은 영토문제와 배상 등 해결해야 할 문제들이 많지만 진정한 사과와 배상을 할 의지는 전혀 없다. 아래에 건국 초기부터 시작된 미국의 팽창 과정을 표로 정리해보았다.

○ 무력에 의한 학살이 동반된 국내외 정복 영토

내역	시기	비고
독립당시의 13개주 (워싱턴 D.C.포함,) (기존에 거주하던 아메리카 토착민들을 무력으로 쫓아내고 획득)	1776	워싱턴 D.C. 조지아 주 사우스캐롤라이나 주 노스캐롤라이나 주 버지니아 주 메릴랜드 주 델라웨어 주 펜실베이니아 주 뉴저지 주 뉴욕 주 코네티컷 주 로드아일랜드 주 매서추시츠 주 뉴햄프셔 주
미국 동부 영토 (기존에 거주하던 아메리카 토착민들을 무력으로 쫓아내고 획득)	1776-	버몬트 주 켄터키 주 테네시 주 오하이오 주 인디애나 주 미시시피 주 중 북위 31도선 이북 지역 일리노이 주 앨라배마 주 중 북위 31도선 이북 지역 메인 주 미시간 주 위스콘신 주 미네소타 주 중 미시시피 강 동부 웨스트버지니아 주
프랑스령 루이지애나 (나폴레옹에게서 헐값에 인수)	1803-	오클라호마 주 대부분 캔자스 주 대부분 아이오와 주 미네소타 주 중 미시시피 강 서부 루이지애나 주 미주리 주 노스다코타 주 사우스다코타 주 네브래스카 주 아칸소 주 와이오밍 주 일부 몬태나 주 일부 콜로라도 주 동부

스페인령 동 플로리다와 서 플로리다	1815-	루이지애나 주 일부 미시시피 주 일부 앨라배마 주 일부 플로리다 주
텍서스공화국	1836-	뉴멕시코 주 중 리오그란데 강의 동부 와이오밍 주의 일부 캔자스 주의 일부 오클라호마 주의 서부 텍서스 주 콜로라도 주의 일부
영국령 브리티시컬럼비아주의 일부분	1846-	아이다호 주 오리건 주 워싱턴 주 몬태나 주의 일부 와이오밍 주의 일부
멕시코의 영토 일부분	1848	캘리포니아 주 네바다 주 유타 주 와이오밍 주 일부분 애리조나 주 뉴멕시코 주 중 리오그란데 강의 서부 콜로라도 주 일부
러시아로부터 매입	1867-1959	알래스카 주
스페인-미국 전쟁	1898	괌(현재 미국의 준주)
	1898-1946	필리핀(식민지였다가 종속 우방국)
	1898-1952	푸에르토리코(현재 미국의 자유 연합 주)
	1899-1909	쿠바(현재 독립국)
하와이 왕국 병탄	1899-1959	하와이 주
	1900-	아메리칸 사모아(현재 미국의 준주)
	1903-1999	파나마운하 지대(현재 파나마에 반환)
	1916-1922	도미니카 공화국(현재 독립국)
	1917-	미국령 버진아일랜드(현재 미국의 준주)
태평양의 신탁통치령 제도	1944-1990	마셜 제도(현재 독립국) 미크로네시아 연방(현재 독립국) 팔라우(현재 독립국) 북마리아나 제도(현재 미국의 준주)

2) 스페인 식민지 필리핀 민중의 독립투쟁 꺾고 식민지로 계승 통치

(1) 일본의 조선 침략과 같은 시기, 일·미 서로 식민통치 응원

1899년에 일어난 미국-필리핀전쟁은 아시아에서 미국과 싸운 최초의 민족해방 투쟁이란 의미와 제국주의 미국의 본모습을 파악할 수 있는 중요한 사건이었다. 하지만 이 전쟁은 미국의 교과서는 말할 것 없고 필리핀에서도 그 실상이 왜곡되어 있다. 필리핀의 근세사는 한반도와도 밀접한 관계가 있으므로 필리핀의 독립전쟁사를 정확하게 파악하는 작업은 우리에게도 대단히 중요하다.

조선(한)반도의 식민지 시기 역사가 일제 및 친일파세력에 의해 왜곡되었듯이, 필리핀의 식민지 역사 역시 스페인·미국과 그 아부세력에 의해 침략세력 중심으로 쓰여졌기 때문이다.

필리핀의 수도는 마닐라Manila이며 언어는 타갈로그어, 영어를 공용어로 사용하고 있다. 인구는 2010년 기준 97,976,603명이고 300,000㎢의 면적으로 이루어져 있다. 종족은 말레이인 96%, 기타 인도네시아인 등으로 구성되어 있으며 주 종교는 가톨릭(83%)이다. 그 외의 종교는 개신교 9%, 회교 5%의 분포를 보이고 있다.

필리핀의 역사를 간략히게 간추려 보자. 필리핀이 서구인들에게 노출되기 시작한 시기는 1521년 스페인의 마젤란이 필리핀에 도착하고 부터였다. 그리고 8년 후인 1529년 스페인은 사라고사 조약에 의해 포르투갈로부터 필리핀의 영유를 인정받는다. 본격적인 식민지 시기는 1565년 세부 섬에 식민지 기지를 건설하고 1571년 마닐라 시가 설치되면서 시작된다.(최천택·김상구 『전쟁과 기독교』 책과 나무 2013)

필리핀은 긴 세월 식민통치를 받은 때문인지 식민지 이전 역사에 대한 연구는 거의 없다. 900년 경 마닐라 만을 중심으로 중국 해상무역을 통해 번성했던 「톤도 왕국」이 어느 정도 알려진 정도다. 스페인은 당초 토르데시야스 협약에 저촉되지 않고 향신료가 생산되는 곳을 찾아 필리핀을 정복했지만, 예상한 향료가 발견되지 않자 필리핀을 교역중계지로 취급하였다. 1573년 중국 교역품이 처음으로 멕시코까지 수출되는 갈레온 무역이 시작되었다. 갈레온 무역은 1년에 1척의 갈레온 선船이 계절풍을 이용하여 마닐라에서 멕시코의 아카풀코까지 태평양을 횡단하는 것이었다.

○ 토르데시야스 조약 Treaty of Tordesillas

1494년 스페인과 포르투갈 간에 체결된 조약. 1492년 콜럼버스가 아메리카에 도착한 이후 서양인들은 아메리카라는 새로운 대륙을 알게 되었다. 미개한 아메리카 인디언이 살고 있는 곳, 넓은 땅과 풍부한 자원이 있는 곳이 새로이 발견된 것이다. 그러나 이 아메리카를 유럽인들이 자유롭게 갈 수 있었던 것은 아니었다. 지리상의 발견을 주도한 것은 스페인과 포르투갈이었고, 1493년 교황 알렉산드로스 6세가 그들의 공적을 인정하여 유럽 밖의 미개척지에 대한 보호권을 그들에게 주었기 때문이다. 1494년 두 나라는 토르데시야스협정을 맺어 새로운 영역에 대한 경계선을 정하였다. 이 협약에 의하면 브라질을 제외한 대부분의 아메리카는 스페인의 몫이었다.

아프리카 서쪽 끝 케이프 베르데 섬 지방 370리그(대서양 해상 약 1,500㎞) 지점에 교황 자오선教皇子午線이라는 남북 직선을 긋고 그 서쪽 신발견지를 스페인 영토, 동쪽을 포르투갈 영토로 정하였다. 1493년에 교황청의 중재로 양국의 해외 영토가 일단 확정되었으나 포르투갈이 이에 불복, 두 나라가 직접 협상하여 체결했다. 토르데시야스는 조약을 맺은 곳, 스페인 서북부의 소읍邑(1494년).

아카풀코에서 카리브해 연안의 베라크루스까지 무역중개로 아시아 물품을 유럽까지 보냈다. 또 1581년과 1582년에는 마닐라에서 남미 페루 부왕령의 칼라오까지 갈레온선이 보내졌지만, 페루와 마닐라의 무역은 1631년에 금지되었다.(galleon 갈레온선船 : 15~17세기 스페인에서 주로 군용선 또는 미국과의 무역선으로 쓴, 3~4층 갑판이 있는 범선)

갈레온 무역에서 스페인의 결제는 멕시코 은행을 통해 이루어졌다. 필리핀은 스페인 함대가 미군에 격퇴된 직후인 1898년 6월에 독립을 선언하기까지 333년 동안 스페인의 식민 통치를 받았다. 스페인은 이 기간 동안 34회 이상 필리핀인들의 반란을 진압해야 했다. 1898년의 독립선언도 다시 미국에 의해 꺾이고 말았다.

필리핀인들이 자국의 독립을 위해 싸우고 있던 1898년 미국과 스페인 간에 갑자기 전쟁이 일어난다. 미-스페인전쟁(Spanish - American War, 1898)과 미-필리핀전쟁(War of Independence, Philippine - American War, 1899~1902), 이 두 전쟁은 밀접한 관계가 있기 때문에 함께 다룰 수밖에 없다.

19세기 마지막 분기에서, 미국은 강력한 산업 국가가 되었다. 대기업과 큰 사업체가 경제계와 정부를 지배하기 시작했다. 남북전쟁이 끝나고 미국이 자랑하는 "From Coast to Coast" 즉 대서양 연안에서 시작하여 태평양 연안까지 미 대륙 전부를 차지하지만, 미국의 대형 자본가들은 새로운 시장과 자본의 수출을 위해 해외로 눈을 돌리기 시작했다. 그 첫 번째 타깃은 점차 쇠락해가고 있던 스페인 통치하의 식민지들이었다.

1898년 미국은 스페인이 쿠바를 지나치게 억압한다며 시비를 걸었다. 그러나 막상 전쟁을 할 명분이 없었다. 그러던 중 아바나항에 정박 중이던 미 해군함 메인호USS Maine가 원인 불명의 폭발로 침몰하였다. 이 사고로 260여명의 해군이 사망했다. 이를 계기로 미국의 선정적인 언론들은 "메인호를 기억하자Remember the Maine!"면서 전쟁을 부추겼다. 미-스페인전쟁은 이렇게 시작된다. 이 폭발을 조사한 잠수부들의 증언에 따르면 선체가 안에서 밖으로 터져있었다고 하니 단순 사고 또는 자작극이었다.

이 사건이 자작극false flag operation이었음을 입증하는 발언이 있다. 1897년 당시 매킨리 대통령이 시어도어 루즈벨트를 해군차관으로 임명했을 때, 루즈벨트는 다음과 같이 말했다. "나는 어떤 전쟁이든 환영한다. 우리나라는 전쟁이 필요하다고 생각하기 때문이다."

루즈벨트가 이 말을 한 1년 후 우연의 일치인지 메인 호 사건이 터진다. 루즈벨트는 1898년 2월, 함대를 홍콩으로 발진시켜 스페인에 항쟁 중인 필리핀을 접수하기 위한 준비를 하라고 조지 듀이George Dewey 제독에게 지시한 바도 있다.

이 전쟁에서 미국은 승리하였다. 그 결과 스페인이 점령하고 있던 카리브 해 연안의 푸에르토리코, 태평양의 괌, 그리고 필리핀을 미국이 차지한다. 이 과정에서 필리핀인들은 스페인과의 독립전쟁을 미국과의 독립전쟁으로 전환하였다. "스페인의 왕 필립 2세(Philip II 1527~1598)의 땅"이라는 뜻의 나라 이름이 지어졌는데, 영국에게 패한 무적함대(Invincible Armada)의 주인공 필립2세처럼 필리핀은 비극의 땅이 되었다. 거듭거듭 식민지가 되고 말았으니까.(무적함대 the Invincible Spanish Armada : 1588년 영국 침략을 꾀했다가 격멸된 스페인 함대)

스페인은 초대총독 미구엘 로뻬스(Miguel López de Legazpi 1565~1572)로부터 마지막 총독 니꼴라스 하라미요(General Nicolas Jaramillo 1899~1898)까지 118명의 총독이 혹독한 식민지 정책을 펼쳤다. 필리핀이 보다 적극적으로 독립운동을 전개한 것은 스페인의 식민통치 말기 무렵인 19세기 중반부터였다.

16세기 말 식민지로 전락해 3세기가 넘도록 스페인의 지배를 받아오던 필리핀, 그러나 19세기에 이르자 필리핀인들은 자신들이 같은 민족이라는 사실과 민족주의에 점차 눈을 뜨게 되었고, 식민통치 하에서 점차적으로 개혁운동을 전개해 나간다.

1872년 2월 20일 필리핀 독립군들에 의해 카비테 스페인 군 무기고 습격과 스페인장교 살해사건이 일어나자 스페인당국은 필리핀 신부 3명(자신토 사모라, 호세 불고스, 마리아노 고메스)을 포함하여 수많은 필리핀 애국지사를 처형한다. 그 이후 스페인 정부의 지속적인 탄압으로 많은 애국지사들이 해외로 망명했다.

1872년, 20~30대 초반의 부유하고 훌륭한 가문의 지식인들이 평화롭게 전개한 개혁운동Propaganda Movement은 책·언론기사·팸플릿·대중연설 등을 통해 스페인 정부에 압력을 가한다. 그 중 1889년 2월 15일 스페인의 바르셀로나에서 창간된 『라 솔리다리다드La Solidaridad』가 스페인 정부를 신랄하게 비판했으나, 1895년 11월 15일 자금부족으로 폐간되었다. 이러한 비폭력 저항운동의 중심에 호세 리살(Jose Rizal 1861~1896)이 있었다.

(2) 미국, 스페인과는 싸우는 척만, 실제론 필리핀 자주세력 파멸

호세 리살은 1861년 필리핀 라구나주 칼람바의 부유한 지주의 아들로 태어났다. 아테네오 데 마닐라 대학, 산토토마스 대학 수학 후, 1882년 유학하여 스페인 마드리드 대학에서 의학을 공부했다. 리살은 전공 외에도 건축과 경제·인류학·사회학·무술과 펜싱·사격에도 조예가 깊었고 11개 언어를 구사한 재능 많은 시인이자 특파원·소설가였다. 그는 스페인 식민통치하에서도 얼마든지 안락한 삶을 누릴 수 있었던 사람이다. 하지만 호세 리살은 스페인의 심장을 향해 펜대를 겨누었다. 그가 필리핀의 독립운동을 본격적으로 시작한 것은 1892년 유럽 유학생활을 마치고 귀국하면서 부터였다.

그는 마닐라에서 『필리핀민족동맹Liga Filipina』을 결성, 비폭력저항운동을 전개했다. 1886년 타갈로그어로 발표된 첫 번째 소설 『나에게 손대지 말라 Noli me tangere』등 수많은 작품은 필리핀 민중들에게 자주독립사상을 고취시켰다. 특히 스페인 관료들과 신부들의 직권남용을 적나라하게 묘사한 『Noli Me Tangere』와 『El Filibusterismo』는 1896년에 일어난 필리핀 혁명의 도화선 역할을 했다. 처형 전날, 산티아고 요새에 갇혀 있을 때 지은 리살의 『마지막 이별 Útimo adiós』은 19세기 스페인 시의 걸작으로 꼽힌다.

1892년 7월 7일, 보니파쇼(Andres Bonifacio 1863~1897)와 그의 친구들에 의해 마닐라 톤도에 위치한 데오다토 아렐라노의 집에서 카티푸난이라는 비밀결사조직을 결성하면서 필리핀의 독립을 위한 무장혁명이 시작된다. 회원 등급을 카티폰(핵심인물로 조직)·까왈·바야니(애국자)로 나누어 관리했고, 조직에는 모든 계층의 사람들이 가담했다.

1895년 4월 10일, 보니파쇼와 참모들은 몬탈반의 동굴에서 혁명의지를 다짐하며, 동굴벽에 "필리핀 독립만세"라는 구호와 자신들의 이름을 새겨 넣은 '몬탈반의 함성'을 실시했다.

보니파쇼 등 혁명지도자들은 일본과 호세 리살에게 카티푸난의 혁명 활동을 지원해 달라고 요청했지만 거절당했다. 재력가·지식인 계층에게서 외면당한 카티푸난은 이에 굴하지 않고 사각의 빨간 바탕위에 'K.K.K'라고 적힌 카티푸난 혁명기를 만들어 투쟁했으며 농부들과 마닐라 지역의 노동자들도 카티푸난의 혁명 활동에 대거 가담하게 된다.

1896년 8월 19일, 테오도로 파티노의 밀고로 스페인당국은 수백 명의 카티푸난 조직원들과 애국자들을 투옥했다. 1896년 8월 30일, 보니파쇼와 800여명의 혁명군은 산후안 델몬테의 스페인 군 무기고를 최초로 습격한다. 비록 열악한 무기와 전투경험의 부족으로 패하였지만 그들의 반 스페인 투쟁은 필리핀 군도 전역을 혁명의 열기로 들끓게 만들었다.

리살은 카티푸난과 무관했고 폭동에 참가하지도 않았으나 체포되었다. 리살의 노선은 철저히 비폭력 평화적인 투쟁이었으나 독립운동의 싹이 커질 것을 우려한 스페인 식민당국은 카티푸난 폭동에 연루됐다는 혐의로 체포해 공개 처형했다. 그의 나이 35세일 때다.

그가 처형당한 12월 30일은 「호세 리살의 날」로 기념되고 있으며 필리핀 수도 마닐라의 로하스 거리에는 그를 추모해 세운 리살 공원과 그의 동상이 있다. 호세 리살의 희생으로 필리핀인들은 스페인으로부터 독립하는 것 말고는 어떤 대안도 있을 수 없다는 것을 깨닫게 된다.

필리핀 사람들은 스페인-미국 전쟁에서 미국이 승리하자 오랜 식민지에서 해방되는 줄 알았다. 그러나 또 다시 미국의 식민지가 되었다. 1898년부터 1902년까지 계속된 독립전쟁에서 수많은 군인과 시민들이 직접 혹은 간접적으로 사망하였다. 이 무렵 등장한 인물이 필리핀 건국의 영웅으로 받들어지고 있는 에밀리오 아귀날도(Emilio Aguinaldo)이다.

아귀날도는 1895년 카비테 시장으로 선출됨과 동시에 카티푸난 조직에 참여했다. 그는 국가적 영웅 호세 리살의 처형에 대응하여 다른 반란들을 이끌었다. 그가 이끌었던 필리핀 해방군은 1896년 11월 9일부터 11일까지 전개된 카비테 비나카얀 전투에서 스페인의 라몬 블랑코 총독부대를 대파

에밀리오 아귀날도

하는 첫 승을 거둔다.

하지만 보니파쇼(Andres Bonifacio 1863~1897)가 1897년 5월 10일 분티스 산에서 총살당한다. 이후 스페인군에 밀려 도망 다니던 아귀날도와 혁명정부는 불라칸의 비악-나-바토Biak-na-Bato에 숨어 1897년 11월 1일 헌법을 제정하고 비악-나-바토 공화국을 수립하며 아귀날도를 대통령으로 선출했다.

리베라 총독의 평화제의를 받아들인 아귀날도는 1897년 12월 14일과 15일 양일간 만나 평화협정에 서명하고, 합의사항에 따라 홍콩으로 망명하면서 비악-나-바토 공화국은 막을 내린다. 그러나 스페인으로부터 전쟁피해 보상금인 170만 페소 중 60만 페소만을 받았고, 혁명전투 또한 계속되어 평화협정은 준수되지 않았다.

아귀날도와 그 추종자들은 홍콩으로 추방되었다. 하지만 이 추방으로 독립운동이 끝난 것은 아니었다. 1898년 4월 25일 스페인과 미국 간 전투가 발발하자 홍콩에 있던 듀이 해군 준장이 코레히도르 섬을 통해 마닐라 만으로 들어와 스페인 해군을 대파했다. 듀이장군의 마닐라 만 전투 승리 후 아귀날도와 혁명지도자들은 1898년 5월 19일 카비테로 돌아와 스페인과의 투쟁 재개를 선언한다.

1898년 6월 12일, 아귀날도 정부는 수천 명의 시민이 참석한 가운데 카비테의 카윗에서 필리핀 독립을 선언했다. 아귀날도 자택의 발코니에서 리안자레스 바우티스트의 대독으로 자신이 직접 쓴 독립선언문을 낭독했으며 그날 아귀날도는 최초로 필리핀 국기를 선보였고 필리핀 국가도 최초로 연주되었다.

필리핀 국기는 필리핀 외교관 펠리페 아콘실로의 아내인 마르셀라 아콘실이 홍콩에서 만들었으며, 필리핀 국가는 당시 카비테의 음악교사였던 훌리안 펠리페가 작곡했다. 1898년 8월 필리핀에 도착한 미군은 3만 명의 필리핀군이 14마일에 걸쳐 참호를 파고 마닐라를 포위하는 것을 발견하였다. 루손섬에서 아귀날도가 이끄는 필리핀 해방군이 스페인인들을 몰아냈던 것이다. 필리핀군과 합류한 미군은 참호 조성 작업의 일부에 가담하였다. 이때까지만해도 미군은 필리핀 민중의 해방군으로 보였다.

(3) 식민주의 세력끼리의 야합, 독립 아닌 식민통치 계승 배후 흥정

이 무렵 미국과 스페인의 전쟁은 사실상 끝난 상태였다. 전쟁이 스페인의 패배로 결정이 나자, 스페인 잔류군은 미국과 비밀협상을 시작했다. 그리고 그들은 미국과 가짜 전쟁을 하기로 몰래 약속했다. 필리핀인들은 미국과 함께 싸우려고 했으나 미국은 어떤 필리핀인들도 도시 안으로의 진입을 하지 못하게 하였다. 스페인군은 어떤 필리핀인도 도시 안에 들어오지 못하게 한다는 조건으로 미국에 항복했기 때문이다.

필리핀인들은 도시 밖에서 도시를 포위한 채로 남겨지자 격노하였다. 미군은 필리핀인들을 향해 방어선을 만들었다. 아귀날도는 평화 유지를 원했으나 미군 사령관 오티스는 필리핀 자주독립세력과의 어떠한 협상도 거부하였고, 미국과 필리핀군 사이엔 긴장이 흘렀다.(영토 확장의 제국주의 성격이 강했던 미국은 2차대전 종료 후 한반도를 점령할 때에도 조선의 남북에 걸쳐 자주독립투사들의 즉각적인 환국(귀국)을 거부하고 친일파 등 친미 아부세력 중심의 동맹세력을 형성해 나갔다. 일본군 장교였던 박정희 등도 미군의 수송선에 의해 중국에서 부산항으로 귀국할 수 있었다. 친일파세력은 곧 친미세력이 되었다.)

1898년 12월 10일, 파리조약Treaty of Paris에 서명한 미국과 스페인은 필리핀·괌·푸에르토리코를 미국에 양도하고 쿠바의 독립을 인정하는 대가로 스페인에 2천만 달러를 지불한다. 이 무렵 필리핀 혁명정부는 1899년 1월 21일 마닐라 북쪽에 위치한 말롤로스Malolos에 모여 헌법을 공포하고, 이틀 후 아귀날도가 신임 대통령에 취임한다. 그해 2월부터 혁명정부는 미국군과 무력전을 벌이면서 3년간에 걸쳐 끈질기게 저항했지만, 1901년 3월 아귀날도가 체포되면서 항복하게 된다. 아귀날도는 혁명군에게 무기를 버리고 항복할 것을 명했지만 독립혁명군의 무력항쟁은 1903년까지 계속되었다. 당시의 상황을 좀 더 자세히 알아보기로 한다.

파리조약 조인 몇 달 후 미국대통령 매킨리는 "미국이 침략자나 정복자가 아닌 친구로서 왔다"며 '자비로운 합병을 선언'한다. 필리핀인들이 오랫동안 갈망해왔던 독립을 막겠다는 것이었다. 긴장이 높아가는 가운데 1899년 미군의 공격이 시작되었다.

미국은 마닐라 점령 후 시市의 외곽선을 계속 새로 그려가면서 필리핀인들을 시 바깥으로 몰아냈다. 파리조약에 동의하지 않은 필리핀인들은 매우 화가 나 있었고, 미국의 행위는 필리핀인들에게 혼란과 격분을 불러일으켰다. 아귀날도는 미군정 총독 오티스에게 평화를 요구하였으나 오티스는 "우리는 전쟁을 원한다"며 험상궂게 응대할 뿐이었다. 3시간 후 미군 포병대는 강력한 포격을 실시했고 5천 명의 미군이 필리핀군을 습격하기 시작했다. 하루 만에 3천 명의 필리핀군이 죽었다.

수백 명의 필리핀인들이 파시그Pasig강을 헤엄치다 죽었는데, 한 미국병사는 이를 두고 다음과 같이 지껄렸다. "깜둥이를 물속에 빠뜨리는 것은 칠면조 쏘기보다 더 재밌었다." 미군은 단지 60명의 사상자가 발생했을 뿐이었다. 2월 5일의 전투는 미국인들에겐 '야훼의 계시'였다.(Yahweh·Jehovah 여호와·하나님. 눈에 보이지 않으면서 인간 누구도 감히 그 '존엄성'을 부정하지 못하도록 세뇌된, 가상의 상징체) 그들은 "이 잡종雜種 무리들이 첫 번째 발포에 달아날 거"라고 생각했다. 그는 계속 말했다. "이 첫 번째 포격이 있던 장소에 내가 있었던 것은 나의 행운이다. 미군은 그때까지도 대포를 검사하는 중이었다. 우리들의 포병대는 그러고 나서 적에게 강력한 포격을 시작하였다. 이후 테네시와 네브래스카 연대는 그들을 몰아낼 수 있었다." 파리협정은 곧 의회에서 비준되었고 공식적으로 필리핀은 미국의 소유임이 선포됐다.

(4) 필리핀 독립군 유격투쟁 계속했으나 미군의 잔인한 학살로 끝장

아귀날도의 독립 운동 단체는 스페인 점령 시절보다 더 막강한 미국의 군사력에 맞서 처절하게 싸웠다. 미국 역시 스페인과의 전쟁보다 훨씬 더 어렵고 힘든 싸움을 벌이지 않을 수 없었다. 하지만 아귀날도의 군대는 몇 달간에 걸쳐 서서히 땅을 잃어갔고 마닐라에서 멀리 달아날 수밖에 없었다. 미국은 루손 섬에 이어 세부 섬, 파나이 섬 등을 연이어 함락했다. 그러나 미국의 승리는 제한적이었다.

루손 섬 전투에서 미국-스페인전쟁보다 더 오랜 기간 전쟁이 계속되었으나 미군은 마닐라 남북의 30마일정도만 점령했을 뿐이었다. 칼룸핏Calumpit에서도 미군은 승리했으나 해군이 너무 빨리 공격하는 바람에 많은 필리핀군이 미국의 덫에서 빠져나와 남쪽으로 달아날 수 있었다.

하지만 6월 12일 아귀날도의 라이벌이었던 루나Antonio Luna가 아귀날도를 따르던 필리핀인에게 암살되었다. 그의 죽음은 이미 밀리고 있던 필리핀군에 치명타가 되었다. 미군은 계속해서 아귀날도 군을 북으로 몰아붙였고 12월엔 그를 거의 포위하였다.

산 속까지 추격당한 아귀날도는 청년 장군 필라Gregorio del Pilar와 60명의 결사대를 티라드Tirad 통로에 남기고 퇴각하였다. 이들 60명은 33미군보병연대와 결전을 치르게 되는데, 7명만이 살아서 퇴각했다. 필라는 피살되었고, 33연대는 그의 사체를 벌거벗겨서 야산에 버렸다. 나중에 미군은 다시 시체를 찾아서 영웅적인 저항에 경의를 표하며 군사의식 속에 매장했다.

미군은 아귀날도를 놓쳤으나 티로나Danilo Tirona 휘하의 필리핀군 1,100명이 항복하였다. 2주 후 미군측도 로턴 장군(Henry Lawton 1843~1899)이 마닐라 외곽의 산 마에토 전투에서 전사하였지만 필리핀군은 사기가 떨어졌다. 그러자 아귀날도는 정규전을 포기하고 게릴라 전투를 하기로 결정한다.

3월 17일 미군은 보홀Bohol섬을 점령했으나 필리핀군이 전면전을 회피하면서 미군의 점령 계획을 어렵게 만들었다. 전진은 매우 느렸고 결국 오티스 장군은 아더 맥아더장군(더글러스 맥아더의 부친)으로 5월 2일 교체된다. 전쟁이 격화됨에 따라 민간통치를 준비하기 위하여 태프트 위원회가 6월 달에 도착했다. 이에 의해 미국의 무력우위를 확인한 일부 필리

전쟁 첫날인 1899년 2월 5일 산타 아나Santa Ana 근처에서 침략군으로 돌변한 미군의 소탕작전으로 학살된 필리핀 독립군들의 처참한 모습.

핀인들은 미국과의 협력을 하기 위해 연방당Partido Federal을 만들게 된다.

미국은 이 친미단체를 적극 지원하였으며 필리핀인에게 주어진 공직은 이 Partido Federal의 회원들에게만 주면서 친미파를 육성했다. 1901년 2월 2일 공식적으로 Partido Federal이 출범함과 동시에 파나이의 필리핀군이 항복하였다. 5월 8일 보홀 섬 로노이Lonoy전투에서 미국은 대승을 거두었다. 「로노이의 대학살」이라 불리는 이 전투는 가장 잔인한 전투 중 하나였다. 1901년 3월 미국은 보올섬의 자그나와 로노이에 2개의 강력한 기지가 있는 것을 알게 되었다.

카세나스Gregorio Casenas가 지휘한 필리핀군은 좁은 길을 따라 매복을 준비했다. 그러나 필리핀인 살라스Francisco Salas의 배신으로 미국은 이 매복을 알았고 살라스는 미군을 후방으로 몰래 잠입할 수 있게 해주었다. 결국 참호에 사로잡힌 필리핀군은 포격과 총검으로 살해당하였다. 미군은 항복하는 필리핀인들도 모조리 사살하였다. 단지 7명만이 살아남고 필리핀군은 모두 전멸 당했다.

아귀날도는 루손 섬에서 프레더릭 펀스턴에게 사로잡혔다. 전후 사정은 다음과 같다. 미국은 아귀날도를 잡기위해 노력했으나 계속 실패하였고 아귀날도는 북쪽으로 달아났다. 그 후 1901년 3월 아귀날도는 루손 섬의 북쪽 팔라낭 마을에 기지를 건설하였다. 이 지역의 고립성과 산악지형이 미국의 공격을 무력화시키자 펀스턴은 음모를 꾸몄다.

펀스턴Frederick Funston은 더 많은 병력을 요구하는 문서를 지닌 필리핀 연락병을 잡았다. 그는 81명의 '마카베베'족族을 아귀날도를 위한 지원병력으로 위장시켰다. 마카베

미국 군인들이 필리핀 독립군들을 잡아 목매달아 죽이고 있다.

베 족은 팜팡가Pampanga섬의 원주민이었지만 스페인과 미국의 식민지배에 찬동했다. 그들은 스페인군과 미군에 참여하여 수많은 학살과 강간을 행했다.

마카베베 족 5,000명이 미군에 참여했으며 이는 미군의 5~6% 가량을 차지했다. 그리고 펀스턴과 다른 4명의 미국인이 포로인 것처럼 꾸몄다. 5월 6일 이 그룹은 카시구란 Casiguran만으로 향하였고, 아귀날도 캠프에서 50마일 떨어진 빅스버그에 상륙했다. 아귀날도의 본부를 찾아가는 도중에 마카베베족은 그들이 5명의 미국인을 잡아서 달아나고 있다고 주민들에게 말했고, 이에 속은 주민들이 그들을 환대하고 아귀날도의 캠프로 가는 길을 가르쳐주었다.

필리핀 유격대 본부에 5마일까지 접근한 일행은 메시지를 아귀날도에게 보냈다. 아귀날도가 필리핀인은 계속 들어오고 미국인들을 아귀날도 군에게 보내라고 했다. 예기치 못한 반응으로 인해 미군의 음모에 장애가 발생했으나, 마카베베 족의 리더인 플라시도 Hilario Placido는 메시지를 위조하여 미국인들을 캠프에 들어올 수 있게 했다.

미국인들은 캠프 밖에 숨고, 3월 23일 마카베베 족이 캠프에 도착한 그날은 마침 아귀날도의 32번째 생일날이었다. 아귀날도는 이들에게 축제를 즐기라고 하였고, 바로 이때 플라시도는 신호를 보내 아귀날도 호위대를 사살하였다. 미국인들도 즉시 무기를 잡고 본부로 돌격하였다.

펀스턴은 충격 받은 아귀날도를 사로잡았고 나머지 무리는 달아났다. 빅스버그로 돌아간 이들은 마닐라로 향했다. 한편 아귀날도는 잔류군을 항복시키라는 강력한 압력을 받았고, 그는 결국 다른 장군들에게 항복하라는 설득을 하였다. 이리하여 알레얀드리노·티니오·루콘·카일레스·산디코 그리고 아버지인 아길파이와 형인 발더모까지 모두 항복하였다. 저항군은 바탕가와 사마르에만 남아 있었고 미국인들은 승리를 축하했다. 1901년 3월경이었다.

미국이 아귀날도를 도와 스페인과 함께 싸울 때는 그를 가리켜 필리핀의 조지 워싱턴이라는 영웅 칭호를 붙여가면서 찬양했으나 막상 미국이 필리핀을 점령한 후에는 그를 가리켜 워싱턴의 탈을 쓴 역적이라고 부르면서 그의 체포에 열을 올렸다. 미국은 스페인군과 전쟁을 벌이는 동안에만 아귀날도를 이용했을 뿐이다. 이에 아귀날도가 이끌던 필리핀 정부는 필리핀에 대한 미국의 주권을 인정하지 않고 미군에 대항하여 독립투쟁을 계속했다.

아귀날도가 체포된 이후에도 미구엘 말바르가 아귀날도의 자리를 이어받아, 필리핀 독립군은 끊임없이 저항하였다. 미국의 지휘권도 바뀌어 7월 4일 행정권은 태프트에게 군사권은 애드너 채피Adna Chaffee 장군에게 이양된다. 그리고 미국의 매킨리 대통령이 암살되자 시어도어 루즈벨트가 대통령이 되는데 루즈벨트와 미군은 필리핀에 대한 채피의 강경책을 열렬히 지지하게 된다.

이 전쟁에서 미군은 포로로 잡힌 게릴라들을 살인자로 취급하여 전원을 즉결 처형시키는 보복행위를 저질렀다. 미국은 유럽과의 전쟁에서도 저지르지 않았던 민간인들에 대한 학살과 포악한 만행을 필리핀 사람들에게 저질렀다. 게릴라전을 치르는 동안 미군은 어떤 마을을 송두리째 파괴하고 주민들을 강제 수용소로 소개시키는 등 미군은 필리핀 사람들을 인간이하로 취급하고 살인행위를 서슴지 않았다. 이러한 사실들은 여러 자료가 증명하고 있다.

미국은 필리핀 독립투쟁 게릴라들을 전쟁포로가 아닌 전범자로 취급하여 모두 처형해버리는 끔찍한 살인행위를 저질렀던 것으로 밝혀졌다. 미국은 영국·프랑스·스페인과의 전쟁에서는 포로로 잡힌 군인들에게 인간대우를 해주었으나, 누런 색깔의 피부를 가진 필리핀 군인들과 민간인들은 문명을 갖지 않은 야만인으로 취급한 것이다.

최근 필리핀 국회의원들이 100여 년 전 미국이 필리핀을 점령하던 기간 동안에 필리핀 중부 사마르 주의 한 가톨릭 성당에서 가져간 교회 종 3개의 반환을 미국 정부에 요구했다. 테오도로 카시노·네리 콜메나레스·벤 에바르도네 등 국회의원 3인은 필리핀-미국 전쟁 동안 저지른 "역사적 죄악을 바로 잡기 위해" 미국은 종교 예술품들을 반환해야 한다고 촉구했다. '발랑기가 종'은 1901년 미군이 사마르 섬의 발랑기가Balanggiga마을에서 탈취해 간 것이다.(Filipinos ask US to return church bells 『UCA news』 2010. 10. 11.)

1901년 8월 11일, 9연대의 C중대는 사마르의 발랑기가 마을로 향했다. 이 군대는 코넬Thomas Connell이 지휘했는데 이 자는 에이레계 가톨릭교도로 마을을 가톨릭식으로 만들 생각이었다. 그는 이 목적을 위해 원주민을 고용했고 이중에 룩반(Vicente Lukbán 1860~1916)이라는 병사도 포함됐다.

9월 26일 밤 옷을 잔뜩 껴입은 여자들이 마을의 교회로 조그만 관을 운반하는 것이 목격되었다. 미군이 관을 열자 관에는 콜레라로 죽은 아이들이 나왔다. 하지만 관에는 칼들이 숨겨져 있었고 많은 여자들이 실제로는 남자였다.

다음날 아침 지휘자 페드로 산체스가 한 보초와 이야기를 나눈 뒤 총성이 울렸다. 이를 신호로 교회에 숨어 있던 병사들은 칼과 도끼·삽으로 미군을 향해 일제히 공격을 했다. 미군은 코넬의 명령에 따라 보초와 장교들만이 무장하고 있어서 단체로 식사를 하던 많은 미군들이 죽었다.

미군들에 의한 타이타이 학살 때 자신들이 불태운 성당의 종들을 전리품이라며 앞에 놓고 찍은 기념사진. 이 종들 중 하나는 이 전투에 참가한 미2사단인 한국 의정부 주둔 미군 부대 안에 전시되어 있었다. 이 종을 돌려 달라는 필리핀 의회의 결의와 요청에도 반환하지 않았다. (최천택·김상구 『전쟁과 기독교』 책과 나무 2013)

미군들은 격렬하게 저항했으나 코넬은 부하들이 보는 앞에서 죽었다. 브레튼이 지휘하는 그룹이 간신히 무기를 확보하였고 그들은 즉시 필리핀인들 250명을 사살하였다. 미군의 경우, C중대원 중 59명이 죽었고 23명이 부상하여 6명만이 무사하였다.

생존자들이 바세이에 도착하자 북밀러Bookmiller 중령은 55명의 자원자와 함께 복수를 다짐한다. 그리고 마을과 해안근처의 필리핀인들을 모두 사살했다. 그들은 마을에서 동료들의 시체가 난도질당한 것을 보았거나 승리를 축하했던 필리핀인들을 사로잡았다.

그들은 스스로 땅을 파야했고 미군은 그들을 모두 매장했다. 나머지 필리핀인들의 시체는 모두 모아서 불태웠고 마을을 아예 없애버렸다.

이 사건은 많은 반향을 불러일으켰고, 매우 격앙된 미군들은 이후 전법을 초토화전과 대규모 학살전으로 바꾼다. 이리하여 이후 일상적으로 민간인을 학살하게 되었다. 제국주의 침략자들의 학살 과정인, 「침략 → 상대방 반항 → 분노의 복수·참혹한 학살」의 일상적인 절차였을 뿐이었다.

채피Chaffee 장군은 전쟁에서 승리하기 위해 잔인한 수단들을 모두 승인했고 잔인성은 이후 전쟁에서 더욱 확대되었다. 10월에 세부 섬이 항복하였고 12월엔 바홀 섬이 함락되었다. 1902년 룩반Lukban이 사로잡히면서 사마르 섬의 항쟁은 끝이 났다.

루손 섬의 전쟁이 끝나갈 때 프랭클린 밴은 악명 높은 작전을 실행하였다. 모든 시민들은 특정 도시로 소집되었고 이 도시들은 교도소가 되었다. 그리고 이 지역밖에 있는 모든 마을과 집들을 부수기 시작하였다. 4월 16일 말바르 섬이 함락되었고 7월 4일 프랭클린은 전쟁 종결을 선언한다. 그러나 이 전쟁 중 엄청나게 많은 잔학행위가 일어났다는 사실이 문제가 되었다.

◎ 바탕가스 대학살을 '하나님의 뜻'이라며 망발의 자화자찬

1901년 바탕가스는 저항이 지속되는 최후의 지역 중 하나였다. 사무엘 서머장군은 남 루손 1지역의 반란군을 진압하고 있었지만 속도가 너무나 느렸다. 그러자 1901년 11월 30일 벨Franklin Bell로 지휘관이 교체되었다. 벨은 비교적 서머보다 덜 잔인했으나 벨도 북 루손에서 잔학함을 과시한 인물이다. 벨은 자신이 북루손에서 한 것과 같은 방법을 이용했다.

12월 8일 벨은 필리핀인을 보호한다는 구실을 만든 후 몇몇 마을을 선택하여 그곳에 모든 주민을 이동시켰다. 그리고 죽음의 선을 그어놓고 이 선 바깥에 존재하는 사람은 그 누구든 죽여 버렸다. 사람·집·동물·가게·배·농작물 등을 모조리 태워버려 민간인들의 저항의지를 꺾어버리고 저항세력의 공급을 차단했다. 1902년 1월부터 4월까지 4000명의 미군들이 이 존ZONE의 바깥을 경비 하였고 다른 반쪽이 그 외 지역을 초토화시켰다. 이 기간 중 8,350명의 필리핀인이 존에서 사망했다. 조그만 지역에 사람들을 모아놓다 보니 위생이 엉망이 되었고 식량마저 부족해 사망자들이 더 늘어났다.

캠프는 길이가 2마일, 폭이 1마일이었는데 여기에 8천명의 필리핀인이 살았고, 한 건물에 이백 명이 살기도 하였다. 로보와 산 주안의 캠프는 20%가 몰살당하기도 했다. "정말 웃기는 것은 깜둥이들이 우글거리는 이 작은 지역은 바깥에 죽음의 선을 가진 우리였

고 이 선 바깥에 있는 살아있는 모든 것은 죽임을 당했다. 도착했을 때 난 천연두환자를 30명을 발견하였고 매일 5명의 환자가 발생했는데 대부분 죽음 직전이었다. 밤이 되면 흡혈박쥐들이 시체들에서 잔치를 벌이고 모기들이 바쁘게 돌아다녔다. 이 시체들의 악취는 곳곳에 흘러 다녔고 이는 사랑스런 지배의 평판을 약간 불편하게 하였다."(Commander of one of Bell's concentration camps)

이 존(지역)에서의 사망은 질병과 기아에 의한 것만은 아니었다. 양민들은 항상 처형의 위협 속에 있었다. 미국인 사망자가 생긴다거나 필리핀인들이 조금 다른 일을 한다 싶으면 죽여버렸다. 1902년 봄 한 미국인 병사는 1300명의 양민학살을 묘사하였다. 편지에 따르면 한 필리핀 성직자가 고해성사를 하였는데, 미군은 신도들 앞에서 그 성직자를 교수형으로 처형했다.

또 양민들은 몇 주 동안 20명씩 묶여서 그들의 대규모 묘지를 팠고 처형되었다. 벨에 따르면 식량이 부족해서 그렇게 양민학살을 하는 것이 필리핀인들에게 필요하다는 것이었다. 그게 학살의 모든 이유였다. 미국인이 죽으면 무작위로 양민들을 추출해서 죽여버렸다. 잘 살거나 영향력이 있는 필리핀인은 독방에서 특별히 나쁜 취급을 받았다. 그들은 작은방에 한명씩 투옥되었고, 미국에 복종을 맹세할 때까지 갱을 불러 그들의 집을 부쉈다.

벨 장군에 따르면 이런 건 전쟁에서 피할 수 없는 것이며 죄없는 사람들도 이 범죄들로 인해 고통을 받을 수밖에 없다고 하였다. '기독교 정신'으로 무장된 미군의 「바탕가스 대학살Batangas Massacre」은 이렇게 끝없이 잔인하게 진행되었다.

바탕가스에서 얼마나 죽었는지 아무도 모르지만 대개 10만 명 정도로 추정한다. 이 학살전을 수행한 벨 장군은 전 인구의 6분의 1을 죽였다고 주장하였다. 하지만 벨 장군은 "다른 제국주의 국가라도 이런 가혹한 처사를 단행하였을 것"이라고 주장했다.

이 수용소는 1902년 4월 16일 말바르의 항복으로 폐쇄되었지만 부작용은 오래갔다. 태프트에게 보내진 편지에 1896년에서 1905년과의 비교에 대한 조사가 적혀있다. 발라양이란 마을에서 1896년 41,308명의 인구가 있었는데 1905년엔 인구가 13,924명으로 줄었다. 소의 숫자는 3,680마리에서 80마리로 줄었다. 10만 마리의 닭은 5,000마리로 줄었다. 이 「바탕가존 사건」은 미국의 잔학성 중에서도 최악이었다. "유타에서 토끼를 잡으면 토끼들은 달아나기만 하였으나 필리핀의 폭도들은 그러지 않았다."

미군지휘관 중 특히 스미스(Jacob Hurd Smith 1840~1918) 준장이 악명 높았다. 그는 "열 살 이상은 모조리 죽여라 Kill everyone over ten"라는 명령을 내리고 "나는 포로를 원치 않는다. 나는 너희들이 죽이고 불태우기를 원한다. 더 많이 죽이고 불태울수록 더 기

"10살 이상은 모조리 죽여라"라는 명령을 기사화한 신문 보도 사진.

뻘 것이다" 라면서 학살을 명령하였다. 그 뒤에 문제가 되자 미군은 그를 군법회의에 회부했지만 구두경고와 전역이외에는 어떤 처벌도 하지 않았다.

스미스는 재판 도중 자신의 학살명령을 모두 인정했으며 그것이 전쟁 중에 필요한 것이었다면서 오히려 자신의 행위를 자랑했다. 제국주의 신문들조차도 그의 잔혹행위를 비난하였으나 법정은 그를 무죄로 판결했다.

그리고 그는 샌프란시스코에 전쟁영웅으로 금의환향하나 군대에서는 퇴역해야 했다. 그밖에도 많은 학살혐의자들이 기소되나 모두 무죄 방면되었다. 그리고 이 모든 작전의 최종 지휘자이며 작전입안자인 채피Chaffee는 기소되지도 않았다. 이로써 전쟁 중의 모든 잔학행위에는 면죄부가 주어졌다. 이후에도 미군은 민다나오 섬과 졸로 섬에서 모로족과 11년간 더 전쟁을 하게 되지만 이후 필리핀은 점차 미국화 되어갔다.

(5) 염라대왕 매킨리의 망언, "필리핀 정복은 신(야훼)의 뜻이었다"

모든 미국인들이 필리핀전쟁을 찬성한 것은 아니었다. 반제국주의자들은 작은 그룹이었으나 많은 활동을 했다. 그들이 주장한 필리핀합병에 대한 반대이유는 자유와 민주주의에 대한 믿음과 미국을 소수민족들이 더욱 더럽힐지도 모른다는 우려 등 여러 가지였다.

1900년 당시 「반제국주의자 동맹」의 부회장이었던 마크 트웨인(본명 Samuel Langhorne Clemens 1835~1910)은 "미국은 필리핀을 해방시키기 위해서가 아니라 (필리핀의) 정복을 목적으로 전쟁을 벌인다는 사실을 알고 있다. 그러므로 나는 반反제국주의자다. 나는 침략전쟁을 벌이는 것에 단호히 반대한다. …미국의 우수한 젊은이들이 더럽혀진 깃발(성조기) 아래 불명예스러운 총사銃士(총잡이)로 전락하여 다른 나라로 보내지는 것에 강한 불쾌감이 든다"라고 미국의 제국주의적 행태를 비난했다.

트웨인 외 철강 왕 앤드류 카네기 그리고 스탠퍼드 대학총장인 데이비드 조단 등의 지식인들과 사회지도층 인사들도 필리핀을 미국에 합병시키자는 의견을 강력하게 반대했다. 합병 반대론자들은 필리핀 합병이 미국의 민주주의를 손상시키는 처사이며 필리핀을 병합한다는 것은 각국의 민족자결권을 무시하는 것이며 먼로 독트린과 제퍼슨이 제정한 미국 민주주의 이념을 훼손하는 것이라고 강하게 반대했다.

하지만 이들의 소리는 무시되었다. 합병 찬성론자들은 그들의 선조인 청교도들이 처음 신대륙에 진출해서 인디언들을 교화시키려했으나 무지몽매한 그들이 반대했다고 해서 청교도들이 다시 영국으로 돌아가지 않았기 때문에 오늘날 세계에서 가장 강력하고 부유한 국가가 되었음을 상기시켰다. 또한 그렇게 반항했던 인디언들도 미국에 복종하고 미국의 법을 따르게 되었으므로 필리핀도 인디언들과 마찬가지로 미국의 민주주의를 가르치고 야만적인 필리핀 사람들을 문명화시켜야 한다는 주장이 오히려 다수의 의견으로 대두하였다.

제국주의 미국의 침략세력은 미국이 떼부자에 노예까지 있어서 지극히 불평등하고 비민주적인 착취사회인데도 불구하고 끝까지 '민주주의 사회'라고 착각하고 우겨대는 모양새로 온 세계를 정복해갈 태세였다.

필리핀 침략과 지배를 둘러싼 논쟁에 대한 윌리엄 매킨리 대통령의 답변은 경악과 실소를 금치 못하게 한다. 그는 백악관을 방문한 각료들에게 필리핀 합병을 결정하게 된 배경을 다음과 같이 설명하였다고 한다.(William McKinley 1843~1901. 무정부주의자에게 암살당함)

"나는 신에게 간청 기도를 하던 중에 그 섬들을 모두 흡수한 후 필리핀 사람들을 교육하여 문명화하고 기독교화하지 않을 수 없다는 사실을 깨닫게 되었으며, 그런 연후에야 비로소 잠자리에 들어 단잠을 이룰 수 있었다"라고 했다. 필리핀 침략은 신(야훼)의 뜻이었다는 주장이다.

매킨리 암살 후 대통령이 된 시어도어 루즈벨트는 다음과 같은 말을 남기기도 했다.(Theodore Roosevelt 1858~1919, 26대 대통령 1901~1909, 노벨평화상 1906)

"어떤 전쟁이든 대환영이다. 우리나라는 전쟁이 필요하다고 생각하기 때문이다."

1897년 '시어도어 루즈벨트'가 해군차관으로 임명되면서 한 말이다. 루즈벨트의 말 이후 그 이듬해 스페인과 전쟁이 일어났으며 미국-스페인 전쟁 종전 즉시 필리핀-미국 전쟁이 일어났으니 미국의 최고위직이 원하는 바대로 역사는 전개된 셈이다.

전쟁은 미국의 해외정책에 주요한 전환점이 되었다. 겉으로는 고립주의를 표방하고 있었지만 미국의 영향력은 모든 아시아에 확장되고 있었다. 미국에게 필리핀 정복은 중국으로의 문을 열었고 엄청난 경제적인 기회를 제공했다. 이는 제국주의 일본이 역시 중국으로 확장하려고 했기 때문에 일본과 미국의 경쟁은 불가피하게 되었다. 수십 년 후 필리핀의 섬들은 제2차 세계대전 중 미군의 중요한 요충지가 된다.

미국은 필리핀을 점령해야 할 아무런 권리가 없었다. 그리고 그곳에서의 행동은 변명의 여지가 없다. 미국은 자유를 원하는 필리핀 군인과 양민들을 학살하였다. 미국은 필리핀인들과의 협상도 거절하고, 오로지 즉각적이고 무조건적인 굴복만을 요구했다.

필리핀에서 미군이 저지른 만행은 1900년 12월 아서 맥아더 장군이 현지 미군에게 하달한 내부지침서에 잘 나타나 있다. 이 문서에 따르면 "필리핀인에게는 전쟁규칙을 준수할 필요가 없다"고 되어있다.

필리핀 독립전쟁 기간 중인 1898년에서 1913년까지의 희생자 수는 필리핀 독립군 약 2만 명, 민간인 20만 명에서 150만 여명으로 알려져 있다. 민간인 학살의 경우 편차가 큰 것은 그만큼 사건의 진실이 은폐되고 왜곡된 증거의 방증이기도 하다.

그러면 미군 희생자 수는 어느 정도 될까? 대략 5천 명 정도로 추정되고 있는데, 미군 사망자는 전쟁보다 질병으로 인한 것이 더 많았다. 말라리아 등 풍토병은 필리핀군보다 더 무서운 적이었던 셈이다. 필리핀 독립전쟁 시기에 미군들이 필리핀인들을 어떻게 학살했는가를 당시 참전했던 미군들의 증언 몇 가지를 사례로 들어보자.

① F. A. Blake of California, in charge of the Red Cross

"나는 그런 처형을 본 적이 없다. 그리고 다시는 그 광경을 보고 싶지도 않다. 우리는 지나친 모든 지역에서 부상자에게 붕대를 감아주어야 했는데, 다리나 팔은 거의 다 부서져 있었다. 목 자르기, 가슴이나 배의 무서운 상처들… 보이는 곳마다 미군들이 원주민을 죽이고 있었다. 필리핀인들은 그들의 땅에서 영웅적으로 버텼으나 잘 훈련되고 사기 높은 미군의 강력한 화력 앞에 저항할 수 없다는 것을 증명할 뿐이었다. 나는 한 조그만

들판에서 79명의 시체를 셀 수 있었고 강의 반대편에도 시체가 곳곳에 가슴높이까지 쌓여 있었다."

② A private of Company H of the First Regiment, Washington State Volunteers

"곧 우리는 진격하라는 명령을 받았고 우리는 참호에서 나아가 허리까지 차오르는 진흙탕 물을 건너기 시작했다. 그러나 우리는 끓어오르는 피로 그런 것 따위 신경을 쓰지 않았고 우리는 모두 깜둥이들을 죽이길 바랬다. 사수들에게 이는 화끈한 게임이었고 토끼를 조각조각 내듯이 사냥하였다. 다시 곧 그들에게 돌격하는데 그런 학살은 아마 본적이 없을 것이다. 우리는 수백? 아니 수천의 그들을 토끼처럼 사냥하였다. 우리 모두 미쳤다. 전쟁이 끝나면 정말 엄청날 것이다. 하지만 이건 전쟁이다. 우리는 곧 전쟁터를 돌아다니면서 아직 살아있는 그 모두를 죽였다. 죄수는 없다. 그들이 우리를 괴롭혔으므로 우리는 부상자와 그 모두를 죽일 것이다."

③ A Corporal in the California Regiment

"우리는 낮에 잠을 자고 밤에 임무를 수행했는데 거리를 순찰하였다. 7시까지 모든 사람은 집에 들어갈 것을 단지 한번만 경고하였다. 거부하면 즉각 사살하였다. 우리는 첫날 300명이상을 죽였다. 그들이 공격하려 하면 우리는 집을 불태우고 근처의 모든 집까지 태웠고 원주민은 사살하였다. 그러니까 마을은 당장 조용해졌다."

④ A. A. Barnes, Battery G., Third United States Artillery

"Titatia마을은 며칠 전 우리에게 항복했고 2개의 중대가 점령중이다. 지난밤 중대원 중 하나가 위장이 잘린 채로 발견되었다. 즉각 휘튼장군은 마을을 없애고 모든 사람을 죽이라는 명령을 내렸다. 명령은 즉각 시행되어 천 명 가량의 남자와 여자 그리고 어린이들이 죽었다. 나는 강한 마음을 지니게 되었고 영광 속에서 검은 피부를 한 자들에게 포격할 수 있었다."

⑤ Sergeant Will A. Rule, Co. H, Colorado Volunteers

"5내지 6개의 블록에 4~5백 명의 사람들이 있다는 것을 알게 되면 여자나 아이들은 나오게 한 후 집에다 불을 지른다. 달아나려 하는 깜둥이들은 쏴 죽인다. 이게 필리핀식 전쟁이다."

⑥ Leonard F. Adams, of Ozark, in the Washington Regiment"

테네시 친구들이 얼마나 많은 남자와 여자 그리고 아이들을 죽였는지 난 모르겠다. 그들은 포로를 잡을 생각을 하지 않았다. 테네시의 한 중대는 본부에 30명의 포로를 보냈는데, 본부엔 백 마리의 닭이 있었고 포로는 한 명도 없었다." 사로잡힌 자들에게 행운은 없었다. 이들에게는 General Order 100이 적용되었다.

이 일반명령 100은 남북전쟁 때 만들어진 것으로 민간인인척 하거나 전쟁을 하다가 집으로 돌아가는 게릴라전을 하는 자들을 즉각 처형할 수 있도록 하는 것이었다. 사로잡힌 자들은 보복 등으로 항상 처형될 처지에 놓였다. 한 예로 대위 콜러가 필리핀의 덫에 걸려 도끼질을 당하자 훈스턴 대령은 24명의 필리핀 포로를 처형하였다.

반면 필리핀인들은 미국인 포로를 비교적 편하게 대우했다. 그들은 잘 먹었고 필리핀 군대에 여러 가지 요구를 하였다. 1899년 아귀날도는 미국의 언론인들을 초청하고 미군 포로들의 상태를 보게 했다.

그들은 미군포로들이 죄수라기보다 손님으로 다루어지는 것을 확인했다. 몇 명의 포로를 석방하면서 아귀날도는 포로를 정당하게 대우한다는 것을 직접 증명했다. 아귀날도가 체포된 후 필리핀인들은 더 이상 포로들을 잡으려 하지 않았다. 사실은 그럴 기회가 거의 없었다.

미군은 투항한 필리핀 독립군을 포로로 대우하지 않았고 살인자라는 이름을 붙여 모두 처형시켰다는 사실을 상기할 필요가 있다. 필리핀 사람들이 처절한 저항과 극렬한 게릴라전을 통해 미국의 통치에 반대하지 않았다면, 미국은 과연 필리핀을 독립시켜 주었을까? 아무튼 미국이 필리핀을 식민지화하려는 야욕이 없었다고 믿는 독자들은 아마 거의 없을 것이다. 아무튼 필리핀은 미국의 서태평양의 불침함대가 되어 동아시아를 상대로 군사 협박과 무역전쟁에 이르는 제국주의 점령정책 수행에 유리한 기지 역할을 하여 왔다.

3. 국적 불명 무장 상선 제너럴 셔먼호 평양 침투 · 분멸 사건

1) 반식민지 상태의 청 정부 중개, 조선에 통상 표방 압박 계속

고종 3년(1866) 4월 초 박규수는 평양감사로 부임했다. 부임 초기의 활동 중 가장 중요한 사건은 대동강에 침투한 미국 상선 제너럴 셔먼Generel Sherman호를 격퇴 분멸焚滅한 일이다.(김명호 『초기 한미관계의 재조명』 역사비평사 2005)

그해에는 유난히도 이양선異樣船(외국배 · 서양배)의 출몰이 잦았다. 5월에 미국 상선 서프라이즈호 선원들이 평안도 철산鐵山에 표착漂着했다는 보고가 들어왔다. 박규수는 철산부사 백낙연白樂淵에게 선원들에 대한 보호와 함께 문정問情을 지시했다. 백낙연의 보고에 의하면 서프라이즈호는 중국 지푸(옌타이. 산동반도 北港)에서 오키나와로 항해하던 중 난파되었다고 했다. 조선 관원들은 서양인 선원들에게 인도적 대우를 아끼지 않았으며, 그들을 모두 중국으로 안전하게 보내주었다.(『일성록』 고종 3년 5월 12일, 17일, 23일, 6월 8일. 그리피스 저, 신복룡 역주 『은자의 나라 한국』 집문당, 1999. 김원모 『근대한미관계사』 철학과 현실사 1992.)

이어서 6월 말에는 독일 함부르크 상인 오페르트Ernst Oppert가 영국 상선 엠퍼러Emperor호를 타고 아산만에 나타났다. 그는 지난 2월 영국 상선 로나Rona호를 타고 충청도 아산만에 나타나 통상을 요구한 뒤 사라진 자였다. 오페르트가 타고 온 엠퍼러호는 약 250톤급 증기선으로 대포와 소형 회전포 등으로 무장을 갖추었으며, 그 배에는 선장 모리슨Morrison 등 서양인 6명을 포함하여 모두 25명이 타고 있었다.

○『일성록日省錄』 : 조선조 정조로부터 말기까지 역대 임금의 언동言動을 기록한 책. 정조는 어려서부터 영명해서 학문을 좋아했으므로 1760년(영조 36년) 세손世孫으로 있을 때부터 일기를 기록하기 시작했다.

왕위에 오른 후에는 준재俊才를 모아 규장각을 설치하고 모든 기록을 각신閣臣들에게 대편代篇시킬 때 왕 자신이 필삭筆削을 가하여 자신의 언동도 기록시켰다. 이 기록은 1910년에 이르기까지 150년간 계속되었다. 『조선왕조실록』 『승정원일기』 『비변사등록』(국방 기록) 등과 함께 근대사 연구에 귀중한 자료가 된다.

오페르트 일당은 북상하여 7월 10일 강화도 근해까지 진출했다. 그곳에서 한강으로 통하는 수로를 탐색하던 오페르트 일당은 강화도의 관원들 및 서울에서 급파된 역관들과 수차 만나, 1860년 영국이 중국과 맺은 베이징조약을 들먹이며 조선 정부와의 통상 협상을 요구했다. 그러다가 배의 연료 부족과 항행상의 악조건 등을 우려하여 한강 항행을 포기하고 7월 20일 상하이로 퇴거했다. 오페르트는 2년 뒤에 다시 나타나 대원군 부친 묘 도굴사건을 저지른다.(오페르트, 신복룡·장우영 역주 『금단의 나라 조선』 집문당 2000. 엠퍼러호의 숭선 인원수는 오페르트의 기록에 따랐다. 당시 조선측 문정 기록에는 30명으로 되어있다.)

그런데 엠퍼러호가 강화도 방면으로 북상중이던 7월 7일, 중국에서 보낸 자문咨文(중국과의 공식 연락문서)이 도착했다. 조선 정부의 천주교 박해로 프랑스 선교사가 피살된 데 대한 보복차 프랑스 함대가 원정에 나설 것이라는 긴급 정보를 알려온 것이었다. 정부는 즉시 사건의 진상에 대해 해명하는 회자回咨를 작성하고, 역관 오경석吳慶錫을 재자관賫咨官(문서 전달 사절)에 임명하여 베이징으로 급파했다.

엠퍼러호의 출몰과 프랑스의 보복 원정 정보로 인해 크게 불안을 느낀 정부는 평안도 감영 등에 대해 인삼 밀수 및 중국 배와의 밀무역을 엄단하도록 명했다. 또한 천주교 박해 사실이 프랑스에 신속히 알려진 것은 국내에 호응하는 무리가 있고 국경 수비가 허술했기 때문이라며 천주교도 등 수상한 자들을 체포하고 국경과 연안의 수비를 엄중히 하도록 거듭 지시했다.(『일성록』 고종 3년 7월 1일, 8일, 11일, 14일, 18일. 그리하여 강화도에서 오페르트 일당과 몰래 접촉했다는 자들이 체포되어 처형되었다.)

셔먼호가 출현한 것은 바로 이러한 극도의 위기 상황에서였다. 당시 조선 정부는 엠퍼러호가 충청도 아산만과 당진만을 거쳐 강화도 근해에 진출한 사실을 모르고, 각처에 각기 다른 이양선들이 출현한 줄 알았다. 그런데 셔먼호까지 황해도와 평안도 접경 해역에 출현하자, 사방에 이양선들이 들이닥친 것으로 오인되어 더욱 위기감이 고조되었다.

(1) 셔먼호의 정체는 훨씬 후에야 미국의 배였음이 드러나

셔먼호의 정체는 지금까지도 제대로 밝혀져 있지 않다. 이 배는 "원래 미국 해군 소속 프린세스 로열호로 취역 중 대중對中 무역상 프레스턴이 구입하여 제너럴 셔먼호라고 개칭"한 배인지, 아니면 오래 전부터 중국·베트남·태국과 기타 동남아시아 여러 나라들에서 해적 행동을 감행한 해적선인지, 서로 대립하는 이 두 설은 모두 근거가 제시되어있지 않다.(김원모「슈펠트의 탐문 항행과 조선 개항 계획 1867」『동방학지』 35, 연세대 국학연구원 1983)

그런데 미국 해군의 공식 문서에 의하면, 남북전쟁에 동원되었던 프린세스 로열 Princess Roral호는 1865년 퇴역하여 쿡Samuel Cook이라는 민간인에게 팔렸다가,

1868년 다시 보스턴의 한 상사商社에 팔리면서 「제너럴 셔먼호」로 개칭되었으며, 1874년 뉴올리언즈로 항해하던 중 침몰했다고 한다. 그렇다면 이는 1866년 대동강에서 격침된 제너럴 셔먼호와는 무관한 배였음이 확실하다. 그러니까 결국 제너널 셔먼호는 미국의 침략 은폐용 약탈선의 하나로 추측되고 있을 뿐이다.

한편 19세기 말 일본의 외무대신을 지낸 무쓰 무네미쓰陸奥宗光의 『건건록蹇蹇錄』에 의하면, 셔먼호는 1865년 소위 버제빈 사건에 연루되었던 바로 그 배로 짐작된다. 청국 군대를 돕는 외인부대인 상승군常勝軍의 지휘관으로 활약하다가 태평천국군太平天國軍에 투항한 미국인 모험가 버제빈Burgevine은 추방당해 일시 체류 중이던 일본 요코하마에서 셔먼호를 타고 태평천국군에 복귀하고자 했다. 그리하여 버제빈은 1865년 5월(이하 양력) 타이완의 따꺼우(打狗 : 高雄) 항구에서 외국인 용병들을 모집하여 셔먼호를 무장시킨 다음, 중국 샤먼廈門에 상륙하여 태평천국군과 합류하려다가 체포되었다고 한다.

1866년 7월 셔먼호의 선주 프레스턴은 중국 텐진天津에서 영국 메도우즈 상사 Meadows & Co와 용선傭船 계약을 맺었다. 메도우즈 상사는 조선에 가서 교역할 각종 상품을 셔먼호에 선적했으며, 화물 감독으로 호가스를 임명하고, 그를 먼저 지푸로 보내 수로 안내인과 화폐 감정인을 구해두도록 했다. 7월 29일 텐진을 떠난 셔먼호가 지푸에 도착했을 때 조선어 통역으로 목사 토머스가 승선했다.

셔먼호와 마찬가지로, 승선자들의 정체 역시 석연치 않은 점이 많다. 이 배에 탔다는 5명의 서양인 중에서 선주 프레스턴Preston, 선장 페이지Page, 항해사 윌슨Wilson은 미국인이고, 화물 감독 호가스Hogarth와 목사 토머스Thomas는 영국인으로 알려져있다. 그러나 당시 조선측 문정問情 기록에 의하면, 그들은 "우리는 서양 삼국지인三國之人"이라고 밝히면서, 선장 페이지를 "단국인但國人" 즉 덴마크인으로 소개했다고 한다.(『일성록』 고종 3년 7월 15일, 황해감사 장계. 진단학회 편 『한국사』(최근세편, 278쪽)는 이를 따라서 선장 페이지가 덴마크인이라고 했다.)

(2) 영국인 토머스의 정체, 선교회의 자유분방한 외톨이

그런데 셔먼호를 용선한 메도우즈 상사가 영국 영사 몬간Mongan에게 보낸 서한을 보면 선장 페이지는 "미국 시민"이고, 항해사인 "넬슨Nelson은 귀화한 미국 시민"이라고 밝히고 있다. 이에 의하면, 셔먼 호에 미국인 3명이 탑승한 사실은 틀림없으되, '윌슨'으로 알려진 항해사는 실은 '넬슨'으로, 미국에 귀화한 덴마크인이었을 가능성이 있다. 아마도 그들은 조선측의 문정을 받을 때 세勢를 과시할 목적으로 서양 '3국'에서 왔다고 하면서, 그 중 1명을 미국인이 아닌 덴마크인으로 소개했던 것이 아닌가 한다.

그래도 어째서 항해사가 아니라 선장이 덴마크인으로 소개되었던가 하는 문제가 남는데 이는 기록상의 착오이든가 아니면 선상에 모습을 드러내지 않은 항해사(따라서 서양인 중 그만이 조선측에게 소개되지 않았으며, 漢語名도 없다)를 대신하여 선장을 덴마크인으로 행세하게 한 기만술의 결과일 것으로 보인다.

당시 조선측 문정 기록에는 이들 서양인 외에 리바항李八行 · 자오반량趙半良 · 자오링펑趙凌奉 · 자오방용趙邦用 등 모두 4명의 중국인이 언급되어있다. 그러나 기록을 면밀히 검토해보면, 그들은 실제로는 2명에 불과함을 알 수 있다. 이같은 모순은 이들 중국인이 수시로 가명을 썼기 때문에 빚어진 것으로 추측된다. 그 중 자오방용은 자오반량과 이름이 비슷하고 나이가 28세로 똑같은 점으로 보아 동일인이라 판단된다. 그렇다면 리바항도 토머스의 최측근 인물로 활동하면서 그와 최후를 같이한 자오링펑과 동일인이 아닐까 한다. 요컨대 당시 셔먼호에는 토머스와 함께 통역이나 필담을 위해 '자오링펑'과 '자오방용'(또는 '리바항'과 '자오반량')이라 자칭한 중국인 2명이 동승했던 것으로 추측된다.(問情 : 외국 배가 항구에 처음으로 들어왔을 때 관리를 보내어 그 사정을 묻는 일. 情狀을 물음)

그밖에 하급 선원으로 광동廣東 출신의 화폐 감정인과 산동山東 출신의 수로 안내인을 포함한 중국인 10여 명과 '오귀자'烏鬼子(흑인) 몇 명이 셔먼호에 탔다. 여기서 흑인은 섬라暹羅(1939년 이전의 타이왕국의 국호) 사람, 즉 태국인이라는 설(『일성록』 고종 3년 7월 15일 황해감사 장계)과 마닐라인이라는 설, 말레이인이라는 설 등이 여러 기록에서 주장되었다.

그리하여 승선한 총 인원은 조선측 보고에는 대략 20명으로 기록되어있다. 총 24명설은 베이징 주재 미국 공사대리 윌리엄즈가 총리아문總理衙門에 보낸 조회照會에서 처음 주장한 것인데, 실은 근거가 박약함에도 불구하고 이후 정설로 굳어졌다. 윌리엄즈는 그러한 정보를 지푸에서 입수했다고 했으나, 지푸 주재 미국 영사 샌포드가 공사 벌린게임에게 보낸 1866년 10월 30일자 편지에서는 도합 20~25병이라고 보고하고 있을 뿐이다.(Park Il-Keun,p. 811) 그런데 윌리엄즈의 조회가 중국의 자문咨文을 통해 조선에 전해지면서부터(『일성록』 고종 3년 11월 5일) 국내외적으로 24명설이 차츰 굳어지게 되었다.

이상과 같은 셔먼호 승선자 중에서 가장 크게 부각되었던 인물은 토머스 목사였다.(토머스의 생애에 관해서는 오문환 『토마스牧使傳』 토마스 목사 순교기념회 1928. 백낙준 『한국개신교사』 연세대학교 출판부 1973. 김양선 『한국기독교사 연구』 기독교문사 1971)

영국의 런던선교회The London Missionary Society가 중국으로 파견한 선교사인 토머스는 1865년 지푸에서 조선인들을 만난 것을 계기로 조선의 사정과 조선어를 익히며 조선 선교여행을 계획하게 되었다고 한다. 그리하여 지푸의 영국영사관에 중국 북부로 선교여행을 떠난다고 허위신고한 뒤, 그해 9월 중국 정크선을 타고 황해도 해안으로 밀입국했다. 조선측 기록에 의하면, 당시 그는 권총과 철추鐵椎로 무장하고 있었으며, 우리말로 '영길리인英吉利人'(영국인)이라 자칭하면서, 한역漢譯 『성경』 따위를 주고 사라졌다고 한다.

토머스는 서해안 일대에서 종교서적을 살포하고 조선어를 익히다가, 악천후를 만나자 선교여행을 포기하고 연말에 중국으로 귀환했다.(『일성록』 고종 2년 8월 20일, 황해감사 장계)

그 뒤 이듬해 셔먼호를 타고 두번째 조선 침투에 나서기 전까지 토머스는 몇 달동안 베이징에 체류했다. 당시 토머스가 미국 장로회 선교사 마틴Martin의 대리로 베이징에 있던 The Anglo-Chinese College 英華書館 교장직을 맡고 있었다는 설이 전래되어오고 있다.(오문환·김양선·민경배·김원모의 책들.) 그러나 The Anglo-Chinese College는 상하이의 영국 조계租界에 설립된 학교로, 영국 성공회 선교사 프라이어Fryer가 1865년부터 1868년까지 초대 교장으로 재직했다. 마틴이 1865년 베이징에 설립한 학교는 숭실관崇實館이었다.(熊月之 『西學東漸與晚清社會』 上海人民出版社 1994.)

그런데 이 시기에 동지사冬至使로 베이징에 와 있던 박규수와 사전 접촉했다는 설이 기독교계 문헌들에 끈질기게 이어져 내려오고 있다. 즉 당시 토머스는 베이징에서 박규수를 만나 『성경』 등을 바치면서 자신의 조선 선교여행에 대한 지지와 후원을 부탁했고, 박규수는 개화사상의 소유자답게 이를 흔쾌히 수락했다는 것이다.(오문환·김양선·나동광의 책들) 그러나 박규수의 행적을 살펴보면 1861년과 1872년 두 차례 중국을 다녀왔을 뿐, 1865년에서 1866년 사이에는 중국에 간 적이 결코 없었다.(狀啓 : 감사 등 지방 관원이 왕과 중앙에 써올리는 긴급 보고서)

그럼에도 이같은 낭설이 생겨난 것은 그 무렵 토머스가 런던선교회 본부 총무 티드만Tidman에게 보낸 편지 내용이 확대 해석된 탓으로 짐작된다. 즉 베이징 체류 중에 쓴 한 편지에서 토머스는 조선 사신 일행과 접촉한 사실을 자랑스레 보고한 다음, 그가 작년에 침투하여 살포한 종교서적이 평양까지 흘러들어가 "올 겨울에 이곳에 사신들을 수행하고 온 박가라고 하는 수행원"이 그 중 한 권을 입수해 읽었노라고 자신에게 말했다고 했다. 또한 조선으로 떠나기 직전에 쓴 편지에서는, "금년 1월 베이징에 온 조선 사신 일행 중 일원"으로부터 작년 조선의 서해안에서 어떤 서양인(즉 토머스)이 전파한 것과 같은 『마태복음』을 구해달라는 한문 편지를 받은 적이 있다고 했다.

이러한 토머스의 편지들은 자신의 첫번째 조선 선교여행의 성과를 과시함으로써 재차 조선 선교여행을 추진하고자 런던선교회 본부의 승인을 얻으려는 의도에서 씌어진 것이었다. 그 때문에 토머스는 조선 사신 일행과 접촉한 사실을 과장할 필요가 있었다. 하지만 그가 구체적 접촉 사례로 든 것이라고는 "박가라는 수행원"과 만났다거나 "사신 일행 중 일원"의 편지를 받았다는 것 뿐이다.(1866년 4월 4일자 및 8월 1일자 편지. 이 두 편지의 번역문은 김승태의 논문 134~138쪽에 소개되어 있다.)

이와 아울러 토머스가 베이징에서 박규수와 사전 접촉했다는 낭설이 야기된 데는 대동강 침투 때 토머스 자신이 남발한 허풍스러운 발언도 한몫 했으리라 추측된다. 셔먼호 사건 당시의 정탐 기록인 『평양사실平壤事實』에 의하면 이러하다.,

토머스는 "평안감사를 만나러 여기에 왔을 뿐이지 교역하여 이익을 얻고자 함이 아니다. … 지금 감사 박씨는 4일(4월의 誤記)에 도임했는데, 내가 베이징에 가고 그가 사신으로 조회朝會하러 왔을 때 수차 만났다. 그래서 지금 와서 만나려 한다"고 했다는 것이다. (『龍湖閒錄』에 수록되어 있다. 저자는 미상이나 '小人'으로 自稱하고 있으며, 상부의 지시에 따라 셔먼호에 대한 정탐 활동을 하면서 '營府' 또는 '營門'을 출입하고 있는 점 등으로 미루어 營吏 신분의 인물이 아니면 평안감사 박규수의 門客이었을 것으로 추측된다. 1868년 미 군함 세난도어호가 내도했을 때도 박규수의 문객인 進士 安基洙가 신분을 위장하고 정탐활동에 종사한 바 있다.)

토머스가 베이징에 온 조선 사행使行(사절의 행차 또는 대사)과 사전 접촉을 시도할 만큼 조선 선교여행을 적극적으로 준비했던 것은, 조선에 이미 뿌리를 내린 천주교의 교세 확장에 맞서 개신교를 시급히 전파하려는 경쟁심 때문이었다. 그는 "조선을 개신교 선교사로서 처음 방문한 영예"를 차지하고자 열망했다.(티드만에게 보낸 1866년 4월 4일자 및 8월 1일자 편지[김승태의 논문과 민경배의 책]. 그러나 토머스에 앞서 이미 1832년 개신교 목사 귀츨라프 Gutzlaff가 조선을 최초로 방문한 바 있다.) 그러던 차에 1866년 7월 베이징 주재 프랑스 공사대리 벨로네Bellonet에게서 로즈Roze 제독 휘하 프랑스 함대의 조선 원정에 동참해달라는 요청을 받게 된다. 이를 수락하고 프랑스 함대가 주둔 중인 지푸로 향하던 토머스는 도중에 남부베트남의 반란으로 로즈가 조선 원정을 잠시 미루고 홍콩으로 떠났다는 낭패스러운 소식을 접하게 되었다. 그러자 그는 공연히 시간을 허비할 필요가 없다고 생각하고, 지푸에서 셔먼호에 동승하게 된 것이다. 티드만에게 보낸 생존시의 마지막 편지에서 토머스는 "……잘 아는 상선에 많은 서적을 가지고 떠나기로 되었습니다. 저는 조선에 가면 조선 사람들에게 환영을 받을 것이며, 조선 해안에서 프랑스 제독을 만나게 되기를 바랍니다"라고 썼다.(1866년 8월 1일 지푸에서 티드만에게 보낸 편지에서, 당시 토머스는 지푸의 친한 목사에게서 다량의 한문 『성경』을 얻었다고 한다.)

티드만에게 보낸 위의 편지에서 토머스는 런던선교회 베이징 교구 책임자 에드킨스 Edkins를 비롯한 선교사들의 지지하에 조선여행에 나선 양 주장했지만, 에드킨스는 토머스가 현지 선교회의 허가 없이 조선으로 떠났다고 비난하는 편지를 런던선교회 본부에 보냈으며, 런던선교회 본부도 프랑스 함대에 편승하여 조선으로 가려는 그의 계획에 대해 국제적 분쟁에 휘말릴 것을 우려하여 반대하고 베이징 선교지로 조속히 복귀할 것을 명했다.(김승태 「제너럴셔먼호 사건에 대한 '조선왕조실록'의 기록」 『복음과 상황』 1995년 8월호)

한편 『평양사실』 중 조능봉趙凌奉의 말에 의하면, 셔먼호가 조선으로 출항하게 된 것은 토머스가 선주 프레스턴과 화물 감독 호가스를 설득한 것이 주효한 때문이었다고 한다. 즉 셔먼호는 원래 남쪽으로 가서 무역하려 했는데, 6월 29일(음력) 베이징에서 온 토머스가 말하기를, "북경 예부北京 禮部에서 조선에 자문을 보냈으니 이때 조선에 가면 교역도 통할 수 있고 큰 이익을 얻을 것"이라 하자, 선주와 화주貨主가 그 설을 기꺼이 따랐다는 것이다.(『용호한록』 권4.)

2) 하구에서 평양까지 대동강을 거슬러 도발한 과정

(1) 통상과 선교는 명분과 구실, 침투의 진짜 목적은 약탈

7월 1일(양력 8월 9일) 셔먼호는 지푸를 떠나 조선으로 향했다. 당시 중국 상하이 등지에서 활동하던 "불량한 국제 투기꾼들" 사이에 조선의 왕릉은 순금으로 되어있으며, 그 안의 시신은 보석으로 치장되어있다는 등의 소문이 파다한 가운데, 엠퍼러호와 셔먼호라는 「두 척의 해적 원정대」가 잇달아 조선으로 떠났다. 엠퍼러호와 마찬가지로, 셔먼호는 평화적인 통상을 위한 것으로 보기 어려울만큼 중무장을 하고 있었기 때문에 항해의 진짜 목적이 왕릉 도굴에 있는 것은 아닌지 의심을 살만했다. 셔먼호의 선주 프레스턴은 조선에서 구조되어 돌아온 서프라이즈호 선장을 상하이에서 만났을 때, 중무장을 하고 조선으로 가서 대동강을 소항溯航(강을 거슬러 올가감)할 계획이라고 말했으며, 메도우즈 상사와 용선 계약을 체결할 때도 대동강을 탐사하고 싶다는 뜻을 밝혔다고 한다.(맥켄지, 신복룡 역주 『대한제국의 비극』 집문당 1999. 그리피스·민경배·김원모의 책.)

7월 6일 평안도 용강현 다미면 상칠리 주영포에 이양거함異樣巨艦 셔먼호가 나타났다. 평안도 용강에 이르기 전까지 닷새 동안 셔먼호의 행적은 분명치 않다. 7월 1일 중국 산동에서 출발한 뒤 백령도·초도·석도를 거쳐 평양으로 향했다고 하며, 도중 백령도에 기항寄港할 때 토머스가 주민들에게 『성경』 등을 나누어 주었다고 한다. (『일성록』 고종 3년 7월 15일, 황해감사 장계) 선원들이 종선從船을 타고 주영포에 상륙했으나 주민들과 의사가 통하지 않아 셔먼호로 되돌아갔다. 다음날 조조무潮(만조)가 되자 배가 소강溯江할 듯한 조짐을 보였다.

상칠리의 동장(洞長 : 洞任)을 통해 이같은 보고에 접한 용강현령 유초환은 즉시 장리將吏를 거느리고 조사차 출발하면서, 평안감사 박규수에게 첩정牒呈(牒報 상관에게 서면 보고)으로 이 사실을 알렸다. 이에 박규수는 조정에 장계를 올리기를, "지금 이 이양선이 혹시 풍세風勢가 불리함으로 인해 이곳에 표도漂到하게 되었는지" 즉시 문정하여 보고하도록 용강현령에게 지시했으며, "신영臣營에서도 별도로 친비親裨(측근 裨將)를 파견하여, 안동眼同(함께 다님)하여 거행토록 했다"면서, 아울러 연해沿海 각 고을에 요망瞭望을 잘 하도록 신칙했노라고 하였다. (요망 : 높다란 곳에서 적정을 살펴 바라봄. 申飭 : 단단히 타일러 경계함)

그런데 여기서 주목할 것은 출현 당시 셔먼호가 중선中船 3척과 소선小船 2척을 거느리고 있었다는 점이다. 그 중 소선 2척은 나중에 상칠리 동장이 잘못 알고 오보한 것임이 밝혀졌다. (『평안감영계록』 병인 7월 10일 亥時 오후 9~11시 장계)

중선 3척은 7월 7일 셔먼호와 헤어져 평안도 삼화三和 방면으로 내려가, 용정포 부근에 머물고 있던 다른 중선 1척과 합류한 뒤, 7월 9일 외양外洋으로 떠나갔다. 그리하여 대선大船 즉 셔먼호만 대동강 급수문急水門 쪽으로 계속 거슬러 올라갔다. (『평안감영계록』 병인 7월 10일 午時 및 巳時 오전 9~11시 장계. 주영포에서 25리 상류에 있는 급수문은 용강현 다미면 동진과 황해도 황주목 철도 사이의 좁은 수역인데, 물살이 급하고 암초가 많기로 유명한 곳이었다.)

셔먼호가 단독 항행한 것이 아니라 중국 정크선의 수로 안내를 받았다는 설은 기존 연구에서도 제기되어 있으나, 그들이 어디서 합류하여 어디까지 동행했는지에 관해서는 설이 분분하다. 셔먼호가 석도席島(돗섬), 혹은 진남포, 혹은 대동강 입구 등지에서 중국 정크선을 만났다고 하며, 그 배와 대동강 입구인 문우구Moon-U-Koo, 혹은 대동강 입구와 평양의 중간, 혹은 강서江西 보산保山까지 동행했다고 한다. 그런데 박규수의 장계에 의하면, 중선은 곧 중국 정크선으로 대동강 입구인 급수문까지만 동행한 사실을 분명히 알 수 있다.

7월 8일 용강현령은 그 사이 급수문을 지나 황해도 황주 지계地界에 정박해있던 셔먼호에 탐문차 장리를 파견했다 돌아온 장리의 보고에 의하면, 이양선은 서양배로서 서양인들이 그를 배에 오르도록 불러들였다고 한다. "그 중 양괴洋魁(서양인 우두머리)는 우리 말을 능히 알았다." 그가 먼저 자기의 성명을 말로 밝혔지만, 뭐라고 하는지 알아 들을 수 없었다. 그 곁에 총검을 쥔 흑인 2명이 있었다. 양괴는 "우리는 모두 서양인이다"라고만 하고, 어느 나라 사람인지는 밝히지 않았다. 그는 "잠시 이곳에 정박했다가 평양으로 향하고자 하는데, 평양의 산천이 어떠하냐? 네가 거주하는 곳에 무슨 보물이 있으며 어떤 성곽이 있느냐?"고 물었다.

뿐만 아니라, "우리나라 사람 7명이 무슨 일로 너희 나라 양반에게 죽임을 당했느냐? 우리나라 선박 다수를 너희 나라 삼남三南 강중江中으로 보냈으며, 우리는 기어코 평양에 가겠다"고 말했다. 문답을 마친 뒤, 양괴는 조선 전도全圖와 각읍 지도 에다 알파벳 표기를 곁들인 첩책帖冊을 보여주고 선실을 구경시켜 주었다. 조총鳥銃(머스킷총)을 보여주며 백발백중이라고 자랑했고, 자명금自鳴琴(태엽을 감으면 저절로 소리가 나는 악기. 八音盒이라고도 함)을 타보라고 했다 한다.

(2) 프랑스 선교사 처형 들먹이며 시비 · 구실 · 명분으로 협박

용강현령은 이상과 같은 장리의 탐문 보고에 의거하여 박규수에게 첩정을 올렸다. 즉 "이양선이 만약 급수문 안으로 들어온다면, 내일 모 레 사이에 패강浿江(평양의 대동강)에 도달할 듯하다"면서, 교리校吏를 많이 풀어 강을 따라 요망하게 하고, 일 있을 때마다 치보馳報(급히 달려가서 알림)하도록 하겠다고 했다. 이에 박규수는 조정에 올린 장계에서, 유초환의 첩정에 이양선 중 소선 2척에 관해서는 아무런 언급이 없음을 문제시하고, 소선의 행방을 상세히 탐지하여 신속히 보고하도록 그에게 지시했노라고 하였다.(『평안감영계록』 병인 7월 9일 酉時 장계)

용강현의 장리가 만났다는 이양선의 '양괴'는 우리말을 잘 안다는 점으로 보아 토머스임에 틀림없다. 토머스가 문답을 도맡고 선실을 구경시켜주는 등 주도적 역할을 했으므로 장리의 눈에는 그가 서양인 중의 우두머리로 보였던 듯하다. 토머스의 발언 중 특히 주목할 것은, 프랑스 신부들이 피살된 사건을 따지면서 그에 대한 보복으로 프랑스 군함들이 조선으로 출동했다고 말한 점이다. 그리고 프랑스를 '우리나라'라고 지칭하여 셔먼호 역시 프랑스 배이며, 보복차 출동한 프랑스 군함들과 연계하여 항해중인 양 행세했다. 이것은 프랑스 함대의 조선 원정 계획을 알고 있던 토머스가 이를 이용하여 셔먼호의 항행을 가로 막는 조선 관원들을 위협하고자 했음을 뜻하는 것이다 그런데 용강현보다 한발 앞서, 황해도 황주목에서도 셔먼호에 대해 문정을 시도했다. 7월 7일 셔먼호가 급수문 쪽으로 거슬러 올라가 황해도 황주목 삼전방三田坊 밖 송산리 부근에 정박했으므로, 황주목사도 부하들을 대동하고 밤새 달려가, 다음날 새벽 송산리에 당도했다.

오문환에 의하면, 양력 "8월 17일" 셔먼호가 황주의 송산에 정박하여 그날 황주목에서 문정을 했는데, 당시 2천 명이 넘는 군중이 대동강의 양안에 운집했으며, 토머스는 구명 보트(종선)]를 타고 강변에 상륙하여 많은 성경과 종교서적을 니누어주었다. 이는 당시 토머스의 책을 받았으며, 후일 황주 송산에서 최초의 기독교도의 한 사람이 된 박민우의 증언에 의한 것이라 한다.

그러나 셔먼호가 송산리에 당도한 것은 양력 8월 16일이고, 황주목에서 문정한 것은 그 다음날이다. 김원모의 책 177쪽에서는 오문환의 설을 전재轉載 하면서 8월 20일 초리방 사포구草里坊 沙浦口(場沙浦)에서의 사건으로 잘못 서술했다.

셔먼호에 승선하여 문정하려 하니, 수십 명이 각자 총칼을 쥐고 뱃머리에 늘어서 있었다. 서양인 4명과 필담했다. 자기들은 영국인·미국인·덴마크인 등 "서양 3국의 사람"이라고 밝혔다. 그 중 '상좌上座' 토머스는 중국어를 잘하고 우리말도 조금 아는데, "선중사船中事는 그가 모두 주도했다." 덴마크는 서양에 있으며, 영국·미국과 1,500리 떨어져 있으나, 3국인이 같이 행상을 한다고 했다.

산동에서 출발하여 백령도 등을 거쳐 평양으로 향하는 중인데, "우리 배의 모양이 병선兵船과 비슷하지만" 실은 귀지貴地와 통상하여 종이·쌀·금·인삼·초피貂皮 등을 자기네의 양포洋布·기명器皿과 바꾸고자 하며, "특별히 해칠 마음은 없다"고 했다. 그리고 "무역이 일찍 끝나면 바로 평양에서 배를 돌릴 것이나, 그렇지 못하면 비록 왕경王京(한양)에 가서라도 통상을 한 뒤 돌아가겠다"고 했다.

이에 조선측이 평양에 가면 상대하여 교역할 조선인이 있느냐고 묻자, 토머스는 "없다"고 했다. 또한 조선측이 내양內洋을 넘어 들어오는 것은 국법으로 금하는 바라 전진할 수 없다고 경고하자, 그는 "누가 감히 나를 막느냐? 계속 갈 것이다. 서풍을 만나면 즉시 출발하여 가겠다"고 했다. 그리고 같이 온 배가 있느냐고 물었더니, "이 일은 우리가 자세히 말할 수 없으며, 우리 일도 아니고 국사國事다"라고만 하고는 침묵했다.

배의 양쪽에 대포 1좌씩 설치했는데, "세 차례 시험 발사했다. 소리가 우레 같아 사람들을 깜짝 놀라게 했다." 또한 순경巡更(경비)들은 칼을 꽂은 장총을 갖고 있었으며, 조총 작은 것은 허리에 차고, 큰 것은 어깨에 매었다. (순경 : 밤에 도둑·화재 등을 경계하기 위하여 돌아다님) 서양인 4명은 모두 소양총小洋銃(권총)과 환도를 허리에 차고 있었다. 선실 안의 책·그림·자명금·자명종·고약 따위를 구경시켰다. 양목洋木 등 통상할 화물을 실었다고 하면서도 선창은 보여주지 않았다.

토머스가 식량과 땔감을 자기네에게 제공하면 양포洋布로 사례하겠다고 했다. 그러나 중국인이나 각국인各國人이 표도漂到한 경우라면 전례에 따라 이를 제공하겠지만, 이번은 뜻밖에도 서양인이 내양을 넘어 들어온데다가 독단적으로 처리하기 어려운 처지라 난색을 표명했더니, 토머스는 문정지問情紙(필담한 종이)를 빼앗고 주지 않으면서 물러가라고 했다. 이에 하는 수 없이 식량 등을 제공하기로 약속했다. (『일성록』 고종 3년 7월 15일) 7월 9일 셔면호가 평양을 향해 다시 떠났으므로 황주목사는 首吏(관리)를 시켜 쌀·고기 등을 배에 싣고 뒤쫓아가 전하도록 했다.

이와 같이 황주목에서 행한 최초의 문정에서 셔면호의 서양인들은 자기네 신원을 영국·미국·덴마크 3국의 국민이라고 했다. 용강현 장리의 보고와 마찬가지로, 그들 중 토머스가 역시 선중의 일을 주관하는 '상좌'로 인식되었다. 그들 스스로 인정했듯이 셔면호는 병선처럼 보였다. 대포를 발사하여 겁을 주었다. 서양인들은 모두 총칼을 찾고 나머지 선원들도 무장을 갖추었다. 그러나 자기네의 목적은 평양에 가서 통상하는 것이라고 했으며, 내양 진입을 금하는 조선의 국법에 아랑곳 하지 않고 반드시 목적을 관철하고 말겠다고 했다. 같이 온 배가 없느냐는 조선측의 질문에 대해 '국사'이므로 말할 수 없다고 답한 것은, 프랑스 함대의 동정에 관해 묻는 것으로 짐작한 까닭인 듯했다.

7월 9일 용강현령은 황주목사가 먼저 셔면호를 문정한 사실을 알고, 다시 장리將吏를 구경꾼으로 가장하여 셔면호로 보내 미심쩍은 사항들을 마저 탐문해오도록 했다. 장리의 보고에 의하면, 선상에 '양괴'洋魁 4명과 변발辮髮을 한 자 10여 명이 있었다고 한다. 양괴 4명 중 '상좌'는 한문을 조금 이해하고 우리말도 통습通習했다.

그는 평양까지 거리를 묻고 나서 "평양에 성이 있느냐? 성문은 몇 개이며, 성 안에는 보물이 있느냐?"고 물었다. 또한 "가장 두려운 것이 조선의 양반이다"라고 하면서, 손으로 목을 치는 시늉을 하며 "우리나라 사람 일곱을 무슨 죄로 이렇게 했느냐?"고 따졌다. 이처럼 용강현 장리와의 두번째 접촉에서도 토머스는 평양에 보물이 있는지 물었으며, 프랑스 신부 피살 사건에 대해 같은 국민으로서 분개한다는 제스처를 취했음을 알 수 있었다. (변발 : 남자의 머리 주위를 깎고 중앙의 머리만을 따서 뒤로 길게 늘인 머리. 청나라 사람들의 머리)

용강현령은 위와 같은 탐문 내용을 박규수에게 보고하면서, 수로를 모르는 자들이 어떻게 그 큰 배로 위험한 급수문을 무사히 통과할 수 있었는지, 또 작은 포구까지 깊숙이 들어와서는 평양을 구경하고 싶다고 하는 저의가 무엇인지 모르겠다고 했다. 그리고 이번에 온 이양선들은 모두 6척이 아니라 4척이며, 소선 2척은 당초 상칠리의 동임洞任=洞長이 잘못 알고 오보한 것이라고 했다.

7월 10일 셔먼호는 용강현 사월포에서 거슬러 올라와 강서현 정암포를 지나 보산진 지경을 통과했다. 이같은 보산진 별장別將과 강서현령의 보고를 접한 박규수는 조정에 올린장계에서, "보산진의 지계는 곧 평양의 경내(평양부 관할)이므로 신영臣營 중군 이현익과 평양서윤 신태정으로 하여금 군관軍官 방익용을 대솔하고 그 진鎭에 달려가 안동眼同(함께 데리고 감)하여 문정하도록 했다"고 보고하였다.

사월포는 곧 沙月津으로, 강서현 정암면과 접계에 있다. 정암포는 곧 정암면인데, 후일 통합되어 성암면城嚴面이 되었다. 보산진은 성암면과 인접한 보림면에 있는 요새지로 급수문에서 뱃길로 60리 상류에 있었다.

오문환의 책에 의하면, 토머스는 진남포에서 중국인 水夫 2명을 만나 8월 20일(음력 7월 10일 - 7월 11일의 오류임)에 함께 강서 보산에 이르렀다고 했다. 그때 보산진 별장이 셔먼호를 적선敵船으로 의심하고 병졸들에게 일제 사격을 명하자, 중국인 수부 하나가 사격 중지를 요청하고 셔먼호의 목적이 순수한 교역에 있음을 밝혔으나, 배에 무기가 있음을 본 그들은 의아한 생각을 금치 못했으며, 2명의 중국인 수부는 그곳에서 헤어져 중국으로 귀환했다고 한다. 그러나 앞서 살폈듯이, 셔먼호와 동행한 중국 정크선으로 짐작되는 중선 3척은 7월 9일 이미 외양으로 떠났을 뿐 아니라, 셔먼호는 보산진을 그냥 통과했을 뿐 조선측 관원들과 접촉하지 않았다.

7월 11일 중군 이현익과 서윤 신태정이 셔먼호가 정박해있다는 곳에 당도해보니, 셔먼호는 이미 평양부 초리방 1리 신장포구로 이동하여 정박해 있었다.

○오문환에 의하면, 그곳에서도 토머스는 주민들과 접촉했던 듯하다. "제너럴 셔먼호가 정박하고 있던 포리에 사는 홍신길이 8월 20일(음력 7월 10일 - 7월 11일의 오류임) 근처 太平(강서군과 인접한 대동군 대보면의 大平을 가리킴) 장날에 시장에 갔다가 삼화부사에게서 평안감사에게로 가는 牌旨(패지 : 공문 편지)를 통해 이양선이 대동강에 들어왔다는 소식을 듣고 강변으로 갔더니, 과연 이양선이 정박해있었다. 홍신길은 친구들과 함께 셔먼호에 승선하여 토머스에게서 다과를 접대 받고 책을 받아가지고 왔다. 이 소식이 사방에 퍼져 강변에 수많은 군중이 운집했으며, 사람들이 너무 많이 승선하여 셔먼호가 침몰될 지경이었다. '포리'에서 분급分給한(나누어 준) 성경만도 500여 권이 되었다고 한다.

뿐만 아니라 같은 날 저녁 대동군 남곶면 애포(쑥개)에 사는 천주교도 지달해 등은 셔먼호가 자신들을 구원하러 온 프랑스 군함인 줄로 알고 몰래 방문하여 토머스에게 현지 천주교도들의 어려운 형편을 전했다. 그때 토머스는 자신이 개신교 선교사임을 밝히고 그들에게 성경 등 종교서적과 영국 은전銀錢 을 주었다고 한다. (오문환, 앞의 책) 달해는 그해 말에 체포되어

효수 당했다.

7월 12일 중군과 서윤은 영리營吏와 형리刑吏 등을 시켜 문정하게 했다. 그들의 보고에 의하면, 우리 말을 조금 이해하며, 이름이 최난헌이고 영국인이라고 스스로 말한 토머스가 '지오링펑'이라는 북경인北京人 · '자오방용'이라는 성경인盛京人(만주) 등을 소개했다. 토머스와 자오링펑은 권총과 환도를 차고 있었다. 서양인 5명, 중국인 13명, 오귀자 2명, 도합 20명이 같이 왔다고 밝혔다.

○『평양사실』에도 같은 시기의 탐문 기록이 전한다. 즉 이양선이 초리방 두이포頭伊浦에 來泊했다는 평양서윤의 보고를 받고 그 허실을 정탐하라는 분부에 따라『평양사실』의 저자는 시골에 사는 상인으로 위장하고 이양선에 승선하여 탐문했다고 한다. 우리말에 능통한 토머스는 일행이 무릇 50여 명이라면서 "우리나라 主教 7명"이 피살된 곡절을 탐지하러 왔다고 했다. 그러면서도, "교역이 第一喜事"라고 거듭 말했다. 또한 토머스는 北京 禮部에서 조선에 자문咨文을 보내온 사실을 아느냐고 물었다. 그리고 셔먼호의 화물은 "眞銀 1만2천여 냥"인데, 조선의 別銀(황금) · 홍삼 · 楮皮(저피 : 닥나무 껍질. 한지 원료) 등과 교역하고 나서 "내가 육로로 義州를 거쳐 北京에 들어가 프랑스의 원정을 만류한다면 좋지 않겠느냐?"고 허풍을 쳤다고 한다.(국사편찬위원회 편『용호한록』권4) 구체적인 지명과 날짜에 약간의 차착差錯이 있지만, 대체로 신빙할 수 있는 기록이라 판단된다.

이밖에도『평양사실』에는 여러 차례 토머스와 은밀히 접촉한 내용이 기록되어있다. 토머스는 北京에서 평안감사와 만난 적이 있으며 평양 성중에도 친한 자가 여러 명이고 이전에 3차나 국내에 잠입한 적이 있다고 말했다. 또한 공친왕과의 친분을 과시하면서 평안감사를 만나 憑文(빙문=빙표 : 여행 허가증)을 받고서 돌아가겠노라고 했다. 아울러 자기는 천주교도가 아니며 개신교가 천주교보다 낫다고 하면서, 사람을 만나기만 하면『신약전서新約全書』를 거져 나누어주었다고 한다.

토머스는 "우리는 서양 나라 사람이다. 행상차 이번 7월 초에 산동에서 출발하여 황해도의 여러 섬들을 거쳐 황주 지역으로 방향을 틀어 수일을 머물다가, 평양을 구경하고 겸하여 성성대인省城大人(평안감사)을 만나고 싶어 금방 이곳에 도착했다"고 말했다. '성성대인'을 만나려는 의도를 묻자 그는 "다름이 아니라 우리 배 안에 대략 회금回錦 · 양포洋布 · 사문포斜文布 · 사문융斜文絨 · 유리그릇 · 천리경 · 자명종 · 팔음합八音盒 등 물건을 실었는데, 귀지貴地의 토산인 쌀 · 사금 · 홍삼 · 종이류 · 호피 · 표피豹皮 등 물건과 교환하고 싶다"고 했다. 그가 "듣자니 왕도王都(평양)의 성안에 백탑白塔이 있다는데, 무슨 까닭인가?"라고 물었으므로, 어느 해에 만들어 세웠는지 모르나, 과연 백탑이 있다고 답해주었다.

토머스는 손으로 목을 치는 시늉을 하며, "우리나라 사람 일곱을 무슨 일로 이와 같이

했는가?"라고 하면서, "우리 배는 비록 병선과 비슷 하나, 지금 평양으로 가며, 그쪽과는 이무런 원한이 없다與彼處無寃耳. 현재 배에 있는 손님(프레스턴과 호가스를 가리키는 듯함)은 평양에 가서 통상 무역을 하고 싶어한다"고 했다. 이에 조선측은 "너희 나라 사람의 피살 여부는 지방 관원인 우리로서는 알 바 아니고, 교역 일관一款은 황조皇朝(중국)에서 법으로 금하는 것이니 번방藩邦(조선)이 감히 제멋대로 허락할 수 없다"고 답했다.

○셔먼호 사건의 전말을 알리고자 중국에 보낸 咨文『歷陳洋舶情形咨』에서 초리방의 문정을 기술한 부분을 보면, 조선측이 교역은 皇朝에서 법으로 금하므로 허락할 수 없다고 답한 대목에 이어, 토머스가 "6월 21일 大淸國에서 나온 咨文이 있는데 귀국은 어째서 교역할 수 없다고 하는가? 우리는 6월 22일 그 뒤를 따라나왔다踵後出來"고 말한 것으로 되어있다.(『동문휘고』 원편, 동치 5년 8월 22일. 섭후 : 뒤를 따르다) 중국이 프랑스의 조선 원정 계획을 알리는 咨文을 보낸 사실을 사전에 알았던 토머스가 이를 통상 교섭에 써먹고자 한 사실을 알 수 있다.

(3) 천주교 보다 개신교(예수성교)가 낫다며 종파 선전

또한 토머스는 "귀지는 어째서 천주교인을 쫓아냈느냐"고 따지면서 개신교 교리를 설명했다. 즉 "성스러운 야소교耶蘇聖敎"는 천도를 본받아 인심을 바로잡으며 나쁜 풍속을 교화하니, 인의와 충효를 모두 갖추어 천하 사람을 착하게 만들 수 있어 "천주교와 같지 않다"고 했다.(『歷陳洋舶情形咨』(중국 자료)를 보면, 이어서 토머스가 "프랑스의 주교와 신부 및 貴國의 천주교인을 어째서 살해했느냐?"고 따지자, 조선측에서는 프랑스인들이 "증명서 없이 부유浮遊하며 변복變服하고 숨어지내면서 우리나라의 간사한 자들과 반역을 음모하니 법률상 처형함이 마땅하다. 우리나라 인민이 유죄로 처형된 것이 프랑스와 무슨 관계가 있느냐?"고 반박한 대목이 추가되어있다.) 그리고 "프랑스의 대선大船이 이미 왕경으로 갔는데, 우리 배와는 같지 않다. 몹시 분노하고 있기 때문에 아마도 약탈이 있을 것이다. 우리 배는 무역을 해서 환매換賣하고자 한다"고 했다. 이에 조선측이 "너희 나라 대선大船이 이미 왕경으로 갔다는 말이 실로 무슨 뜻인지 모르겠으나 교역은 허락할 수 없다"고 거듭 말하면서, 언제 돌아갈 거냐고 묻자 "머지 않아 돌아간다從近還發"고 답했다.

끝으로, 토머스는 황주에서 얻은 식량이 겨우 수일 거리밖에 안된다면서, 조선 관원들이 타고 온 배를 함께 타고 가서 식량과 땔감을 빌리고 싶으며, 양포 등으로 사례하겠다고 했다. 이에 조선측은 함께 배를 타고 가서 하륙하는 것은 곤란하다고 막았으나, 그들이 표도한 중국인이나 각국인各國人이 아님에도 불구하고 유원柔遠(먼 나라 사람을 너그럽게 돌봐줌)의 의리상 쌀 1섬, 쇠고기 50근, 닭 25마리, 계란 50개, 땔감 20묶음을 제공하지 않을 수 없었다고 한다.(『평양사실』에는 쌀 1섬·닭 25마리·계란 50개·쇠고기 50근과 四色果實을 작은 배에 싣고 서윤과 중군이 배를 함께 타고 내려가 그들에게 지급했다고 되어있다.『용호한록』권4)

이상의 문정 내용은 7월 8일 황주목의 문정 내용과 대동소이하다. 즉 이를 통해 토머스가 선상의 대화를 주도했으며, 셔먼호는 통상을 목적으로 평양으로 항해 중이었음을 알 수 있다. 또한 7월 7일 및 9일 용강현 탐문 내용과 마찬가지로, 토머스가 프랑스 신부 피살에 대해 항의하면서 프랑스 함대가 보복차 이미 조선으로 출동했다고 주장하였음을 알 수 있다.(병인양요의 예고가 된 셈) 새로 밝혀진 사실은 서양인이 모두 3명이라는 점, 토머스가 천주교가 아닌 개신교를 전하고자 하며 평안감사를 만나고 싶어한다는 점 등이다.(김명호『초기 한미관계의 재조명』역사비평사 2005)

중군과 서윤에게서 이와 같은 문정 보고를 받은 박규수는 조정에 올린 장계에서, 이양선 중 중선 4척은 이미 떠났는데, 대선 1척만 홀로 내지에 들어온 것이 실로 몹시 의아하다고 했다. 하지만 대선이 머지않아 돌아간다고 했고 식량 등 물자가 없다고 하는데, 지방관이 지급한 것이 영성零星(수효가 적어서 보잘 것 없는 모양)함을 면치 못했다고 하면서, 그들의 황급한 상황을 보니 법례法例만을 고수할 수 없어, 감영에서도 역시 쌀 2섬과 쇠고기 50근, 돼지 1마리, 닭 20마리, 계란 50개, 땔감 20묶음을 증급贈給하도록 조치했다고 하였다. 아울러 중군과 서윤에게 계속 이양선의 동정을 살피고 신속히 보고하도록 지시했다고 하였다.

7월 13일 셔먼호가 평양 만경대 아래 두로도 앞 포구에 정박했다. 중군과 서윤이 함께 셔먼호에 승선하여 문정했다.

○두로도는 '豆老島'로도 표기하며 '두루섬'이라고도 부른다. 보산진에서 뱃길로 60리 상류에 있으며, 여기서 평양성 大同門까지는 뱃길로 불과 20리이다. 오문환에 의하면, 셔먼호가 도착했을 때 벌써 만경대 부근 여러 동리 인민들이 회합하여 이양선의 침입을 방어하기로 결의하고 만경대 위에 土城을 쌓았으며, 강을 가로질러 굵은 줄을 쳐놓아 이양선이 걸리도록 했다고 한다. 한편 만경대에서는 中軍의 엄중 경계로 인해 당지 인민들과 셔먼호의 접촉이 끊어졌으나 대동군 고평면 남리의 집강執綱 金相道만은 셔먼호에 승선하여 선원들과 면담하고 돌아왔는데, 서양인 중 한 사람(토머스)이 천주교(실은 개신교)를 전하러 왔다고 말했다 한다(오문환의 책 47쪽)

그자들은 "토산품과 교역한 뒤에야 배를 돌릴 수 있다"고 했다. 이에 "외국과의 교역은 우리나라에서 법으로 금하고 있으며, 조정에서 황조皇朝에 주청奏請한 뒤라야 혹시 허가

될 수 있다"고 불허하면서도 부족한 물품은 넉넉히 공급해주겠다고 말했다. 그러자 토머스와 자오링펑 등은 자못 순종하는 뜻이 있었으나, "오직 선주와 재주財主 양한兩漢" 즉 프레스턴과 호가스는 "계속 고집하며 기어코 무역을 하고 싶다"고 했다.

○ **상류로 항진 중 계속 식량과 땔감·편의 제공**

이때 중군과 서윤은 박규수의 지시에 따라 추가로 식량과 땔감 등을 제공한 듯하다. 『평양사실』에 의하면, 평안감사가 분부하기를 "교역을 갑자기 허락할 수는 없다. 너는 약간의 贈給으로 간곡하게 성의를 표함으로써 단지 돌려보내는 방도를 삼는 것이 지극히 옳다"고 했다. 이에 따라 쌀 2섬, 땔감 20묶음, 닭 20마리, 계란 50개, 돼지 1마리, 쇠고기 30근, 부채 2자루, 담뱃대 2개를 제공했더니, 이전처럼 감사해하기는 하나 "感回하는 마음이 조금도 없었으며, 도리어 교역할 재화를 가져오지 않았다고 몹시 야료를 부렸다"고 한다.(『용호한록』권4) 앞서 언급한 『歷陳洋舶情形咨』에서도, 셔먼호에 대해 "쌀과 고기를 후하게 제공하기 무릇 세 차례였다"면서, 먼저 황주 병영에서 식량을 넉넉히 제공했고, 평양 경내에 이르렀을 때도 달라고 요청하는대로 지급했다고 하였다.

7월 14일 강물이 불어나 물살이 몹시 급하자, 셔먼호는 거슬러 오르지 못하고 가까운 강 언덕으로 옮겨 정박한 채 꼼짝하지 않았다.

위와 같은 양일간의 보고를 받은 박규수는 조정에 올린 장계에서, "교역 두 글자는 감히 논의할 수 없어 계속 가로막았더니, 무례하기 짝이 없는 교활한 오랑캐가 끝내 배를 돌리지 않고 머물거나 옮겨다녀 실로 고민스럽다"고 고충을 토로했다.

7월 15일 셔먼호 일당 7명이 종선에 함께 타고 나루를 넘어 상륙했다가, 그 중 4명은 배로 돌아가고 토머스 등 3명은 계속 만경대에 올라 사방을 조망한 뒤 "성지城池가 보인다!"고 말하고는 몇 리쯤 떨어진 옥현玉峴 지역으로 전진했다.(『조선전사』에서는 토머스 등 3명이 "옥연못까지 불법 침입하여 정찰하는 한편 부녀자들을 능욕"했다고 하였는데, '옥연못'은 '玉峴池 옥현못'의 오역인 듯하다. 유홍렬 『한국천주교회사』 하권, 가톨릭출판사 1998.)

그때 중군 이현익은 (아마도 그들을 뒤쫓으려다가) 서윤이 힘써 만류하는 바람에 만경대 아래 버드나무 언덕柳岸으로 되돌아왔는데, 토머스가 갑자기 총을 한 방 쏘았다. 먼저 돌아가던 4명이 그 총소리를 듣고 배를 저어와서 3명을 싣고 셔먼호로 돌아갔다.

이러한 보고에 접한 박규수는 곧 조정에 장계를 올렸다 "만경대는 성내와 거리가 20리도 안되는 지역인데 '교역하겠노라'고 말하면서 기어코 성에 들어가고자 물러나지 않으며, 법에 따라 타일렀는데도 마침내 함부로 하륙하니 그 심중을 도저히 헤아릴 길 없다"면서, 방수防守와 정탐을 더욱 엄히 하도록 지시했다고 보고하였다.

3) 토머스 일행 육지로 올라와 총질하며 시비

(1) 셔먼호에선 조선측 중군 문정관을 납치

7월 16일 셔먼호가 다시 거슬러올라가 흡탄瀁灘에 정박했다. 7월 17일 셔먼호가 흡탄에서 한탄閑灘으로 거슬러 올라와 정박했다. 그 배에서 8명이 종선을 타고 쑥섬 맞은편 한사정閑似亭 전기前磯에 당도하여 토머스 등 4명은 한사정에 오르고, 나머지 4명은 종선에 머물렀다. 조선측이 왜 돌아가지 않고 계속 올라오냐고 묻자, 그들은 "교역한 뒤 돌아간다"고 답했다. 그들의 동정을 살펴보니, 떠나려는 마음이 있는 듯했으며 식량 등의 제공을 바라는 기색을 드러냈다. 문답을 마친 뒤 셔먼호로 돌아갔다.

○그런데 『평양사실』은 이날 중군 이현익이 셔먼호에 납치되는 사건이 발생한 것으로 기록하고 있다. 즉 "16일 潮水" 때 셔먼호가 한사정 쪽으로 거슬러 올라가 보통강 입구에 정박하자, 중군이 소선을 타고 그 배를 뒤쫓아가서 기어코 보통강 입구로 들어가려 했다. 그때 저들 5명이 종선을 타고 우리측 중군을 추격하여 닻줄을 빼앗아 셔먼호로 선회하여갔다. 중군의 종선 2척도 부득이 따라서 셔먼호 곁으로 갔다. 그자들은 중군을 그 배에 오르게 하고 종선을 수색하여 印信(도장·관인)을 탈취했으며 중군의 하인들은 모두 쫓겨났다고 한다.(『용호한록』 권4. 15쪽)

한편 『平壤誌』에서는 "7월 15일" 셔먼호가 만경대로부터 봉황진鳳凰津에 進迫했으며, 중군에게 특별히 상의할 일이 있다는 편지를 보내 중군을 유인해서는 印信을 빼앗고 잡아가두었다고 했다.(오문환의 책, 52쪽에서 재인용)

이상의 보고를 접한 박규수는 곧 조정에 장계를 올렸다. 셔먼호가 평양부의 경내에 들어온지 8일이나 되었는데 돌아갈 뜻이 없을 뿐더러 점점 더 거슬러 올라와 근성近城과 10리 되는 곳에 이르렀다면서, 어제는 활 세 바탕, 오늘은 3리, 이런 식으로 조금씩 전진하는 것은 무슨 의도인지 모르겠다고 했다. 그리고 그자들은 아무리 설득해도 계속 뻣뻣하게 나오니 개탄스러우며, "교역을 빙자하여 망상을 드러내고 언행을 무시로 번복하니 예측을 할 도리가 없다"고 했다.

○ 그런데 이는 그날 중군 석방 문제로 셔먼호 일당과 한사정에서 협상한 사실을 애매하게

기록한 것이 아닌가 한다. 『평양사실』에 의하면, "17일 潮水"에 셔먼호가 한사정에 못미쳐 정박했다. "本官"이 한사정에 나와앉아 셔먼호에 만나자는 편지를 보냈다. 토머스·선주(프레스턴)·貨主(호가스)·趙凌奉이 권총과 환도를 차고 한사정에 왔다. 그들은 교역하자는 약속을 어겼다고 질책했다. 본관도 그들을 (柔遠의) 의리로써 질책하고 설득했다.

營門에서 출동한 장교들로 하여금 그자들을 억류하여 중군과 교환한 뒤에 놓아주는 것이 중군을 生還시킬 방도인 듯 싶었으나 그렇게 하지 않고 그자들을 셔먼호까지 호송해주면 중군을 내어줄 것으로 기대했건만, 그자들은 더욱 사납게 굴면서 중군을 돌려주지 않았다.(『용호한록』권4, 16쪽). '本官'은 監司나 兵使가 있는 곳의 牧使·判官·府尹 등을 일컫는 말로, 여기서는 평양서윤 신태정을 가리키는 것으로 판단된다. 오문환은 평양서윤 신태정이 한사정에 "設宴"하고 "洋船의 대표자"를 청하여 그들이 침입한 목적을 물었다고 했다.(오문환의 책 48쪽)

7월 18일 셔먼호가 한탄을 출발하여 한사정 상류에 정박했다. 셔먼호 일당 6명이 종선을 타고 점점 거슬러 올라왔으므로 중군이 요망차瞭望次 배를 타고 뒤따라갔는데, 그자들의 배가 갑자기 다가와서 중군이 탄 배를 끌어가 중군을 셔먼호에 잡아 가두었다. 서윤이 셔먼호 곁에 배를 바싹 붙이고 밤새도록 설득했으나, 끝내 중군을 돌려보내지 않았다.(『평안감영계록』병인 7월 19일 亥時 장계)

○ 셔먼호 일당의 중군 납치동기에 관해서는 여러 설들이 있다. 박규수는 와츄세트호 함장 슈펠트의 조회에 답한 「擬黃海道觀察使答美國人照會」에서 중군이 "매일 배를 타고 셔먼호를 호행護行하면서 피아彼我가 잡란雜亂하는 폐단을 막았는데" 하루는 셔먼호에서 철삭鐵索(쇠줄 rope)을 던져 중군의 배를 끌어갔다고 했다.(『환재집』권7) 즉 중군이 끈질기게 셔먼호를 따라붙으며 교역이나 전도를 위한 아국인과의 접촉을 저지했기 때문에 납치한 것으로 보았다.

한편 중군 이현익의 구술을 기록했다는 『浿江錄』에 의하면, 평안감사의 분부로 문정에 나선 "進士 安尙洽"(그는 安基洙일지 모른다)이 셔먼호의 처치 방안을 기록한 문서를 손에 든 채 배를 타고 중군의 배에 앞서서 셔먼호에 접근했을 때, 셔먼호의 종선이 달려와서 그 문서를 탈취해가지고 배에 돌아가 검토해보니 선원들을 유인하여 상륙시킨 뒤에 모조리 죽이자는 것이었으므로 종선을 재차 보내 중군을 선상으로 납치했다고 한다.(김양선의 책, 45쪽). 『赤虎記』에도 이 설을 뒷받침하는 기록이 보인다. 즉 "서양배가 평양에 정박해있을 때, 중군 이현익이 배를 타고 요망瞭望할 즈음 앞에서 소정小艇 하나가 횡류橫流하면서 이양선을 향했다. 아는 이에게 물어보았더니, 다름 아닌 營吏였다. 서양배로부터 소청선小靑船 1척이 飛流하여 營吏를 향해 접근해서 몇 마디 말한 뒤, 곧바로 중군을 향해 가서는 쇠갈고리를 중군의 배에 던져 끌어당기고 나는 듯이 大船을 향했다. 놈들이 일제히 내려와 중군을 그들의 大船에 잡아가 두었다"고 했다. (『운하견문록』 아세아문화사 1990)

이로 미루어 영리로 신분을 위장한 진사 안상흡과의 접촉을 통해 조선측의 유인 섬멸작전을 사전 탐지하게 된 셔먼호측에서 선수를 쳐서 중군을 납치했을 가능성을 생각해볼 수 있다. 또한 박규수의 공격명령에 따라 조선군이 접근해왔기 때문에 두려움을 느낀 셔먼호측이 방문차 승선 중이던 중군을 인질로 잡게 되었다는 설도 있다.(J.S.Gale, The Fate of the General Sherman : From An Eye Witness", The Korean Repository, 1895)

(2) 평양성 침입을 노린 셔먼호측과 사실상 전투 개시

7월 19일 오전 셔먼호가 중군을 억류한 채 거슬러 오르며 대완구大碗口(火砲)와 조총을 마구 쏘아댔다. 양각도羊角島 상단 맞은편에 있는 황강정黃江亭 앞에 이르러 정박했다. 셔먼호 일당 5명이 종선을 타고 탐사차 오탄烏灘을 거슬러오를 때 온 성의 인민들이 강변에 모여 "우리 중군을 돌려보내라!"고 외쳤다. 그자들이 "성에 들어가면 응당 결과가 있을 것이다(入城, 當有分曉)"라고 답하여 평양 성내에 들어갈 때까지 중군을 계속 인질로 붙잡아두려는 뜻을 드러냈으므로 인민들이 분노를 참지 못해 마구 돌을 던졌다.

○ 박규수의 「擬黃海道觀察使答美國人照會」에도 중군을 돌려보내라고 하자, "우리가 성에 들어가기를 기다려 돌려보내겠다(待我入城還送)고 답했다"고 했다. (『환재집』 권7) 오문환에 의하면, 셔먼호의 선장은 토머스를 시켜 쓴 한문 편지를 보내 평안감사를 만난 뒤에야 중군을 넘겨줄 것이라고 답했다고 한다. 평안도 사람들은 석전石戰에 특별한 기량이 있었다. 평양 부랑자 이만춘이 호협豪俠하고 용감하여 더욱 투석을 잘했는데, 당시 그가 먼저 권석拳石(돌팔매)을 던져 선상의 측수測水하는 1명을 명중하여 두뇌를 파상破傷시켰다고 한다.(尹孝定 『韓末秘史』 교문사 1995, 14쪽. 단 셔먼호 사건을 "乙丑에 프랑스 法國 測水船이 평양 대동강에" 들어온 사건으로 부정확하게 기술했다.)

성 아래에서 방수하던 교졸校卒(장교와 나졸병사)들도 수수방관할 수 없어 활이나 총 등 다방면으로 시위했으므로 그자들은 종선을 버리고 달아나 셔먼호로 돌아갔다. 셔먼호는 양각도 하단으로 물러나 정박했다. 그들의 종선을 탈취하여 상류에다 두었다.

○ 당시 목격자들의 증언과 『평양지』에 의하면, 셔먼호가 중군을 태우고 황강정까지 올라가 다시 종선으로 오탄의 수심을 측량할 때 조선군의 일제 사격을 받자 사격을 금하려고 어떤

때는 중군을 방패 삼아 앉혀놓기도 했다. 친위사親衛師 뿐만 아니라 북부 산간의 포수들까지 출동했으며, 셔먼호의 돛대에 수많은 화살이 적중하여 고슴도치와 흡사했다고 한다.(오문환의 책 49~50, 52쪽) 여기서 "북부 산간의 포수들까지 출동했다"고 한 것은 慈母山城의 銃手들이 참전한 사실을 부정확하게 전한 것이라 추측된다.(『평안감영계록』 병인 8월 13일. 『환재총서』 권5, 742쪽)

그날 오후 퇴직 장교 박춘권이 중군 휘하 교졸들과 함께 솔선하여 배에 타고는 셔먼호 선두에 돌입하여 중군을 구출해 돌아왔다. 중군은 차고 있던 인신印信을 물에 빠뜨려 잃어버렸으며, 중군이 피랍될 때 따라갔던 겸인傔人(청지기·하급 관리)과 통인通引(관속 하인)은 셔먼호에서 강물로 뛰어내렸는데 생사를 알 수 없다고 했다.

○ 중군 탈환의 구체적 정황에 관해서도 설들이 구구하다 『평양사실』에 의하면, 셔먼호가 오탄에 접근하여 공방이 벌어진 가운데 배를 셔먼호 곁에 대고 "중군 소속으로 중군을 陪行하던 자"가 승선하여 셔먼호측이 당황해하는 사이에 중군으로 하여금 뛰어내리게 하고, 아군에서 배를 놓아 돌아오게 했다. 중군의 겸인과 통인도 뛰어내렸으나 그들을 구할 배가 없어 익사하고 말았다고 한다.(『용호한록』 권4, 16쪽)

『적호기』에 의하면 "이때 박춘권이 솔선하여 들어가 (중군을) 구출하고자 하니 그자들의 말이 자기네의 小青船을 我國에 빼앗겼다는 것으로 트집을 잡았다. 그래서 朴校가 다시 돌아와서 한창 소청선을 찾고 있을 즈음에 아국 軍民들이 일제히 공격하니 "서양놈들이 이 광경을 보고 중군을 해치려고 했다. 마침 그때 通引과 及唱 두 사람이 小艇을 타고 몰래 洋船 아래에 배를 대었다. 놈들이 선두에 모여서서 我國人을 향해 伺察(사찰 : 엿보아 살핌) 할 때 중군이 事機를 알고 급히 소정에 몸을 던져 겨우 목숨을 구했다. 이러는 사이에 피랍될 때 따라간 통인 1명과 겸종 1명은 스스로 강에 몸을 던졌는데, 그들의 시신을 겨우 건졌다"고 한다.(『운하견문록』 145쪽)(급창 : 군지휘부에서 부리는 종)

『평양지』에 의하면, 박규수가 중군을 구출하기 위해 후한 상을 내거니 "府校" 박춘권이 이에 응하여 장문의 편지를 써서 밀봉한 다음, 배로 셔먼호에 가서 그것을 투입하자 저들이 뱃머리에 모여 그 편지를 보려고 하는 사이에 중군을 몰래 불러 탈출하게 했다고 한다.(오문환의 책, 52~53쪽)

이와 같은 평양서윤의 보고를 받은 박규수는 곧 조정에 장계를 올렸다. 즉 "저 교활한 오랑캐가 함부로 내강內江에 들어와 열흘 사이에 이미 근성近城에 박두하여 전혀 기탄 없으니 몹시 놀라고 분통스럽다"고 하면서, 유원의 의리로써 설득의 도리를 다했건만 교역하겠다고 기어이 성으로 들어가려고 할 뿐더러, "중군을 잡아가 밤새도록 돌려보내지 않으니 하는 짓마다 분개스럽기가 이보다 더 심할 수가 없다"고 했다. 그리고 "강 한가운데 좌초한 배를 남김없이 섬멸하는 것이 어렵지 않으나, 감히 독자적으로 조치하지 않고, 우선 그 배가 순순히 물러갈지 관망하고 있다"고 하였다. 아울러 중군 이현익에 대해서는 인신을 분실한 죄를 물어 파출罷黜 조치하였다고 보고했다.(『평안감영계록』병인 7월 19일 亥時 장계)

그런데 여기서 한 가지 의문은, 셔먼호에 억류되었던 중군 이현익이 과연 하루만에 구출되었을까 하는 점이다. 물론 서윤 신태정의 보고와 그 내용을 조정에 전한 박규수의 장계, 그리고 이에 근거하여 작성된 자문 등 관변측 공식 문건들에는 중군이 7월 18일 납치되었다가 그 다음날 구출된 것으로 기록되어있다. 그러나 『평양사실』에 의하면 7월 19일 "중군의 억류가 무릇 4일이 되었으나"(中軍執留, 凡爲四日) 끝내 그를 석방하지 않는데 분개한 군민들이 셔먼호에 공격을 가해 피아간에 전투가 벌어진 틈을 타 중군 구출작전에 성공했다고 한다.

또한 『적호기』에도 "중군을 그들의 대선에 억류한 것이 무려 4일이나 되었다.(執留中軍於渠之大船, 至爲四日之久). 그래도 곤욕을 당하지는 않았으며, 아침 저녁의 식사도 아국인으로 하여금 왕래하며 제공하게 했는데, 이는 그들의 의중이 오로지 교역에 있었기 때문이다"라고 했다. 이종원의 『동진일기東津日記』역시 그 초두에서 셔먼호 사건에 관해 약술하며, 중군이 셔먼호로 문정차 나갔다가 "그들에게 구금된 것이 4일이었다"(爲彼人所抱者四日)고 했다.

비록 공식적인 문건은 아니지만, 『평양사실』은 셔먼호에 대한 정탐을 직접 수행한 인물이 기록한 것이고, 『적호기』역시 '병인록'이라는 내제內題 그대로 병인년 당시에 각종 공사公私 기록을 수집 편찬한 책이다. 『동진일기』의 저자 이종원도 셔먼호 사건 직후 박규수의 천거에 의해 동진첨사로 부임하게 된 인물로, 박규수로부터 사건의 진상에 관해 자세한 이야기를 들었다고 한다. 따라서 이러한 문건들에서 7월 19일 구출되기까지 중군이 4일간 억류되었다고 일치된 기록을 남기고 있음은 주목을 요하는 사실이라 하지 않을 수 없다.

○ 뿐만 아니라 나중에 박규수 자신도 중군 억류가 여러 날이었다고 말한 적이 있다. 즉 고종 5년(1868) 셰난도어호 내항시 그는 황해감사에게 편지를 보내 그 배를 문정할 때 셔먼호 사건의 진상에 관해 이렇게 답하는 것이 좋겠다는 제안을 하면서, 셔먼호측이 副將[중군]을 붙잡아 "여러 날 억류하고 보내주지 않았다"(多日繫집留不送)고 했다.(洋舶事甘結及謄報成冊』「兵水營下書與答書」)

그러면 이처럼 중군 억류기간이 공식·비공식 문건에 따라 다른 까닭은 무엇일까? 하나의 가설로서 생각해볼 수 있는 것은, 그것이 한사정에서의 협상과 밀접한 관련이 있으리라는 점이다. 앞서 살폈듯이, 평양서윤 신태정의 보고와 그에 의거한 박규수의 장계에서는 7월 17일 토머스 등 4명이 한사정에서 조선측과 간단한 문답만을 나눈 뒤 되돌아간 것처럼 되어있다. 『평양사실』에는 7월 16일의 중군 피랍사건으로 인해 7월 17일 평양서윤이 셔먼호측에 만나자고 요청하는 편지를 보냈으며, 그에 응하여 토머스 등 4명이 한사정에 와서 석방 협상을 벌였던 것으로 되어있다. 또한 같은 해 8월 중국으로 보낸 자문 중 중군 피랍사건을 기술한 부분에 "그자들은 또 '쌀 1천 섬과 금 ·은 ·인삼을 다수 제공해야 놓아보낼 수 있다'고 말했다"고 한 대목이 있는데, 이는 당시의 협상에서 토머스 등이 내건 중군 석방조건을 시사하는 것이라 짐작된다. 그렇다면 바로 7월 17일자의 장계에서 박규수가 셔먼호측에 대해 "교역을 빙자하여 망상을 드러내고 언행을 무시로 번복하니 예측을 할 도리가 없다"고 비난한 대목 역시 애초의 기대와 달리 셔먼호측의 무리한 요구로 인해 협상이 결렬되고 만 사실을 우회적으로 표현한 것으로 해석할 수도 있을 것이다.

요컨대 중군이 피랍되는 돌발사태가 발생하자, 평안감영은 이를 비밀에 부치고 셔먼호측과 협상을 시도했으나, 그들의 무리한 요구로 인해 실패했다. 이에 비밀협상을 통한 평화적 해결을 단념하고, 7월 18일 당일 중군이 피랍된 양으로 사건을 공개했으며, 7월 19일 이를 알고 분개한 군민들이 셔먼호에 공격을 가한 틈을 타 구출작전을 감행했던 것이 사태의 진상이 아니었을까 한다.

또한 중군이 탈출할 때 물에 빠뜨려 분실했다는 인신印信(도장 · 관인)도 『평양사실』 『평양지』 『패강록』 등에는 셔먼호로 납치될 때 이미 탈취 당했던 것으로 기술하고 있다. (『용호한록』 권4. 오문환 · 김양선의 책)

4) 평양 군 · 민 합세 침략 외세 화공火攻으로 격퇴

(1) 군 · 민 모두 분노, 쏘고 던지고 떨감화선火船 접근 불벼락

7월 20일 셔먼호는 방수성防水城 전기前磯 로 옮겨 정박한 뒤 꼼짝 하지 않았다. 아마 이때부터 좌초상태에 빠진 듯하다. (『평안감영계록』 병인 7월 20일 亥時 장계. 방수성은 양각도 서쪽 맞은편 강가에 돌로 쌓은 성이다 성균관대 박물관 소장 「평양지도」에 표시되어 있다.(성균관대학교 박물관 소장품 특별전 『인물과 자연』 2001)

7월 21일 박규수는 조정에 장계를 올려, 철산부사 백낙연이 중군을 겸하도록 조치했음을 보고했다. 겸兼중군 백낙연과 서윤 신태정이 교졸들을 거느리고 강 아래 위 요해처 要害處에서 각별히 방수하고 있었으나, 셔면호는 여전히 원래 정박한 곳에서 움직이지 않았다. (『평안감영계록』병인 7월 21일 亥時 장계. 앞서 언급했듯이, 백낙연은 지난 5월 미국 상선 서프라이즈호의 조난선원 문제를 원만하게 처리한 경험이 있었다.)

7월 22일 셔면호는 조금도 물러갈 기색을 보이지 않은 채 지나가는 상선의 식량을 약탈하는가 하면 마구 총을 쏘아대어 아국인 7명이 피살되고 5명이 부상을 입었다. 이로 보아 셔면호가 순순히 돌아갈 가망이 만무하다는 중군 백낙연과 서윤 신태정의 보고를 받고, 박규수는 마침내 셔면호를 섬멸하기로 결단을 내렸다. 조정에 올린 장계에서 그는 그같은 중대 결정을 내리게 된 이유를 이렇게 밝혔다.

"오랑캐의 배가 내지에 틈입하여 여러 날을 머문 것은 전에 없던 일이며, 감히 교역할 계획으로 번번이 위협하는 발언을 하였다. 그 경위를 따져보면 놀랍고 분함을 이길 수 없으나, 먼 나라의 인민인 까닭에 반드시 좋은 말로 돌려보내고자 하여 법금法禁으로써 타이르기를 여러 차례하였으며 식량 공급도 넉넉히 해주었습니다. (그런데도) 종내 물러가지 않고 갈수록 횡포가 심하더니, 심지어 중군을 억류하는 짓을 하기에 이르렀으며, 중군을 탈환한 이후로는 줄곧 대포와 총을 쏘아 12명이나 되는 많은 사람을 살상했습니다. 지금의 사세事勢는 불가불 초멸해야만 그칠 것입니다.……"

여기서 협박했다는 것은, 7월 8일, 9일, 12일의 문정에서 토머스가 프랑스 신부 피살에 대해 비난하고 프랑스 함대가 보복차 조선에 출동했다고 말함으로써 교역을 불허하면 후환이 따를 것임을 시사한 사실을 가리킨다. 중국에 보낸 자문에서도 셔면호측이 "교주를 살해했다는 설을 지어내어 협박을 일삼았다"(敎士殺害之說, 作爲脅喝)고 했다.(『동문휘고』 원편, 양박정형, 同治 5년 8월 22일)

이러한 결단에 따라, 그날 오후 박규수는 대동강변에 나와앉아 겸중군과 서윤을 독려하면서 "혹은 포격으로, 혹은 화공으로"(或以砲擊, 或以火攻) 셔면호를 섬멸하고자 했다. 화공은 실패했다. 셔면호측에서 밧줄로 엮은 그물을 교묘히 설치하여 화선火船의 접근을 막았기 때문이다. 포격은 전과戰果가 있었다. 총수銃手 김봉조가 1명을 쏘아죽였다.

○ 셔면호에 대한 최초의 공격작전에서 이미 화공전술이 구사되었던 점을 주목할 필요가 있다. 참고로 『海國圖志』에서도 역시 서양의 침략에 직면하여 "우리가 적을 막는 방법은 두 가지에 불과하다. 하나는 포격이요 다른 하나는 火攻이다"라고 했다.

○ 『평양지』에 의하면, 이처럼 화공작전이 효과를 거두지 못하자 고민하던 박규수가 평양 외성外城에 사는 일사 이수열逸士 李洙說을 찾아가 오랑캐를 물리칠 계책을 물었다고 한다. 이

수열은 걱정하지 말라고 하면서 며칠 안에 적들이 항복할 것이라고 했다. 강물이 줄어든데다 천탄淺灘(수심 얕은 곳)이 많아 거함巨艦이 기동하기 힘들고 식량도 부족하니 하류하여 약탈할 길만 막으면 공격하지 않아도 저절로 타파될 거라는 것이었다. 그 말에 따라 박규수가 火攻의 명령을 거두니 군민들이 조금 쉴 수 있었으며, 이어서 사람을 시켜 구신단九神壇의 익수신溺水神에게 기도를 올렸더니 7월 23일 밤에 몰래 달아나던 셔먼호가 좌초되어 진퇴유곡에 빠지는 이적異蹟이 일어났다고 한다.(오문환의 책, 53쪽)

그날 밤 조정에 올린 장계에서 박규수는 하루종일의 전투로 셔먼호는 탄약이 거의 다 떨어지고 더욱이 얕은 여울에 좌초된 상태라고 하였다. 따라서 비록 그자들이 수십 명에 불과해도 교활한 계책과 날카로운 병기를 갖추고 있어 사로잡기란 쉽지 않지만, 분격한 군민들을 잘 지휘한다면 승산이 있을 것이라는 낙관적인 보고를 했다.

7월 23일 셔먼호가 계속 원래 정박한 곳에 멈추어 있으면서 대완구나 조총을 쏘아대므로, 백낙연과 신태정은 교졸들에게 총과 활로써 힘껏 공격하도록 지시했다. 그러나 셔먼호의 구조가 몹시 견고해서 총창銃槍(구식 화승총)만 갖고는 타파하기 어려워 종일 공방을 벌이다가 해가 저물어서야 중지했다. 저녁 무렵 셔먼호는 활 두 바탕쯤 하류로 물러나 정박했다. 그날 밤 조정에 올린 장계에서 박규수는 이렇게 말했다.

"추측컨대 이 이양선은 높이가 3장丈이나 되니 성을 공격하는 것이나 다름없어 군공軍功을 아뢰는 일이 이처럼 늦어져 죄송스러움을 이길 수 없습니다. 승리를 거둘 방책을 지금 한창 숙의하여 강구하고 있사오며……"

마침내 화공작전을 다시 시도하기로 결정했다. 다음날 조정에 올린 장계에서 그는 이렇게 말했다

"저 배의 구조가 몹시 견고하여 총창으로 타파하기 어려웠으니, 승리를 거둘 방책으로는 화공보다 나은 것이 없으므로 신영臣營 겸중군 및 평양서윤과 숙의하고 강구하여 방략을 확정하였삽더니……"

셔먼호는 높이가 3장이나 되는데다 선체의 주요 부분이 철제여서 매우 견고했기 때문에 재래식 무기에 의한 공격이 효과가 없었으므로 전술을 바꾸기로 결정한 것이다.

7월 24일 셔먼호가 조금씩 떠내려오다가 얕은 여울에서 멈추었다. 아마 양각도와 쑥섬 사이 쯤으로 추정된다. 이종원의 『동진일기』에는 "구진강九津江에 이르러 좌초되었

다"고 했다. 구진강은 양각도와 쑥섬 사이 대동강의 동남편에 있는 지류였다. 『평양지』에서는 좌초된 장소가 "한사정 건너편"이라고 했다.

이에 겸중군 백낙연과 서윤 신태정은 총수 및 사수(射手 : 弓手)를 많이 징발하여 강 아래 여러 곳을 차단했다. 이는 적들이 배에서 탈출하여 하륙할 경우에 대비한 조치였다. 정오 무렵 셔먼호에서 대포와 총을 발사하여 아국 군인 1명이 피살되기에 이르자, 온 성 인민들과 방수성의 교졸들이 일제히 함성을 지르고 힘을 다해 공격했다. 마침내 땔감을 실은 화선들로 하여금 일제히 셔먼호에 방화하게 하자, 급기야 불이 옮겨붙기에 이르렀다. 그러자 "필경 저들의 선중에 저장한 화약이 쾅 터지면서 검은 화염이 하늘로 치솟았다."

○ 화공작전의 구체적 정황에 관해서도 설이 분분하다. 처음에 평저선平底船에 대포를 갖춘 '거북선'을 동원하여 공격했으나 효과가 없자, 軍校 박춘권이 화공작전을 고안하여 마침내 셔먼호의 소침燒沈에 성공했다는 설이 있다.(김원모의 책) 그러나 화공작전에 성공한 뒤 朴이 중군을 구출했다고 서술한 경우에 잘 드러나듯이, 이는 셔먼호 격침사건과 중군 탈환사건을 혼동한 것으로, 신빙하기 어렵다. 한편 『조선전사』에서는 김일성의 증조인 김응우 지휘 밑에 인민들이 결사대원을 조직하여 화공작전을 수행했다고 하였다.(권13, 77쪽)

고종 5년(1868) 셔먼호 사건에 관해 해명한 「請開諭美國使臣致勿致疑怪咨」에서도 박규수는 셔먼호의 일부 선원 생존설을 부인하면서 "배에 저장한 화약이 쾅 터지며" 사람과 배가 모두 불타버렸다고 했다.(『환재집』 권7) 이와 같이 화약 폭발설은 나중에 추가된 것으로 진위 여부를 알 수 없다.

토머스와 자오링펑이 뱃머리에 뛰쳐나와 비로소 살려달라고 청했다. 즉시 두 사람을 생포하여 강 언덕으로 끌고가니 수많은 군민들이 분노를 이기지 못해 그들을 살해했다. 그들 외에 총에 맞아죽은 자 13명, 불에 타 죽은 자 4명, 이틀 전 총에 맞아죽은 자 1명을 합치면 도합 20명으로 모조리 섬멸殲滅되었다.

○ 토머스의 최후에 관해서도 설이 자못 구구하다. 기독교계 문헌들에서는 토머스가 죽기 직전까지 강안江岸의 군중을 향해 『성경』을 뿌렸으며, 자신을 죽이려는 군인에게도 『성경』을 주고 죽임을 당했는데, 그 군인이 바로 중군 구출에서 수훈을 세운 박춘권이다. 그는 토머스에게 받은 『성경』을 읽고 감화되어 후일 기독교인이 되었다는 등 토머스의 최후를 미화한 이야기들이 전하고 있다.

그러나 『적호기』에 의하면, 토머스는 "뱃머리에 나와서서 중군이 잃어버렸던 인신印信을 창 끝에 걸어 바치면서 살려달라고 애걸했다"고 한다.(병인 7월 27일, 평안감사 장계의 間注,

『운하견문록』 148쪽) 조만호의 『西事雜絶』에서도 궁지에 몰린 토머스가 배에서 뛰어내려 항복을 애걸했으나, 성城 내외의 수살자讐殺者들이 그를 때리고 짓밟아 죽였다고 했다(제4수의 注 『玉垂集』 권11) 이종원의 『東津禦侮輯要』에서도 "이미 죽은 (중군의) 從人 2명의 아비 및 자제가 복수심으로 방화진살 放火盡殺할 때 온 성 군민들이 동심협공同心挾攻했다"고 한다.(『東津禦侮輯要』 戊辰 4월 19일 「十五日椒島前洋問情」)『평양지』에도 비슷한 설이 소개되어있다. 즉 토머스와 자오링펑이 하륙하여 "兼營〔兼中營의 誤記〕陣門"에 나와 항복하고 중군의 인신을 바치면서 생환을 애걸하자, "中營"(즉 겸중군 백낙연)이 잔당을 모두 불러내오면 잘 대접한 뒤 보내주겠다고 했다. 이에 토머스가 "洋書"(서양어로 된 편지)를 셔먼호에 투시投示했는데, 그 편지에 무슨 말을 했는지 모르겠으나 배에 있던 자들이 나오기는 커녕 도리어 총포를 마구 쏘는 바람에, 셔먼호에 화공을 가하는 한편 토머스와 자오링펑을 묶어 군사에게 출부出付했다. 그때 인민들 중 셔먼호 일당에게 살상된 자의 지친至親들이 달려들어 두 사람을 살륙했다고 한다.(오문환의 책 53~54쪽)(禦侮 어모 : 모욕적 침략을 막아냄)

(2) 군민 포상, 정학(유교)을 더 굳건히 지키자고 다짐

그날 밤 늦게 박규수는 조정에 장계를 올려 승전보를 전했다. 셔먼호는 "우뚝하기가 견고한 성과 같은 강적인데, 본영本營은 무비武備에 소홀하고 게을러 실로 한심한 지경이었으나, 지금 요행히 그 배를 불태워 파괴하고 모조리 섬멸하여 온 성이 술렁이며 이산하던 것이 비로소 진정되고 그쳤다"고 했다. 아울러 철산부사 백낙연은 창졸간에 중군을 겸임했는데도 군대의 기율을 정돈하고 총포를 무릅쓰면서 적들을 사로잡았으며, 평양서윤 신태정은 적정敵情을 잘 판단하고 확고한 자세로 임기응변에 힘을 다했다고 하여, 이들에 대한 포상을 건의했다. 그밖에 군교軍校 중 앞장서서 분발한 자들은 평안감영에서 시상하겠노라고 했다. 그러나 정작 자신에 대해서는 당초 셔먼호가 경내에 들어옴을 막지 못했을 뿐더러 성 아래까지 육박했는데도 쫓아내지 못했으며, 교역을 빙자하여 위협적인 주장을 하고 부장副將을 억류하는 모욕을 당하고서도 즉시 싸워서 그자들을 죽이지 못했다고 잘못을 나열하고는, 황공함을 이기지 못하며 대죄待罪한다고 아뢰었다.

셔먼호는 기계 및 집물什物과 함께 죄다 불타 없어졌으며, 그전에 탈취한 종선 1척도 함께 불태워졌다. 셔먼호의 잔해 중에서 대완구 2좌, 소완구 2좌, 대완구 포환 3개, 철제 닻 2개, 크고 작은 철제 사슬 162발把, 녹아버린 서양철 1300근, 장철長鐵(레일) 2350근, 잡철雜鐵 2145근 등을 무기고에 보관했다.

○ 후일 박규수는 왕에게 조운선漕運船의 제도개선을 논하면서 "臣이 평안도에 있을 때 포

획한 서양배는 철제 닻을 썼는데 몹시 컸습니다"라고 아뢰었다.(『승정원일기』 고종 11년 5
월 25일) 셔먼호가 燒沈된 뒤에도 그 배의 철제 용골은 오랫동안 대동강 기슭에 남아있었다고
한다. 셔먼호의 "크고 작은 철제 사슬 네 가닥"은 전승기념으로 평양 대동문 기둥에 걸려있었
다. 대완구 2좌는 "觀察使 前庭"에 있다가 1930년대 초 박물관에 수납되었다고 한다.(맥켄
지・오문환의 책,『平壤小誌』(日文) 平安南道 1932) 그 뒤 100년이지나 1968년 1월 23일
조선 동해 영해안에서 정보탐지 활동을 하다 나포된 미국의 푸에블로호Pueblo(500톤)도 현
재까지 대동강가에 정박해 있다.

　셔먼호 일당이 아국인을 12명이나 살상했으므로 마침내 저들을 섬멸하기로 결정하고
공격을 개시했다는 박규수의 7월 22일자 장계가 조정에 도착한 것은 7월 25일의 일이
었다. 그날 왕은 자신의 생일을 맞아 시원임時原任(현・전직) 대신 이하를 소견召見했다.
이 자리에서 왕은 "이양선이 전에 간혹 외양에 들어왔다고는 했으나, 지금 처음으로 내양
內洋에 들어왔다"며 심각한 우려를 표하고 "우리나라 사람 중에 화응和應하는 자가 있어
그런 듯하다"면서 전국적으로 종적이 수상한 자를 정탐하여 체포하도록 지시했다. 조두
순은 "자고로 나라에 우환이 있으면 내정을 닦은 연후에 외적을 물리치는 법이다. 자강自
強이 내정을 닦는 급선무가 되니 그밖에 다른 도리가 없다"고 하면서, "우선 내정을 닦으
면, 외적을 물리치는 일은 저절로 된다"고 주장했다.
　좌의정 김병학은 "내정을 닦고 외적을 물리치는 데는 특별히 다른 방법이 없다. 나라의
원기元氣가 정학正學(유교)에 있으니, 반드시 정학으로써 급선무를 삼는다면 사요邪妖(천
주교에 대한 대칭)는 저절로 물러갈 것"이라고 했다. 그리고 정학을 위해 임금이 솔선하여
강학講學에 힘쓸 것을 권했다. 김병학은 그 뒤에도 왕이 강학에 힘쓸 것을 권하는 상소를
올려 "正學은 나라의 원기"이며 "정학의 근본을 밝히는 데는 위에서 실행하고 아래에서
본 받는 것보다 나은 것이 없다"면서, "내정을 닦고 외적을 물리치는 목하의 급무 역시 이
것에서 벗어나지 않는다"고 했다. 아울러 성균관의 과정課程에 구규舊規를 신명申明할 것
을 건의하면서, 그렇게 해야 정학이 크게 밝아지고 이교異敎가 저절로 그친다고 했다.
(『일성록』 고종 3년 7월 30일)
　이상이 셔먼호에 관한 대책으로 제안된 전부였다. 같은 날 의정부에서도 박규수의 장
계에 답하여 "무릇 모든 군무軍務는 도신道臣이 편의대로 종사하고, 상황 변화에 따라 적
절히 지도해서 철저히 섬멸하고 한시바삐 보고하라"고 했다. 조정의 대책은 평안감사에
게 모든 것을 일임하고 그의 조치를 추인하겠다는 것뿐이었다. 중앙에서는 국방력 강화
와 외교 방략에 관한 어떤 논의나 대책도 내놓지 않았다.

셔먼호를 격침하고 일당을 섬멸했다는 박규수의 장계가 7월 27일 조정에 도착했다. 승전보를 접한 왕은 평안감사 박규수와 겸중군 철산부사 백낙연에게 가자加資하고(정3품 통정대부 이상의 품계를 올리는 일), 영장營將 이력履歷을 허용하며, 평양서윤 신태정에게는 한번 더 연임하게 했다. 아울러 이들 세 사람에게 새서표리璽書表裏(옥새를 찍은 유서諭書와 비단옷감)의 은전을 내리기로 했다. 의정부에서는 서양 오랑캐 섬멸의 공로를 치하하여 평안도에 문무文武 도과道科를 실시하고 셔먼호 사건의 피해자들에게 휼전恤典(정부에서 이재민을 구제하는 은전)을 내려줄 것과 셔먼호 사건의 전말을 알리는 자문을 중국에 보낼 것을 건의했다.

7월 29일 왕은 평안감사 박규수에게 내린 유서諭書에서 "경卿은 글 읽는 선비로서 어모禦侮하는 방책을 깊이 연구하여 손바닥에 '팔인八人'이라 쓴 것과 지모智謀가 대략 같았다"고 칭찬하고 특별히 가자한다고 했다. 그리하여 박규수는 전년 2월 자헌資憲(종2품)으로 승품陞品(종3품 이상의 품계에 오름)한지 1년여 만에 다시 정헌正憲(정2품)으로 승계昇階했다.

7월 30일 좌의정 김병학은 셔먼호 사건의 사후 대책으로 군오軍伍보충·기계 수선·전선戰船 보수를 각 도에 신칙申飭(단단히 타일러 경계함)할 것과 서양 상품의 사용을 금단할 것을 건의했다. 왕은 천주교도를 더욱 엄히 정탐 체포할 것과 아울러 척사斥邪(요망스런 간악한 기운을 물리침) 윤음綸音(임금의 말씀)을 찬진撰進(써서 바치다)하도록 명했다.

8월 3일 예문제학 신석희가 지어바친 척사윤음이 반포되었다. 이 글에서 왕은 우리나라가 유교를 존숭하여 '천하의 문명국'으로 일컬어졌는데, 불행히도 지난 칠팔십 년 사이에 소위 '서양학西洋學'이 생겨났다고 했다. 그리고 천당지옥설과 창조주설創造主說 등 천주교의 교리를 비판한 다음, 천주교도들은 부모에 대한 제사를 지내지 않으며 남녀가 함께 난잡하게 지낸다고 비난하면서, 이같은 사교邪敎가 횡행하는 것은 정학이 밝지 못한 때문이므로 "사람들은 성리학 서적을 낭송하고, 선비들은 공맹孔孟의 가르침을 따라야 한다"고 했다. (『일성록』 고종 3년 고종 3년 8월 3일. 척사윤음을 지은 신석희는 박규수의 절친한 벗이었다.(김명호 「환재 박규수 연구(2)-은둔기의 박규수 上」『민족문학사연구』 민족문학사연구소 1994.)

8월 11일 박규수는 셔먼호 사건의 사후 대책의 하나로 대동강 입구의 요해처인 급수문 양안兩岸, 즉 평안도 용강현 다미면 동진東津과 맞은편 황해도 황주의 철도鐵島에 방어를 위한 진보鎭堡를 설치할 것을 건의하는 장계를 올렸다.(『평안감영계록』 병인 8월 11일 장계. 『환재총서』 권5)

또한 박규수는 특별히 "가자 하노라"는 왕의 유서를 받고, 8월 13일 그에 대한 감사를 표함과 이울러, 백낙연·신태정과 박춘권 외 셔먼호 격퇴에 유공한 군민들에 대한 추가 포상을 요청하는 장계를 올렸다.(『평안감영계록』 병인 8월 13일 장계. 『환재총서』 권5)

그리고 아마도 같은 날 박규수는 자신에게 새로 내린 자급資級을 사양하면서 유공 군민에 대한 포상을 재차 요청하는 상소를 올린 듯하다. 여기서 박규수는 셔먼호를 격침하게 된 전말을 서술하면서 군민軍民의 공로가 지대했음을 밝혔다 .

…… 이에 온 성의 군민이 모두 울분을 품고, 명령을 내리지 않았는데도 모두 모였으며, 북을 치지 않았는데도 다투어 전진하여 총환과 화살을 어지러이 발사하고 소리쳐 기세를 서로 도왔으며, 사생을 잊고 위험을 무릅쓰지 않는 자가 없었으니, 반드시 오랑캐를 도륙하고야 말 태세였습니다. 강 아래 위의 요해처에서 막고 마침내 화선火船으로 불길이 옮겨붙게 함으로써 모조리 죽여버려 살아남은 종자가 없게 된 것은 모두 이들이 용감하게 싸우고 의연금을 갹출한데 기인한 것입니다. 애초부터 신의 지휘와 통제가 적절한 때문이 아니니, 신이 여기에 무슨 힘을 보탰겠습니까?

…… 신은 임금의 덕화를 계승하여 잘 타일러 돌려보내지 못했을 뿐더러 바로 그날로 토벌하여 국위를 빛내지 못하고 한갓 군중의 분격에 의지하여 하루아침에 요행을 얻은 것이며, 모든 면에서 잘못한 것은 (왕의) 견책을 어찌 기다릴 것이겠습니까? 그런데 이제 시상하는 날에 있어서는 도리어 신에게 가장 먼저 상이 미치고, 죄를 주어야 하는데 이렇게 포상을 하시니, 영광스러운 것이 아니라 부끄럽습니다.

승전보를 알린 7월 24일자 장계에서와 마찬가지로, 여기서도 박규수는 자신의 공을 내세우지 않고 오히려 자책하면서 모든 공로를 부하와 군민들에게 돌리는 겸양의 자세를 보여주고 있다.

8월 22일 역행曆行(時憲書 使行)편에 중국에 자문을 보냈다. 이 자문은 "영국 상인"이라 자칭한 오페르트가 2차에 걸쳐 조선 해안에 출현한 사실과 아울러, 박규수의 장계에 의거하여 "영국인" 토머스 등이 탄 셔먼호를 격침하게 된 전말을 자세히 밝혔다.

그리고 나서 다음과 같은 견해를 덧붙였다. 즉 도광道光 12년(1832)과 25년(1845)에 각각 영국 상선의 도래를 알리는 자문을 중국에 보낸 이래 다시는 영국인이 조선에 오지 않았다. "지금처럼 강화와 평양에 온 두 배가 내양에 바로 들어와, 혹은 장광설로 무리한 요구를 하거나, 혹은 살상을 가하며 공갈한 적이 없었다"는 것이다. 여기서 셔먼호를 오페르트 일당의 엠페러호와 마찬가지로 영국 국적의 선박으로 알고 있었음을 엿볼 수 있다.(김명호『초기 한미관계의 재조명』역사비평사 2005)

그리고 지난 7월 12일 초리방에서 문정했을 때 토머스가 말한 바 "청나라의 자문이나 올 때 뒤쫓아 출항했다는 설은 의심스러운 점이 있어 보였지만," 그가 먼 나라 사람인 까닭에 누차 잘 타이르고 식량을 후히 제공했다. 그런데도 아국인을 죽이고 중군을 억류하며 "교주를 살해했다는 설을 지어내 협박을 일삼고" 중군 석방의 조건으로 "금과 인삼을 토색할 계획"을 드러냈다. 이에 군민들이 분개하여 셔먼호를 불태워버린 것이니, 저들은 "죽음을 자초한 것에 불과하다"는 것이었다.

다만 유감스러운 것은 그 와중에 중국인이 뒤섞여 죽은 일이라고 했다. 자오링펑이 스스로 '북경인'이라 하고, 자오방용이 성경인盛京人이라 했으나 믿기 어려웠으며, 이양선과 내통하는 우리나라 간민奸民(간계를 꾸미는 백성)이 중국인과 영국인으로 분장한 것인지도 알 수 없었다. 설령 중국인이 맞다 하더라도 그들은 이국異國상선에 투신하여 황조皇朝의 월경越境 금지령을 어긴 죄인이었다고 변명했다. 끝으로 조선은 나라가 작고 가난하여 교역할만한 여유가 없고 유교를 존숭하여 천주교를 일체 금하고 있다고 하여 계속 교역을 불허하고 천주교 포교를 금지할 방침임을 천명했다. 이로써 셔먼호 사건은 일단락된 듯이 보였다.

(3) 조선측의 예우에도 불구, 끝까지 오만 무례한 침공

이상에서 밝힌 사건의 전말을 근거로 우선 셔먼호 일당이 조선측과 무력충돌을 일으키게 된 원인에 대해 검토해보기로 한다. 이는 박규수의 7월 22일자 장계에 잘 요약되어 있다고 할 수 있다. 여기서 그는 ① 내지를 여러 날 침범한 것 ② 프랑스 신부 피살에 대한 보복원정설로써 교역을 강요한 것 ③ 설득과 식량제공에도 불구하고 물러가지 않고 행패를 부린 것 ④ 중군을 억류한 것 ⑤ 아국인을 살상한 것 등 때문에 셔먼호를 섬멸하지 않을 수 없다고 했다.

여기에 덧붙이자면, 셔먼호가 출현한 시점이 매우 좋지 않았다. 오페르트의 엠퍼러호가 강화도까지 진출하고, 중국으로부터 프랑스의 보복원정 계획을 알리는 자문이 도착하여 조정에서 극도로 신경을 곤두세우며 경계령을 잇달아 내리고 있던 시점에 셔먼호가 나타났던 것이다.

게다가 셔먼호는 토머스 스스로 인정했듯이 병선처럼 보일 정도로 중무장을 하고 있었다. 대완구와 소완구를 각 2좌씩 장착하고 있었으며, 대완구를 시험 발사하여 사람을 놀라게 하기도 했다. 토머스 등 서양인들은 반드시 권총과 환도를 차고 조선 관원들을 대했으며, 나머지 선원들도 무기를 지니고 있었다. 뿐만 아니라 토머스는 누차 프랑스 신부 피살에 대해 항의하면서, "왜 우리나라 사람들을 죽였느냐"고 하여 프랑스인으로 자처하고, 또한 그 때문에 프랑스 함대가 보복차 이미 조선으로 원정을 떠났다고 주장하여 협박을 가했다. 이로 인해 조선측은 셔먼호의 정체에 더욱 큰 의혹을 품게 되었다.

최초의 문정에서부터 조선측은 시종 국법을 들어 내양 진입을 불허했다. 그럼에도 불구하고 셔먼호측은 "누가 감히 나를 막느냐"면서 오만하게 이를 무시하고 항행을 계속했으며, 만경대에 올라 정찰을 감행하는 등 마음대로 상륙하기도 했다. 또한 조선측이 외국과의 교역은 종주국인 중국의 허가가 있어야 된다는 구실로 그들을 설득했으나, 셔먼호 선주 프레스턴과 화물감독 호가스는 막무가내로 즉각적인 교역을 고집했다.(엠퍼러호를 타고 온 오페르트 일당의 경우 그같은 설득이 주효하여 물러간 것으로 간주되었다. 이에 따라 문정역관 방우서의 공로가 인정되어 그에게 통진부사가 제수되었다(『일성록』 고종 3년 7월 26일. 조면호 「서사잡절」『옥수집』 권11)

양측의 관계가 결정적으로 악화된 것은 물론 중군 피랍사건 때문이었다. 셔먼호측은 평양의 방어병력을 진두지휘하던 중군을 납치·억류했을 뿐더러 석방 조건으로 터무니없는 요구를 내세워 협상을 결렬시켰다. 그리고 중군 피랍 사실이 알려지면서 분위기가 험악해지자 셔먼호측은 선제공격을 가했으며, 평양 군민들의 분개에도 아랑곳 하지 않고 교역이 성사될 때까지 계속 중군을 인질로 삼을 의도를 드러냈다. 평양에 입성하여 감사 박규수에게서 교역을 허가하는 공문을 받아 낼 속셈이었다. 그런데 조선측의 기습적인 중군 구출작전이 성공함으로써 계획이 좌절되고 식량마저 고갈되자, 그들은 발악적으로 나왔다.

셔먼호측의 난사亂射로 인해 아국인이 12명이나 살상된 것은 셔먼호를 섬멸하게 만든 결정적 요인이었다. 그리하여 7월 22일부터 24일까지 사흘간 치열한 전투가 벌어진 끝에 셔먼호는 격침되고 말았다.

위와 같은 셔먼호측의 오만하고 난폭한 행동에 비하면, 조선측의 대응은 실로 온건했다. 지난 5월 미국 상선 서프라이즈호 조난선원을 인도적으로 구호했을 때와 마찬가지로, 조선측은 셔먼호에 대해서도 처음에는 우호적인 조치를 베풀었다. 셔먼호가 해안에 표도한 것이 아니라 내양을 무단 침범했음에도 불구하고, 황주와 평양에서 모두 세 차례나 식량 등을 후히 제공하면서 무력시위 대신 설득을 통해 그들의 귀환을 종용했다. 심지어 중군이 피랍되는 비상상태를 당해서도 조선측은 협상을 제의하고 평화적으로 사태를 해결하고자 했다. 이러한 협상 노력이 셔먼호측의 무리한 요구로 인해 수포로 돌아간 뒤에야 중군 구출작전을 감행했다. 그리하여 중군을 성공적으로 구출했을 뿐더러 셔먼호가 좌초 상태에 빠져 공격하기에 유리한 여건을 맞았음에도 즉각 공격하지 않고 사태를 관망하다가, 아국인을 다수 살상하는 등 셔면호가 순순히 돌아갈 가망이 만무해보인다고 판단되었을 때 비로소 섬멸 결정을 내리고 전투를 개시했던 것이다.

셔면호측이 전투에서 일방적으로 패배하여 몰살당하게 된 요인은 무엇일까? 셔면호는 근대적 증기蒸氣범선으로 높이가 3장〔약 4.5m〕에 달하는데다 선체의 주요 부분들이 철제로 되어 매우 견고했다. 여기에다 대포를 장착했으며, 우수한 무기로 개인 무장까지 갖추었다. 따라서 박규수는 7월 22일 조정에 올린 장계에서, 셔면호를 공격하는 것은 성을 공격하는 것과 다름없으며, 일당이 수십 명에 불과해도 날카로운 무기를 갖추고 있어 사로잡기가 쉽지 않다고 했다.

그러나 셔면호측은 우선 수로에 어두웠다. 대동강 입구의 급수문 직전까지는 중국 정크선들의 안내로 무사히 항행했으나, 그 배들이 떠난 뒤 조수 간만과 우량雨量에 따라 수위 차가 심하고 얕은 여울이 많은 대동강을 항행하기 위해서는 수시로 수심을 재며 조심스레 전진할 수밖에 없었다. 7월 17일자 장계에서 박규수는 셔면호가 "어제는 활 세 바탕, 오늘은 3리, 이런 식으로 조금씩 전진하는 것이 무슨 의도인지 모르겠다"고 했지만, 이는 배의 흘수吃水(배 밑이 물에 잠기는 깊이나 정도)가 깊어 수심을 잘 알지 못하는 상태에서 항행하다가 좌초될까 우려했기 때문이었을 것이다. 게다가 7월 19일 난투 중에 종선을 빼앗김으로써 수심 측정과 수로 탐사에 긴요한 수단을 잃었다. 이로 인해 셔면호가 자주 좌초하게 된 것이 치명적인 결과를 가져왔다. (1868년 셔면호 사건 진상조사차 내항한 미 군함 셰난도어호에 대해 대원군이 그 종선을 유인·도멸誘引·屠滅함으로써 먼저 우익羽翼(좌우 날개)을 제거하는 전술을 교시한 것 (『洋船事甘結及文報謄報成冊』「雲峴下書)」)도 이러한 셔면호 사건의 경험에서 터득한 것이라 볼 수 있다.)

또한 셔면호측은 오랜 항해로 일찍부터 식량 부족에 시달렸던 듯하다. 조선측과 평화적인 관계에 있었을 때는 수차에 걸쳐 식량공급을 받을 수 있었지만, 중군 납치 이후 관계가 악화되자 지나가는 배를 약탈하는 수밖에 없었다. 또한 중군이 탈출함으로써 인질 작전이 실패로 돌아가고 식량마저 다 떨어져가자, 그들은 거의 자포자기한 상태에서 포악한 행동으로 나왔다. 그 결과 피아간에 치열한 공방이 벌어져 탄약이 거의 고갈되고 설상가상으로 배가 좌초되고 말았다.

그들은 고립무원 상태에서 싸워야 했다. 그러므로 박규수가 셔면호 격침 이후 올린 상소에서 "아, 저들은 조그마한 배 한 척에 지나지 않았을 뿐이어서 비록 그 고물과 키가 성곽보다 견고하고 병기兵器가 독사나 불여우보다 독하다 한들 실은 전진해도 개미 한 마리 도와줌이 없고 퇴각해봤자 숨을 곳으로 토끼굴조차 끊겼으니 스스로 사지死地에 들어온 것이나 다를 바 없었습니다"라고 한 것은 그 패인을 정확히 지적한 말이라 하겠다.

(4) 맹목적 종파 이기주의, 불법 침략 살상자를 '순교자'로만 미화

조선측의 문정 기록을 보면 토머스는 '상좌'나 '양괴'로 불리며 선중의 일을 주관하는 인물로 묘사되어있다. 조선 관원들과의 선상 대화를 주도했으며 정찰이나 협상 등 주요 장면에도 반드시 그가 끼었다. 그러나 셔먼호 일당의 실세는 선주 프레스턴과 화물감독 호가스였다. 토머스는 조선어를 잘하고 조선 사정에 밝다는 이유로 접촉의 전면에 내세 워졌을 따름이다. 비록 그렇기는 하지만 일확천금을 노리는 그들을 위해 토머스는 충실 히 복무했다. 프랑스의 보복원정 계획을 알고 있었던 그는 조선측과 교섭할 적마다 이 정 보를 들먹이며 통상을 강요했다. 또한 그가 평양에 보물이 있느냐고 누차 물은 것도 셔먼 호 일당의 왕릉 도굴 음모에 협조하고자 한 것이 아닌가 의심되는 대목이다.

토머스가 셔먼호에 동승한 본래 목적은 개신교를 전파하기 위해서였다. 그는 조선에 최초로 개신교를 전파한 선교사가 되려는 열망을 품고, 1865년에 이미 1차 조선에 잠입 한 바 있다. 셔먼호를 타고 재차 조선으로 떠나오기 전에 토머스는 한문성경 등 다량의 종교서적을 준비했으며, 현지 고로古老들의 증언에 의하면 백령도와 황주 송산·평양 초 리방 등지에서 주민들과 접촉하고 수많은 책자를 나누어주었다고 한다. 또한 그는 서양 종교라면 천주교 밖에 모르던 당시 조선인들에게 자신이 그와 다른 개신교 선교사임을 밝히고, 천주교와 차별되는 개신교의 장점을 애써 선전하기도 했다.

○ 기독교계에서 이러한 사실을 과장하여 토머스의 죽음을 '순교'로 예찬해온 데 대한 비판 이 최근 들어 제기되었다. 즉 토머스는 조선의 주권을 무시하고 저지른 침략행위 때문에 죽은 것이므로 그를 순교자로 보는 것은 선교를 위해 수단 방법을 가리지 않았던 그의 행위를 정당 화하는 것밖에 안된다는 것이다. 그럼에도 불구하고 1920년대 이후 토머스 순교 기념사업이 대대적으로 추진되었던 것은 천주교보다 뒤늦게 전파되었을 뿐더러 거의 한 명의 순교자도 나 오지 않은 개신교측이 토머스를 순교자로 미화하여 이용하려 한 혐의가 없지 않다고 보았다. (김승태「제너럴셔먼호 사건에 대한 조선왕조실록의 기록」『복음과 상황』1995년 8월호. 홍성호 「제너럴셔먼호 사건과 토머스 '순교' 문제 연구」 감리교신학대학교 신학대학원 석사학위논문 1996. 한규무「제너럴셔먼호 사건과 토머스의 '순교' 문제 검토」『한국기독교와 역사』한국기독교 역사연구소 1998)

그런데 이와 같은 선교 목적을 위해 토머스는 수단 방법을 가리지 않았다. 그는 조선에 갈 수만 있다면 프랑스 함대에 편승하여 침략의 앞잡이 노릇을 하게 되는 것도 개의치 않 았다. 그리하여 베이징 선교구나 런던선교회 본부의 승인도 받지 않은 채 지푸로 달려갔다가, 프랑스 함대의 원정이 연기되자 곧 다시 조선으로 떠난다는 수상한 무장 상선에 주저없이 올랐다. 조선에서 토머스는 권총과 환도를 차고 일당의 우두머리처럼 행세하면서 국경을 침범하고 납치와 살상을 자행하는 등 불법적인 행동에 시종 동참했을 뿐더러, 종교인으로서 양심에 어긋나는 거짓말을 다반사로 했다.

평안감사 박규수와 일면식도 없으면서 베이징에 사신으로 온 그를 수차 만나 친분이 두터운 사이라고 떠벌이기도 했다. 그가 한 거짓말 중에 가장 악질적인 것은 프랑스 함대가 보복차 이미 조선으로 출동했다고 사실을 날조하여 협박한 것이다. 이처럼 서양 열강의 군사적 침략을 기화로 목적을 달성하려는 간지奸智를 부린 것은 특히 용서하기 어려운 죄악이다. 자기 자신도 함께 온 제국주의 침략자임을 스스로의 행동에 의해 밝힌 셈이었다.

요컨대 셔먼호 사건 당시 토머스가 선교활동을 벌인 것은 사실일지 모르나, 그는 그 때문에 피살된 것이 아니었다. 그가 현지 주민들과 접촉하여 종교서적을 살포한 사실은 구전으로만 알려진 것이고, 조선측의 공식 문건들에는 기록되어있지 않다. 평안감사 박규수를 비롯한 관원들, 그리고 대다수 주민들은 토머스가 개신교 목사로서 활동을 한 사실을 알지 못했다. 따라서 평양 군민들은 "사교邪敎를 전파했다"고 해서가 아니라 중군을 납치하고 아국인을 살상한 것 때문에 분격하여 그를 처단했던 것이다. 토머스는 선교사가 아니라 침략자들의 '괴수'로서 죽임을 당했던 것이다.

아무튼 셔먼호의 불법 침투와 소멸 사건은 우연이든 의도적인 침범이든 150년이 지난 오늘날(2018년 현재)의 시점에서 바라볼 때 조선반도 백성들이 제국주의 미국과 벌여 온 「200년 전쟁」의 서막이 되었다고 볼 수 있다. 현재도 극한 대립과 증오·전쟁은 계속되고 있으니까.

◎ 봉건 조선 민중이 분노하여 화공·격퇴시킨 셔먼호의 정체
〈겉으로 '통상·선교 목적', 실제로는 약탈과 방위력 염탐한 미국 무장 상선〉

1865년 미국인 3명이 경상도 영일만에 표착한 일이 있었고, 1866년에는 미국선 사불호土佛號가 부산 앞바다에 와서 최초로 조선과의 통상무역 관계 수립을 요구했다. 그러나 조선 정부에서는 외국과 무역관계를 맺는다는 것은 조선 국법에 금지되어 있다는 이유를 내세워 완강히 교역관계를 거부했다.

1866년은 조선 역사상 다사다난한 해였다. 1866년에 병인박해丙寅迫害가 일어나서 프랑스 신부 9명을 비롯해서 무수한 천주교 신자가 대원군에 의해서 학살되었고, 병인박해에 대한 보복으로 프랑스 함대가 강화도에 대대적으로 침략해 들어와 노략질과 살인 방화를 자행했다. 이것이 이른바 병인양요丙寅洋擾이다. 뿐만 아니라 이 해에 제너럴 셔먼호 사건이 발생했다. 사실상 1866년은 조선에서 외국인을 가장 싫어하고 외국인을 가장 배척하는 배외감정排外感情이 가장 고조된 시기였다. 이러한 때에 1866년 5월 미국 상선 서프라이즈Surprise호가 서해안 평안도 철산 앞바다에 표도漂到했다.

그러나 조선 정부에서는 전술한 바와 같이 유교적 유원지의柔遠之義라는 전통 의식이 있었기 때문에 여하한 국적의 사람이라도 한반도에 표류한 사람은 인도적으로 구출했다. 그래서 무력적인 도발 행위가 없는 한 서양 오랑캐洋夷라도 인도적으로 구원해 주었다. 그렇기 때문에 1866년 조선에 표도한 서프라이즈호 승무원 8명도 인도적으로 구원해 주었다.

조선 근대사에 있어서 1866년은 대외관계상 일대 전기轉機가 된 해이다. 이해 벽두에 병인박해가 발생했고 그 결과 서양 오랑캐에 대한 배외 감정이 고조된 가운데 제너럴 셔먼호 소파燒破사건이 발생했다.

82톤급 슬루프형 상선 셔먼호는 원래 미국 선적으로서 선주 프레스턴이 요양차 중국 천진에 기항했다가 천진 주재 영국의 메도우즈 상사와 용선계약을 체결함으로써 셔먼호는 일시 영국 상사에 위탁되었다.(sloop : 돛대가 하나 또는 두 개의 범선, 포함砲艦) 조선과의 교역을 열망하고 있던 영국은 셔먼호에 교역상품을 적재하고 조선과 통상교역을 실행하고자 1866년 8월초 중국 지푸를 출항, 조선으로 항진했다.

셔먼호의 정체는 오늘날까지 수수께끼로 남아 있다. 첫째로 주체국이 어느 나라인가의 의문이 제기되고 있다. 셔먼호의 선주는 미국인이지만, 이 배를 빌려 조선과 무역을 시도한 것은 영국 상사이기 때문이다.

둘째로 셔먼호의 주역이 누구인가에 문제의 핵심이 있다. 우선 이 상선의 승무원 구성을 보면, 선주 프레스턴, 선장 페이지, 항해사 윌슨 등 미국인 3명, 통역 토머스, 화물관리인 호가스 등 영국인 2명, 기타 중국인·말레이인 선원 19명, 총 24명이었다. 영국 개신교 목사 토머스가 주역을 담당하였으니, 말하자면 조선에 대한 선교기지 확보를 가장하기 위하여 토머스를 앞세운 것이다. 실제로 토머스는 조선행을 앞두고 "조선이야말로 선교의 최적지이다"라고 선언하면서 선교용 팜플렛을 다량 적재했다는 점에서 영국은 선교와 교역이라는 이중의 사명을 띠고 조선행을 단행했다.

셋째로 셔먼호의 조선행 목적이 과연 무엇인가이다. 셔먼호는 돛대 두 개 달린 82톤급 슬루프형 범선으로서 대포 2문을 포함하여 중무장한 상선이다. 물론 해적방어용으로 무장했다고는 하지만, 사실상 병선처럼 중무장한 상선이기에 셔먼호의 정체는 더욱 애매모호하다. 황금 보물이 묻혀 있는 고려왕릉을 도굴하기 위한 해적선인가, 아니면 선교와 무역을 목적으로 한 상선인가의 여부는 아직도 그 의혹이 풀리지 않고 있다.(김원모 『한미 외교관계 100년사』 철학과 현실사 2002.)

이처럼 의문 투성이의 셔먼호는 드디어 조선 서해안 대동강 하구에 도달했다. 때마침 늦장마비로 대동강이 범람하여 평양까지 항진이 가능할 것으로 판단, 통상교섭을 위해 대동강 소항溯航(강을 거슬러 항해)을 강행하려 했다. 그러나 지방관은 조선은 서양 여러 나라와의 통상은 '국금'國禁으로 금지하고 있다는 것, 설사 통상관계를 수립할 수 있다손 치더라도 일개 지방관이 함부로 허락할 수 없다는 이른바 「통상불가 이원칙通商不可二原則」을 설명하면서 평양 항행을 극력 만류했음에도 불구하고 셔먼호는 대동강 소항을 강행했다.

8월 22일 평양 만경대에 도착한 셔먼호는 병인박해로 프랑스 선교사 학살행위를 규탄, 머지 않아 프랑스 함대가 보복 원정을 단행할 것이라고 공갈 위협하면서 교역을 강요했다. 심지어 박규수 평양감사가 교역을 거부할 경우 서울로 쳐들어가서 기어이 통상교역을 실현하겠다고 언명했다. 그러나 박규수는 통상교역 요구를 일언지하에 거부했다.

셔먼호의 대동강 침입은 국제법상 분명히 영토 침략 행위요 주권침해 행위가 아닐 수 없다. 셔먼호는 상선이지만 중무장한 병선이다. 이같은 병선이 조선 당국으로부터 내강 항행內江航行 허락을 받지 않고 평양까지 항진했기 때문이다. 그럼에도 불구하고 조선은 셔먼호가 적대적인 행동이 없을 때까지 유원지의에 의해 세 차례 셔먼호에 식량과 땔나무 등 푸짐한 음식물을 제공했다. 장맛비가 걷히면서 대동강 수량이 갑자기 줄어들기 시작하자 셔먼호는 음식물을 약탈하는 등 해적선으로 탈바꿈했다. 셔먼호는 중군 이현익을 납치, 인질로 해서 쌀 5천 석과 다량의 금·은·인삼 등을 주면 석방하겠다고 공갈 위협했다. 중군 납치 이전에는 평양 군민은 유원지의의 원칙에 따라 인도적으로 음식물을 세 번 제공했으나 중군 납치 이후부터 평양 군민은 셔먼호에 대한 적대감정이 폭발, 마침내 쌍방간 무력충돌을 야기했다.

음식물 제공이 중단되자 셔먼호는 초조감을 느끼게 되었고, 이로부터 대포를 난사하면서 약탈행위가 자행되었다. 이 틈을 이용하여 박춘권은 셔먼호에 뛰어들어 이현익을 구출하는데 성공했다. 그러나 8월 31일 방수성 아래에서 전투가 벌어졌다. 화력이 우세한 셔먼호는 총포를 난사하면서 조선군을 압도했다. 그 결과 조선군은 7명이 전사하고 5명이 부상하는 불상사가 발생했다. 이에 박규수는 대원군의 명에 의해 화공책火攻策을 수립, 드디어 9월 3일 셔먼호를 공략, 승무원 24명 전원이 몰살되고 셔먼호는 불태워지는 소파燒破사건이 발생했다.

박규수는 진멸殄滅(무찔러 모조리 없애 버림) 이유를 다음과 같이 밝히고 있다.

"흉종추류兇種醜類(셔먼호 선원)는 우리나라 금법禁法을 어기고 침입하였으므로 이를 진멸한 것이다. 우리는 양식을 비롯하여 기타 생활 필수품을 대어주었건만, 그들은 오히려 방자한 태도로 더욱 못된 짓을 저지르고 있다. 그들은 심지어 중군을 납치하고 민간인을 상해하는 등 사태가 이 지경에 이르렀으니, 우리는 어찌 그들의 이 같은 창궐을 방관할 수 있으리오."(猖厥 : 병균이나 도적이 들끓음)

박규수는 조선개항과 대미수교를 주장하는 개화파 일세대로 알려진 인물이다. 그럼에도 불구하고 그가 셔먼호의 토머스 목사의 통상교역 요구를 단호히 거부하고 셔먼호를 화공작전에 의해 불태우고 선원 전원을 몰살시킨 처사는 그의 개화 의지와는 배치되는 조치이다. 심지어 박규수는 셔먼호를 소파한 후 소파사건의 해명과 통상 거절의 이유를 밝힌 자문 7편을 찬술撰述한 바 있다. 박규수 자신은 구미 열강과 입약하고 조선개항을 실현하는 것이 정치적 지상과제라고 굳게 확신하고 있었다. 그러나 그 당시 국시國是는 척화정책이었고, 대원군의 정치이념은 '쇄국양이'鎖國攘夷이기 때문에 대원군의 척화정책을 거역한다면 매국죄로 단죄될 수밖에 없다. 그러기에 비록 그 자신이 셔먼호를 소파하는데 진두지휘했지만, 그의 본심은 "쇄국척화를 반대하고 서양 열강과 조약을 체결하는 것이 당면 선결 과제였다. 그러기에 서양 각국과 입약立約(약속함. 조약을 맺음)함으로써 조선을 개항해서 국제적 고립의 환患을 면할 것을 주장했던 것이다."

그렇다면 박규수는 왜 이 같은 개항론을 대원군에게 한마디 진언하지 못했을까? 당시 국론은 척화를 표방하고 있었고, 조정 당국자는 태서문물에 너무나 우매했기 때문에 개항론을 입 밖에 꺼냈다가는 '적을 끌어들여 나라를 판 죄'納寇賣國之罪라는 육욕戮辱(큰 치욕. 죽일 륙=戮, 욕할 륙=辱)만 당했을 것이기 때문이다. 1881년 김윤식이 영선사로 청나라에 가서 이홍장과 대미對美수교문제를 협의했을 때 이홍장은 김윤식에게 미국과 먼저 수교하고 이어 각국과 입약을 권고한 바 있었다. 김윤식은 이같은 대미수교를 권고 받고 "이것이야말로 곧 선생(박규수)의 펴지 못한 뜻과 같다"라고 언명했다.

셔먼호 용선계약 기간에는 법률적 책임은 영국 정부에 있다. 그러나 셔먼호 소파사건 후 영국은 소극적 반응을 보인 반면, 미국 정부는 셔먼호가 미국인 선주라는 이유 하나만으로 적극적인 대응책을 강구했다. 벌린게임Burlingame 주청 미국공사는 사건의 전말을 본국 정부에 보고하면서, 청국이 조선의 종주국이라는 조·청간 전통적인 조공관계를 들어 셔먼호 소파사건에 대한 손해배상을 청국 정부에 청구했다. 그러나 청국 정부는 "조선은 비록 청에 조공을 바치는 나라임에는 틀림없지만 정교금령政敎禁令은 자주자행自主

自行하고 있으므로 청이 이에 간여할 수 없다"라고 대對조선 내정불간섭을 밝혔다. 이로써 조·청간 조공관계는 「의례적ceremonial관계」에 불과하다는 것, 따라서 조선은 「사실상 독립국」이라는 것 등의 사실을 확인하고 셔먼호 탐문항행을 결행하기로 했다. 이리하여 벨Bell 아시아함대 사령관은 대한 포함외교정책을 수립, 와츄세트호 함장 슈펠트 Robert Shufeldt에게 셔먼호 소멸사건 탐문항행을 명했다.

슈펠트는 1867년 1월 21일 옹진만에 도착, 현지주민과 접촉하면서 진상조사를 해본 결과, 조선을 웅징하는 데는 "무력행사에 근거한 해결책a solution based on force"만이 최선책이라고 강조하면서, "만일 셔먼호의 참극이 우리 미국측의 도발행위가 없었는데도 불구하고 조선인의 소행으로 간주된다면 우리는 적당한 시기에 대동강을 소항, 참사 현장에까지 올라가서 웅징을 가해야 할 것이다. 뿐만 아니라 그것이 조선 정부의 조치라면 미국의 대對아시아 정책 전반에 미치는 영향이 크기 때문에 우리는 조선 정부를 정벌함이 마땅하다"라고 대한 포함외교Gunboat Diplomacy 실시를 강력히 촉구하고 있다.

슈펠트의 탐문항행시 중국인 우문태于文泰가 향도역을 담당했는데, 우문태는 현지주민 김자평으로부터 "평양에는 아직도 셔먼호 생존자 4명이 있다"는 말을 들었다고 진술했다. 그렇다면 그 생존자는 틀림없이 미국인일 것이라고 확신, 로완Stephen Rowan 아시아함대 사령관은 생존자 4명을 구출하기 위하여 셰난도어Shenandoah호의 페비거 John Febiger 함장에게 제2차 셔먼호 탐문항행을 명했다.

이리하여 페비거는 1868년 4월 7일 탐문항행을 단행했다. 페비거는 황해도 장연 현지주민과 접촉하면서 탐문해 본 결과 "셔먼호는 평양에서 '분별없는 폭행'rash violence을 자행했기 때문에 자취지화自取之禍를 당했다"는 사실을 확인했다.

페비거 함장은 4월 21일 탐문항행 중 조선포대로부터 포격을 받았다. 이에 페비거는 조선국왕에게 보내는 서한에서 "성조기를 게양한 함정에 대한 포격행위를 조선 정부가 지지한다면 그것은 분명 모욕적인 행동이 아닐 수 없다. 만약 귀국 정부가 명령한 처사가 아니라면 포격행위애 대한 사죄 또는 포격에 가담한 자를 처벌해 주기 바란다"라고 '국기모독죄'를 거론하면서 성조기를 게양한 셰난도어호에 대한 불법포격 사실을 규탄했다. 페비거는 만약 조선 당국이 이에 대한 사죄와 기습포격에 관련된 조선 군인을 색출 처벌하지 않는 한 미국 아시아함대의 대규모 보복 원정이 있을 것임을 경고했다. 결국 페비거도 슈펠트와 마찬가지로 강력한 대한 포함외교 책략을 강조했던 것이다.

제5장
한반도를 노린 제국주의 열강 침략전쟁으로 거듭 충돌

1. 미국 대통령 명령, 아시아 함대 사령관 지휘, 조선 침략

1) 셔먼호 사건 계속 트집, 수교통상 명분, 개국 강압

고종 5년(1868) 4월 페비거는 셔먼호의 생존 선원 석방문제를 협상하기 위한 특사 파견과 셰난도어호의 종선에 총격을 가한 사건에 대한 사과 및 관련자 처벌을 요구하면서, 만약 이에 관한 조선 정부의 회답을 받지 못하고 돌아가게 되면 여름 무렵에 미국 군함이 다시 올 것이라는 협박을 남겼다. 하지만 우려했던 바와 달리 이듬해 4월 박규수가 평안 감사직을 사임할 때까지도 미국 군함은 나타나지 않았다. 그 뒤 박규수는 조정에 복귀하여 여러 관직을 역임했다. 신미양요가 나던 고종 8년(1871) 4월 현재 그는 경연經筵 강관講官과 승문원 유사당상有司堂上 · 예문제학 · 지의금부사 등의 직책을 맡고 있었다.

(1) "무력 침공에 의한 강제 방법만이 굴복 가능성" 판단

와츄세트호에 이어 셰난도어호가 성과 없이 돌아온 뒤에도 미국이 조선 정부와의 교섭을 단념하지 않고 군함 파견을 거듭 추진하게 된 데는 상하이 미국 총영사 슈워드 George Seward의 집념이 크게 작용했다. 앞서 살폈듯이, 그는 조선 정부가 프랑스 신부와 셔먼호 선원 피살 사건에 관해 해명하고 나아가 수호통상조약을 체결하기 위해 구미歐美에 사절을 파견할 의향이라는 정보를 오페르트의 일당인 젠킨스로부터 입수한 바 있었다.

이러한 정보에 고무된 슈워드는 조선 정부와의 협상을 낙관하면서 셔먼호 사건에 대한 해명을 요구하고 아울러 수호통상조약이나 적어도 조난선원 구휼 협정을 체결하기 위한 사절 파견안을 미 국무장관 윌리엄 슈워드William Seward에게 제의했다.

그런데 얼마 후 세난도어호가 귀환하고 젠킨스도 돌아왔지만, 셔먼호 선원 생존설이나 조선 정부의 구미 사절 파견설을 입증하는 아무런 성과도 얻지 못하자, 실망한 총영사 슈워드는 상당한 무력시위 없이는 조선 정부와의 어떤 협상도 성공할 수 없다고 믿게 되었다. 그리하여 그는 국무장관 슈워드에게 미국이 영국·북독일 등 유럽 열강에 앞서 조선의 개항을 시도할 것을 역설하면서 셔먼호 사건의 해결이나 조난선원 구휼 협정은 쉽게 이루어지겠지만 일반적 조약을 체결하자면 상당한 무력시위가 필요할 것이므로, 사절을 조선에 파견한다면 다수의 군함을 대동하게 해야 한다고 주장했다.

이같은 슈워드의 제안은 미국의 정부 교체기를 맞아 잠시 유보되었다가, 1870년에 들어 신임 국무장관 피쉬Fish에 의해 적극 추진되었다. 그해 4월(이하 양력) 피쉬는 조선 원정계획과 관련하여 해군성海軍省의 협조를 구하면서 이 원정은 현지 당국에 인상을 주기에 충분할 만큼 가공可恐스럽기를 바란다고 했다. 또한 그는 새로 부임하게 될 베이징 주재 공사 로우Low에게도 조선 정부와 협상할 때 1854년 미일화친조약美日和親條約 및 1858년 미일수호통상조약美日修好通商條約을 참고할 것과 사전에 중국 정부의 협조를 구할 것 등을 지시했다.

같은 해 11월 로우는 베이징에서 아시아함대 사령관 로저스Rodgers 제독 및 상하이 총영사 슈워드와 협의를 갖고 다음해 5월 1일에서 15일 사이로 원정 시기를 잡았다.

조선 원정에 앞서 로우는 중국 정부의 협조를 얻고자 했다. 1871년 2월(음 1870년 12월) 그는 총리아문을 방문하여 조선 국왕 앞으로 보내는 편지를 베이징에 오게 될 조선의 조공사신 동지사冬至使에게 전교轉交해줄 것을 요청했지만, 외번(外藩:속국)과의 교섭은 총리아문의 소관이 아니라는 이유로 거절되었다. 며칠 뒤 로우는 또 총리아문에 와서 편지의 전교를 요청했으나 거절당했다.

그러자 다시 그는 3월 7일(신미년 1월 17일) 총리아문에 조회照會를 보내 자신이 조선에 파견되는 전권공사로 임명되어 수사제독(水師提督 : 아시아함대 사령관)과 함께 군함을 타고 조선에 갈 터인데, 그에 앞서 조선 국왕에게 원정을 통고하는 편지를 대신 전해달라고 강요했다.

이러한 로우의 끈질긴 요청에 총리아문은 마침내 이를 특별히 허락 해줄 것을 황제에게 상주했다. 동치同治 7년(1868) 영국과 미국의 공사가 셔먼호의 생존선원 구출에 관해 협조를 요청했을 때 "조선이 비록 중국의 속국이나 정교政敎와 금령禁令은 자행自行 전주專主하고 있다"는 이유로 거절했던 선례에 위배되기는 하지만, 만약 미국의 편지를 전달하지 않음으로써 조선이 미국 군함이 온 까닭을 몰라 사기事機를 그르치게 된다면 이는 "속국을 배려하는 도리가 아니라關切屬國之道"는 이유에서 요구를 들어주었다.(국사편찬위원회 『한국사료총서』 24)

조선 국왕 앞으로 보낸 음력 1월 17일자 편지에서 대아미리가합중국大亞美理駕合衆國 흠명출사조선지공사欽命出使朝鮮之公使 로우는 자국의 조난선원 구휼문제를 상의하기 위해 조선으로 출사出使하게 되었음을 먼저 밝힌 뒤, 일본의 선례를 거론했다. 즉 20여 년 전 일본이 미국 선원들을 굶주려 죽게 하자, 뒤이어 계축년(1853년) 미국이 수사제독을 공사로 파견하여 일본에 가서 화친조약을 맺어 지금까지 양국은 조금도 분쟁의 빌미가 없으니, 조치가 매우 훌륭했음을 알 수 있다는 것이었다.

미·일관계의 경우, 북태평양에서 조업하던 중 난파된 미국의 포경선 선원들이 일본 관헌에 체포된 뒤 나가사키로 압송되어 학대를 받으며 억류되어 있었던 사건을 말한다. 1849년 미국은 이들을 구하기 위해 동인도함대 소속 군함 1척을 나가사키에 파견하여 석방 협상을 벌였다. 동인도함대 사령관은 페리였으며 그가 자처한 직함은 특명흠차대신特命欽差大臣이었다고 편지는 전했다.

그런데 조선의 경우는 그렇지 못하여 병인년(1866) 미국 상선 2척 중 서프라이즈호의 선원들은 구조되었지만 셔먼호의 선원들은 살해되었음을 지적하고, "본국은 귀국이 미국 (상선의) 기호旗號를 식별했는지 모르겠으며, 하나는 구조하고 하나는 가해하니 어째서 이처럼 현격하게 다른지 모르겠다"고 했다. 이에 그 까닭을 묻고자 한다면서, "일본국과 같은 사건이니 일률적이라야 마땅하다自與日本國事同一律"고 하여 20여 년 전 미국 선원 억류사건을 계기로 일본과 화친조약을 체결했듯이, 셔먼호 사건을 계기로 조선 정부와도 그와 같은 조약을 체결하려는 의중을 드러냈다.

결국 필리핀에 이어 동아시아로의 지배권 확장에 나선 미국은 조선정부가 셔먼호사건의 진상에 관해 여러 차례 해명했음에도 불구하고 자신들의 부당한 침범이나 폭력에 관해서는 일언반구 사과는 없이 일방적으로 상대국을 범죄자 취급하여 식민지화 점령을 일삼던 제국주의적 침략의 전형적 발걸음을 본격적으로 재현시켜가고 있었다.

이어서 로우는 자신과 수사제독이 한 무리의 군함들을 타고 가는 것은 체통을 엄숙히 하려 함이지 무력을 과시하려는 것이 아니요, 차후 조난당한 미국 상선의 구조책을 상의 · 교섭하는 일 때문이니, 의심하거나 놀라지 말라고 했다. 그러면서도 그는 "본국이 (귀국과) 화목하고자 오는데, 화목하게 대해주기 바란다. 만약 갖은 방법으로 거절한다면 실로 불목不睦을 부를 것이니, 또 누구를 탓 하리오?"라고 하여, 협상을 거부할 때는 무력 사용도 불사할 뜻을 비쳤다. 끝으로 약 2, 3개월 안에 자신들이 입경入境하면 귀국의 대관大官과 모든 것을 상판(商辦 : 상의하여 처리함)하게 되기를 바란다고 했다.

이상과 같은 로우의 편지 내용은 미국의 원정 목적이 셔먼호 사건에 대한 응징 또는 보복에 있음을 입증하는 것으로 해석되기도 한다. 김용구의 『세계관 충돌과 한말외교사 1866~1882』에서도 "해적선 제너럴 셔먼호의 소실사건을 응징한다고 미국 정부는 조선침략을 단행한다" "해적선 제너럴 셔먼호 사건을 보복한다고 야기된 1871년 침략전쟁"이라고 했다.

협상 불응시 무력행사의 뜻을 비친 구절에서 보듯이, 여기에 포함외교의 책략이 깔려 있음은 사실이다. 그렇기는 하지만 셔먼호 사건의 진상 해명이나 생존선원 인도 요구가 없는 점도 유의할 필요가 있다. 이것은 셔먼호 선원들이 불법적인 행동으로 몰살을 자초했다는 조선 정부의 주장을 미국이 슈펠트나 페비거의 보고 등을 통해 이미 알고 어느 정도 납득하고 있었음을 시사한다.

로우는 서프라이즈호 선원들에게 구조를 베풀었던 조선 정부가 셔먼호 선원들에 대해서는 그와 같은 인도적 조치를 취하지 않은 점을 문제 삼았을 뿐이다. 또한 "본국의 상례常例는 각국에 가는 상인과 선원들이 겪는 어려움을 잘 알고 차마 좌시하지 못하여 법을 만들어 보호하고자 하는 것이다", "본국은 상인과 선원을 돌봐주며, 결코 다른 나라가 함부로 모멸하고 학대하지 못하게 하려 한다"는 등의 구절을 반복한 데서 보듯이, 로우는 미국 정부가 자국 상인과 선원의 보호를 무엇보다 중시하고 있음을 강조했다.

이와 아울러 일본의 선례를 거론한 점을 고려할 때 로우가 수행하고자 한 원정의 표면적인 목적은 표착漂着한 미국 선박에 대한 부조扶助와 그 표류민의 호송 등을 규정하고 있는 미일화친조약 수준의 조약을 체결하려는 것이었다고 하겠다.

이러한 원정 목적은 국무장관 피쉬가 해군성 및 로우 공사에게 보낸 1870년 4월의 문건들에도 이미 명시되어 있다. 미 함대의 내항 초기에 조선측의 문정에 답한 봉서封書에서도 "일을 마치고 조약을 체결하면 곧 회항하겠다"고 하여 조약체결이 원정의 목적임을 표방했다. (『고종실록』 8년 4월 9일, 경기감사 장계)

(2) 조선정부는 답신에서 셔먼호 트집의 부당성 재천명

고종 8년(1871년) 2월 21일(양력 4월 10일) 미국 공사 로우의 편지를 동봉한 중국의 자문을 접한 조선 의정부는 곧 회자문을 지어보낼 것을 왕에게 건의했다. 그러나 로우의 편지에 대해서는 "만약 한번 회답하면 곧 왕복하게 되니 사체(事體:되어가는 일의 순서)로 보아 거론하는 것이 부당하다"고 했다. 이 편지를 계기로 미국과 직접적인 교섭이 개시될 것을 우려하여 답신하지 말도록 건의한 것이다.

중국에 보내는 회자문은 박규수가 지었다. 『환재집』에 「미국봉함전체자」라는 제목으로 실려 있는 글이 곧 그것이다. 이 글의 첫머리에서 박규수는 중국이 조선의 안위를 염려하여 특별히 미국의 편지를 대신 전해준데 대해 감사를 표한 다음, 로우의 편지 내용을 요약하고 나서 그에 대한 조선 정부의 견해를 밝혔다.

우선 외국의 조난선원을 구휼하는 것은 조선의 오래된 "정규定規 성헌成憲"이며, 미국의 조난선원들을 구조·호송한 것만도 전후 3차나 된다고 했다.(咸豊 5년(1855) 미국 포경선 투 브라더스호의 선원, 동치 4년(1865) 경상도 연일을 거쳐 강원도 삼척에 표도한 미국인, 동치 5년(1866) 서프라이즈호 선원을 구조한 사례를 가리킨다.)

다음으로 셔먼호 사건의 진상에 관해서는 중국에 보낸 두 번의 자문과 와츄세트호 함장 슈펠트의 조회에 대한 황해감사의 답서와 셰난도어호 내항 때 페비거의 조회에 답한 장련현감과 삼화부사의 편지 등을 통해 이미 충분히 해명했다고 주장했다.(김명호 『초기한미관계의 재조명』 역사비평사 2005)

…(그런데도) 지금 이 미국 사신의 봉함에서 또 "하나는 구조하고 하나는 가해하니 그 까닭을 모르겠다"고 한 것은 어째서인가? 그 편지에서 "상인과 선원을 돌보아주며, 결코 다른 나라가 함부로 모멸하고 학대하지 못하게 하려 한다"고 했는데, 이는 실로 사해 만국이 똑같은 바이다. 그 나라(미국)가 남의 학대를 받고 싶어 하지 않는 것과 본국(조선)이 남의 학대를 받고 싶어 하지 않는 것은, 처지를 바꾸어 생각하면 실로 다를 것이 없다. 그런즉 이제 평양하(대동강)의 배(셔먼호)가 멸몰을 자초한 것은 변설할 것도 없이 그 까닭을 알 수 있을 것이다. 천하 사람들에게는 응당 공론이 있을 터이요, 상제(上帝 하나님)와 귀신이 내려다보심을 두려워해야 한다. 미국 상선이 만약 우리나라 사람을 능멸하지 않았다면, 조선의 관민들이 어찌 먼저 남에게 능멸을 가하고자 했으랴?

여기서 박규수는 로우의 주장을 역이용하여 셔먼호 격침의 정당성을 역설했다. 즉 미국은 자국의 상인과 선원을 다른 나라가 능멸하지 못하도록 보호한다고 했는데, 이처럼 다른 나라의 능멸을 받고 싶어 하지 않는 것은 "사해 만국이 똑같은 바四海萬國之所同然"이다. 그러므로 먼저 능멸을 가한 서면호 선원들을 조선의 관민들이 응징한 것은 천하의 공론과 천지신명에 대해 떳떳한 행동이라는 것이다.

1868년 셰난도어호가 대동강 진입을 시도했을 때에도 박규수는 "해구의 방비는 각국의 동일한 법규海口防範 各國同規"라는 이유를 들어 이를 막고자 했다.

이처럼 그가 '사해 만국' 또는 '세계 각국'의 보편적인 법규에 근거해서 주장을 펴고 있는 점은 주목할 만하다. 이것은 당시 박규수가 비록 만국공법萬國公法의 존재를 알지는 못했다 해도, 전통적인 사대事大질서를 넘어 개별 국가 간에 호혜평등의 원칙을 추구하는 근대 국제법 질서가 작동하고 있는 현실을 어느 정도 인지하고 있었음을 시사한다.

○ 중국의 총리아문은 휘튼의 국제법 저서를 선교사 마틴으로 하여금 번역시켜 『만국공법』(1864)이란 한문본을 출간하였다. 이 책은 다음 해 일본 막부에 의해 수입되어 재간행되었다. 조선에는 이 책이 언제 유입되었는지 불분명하나 조·일 수호 조규 이전에 수입되었다는 사실만 알려져 있다. 강화도수호조규 체결 직후인 1877년 일본 공사대리 하나부사 요시타나가 예조판서 조녕하에게 미국 선교사 마틴이 한역漢譯한 『만국공법』을 증정했다고 한다. 그 이전에 『만국공법』이 국내에 유입되었을 것으로 추측하는 설도 있다.

그런데 이어지는 대목에서 오히려 「사대질서를 내세워」 로우의 협상 제의를 거부했다. 외교에서 독자성을 찾아갔어야 했는데, 허약한 조선으로서는 중국의 번방임을 핑계로 은근히 중국의 방패 뒤에 숨는 방식의 소극적인 자세를 취해갔다.

… 그 편지에서 '상판'과 '교섭'을 말했는데, 상판하려는 것이 무슨 일이며 교섭하려는 것이 무슨 일인지 모르겠다. 무릇 신하는 의리상 외교를 해서는 안되는 법이다. 그 나라에 조난당한 객선이 있을 경우 이를 구휼·호송하는 것은 비단 (우리) 나라에 항규恒規가 있을 뿐 아니라 성조聖朝의 심인(深仁 ; 중국의 仁政)을 본받고 있는즉, 상판을 기다리지 않아도 보호에 대해서는 의심할 것이 없다. 그 나라 사람 중에 혹시 호의를 품지 않고 와서 멋대로 능멸한다면, 단호히 막아 박멸하는 것 역시 천조(天朝 ; 중국)를 지키는 번방(藩邦 조선)의 직분에 속하는 일이다. 미국의 관헌은 단지 그 백성을 통제하여 그들이 비리를 범하지 않게 하면 된다. 교섭 여부를 다시 어찌 논할 것이 있으랴!

원래 '인신무외교人臣無外交'란 『예기』에 나오는 말로 춘추시대에 열국 간의 교제에서 사신으로 간 신하가 상대국의 제후를 사적으로 만나서는 안된다는 원칙을 표명한 것이다.(춘추시대 : 중국 고대 周왕조 이후 秦의 통일시기까지의 문무文武에 걸친 쟁패혼란爭霸混亂 시기. 공자가 그려낸 문운文運이 창성한 시기이기도 하다.)

그런데 여기서는 이 말이 조선 국왕은 중국 황제의 신하이기 때문에 사대의 의리상 어떤 외국과도 직접 교섭해서는 안된다는 외교권 포기 논리로 전용轉用되었다. 뿐만 아니라 미국 상선이 조난당하면 중국의 유원柔遠정책을 본받아 이를 구휼할 터이지만, 셔먼호처럼 불법을 자행 하면 중국을 지키는 번방으로서 이를 격멸할 임무가 있다고 했다. 이처럼 사대관계를 각별히 강조한 것은 미국과의 분쟁 해결에 중국이 종주국으로서 더욱 큰 책임감을 느끼고 적극 중재에 나서 줄 것을 요청하기 위한 포석이었다고 생각된다.

박규수는 로우의 협상 제의에 통상 요구가 숨어있을 것으로 짐작하고 이를 원천 봉쇄하는 논지를 폈다. 즉 오페르트 일당이 출몰하고 셔먼호가 격침된 사건을 보고한 동치 5년(1866) 8월 22일자의 자문에서 이미 천명한 바와 같이, 조선은 가난한 소국이라 외국과 교역할만한 물산이 없으므로 통상을 불허한다는 것이 종래의 확고한 방침 이라고 했다. 그런데 "지금 미국 사신의 봉함은 비록 말을 꺼낸 적은 없다 해도 관인에게 상판과 교섭을 요구했으니 혹시 이와 같은 일(통상 요구)이 없겠는가?"라고 강한 의구심을 드러내면서 조난선원은 선례에 비추어 당연히 구휼할 것이요, "그 외의 사건에 대해서는 따로 상판할 것이 없으니 헛수고하며 올 필요가 없다"고 못 박았다.

셰난도어호가 내항했을 때에도 박규수는 "대저 저들의 계획은 평양하平壤河에서 양적洋賊을 평정한 일(셔먼호 사건)로 트집을 잡아 교역을 이루고자 하는 것이다"라고 파악하고 있었다.(이종원 『동진어모일기』 무진 4월 22일)

끝으로, 그는 이와 같은 제반 실정을 중국이 미국 사신에게 알려 의혹을 풀어주기를 요청하면서, 덧붙여 "미국 사신의 봉함에는 원래 회답을 달라는 등의 말이 없으며, 번방 제후의 법도상 감히 답함을 대신 전해달라고 부당(部堂 : 예부상서)에게 심려를 끼칠 수는 없다"고 했다. 미국과의 직접적인 교섭을 기피하기 위한 구실로 회신 요구가 없다는 점을 들어 로우의 편지에 답하지 않겠다는 뜻을 완곡하게 말한 것이다.

박규수는 와츄세트호 내항 때 조선 국왕 앞으로 보낸 슈펠트의 조회를 보고 "말뜻이 그다지 나쁘지 않았으니 이는 사리로써 설복할 수 있는 자들"이라고 판단했다.(이종원 『동진어모일기』 무진 3월 21일) 그리고 이런 이유로 그는 미국을 "예양禮讓을 숭상하는 합성명방合省名邦"이라 칭송하면서 셔먼호 사건의 진상에 관해 자세히 해명한 「의황해도관찰사답미국인조회」(擬黃海道觀察使答美國人照會 약칭 「의답조회」)를 짓기까지 했다. 미 군함이 다시 올 때 이를 전하면 미국측의 의혹을 풀 수 있으리라 기대한 것이다. 그 뒤 셰난도어호 내항 때의 체험 역시 박규수로 하여금 미국에 대해 호감을 품게 했을 것으로 짐작된다. 당시 박규수는 셰난도어호에 대해 인도적 대우를 베풀면서 셔먼호 사건 진상과 선원 생존설에 관해 적극 해명하고자 했다. 이 같은 노력이 주효하여 양측은 총격사태가 발생했음에도 불구하고 시종 우호적인 관계를 유지할 수 있었다.

또한 박규수가 지은 삼화부사 명의의 답서를 받은 뒤 셰난도어호가 곧 회항한 것도 미국이 조선측의 해명을 납득한 결과로 간주되었다. 당시 황해감사 조석여는 박규수가 답서를 보내 잘 타이른 결과 서양 오랑캐가 감화되어 떠나갔다고 칭송했다.(이종원 『동진어모일기』 무진 윤4월 2일, 海營錄紙) 이 회자문, 「미국봉함전체자美國封函轉遞咨」에서도, 셔먼호 사건의 진상에 관해 남김없이 해명한 답서를 보내자 "페비거는 회답을 받고 곧 돌아갔다"고 했다.

그러므로 박규수는 오페르트 일당의 야비한 행동과 대비하여 셰난도어호측을 칭찬하면서 "그들의 처사에 언제 어긋난 바가 있던가? 그들의 행동과 우리의 접대가 모두 서로 허물을 지적할 꼬투리가 없었다"고 평했던 것이다.(이종원 『동진어모일기』 무진 4월 27일)

이와 같은 대미 접촉의 경험과 그에 기인한 호의적 미국관美國觀때문에 박규수는 로우의 군사원정 통고를 심각하게 여기지 않고 종전과 같이 사리로써 설득하면 결국 해결될 수 있는 문제로 낙관했던 것이 아닌가 한다. 일찍이 페리 제독이 포함외교의 책략을 써서 일본의 개국을 강요했던 사실을 제대로 알지 못한 점도 이러한 미온적 대처를 낳은 한 요인이 되었을 것이다.

요컨대 셰난도어호 회항 직후에 지은 자문 「미국병선회거청사원인석의자美國兵船回去請使遠人釋疑咨」와 마찬가지로 이 회자문에서도 미국과의 교섭을 가급적 피하고 중국의 외교적 중재 노력에 기대는 쪽을 택한 것은 사태의 심각성을 충분히 깨닫지 못한 안이한 조치로 비판받을 여지가 있다고 하겠다. 박규수가 지은 회자문은 2월 25일(이하 음력)자로 발송되었다.

그런데 이 자문은 미국의 조선 원정이 이미 개시된 4월에서야 중국에 도착했다. 중국 총리아문도 로우가 조선 원정에서 돌아온 뒤인 6월 초 공사대리 윌리엄즈의 문의를 받고서야 비로소 조선의 자문을 접수한 사실과 그 대의大意만을 통고했다. 이에 윌리엄즈가 국제법과 외교관례를 무시한 소행이라고 항의하자 총리아문은 조선 자문의 발송일자를 추가로 알리고, 베이징에서 보낸 로우의 편지에 대한 조선 정부의 회신은 없었다고 답했다.(박일근 『근대한미외교사』 박우사 1967)

로우는 자신의 편지에 대한 조선 정부의 반응을 기다려 보지 않고 예정대로 원정을 추진했다. 그는 상하이로 가 로저스 제독과 합류한 다음, 3월 19일 기함旗艦 콜로라도호 등 3척의 군함과 함께 다른 2척의 군함이 대기 중이던 나가사키로 떠났다. 그곳에서 일본 정부의 조선에 관한 정보 협조하에 출정준비를 마친 미국 함대는 3월 27일 조선으로 출항했다.

그러나 조선 정부는 이러한 움직임을 전혀 감지하지 못했던 듯하다. 3월 22일 왕은 귀환한 동지사冬至使를 접견한 자리에서 중국 예부가 미국 문제로 자문을 보낸 사실을 베이징에 있을 때 이미 알았다는데, 미국 군함이 과연 올 것 같으냐고 물었다. 그러자 정사正使 강로는 예부의 관리들이 모두 "미국 배가 반드시 (조선으로) 떠나지 않을 것이다"라고 말하더라는 다분히 낙관적인 정보를 전했다. (『승정원일기』 고종 8년 3월 22일)

2) 일본을 협박 굴복 시킨 페리식 함대 침공

(1) 로저스 제독의 군함 5척, 1,230명 서해 도착 · 탐색 작전

1871년 5월 미국 로저스 제독은 아시아함대 군함 5척, 함재대포 85문, 총병력 1,230명을 이끌고 조선원정을 단행했다. 미국의 조선원정의 표면적인 목적은 조선개항이었다. 로저스는 평소부터 1854년 대일 포함외교對日砲艦外交로 일본개항을 성취한 페리 제독을 흠모해 왔고 자신도 페리의 포함외교 책략을 본받아 조선개항을 이루겠다는 결의로 조선원정에 임했다.

미국의 조선 침공을 위한 대의명분은 「개방과 통상협정」이었지만, 접근방법은 예의 「셔먼호 사건에 대한 생트집」을 구실거리로 앞세우고 "먼저 쏘면 보복 반격하겠다"는 오만한 엄포 하에 「해도 측량의 보장」을 요구하며 당연한 듯 내수면 침입을 강행했다. 당연히 조선측에서는 허락 없이 침투하는 외국 선박에 제지의 포화를 가할 수밖에 없었다. 마침내 「손돌목 사건」이라는 미 침략군과의 본격적인 포격전이 시작되었다.

4월 1일(양력 5월 19일) 로우 공사와 로저스 제독이 인솔한 미국 함대는 집결지인 서해 상의 페리에르 군도(群島 : Ferrieres Islands)에 도착했다. (섬이름 등은 병인양요 때 프랑스 침략자들이 멋대로 작성한 해도에 따랐다.)

그곳에서 서서히 북상한 미 함대가 4월 3일 수원부에 속한 풍도(楓島 : Fernande Island) 북쪽의 남양부 해역에 당도한 사실이 처음으로 조선측에 포착되었다. (『고종실록』 8년 4월 6일, 수원유수 신석희 장계) 미 함대는 좀더 북상하여 4월 5일 외제니섬(Eugenie Island), 곧 남양부에 속한 입파도(立波島) 부근에 정박했다. 로저스는 병인양요를 일으킨 프랑스 제독의 이름을 따서 이 정박지를 'Roze Roads'로 명명했다. (김원모의 책)

4월 6일 군함 팔로스호와 4척의 기정汽艇으로 구성된 정찰대가 부와제소도(小島 : Isle Boisèe), 곧 인천 앞바다에 있는 작약도까지의 해로를 탐사하기 위해 파견되었다. 로우는 정찰대장 블레이크 대령에게 만약 고위관리와 접촉하게 되면 조선 국왕 앞으로 보내는 한문 편지를 전달하라는 훈령을 내렸다. 통역으로 참가한 코울즈의 보고에 의하면, 정찰대는 4월 8일 작약도에 도착한 뒤 4월 10일 정박지로 무사 귀환했다.

한편으로 미 함대의 종선들은 정박지 부근인 남양만 일대에서 정찰 활동을 벌이기 시작했다. 그런데 조선 정부는 이날 비로소 수원유수 신석희의 장계를 통해 이양선의 출현을 알게 되었다. 같은 날 조정에서는 오페르트 일당의 남연군 묘소 도굴사건에 연루되었던 천주교도 3명에 대한 신문이 벌어져 박규수도 지의금부사로서 여기에 참여했다. 박규수는 4월 5일 지의금부사에 임명되었다. 4월 9일 천주교도 3명이 모두 처형되었을 뿐만 아니라, 그 출신지인 충청도 공주가 목牧에서 현縣으로 강등되고 공산公山으로 지명조차 바뀌는 조치가 이어졌다. (『승정원일기』 고종 8년 4월 5일, 6일, 9일, 15일)

4월 8일 남양부사 신철구는 문정차 배를 타고 나섰다가 정찰 중인 미 함대의 종선들과 마주쳤다. (신철구는 熱河問安使行 때 書狀官으로 부사 박규수와 동행한 인연이 있다.) 필담으로 국적과 내항 목적 등을 물었으나 의사소통이 되지 않았다. (『고종실록』 8년 4월 8일, 경기감사 장계) 귀환한 정찰대로부터 한문으로 된 조선측의 문정서問情書를 입수한 로우는 우호적인 의도를 확신 시킬 요량으로 회신을 보내도록 지시하고, 로저스 제독의 참모장인 니컬스 대령과 자신의 임시비서 겸 통역인 드루를 파견하여 그 회신을 전하게 했다.

4월 9일 다시 문정차 출동한 남양부사는 접근해오는 종선들을 만났다. 종선에서 내린 3명 중 한 사람은 조선인이었다. 그자가 봉서封書를 전하고 나서 "교역을 트러 이곳에 왔으며 결코 살해하는 사단이 없을 것興販來此, 竝無殺害之端"이라고 말했다. 또한 군함은 모두 5척이며 일간 북향할 것이라고 했다.

봉서의 내용은 전날의 문정에 답한 것이었다. 즉 이 배는 미국에서 왔으며 '흠차대인欽差大人' 곧 전권공사 로우가 조선의 고관과 상판할 일이 있다고 밝혔다. 그리고 이를 타결하는데 시일이 필요할 것이므로 이 배는 이 바다에서 일대一隊를 획정하여 정박하다가 일을 마치고 조약을 체결하면 곧 회항할 것이라고 했다. (『고종실록』 8년 4월 9일, 경기감사 장계)

4월 10일 경기감사의 장계를 통해 남양부사가 문정을 시도하려는 사실을 알게 된 정부는 직접 문정 역관들을 현지에 파견하기로 했다. 그런데 같은 날 미국 함대가 다시 북상하기 시작하여, 4월 12일 작약도와 호도 사이에 정박했다. 그날 콜로라도호가 작약도에 정박하자마자 곧 배 1척이 접근했다. 조선 정부에서 문정차 파견한 의주통사 3명과 인천부의 읍리邑吏가 탄 배였다. 그들은 먼저 드루에게 편지를 건넸다. 편지 내용은 일전 남양부사가 전달한 귀측의 회신을 통해 조정에서 귀선들이 미국에서 온 배임을 처음으로 알고(이 편지를 쓴) 관원들을 문정차 파견했으나, 풍파로 인해 이들은 잠시 인천 해안에 머물고 있다면서 회신을 기다린다는 것이었다.

의주통사 일행은 콜로라도호 선상으로 초대되어 니컬스 및 드루와 대화를 나누었다. 그들은 정부가 파견한 3명의 3품 관원들이 가까운 곳에서 대기하고 있으며, 자신들은 그 관원들의 편지를 전달하고자 파견되었다고 밝혔다. 이에 미국측은 그 관원들이 백성들에게 포고해서 염하(강화해협)의 수심을 측량하는 함정들을 방해하여 분쟁이 발생하지 않도록 해달라고 요청했다. 또한 미국측은 평화적 관계를 유지하기를 바라며, 먼저 공격받지 않는 한 무력을 행사하지 않을 것이라는 점을 확언했다. 그러자 의주통사 일행은 매우 흡족해하는 반응을 보였다고 한다.

미국측은 의주통사 일행에게 인천에 대기 중인 3품 관원들 앞으로 보내는 회신을 교부했다. 이 편지는 흠헌欽憲 곧 전권공사 로우가 조선 정부와 상관할 일이 있어 파견되어왔으니 고관을 특파하여 협상에 임할 것을 다시금 촉구하고, 그에 대한 조정의 응답을 며칠 기다리는 동안 강화도 쪽으로 수심 측량을 위해 함정들을 파견할 것임을 통고하는 내용이었다.(나중에 확실해진 사실들이지만, 당시 미국 · 프랑스 · 일본 등의 해로 · 수심 측량 제시는 침략의 환경을 탐지하기 위한 위장된 접근 구실이었다.)

덧붙여 그들은 연해의 주민들에게 그 배들을 두려워하지 말 것과 "피차 예의로써 대우하면 결코 가해할 뜻이 없음彼此以禮相待, 決無害意"을 알려주어 사단이 생기지 않도록 해달라고 당부했다. 이 답서는 곧 의정부로 등송騰送되었으며, 역관들이 미국측에게서 받은 각종 선물은 직접 대원군에게 상납되었다.

4월 13일 3품 관원들이 콜로라도호를 방문한 사실은 이상하게도 조선측 기록에는 거의 보이지 않는다. 로우와 로저스의 보고를 종합해보면 그날 오후 3명의 관원들이 승선하자, 로우는 그들의 지위와 권한을 확인하기 전에 만나는 것은 적절치 않다고 여겨 드루와 코울즈(공사관 서기관보 겸 통역)로 하여금 대신 접견하게 했다.

드루가 중국어로 대화를 나눈 결과, 그들은 3품 및 5품 관원으로 정부의 신임장을 휴대하지 않았으며, 협상을 개시할 어떤 권한도 위임받지 않았음을 알게 되었다. 따라서 로우는 그들을 만나지 않기로 결심하고, 협상할 수 있는 권한을 부여받은 1품 관원들만 받아들일 것이며, 그런 관원에게만 내항 목적을 완전히 공표하겠노라고 통지했다. 그 관원들이 방문한 목적은 미국측의 목적과 의도를 가능한 한 모두 알아내려는 것인 듯했다. 미국측은 그들에게 침략할 의향이 없음을 보증하고, 오직 공격받을 경우에만 무력을 행사할 것임을 명언했다. 또한 수심 측량을 위한 함정들이 내일 소항溯航할 것임을 통지하고, 이 배들을 우호적으로 대하라는 지시를 연안의 주민들에게 24시간 안에 보낼 것을 요구했다.

이와 같은 미국측의 발언에 대해 그 관원들은 동의하거나 반대한다는 분명한 언질을 주지는 않았지만, 이의를 제기하는 태도를 취하지 않음으로써 미국측의 희망을 실질적으로 수락하는 듯한 인상을 주었다. 그러므로 미국측은 협상이 진척되기를 기다리는 동안 수심 측량을 계속할 수 있을 것으로 믿게 되었다.

조선의 관원들은 지난 1월 로우가 베이징에서 보낸 편지를 본 적이 있음을 시인했다. 그리고 조선 국왕은 미국과 우호관계를 유지하기를 바라지만 통상조약을 맺고 싶어 하지는 않는다고 말했다. 드루는 그런 문제들을 논의할 권한이 자신에게는 없으며, 고관이 공사를 만나러 올 때 일체를 논의하도록 남겨두는 것이 타당할 것이라고 답했다. 그 관원들이 배를 떠날 때 드루는 미국측과 회견한 내용이 국왕에게 보고되기를 요망했으며, 이에 대해 그들은 반대하지 않았다.

요컨대 로우는 조선 정부가 파견한 3품 관원과의 회견을 거부하고, 드루를 통해 자신과 대등하며 협상의 권한을 위임받은 최고위 관원을 특파할 것과 "서울로 항행할 수 있는 수로를 탐색하기 위한 정찰대의 활동을 방해하지 말 것"을 요구했다. 그러나 이 같은 요구를 그 관원들이 암묵적으로 승인했다는 것은 어디까지나 미국측의 아전인수적 해석이라 할 것이다.

미국측은 전날 방문한 문정 역관들에게도 3품 관원들이 백성들에게 알려서 수심을 측량하는 함정들을 방해하지 않도록 해달라고 요청하고, 선제공격을 받지 않는 한 무력을 행사하지 않을 것이라고 다짐했다. 그러자 역관들 역시 매우 흡족해하는 반응을 보였다고 했다. 하지만 역관들은 물론 3품 관원들조차 그와 같은 요구에 명시적인 의사표시를 하지 않았으며, 또한 그렇게 할 수 있는 권한을 갖지 못한 사실은 미국측도 인정했던 바이다.

다만 미국측이 문정 역관들에게 직접 통고하고 그들에게 교부한 답서에서도 밝힌 바와 같이, 강화도 방면으로 수심 측량을 위한 정찰대를 파견하겠노라고 이미 선언했는데도, 그 뒤 콜로라도호를 방문한 3품 관원들은 이에 대해 우선적으로 항의하거나 경고하지 않았다. 이것은 침공의 구실을 찾던 미국측에게 '오해의 소지'를 제공한 미온적 대응이었다고 하지 않을 수 없다.

그 관원들은 협상을 제의한 로우의 편지에 대해 왕이 반대의사를 표명했다고 알렸을 따름이다. 그렇기는 하지만 미국측이 다시 그 관원들에게 내일(4월 14일) 정찰대가 출발하는데 이 사실을 24시간 안에 주민들에게 알려 서로 충돌하는 불상사가 없게 하라고 요구한 것은 「완전히 일방적인 통고로서 오만무례하기 짝이 없는 포함외교의 전형적 행태」였다고 할 수 있다.

(2) 조선군 철통 대치 중, 미 탐색 함대와 「손돌목 포격전」

조선 정부는 병인양요 이후 특히 강화도를 중심으로 군비를 강화하는데 힘을 쏟았다. 고종 3년(1866) 강화부를 진무영으로 개편하고 정2품 무관인 진무사가 강화유수를 겸하게 했으며, 이듬해에는 당백전 1만 냥으로 문수산성을 보수하게 했다. 고종 5년(1868)에는 각 군영을 통솔하는 최고 군령기관軍令機關으로서 삼군부三軍府가 설치되었으며, 병인양요로 파괴되었던 강화부의 성첩과 관아 및 군기軍器의 수리를 마치고, 별기사·별무사 등 800여 명을 배치했다.(김규락의『雲下見聞錄』에서는 의정부와 대등한 삼군부의 설치, 강화부의 진무영 승격, 강화부의 성곽과 관아 복구 등을 모두 대원군의 업적으로 돌리고 칭송해 마지 않았다.『雲下見聞錄』아세아문화사 1990)

강화도의 군비는 신미양요가 나던 고종 8년(1871)에도 계속 강화되었다. 이해 1월 삼군부는 강화 진무사 정기원의 보고에 의거하여 진무영 본영에 별무사 401명, 별효사 201명, 효충사 103명, 장의사 223명, 승군 21명(도합 949명), 우방영 교동부에 포병 100명, 전영 부평부에 포군 300명, 좌영 통진부에 의포사 250명, 우영 풍덕부에 별포사 203명, 후영 연안부에 화포군 50명, 백천군에 포군 50명, 덕포진에 포병 44명, 문수산 성에 별포군 25명을 이미 배치했으며, 좌방영 영종진에 별무사 200명, 별총군 200명 외 의익사 105명을 추가 배치 중이라고 왕에게 아뢰었다. 이와 같이 삼엄한 군비를 갖춘 긴장지역에 미 함대가 침입한 것이다.(『승정원일기』고종 3년 1월 25일, 고종 5년, 3월 23일,7월 11일, 고종 8년 1월 25일. 연갑수『대원군 집권기 서양세력에 대한 대응과 군비증강』서울대 박사학위논문 1998)

4월 14일(양력 6월 1일) 정부는 이양선이 인근에 정박 중인 강화도의 방어를 강화하고자 진무중군으로 어재연을 특별 임명하고 훈련도감 등 중앙 군영의 병력을 강화도로 대거 증파하기로 결정했다.(『고종실록』8년 4월 14일, 삼군부 장계) 그런데 바로 그날 염하(강화해협)의 입구인 손돌목에서 미국측과 전투가 벌어졌다. 군함 모노카시호 및 팔로스호와 기정 4척으로 구성된 미군 정찰대가 수로 탐색차 '무단으로' 손돌목을 통과하자, 광성진에서 먼저 대포를 발사했다. 이에 호응하여 대안(對岸·육지쪽)의 덕포진에서도 통진부사의 지휘로 일제히 대포를 발사했다.

미군 정찰대는 광성진을 향해 대포를 마구 응사한 뒤 퇴각하다가 손돌목에 이르러 또 대포와 총을 난사하고는 부평 호도 앞바다의 정박지로 귀환했다. 그 와중에 덕포진의 포군 1명이 전사했으며, 미 군함이 손상을 입었다.(『고종실록』 8년 4월 14일, 통진부사의 보고에 의거한 경기감사의 장계. 4월 15일, 통진부사의 보고에 의거한 경기감사의 장계. 4월 16일, 前中軍 이봉억의 급보에 의거한 진무사 정기원의 장계. 4월 15일 왕은 하교에서 "일전에 서양 배가 덕포에 틈입闖入했을 때 포군 오삼록이 그자들의 대포에 맞아 전사했다고 한다"고 말했다. 통진부사 홍재신은 4월 23일 덕진진 전투 이후 孤弱해진 덕진으로 移鎭했다. 조면호 『후서사잡절』『옥수집』 권15.(츰입·틈입 : 미리 엿보고 함부로 들어감)

조선측의 보고에는 미 군함이 포격으로 파상破傷을 입었다고 했으나, 미국측의 기록에는 모노카시호가 암초에 부딪쳐 파손되었다고 했다. 손돌목 전투가 '상호 이해의 결여'로 인해 빚어진 우발적 사건인지, 아니면 조선측이 계획적으로 유인작전을 감행한 사건인지에 관해서는 약간의 논란이 있다. 후자의 유인설誘引說에 따르면, 미국측이 정찰대 파견을 통고했을 때 3품 관원들은 우호적으로 대할 것이라는 무언의 보장을 주어 유인했으며, 3품 관원들에게서 이러한 정보를 입수한 대원군 정부는 어재연 등이 인솔하는 군대를 증파하여 전투태세를 갖추고 기다리다가 선제 기습공격을 감행했다는 것이다.

미국측의 정찰대 파견계획을 알고도 아무런 사전 경고를 발하지 않았던 점, 광성진과의 "약속에 따라 호응하여"(依約束相應) 대포를 발사했다는 통진부사의 보고, 그리고 통진부사에 대해 "손돌목만한 애구(隘口:좁은 해협)가 없으며 기병(奇兵:기습 부대)을 설치할 계획도 미리 세워두었건만(設奇亦有豫算) 초장에 격멸하지 못하고 마침내 통과하게 놓아두었다"고 문책한 경기감사의 장계 내용 등은 그와 같은 주장을 뒷받침하는 증거로 보일 수 있다.

이는 "모든 증거로 보아 조선 정부가 달아날 기회를 주지 않으면서 큰 타격을 가할 수 있는 지점으로 함정들을 유인하고자 했다"는 로우의 주장과도 합치한다. 로우는 조선측이 협상거부 의사를 밝힌 회자문의 부본副本을 손돌목에서 선제공격을 가하기 전에 미국측에 전달하지 않고, 그로부터 닷새나 지난 뒤에야 전달한 사실을 특히 문제시 하면서 그런 주장을 했다.

한편 우발설偶發說에 따르면, 강화해협은 서울을 지키는 국방상의 요충으로 병인양요 이후 방비가 더욱 엄중해진 곳인데, 미 군함들이 이곳을 무단침입 했기 때문에 조선측에서는 공격할 수밖에 없었다. 영토 내 불법 침입자에 대한 당연한 정당방어였지, 대군의 위압에 눌려있던 부대가 일부러 유인한 것은 결코 아니었다. 또한 지난 2월 로우의 편지를 접수한 이후 연해의 관헌들에게 "미국 군함이 내도하더라도 결코 먼저 분쟁을 도발하지 말라"고 지시했다는 조선측의 주장으로 미루어보아도 선제 기습공격설은 성립하기 어렵다.

미군 정찰대는 로우의 훈령에 따라 독자적으로 강화해협을 탐측한 것이지, 조선측에게 유인된 것은 아니었다. 상대국의 실정에 대해 서로 무지한 상태에서 중무장한 미 군함이 조선측이 지키는 국방의 최전선에 뛰어든 결과 터진 것이 손돌목 전투였던 것이다.

이상은 신미양요 직후 중국에 보낸 「역진미국병선자우정형자歷陳美國兵船滋擾情形咨」의 내용을 근거로 한 것이다. 그런데 또 손돌목 전투 후 강화진무사 정기원이 로우에게 보낸 조회에도 "귀측의 배가 내도한 뒤부터 조정에서는 연해 관헌들에게 결코 말썽을 일으켜 분쟁을 도발하지 말라고 지시했다"는 귀절이 있다.(『동문휘고』 원편 양박정형, 동치 10년 4월 15일 「江華留守兼鎭撫使鄭岐源送美國公使照會」 국사편찬위원회 편, 제3책)

여기에 더하여, 손돌목 전투 이후 조선측이 미군 정찰대에 대한 선제공격은 외국 선박의 내항 침입을 불허하는 국방원칙에 따른 정당방위였다고 거듭 주장한 사실을 주목할 필요가 있다. 이와 아울러 이양선에 대해 도발적인 행동을 삼가토록 지시했다는 앞서의 주장을 고려하면, 당시 조선측의 대응책은 미 군함 셰난도어호의 내항 때와 동일한 것이었다고 판단된다. 즉 "선제공격으로 미국측에게 개전開戰의 구실을 주지 않도록 조심하되, 평양으로 통하는 급수문이나 서울로 통하는 손돌목의 통과만큼은 극력 저지한다"는 것이었다. 이에 따라 손돌목을 지키던 광성진과 덕포진에서는 대동강 하구의 급수문을 지키던 동진진과 철도진에서 그랬듯이, 유사시에 대비하여 협공작전을 세워두었던 것으로 짐작된다.(前中軍 이봉억도 "이양선이 문정을 거치지 않고 손돌목에 돌입하니 이것은 內犯(內港 침범)이라 부득불 무력을 써서 방어했다"고 보고했다.(『고종실록』 8년 4월 16일, 진무사 정기원 장계. 이봉억은 전임자로서 어재연이 부임하기 전까지 광성진을 지휘했다.)

또 하나 주목할 것은 3품 관원들이 미처 서울로 돌아오기 전에 미 군함들이 손돌목에 돌입했다는 사실이다. 따라서 4월 14일 정부가 중앙 군영의 병력을 강화도로 증파하기로 결정한 것도 미군 정찰대 파견 정보를 입수한데 따른 대응조치라고 보기 어렵다. 삼군부는 단지 "서양 선박이 강화도에서 멀지 않은 곳에 내박하고 있다"는 이유로 병력 증파를 건의했을 따름이다. 그리고 신임 진무중군 어재연이 경군京軍을 인솔하고 광성진에 도착한 것은 손돌목 전투 후 이틀이 지난 4월 16일이었다. 이같은 사실들은 「조선측의 계획적인 유인작전으로 손돌목 전투가 발발했다」는 주장은 성립되기 어려움을 입증한다고 하겠다.(『고종실록』 8년 4월 14일, 16일 진무사 정기원 장계)

조선측은 손돌목 전투에 대해 미 군함들을 패퇴시킨 일대 승첩으로 자평했다. 당시 광성진을 지휘한 전前 진무중군 이봉억은 조정에 미 군함의 파손과 즉시 퇴각을 보고하면서 "아마 겁을 먹어서 그런 것 같다"고 했다.

나중에 이봉억은 손돌목 전투에서 미리 복병을 설치한 탁월한 지략과 일사불란 하고 용감한 지휘로써 적을 크게 놀라게 하여 도망가게 한 공로로 가자(加資 : 정3품 통정대부 이상의 품계로의 진급)의 은전을 입었다. 통진부사 홍재신도 복병을 설치하여 적을 퇴치한 공로로 가자되었으며, 덕포첨사 박정환은 대포를 쏘아 적선을 부수도록 적절히 지휘한 공로로 포상을 받았다. 그밖에 이봉억을 보좌한 천총 김현경과 별무사 별장 유예준, 미 군함에 포격을 가해 손상을 입힌 덕포진 포사 강선도, 적병 2명을 사살했다는 통진 포사 차재준 등 3명에 대해서도 포상이 건의되었다.(『승정원일기』고종 8년 5월 21일, 6월 1일. 『고종실록』8년 5월 21일)

한편 미국측은 손돌목에서 일시 제지당했다고 해서 이대로 물러선다면 패퇴한 것으로 간주될 것을 우려하여 보복공격을 획책했다. 그러나 인민을 정복하고 조약체결을 강제하는 공세적 작전을 펴기에는 병력과 함정이 불충분하며, 수심이 얕고 간만의 차가 심하며 수도나 주요 도시들이 내륙에 자리잡고 있는 등 지리적 여건이 불리한 점을 염려하여, 전날 공격받은 지역들에 병력을 집중하여 타격을 가하기로 했다. 또한 즉각적으로 보복공격에 나서는 대신 이를 10일 동안 연기하기로 했다. 군함들의 항행과 협동작전에 유리한 다음 번 조금小潮 때를 기다린 것이다. 매월 음력 7, 8일과 22, 23일께가 간만의 차이가 가장 적은 조금이다.

(Report of the Secretary of the Navy, No.18. Expedition to Corea Report of Rear-Admiral Rodgers. No.38. United States Steamer Colorado, Flag-Ship of Asiatic Fleet, Boissee Anchorage, Salee River, Corea, June 3, 1871)

그리하여 손돌목 전투 이후 열흘간 날카로운 대치국면이 조성되었다. 이 시기에 특이한 사건은 부평부사 이기조가 미국측과의 접촉에 직접 나선 일이다. 이미 살핀 바와 같이 그는 셰난도어호 내항 때 삼화부사로서 평안감사 박규수의 지휘 아래 최일선에서 대미접촉을 수행한 전력이 있었다. 4월 16일 이기조는 셰난도어호 내항 때와 마찬가지로 장대 끝에 편지를 매달아 전하는 편법으로 미국측과 교신을 시도했다.(미국측의 기록에 의하면 장대가 꽂힌 곳은 게리에르Guerriere 섬이라고 한다. 조면호의 「후서사잡절」제8수의 주에는 호도虎島로 표기되어 있다.)

이 편지에서 이기조는 우선 무진년(1868) 4월 셰난도어호가 평안도 삼화부 경내에 내박했을 때 자신이 삼화부사였음을 밝히고, 당시 페비거와 수차 교신한 결과 서로 공격을 피할 수 있었으며, 그래서 페비거는 평화롭게 떠나갔다고 했다. 그런데 "지금 귀국의 배들이 다시 부평부에 내박했지만, 전혀 다른 태도를 취하고 있다"고 하여 셰난도어호 내항 때와 달라진 미국측의 호전적 태도를 비난했다.

이어서 그는 조선과 미국은 동서로 7만 리나 떨어져있어 단기(檀箕 : 단군과 箕子) 이래

4천 년 동안 전혀 교섭이 없었는데, 병인년(1866) 셔먼호 사건이 발생하면서 비로소 관심을 갖게 되었다고 했다. 그리고 셔먼호가 대동강에서 격침된 것은 순식간에 자초하여 발생한 것이며, "강화부에서 배가 난파된 것에 대해서는 누구를 탓하리오"라고 하여, 셔먼호가 격침된 것이나 손돌목 전투로 미 군함이 파손된 것은 모두 미국측에 잘못이 있다고 주장했다.

또한 이기조는 미 함대의 내항 의도가 영토 점령에 있는지 아니면 우호관계 수립에 있는지를 묻고, 그 어느 쪽도 용납할 수 없음을 역설 했다. 그는 미국과 우호관계를 맺게 되면 "4천 년의 예악문물禮樂文物"이 파기되고 말 것이라는 이유로 이를 반대했다. 요컨대 손돌목 전투에서 드러난 미국측의 호전적 태도를 비난하면서 영토 점령을 좌시하지 않을 것임은 물론 우호관계 수립을 위한 협상도 거부하겠다는 의사를 표명한 것이다.(이 부분의 기록은 조선측에는 없고 미국측에만 있다. 김명호의 책)

당일 이 편지를 발견한 미국측은 이틀 뒤인 4월 18일 드루 명의의 회신을 부평부사 앞으로 보냈다. 이 회신에서 드루는 부평부사의 편지 내용을 로우와 로저스에게 보고했으며, 그들의 지시에 따라 답하노라고 밝히면서, 미국은 베이징에서 보낸 편지에서 천명한 대로 조선 정부와 협상을 통해 문제를 해결하기를 여전히 바라고 있으며, 영토를 점령한다든가 예악문물에 영향을 미치기를 원치 않는다고 했다.

이어서 그는 손돌목 피격 사건을 비난하고, 이를 사과하고 협상에 임할 것인지 아니면 보복공격을 감수할 것인지 조선 국왕은 호전적 태도를 취하기 전에 심사숙고하여 5, 6일 내로 답하라고 다그쳤다. 드루가 5, 6일 이내라는 시한을 제기한 것은 앞서 언급했듯이 조금 무렵을 공격 개시일로 잡았기 때문이다.

또한 드루는 셰난도어호 내항 때 조선 국왕은 대통령의 명령을 받고 오지 않았다는 이유로 페비거와의 회견을 거부했으나, 이번에 로우 공사는 대통령의 특명을 받고 왔음에도 불구하고 어째서 경고도 하지 않고 미 함정들을 격멸하고자 했느냐고 따졌다. 그리고 지금 이곳에 있는 함정들은 중국과 일본 연안에 상주해있는 미국의 대규모 함대의 일부로서 손상을 입으면 2, 3일 안에 함정들이 교체·파견되어 무제한 공격을 계속할 수 있다고 을러대면서도, 그러나 이는 미국이 바라는 바가 아니라고 했다. 미국은 중국과는 우방으로서 고위 사절을 서로 받아들여 모든 문제를 논의를 통해 평화적으로 해결하고 있다고 했다.

(베이징에서 보낸 1월 17일자 편지의 첫머리에서 로우의 직함을 "大亞美理駕合衆國 欽命出使朝鮮之公使"로 밝힌 사실을 가리킨다. 그러나 페리의 일본 開國 때처럼 國書, 즉 미 대통령의 친서를 갖고 온 것은 아니다. 박일근 『근대한미외교사』 79쪽에서 셰난도어호 내항 때와 달리 "그 후 미국은

1871년 로우 공사가 조선 정부와 통상조약을 교섭하고자 왔을 때에는 미국 정부의 국서를 휴대하였다"고 한 것은 오류이다.)

끝으로 조선 정부가 의사를 알리는 문서를 보내려면 콜로라도호로 보내야 할 것이라고 하면서, 그 문서 또는 협상할 사람을 싣고 오는 배나 전령傳令은 공격하지 않겠노라고 했다. 장대를 이용한 변칙적인 교신 대신 직접 서신을 교부하거나 협상할 것을 요구함과 아울러, 손돌목 전투 이후의 긴장관계로 인해 조선측이 접근을 꺼릴 것을 감안하여 신변안전을 보장한 것이다.

4월 20일 부평부사 이기조가 다시 장대를 통해 미국측에 편지를 보냈다. 이 편지에서 이기조는 자신은 지방관이라 중앙정부의 관할에 속한 문제들을 논할 수 없으므로 드루의 회신을 상관인 강화 진무사에게 전달했다고 밝혔다. 그리고 강화 진무사가 보낸 편지가 방금 미국측에 보내졌다는 소식을 오늘 들었다고 하면서, 앞으로 모든 교신은 그 관리와 이루어질 것으로 믿으며, 자신은 더이상 관여할 수 없을 것 같다고 말했다.(이 편지도 조선측 문헌에는 수록되어 있지 않다.)

이기조에게서 드루의 회신을 전달받고 그가 독단적으로 미국측과 접촉한 사실을 알게된 강화 진무사 정기원은 그를 문책하여 우선 파출罷黜조치를 내리고, 이 사실을 조정에 보고한 듯하다. 강화 진무영에서 글을 올리기를 "전 부평부사 이기조는 조령朝令을 거치지 않고 호도虎島에다 편지를 죽간에 매달아두어 그 자들이 거두어 보게 했는데, 그 사연이 거칠기 짝이 없었다. 지금은 접전接戰할 때와 다르며 국경을 지키는 관리는 단지 수비를 담당할 따름이지 함부로 편지를 주고받아서는 안된다"고 했으나, 조정은 이 보고를 듣고도 이기조를 처벌하지 않았다고 한다. 그러나 이와 동시에 앞으로 미국측과의 접촉을 부평부사 대신 강화 진무사가 직접 관장하도록 지시한 듯하다.

한편 조정에서는 손돌목 전투 다음날 강화부에 이어 "서양 선박의 정박처와 진로가 되는" 인천부에도 군대를 증파하기로 결정했다. 아울러 4월 17일 "대원군은 진무사를 시켜 서양 선박에 편지를 보내게 했다." 이 편지는 『동문휘고同文彙考』에 「강화부 유수 겸 진무사 정기원 송 미국공사조회江華府留守兼鎭撫使鄭岐源送美國公使照會」(이하 『진무사조회』로 약칭)라는 제목으로 실려 있다.

그 첫머리에서는 올 봄에 중국 예부로부터 자문과 함께 로우의 편지를 받고, 곧 그에 관해 논변하여 회자문(미국봉함전체자)을 보내면서 로우에게도 이를 전해주도록 요청한 사실을 밝혔다. 아울러 "귀국은 풍속이 예양을 숭상하며 평소 명성 높은 나라로 칭송되어 다른 나라들 보다 훨씬 뛰어나기에(貴國俗尚禮讓, 素稱名邦, 超出於各國之上), 아마 귀대인(貴大人: 로우 공사)이 사리를 분명히 깨닫고 경술하게 행동하지 않으리라고 생각했다"고 하였다. 미국이 예양을 숭상하기로 유명한 나라인지라 회자문을 보면 설복되어 원정을 감행하지 않을 것으로 기대했다는 것이다.

그런데 지금 남의 나라를 깊숙이 침입했으니 "비록 살해하지 않겠노라고 말했다지만, 누군들 의심을 품지 않겠는가?"라고 반문하면서, 다음과 같이 손돌목 전투에 관해 해명했다. 즉 "국방상 중요한 지역에 외국 선박이 돌입하는 것을 불허함은 세계 각국의 규범으로 처지를 바꾸면 다 같다." 미 함대가 내도한 이후 조정에서는 연해의 관헌들에게 결코 분쟁을 도발하지 말도록 지시했지만, 미 정찰대가 상대국의 국방상 규범을 고려하지 않고 손돌목에 침입했기 때문에 국경을 지키는 신하로서 방어하는 직분을 다하기 위해 공격을 가할 수밖에 없었다는 것이다. 덧붙여 미국측이 이처럼 무력충돌을 야기한 것은 회자문을 미처 보지 못해 조선의 제반 사정을 알지 못한 탓일지 모르므로 회자문의 부본副本을 보내겠노라고 했다.

편지의 후반부에서는 미국과의 외교교섭 거부의사를 천명했다. 조선이 외국과 교섭하지 않음은 500년 동안 역대 임금들이 지켜온 원칙으로 천하가 다 알고 있으며, 중국 황제도 잘 알고 있는 사실이라고 했다. 따라서 미국 공사와는 원래부터 협상할 일이 없는데, 어째서 정부의 고관과 회견하기를 기다리고 있느냐며 항변했다. 결론적으로 '동방(東邦 : 조선)'과 '서국(西國 : 미국)'은 각자 정교政敎를 잘 행하여 각자 그 인민을 편히 살게 하면서 서로 침탈하지 않는 것이, 만물이 제 본성대로 살아가게 하는 "하늘과 땅의 뜻"이라고 주장했다.

그리고 "혹시라도 그렇게 하지 않고 위로 하늘의 분노를 산다면 더할 나위없이 불길할 것이다"라고 하여, 미국측이 무력으로 교섭을 강요한다면 강력하게 맞대응할 심산임을 비쳤다. 끝으로 원정 오느라 고생한 미국측을 위로하고자 주인된 예의로서 식품을 보내겠노라고 통지했다.

대원군의 명에 따라 이 글을 지었다는 정기원은 어영대장 · 훈련대장을 거쳐 고종 7년(1870) 6월 강화 진무사에 임명되었다. 대원군이 중용한 무재武宰 중 한 사람이었던 그는 신미양요 당시 대원군에게 품의하여 서양 사정에 해박하고 어양책禦洋策에도 일가견을 갖추었던 혜강 최한기를 자신의 막하로 초빙해서 자문을 구하고자 하기도 했다.

그런데 「진무사조회」를 정기원이 아니라 실은 박규수가 지었다는 설이 있다. 1868년 셰난도어호 내항 때 페비거에게 보낸 장련현감의 답서를 예조판서 조석우가 대작하고 삼화부사의 답서를 평안감사 박규수가 대작했으며, 같은 무렵 오페르트에게 보낸 영종첨사의 답서를 영의정 김병학이 대작한 선례 등으로 미루어볼 때 무장武將인 정기원을 대신해서 당시 예문제학을 겸임하고 있던 박규수가 이 글을 지었을 개연성은 다분하다고

하겠다. 박규수가 전에 지었던 외교문서들과 「진무사조회」를 비교해보면 상통하는 점을 확연히 느낄 수 있다

예컨대 미국을 "예양을 숭상하는 명성 높은 나라"로 칭송한 것은 병인년 말에 지은 「의답조회」에서 '예양을 숭상하는 합성명방合省名邦'이라 예찬한 구절과 흡사하다. 또한 미군함에 대한 선제공격을 정당방위로 옹호한 대목은 지난 2월 중국에 보낸 회자문(「미국봉함전체자」)에서 셔먼호 격침의 정당성을 역설한 대목과 상통한다. 즉 "국방상 중요한 지역에 외국 선박이 돌입하는 것을 불허함은 세계 각국의 규범으로, 처지를 바꾸면 다 같다"고 한 주장은 회자문에서 "'미국은 「상인과 선원을 돌보아주며 결코 다른 나라가 함부로 모멸하고 학대하지 못하게 하려 한다」고 했는데, 이는 실로 사해 만국이 똑같은 바이다. 그 나라(미국)가 남의 학대를 받고 싶어하지 않는 것과 본국(조선)이 남의 학대를 받고 싶어하지 않는 것은 처지를 바꾸어 생각하면 실로 다를 것이 없다"고 한 대목과 동일한 논리를 구사하고 있는 것이다.

3) 강화도 상륙, 초지진에서 광성진까지 침공·학살

(1) 영해 내수로 침범하고도 '평화적 탐측 방해'라며 시비

1871년 6월 1일 (음력 4월 14일) 손돌목 포격사건이 발생하자, 로저스 아시아함대 사령관은 '장대 편지'를 통해 조선측에 다음과 같이 경고했다. "강화해협에서 평화적으로 탐측을 하고 있는 미국 함대에 대한 기습적인 공격 행위는 곧 비인도적이고 야만적인 공격이다. 그러므로 조선측은 이에 대해서 충분한 사죄를 할 것이며, 뿐만 아니라 여기에 대한 충분한 보상을 해달라."

로저스 제독은 평화적인 탐측 활동에 대한 기습 공격은 도저히 묵과할 수 없는 처사라고 비난하면서, 조선측은 로저스 제독과 로우 공사와 대등한 전권공사를 파견해서 협상할 것을 촉구했다. 만약에 이러한 조건을 들어주지 않을 경우, 6월 10일 대대적인 병력을 동원, 강화도 상륙작전을 단행, 보복 공격을 감행하겠다고 통고했다.

이에 대해 조선측은 다음과 같은 대응을 보였다. "손돌목이 있는 강화해협은 조선 역사에서 보면 국방상 안보상으로 가장 중요한 수로이다. 이러한 국방·안보상의 중요한 내수로에 외국의 중무장한 병선이, 그것도 본국의 허가도 받지 않고 항행한다는 것은 엄연한 주권 침해 행위이며 조선에 대한 영토 침략 행위이다. 그러므로 사과할 수 없다"고 하

였다. (김원모 『한미 외교관계 100년사』 철학과 현실사 2002)

이처럼 조선측이 정식 사과를 거부하자 로저스 제독은 6월 10일 강화도 상륙작전을 벌이기로 결정을 내렸다. 이 작전에는 아시아함대 사령관 로저스 제독이 작전 총사령관이고 보복 원정군 총지휘관은 블레이크 해군중령, 강화도 상륙군 부대장은 킴벌리 해군중령이었다. 상륙군 부대 644명 중 105명은 해병대였으며, 해상에서 지원할 해상지원병은 301명으로 총 945명이 동원되고, 나머지 285명은 기함 콜로라도호를 자체 방위하고 있었다.

◎ 상륙작전 개시, 초지진 함포사격 후 점령

로저스 제독은 강화도에 상륙작전을 벌임에 있어서, 블레이크 원정군 지휘관에게 다음과 같은 훈령을 내렸다. "조선 요새지를 점거한 후에 무기를 파괴할 것, 대포를 전리품으로 가져올 것. 원정 목적은 6월 1일 손돌목 포격사건에 대한 보복 원정이며 따라서 우리의 응징 역량을 과시하는 데 있다. 보복 원정은 확대 작전을 피하고 공격을 받은 데에만 국한해서 상륙작전을 감행한다"는 것이었다.

강화도 상륙작전에 동원된 함정은 포함 모노카시호·팔로스호·기함 콜로라도호 소속의 기정 2척, 알래스카호 소속의 기정 1척, 베니시아호 소속의 기정 1척, 상륙용 단정 18척 등으로 포함 2척, 기정 4척, 단정 18척으로 편성되었다. 블레이크 원정군 지휘관은 이러한 병력을 이끌고 강화도로 상륙작전을 결행하게 되었다.

상륙작전에 참여한 연대 편대를 보면, 보병대가 8개 중대, 해병대가 2개 중대로 편성되었으며, 보병대와 해병대 모두 합쳐서 10개 중대로 편성되었다. 레밍턴 소총·스프링필드 소총·플리머스 소총·담요·수통·기타 2일분 양식과 탄약 60~100발을 휴대하고 떠났다.

여기에 포병대가 가담했는데, 이 포병대는 남북전쟁 때 사용했던 야포 7문을 갖추고 있었다. 이 야포는 달그랜 곡사포였다. 다음으로 공병대가 가담했다. 이 공병대는 주로 상륙군 부대가 이동할 때에 길을 닦아주고 야포를 끌고 가기에 편리하도록 장애물 제거 작업에 동원되었다. 의무대가 동원되었다. 의무대는 장병들의 위생을 담당하고 있었다. 포병대·공병대·의무대 등의 장정들은 다 같이 레밍턴 연발 권총이나 단도를 휴대하고 갔다. 여기에 부수적으로 사진반이 동원되었다. 이 사진반은 조선반도에서 최초로 전쟁기록 사진을 촬영했으며, 이 사진들은 지금도 미국 국립공문서보관소National Archives에 보관되어 있다.

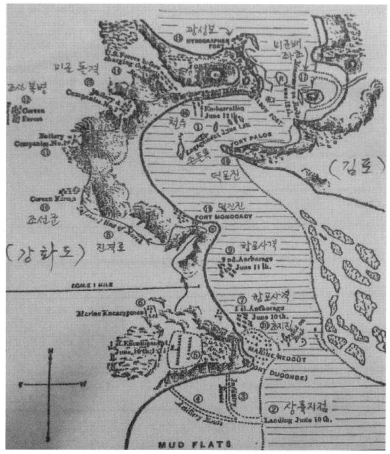

미군의 강화도 상륙·침공 약도(1871. 6. I ～ 12)

① 손돌목 포격사건(6월 1 일)
② 6월 10일 초지진草芝鎭 상륙작전
③ 수·해병(보병대) 상륙로
④ 포병대 상륙로
⑤ 보병대 야영지野營地
⑥ 해병대 야영지
⑦ 제1차 함대 정박지(6월 10일). 해상에서 초
  지진에 대한 함포사격을 가함
⑧ 덕진진 및 광성보에 대한 진격로
⑨ 제2차 함대 정박지(6월 11일). 해상에서 덕
  진진에 대한 함포사격을 가함
⑩ 조선 수비병

⑪ 제1포병중대
⑫ 조선군 복병伏兵
⑬ 제2 포병중대 대모산 봉수대에서 광성보에
  대한 야포 포격 가함
⑭ 대모산 아래 협곡에서 보병대가 광성보 돌격
  준비함
⑮ 광성보 : 손돌목 돈대·용두돈대·광성돈대
  가 솥발처럼 정립하고 있다.
⑯ 6월 12일 한·미 전쟁 후 미군 철수 지점
⑰ 모노카시호 좌초(6월 12일)
⑱ 덕포진
⑲ 덕진진(덕진돈대 및 남장 포대)
⑳ 초지진

김포군과 강화도 사이에 있는 수로를 강화해협이라 하는데, 이 해협을 최초로 탐사해서 해도에 올리기는 1866년 프랑스 함대가 강화도에 침략해 왔을(병인양요) 때이다. 프랑스군은 처음으로 이것을 불어로 리비에르 살레(riviere salee = salt river, 염하塩河·소금강)라 하였다. 그러나 조선 기록에서는 이 수로가 수도 서울까지 통하기 때문에 경강京江이라 부르기도 하나 일반적으로 강화해협이라 부르고 있다.

미 해군의 강화도 상륙군 부대는 6월 10일 10시 정각에 작약도 모함 기지를 출발, 12시경에 초지진 앞에 도착했다. 상륙지점은 초지진 밑에 있는 갯벌이었다. 이 당시 강화도 초지진·덕진진·광성보의 각 포대와 돈대에는 조선 수비병 약 2천 명이 배치되어 있었다.

1866년 병인양요 이후 정부는 강화도에 진무영鎭撫營을 설치하고 호랑이 포수를 수십 명씩 배치하여 양이의 침범에 대비하고 있었다. 초지진 밑에 있는 갯벌은 무릎까지 빠지는 끈적끈적한 진구렁창이다. 초지진을 중심으로 보병대는 위쪽으로 상륙하고 포병대는 아래쪽으로 상륙하게 되었다.

이리하여 수륙 양면 공격작전이 개시되었다. 상륙작전을 벌이기 전에 모노카시호와 팔로스호가 해상에서 초지진에 대한 함포 사격을 가하기 시작했다. 조선군이 반항을 하지 못하게끔 충분한 함포 사격을 끝낸 후에 상륙을 개시했다. 이렇게 해서 2시 30분에 상륙을 완료하고 조선군의 반항이 없는 초지진을 무혈 점거했다. 갯벌을 건너 상륙할 때에 야포를 끌고 가는 것이 가장 어려웠다. 장병들은 도섭渡涉하는데 어려움을 겪었다. 특히 야포를 끌고 가는데 수십 명의 장병은 웃통을 벗어제치고 밧줄을 걸어 앞에서 끌고 뒤에서 바퀴를 굴리면서 끌어올렸다.

상륙을 완료한 후 보병대는 초지진 뒤편에 야영을 하고, 해병대는 초지진 위쪽에 야영을 했다. 1871년 6월 10일 첫날밤을 조선 땅에서 보내는데, 이때는 날씨가 더운 여름철이라 논에서 개구리 소리가 너무나 시끄럽게 들려서 장병들은 잠을 이루지 못할 정도였다.

이렇게 하룻밤을 지내고나서 그 이튿날인 6월 11일 새벽 4시에 기상, 다음 공격 목표지인 덕진진으로 진군했다. 이 덕진진에는 덕진돈대와 남장포대가 있었으며 막강한 조선 수비병이 수비하고 있었다. 이 덕진진의 공격 때에도 해상에서는 역시 팔로스호와 모노카시호에서 함포 사격을 가하고 육상에서는 야포로 충분히 포격을 가하여 초토화한 후 아무런 저항을 받지 않고 무혈 점령을 완료했다. 덕진진을 점거한 후, 진사·군기고·화약고·기타 창고 등 군사시설물을 파괴·방화해 버렸다. 이들은 전장정리戰場整理를 완료한 후 진격로를 따라서 북상, 마지막 공략지점인 광성보로 진격했다.

(2) 조선군 전멸의 광성보 학살 · 초토화, 성조기 게양

광성보는 손돌목 돈대를 중심으로 용두돈대 · 광성돈대 등 3개의 돈대가 솥발처럼 정립鼎立해 있었다.(돈대 : 조금 높직한 평지) 이 광성보는 강화도에서 가장 난공불락으로 알려져 있는 자연적인 요새지였다. 그래서 이 광성보를 공략 점령하기 위해서는 배후에 있는 대모산을 먼저 점거하지 않으면 안 되었다. 이 대모산에는 봉수대가 있었다. 마침내 대모산을 점령하고 나서 광성보에 대해서 10시부터 11시까지 무려 한 시간 동안 해상에서는 함포 사격을 가하고, 육상에서는 야포를 포격하는 등 수륙 양면으로 포격을 가했다. 그야말로 초토화 작전을 벌이다시피 포격을 감행했다.

11시 정각에 킴벌리 상륙군 부대장은 해상으로 함포 사격을 중지하라는 신호를 보내고 돌격 작전을 벌여 11시 20분에 완전히 점령했다. 광성보를 점령한 뒤에 손돌목 돈대에 있는 지휘본부인 찰주소 위에 높다랗게 걸려 있는 '장수 수자' 수자기帥字旗를 내리고 미국의 성조기를 게양했다. 미국이 아시아 땅, 그것도 조선반도에서 전쟁을 해서 점령한 성채에다가 미국 국기를 게양한 것은 남북전쟁 이래 처음 있는 일이었다.

조선을 불법 점령한 미국의 승리의 깃발이었다. 이것은 조선을 식민지로 만든 일본제국의 조선 침략 개시인 운양호 학살사건(1875년) 보다 꼭 4년이 앞선 제국주의 미국의 침략이었다. 일본 침략자들에게 시범을 보여준 학살의 대선배였다.

전쟁이 끝난 뒤 이 광성보 일대에 널려 있는 조선군 시체는 무려 243구나 되었다. 임진왜란 후 외국군에 의한 처음 있는 참혹한 대량 학살이었다. 전투가 끝난 후 광성보에서 하룻밤 더 야영을 하고 나서 12일 아침 10시에 광성보 용두돈대 아래쪽으로 철수 작전을 벌여 미제국주의자들의 침략 전쟁은 이틀만에 전광석화와 같이 완결지었다.

미군이 강화도 요새지로부터 약탈해 간 전리품을 보면 군기가 50개였다. 이 중에는 수자기帥字旗를 비롯해서 각종 군기가 포함되어 있다. 뿐만 아니라 조선 대포를 481문이나 약탈해 갔다. 수자기와 조선 대포는 현재 미국의 아나폴리스에 있는 해군사관학교 박물관에 보관되어 있다.

조선군 사상자를 보면, 전사자가 무려 350명, 부상자가 20명에 달했다. 조선의 공식 기록에는 전사자가 53명 또는 55명, 부상자 24명으로 기록되어 있지만, 전투가 끝났을 때 미국측의 공식 집계는 전사자가 350명이었다. 전투가 끝나고 광성보 일대에 널려 있는 조선 수비병 시체가 243구, 또 옷에 불이 붙어서 해협으로 뛰어내린 시체수가 100여구, 이렇게 해서 전사자 350명, 부상자가 20명이었다. 미군은 전사자 3명, 중상자 5명,

경상자 5명에 불과했다.

무더운 날씨에도 불구하고 조선군은 솜 아홉 겹을 넣은 두꺼운 '핫옷'을 입고 전투했다. 이것은 방탄용 전복戰服이었지만, 실제로 방탄에는 실효를 거두지 못하고 움직이기 불편할 뿐만 아니라 덥고, 또 솜에 불이 붙어 뜨거우니까 강물로 뛰어내린 장병이 많아 조선군의 희생자 수가 가중되었을 뿐이었다. 이렇게 볼 때 미군의 사상자 수와 조선 군의 사상자 수는 너무나 엄청난 차이점을 드러내고 있다. 따라서 이 전쟁은 미군측의 일방적 전승이고, 문명과 미개인의 전쟁이 되어버렸다.

침략전쟁에서 시종일관 해병대를 지휘했던 틸턴 대위는 「강화도 참전수기」에서 전쟁의 참상을 다음과 같이 기술하고 있다. "적어도 조선군 시체 100여 구가 해협에 떨어져서 물 위에 뜨거나 잠겼는데, 바다 물빛은 붉은 핏빛으로 변해 있었다. 나는 조선 요새지에서 끔찍한 장면을 보았다. 조선군 몇 사람이 불에 새까맣게 타버린채 그 근처에 떨어진 미군이 쏜 9인치 포탄의 폭파로 시체가 산산 조각 나기도 했다. 그들이 입은 옷은 흰옷으로, 흰옷에 붉은 피가 물들여져서 붉은색과 흰색이 너무나 두드러진 대조를 나타내고 있었다."

상륙군 부대가 6월 12일 오전 광성보 밑으로 철수, 각기 소속 함정을 타고 작약도 기함 정박지로 돌아오자, 로저스 제독은 「전승 축하 훈령」을 발표함으로써 정식으로 전승을 자축했다.

이로써 미 침략자들의 강화도 승리 트럼펫은, 79년 후 수백만 조선민중의 피를 흘리게 한 맥아더의 인천상륙작전의 전주곡을 '학살의 선배답게' 멋지게 불어제낀 셈이 되었다.

◎ **로저스의 전승 축하 훈령** (1871년 6월 12일)
　- 조선 작약도 정박지, 아시아함대 기함 콜로라도호에서 「일반훈령 제32호」

본 사령관은 조선 강화도에서 벌인 최근의 작전에서 아시아함대 수·해 장병들이 발휘한 무공과 인내력에 대해 흡족해 하고 있다는 사실을 전 장병에게 알리게 되어 대단히 만족하고 자랑스럽게 여기는 바이다. 6월 1일 모노카시호, 팔로스호, 그리고 기정 4척을 동원, 강화해협으로 진입, 탐측 활동을 벌이던 중 연안의 '위장된' 조선 포대로부터 집중적인 기습 공격을 받았다(손돌목 포격사건). 이러한 '반역적인' 포격 행위에 대응, 우리 용맹한 미군은 즉각 신속한 반격을 가함으로써 조선군을 그들의 포대와 진지로부터 구축해 버렸던 것이다.

조선 정부는 이러한 '잔인한 포격'murderous attack에 대해 일언반구의 사죄를 하지 아니했으므로, 6월 10일 드디어 원정군을 편성했다. 상륙군 부대는 콜로라도호·알래스카호·베니시아호로부터 선발된 수해장병으로 구성되었으며, 킴벌리 해군 중령이 상륙군의 지휘관이 되었다. 포함 모노카시호·팔로스호와 함께 해상에서 원정군 전군全軍을 총 지휘한 지휘관은 블레이크 해군 중령이었다. 이리하여 블레이크 원정군은 손돌목 포격사건을 징벌하기 위해 파견되었다.

6월 10일과 11일의 전투 결과, 강화도 요새지 5개(초지진·덕진진·광성보 소속 손돌목·용두·광성 돈대 등 5개)를 점거했는데, 특히 6월 11일 강화도에서 난공불락으로 이름난 광성보에 대한 공략으로 전쟁은 최절정에 달했다.

광성보는 강화해협의 요해지에 자리 잡고 있는 성채로서 조선군은 결사적으로 사수하고 있었다. 광성보를 점거했을 때 광성보 안팎 그 주위에 널려 있던 조선군 전사자의 시체는 무려 243구로 집계되었고 노획한 군기만도 50개나 되었다. 광성보는 자연적 지세로 난공불락의 지리를 가졌고 더군다나 그 밑의 강화해협에는 각종 장애물인 암초와 급류를 끼고 있어서 천연 요해지였으며, 뿐만 아니라 이곳에 주둔한 조선 수비병은 수백 개의 각종 대포를 배치해 놓고 있었다. 용감무쌍한 원정군 함대는 이처럼 항행의 위험이 있었는데도 이를 극복하였고, 드디어 진흙 갯벌과 늪으로 된 초지진 하단 지대에 도섭작전渡涉作戰을 벌여 수적으로 우세한 조선군에 대한 상륙작전을 감행했다.

가파른 단애와 험난한 협곡을 오르내리면서 진군, 마침내 강화도의 최대 성채인 광성보로 돌격·점거했으니, 우리 장병의 용감성을 높이 찬양하지 않을 수 없다. 본 사령관은 휘하 모든 장병의 노고에 충심으로 감사하며, 이러한 용맹스런 장병을 거느리게 되어 무한한 긍지와 자부심을 느끼는 바이다. 군사 훈련을 능률적으로 수행하고 병력을 조직적으로 편대하는 책임은 본관에게 있다는 것을 전 함대 지휘관에게 공표하는 바이다. 이렇게 함으로써 아시아함대는 신뢰받는 함대가 될 것이다.

본관은 전쟁 중 부상을 입은 용감한 장병들의 노고에 충심으로 위로의 말씀을 보낸다. 우리 장병들이 이룩한 빛나는 전승을 축하함에 있어서 본관은 우리나라 성조기의 명예를 수호 하다가 산화한 용감무쌍한 전몰 장병들에 대해 충심으로 애도하는 바이다. 산화 장병 가운데 가장 애석하게 여기는 자는 맥키 중위이다. 맥키는 광성보 공략시 부하 장병을 이끌고 선두에서 용감하게 싸우다가 손돌목 돈대 중앙에서 치명적인 부상을 입고 쓰러진 것이다. 특히 그는 맨 먼저 성을 기어올라 돈대로 돌입한 장교였다. 우리 모두가 그의 인품을 잘 알고 있기 때문에 깊이 애도하는 바이다. 뿐만 아니라 우리는 그의 혁혁한 해군 복무를 귀감으로 삼아서 그의 무용武勇정신을 길이 이어 받아 소중히 간직할 것이다.(아시아함대 사령관 존 로저스)

(4) 침략자와 정면 대결한 어재연 장군과 부하 장졸들

손돌목 포격사건이 벌어지고 나서 조선 정부에서는 사태가 위급해지자 어재연을 강화진무중군江華鎭撫中軍에 임명했다. 원래 강화도는 국방 안보상 가장 중요한 요새지이기 때문에 병인양요 직후부터 여기에 진무영鎭撫營을 설치하고 수비병 약 3천~5천여 명을 배치하고 있었다. 어재연 중군은 각영 포군 5초(1초는 125~127명이므로 약 625명임)를 거느리고 부임했다. 이 포군은 전국적으로 유명한 호랑이 포수들로 구성되어 있는 막강한 수비군이었다.

어재연 장군은 폭우처럼 떨어지는 탄우彈雨 속에 조금도 겁내지 않고, 장대將臺 위에 꼿꼿이 앉아서 장병을 두루 격려하고 주위에 있는 모든 부하 장병을 독려했다. 그는 미군이 쏜 대포에 조금도 겁을 내지 않았다. 마침내 광성보로 침입한 미군과 일대 혼전이 벌어졌고, 심지어 육박전까지 벌어졌다. 그는 본영천총 김현경과 맹세하기를 "우리는 죽을 때까지 싸우되 결단코 후퇴하지 말자"고 하였다.

어떤 졸병이 도망을 가려고 하자 김현경이 등을 치면서 제지했다. 군졸이 울면서 말하기를 "사또가 우리들을 다 죽게 합니다." 이렇게 말하니까 어재연 장군은 빙그레 웃으면서 "죽을 때가 되면 진실로 죽을 뿐이다. 너희들은 행오行伍를 짠 지 몇 해가 되었는데, 어찌 오늘에 죽음이 있을 줄을 모르고 있었더냐?"이렇게 대갈일성大喝一聲으로 호령했다. 이런 일이 있은 뒤에는 도망병이 없었다는 것이다.

미군이 광성보로 돌입했을 때 지상에서 쏜 야포, 해상에서 쏜 함포 사격을 받아서 조선군 수비병 대부분이 희생되고 경향군京鄕軍 병력은 겨우 300명밖에 되지 않았다. 그러나 그 중에서도 정예한 장병은 절반도 되지 못하는 이러한 미약한 군대를 이끌고서 어재연은 최후의 일각까지 미군에 대항하면서 용감하게 항전했다. 사실상 어재연 장군은 부임한 지 열흘도 못되어 겨우 수백 명의 오합지졸을 거느리고 도저히 살아날 수 없는 땅을 지키고 있었던 것이다.(守萬死不一生之地)

어재연은 칼을 빼어들고 번개같이 적을 무찌르면서, 대포알 10여 개를 좌우 손에 쥐고 적군에게 던지면서 미군을 쓰러뜨리곤 했다. 그러다가 마침내 도우어티라는 미군 사병이 쏜 총탄에 맞아 49세의 나이로 장렬하게 전사했다.

어재연 장군의 아우는 어재순인데 그는 관직이 없는 포의布衣였다. 그러나 어재순은 자기 형이 광성보에서 위험한 전투를 벌이고 있다는 소식을 전해 듣고 광성보로 뛰어들었다. 어재순은 최후까지 형을 따라다니면서 백의종군, 용감히 싸우다가 역시 장렬히 전사했다

광성보가 함락된 후 조선군의 처참한 광경을 다음과 같이 기술하고 있다.

"지난날 장대 밑에 토호土壕가 있었는데, 흙으로 덮여 있었으므로 동민을 동원해서 구덩이를 파 보니, 중군 어재연과 그의 동생 어재순, 그리고 군관 이현학·겸종 임지팽·천총 김현경 등의 시체가 토호 속에 있었다. 그 밖의 시체들은 적추賊酋들이 불로 태워서

몸과 머리가 다 타버렸으므로 신원을 확인할 수 없었으며, 광성별장 박치성의 시체는 강변에 노출되어 있었다."

국토방위의 요충지였던 강화도 광성보의 전투상황을 적은 강도실기江都實記를 보면 다음과 같다.

신미 고종 8년(1871) 여름 4월에 양이洋夷가 강도에 입구入寇했을 때, 국가는 승평昇平하고 백성은 전쟁을 모르고 지낸 지 오래였다. 그런데 졸연히 경급警急이 발생해서 중외中外가 진동했다.

이에 상上은 기국중망자器局重望者를 골라서 비어지책備禦之策을 세우라고 명함에, 이에 마땅히 인재를 얻기가 어려웠다. 이에 삼군부 초기草記에 의거해서 행호군行護軍 어재연을 진무중군에 특명, 급히 부임케 했다.

공은 의연히 중군의 직임을 맡으면서 "내가 나라에 보국할 때이다"라고 선언했다. 이에 본월 15일에 각 영포군 5초를 거느리고 진발하여, 광성진에 영루를 설치하고 각 요애要隘를 심시審視하면서 대포를 설치하고 복병을 배치, 적의 동정을 살피고 있었다.

그때 적의 선박은 영종도에 정박하고 있은지 오래되었는데, 우리가 방비하고 있다는 것을 알아차리고 감히 나오지 못하다가 본월 23일 추류醜類(미군)가 몰래 상륙, 초지진을 습격했다. 잇따라 덕진파수德津把守를 함락하고 간로間路를 따라 광성으로 침입해 오면서 후방의 기습로를 차단하면서 영종적永宗賊이 계속 하선·상륙하여 전후로 협공해 왔다. 비포飛砲가 비 오듯 해서 아군은 도저히 적을 막을 길이 없어 모두 도피하고 말았다.

군세가 심히 위급해지자 어공은 말하기를 "내가 나라에 후은厚恩을 입었으니 죽음으로써 내 직책을 지킬 뿐이다." 이에 몸을 일으켜 앞장서서 화포를 이끌고 있는 힘을 다해 공격하다가 탄환이 다 떨어지자, 계속 군도軍刀를 휘둘러 적군을 격살格殺하였는 바 그 수가 심히 많았다. 시살厮殺한 지 한 시각이 지나자 세궁역갈勢窮力竭해서 마침내 난군 중에 순사하였으니, 이때가 곧 4월 24일(양 6. 11.) 신시였다.

공의 아우 재순이 공의 부난赴難 소식을 전해 듣고, 필마로 투진해서 형을 따라다니며 형의 신변을 보호하면서 싸움을 도왔다. 공은 이를 물리치면서 하는 말이 "너는 궁향窮鄕의 일개포의一個布衣에 불과한 몸이다. 그러므로 너는 왕사王事로 죽는 나와는 다르다. 어찌 빨리 돌아가지 못하겠는가?"라고 꾸짖으니, 재순이 대답하기를 "나라를 위해 충성하는 일은 신臣과 민民이 하나입니다. 형님이 사지에 계시는데 의리상 홀로 살아남을 수 없습니다"라고 외쳤다.

이에 재순은 일신의 목숨을 돌보지 않고, 분연히 칼을 빼어 들고 싸움을 도왔다. 큰 소리로 적을 호령하면서 흉추凶酋를 약간 명 죽였다. 재순은 형과 함께 일시에 순절했다.

군관 이현학·초관 유풍노·천총 김현경·별장 박치성·겸종 임지팽 등 무사 49명이 동시에 해를 입었다.

이 전쟁이 끝난 뒤에 나라에서는 어재연 장군과 그의 동생 어재순의 장렬한 순절을 기리기 위해서 작설지전綽楔之典이라는 특전을 내렸다. 작설지전이란 정문을 세워서 표창하는 은전이다.(旌門 : 충신·효자·열녀들을 표창하고자 그의 집문 앞에 세우던 붉은 문) 그 다음에 치유지절致侑之節을 내렸다. 치유지절이란 임금이 신하에게 사제賜祭, 즉 제사를 내리는 것을 말한다.

(3) 침략자들과 앞잡이 종교인들에 대한 증오심 심화

광성진을 점령한 미군들은 4월 25일 방화와 파괴 약탈을 자행한 뒤 철수하여 작약도의 정박지로 되돌아갔다. 작전의 원래 목적이 손돌목 피격 사건에 대한 응징에 한정되어 있었을 뿐 아니라, 팔로스호와 모노카시호를 비롯한 다수의 함정들이 염하의 암초와 격류로 인해 손상을 입어 더이상 그곳에 머물러있을 수 없는 형편이었기 때문이다.

한편 같은 날 광성진 함락 소식을 접한 조선 정부는 미국과의 교섭을 거부하는 척화 방침을 천명했으며, 전사한 것으로 알려진 진무 중군의 후임자로 경기 중군 김선필을 임명하고 풍덕부사와 덕진만호 등 일선 지휘관들을 교체하여 전열을 가다듬었다. 또한 이때 서울 종로와 각 도회지에 '양이침범 비전즉화 주화매국'(洋夷侵犯 非戰則和 主和賣國 서양 오랑캐가 침범하니 싸우지 않으면 화친하는 것이요 화친을 주장함은 나라를 파는 짓이다)이라고 새긴 척화비가 세워졌다.(『고종실록』 8년 4월 25일. 조면호『후서사잡절』제21수『옥수집』권15)

4월 26일 미국측은 드루의 명의로 강화 진무사에게 포로 석방을 제의하는 편지를 호도 해변에 남겼다. 광성진 전투에서 사로잡은 조선군 포로들을 인도적으로 대우하고 있으며, 그들이 다시 교전을 하지 않는다고 강화 진무사가 보증하면 석방할 용의가 있다고 하면서 15명의 포로명단을 동봉한 편지였다.

같은 날 미국측은 포로 일부를 자진 석방했다. 그날 밤 영종진의 교졸들이 진무영 별무사 도영장 유예준 등 9명을 인수하여 돌아왔다. 유예준의 보고에 의하면, 끌려간 15명의 포로 중 1명은 전날 사망했으며, 어영청 별무사 문계안 등 5명이 여전히 선중에 갇혀있다고 했다. 또한 그 배에는 우리나라 사람 3, 4명이 동승하고 있었는데, 그 중 한 소년이 포로의 성명을 적어갔다고 했다.(『고종실록』 8년 4월 25일.영종방어사 장계)

문계안 등 나머지 포로 5명은 억류된지 7일만에 석방되었다. 풀려난 문계안 역시 증언하기를, 선중에 서양인 우두머리의 시중을 드는 우리나라 사람 2명이 있었는데 그자들이 자신을 심문하려고 해서 욕하며 거부했다고 하였다. (조면호『후서사잡절』제37수의 주『옥수집』권15)

이와 같이 미 군함에 동승하여 포로에 대한 조사를 도왔다는 조선인들의 정체는 알 수 없다. 로우가 서해상에서 조선인 난파 선원 5명을 구제하여 조선에 당도하면 인도할 예정으로 배에 태우고 갔다는 설이 있다.(김원모의 책 600쪽에서 "중국에서 데려온 조선인 난파선원 5명"을 조선군 포로 20명과 함께 조선 당국에 인계했다고 했으나, 사실무근이다.) 당시 조선측에서는 미 군함에 동승한 조선인들을 망명한 천주교도로 의심했지만 확증은 없다.

포로석방을 제의한 드루의 편지에 대해 강화 진무사를 대신하여 부평부사가 회신을 보냈다. 이 회신은 4월 27일자로 작성되었으며, 드루가 아니라 로우 공사 앞으로 발송되었다. 그 다음날 부평부사가 2명의 사자使者를 호도로 보내 미국측에 이를 수교했다. 이 편지에서 부평부사 이기조는 미국측이 우의와 친선을 공언하며 내도함으로써 아군의 군사계획을 지연시킨 결과 아군이 패배하게 만들었다고 비난했다. 그리고 광성진의 실수失守로 인해 자기 상관인 강화 진무사는 조정의 심한 질책을 받고 대죄戴罪 거행 중이며 분을 풀고자 병력을 결집하여 정예 부대를 준비하고 있기 때문에 드루의 편지를 감히 그에게 전달할 수 없다고 했다.

이어서 아군 포로석방 여부는 미국측이 알아서 결정할 문제라고 하면서, 다시 교전하지 않겠다는 보증을 하라는 요구를 일축했다. 즉 미국측이 먼저 싸움을 걸었으면서도 편지에서 "다시 교전을 허용하지 않을 것"이라고 한 것은 어불성설이라고 주장하고, 만약 미국측이 교전하러 온다면 우리는 전투로써 맞이할 뿐이라고 했다. 포로석방을 제의한 드루의 편지 전달 자체를 거부하면서 광성진 전투의 참패에도 불구하고 미국측에 대해 결연한 전투의지를 밝힌 것이다.

◎ 조국 배신의 천주교인 탄압 강화, 이승훈 후손 효수

미국측은 광성진 전투에서 대승을 거둔 여세를 몰아 승자의 아량을 보이며 포로석방을 제의하는 한편, 협상에 나서도록 촉구하는 로우의 친서를 조선 정부에 반드시 전달하고자 했다. 그러나 조선 정부는 부평부사를 내세워 미국측을 맹렬히 성토하면서 로우의 친서를 물리치고, "오직 수비하고 싸울 뿐"이라며 협상거부 의사를 분명히 했다. 그리하여 근 열흘간 이어졌던 양측의 교신마저 결국 단절된 상태에서 전황은 지루한 지구전 양상을 띠게 되었다.

정부는 이미 강화 진무영에 궁수 50명과 기병 2초哨를 증파하고, 거의 한 달이나 풍찬

노숙한 강화도 및 각 읍진邑鎭의 장병들에게 호궤犒饋를 베풀도록 지시한데 이어 출정 장병들에게 구호약품을 내려보냈다.(哨 : 청대의 군제. 百人─隊를 말한다. 犒饋: 군사에게 음식을 주어 위로함) 또한 권동엽·손관원·정금손·이재정 등 잇달아 출정을 자원한 장사들을 강화도 진중으로 파견했으며, 수군 조련에 능숙한 경기 중군 양주태를 강화 진무영에 파견하여 진무사를 돕게 했다. 양주태는 박규수가 평안감사로 재임하고 있을 때 평양 중군으로 셔먼호 사건 후 어양책禦洋策에 힘쓰는 등 그를 잘 보좌하여 두터운 신임을 받았던 인물이다. 「후서사잡절」에 의하면 진무영에 부임한 양주태는 셔먼호 사건 때와 마찬가지로 화공책火攻策을 준비했다고 한다.

한편 정부는 미 함대와 내통할 것을 우려하여 천주교도의 체포에도 한층 더 힘을 쏟았다. 미 군함에 잠입하려 한 혐의로 5월 6일 이연구와 이균학을 제물포에서 효수했다. 그런데 실은 이 두 사람은 "미 군함을 바라보고 절을 했다望彼船而拜"는 혐의로 체포된 것에 불과했다(『일성록』 고종 8년 5월 15일 진강시 왕과 영의정 김병학의 대화 참조). 그들이 순교한 이승훈의 증손이자 이신규(1868년 오페르트 사건 직후 순교)의 손자였기 때문에 특히 예비검속 대상이 되었던 듯 하다.

5월 7일 박규수가 강관講官으로 참여한 진강進講에서 왕은 "서양 선박이 아직 물러가지 않고 있어 이런 무더위에 방수하는 군사들이 병이 날 염려가 없지 않으니, 이 때문에 밤낮으로 몹시 걱정하고 있다"고 했다. 또한 왕은 "저들의 선박이 언제 물러갈지 아직 모르는 터에 서울에 미곡이 모이지 않으니 백성들의 사정을 생각하면 몹시 고민이 된다"고 했다.

미 함대의 장기 주둔으로 인해 강화해협을 통한 미곡수송이 중지되어 서울에 식량난이 가중되고 있던 실정을 특별히 언급한 것이다. 이에 우의정 홍순목은 미 함대가 무더위와 호우 때문에 고통을 견디지 못하고 스스로 물러갈 것이라고 낙관적으로 전망하면서도, 그 역시 여름철이 끝날 때까지 서울의 식량난이 계속되지 않을까 몹시 우려했다.(稅米 수송 중단으로 인한 서울의 식량난은 손돌목 전투 직후부터 이미 우려되었다. 『일성록』 고종 8년 4월 17일, 진강시 홍순목·강로의 발언)

5월 12일의 진강에서도 왕은 "출정한 병졸들이 이런 더운 계절에 들판에서 노숙하니 필시 병이 나는 사람이 많을 것이 염려된다"고 하면서, "저들의 배가 물러갈 뜻이 없는 듯한데 만약 가까운 시일 안에 사태가 끝날 수만 있다면 실로 몹시 후련하겠다"며 답답한 심정을 토로했다. 그러자 강관 정기세는 "저들이 믿는 것은 단지 포화인데, 이런 장마철에는 손을 쓰기 어려우니 응당 머지않아 물러갈 듯하다"고 위로했다.(『일성록』 고종 8년 5월 12일)

5월 15일 왕은 장마철 무더위 속에 방수防水하고 있는 장졸들의 건강을 염려하면서 식량을 후히 공급하고 노고를 위문하도록 지시했다. 또한 진강에서 왕은 일전에 척화비를 세운 뒤 민심이 안정되었는지를 묻고 나서, "저들의 배가 비록 백년을 내침한다 해도 우리는 변함없이 굳게 지킬 것이며, 천千 척의 배가 또 온다 해도 우리 또한 병력을 증강하여 지킬 것이다"라고 호언했다. 그리고 다시 출정 장병들이 전례 없이 40일 동안이나 고생하고 있음을 안타까워하자, 영의정 김병학은 "군졸들의 적삼 바지와 음식물을 이미 운현궁에서 수송하니 백성들이 절로 기뻐하고 축하하여 백성들의 마음이 단결할 수 있게 되었다"고 아뢰었다.

조면호의 『후서사잡절』에서도 출정 장병들이 여름옷을 미처 갖추지 못했으므로 대원군의 지시로 대신들부터 하의를 벗어 군중에 보내자 각사各司의 이예(아전 이하 사람)와 전인(상인)·계인(친목회원)들도 모두 각자 옷들을 내놓아 하룻밤 사이에 충분히 마련해 보낼 수 있었다고 하면서, 이러한 대원군의 임기응변적 조치를 극구 예찬했다.

한편 로우는 미 국무장관 피쉬에게 보낸 3월 5일자 전문에서, 최근의 무력시위는 협상 요구에 전혀 효과가 없었으며, 수도에 이르지 못하면 아무런 영향을 미칠 수 없다고 보고했다. 그러나 큰 위험을 무릅쓰지 않고 수도까지 가기에는 병력이 부족하다고 하면서, 만약 평화적 수단이 실패하면 철수하여 훈령을 기다리겠노라고 했다.

5월 7일 강화 진무영은 미 함정이 작은 배 1척을 작약도까지 끌고와서는 소각한 사실을 보고했다. 이는 천주교도가 그 배를 타고 와 미국측과 접촉한 사실을 감추기 위한 조치인 듯했다. 그런데 이 사실에 대해 왕도 "저들이 우리나라 배를 한 척 불살랐다고 하니, 이것은 필시 사람은 데리고 가고 배는 소각한 것일 터이다"라고 추측했다.(『일성록』고종 8년 5월 12일) 그리피스에 의하면 4월 23일 콜로라도호에 접근한 조선인 천주교도들도 "그들이 타고 온 배를 보면 그들이 어느 곳에서 온 사람들인가를 관리들이 알게 될 뿐만 아니라 외국인과 통교했다는 죄목으로 벌을 받을지도 모른다는 두려움 때문에 그들은 타고 온 배를 태워 없애고 돌아갔다"고 했다.(그리피스의 책, 528쪽)

또한 같은 날 미 함대 중 돛대 2개짜리 군함二帆船 1척이 외양外洋으로 나갔다가 5월 13일에 귀환한 사실이 관찰되었다. 5월 15일 진강에서 왕이 "서양 선박 1척이 떠나갔다가 얼마 되지 않아 또 들어왔다고 한다"면서 이 사실을 언급하자, 영의정 김병학은 "텐진 등지를 왕래한 듯하다"고 소견을 아뢰었다. 박규수도 이 사실을 주목하고 미 함대가 퇴거한 직후인 5월 18일 아우 박선수에게 보낸 편지에서 다음과 같이 의견을 밝혔다.

그 사이에 이범선二帆船 1척이 떠나갈 때 나머지 배들이 모두 이미 외양에 이르렀다가 돌아와서 예전 장소(작약도)에 정박했다. 이범선은 며칠을 보내고 돌아 왔다. (그 배가) 돌아오자, 저들은 부평에다 문서를 던지고는 일제히 떠나가니, (이범선은) 베이징에 요구하러 갔다가 저지당하고 온 것이 거의 틀림없다. 그제사 제 나라에 돌아가 보고하고는 떠나갔던 것이다. 누군가는 말하기를 "공친왕恭親王이 화륜선의 건조를 감독하러 지금 막 텐진에서 여름을 보내고 있는데, 저 오랑캐들이 왕복한 날짜가 마침 텐진을 왕래하는 시간과 맞아떨어진다. 그렇다면 베이징에 이르지 않고 바로 공친왕에게 직접 요구했다가 저지당한 것일 것이다" 운운했다 그 설도 혹시 옳을지 모른다. 소위 예의지방禮義之邦이면 지역의 오랑캐에게 수모를 당함이 마침내 이 지경에 이르다니 이 무슨 일인가!

2. 포함외교의 성공, 불평등 「조일수호조약」 체결

1) 중·러 방관과 미·영 지원하 무력 협박 주효

(1) 8척의 군함에 8백여 병력을 싣고 강화부 향해 출발

일본정부는 페리Mattew Perry가 무력시위를 통해 일본을 개국시켰던 방식을 그대로 모방하여 조선개국을 결행하기로 하였다. 이 방침에 따라 일본전권대사 구로다 기요타카黑田淸隆는 수행원 및 2백 50여명의 의장대儀仗隊를 포함한 8백여명의 병력을 6척의 군함에 태우고 1876년 1월 6일 일본을 떠나 부산에 입항하여 먼저 와 있던 2척과 합류하였다. 당시 일본 주재 미국공사 빙엄Bingham은 일본의 요청에 답하여 이노우에 가오루에게 『페리제독의 일본원정기』를 전하면서 출항을 격려하였다.

구로다는 이들 8척의 군함으로 하여금 부산항이 진동하도록 함포를 발사하게 하여 공포분위기를 조성하면서 부산훈도에게 「구상서口上書」를 전달하였다. 그 내용은 강화부江華府에서 일본전권과 회담할 조선측 전권대신을 파견할 것을 요구하고, 만일 이를 받아들이지 않는다면 일본전권이 서울로 직진하겠다는 것이었다. 이어 그는 함대를 발진시켜 1876년 1월 말 강화도 부근에 도착하였다.

이 같은 사태에 직면한 조선정부는 어영대장御營大將 신헌申櫶을 접견대관接見大官, 도총부부총관都總府副總官 윤자승尹滋承을 접견부관에 임명하여 일본대표단을 영접하도록 하였다. 일본대표단은 1876년 2월 10일 강화도에 상륙하여 숙사인 부수영副帥營에 들어갔는데, 이때 일본대표단은 예포라는 구실로 해협이 진동하도록 대포를 쏘아대고 4백명의 의장대를 행군시켜 가면서 상륙하였다.(申基碩『東洋外交史』東國文化史 1956)

양국대표의 1차회담은 다음날인 2월 11일 일본군함들이 그들의 기원절紀元節을 축하하는 축포라는 구실로 쏘아대는 대포소리를 들어가며 강화도 연무당鍊武堂에서 개최되었다. 이날 회담에서는 먼저 운양호사건의 발포 책임을 둘러싼 양측의 공방이 있었다. 이어 일본사신 및 서계書契를 조선측이 거부한 문제가 거론되었다.

조선측은 그 이유를 일본측 서계가 종래의 격식과 다를 뿐만 아니라 1867년 하치노헤 순주쿠八戸順叔란 자가 조선정벌을 주장한 기사가 실린 중국신문을 받아보게 된 것이 원인이었다고 주장하였다. 이에 대해 일본측은 신문기사는 정부가 책임질 일이 아닌데도 이를 근거로 8년간이나 양국관계를 소원하게 한 것은 실책이기 때문에 이를 인정하고 유감의 뜻을 표명할 의사가 있는가를 질문하였으며, 신헌은 그것이 자신의 권한 밖의 일이라고 답변하였다.

그러자 구로다 기요타카는 조선측 접견대관과 부관이 국왕으로부터 전권을 위임받았는지의 여부를 따졌다. 국교의 재개를 중단된 교린 관계의 수복이라고 생각하고 있던 조선으로서는 전권 위임장은 관례에 없는 것이었다. 이와는 반대로 근대 국제법에 기초한 조약의 형식과 체결 절차를 고집하는 일본으로서는 국가 간의 중요 협정인 이상 이를 생략할 수는 없었다. 결국 구로다 기요타카가 강요한 접견대관·부관에 대한 조선 국왕의 전권 부여는 2월 19일에 이루어졌다.

2월 12일에 개최된 제2차 회담에서 일본 측은 조약안과 비준서안을 제시하고 조선 정부의 회답을 10일 기한으로 강요하였다. 그리고 같은 날 제물포에 내항한 보급선을 증원부대의 도착이라고 속이고 또 일본 정부는 후속 부대의 증파를 계획하고 있다고 위협했다. 이에 조선 정부는 일본이 제시한 조건을 받아들이는 쪽으로 방침을 굳히고 수정대안修正對案을 마련하여 접견대관에게 전했다. 이렇게 해서 2월 19일과 20일에 개별 조항에 대한 조·일 양측 간의 절충이 이루어지게 되었다.

이 과정에서 일본 정부가 가장 세심한 주의를 기울인 부분은 제1조의 "조선은 자주국으로 일본과 평등한 권리를 보유한다"는 규정이었다. 일본은 조선을 국제법상의 주체로서 외교권을 보유한 독립국이라고 표현함으로써 청국과 조선의 종속관계를 부정한 것이다. 이에 대해 조선 정부는 특별히 논의할 필요가 없다면서 동의하였는데, 그 이유는 제1조가 종속 관계의 원리인 자주와 평등을 달리 표현한 것이라고 해석했기 때문이다.

이러한 인식의 차이는 청·일 전쟁에 이르기까지 일본과 조선 그리고 청과의 갈등을 증폭시키게 된다. 그 밖에 영해의 자유로운 측량(제7조), 영사의 개항장 주재(제8조), 자유무역의 원칙(제9조) 등은 거의 이론 없이 승인되었다. 제12조의 최혜국대우에 대해서는 조선 정부가 다른 나라와 조약을 체결할 의사가 없기 때문에 필요 없다고 주장했기 때문에 삭제되었다. 최혜국대우는 1883년에 맺어진 조·일 통상장정 및 해관세칙의 제42조에서 규정되게 된다.

○ 국제법에 대한 조선정부의 무지

조선은 국제법에 대한 지식도 없이 근대적 외교교섭에 처음 임하였고, 따라서 아무 사전준비도 없이 일본과 회담하였기 때문에 처음부터 회담의 주도권을 빼앗긴 채 수동적 태도로 일관하였다. 조선측의 이 같은 약점을 간파한 일본측은 다음날인 2월 12일 진무영 집사청鎭撫營 執事廳에서 열린 2차회담에서 조선이 일본의 사신과 서계를 거부한 책임을 묻고 조선정부가 문서로 사과할 것을 요구하여 조선대표측으로부터 정부에 청훈請訓하겠다는 약속을 받았다.

이어서 구로다 기요타카는 앞으로 양국관계를 보다 긴밀히 하기 위해서는 조약체결이 필요하다고 하면서 13개조로 된 조약안을 제시하고 조정에 품신하도록 요구하였다. 그러나 조선측은 대안을 내놓을 생각을 하기는커녕 조약이 무엇인지조차 이해하지 못하였다.

이 때문에 신헌은 조약이란 무엇인가 물었고, 구로다 기요타카가 개항하여 통상하는 것이라고 답변하자, 신헌은 이미 양국간에는 3백년간 통상해왔는데 새삼 조약을 체결하자는 것은 이해하기 어렵다고 하면서 종래와 같이 왜관에서 교역하자고 하였다. 이에 대해 일본측은 양국간의 마찰을 피하기 위해서는 조약이 필요하며, 그것이 만국공법萬國公法이라고 주장하였고, 신헌도 조정에 품신하여 10일 내에 회답하기로 약속하였다.

3차회담은 일본측 요구로 그 다음날인 2월 13일 같은 장소에서 열렸는데, 이날 회담은 조약 문제를 협의하기 위해서가 아니라 조선측이 조속히 조약체결에 응하도록 압력을 가하기 위해 열렸다. 이날 일본에서 보급선이 도착하였는데, 일본측은 이것을 회담독촉을 위해 파견된 것처럼 가장하고, 만일 일이 뜻대로 되지 않으면 일본이 출병할지도 모르며, 인솔해 온 일본군은 인천·부평富平 지역에 상륙시키겠다고 위협하였다. 이에 당황한 신헌은 일본군을 상륙시켜 지방관민과 마찰을 일으키는 일이 없도록 요청하고, 조정에 회담과정과 일본측 조약안을 보고하였다.

(2) 협박 분위기에서 일본 편중의 내용으로 「강화도 조약」 체결

조선정부는 의정부에서 연일 대책을 협의하였는데, 조정의 의견은 양분되어 있었다. 대원군파와 최익현崔益鉉 등 일부 유림세력과 김병학金炳學·이용희李容熙 등의 보수파는 척화론斥和論을 주장하였고, 다소나마 국제 사정을 알고 있던 우의정 박규수朴珪壽·오경석吳慶錫 등과 민비파의 이최응李最應·민규호閔奎鎬 등은 개국론에 찬성하여 결정을 내리기 어려웠다. 이때 마침 세자책봉사世子冊封使로 청국에 다녀온 이유원李裕元이 개국을 권고하는 이홍장李鴻章의 서한을 갖고 돌아와 개국론에 찬성하였기 때문에 고종도 개국하기로 결정하였다.

이 결정에 따라 조선정부는 일본측 조약안 전문前文에 대일본국황제폐하大日本國皇帝陛下와 조선국왕전하朝鮮國王殿下를 나란히 쓴 것은 동등지례同等之禮에 어긋난다는 이유로 조문중에는 국호國號만 쓰도록 하라고 지시하고 2월 18일에 원칙적으로 수호통상에 동의한다는 의사를 전달하도록 하였다. 다음날인 2월 19일에는 접견대관에게 전권을 부여하고, 청국의 대외조약 및 접견대관의 보고를 토대로 일본측 조약안을 축조심의한 수정안을 접견대관에게 발송하였다.

양국대표들은 조약안에 대한 구체적 심의에 착수하여 2월 20일에는 원칙적인 합의에 도달하였다. 그러나 조약비준문제가 나오면서 양측간에 대립이 생겼다. 일본측은 국왕이 친필로 서명 날인할 것을 요구하였는데, 국제조약체결의 경험이 없던 조선측은 그것이 국법國法에 어긋난다는 이유로 반대하였다. 일본측은 국왕의 서명날인은 국제조약체결에서 가장 중요한 절차이며 국제관례라고 설득하였지만 조선측은 계속 반대하였다.

그러자 일본전권 구로다 기요타카는 일본측 요구에 응하지 않는다면 교섭을 중단하고 귀국하지 않을 수 없으며 평화유지도 기대할 수 없다고 위협하면서 부전권 이노우에 가오루井上馨·외무대승大丞 미야모토 고이치宮本小一 등 몇 명만 남긴 채 군함에 승선하고 5일 내에 회답하도록 요구하였다.

이노우에 가오루는 회담의 결렬을 막기 위해 미야모토 고이치를 신헌에게 보내 비준서批准書에는 조선국왕이 성명을 친서하는 대신 조선국군왕지보朝鮮國君王之寶라는 도장을 새로 만들어 날인하고 비준은 조인과 동시에 하기로 타협을 보았다. 신헌申櫶은 수호조약과 비준방식에 합의가 이루어졌기 때문에 오경석吳慶錫·현석운玄昔運을 조정에 보내 재가를 받았다.

◎ 「조일수호조약」의 내용

「조일수호조약朝日修好條約」은 1876년 2월 26일 강화부 연무당에서 조선대표 신헌·윤자승과 일본대표 구로다 기요타카·이노우에 가오루 사이에 조인되었다. 「강화도조약江華島條約」 또는 「병자수호조약丙子修好條約」이라고도 부르는 이 조약은 조선정부가 최초로 체결한 근대적 국제조약으로서 전문과 12개조로 되어 있으며 그 주요내용은 다음과 같다.

전문前文에서는 대조선국大朝鮮國과 대일본국大日本國 간의 조약체결 사유를 밝히고 있다. 원래 일본측 조약안에는 대일본국황제폐하·조선국왕전하라고 되어 있던 것을 조선측이 평등의 예에 어긋난다고 반대하여 그렇게 수정한 것이다.

제1조, 조선국은 자주지방自主之邦으로서 일본국과 평등한 권리를 가지며, 앞으로 피차 동등지례同等之禮로 상대하기로 규정하였다. 이것은 조선이 자주국가임을 강조함으로써 조청종속관계를 부인하여 청국의 간섭권을 배제하려는 데 목적이 있는 조항이었다.

제2조, 15개월 후 수시로 사신을 서울과 도쿄에 파견하여 예조판서禮曹判書와 외무경外務卿을 만나 업무를 처리하며 주류駐留 문제는 시의時宜에 맡기기로 하였다.

제3조, 양국간 왕래 공문은 조선측은 한문, 일본측은 일본어를 사용하기로 하였다.

제4조, 부산 초량草梁에 일본공관을 두어 새로 의정할 협정에 의해 통상을 비롯한 제반업무를 처리하게 하며, 제5조에 의해 개항할 2개항에서 일본인에게 토지와 가옥을 임차賃借 조영造營할 수 있도록 허용하였다.

제5조, 경기·충청·전라·경상·함경 5도 중 통상에 편리한 2개항을 개항하도록 하였다. 이 규정에 따라 후일 인천과 원산이 개항되었다.

제6조, 일본선박 및 선원들의 해난구조가 규정되었다.

제7조, 조선연해의 안전운항을 위해 일본 항해자가 연해를 조사하여 해도海圖를 작성할 수 있도록 하였다.

제8조, 조선이 지정하는 각 항港에 일본상민을 관할할 관리를 두고 양국간 협의사항이 있으면 지방장관을 만나 협의하도록 하였다. 이 규정에 따라 영사관을 설치할 수 있게 되었다.

제9조, 양국상민의 자유무역을 규정하여 양국상민이 조선 지방관리의 부당한 간섭을 받지 않고 각자 임의로 직접 거래할 수 있도록 하였다.

제10조, 조약항에서의 일본의 영사재판권(치외법권)이 인정되었다.

제11조, 통상협정 체결 및 조약의 세부규정을 작성하기 위해 양국의 위원이 6개월 내에 서울 또는 강화부에서 협상할 것을 규정하였다.

제12조, 본 조약은 조인 즉시 발효된다고 규정하고 있다.

제1조의 경우 조선을 중국의 속국 위치에서 빼내옴으로써 중국의 간섭권을 배제하고 일본이 독점적으로 조선을 정복하려는 의도가 깔려 있었고 따라서 뒤이어 국호도 「대한제국大韓帝國」이라고 바꾸게 권장했다가 1910년 식민지로 합병하면서 즉시 「대한제국」은 「조선」으로 바뀐 채 2차 대전에서 일본이 패망할 때까지 계속되었다.

(3) 「강화도조약」의 의미와 조약체결 후 양국관계

1876년 2월 26일에 조·일 양국의 전권 사이에 조인된 강화도조약(조·일 수호조규)의 전문 중 주요 내용을 소개하면 다음과 같다.

제1조 조선은 자주국으로 일본과 평등한 권리를 보유한다. 향후 양국은 화친의 실을 나타내기 위해 동등한 예의로 상호 대우하며 조금도 침월하거나 시기해서는 안 된다. 종전에 양국의 교제를 저해한 여러 법규를 모두 없애고 관대하고 너그러운 법규를 힘써 설정함으로써 쌍방의 안녕을 기한다.

제9조 양국은 이미 통호하였는바 양국의 인민은 각자의 뜻에 따라 무역을 할 수 있다. 양국의 관리는 추호도 이에 관계해서는 안 되며, 또 이를 제한하거나 금지할 수 없다. 만약 양국의 상인이 상거래상 불미스러운 일을 자행한다면 양국 관리는 엄중히 해당 상인을 조사하여 변상하도록 해야 한다. 단 양국 정부는 이를 변상할 책임을 지지 않는다.

제10조 일본 인민이 조선의 지정된 항구에서 머무는 도중에 만약 조선 인민에게 관계되는 죄를 지을 경우에는 모두 '일본 관원이 판결'한다. 만약 조선 인민이 일본 인민에 관계되는 죄를 지을 경우에는 조선의 관원이 조사하여 판결한다. 단 쌍방이 모두 각기 그 나라의 법률에 의거하여 재판하되 조금도 비호함이 없이 공명정대하게 재판하여야 한다.

강화도조약(조·일 수호조규)은 조선의 일방적인 개항과 일본에만 영사주재권 및 영사재판권(제10조) 등을 인정한 편무적인 것으로, 명백한 불평등조약이었다. 23년 전에 미국의 페리 함대의 압력으로 개국을 강요당한 일본이 이번에는 똑같은 수법手法으로 조선에 개항을 강요한 것이다. 파크스도 본국에 보낸 보고서에서, 조·일 수호조규는 1858년에 체결된 영·일 조약과 매우 비슷한 내용으로 구성되어 있으며, 다만 화폐의 교환이나 세관 관련의 조항이 삭제되어 있을 뿐이라고 보고하였다. 또 일본 전권에 의하면, 조선 정부가 이들 조항에 대해 전혀 지식이 없기 때문에 일단 조약문에 포함시키는 것을 생략하고 대신에 6개월 이내에 이를 다시 교섭할 것을 보증하는 제11조를 설정하게 된 것이라고 전하였다. 그러니까 상대방의 무지와 비위를 맞춰가며 단계별로 시간경과에 따라 유인·유도하여 꼼짝없이 이끌려오도록 외교적 약속을 기획·실행해 갔다.

　그러나 조·일 수호조규가 갖는 역사적 의의는 무엇보다도 청국과 조선의 종속 관계를 부정함으로써 동아시아의 전통적인(대등한) 화이華夷 질서에 심각한 타격을 가하였다는 점일 것이다. 조선과 일본의 전통적인 교린 체제는 붕괴되고, 조선은 일본이 주도하는 이른바 '근대적인 조약 체제' 속에 편입된 것이다. 물론 조선과 청은 이를 인정하지 않았다. 이후 청·일 양국은 조선을 놓고 심각한 대립 관계에 돌입하게 된다.

　「조일수호조약」은 체결되었으나 공관설치문제·개항후보지 선정문제 등 아직도 해결하여야 할 문제들이 많이 남아 있었다. 그러나 그 동안의 경험에 비추어 볼 때 수호조약부록修好條約附錄 및 통상장정通商章程의 교섭이 쉽지 않을 것으로 보고, 일본은 일본의 발전상을 조선측에 보여주는 것이 교섭에 유익할 것으로 생각하였다. 이에 따라 일본측은 양국의 친선을 위해서는 상대방의 풍속과 물정을 잘 아는 것이 좋다고 하면서 통상장정이 체결되기 전이라도 조선이 사신을 파견한다면 일본측이 화륜선火輪船을 제공할 용의가 있다고 제의하였다.(震檀學會『韓國史』乙酉文化史 1961)

　조선정부는 일본측의 제의를 받아들여 사절단을 파견하기로 결정하고 예조참의禮曹參議 김기수金綺秀를 수신사修信使로 임명하고 75명으로 이루어진 사절단을 구성하였다. 수신사 일행은 일본측이 보낸 기선을 타고 이들 수신사일행은 마치 사지에 가는 듯한 비장한 마음으로 떠났는데, 막상 일본에 도착해 보니 일본측이 극진히 환대하였다. 일본정부는 예정에 없던 일본천황과의 접견도 마련해 주는 외교적 우대를 하였고, 수신사일행의 도쿄 체제 20일 동안 태정대신太政大臣 산죠 사네토미三條實美 등이 공식연회 2회, 초대연 6회 등을 베풀어 대접하였다.

　또한 이들은 일본측의 안내로 일본육해군부대·생산시설·군수공장·철도를 비롯한 각 분야를 시찰하여 일본의 산업발전에 감탄하였으며, 각종 학교·병원·박물관 등의 근대적 문화시설에도 놀라움을 금치 못하였다. 수신사일행은 6월 18일 도쿄를 떠나 귀국길에 올랐는데, 귀국 직전 일본측은 수호조약 제11조 규정에 따라 통상장정 협상을 위해 미야모토 고이치宮本小一 이사관을 파견하겠다는 내용의 서한을 전달하였다.

　귀국후 수신사일행은 7월 21일 고종에게 귀국보고를 하였는데, 이들은 근대화된 일본을 보고 일본에 대한 인식이 완전히 바뀌어 일본의 모든 것에 대해 호의적인 보고를 하였다. 이것은 반일감정에 젖어 있던 조선조정에 변화를 가져와서 개혁과 수구를 둘러싼 대립을 격화시키게 되었다.

(4) 수호조약 부록 및 통상장정 조인

「수호조약부록修好條約附錄」 및 「통상장정通商章程」 협상을 위해 미야모토 고이치 일행은 1876년 7월 30일 서울에 도착하여 조선정부가 마련하여 준 숙소인 청수관淸水館에 들었다. 조선정부는 의정부 당상堂上 조인희趙寅熙를 강수관講修官에 임명하여 교섭에 임하도록 하고, 일본의 예에 따라 미야모토 고이치 일행의 고종 알현을 허용하였다.

양국의 교섭은 일본측이 제시한 수호조약부록안 13개조 및 무역장정안 9칙을 기초로 8월 5일부터 24일까지 계속되었는데, 교섭은 순조롭게 진행되었지만, 서울에 일본공관을 상설하는 문제, 일본외교관과 수행원의 자유여행 및 유보遊步 문제를 둘러싸고 의견이 대립되었다.

일본측은 「조일수호조약」 제2조에 일본국정부는 수시로 사신을 파견하고 서울에서 예조판서와 상의교제사무商議交際事務하되 사신의 주류구잠駐留久暫(머무는 기간의 길고 짧음)은 시의에 맡긴다는 조항이 있는 것을 들어 공관설치가 허용되어야 한다고 주장하였다. 이에 대해 조선측은 수시파사신隨時派使臣이란 조선의 수신사나 일본의 이사관 같은 것을 뜻하며 구잠이란 잠시 머무는 것이지 상주한다는 뜻은 아니라고 반대하였다.

유보구역遊步區域 문제는 개항지의 일본거류민이 마음대로 나다닐 수 있는 지역인데, 일본측은 부두로부터 일본리수로 직경 10리(조선리수 100리)를 요구하였지만 조선측은 이 조항의 심의를 거부하였다.

이 때문에 회담은 결렬될 위기에 몰렸으나, 일본측이 상주공관설치 주장을 철회하였고, 유보구역은 조선리수 10리로 하며 동래읍東萊邑에 한해 항시 왕래를 허용하기로 함으로써 해결을 보았다. 이에 따라 1876년 8월 24일 조인희와 미야모토 고이치 사이에 「수호조약부록」 및 「조선국의정제항朝鮮國議定諸港에서의 일본국인민무역규칙日本國人民貿易規則」 즉 「조일통상장정」이 조인되었다.(申國柱『韓國近代政治外交史』 탐구당 1976)

① 부록 및 통상장정 내용

「수호조약부록」은 11개조로 되어 있는데, 그 주요내용은 조선통상 각 항港에서 일본인이 통행할 수 있는 도로의 이정里程은 부두로부터 사방 10리(조선리수)로 하고(제4조) 일본인들은 일본화폐를 사용하여 조선인의 소유물과 교환할 수 있고 조선국의 동화폐銅貨幣도 사용 운반할 수 있도록 하였으며(제7조) 조선에 표착한 제3국 표류민이 본국송환을 바랄 때는 각 항구에 주재하는 일본관리관에게 의뢰하여 송환하기로 하였다.

이 부록과 함께 조인된 「조일통상장정」은 10칙으로 되어 있는데, 조선측은 그 중요성을 알지 못해 제대로 심의도 않고 약간의 자구만 수정한 채 그대로 동의하였다. 그 중에서도 중요한 조항은 항만세港灣稅에 관한 규칙으로서 상선이 아닌 일본정무에 속하는 모든 선박은 항만세를 면제하도록 규정하였다.(제7칙)(상세한 내용은 申國柱 앞의 책)

이와는 별도로 조인 당일 미야모토 고이치는 조인희에게 수출입관세輸出入關稅에 대해 문의하는 서한을 보냈는데, 조인희는 별생각 없이 일본에 대한 수출입관세를 특별히 수년간 면세한다는 공한을 보냈다. 이것은 조선측의 무지의 소치였다.

원래 일본측은 조선측이 관세문제를 들고 나올 것으로 보고 이에 관한 조항을 통상장정에 규정할 방침이었다. 그러나 조선측이 이 문제를 거론치 않는 것을 보고 조선측이 이 문제에 무지하다는 것을 눈치 챘다. 그래서 일본측은 수호조약 제9조에 양국민은 양국관리의 간섭 없이 각자 임의무역한다는 조항을 들어 조선에 수출하는 일본상품 및 일본에서 수입하는 조선상품에 대해 관세를 부과하지 않을 방침인데, 조선도 동등한 조치를 취하는 것이 어떤가 하는 조회를 하게 되었고, 조선측은 일본측의 유도전술에 보기 좋게 걸려든 것이다.(당시의 상품수출은 일본측에만 있을 것이 예상되었으므로 일방적 특혜)

그 후 일본측은 아직 미해결상태로 남아 있는 상주공관 설치문제와 개항장開港場의 선정문제를 해결하는 데 노력하여, 대리공사代理公使 하나부사 요시모토花房義質가 1877년 11월 25일부터 12월 21일까지 서울 청수관淸水館·天然亭에 머물면서 조선측과 접촉하였으나 조선측의 완강한 거부로 아무 소득 없이 귀국하였다.

② 관세징수를 둘러싼 분규

1878년 양국간에 관세문제로 새로 마찰이 생겼다. 조선정부는 「통상장정」 조인 때 일본의 유도전술에 걸려들어 관세를 징수하지 않기로 약속하였으나 그 후 대외무역에서의 관세징수가 국제관례인 것을 뒤늦게 알게 되자, 부산 두모진豆毛鎭에 세관을 설치하고 일본과의 마찰을 피하기 위해 조선상인에게만 수출입세를 부과하였다. 이것은 일본의 상거래에 영향을 주었기 때문에 일본관리관이 항의하였으나 동래부사 윤치화尹致和는 수출입관세가 국제관례라는 이유로 묵살하였다.

그러자 동년 12월 9일 대리공사 하나부사 요시모토는 군함편으로 부산에 와서 해병海兵을 상륙시키고 연습한다는 구실로 공포사격을 하는 동시에 일본상민들을 동래부에 보내 시위 난입하는 행위를 자행하였다. 이 때문에 사태의 악화를 우려한 조선정부는 관세징수를 철회하였다.

1879년 4월에는 일본이 연습을 구실로 동래부로 시위행군을 하던 일본해병에게 부산

주민들이 돌을 던진 사건이 발생하였다. 이 사건이 발생하자 일본관리관 야마노시로 유쵸山之城祐長와 봉상환鳳翔丸 함장 야마자키 카게노리山崎景則 등이 동래부사 윤치화尹致和 현석운玄昔運을 칼로 위협하여 부상을 입혔다. 또한 대리공사 하나부사 요시모토는 이 사건을 구실로 개항문제와 관세징수에 따른 손해 배상문제 협상을 위해 2척의 군함을 이끌고 동년 6월 14일 서울에 들어와 청수관에 유숙하였다.

조선정부는 일본대리공사 일행에 손가락질하거나 투석하면 효수형에 처한다고 엄명을 내리고 형조참판 홍우창洪祐昌을 보내 상대하도록 하였다. 일본측은 개항후보지로 인천과 원산을 요구하였는데, 조선측은 수도의 관문인 인천의 개항에는 강력히 반대하였고 원산개항에는 동의하여 동년 8월 31일 원산개항 예약안豫約案에 조인하였다.

(5) 청국의 조선 · 구미歐美 사이의 수교 권고

조선정부는 관세문제도 조정하고 인천개항 거부에 대한 일본의 반응도 살필겸 예조참의禮曹參議 김홍집金弘集을 수신사로 한 58명의 사절단을 일본에 파견하기로 하였다. 1880년 8월 2일 일본기선 천세환千歲丸 편으로 부산을 떠나 약 1개월간 도쿄에 머문 후 동년 9월 10일 떠날 때까지 수신사 일행은 외교현안에 대한 협의는 별로 하지 못하였다. 그 대신 주일청국공사 하여장何如璋 · 참찬관 황준헌參贊官 黃遵憲 등을 만나 국제정세에 대한 이해를 높이고 구미제국과의 국교가 필요하다는 것을 절감하였다.

황준헌은 자신이 저술한 소책자인 『조선책략朝鮮策略』을 김홍집에게 기증하고 참고하도록 권고하였다. 그 내용은 러시아에 대한 경계를 촉구하면서 조선 · 청국 · 일본 3국이 영토보존을 위해 협력할 것을 권고하고 동시에 미국과 조약을 체결해서 지원을 받도록 권고하고 있다. 또한 미국은 토지를 탐하거나 인민을 기만하거나 타국의 내정에 간섭하지 않는 국가이기 때문에 미청조약체결후 양국간에는 불상사가 일어난 일이 없었으며 언제나 약소국을 부조하는 국가라고 평가하였다. 당시의 중국 입장에서는 영국 · 프랑스 침략에 반半식민지 상태에 빠지고 멀리 북쪽 경계선을 넘보는 러시아세력에 위협을 느끼고 있던 시기이고 보면 뒤늦게 접근을 시도한 미국의 점진적이고 온건한 외교에 마음을 놓았던 것으로 짐작된다.

일본에서 귀국한 김홍집은 동년 10월 2일 고종에게 보고하면서 일본을 본받아 개혁을 하도록 상주上奏하고 「조선책략」을 바쳤는데, 고종도 큰 감명을 받았다. 이에 따라 국왕도 개화자강開化自强으로 기울어졌다. 이러한 경향은 그 전해인 1879년 8월 청국의 북양

대신北洋大臣 이홍장李鴻章이 조선의 외교정책에 관한 서한을 이유원李裕元을 통해 조선에 보낸 것에도 영향을 받았다.

이홍장은 일본이 부강富强의 술術과 서양제국의 세력을 빌어 조선을 침략하고 있기 때문에 조선은 독毒으로 독을 제압하기 위해 서양제국과의 조약을 허락하여 일본을 견제하여야 하며, 서양제국은 통상만 바라기 때문에 조선이 영·독·불·미 등 제국과 교통하면 일본을 견제하고 러시아를 막고 통상의 이익도 얻을 수 있을 뿐 아니라, 일본이 침략할 경우 체약국들을 결집해서 문책할 수 있을 것이라고 권고하였다.

조선조정이 개국해서 문명자강文明自强을 기하려는 정책으로 기울어지고 있는 가운데, 1880년 12월 18일 하나부사 요시모토花房義質가 주조선변리공사駐朝鮮辨理公使의 자격으로 서울에 들어와 청수관清水館에 들었다. 이어 12월 28일에는 일본 해군 의장대의 호위하에 돈화문敦化門까지 행진한 후 창덕궁昌德宮 내 중희당重熙堂에서 고종을 알현하고 신임장을 봉정하였다. 이날부터 그의 서울 상주가 사실상 묵인되어 최초의 외국상주공관外國常駐公館이 설치되게 되었다. 또한 조선정부는 1880년 원산元山 개항에 이어 1883년에 인천仁川도 개항하였다.(성황용『근대동양외교사』명지사 2001)

2) 자주세력, 일제 침략자 및 친일파에 대한 반감 증대

조정이 개화정책으로 기울어지자 영남유림嶺南儒林을 비롯한 쇄국양이론자들의 강력한 반대가 있었으나 정부는 이를 묵살하고 개혁정책을 취하기로 하였다. 정부는 1881년 1월「통리기무아문統理機務衙門」을 설치하였고 각 장관에는 민비파 및 개화파인물들을 등용하였다. 또한 청·일 양국과 근대병기제조·군사훈련 습득 등을 위한 유학생파견을 교섭하였다. 청국과의 교섭은 지지부진하였지만 일본과의 교섭은 하나부사 요시모토의 협력으로 일본의 제도·문물을 조사 연구하기 위한「신사유람단紳士遊覽團」을 파견하게 되었다.

박정양朴定陽·홍영식洪英植·어윤중魚允中 등 11명의 위원과 이상재李商在·유길준兪吉濬·윤치호尹致昊 등 17명의 수행원으로 구성된「신사유람단」은 1881년 5월 8일 부산을 출발하여 4개월간 일본에 머물렀는데, 그 동안 이들은 일본정부의 각 기관·세관·잠업시설 등을 돌아보았다.

같은 시기에 국내에서는 하나부사 요시모토의 권고를 받아들여 김기수金綺秀 수신사를 따라 일본에 다녀온 별군관別軍官 윤웅렬尹雄烈을 중심으로 신식군대인 별기군別技軍(속칭

倭別技)을 창설하고 호리모토 레이조堀本禮造소위를 초빙해서 일본식 군사훈련을 시켰다. 조병호趙秉鎬를 수신사로 한 제3차 수신사일행도 동년 12월말 일본에서 귀국하였다.

군기軍器제조기술을 배우기 위해 청국에 파견하게 된 유학생들도 영선사領選使 김윤식金允植의 인솔하에 학생 25명, 기능공 13명을 포함한 69명이 1881년 11월 19일 서울을 출발하였다.

조선정부가 이같이 근대화에 힘쓰게 되자 이에 반대해 오던 수구적 자주세력의 배일운동이 격화되었다. 특히 일부세력들은 쿠데타까지 계획하였다. 대원군의 몰락으로 타격을 입은 전승지前承旨 안기영安驥泳·권정호權鼎鎬 등 주로 남인 출신들인 이들은 경기도 감시監試가 시행되는 1881년 9월 30일을 기해 궁궐과 일본공사관 등을 습격하여 국왕을 폐위하고 대원군의 서장자庶長子 이재선李載先을 추대하려는 무모한 계획을 세웠다.

이 계획은 사전에 발각되어 연루자 30여명이 체포·처형되었으며, 이 사건을 계기로 자주·배외세력이 함께 타격을 받아 약화되면서 조선정부는 개화정책에 박차를 가하게 되었다.

(1) 침략세력에 대한 민족 자주세력의 분노폭발, 임오군변

1882년 7월 23일 한성에서 군인과 민중에 의한 반일·반정부의 임오군변('임오군란'을 행위자 주체로 호칭)이 발발했다. 사건의 직접적인 발단은 병사들에 대한 급미給米의 부정 지급이었다. 민씨 정권이 추진한 군제의 개혁으로 새롭게 편성된 군대別技軍에 비해 구식 군대의 병사는 차별 대우를 받고 있어 이에 대한 불만이 높아 가던 차에, 급미의 부정 지급을 계기로 이러한 불만이 일거에 폭발했던 것이다. 오랫동안 군대 봉급을 미루다가 모래가 섞인 싸래기를 지급받고 이웃 주민들까지 분노하여 궐기하였다.

일본공사 하나부사 요시모토花房義質는 병사 및 민중의 습격을 피해 공사관에 불을 놓고 인천으로 도피한 후, 영국 측량선의 도움을 받아 나가사키長崎에 도착하여 곧바로 외무경 이노우에 가오루井上馨에게 사건을 보고했다.

일본 정부의 구로다 기요타카黑田淸隆와 이와쿠라 도모미岩倉具視 등 강경파는 조선에 대한 개전開戰을 주장하였다. 이들은 조·일 전쟁을 구미 열강에 대한 일본의 국가적 체면을 고양시키는 기회로 삼으려는 대외 팽창적인 자세를 명확히 하였다.

한편 당시 청국은 이미 일본에 대해, 조선속국론朝鮮屬國論을 명분 삼아 조·일 간의 담판에 간여할 뜻임을 분명히 하고 아울러 군함 및 군대의 파견을 통지한 상태였다.

그러나 일본 정부는 조선에 대한 개전에 신중한 자세를 취하던 이노우에 가오루 외무경과 야마가타 아리토모山縣有朋의 견해를 받아들여, 먼저 임오군변壬午軍變(임오군란)의 경과에 대한 조사와 함께 사죄 및 배상을 요구하기로 결정하였다. 아울러 이러한 임무를 수행하기 위한 전권 위원으로 하나부사 요시모토를 귀임시키기로 하고, 호위를 위해 군함과 육전대를 파견하기로 결정하였다. 그리고 이노우에 가오루 외무경에게 전권을 부여한 후 시모노세키下關에 출장시켜 총괄적인 지휘를 담당하도록 하였다.

『朝鮮暴徒實記 조선폭도실기』 : 일제 언론은 조선에 대한 증오심을 조장하기 위해 임오군변에 관한 출판물을 만들어 조선인을 '폭도'로 묘사하였다.

하나부사 요시모토에게 내려진 일본 정부의 8월 2일자 훈령의 주요 내용은 1. 조선 정부의 공식 사과 2. 일본 상인을 위한 안변安邊 개시開市 3. 조선 정부의 과실이 중대한 경우에는 거제도巨濟島 또는 송도松島의 양여 4. 조선 정부가 성의를 보이지 않을 때는 개항장이나 주요 도서를 점령하여 배상의 저당으로 삼을 것 등이었다. 여기에 야마가타 아리토모가 주도한 8월 7일의 각의에서는 조선에 대해 1. 함흥·대구·양화진의 개시 2. 공사·영사관원의 내지 여행 허가 등을 추가로 요구하기로 결정하였다. 이 요구들은 8월 9일자 훈령으로 하나부사 요시모토에게 전달되었다.

한편 이노우에 가오루와 야마가타 아리토모가 구로다·이와쿠라의 개전책에 반대한 이유는 청 및 열강의 간섭 가능성에 대한 강한 우려 때문이었다. 이노우에 가오루는 군함 등의 파견은 공사 및 거류민을 보호하기 위한 불가피한 조치라고 강조함으로써, 일본의 조선 침략을 경계하는 국제 여론을 무마시키고자 노력하였다. 하나부사 요시모토에게는, 청이 개입하기 전에 조·일 간의 담판을 타결 짓는 데에 최선을 다할 것을 지시하였다.

그러나 청의 움직임은 이노우에 가오루의 태도에 변화를 초래한다. 청국 공사 려서창 黎庶昌은 본국에 보내는 전신에서, 즉시 군대를 파견하여 일본의 기선을 제압해야 하며, 조선 문제가 해결된 후에는 청이 조선의 국정을 지도할 필요가 있다고 주장하였다. 또한 중국 총리아문의 지시에 따라 일본 외무성에는, 군함 및 군대를 조선에 파견하여 속국인 조선 그리고 조선과 조약국의 관계에 있는 일본을 보호하는 것은 청국의 의무임을 강조 하였다.

이러한 정보를 입수한 이노우에 가오루 외무경은 청의 목적은 일본 군대의 조선 파견 을 저지하고 아울러 조선의 내정에 개입하여 청조淸朝 종속 관계를 강화하는 데에 있다고 분석하였다. 그리고 청의 속국화 정책을 타파하기 위해서는 조선독립론朝鮮獨立論을 대 의 명분으로 하는 청과의 개전開戰이 불가피하다고 주장하였다.

(2) 청국과 일본, 조선 지배를 놓고 대립 격화

일본 정부는 이노우에 가오루 외무경의 의견을 수용하여 8월 10일 개최된 각의에서, 전쟁 준비금의 조달과 군함의 구입을 추진할 것을 결정하였다. 그리고 같은 날 시모노세 키下關를 출발하는 하나부사 요시모토와 함께 육전대 1개 대대와 6척의 군함을 조선에 추가로 파견하였다.

그러나 조선독립론을 대의명분으로 하는 청과의 개전 방침은 실행에 옮기지 못하였 다. 그 결정적인 이유는 영국이 일본의 개전 명분을 비난하고 나섰기 때문이다. 한편 일 본 정부의 이노우에 고와시井上毅도 조선은 공법상 반독립국에 지나지 않는 속국屬國이므 로, 조선독립론을 대의 명분으로 하는 청과의 개전은 설득력이 없다고 비판하였다. 그리 고 개전을 원한다면 오히려 요상문죄론要償問罪論(배상요구와 문책)을 명분으로 해야 한다 고 주장하였다.

당황한 이노우에 가오루는 조선 독립 문제와 관련한 친청반일적親淸反日的인 국제 여론 을 친일반청적인 것으로 역전시키기 위한 공작을 열강에 대해 개시하였다. 또 일본 정부 는 즉각 조선의 국제적인 지위에 대한 법리적인 해석에 착수하여 조선은 독립국이라는 결론을 내렸다. 그러나 국제 여론을 무시할 수 없었던 관계로 일단은 청이 먼저 조선속국 론을 언급하더라도 차라리 일체 대응하지 않기로 하였다. 그리고 조선속국론에 대해서 는 임오군변이 수습된 후에 만국공법에 입각하여 담판을 짓기로 하였다.

그러나 이것으로 일본 정부 내의 대청對淸 개전론이 진정된 것은 아니었다. 일본 정부 내에서는 야마가타 아리토모山縣有朋의 요상문죄론을 대의 명분으로 하는 대청 개전책에 동조하는 세력이 확대되는 가운데, 이러한 명분에 부정적이던 이노우에 가오루 외무경을 중심으로 하는 피전론避戰論이 등장·대항하였다. 그 결과 하나부사 요시모토에게 발송된 8월 20일자 훈령에는 이러한 대항이 해소되지 않은 채 그대로 반영하게 된다.

야마가타 아리토모는 정부에 제출한 의견서에서 다음과 같이 주장하였다. "도요토미 히데요시豊臣秀吉의 조선 침략 이래 조·일 간의 대립은 해소된 적이 없으며, 또 대만 침공·류큐 병합(류큐 처분) 이후 청·일 간의 관계도 악화 일로를 치닫고 있다. 이러한 현실을 감안한다면 청·일 전쟁은 불가피하다. 청의 군비가 정돈되지 않은 지금이 개전의 적기이다"라고 주장하였다.

또, 야마가타 아리토모는 대청 개전의 명분을 높이기 위한 방책을 강구하였다. 그는 조선 예조판서 이회정李會正의 편지가 조·일 간의 우의를 유지하고 싶다는 평화적인 것이었음에도 불구하고, 이는 공사관 습격과 공사관원을 살해한 사실을 감추기 위한 책략에 지나지 않는다고 간주하였다. 그리고 하나부사 요시모토에게 발송된 20일자 훈령을 통해 조선이 담판에 쉽게 응하지 않는다면 도서島嶼의 할양 요구를 포함하는 최후통첩을 발송할 것을 지시하였다. 그러나 이노우에 가오루는 조선독립론이 열강의 지지를 받을 수 없다면 요상문죄론 또한 지지를 얻어 내기가 어렵다는 판단이었다. 이에 이노우에 가오루는 조선이 독립국이라는 사실을 국제적으로 공인화시키는 공작을 본격적으로 전개하기 시작하였다. 또 하나부사 요시모토에게 발송한 앞서의 20일자 훈령을 통해, 만약 조선의 외교적 자주권에 손상이 가지 않는다면 청의 중재를 묵인하여 사태를 평화적으로 수습하라고 지시함으로써 야마가타 아리토모의 강경책을 견제하였다.

이상과 같은 일본 정부 내의 대립 구도는 이노우에 가오루가 구미 열강에 대한 일본의 국가적 체면을 중시하여 야마가타 아리토모의 개전책開戰策에 적극적으로 동조함으로써 해소되게 된다. 즉 이노우에 가오루는 하나부사 요시모토에게 전하는 8월 27일자 추가 훈령해서 다음과 같이 전하였다. "조선의 토지를 점거하는 행위는 조·청 양국에 대해 침략이라는 인상을 심어 줄 것 같아 자제하려고 하였다. 그러나 다시 생각하건대 임오군변에 대한 조치는 구미 열강에 대한 일본의 국가적 체면이 걸려 있는 중요한 문제이기도 하다. 따라서 조선 및 청국에 대해 선전을 포고하기까지는 만국공법의 절차에 입각하여 토지를 점거하는 것이 타당하다는 결론을 내리게 되었다."

이노우에 가오루는 설령 조선 및 청에 대한 전쟁이 침략 행위라고 하더라도 만국공법의 절차에 의거하기만 한다면 정당성을 확보할 수 있다고 판단한 것이다. 이노우에 가오루의 말에는 일본의 서구화 · 근대화의 본질이 대외 팽창, 즉 침략에 있었다는 사실이 단적으로 표명되어 있다. 당시의 '만국공법' 개념도 (21세기에 미국이 주도하고 있는 '유엔 결의'처럼) 결국 제국주의 국가들의 식민지 쟁탈을 위한 공범자共犯者들로서의 공통된 명분에 불과한 것이었다.

3. 조선, 미국을 비롯한 열강국들과 불평등 조약 체결

1) 신미양요 후 미국은 일 · 청 안내 받아 조선 접촉

(1) 이때부터 미국과 일본은 조선 무력침략의 동반자

조선과의 통상을 명분으로 앞세워 왕을 만나려 하다가 거부당하자 강화도에 상륙하여 수백명을 살상한 미군은 침략자의 자존심에 상처를 입고 분한 마음으로 철수하였다. 그러고는 침략범죄의 동반자가 된 일본을 찾았다.

조선군 350명 학살, 20명 부상이라는 침략 성과를 올리며 승리한 함대사령관 로저스는 작약도 모함기지에서 조선대표가 협상 테이블에 나올 것을 기대하면서 무려 21일간 기다려보았으나 끝내 아무런 반응이 없자, 마침내 7월 3일 전 함대를 철수, '조선 군사정보 제공약속'을 이행하기 위하여 일본 도쿄東京를 재방문했다. 일본 정부 지도자들은 로저스 일행을 개선장군처럼 성대하게 맞아 환영회를 베풀었다.

그 당시 도쿠가와 막부의 해군제독 에노모토榎本武揚는 명치유신에 반대, 관군과 끝까지 항전하다가 결국 항복, 투옥 중이었다. 일본 군사지도자들은 로저스와 에노모토와의 친분으로 보아 명치정부에 에노모토 석방교섭을 부탁하면서 대대적인 환영향연을 베풀었다. 로저스는 이 환영회 자리에서 일본 군사 지도자들에게 조 · 미 전쟁에 관한 자세한 전쟁경험담을 털어놓으면서 일본 정부의 '정조론征朝論' 구현의지를 간파했다. "일본은 조선침략을 열망하고 있다. 나도 일본이 조선을 침공할 것으로 생각하지만, 그것은 확실치 않다. 그러나 나는 이 두 나라(조 · 일)간의 평화적 대화 해결은 어렵겠다는 생각이 들었다"(The Japanese are anxious to invade Corea and I think may do it — but I am not sure. I know however that I did not talk on the side of peace between the countries)

라고 일본의 무력 침략을 암시하면서, 머지않아 일본은 포함외교에 의한 조선개항을 이룰 것임을 예언했다. 사실은 이때부터 미국은 선배가 되어 일본의 조선침략을 선도했다고 볼 수 있다.(김원모 『한미 외교관계 100년사』 철학과 현실사 2002)

미·일 양국의 조선에 대한 기본정책의 공통점은 포함침략에 의한 조선개항이었다. 그러나 조선에 대한 포함외교의 궁극적 목표는 달랐다. 미국은 일단 겉으로는 "통상확대 정책 구현"이었고, 일본은 "식민지화 구현"이었다. 1871년 미국은 강력한 미 해군함대를 동원, 포함외교에 의한 조선개항을 시도했으나 대원군의 쇄국양이정책에 부딪쳐 좌절했지만, 1876년 일본은 조선개항을 성취했다. 일본이 미국보다 먼저 조선의 문호를 개방시키는 데 성공을 거둔 원인을 다음과 같이 분석해 볼 수 있다.

첫째, 로저스 제독이 조선개항에 실패한 후 일본을 재방문, 조·미 전쟁에 관한 정확한 군사정보를 일본에 제공했다. 뿐만 아니라 일본 군사정보원을 침략함대에 동반, 조·미 전쟁의 전개과정을 실전 현장에서 직접 체험하게 했다. 그러므로 일본 정보원은 조선에 관한 전반적 군사정보를 사전에 수집할 수 있었고, 이러한 군사정보가 1875년 운요호雲揚號의 강화도 침략에 이용된 것이다.

1875년 9월 20일 운요호가 강화해협을 침입하자, 조선 수비병은 영토침략 주권침해 행위로 간주, 정당방위책으로 일본군함에 포격을 가함으로써 이른바 「운요호 포격사건」이 발생했다. 운요호는 조선군의 선제 포격에 대한 응징보복으로 영종도永宗島 상륙작전을 전개, 방화·살육·약탈행위를 자행했다. 일본군과의 무력충돌 결과 조선군은 전사자 35명, 부상자 및 포로 16명이었으나, 일본군은 경상자 2명뿐이었다. 일본군은 영종도에서 조선 대포 36문, 화승총 130정 등을 전리품으로 약탈해 갔다. 일본측은 "운요호에 일장기를 달아 일본 군함임을 표시했는데도 왜 포격을 가했는가?"라고 '국기 모독죄'를 적용, 침략을 정당화했다. 일본은 미국의 조선에 대한 포함외교책략, 즉 손돌목 포격사건→성조기 모독죄→강화도 응징보복 상륙작전→'수자기'帥字旗 등 군기 및 무기 대량 약탈로 이어지는 이른바 포함외교 수법을 그대로 모방했던 것이다.

둘째, 일본은 조선원정 결행시기를 대원군 실각(1873. 12. 22) 후로 잡았다. 이러한 적절한 '시의時宜 선택'이 일본의 결정적 조선개항 성공 요인이 되었다. 로저스 제독이 조선원정시 일본당국에 조선에 관한 '정확한 정보' 제공을 요구하자, 일본은 대원군이 집정하고 있는 한 아무리 대함대를 동원, 강력한 포함외교를 시도하더라도 결국 대원군의 쇄국양이정책에 부딪쳐 조선개항은 실패할 것이라는 정확한 정보를 제공하지 아니했다. 그이유는 조선개항의 주도권을 미국에 빼앗기지 않고 일본이 선제개항을 이룩하려 했기 때문이다.

셋째, 일본은 조선정벌의 구현을 실행할 만큼 부국강병책을 착실히 수행했다는 것이다. 조선은 해금海禁 정책으로 폐관자수閉關自守만을 고수한 반면, 일본에는 이미 1600년 4월 19일 영국인 항해사 애덤스William Adams(三浦按針)(수로 안내자)가 네덜란드 상선 리후데Liefde호를 타고 일본 규슈九州 오이타현大分縣 우스키臼杵에 상륙했다. 바로 이해 9월 도쿠가와 이에야스德川家康는 세키가하라 전투에서 도요토미豊臣秀吉 군을 격파, 도쿠가와 막부德川幕府 시대를 열었다.

애덤스는 오사카성大阪城을 방문하자 도쿠가와는 대담하게도 애덤스를 외교고문으로 고빙雇聘하면서 개방정책을 채택하는 동시에 1609년 히라도平戶에 화란상관和蘭商館을 개설했다. 이로써 네덜란드는 대일 무역을 독점했다. 도쿠가와는 서양어를 습득하고 서양 과학기술을 수용하면서 "서양 오랑캐에게도 배워야 한다"는 사이정신師夷精神을 살려 '난학'蘭學(Dutch Learning)을 일으켜 일본 근대화의 밑거름이 되게 했다.

일본은 국제항구로 개방한 나가사키를 통하여 서구의 선진문물을 수용하는 등 착실하게 개항 준비가 되어 있었기에 1854년 미국과 평화적 협상을 통해 자국을 개방함과 동시에 타국을 침략하는 제국주의 열강의 대열에 끼게 되었다.

(2) 슈펠트, 일본 중재로 조선과 수교 교섭했으나 실패

미국은 포탄砲彈의 힘에 의해 조선의 문호개방을 시도, 대함대를 파견했지만 실효를 거두지 못하자, 조선반도에 정치적 변화가 오기를 관망하고 있었다. 1873년 마침내 대원군이 실각하고 고종의 친정親政이 시작되면서 쇄국정책은 서서히 고개를 숙이게 되었다. 1874년 3월 윌리엄즈 주청 미국공사는 "대원군 정부가 퇴진한 후, 신정부는 외국인과 기독교에 상당히 호의적인 반응을 보이고 있다"고 국무부에 보고했다. 조선은 시대적 조류에 휩쓸려 쇄국만을 고집할 수 없게 되었고, 일본은 이것을 간교하게 이용, 1876년 강화도조약을 성립시켰다.

일본은 이 조약문에서 「조선은 완전 자주독립국가」임을 명문화했으나, 그것은 조선의 주권독립을 위해서가 아니라, 조·청간의 전통적인 종속관계를 단절시켜 장차 청의 간섭을 받지 않고 조선반도를 지배하기 위한 제1단계 포석이었다. 그러나 미국측 입장에서 보면 은둔왕국隱遁王國이 주권을 찾아 일본과 입약立約하였다는 것은 곧 조선과의 수교 가능성이 마련되었다고 해석할 수 있었다.

1878년 4월 사전트Aaron Sargent 상원 해군 위원장은 조·일 조약 체결에 자극을 받아 수교를 위한 사절단을 조선에 파견하자는 결의안을 상정했다. 그는 조선 개항의 필요성을 다음과 같이 요약했다.

첫째, 경제적 이유로 미국의 대아시아 무역 팽창주의 정책을 구현하려면 조선개항은 반드시 실현되어야 한다. 조선반도에까지 통상무역의 범위를 확대, 미국의 잉여 농산물 및 공산품의 판매시장을 확보하고, 조선인을 상품고객으로 끌어들여야 한다. 둘째, 정치적 이유로 러시아가 조선반도를 점령하면 일본에게 항구적 위협이 된다. 그러므로 일본 강대화強大化를 도움으로써 미국의 영향력을 증대하고, 나아가서 러시아의 남진정책을 저지할 수 있다. 셋째, 조선선원의 구휼 및 보호를 위해서라도 조선개항은 필요하다. 넷째, 문화적 이상주의의 구현이다. 입약이 실현되면 미국의 재능있는 청년들이 조선반도로 진출, 조선의 개화를 도울 수 있을 것이다.

1878년 12월 톰슨Richard Thompson 해군장관은 사전트의 결의안에 따라 국무부의 허락을 받아 1867년 제너럴 셔먼호 사건 탐문차 조선을 방문한 바 있는 슈펠트Shufeldt 제독을 일본으로 파견하면서 일본의 중재와 알선斡旋(周旋)을 받아 조선개항을 교섭해 보라는 임무를 부여했다. 슈펠트 제독은 타이콘데로가Ticonderoga호를 타고 1880년 4월 일본을 방문, 이노우에井上馨 일본 외상의 소개장을 들고 그해 5월 부산을 방문했다.

주일 미국공사 빙엄John Bingham은 이노우에에게 "불원간 슈펠트가 일본으로 와서 조선을 방문, 조선개항을 교섭할 것인즉 이에 협조해 달라"고 요청했다. 이에 이노우에 외무경外務卿은 빙엄 공사의 요청을 받아들이고 다음과 같이 답변했다. "조선은 외국 통상에 익숙하지 못하므로 개국을 원하지 않고 있다. 그러나 본인은 조선주재 일본관리에게 슈펠트가 조선에 가면 이에 협조하도록 권고할 용의가 있다"고 답변했다.

슈펠트는 타이콘데로가호를 타고 이노우에의 소개장을 들고 1880년 5월 3일 부산을 방문, 부산주재 일본영사 곤도近藤眞鋤에게 이노우에의 소개장을 전하면서, 동래부사東萊府使와 교섭을 마련해 줄 것을 요청했다. 이에 곤도는 동래부사 심동신沈東臣을 방문, 슈펠트를 접견하여 조·미 조약 협상에 응해 줄 것을 요청했다. 뿐만 아니라 슈펠트의 친서를 중앙정부에 전달해 줄 것까지 부탁했다.

슈펠트의 친서 내용은 다음과 같았다. "나는 본국 정부로부터 조선을 방문하여 조·미 양국간의 우호적 교섭과 입약을 위하여 이 서한을 전달하라는 권한을 위임받았다. 1871년 만약 조선 정부의 회답이 적시適時에 미국에 전달되었더라면 강화도 포격사건, 즉 신미양요와 같은 불행한 사건은 일어나지 아니했을 것이다. 미국 정부와 국민은 결코 그들의 통치권統治權을 확대하기 위하여 타국을 침략하거나 또는 독립국가의 종교나 정치적 제도를 간섭 혹은 간여한 바 없다. 그러므로 미국 정부는 첫째, 만약 자국(미국) 선원이 조선 해안에서 조난당하면 이들을 보호하고 둘째, 오늘날 모든 국가들이 일반적으로 상호간 승인하는 것과 같은 그러한 통상의 편의를 요구한다. 그러므로 부산에서 이 문제를 협의할 수 있도록 주선해 주기 바란다."

그러나 심동신 부사는 "조선은 미국과 성기聲氣(마음과 뜻)가 통하지 아니하므로 통화수서通和修書는 이치에 닿지 않는다. 더구나 일본은 우리 조선이 양이를 엄처嚴處(엄중히 처리)하고 있다는 사실을 알고 있으면서도 이같이 알선함은 교린후의交隣厚誼에 위배된다"고 지적하면서, 1871년 미국 아시아함대의 강화도 내침을 규탄하고 미국과의 수교는 어불성설이며, 더군다나 일본을 통한 조선개항 교섭을 받아들일 수 없다고 주장, 슈펠트 제독을 만나주지도 않았다. 슈펠트는 조선과의 교섭에 실패하고, 뿐만 아니라 심동신 동래부사를 만나 보지도 못한 채, 일본 나가사키로 돌아왔다.

빙엄 공사는 이노우에 외무경에게 다시 조선 당국에 중재 협조를 해줄 것을 요청했다. 이에 이노우에 외무경은 조선 예조판서 윤자승尹滋承에게 이 같은 내용의 친서를 보냈다. "현하 정세는 옛날과 달라 쇄국을 고집할 수 없다. 이는 일·청 양국이 다 경험한 바다. 그러므로 조선은 미국의 수호 요청을 받아들여야 한다. 이는 외모外侮(전쟁)를 막고 자주권을 확보하는 길이다."

조선 정부에서는 때마침 1880년 7월에 수신사修信使 김홍집金弘集이 일본 동경으로 떠날 때에 윤자승尹滋承의 회신과 앞서 조선국왕에게 보낸 슈펠트의 친서를 휴대하고 일본 동경에 가서 윤자승의 회신을 이노우에에게 전달하고, 슈펠트 친서는 빙엄 공사에게 되돌려 주고 말았다. 조선 정부는 슈펠트 친서를 돌려주는 이유를 다음과 같이 밝히고 있다. "슈펠트의 친서 피봉에는 대고려국大高麗國이라는 문자가 있다. 또 어람御覽이라는 문구도 있다. 이 '대고려'라는 것은 승국勝國(멸망된 전대 왕조)의 국호이며 어람御覽이라는 말은 지존至尊에 관한 용어이다. 그러므로 외교 서식에 어긋나는 것이다."

한편 이노우에 외무경에게 보낸 윤자승의 회신에는 "지금 조선은 미국과 수교할 의사가 전혀 없다"는 점을 분명히 밝혔다. 이노우에 외무경은 윤자승의 편지를 받고 재차 다음과 같은 편지를 보냈다. "요즈음 청국과 러시아의 움직임이 긴박해지고 있는데 청·러 간 이리伊犂(Ili) 국경 분쟁, 이로 인해 만약 하루아침에 실화失和(불화하게 됨)가 된다면 조선과 일본 두 나라는 큰 해를 입을 것이다. 그러므로 쇄국은 불가하다. 서양제국이 화호和好를 청하게 되면 이에 응해야 된다"라고 밝힘으로써 조선개항의 필요성을 역설했다. 그러나 조선 정부는 여전히 개항정책을 수립하지 못했기 때문에 조·미간의 교섭은 성사되지 못했다.

(3) 청국인들의 조 · 미 수호조약 권장

1880년 10월 수신사로 일본에 갔던 김홍집은 주일 청국공사관 참찬관參贊官 황준헌黃
遵憲으로부터 『조선책략朝鮮策略』이라는 책을 받아 가지고 귀국, 고종께 바쳤다. 그 내용
의 요지는 "청나라와 친하고親淸國 일본과 맺고結日本 미국과 이어짐으로써聯美國 자강自
强을 도모해야 한다"는 것이었다.

친청국親淸國이란, 청은 조선과 조공朝貢관계를 맺고 있는 가장 친한 나라이며, 특히
동북으로 러시아와 국경을 접하고 있으므로 러시아의 남진을 저지할 수 있다는 것이다.
결일본結日本이란, 청을 제외하면 가장 가까운 나라는 일본이며, 조 · 일 양국은 보거상
의輔車相依의 관계에 있다는 것을 뜻한다.(수레의 덧방나무와 바퀴처럼 서로 도와 의지함. 덧방
나무 : 수레의 양쪽 변주에 덧댄 나무) 연미국聯美國이란, 미국은 영토 '침략 야욕이 없는' 나라
이며, 정치에 간여하지 않으며 약소국을 부조扶助하고 공의公義를 존중하는 나라이다. 그
러므로 미국과의 입약立約은 바람직한 일이라는 것이다.

『조선책략』을 검토한 조선 정부는 이제 더 이상 쇄국을 고집할 수 없다고 판단, 개항
론으로 의견의 일치를 보았다. 이런 점에서 『조선책략』은 조선의 외교정책에 일대 전기
轉機를 가져왔으며 그것은 쇄국정책에서 개항정책으로 전환하는 계기가 되었다.

일본의 중재에 의한 대조선 교섭이 실패하자, 이제 미국은 마지막으로 네 번째 조선개
항 방법을 강구하게 되었다. 이것이 곧 청의 중재와 알선을 통해 접근하는 방법이었다.
그 당시 주 나가사키 청국영사 여경餘璟은 본국 정부의 북양대신 직예총독北洋大臣 直隸總
督 이홍장李鴻章에게 "지금 슈펠트가 일본의 중재와 알선을 통해서 미국과 조선간의 조약
체결을 교섭하기 위해서 부산을 방문, 입약교섭을 시도했으나 심동신沈東臣 동래부사의
단호한 교섭 거부로 미국의 조선개항 교섭은 좌절, 지금 나가사키에 머물고 있다"고 보고
했다. 이러한 보고를 받은 이홍장은 조선개항의 주도권主導權을 일본에게 빼앗기게 되면
조선반도도 유구琉球(오키나와 현)처럼 일본제국에 병합될 것이므로 조선반도에 대한 청
의 종주권宗主權을 유지하려면 자신이 나서서 조 · 미 수교朝美修交를 주선할 수밖에 없다
고 판단, 슈펠트 제독을 천진天津으로 초청했다.

이홍장의 초청장은 다음과 같다. "귀하의 명성을 들은 지 오래이나 아직 만나 뵙지 못
하였습니다. 나가사키 영사 여씨가 본인에게 귀하에 관한 편지를 보냈습니다. 본인은 귀
하가 총명하고 공정한 사람이며, 또한 우리 중국에 대하여 호감을 갖고 있다는 데에 경의
를 표합니다. 청 · 미간의 우호관계는 그란트 장군이 우리나라를 방문한 이후 한층 돈독

해졌습니다. 본인은 귀하와 사적으로 만나 조선개항 문제를 상의하고 싶으니 즉시 천진을 방문해 주시길 요청합니다."

○ 이홍장의 조선개항 주선

이홍장은 조선개항의 필요성을 다음과 같이 피력했다.

첫째, 1876년 강화도조약 체결 후에 조선반도에서는 일본 세력이 갑자기 증대했다. 그래서 청나라와 조선과는 전통적으로 조공관계가 있기 때문에 조선에 대한 청의 종주권宗主權을 유지하기 위해서는 일본 세력을 조선반도로부터 몰아내거나 이를 억제해야 된다.

둘째, 1879년 4월 일본이 유구琉球(류큐)를 병합했는 바, 일본 세력의 조선반도 진출을 그대로 방치하게 되면 일본은 결국 유구처럼 조선반도를 무력으로 정복하여 식민지로 만들 것이다. 그러므로 일본의 조선반도 지배야욕(征朝論)을 막아야 한다.

셋째, 일본의 알선斡旋(周旋)(남의 일을 잘 되도록 마련하여 줌)에 의한 조선개항(조·미 수교)을 저지해야 한다. 만약에 일본의 알선에 의해서 조·미 조약이 체결된다면 조선에 대한 청나라의 종주권 주장은 말살되고, 발언권이 없어지기 때문에 이를 저지해야 된다.

넷째, 북방으로부터 러시아의 남진정책을 저지하기 위해서는 조선반도의 문호를 청나라가 주도권을 잡고 개항을 해야 되겠다는 것이었다.

이홍장은 처음으로 대미수교對美修交를 권고하기 위해 1879년 8월 26일 조선의 영중추부사領中樞府事 이유원李裕元에게 다음과 같은 편지를 보냈다. "일본이 태서제국泰西諸國을 두려워하니 구미제국과 조약 체결을 함으로써 일본을 견제해야 된다. 이것은 결국 이독공독以毒攻毒이요, 이적제적以敵制敵이다. 조선은 이 기회에 서양제국과 조약을 체결함으로써 일본을 견제할 뿐만 아니라 귀국은 영·독·불·미와 통상을 한다면 일본과 러시아의 침략을 저지할 수 있다." 이러한 개국권고안開國勸告案을 조선에 보냈다.

주일 청국공사 하여장何如璋과 주일 청국 참찬관 황준헌黃遵憲의 조선개항 정책과 이홍장의 정책은 속방정책屬邦政策이라는 점에서는 공통점을 보이고 있으나, 조선개항의 방법에는 의견을 달리하고 있었다. 앞 항목에서 이미 서술된 하여장과 황준헌의 정책은 미·일 세력을 반도로 끌어들여서 조선반도에로의 러시아의 남진정책을 저지하자는 방아책防俄策인 데 반하여, 이홍장의 기본 노선은 친청연미론親淸聯美論에 그 바탕을 두고 있었다. 즉 조선반도에 일본 세력을 끌어들이지 말고 미국 세력만 끌어들여서 조선 반도에서 일본과 러시아의 양 세력을 견제하는 비아항일備俄抗日 정책을 주장했다.(俄 : 아라사·러시아)

이렇게 함으로써 조선반도에 대한 청의 종주권을 계속 유지함과 동시에 북쪽 러시아와 남쪽 일본을 견제할 수 있다는 것이다. 이같은 정책은 조선의 개항정책과 완전히 부합되는 것이었다. 조선 정부도 임진왜란이라는 쓰라린 역사적 교훈이 있었기 때문에 일본의 침략야욕을 은근히 경계하고 있었기 때문이다. 『조선책략』을 계기로 조선 정부가 개항하기로 결정을 내리자 국내의 자주적 수구파.守舊派 유생들, 특히 영남유생嶺南儒生 이만손李晩孫은 만인소萬人疏를 올려, 야소사교耶蘇邪敎(기독교)와 『조선책략』을 모두 배척할 것을 주장하면서 개항을 반대하고 척화斥和를 강력히 주장했다.

이처럼 개항이냐 척화·쇄국이냐 하는 문제를 놓고 국론이 분열되고 있을 때 천진에서는 이홍장과 슈펠트가 이마를 맞대고 조선개항 문제를 논의하고 있었다. 슈펠트와 이홍장의 회담의 주요 의제는 조·미 수교 문제, 러시아와의 이리 국경 문제, 중국의 해군 증강 문제 등 세 가지였다. 회담을 끝내고 슈펠트는 1880년 11월 8일 해군부에, "이홍장으로부터 조선개항에 영향력을 행사하겠다는 확약을 받았다. 본인은 이홍장으로부터 중국 해군 고문관에 부임해 달라는 요청을 받았다"라고 보고했다.

미국 정부는 이 보고를 받아들여 1881년 7월 슈펠트를 청국공사관 무관에 임명했다. 이어 1881년 11월 14일 슈펠트를 「조선특명전권공사」에 임명하면서 다음과 같은 훈령을 내렸다. "조선 전권대표에게 대통령 국서를 전달할 것, 조선과 조난선원遭難船員 구휼 협정을 체결할 것, 통상 권리를 확보할 것, 영사 재판권과 여행 자유권을 확보할 것, 외교사절을 교환할 것" 등이었다.

(4) 미국 슈펠트 전권공사, 조·미 수교 교섭·성공

근대적 국제공법에 의하면 한 나라의 대외조약이란 조약 당사국 전권대표자간의 협상·교섭에 의하여 입약立約하는 것이 국제외교의 관례이다. 그러나 불행하게도 조·미 조약 입약 협상은 처음부터 조선 전권대표를 배제한 채, 슈펠트-이홍장간 단독교섭 결과 타결된 것이다. 그런데 이 양자간 최대 현안 쟁점은 「속방론屬邦論」이었다.

이홍장은 "조선은 본래부터 청의 속국이다"라는 이른바 속방조항을 조·미 조약문에 명문화明文化할 것을 고집했다. 그것은 곧 조·청간의 전통적인 유대관계인 조공 및 종속관계를 계속 유지하려는 속셈이었다. 그러나 슈펠트는 「조선독립국론」을 주장하면서 이를 단호히 거부했다. 조·청간의 조공朝貢관계는 '의례적 관계ceremonial relations'이기 때문에 조선은 엄연히 정치적 독립국가라고 주장하면서 상호 평등과 호혜互惠 정신을 존중하여 속방조항문의 삽입을 강력히 반대했다. 슈펠트는 만약 이홍장이 끝까지 '속방론'

을 고집한다면 그 자신은 조·미 조약 입약 교섭을 포기하고 귀국하겠다고 선언했다.

입약 교섭이 결렬 위기를 맞자, 양자간 한걸음씩 양보하기로 했다. 1882년 4월 이홍장은 속방조항을 삭제하는 대신 조·미 조약 체결 후 조선국왕이 미국 대통령에게 보내는 별도조회문別途照會文에 조·청간의 종속관계를 밝히기로 슈펠트와 합의를 보았다.

그러면 미국은 왜 조·미 조약 체결 교섭을 그토록 끈질기게 벌였고, 조선개항을 절실히 요망했는가? 그것은 말할 것도 없이 통상무역의 범위를 조선반도에까지 확대하고, 조선반도를 미국의 영향권 안에 확보함과 동시에, 북쪽에서 내려오는 러시아의 남진정책을 저지하여 대륙봉쇄 및 침략의 교두보를 확보하려는데 있었다고 볼 수 있다.

이홍장은 마건충馬建忠·정여창丁汝昌을 조선에 파견했는데, 이들은 군함 3척을 이끌고 1882년 5월 8일 인천 앞바다에 당도했다. 한편 슈펠트 제독은 중국인 통역관 2명과 함께 군함 스와타라Swatara호를 타고 5월 12일에 인천 앞바다에 도착했다. 조선 정부에서는 전권대신에 신헌申櫶, 부대신에 김홍집金弘集, 종사관에 서상우徐相雨를 임명함으로써 조·미 조약 체결 준비를 완료했다.

이홍장은 조·미 조약 체결을 앞두고 조선 정부에 다음과 같은 공한公翰을 보냈다. "앞서 미리견美利堅(미국)에서 발신한 공문을 접수한 바 그 내용에 '동양에는 고려高麗라는 나라가 있어서 예의 문물이 어느 나라보다 앞선다고 하는데, 듣고 보니 매우 부럽소. 그러기에 불가불 일차 시찰하고 다음에 대사를 파견하여 통상을 할까 합니다'라고 하였기에 미국 공문서 내용을 통지하는 바이니, 이에 대비가 있기를 바랍니다. 그리고 미국 함정이 불원간에 도착할 것인즉, 그때 청국도 별사別使를 파견할 것이오니 양지하기 바랍니다."

미·청 양국의 군함이 월미도月尾島와 작약도芍藥島 사이의 해상에 정박하자, 조선 정부의 전권대신은 양국 함정을 순방, 위로하기로 했다. 이리하여 신헌 전권대신은 호조戶曹에 명하여 남양대동선南陽大同船 4척을 마련케 하였는데, 배 4척을 연결해서 그 위에 좌판을 쫙 깔고 좌우 죽난간竹欄干에 대기치大旗幟를 화려하게 세웠고, 그 중앙에는 큰 차일遮日을 치고 그 밑에 군막軍幕을 설치, 전후좌우에 각종 군기를 배열했으며, 뱃머리에는 대취타大吹打(군악대)의 뇌고雷鼓 소리가 요란하게 울려 퍼지는 가운데 행선行船하였는바, 그 위의威儀가 자못 장엄했다. 신대관申大官은 군복을 입고, 전통箭筒을 메고, 손에는 총융사總戎使 수기手旗를 잡고 발선했다. 사공들은 모두 순령수巡令手 복장을 하고 노를 저어갔다.

슈펠트 제독과 만나는 약속시간은 진시(오전 7~9시)였다. 그런데 거센 파도에 밀려 행선이 여의치 못해 그만 약속시간에 도착할 수 없었다. 해상에서 곤란을 당하고 있을 때,

청국 함정이 와서 인도해 가는데 나뭇잎처럼 가벼이 순식간에 끌고 갔다. 근대문명의 경이로움을 비로소 깨닫게 된 것이다.

조선 대표는 황색 바탕에 청룡靑龍과 홍색 여의주紅色如意珠를 수놓은 대청국기大淸國旗가 펄럭이는 청국 군함으로 올라가 청국 대표와 인사를 나누었다. 이어 성조기星條旗가 선명하게 게양되어 있는 미국 군함을 방문, 슈펠트 제독과 악수를 나누며 인사를 했다.

신헌 대관은 슈펠트 제독에게 조선 배의 성능이 좋지 아니해서 약속 시간을 지키지 못하고 겨우 미시(오후1~3시)에 도착하게 된 데 대해서 "조선은 원래 나라가 태평하여 문학만 숭상하다가 군함을 아직 만들지 못했습니다. 그래서 오늘 바다 위에서 강풍을 만나 이처럼 곤란을 겪고 시각을 너무 지연시켰습니다. 양국이 화호和好를 맺는 시초부터 이처럼 웃음을 샀으니 못내 부끄럽습니다"라고 사과했다.

이에 슈펠트 제독은 "대관이 아까 해상에서 곤란을 겪은 것은 기필코 배가 좋지 않아서였으나 괴이쩍게 여기지 마십시오. 본 사신은 일찍이 18세 때 인도를 방문한 일이 있었는데, 항구가 황락荒落하고 인물이 우매한 것을 보고 철부지 마음으로 코웃음을 친 일이 있었지요. 그런데 그 후 46세 때 다시 인도를 방문하니 항구에는 배가 폭주輻輳할 뿐만 아니라, 철도가 거미줄처럼 얽혔고, 가옥과 도로도 크게 변해서 근대화 되었습니다. 이제 이 나라를 본즉 산천이 수려하고 인물이 순후純厚하니 부지런히 노력한다면 몇 년 안 가서 세계에 그 이름을 드러낼 것입니다. 어찌 군함 없는 것을 한탄하겠습니까"라고 격려하면서, 장차 조선은 조·미 수교로 구미문화를 받아들여 근대화될 날이 있을 것이라고 전망했다.

5월 20일 슈펠트 제독은 마건충·정여창과 함께 배를 타고 제물포 팽이부리(묘도猫島)로 상륙, 인천부행관仁川府行館을 방문, 조선 대표와 인사한 후 양국 대표는 신임장을 상호교열相互校閱하였고, 슈펠트 제독은 아더 대통령의 국서와 신임장을 전달했다.

5월 21일 전권부대신 김홍집은 조선국왕에게 바친 미국 대통령의 국서에 대한 회한回翰을 슈펠트에게 전달했다. 그 내용은 다음과 같다.

"전번에 귀 대신이 본 대신에게 준 귀국의 진정국서進呈國書는 잘 받아 보았습니다. 아울러 본 대신은 귀국의 국서를 받들어 삼가 어람御覽케 하고 조약 체결의 재가를 얻어 이에 회신하오니 귀 대신은 조선국왕의 회신을 귀국 군주(대통령)께 바치기 바랍니다. 생각건대 귀 대신께서는 국가를 위해서 열과 성을 다했고, 수호修好를 강신講信했을 뿐만 아니라, 통상조약을 체결하는 데 타협을 이룩하였으니, 이에 우리 양국의 앞날에는 경사스런 징조吉兆가 있을 것입니다."

○ 「조미수호조약」의 내용

「조미수호조약」朝美修好條約(Treaty between the United States of America and the Kingdom of Chosen)은 조선전권 신헌, 부관 김홍집과 미국 전권 슈펠트 사이에 인천부 (제물포 화도진)에서 1882년 5월 22일 조인되었다. 전문과 본문 14개조로 된 「조미수호조약」의 주요내용은 다음과 같다.(맥켄지 저, 申福龍 역 『大韓帝國의 悲劇』 탐구당 1981)

1. 양국은 영구히 평화와 우의를 지키고 만일 제3국이 부당한 억압행위를 할 경우에는 통지를 받는 즉시 이의 원만한 해결을 위해 노력하기로 약속하였다.(제1조) 또한 양국은 상대국 수도에 외교대표를 주재시키며, 통상을 위해 개방한 상대방 항구에 영사를 주재시킬 수 있도록 하였다(제2조). (미국은 후발 주자의 유리한 기회를 충분히 이용, 제국주의 열강들의 위협을 막아주는 보호자의 자세로 접근하여 평화적으로 후진국을 점령해가는 외교수법을 택했다.)
2. 조선연안에서 폭풍우 등으로 긴급구조를 요하는 선박에 대해서는 최대한의 편의를 제공하나, 밀수선은 선체와 화물을 몰수하도록 하였다(제3조).
3. 조선인이 미국인에게 범행을 한 경우에는 조선당국이 조선의 법률에 따라 처벌하고, 미국인이 조선인에게 범행한 경우에는 미국영사 또는 그런 권한을 가진 미국관리가 미국법에 따라 체포 처벌하며, 조선이 법령과 재판절차를 수정 · 개혁하여 미국의 법령 및 재판절차와 일치된다고 판단할 때는 언제든지 미국의 치외법권을 철폐하기로 규정하였다(제4조).
4. 무역을 위해 미국에 가는 조선상선 및 상인은 미국의 관세규칙에 따라야 하며, 조선에 오는 미국상선 및 상인은 조선정부가 정하는 세관규칙 및 관세율에 따라 모든 수출입상품에 대해 관세를 지불하도록 규정하였다. 그러나 일용품 수입은 종가세從價稅 10%, 술 · 담배 · 시계 등은 종가세 30%를 넘지 않도록 제한하였다(제5조). (당시로서는 조선의 물산교역 능력이 전무한 상태여서 미국 일방의 교역조건이 될 수밖에 없었다.)
5. 조선인은 미국 어느 곳에서도 토지를 임대 구입하여 주택 · 창고를 지을 수 있고, 미국인은 문호가 개방된 조선의 각 항구에서 토지 · 건물을 임차하거나 주택 · 창고를 건축할 수 있으나 이같이 취득한 토지는 여전히 조선국의 불가분의 일부라고 규정하였다(제6조).
6. 아편거래를 엄금하고(제7조) 식량난이 우려될 경우 조선정부는 언제든지 양곡수출을 금지할 수 있고(제8조) 조선정부로부터 서면허가를 받은 경우를 제외하고는 일체의 무기와 군수품은 조선관리만이 구입할 수 있고(제9조) 상대국에서 지방민을 고용할 수 있으나 범법자를 은닉해서는 안 되며(제10조) 유학생에게 최대한의 보호와 원조를 제공하기로 하였다(제11조).
7. 이 조약은 다소 불완전하지만 우선 시행하고 5년후 서로 상대방 언어에 익숙하게 되면 국제법에 합치되는 공정한 통상조약 및 규칙을 재조정하기로 하였으며(제12조) 양국간 왕복문서는 한문으로 하되 미국이 영어를 사용할 때는 한문을 첨부하기로 하였다(제13조).

8. 양국은 항해·통상·정치·기타 어떤 것을 막론하고 제3국에 이 조약에서 부여되지 않은 특권이나 특혜를 허가할 때는 미국도 무조건 그런 특권과 특혜를 균점한다는 최혜국조항을 규정하였다(제14조).

'속방론' 주창자 이홍장.
조선에 미국을 끌어들여(聯美論) 조선을 개항하고 일본을 배제, 조선에 대한 종주권을 유지하려 했다.

미국의 슈펠트 제독.
조선에 대한 여러 차례의 침공·학살 끝에 일본 및 중국의 지원으로 조선과의 수교에 성공했다.

조약 체결 장소는 제물포濟物浦 화도진花島鎭 언덕이었다. 이곳은 스와타라호를 한눈에 내려다 볼 수 있는 언덕으로 슈펠트 자신이 선택한 장소였다. 5월 22일 9시 30분 슈펠트는 쿠퍼 함장과 해병대의 호위를 받으며 상륙, 화도진 조인 장소로 직행했다.

화도진 언덕에 장방帳房(텐트)을 치고, 텐트 앞에 태극도형기와 성조기를 꽂고, 해병대의 「양키 두들Yankee Doodle」(미국 애국가) 합창이 울려 퍼지는 가운데, 역사적인 조·미 조약이 체결된 것이다. 슈펠트는 청국 대표 마건충·정여창을 별실로 퇴장시키고 조선 전권대표 신헌·김홍집과 마주앉아 조·미 조약 조인식을 거행했다. 10시 48분에 한문본 3통, 영문본 3통의 조약문에 양국 대표가 서명 날인을 완료하자, 쿠퍼 함장은 스와타라호로 신호를 보내니, 조·미 조약 체결을 축하하기 위해 예포 21발을 발포, 천지를 진동시켰다.

조·미 양국의 영원한 평화와 우호, 무궁한 발전을 축복하는 장엄한 축포였다. 그러나 청국 위원호威遠號는 15발의 예포를 발사했다. 미국 군함 21발 예포는 조선 왕국이 청의 속국이 아니라 신생 자주독립국이 되었다는 상징적인 신호탄이고, 청국 군함 15발 예포는 조선은 청국의 속국이라는 상징적 의미가 담긴 신호탄으로 해석되었다.

이로써 슈펠트로서는 1867년 셔먼호 탐문항행시 '조선개항 계획'을 수립한 이래 15년간의 끈질긴 노력 끝에 조선개항의 업적을 달성했다.

　미국정부는 상원의 동의를 받아 「조미수호조약」을 비준하고 푸트Lucius Foote를 초대 주조선공사로 임명하였다. 푸트 공사는 1883년 5월 13일 군함 모노캐시호the Monocacy를 타고 인천에 입항하여 5월 19일 서울에서 민영목閔泳穆과 비준서를 교환하였다. 다음날엔 국왕을 알현하고 미대통령 아서Chester Arther의 회답서를 전달하였는데, 그 내용은 조선이 청국의 속방이란 것을 인정할 수 없다는 것이었다.

　조선정부도 이에 대한 답례사로 전권대신 민영익閔泳翊·부대신 홍영식洪英植 등 12명의 답례사答禮使를 모노캐시호편으로 미국에 파견하기로 하였다. 이들은 1883년 9월 2일 샌프란시스코에 도착하여 미국대통령을 만나고 유럽을 거쳐 1884년 5월 31일 귀국하였다.

(5) 조·미 조약 조인식과 태극기 제정

　조선이 나라마다 국기가 있다는 사실을 알게 된 것은 두 차례의 양요(병인양요·신미양요)를 치르면서였다. 1866년 프랑스는 '삼색기'를, 1871년 미국은 '성조기'를 각각 함상에 높이 게양하고 강화도에 내침하면서 "국기를 게양한 함정에 대한 기습공격은 국기에 대한 모욕행위"라고 '국기 모독죄'를 거론, 강화도 상륙작전을 감행했다. 조선은 미·불 양국으로부터 '국기 모독죄'라는 힐난詰難을 받고부터 국기의 존엄성을 비로소 인식했지만 이를 심각하게 받아들이지는 않았다.

　조선이 국기를 제정해야겠다는 필요성을 인식하게 된 계기는 바로 일본의 운요호雲揚號가 '일장기'를 내걸고 강화도에 내침했을 때이다. 조선군은 운요호의 강화해협 침입은 영토침략으로 간주, 포격을 가하자 일본측은 "운요호에 일장기를 게양, 일본 군함임을 표시했는데도 왜 포격을 가했느냐?"라고 힐난하면서 역시 '국기 모독죄'를 적용, 무자비한 보복작전을 전개하여 조선군을 학살했다. 이처럼 세 차례 외세 침략을 당하면서부터 조선 정부는 외교 교섭상 나라의 체통을 유지하려면 국기 제정이 시급하다는 인식을 하게 되었고, 조·미간 입약立約 교섭 전후기에 이르러 국기 제정 문제가 구체적으로 논의되기에 이르렀다.

　조·미 조약 체결 교섭 과정에서 청의 이홍장李鴻章은 조선은 중국의 속국이라는 속방론屬邦論을 조·미 조약에서 명문화할 것을 주장했다. 그러나 미국 대표 슈펠트는 '조선 독립국론'을 주장하면서 속방조항을 반대함으로써 결국 조·미 조약에 속방조항이 삭제되었다. 1882년 5월 22일 조·미 조약 조인식은 인천 제물포에서 거행되었다. 이때 이홍장은 속방론 구현을 위해 마건충馬建忠을 파견했다.

일반적으로 그 당시 조선은 국기가 없었기 때문에 조·미 조약 체결시 미국 성조기만 게양하고 조약을 체결했다고 인식하고 있다. 그러나 사실은 이와는 달리 조·미 양국의 국기를 게양하고 역사적인 조인식이 거행되었다. 슈펠트는 조선 대관 신헌申櫶·김홍집金弘集에게 만약 조선이 조·미 조약 조인식 때 마건충의 용기습용龍旗襲用(청나라 기를 이전 그대로 사용함)을 수용, 청의 용기龍旗를 사용한다면 조선은 스스로 청의 속국임을 인정하는 것이므로 이는 자신의 조선독립국 정책에 위배되는 처사라고 지적하면서 국기를 제정하여 조인식에 사용할 것을 촉구했다.

이에 김홍집은 이응준李應浚에게 국기 제정을 명했고, 이응준은 8괘를 생략하고, 중앙에 반은 홍색 반은 청색半紅半靑의 태극 양의兩儀를 그린 태극도형기太極圖形旗를 제정해서 조·미 조약 조인식에서 사용한 것이다. 슈펠트는 "조·미 조약은 예포가 울려 퍼지고, 조·미 양국의 국기가 펄럭이는 가운데 제물포에서 조인되었다. 조선 국기는 이 조인식에 사용하기 위해 스와타라호 함상에서 급히 제작됐다"(The Treaty was signed at Chemulpo, amidst the salutes of cannon and the waving of flags; a Korean national banner(flag) having been made on the Swatara for the occasion)라고 태극기가 스와타라호 함상에서 제작되어 조·미 조약 조인식에 사용되었다고 기록되어 있다.(김원모『한미외교관계 100년사』철학과 현실사 2002)

한편 마건충은 청이 조선의 종주국宗主國이기에 발가락 5개 달린 5조룡五爪龍을 그린 황룡기黃龍旗를 사용하고, 조선은 청의 속국이기에 발가락 4개 달린 4조룡四爪龍을 그린 청룡기를 사용할 것을 강요했다. 그러나 조선 대표는 이를 단호히 거부하면서 태극도형기 사용을 고수했다. 조선 정부는 제물포 화도진花島鎭 언덕에 장막帳幕을 설치하고 태극도형기와 성조기를 나란히 게양하고 조인식을 거행했다. 마건충은 종주국 특사로 조인식에 참석하려 했다.

그러나 슈펠트는 마건충의 임석하에 조인식을 거행할 경우, 미국은 청의 속방론을 인정하는 것이기에 마건충을 별실로 퇴장시킨 채, 미 해병대가 「양키 두들Yankee Doodle」을 장엄하게 합창하는 가운데 조·미 양국 전권대표간에 조인식을 엄수했다.

조·미 조약 조인식 때 미 해병대는 왜 미국 국가國歌 「성조기여 영원하라The Star Spangled Banner」를 합창하지 않고 미국 독립전쟁 당시 애국가 「양키 두들」을 합창했을까? 미국 독립군은 「양키 두들」을 부르면서 영국군과 항전했다. 슈펠트는 조·청 종속관계를 타파하고 신생 독립국가 출범을 강조하기 위해 「양키 두들」을 합창하게 했다고 한다. (양키 두들 Yankee Doodle 「양키 노래」 : 미국 독립전쟁 이전부터 부르던 미국의 애국가. 현재의 미국 국가는 The Star-Spangled Banner. 1814년 Maryland주의 McHenry 포대가 영국군에게 포격당하는 것을 보고 Francis Scott Key가 지은 애국가. 1931년 의회에서 국가로 채택, 곡은 영국의 옛 민요 「To Anacreon in Heaven」에서 따옴)

태극기를 국기로 정식 제정하게 된 것은 1882년 9월 25일이다. 수신사 박영효朴泳孝는 국기 제정의 왕명을 받고 태극 8괘도안을 그린 '8괘태극기'를 휴대하고 일본으로 항행 중 영국인 제임스 함장에게 자문을 구하자 8괘는 너무 복잡하다는 지적에 따라 건곤감리乾坤坎離의 4괘를 채택, 태극기를 제정 사용하면서 정부에 보고한 것이다. 이렇게 제정된 태극기는 박영효 수신사가 일본에서의 공식 외교행사에 사용했다. 이리하여 대조선국 정부는 1883년 3월 6일(음 1. 27) 정식으로 태극기를 국기로 채택·제정하였음을 반포했다.

박영효는 "중심부에 청홍 양색의 태극 양의를 그리고, 네 귀퉁이에는 '건곤감리'의 4괘를 그린다"라고 태극 양의의 색깔을 청홍색으로 한다고 분명히 명시하면서도 4괘의 색깔은 청색인지 흑색인지를 밝히지 아니했다. 이 때문에 태극기 제정 당시의 4괘의 색깔이 청색이냐 흑색이냐의 논란이 발생하는 원인이 되었다. 그런데 국기 제정반포 115년 만에 '원본 태극기'인 고려국기高麗國旗가 발견됨으로써 4괘의 색깔이 현행 태극기와는 달리 흑색이 아니라 청색이었다는 사실이 비로소 판명되었다.

대조선 정부는 국기 제정반포와 동시에 청국 총리아문의 요청에 따라 채색 태극기를 제작, 조선국왕의 자문咨文(1883. 3. 18)과 함께 청국의 총리아문에게 보냈다. 1886년 이홍장이 편찬한 『통상조약장정성안휘편通商條約長程成案彙編』 제2권에 세계 각국의 채색 국기와 함께 천연색 고려국기가 등재되어 있다. 이 고려국기가 원본 태극기이다. 고려국기의 특색은 4괘의 색깔이 흑색이 아니라 청색이라는 점이다.

그러면 언제부터 4괘의 색깔이 청색에서 흑색으로 변질되었는가를 구명해 보아야 한다. 고려국기(1883)를 비롯하여 유길준兪吉濬 국기(1882)·데니 태극기(1890)·노블 태극기(1890년대)·라루스 대한제국 태극기(1899)·본윅 태극기(1900)에 이르기까지 4괘의 색깔은 청색이었다는 사실이 확인되고 있다.

일반적으로 태극이라 하면 으레 중국 태극도설太極圖說(1070)에서 유래했다고 인식하고 있다. 이는 사대주의적 모화사상慕華思想 때문에 "태극문양은 당연히 중국에서 유래했다"는 선입관적 사고방식이 고착화된 데 기인하고 있다. 그런데 한·중 양국은 태극문양을 달리하고 있다. 즉 중국은 '동그라미 태극문양'을 사용했고, 한국은 처음부터 좌우 상하로 곡선미를 살려 휘감겨 있는 태극 문양을 사용하고 있기 때문에 근본적으로 상이하다.

신라 삼국통일의 대업을 달성한 문무대왕文武大王의 명복을 빌기 위하여 창건한 감은사感恩寺(682) 주춧돌에 태극문양이 선명하게 새겨져 있는데, 이는 태극도설보다 388년 앞서 창건된 것이기에 태극문양의 중국 태극도설 유래설은 타당성이 없음을 입증해 주고 있다. 이와 같이 태극문양은 삼국시대 감은사의 태극문양(682), 고려시대의 허재許載 석관의 태극무늬(1144), 충주 예성 신방석 태극무늬(1277), 조선시대의 종묘宗廟 정전의 나무 기둥의 삼태극문양(1608), 창덕궁 대조전大造殿 월대月臺 삼태극무늬(1610)로 연면하게 계승 사용해 왔던 것이다. 그러므로 태극문양은 중국에서 유래한 '모방문양'이 아니라 삼국시대부터 한민족이 애용해 온 전통적 고유문양일 뿐만 아니라 한민족 고유 '민족부호'인 것이다.

이와 같이 애용해 온 민족부호 태극문양이 국기에 채택된 것은, 조선왕조때 태극도형기로 사용된 것이 처음인데 영조英祖 책봉 때(영조 원년 1725)였다. 청나라 칙사 아극돈阿克敦의 봉사도奉使圖에 의하면 이때 조·청 양국은 의장용으로 자국을 상징하는 깃발을 사용하고 있다. 조선은 조선 왕실을 상징하는 삼각형 태극도형기를, 청나라 칙사는 청국 황제를 상징하는 삼각형 황룡기黃龍旗를 사용하고 있다. 이때 조선은 태극도형기뿐만 아니라 이감離坎을 그린 2괘태극기二卦太極旗를 사용하고 있다. 이와 같이 조·청 양국은 조선은 태극도형기가 태극기로, 청은 황룡기가 대청국기로 발전한 것이다. 그러므로 영조 책봉 때 사용한 태극도형기는 1882년 박영효의 태극기 제정의 기원이 되었다.

(6) 조·미 조약의 역사적 의의

근대 조선반도 역사에서 조선개항과 조·미 조약 체결은 역사적으로 어떠한 의의를 가지는가를 살펴보기로 한다.

첫째, 조선은 구미 여러 나라 가운데 미국과 최초로 입약함으로써 쇄국정책을 청산하고 명실공히 세계만방에 문호를 개방했다. 이로써 조선은 구미문화를 받아들일 수 있는 길이 활짝 열렸다.

둘째, 미국은 조·미 사이의 통상조약 체결을 위한다는 명분을 앞세워 많은 조선 사람을 살상하였다. 애당초 영·불·미·일 등은 극동의 작은 나라 조선을 식민지로 개척해 보려 했으나 조선민족의 애국애민 정신에 의해 격퇴되었다.

그러다가 협박과 반강제로 통상의 문을 열었으나 일본제국에 의해 독점적으로 식민지가 되고 말았다. 이 과정에서 미제국주의 세력은 필리핀을 식민지로 독점하면서 일본제국과 조선·필리핀이라는 먹이를 나눠갖기 식으로 흥정한 끝에 각각 차지하는 침략자들의 범죄적 속셈을 드러내고 말았다.

셋째, 슈펠트 제독은 이홍장의 끈질긴 속방정책을 물리치고, 조선왕조를 주권 독립국가로서 인정하고, 조·미 양국간에 대등한 입장에서 조약을 체결했다는 점이다. 미국은 처음부터 조선에 대한 청의 종주권을 적극 배제·무시하고, 독립국으로서의 조선의 외교권 행사를 충분히 인정했다. 그러므로 조·미 조약은 주권 독립국가간의 쌍무적 협약이라는 점에서 양국간에 평등한 외교관계 수립의 법적 근거를 마련했다고 볼 수 있다. 따라서 조·미 조약은 문서상으로나마 조·청간의 종속관계를 청산하고 주권 독립국가로서의 새 출발을 알리는 듯이 보였다. 자주적이고 평등호혜의 원리를 표면화하고 실제로는(정치적 역학관계와 지리적 불편 등으로) 불평등한 조약이었으나 아무튼 명칭만으로라도 종속국의 탈을 벗고 「호혜평등의 원리the principle of reciprocity」를 내세울 수 있었다는 데 의의가 있었다.

넷째, 조·미 조약은 미국 의회의 비준을 거친 조선 최초의 공식 외교문서가 되었다. 1883년 5월 초대 주한 미국공사 푸트가 서울에서 비준문서를 교환함으로써 외교관계가 정식으로 수립되었다. 이로써 조·미 조약은 앞으로 조선왕조가 유럽 열강과 입약을 함에 있어서 하나의 모델 케이스가 되었다. 조선은 영·독·불·이·러 등 유럽 열강과 조약을 체결할 때 항시 이 조·미 조약문을 본보기로 삼았다.

조·미 조약 체결로 조선왕국은 국제외교의 다변화 길을 열어 놓았던 것이다.

2) 조선, 영·독·프·러 등과도 조약체결

(1) 영국·프랑스·독일의 조선 접근과 조약체결 교섭

영국에 관한 기록이 조선의 문헌에 나타난 것은 광해군 때 이수광李睟光이 쓴 「지봉유설芝峰類說」에 "영결리永結利는 어느 나라도 대항하기 어려운 막강한 해군국"이라고 소개한 것이 처음인 것으로 알려져 있다.(진단학회『한국사』최근세편, 을유문화사 1961) 영국상선들이 조선에 나타난 것은 1797년 원산 부근에 프로비던스호the Providence가 나타난 것이 처음이었다. 그 후 영국상선은 몇 차례 통상을 시도하였으나 모두 실패하였다. 1876년 「조일수호조약」이 체결되고 수신사 김기수金綺秀가 일본에 가게 되자 주일영국

공사 파크스Harry Parkes는 김 수신사와 접촉하고 싶어했지만 김기수의 거부로 실현되지 않았다.

조미수호조약 체결교섭이 천진天津에서 진행되는 동안 주청 영국공사 웨이드Thomas Wade는 이홍장을 만나 러시아의 진출에 대비하도록 권고하면서 조선과의 조약체결 알선을 요청하였고, 이홍장은 영국의 의사를 영선사 김윤식에게 전달하였다. 1882년 5월 22일 「조미수호조약」이 성립하게 되자 웨이드는 재차 이홍장에게 알선을 요청하였고, 이홍장은 만일 조미수호조약과 동일한 내용의 조약을 체결한다면 알선해 줄 용의가 있다고 승낙하였다.(성황용 『근대동양외교사』 명지사 2001)

이에 따라 영국공사 웨이드는 해군제독 윌스Willes(韋力士)를 조선에 파견하였다. 윌스는 군함 비질런트호the Vigilant를 타고 1882년 5월 27일 인천에 도착하여 이홍장과 총리아문의 소개장을 마건충馬建忠에게 전달하였다. 마건충은 신헌과 김홍집에게 조영朝英조약 체결을 국왕에 건의하도록 하고 제멋대로 윌스와 조영조약문제를 협의하였는데, 이때에도 청국은 조선에 대한 청국의 종주권조항을 삽입할 것을 요구하였다. 그러나 윌스가 강력히 반대하였기 때문에 미국의 선례에 따르기로 하였다.

조선정부는 5월 28일에야 접견대관에 조영하趙寧夏, 부관에 김홍집을 임명하여 대영교섭에 임하도록 하였다. 이들은 마건충의 안내로 영국군함에서 윌스와 만났다. 윌스는 「조미수호조약」이 짜임새가 없다는 것을 이유로 몇 군데 수정할 것을 요구하고 특히 영국군함의 거문도巨文島 정박권을 요구하였다.

그러나 마건충은 조미수호조약을 한 자도 고칠 수 없다고 반대하여 영국측도 양보하였다. 그 대신 윌스는 첫째, 조약규정에는 없지만 영국 상인에게도 일본에 준하여 부산·원산·인천을 개항할 것, 둘째, 국제법에 따라 조선의 모든 항구를 영국군함에 개방할 것, 셋째, 조선연안의 측량 및 해도작성을 허용할 것의 3개항을 조회문형식으로 인정할 것을 요구하였다.

그런데 1882년 6월 5일 주청 프랑스 공사 딜롱Dillon이 이홍장의 소개장을 가지고 조약체결을 위해 인천에 오게 되자, 영국전권 윌스는 서둘러 6월 6일 조선전권 조영하·김홍집과 14개조로 된 「조영수호통상조약朝英修好通商條約」을 체결하였다. 또한 조선이 청국의 속방이라는 조선국왕의 조회문과 영국측이 요구한 3개항을 승인한다는 조선정부의 조회문도 전달받았다. 그러나 이 조약은 「조일수호통상조약」과 상이하다는 이유로 영국정부가 비준을 보류하여 효력을 발생하지 못하였다.

한편 프랑스는 1882년 6월 5일부터 인천에서 딜롱 영사가 마건충과 교섭을 시작하였는데, 조불조약에서 최대의 쟁점이 된 것은 천주교의 포교문제였다. 조선측은 포교권을 인정할 수 없다는 입장인데 반해 프랑스측은 설사 포교를 해서는 안 된다 하더라도 포교 금지조항을 둘 수는 없다고 주장하여 회담이 일단 중단되었다.

독일 역시 1870년 주일대리공사 브란트Max von Brandt가 군함 헤르타호the Hertha 를 타고 부산에 와서 수교를 요구하고 돌아간 이래 조독수호통상조약의 체결을 희망해 왔다. 「조미수호조약」이 체결되자 주청공사로 전근이 된 브란트는 본국정부로부터 전권을 위임받고 천진으로 가서 이홍장에게 협조를 요청하였다. 이에 대해 청국은 청국관리의 입회하에 조미수호조약과 동일한 조약을 체결한다면 알선해 줄 용의가 있다는 태도를 취하였다. 브란트 공사가 이를 수락하자 청국은 서리직예총독署理直隷總督 장수성張樹聲의 편지를 마련해 주는 한편 마건충과 정여창을 파견하였다.

브란트 공사가 1882년 6월 21일 인천에 도착하자, 조선정부는 전권에 조영하, 부관에 김홍집을 임명하여 6월 27일 독일군함 스토슈호the Stosch에서 독일전권과 만나 별문제 없이 조약안에 합의를 보고, 청국의 종주권을 인정하는 고종의 조회문을 전달하였다. 그 결과 1882년 6월 30일 「조독수호조약朝獨修好條約」이 조인되었다.

독일은 조선과 조약을 체결하였으나 영국이 공동보조를 취하자고 제의하였기 때문에 독일도 비준을 보류하였다. 이를 계기로 영독 양국은 조약안 수정에 공동보조를 취하기로 합의하고 나가사키長崎 주재 영국영사 애스튼Aston에게 비준교환의 연기를 교섭하도록 하여 비준일을 1883년 12월 21일로 연기하였다.

이어 영국은 주일공사에서 주청공사로 전근한 파크스Harry Parkes를, 독일은 요코하마橫浜 주재 총영사 자페Zappe를 각기 전권에 임명하였다. 이들 양국전권은 1883년 10월 27일 서울에 도착하여 조선측 전권인 민영목閔泳穆과 회담하게 되었는데, 실제로는 조선정부의 외교고문 묄렌도르프Paul George von Möllendorf(穆麟德)가 교섭에 임하였다. 회담은 영독 양국이 11월 3일에 제시한 수정안을 기초로 진행되어 1883년 11월 26일 민영목·파크스 사이에 「조영수호통상조약」이 체결되고, 같은 날 민영목·자페 사이에 「조독수호통상조약」이 체결되었다.

이 조약에서 「조미수호조약」과 다른 것은 첫째, 외교관들의 국내여행 자유가 인정되었고(제2조) 둘째, 부산·인천·서울 및 양화진楊花津이 개항되었으며(제4조) 셋째, 개항지에서의 신교信敎의 자유가 인정되고, 넷째, 일정한 유보구역遊步區域에서는 자유롭게 통행할 수 있고 여권을 가지면 조선각지를 자유롭게 왕래할 수 있도록 하였으며(제4조) 다섯째, 양국군함은 조선의 어느 항구든지 입항하여 선원이 상륙할 수 있도록 하였다(제8조).

(2) 러시아와도 조약 체결

러시아는 조선과 국경이 접하게 되었기 때문에 일찍부터 조선과 외교관계수립을 희망하였지만 실현을 보지 못하였다. 그런데 1860년대에 들어서면서 조선인의 연해주沿海州이주문제가 관심을 끌게 되었다. 러시아측의 자료에 의하면 1863년 이전까지는 소수의 조선인들이 여름에 두만강을 건너가 농사를 짓다가 가을에 돌아오는 일이 있었는데, 1863년부터 가족을 동반한 이주자가 생기기 시작하여 1882년 연해주 총인구 9만 2천 7백 8명 중 러시아인은 8천 3백 85명인데 비해 조선인은 1만 1백 31명에 달하였으며, 조선측은 1869년 러시아에 대해 조선인 이주를 허용하고 있다는 이유로 항의하기도 하였다.(성황용, 앞의 책)

그 후 1876년 「조일수호통상조약」이 체결되자, 1880년 2월 수십명의 러시아인들이 경흥부慶興府로 찾아와서 조약의 내용을 묻고 러시아와도 조약을 체결하자고 요구하였다. 그러나 경흥부사 신영한申永翰은 일본과의 교린은 3백년 전부터 계속되어 온 것이라 답변하고 러시아의 수교요구를 거부하였다.

이같이 조러수호조약의 체결이 어렵다는 것을 알게 되자 러시아는 1882년 우수리 Ussuri 지방장관이 우선 지방적인 차원의 접촉을 가지려는 생각에서 함경감사와 경흥부사 등에게 보내는 서한을 조선인 이주자인 이선창李先昌의 편에 전달하였다. 그런데 이들 서한은 상당히 정중한 격식으로 한글諺書로 작성되어 있고, 그 내용도 수호통상을 요구하는 것이 아니라, 첫째, 전염병이 유행할 때 서로 통지하고, 둘째, 통역관이 필요하면 알선해 주겠다는 내용이었다. 이 같은 러시아의 호의적인 태도 때문에 경흥부사 장보행張普行과 함경감사 김유연金有淵은 정부의 훈령을 요청하였고, 조선정부도 통역알선은 거절하되 전염병의 통보는 허가하도록 지시하였다.

「조미수호조약」이 성립되자 주청 러시아 공사도 이홍장에게 알선을 요청하였지만 러시아의 남진에 경계심을 품고 있던 이홍장은 이를 거부하였다. 그러자 러시아는 독자적인 힘으로 조선과 교섭하기로 하고 천진주재영사 웨베르Karl Waeber(韋具)를 전권대사로 임명하여 조선에 파견하였다. 이홍장의 소개장을 받지 못한 웨베르는 1884년 6월 조선에 도착하자 조약체결을 위해서는 묄렌도르프 참판參判을 이용하는 것이 지름길이라 판단하고 그를 설득하는 데 성공하였다.

당시 조선정부는 독일인 묄렌도르프가 이홍장의 추천으로 조선에 파견되었기 때문에 묄렌도르프는 모든 행동을 이홍장의 승인을 받고 하는 것으로 믿었다. 따라서 묄렌도르프가 조러조약을 주선하자 외무독판外務督辦 김병시金炳始를 전권대신에 임명하여 웨베르와 회담한 후 1884년 7월 7일 13개조로 된「조러수호통상조약朝露修好通商條約에 조인하였다. 그 내용은「조영수호통상조약」과 비슷했다. 웨베르는 조약체결후 귀국하였다가 주조선대리공사 겸 총영사의 자격으로 서울에 부임하여 1885년 10월 16일 비준서를 교환하였다. 조선이 각국과 체결한 수호통상조약을 보면 아래 표와 같다.

체약대상국	전권대표		조인일
	조선측	외국측	
일본	申櫶	구로다 기요타카黑田淸隆	1876. 2. 26
미국	申櫶	Robert Shufeldt	1882. 5. 22.
영국	閔泳穆	Harry Parkes	1883. 11. 26.
독일	閔泳穆	Zappe	1883. 11. 26.
이탈리아	金炳始	Ferdinand de Luca	1884. 6. 26.
러시아	金炳始	Carl Waeber	1884. 7. 7.
프랑스	金晩植	François Cogordan	1886. 6. 4.
오스트리아	權在衡	Roger de Biegeleben	1892. 6. 23.
청국	朴齋純	서수붕徐壽朋	1899. 9. 11.
벨지움	朴齋純	Leon Vincart	1901. 3. 23.
덴마크	兪箕煥	Pavlow	1902. 7. 15.

제6장
청일전쟁 · 러일전쟁 승리한
일본, 조선 식민 통치 개시

1. 조선의 농민봉기 진압 구실, 조선 점령 · 중국 격파 노려

1) 일본제국 의회와 내각의 조선침략 구상

(1) 야마가타 내각과 이토내각의 군사·외교 강화정책

1889년에 성립한 야마가타 아리토모山縣有朋 내각(1889. 12~1891. 5)은 강력한 국력주의를 표방하였다. 군사 면에서는 대규모 군비 확장(군국주의)을 지향하고, 외교면에서는 구미 열강과 불평등하게 맺어진 조약 개정 외교를, 국력에 바탕을 둔 보다 대등한 입장에서 추진하겠다고 선언한 것이다. 그러나 국력주의 국가 노선을 막 출발시킨 야마가타 내각으로서는 강경한 자세를 동아시아 정책에 곧바로 반영시킬 수는 없었다. 이에 야마가타 내각은 조선에 대한 일본 단독의 보호권 확립을 추구하면서도 표면적으로는 조선문제와 관련하여 청과의 협조를 표방하는 전략을 선택하게 된다.

이것이 바로 「외교정략론外交政略論」(1890. 3)을 통해 야마가타가 제안한 조선 중립국화 구상 및 조선 보호주 구상이었다. 전자는 조선을 전략적 요충으로 중시하는 영국·독일·청국과 일본이 조선을 중립국화함으로써 러시아의 조선 간섭을 저지하고 아울러 그 독립을 보전시키자는 것이며, 후자는 청국과 일본이 톈진조약(1885. 4)에서 규정한 파병

제한 조항의 굴레에서 벗어나 조선을 (청의 종속국이 아니고) 공동으로 보호하는 주체 즉 「공동의 보호주保護主」가 되자는 것이었다.(최석완·최혜주『근현대 한일관계와 국제사회』 한국방송통신대 출판부 2005)

이러한 구상들 속에 숨겨 있는 일본의 의도를 좀 더 구체적으로 살펴보면, 우선 조선 중립국화 구상은 조선 독립 문제와 관련한 외교적 고립에서 탈피하려는 전략이었다. 당시 톈진天津 해관이 조선속국론을 근거로 조선산 종이에 대한 수입세를 반감하자 각국은 다양한 반응을 보였으나, 대체로 청의 조선속국론을 지지하는 분위기가 우세하였다. 특히 영국과 러시아의 지지 표명은 곧 일본의 외교적 고립을 상징하는 것이었다. 야마가타 내각은 이와 같은 동아시아 국제 사회의 여론을 조선 중립국화 쪽으로 유도함으로써 궁극적으로는 조선독립론에 대한 호응을 불러일으키려 했던 것이다. 물론 내면적으로는 일본이 조선을 독점(식민지화·영토화)하려는 목표를 설정하고 있었다.

한편 청·일 공동의 조선 보호주 구상은 조선에서의 청·일 양국의 일방적인 우위를 보장한다는 점에서 4개국 연합에 의한 조선 중립국화 구상의 주도권을 일단 양국만의 수중에 넣고자 하는 의도에서 제안된 것이라고 할 수 있다. 톈진조약 폐지론은 이를 군사적인 측면에서 뒷받침하려는 것으로서 1890년 3월에 일본의 야마모토 곤베에山本權兵衛와 청국의 위안스카이袁世凱 간의 루트를 이용하여 시도된 청·일 연합 함대 구축책은 그 구체적인 표출이었다.

그러나 일본정부의 청·일 공동 조선 보호주 구상은 조선 중립국화 구상의 주도권 장악만을 목적으로 한 것은 아니었다. 이것은 조선의 내란을 미연에 방지함으로써, 청의 조선 속국주의가 강화될 가능성을(내란의 단속을 청이 군사개입의 구실로 삼으니까) 사전에 차단하려는 것이기도 하였다.

사실 청·일 공동의 조선 보호주 구상은, 일본 단독의 조선 보호주 구상을 실현시키기 위한 전단계 발판에 지나지 않았다. 야마가타 아리토모는 톈진조약이야말로 조선의 독립을 보장하는 불가결한 장치라고 주장해 온 지금까지의 자세와는 반대로, 「외교정략론」에서는 톈진조약의 폐지를 전제로 한 청·일 공동의 조선 보호주 구상만이 조선의 독립을 보전시키는 방법이라면서 역설을 전개하고 있었는데, 이것은 사실상 조선독립론을 스스로 부정한 것이었다.

동시에 조선 정책의 중심을, 조선 독립 정책에서 보호 정책 쪽으로 방향 전환할 것을 공식적으로 선언한 것이나 마찬가지였다. 뿐만 아니라 야마가타 아리토모는 다른 나라의 조선에 대한 행위가 일본의 국익에 불이익을 가져온다면 언제든지 무력을 발동하여 자기네 이익선利益線인 조선을 방호하겠다는 의지를 표명하였는데, 이것은 조선 중립국화 구상 및 청・일 공동의 조선 보호주 구상이 언제든지 부정될 수 있다는 것을 의미하였다.

군국주의에 입각한 야마가타 내각의 동아시아 정책은 제1차 마쓰카타 마사요시松方正義 내각(1891.5~1892.8)을 거쳐 제2차 이토 히로부미伊藤博文 내각(1892.8~1896.9)에 이르러 서서히 정착해 간다.

우선 주목되는 것은 1891년 이토 히로부미가 이홍장에게 조선의 현상 유지 및 불가침 그리고 공동 방위를 내용으로 하는 청・일 동맹안을 제안한 점이다. 이 제안은 이홍장의 거절로 실현에 이르지는 못하였지만, 톈진조약의 폐지를 전제로 하고 있다는 점에서 이토 히로부미가 야마가타 아리토모의 동아시아 정책에 동조하고 있음을 확인시켜 준다. 한편 이토 히로부미는 「일본을 주권선」으로, 그리고 「조선을 이익선」으로 규정한 야마가타 아리토모의 영토권 확대 보장 논리에도 찬성하였다.

톈진조약 폐지론을 지지하는 이토 히로부미의 자세는 1894년에 접어들면서 보다 명확히 드러난다. 이토 히로부미는 이노우에 고와시井上毅에게 한성철도漢城鐵道를 청・일 간의 합자회사를 통해 건설하는 문제와 조선의 내정을 안정시키기 위해 청・일이 협조하는 방안을 이홍장에게 제안할 수 있도록 문안을 작성하라고 지시하였다. 이에 대하여 이노우에 고와시는 한성철도 건설 문제는 청의 사정과 열강의 시기를 고려해 볼 때 실현 가능성이 적다는 부정적인 견해를 표명하였다. 그러나 조선의 내정을 안정시키는 문제와 관련하여서는, 일본이 대체적인 방안을 제안한다면 청은 반드시 흔쾌한 반응을 보여 톈진조약을 해체하고 한성에 보호병을 두자고 요구해 올 가능성이 크다고 예상하였다.

이토 히로부미가 청과의 협조를 적극 표방하고는 있었지만, 그의 대조선 정책의 핵심은 야마가타 아리토모와 마찬가지로 청의 조선속국론을 저지하고 조선에 대한 일본 단독의 보호권을 확립하는 것이었다. 이토 히로부미가 추진한 한성철도 건설안과 청・일 공동의 조선 보호 구상은 실로 조선에서의 정치적 대청對淸 열세를 일거에 만회하기 위해 기회를 잡으려는 술수였다.

당시 조선에서의 일본의 정치적인 영향력은 특히 1890년을 전후한 시기부터 현저히 저하된 상태였다. 그리고 그 이유는 가능한 한 조선의 환심을 사려고 노력하는 다른 나라와는 달리, 일본은 방곡령사건이나 대동강 개항 문제(뒤에 설명) 등과 같은 크고 작은 사안이 생길 때마다 담판을 시도하여 조선을 곤란하게 만들었기 때문이다. 따라서 일본이 세력을 만회하기 위해서는 무엇보다도 먼저 조선 정부와 친밀한 관계를 맺을 필요가 있었다. 그러나 그 후에도 이러한 상황은 전혀 개선되지 않았을 뿐만 아니라 오히려 더욱 악화되어 갔다.

드디어 1894년에 접어들면서 이러한 상황을 타파할 필요성이 조선 현지로부터 활발하게 제기되기 시작한다. 일본 공사관원 스기무라 후카시杉村濬와 청국 공사 겸 조선 공사인 오토리 게이스케大鳥圭介는 여러 가지 방안을 제시하였는데, 한성철도 건설도 이때에 제안된 것이다. 이들 주장의 핵심은 전략적 청·일 협조를 통해 조선에 대한 일본의 영향력을 확대하고, 이를 바탕으로 조선에 대한 신뢰를 점차 회복해 간다면, 내심 청으로부터의 독립을 희망하는 조선 정부를 친일적으로 전환시키는 일도 가능하다는 것이었다.

이토 히로부미의 조선 보호책은 바로 이러한 제안을 상당 부분 수용한 결과였다. 이토 히로부미는 전략적으로 청과 협조하여 조선에서의 대청 열세를 일거에 만회하고, 동시에 조선에 대한 청의 영향력을 삭감하려고 하였다. 그리고 이를 발판으로 점진적으로 조선 정부를 친일화하여 일본의 보호 아래에 두고자 하였다.

(2) 일본제국의 군비 확장 정책과 조약 개정 외교

야마가타 내각에서 이토 내각에 이르기까지 일본 정부는 조선에 대한 배타적(독점적) 보호권의 확립을 지향하기는 했지만, 표면적으로는 청과의 군사적인 대결보다는 다각적인 협조 방안을 모색하였다. 또 조선 내부에 혼란을 조장하고 그 틈을 이용하여 세력을 확장하는 일반적인 팽창 정략의 채택도 일정 기간 자제하였다. 일본 정부가 조선 문제를 매개로 한 동아시아 국제 정세의 혼란을 회피하려 했던 숨은 의도는 어디에 있었던 것일까?

그 이유는 열강과 청의 간섭을 배제하면서 조선에 대한 보호권을 확립할 만한 군사적인 능력을 갖추고 있지 못했기 때문이었다. 야마가타 내각의 해군 확장 정책은 한때 정책적인 배려로 영국 및 청에 대한 적대적인 자세를 자제하는 모습을 보이기는 했지만 유사시에 예상되는 영·청 연합군에 대한 대항을 목적으로 한 일관된 것이었다. 그러나 일본 정부 및 의회는 해군 확장의 필요성을 인정하면서도 재정의 부족으로 인하여 단기간에는 그 목적을 달성할 수가 없다는 판단에서, 급속한 대규모 군비 확장을 자제하고 있었던 것이다.

그러한 가운데 일본 정부의 해군 확장 정책이 일정한 성과를 거두게 되는 것은 제2차 이토 내각이 들어선 이후의 일이다. 1892년 12월에 열린 제4의회는 한때 군함 건조비 자체를 삭감하였지만 천황의 개입으로 즉각 이를 부활시킨 후 형식적인 삭감에 그친 채로 정부의 예산안을 통과시켰다. 이로써 일본은 대략 7만 7,700여 톤의 해군력을 확보하게 되어, 현실적으로 동원 가능한 영·청 연합 함대의 12만여 톤에는 미치지 못했지만 청의 해군력 8만 4,700여 톤(이 가운데 2만여 톤은 신조 중)에는 근접할 수 있게 되었다.

이것은 적어도 향후 6~7년간은 일본이 군사 면에서는 열강의 간섭을 배제하면서 청과 단독으로 전쟁을 수행할 능력을 확보하고 있지 못하였음을 말해 준다. 그러나 이는 역으로, 만약 영국의 친청적인 동아시아 정책을 친일적으로 전환시키는 일에 성공한다면, 조선 문제를 매개로 한 청과의 단독 개전의 가능성은 높아진다고 말할 수 있는 것이었다.

일본 육군은 1893~1894년경에는 청과의 전쟁에 임할 수 있는 군체제를 충분히 정돈한 상태였으며, 일본 정부 내에서는 군비에 대한 자신감이 분출하기 시작하였다. 그리하여 군비 확장의 대상을 더 이상 청에 두지 않을 것임을 표방하기까지 하였다.

그러나 일본이 동아시아 국제 정세의 혼란을 피하려고 한 보다 중요한 이유는 「조약 개정 외교」를 차질 없이 추진하기 위해서였다. 야마가타 내각이 등장한 후에도 일본 정부는 청·일 간의 국제적 지위를, 일본을 우위에 두는 상하 관계로 재편하기 위해 다각적인 공작을 전개하는 한편, 조선과의 불평등 관계를 반영구화하려는 자세를 취하였다. 그러니까 일본은 다른 열강들과의 외교관계는 평등하게 재조정하면서도 조선과는 자기들에게 일방적으로 유리한, 불평등조약을 계속 유지시키려했다는 말이다.

다만 일본은 이를 실현시키는 방법에서 변화를 모색하였다. 그리하여 청과의 조약 개정 교섭을 생략한 채, 먼저 구미 열강과의 대등한 국제적 지위를 확보한 다음, 이러한 기정사실을 바탕으로 청에 불평등조약을 강요하는 쪽으로 조약 개정 정책을 전환하였던 것이다.

이러한 일본의 조약 개정 정책이 순조롭게 달성되기 위해서는 동아시아 국제 정세의 절대적인 안정이 필요하였고, 이를 해치지 않는 범위에서 적당한 긴장 관계가 조성될 필요가 있었다. 동아시아 국제 정세의 절대적인 안정을 해칠 가능성이 있는 요소는 조선 문제였다. 대동강 개항 문제와 관련한 조·청·일 교섭, 방곡防穀 배상 문제와 관련한 조·일 담판 등은 자칫 동아시아에 분쟁을 초래할 개연성을 충분히 내포한 사건이었다.

한편 동아시아의 적당한 긴장 관계란, 러시아의 시베리아 철도 건설에 대한 영국의 경계심이 지속되는 것을 말하였다. 일본은 러시아의 남하 정책에 대한 영국의 경계심이 자신들과의 조약 개정(불평등 관계에서 평등 관계로) 교섭에 긍정적인 영향을 미칠 것이라고 기대하였다.

◎ **쌀 수출을 강요한 일본인들의 억지와 방곡령**防穀令

방곡령이란 1889년(고종 26) 이후 2·3차 행한 바 있는 미곡수출 금지령이다. 조선조 말

고종高宗 때에는 농민들의 부담이 많아져서 5·6두락斗落의 토지에서 4섬 이상의 조세를 바쳐야 된데다 관리들의 수탈이 날로 극심해져서 농민들의 생활은 매우 곤궁했다. 특히 일본 상인들은 물물교환에서 벗어나지 못한 농촌 사회에 침투하여 갖은 수단으로 양곡을 사갔으므로 흉년을 당하면 양곡의 부족을 해결할 방책이 없게 되었다.

더구나 1888년(고종 25)부터 큰 흉년을 만나자 각지에서는 폭동이 연달아 일어나게 되었다. 이에 따라 함경도 관찰사 조병식趙秉式은 1889년 9월에 원산항을 통하여 해외로 수출되는 콩의 유출을 금지하였는데, 이로 말미암아 일본 상인들은 큰 타격을 받았다. 한편 독판교섭통상사무督辦交涉通商事務 민종묵閔種默은 일본 대리공사 곤도近藤眞鋤에게 그 해 10월부터 1년간 수출 금지에 협조하도록 요청했으나 곤도는 이 조처가 조·일수호조약에 위배된다 하여 방곡령 해제를 요청하였으므로 조정에서도 함경도에 그 해제를 명했으나 오히려 일본 상인들에게서 곡물을 압수하는 등, 더욱 강력하게 나왔다.

이에 일본은 조병식의 처벌과 배상을 요구하므로 조병식을 강원감찰사로 옮겼다. 그러나 1890(고종 27) 함경도 관찰사 한장석韓章錫의 보고에 의하여 또 다시 방곡령을 시행케 되었으며 그 해에 황해도에도 방곡령이 시행되었다. 일본은 공사 가지야마梶山鼎介를 보내서 2년간의 방곡령으로 일본상인이 입은 손해배상 147,168원 32전 2리厘를 강요했다. 조정에서는 수차에 걸쳐 교섭을 했으나 해결되지 못하였다.

1893년(고종 30)에는 오이시大石正巳 일본 공사가 와서 배상금에 이자까지 독촉하게 되었으며, 그 해 4월에 독판교섭통상사무 남정철南廷哲은 황해도·함경도의 방곡령과 생삼生蔘 몰수에 대해서 은화 11만원을 배상하되 6만원은 3개월 안에 3만원은 5년 안에, 2만원은 6년 안에 배상완료할 것으로 하고 해결을 보았다. 그 해 9월에 또 남정철은 일·청·영국 등 각국의 주재 사신들에게 그 해 10월부터 1개월간 전국에 걸쳐 양곡의 수출 금지를 통고하였는데, 일본 공사 오도리大鳥圭介가 인천만은 제외하고, 부산·원산은 쌀만 방곡하며 잡곡은 수출토록 하자고 강요하였으므로, 일본에 한해서는 그대로 시행하다가 1894년 1월에 아주 해제해 버렸다. (두락=마지기 : 씨 한말 뿌릴 땅 넓이, 논 150~300평)

○ 청·일의 무역경쟁과 대동강 개항 및 방곡령 사건

대동강 개항 문제가 조·일 간의 외교 현안으로 등장한 것은 1889년 후반의 일이다. 일본 정부가 이 문제에 관심을 갖게 된 이유는 수년 전부터 평안도와 황해도 일대에 청의 밀무역 상인이 급격히 늘어나면서 인천의 일본 무역상들에게 피해가 속출하였기 때문이다. 일본 정부는 조선 정부가 이러한 밀상들을 효과적으로 단속할 만한 능력을 보유하고 있지 못하기 때문에 밀무역의 단속을 통해 인천 무역을 보호하는 것은 효과가 적다고 보고, 조선 정부에 대해 대동강의 개항을 종용하였다. 그러나 대동강 개항 문제는 조선 정부가 개항 방침을 철회하고, 또 때마침 방곡배상 문제가 부상하면서 외교 현안에서 멀어지게 된다.

방곡령사건은 함경도 관찰사 조병식趙秉式이 1883년에 체결된 조·일 통상조약 및 해관세칙의 제37조에 의거하여, 방곡을 시행하기 1개월 전인 1889년 9월 이 사실을 원산 감리서元山監理署 및 조선 정부에 알리고 예정대로 10월 방곡을 시행했으나, 원산의 일본 영사관에 대한 통지가 늦어진 것이 발단이 되어 일어난 사건이다. 곤도 마스키 일본 대리공사는 방곡령 발포의 부당성 및 조약 위반을 이유로 방곡령의 철회와 조병식에 대한 처분을 강력하게 요구하였다. 분쟁을 원하지 않은 조선 정부는 즉시 방곡령을 철회시키는 한편 1890년 4월에 들어와 조병식을 강원도 감사로 좌천시켰다. 이로써 방곡령사건은 일단락되는 듯했다. 그러나 원산 거류지 일본 상인들의 피해 배상 요구가 거세지면서 1891년 말부터 1893년 3월에 이르러 배상 문제가 타결될 때까지 이 문제는 조·일 간의 외교분쟁으로 다시금 등장하였다.

방곡 배상 문제는 한때 일본의 무력 발동을 계획하는 등 일촉즉발의 위기를 맞기도 하였으나 최종적으로는 청국의 중재로 1893년 5월에 들어와 조선이 11만 엔의 배상에 동의함으로써 해결되었다. 이 사건을 해결하기 위해 일본 정부는 위안스카이와 이홍장의 조선에 대한 영향력을 적절히 이용하려고 하였다. 이것은 1890년대에 접어들면서 조선에 대한 정치적 영향력을 급속하게 상실해 가고 있던 일본으로서는 불가피한 선택이었다. 그러나 일본 정부는 청을 이용하려던 전략이 조선 정부의 반발로 벽에 부딪히자 무력을 동원하여 조선의 세관을 점령한다는 강경책을 세우기도 하였다. 일본은 결국 동아시아의 분쟁을 우려하여 강경책을 포기하였는데, 이는 구미 열강과의 조약 개정 교섭이 영향을 받을 것을 우려하였기 때문이었다.

2) 농민 봉기 소식에 일본신문들, 출병 선동 보도

갑신정변(1884년)의 실패로 김옥균이 일본에 망명한지 10년이 되는 해(1894년)에 중국 상해에 건너갔다가 암살되던 시기, 조선지배권을 둘러싼 청국과 일본의 대립은 한층 격화되어갔다.

이런 때에 '척양척왜斥洋斥倭'를 내세운 동학교도를 포함한 조선 농민운동이 '갑오농민전쟁'으로 발전하는 조선의 새로운 국내정세는 일본의 욕구불만에 찬 민심을 다른 곳으로 돌릴 만한 절호의 기회가 되었다. 『시사신보』는 1893년 4월 16일 「조선의 형세 불온, 동학 일당 운운'이라는 호외를 내고 "동학당 일건, 불온은 불온"이라며 조선 문제 보도를 시작했다. 일본제국주의 선창자 후쿠자와가 때를 만났다.

1894년 2월 전라 고부 군수 조병갑趙秉甲을 규탄하는 민란이 일어났으니, 바로 반봉건·반침략의 민족적 사명을 짊어진 농민들의 분노가 '갑오농민전쟁'의 발단이 되었다. 전봉준全琫準 등이 이끄는 농민군이 5월 31일 전라도의 주도主都인 전주를 점령하자 조선 국왕은 청군의 파견을 요청하고, 『시사신보時事新報』의 경영주인 후쿠자와는 각의閣議 결정에 앞서 5월 30일 "9천여 거류민을 보호해야한다"는 명목으로 출병을 요청했다.

다음 날인 5월 31일에 중의원은 다시 내각탄핵 상주안上奏案(왕에게 올리는 보고서)을 가결했고, 이를 받아들여 6월 2일 중의원 해산을 결정하는 각의가 열렸다. 그 전날 서울의 스기무라 후카시杉村濬 대리공사로부터 "조선 정부가 청국에 원병을 요청했다"는 내용의 전문이 들어왔다. 그 때문에 6월 2일의 각의는 청일 양국의 "권력균형을 유지"하기 위한 출병을 주장하는 무쓰 무네미쓰 외상의 주도로 진행되었다. 각의는 청일 양국의 출병이 개전을 야기하는 것임을 숙지하고, 해병 수백 명과 1개 혼성여단混成旅團의 파견을 결정했다.

그날 밤, 무쓰 외상과 가와카미 소로쿠川上操六 참모차장 등은 임오군변·갑신정변에서는 "청국에 기선機先을 제압당해 일본의 세력이 후퇴했지만 이번에는 반드시 청국을 압도하여" 이전 두 차례의 손실을 회복하기 위해 바다를 건너 "청국보다 많은 병력을 보낼" 필요가 있음을 확인했다. 한편 청국은 일본의 국내사정이 의회대립의 와중에 있었던 관계로, 대륙에 대군을 파견하리라고는 예상하지 못하고 있었다. 일본은 6월 5일 내밀하게 대본영을 설치하고, 제5사단에 동원령을 내렸다. 일본은 7일에 출병을 통고했다.(정일성 『후쿠자와 유키치』 지식산업사 2001)

(1) 후쿠자와의 『지지신보』는 정치·외교·군사 침략의 선동자

『지지신보』는 동학군이 5월 중순 무주·장수 지방에서 정부군을 격파하고 외척 비리를 규탄하는 격문檄文을 발표하자 이례적으로 이를 그대로 인용보도(1894년 5월 24일자)함으로써 조선정부에 대한 국민들의 불신과 증오, 상호분열·약체화의 모습을 생생하게 그려보였다.

지금의 신하된 자 보국報國을 생각하지 않고 헛되이 녹위祿位를 훔치고 있다. 총명함을 숨기고 모든 수단과 방법을 동원하여 아첨하며 충정을 말하는 선비를 간신배라 하고 정직한 사람을 비적匪賊의 무리로 몰아 붙인다. 안으로 나라 일을 돕고 백성을 편하게 하는 인재가 없고 밖으로는 무고한 국민을 학대하는 관리가 많다. 인심은 조석변이고 나라에는 먹고 살아갈 생업이 없으며 보호책도 없다. 학정虐政은 날이 갈수록 심해지고 백성의 원망 소리는 높아지고 있다. 군신의 의義는 말할 나위 없고 부자간의 윤리, 상하의 도리마저도 타락하여 온데간데없다….

후쿠자와는 그로부터 6일 뒤 「조선 동학당의 소동에 대해」(5월 30일자)라는 제목의 사설을 통해 "1년도 되지 않아 폭동이 재발한 것을 보면 조선 정부는 자체 힘으로 민란을 제압할 수 있는 권위를 잃게 되었다"며 일본군 출병의 필요성을 다음과 같이 강조했다.

혹시 정부가 국가 제어력制御力을 잃고 있는 사이 다른 강국이 국정을 간섭하려 한다면 어떻게 될까. 우리 국민은 조선의 소동을 간과하지 말고 조선 자체의 힘으로 진정시킬 가망이 없어 보이면 병력을 빌려주기를 각오할 수밖에 없다. 다른 나라 내정內政에 병력을 동원할 일은 아니지만 그 나라로부터 의뢰가 있으면 국가 교제의 관례에 따라야 도리이다. 그 부분은 외교 당국자의 수완에 달려 있다.(암시적으로 글을 썼다.)

조선을 속국으로 보는 중국은 파병을 의뢰받지 않더라도 진압에 나설 것이다. 만약 중국이 병력을 동원하여 내란을 평정하면 반도의 전권全權은 중국의 수중으로 들어가 동양에 미치는 영향은 물론 우리 국권의 신장에도 틀림없이 악영향을 받게 된다. 일보 양보하여 우리가 먼저 제압할 수는 없다하더라도 중국 원병援兵과 같은 규모의 병력을 파병, 대등한 지위를 유지해야 한다.

동학혁명이 일어나자 일본 육군은 후쿠자와의 사설에 앞서 파병을 예상하고 이미 작전 계획을 짜고 있었다. 참모본부는 외무성 보고에 만족하지 않고 무관을 직접 부산에 파견하여 정보를 수집하는 등 극비리에 군동원 계획을 서둘렀다. 아리스가와노미야 타루히토有栖川宮熾仁 1835~1895 : 막부 말기~유신시기의 황족) 참모총장은 조선에 보냈던 무관이 5월 30일 돌아와 상황을 보고하자, 청나라와 싸워도 이길 수 있다는 자신감을 갖고 즉각 내각에 출병을 요청했다.

그 사이 수도首都를 겨냥하고 북상하던 동학군은 5월 31일 전주를 점거했다. 그날 한양의 창덕궁에서는 갑신정변의 주모자 김옥균을 제거(상해에서 암살)한 축하연이 성대하게 열리고 있었다. 고종은 선대先代 조상의 출신지인 고도古都 전주가 동학군에 함락되었다는 소식을 듣고 놀라 황급히 청나라에 구원병을 요청했다.

한편 당시 일본은 이토伊藤내각이 의회의 탄핵을 받고 곤경에 처해 있었다. 이토 히로부미는 하는 수 없이 의회 해산을 결심하고 6월 2일 수상 관저에서 각료회의를 소집했다. 이 회의가 열리기 바로 전 외무성에는 "조선이 청나라에 구원병을 요청했다"는 내용의 전문電文이 배달되었다.

외무상 무쓰 무네미쓰陸奧宗光는 이 전문을 듣고 각료회의에 출석했다. 이토 수반으로서는 꼬인 정국을 풀 수 있는 절호의 기회였다. "정치 관심을 나라 밖으로 돌려 난국을 타개해야 한다"는 후쿠자와의 주장을 실행에 옮길 수 있는 빌미가 저절로 굴러들어온 것이다. 이날 각료회의는 아리스가와노미야 참모총장은 말할 것도 없고 참모차장 가와카미 소로쿠川上操六(1848~1899 : 메이지시대 군인. 육군대장. 청일 전쟁때 대본영참모)까지 불러내어 설명을 듣고 조선에 1개 혼성여단을 파견하기로 결정했다.

무쓰 무네미쓰 1844~1897 메이지시대 외교관. 구미 각국 유학, 주미공사 · 농상무상 · 외무상 역임. 일본 외교의 회고록『건건록蹇蹇錄』을 남김.

가와카미는 이에 앞서 1893년 조선과 청나라를 직접 돌아보며 군부 동향을 파악했다. 그는 그때 청나라의 군비 상황이 허술하다고 판단, 청 · 일간에 전쟁이 일어나더라도 승리할 수 있음을 확신했다고 한다. 육군은 각료회의 결정에 따라 비밀리에 출동 준비 작전에 들어갔다. 후쿠자와는 이와 때를 맞추어 1894년 6월 5일 「속히 출병해야만 한다」는 제목으로 다음과 같이 파병의 당위성을 내세워 출병을 재촉했다.(여기에서도 후쿠자와는 「일본 거류민 보호」의 구실 · 명분까지 제의 · 암시해주고 있다.)

근래 보도에 따르면 조선 동학군이 공세의 고삐를 늦추지 않고 점점 경성으로 다가옴에 따라 조선 정부의 낭패감은 이만저만이 아니라고 한다. 현재 귀국해 있는 오도리大鳥 공사도 하루빨리 임지로 돌아가야 한다. 소동은 단순한 조선의 내란이 아니라 사안에 따라서는 일 · 청관계로 발전하여 동양문제를 야기할지도 모른다. 나는 일 · 청관계이건 동양문제이건 관계하지 않는다. 당장 급한 일은 조선에 있는 우리 거류민의 생명과 재산을 보호하는 문제이다. 병력을 동원하는 데는 텐진조약의 통보조항이 있지만 보호에 필요한 병력으로 한정한다면 청국 정부도 싫어하지 않을 것이다.

청나라는 6월 6일, 일본은 7일에 각각 출병 사실을 상대방에게 통보했으나 양국 모두 이미 출병에 들어간 뒤였다. 텐진조약의 '통보규정'은 단지 사무 절차에 지나지 않은 셈이었다. 일본 정부는 6월 5일 '대본영'을 설치하고 6월 8일 히로시마廣島의 제5사단에도 혼성여단을 편성토록 지시했다. 그리고 육·해군은 성령省令에 따라 군사 작전에 관한 기사에 대해 보도관제를 엄격히 시행했다. 그러한 분위기에서 후쿠자와는 6월 9일 「중국인의 대허풍」이란 사설을 쓰고 청나라 출병 규모가 지나치게 많다고 비난했다.

그저께 호외로 보도한 바와 같이 이홍장은 웨이하이웨이威海衛 타이구太沽로부터 이미 3,000명을 동원하여 이제 출동 병력은 모두 만 명에 이른다고 한다. 훈련도 제대로 안된 농민군을 진압하는 데 만 명의 병력 동원은 너무 지나친 행동이다. 어떤 사람 말처럼 내란을 진압하는 기회에 조선을 제압하여 여러 외국에 인정받지 못하고 있는 '조선 속방'을 공인받으려고 허풍을 떨고 있는 꼴이다.
그렇지만 조선 독립과 속방은 국제 학자들 사이에도 의견이 분분하다. 조선과 조약을 맺은 나라가 조선을 독립국으로 인정하고 속국임을 부정하면 무력으로 싸울 수밖에 없다. 여러 외국에도 군함도 대포도 있다. 미숙하고 규율도 없는 이홍장 밑의 병사를 무서워하는 나라는 없다. 내가 보기에는 품위도 없는 대허풍으로 상대를 속이려 한다고 말할 수밖에 없다.

'조선이 청국 소속'이라는 말은 청국공사 왕봉汪鳳藻가 일본 외무성에 출병 사실을 통보하면서 공문에 「파병원조派兵援助 내아조보호속방구례乃我朝保護屬邦舊例」라고 적어 또다시 문제가 되었다. 이는 청일전쟁이 일어나기까지 외교 과정에서 줄곧 쟁점이 되었다. 후쿠자와는 톈진으로부터 들어온 이홍장의 담화를 받아보고 쓴 「조선의 독립과 소속」(1894년 6월 10일자)이란 사설에서 이를 재론하고 청나라의 이론적 약점을 지적했다.

이홍장은 속방屬邦의 변란 진압에 수천 명의 군대를 파견한다고 일본인에게 말했다. 이 말을 믿으면 조선은 이미 독립국이 아니며 독립국의 자격이 없으면 여러 외국과 대등한 교제를 할 수 없다. 조선은 틀림없는 망국亡國으로 각국은 조약의 상대를 잃은 꼴이 된다. 노백老伯의 한마디가 여러 나라와 조선과의 교제상 어려움을 수포로 돌리고 있다. 많은 병사를 출병시키고 이제 다시 여러 나라 사람들의 동향을 엿보고 있는 상황에서 이홍장이 이미 한 말의 잘못을 사과하고 조선이 명실 공히 독립국이라고 선언하기는 마음 아픈 일일 것이다.

(2) 이토 내각·무쓰 외상·오도리 공사 등 침략외교진도 바빠져

그러는 동안 오도리 공사가 6월 9일 인천에 도착하고 인천항에는 상비함대常備艦隊 깃발 아래 마쓰시마松島·지요다千代田·야에야마八重山 등 6척의 일본 군함이 집결했다. 오도리 공사는 군함에 타고 있던 병사 가운데 420명을 선발해 이끌고 다음날 한양으로 향했다. 후쿠자와는 「부산·경성 간의 통신을 자유롭게 해야 한다」(1894년 6월 12일자)는 사설을 통해 "상황을 올바로 파악하기 위해서는 빠른 정보가 필요하다"며 신속한 통신을 확보하도록 촉구했다.

조선이 다사다난한 오늘날 제일로 필요한 사항은 경성과 우리나라와의 신속한 통신이다. 경성·부산 간의 전신은 메이지 15년(1882) 조선변란 후 우리나라가 부설한 것이지만 필요할 때 사용한 적이 없다. 청나라에는 의주선義州線이 있는 데다 국경을 인접하고 있어 우리보다 유리한 점이 많다. 우리나라는 조선 정부와 담판하여 부산선釜山線을 빌려 보수하거나 「지급 경편전선輕便電線」을 부설할 필요가 있다.

당시 전선은 의주선·부산선 할 것 없이 보수 관리 상태가 나빠 경성과 도쿄 사이는 통신이 보통 2~4일 걸렸다고 한다. 이 때문에 평온을 되찾은 조선의 사정이 곧바로 도쿄에 전달되지 않았다.

동학군은 6월 10일 정부군과 화의를 통해 전주를 정부측에 다시 돌려주었다. 6월 11일 농민군은 청일 양군의 침입 구실을 봉쇄하기 위해서라도 조선 정부와 화의를 맺고 전군을 전주에서 퇴각시켰다. 그리하여 동학군은 대부분 고향으로 돌아갔으나 전봉준 등 수백 명은 지리산 아래 남원으로 잠입했다. 민중 봉기가 진정되기를 바라던 조선 조정은 더 이상 동학 수뇌부의 뒤를 좇지 않았다. 이처럼 조선 조정이 동학 수뇌부를 붙잡지 않은 데는 청나라의 뜻도 들어 있었다고 전해지고 있다. 일본의 신속한 군사 대응에 놀란 청나라는 민중 봉기가 진정되면 파병 이유가 사라져 일본군이 철수할 수밖에 없다고 판단했기 때문이다. 그러나 이를 모를 리 없는 일본 정부가 그대로 순순히 철병에 응할 리는 만무했다. 파병에 소요된 비용만도 엄청났다.

때문에 육전대陸戰隊 4백여 명을 거느리고 조선에 귀임해 서울 입성을 감행했던 오도리 게이스케大鳥圭介 공사는 중국 원세개袁世凱와의 회담에서 양군의 추가파병 중지를 합의하고 그 뜻을 무쓰 외상에게 타전했다. 이로써 출병의 대의명분은 명백하게 소멸되었다. 하지만 외상은 이토 히로부미 수상과 협의하여, 철병하지 않기 위한 구실로 양국이 조선의 내정개혁(청국이 동의하지 않을 경우에 일본 단독으로 내정개혁을 강행할 방침도 내정)을 제안할 것을 오도리 공사에게 지시했다.

이토 히로부미는 6월 14일 열린 각료회의에서 1. 일·청 양국은 공동으로 동학 비도匪徒를 토벌한다. 2. 평정 후 내정개혁을 위해 일·청 양국 위원회를 설치한다. 3. 내정개혁 방안으로 재정을 조사하고 부패 관료를 도태시키며, 경비대를 상설하고 공채를 모집한다는 내용을 주요 골자로 하는 대조선정책을 발표했다. 각료회의는 이에 불퇴전不退轉의 결의를 덧붙여 이토 원안을 통과시켰다.

후쿠자와는 이날 「지나병支那兵의 진퇴여하進退如何」를 제목으로 청나라의 음모를 제대로 알고 대처해야 한다고 강조했다.

일본의 출병은 자국인 보호를 위해서지만 동학당은 전라도에 발호할 뿐 경성을 공격할 것 같지는 않다. 경성에 중국 병사의 모습도 보이지 않는다. 그래서 베이징·도쿄 사이에 서류 왕복으로 날짜를 허비한다면 일본인은 궁지에 몰리게 된다는 말이 나돌기도 한다. 또 일설에는 이홍장이 '속방의 내란을 진압한다'고 큰소리를 쳐놓고 전장戰場에도 나가지 않은 채 병력을 철수시킨다고 한다. 지금 병사를 철수하면 청나라 체면을 구기는 것은 말할 나위 없고 일본의 기세에 위축되었다고 세계가 비웃게 된다. 이씨에게 철수 의사가 있더라도 청국 여론은 일본을 경멸하여 이를 기뻐하지 않는다. 강경 수단을 쓸 수밖에 없다. 따라서 우리의 출병 규모에 따라 청국도 계속 군사를 보낼 것이다. 그렇더라도 일본인이 고통 받는 일은 없어야 한다. 양론兩論을 병기倂記하여 세인의 판단에 맡긴다.

여기서 '양론병기兩論倂記'란 청나라와 일본이 전쟁에 이를 것인지 아닐지 분명하지 않음을 의미한다. 후쿠자와는 이어 1894년 6월 17일자 사설 「조선의 문명 사업을 조장해야 한다」에서 정부의 출병 목적을 더 명확하게 인도해주고 있다.

일본의 출병에 대해 청국인과 조선인은 낭패감이 역력하다. 청국 정부군을 철수시킬지 아니면 더욱 늘릴지 모르지만 우리는 신경을 쓸 일이 아니다. 일본인은 '인민보호의 목적이 있을 뿐'이다. 인민보호는 생명과 재산보호가 우선이지만 나아가 상거래를 보호하고 일본 무역의 보호를 필요로 하게 된다.

조선은 지금 국법이 없는 상태로 조약을 지키지 않고 정권이 어디에 있는지 분명하지 않으며 관리에 책임도 없다. 일본인이 조선에 거류하면서도 상거래가 안전하지 않고 무역의 이점을 침해당하는 일이 심하다. '병력의 기세로 겁을 주자는 뜻은 아니지만' 우리의 출병으로 조선이 위축되고 있는 모양이다. 그렇지만 이는 '고의가 아니면 우연'이다.

외교관들은 우리 병사가 주둔하는 동안 조선 정부와 담판하여 우리 인민의 교섭이 늦어지는 일이 없도록 노력해야 한다. 승낙을 받아야 할 일은 한 가지만이 아니다. 첫째는 부산·경성 사이의 전신선을 일본 정부가 감독할 수 있게 하는 일이다. 다음으로는 경성·인천 및 경성·부산 사이의 철도 부설을 들 수 있다. 필요한 공사비는 일본이 빌려주어야 한다. 미개국은 항상 승객이 적어 보통 수지를 맞출 수 없지만 조선 정부에 이자를 보조하고 우리나라가 보증하면 투자의 염려는 없다.

우편·경찰·교육제도도 구조를 완전히 바꾸어야 할 일이다. 조선의 육·해군에 군함과 무기를 대여하고 우리나라의 잘 훈련된 조교를 보내 조직을 새롭게 훈련할 필요가 있다. 따라서 이에 소요되는 비용은 막대할 수밖에 없다. 큰돈을 들이고 돌려받을 수 없다는 염려는 걱정하지 않아도 된다. 아프리카 사막에 투자한다면 모르지만 조선은 사막이 아니다. 인구가 많고 물산도 부족하지 않아 일본 내지內地에 결코 뒤떨어지지 않는다. 단지 정치구조가 좋지 않을 뿐이다. 조선의 문명을 발전시킬 방안을 하루빨리 결정하고 이 방안에 따라 차근차근 실행해 나가기를 정부와 인민에게 호소하는 바이다.

후쿠자와는 또 동학 민중 봉기가 진정되더라도 「일본병은 쉽게 철수해서는 안 된다」(1894년 6월 19일자)며 그 이유를 다음과 같이 설명하여 침략군의 이기적 행동방침을 예시적으로 유도하고 있다.

조선처럼 수구守舊 일변도의 나라에서 문명 사업을 기획하여 여러 가지 제도를 바꾸려면 온갖 방해공작이 일어나는 것은 자연적인 추세이다. 우리나라의 유신혁명은 정부에 실력이 있어서 목적 달성이 가능했지만 조선 정부에는 그럴 힘이 없다. 일본병의 주둔은 인민을 보호하기 위할 뿐만 아니라 '조선의 문명 진보에도 필요한 조치'임을 알아야 한다.

설령 조선에 개혁 작업을 일임하고 할 일이 없는 상태라고 하더라도 병력 주둔은 필요하다. 텐진조약에 따라 병력을 경성으로부터 철수하면 일본인이 어떤 불이익을 당할지는 너무나 뻔하다. 방곡防穀사건은 수년이 지났는데도 결말이 나지 않고 있다.

이번 사건으로 군대를 이동한 비용만도 적지 않다. 조선에 보호병을 둘 수밖에 없음은 바로 이때문이다. 조선 정부의 실력으로 무사안전을 영구히 보장할 수 있다는 확실한 근거가 마련되기 전에는 철수해서는 안 된다. 텐진조약에 따라 동시 철병 요구가 있더라도 자가自家의 위험을 무릅쓰고 다른 편과 진퇴를 함께 할 의무는 없다. 요구를 거절하고 조약을 폐기해야만 한다.

(3) 청·일 모두 경쟁적으로 조선에 출병, 충돌은 시간문제

무쓰陸奧 외무상은 6월 16일 주일 청국공사를 불러 동학군을 함께 진압하고 조선내정의 공동개혁을 제안했다. 그러나 일본의 예상대로 21일 이홍장으로부터 전면 거부 회답이 날아들었다. 일본 정부는 이에 22일 각료회의를 열고 단독으로 조선내정을 개혁하겠다는 방침을 확정했다. 이에 따라 인천에 있던 혼성여단 병력을 한양으로 옮기도록 하고 히로시마에 대기중이던 제2수송부대에도 출동 명령을 내렸다.

결국 일본의 혼성여단은 인천에 상륙해 조선 정부의 반대를 무릅쓰고 서울로 향했다.

6월 21일 청국의 거부회담을 접하고, 다음 날 외상은 청국 공사에게 일본은 철병하지 않고 내정개혁을 강행하겠다는 취지의 '제1차 절교서'를 보냈다. 6월 27일에는 서울에 파견되어 있던 가토 서기관에게 개전은 불가피하니 "어떤 수단을 써서라도 개전의 구실을 만들라"는 훈령이 하달되었다.

그때까지 청나라는 충남 아산에 2,400명을 주둔시키고 있었으며, 6월 25일 400명을 증원, 조선에 출병한 청나라 군사는 모두 2,800명에 이르렀다. 이에 비해 일본군은 6월 28일 제2차 출동병력을 포함 모두 5,000명을 넘었다. 오도리 일본공사는 이러한 우세한 병력을 배경으로 6월 26일 창덕궁에 들어가 조선의 내정개혁을 일방적으로 통보했다.

고종은 일본 정부의 호의에 일단 감사를 표하면서도 일본국 출병으로 인심이 불안하다며 빠른 시일 안에 철수시켜 줄 것을 요구했다. 청·일 출병 후 3주일이 지나자 동학항쟁은 수그러들었으나, 청·일 양군은 조선 정부의 철군 요구를 무시하고 일정한 거리를 두고 대치, 사태의 추이를 지켜보고 있었다. 청·일 양국은 국제 여론을 어떻게 자기 편으로 끌어들일까를 고심했다. 후쿠자와는 그러한 시점에서 「외국 신문기사에 주의를 기울여야만 한다」(1894년 6월 29일자)는 제목의 사설을 통해 "외국 신문을 잘 활용해야 승리할 수 있다"고 강조했다.

우리 정부가 취해야 할 조치를 든다면 안으로 물샐틈없는 작전태세이고 밖으로는 외교정략이다. 국외자인 내가 참견할 문제는 아니지만 당국에 바라는 한 가지는 신문기사에 주의하고 보도를 정확히 하도록 하는 배려이다. 여기서 신문은 내국 신문이 아니라 해외 여러 나라의 신문을 의미한다. 외국 신문은 평소 일본의 사정을 잘 모른다. 그저 호기심에서 멋대로 보도하면 이상야릇한 이야기가 전해져 사실을 크게 왜곡하게 된다.

문명세계의 신문은 군대 군함보다 강력하여 한 편의 기사가 전 세계의 인심을 움직이고 향배를 결정하는 예가 적지 않다. 이에 걸맞은 인물을 신문 통신원으로 파견하고 런던은 물론 구주 대륙으로부터 아메리카에 이르기까지 유력한 신문에 정확한 통신을 전달, 진상을 세계에 발표해야만 한다.

청국인이 매번 자국 신문에 사실을 왜곡하여 다른 나라의 이목을 속여 넘기고 있으나 이는 비열한 행동이다. 이에 흔들리지 말고 있는 그대로를 전하여 오해가 없도록 하고 자기를 방어하기 위해서도 공명정대하게 대처할 일이다. 영국인으로서 보통 사람이라면 무리한 행동으로 아무리 속이려 해도 악평을 곧이곧대로 듣지는 않는다. 영어의 통용 구역을 넓혀 언제나 영어로 변호하는 것도 좋은 방법이다.

후쿠자와의 예상대로 청일전쟁은 각국의 특파원이 몰려들어 세계가 주시하는 전쟁이 되었다. 일본은 개전 초에 「고승호高陞號 사건」으로 국제 여론의 지탄을 받았으나 런던 신문의 도움(反英 책임 없다는 논조)으로 간신히 비난을 면할 수 있었다.(풍도 해전에서 청나라가 병력수송을 목적으로 영국으로부터 빌린 고승호를 일본 군함이 격침한 사건)

반면 뤼순旅順함락 작전 때는 미국 대중지의 학살 보도에 시달려야 했다. 앞의 글 가운데 '신문통신원'은 기자가 아니라 오늘날의 정부 공보 담당자를 뜻한다. 결국 동학농민봉기는 후쿠자와가 본심을 드러내고 있듯이 일본제국이 본격적인 군국주의의 길로 나서는 데 좋은 구실이자 길잡이가 되었다고 말할 수 있다.

3) 일본, 「조선 내정개혁」을 제2의 충돌 구실거리로

(1) 전쟁 평계, 조선의 정치·경제·군사력 완전통제 야심

동학농민봉기는 결과적으로 일본 이토伊藤정권에게 민권운동으로 시끄럽던 일본의 국내 정국을 잠재울 수 있는 좋은 계기를 만들어 주었다. 이토정권은 후쿠자와의 주장대로 일본 국민의 정치 관심을 조선으로 돌리기 위한 「조선내정개혁안」을 준비하여 시행에 들어갔다. 정부 지도층에 민권 선동자로 인식되었던 후쿠자와는 그런 점에서 정권 담당자들에게 일단 반정부 혐의의 빚을 갚은 셈이었다. 후쿠자와는 이에 그치지 않고 날마다 사설로 조선내정 개혁에 걸림돌이 되는 여론을 무마해 나갔다. 제국주의의 선두 실천자가 되었다.

조선에 있는 거류민 보호를 구실로 병력 배치를 끝낸 일본 정부는 오도리大鳥 공사를 통해 1894년 7월 3일 조선 조정에 일방적으로 조선내정개혁을 통보했다. 내용은 ① 정부조직 개혁과 인재등용 ② 재정정리와 자원개발 ③ 사법제도 개정과 공정한 재판 ④ 민란 진압과 치안유지를 위한 군비확충 ⑤ 교육제도 확립 등을 주요 골자로 하고 있었다. 오도리 공사는 이를 위한 개혁안 조사위원회가 필요하다며 조사위원을 임명해 주도록 명령하듯이 요구했다.

7월 10일, 강압적으로 이루어진 내정개혁 회담에서 조선 측 위원은 "타국의 내정개혁을 기한부로 강요하는 행위는 주권을 무시하는 내정간섭이다"라고 주장했다. 이처럼 일본의 개전외교는 확실히 불의·부당한 청일전쟁의 본질을 반영하는 것이었다. 무쓰 무네미쓰 외상이 외교정략 회고록인 『건건록蹇蹇錄』에서 "지금 와서 이를 회고해도 여전히 몸이 오싹할 정도"라고 회고한 것도, '교활한 수단' '협박의 수단' 등으로 기록한 것도 당연하다. 부당한 전쟁수행을 정당화하는 데 필요한 것은 「조선 괴뢰정권」이었다. 이를 위해 "사전에 주도면밀하게 준비한 작전계획을 기초로" 수행된 것이, 나카즈카 아키라中塚明가 『역사의 위조를 바로잡는다, 전사戰史로부터 지워진 일본군의 '조선 왕궁 점령'』(高文硏 1997)에서 폭로한 사건, 즉 7월 23일 미명에서 이른 아침에 걸쳐 이루어진 최초의 무력행사 「조선 왕궁 점령사건」이었다.

공식적으로 간행된 전사戰史는 사실관계를 위조하여 "조일 양국 병사의 우연한 충돌" "조선 병사로부터 갑자기 총격을 받았기 때문에 응전하여 국왕을 보호한" 것으로 설명하고 있다. 하지만 실은 일본군이 왕궁의 성문을 다이너마이트·도끼·톱으로 부수고 환성을 지르며 돌입해 왕궁을 무력으로 점령한 사건이었다. 국왕 고종을 '사실상 포로'로 삼아 민비 일족과 대립하고 있던 수구파 대원군을 다시 정권의 자리에 앉히고, 그로 하여금 "일본군에게 청국군의 국외 구축驅逐(몰아냄)을 요청하게" 함으로써 "청일전쟁 개전의 대의명분"을 손에 넣었다(7월 25일). 나아가 일본군의 진퇴와 식량조달의 편의를 도모하기 위해 조선 정부로 하여금 전쟁협력을 승낙케 하고자 했다. 후쿠자와도 주창한 '조선의 독립'을 위한 전쟁이 독립국 국왕이 거주하는 왕궁의 점령과 국왕의 '생포'로 시작된 것은, 전쟁의 불의·부당성을 상징해주는 사건이었다.

청일전쟁 직전의 동아시아 정세
비고Georges Ferdinand Bigot (1860~1927)의 카툰 「낚시」. 1887년 2월 5일 발표. 중국과 일본이 약소국 조선을 낚으려 하고, 러시아가 이 광경을 엿보고 있다. 청일전쟁 직전의 동아시아 정세를 풍자한 그림.

◎ 「자청自請식민지」·「맹방盟邦」 조작과 대를 이은 면죄부·무배상 모략

그 후 조선반도에서는 「침략국이 괴뢰집단의 요청에 따른 수동적 지원국」의 가면을 쓰고 「자원自願식민지」와 「자발적 동맹국」을 만들어, 절대다수의 자주적 서민대중을 증오의 적대세력으로 몰아가는 술책으로 분열·분단·정복의 제국주의 전략을 조작하게 되었다.

당시에는 조선 파병에 대한 일본 국민의 반대 여론도 만만치 않았다. 청국에 대사를 파견하여 군사 충돌을 피하고 거류민 보호에도 대군大軍이 필요하지 않다는 소리가 높아갔다. 후쿠자와는 이에 조선의 자립은 일·조 교섭 사항으로, 제3자인 청나라는 관계가 없으며, 적지 않은 병력은 조선내란의 재발방지를 위한 근본적인 개혁을 추진하기 위해 반드시 필요한 사항이라며 정부측을 적극 옹호하고 나섰다.

후쿠자와는 이어 「토지는 병탄倂呑해서는 안 되지만 국사國事는 개혁해야 한다」(1894년 7월 5일자)는 제목의 사설을 통해 일본 정부가 추진하는 조선 내정개혁의 필요성을 다시 한 번 강조했다.

강하고 약한 두 나라 사이에 병력을 동원하면 승리가 강자에 돌아감은 고금古今의 통례이다. 일본이 조선의 토지를 빼앗지 않겠느냐는 의심도 무리가 아니다. 나는 일본의 정략에 이와 같은 일은 있을 수 없다고 단언하는 데 주저하지 않는다. 일본은 욕심이 없고 무기력한 바보는 아니다. 운 좋게 땅을 찾는다면 물러나지 않겠지만 조선 국토는 병탄하여 실로 이익이 없다. 또한 동양 전체의 안녕을 해치기 때문에 덕·부덕이란 말을 입에 담지 않고 이해利害에 관계없이 단념해야 한다.

조선은 일·러·청 삼국 사이에 끼어 있는 약소국으로 도자기 사이에 끼워넣는 '합지合紙'와 같다. 이런 점으로 미루어 보면 동양의 태평은 조선의 하사품이라고 말할 수 있다. 수년 전 우리나라에 이웃 나라를 정벌하자는 논의가 있었지만 인문의 진보와 외교술의 발달로 신후황후神后皇后·도요토미 히데요시豊臣秀吉와 같은 옛 꿈을 꾸는 사람은 없다. 내가 이번 출병에 토지 병탄의 의사가 없음을 보증하는 것도 이 때문이다.(능청스럽고 교활한 부추김이 분명해 보인다.)

후쿠자와는 "합지合紙의 연약함에도 한도가 있다"며 조선 내정의 적폐積弊를 자세하게, 자신 있게 과장시켜 설명했다.(조선에 관한 정보는, 밀정·공사·영사·농민군 토벌장병·취조·재판 등의 보고서에서 나왔다.)

정령政令은 대신大臣의 이름으로 행해지지만 실은 국왕도 모르고 왕비와 두세 명의 총신寵臣으로부터 나온다. 재정이 궁핍하여 관리들의 봉급이 일정하지 않고 관리등용도 재주에 따르지 않는다. 매관賣官에 따라 정치 자금을 받고 그 액수의 다과에 따라 관위官位가 결정된다. 수뢰의 중심은 왕실에 있고 그 폐는 전국에 미친다.

후쿠자와는 이처럼 쉴새없이 『지지신보』에 사설을 쓰며 조선의 내정개혁을 독촉했다.

이와 함께 청나라의 움직임에 대해서도 경계를 게을리하지 않았다. 그는 7월 10일자 「그들에게 승산 있을까 없을까」라는 제목의 사설에서 청나라의 개전開戰 움직임을 다음과 같이 전했다.

청국 정부가 이홍장의 의견을 받아들여 개전開戰을 결정했다는 소식이 수일 전부터 들리고 있다. 그러나 톈진 타이구太沽에서 출병을 준비 중일지는 몰라도 조선으로 향하는 병사는 아직 한 명도 보이지 않는다. 너무 느려 실전을 결심한 흔적을 찾아볼 수 없다. 설령 그들이 싸움을 시작하더라도 승산이 없기는 너무도 뻔하다. 승산이 없는 이상 싸움을 피하고 말로 여지를 남기는 수야말로 좋은 전략이라고 적敵이지만 권고하는 바이다.

후쿠자와는 1894년 7월 10일에 쓴 사설 「조선개혁은 청국인과 함께 할 수 없다」에서 청나라에 전쟁의 승산이 없음을 나름대로 분석하고 있다.

청국이 「조선내정개혁을 공동으로 하자」는 우리의 제의를 거절했다. 우리로서는 다행한 일이다. 청나라는 조선을 속방屬邦으로 여기고 자립을 이루게 할 마음이 없음이 명백하다. 아무튼 청국의 국정은 조선과 같이 문명 진보를 인정하지 않는다. 근년 서양식 풍조가 생겨 신식 군대와 거대한 군함을 갖추고 양학을 연구하며 전신과 철도를 부설하고 있지만 그것은 18성省 400여 주州 가운데 이홍장의 직속 성省뿐이다.
청국 본래의 군비軍備는 팔기녹영八旗綠營의 상비군과 용두익수(천자가 타는 배)의 낡은 선박이 고작이다. 신식 군대는 상비병 외에 의용병으로 이루어진 2~3만 명뿐이다. 서양 군함을 운항하는 데는 다른 나라 사람의 손을 필요로 할 정도이다.(八旗綠營 : 청나라 시대의 병제兵制. 정황·정백·정홍·정람·양황·양백·양홍·양람 팔기로 나누고 각 기의 병수는 7,500명)

한편 이홍장은 청나라 북양北洋 육·해군의 실력이 일본과 대적할 수 없다는 것을 알고 개전을 피하고 싶어 했다. 서태후西太后의 비호를 받고 있던 이홍장의 융화融和외교에 광서제光緒帝(덕종)의 불만은 대단했지만 무기력한 청조淸朝는 이홍장의 의견을 따를 뿐이었다. 다만 황제에게 중용된 일부 중신重臣만이 주전론을 폈을 뿐이다. 일본군 출병에 놀란 청조는 국제적 조정으로 문제가 해결되기를 기대했다. 이홍장은 귀국하는 길에 톈진에 들른 주청 러시아공사 카시니에게 일본의 병력을 철수하도록 중재해 줄 것을 의뢰했다. 일본이 추진하는 조선내정개혁은 조선 조정에 대한 청국의 영향력을 줄이기 위한 통제조치로 판단했기 때문이다.
그러나 러시아는 중재에 나설 생각이 없었다. 베이징에서는 영국공사 오코너가 중재를 자청하고 나섰다. 무역을 중시하던 영국은 동양에서 전쟁이 일어나는 것을 바라지 않았다. 당시 청나라는 일본이 군대를 철수한 뒤에 조선의 내정을 개혁하겠다는 의견이었지만, 일본은 조선내정 개혁을 협정한 뒤에 병력을 철수시키겠다는 주장이었다. 영국은 두 나라의 주장이 너무나 달라 7월 12일 중재를 중지하고 말았다.

후쿠자와는 7월 14일자 사설 「외국의 권고를 거절하고 앞으로 어떻게 할 것인가」를 통해 청나라가 영국의 중재를 거부할 수밖에 없는 이유에 대해 아래와 같이 설명하고 있다.

얼마 전부터 외국이 일·청 사이를 계속 조정調整하고 있는 사실은 세간에 알려진 일이지만, 어제 호외로 보도된 바와 같이 청국 정부가 권고를 거부함으로써 여러 외국은 손을 들었다. 조정은 서로를 원만하게 하려는 데 뜻이 있지만 이번처럼 중재가 실패로 끝났다고 해서 일·청 사이에 불화를 불러오지는 않는다. 단지 조선의 개혁을 공동으로 하자는 일본의 제의를 청나라가 동의하지 않은 관계로 어쩔 수 없이 일본이 단독으로 이를 실행에 옮기자, 여러 외국이 일본에 의견을 타진하지 않고 청나라에 동의를 권유했을 뿐이다. 청나라가 이를 단호히 거절한 이유를 살펴보면 생각이 지나친 데 있다. 우리나라의 '조선개혁은 순전히 문명주의에 따라' 추진하는 것이다.

청국인의 눈으로 보면 조선의 국정은 청나라와 똑같이 난형난제難兄難弟의 사이로 조금도 개혁의 필요를 느끼지 못한다. 개혁에 대한 동의는 문명주의를 택하는 일로 당연히 일본이 일·청 위원회의 수석을 차지해야 한다. 조선의 고질적인 '국사병國事病'을 진단 치료하는 데 일본인은 문명의학을 통한 학의學醫를 활용하지만 청국인은 한편의 『상한론傷寒論』에 의지한다.(『傷寒論』: 중국 후한때 張仲景이 지은 의학책. 동양의학 원전 가운데 가장 오래된 책의 하나로 임상치료학의 권위서로 알려져 있다.)

두 나라가 위원회를 구성하면 그들은 일을 맡아도 팔짱을 끼고 있을 수밖에 없다. 불리함을 알아차리고 거절했음은 어쩔 수 없다 하더라도 그들이 힘으로써 일본과 싸울 용기가 있는지는 의문이다.

후쿠자와는 7월 15일자 사설 「조선개혁의 수단」에서 "청국은 전쟁을 도발할 용기가 없다"고 쓰고 있다. "노대국老大國에 일격을 가하는 일이 조선의 사대사상 타파와 개혁을 추진하는 지름길"이라고 생각한 후쿠자와는 "청나라가 싸움을 걸어올 결심을 하지 않은 것 같아 아쉽다"고 털어놓았다. 후쿠자와는 "이에 따라 청국은 안중에 둘 필요가 없고 여러 외국에 대해서도 신경을 쓰지 말고 개혁 기간은 3~5년으로 잡아 추진하되 경성 주재 일본병을 문명개화의 파수꾼으로 활용해야 한다"고 일본 정부에 촉구했다. 그러니까 일본 무력이 현지에서 지켜보는 가운데 조선을 개혁해야 한다는 주장이었다.

후쿠자와의 제안이 오도리 일본공사가 주관하는 조선개혁을 뜻함은 말할 나위도 없다. 오도리는 7월 10일과 11일 이틀 동안 조선 조정이 임명한 개혁조정위원들과 회합을 갖고 5개 실천항목을 27개항으로 구체화하여 설명했다. 오도리는 이를 2년 이내에 실행하겠다고 밝혔다. 오도리가 개혁완료 기한을 2년으로 못박은 이유는 실행이 불가능하다고 판단하고 내린 결론이었다.

조선의 내정개혁 조정위원들은 7월 15일 제3차 회의에서 "일본군이 주둔하고 있는 상태에서 기한을 정해 개혁을 끝내도록 강요하면 국내 민심을 불안하게 하고 내정간섭이라는 의심을 받을 우려가 있으므로 우선 병력을 철수한 뒤에 협의를 하자"고 제의했다. 그리고 16일에는 공문을 보내 이러한 주장을 반복했다. 일본측은 조선이 이처럼 일본의 제안을 주저하기까지는 원세개와 이홍장의 배후 조종이 결정적이라고 판단했다. 후쿠자와는 이에 "청나라 공사와 청군이 개혁의 걸림돌이 되고 있다"며 7월 17일자 사설에서 이들의 퇴거를 주장했다.

세간 일반 논자論者에게는 청나라 공사와 병력의 퇴거退去를 재촉하기에 명목이 없다고 주저하는 정情이 있다고 한다. 나는 논자論者의 불명不明에 놀랄 뿐이다. 일본이 이웃 나라의 국정개혁을 꾀함은 그들 국민을 무정無政·무법의 고통에서 구하여 문명의 혜택을 받도록 하자는 데 있다. 세계만방과 하늘이 준 행복을 받기 위한 의거로, 하늘과 땅에 한 점 부끄러움이 없으며 구미 여러 강국도 은밀히 찬성하고 있다. 이 개혁의 길에 옆으로 누워 방해를 하는 것은 온당하지 않은 일이다.

청나라 정부는 처음부터 조선내정개혁을 반대하고 있다. 따라서 그 정부를 대표하는 공사도, 파병된 병사도 함께 개혁국 밖으로 내쫓는 일이야말로 자연의 순리이다. 그렇다고 청나라 사람들을 영구히 조선 땅에 들여놓지 말자는 뜻은 아니다. 개혁을 추진하는 동안 잠시 물러나 있게 하자는 것뿐이다. 모든 일의 실마리를 찾는 일을 기꺼이 환영한다. 문명 무역에 관한 일도 옛날과 같이 하면 된다.

(2) 일본의 '조선 내정개혁'과 잦은 '정권교체'의 음모성

1894년 5월에 농민군이 전주성을 점령한 데 당황한 민씨 정권은 청에 군대 파견을 요청하였다. 청은 이 요청을 받아들여 즉각 군대를 보내 왔으며, 일본도 톈진조약을 구실로 불청객의 대부대를 잽싸게 출동시켰다. 청군이 조선에 들어온 것은 조선 정부의 요청에 따른 것이었지만, 일본군의 출병은 일본 나름의 속셈에 따른 것이었다.

일본은 갑신정변 이후 친청 수구파가 집권하면서 조선에서 일본의 영향력이 줄어들고 있는 데 불만을 품었다. 그리하여 언젠가는 조선에서 청의 세력을 몰아내기 위한 전쟁이 불가피할 것이라고 생각하고 전쟁 준비를 진행해 왔다. 그리고 청·일 양국 군대가 동시에 출병한 이때가 바로 그 기회라고 판단하였다.

그러나 조선 정부가 농민군과 전주 화약을 체결함에 따라 양국 군대는 주둔할 이유가 없어졌다. 이에 조선 정부는 양국 군대의 철수를 요청하였다. 청은 이를 받아들이려고 했으나 일본은 그대로 물러서려고 하지 않았다. 일본은 어떻게든 조선에 머물면서 전쟁을 도발할 목적으로 청에 "공동으로 조선의 내정을 개혁하자"고 제안하였다. 그러나 이때는 이미 조선 정부가 농민군의 요구를 받아들여 내정을 개혁하기로 하고, 독자적으로 교정청을 설치하여 내정 개혁에 착수한 후였다. 때문에 청은 내정 개혁이라는 일본의 요구에 응하지 않고 동시 철수를 주장하였다. 내정개혁 문제에서도 일본은 역시 불청객이었다.

청일 전쟁에 동원된 조선 군사
톈진 조약을 빌미로 조선에 진주한 일본군은 국왕을 인질로 삼고 새로 김홍집 내각을 수립하게 한 후 청일 전쟁을 도발하였다. 일본군은 청일 전쟁을 치르면서 조선 군인을 동원하여 청군 포로를 감사하는 일을 시키기도 했다. 식민지 군대의 용병화와 분열통치의 시작이었다.

사태가 이렇게 되자 일본은 경복궁을 공격하여 민씨 일파를 몰아내고, 1885년에 청에서 귀국한 대원군을 다시 추대하였다. 일본이 대원군을 다시 추대한 것은 자국의 침략적 행위를 민씨 일파와 대원군 사이의 내부 싸움인 것처럼 보이게 하기 위해서였다. 일본은 이와 동시에 아산만 부근에서 청의 군함을 공격하여 청·일 전쟁을 도발하였다. 일본은 우리 나라 곳곳에서 청군과 싸우는 한편, 김홍집을 비롯한 개화파(친일파) 인사들을 중심으로 새 내각을 구성하여 친일 정책을 취하도록 강요하였다. 새로 구성된 김홍집 내각은 교정청을 철폐하고 군국기무처라는 비상 개혁 기구를 설치하여 개혁 사업에 착수하였다. 이때 실시된 개혁을 「갑오개혁」이라 한다.

개화파 인사들이 주축이 된 군국기무처에서는 개혁할 사항들을 협의하여 결정하였다. 갑신정변 당시 개화파 인사들은 정변을 지지하는 세력과 점진적인 방식으로 개혁할 것을 주장하는 세력으로 나뉘어 있었다.

이 중 정변을 지지하는 세력은 갑신정변이 실패한 후 살해되거나 일본으로 망명해 생활하고 있었다. 때문에 군국기무처에서 개혁을 추진한 개혁파들은 주로 갑신정변에 참가하지 않았던 개화파 인사들이었다.

군국기무처에는 또한 대원군을 지지하는 사람들도 참여하였다. 이들은 본래 위정척사파衛正斥邪派에 속하는 사람들이었기 때문에 개혁 자체에 반대하는 경우가 많았다. 개화파와 이들은 많은 문제에서 생각을 달리했기 때문에 개혁이 개화파의 생각대로만 추진된 것은 아니었다.

개화파는 비록 일본의 무력에 의지하고 있었고 대원군파의 반대에 직면해 있었지만, 우리나라의 자주적 개혁을 위해 노력하였다. 때문에 군국기무처에서 협의·결정한 사항들에는 한편으로는 갑신정변 이래 계속 개혁을 주장해 온 개화파들의 생각과 농민 전쟁에서 농민군이 요구한 사항들이 많이 포함되었다.

먼저 정치적으로는 내각제·의회제·신식 관료 제도 등을 도입하고, 지방 제도를 개정하고, 사법권을 독립시키는 등 근대 국가 체제를 갖추려고 노력하였다. 둘째, 경제적으로는 재정 기구를 일원화하여 불합리한 세금을 폐지하였으며, 화폐 제도를 개혁하고 도량형을 통일해 경제의 발전을 도모하였다. 셋째, 사회적으로는 수천 년간 지속되어 온 신분 차별을 제도적으로 철폐하였으며, 과부의 재혼을 허가하고 조혼早婚을 금지하는 등 전근대적인 가족 제도를 개혁하였다. 또한 신식학교 제도를 제정하여 국민 교육 제도를 마련하고자 하였다.

이들의 개혁은 일본의 위협하에서 진행된 것이기는 하였지만, 갑신정변 이래의 개화파의 구상을 실현하고 농민군의 요구를 반영하는 방향에서 추진되었다. 일본은 개혁이 자기들이 생각한 것과 다른 방향으로 나가게 될 듯하자 당황하였다. 이에 일본은 9월에 대원군을 다시 물러나게 하는 한편 일본에 망명해 있던 박영효를 귀국시켜 김홍집·박영효 연립 내각을 출범시켰다. 그와 동시에 군국기무처를 해체하고 새로 중추원을 구성하여 자기들 마음대로 개혁을 진행하고자 하였다.

◎ 폐정개혁과 홍범14조의 내용

1. 폐정개혁안

- 종래 동학교도와 정부 사이의 나쁜 감정을 씻고 서로 협력한다.
- 탐관오리는 그 잘못을 밝혀 엄벌에 처한다.
- 횡포한 짓을 자행하던 부호는 엄벌에 처한다.
- 불량스러운 양반과 유생들을 처벌한다.
- 노비 문서를 불태워 없앤다.
- 모든 천민들의 대우를 개선하고 백정들이 쓰는 평양립을 없앤다.
- 젊은 과부의 재혼을 허락한다.
- 문벌을 타파하고 인재 본위로 관리를 등용한다.
- 일본인과 몰래 왕래하는 자는 엄벌에 처한다.
- 규정에 없는 잡세는 폐지한다.
- 이전에 진 빚은 모두 무효로 한다.
- 토지는 균등히 분배하여 경작한다.

2. 홍범 14조

- 청국에 의존하는 관념을 끊고 자주 독립의 기초를 확실히 세운다.
- 왕실 법규를 제정함으로써 왕위의 계승과 종친·외척의 명분과 의리를 분명히 한다.
- 국왕은 정전에 나와서 정사를 보고 국정은 각 대신과 친히 의논하여 재결하며, 왕비나 외척이 간여하는 것을 용납하지 않는다.
- 왕실사무와 국정사무를 분리한다..
- 의정부와 각 아문의 직무와 권한을 명백히 한다.
- 지방 관제를 시급히 개정하여 지방관의 직권을 한정한다.
- 민법과 형법을 엄명하게 재정하여 함부로 감금·징벌하는 것을 금지하며 이로써 인민의 생명과 재산을 보전한다.
- 인물을 쓰는데 문벌 및 지연에 구애되지 말고, 선비를 구하는 데 조야에 골고루 미치게 하여 이로써 널리 인재를 등용한다.
- 장교를 교육하고 징병법을 실시한다.
- 인민의 조세는 모두 법령에 따르며, 그 밖에 함부로 징수하는 것을 금한다.
- 조세의 부과·징수와 경비의 지출은 모두 탁지아문에서 관할한다.
- 왕실 비용을 절감한다.
- 왕실비와 관서 비용은 예산에 따라 지출한다.
- 나라 안의 총명한 자제를 외국에 파견하여 학술과 기예를 전습하게 한다.

1894년 12월에 청·일 전쟁의 승리가 굳어지자, 일본은 고종을 협박하여 청과의 전통적 사대 관계를 단절하고 자주 독립의 개혁을 추진한다는 내용의 홍범 14조를 공포하게 하였다. 이 홍범 14조는 군국기무처에서 협의된 개혁 방안을 집약해 놓은 것으로서 일종의 '헌법'적 성격을 지니는 것이었다.

그러나 갑오개혁은 성공적으로 추진되지 못했다. 무엇보다도 농민들은 일본군의 협력으로 개혁을 추진한다는 사실을 달가워하지 않았다. 갑오 정권은 농민군이 다시 봉기하자 군대를 보내 일본군과 함께 농민군을 '토벌'하기까지 했다. 따라서 갑오개혁의 내용이 농민들의 요구를 어느 정도 반영했음에도 불구하고 농민들은 이 개혁을 믿으려 들지 않았다.

청·일 전쟁의 결과 중국으로부터 랴오둥遼東반도 남부와 대만·팽호도를 획득한 일본은 이를 기반으로 대륙 침략의 기회를 노렸다. 일본 세력의 팽창은 랴오둥 진출을 꾀하던 러시아에게 커다란 위협이 되었다. 러시아는 동아시아의 평화를 위한다는 구실로 독일·프랑스와 함께 일본에 압력을 가하여 랴오둥 반도를 청에 반환하게 하였다. 이것이 이른바 삼국 간섭이다. 정권에서 밀려나 있던 민씨 일파는 적극적으로 러시아와 손을 잡고 조선 정부 안의 친일파 인물들을 제거하는 한편, 이완용·이범진 등을 중심으로 하는 친러파들을 기용하였다. 이로 인해 조선 정부 안에서 일본의 세력은 크게 위축되었다.

일본은 약해진 세력을 회복하기 위하여 수단과 방법을 가리지 않았다. 당시 조선에 공사로 파견되어 있던 미우라는 일본 군인·무사·부랑배를 동원하여 경복궁을 습격해 민비를 죽이는 을미사변을 일으켰다. 이어 일본은 고종을 위협하여 친일 정권을 강화하는 한편 양력과 연호를 사용하고 단발령을 시행하는 등 일시 중단되었던 개혁을 계속 추진하였다.

그러나 정세는 일본의 뜻대로 되지는 않았다. 민비 살해 사건과 단발령에 분노한 양반·유생들이 전국 각지에서 반일 의병을 일으켰으며, 당시 서울에 와 있던 각국의 외교관들도 일본의 만행을 비판하고 나섬으로써 일본은 오히려 곤경에 빠지게 되었다.

제국주의 열강은 이러한 정세를 자신들의 세력을 확대할 수 있는 기회로 여겼다. 미국은 혼란한 정세를 이용하여 러시아와 손을 잡고 고종을 그들의 공사관으로 옮기려고 하였으나, 이를 눈치 챈 일본 및 친일파의 방해로 실패하였다. 그러나 뒤이어 서울에 주둔해 있던 일본군이 의병을 진압하기 위해 지방으로 옮긴 틈을 타서, 러시아가 미국의 협조 아래 고종을 그들의 공사관으로 빼돌린 아관 파천俄館播遷이 발생하였다.

러시아 공사관으로 옮긴 고종은 즉시 갑오 내각의 요인들을 체포하라는 명령을 내렸다. 김홍집과 어윤중은 분노한 민중에게 맞아 죽었으며, 그 밖의 많은 요인들이 일본으로 망명하였다. 이로써 갑오 개혁을 추진한 김홍집 내각은 1년도 안 되어 붕괴되었고, 갑오개혁도 중지되었다. 그러나 갑오 내각이 붕괴된 후에도 갑신정변 직후처럼 개혁을 전면 취소하는 사태는 빚어지지 않았다. 개화파 개혁은 우리 사회에서 뒤집을 수 없는 흐름으로 자리잡았기 때문이었다.

(3) 일본군 궁중 침범, 조선 척신정권 퇴출, 대원군 영입

일본의 신문들이 오도리와 조선개혁안 조사위원회의 교섭을 보도한 것은 모두 개혁이 좌절된 뒤였다. 후쿠자와의 사설 「개혁위원 인물은 여하如何」가 1894년 7월 21일자에 실리고 이어 7월 22일자에 「개혁안 결과적으로 거절되다」라는 제목의 사설이 나와 이를 뒷받침하고 있다.

일본의 조선내정개혁 좌절은 곧 청일전쟁을 몰고 왔다. 당시 일본 혼성여단은 1개 대대를 경성 안에 배치하고 나머지 대부분은 서쪽 교외에서 야영하고 있었다. 7월 19일 마침내 일본 본국으로부터 청군을 공격하라는 명령이 떨어졌다.

원세개는 그날 이홍장에게 귀국을 허락받고 비밀리에 경성을 빠져나갔다. 10여 년간 조선을 반일反日로 이끈 원세개는 일본의 보복이 두려웠기 때문이다. 다음 일을 위임받은 청나라 공사관 서기관 당소의唐紹儀는 영국공사관으로 피신했다. 일본공사 오도리는 혼성여단에 한양에서 부산 사이 전신 가설을 요청하는 한편, 조선 정부에는 7월 22일까지 청나라와 종속관계를 청산하고 자주독립국가가 되려면 조선에 주둔하고 있는 청군을 모두 철수토록 요구하라고 협박했다. 그리고 조선 조정의 회답에 관계없이 전투를 위한 준비를 하나하나 갖추어 나갔다. 이러한 움직임은 통신 관계로 일본에 즉시 전달되지는 못했다.

후쿠자와가 사설 「청나라와 조선 양국을 상대로 즉각 전쟁을 시작해야 된다」(1894년 7월 24일자)를 게재할 때는 이미 일본군의 군사 행동이 시작되고 있었다.

우리나라의 조선내정개혁에 대해 구미 여러 나라는 이의를 내세우지 않고 어떤 나라는 오히려 이를 성실하게 실행하기를 바란다는 말을 전해올 정도이다. 오도리 공사가 수개 조항을 요구하여 조선 정부는 일단 응할 것 같더니 수일 후 이를 거부했다. 일본의 대군이 조선 안에 가득 차 있어도 두려워하지 않고 우리의 정당한 요구를 거절했다. 이는 앞뒤를 모르는 대담한 모험이라고 생각되지만 청나라 정부의 후원에 의지한 모양이다.

청나라는 조선과 부패 정도가 똑같아 조선 국사國事를 개혁한다고 말하면 서로 개혁할 수밖에 없어 일본의 거동에 대해 유쾌하게 생각하지 않는다. 몰래 조선 정부를 교사敎唆하여 일본의 정략을 방해하고 있다. 분명한 증거를 대면 이홍장이 전문電文 가운데 말한 "안으로 덕정德政을 받아들여 황제 은혜에 거역하는 일이 없도록 하고 왜구의 방자함에 각오를 다져야 하며,

단지 보건대 우리 병사의 一擧일거는 돌로 계란을 치는 것과 다르지 않다"이다.

이대로 놓아두기에는 노대국인이 종종 여러 가지로 방해를 하여 일본은 목적을 달성할 수 없을 뿐이다. 오늘에 이르러서는 억지로 하는 문답은 쓸 데가 없다. 일각도 지체하지 말고 청국을 적으로 하여 우리가 먼저 싸움을 시작해야만 한다. 지금까지 평화방침을 유지한 까닭은 청국이 직접 손해를 가하지 않았기 때문이지만 이홍장·원세개가 수단을 다하여 조선을 교사한 증거가 명백하므로 조금도 주저해서는 안 된다. 즉각 개전을 선포하여 응징의 뜻을 분명히 해야만 한다.

여기에 간과할 수 없는 일은 조선 정부의 소행이다. 한번 승낙한 바를 아무 말도 없이 거절한 행동은 우리나라에 지극히 무례를 범한 것이나 다름없으므로 청국과 같은 굴에 든 늑대로 위약죄를 묻지 않으면 안 된다. 약소국을 토벌하기란 귀찮은 일이지만 청국 숭배의 미몽에서 깨어나게 하기 위해서는 총탄밖에 승부수가 없다. 우리나라 병사가 수원으로 행진하고 있다고 듣고 있다. 군기軍機는 알 바 아니지만 우리 군사가 나아가 아산의 청국 병사를 무찌름과 동시에 조선 정부에도 큰일을 할 수 있다는 본보기를 보여주기 바라는 바이다.

본국으로부터 출동 명령을 받은 일본 혼성여단을 청군이 주둔하고 있는 충청도 아산으로 출발하기에 앞서 오도리의 요청으로 내정개혁 강제 추진을 위한 실력 행사에 나섰다. 시작 순서는 후쿠자와의 의견과 일치하지는 않았지만 그의 기대대로 실행되었다. 7월 23일 오전 4시쯤 서대문으로부터 1연대가 성안으로 들어와 경복궁 일대를 포위했다. 일본 병사들은 경복궁 안에서 발사한 총격에 대응하면서 왕궁으로 들어가 조선병의 무장을 해제하고 경비를 대신 맡았다. 일본병의 경복궁 점거는 너무나 쉽게 이루어졌다.

경복궁 안에 있던 많은 척신들은 도주하고 궁중에는 고종과 종신宗臣 그리고 소수의 근신近臣만 남아 있었다.(外戚 : 왕의 외가세력, 戚臣) 일본은 대원군만이 새 정권을 맡을 수 있는 인물로 판단했다. 그래서 일본공사관은 대원군에게 다시 정권을 맡기기 위한 공작에 나섰다. 일본은 공사 관원이 대원군의 사저인 운현궁 출입을 민씨 일가가 싫어하자, 이를 피하기 위해 민간인으로 조선에 와 있던 오카모토 류노스케岡本柳之助를 동원했다. 대원군은 정변 후 일본이 조선 땅을 절대로 차지하지 않는다는 약속과 함께 고종이 보내준 가마를 타고 경복궁으로 입궐했다.(岡本柳之助 1852~1912 : 메이지시대의 군인. 강화도 사건 때 구로다 전권을 수행. 김옥균과 친함. 명성황후 시해 사건에 관련되어 투옥)

후쿠자와는 7월 25일자 「대원군이 나왔다」는 제목의 사설에서 대원군과 왕비 일가의 대립 경위를 회고하며 "왕비 집안이 배제됨으로써 국왕의 '심사心事'가 실현되었다"고 대원군의 집권을 환영했다.

조선 정부는 오도리 공사의 요구를 두 번이나 거부했다. 이는 청나라의 교사를 받은 증거임이 명백하다. 여기에 오도리 공사가 국왕을 찾아뵙고 주권자의 '진의眞意'를 확인했다. 일본 정부로서는 정당한 절차이다. 국왕은 처음부터 공사의 요구를 거부할 뜻은 없었다. 민씨 등이 국왕의 총명함을 겁내어 공사의 요구를 거부토록 했다. 국왕이 대원군을 궁중으로 불러들여 정무를 맡긴 사실이 이를 증명한다. 친자의 정이 두텁고 정치상 의견을 같이해도 외척의 방해를 받아 모든 일이 뜻대로 되지 않는다. 약 30년 전 국왕이 어렸을 때 국부國父로 섭정하여 외척의 전권專權은 조선의 국폐라는 사실을 알고 왕비 책봉에 신경을 써서 군君의 부인 실가인 민씨로부터 왕비를 맞아들였는데, 일도 마음도 틀렸다.

국왕의 성장에 따라 인척인 민씨는 세를 재촉하여 전권을 잡았다. 국부 섭정의 대세력으로도 민씨 일가를 제압할 수 없었음일까. 20년 전에 배척되어 지위를 잃었다. 1882년 임오군란 때 다시 왕실을 보살펴 참정을 했지만 어윤중·조영하·김윤식 등이 민씨의 뜻을 받들어 청국인과 함께 대원군을 속여 청국으로 보내 구류시켰다.

그 후 귀국했지만 민씨의 시기가 심해 표면으로 존경해도 속마음으로는 멀리 하고 군君의 전후좌우에는 민씨 일가의 비밀 정탐원이 있어 부자간에 서로 보아도 말을 하지 않았다. 친자의 정은 변하지 않았지만 국왕 자신의 안위마저 알 수 없어 정을 참을 수밖에 없었다. 오늘의 경우에 이르러 국왕은 국가의 대사를 외척의 사정私情에 끌려 그르칠 때가 아니므로 단연 물의物議를 제치고 대원군을 맞아들여 정무를 맡겨야 할 것이다.

이와 함께 일본병이 곁에 있음을 다행히 여겨 신변보호를 의뢰해야 할 일이다. 어제 호외의 보도와 같이 오도리 공사는 '국왕의 의뢰에 따라' 군사를 동원하여 조선 병사의 방해에도 불구하고 대원군을 호위하여 무사히 궁중으로 들어가 함께 국왕을 알현했다. 대원군이 나서서 정무를 맡으면 국왕의 뜻한 바를 실행에 옮길 수 있고 우리 공사의 성의도 관철되어 조선 정부도 개혁에 착수할 수 있게 된다.

조선 조정은 우리들의 덕의상 조언을 받아들여 이미 자립, 일·조 양국의 교제는 한 점의 구름도 없이 원만하게 끝을 맺을 것이다. 청국인이 방해하더라도 효과가 없으면 쓸데없는 노력을 그치게 된다. 그들의 안전을 위해 스스로 병사를 거둬들이기를 나는 감히 기원하는 바이다.

이 사설은 우리에게 몇 가지 중요한 의미를 시사하고 있다. 첫째 후쿠자와는 지난 임오군변 때 "대원군을 이 사회에서 영원히 쫓아내야 한다"고 역설했다. 그가 '친청국 수구파'라는 이유 때문이었다. 그런데 다시 대원군이 정무를 맡아야 한다고 강조하고 있다. 이는 후쿠자와의 지론이 일관성이 없다는 좋은 본보기이다. 또 무력 동원을 계속 강조하고 있다. 이는 입으로만 지식인일 뿐 그 역시 군국주의자임을 스스로 인정하는 것이다. 조선 국토를 점령할 의사가 조금도 없다고 했으나 스스로도 거짓말이 되고 말았지만, 실제로 말과 같은 생각이었다 해도 민간인인 그가 할 일이 아니었다. 그의 말처럼 국가 사이의 일은 욕심이 생기면 달라질 수도 있기 때문이다.

아무튼 대원군이 정권을 다시 쥐면서 조선내정개혁은 급류를 타기 시작했다. 이른바 '갑오경장'이다. 7월 24일 척족의 중신들은 모두 조정에서 쫓겨났다. 조정에서 물러난 충신들은 지위를 잃는데 그치지 않고 죄를 추궁당한 사람도 적지 않았다. 사전私錢 주조로 재산을 모은 민응식閔應植과 원세개에게 출병을 의뢰한 민영준閔泳駿 등 민씨 일가 수명은 귀양길에 올라야 했다. 초점은 왕비를 어떻게 조치하느냐에 모아졌다.

후쿠자와는 7월 26일자 사설에서 「민족閔族의 처분에 대해」라는 제목으로 이 문제를 거론했다.

대원군은 조정 신하들을 모두 바꾸려 하고 있는 듯하다. 이웃 나라의 내사內事에 참견할 일은 아니지만 우리의 희망을 말한다. 민씨 일가는 외척의 위세를 빌려 국사를 그르치고, 정적을 죽이고, 무고한 인민을 학대하고, 마침내는 국왕의 언행까지 속박했다. 이는 정리正理·인도人道로부터 용서받을 수 없는 일이다. 외국인인 우리들이 치를 떨 때에야 조선 국민들은 오죽하겠는가, 원한이 골수에 사무쳐 물리치기에 만족하지 않고 민족閔族이라면 본 가지를 끝까지 멸족시키는 것이 일반의 정서이다.

특히 인질과 같은 대우를 받은 대원군이라면 평생의 울분을 푸는 것이 인정이지만 멸족 운운에 이르러서는 그만둘 사람이다. 아무튼 외척의 전횡은 조선의 적폐積幣로서 민씨에서 시작되지는 않았다. 그들도 구습관에 빠져 깨닫지 못했다면 죄악을 미워하되 그 사람은 미워하지 말아야 한다. 다만 정부 밖으로 쫓아내는 것은 정당한 처분이라고 할 수 있다. 왕비 일신에 관해서는 일부러 외척을 위해 일을 꾸미고 정치상으로는 신중하지 못한 세력을 끌어들여 때때로 일을 도모했으므로, 국모國母의 자리에서 물러나게 해야 한다고 공언하는 사람마저 있다.

메이지 15년(1882) 대원군이 일시 정권을 잡았을 때 왕비는 위험에 빠져 도망갈 정도였다. 이번의 경우도 어떠한 말이 생길지 알 수 없지만 왕비는 본래 한 부인에 지나지 않는다. 그렇게까지 불온한 감정을 품을 필요는 없다고 본다. 왜냐하면 결국 궁중의 구조를 바르게 할 수 없고 궁중 안의 구별을 분명하게 할 수 없기 때문이다. 반드시 사람을 책망하지 말자는 이야기는 아니지만 구조를 고쳐 앞으로 폐를 막아야 한다. 종래의 원한을 높은 데까지 미치게 하는 앙갚음은 조선 국민을 위해 결코 바람직한 일이 아니다.

이번의 개혁은 우리 정부의 요구에 따라 고래古來의 폐습을 고쳐 새로운 문명주의로 나가는 데 있다. 그러므로 개혁 때문에 살벌하고 잔인한 행동이 있어서는 안 된다. 살벌하고 잔인한 행동은 문명국의 비난을 받을 것이며 우리 본래의 목적에도 벗어나는 일이다. 우리 정부의 당국자들은 그 점에 주의하여 조선 국민을 설득하고 개혁을 유감없이 이룩할 수 있기를 희망한다.

후쿠자와의 우려는 공상이 아니었다. 일본의 신문들은 왕비가 폐위되었다고 보도할 정도였다. 대원군은 민비를 처형까지는 아니더라도 적어도 왕비의 지위를 박탈하여 서민으로 만들기를 바랐지만 일본공사관이 동의하지 않아 뜻을 이루지 못했다고 전해지고 있다.

한편 세계 각국의 신문은 일본군 출병을 저마다 국익을 고려하여 논평했다. 이때 후쿠자와의 사설「우리에게 끼어들 곳 없다」(1894년 7월 27일자)는 일본 정부 입장을 대변하는 해명이나 다름없었다.

일본의 조선 출병에 대해 외국 신문들은 이따금 잘못된 보도를 할 때가 있다. "청국은 2천~3천명을 동학당 진압을 목적으로, 상륙 지점도 봉기 장소에 가까운 아산을 택했는데, 일본은 이보다 많은 병사를 즉시로 경성에 배치한 작전은 심히 이해할 수 없는 일"이라고. 그러나 일본이 많은 병력을 파견한 것은 오히려 평화를 위한 조치이다. 적은 병사로는 청군의 도발을 초래하게 된다. 이는 1884년 갑신정변 때 이미 경험한 일이다. 경성의 병력 배치에 대한 의심은 우리 출병의 목적을 잘 모르기 때문이라고 말할 수밖에 없다. 동학당과 같은 한 번의 소동에 다른 나라 군사의 지원 요청을 한 것은 그 정부의 정신적인 부족함을 자인하는 꼴이지만, 재발 때의 출병은 바보가 아니라면 자국 정부의 안녕을 위해서도 불가피한 조치임을 알 수 있다.

이 기회에 국사개혁을 재촉하여 자립의 열매를 맺을 수 있도록 온 힘을 다해야 한다. 정당한 수단이므로 조금도 거리낌이 없다. 혹시 일본에서 뭔가 끼어들 곳이 있어서 멋대로 병력을 사용한 점을 지적한다면 의심을 품어도 방법은 없지만 우리에게 추호도 다른 뜻은 없다. 눈을 가진 사람이라면 이를 의심할 수 없을 것이다. 조선의 내정을 개혁하자고 처음부터 청나라에 제의한 사실 하나만으로도 청국인에 격의 없음은 명백하다. 청나라가 거절하여 일본 단독으로 조선 내정을 개혁하기에 이른 것이다.

2. 동아시아의 용호상박, 청일전쟁 폭발, 침략자 승리

1) 일본, "야만에 대한 문명인의 의무수행"이라며 전쟁 도발

(1) 자기들이 괴뢰로 세운 대원군을 점령정책 방해자로 비난

일본은 1894년 8월 1일 청나라를 상대로 선전포고를 했다. 일본은 이에 앞서 7월 24

437

일부터 이미 군사작전에 들어가 있었다. 이날 인천 풍도豊島 앞바다에서 청나라 증원군을 싣고 아산으로 가던 군함을 공격한 데 이어 29일에는 충남 성환에 포진해 있던 청군을 급습, 큰 피해를 가했다.

후쿠자와는 바라고 고대하던 청일전쟁이 시작되자 7월 29일자 사설에서 청나라와 일본의 싸움을 '문야의 전쟁'으로 규정하고 일본의 선제공격에 대한 정당성을 옹호하고 나섰다. 여기서 '문야'란 문명과 야만을 줄인 말로 개명 세계와 미개한 사회를 뜻하고 있다. 사설의 내용은 이미 보통 사람의 상상을 뛰어넘는다. 특히 "전쟁은 청·일 양국 사이에 벌어졌지만, 그 근원을 찾으면 문명개화의 진보를 도모하는 자와 그 진보를 방해하려는 자와의 싸움이지 결코 양국 사이의 싸움은 아니다"라는 궤변에 가까운 논리로, 일본 정권 담당자들에게 침략의 정당성을 뒷받침해주기 위해 이론적 비약을 하였다.

후쿠자와는 전쟁의 책임도 상대방에게 떠넘기고 있다. 그는 "세계의 한 나라 국민으로서 인간사회에 보편적인 교제가 상식이지만, 그들은 고루 몽매하여 보통의 진리를 깨닫지 못하고 문명개화의 진보를 보고 이를 좋아하기는 커녕 반대로 그 진보를 방해하며 무례하게도 우리에게 반항의 뜻을 표하여 어쩔 수 없이 이 지경에 이르렀다"고 이기적인 억지 논리를 폈다. 뿐만 아니라 그는 "이번 전쟁은 제국의 운명을 좌우하는 중대한 갈림길로 모든 국민은 각오를 단단히 해야 한다"며 국민들을 전쟁의 길로 내몰았다.

이어 계속 쓴 「즉각 베이징을 공격해야 한다」(8월 5일) 「반드시 베이징의 점령에만 국한하지 않는다」(8월 9일자) 「우선 만주 삼성三省을 공략해야 한다」(8월 11일자)는 주장을 읽다보면 마치 병사들에게 전투 임무를 부여하는 부대장의 훈시를 듣는 느낌이다.

청일전쟁의 대세는 후쿠자와의 예상대로 일본에 유리하게 돌아갔다. 일본군은 9월 16일 청군이 주둔하고 있던 평양을 손안에 넣고 9월 17일에는 황해도 해전에서 북양함대를 격파하여 승세는 결정적이었다. 그러나 후쿠자와는 이에 만족하지 않고 "일본의 일방적 승리가 아니고서는 청나라가 좀처럼 조선에서 물러나지 않을 것"이라며 "조선에 대한 청나라의 간섭이 완전히 없어질 때까지 싸움을 계속해야 한다"고 강조했다.

청일전쟁이 계속되는 동안 조선 조정은 내각제를 도입, 총리에 김홍집金弘集을 기용하고 내무에 민영달閔泳達·외무에 김윤식金允植·탁지度支(지금의 재무)에 어윤중魚允中·학무學務(지금의 문교)에 박정양朴定陽을 각각 임명했다. 이와 함께 내각 보조 심의기관으로 군국기무처를 설치하고 대원군의 재집권에 공이 큰 김가진金嘉鎭·안경수安駉壽·김학우金鶴羽·유길준兪吉濬 등 친일파 젊은이들을 등용했다. 대원군은 정권 복귀에 만족하고 개혁에는 별로 열의를 보이지 않았다.

이에 후쿠자와는 9월 7일자 사설 「조선의 개혁은 늦출 수 없다」에서 "일본인 고문을 배치하여 조선 내정을 하루빨리 개혁해야 한다"며 마치 조선이 일본의 식민지인 것처럼 내정간섭 발언을 주저하지 않았다. 을사보호조약의 예고편을 보는 듯했다.

조선 정부는 현재 대원군을 섭정으로 새롭게 대소 관리를 등용하여 개혁을 추진하고 있지만, 내가 듣는 바로 내정을 추측해 보면 의심의 여지가 없지 않다. 민씨 일파를 쫓아내고 그 지위에 앉은 신임 관료는 청국의 속박을 벗고 자국의 독립을 위해 신명을 바칠 각오가 안돼 있는 것 같다. 조선이 청국 소속임은 국민의 마음에 박힌 고정관념으로 관료도 이를 쉽게 물리치기는 어려울 것이다. 일본이 바라는 국사國事는 문명을 따르는 길이다. 조선인들에게는 듣기에 새롭고 초근목피草根木皮를 복용하는 데 익숙해 '학의學醫' 치료를 싫어할지 모른다. 학의라는 말은 도리가 당연하여 거부할 수 없는 것이지만 수백 년의 구습을 쉽게 버리기가 어려워 실행에 옮기는 데는 시간이 걸린다.

지금 정권을 맡은 인물들을 보면 뜻을 함께 하는 평생주의자들이 아니라 10인 10색으로 일정한 방침 없이 정계의 상황을 보아가면서 개인의 명예와 이익을 추구하는 자들을 한데 모아 놓은 꼴이다. 민씨 시대에 두각을 나타냈기 때문에 배척된 자, 두 다리 걸치기로 화를 면한 자, 민씨의 사주를 받고 일신을 도모한 자 등이 있어서 서로 신뢰하기는커녕 위로 대원군을 받드는 척하며 대원군을 해치려는 자마저 있다. 명목상으로는 일신 개혁을 내걸고 있는 정부이지만 내실은 이분자異分子들의 집합소이다.

내가 보기에는 왕비를 비롯한 민씨 일가를 따르는 자가 조야朝野에 적지 않기 때문에 일본식의 개혁을 좋아하지 않을 것 같다. 일본의 세력이 성하는 것 같아도 갑신정변 때와 같이 되면 조선은 다시 청국에 말려들어 민족閔族 만세의 성세盛世로 복귀할 수밖에 없게 된다. 실로 무기력한 인물들이라면 조금도 주저함이 없이 모든 관리들을 물러나게 하고 진짜 문명주의에 따라 일본의 정치 친구를 널리 구해 국무 전권을 맡길 수밖에 없다. 아니면 임시 방편으로 일본인 가운데 적임자를 선발하여 요직에 배치하고 '행정 사범師範'으로 삼도록 하는 조치도 필요하다. 이웃 나라의 국사개혁을 세계에 떠벌리면서 열매를 얻지 못하면 우리의 대외 명예는 어떻게 될 것인가. 실로 얼굴이 붉어질 뿐이다.

후쿠자와는 이에 따라 고토 쇼지로後藤象二郞를 행정 사범으로 추천하고 일본의 관계 요로와 조선 정부에 영향력 있는 사람들에게 그가 임명될 수 있도록 힘써 달라고 호소했다. 그러나 일본 정부는 당시 내무상으로 있던 이노우에 가오루의 자청을 받아들여 1894년 10월 15일 그를 조선 주재 공사로 임명했다. 후쿠자와는 10월 14일자 사설 「이노우에백井上伯의 조선행」에서 "한 나라의 운명을 걸고 싸움을 시작했는데, 조선내정 개혁에 열매를 얻지 못한다면 세계를 볼 면목이 없다"며 이노우에의 주조駐朝 공사 임명을 크게 환영했다.

후쿠자와는 이어 10월 16일자 사설 「이노우에백의 도조渡朝를 환송한다」에서 조선의 개혁이 진척되지 않고 있는 이유를 다음과 같이 밝히고 있다.

이번 개혁이 벽에 부딪치고 있는 가장 큰 원인은 조선 정부 당국자가 일본인을 믿지 않는 데 있다. 일종의 감정을 갖고 오히려 우리를 싫어하고 겉으로는 유순해도 안으로는 딴 마음이 있다. 모든 관리 가운데 단 한 사람도 속마음을 일본에 털어놓는 사람이 없다. 갑신정변에 몸을 던진 지사志士는 죽고, 남아 있는 박영효는 아직까지 국왕 알현도 하지 못한다. 그들이 정변을 도모할 때 외교 당국자였던 백伯은 이번 조선으로 가게 되어 스스로 금석今昔의 느낌이 없을 수 없을 것이다.

그렇더라도 이제 다시 후회해도 어쩔 수 없다. 백伯의 경륜에 바라는 바는 당면한 문제의 처리이다. 조선 당국의 '노물老物'은 도저히 문명의 일을 도모할 인물이 아니며 폐정의 근원이 궁중에 있으므로 궁중을 청소하는 일이 무엇보다 먼저 할 일이다.

조선의 개화당이라고 칭하는 신진관료는 다른 나라에 놀러온 여러 나라 사람과 안면이 있다는 자체만으로 앞서는 데 불과하다. 식견이 없다면 절친한 친구에게 부탁할 일이 아니지만 일을 도모하기 위해 그들로부터 인물을 구할 수밖에 없다면 인물의 대소 진위眞僞를 잘 살펴 지도할 수밖에 없다. 단 한 가지 주의해야 할 일은 외국인의 의향을 잘 살피는 것이다. 그들은 일본이 조선 내정을 간섭하여 국토를 빼앗을 뜻을 품고 있다고 생각할지도 모른다. 백은 대담하고 단호한 성격으로 외교에 노련미를 보이면 반드시 허술한 점이 없게 될 것이다.

(2) 이노우에 가오루가 등장하고 친일파 집권 서둘러

「메이지 14년(1881) 정변」으로 소원하게 되었던 이노우에와 1892년 여름 우호관계를 되찾은 후쿠자와는 격의 없는 충고를 털어놓고 있다. 여기서 주목할 만한 대목은 후쿠자와가 무엇을 노렸는지 알 수 없지만 친일파에 대한 평가가 의외로 혹독하다는 점이다. 후쿠자와의 주변에는 김옥균이 남긴 동지들이 있었다. 때마침 서광범 등 세 명이 미국에서 돌아와 후쿠자와 집에 머무르고 있었다.

후쿠자와는 그럼에도 불구하고 1894년 11월 3일 「조선국의 혁신 아직 의심할 수밖에 없다」라는 제목의 사설에서 이들의 기용을 추천했다. 덧붙여 "응하지 않으면 망할 것"이라고 의도된 악담까지 하고 있다.

나는 여러 가지 잡다한 작은 사정을 묻지 않고 정면으로 조선 당국자의 태만을 꾸짖으려 한다. 일본 군인은 만리 이역에서 위험을 무릅쓰고 전투에 임하고 있으며 우리 동포는 고통을 함께 하여 사재마저 털어 넣고 있다. 이렇게 하여 싸움에 이기기를 바라는 본뜻은 조선 독립과 문명개화를 위한 것뿐이다.

그럼에도 조선 정부는 여전히 독립할 결심이 없고 개명으로 입문하기를 주저한다고 한다. 우리 일본인의 노력도 헛수고가 된다면 결코 용서할 수 없고 일도양단의 칼날처럼 단안을 내릴 수밖에 없다. 독립의 뒤가 망국이라면 그들은 스스로 멸망을 바라고 있다. 개명의 반대는 야만으로 그들은 야만의 습관을 지키려 하고 있다.

그렇더라도 조선 조정의 힘으로는 문명개화의 세계라는 대세를 거스를 수는 없다. 들리는 바에 따르면 조선 정계는 여러 가지 소당파가 생겨 사적 싸움에 바빠 국사를 생각할 짬이 없다고 한다. 더러 성실하게 시세를 타려는 인물이 있지만 정부 전체가 '시기와 질투'로 차단되어 단지 관직에 앉아 있을 뿐이다. 그들 정치 사회가 활발하지 않은 데 비해 사람들 서로 간의 질투심은 깊고 음험하다. 갑신정변이 바로 그 한 예다. 정변에 실패한 김옥균·박영효 등의 주의主義가 이번 일본 정부가 권유하고 있는 취지와 같다면 다른 일은 제쳐두고라도 박영효·서광범·서재필 등을 맞아들여 대우를 후하게 하고 전권全權을 위임하여 국사개혁에 나서게 하는 것이 옳다.

그들은 다년간 미국에서 떠돌며 쓴맛 단맛을 다 보았고 정치상 지견知見도 넓어 '경륜經綸의 기량'도 있다. 게다가 더 좋은 점은 일본에 김옥균·박영효·서광범의 이름을 모르는 사람이 없고 조선인으로서 일본인과 같은 경우에 있는 자이므로, 그들이 정부 주요 자리를 차지하면 양국의 교제에 한없이 편리하다. 조선인이 우둔하더라도 이러한 이치를 모를 리 없건만 지금에 이르기까지 적대시하여 박영효는 인천에 머물고 서광범은 미국에서 일본으로 돌아왔는데 모르는 것 같다. 소인배의 질투에 방해받고 있다고 추측할 수밖에 없다. 새도 죽을 때가 되면 슬피 운다고 한다. 나라가 망하면 우매한 사람을 놀라게 하는 일이 많다. 김·박·서들에 대한 조선 정부의 움직임을 보더라도 망국의 전조로서 의심하지 않을 수 없다.

갑신정변 때 살아남은 또 한 사람인 서재필은 여전히 미국에 있었다. 후쿠자와가 박영효·서광범·서재필의 기용을 기대한 까닭은 달리 인재를 찾을 수 없었기 때문이었다. 이노우에 가오루가 10월 25일 경성에 부임하자 후쿠자와는 1894년 11월 9일자 「조선 정부는 무엇 때문에 박·서 무리를 소외하는가」라는 제목의 사설을 통해 이들의 기용을 거듭 주장했다.

박영효·서광범·서재필은 국사 범죄자임에 틀림없지만 임금을 죽이려 한 것은 아니며, 집권 민족閔族의 전횡으로 나라가 도탄에 빠지게 된 상황에서 임금 측의 악을 제거하려 한 것뿐이다. 사건의 진실을 말하면 김·박·서는 왕가의 적이 아니라 민씨의 적이다. 지금 민씨는 쫓겨나 청나라에 간섭할 세력이 없고 정부는 김·박·서의 주의主義를 따라 국사를 경영하고 있으므로, 10년 전의 난신亂臣은 오늘의 충신으로 정부야말로 죄를 벌할 일이 아니라 과거의 잘못을 사과해야 할 것이다.

국왕의 특명으로 죄를 사하고 충신을 암살하도록 교사한 무리를 처형하는 단안이야말로 오늘의 급한 일인데 국정개혁은 실효가 없고 현재 집권한 늙은이들은 옛날에 연연하여 개진改進을 기뻐하지 않는다. 이들은, 박·서라는 인물은 대역무도大逆無道죄를 범한 자이므로 죄를 면하기 쉽지 않고 특전으로 죄를 용서하더라도 사람을 죽인 자를 정부에서 받아들이면 천하의 인심이 허락하지 않는다고 억지를 부린다.

대역무도와 국사범의 구별은 문명국 여러 나라의 통례로서 조선인의 견문이 넓지 않다고 하더라도 구별을 못하는 자는 없을 것이다. 이를 알고서도 이들을 배척하는 까닭은 이러한 인물이 정부에 들어가면 자신들의 지위가 흔들리지는 않을까 우려하기 때문이다. 조선 정부는 당초 일본의 권고를 받아들여 국사개혁을 약속했다. 이에 따라 갑신정변의 국사범도 사면 복권시키리라 기대했으나 모두 아니다.

이는 우리 국민 일반을 실망시킨 점이지만 조선의 개혁은 일본의 책임으로 문명국 여러 나라와의 공약과 같은 약속이므로 조선인의 완루頑陋에 관계없이 일본의 영예를 위해 허락해서는 안된다. 조선 정부가 박·서 등을 받아들이는 조치가 바로 개혁 가운데 하나이다. 누가 감히 거부한단 말인가. 우리 군대는 조선을 위해 싸우고 조선을 위해 죽는다. 일본은 전력을 다하여 조선 독립과 개명을 위해 힘쓰고 있는데 그 성과는 지지부진하다. 사물의 균형을 잡을 수 없다. 오늘의 사태를 대략 평하면 조선인은 일본의 은혜를 모르는 자라고 말할 수 있을 뿐이다.

후쿠자와는 조선의 개혁이 진척되지 않는 이유의 하나로 정권의 최고 자리에 '노물老物' 대원군이 앉아 있는 점을 들었다. 대원군이 군국기무처의 정책을 거부하여 중간에 있는 수상 김홍집이 아무일도 할 수 없다고 판단했기 때문이다.

후쿠자와는 11월 11일자 사설 「조선의 개혁」에서 대원군에게는 개혁을 기대할 수 없으므로 박·서에 의존해야 한다는 이유를 설명했다.

대원군은 천품이 영특하고 비범하며 경륜과 기량도 빈약하지 않다. 지위 명망은 전국을 압도하고 궁중을 마음대로 움직일 수 있는 자는 대원군뿐이므로 내외의 사정이 묘하게 되면 그에게 무게를 두는 자가 있다. 그러나 대원군의 재주와 명망을 아는 것만으로는 그의 심사를 알 수 없다. 군주 전제국의 최고 지위에 있는 자라면 다소의 재주만 있어도 명망은 당연하고 또 대원군의 영특하고 비범함은 동양류東洋流에 지나지 않는다. 그의 내면을 한 꺼풀 벗겨보면 완전히 부패한 유교국儒教國의 '평범한 완고옹頑固翁'일 뿐이다.

20여 년 전 국정을 독점하여 새로운 면모를 보이겠다고 공표하고도 폭정으로 인민을 협박하고 가렴주구苛斂誅求로 왕가의 영향력을 넓혔을 뿐이다. 공업이 일어나지 않고 농사도 원시

상태를 벗어나지 못해 팔도 생민生民이 도탄에 신음하는데도 쇄국양이鎖國攘夷를 부르짖어 세계에 단지 중화中華가 있다는 것만 알 뿐이다.

일본 군함이 처음 조선을 방문했을 때 '동이東夷 해적'이라는 이름을 내린 옹이다. 평양이 함락되기 전까지 청나라의 필승을 기원하고 몰래 동학당과 내통하여 일본병을 협공했다는 풍문도 사실무근이라고 단언하기 어렵다. 그래도 대원군의 완고는 여전히 마음대로이다. 아무리 문명을 적대시하더라도 국가의 중요함을 잊어서는 안 된다. 또 나라를 위해서는 노후 여생을 걱정해서는 안 된다.

지금의 조선 정계를 살펴보면 일정한 주의主義를 지키는 자 없고 어제는 개명, 오늘은 수구, 전월前月은 청나라를 섬기고 지금은 일본을 가깝게 하고 있다. 소인도 화禍를 볼 줄 알면 노련한 채 하고, 노인도 시세에 따라서는 주의 주장을 외친다. 늘 일신만 챙기고 나라는 안중에도 없다. 그들은 변명에 탁월하고 생각이 부족하기 때문에 개인적으로 만나 문장을 시험하면 한결같은 인물 같아 정사正邪를 말하지 않을 수 없다.

누구나 새의 암수쯤은 가릴 줄 안다. 내가 다년간 경험한 바로는 모두 책임감이 없고 절조가 없는 연약한 남자뿐이다. 이를 상대로 국사개혁 도모는 절망적이지만 김·박·서 같은 사람은 인물 여하에 관계없이 다년간 교제해온 일본인을 배반하지 않았고 타국인에 의지하려고 하지 않아 그들을 믿고 일을 맡기려 한 것이다. 설령 그들이 정권을 맡지 않아도 믿을 만하므로 가까이 해야 하며, 다른 인물을 기용하더라도 이들을 통해 발탁 인물의 됨됨이를 확인할 수 있으므로 큰 과오는 면할 수 있다. 내가 여러 번 이들을 끌어들이자고 한 이유가 바로 여기에 있다.

그렇다면 후쿠자와는 박영효와 서광범을 통해 무엇을 이룰 수 있다고 생각했을까. 그해 11월 17일자 사설 「파괴는 건설의 시작이다」를 통해 "일대 영단을 내려 조선의 국가 조직을 근본부터 뜯어 고쳐야 한다"고 해답을 내놓았다.

예를 들면 일본이 메이지 정부의 오늘에 이른 것은 폐번치현廢藩置縣의 큰일로부터 무가의 폐도廢刀를 실현하고 사회를 시민 동등주의로 바꾸는 등 사회 전반의 구조직을 완전히 고쳤기에 가능했다. 다행히 우리나라는 조야朝野의 상층에 문명주의를 아는 사람이 적지 않고 하류 사회를 풍미하여 별 탈이 없었으나, 조선은 부패의 소굴로 지배층에 마음이 활달하여 작은 일에 구애받지 않는 과단성 있는 인물이 없고 국민은 노예와 같이 상하 문명의 짐을 이해하지 못한 자들뿐이다.

조선국정개혁은 일본의 선례를 표준으로 해야 한다. 내 소견으로 판단하면 일본의 힘으로 개진을 재촉하고 이에 따르지 않으면 지도하고 그래도 안 되면 협박과 교육에 의지할 수밖에 없다. 힘을 바탕으로 한 문명 협박은 매끄럽지 못하지만 일시 방편으로 우리들의 본심에 부끄러운 점이 없는 한 기어코 실행해야 한다. 조선인이 아무리 완고 우둔해도 자국의 이해를 모를

리 없다. 정중히 반복하면 스스로 깨달아 문명의 문으로 들어가게 된다고 설득해 보자는 사람도 있지만 그들의 국익을 중시하는 생각은 사리私利에 묻혀 발동하지 않는다.

조선의 민씨 일가가 일시 청나라의 환심을 잃고 어떤 강국과 비밀 조약을 맺어 일족一族의 화를 면하려 기도했던 것처럼 가정만 알고 국가는 모른다. 일본인 마음으로 조선인을 헤아리는 일은 결과적으로 큰 잘못을 불러오게 된다. 이는 내가 다년간 실험으로 조선인의 근성을 관찰해 얻은 결론으로 여러 번 강조한 바 있다. 협박과 결단으로 국무의 실권을 장악하고 조선인에게 일을 집행하도록 해야 할 뿐이다. 개혁추진중에 크게 불평을 말하는 자가 있더라도 두려워할 필요가 없다. 조선인을 안중에 두지 말고 오로지 조선의 문명 개진만을 각오하고 하루빨리 시작하여 새 면목을 열어야 한다.

후쿠자와는 이어 「조선의 개혁 그 기회에 떨어지지 말지어다」(11월 20일자)라는 제목의 사설을 통해 당장 조선국정개혁을 단행할 것을 촉구했다.

우리 군대는 청나라 방면으로 진격하고 여러 외국은 국외자로 중립을 지키고 있다. 조선 내지에 주둔한 병사도 적지 않아 전승의 세는 팔도 인심을 전율케 한다. 조선은 말 그대로 우리 수중에 들어와 있다. 이 세를 이용해 개혁을 추진하면 수개월 안에 대체적 방향은 결정될 것이다. 주변 여러 나라를 염려하여 결단을 주저하고 시일을 허비하면 기회를 놓치게 된다. 타국의 내정간섭은 나라 교제의 법도가 아니라고 하는 사람도 있으므로 삼가는 일이 도리이지만 간섭의 시비는 상대에 의한 것이다. 국토를 빼앗겠다는 야심 없이 이런 쪽으로 성의를 다한다면 그들도 깨달을 날이 있을 것이다.

우리나라가 무엇보다 우려하는 바가 외국의 비뚤어진 눈이지만 이미 일·조관계를 상세하게 밝힌 적이 있으므로, 우리의 대조선 정략을 모르는 자는 없다. 조선에 있는 외국인으로서 이를 거론하는 사람도 있으나 이는 그들의 독단적인 논의는 아니다. 현재 조선 조정은 군소 당파로 갈려 외교 문제에도 로당露黨·영당英黨·미당美黨·독당獨黨이 있고 친한 외국인에게 내정을 밀고하며 불평을 유발시키고 있을 정도이다.

10월 25일 경성에 부임한 이노우에 가오루는 고종과 대원군, 총리 김홍집을 차례로 만나 자신은 종전의 공사와 같은 예사 공사가 아니라 조선 정치고문의 입장에서 상담에 응하기 위해 부임했다고 위세를 부렸다. 이노우에는 부임 후 후쿠자와가 제안한 대로 조선 내정개혁을 엄격하게 실행해 나갔다.

2) 육전·해전 모두 훈련된 일본 침략군이 승승장구

(1) 청군, 전쟁 의미 잃고 몸을 사려 도망치기에 바빠

19세기 말 세계 자본주의 열강은 이미 앞서거니 뒤서거니 하며 제국주의 단계로 진입하였다. 경제적 정치적인 세계 분할 투쟁의 필요 때문에 열강은 제국주의적 식민지 확장 정책을 적극 추진하였고 동북아에 위치한 중국과 조선은 그들의 격렬한 각축의 주요한 목표가 되었다.

1868년 명치유신明治維新 후의 일본은 신속히 자본주의의 길을 걸었다. 그러나 일본 자본주의의 발전이 구래의 봉건적 생산 방식을 소멸시키지는 못하여 농후한 봉건성도 함께 가지고 있었다. 농촌에는 봉건적 생산 관계가 여전히 대량으로 존재하여 농민의 생활은 매우 빈곤하였다. 일본은 국내 시장도 매우 협소하였으므로 일본 부르주아資産 계급은 적극적인 외부로의 확장을 추구하여 원료와 시장 문제를 해결하려고 하였다.

동시에 또 일본은 군사 공업을 중심으로 자본주의 공업화가 진행되었다. 명치 정부는 군대를 정비하고 무장을 갖추려고 군수 공업을 우선 발전시켰고 '무사도' 정신을 크게 선전함으로써 인민이 침략 확장 정책에 힘쓰도록 유도하여 강렬한 군국주의적 색채를 띠었다. 일본 자본주의가 가지고 있던 이러한 봉건성과 함께 군사적 특징은 대외적인 강렬한 약탈성과 확장성을 갖게 하였다. 일본 천황제 정부는 "만리파도를 개척하여 국위를 사방에 펼치자"라고 외치며 중국과 세계를 정복하려는 대륙 정책을 결정하였다.(趙矢元 외『중국 근대사』 청년사 1990)

그러나 일본은 다른 나라의 도움이 없으면 재정적으로는 물론 군사적으로도 독립적인 행동 능력이 없었다. 일본의 확장 정책은 영·미·프·독 등의 열강의 종용과 지지를 얻었다. 영국은 러시아의 남하를 저지하기 위하여 일본을 지지함으로써 러시아에 대한 제약을 가할 수 있기를 희망하였다. 프랑스는 청불 전쟁 후에 일본의 북진 침략 정책을 이용하여 자국이 중국의 서남 각 성에서 세력 확장을 꾀하는데 유리하게 하려 하였다. 독일은 후발 강국으로서 일본의 침략 전쟁 도발 중에 틈을 타서 중국 영토를 도둑질할 기회를 잡으려 하였다.

미국은 일관하여 일본을 조선과 중국에 침입하기 위한 토대이자 앞잡이로 만들려고 전력을 기울이며 일본에 세력을 심으려고 하였다. 일찍이 1874년 일본은 미국의 원조하에 3천여 명의 침략군을 대만에 파견하였고, 1879년 유구를 병합하였다. 1876년 일본은 무력을 사용하여 조선과 강압으로 불평등한 「강화 조약」을 체결하여 조선의 식민지화를 가속화시켰다. 1885년부터 일본은 10년 확군 계획을 추진하였다. 이 계획은 앞당겨져 1892년에 완성되어 전시에는 23만 명에 달하는 신식 육군과 7만여 톤의 군함을 가지는 신식 해군을 건립하였다.

1890년 일본에 자본주의적 경제 위기가 발생하자 대외 무역의 불경기와 더불어 재정적자가 대폭 증가하였으며 노동자는 대량으로 실업하였고 농업에서는 흉작 때문에 계속해서 「쌀소동米騷動」이 발생하여 국내의 계급 모순이 매우 첨예하게 되었다. 일본의 통치 집단은 곤경에서 벗어나기 위해 인민의 투쟁 대상을 옮기려고 더욱더 대외 확장으로 출로를 찾으려고 했으며, 조선과 중국 침략을 위한 전쟁 준비를 더욱 강화하였다. 일본 군벌의 우두머리이며 내각 수상 야마가타 아리토모山縣有朋는 시정 연설에서 노골적으로 조선과 중국의 동북지방 그리고 대만이 일본의 "안위와 밀접하게 관련되어 있는 지역"이며 일본의 '생명선'이라 말하였고, 일본은 이 지역에 대해 '보호'할 권리가 있다고 하여 중국 침략을 열광적으로 선동하였다.

1893년 일본은 전시 대본영戰時大本營을 설치하였다. 이와 동시에 일본 참모부는 계속해서 특무 간첩을 중국에 잠입시켜 정치·군사 정보를 수집하였고 비밀리에 중국 동북(만주) 지방과 발해만에 대한 상세한 지도를 제작하여 대규모 중국 침략 전쟁을 착착 준비하였다.

1894년 5월 조선에서 동학당이 지도한 농민 기의起義/義擧/蜂起가 폭발하였고 「축멸 왜이逐滅倭夷」 「진멸 권귀盡滅權貴」의 구호를 외쳤다. 조선왕은 청조에 병력을 파견하여 진압에 협조해 줄 것을 요구하였다. 일본은 이것을 침략 전쟁을 위한 절호의 기회로 보고 청에게 출병을 적극 권유하면서 "귀정부는 왜 신속하게 조선을 위해 난을 감당하지 않는가" "우리 정부는 결코 다른 의도가 없다"고 하였다.(『淸季外交史料』 90권 30쪽)

다른 한편 국내에서는 비밀 동원령을 하달하여 조선에 출병하여 점령할 충분한 준비를 하였다. 청은 일본의 "결코 다른 의도가 없다"는 말을 깊이 믿고 의심하지 않아 6월 5일 직예 제독 엽지초葉志超·태원 총병太原總兵 섭사성聶士成이 1,500명을 이끌고 조선의 아산만으로 진입하였고 동시에 문서로 일본 정부에 조회하였다.

사실상 일찍이 6월 2일 청이 아직 출병을 결정하기 전 일본 내각은 이미 정식으로 조선 출병을 결정하였다. 6월 5일 일본의 주조선 공사 오도리 가이스케大鳥圭介는 공사관과 교민을 보호한다는 명목으로 육해군을 거느리고 조선으로 가서 10일에는 한성漢城을 점거하였다. 여단장 오도리 요시사케大鳥義昌가 거느린 혼성 부대 약 7~8천 명이 계속 조선으로 갔기 때문에 6월말 일본의 주駐조선군은 이미 1만 명 가량 되어 병력상 중국군

보다 훨씬 많았다. 일본군이 인천에서부터 한성까지의 전략 요지를 점령하고 점차 아산에 주둔하는 청군을 포위해 가자 청일 전쟁은 일촉즉발의 상황에 도달하였다.

전쟁이 임박하게 되자 중국 군민은 일본의 침략에 강력히 반대하고 아산에 포위된 청군을 구해야 한다고 주장했다. 나이어린 광서제光緒帝(1871~1908)와 그의 스승 옹동화를 중심으로 한 일부 제당帝黨(광서제의 친정親政 지지파, 주전론자) 관료들은 국가의 전도(앞날)를 걱정하면서 이 기회에 자신들의 권력과 지위를 강화하기 위해 자희 태후와 충돌하며 계속 이홍장에게 "전쟁 준비를 하라"고 전보를 쳤다.

실권을 장악하고 있던 후당后黨(친태후파) 관료 이홍장은 북양 해군의 실력과 북양의 지반을 보전하기 위하여 한 번의 시도도 결코 가볍게 하려 하지 않았다. 그는 "전쟁을 피하고 조선을 보전하자"고 주장하며 열강의 조정을 구걸하고 "러시아와 연합하여 일본을 억제하려는" 환상 속에 제3국의 힘에 의하여 일본이 조선에서 철군케 하려 하였다.

최고 통치권을 장악하고 있던 자희 태후는 일본의 무력 위협을 두려워하였고 또 자신의 60세 '만수 성전萬壽盛典'을 준비하는 데 바빠 전쟁이 없기를 희망하였다. 그녀는 '길경吉慶'을 도모하고 '화국和局'을 보전하려고 이홍장의 주화책主和策을 전폭적으로 지지하며 러・영 공사들과 교섭하게 하였다. 열강은 각기 자국의 이익을 위하여 이미 모두 일본의 의도를 '양해'한 상태였으며, 심지어 일본의 전쟁 도발을 지지하고 있었기 때문에 조정調停은 파탄날 수밖에 없었으며 전쟁은 불가피하게 되었다.

1894년 7월 23일 일본군은 조선 왕궁에 침입하여 국왕 고종을 강제로 손아귀에 넣고 이하응李昰應(대원군)을 수반으로 하는 괴뢰 정권을 내세워 조선 정부가 일본에게 아산의 청군을 구축해 줄 것을 '요청'하게 했다.

7월 25일 일본 침략자는 선전 포고 없이 전쟁을 일으켜 아산만의 풍도豊島 해상에서 신의도 모르는 해적과 같이 중국 해군을 습격하였다. 원래 이홍장은 고승高升・애인愛仁・비경飛鯨의 영국 상선 3척을 고가로 구입하여 병력을 싣고 아산 주둔군을 증원하게 했고 수송선 조강操江에 대포를 싣고 제원濟遠・광을廣乙・위원威遠의 3척으로 호위하게 했다. 일본은 이 중요한 정보를 입수한 후 해군 중장 이토 스케토루伊東祐享에게 군함 15척으로 사세보佐世保 군항을 출발하여 도중에 중국 군함을 습격할 준비를 하게 했다. 이날 날도 밝기 전 청군을 호송했던 제원・광을 두 군함이 아산에서 나와 풍도의 서북쪽으로 길을 택해 여순旅順으로 가다가 일함 길야吉野・낭속浪速・추진주秋津洲 3척과 조우했다. 일함은 갑자기 제원・광을을 포위하고 맹폭을 가함으로써 정식으로 중국 침략 전쟁이 시작되었다.

쌍방의 포격전이 한 시간 이상 계속되어 서로 간에 사상자가 발생하였다. 광을 함은 조선 해안의 암초와 충돌하여 함이 훼손되어 해안에 올라갔다. 제원함의 대부大副와 이부二副는 모두 포탄에 맞아 희생되었다. 관대管帶 방백겸方伯謙은 죽는 것이 두려워 백기를 걸고 도망쳤고 이를 일함이 맹렬히 추격하였으나 다행히 선원 왕국성王國成·이사무李仕茂가 네 발의 포를 연발하여 세발을 명중시키자 일본의 길야吉野함이 파괴되어 도망가는 틈을 타 제원 함은 여순으로 도망쳐 올 수 있었다.

중일 양국의 함대가 조우했을 때 조강操江·고승高升 두 척의 배가 천진으로부터 달려왔다. 일함 낭속浪速이 고승 호를 투항하도록 강요했으나 함선의 1천여 병사는 분연히 응전하여 완강히 저항하였다. "병사들은 차라리 죽을지언정 결코 일본놈의 명령에 따르지는 않는다"고 하였다.(『中日戰爭』6책 23쪽) 일본함 낭속은 고승을 150m 거리로 좇으면서 대포와 어뢰를 마구 쏘았지만 중국 관병은 두려워하지 않고 곡사포로 반격하였다. 불행하게도 상선인 고승 호는 격침되었고 7백 여 명이 장렬히 순사殉死하였다. 소함인 조강은 일함 추진주에게 쫓겨 도망쳤다.

같은 날 일본 육군 4천여 명은 아산에 주둔하는 청군을 공격했고 사령관 엽지초는 아산을 버리고 평양으로 도주하였다. 청군의 장령 섭사성은 격전을 벌였으나 중과부적이어서 공주로 퇴각하였다. 8월 1일 청조는 대일 선전 포고를 하지 않을 수가 없었다. 중국에서는 1894년이 갑오년이었으므로 「갑오 중일전쟁」이라 불리게 되었다.

(2) 평양 전투와 황해 해전에서 청은 연달아 패배

이홍장은 주전파 여론과 광서제의 항적抗敵 칙령에 못 이겨 위여귀韋汝貴·좌보귀左寶貴·마옥곤馬玉崑·풍신아豊紳阿에게 4군 약 2만 명을 파견하였다. 군이 속속 평양에 도착하자 아산에서 싸우지도 않고 평양으로 도망 온 엽지초가 전군의 총지휘를 맡았다. 9월에는 조선을 침입한 일군이 이미 5만 명으로 늘었다. 전체 전쟁 지휘권을 장악하고 있던 이홍장은 자희 태후의 지지 속에 소극적 저항이란 전쟁 방침을 결정하고 육군에게는 수비할 수 있으면 수비하고 불가능하면 후퇴하라고 하고 해군에게는 "배를 보전하면서 적을 제압하고" "대양에서의 전투는 피하라"고 명령하였다.(『李文忠公全書·奏稿』78권) 이러한 타협 양보 정책은 일본 침략자를 기고만장하게 만들었고 또 중국의 많은 애국적 장병들의 전투의지를 억눌렀다.

9월 14일 일본군은 평양성 북쪽을 공격하기 시작하였다. 15일 일본군은 4개 부대로 나뉘어 평양의 중국 주둔군을 맹공하였다. 회족回族 출신 좌보귀左宝貴는 평양의 현무문을 굳게 수비하면서 몸소 성에 올라가 부대를 지휘하며 적을 쳐서 많은 적을 살상하였다. 그러나 불행히 좌보귀는 포탄을 맞고 죽었고 북쪽의 각 영루는 연달아 함락되었다. 이때 마옥곤馬玉崑·위여귀韋汝貴는 각기 동서 양로의 일군을 격퇴하였으므로 전쟁은 아직 종국을 맞지는 아니하였다.

그런데 총사령관 엽지초는 중국과 조선 군민의 피나는 항전을 고려하지도 않은 채, 성 위에 백기를 꽂아 일군에게 항복을 구걸하는 한편 급거 각군에 철퇴를 명령하여 그날 저녁 평양을 도망쳐 나와 '하룻밤에 삼백 리를 미친 듯이 달려' 압록강을 건너 중국 경내로 후퇴하였다. 평양의 함락으로 청일간의 조선 경내에서의 전투는 끝났다.

평양 전투 이틀 후 일본 함대는 압록 강구의 대동구大東溝 남쪽의 황해 해상에서 중국의 북양 함대를 습격하여 격렬한 황해 대해전을 일으켰다.

9월 17일 정오 무렵 제독 정여창丁汝昌이 거느린 북양 해군 호송 선단 10여 척이 회항 중 대동구를 경과할 때 황해 해상에서 홀연히 미국 군기를 단 함대가 서남방으로부터 접근해 왔다. 그 함대는 접근 즉시 일본 국기로 바꿔 달았다. 일본이 미국 국기의 엄호하에 기습을 한 것이었다. 정여창은 각 함에 명령하여 화기를 열고 대기시키고 정원定遠·진원鎭遠의 두 철갑선을 가운데 위치시켜 '人'자의 안행雁行진으로 전투에 임했다. 12시 55분에 전투가 개시되자 기함 정원 호 위에서 작전을 지휘하던 정여창은 비교飛橋 위에서 떨어져 부상을 당했지만 계속 갑판에 앉아 독전하며 사기를 고무하였다.

정원의 관대管帶 유보섬劉步蟾은 정여창 대신에 침착하게 지휘하였다. 일함은 빠른 속력을 이용하여 정원·진원 양함의 앞을 가로질러 북양 함대의 우익을 우회 공격하였다. 우익의 초용超勇·양위揚威 두 함선으로 구성된 진은 오래 버티기에는 역부족이었다. 계속 포탄을 맞고 불이 나서 초용은 얼마 안 되어 침몰하였다. 일본의 비예比睿·부상扶桑·적성赤城·서경환西京丸의 네 척은 속도가 느려 북양 함대에 의해 절단되어 포위 공격을 받자 비예·적성은 크게 부서지고 서경환은 정원의 포에 맞아 조타기가 파손되었다.

일함은 전대의 형세가 불리해지자 구원하기 위해 급히 방향을 바꿔 북양 함대의 양날개를 공격하였다. 일함의 협격으로 치원致遠·경원經遠·제원濟遠은 진 밖으로 이탈되어 중국 함대는 점차 열세에 놓여졌다. 격전 중에 치원함은 기함 정원이 적의 포격 중에 놓이자 분연히 배를 돌려 구원하려 달려갔으나 불행히 포탄에 맞아 배에 물이 새어 들어와 선체가 기울고 탄약도 다 떨어져 갔다. 이 위급한 때에 관대 정세창鄭世昌은 "적진을 공격하여 무너뜨리고 적함 한 척을 파괴하여 그 예기를 꺾자"고 하며 부분적으로 자기를 희생함으로써 전체적인 승리를 얻고자 하였다. 그는 대부大副 진금규陳金揆에게 "왜함은 오직 길야를 믿고 있으니 이 배만 침몰시키면 우리 군이 힘을 모을 수 있다"고 했다. 늠름하게 전속력으로 적함 길야에게로 쳐 들어갈 것을 명령하여 적함과 함께 동귀 어진同歸於盡하려고 하였다. "길야를 쳐서 침몰시키자! 길야를 쳐서 침몰시키자"고 고함을 지르자 길야는 황망히 어뢰를 발사했고, 치원함은 불행히 어뢰에 맞아 기관이 터져 배가 침몰하였다.

전함의 250명 중 2명이 조선 어선에 의해 구조된 것을 제외하고 모두가 장렬히 희생되었다. 정세창이 물속에 떨어졌을 때 그의 부관 유충劉忠이 구조대를 그에게 주어 잡게 했으나 그는 받기를 거절하고 "의義는 혼자 살고자 하지 않는다"고 하며 분연히 물리치고 스스로 빠져 죽을 뜻을 표시하였다.(『中日戰爭』 3책 136쪽)

제원함의 관대 방백겸方伯謙은 치원함이 침몰하는 것을 보고 본함이 중상이라는 신호기를 걸고 즉시 조타기를 돌려 도망하다가 창황중에 잘못하여 양위揚威함과 충돌하였다. 이때 양위는 이미 기울어져 방향을 바꿀 수도 없었는데 또 크게 충돌하자 곧 침몰하였다. 전투가 끝난 뒤 방백겸은 정여창에 의해 참수되어 군중에게 효시되었다. 광갑廣甲함의 관대 오경영吳敬營 역시 삶을 탐하고 죽음을 두려워하는 자여서 제원함이 도망하는 것을 보고 역시 허둥지둥 길도 살피지 않고 급히 도망가다가 좌초하자 배를 버리고 해안으로 올라갔다.

그러나 북양 함대의 대부분의 관병은 애국 정신에 충만하여 용감히 선전하였다. 제원과 광갑이 도주한 후 일본함의 제일 유격대(전대)는 경원함을 포위하고 집중 포화를 퍼부었다. 경원이 포탄에 맞아 불이 났지만 관대 임영승林永升은 전체 관병을 지휘하여 진격할 뿐 후퇴를 몰랐으며 "포를 쏘아 적을 공격하고 물을 길러 불을 끄는데 참으로 질서가 있었다." 경원 한 척이 넷을 저지하여 버티고 오랫동안 견디었다. 이때 임영승은 일본선 한 척이 포탄에 맞아 손상된 것을 발견하고 명령을 내려 추격하게 하였는데 "그것을 쳐서 격침시키자는 것"이 아니라 "사로잡아서 끌고 돌아가려는 것이었다."

격렬한 포격전 속에서 임영승은 갑자기 포탄에 맞아 가슴이 파열되어 진중에서 사망하였다. 대부 진책陳策과 수비이부守備二副 진경영陳京瑩 역시 차례로 포탄에 맞아 희생되었다. 경원함은 배의 주인이 없는 상황에서도 수군들이 용감하게 방어하여 후퇴를 몰랐으나 불행하게 어뢰에 맞아 선치가 부서져 격침되고 배 위의 270명 중에 16명이 살았을 뿐 모두 순국하였다.

정원함의 관대 유보섬은 정여창을 대리하여 전력을 다하여 지휘하였다. 그는 "진퇴의 지휘를 시시각각 변환하여 적포가 맞출 수가 없었다." 정원과 진원은 합동 작전을 벌이며 주력함으로써 전투 능력을 충분히 발휘하였고 많은 북양 해군 역시 싸울수록 용감해졌다. 격전에서 정원은 두 번이나 일본의 기함 송도를 명중시켜 갑판 위의 탄약고를 폭발시켜 백여 명을 사살하였으며, 송도는 거의 침몰되다시피 하였다. 오후 5시 정원定遠함의 가운데 기둥이 부러져 대부분이 깃대를 세우려고 모이자 각함은 서로 정원靖遠에 의지하여 서남쪽으로 퇴각하였고 북양 함대는 여순旅順으로 후퇴하였다.

이 황해 해전에서 쌍방이 참전한 군함수나 총톤수·화포의 총수·총마력 등을 전체적으로 봤을 때 일본 함대의 역량이 훨씬 우세했다. 전쟁의 결과 북양함대는 치원·경원 등 5함의 손실을 보았고 일본은 송도·길야 등이 크게 훼손되었다. 전체적으로 봐서 중국측의 손실이 더 컸으나 북양 함대는 여전히 정원·진원·정원靖遠·내원·평원·광병 등의 전함을 보유하고 있어 상당한 전투력을 가지고 있었다.

이홍장은 북양의 실력을 보존하기 위하여 고의로 손실을 과장하면서 "북양 한 모퉁이의 힘으로 왜인 전국의 군대를 물리쳤다"고 크게 떠들었다. 그는 해군 장사병들의 출전 전투욕을 억누르고 "배를 보전하여 적을 제압한다"는 구실로 북양 함대를 위해위威海衛 군항에 머물게 함으로써 앉아서 죽음을 기다리는 국면을 만들었다.

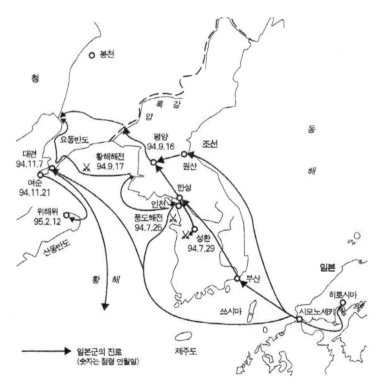

청일전쟁 당시 일본군의 진로 : 대본영은 히로시마廣島·시모노세키 출항
(요시노 마코토 저, 한철호 역 『한일 2천년사』 책과함께 2009)

451

3) 일본의 동아시아 제패, 조선 · 중국 · 세계가 놀라

(1) 청군, 평양전투 굴복하고 요동반도 함락 허용

평양을 점령한 후 일본군은 1894년 10월 하순 군사를 양로兩路로 나눠 중국으로 침입하였다. 일로는 육군 대장 야마가타 아리토모山縣有朋를 지휘관으로 하고 의주에서 압록강을 건너 요동으로 진공하였다. 강을 수비하던 4만여 청군은 소극적이고 피동적으로 압록강의 천연적 요새를 이용하여 일본군을 저지하려 했으나 섭사성聶士城 부대가 호이산虎耳山에서 저항한 것을 제외하고 나머지는 지휘관이었던 송경宋慶 · 의극당아依克唐阿를 좇아 허둥지둥 모두 도망쳤으므로 궤멸되고 말았다.

일본군은 3일도 채 안되어 안동安東과 구연성九連成을 점령하였고, 연이어 차례로 장전長甸 · 봉황성鳳凰城 · 해성海城 등의 전략적 요충을 점령하고 요양遼陽에 압박을 가하였다. 다른 일로는 육군 대장 오야마 이와오大山巖가 거느리고 인천에서 바다를 건너 요동반도의 화원구花園口에서 상륙하여 배후로부터 여순旅順과 대련大連을 습격하였다. 3만의 일군이 12일에 걸쳐 상륙할 동안 청군은 앉아서 바라만 보면서 아무런 저지도 하지 않았다. 그곳 8백여 호의 농민들이 애국심으로 궐기하여 고무高武의 지도 아래 일본군의 군영을 습격하여 침략자를 여럿 살해하였다.

11월초 일군은 여순과 대련의 뒤에 있는 요충지인 금주金州로 진격하였으나 금주 주위에 주둔하던 수비 관병은 전혀 움직이지도 않았다. 다만 서방도徐邦道가 거느린 2천여 명이 구원하러 왔을 뿐이었다. 금주가 함락되자 여순과 대련의 북문이 열린 형국이 되었다. 그때 여순에 주둔하고 있던 청군은 약 2만 명이었기 때문에 일전을 벌여 볼 여지가 없지 않았지만, 청조의 패배주의적 지도 방침으로 많은 장교들은 재산을 옮기려고만 했지 저항 의지는 추호도 없었다.

11월 7일 일본군은 삼로로 나뉘어 대련으로 진격하였다. 그런데 수비장 조회익趙懷益은 이미 하루 전에 여순으로 도망치면서 대소의 대포 약 120문, 포탄 246 발, 총기 · 텐트 · 말 등을 무수히 내버려 두었다. 일본군은 싸움도 하지 않고 대련을 점령하였다. 이전에 정여창은 형세가 위태롭다고 느끼고 몸소 천진으로 가서 이홍장에게 북양 함대가 와서 구원해 주길 청했으나 이홍장은 "그대는 위해위에서 함선을 잃지 않고 잘 지키기만 하면 되는 것이고 나머지는 그대의 일이 아니오"라고 하면서 거절하였다. (『中日戰爭』 1책 69쪽)

일군은 대련에서 10일을 휴식한 다음 18일 여순 공격을 개시하였다. 이때 여순 수비군은 아직 3,000명이나 있었으나 장수가 부패하여 군심은 산만하였다. 수비군 사령관 공조여는 어뢰정을 타고 산동반도의 연대烟台로 도망가 버렸고 나머지 장수들도 공조여처럼 너도나도 배를 타고 내륙으로 도망가 버렸다. 서방도만이 잔여 부대를 거느리고 연일 분전하였으나 중과부적인 상태에서 후원도 없어서 결국 패하고 말았다. 22일 여순은 적의 손에 떨어졌다.

용감한 여순의 노동자·농민·점원·교사·예술인들은 여순을 보위하기 위하여 철추·도끼·칼·낫 등으로 일군과 육박전을 벌였다. 그러나 야수와 같은 일본군은 4일간에 걸쳐 끔찍한 대살륙을 벌여, 가두에는 시체가 산처럼 쌓였고 전시가에서 36명만이 요행히 난을 면했지만 이 36명도 일군에게 사로잡혀 동포의 시체 아래 암매장된 채로 버려졌다.

일본의 미치광이 같은 침략과 청군의 부패 무능은 동북東北 인민의 분노를 격발시켰다. 그들은 칼·조총·도끼·낫을 무기로 하여 자발적으로 침략자를 무찌르기 위한 조직을 만들고 국가 보위 투쟁을 전개하였다. 수암의 동남쪽 계화령桂花嶺 지방에서는 채탄 노종자가 중심이 되어 수십 개 촌의 인민과 연락하여 향단鄕團을 조직하고 창을 가지고 적과 싸웠다. 통계에 따르면 요양과 풍성風成 일대만 해도 무장 군중이 수십만에 이르렀다고 한다.

일본군은 네 차례 요양을 공격하였으나 그곳 군중들에 의해 격퇴되었다. 압록강변의 동변도東邊道 일대의 인민 역시 광범위한 저격전을 전개하여 침략자들을 사정없이 무찌르고 관전과 장전을 수복하였다. 부패한 청조는 인민의 힘을 적대시하였으므로 인민의 조직적 저항을 금하였고 이 때문에 인민의 자발적 저항으로써도 국면을 전환시키지 못하였다.(趙矢元·馮興盛 주편, 중국사연구회 역 『중국 근대사』 청년사 1990)

(2) 본토의 해안포대와 선박도 침묵한 채 항복

일본 침략군은 청조를 완전히 굴복시키기 위하여 육군 2만을 연합 함대의 엄호 아래 1895년 1월 20일 영성 성산두榮城 成山頭에 상륙시켜 위해위의 배후를 차단하고 군함 25척으로 위해위의 왜구를 봉쇄하였다. 위해위는 산동 반도 북안의 동쪽 끝에 위치하였고 항구 앞에는 유공도劉公島·일도日島·황도黃島가 서로 긴밀하게 연결되어 천연의 장애물을 형성하고 있는 천연 요새로서 북양 해군의 기지였다. 이때 유공도·일도에는 포대가 설치되어 화포 백여 문을 보유하고 있었고 북양 함대도 전함 9척·포정 6척·어뢰정 10여 척을 보유하고 있었기 때문에 일군과 일전을 겨루기에 충분하였다.

그러나 이홍장은 "배를 보전하고 전쟁을 피한다保船避戰"는 패배주의적 지도로 북양 함대는 항구내에 갖혀서 일군의 포위를 좌시하고만 있었고 결국 앞뒤에 적을 둔 불리한 국면에 봉착하였다. 1월말 일본 해군은 위해위 남북안의 포대를 점령하고 유공도와 항구내의 북양 함대에 대해 일제히 포격을 가하였다. 많은 애국 관병들은 극히 불리한 형세 속에서 분연히 저항하였다.

2월초 일본군의 어뢰정이 항구내로 잠입하여 정원定遠함이 어뢰에 맞아 크게 파괴되자 정여창과 유보섬은 배를 유공도 해상으로 옮기게 하고 포대를 가동시켜 적에게 계속 타격을 주었다. 포탄이 다하자 유보섬은 배를 격침시키도록 명령하였다. 2월 10일 유는 자살 순국하여 일찍이 "만약 배가 상하게 되면 스스로 죽음을 택하겠다"고 한 맹세를 실천하였다. 연달아 내원·위원 등 다수 함선이 격침되자 형세는 갈수록 어려워졌다.

일본의 연합 함대 사령관 이토 스케토루伊東祐亨는 정여창에게 투항을 권하였다. 정여창은 회신에서 "나는 보국의 대의를 결코 버리지 않을 것이다. 오직 한 번의 죽음으로써 신하의 직분을 다할 따름이다"라고 하였다. 2월 7일 미국인 하아월浩威이 소수의 장교와 결탁하여 용병과 수군에게 반란을 선동하고 정제독에게 살길을 구걸하도록 권했지만 정여창은 응답하지 않았다. 2월 10일 사병들이 소요을 일으켜 정여창을 포위하였고 독일인 쉬넬Theodore Schnell은 투항을 적극 권유하면서 정여창에게 "병사들의 마음이 변하여 어쩔 수 없는 형세가 되었으므로 만약 배를 격침시키고 포대를 파괴시키지 않으려면 적에게 항복하는 것이 비교적 나은 계책"이라고 충고하였다.

정여창은 심사숙고 끝에 각 선의 관대에게 명령하여 배를 동시에 격침시키라고 하였으나 이들 나약한 겁쟁이들은 일본인을 노하게 할까봐 명령 집행을 거절하였다. 2월 11일 정여창은 회의를 소집하여 나머지 함선을 포위망으로 돌격하여 진원鎭遠함을 격침시키자고 하였으나 서양 고용원들과 민족 패류敗類 우창병 등이 멋대로 회의를 산회시키고 명령 집행을 거부하고 오히려 일부 망나니 병사들에게 칼을 들게 해 정여창을 위협토록 하였다. 정여창은 폭도들을 물러가게 한 후 그날 밤 음독자살하였다. 진원함의 관대 양용림楊用霖도 낯을 들고 투항할 수는 없다고 생각하여 총으로 자살하였다. 호군 통령護軍統領 장문선張文宣은 죽을지언정 항복하지 않는다며 역시 몸으로 보국하였다.

정여창 사후 서양 고용원인 맥크루·타래이·하아월·쉬넬 등은 우창병에게 가서 회의를 열었다. 하아월이 투항서를 기초하고 정여창의 명의로 남은 함선 11척과 유공도 포대 및 군사 장비를 가지고 일본군에게 투항하기로 결정하였다. 2월 17일 일본 군대가 유공도를 공격하여 위해위 기지가 완전히 함락됨으로써 16년간 경영해온 북양 함대의 전군이 궤멸되었다.

광서제는 회군淮軍이 계속 패하자 1895년 1월 비로소 상군湘軍을 이용하려고 상군의 명장 양강 총독 유곤일劉坤一을 흠차 대신으로 임명하여 6만 명을 거느리고 산해관山海關 부근에 주둔하게 하였다. 이것이 개전 이래 중국의 최대 파병이었다. 상군이 산해관을 나갔어도 형세에 전혀 변화를 주지 못하였다. 5번이나 해성海城을 공격했으나 모두 성공하지 못했다. 3월 상순 일본군이 해성을 나와 진격하자 상군은 6일도 못되어 관외의 우장牛庄·영구營口·전장대田庄台의 군사 요충지를 빼앗겼고 청의 백여 영營의 대군이 요하遼河 동안東岸 전선에서 궤멸적으로 패하였다. 이와 동시에 일본 해군은 대만 근해의 팽호澎湖 열도를 점령하였다. 이제 청군은 더 이상 저항할 힘이 없어졌고 청조는 황급히 일본에게 화의를 청하였다.

4) 왜국에 항복, 영토 할양하고 동아시아 종주권 완전 박탈당해

(1) 시모노세키 조약, 조선은 일제의 독점 지배 아래로

1894년 9월말 서태후는 중불 전쟁시 파직된 혁흔奕訢을 총리 아문의 대신으로 재기용하여 외국의 조정을 얻어 대일 화의를 교섭하도록 하였다. 10월 혁흔은 몸소 영국에게 미·러·독과 연합하여 조정해 줄 것을 애걸하였다. 11월초 일군이 요동을 침략하자 청조는 또다시 미국의 주북경 공사 덴비Chavles Denby에게 조정을 요청하여 열강으로 하여금 간섭해 줄 것을 요구하였다. 1895년 1월 청조는 호부 시랑 장음환張蔭桓·호남 순무 소우렴邵友濂을 전권 대신으로 일본에 파견하여 화의를 구하게 하였다. 이때는 일본군이 위해위를 공격하던 바로 그 때였으므로 기세가 등등하여 청조의 대표가 "전권全權이 부족하다"는 핑계로 모욕을 주고 담판을 거절하였다. 장·소 양인은 히로시마廣島에 10일간 머물렀으나 아무런 일도 성사시키지 못하고 쫓기다시피 귀국하였다.

1895년 2월 위해위가 함락되어 화살에 쫓기는 새같은 신세가 된 서태후는 이홍장을 전권대신으로 일본에 보내어 화의를 구하였다. 3월 14일 이홍장은 오정방伍廷芳과 미국인 고문 포스터John Watson Foster와 아들 이경방李經方을 대동하고 일본으로 갔다. 20일 이홍장은 일본 수상 이토 히로부미伊藤博文·외무상 무쓰 무네미씨陸奧宗光와 시모노세키의 춘범루春帆樓에서 강화 조약에 관하여 담판하였다. 그 과정에서 일본의 태도는 극히 횡포하고 야만스러워 이홍장은 일본이 제시한 각 조항에 대해 다만 "허락·불허의 두마디" 밖에 말할 수 없었다. 아울러 일본측은 전쟁을 재발하여 북경으로 진격하겠다고 위협하였고 포스터 역시 이홍장이 조약에 조인할 것을 촉구하였다. 4월 17일 이홍장은 마침내 조인하였다. 5월 2일 청조는 「시모노세키 조약」을 비준하였다. 「시모노세키 조약」의 주요 내용은 강탈적인 것이었다.

1. 중국은 조선의 '자주 독립'을 승인한다고 하였는데, 이것은 실제로는 일본의 조선에 대한 지배를 승인한 것이었다.
2. 중국은 요동 반도·대만 및 그 부속 도서와 팽호 열도를 할양하여 일본에게 준다.
3. 일본의 군비 2억 냥을 7년 내에 배상하기로 한다.
4. 사시沙市·중경·소주·항주를 통상 항구로 개항하고 일본의 상선이 이들 각 항구에 정박할 수 있도록 한다.
5. 일본의 중국 통상 항구에서의 공장 설립을 허가하고 상품의 내지 수송 및 판매시 수입세만 지불하며 내지에서의 창고 설치를 허가한다는 것 등이었다.

「시모노세키 조약」은 「남경 조약」 체결 이래 최대의 매국적 조약이었고 할양지 크기와 배상금의 크기는 사상 최대 규모였다. 조약은 일본의 조선에 대한 지배를 인정하여 15년 후 일본은 조선을 완전히 합병하고 조선을 발판으로 삼아 중국 침략을 더욱 강화하였다. 요동 반도와 대만은 모두 중국의 성들인데, 성省의 할양은 이전에 없었던 일이었다. 중국의 큰 영토가 일본의 식민지가 됨으로써 일본의 중국 동북과 동남 연해에 대한 침략이 더욱 편리하게 되었을 뿐 아니라 이것은 또한 열강의 중국 영토에 대한 침략욕을 자극시켜 조약이 체결된 후 오래지 않아 제국주의 열강의 중국 분할(瓜分 조분 :할퀴고 쪼개짐)의 회오리가 일어났다. 2억 냥이라는 거액의 배상금은 청조의 1년간 총수입의 3배에 해당하는 것으로써 무거운 쇳덩어리와 같이 중국 인민의 위에 부과되어 인민의 부담을 가중시켰다.

청조는 배상금 지불을 위하여 부득불 대규모 외채를 빌리지 않을 수 없어 더욱 많은 민족 이권을 팔았고, 중국은 정치·경제적으로 더욱더 제국주의에 종속되었다. 일본은 중국으로부터 거대한 배상금을 받아 일본 재벌의 부를 증가시켰고 자본을 축적하여 자본주의적 공업화를 실현할 수 있었으며 제국주의 열강의 대열에 신속히 나아갈 수 있었다. 이때부터 일본은 더욱 야심만만하게 중국과 아시아를 침략하는 길로 나아갔다. 4개 통상항구의 개항은 중국의 가장 풍요한 양자강 유역의 절강으로부터 사천까지의 전 지역을 제국주의 국가에게 개방한 것이었다.

일본인에게 중국에서 공장 설립을 허가한 것은 다른 열강의 '이익 균점'·'최혜국 대우' 등의 동시 주장에 따라 그들에게도 똑같은 권리와 혜택을 허용할 수밖에 없었고, 제국주의의 자본 수출의 요구에 부응하였으므로, 그들은 중국의 값싼 원료와 노동력을 이용하여 더더욱 많은 이윤을 착취하여 중국 민족 공업의 발전을 방해하였다.

요약하면 갑오 청일 전쟁의 패전과 「시모노세키 조약」의 체결은 중국 사회에 중대한 영향을 주었다. 제국주의 열강의 중국 분할이라는 민족적 위기를 더욱 촉진하여 중국의 반半식민지화의 정도를 심화시켰다. 또 이것은 중국 인민의 각성을 촉진시켜 애국적 정열을 전에 없이 자극하여 이때부터 중국의 역사는 부르주아 계급이 영도하는 부르주아 계급에 의한 개량과 혁명의 시기로 진입하였다.

(2) 대만의 군민軍民, 반反식민지 유혈 항전

「시모노세키 조약」이 체결되었다는 소식이 전해지자 중국에서는 전국적으로 격분의 감정이 야기되어 즉각 반침략·반투항의 애국 운동이 발생하였다. 요동 전선의 군인은 소식을 듣고 통곡하여 마지않았으며 죽기로 작정하고 일본의 적과 결전코자 하였다. 주전파 관료와 인민은 일제히 이홍장과 패전 도망한 장군의 처벌과 「시모노세키 조약」의 비준 거절을 요구하며 계속 항전을 주장하였다.

인민의 원성 때문에 이홍장은 칭병하고 감히 북경으로 가지 못하였다. 애국 지식인들은 비분한 마음이 가시지 않아 시나 문장으로 국토 상실의 분노를 표현하기도 하였다. 강유위康有爲를 중심으로 한 약 천 명의 거인擧人(과거시험 합격 선비)들은 연명으로 광서제에게 상서를 올려 조약 거부·천도·연병練兵·변법變法을 요구하였다. 대만 출신의 거인들은 더욱 강개하여 "살아서 포로가 되느니 차라리 죽어서 의민義民이 되겠다"고 하였다. 대만 할양의 소식이 대만에 전해지자 대만 인민들은 "한밤 중에 천둥 번개를 본 것처럼 놀라 안색이 하얗게 되었고 이리저리 내달으며 서로 알렸으며 시중에 가득찬 곡소리가 밤낮으로 이어져 사방에서 들렸다."(『小說月報』 6권 제3호)

그들은 종을 쳐서 철시(파시罷市)하고 대만 할양 항의 시위를 벌이면서 격문을 붙여 "모든 사람이 전사한 후 대만을 잃을 수는 있어도 앉아서 대만을 항양하지는 않겠다"고 하였다. 대만의 신사 구봉갑丘逢甲 등은 「대만 민주국」을 조직하자고 제의하고 순무 당경송唐景崧을 총통으로 추대하였다. 1895년 6월 상순 청일 양국은 대만 할양식을 거행하였고 일군이 기륭基隆을 강제로 점령하자 당경송은 영국선을 타고 하문으로 건너가 버렸다. 그 후 당경송이 수비하던 대북台北과 임조동林朝棟이 수비하던 대중台中은 곧 함락되었다.

대만의 저항 군민은 흑기군의 수령 유영복劉永福을 추대하여 항일의 영도자로 삼았고 또 서양·강소조·오탕흥 등이 지도하는 7~8개의 의병대도 조직되었다.

3. 일본제국 대륙침략의 숙원, 러일전쟁 도발

1) 러시아의 남진을 저지하려던 영국·미국도 일본 지원

러일전쟁은 조선과 만주 지배를 둘러싼 군사적 제국주의의 패권 다툼이자, 러시아의 남하정책과 일본의 대륙정책이라는 두 팽창주의의 탐욕이 충돌한 결과였다. 러시아는 만주를 점령한 채 조선반도 북부까지 중립화하려 시도했고, 일본은 이를 묵과하지 않았다. "러시아가 조선 문제에서 손을 떼도록 하는 것은 일본에게는 사활이 걸린 중대한 문제다"라고 일본의 제국주의자들은 생각하고 있었고 러일전쟁에서 일본을 지원한 영국과 미국도 이 사실을 잘 알고 있었다.

러일전쟁은 조·만 문제로 야기되었으나, 전단戰端을 열게 된 직접적인 원인은 조선문제에 있었다. 일본에게 만주 이권은 조선문제에 비하면 부차적인 문제였다.(British Documents on the Origins of the War, 1898~1914)

러일전쟁은 인천 앞바다 팔미도 근방에서 시작하여 울릉도와 독도 근해에서 종결되었다. 조선은 러일전쟁 개전開戰과 동시에 그 전쟁터가 되었고, 종전終戰과 동시에 일본의 식민지적 지배하에 들어가게 되었다. 러일전쟁은 청일전쟁을 통해 식민지화의 위기에 몰린 조선을, 확실하게 일본 지배하에 들어가도록 만든 전쟁이었다.(최문형『국제관계로 본 러일전쟁과 일본의 한국 병합』지식산업사 2005. 최문형 "러일전쟁과 일본의 독도 점취"『역사학보』 2005)

분명 전장戰場이 러시아의 '조국' 땅도, 일본의 '조국' 땅도 아니었음에도 불구하고, 전쟁 100년이 지난 오늘날까지도 침략자의 얼굴을 가리려는 러일 양측의 제국주의자들은 '조국방위전쟁'이었다고 강변하는 국수주의 넋두리를 되풀이하여 왔다.

사실상 러일전쟁이 '조국방위전쟁'이었다는 러·일 학계의 논란 그 자체에는 제국주시대의 침탈의 논리와 본질이 그대로 반영되어 있는 것이다. 러·일 교섭의 결렬, 개전 과정, 한반도 주변 해역에서의 제해권 확보 경쟁, 강화 교섭 과정, 전쟁의 결과 등 전쟁의 전 과정에서 두 나라의 동아시아에서의 야욕이 적나라하게 드러났기 때문이다. 러일전쟁은 오늘날에도 되씹어보아야 할 과제와 많은 시사점을 우리에게 던져 주고 있다.(석화정「러일전쟁」문정인·김명섭 외『동아시아의 전쟁과 평화』연세대 출판부 2007)

(1) 러시아는 사실상 만주(東三省)를 군사 점령

러일전쟁은 청일전쟁 승리로 빼앗은 요동반도를 중국에 도로 반환케 한 삼국간섭 (1895. 4. 23)을 치욕으로 생각하며 잊지 않고 있던 일본에게는 복수의 기회였다. 보다 근본적으로는, 일본은 러시아의 시베리아철도(모스크바-블라디보스토크) 부설을 자국의 대륙 진출에 결정적 장애라고 간주해 왔다. 러시아는 청일전쟁의 결과로 얻은 일본의 요동 반도 영유를 좌절시켰고, 청과의 대일對日 방어동맹을 비밀리에 체결했을 뿐만 아니라, 동청철도(시베리아 철도 만주 관통구간) 부설권을 획득했다. 더욱이 1898년에 러시아는, 일본이 삼국 간섭으로 청국에 반환한 여순·대련을 25년 동안 조차租借하여 만주를 세력권화하였다.

일본 정부가 민왕후를 시해한(을미사변 1895.10.8) 이후 조선에서도 친러정권이 수립되어, 러시아는 만주에 이어 조선까지도 자국의 세력권하에 두려 했다.(최문형『명성황후 시해의 진실을 밝힌다』지식산업사 2001. 崔文衡『閔妃は誰に殺されたか』彩流社 2004)

그러나 그들은 적어도 시베리아철도가 완성될 때까지는 일본과 타협하지 않을 수 없었다. 그 결과가 1895~98년의 조선 문제에 관한 세 차례의 협상, 즉 웨베르-고무라 Waeber-小村 각서·로바노프-야마가타Lobanov-山縣 협정·로젠-니시Rosen-西 협정으로 나타났다. 특히 조선에서의 일본의 상공업상의 우위를 인정한 로젠-니시 협정은 여순·대련을 조차한 러시아가 일본을 무마하려던 데서 비롯되었다. 그러자 이 정황을 틈타서 일본은 1898년에 이르러 조선에서의 독점적 지위를 굳혀 나갔다.

그러나 '부청멸양扶淸滅洋'의 기치를 내건 의화단 운동이 1900년에 만주로 파급되면서, 조선과 요동반도에 국한되어 있던 러·일 간의 대립은 만주 전체로까지 확대되었다. 러시아는 동청철도를 보호한다는 구실로 정규군을 파병한 뒤, 곧바로 만주를 실질적으로 점령했다. 만주 동삼성東三省 가운데 흑룡강성(흑룡강협정 8. 30)과 길림성(길림협정 9. 21)은 점령과 동시에 곧바로 러시아 군의 수중에 장악되었다.

이어 열강의 이해가 첨예하게 대립되는 남만주 봉천성에서는 러시아의 관동주 총독인 알렉쎄예프Alexeev가 봉천 총독 증기增棋에게 이른바 알렉쎄예프-증기협정을 요구했다. 이로써 남만주 철도지역에서 러시아는 군대 유지권, 의화단 사건으로 중단되었던 민간 행정의 복구, 경무장 경찰대 유지권 및 청국 행정을 감독할 러시아 총독이 봉천에 주재하게 되었다.

1901년 1월 3일자 런던 타임즈에 이 협정의 내용이 폭로되어 열강의 반발을 사는 가운데서도, 2월 10일엔 만주 전역을 대상으로 한 일반협정이 주러 청국공사 양유楊儒와 람스도르프Lamsdorf 외상 사이에 다시 체결되었다(람스도르프-양유협정). 이로써 러시아는 만주 전역에서 "질서가 회복될 때까지" 군대를 주둔시킬 수 있게 되었다. 일본 언론이 의심한 바와 같이, 이 협정은 사실상 만주의 범위를 벗어나, 몽고와 신강성에까지 러시아에 철도와 광산개발권을 유보해 준 것이었다. 조약 비준을 위해 러시아는 다시 100만 루블의 뇌물로 이홍장을 회유했다. 영국에 의해 고무된 그는 이를 거부했고, 러청협상은 사실상 중단되었다.(석화정 「위떼의 대對 만주정책」『서양사론』한국서양사학회 1997)

(2) 러시아의 남진을 반대한 영국·일본의 동맹

러시아의 만주 점령 사태에 대한 대응반응으로 일본에서는 영일동맹론과 러일협상론이 동시에 대두되었다. 이노우에 가오루井上馨와 이토 히로부미伊藤博文를 비롯한 겐로元老의 러일협상론은 영국과의 동맹 가능성을 배제하지 않는 가운데 러시아와의 제휴 가능성도 모색하는 이중적인 것이었다. 러·일 제휴를 위해 쌍뜨 페테르부르크에 간 이토는 조선에서의 일본의 자유행동권free hand을 요구하며, 반대급부로 만주에서의 러시아의 이익을 인정할 용의가 있음을 제시했다(1901.12.3). 그러나 람스도르프 외상과 위테 Witte 재무상은 만주에서의 러시아의 자유행동의 대가로 조선에서의 일본의 권리를 인정할 수 없다는 단호한 태도를 취했다. 영일동맹 체결이 임박해진 일본정부가 이토에게 급히 훈령을 내림으로써 러·일 협상은 결렬되었다. 그러나 조선문제에 관해 도저히 타협할 수 없는 양국의 입장은 이미 드러난 셈이었다.(석화정 "러시아의 한반도 중립화정책 : 위떼의 대만주정책과 관련하여"『中蘇研究』한양대 아태지역연구센터 1999. 石和靜「ロシアの韓國中立化政策『スラヴ研究』1999)

영일동맹(1902.1.30)은 외무성 소장파들의 주도하에 이루어졌다. 일본은 러시아를 고립시킬 목적으로 '영광스러운 고립'을 고수해온 영국과 「항구적인 협정」 체결 의사를 표명했다(1901.4.17). 주영 일본 공사 하야시林薰는 러일 간 전쟁이 일어날 경우 영국의 군사적 지원 약속을 우선적으로 획득하고자 했다. 그러나 당시 남아프리카 보어전쟁을 수행 중이던 영국은 동아시아에서의 전쟁에 연루되기를 원치 않았다. 이에 하야시는 "두 당사국 가운데 어느 한 나라가 2개국과 교전할 때만 유효한 방어동맹"으로 후퇴했다. 따라서 일본이 러시아와 전쟁할 때는 영국이 중립을 지키게 되지만, 만약 러시아가 프랑스의 지원을 받으면 영국은 군사적으로 개입하게 되어 있었다.

일본이 영일동맹을 통해 가질 수 있는 최대의 이점이 바로 이것이었다. 즉 제3국이 참전하면 영국이 일본에 가세하게 되므로, 삼국간섭의 경우처럼 프랑스와 독일이 러시아에 가담할 가능성은 없어진 것이다. 일본외상은 영국공사에게 "조선문제라면 일본이 혼자서라도 전쟁을 하지 않을 수 없지만, 만주에 관해서는 적어도 1국의 외부 원조가 없이는 전쟁을 할 의사가 없다"고 설명했다.(피에르 르누벵 저, 박대원 역『동아시아외교사』서문당 1988)

영일동맹이 사실상 만주문제와 관련이 없다고 보는 시각은 바로 여기에서 연유한다. 반면 영국은 일본을 통해 러시아의 중국 진출을 막고, 러시아를 고립시키고자 했다. 영국으로서는 러·일 두 나라가 조·만을 상호 교환한다면 러시아의 중국 진출을 저지할 수 없기 때문이었다.

한편 러시아는 영일동맹의 효과를 무력화시킬 수 있는 방안으로 다시 프랑스와 독일의 지지를 얻어 제2의 삼국간섭을 모색하고자 했다. 그러나 1901년 3~4월 일본과의 '전쟁 위기'에서 보인 러시아의 저자세로도 알 수 있듯이, 러·불·독 관계는 이미 1895년 삼국간섭 때와는 같을 수가 없었다. 러시아정부는 우선 프랑스에게 영일동맹의 효과를 무력하게 할 유사한 조치로서 영국과 일본의 연합군사 행동의 경우에 대응하자고 요구했다(2.23).

그러나 프랑스의 델까쎄Delcassé 외상은 람스도르프가 제의한 문안을 수정 완화했다. 결국 러불선언(1902.3.19)은 "청국과 조선의 독립 유지가 계속되어야 하며, 제3국의 공격적 행동이 그들의 적절한 이익을 위협할 경우에만 두 정부는 그 이익을 지킬 수단을 보유한다"고 하며, 더 나아가지는 않았다. 요컨대 양국 정부는 어떤 명확한 약속이나, 경우에 따라 취해야 할 조치를 강구한다는 약속을 하지 않았다.

러시아는 프랑스에게 했던 것과 마찬가지로 이틀 뒤에 독일에게도 공동성명 채택을 제의했다. 그러나 뷜로우Bülow 외상은 동아시아문제에서의 러·독·불의 협조는 결과적으로 미국을 영·일블록에 가담시킬 것이며, 청국에서 독일의 상업적 이익이 타격을 받을 것이라는 이유로 러시아의 제의를 거부했다. 비스마르크 이래 독일은 러불동맹의 기능을 마비시키고, 아시아에서의 영·러 대립을 조장하기 위해 러시아를 "아시아라는 수렁에 발을 묶어 두려고만 했다."

결국 러시아가 러·청 만주철병협정(4.8)에 서명, 러시아 군대가 6개월 단위로 3단계에 걸쳐 만주에서 철수키로 한 것은 영일동맹이 초래한 즉각적인 결과였다. 이에 러시아군은 제1차 철병(1902.10.8)은 예정대로 이행했다. 그러나 2차 철병을 앞둔 1903년 4월, 만주 중부 지역의 철수를 앞두고 러시아군은 도리어 봉천성 남부와 길림성 전역을 점령했다. 만주와 조선에 대한 근본적인 정책 전환을 주장하던 베조브라조프Bezobrazov파가 개입한 결과였다. "만주에서 빈손으로는 철수할 수 없었던" 당시 러시아로서는 "철수하기 전에 청으로부터 더 많은 것을 얻어내기 위해" 만주를 재점령하는 방법을 선택한 것이다.

궁정 경비대 장교 출신인 베조브라조프는 1901년 조·만 국경 지역의 개척을 위한 「압록강회사」를 설립, 만주와 조선에서 광산과 삼림 개발을 맡아 왔다. 「압록강회사」는 코작the Cossacks(카자흐인, 기병)들을 벌채꾼으로 고용했고, 비적들을 소탕한다는 구실 하에 군대 파견을 요청했다. 결국 베조브라조프파의 개입은 압록강 유역으로 군대를 이동시키고 삼림채벌권을 명목으로 용암포를 불법 점령(1903.4.21)하는, 사실상의 조·만 동시 진출로 나타났던 것이다.

만주를 재점령한 채 조선에까지 연장된 야심을 보인 러시아 동아시아정책의 이러한 변화는 베조브라조프를 비롯한 강경파가 니꼴라이 2세의 신임을 얻고 실권을 장악한 결과였다. 1903년 8월에는 러시아 동아시아 팽창의 총수격이라 할 위테가 해임되고, 알렉쎄예프를 총독으로 하는 극동총독부가 여순에 신설되는 등 이른바 황제의 신노선new course에 의한 대일對日 적극정책이 전개되었다. "만주에서 철병하되, 타 열강에게는 만주의 문호를 폐쇄하고, 군비증강을 통해 러시아의 강한 모습을 과시함으로써 일본과의 전쟁을 피하고자 했던" 신노선은 결국 전쟁을 막지는 못했다.

베조브라조프 일파의 이 같은 모험주의적 노선이 전쟁을 촉발시켰다는 견해는, 일본의 북진정책, 러시아의 남하정책과 함께, 러일전쟁의 원인에 대한 전통적 해석 가운데 하나이다. 사실상 베조브라조프파의 정책이 근본적으로 위테의 이른바 '만주로의 평화적인 경제 침투'와 크게 다르지 않았다는 점은 로마노프나 말로제모프 등에 의해 강조되어 온 바 있다.

그러나 러일전쟁 100년이 지난 오늘의 시점에서 베조브라조프파의 정책에 대한 새로운 평가와 함께 그의 전쟁 책임은 더욱더 가벼워지고 있는 추세이다. 러시아 자료에 따르면, 개전이 임박해지자 베조브라조프파는 러일동맹론을 내놓았고, 쿠로파트킨은 여순·

대련을 포기하자는 주장을 내놓았다. 베조브라조프파를 비롯한 러시아 정치가들은 분명 일본과의 전쟁을 원치 않았다. 일본에 양보해서 전쟁을 피하느냐, 아니면 러시아의 강인함을 보여 일본과의 전쟁을 회피할 것이냐 하는 노선의 차이가 있었을 뿐이었다.

그럼에도 불구하고 조선문제에 대한 베조브라조프파의 강경한 태도는 분명히 러·일 교섭 실패에 중대한 원인을 제공했다. 더욱이 영일동맹 성립 이후 러시아의 심각한 고립감과 그에 따른 만주 재점령, 시베리아철도 완공을 눈앞에 둔 러시아의 조·만 동시 야욕 표출이 일본을 더욱 자극했던 사실 등은 러시아측의 변명의 사유가 될 수 없었다.

나아가 일본의 군사력을 과소평가한 군부의 주전론자들, 러시아의 국내 혁명 기세와 노동자들의 소요를 이른바 소규모 외부전쟁을 통해 만회하고자 했던 정치가들, 조선문제에 대한 강경한 태도를 고수하며 러시아의 군사적 증강을 꾀하면서도 일본과의 전쟁을 피하려 했던 베조브라조프파의 판단 착오, 그리고 우유부단하며 확고한 방향을 제시할 능력이 없었던 짜르 등 모두가 사실상 "국가를 전쟁으로 미끄러지도록" 방치했던 것이다.

(3) 제각각 만주·조선 완전 점령 눈앞에 둔 러·일, 충돌 불가피

러시아의 만주 재점령과 용암포 점령으로 러·일 개전은 이미 초읽기에 들어갔다. 1903년 8월부터 개전에 이르는 약 6개월 동안 고무라小村壽太郎 외상과 주일 러시아공사 로젠Rosen은 수차례에 걸쳐 조·만 문제에 관한 공식교섭을 가졌다. 일본은 군부와 국내 여론의 주전론을 등에 업고 러시아정부와 외교 교섭에 들어갔으며, 이른바「조·만 교환적 입장」을 고수했다. 러시아의 만주 철병, 일본의 조선 독점, 기회균등에 입각한 만주 중립화가 일본의 주장이라면, 러시아는 자국의 만주 독점권과 대동강에서 원산만 이북에 이르는 중립지대 설정 및 조선 영토의 전략적 사용 불가 입장을 고수했다. 러시아는 교섭하는 동안 내내, 만주문제에 대한 언급은 없이, 일본이 절대 양보하지 않으려는 조선문제만을 교섭하려 하였다.

사실상 러시아와 교섭에 임하기 전부터 일본의 입장은 이미 확고했다. 일본은 러시아가 만주에서 2차 철병을 이행하지 않은 데 대한 1903년 4월 21일의 긴급대책회의에서 "어떠한 경우에도 조선을 절대로 양보할 수 없다"는 전제 위에 '개전도 불사하고' 러시아와 담판을 개시한다고 합의하였다. 이어 육군 참모부가 대러시아 개전방침을 확정하고 (6.17), 어전회의가 궁극적으로 조선에 대한 일본의 완전 장악을 관철하고 러시아의 만주 장악을 저지한다는 고무라 외상의 강력한 대러시아 교섭 원칙을 승인하였다(6.23)

(日本陸軍省 編『明治軍事史』原書房 1966.『公爵桂太郎傳』1967).

일본이 러시아측에게 제시한 1차 협상안(8.12)은 청·조 양국의 독립 보전과 상업상의 기회균등, 조선과 만주에서의 러·일의 상호 이익 보장 등을 골자로 하였다. 이에 대해 러시아는 일본의 세력 범위에서 만주는 제외, 조선에서의 일본의 군사 활동 제한, 39도 이북의 중립지대 설정을 주장했다(10.3).

고무라 외상의 1차수정안(10.14)은 조·만교환론을 더욱 분명히 했다. 일본의 중립지대 설치 등이 그것이다. 그러나 12월 중순에야 제시된 러시아의 반대 제안은 만주에 관해서는 아무런 언급이 없고, 조선 북부의 중립지대 설정 및 조선 영토의 군략적軍略的 사용 불가 등 조선문제에만 국한되어 있었다.

일본의 마지막 2차 수정안(12.21)에 대한 러시아의 회답(1904.1.6)도 조선에 관한 원안을 바꿀 의사가 없다고 함으로써 양자 사이의 타협 여지는 거의 없었다. 1월 12일 어전회의에서 러시아와의 국교단절 방침을 결정한 일본은 다음 날 러시아에게 최종안을 송부했다. 조선의 중립지대 조항을 전면 삭제하고, 조선이 러시아의 권익 밖임을 승인하는 것을 골자로 한 초강경한 것이었다. 결국 러일전쟁은 「조선반도 빼앗기」 싸움이 되고 말았다.

한편 러시아는 2월 3일 여순과, 4일에 로젠 공사를 통해 두 가지 루트로 최종안을 일본에 송부했다. 그러나 일본 어전회의는 2월 4일 오후에 개전을 결정했고, 개전 결정과 동시에 제1군에 대한 동원명령과, 임시파견대 편성 및 조선에의 파견 명령이 내려졌다. 러시아 역사자료에 따르면, 일본은 러시아의 회답을 기다리지 않고 개전을 결정했던 것이 아니라, "일본의 조건에 전면 양보한다"는 러시아의 최종안을 묵살하고 전쟁을 도발한 것이다.

2월 5일에 일본은 주 러시아공사관에 국교 단절을 통고한 뒤, 그 날 오후 5시에 도고東鄕平八郎 사령관 휘하의 연합함대에 러시아 극동함대의 격멸과 육군 임시파견대의 호송을 명령했다. 그리하여 전시편성(1903.12.28)으로 제1, 제2, 제3대 함대로 구성된 도고 연합함대가 2월 8일 저녁에 인천항과 여순항으로 각각 잠입, 러시아 함대에 포격을 가함으로써 러일전쟁은 시작되었다. 결국 도고 연합함대는 개전 결정 48시간 이내에 2월 6일 사세보 항에서 출격한 것이다. 선전포고를 기다리지 않고 국교단절과 동시에 출격하는 것은 도고에게는 예정된 수순이었다. 이것이 「일본식 개전 방법」이었다.

2) 양국 협상은 깨지고, 일본 육·해군 전면 출동

(1) 일본 해군은 조선 동·서해 확보, 육군 격전장을 만주로

일본은 시베리아철도의 바이칼 호 우회 부분이 아직 완공되지 못한 상황을 감안할 때 전장에서의 예상 가용병력면에서 1904년이 일본측에는 가장 유리할 것이라고 판단했다. 일본이 한편으로 러시아와의 교섭을 진행시키면서도 개전을 서둘렀던 것은 바로 이 때문이었다.

러일전쟁에서의 일본군의 제1목표는 조선반도를 둘러싼 제해권制海權 확보였다. 일본 육군은 주 작전지를 만주에 두고, 우수리지구에 있는 러시아 야전군을 격파하는 데 주력한다고 결정했다(1903.12). 반면 해군은 여순과 블라디보스토크의 러시아 태평양함대를 괴멸시켜 황해와 동해에서의 제해권 확립에 목표를 두었다.

결국 육해군 작전을 총괄하는 대본영大本營은 개전이 임박한 시점에서 제해권 확보를 제1목표로 내걸음으로써 러일전쟁에서 해군이 기본적인 역할을 담당하게 되었다. 러시아의 태평양 함대를 격멸하여 해상을 제압하지 못하면 부대 수송도, 군수품 수송도, 제해권 확보도 이룰 수 없었다. 대본영이 해전으로 전단戰端을 열려고 결심한 것도 이 때문이었다.

양측의 전력은 다음과 같았다. 개전시 일본의 육군 병력은 약 24만 명이었고, 총 약 108만 명의 병력이 동원되었으며, 이 중 10여만 명의 전사자를 냈다. 러시아는 러일전쟁 전 기간에 걸쳐 약 120만 명의 병력이 동원되어, 689,000명의 사상자(전사자 135,000명 포함)를 냈다. 러시아 극동군의 전력이 처음에는 철도수비대를 포함한 정규군 98,000명과 총 148자루, 기관총 8대뿐이었다.

그나마 요동반도에 20개 대대, 그리고 만주의 주요 지점에 16개 대대가 분산 배치되고, 나머지가 연해주에 분산 배치되어 있었다. 시베리아 철도는 단선이었고, 바이칼호수 구간에서는 배로 운반되는 상황에서 초기 시베리아철도의 군 수송률은 하루 6량에 그쳤다. 만주로 이동한 약 120만 군대는 대부분 1905년에 이동한 것이다. 일본군의 예상되는 접전지역은 조선 남부에서 2,000㎞, 만주 남부로부터 1,000㎞ 지점에 위치하여 평화시에도 15만 동원이 가능했던 것과는 대조적으로, 러시아는 7,000㎞나 떨어진 곳에서 작전해야만 했다.

강력한 대포를 탑재한, 방어력이 높은 전함 수는 당시 해군력의 척도였다. 톤수로 볼 때 일본 해군은 26만 톤, 러시아해군은 80만 톤으로, 개전 이전 러시아의 해군 병력은 일본 해군의 3배였다. 일본 해군은 총 101척의 함정(전함 6척, 순양함 22척, 구축함 19척, 수뢰정 24척, 기타 30척)을 보유하고 있었다.

러시아는 태평양 함대 전력만 총 70척이었다(전함 7척, 순양함 11척, 구축함 24척, 수뢰정 17척, 기타 11척). 이 중 건조한 지 5년 이내의 신예 전함들은 대부분 여순에 배치되고, 제물포의 정박지에 두 척, 그리고 나머지는 블라디보스토크에 분산 배치되어 있었다. 전쟁 발발시 블라디보스토크 함대는 결빙으로 기동불능 상태였으므로, 38척의 구축함과 순양함으로 구성된 발트함대의 동아시아 투입이 불가피했다. 발트함대는 로제스트벤스키 Rozhestvensky 제독이 승선한 최신예 전함 4척을 제외하고 나머지는 사실상 공격력이나 속력에서 크게 뒤지는 노후한 함선들로 구성되어 있었다.

일본은 청일전쟁 배상금으로 육군을 증강하고 영국에 신예 전함을 발주했다. 일본의 청일전쟁 전비가 약 2억 3,260만 엔이었는데, 청국으로부터 받은 배상금은 2억 냥 즉 약 4,500만 엔이었다. 배상금은 당시 일본 국민 총소득의 7할에 해당했고, 청국 세입 총액의 2.5년분에 해당하는 거액이었다. 러일전쟁 이전 일본의 연 예산 규모는 2억 6~9천만 엔이었고, 연간 전비를 4억 5천만 엔 정도 예상했으나 실제로는 2년간 19억 엔 이상을 지출했다. 이는 1903년도 일본 국가예산의 8배에 이르며, 청일전쟁 전비의 거의 10배에 해당하는 금액이었다.

러시아는 육군상 쿠로파트킨의 예상에 의거하여 개전시 전비가 한달에 5~6천만 루블, 1년 반 동안 약 7~8억 루블에 달할 것으로 예상했다. 1904년 2월에 재무상에 취임한 코코프초프Kokovchov는 이를 과다한 예산이라고 비난했으나, 실제로 1905년 2월 시점에서 전비는 7억 루블에 달했다. 1904년 러시아의 국가 예산이 약 22억 루블이었던 점을 감안하면, 예산의 3분의 1에 해당하는 금액이었다. 1904년 당초 예산에 군사비가 계상되지 않았던 점으로 보아, 러시아는 당시 전쟁 준비체제를 갖추지도 못한 채, 전쟁에 돌입했던 것으로 보인다.

(2) 러시아 함대 기습 격침되고 증원함도 몇 달씩 항해·탈진

일본이 도발한 다른 모든 전쟁의 경우와 마찬가지로, 러일전쟁 역시 선전포고 없는 기습공격으로 시작되었다. 러일전쟁은 1904년 2월 8일 오후 일본군이 인천과 여순 항으로 잠입을 시도하고, 인천 앞바다 팔미도 근방에서 정박 중이던 러시아 함대를 포격하면서 시작되었다. 러시아는 9일에 선전포고하였고, 일본은 2월 10일에 러시아에 선전포고했다.

도고연합함대가 2월 6일 아침 사세보를 출항, 요동반도의 여순 항구로 향하는 도중에 우리유우 소도키치瓜生外吉 소장 휘하의 제4연대는 인천항에 정박해 있던 러시아 함대에 포격을 가하며 8일 저녁 인천에 입항했다. 제4연대는 러시아 전함에 「9일 정오까지 인천항에서 퇴각하라」는 통지서(2.8)를 보낸 뒤 철야 상륙을 감행했다. 러시아 전함이 9일 정오가 되기 30분 전에 인천항을 벗어나 양군의 거리가 가까워졌을 때, 일본은 러시아 순양함 바랴그 호와 포함 카레이츠 호를 팔미도 근방에서 격침시켰다. 이것이 「인천해전」 또는 「제물포해전」이라 불리는 유인·기습전투였다.

한편 2월 8일 밤 여순 항 외박지 진입에 성공한 연합함대 주력은 9일 오전 0시 28분, 정박하고 있던 러시아 태평양 함대 주력에 어뢰 공격을 개시했다. 어뢰를 사용하여 야간 습격을 하는 것은 태평양전쟁때까지 연합함대가 사용하던 특유의 전법이었다. 일본군의 공격을 받은 여순의 알렉쎄예프 제독은 유럽에서 증원 함대가 올 때까지 여순 함대를 가능하면 온존시키려는 소극적인 대응으로 일관했다. 2월 24일부터 일본은 화물선 등으로 항구 입구를 봉쇄하여 러시아 함선이 항구 밖으로 나가지 못하도록 「여순구 폐쇄작전」을 개시했다.

조선반도 전선도 상황이 크게 변했다. 조선은 1월 23일에 이미 국외중립局外中立을 선포했지만, 일본군을 저지할 만한 군사력을 갖추지 못했다. 중립을 승인한 각국(청·영·불·독·이·덴마크)도 일본군의 조선 상륙을 묵인했다. 일본은 조선에 일조의정서(2.23)를 강요하여, 조선반도에서의 주류권駐留權과 군수품 및 노동력 징발권 등을 획득했다. 인천에 상륙한 제1군 제12사단이 3월 중순 평양까지 진군했고, 히로시마에 대기하고 있던 제2사단은 진남포 상륙을 완료했다(3.29). 압록강 건너편에 포진하고 있던 러시아군을 육로로 배후에서 견제, 협공하기 위해서였다.

의주 일대에 모두 집결한 제1군은 공병부대가 압록강에 가설한 230m 가교를 건너, 날이 밝기 전에 압록강 도하작전을 완료했다(4.30). 이후 일본군 15만 병력이 압록강을 건너 만주에 진입했다. 이어 구련성九連城을 공략한 일본군은 봉황성鳳凰城에서 저항하는 러시아군을 공격했다. 2월 21일에 만주군 총사령관에 취임한 쿠로파트킨 대장으로부터 「결전을 피하라」는 명령을 받은 러시아군은 봉황성을 버리고 퇴각했다(5.6).

한편 여순의 러시아 태평양 함대도 마카로프Makarow 중장이 승선한 전함 페테로파블로프스크 호가 일본이 깔아놓은 기뢰에 부딪쳐 침몰됨으로써(4.13) 삽시간에 러시아 제일의 전략가이자 명장까지 상실하는 결정적인 타격을 입었다. 4만 명에 달하는 일본 제2

군이 러시아의 반격도 받지 않은 채 요동반도 상륙에 성공(5.13)할 수 있었던 것은 러시아가 이 같은 일본의 대담한 공격을 예측하지 못했던 데 원인이 있었다.

그러나 제3군의 여순 공략에는 5개월이나 소요되었다. 필승을 확신한 일본군의 예상과는 달리, 여순 요새는 견고했고 러시아는 필사적으로 사수하는 전술을 택했다. 3회에 걸친 여순 총공격 후에 제3군은 203고지 공략으로 목표를 변경했다. 표고 203m의 고지가 여순 공방의 격전지가 되었던 이유는, 고지 정상이 여순 항에 직접 포격을 가할 수 있는 절호의 위치였기 때문이다. 제3군은 고지 점령(12.5)후 정상에서 러시아 여순 함대에 대한 포격을 개시했다. 1905년 1월 1일 오전 11시가 조금 넘어 스테쎌Stessel 장군의 러시아 군 사령부에 백기가 게양되었다. 여순이 함락된 것이다. 이로써 일본은 '삼국간섭을 당한 10년 전의 치욕'을 되갚았던 것이다.

러시아도 준비부족에 따른 개전 초의 불리한 전세를 극복하고 25만 명의 대병력을 요양遼陽 근처에 집결시켜 대공세를 준비했다. 요양은 오늘날 요녕성 수도인 심양(구 봉천) 남쪽 60킬로미터 지점으로, 동청철도 연변에 위치해 있었다. 시베리아철도로 속속 증원부대가 도착하는 요양에서 러시아군은 곧바로 일본에 공세를 취할 수 있었다. 이 같은 쿠로파트킨의 전략 때문에 일본군은 후퇴하는 러시아군을 조선과 요동반도 양면에서 추격하여, 러시아군 주력이 집결해 있는 요양에서 결전을 도모하고자 했다.

따라서 요양회전(8.20~28)은 러·일 양군이 벌인 최초의 대규모 총력전이었다. 일본의 제1,2,4군은 세 방면으로 러시아군을 공략했다. 6월 만주군 총사령부를 설치하여 총병력이 15개 사단에 이른 오야마大山巖 만주군 총사령관 휘하의 일본군은 호우가 그친 20일부터 전투에 들어가 요양을 점령했다(9.3). 승리한 일본군은 계속 북상, 9월 17일부터 11월 중순까지 사하沙河에서 다시 러시아군과 충돌했으나 결말이 나지 않은 채, 양군은 대치상태로 영하 30도의 겨울을 맞았다. 쿠로파트킨은 10월에 만주의 러시아군이 증원군을 받아 숫자상으로 우세하게 되자, 여순을 되찾기 위해 공격을 개시했다(사하전투 10.9~10). 러시아는 초기에는 승리했지만, 봉천(펑톈)으로 다시 후퇴했고, 흑구태黑溝台 부근에서 공방전을 재개했다(1905.1.25).

(3) 일본육군, 동청철도 연변 도시들을 연전연승 점령

한편 노기乃木希典대장 지휘하의 제3군은 난공불락의 여순을 함락시킨 뒤에 북상, 20㎞거리의 사하 남부로 합류했다(1905.2.19). 이때 만주의 일본 군 병력은 총 25만, 러시아군은 시베리아철도를 통해 약 31만 명으로 충원되었다. 쿠로파트킨 장군에 맞서 노기 군대는 10일간의 대회전 끝에 마침내 봉천전투에서도 승리했다(3.10). 일본군의 목표는 봉천 점령이 아니라 러시아군 전멸이었다.

봉천회전 승리 이후 오야마 만주군 총사령관은 대본영에 강화 의견서를 제출했다. 일본은 재정 고갈로 말미암아 이미 새로 전투를 벌일 여력이 없었다. 특히 전선의 북상으로 병참선이 확대되어 병력과 물자 보급이 어려워져 있었던 것이다. 봉천전투 후 일본은 블라디보스토크나 하얼빈에 대한 공격이 러시아에게 결정적 타격을 줄 수 없다는 사실도 알게 되었다.

더욱이 러시아에서는 한때 주전론이 우세해져 쿠로파트킨의 후임 총사령관 리네비치 Linevich 장군이 최초로 정예 군단을 하얼빈에 집결시켜 반격 준비를 갖추게 되자, 일본은 더더욱 서둘러 종전終戰의 기회를 포착하고자 했다. 따라서 봉천회전 이후 일본은 거듭 강화 의향을 미국에 전달하면서 결정적 승기를 잡아 정식 중재를 의뢰하기로 계획했다. 일본은 처음부터 전쟁을 끝낼 적당한 시기를 보아가며 러시아와의 전쟁을 단행했던 것이다.

한편 러시아사령부도 일본이 결정적인 돌파구를 채 마련하지 못한 봉천회전 중에 이미 후퇴하기로 결정했다(1905.3.7). 「피의 일요일」 이후 러시아의 최정예 부대는 만주의 전장이 아니라 국내의 혁명 진압에 투입되고 있는 처지였다. 그러나 러시아는 전함 톤 수로는 일본의 전체 전함과 거의 동등한 발트함대를 동아시아에 파견하기로 이미 결정한 상태였다(1904.8). 다가올 발트함대와의 일전은 러일전쟁의 승패를 가르는 마지막 전투인 셈이었다.

○ **피의 일요일** : 1905년 1월 22일 제1차 러시아혁명의 계기가 된 상트 페테르부르크에서의 노동자 학살사건. 러일전쟁에서의 연전연패로 분위기가 어수선해진 가운데 프티로프 공장 노동자들의 파업이 확산, 경제적 요구를 하면서 동궁을 향해 행진, 군 및 경찰과 충돌하여 500여명의 사망자가 발생했다. 이후 노동자·지식인·병사들의 연합에 의한 러시아혁명(1917년 10월)에 성공, 최초의 근로대중 혁명에 성공하게 된다.

1904년 10월 15일 리바우(현 라트비아공화국 리에빠야)를 출항한 발트함대는 출발부터 장애를 겪었다. 북해에서 조업 중이던 영국의 트롤 어선 1척을 일본의 수뢰정으로 오인 발사하여 격침시킨 이른바 도거 뱅크 사건(10.21~22)을 일으킨 것이다. 더욱이 일본 육군의 여순 점령으로, 발트함대의 목적지는 머나먼 블라디보스토크로 고정되었다. 발트함대의 대원정은 약 34,100킬로의 주항에 최단 5개월이 소요될 것으로 예상했지만 사실은 전혀 달랐다. 아프리카의 희망봉과 인도양을 돌아 근 8개월에 달하는 장기간의 항해로 수병들의 피로와 불만은 극에 달했던 것이다.

일본은 함대가 기항하는 나라와 식민지의 본국정부에, 중립국이 교전국에 편의를 제공하는 것은 국제법 위반임을 들어 압력을 행사했고, 결국 이 같은 외교공작은 어느 정도 효과를 거두었다. 예를 들어 발트함대가 마다가스카르 섬에서 후속 부대를 기다리는 3개월여 동안 프랑스 정부는 발트함대를 노시베Nosi-Be(1904.12.29~1905.3.16) 항으로 몰아냈다. 프랑스령 인도차이나반도에서도 프랑스 정부는 네보카토프Nebogatov 소장 지휘하의 제3태평양 함대(1905.2.13 리바우 출항)를 기다리는 1개월간 프랑스령 인도차이나의 캄란 만에 들여보내지 않고, 그 외항인 반퐁Van Fong만에 머무르게 했다 (4.14~5.14).(콘스탄틴 플레샤코프 저 표완수·황의방 역『짜르의 마지막 함대』중심 2003)

프랑스의 델까쎄 외상은 "발트함대가 신선한 보급품을 배에 실을 수 있도록 충분한 시간을 준 뒤에 외해로 몰아내는 제스처를" 취했던 것이다. 발트함대의 동향은 각국의 주재 무관과 유럽 각국의 신문을 통해 낱낱이 알려졌고, 일본은 영국으로부터 정보를 제공받거나 정보수집으로 도움을 받았다.

발트함대는 보급을 받기 위해서라도 블라디보스토크로 가야 했는데, 그 방법은 세 가지 루트가 예상되었다. 여기서 로제스트벤스키는 처음부터 블라디보스토크로의 최단거리인 대한해협을 돌파하기로 결정했다. 태평양을 북상하여 사할린의 라 페루즈(宗谷 소야) 해협을 거쳐 가는 최장 코스는 연료 부족으로 곤란하며, 더구나 안개가 많이 끼는 곳이었다. 좁은 쓰가루 해협(홋카이도와 본토 사이)을 통과하는 또 다른 루트에는 일본이 기뢰를 부설할 가능성이 있었다.

똑같은 이유로 일본 연합함대의 도고 제독도 발트함대가 대한해협을 통과할 가능성이 클 것으로 판단했다. 그동안 도고는 진해만·대마도·나가사키·사세보에 흩어져 있던 함선들을 대한해협에 집결시키고(1.21) 연일 포격 명중도를 높이는 맹훈련에 돌입했다. 이 과정에서 일본은 거문도에 등대와 포대를 설치했고(1905.1). 징발한 민간수송선과 구식 군함을 동원해 일본 근해의 소계消戒활동을 담당토록 했다.

일본이 무인도인 독도 침탈을 생각하게 된 것도 이 시기 러시아 함대와의 전투·전략을 짜는 과정에서 그 필요성을 절실히 느끼고 등대 및 의지처·장애물·영역확대 등으로 활용할 궁리를 하게 되었던 것이다.(뒤에 자세히 설명)

이 과정에서 우편수송선 시나노마루信濃丸호가 발트함대를 발견했다는 전보가 5월 27일 오전 5시 5분에 진해만의 연합함대 사령부에 도착했다. 그리하여 오후 2시 50분부터 대한해협에서 포격을 개시한 연합함대의 정확한 포격은 발트함대의 전열을 여지없이 흩뜨려놓았다.

(4) 5월 27일 발트함대에 포격, 주력선 침몰시켜 전쟁 승리

로제스트벤스키 제독은 전투가 시작되자마자 포탄 파편에 부상을 입어 의식불명 상태가 되고 말았다. 제2함대 사령관인 펠케르삼Felkersam 소장은 이미 병사한 상태였고(5.23) 전후 사정을 모르고 있던 제3태평양함대 네보카토프 소장은 자신의 노후 전함「니콜라이 1세」를 지휘하는 데 여념이 없었다. 오후 3시경 지휘관 부재의 발트 함대의 주력들이 하나하나씩 침몰했다. 세계 해전사상 유례가 없는 완벽한 패전이었다(대마도해전).

로제스트벤스키는 지휘권을 네보카토프에게 넘긴 뒤, 구축함으로 옮겨 타고 블라디보스토크로의 탈출을 시도했다. 대마도 해전을 끝낸 도고 제독은 소형 어뢰정만을 현장에 남겨 놓고 28일 새벽 5시까지 전함선을 울릉도에 집결하도록 명령했다. 블라디보스토크를 향해 패주하던 러시아 함대가 독도 동남방 30㎞ 지점에 있음을 발견한 도고는 곧바로 이를 포위하고 포격을 가했다. 결국 네보카토프 소장은 러시아의 잔여 함선과 더불어 항복했다(동해해전). 이는 러일해전의 종결이자 전쟁의 종결이었다. 이 무렵 일본 연합함대 구축함은 울릉도 남서로 북상하던 러시아 구축함을 3시간 가량 추격전을 벌인 끝에 오후 4시 45분에 로제스트벤스키 제독을 생포했다.

결국 블라디보스토크에 도착한 발트함대는 순양함 1척, 구축함 2척 뿐이었다. 수송선 1척은 러시아 본국에 인도되었으나 나머지는 격침되거나, 필리핀·상해 등지로 도주했다. 일본 해군은 38척의 러시아함대 중 19척을 침몰시키고 7척을 나포했다. 반면 일본 연합함대의 손실은 수뢰정 3척에 불과했다. 발트함대의 압승이 예상되는 가운데서도 일본 연합함대가 일방적인 승리를 거두게 된 원인은 낡은 전함과 새 함선이 뒤섞인 발트함대의 결점과 지휘관의 판단 착오에 있었다고 할 수 있다. 그렇지만 그보다는 오랜 항해로 말미암은 수병들의 피로와 염전厭戰 분위기에 더 큰 원인이 있었다. 반면, 일본 연합함대는 치밀한 대전 준비를 갖추었을 뿐만 아니라, 함포의 성능면에서도 러시아를 훨씬 능가했다.

조선반도 해역에서 시작된 러일전쟁은 조선반도 해역에서 사실상 종결되었다.(1904. 2.8. 인천항에서 러시아 함선 기습 격침~1905.5.28. 대한해협 발트함대 격파 항복) 이 과정에서 주목되는 점은 일본이 발트함대의 동항東航 속도에 맞추어「러일해전에 대비하기 위해 독도를 점취했다」는 사실이다. 일본은 우선 울릉도에 망루를 설치한(1904.9) 뒤에, 독도에 망루 설치를 위한 조사(9.24)를 시키며, 동시에 나까이中井養三郞라는 한 어부로 하여금 '독도편입원'(9.29)을 일본 정부(내무·외무·농상무대신)에 제출케 했다.

일본의 독도 점취는 해군 전력의 3분의 1을 여순작전에서 상실한 뒤에, 자국 전력의 보강 차원에서 울릉도 사용권 탈취공작과 더불어 감행한 조치였던 것이다. 독도의 일본 영토 편입을 각의에서 결정한(1905.1) 일본 내각은 도고가 2월 21일 임전태세 완비를 선언한 다음 날, 「시마네島根현 고시告示」(2.22)를 통해 독도를 자국 영토로 '편입'시켰다. 발트함대의 동향과 임전에 맞추어 한 어부의 '영토편입원'을 구실로 조선의 영토를 탈취한 명백한 제국주의적 침략 행위였다.

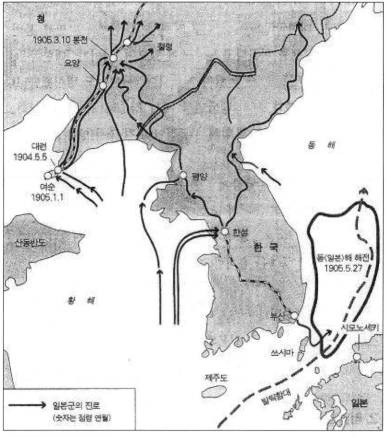

러일전쟁에서의 일본군 진로

러시아 기함 수보로프(발틱 함대 총사령관 해군중장 로제스트벤스키 제독이 승선한 기함. 이 전함은 만재배수량 15000톤의 드레드노트급 출현 이전 세계 최대급의 전함이었다. 만재배수량 13,516 톤, 최대속력 18노트로 속도는 약간 느렸지만 12인치 주포 4문, 6인치 부포 12문으로 막강한 화력 을 자랑했다.)

○ 악착스런 일본군, 러시아군을 일패도지一敗塗地 시켜

일본은 유리한 상황하에서 1904년 2월 9일 인천에 군대를 상륙시켜 서울을 장악하였고, 5월 1일에는 압록강을 건너 대련大連을 점령하였다. 1905년 1월 2일에는 노기 마레스케乃木希典가 이끄는 일본군이 고전 끝에 여순旅順을 점령하였다. 3월 10일에는 러일 양국군의 주력이 결전을 벌인 「봉천대회전奉天大會戰」에서 일본군이 승리하였으며, 러시아군은 포로 4만, 전사 2만 등 10여만명의 희생자를 내었다. 해전에서도 러시아가 자랑하던 발틱Baltic 함대가 1905년 5월 27일과 28일의 「동해해전」에서 도고 헤이하치로東鄕平八郎 중장이 지휘하는 일본 연합함대에 전멸당하였다.

일본의 발틱 함대 격파는 사실상 영국의 간접적 지원에 힘입었다. 러일 전쟁이 발발하자 영국정부는 영국에서 건조중이던 아르헨티나Argentina 순양함 2척을 일본에 팔아 해군력을 증강시켜 주었다. 또한 영국은 러시아 함대의 극동진출을 방해하였다. 러시아의 발틱 함대는 1904년 9월 10일 크론스타트Kronstadt항을 출항하였는데, 영국은 엄정중립을 구실로 영국소유 항만에서 러시아 함대에 대한 일체의 석탄 보급을 거부하였다. 이때문에 러시아 함대는 아프리카 남부의 섬 마다가스카르Madagascar에서 몇 개월간 발이 묶였다.

또한 영국은 터키Turkey에 압력을 가해 흑해黑海를 봉쇄함으로써 흑해함대가 발틱 함대에 합류하는 것을 막았다. 이 같은 영국의 방해로 발틱 함대는 출발 8개월만인 1905년 5월 27일에야 겨우 동해에 도착하여 탈진상태에서 일본 연합함대에 격멸당하였다.

예상을 뒤엎고 일본군이 일방적 승리를 거두고 있는 가운데 1905년 1월 2일 여순함락을 전후하여 프랑스·미국 등이 강화문제를 제기하였다. 여순은 러시아 총독부가 위치한 극동진출의 상징과 같은 존재이기 때문에 여순 상실은 러시아의 만주경영의 중추가 무너진 것이나 마찬가지였다. 이를 계기로 프랑스·미국 등이 러일 양국에 강화의사를 타진하였지만 승전중이던 일본은 물론이고 러시아도 이를 거절하였다. 러시아로서는 비록 여순을 상실하였지만 「봉천대회전」을 앞두고 있었고 당시로서는 극동으로 항진중인 발틱 함대에도 큰 기대를 걸고 있었다. 더구나 강대국 러시아가 아시아의 신생국 일본에 굴복한다는 것은 상상할 수 없는 일이었다.

4. 러일전쟁의 1차 목표였던 조선 점령·식민지화 달성

1) 조선의 친러 의존성향 뒤집히고 망국의 하향길만 남아

청일전쟁에서 일본이 승리했는데도 불구하고 러시아가 주도한 3국 간섭에 의해 일본이 요동반도를 반환하는 것을 본 조선정부는 러시아야말로 일본을 제압할 수 있는 강대국이라고 생각하게 되어 친러정책을 추진함으로써 조선반도에서의 러시아의 영향력은 급격히 증대되기 시작하였다.

그러자 일본은 고종의 황후(명성황후)가 친러정책의 주동자라고 판단하여 주한공사 미우라 고로三浦梧樓의 지휘아래 구스노세 사치히코楠瀬幸彦 중령의 일본군 수비대 3개 중대 및 오카모토 류노스케岡本柳之助·시바시로柴四郎·호리구치 구마이치堀口九萬一·구니토모 시게아키國友重章·고바야카와 히데오小早川秀雄 등의 낭인배와 사복차림의 순사 등을 동원하여 1895년 10월 8일 새벽 경복궁에 난입한 후 황후를 시해하여 불태워버린다.

이러한 일본의 만행으로 조선은 일본의 암살음모에 겁을 먹은 고종이 러시아공사관으로 파천俄館播遷을 하는 등 더욱 러시아에 의존하게 된다. 명성황후의 시해가 오히려 조선의 친러정책을 가속화시켰으며, 이를 이용한 러시아의 남하정책에 의해 오히려 만주와 조선반도에서의 러시아 세력은 더욱 증대되었던 것이다.

그러자 일본의 가쓰라 타로桂太郎 수상과 고무라 쥬타로小村壽太郎 외상은 영일동맹(1902년)을 주도한 후 곧바로 러시아와 협상에 들어가 만주에서 러시아의 이권을 인정해 주는 대신 조선반도에서의 일본의 독점적 지배권을 요구하게 된다. 하지만 러시아는 영일동맹을 맺은 일본이 조선 반도를 군사적으로 이용하는 것에 찬성할 수가 없었다. 일본 또한 만주에 대한 이권은 포기할 수 있어도 조선반도는 양보할 수가 없는 입장이었다.(김병렬『일본군부의 독도침탈사』다다미디어 2006)

이러한 갈등의 결과 1903년 용암포 사건이 일어나게 되었다. 러시아가 압록강변 원시림의 벌목과 관련하여 신의주 남쪽에 있는 용암포의 조차租借를 조선에 요구하게 되자 일본은 이에 강력하게 반발했다. 벌목사업을 위해 군대와 노동자를 파견하겠다고 러시아가 주장하자 일본은 이에 반발하면서 용암포의 개항을 조선정부에 요구하였다. 물론 러시아는 용암포를 개항하는 것에 대해 군사력을 이용하여 강력히 반대하였다.

1903년 9월 러시아가 용암포 인근에 망루와 포대를 건설하자, 일본의 유력 신문들은 러시아와의 무력충돌도 불사해야 한다는 주장을 전개하기 시작하여 대러對露 개전론이 일본전역으로 확산되었다.

(1) 일본의 러일전쟁 1차목표는 조선 완전 점령

마침내 일본 정부와 군부는 러시아에 대한 개전결의를 굳히고 1903년 12월에 조선반도 및 만주에서의 러시아에 대한 개전방침을 결정한다.(藤原彰 저, 엄수현 역『日本軍事史』서울 時事日本語社 1994)

조선반도는 우리 일본의 국방에 있어서 극히 중요한 지역이라, 그에 대한 타국의 어떠한 지배도 결단코 용납할 수 없다. 따라서 시국의 추이가 불행하게도 일러개전의 방향으로 흐른다면 반드시 먼저 조선 점령을 완전히 하여 우리의 입지立脚地를 굳히지 않을 수 없다 … 이를 위해서는 미리 모든 수단을 강구해야 하는데, 해전海戰의 결과에 관계없이, 일부의 육군을 경성에 파견하여, 선제공격의 틀을 마련하는 것이 중요하다.(중략) 러시아에 대한 작전은 이를 2기로 구분한다.

제1기 : 압록강 이남의 작전으로서, 조선의 군사적 점령을 완전히 함을 목표로 한다.

제2기 : 압록강 이북의 만주에 대한 작전으로서(하략)

이 방침에 입각하여 수립된 일본 육해군의 전쟁계획은 다음과 같다.

1. 제1함대와 제2함대는 여순旅順을 공격, 러시아 함대를 격파한다.

2. 제3함대는 진해만을 장악하여 쓰시마해협의 안전을 확보한다.

3. 해전의 결과와 관계없이 일부 육군선발대를 조선에 파견하여 선제공격의 형세를 확보한다.

4. 아르헨티나에서 구입한 두 척의 군함이 일본에 도착하는 즉시 개전의 시기를 결정한다.

 1904년 2월 5일 일본정부와 군부의 고위 지도자들은 어전회의에서 최종적인 개전결정을 내리고 러시아와의 국교단절 및 공격명령을 전군으로 하달한다.

 2월 10일자로 메이지 천황이 공포한 대러 선전포고 조칙에는 만주와 조선반도에서의 주도권 확보가 전쟁의 목표임을 다음과 같이 분명히 하고 있다.

 천신의 가호를 받아 만세일계의 황위를 이어온 대일본제국 천황은 충실하고 용감한 전 국민에게 고한다. 나는 이제 러시아에 대해 개전을 선언한다. 육해군은 전력을 다하여 교전에 임하도록 하고, 공무원은 각자 그 직무권한에 따라 국가의 목적을 달성하도록 노력하라. 무릇, 국제법이 인정하는 범위 내에서 모든 수단을 강구하여 미비한 점이 없도록 하라.

 나는 이전부터, 평화 속에서 문명을 추구하고 열국과 우의를 돈독히 함으로써 동양의 치안을 영원히 유지하고 각국의 권리 이익을 손상시킴이 없이 우리 제국의 안전을 보장할 수 있는 바람직한 상태를 확립하는 것이 외교의 중요한 목적임을 믿어서 항상 그런 원칙에 어긋나지 않도록 유념해왔다. 제관들도 이러한 뜻을 받들어 직무를 수행해왔다. 그러한 보람이 있어서 열국과의 관계는 해를 거듭할수록 우호적으로 정립되고 있다. 그럼에도 불구하고 이제 불행하게 러시아와 전쟁을 시작하게 되었으니, 참으로 유감이라고 하지 않을 수가 없다. 이 어찌 나의 본의라고 할 수 있겠는가.

 제국이 조선의 보전을 중시한 것은 어제 오늘 시작된 것이 아니다. 또한 이는 양국의 긴 역사적 관계에서 비롯된 것만도 아니다. 조선의 존망은 실로 일본 제국의 안위와도 관계되기 때문이다. 그럼에도 불구하고 러시아는 청국과의 철병협약 및 열국에 대한 성명을 지키지 않고 만주에 군대를 주둔시키고 있을 뿐만 아니라 점점 그 입장을 강화하여 궁극적으로 만주를 차지하려고 획책하고 있다. 만약 만주의 영유가 러시아로 귀속되어 버리면, 조선을 보전할 수 있는 수단도 없어지고 극동의 평화 또한 그에 따라서 바랄 수 없게 될 것이다. 나는 이러한 사정에 입각해서 차제에 아무쪼록 타협에 의해 평화를 영구히 유지해야 한다는 바람으로 내각으로 하여금 러시아에게 타협책을 제시하도록 했다.

 그러나 반년이라는 긴 시간이 걸려서 몇 번이나 절충을 거듭했지만 러시아는 조금도 상호양보의 정신으로 우리의 제안을 받아들이지 않았다. 오히려 시국의 해결을 지연시키면서 겉으로는 평화를 내세웠지만 속으로는 육해군의 군비를 증강하여 그 힘을 배경으로 일본을 굴복시키려고 했다. 무릇 러시아가 처음부터 주장한 평화애호라고 하는 것은 전혀 진실된 것이 아니라고 인정할 수밖에 없다. 러시아는 우리 제국의 제안을 용인하지 않았으며, 조선의 안전은 위급한 상태이고 또한 우리 국익은 지금 침략당하기 직전이다.

　사태는 이미 이러한 지경에 이르렀다. 제국이 평화적 교섭에 의해 이룩하려고 한 장래의 안전보장은 이제 방법을 달리하여 전쟁에 의해 획득할 수밖에 없다. 나는 전 국민의 충실과 용감함을 신뢰하여 신속하게 평화를 회복하고 대일본제국의 영광을 보전할 것을 기대한다.(「露國に對する宣戰布告の詔勅」『正論』 12月 臨時創刊號 2002)

　마침내 일본제국은 조선을 식민지화하는데 마지막 장애물인 러시아를 제거하기 위한 전쟁을 시작했다.

　1895년 5월 5일 러시아 · 독일 · 프랑스에 의한 3국 간섭으로 일본은 청일전쟁 승리로 탈취한 요동반도를 할 수 없이 포기하게 되었다. 힘이 없어 당했다고 생각한 일본은 와신상담臥薪嘗膽하면서 힘을 길러야 한다고 전국민이 통절하게 느끼게 되었다. 정부는 전 국민들에게 내핍 생활을 강요하면서 군비확장비를 짜내었다. 이러한 내핍의 결과 청일전쟁에서 러일전쟁에 이르는 10년간의 육해군비의 확장은 실로 눈부신 것이었다.

　1900년에 중국에서 의화단義和團의 무장봉기가 일어나자 일본은 영국의 요청하에 주력부대를 제공하였다. 이것은 일본이 극동에서 구미제국주의자들의 앞잡이가 되어 그들의 침탈에 반대하는 조선 · 중국 등 아시아의 민족운동을 억압하는 역할을 했다는 것을 의미한다. 의화단 사건에서 큰 군사적 역할을 담당했던 일본은 지리적 조건과 군사력의 우위를 인정받아 '영국의 대리자'로서 극동지역에서 러시아에 대항한다는 역할을 공식적으로 인정받게 된다. 1902년에 체결한 영일동맹은 바로 그 증표證票였다.

　3국 간섭 후 여순 · 대련大連을 조차한 러시아의 만주에 대한 병력파견이 활발해지자 일본군 참모본부는 대러시아 작전을 연구하기 시작한다. 1903년 4월 러시아는 만주 철병 제2기의 약속을 지키지 않았으며 압록강 부근에서의 군사활동도 강화하였다. 그러자 참모총장 오야마 이와오大山巖는 6월 22일 다음과 같은 의견서를 내각에 제출하였다.

　우리 일본제국이 조선반도를 우리 독립의 보장지로 하는 것은 개국 이래 변함없는 국시國是(나라의 요구와 정신에 비춰 옳다고 여기는 주의와 방침)이며, 현재와 장래에 있어서도 변동이 없을 것이다. 제국은 막막한 바다위에 우뚝 서있고, 8면이 파도로 덮여 예로부터 천부天府라 부르고 있으나, 수송 교통기관이 발달한 오늘날에 있어서는 천애天涯(하늘 끝, 높은)의 파도도 탄탄대로가 되어 국방의 어려움이 옛날과는 달라졌으며, 또한 전국의 지형과 형상이 남북으로 꿈틀거리는 모양으로 되어 있어 수비를 필요로 하는 지점이 몹시 많아 지극히 국방에는 불리하다.

그러나 다행인 것은 서쪽에 조선해협이 있어서 동서의 항로를 억누를 수 있고, 은연중 국방의 자물쇠와 열쇠 구실을 해줄 것이므로 조선으로 하여금 늘 우리에게 친근토록 할 때는, 일본해의 관문이 대단히 단단하고, 국방에는 크게 유리하다. 만약 이에 반해 강대국이 조선을 점유한다면, 그 위치는 곧 제국의 급소急所(생명을 해칠 수 있는 신체의 중요 부분)이며 그 거리는 불과 수 시간의 항행을 요할 뿐이다. 이것이야말로 옆 사람의 코를 고는 소리를 듣는 것만으로도 제국에 무슨 위해가 닥치지 않을까 걱정될 것이며, 국방의 곤란함은 물론 모든 일에 제약을 받아 끝내는 독립을 유지하는데 고통을 겪게 될 것이다.

메이지유신 초에 일찍이 조선을 유인하고, 또한 백방으로 괴로움과 어려움을 겪으면서 청국과의 관계를 소원하게 하고, 청국이 조선을 속국시 함에 드디어는 수만의 생명을 죽이고, 수천만의 국고금을 투입, 전쟁을 일으켜 우리의 보장지를 유지할 수 있었다.(明治維新 정부의 메이지 연호와 淸日戰爭)

그러나 이 전쟁의 결과 청국의 약점이 세계에 폭로되면서 러시아의 세력이 갑자기 동점東漸하여 금주金州(요동)반도를 점령하고, 동청철도東淸鐵道를 손에 넣어 만주의 실권을 쥐었으며, 그 팽창의 신속함이 실로 상상 밖에 있다. 제국이 만약 이를 방관하여 러시아가 하는 대로 방치한다면 조선반도가 그의 점령지로 되는 것은 불과 3~4년을 넘지 않을 것이다. 이렇게 되면 우리는 결국 유일한 보장지를 잃게 된다. 서해의 문호가 파괴된다. 불과 일위대수一韋帶水/一衣帶水의 거리를 두고 호랑이 및 늑대와 같은 강대국과 접하게 된다. 그 칼이 옆구리를 겨누게 된다. 우리 제국신민의 안위가 크게 우려되는 바이다.

그러므로 우리 제국은 이제 러시아와 교섭하여 빠른 시일 내에 조선 문제를 해결해야 한다. 금일에 있어 이를 교섭하면 반드시 병력에 호소하지 않고 용이하게 해결을 볼 수 있을지도 모르며, 만약 불행하게도 개전에 이른다면 그들의 군비는 아직 결점이 있다. 아군도 충실하지 못하나 피아의 병력은 아직 균형을 이루고 있으므로 확실히 대항에 유리하다. 따라서 지금이 국가백년의 장기 계획을 위해 조선 문제를 해결하는 유일한 시기라고 할 수 있다.

우물쭈물하다 이 좋은 기회를 놓치면 전략상으로 그들은 오늘의 결점을 3~4년 내에 시정할 수 있을뿐 아니라 더욱 견고한 근거지를 확보, 위력으로 압박하여 아군이 군비를 더욱 충실히 확장하더라도 도저히 그들과 대항할 정도에 미치지 못할 것이며, 계산상 승패는 이미 명백해져 외교교섭 또한 희망이 사라질 것이다. 형세가 이에 이르면 간담이 서늘해질 것이며, 마침내 한을 품고서라도 굴욕을 감수할 수밖에 없게 될 것이다. 그러므로 조선 문제를 해결하는 데는 지금이 유일한 시기가 될 것이다.(후략)(藤原彰의 책)

1903년 12월 참모본부는 압록강 이남의 작전으로써 조선의 군사적 점령에 완벽을 기하는 것을 한도로 하는 제1기 작전과 압록강 이북 만주에서의 작전인 제2기 작전으로 구분하여 대러시아 작전계획을 입안하였다.

우선 해군은 러시아의 태평양함대를 격파하고 제해권을 획득한다. 육군은 제1기에 있어서 3개 사단으로 구성되는 제1군을 조선에 추진시켜 이를 점령하고, 압록강변으로 전진한다. 이어서 3개 사단 증강으로 구성되는 제2군을 요동반도에 상륙시켜 제1군과 호응하여 요양遼陽으로 향하는 작전을 실시하여 이를 점령한다. 그밖에 우수리 방면을 저지하는 작전으로서 1개 사단으로 이를 담당케 한다.

(2) 서울 궁궐 침범, 「의정서」 강요로 전국토 수용·장악

1904년 2월 5일 대러 국교단절 및 공격명령이 전문으로 하달되면서 근위·제2·제12 등 3개 사단으로 조선을 점령하도록 작전명령을 받은 제1군사령관 구로키 다메모토 黑木爲楨 대장은 제23여단장 기고시 야스쓰나木越安綱 소장에게 선발대로 인천에 상륙한 후 신속히 서울에 진주하여 "조선 왕실과 정부를 장악하라"는 임무를 준다.

2월 8일 오후 4시 20분 인천항에 진입한 우류 소토키치瓜生外吉 소장 지휘하의 순양함 6척과 어뢰정 8척은 인천항에 정박하고 있던 러시아의 순양함과 포함을 간단히 제압한 후 제23여단 병력 2,200명을 철야로 상륙시킨다. 제23여단의 상륙이 끝나자 9일 12시 시한부로 러시아 함대의 퇴항退港을 명령한 후 이들 함이 인천항 밖으로 나오자 이를 격침시킨다. 제23여단은 2개 대대를 인천항 경비부대로 남겨두고 9일 오후 1시까지 2개 대대를 서울로 이동시켜 대궐을 포위하도록 한 후 3시 30분에 일본공사 하야시 곤스케林權助가 고종을 알현하고 러일전쟁에 있어서의 대일협력을 요구한다.

2월 18일 인천에 잔류했던 제23여단 2개 대대 병력이 서울로 진주하였고 19일에는 제12사단 주력이 서울로 진입하였다. 일본군의 진주와 대궐 포위로 살벌해진 분위기 속에서 23일 사단장 이노우에 미쓰井上光 이하 군복차림의 참모들이 고종을 알현했고, 이러한 억압적인 분위기 속에서 동일 오후 3시에 「한일의정서」가 조인되었다.

제1조 한일 양제국간은 항구불역恒久不易할 친교를 보지하고 동양의 평화를 확립하기 위하여 대한제국 정부는 대일본제국 정부를 확신하고 시정의 개선에 관하여 그 충고를 수용受容할 사.
제2조 대일본제국 정부는 대한제국의 황실을 확실한 친의로써 안전 강녕케 할 사.
제3조 대일본제국 정부는 대한제국의 독립과 영토보전을 확실히 보증할 사.
제4조 제3국의 침해나 내란으로 대한제국의 황실안녕과 영토보전에 위험이 있을 경우에는 대

일본제국 정부는 속히 임기필요臨機必要한 조치를 행함이 가함. 그리고 대한제국 정부는 우 대일본제국의 행동을 용이하게 하기 위하여 십분 편의를 공여供與할 사. 대일본제국 정부는 전항의 목적을 성취하기 위하여 군략상 필요한 지점을 수기수용隨機收用함을 득할 사.

제5조 대한제국 정부와 대일본제국 정부는 호상의 승인을 경시輕視치 아니하고 후래에 본 협정의 취의에 위반할 협약은 제3국간에 정립함을 득치 못할 사.

제6조 본 협정에 관련하는 미비한 세조細條는 대한제국 외부대신과 대일본제국 대표자간에 임기협정할 사.

　　　　광무 8년 2월 23일　　　　　　외무대신 임시서리 육군참장 이지용 인
　　　　메이지 37년 2월 23일　　　　　특명전권공사 하야시 곤스케林權助 인

이 의정서 제4조에 의해 일본은 조선에서의 주병권駐兵權 · 용병권用兵權 및 군략상 필요한 지점의 점령 · 수용권까지를 전부 확보하게 되었다. 조선국민의 반항의 손발을 꽁꽁 묶어놓고 일본제국의 대對 조선 식민지 확장을 위한 침략전쟁을 무난히 치러나갔다.

2월 19일부터 순차로 북진을 시작한 제12사단은 3월 18일까지 평양에 집결한 후 진남포로 상륙한 2개 사단과 함께 신의주新義州 · 구련성九連城 · 봉황성鳳凰城으로 북상하여 러일전쟁에 본격적으로 참전한다.

한편 1904년 3월 20일 동경에서 편성된 「조선 주차군駐箚軍」은 4월 3일 서울로 입성하였다. 주차군은 치안기능과 군사기능을 함께 수행하였다. 사령부를 서울에 둔 주차군은 인천 · 부산 · 원산 등에 부대를 배치하고 러일전쟁을 위한 병참지원(토건노동 · 운반) 및 조선인의 반일 움직임 등을 제압하였다. 이후 1905년 9월 1일 제2사단을, 10월 16일 제13, 제15사단을 주차군에 예속시킨 후 함경도 일원의 동부경비대, 황해도 · 평안도의 북부경비대, 황해 일부의 경기 · 개성 · 인천 · 해주 · 김화 · 춘천 · 충주 · 대구 · 부산 · 전주 등의 남부경비대로 나누어 주차駐箚(통치) 기능을 담당하도록 했다.

아울러 주차군에 앞서 1896년부터 조선에 주둔하던 헌병대는 1903년 12월 1일부로 주차대 사령관의 지휘 하로 들어가게 되며, 1904년 3월 11일 조선주차 헌병대로 확대 개편되었다. 그리고 동년 7월 20일부터 주차군 사령관 하라구치 겐세이原口兼濟 중장은 함경도에 군정을 실시하고 서울 및 부근 일원에서 「치안 경찰제」(헌병이 경찰 역할)를 실시하게 된다.(林鍾國『日本軍의 朝鮮侵略史』 일월서각 1988)

한편 천연의 군항지인 진해에서 러시아의 영향력을 약화시키기 위하여 일본은 진해 일대의 토지를 증서까지 위조해 가면서 매입하기 시작한다. 1904년 8월 진해만을 해군 근거지로 만들기 위하여 제3 임시 축성단을 파견하여 포대 공사를 하며 1905년 4월 29

일 「진해만 요새 사령부」를 편성했다.

　1904년 2월 9일 서울에 입성한 23여단은 사령부를 남산 밑 일본인 구락부에 설치한 후 병사들은 일본인 민가와 요정, 주차대 막사 등에 분산 수용되었다. 이후 2월 18일부터 입경한 제12사단은 일본인 민가만으로는 감당할 수가 없게 되어 용산 별영창別營倉 · 초자 제조소硝子製造所 · 평양병 막사 등을 빌려서 주둔시켰다.

　하지만 1904년 2월 23일 「한일의정서」가 체결되자 이를 근거로 용산에 300만평, 평양에 393만평, 의주 남방의 백마에 282만평 등 975만평을 요구하여 7월 29일부로 총금액 20만원이라는 무상탈취나 다름없는 금액에 수용했다. 이어 전쟁을 위해 민간인 소유 토지는 조선정부가 일본정부의 차관을 이용하여 매수한 후 이전토록 하며, 조선정부 소유의 토지는 일체를 무상으로 주차군에게 이전토록 하여 마산선 · 경의선 · 경원선 · 이화포선李花浦線 · 당포唐浦 · 하일리포何日里浦 · 겸이포 · 벽란도碧瀾渡 · 마포 · 인천지역의 본지선本支線 군용철로 선로 부지 및 정차장 · 철도공장 · 철도창고 용지를 평당 2전 꼴로, 거의 무상으로 빼앗다시피 수용하여 토지를 빼앗긴 주민들의 분규가 끊이지 않았다. 이리하여 일제는 할 수 없이 용산 · 평양 · 백마에서 578만평을 환급하게 된다.

당시의 군용지 점탈 현황(林鍾國의 책)

지역구분	최초수용 (만평)	공제 (만평)	수용 (만평)	매수 (평)	확정된 군용지(평)	공제 내역 (만평)
용산	300	185	115	29,800	1,179,800	환급 134 철도부지 51
평양	393	197	196	15,008	1,975,008	환급 159 철도부지 38
백마	282	196	86	–	860,000	환급 183 철도부지 13
합계	975	578	397	44,808	4,014,808	환급 476 철도부지 102

2) 대한제국 군대 무력화시키고 전국 군정실시

(1) 러시아군에 협조했다는 누명 씌워 조선군 해산

　조선 정부군의 무력화無力化는 일제 침략의 제1전제조건이었다. 공식적으로 조선의 군대는 1907년 8월 1일부터 9월 3일 사이에 해산된 것으로 알려져 있다. 하지만 일본 주차군은 이미 그 이전부터 조선군의 무력화를 위해 전력을 다하면서 일부 군대를 임의로 해산시키기도 했다.(유한철 「韓末 軍隊解散」, 『한권으로 보는 日帝侵略史 65장면』 가람기획 2005)

군대의 무력화를 위해 가장 좋은 방법은 친일 군대를 창설하거나 기존 군대 내에 친일세력을 부식하는 것이었다. 1881년 공병소위 호리모토 레이조堀本禮造에 의한 별기군 창설이 대표적이다.(임오군변 참조) 또한 1904년 9월 24일, 1905년 2월 22일 두 차례에 걸쳐 조선 군부 관제를 개편하도록 한 후 각급 부대별로 일본인 고문 또는 고문 보좌관을 두도록 했다. 하지만 군대 무력화의 최종적인 단계는 군대의 해산이다. 1904년 6월 주차군 참모장 사이토 리키사브로齋藤力三郎 중좌는 「조선에서의 군사적 경영 요령」이라는 안을 본국 정부에 건의한다. 이중 제3항 「병제개혁의 단행」은 다음과 같았다.

병제개혁의 명의로 현재의 군대를 대부분 해산하여 겨우 궁중을 호위하고 황제를 안도시킴에 족한 근소한 병력을 두도록 함으로써 조선이 절대적으로 우리의 무력에 의존하도록 노력하여야 하며 …

근위병 정도를 제외하고 모든 조선군을 해산하여 일본의 무력에 의존하지 않으면 자위를 할 수 없도록 해야 한다는 계획이다. 이 계획에 의거 9월 24일 「군부관제軍部官制」를 공포한다. 이 군부관제는 1900년 3월 20일자 「원수부 관제元帥府官制」를 폐지하는 것이었다. 원수부를 폐지한 이유는, 노즈 시즈타케野津鎭武 중좌가 조선정부 군사고문으로 취임은 하였지만 실제 군부대신은 군부 유학생 관계, 병기·탄약 관리와 군공사 관계, 군경리 관계만 관할할 수 있을 뿐이었고 군사와 관련된 모든 권한 즉 군정과 군령에 관한 모든 권한은 조선 황제를 대원수로, 태자를 원수로 하면서 태자 밑에 장관 4명, 영관 4명, 부관 15명으로 조직되어 있는 '허울뿐인' 원수부에서 행사하고 있었기 때문이다.

군무에 관한 일체의 권한을 원수부가 장악하고 있기 때문에 모처럼 고문이 되기는 했으나 손을 써 볼 방도가 없었다. 그래서 노즈野津는 머리를 짰던 것이다. 이런 이상 무엇보다도 원수부를 폐지하는 방법밖에 없었다. 그리하여 군사의 실권을 군부에 장악시킨 후 자기의 수완을 발휘해야만 했다.

교활한 노즈野津는 조선군 포병정위 어담魚潭을 앞세워 우회전술을 구사했다.

원수부를 폐지한다고 하면 조선 황제의 윤허는 고사하고 맹렬한 반대가 일어날 것이다. 그러니까 원수부 폐지라고 하지 말고, 조선군제의 대개혁을 제안한단 말이야. 폐하는 현재 군비

확장에 매우 열심이니까 반드시 윤허할 것이다. 이렇게 되면 군비확장의 전제로서 우선 군제를 개정할 필요가 있다고 해서 원수부를 폐지하고 신제新制를 만드는 것인데, 그 군제를 어떤 식으로 하느냐는 문제는 현재 연구 중이지만, 성안이 되면 안을 심의할 기관을 만들어야 한다는 말일세.

결국 노즈의 흥계대로 1904년에 제1차 군제개혁을 단행했다. 이러한 군제 개혁이 원수부의 권한을 빼앗기 위한 것이었다는 것은 어담魚潭이 스스로 인정하였다.

이리하여 군대에 관한 전권은 노즈가 예정한대로 군부가 완전히 장악해버렸다. 제1회의 대개혁이란 것이 원수부의 권한을 군부가 탈취하려는 수단에 불과했던 사실은 그 누구도 알지 못했다.

이처럼 군권의 일체가 원수부에서 군부로 넘어갔다는 것은 군부대신 고문인 노즈가 군권 전체를 장악했다는 것을 의미하는 것이었다.

일본 주차군 사령관은 이러한 배경을 이용하여 함경도 북청에 주둔하고 있던 조선군 진위 제5연대 제2대대와 종성의 제3대대를 해산하고 전 부대원을 최대한 중죄로 처벌하도록 허수아비 군부대신 이윤용에게 압력을 가하였다. 이들이 러시아군에 협조하였다는 것이 이유였다. 결국 고문관 노즈野津에 의해 좌지우지되던 군부는 12월 1일자로 제2대대장 심횡택과 제3대대장 김명환 참령을 면직하고 12월 7일부로 2개 대대를 해산하였다.

(2) 집회·항의운동 막기 위해 「계엄 군사경찰제」 실시

1904년 6월에 나가모리 도기치로長森藤吉郎에게 조선 13도의 황무지 개간권이 주어졌다는 소문이 돌자 군중들은 종로에 모여 반대집회를 대대적으로 개최하였다. 그러자 주차군 사령관은 서울을 중심으로 군사경찰제를 시행하기로 하고 7월 20일자로 헌병대장에게 다음과 같이 훈령하였다.

1. 작전군의 배후 치안을 도모하고, 작전의 진행에 방해가 없게 하기 위해서 조선국 현재의 정세를 감안하여 경성 내외에 군사경찰을 시행코자 한다.
2. 귀관은 경성 내외의 동정에 주의하고, 특히 아래 각 건에 대하여 철저히 시행할 것. 단, 아래 제4항의 실시에 대해서는 별도로 훈시할 것임.

(1) 치안을 방해하는 문서를 기초하고, 또는 이를 반포한 자가 있을 때는 그 문서를 압수하고
　　관계자를 처벌할 것.
(2) 집회 또는 신문으로 치안에 방해가 된다고 인정되는 것은 정지를 명하고 관계자를 처벌
　　할 것. 단, 신문은 발행 전에 미리 군사령부의 검열을 받게 할 것.
(3) 총포·탄약·병기·화구火具 기타의 위험을 미칠 각종 물품을 사사로이 소유하는 자가
　　있을 경우에 이를 검사하고, 사정에 따라서는 이를 압수하며, 소유자를 처벌할 것.
(4) 필요시 우편·전보를 검열할 것. 의심나는 통행인을 검색할 것.

　식민지 통치세력의 군대에 의한 치안유지체제(헌병경찰제)는 이때부터 이미 시행되었
다. 조선은 「일본침략군의 비상계엄령치하」에 들어갔다.
　한편 러일전쟁 개전 후 경부·경원·경의선 일대에서 철도 방해, 군용 전선 절단 등의
저항 사례가 속출하였다. 이에 주차군 사령관은 1904년 7월 2일자 한주참韓駐參 제259
호를 통하여 다음과 같이 명령했다.(조선땅의 주인인 조선민중의 항일 무장·파괴활동을 고문·
학살·투옥으로 가혹하게 다스렸다.)

1. 군용전선·철도에 해를 입힌 자는 사형에 처함.
2. 정을 알고 범인을 은닉한 자는 사형에 처함.
3. 가해자를 체포한 자는 일금 20원을 포상함.
4. 가해자를 밀고하여 체포케 한 자는 일금 10원을 포상함.
5. 촌내村內에 가설된 군용 전선·철도의 보호는 그 전체 촌민의 책임으로 함. 각 촌에서는 촌
　　장을 우두머리로 하는 위원을 두고 약간 명씩 매일 교대하여 군용 전선·철도의 보호에 임
　　할 것.
6. 촌내에서 군용전선·군용철도가 절단된 후 가해자가 체포되지 않을 때는 당일의 보호위원
　　을 태형笞刑 또는 구류에 처함.
7. 동일 촌내에서 2회 가해자가 나왔을 경우에는 조선국 정부에 통보하고 엄벌에 처함.
8. 선박의 조종 잘못 기타 과실로 전선을 절단한 자는 구류에 처하되 태형을 부가하고 정상情
　　狀에 따라서는 그 선박을 몰수함.
　　또한 지방의 정황에 따라서는 조선국 관리에게 요구하여 엄벌을 과하게 할 수 있음. 이때는
　　병참사령관이 이를 엄격히 감시할 것임. 구류기간 중 침구·식사는 피구류자의 부담으로
　　함.

◎ **무서운 일본인의 본때를 보인다며 삼광작전三光作戰 학살 초토화**
　다음은 러일전쟁 종군기자로 참전했던 매켄지Frederick Arthur McKenzie의 책에서 인

용한 글인데, 매켄지가 이토 히로부미伊藤博文의 측근으로부터 들었다는 내용이다.(三光作戰 : 몽땅 불태우고, 몽땅 죽이고, 몽땅 탈취한다.)

우리는 지금 그들에게 일본의 힘이 얼마나 막강한가를 보여줄 필요가 있습니다. 조선 동부의 산악지방에 살고 있는 사람들은 일본군을 거의 본 적이 없기 때문에 우리의 힘을 잘 모르고 있습니다. 우리는 우리가 얼마나 강한가를 그들에게 확신시킬 필요가 있습니다.

당시 전신주를 뽑아버리면 어떻게 했는가를 매켄지는 생생하게 기술하고 있다.(매켄지 저, 신복룡 역『大韓帝國의 悲劇』집문당 1999)

나는 산마루에 서서 이천으로 향하는 골짜기를 내려다보고 있는 동안 그 친구의 말이 생각났다. 이곳에서는 일본이 얼마나 "막강한 것인가"를 분명히 알 수 있었다. 나는 앞에 펼쳐진 폐허의 마을을 볼 수가 있었다. 나는 폐허가 된 마을 가까이로 말을 몰아 내려갔다. 그곳은 대략 70~80호가 모여 사는 꽤 큰 마을이었다. 그 마을은 기둥 하나도 성한 것이 없을 만큼 황폐하게 되어 있었다. 성한 집이라고는 한 채도 없었으며, 벽은 흔적조차도 없었다. 장독마저도 모두 박살났다. 아궁이는 모두 망가져 있었다.

이들이 이렇게 마을을 초토화시킨 것은 그들이 세운 전신주를 뽑아버리는 것을 방관했다는 것이 그 이유였다.

저쪽을 보십시오. 모두 폐허가 되었습니다. 그들은 우리에게 온갖 욕설을 퍼부었습니다. 그들은 이렇게 말했습니다. "의병들이 전신주를 뽑아버리는 것을 보고도 너희들은 그것을 말리지 않았다. 그러니 너희들은 의병들과 똑같은 놈들이다. 눈은 무엇에 쓸려고 전신주도 감시하지 않았는가? 힘은 두었다가 무엇에 쓸려고 그들의 못된 짓을 막지 않았는가? …"
그리고는 이 집 저 집을 돌아다니며 욕심나는 것은 모두 빼앗은 다음 불을 질러버렸지요. 젖먹이 적부터 그 집에 살고 있던 한 노인은 일본군이 자기 집에 불을 지르는 것을 보자 무릎을 꿇고 그 일본군의 발에 매달렸습니다. 그는 울면서 애원했지요. "잘못했습니다. 용서해 주십시오. 저는 이제 죽을 날도 얼마 남지 않았습니다." 일본군은 그 노인의 말을 귀담아 듣지도 않았습니다. 그 노인은 그럴수록 더욱 애절했습니다. "잘못했습니다. 용서해 주십시오." 그는 울면서 애원했습니다. 그러자 일본군은 총을 뽑아 노인을 쏘아 죽였습니다.

세월이 훨씬 지난 후의 일이긴 하지만, 일제 식민통치 및 미군의 점령통치와 그 앞잡이 친일파 독재자들(조선·동아·경찰·검찰·관동군 장교 등)의 죄악 중의 죄악은, 바로 이 대목에 있었다. 친일파 집단은 이 시기부터 자주독립 투쟁을 하던 민족 동포형제들을 증오하고 분열을 조장하는 짐승보다 못한 극악한 범죄를 저지르기 시작했다는 사실이다. "의병(비적)을 도왔으니 너희도 같은 범죄자다"(터무니없는 덮어씌우기에 몽둥이질과 벌금부과) "독립군(공산비적·스파이·간첩)을 돕거나 방관·방조했으니 너희도 빨갱이·좌익이다." (기독교인들이 상상想像으로 만들어낸 지옥 속의 악마로 조작)

러일전쟁으로 인한 일본군의 군정은 1904년 7월 20일부터 함남북의 일본군 점령지역에서 시행되다가 추후 함경남북도 전체로 확대되었다. 1904년 5월경부터 남하할 기세를 보이던 러시아군은 8월 8일 300명의 기병대로 원산의 일본군 전초선을 교란했다. 이어서 9일에는 대포를 장비한 기병 1개 중대가 양일리 남방의 일본군을 공격했다. 일본군을 적대시하던 주민들은 북청·종성 지역에 배치된 조선 정부군(침략군에 의해 해산되기전) 진위 보병 제5연대와 협조하여 일본군의 행동을 은연중에 방해하였다.

이러한 상황에 대처하기 위해 일본 주차군사령관은 아무런 법적 근거도 없이 10월 8일 함흥·원산 일대에 군정을 실시하도록 명령하였다.

(3) 전국토는 철창 감옥, 관민官民 모두 멋대로 살상

○ 군정은 아래의 요령과 범위를 표준으로 하여 시행할 것.

(중략)

5. 조선군의 현임 지방관리로서 일본군에게 불이익한 행위를 하거나 부적임으로 인정된 자가 있을 때에는 임지에서 퇴거를 명할 것. 단 가급적 사전보고를 요함.

6. 원인의 여하를 불문하고 지방관이 임지에 없을 때는 그 지방에서 적임으로 인정되는 자를 선택해서 지방 행정사무를 집행하게 할 것.

7. 조선국 정부가 새로 임명한 지방관으로 일본 군사령관의 승인장을 소지하지 않은 자는 취임 및 직무 집행을 하지 못하게 할 것.

8. 군정지역 안에 소재하는 군청 또는 각 부대로부터 그 지역 안의 주민에 대하여 하달하는 군사명령(징발·숙사제공·인부 고용 등)에 관해서는 조선국 지방관 또는 그 대행자 이하를 감시하여 비위 불법의 일이 없도록 노력할 것. 단 외국인에 대해서는 가급적 징발 집행을 피하도록 할 것.

9. 군정지역 안에서 군사행동을 방해한 조선인(예컨대 도로·교량·철도·전선 등을 파괴 또는 그 운용을 방해하며, 병기·탄약·군량미·마초馬草·피복 기타 군수품·우편물 또는 군용건축물·선박이나 차량 등을 훼손 파괴 혹은 절취한 자)은 군율에 따라서 이를 처분할 것. 단 제국

신민 및 외국인으로 본조의 행위가 있을 때는 군사령관의 지휘를 받을 것.

(중략)

11. 군정지역 안에 주둔하는 조선국 군대를 군정에 이용할 필요가 있을 때는 이를 지휘관에게 요구하고, 사정에 따라서는 직접 명령을 내릴 수 있음.

12. 군정지역 안에서는 아래 각항을 집행할 수 있음.

제1. 집회 또는 신문·잡지·광고로서 치안에 방해된다고 인정되는 것은 해산·정지·구금할 것.

제2. 군수물자로서 공급을 관유官有 또는 민유民有의 각종 물품을 소유하는 자가 있을 때는 이를 검사하고, 사정에 따라서는 압수할 것.

제3. 누구를 불문하고 총포·탄약 기타 위험한 각종 물품을 소유하는 자가 있을 때는 이를 검사하고, 사정에 따라서는 압수할 것.

제4. 군정지역 안에서 보안상 필요할 때는 누구를 불문하고 퇴거를 명할 것.

제5. 조선국 전보사에서 취급하는 전보를 검사하고, 사정에 따라서는 그 발송을 금지 또는 몰수할 것.

제6. 철도·전선·도로·교량 기타 일체의 군사교통기관의 안전을 유지하기 위하여, 필요한 책임을 지방 주민에게 부담케 할 것.

제7. 군사행동에 필요한 도로·교량의 수리는 지방비로써 집행케 할 것.(韓駐參 제268호)

10월 12일자 고시와 함께 군정이 본격적으로 실시되었다. 원산항에서 러시아군 점령지역 및 우수리 지방으로 여행하려는 자는 일본군 원산경비대장의 사전 허가를 얻어야 하며, 선박은 선명·톤수·화물의 종류·수량·행선지 및 기항지를 서면 신고하여 출항 허가를 얻어야 했다.

뿐만 아니라 영흥만 일대에 군사기지를 확보하기 위하여 1905년 1월 14일부로 영흥만내 도서전부와 주변지역의 토지를 수용하도록 하였으며 2월 15일에는 함남관찰사 이현경이 노후·무능·비협조를 이유로 임지에서 쫓겨났다. 결국 조선 지방관은 일본군사령관에게 충성 서약을 한 후 승인장을 받아서 부임할 수밖에 없었으며, 군정관인 일본군 부대장의 지휘 감독 하에서만 행정을 집행할 수 있었다. 이러한 체제는 포츠머스강화조약(1905.9.5) 후 군사령관이 군정에 관한 각종 훈령 등을 폐지할 때까지 계속되었다. 군정기간 중 이들은 조금이라도 의심이 가는 사람은 가차 없이 살해하였다.

북부지방에 살고 있는 사람들은 러시아인들과 관계를 맺고 있다고 의심을 받기에 충분했으며, 그런 사람들은 즉시 시체로 발견되었다. 낭인행세를 하며 간첩 기술의 왕자였던 일본인들은 그들의 하는 일에 대해 첩보 행위를 하는 사람들에 대하여는 가장 가혹하게 보복했다. 이러한 방법으로 수많은 사람들이 부당하게 처형되었으리라는 것은 의심할 나위도 없다. 러시아 화폐를 소지하고 있는 사람들은 즉시 간첩으로 취급을 받았다.(매켄지, 앞의 책 111쪽)

한편 친일파인 일진회와 친러파인 공진회가 대립하게 되자 주차군 사령관은 군사경찰제 확대의 좋은 계기라고 생각하여 1905년 1월 3일자로 경성을 중심으로 한 일원의 치안을 일본군이 전담하겠다고 조선정부에 통고하고, 동일자 한주참 제4호의 훈령으로 헌병대장에게 「별지 내훈에 의한 군사경찰의 집행」을 명령하여 조선정부의 경찰권을 완전히 배제하였다.

○ 군사경찰은 아래의 요령과 범위를 표준으로 시행할 것.
1. 군사경찰의 범위는, 치안에 관계없는 이상 가급적 보통경찰에 개입하지 않는 정도에서 시행할 것.
2. 치안에 관련되는 경찰사항에 관해서는, 조선국 군대의 사용 및 경찰권의 집행을 허락하지 말 것.
3. 치안방해 문서를 기초起草 또는 배포하는 자가 있을 때는 그 문서를 몰수하고 관계자를 구류시킬 것.
4. 군사경찰 시행지역 안에서 집회 또는 결사를 행하려는 자가 있을 때는 미리 이를 신고하도록 하고, 치안에 방해가 된다고 인정되는 것은 이를 금지할 것.
5. 군사경찰 지역 안에서는 아래 각호를 실시할 수 있음. 단 외국인에 관계된 것과 제1·3호 중 퇴거에 관한 것은 군사령관의 지휘를 받을 것.
 (1) 신문·잡지·광고 등으로 치안을 방해한다고 인정하는 것은 이를 정지 또는 금지시킬 것.
 (2) 누구를 불문하고 총포·탄약 기타 위험을 초래할 각종 물품을 소유하는 자가 있을 때는 이를 검사하며, 사정에 따라서는 몰수할 것.
 (3) 군사경찰 시행지역 안의 보안을 위해서 필요할 때는 누구를 불문하고 구류 또는 퇴거를 명할 것.

또한 동년 1월 6일자로 「군사경찰시행세칙」을 발표하여 아래 19개 항목에 대해 범인·종범·교사자·미수범·예비 음모범에 대해서 사형·감금·추방·과료 또는 태형을 과하게 하였다.

1. 간첩행위 및 그 유도·조성 행위

2. 이적·방조행위

3. 포로를 위협하여 물건을 뺏거나 도주를 방조

4. 집단적 반항과 항군행위抗軍行爲

5. 군행동 방해

6. 군에 대한 위해행위

7. 군용전선·전화·철도·차량·선박에 대한 파괴·절도·운용 방해 행위

8. 군용 영조물·도로·교량의 파괴

9. 병기·탄약·군량과 마초·피복 기타 군수품과 군용 우편물의 파괴·절취행위

10. 전2항 이외의 군사통신·수송방해

11. 군에 불리한 허위 보도, 과대통신, 풍설의 유포

12. 군에 불리한 게시 행위

13. 징발·숙박·인부 고용의 방해와 불응

14. 군인·군속에 대한 직무방해

15. 집회·결사·신문·잡지·광고 및 기타에 의한 공안·질서의 문란

16. 출입·체류 금지령 위반

17. 군사령관의 명령에 위반한 자

18. 범인 은닉, 위협하여 물건을 뺏거나 도피를 방조

19. 범행 증거 인멸행위

주차군 헌병대장 다카야마 이쓰메高山逸明 소좌는 동년 1월 8일자로 「조선인의 집회·결사에 관한 헌병대 고시」를 발령하여 경성 일대의 집회·결사를 통제하였다.

제1조 : 정치결사는 조직 3일 전에 명칭·규칙·사무소·임원 명부(주소·신분·직업·연령 기재)를 제출하여 허가를 받을 것.

제2조 : 정치집회는 개회 1일 전에 집회 장소·연월일·목적을 제출하여 허가를 받을 것.

제3조 : 공사公私에 관한 결사·집회는 필요할 때 앞의 1·2조를 준용함.

제4조 : 옥외집회·다중多衆운동 금지. 단 관혼상제 기타 관례행사는 예외임.

제5조 : 집회는 헌병이 임석하여 감시함. 동 헌병의 명령에 복종할 것.

제6조 : 집회·결사의 취지문·격문 기타 명의로 문서를 발표·발송할 때는 사전에 검열을 받을 것.

제7조 : 본령의 위배는 군율로써 처분한다.

이러한 군사경찰제는 항일민중들의 일진회 습격사건 등으로 1905년 4월 전주 일대까지 확대되었다. 그리고 그들이 정한 고시를 위반한 사람들은 사형을 당하거나 감옥에 수

감되었는데, 당시 감옥의 참상을 매켄지는 다음과 같이 기술하고 있다.

　나는 두 곳의 감옥을 돌아보았다. 처음 간 곳은 평양이었는데, 그곳에서 나는 한 감방에 남자 18명과 여자 1명이 함께 수감되어 있는 것을 보았다. 남자 몇 사람은 나무 족쇄에 채워져 바닥에 고정되어 있었다. 죄수들은 심하게 여위었으며, 그들의 몸은 무서운 병에 걸려 있음을 역력히 볼 수가 있었다. 옷은 누더기였고 감방은 말할 수 없이 지저분했다. 죄수들은 그 안에서 운동이나 노역도 하지 않고 몇 년 동안 갇혀 있었다. 어느 죄수는 6년 동안이나 감옥에만 갇혀 있었다.

　내가 두 번째로 돌아 본 감옥은 선천인데, 이곳은 평양보다 더 조건이 나빴다. 내가 감옥 안으로 들어갔을 때 너무 어두워 처음 얼마동안은 앞을 볼 수가 없었다. 그 안에 3명의 죄수가 있었는데 바닥 위에 맥없이 묶여 있었다. 벽에 작은 구멍이 뚫려 있는 것 이외에는 공기나 빛이 들어올 수가 없었다. 등에는 매를 맞아 찢어진 흉터가 소름이 끼칠 정도였다. 밧줄로 너무 세게 묶여서 팔뚝의 살갗은 뼈까지 자국 나 있었고 그로 인한 상처는 너무 곪아 있었다. 어느 죄수는 두 눈을 감고 있었는데, 이미 시력을 잃었고 눈꺼풀 사이로 심하게 고름이 흐르고 있었다. 아마도 그의 눈은 맞아서 실명된 것 같았다. 그 사람은 며칠 동안 움직이지도 않고 그렇게 감금되어 있었다. 나는 그들을 데리고 문밖으로 나와 햇볕을 쏘이게 했다. 그 일은 참으로 어려운 일이었다. 한 다. 한 사람은 병에 걸려 이미 거의 수족을 쓰지 못했다. 모두가 굶주리고 또 얼이 빠져 고통을 호소할 겨를도 없었다. 그곳은 이제까지 내가 본 곳 중에서 가장 혹독한 지옥이었다.

　이렇게 조선의 손발을 묶어 놓고 내륙에서 군용지 등을 침탈하던 일본은 해군의 필요성에 의해 해안과 도서지방을 망루 등을 설치하기 위한 목적으로 침탈하기 시작했다.

철도파괴 음모죄의 누명하에 공개처형당한 사람들.(김병렬 『일본군부의 독도 침탈사』 다다미디어 2006)

제7장
조선민중의 반제 · 반봉건 투쟁 좌절
신숭배 종교 확산, 동포 의식 분열

1. 과학문명 · 무력 · 정신력, 침략세력과는 너무 큰 차이

1) 천주교 침투 저지, 봉건 · 맹목적 쇄국정치 강화, 외교 무능

(1) 애국 단심 대원군, 국내 보수세와 외세에 대적하다 탈진

대원군 집권시기는 전통사회에서 근대사회로 이행되는 과도기였다. 이 시기 조선민족은 대내외적인 시련과 도전에 직면했으며, 이를 슬기롭게 극복하여 자주적이고도 능동적인 역사 발전을 도모해야 하는 시대적 과제를 안고 있었다. 이 점은 제국주의 침략을 맞이한 19세기 전반기의 동북아 정세와 24대 헌종조(1834~49) 이후 계속되어 온 세도정치하 조선의 사회상을 살펴보면 더욱 분명하게 인식할 수 있다.

중국은 1840년 아편전쟁에서 영국에 패배한 뒤 1842년 체결한 난징조약 이후 서구 제국주의 침략을 본격적으로 받게 되었다. 그 뒤 1856년 애로우 호 사건을 계기로 영 · 불연합군의 공격을 받아 수도 베이징이 함락되어 원명원圓明園이 불타고 황제가 열하熱河로 도피하는 등 수난을 당했다. 이에 중국은 다시 톈진조약(1858) · 베이징조약(1860)을 연이어 체결해야만 했다. 그 뒤 중국淸은 점령국 공사들의 베이징 주재, 홍콩 · 주룽반도九龍半島의 할양과 개항장 증설, 기독교 포교의 자유 등을 허락하게 되어 서구 제국주의 세력 침탈의 장으로 변하고 말았다.

또 러시아에 연해주를 할양하는 등 영토의 손실을 감수해야만 했다. 게다가 중국은 이 무렵 태평천국의 난(1851~1864 서남부 농민봉기)으로 난징이 함락되는 등 양쯔 강 이남 거의 전역이 한때 반란세력의 점령하에 들어가 대내적으로도 어려운 시기에 봉착해 있었다.(박민영 「대원군 정권」, 『한국근대사 강의』 한울아카데미 2008)

일본은 네덜란드를 제외한 서구 제국에 대해 쇄국정책을 고수해 오다가, 1853년 미국의 해군제독 페리Matthew Perry가 거느린 군함이 에도 만江戶灣에 들어가 함포사격을 가하며 통상을 요구하자 대책 마련에 부심하였다. 결국 일본 최후의 막부인 도쿠가와 막부德川幕府는 이와 같은 미국의 함포 위협에 굴복하여 미국과 1854년에 화친조약을, 그리고 1858년에는 통상조약을 체결함으로써 200년 동안 지속해 온 쇄국정책을 포기하고 개항하게 되었다. 이어 일본은 러시아 · 네덜란드 · 영국 · 프랑스와도 조약을 체결하여 서구 제국에 문호를 활짝 개방했다. 그 뒤 일본에서는 쵸슈 번長州藩과 사쓰마 번薩摩藩이 중심이 되어 막부를 무너뜨리고 메이지 유신明治維新(1868)을 일으켜 왕정복고를 선언했다. 그러니까 700년이 넘는 동안 여러 차례 바뀌어온 군사정권幕府으로 부터 왕실이 실권을 넘겨받게 된 것이다.

새로 등장한 메이지 정부는 대외적으로 개방정책을 채택하여 「탈아외교脫亞外交」를 지향하고, 대내적으로는 부국강병 · 문명개화를 모토로 내걸고 정치 · 경제 · 군사 · 교육 등 여러 방면에서 적극적으로 서양 문물 · 제도 모방운동을 전개해 나갔다. 서양화운동의 일환으로 메이지 정부는 1871년부터 1873년까지 80여 명의 이와쿠라 사절단岩倉使節團을 유럽 각국에 파견하여 서양의 문물 · 제도를 시찰 · 연구하게 했다. 그리고 서양인 교사와 기술자들을 초빙하여 근대적 공장 · 군사 시설과 학교 등을 세웠다.

중국 · 일본 등 주변국들의 이와 같은 개항 · 근대화 방향과 노력에 대해 조선의 위정자들은 대체로 무감각했을 뿐만 아니라 그러한 시도 자체를 위험시하거나 경멸하는 경향을 보이고 있었다. 배타성과 독존성을 강하게 드러내던 조선 후기 주자학 사회가 19세기 중엽 제국주의 침략에 직면하게 되자 체제 수호를 위해 더욱 안으로 고착화된 결과였다.

한편 조선의 국내 사정 역시 19세기에 들어와 악화일로를 걸어 불안한 상태가 지속되었다. 특히 영 · 정조 이후 노론이 득세하면서 순조 · 헌종 · 철종 3대에 걸쳐 안동 김씨와 풍양 조씨 등 외척이 정권을 농단하는 세도정치가 계속되고 있었다. 외척 권신들은 왕명 출납에서부터 인사행정에 이르기까지 전권을 장악했기 때문에 자연히 매관매직이 성행하고 파행적인 인사행정이 자행될 수밖에 없었다. 그 결과 왕실의 권위는 실추되고 국가 기강은 날로 해이해져 왕조의 존립자체가 위협받는 상황에까지 이르렀다.

대원군 이하응.

이와 같이 대원군이 역사의 전면에 등장하던 1860년대 전반기는 조선이 대내외적으로 심각한 위기에 직면해 있던 시련기였다. 그러므로 대원군에게 주어진 역사의 책무는 실로 막중했으며, 이는 곧 민족과 국가의 안위와 흥망이 그의 손에 걸려 있었음을 의미하는 것이었다.

1863년 철종이 재위 14년 만에 후사 없이 타계하고 그 뒤를 이어 흥선군興宣君 이하응李昰應(1820~1898)의 둘째 아들 재황載晃이 보위에 올랐다. 이에 국왕의 생부生父 이하응은 '대원군'으로, 생모 여흥 민씨는 '여흥부대부인驪興府大夫人'의 봉작을 받았다. 등극 당시 고종의 나이가 12살에 불과했기 때문에 형식상으로는 조대비가 수렴청정을 했다. 하지만 실제로는 대원군이 조대비의 위임하에 전권을 장악하고 있었으며, 형식적인 수렴청정도 1866년 2월 철회됨으로써 그는 막강한 절대 권력을 행사할 수 있었다.

당시 40대 중반으로 경륜이 쌓인 대원군은 정력과 의욕으로 넘쳐났다. 그의 절대권력은 제도적인 틀 속에서 나온 것이 아니라 '국왕의 생부'라는 명분상의 지위에 근거하고 있었다. 그러므로 「대원위분부大院位分付」로 하달되던 그의 명령은 엄청난 권위를 가질 수 있었다.

원래 대원군의 가계는 영조의 아들 사도세자로부터 연유되고 있다. 세자빈 혜경궁 홍씨가 낳은 사도세자의 아들이 정조이고, 궁녀가 낳은 세 아들 가운데 둘째가 은신군恩信君이었다. 은신군이 후사가 없자 인조의 아들인 인평대군의 6대손 남연군南延君 구球를 양자로 삼았다. 남연군은 바로 대원군의 생부로, 대원군은 남연군의 네 아들 가운데 막내였다. 당시로서는 철종 사후 왕위를 계승할 수 있는 유력한 계파로 남연군 가문이 단연 두드러졌던 것이다.

대원군은 1820년(순조 20) 서울 안국동에서 태어났다. 어머니와 부인은 모두 여흥 민씨로, 어머니는 우의정을 지낸 경혁景爀의 딸이었으며 부인은 행돈녕부사行敦寧府事(종1품) 치구致久의 딸이었다. 며느리로 맞이한 민비 또한 첨정僉正(종4품) 치록致祿의 딸이었으므로, 그는 3대에 걸쳐 여흥 민씨와 각별한 인연을 맺고 있었던 셈이다. 대원군은 3남 3녀를 두었다. 첫째 딸은 풍양 조씨 경호慶鎬, 둘째 딸은 풍양 조씨 정구鼎九에게 시집갔고, 서녀庶女는 우봉 이씨牛峰李氏 윤용允用에게 출가하였다. 그러므로 그는 풍양 조씨와도 각별한 관계가 있었다고 할 수 있다. 두 가문과의 이와 같은 인연은 그의 정치적 여정과 시종 밀접한 연관을 가지게 되었다.

대원군은 유교적 소양을 충분히 갖춘 비교적 학식이 풍부한 인물이었다. 집권 당시 그는 당대 석학으로 소문난 권신이던 조두순趙斗淳이나 김병학金炳學같은 인물들과 치국대도를 담론할 수 있었고, 『양전편고兩銓便考』와 『강목집요綱目輯要』를 직접 편찬했다는 사실을 통해서도 그의 학문적 소양을 짐작할 수 있다.

대원군 · 고종의 가계도

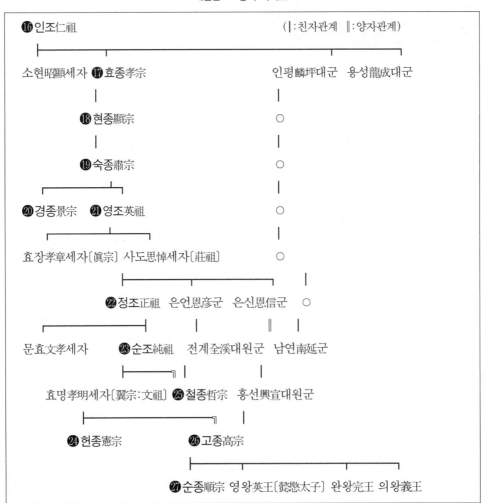

대원군은 유교적 소양을 충분히 갖춘 비교적 학식이 풍부한 인물이었다. 집권 당시 그는 당대 석학으로 소문난 권신이던 조두순趙斗淳이나 김병학金炳學같은 인물들과 치국대도를 담론할 수 있었고, 『양전편고兩銓便考』와 『강목집요綱目輯要』를 직접 편찬했다는 사실을 통해서도 그의 학문적 소양을 짐작할 수 있다.

그러나 그의 학문과 기질은 경직된 유학의 테두리를 벗어나 다양한 방면에까지 미치고 있었다. 특히 그는 추사 김정희를 사사하여 난초 그림과 서예에서 독특한 경지에 이르렀을 정도였으며, 실학파 인맥인 신헌申櫶과 박규수朴珪壽를 신임했던 점을 미루어 보면 실학을 긍정적 입장에서 수용했다고 볼 수 있다. 이를 통해서 본다면 그는 역대 여느 군왕보다 더 다양하고 폭넓은 식견과 소양을 몸에 익힌 인물이었다고 평가할 수 있다. 하지만 대원군의 사상은 당시 일반 선비들이 지닌 주자학의 보수적 관념에서 벗어난 것이 아니었기 때문에 그의 일관된 정책은 이런 신념하에서 표출된 것으로 볼 수 있다.

대원군은 어려서부터 재능이 비범하고 두뇌가 명석했기 때문에 세도가들의 주목을 받았다. 이에 그는 청년시절 세도가의 감시를 벗어나기 위해 시정잡배들과 어울려 다녔고, 때로는 세도가를 찾아다니며 구걸도 서슴지 않았다고 한다. 한번은 안동 김씨 세도재상 김좌근金左根의 집을 찾았는데, 그의 집에 있던 호조판서 심의면沈宜冕으로부터 "궁도령宮道令이 궁이나 지킬 일이지 신짝을 질질 끌고 무엇 하러 재상집을 찾는가"하는 말까지 들었다고 한다. 대원군은 세도가들로부터 이러한 수모를 당하면서 절대 권력을 향한 의지를 감추는 한편, 자유분방한 생활을 통해서 민초의 생활상과 민생의 당면 과제가 무엇인지 절실히 파악할 수 있었던 것으로 보고 있다.

대원군은 이런 중에도 정계의 추이에 촉각을 곤두세우고 있었으며 은밀하게 궁중의 최고 어른인 익종비翼宗妃 조대비와 계속 접촉하였다. 당시 풍양 조씨 척족 가운데는 조대비의 조카로 조성하趙成夏·조영하趙寧夏 등이 있었으나 이들은 아직 어려서 경륜이 부족했고 정치 경험도 없었기 때문에 척족 권신의 지위를 감당할 수가 없는 상황이었다. 그러므로 조대비는 누대 계속되어 온 안동 김씨 세도를 억누를 수 있는 적임자로 대원군을 지목하여 그에게 전권을 위임하기에 이르렀다. 그리하여 대원군은 철종 사후 조대비의 적극적인 비호하에 정권을 장악할 수 있었다.

(2) 대원군의 사회제도 개혁과 경제 정책

대원군이 집권기간 중 가장 중점적으로 추진한 정책 방향은 국가의 기강 확립과 흐트러진 민심 수습이었다. 그는 순조 이후 계속되어 온 국정 부패와 국력 쇠퇴의 원인이 척족 권신들의 나태하고 방만한 정국 운영, 지방 탐관오리들의 발호, 그리고 이에 따른 왕실의 권위 실추 등에 있다고 보았다. 그러므로 집권한 대원군은 이런 문제를 해결하기 위한 구체적이고도 현실적인 개혁조치들을 강구하기에 이르렀다.

대원군이 가장 먼저 인사개혁에 착수했던 것도 그동안 흐트러진 민심을 바로잡으려는데 있었다. 특히 순조 이후 장기간 세도를 부려 많은 민원民怨을 야기한 안동 김씨 일족에 대해 철퇴를 가함으로써 백성들의 심기를 일전시킬 수 있었을 뿐만 아니라 전주 이씨 등 대원군 자신이 필요로 하는 인재들을 등용함으로써 일반 백성들로부터 지지와 환영을 받았다.

1864년 4월에 영의정 김좌근이 실각했고 이듬해 1월에는 영돈녕부사 김흥근金興根 역시 물러났다. 그리고 김좌근의 아들로 각조 판서를 두루 역임하고 외척세도의 구심점이었던 김병기金炳冀도 광주유수廣州留守로 밀려났다가 곧이어 사직했다. 대원군의 은밀한 후원자였던 김병학金炳學과 김병국金炳國 등 몇 사람이 현직에 있었지만, 안동 김씨 세도는 실질적으로 종막을 고했다고 할 수 있다.

대원군은 이들을 대신하여 재정과 군사 관련 요직에 전주 이씨 종친 중에서 다수의 인사들을 발탁했으며, 당색을 불문하고 유능한 인재들을 과감하게 등용했다.

종친으로 등용된 예로는 이재원李載元(이조·병조 판서)·이돈영李敦榮(호조판서)·이규철李圭澈(병조판서)·이경하李景夏(훈련대장) 등이 대표적이다. 노론 외의 인물로는 의정부 삼공직三公職에 발탁된 남인계의 유후조柳厚祚(우의정)·한계원韓啓源(우의정)·소론계의 이경재李景在(영의정)·정원용鄭元容(영의정) 그리고 북인계의 임백경任百經(좌의정)·강로姜㳣(좌의정) 등을 들 수 있다.

이와 같은 인사는 전조前朝에서는 생각할 수 없었던 파격적인 조치로 당파를 초월하여 능력 본위로 인재를 선발하려 한 대원군의 인사정책의 과단성果斷性을 보여주었다.

그 다음으로 대원군은 임진왜란 이후 270여 년 동안 불에 탄 채로 남아 있던 경복궁을 중건하는 대역사에 착수했다. 노론 세도정치로 그동안 실추된 왕실의 권위를 회복하고 과시하기 위해서는 궁궐을 대규모로 중건하는 일이 무엇보다도 절실하다고 믿었기 때문이다. 그리하여 조대비의 적극적인 후원하에 1865년 4월 영건도감營建都監을 설치하고 영의정 조두순을 도제조都提調로 삼아 경복궁 중건사업에 착수했다.

경복궁 중건에는 실로 막대한 재원이 소요되었다. 대원군은 소요 재원을 충당하기 위해 여러 가지 방법을 동원했다. 조대비의 교명敎命(훈유訓諭하는 말)으로 백성들에게 노동력과 재력을 성심껏 제공할 것을 부탁하면서 심지어 자진 원납願納하는 경우에는 벼슬을 내리거나 포상을 하겠다는 내용을 공포했다. 여기에 호응하여 종친들로부터 수만 냥을 거두어들였는데, 이렇게 해서 며칠 만에 서울에서 모인 원납전이 10만 냥을 넘었을 정도로 재원 조달이 활기를 띠었다. 또 양반 부호들을 비롯하여 백성들에게 원납전 납부를 선전·독려한 결과 착공 10개월 무렵에 총 496만 냥이 모였을 만큼 성황리에 공사가 진행되고 있었다.

그러나 이듬해 일어난 대화재로 그동안의 공사가 수포로 돌아간 뒤로는 재원 조달이 여의치 못했다. 원납전을 강요했지만 부족한 재원을 메울 수는 없었다. 결국 재원 조달을 위해서 일반 백성들에게 각종 명목의 세금을 부과하게 되었다. 농민들에게는 경작 토지 1결당 100문文을 징세하는 결두전結頭錢을 부과시켰고, 도성문을 통과하는 물건에 대해서도 일정액의 통행세를 징수하였다. 그래도 부족한 재원은 당백전을 주조하여 통용시키고 또 청전清錢을 수입·유통하여 충당했다.

당백전은 실질가치가 명목가치의 20분의 1에도 못 미치는 악화인 데다, 남발(1,600만 냥)로 물가를 앙등시켜 유통질서의 심각한 혼란을 초래하는 결과를 빚었다. 청나라로부터 불법 수입한 청전 역시 실질가치가 상평통보의 3분의 1에 불과한 악화로 300~400만 냥이 유통되어 통화 혼란을 가중시켰다.

대원군은 경복궁 중건과 함께 왕실의 중요 부속 건물들인 종묘와 종친부를 비롯하여 의정부 및 6조 관아와 도성·북한산성까지 수축함으로써 수도 서울의 면모를 일신했고, 그동안 실추되었던 왕실의 권위와 위엄을 어느 정도 회복할 수 있었다.

대원군의 개혁정책 가운데 가장 과감한 조치는 서원철폐였다. 대원군은 집권 초기부터 서원과 향사鄕祠의 폐단을 직시하고 그에 대한 조치를 강구해 나갔다. 그는 고종 원년 7월부터 대왕대비의 명을 빌려 전국의 서원과 향사의 실태를 조사하고 그 존폐 문제를 논의한 뒤, 같은 해 8월에는 서원과 향사의 폐단을 상세히 적발하여 처분하고 사설私設이나 남설濫設을 금지하는 처분을 내렸다.

원래 서원은 지방 교육과 학문 수양에 기여해 왔지만, 점차 본연의 기능을 상실한 채 지방 양반·유생들의 세력 근거지가 되고 많은 민폐를 끼치게 되었다. 서원은 많은 토지와 노비를 점유하여 면세의 특권을 가졌을 뿐만 아니라 피역자避役者(병역 및 노역 기피자)의 소굴로 변했다. 한편 향사는 향촌과 인연을 가진 인물이나 조상을 제사하는 곳으로 이 역시 많은 토지와 노비를 소유했을 뿐만 아니라 후기로 올수록 그 수가 점점 늘어나 여러 가지 폐단을 낳고 있었다.

대원군은 중앙조정의 권위를 잠식하고 백성들을 억압·침탈하는 서원과 향사를 철폐·정리함으로써 지방 양반·유생들의 발호를 차단하고 백성들의 사기를 진작시키는 한편 세수 증대를 꾀한 것이다. 서원철폐는 1865년 3월 만동묘萬東廟 철폐로부터 비롯되었다. 충북 괴산의 화양동 계곡에 있던 만동묘는 이웃한 화양동서원과 함께 노론세력의 본거지로 전국의 서원과 향사 가운데 가장 많은 물의를 일으켰던 곳이었다. 원래 이곳은 노론의 영수이던 우암 송시열의 유명으로 권상하權尙夏가 명나라 마지막 신종神宗 · 의종毅宗 두 황제를 제사하기 위해 건립했는데, 제수전祭需錢이라는 명목으로 일반 백성들을 심하게 착취하던 곳이었다.

만동묘가 철폐되자 전국 유림이 강하게 반발했으나, 대원군은 이에 굴하지 않고 당초 계획대로 서원철폐를 단행하려 했다. 그러나 이 무렵에 경복궁 중건 대역사를 착수한데다 뒤이어 일어난 병인양요로 민심이 어수선해져서 서원에 대한 조치는 몇 년 동안 유보되었다가 1871년 3월 드디어 서원철폐령이 내려졌다.

그 내용을 보면, 선유先儒 1인에 대하여 두 개 이상 첩설疊設된 서원이나 향사는 사액서원이라 하더라도 철폐시키고, 선유 가운데서도 도학과 절의가 탁월하여 문묘文廟에 배향된 인물에 한해서 오직 한 개소의 서원 혹은 향사를 존치하게 한다는 것이었다. 그 결과 전국 600여 개의 서원 중 47개만 남고 나머지는 철폐되고 말았다.(사액서원賜額書院 : 임금이 이름을 지어 편액扁額을 내린 서원)

이러한 서원철폐 조치는 지방의 양반 · 유생들에게 엄청난 충격을 던져 주었다. 각지의 유생들은 서원철폐 조치에 항의하기 위해 전국적으로 「유통儒通」을 돌리고 경복궁 앞에 운집하여 항의시위를 하기에 이르렀다. 그러나 대원군은 단호하게 "진실로 백성에게 해가 있는 자라면 비록 공자가 다시 살아난다 해도 용서하지 않을 것이다"라고 하며 포졸들을 풀어 항의 유생들을 해산시켜 한강 건너로 쫓아냈다. 그리고 이에 반항하는 자들을 엄벌로 다스리자 그처럼 기세등등하던 유생들도 정부 시책에 함부로 반발하지 못하고 잠잠해졌다.

대원군의 서원철폐는 결과적으로 지방 양반 · 유생들의 발호와 착취를 차단함으로써 중앙 조정의 지방통제력을 회복할 수 있었고, 나아가 서원이 점유하고 있던 토지와 노비를 몰수함으로써 국가 재정의 확충을 가져올 수 있었다. 그러므로 서원철폐에 대해 일반 국민들은 매우 환영하는 분위기였다. 하지만 양반 · 유생들은 대원군에 대해 깊은 불신과 반감을 가지게 되었고, 뒷날 대원군 하야의 한 원인으로 작용하기도 했다.

철종 시기에 빈발한 민란을 경험한 대원군은 민란의 원인인 삼정의 폐단을 바로 잡고 국가재정을 건실히 하기 위해, 재정 · 세제와 관련된 제도 개혁과 운영 개선에 심혈을 기울였다. 그는 집권 초 먼저 자신과 국왕을 비롯한 왕실 측근들이 솔선수범하여 근검 · 절약하는 모습을 보임으로써 사치와 낭비를 줄여 나가고자 했다.

대원군은 국방력 강화에도 심혈을 기울여 여러 가지 혁신적인 조치들을 단행함으로써 실질적인 전력증강을 도모하고자 했다. 병자호란 이래 군비에 소홀했던 조선왕조는 19세기 중엽 잇따른 이양선異樣船의 출현과 양요洋擾로 말미암아 국방력 강화의 필요성이 강력히 제기되던 시대적 상황에 직면해 있었다.(洋擾 : 고종3년(1866) 프랑스 함대의 강화도 침입·약탈과 고종8년(1871) 미국 군함의 강화도 침략·학살 난리. 洋亂)

국방력 강화를 위한 첫 단계 조치로서 대원군은 국방·치안과 관련된 관제 개정부터 착수했다. 임진왜란 이후 의정부와 삼군부가 그 기능을 상실하고 대신 중앙정부의 최고기관으로 부상한 비변사가 국정 전반을 총괄하고 있었다. 이에 대해 대원군은 1865년 3월에 비변사를 의정부에 통합시킴과 동시에 정치·군사 양권 분립의 원칙에 따라 삼군부를 독립시켰다. 결국 비변사의 기능을 축소시키고 그 지위를 격하시키는 한편 의정부와 삼군부를 각각 정치와 군사의 최고기관으로 삼았던 것이다.

그리고 1868년 3월에는 삼군부의 관제와 인사배치를 끝내고 6월에는 삼군부를 정1품 아문으로 규정하는 동시에 3재상을 도제조都提調로 하고 병조판서는 제조를 겸임케하고 삼영장신三營將臣과 총융사摠戎使를 유사당상有司堂上으로 임명하여 지휘명령을 받아 집무케 하되 묘당廟堂과 일체로 하도록 정식 규정했다. 대원군은 이와 같이 격상된 삼군부로 하여금 국방 관계 업무 일체를 통할하게 했다.(삼군三軍 : 군대의 좌익左翼·중군中軍·우익右翼의 총칭 / 총융청摠戎廳 : 조선 인조 2년 1624년에 설치한 군영軍營 / 묘당廟堂 : 의정부議政府의 별칭, 국정 최고 의결 기관)

이에 앞서 대원군은 고종 2년 정월에 대왕대비의 교명을 빌려 삼도수군통제사의 처우를 개선하여 총융사와 같은 급으로 하고 그 임기도 경영대장京營大將과 같게 하며 다시 통제중군統制中軍을 설치게 했다. 이와 같은 조치는 해상에 수시로 출몰하는 이양선에 자극을 받아 수군을 한층 강화하겠다는 취지에서 나온 것이었다. 대원군은 1867년 1월에 보고된 신헌의 「군무육조軍務六條」를 원칙으로 군대 편제도 개편했다. 그 주요 내용은 정병주의精兵主義로서 정병正兵을 정선하여 기술연마와 총기·탄약 등의 수리와 정비를 시켰다. 그리고는 서북지방의 포수를 시취試取(시험을 보아서 인재를 뽑음)하여 교대로 근무케하며 훈련도감에서도 춘추로 포수를 뽑았다. 한편, 외세 침투 연변 각 읍에는 지역 주민들로 하여금 보루를 설치게 하여 유사시 상호 연락하고 협조함으로써 자위체제를 강화하도록 지시했다. 또 오가작통법으로써 민병제도를 실시케 하되 총기를 관에서 주어 평상시에 훈련하도록 했다.

대원군은 신무기 제조에도 힘을 기울여 그 가운데 일부는 실전에 배치되기도 했다. 대원군 집권기에 개발·실험된 무기류로는 서양식 대포·면제배갑綿製背甲(일종의 방탄

옷)·학우조비선鶴羽造飛船·목탄증기함木炭蒸氣艦·수뢰포水雷砲 등이 대표적인 것들이다. 대부분의 경우에는 실험 과정에서 큰 성공을 거두지는 못했지만 신무기 발명에 창의를 기울이고 또 실험까지 해보았다는 사실만으로도 특기할 만한 일이다.

(3) 이단사상 통제와 무력침략 방어 투쟁

대원군 집권기 동안 조선이 취했던 일관된 대외정책은 쇄국양이鎖國攘夷 정책이었다. 쇄국양이 정책은 당시 양반 유생을 비롯하여 일반 백성 절대다수가 공감하고 있던 국론이었으며, 조선조 500년 동안의 통치 이념이었던 성리학 사회의 배타성과 독존성獨尊性에 기인하고 있었다.

쇄국양이를 표방한 대외정책은 천주교 탄압에서 비롯되었다. 천주교는 18세기 전파 이후 곧 사교邪敎로 지목되어 신유사옥(1801)·기해사옥(1839)과 같은 대박해를 받으면서도 꾸준히 교세를 확장해, 대원군 집권 무렵에는 2만여 명의 교도를 확보하고 있었다. 베르누 주교를 비롯하여 12명의 외국인 선교사들이 활발한 선교활동을 벌이고 있었다.

이러한 상황에서 대원군은 집권 초, 천주교도 남종삼南鍾三의 건의를 받아들여 한때 영국·프랑스 세력을 이용하여 러시아의 남하를 막아보려는 구상을 하기도 했다. 베르누 주교로 하여금 북경 주재공사에게 연락을 취하여 영국·프랑스 양국과 동맹을 맺어, 조선에 통상을 요구하던 러시아의 남하세력을 차단하겠다는 계획이었다. 그러나 베르누 주교는 정치·외교 문제에 개입을 꺼려 이에 동의하지 않았을 뿐만 아니라 대원군 자신도 이러한 「이이제이以夷制夷」 계책을 포기함으로써 이 계획은 무산되고 말았다.

한편 천주교에 대한 일반 인심은, 천주교가 당시 조선에 압박을 가하고 있던 '양이洋夷'(제국주의 무장세력)와 연결되어 유사시 외세와 결탁해 조선에 해를 가하게 될 잠재적인 적으로 인식하고 있었다. 그러므로 천주교는 위험시되는 적대세력으로, 언제나 경계와 감시의 대상이 되어 있었다. 결국 이와 같은 점들이 천주교 탄압이 가해진 시대적 배경 내지는 원인이라 할 수 있을 것이다.

대원군은 1866년 정월 천주교에 대한 대탄압을 가했다. 병인사옥丙寅邪獄으로 불리는 천주교 박해로 약 8,000명의 교도가 희생되는 대참변이 연출되었다. 대박해는 1866년 1월 5일 서울에서 베르누 주교의 하인 이선이李先伊와 명망 있는 교도 전장운全長雲·최형崔炯 등의 체포를 계기로 시작되었다. 뒤이어 베르누 주교를 비롯하여 프랑스 신부 9명과 남종삼·홍봉주洪鳳周 등 신도들이 체포되어 처형당했다. 이때부터 시작된 대박해는 전국적으로 확대되어 1872년까지 7년 동안 계속되었던 것이다.

병인사옥에서 다행히 화를 면한 3명의 프랑스 선교사 가운데 리델Felex Clau Ridel 신부는 충청도 신창현新昌縣 용당포龍塘浦에서 배를 타고 산둥 성 지푸芝罘에 닿은 뒤 천진으로 들어가 프랑스 극동함대 사령관 로즈Pierre Rose제독에게 조선의 천주교 탄압 실정을 알리고 보복 원정에 나설 것을 촉구하기에 이르렀다. 이에 로즈 제독은 북경 주재 프랑스 공사 벨로네Henri de Bellonet와 협의하여 조선에 대한 무력침공을 단행하기로 결정했다. 그리하여 로즈는 1866년 8-10월 사이에 2차에 걸쳐 함대를 거느리고 조선을 침공해 와서 병인양요라는 양국의 군사 충돌을 야기하게 되었다.

로즈 함대의 제1차 원정은 본격적인 침공에 앞서 강화해협을 중심으로 한 수도 서울까지의 수로 탐사와 해도 작성을 위한 예비적 탐사원정이었다. 로즈 제독은 8월 10일 리델 신부와 조선인 3명을 길안내자로 동승시켜 군함 3척을 거느리고 조선 원정을 위해 지푸를 출항했다. 함대는 12일 경기도 남양만을 경유한 뒤 그 가운데 2척이 18일에 도성과 인접한 양화진과 서강까지 침공해 들어와 서울을 공포의 도가니로 몰아넣었다. 하지만 정찰과 수로 탐사만이 이번 원정의 목적이었으므로 소기의 성과를 충분히 거두었다고 판단한 로즈 제독은 이튿날 하강下江을 시작하여 곧 지푸로 되돌아갔다.

로즈는 그 뒤 9월에 다시 2차 조선원정길에 올랐다. 모두 7척의 군함에 일본 요코하마橫濱 주둔 수병 6백 명까지 승선함으로써 막강한 전력을 구비한 상태였다. 프랑스군은 6일에 갑곶진에 상륙한 뒤 8일에는 강화부 침공을 단행하여 이곳을 점령했다. 이날 강화부 전투 양상은 프랑스 군인 600명의 공격을 강화수비군과 연해 동원군 등 조선국 3~4만 명이 방어하는 형국이었다. 그러나 병자호란 이후 미증유의 대병력을 동원하고서도 조선군은 프랑스 군에 비해서 화력 차이가 너무나 현저했기 때문에 일방적인 패퇴를 감수해야만 하였다.

강화부가 함락되자 대원군은 훈련대장 이경하를 순무사巡撫使에 임명하고, 그 휘하에 이용희李容熙를 중군中軍, 양헌수梁憲洙를 천총千摠으로 삼아 2,000명의 군사를 거느리고 출정케 했다. 그리하여 양 군 사이에는 9월 18일에 문수산성전투, 10월 1일에는 정족산성전투가 연이어 벌어졌다. 문수산성전투에서도 역시 프랑스 군의 총포 화력을 당해낼 수가 없어 조선군이 패했고, 강화도는 주민과 관리들이 모두 피난을 갔기 때문에 프랑스 군인들의 독무대가 되고 말았다.

그러나 천총 양헌수가 미리 군사들을 매복시켜 구사한 기병작전奇兵作戰(기습)으로 타격을 가한 정족산성 전투에서는 완벽한 승리를 거두었다. 올리비에 해군대령이 지휘하던 160명의 프랑스 군은 전투에서 6명이 전사하고 30여 명이 부상을 당한 데 비해 조선 군 측에서는 1명의 포수가 전사하고 3명이 부상을 입었을 뿐이었다.

정족산성에서 참패한 로즈 제독은 5일 강화도에서 철수하기로 결정했다. 그러나 프랑 스 군인들은 이때 강화읍 일대를 파괴했을 뿐만 아니라 강화도에 비장되어 있던 서적·금은괴 등의 문화재와 보화를 비롯하여 무기·전곡錢穀 등을 약탈해 갔다.

병인양요에서 프랑스를 물리쳐 기세등등해진 대원군은 1868년에 일어난 남연군묘 도굴사건 이후 쇄국양이鎖國攘夷 정책을 더욱 강화했다. 이 사건을 도발한 오페르트Emst Oppert는 독일 상인으로 중국 상해에서 활동하고 있었다. 그는 1866년 2월과 6월, 두 차례에 걸쳐 충청도 해미 부근에 나타나 통상을 요구했다. 그러나 통상요구가 번번이 거부되자, 그는 병인사옥 때 중국으로 탈출한 프랑스 신부 페롱Feron과 미국영사관 통역 담당자 젠킨스Jenkins 등과 함께 중국인·말레이인 선원 140여 명을 거느리고 남연군 묘를 도굴하기 위해 1868년 4월 18일 충청도 홍주군 행담도行擔島를 거쳐 덕산군 구만 포九萬浦에 상륙했다. 이들은 덕산 관아를 습격하여 군기를 빼앗고 건물을 파괴했을 뿐만 아니라 도굴에 필요한 장비들을 탈취하여 남연군 묘로 직행, 밤에 도굴을 시도했으나 묘 광墓壙(墓穴 구덩이)이 생각보다 견고한 데다 썰물시간도 임박해 도굴을 중단하고 퇴각했 다.

대원군은 이 사건을 보고받고 격노했으며, 전통적으로 조상의 묘를 지극히 신성시했 던 조선에서 오페르트가 저지른 도굴행위는 '야만' 그 자체로 인식되었다. 더욱이 남연군 은 현 국왕의 조부요 대원군의 생부였으므로 이 사건으로 말미암아 전국적으로 '양이洋夷' 에 대한 공포와 경계심이 극도로 고조되기에 이르렀다. 이로써 대원군은 쇄국양이鎖國攘 夷에 더욱 확신을 가지고 박차를 가하게 되었던 것이다.

그로부터 3년 뒤인 1871년엔 미국의 침공으로 신미양요가 자행恣行되었다. 이 양요 의 원인은 1866년에 일어난 제너럴셔먼호General Sherman號 격침사건에서 비롯되었 다. 1866년 7월, 병인양요 직전에 미국 상선 제너럴셔먼호가 대동강을 거슬러 평양 만 경대 부근까지 올라와 통상을 요구했다. 이 배에는 미국 상인 프레스턴Preston 이하 서 양인 5명, 중국인 13명, 흑인 2명의 하급선원 등 총 20명이 승선해 있었다. 이에 평안도 관찰사 박규수는 중군 이현익李玄益 등을 파견하여 이들의 요구를 거절하며 항해를 제지 하던 중 이현익이 이들에 의해 납치당하는 일이 벌어졌다. 박규수는 사태가 여기에 이르 자 공격을 명하고 화공을 써서 배를 전소시켰다. 그리고 프레스턴 이하 전 승무원은 성난 군민軍民에 의해 살해당했다.(한국근현대사학회 『한국근대사 강의』 한울)

사건발생 후 미국은 행방이 묘연한 배를 찾기 위해 12월과 고종 5년 3월 두 차례 탐문

원정을 왔다가 소득 없이 회항하고 말았다. 그러나 미국은 제너럴셔면호가 평양 군민에 의해 소각된 것으로 확신하고, 이 기회에 함포외교로 조선을 개항시켜 조약을 체결하고 자 원정함대를 편성하기에 이르렀다.

미국의 아시아 함대 사령관 해군소장 로저스Rodgers 지휘하에 기함旗艦 콜로라도호 를 선두로 호위함 3척, 포함 2척, 대포 85문, 총 병력 1,230명의 대함대를 편성하여 1871년 3월 27일 일본 나가사키를 출항했다. 함대가 남양만을 지나 4월 8일 제물포 부근 물류도勿溜島(작약도) 앞바다에 이르러 정박하게 되자, 조정에서는 황급히 대책 마련에 부심했다. 어재연魚在淵을 진무중군鎭撫中軍으로 이회창李會昌을 강화판관으로 임명, 현지로 급파하는 한편, 경군京軍을 차출하여 출동케 하고 대포와 화약·군량미 등도 운반했다.

양 군 사이의 1차 전투는 4월 14일에 벌어졌다. 이날 미국 함대가 손돌목孫乭項을 지나서 조선 경내로 침범하려 하자 해안을 수비하고 있던 광성진廣城津을 비롯해 육지 쪽 포대에서도 일제히 발포하여 이들을 퇴각시켰다.

미국은 손돌목 포격사건 직후 조선 측에 배상과 사죄를 요구함과 동시에 통상협상에 응할 것을 통첩해 왔다. 조선 측이 주권침해와 영토침략의 부당성을 지적하며 이러한 요구를 정면으로 거부하자, 미국은 해병 450명을 동원해 4월 23일 초지진 상륙작전을 감행했다. 초지진 상륙 이후 이들은 덕진진을 공격하여 함락시킨 뒤 강화 최후의 보루이던 광성보를 압박해 들어갔다. 진무중군 어재연이 거느리던 광성보 수비 경군 600여 명은 함포 사격까지 가하면서 수륙 양면에서 맹렬히 공격해 오던 미 해군을 맞아 분전을 거듭했으나 전력 열세로 광성보 역시 함락되고 말았다. 광성보전투에서 조선군은 어재연 이하 54명이 전사하고 24명이 부상당했다.

미군 측도 매키 중위 이하 3명이 전사하고 10여 명이 부상을 입었다. 광성보전투를 선두 지휘한 블레이크Blake 중령은 뒷날 이날의 교전 상황을 "그렇게도 협소한 장소에서, 그렇게도 짧은 시간 내에 그처럼 많은 불꽃, 납덩이 쇠붙이가 오가고 화약 연기 속에 휩쓸린 전투를 본 일이 없었다"고 회상했을 만큼 어재연 휘하의 조선군은 결사적인 항전을 벌였던 것이다.

광성보전투 이후 대원군은 불안에 떨고 동요하던 민심을 결속시키는 일에 주력하면서 지구전에 대비하고 있었다. 이러한 상황에서 곧 협상에 응해 오리라고 예상했던 미국 측은 대원군의 강력한 쇄국양이 전략에 당황하였다. 그 뒤 미국 함대는 5월 16일 스스로 철수하지 않을 수 없었다.

대원군의 일관된 대외정책은 철저한 쇄국양이책이었으며, 쇄국양이의 상징적 사건이 병인양요와 신미양요의 혈전이었다. 그러므로 프랑스와 미국을 연이어 물리친 뒤 조야는 환희의 만세를 불렀고 대원군의 기세 또한 하늘을 찔렀다. 이에 대원군은 신미양요가 끝난 뒤 전국 각지에다 척화비를 세웠다. 그 비에는 "서양 오랑캐가 침범함에 싸우지 아니하면 곧 화친하는 것이요, 화친을 주장하는 것은 나라를 팔아먹는 것이다. 우리 자손 만년에 경계하노라. 병인에 짓고 신미에 세우다"라고 새겨 전 국민이 쇄국양이鎖國攘夷에 매진하도록 독려했던 것이다.

신미양요 직후에 건립된 척화비.

(4) 국내외 압력에 의한 대원군의 퇴진

대원군은 집권 이후 민생안정과 폐정시정 등 여러 가지 개혁을 단행함으로써 일반 서민들로부터 환영과 지지를 받아왔다. 병인양요·신미양요로 상징되는 그의 강경한 쇄국양이정책도 국민들의 절대적인 지지와 공감을 바탕으로 추진되고 있었다.

이와 같은 대원군 정권은 서원철폐령이 내려진 1871년 이후 유림 세력이 반발하면서 동요되기 시작했다. 대원군 정권과 유림세력은 대외적인 쇄국양이정책과 위정척사운동의 틀 속에서는 입장과 노선을 함께 하면서도, 대내적으로는 1865년 3월 만동묘 철폐 때부터 이미 반목과 갈등을 노정해 오고 있었다. 대원군에 대한 본격적인 비판은 이항로의 고제자였던 최익현崔益鉉이 1868년 10월에 올린 상소에서 비롯되었다. 그는 이 소에서 무모한 토목공사 중지, 당백전 폐지, 문세 폐지 등을 주장하여 대원군의 국내 정치를 다양한 방면에서 비판하고 나왔다. 그러나 이 무렵 대원군 정권은 여전히 견고했으며 그를 탄핵할 수 있는 여건도 구비되지 않았기 때문에 별다른 동요 없이 지나갔다.

그 뒤 고종이 20세가 넘는 청년으로 성장하게 되자 양상은 달라졌다. 고종은 이제 친정에 마음을 두게 되었다. 더욱이 총명하고 학식을 겸비한 민비가 고종을 배후에서 움직이는 상황이 되면서, 대원군의 정치적 입지는 약화되었고 운신의 폭이 좁아지는 결과를 가져왔다. 그뿐만 아니라 1870년대 초 대원군의 비타협적 대일외교에 자극을 받은 일본의 권력 상층부에서 조선 정벌론征朝論이 제기되어 양국 간에 긴장이 고조된 점도 대원군의 하야를 촉구하게 만든 계기로 작용했다.

이와 같은 상황에서 1873년 10월 최익현이 다시 대원군을 탄핵하는 상소를 올렸다. 이 상소에서 최익현은 대원군이 집권 이래 추진한 정책을 정면으로 공격하여 '근자에' 들어와 대신들은 건백建白(윗사람이나 관청에 대하여 의견을 진술함, 建言)의 이론이 없고 인심은 연약해지고, 나아가 인륜조차 무너졌다고 주장했다.

이와 같은 탄핵적인 상소에 대하여 대원군은 자기의 당여黨與(지지세력, 黨輩·黨類)를 총동원하여 이를 반박하고 최익현의 처벌을 상주했으나, 이미 친정하기로 뜻을 굳힌 고종은 그를 처벌하기는커녕 호조참판으로 승진 임명하고 오히려 최익현을 규탄하던 유생과 고관들을 처벌하거나 축출했다. 이에 최익현은 11월 3일 재차 상소하여 만동묘 철폐를 비롯한 대원군의 실정을 통박한 뒤 그의 하야를 요구하기에 이르렀다. 고종이 그 소지疏旨를 받아들임으로써 결국 이날을 시점으로 대원군의 10년 집권은 종막을 고하고 고종이 친정에 나서게 되었다.

대원군 집권 10년은 실로 조선의 운명을 가름하는 기로에 선 시기였다. 대원군의 대내 정치는 조정의 권위와 왕조의 정통을 회복하려는 보수적 입장을 견지하고 '애민愛民'의 차원에서 여러 가지 개혁이 단행되었다. 그 결과 왕조의 권위가 일신되고 여러 폐정을 상당히 개선하여 민생안정을 도모할 수 있었으며, 그 결과 일반 국민들에게서 대체로 환영과 지지를 받을 수 있었다. 하지만 이와 같은 대원군의 개혁정치는, 제국주의 세력이 매개변수로 등장한 당시의 시대적 여건을 고려하지 않고 오히려 이를 무시하면서 진행시키는 우를 범했다. 그 때문에 비록 그가 하야하고 난 뒤 개항이 현실화되었지만, '국가와 민족 수호'라는 시대적 과제를 해결할 수 없는 한계가 있었다고 지적당할 수밖에 없었다.

2) 유생들의 맨주먹 위정척사운동, 조국 붕괴 못 막아

(1) 공허한 척사론, 민중 각성 못시키고 분열·실패·망국 초래

18세기 후반 조선사회에서 주로 서학의 종교적 측면에 대한 배척을 위하여 형성되었던 위정척사론衛正斥邪論(사학邪學[서양종교]을 배척하고 정도正道[程朱 性理學]를 지킨다. 闢衛思想)은 19세기 중반 이후에는 종교적 측면뿐만 아니라 경제적 침탈에 대한 위기의식을 강하게 느끼면서 구체적인 운동의 형태를 띠게 되었다. 이러한 위정척사운동은 크게 세 시기로 나누어 이해할 수 있다. 우선 제1기는 1866년 위정척사운동의 이념을 정립한 이항로李恒老(1792~1868)와 기정진奇正鎭(1798~1876)이 활동한 병인양요와 1871년 신미양요에 이르는 시기로, 주로 개별 상소를 통해 벽사위정闢邪衛正 운동을 전개했다.

제2기는 1876년 개항을 전후한 시기로 최익현이 올린 「지부복궐소持斧伏闕疏」와 이항로의 두 제자인 김평묵金平默과 유중교柳重教의 지시로 경기·강원도 유생 50명이 연명으로 소를 올려 개항을 반대했다. 이 시기에는 일본이 군함을 앞세워 개항을 강요하고 불평등조약의 체결을 요구하자 양적洋賊의 실체는 바로 일본이라는 왜양일체론倭洋一體論이 대두되었다.

제3기는 1880년 10월 수신사 김홍집이 일본에서 가지고 돌아온 황쭌센黃遵憲의 『조선책략』의 내용을 놓고 이듬해 가장 대규모의 위정척사운동이 전개된 때다. 그 뒤 위정척사운동은 1890년대, 특히 1895년 을미사변과 단발령斷髮令을 계기로 친일관료와 일본 제국주의를 토벌하는 의병운동으로 그 양상이 바뀌어 나갔다.(권오영 「위정척사운동」 『한국근대사강의』 한울아카데미 2008)

그런데 18세기 말부터 19세기에 걸쳐 조선 사회에 만연했던 위정척사론과 운동의 이념은 그 역사적 연원이 매우 오래되었다. 사실 이단 배척의 연원은 이미 공자가 『춘추』를 집필하여 존주론尊周論을 대변한 것에서부터 이단이 생겨나 배척의 대상이 되었다. 이러한 공자의 존주론은 남송의 주희朱熹에 이르러 존왕양이론尊王攘夷論으로 정립되었으며, 이를 토대로 저술한 『자치통감 강목』에 담아 「중화를 높이고 오랑캐인 금을 물리친다」는 역사인식(화이론華夷論)으로 체계화되었다.

송대에 형성된 성리학을 지배이념으로 건국된 조선왕조는 그 뒤 정계와 학계가 성리학에 의해 유지되었다고 해도 지나친 말이 아니다. 즉 조선 초기에는 정도전 등이 불교를 배척하면서 벽불론闢佛論을 주창했고, 17세기 청의 침략을 받게 되자 주희의 명분론에 의거하여 청을 배척하는 북벌론으로 나타났던 것이다. 그 뒤 18세기 말에는 정학正學을 높이고 이단을 물리친다는 전통적인 유교논리에 근거하여 천주교를 배척했다. 특히 1791년 진산사건을 계기로 척사론은 정치적 쟁점으로 선명하게 부각되어, 정조는 1795년 「척사학교斥邪學教」를 발표하여 그동안 서학에 대한 입장을 정리했다.

○ 신해사옥辛亥邪獄(珍山事件): 1791년(정조 15년) 전라도 진신군의 선비 윤지충·권상연 두 사람이 윤지충의 모상母喪을 당하여 신주神主를 불사르고 천주교식 제례祭禮를 지냈다는 소문이 중앙에 들어오자 정부에서는 두 사람을 체포, 무부무군無父無君의 사상을 신봉하였다는 죄명으로 사형에 처하게 되니 천주교 전래 이후 최초의 순교자를 내었다.(부모의 혼령神이든 하나님 신神이든 배타적 감정을 버리고 함께 숭배하여 추모의 예禮를 드리면 될 것을, 융

통・조화 노력이 필요)

그럼에도 불구하고 서학 즉 천주교가 지속적으로 확산되면서 19세기 벽두부터 신해박
해가 일어났다. 또한 1839년(헌종 5년)에는 조정에서 많은 천주교도를 체포하여 처형했
고, 11월 『척사윤음斥邪綸音』을 전국에 반포했다. 왕은 사도邪道의 폐독弊毒을 구제驅除
하기 위해 국민에게 윤음을 내려, 태조 이후 역대의 교훈・격언 등을 모아 사邪를 배척하
고 귀정歸正의 길을 걷도록 가르쳤다.

하지만 1840년대 후반에는 서양 직물의 수입이 증가되고, 이양선異樣船이 경상・전
라・황해・강원・함경도 등 5도에 나타나는 등 통상을 앞세운 서구 열강의 동점東漸은
더욱 노골화되었다. 이러한 상황 속에서 재야에서는 '정正'과 '사邪'라는 위정척사사상의
이분법적 논리가 형성되었다.

위정척사운동의 사상적 이론을 제공한 대표적인 학자로 평가받는 이항로는 이미
1835년에 국내 정치세력인 남인과 아울러 서양세력의 확산에 대한 우려를 표명했다.
이는 19세기 이항로 학파가 전개한 위정척사운동의 연원이라고 할 수 있다. 그는 평생
주자학을 연구한 학자로 일찍이 송시열이 편한 『주자대전차의朱子大全箚疑』를 계승한
『주자대전차의집보朱子大全箚疑輯補』라는 방대한 『주자대전 주석서』를 완성했다. 아울
러 그는 제자인 유중교・김평묵에게 화이론이 강하게 반영된 『송원화동사합편강목宋元
華東史合編綱目』을 편찬토록 했다. 이 책에는 중화를 높이고 이적夷狄을 물리친다는 존왕
양이尊王攘夷로 대표되는 춘추 정신이 강하게 배어 있다. 그 뒤 이항로는 위정척사에 관
한 저술에 몰두하여 1863년 「벽사록변闢邪錄辨」을 완성, 위정척사운동의 이념을 구축
했다.

이항로의 제자 김평묵은 1839년에 저술된 이정관의 『벽사변증闢邪辨證』을 통하여 척
사에 관심을 갖고, 1847년 『벽사변증기의闢邪辨證記疑』를 지었다. 그 뒤 김평묵은 1866
년 8월 이를 완성・발표함으로써 척사론을 이론적으로 정립했다. 또한 김평묵은 병인양
요 당시에 『어양론禦洋論』을 지어 위정척사운동의 이론적 뒷받침을 했고, 1876년 개항
당시에는 『척양대의斥洋大意』를 지어 이항로학파의 척사론의 이념을 정립했다고 할 수
있다.

한편 기정진은 『외필猥筆』・『납량사의納凉私議』를 통해 철저히 주리적主理的 입장을 나
타내었다. 그는 이러한 자신의 학설을 공개적으로 발표하지는 못했지만 주기론主氣論을
적극 비판하는 편에 서 있었다. 당시 영남의 대표적 성리학자 이진상李震相도 영남의 이
황 이래의 주리론을 발전시켜, 『이학종요理學綜要』에서 주리론을 거듭 천명했다.

이와 같이 이항로나 기정진·이진상 등 19세기 유림의 위정척사운동의 이면에는 주리론이 그 사상적 배경으로 작용하고 있었던 것이다. 그리하여 이들은 당시를 주기론이 풍미하는 사회로 진단하고, 주리론에 근거하여 서양세력을 배척하고자 하였다. 주리론을 주장하는 학파는 기존의 주기적인 학문 풍토를 주리론으로 바꾸고자 했다. 이들은 당시 사회에서 성리학의 기능이 사학邪學을 물리치고 천리天理를 밝히는데 있다고 여겨 천주교 등 모든 학설을 주기로 보아 배척하고 주리론이 주도하는 사회가 되어야 한다고 보았다.

이들은 기氣가 이理에 복종할 때 천하가 잘 다스려진다고 생각했다. 아울러 동양은 양陽의 세계이며 서양은 음陰의 세계로 인식하고, 지금은 음이 난무하지만 결국에는 양이 이기는 시대가 올 것으로 기대했다. 또한 이들은 화이론에 철저하여 조선을 문화민족으로 생각한 반면, 서양을 임금도 부모도 무시하는 금수의 나라로 규정했다. 이는 종래 조선과 청의 화이론적 관계에서 이제 조선과 서양이라는 새로운 인수론人獸論의 관계로 변질된 것을 의미했다. 그들은 낡은 「봉건 윤리질서」를 「자연법칙」이라도 되는 듯이 목숨 바쳐 지키려는 진리수호자의 착각에 빠져 있었다.

◎ 만백성의 생존 본성을 무시·억압한 봉건 조선의 윤리도덕 체계

동서양을 막론하고 종교인들(성직자들)까지도 포함하여 봉건적 지배세력은 차별적으로 계층화되어있는 사회적 신분제도를 가장 합리적인 체계로 보고 신분에 따른 지배(수탈)와 복종 질서를 올바른 행동의 기본원칙으로 여기고 실천하도록 강요하였다.

중국과 조선의 경우 유학자儒學者들은, 인간성人性의 착한善 측면을 「네가지 마음의 실마리」인 사단四端에서 찾았다. (인간성·도덕성의 착함[善]과 사물현상의 참됨[眞]은 차원이 다른데…)

사단이란 인간의 '본성'으로서
1. 어진 성품仁을 흘려내[發] 보내는 측은지심惻隱之心 (약자를 가엽게 보는 마음)
2. 올바른 성품義을 흘려내[發] 보내는 수오지심羞惡之心 (부끄러움을 아는 마음)
3. 상대방을 겸손하게 배려하는 성품禮을 흘려내[發] 보내는 사양지심辭讓之心 (겸사하며 양보하는 마음)
4. 현명한 성품智을 흘려내[發] 보내는 시비지심是非之心 (옳고 그름을 판별하는 지혜)
을 사람마다 본래 지니고 있다는 것이다.

이러한 사회적 관계에서 표출되는 인간성을 이理 또는 이성理性이라 하여「인간의 본성」으로 보았다.(송·명 유학자, 이퇴계, 루소의「교육론」의 전제) 그리고 인간의 생명체로서의 욕구 일체를 기氣 또는 감성感性이라 하여 인간사회에서 바람직하지 않은「낮은 품성」으로 취급하였다. 이른바 칠정七情(喜怒哀樂愛惡欲 기쁨·분노·슬픔·즐거움·사랑·미움·욕망)을 가리켜 온갖 이기심利己心의 근원으로 보고, 극단적으로는 인간의 악성의 근원이라고 했다.(인간은 생명체이기 때문에 며칠만 굶어도 죽는데,「의식주에 대한 욕구」를 진리를 논하는 용어 속에 넣지 않으려 했으니…)

그러니까 이퇴계(이황)등은 사단은 이理가 발發한 것이고, 칠정七情은 기氣가 발한 것이라 하여「이발理發·기발氣發 이원론二元論」(理氣互發說)을 주장했고, 기대승奇大升·이율곡李栗谷 등은 "사단과 칠정은 하나로서(한 사람의 마음속에 동시에 존재하는 것) 따로 따로 분리되어 나오는 것이 아니고 동시에 발한다"(理氣共發說)고 하였다.

이상의 주장에 대한 이해를 돕기 위해 독일 철학자 칸트를 예로 들어 본다.

그는 수학과 천문학에도 조예가 있던 철학자로서 순수이성을「태생적인 본성」으로 보고 경험을「후천적으로 습득된 성격」으로 보아 대치시킴으로써 일원론적 관념론자이면서도 이원론적(이성과 경험의 상호 순환성 인정) 인성을 파악해냈다. 그리하여 그는 인간의 신앙적(비과학적) 자세를 부정하지 않고 사물의 성질을 탐구해가는 유물론적 과학의 자세도 겸비한 인간의 인식능력을 긍정해주고 있다.

오늘날 자본주의 사회에서의 무한 수탈체제(노동력과 대가의 부등가 교환이나 일방적 불로소득, 공산품이든 농수산품이든 투입된 고통의 노동력이 무시된 가격 조작 등)에서도 소유자산의 힘이 가치와 인격의 기본척도가 되어 있을 경우는 봉건시대에 못지않은 불평등·비민주적 상황이 도처에서 끊임없이 벌어지게 된다.

(2) 무지가 쇄국을 낳고, 눈치없는 쇄국은 침략을 재촉, 패망의 길로

대원군이 통치하던 1866년 1월 조선 조정에서는 많은 천주교도를 처형하고(병인박해) 천주교 서책의 소각과 오가작통법의 강화를 시달했다. 이해 8월에는 미국 상선 제너럴셔먼호가 평양의 대동강에 정박하자, 평안도관찰사 박규수가 이 배의 입국 경로와 목적을 묻고 퇴거를 요구했으나, 이에 응하지 않고 양곡을 약탈하며 총기를 난사하여 이른바 제너럴셔먼호 사건이 발생했다. 이후 정부는 서교 탄압을 더욱 강화하고 양화洋貨를 무역하는 자는 처형할 것임을 포고하고, 8월 3일에는 척사윤음斥邪綸音을 반포했다.

병인박해에 이은 병인양요·신미양요의 침략이 거듭되자 호남의 대유학자 기정진이 척사소를 올렸다. 기정진은 주리론主理論을 주장하여 주기론이 지배적인 기호학계에서 독자적인 노선을 견지하고 있었다.

기정진은 상소에서 첫째, 정부의 정책, 다시 말해 쇄국양이책을 확정할 것, 둘째, 외국 선박을 응대할 때에는 외교문서를 다듬어 명확한 태도를 취할 것, 셋째, 외적을 제압하기 위해서는 조선의 험준한 지형을 잘 살필 것, 넷째 군사를 훈련시킬 것, 다섯째, 언로를 열 것, 여섯째, 내수內修 즉 내정개혁에 힘써 외적을 물리치는 근본으로 삼을 것 등 크게 6조항에 걸쳐 의견을 개진했다. 그는 서양의 끝없는 욕심은 우리 국가를 부용附庸(식민지·속국)으로 삼고 우리 벼슬아치를 종으로 삼고 우리의 부녀자들을 겁탈하고 우리 백성을 짐승으로 만들고자 할 뿐이라고 했다.

그러므로 만일 서양과 교통의 길을 열어버린다면 2·3년이 지나지 않아 백성들이 서양으로 변화하지 않을 자가 거의 없을 것이므로 민심을 하나로 결집하는 것이 필요하다고 역설했다. 특히 제기했던 양물금단론洋物禁斷論은 서양의 경제적 침략의 역사적 실체를 예리하게 간파한 것이었다. 이는 안으로 국방력을 강화하여 우리 민족의 문화를 지키면서, 저들의 경제적 침략을 막자는 것으로 매우 투철한 현실인식을 보여준다. 기정진은 스스로 위정척사이념을 정립하여 후일 호남지역의 위정척사운동과 의병운동의 사상적 근거를 마련했다.

기정진의 상소에 이어 동부승지 이항로도 천주교를 이단시하고 서양 세력의 배척을 극력 주장했다. 그는 당시 국론이 서양을 물리치자고 주장하는 '국변인國邊人'의 설과 서양과 화친하자는 '적변인敵邊人'의 설로 분열되어 있다고 파악하고 국변인의 편에 서서 서양을 물리칠 것을 주장했다. 그는 주전론을 주장하면서 서울을 지키면서 전쟁을 하자는 '전수설戰守說'과 도성을 떠나 다른 지역에서 실력을 기르자는 '거빈설去邠說'로 나누고, 당시 현실로 보아 거빈설을 지키기는 어렵다고 하면서 전수설을 주장하여 국론을 통일시키려 했다.

이항로는 이를 위하여 국왕이 윤음을 반포하고 외적 침입의 연유 및 선후책을 명백히 하여 민심을 진작시킬 것, 홍문관·사헌부·사간원 외에도 언로를 넓혀 여론을 들을 것, 장수를 선발하여 무비를 갖추고 인재를 등용할 것, 전국 각 도에 명망이 있는 군소사君召使를 파견하여 충의와 기절이 있는 인사를 모아 충의군으로 삼고 관군에 협력하게 할 것, 국왕 스스로가 정치 및 사생활에서 모범을 보일 것 등을 주장했다. 그는 구체적으로 경복궁 건설 등 토목공사의 중지와 사치풍조의 제거 등을 주장하는 국가보전책을 상소했다.

이항로는 이른바 외국의 물품이라는 것은 일일이 거론할 수 없을 정도로 그 종류가 많은 데 양물이 가장 심하며, 그것들은 기이하고도 외설스럽고 교묘한 물건들로서 백성들의 일상생활에 아무런 도움을 주지 못하는 것이라 했다. 더욱이 서양의 재화는 손에 의해 생산되는 공산품으로 하루의 계획으로도 남는 것인 데 비해 우리의 재화는 토지에서 생산되는 농산물로서 1년의 계획으로도 부족한데, 부족한 것으로 남아도는 것을 교역한다면 우리 국가의 경제는 장차 곤궁을 면치 못할 것이라고 예리하게 파악했다. 이처럼 이항로는 기정진과 마찬가지로 서양의 경제적 침략을 간파하고 양물洋物의 사용금지를 강력히 주장했다.

기정진과 이항로는 프랑스의 군사적 침략에 대항하여 싸울 것을 주장하여 대원군의 쇄국양이鎖國攘夷 정책을 강력히 뒷받침했으며, 이에 조정과 재야가 갈등 없이 위정척사 운동을 전개할 수 있었다. 더욱이 대원군은 만약 화친을 허락한다면 나라를 팔아먹는 것이요, 교역을 허락한다면 나라를 망하게 하는 것이며, 적이 서울에 육박해 오는 것을 보고 도망간다면 나라를 위태롭게 하는 것이라는 3개조를 천명하였다.

서양의 종교적 침략이 1866년과 1871년에 군사적 침략으로 변질되어 버리자 척사론자들은 지배층을 중심으로 국론을 통일하고 쇄국을 통해 조선의 문화와 문물을 지키고 양이 정책을 더욱 강화함으로써 전통적 가치질서를 보존해 가고자 하는데 그 근본적인 목표를 두었다. 구체적으로 프랑스와 미국의 '통화通貨' 요구에 대항하여 양물·양화를 배척하는 통상반대운동을 전개했고, 윤리적으로는 '통색通色'(외래풍조)에 대한 반대를 명분으로 삼았으나 통상 반대에 더 비중을 두었던 것이다.

그런데 1873년 10월 동부승지 최익현은 정치의 폐단을 논하며 대원군을 배척하여 호조참판에 특별 임명되었다. 11월 3일 최익현은 다시 소를 올려 대원군을 탄핵했으나 상소문의 내용이 과격하여 유배되었고, 위정척사를 국시로 표방한 대원군 정권은 11월 5일 실각했다. 이러한 대원군 정권의 몰락은 조선의 문호개방과 장차 진행될 개화에로의 일보 전진을 의미하는 것이었다.

1876년 대원군 실각의 기회를 노린 일본의 강요로 강화도에서 불평등조약 조일수호조규가 조인되었다. 당시 개항에 직면하여 국제관계에 대한 위정척사운동가의 인식은 더 선명하게 나타나고, 아울러 민씨 정권과 그 정권이 추진하는 개화정책에 대한 비판이 적극적으로 일어났다. 이제 일본과 서양의 윤리적 침해에 대한 지적뿐 아니라 경제적 침탈에 대한 위기의식이 그 전시기에 비해 더욱 고조되었다.

(3) 연대 상소 투쟁했으나 방위무력 · 판단력도 없이 분열만

1880년 8월 수신사 김홍집이 일본에서 가져온『조선책략』은 위정척사운동을 확대시키는 계기가 되었다.『조선책략』의 핵심 내용은 러시아의 남하정책을 막기 위해서는 조선이「친중국 · 결일본 · 연미국親中國結日本聯美國」의 정책을 펴나가야 한다는 것이었다. 이러한 주장은 당시 조정과 재야에 파문을 일으켜, 유생들뿐만 아니라 관리들까지 이를 반대하는 상소를 줄지어 올렸다. 그렇지만 조정에서는 오히려 1881년 1월 신사유람단을 일본에 파견하여 새로운 문물제도를 시찰하게 했다.

이러한 상황에서 영남 유림들은 도산서원에 모여 위정척사운동에 관한 본격적인 논의를 시작하여 1880년 11월 1일 영남 전역에 척사통문斥邪通文을 발송했다. 그리하여 이듬해 1월부터 2월 초까지 산양에서 대규모 집회를 열고 이황의 11대손인 이만손李晩孫을 소수疏首로 선출하여 만인소萬人疏를 올리기로 했다.

영남 유생들은 2월 초 산양을 출발하여 2월 중순부터 1차 복합상소를 올렸는데, 상소에 참여한 유생은 처음 270~300여 명이었으나, 2월 하순경에는 400여 명에 달하였다. 이 가운데 경상도의 안동 · 상주 · 경주 · 대구 · 김해 5진鎭 중 안동진과 상주진의 유생이 150여 명에 이르렀다. 그 결과 2월 26일 만인소가 받아들여져 1차 상소가 끝나자, 유생들은 2차 상소를 논의하였다. 이들은 3월 초 김조영金祖永을 소수로 추대하여 2차 척사운동을 전개했다. 그런데 복합상소 도중 유생의 일부가 귀향해 버려 척사운동은 잠시 주춤하는 듯 보였다. 그러나 복합하는 당일 김조영이 피체되어 제2차 복합은 끝나고, 3월 초 유생들은 3차 상소를 올리기로 하고, 김석규金碩奎를 뽑아 복합하기 시작했다.

「영남만인소」가 계속되는 중에 김평묵이 영남 소청疏廳에 편지를 보내왔고, 남인 · 북인 계열의 인사들이 편지 또는 물자를 보내어 사기를 진작시켜 주기도 했다. 이러한 성원에 힘입어 김조영 · 김석규 등이 유배되는 상황에서도 3월 하순 유생들은 4차 상소를 올리기로 하고 임원을 선출하여 소수에 김진순金鎭淳을 추대하고 척사론을 계속해 나갔다.

영남만인소에서는「조선책략」의 내용 중 미국과 연합해야 한다는 내용을 강력하게 비판하고, 우리나라에는 예부터 훌륭한 법규가 있으므로 서학을 수용할 필요가 없다고 했다. 그리고 황쭌셴이라는 자는 중국인이라고는 하지만 일본의 앞잡이라고 하고,『조선책략』을 국내에 가져온 김홍집을 처벌할 것을 요구했다. 또한 기독교(개신교)와 천주교에 대해서도 기독교는 단지 천주교의 명칭만을 바꾸어 전파를 용이하게 하려는 것으로 이해했다.

또한 영남만인소는 당초에 개화를 추진하던 민씨 정권의 퇴진을 요구하는 매우 정치적인 성격을 띤 것이었다. 상소문이 올려지기 전에 이미 만인소의 부본이 나돌게 되었는데, 그 내용 중에는 "덕이 있는 자를 세워(爲建德) 원수를 갚고자 하는 자는 여기에 의탁하여 그 노기를 드러내고 류씨를 위하여(爲劉氏) 편을 드는 자는 이에 머뭇거리면서 입을 다물고 있다"는 매우 불온한 말이 들어 있었다. 여기서 '위건덕'은 덕이 있는 자를 세워 제후로 삼는다는 의미이고, '위류씨'는 한나라의 주발周勃이 한漢 고조의 황후 려씨呂氏 척족의 난을 평정할 때 한 왕실인 류씨를 위하는 자는 왼쪽 어깨를 벗으라는 고사에서 나온 것으로 매우 정치적인 내용이었던 것이다. 사실 조정의 입장에서 보아 '위건덕'과 '위류씨'설은 민비 세력과 국왕세력의 대립관계를 언급한 것으로, 조정은 상소사태를 정권에 대한 도전으로 이해하지 않을 수 없었으며 조정을 비방하는 행동으로 규정했다.

비록 1881년의 영남만인소가 상소를 추진하던 초기 단계에서는 매우 정치적 성격을 띠고 있었으나, 점차 반외세투쟁의 성격으로 바뀌어 갔다. 더구나 영남만인소는 신사척사운동의 시발이 되어 그 뒤 경기·충청·호남·강원의 상소가 일어나는 계기를 마련했다. 그리고 이를 계기로 일본과 서양세력의 동점에 대해 전국의 유림이 당론과 지역을 초월하여 연대투쟁을 전개하게 되었다.

그리하여 충청도에서는 홍시중洪時中과 황재현黃載賢이 상소를 올렸고, 또 유생 300여 명이 한홍렬韓洪烈을 소수로 하여 복합상소했다. 그리고 4월 중순에는 경기좌도 소수 유기영柳冀榮과 우도 소수 이행규李行逵를 중심으로 유생 100여 명이 상소를 올렸다. 이때 북인 계열인 鄭胤永이 좌도 소수 유기영을 위하여 「척화만인소斥和萬人疏」를 작성하여 경기유생들의 위정척사운동을 적극 지원했고, 김평묵은 이행규의 상소에 대해 자문하여 주기도 했다. 그 뒤 영남·경기·충청 3도 유생은 연대투쟁을 전개했다.

이처럼 영남을 비롯하여 경기·충청도의 유생들은 민씨 정권의 개화정책과 서양과 일본세력의 배척을 주장했다. 그리하여 4월 26일 상소가 받아들여져 3도의 위정척사운동은 계속되었고, 4월 말에는 고정주高定柱 등 호남 유생들도 복합상소를 전개했으며, 강원도 유생들도 홍재학洪在鶴을 소수로 하여 극렬한 위정척사운동을 전개했다. 이러한 위정척사운동 과정에서 5월 8일 호남 유소儒疏가 받아들여졌다.

조정에서는 5월 15일 계속되는 척사유소를 종식시키기 위해 척사윤음을 반포했다. 그렇지만 위정척사운동은 지속되어, 이해 6월에는 경기 소수 신섭申櫋의 청으로 정윤영은 경기도의 상소문을 윤색하기도 했고, 김평묵도 이 상소에 대하여 상의하여 주었다. 특히 정윤영은 '서양을 배척하는 것은 가하지만 일본까지 배척하는 것은 불가하다'는 일부의 주장을 비판하고 나섰다. 그는 일본과 서양은 같은 뿌리이며 일본과 서양은 깊이 연결되어 있다며 일본과의 강화를 배척하는 것이 서양을 배척하는 근본이 된다고 주장했다.

그런데 영남·충청·경기·호남·강원 등 5도의 상소 중에서 특히 강원도 유생 홍재학이 올린 상소는 그 내용이 매우 격렬했다. 이 상소는 홍재학의 형이자 김평묵의 사위인 홍재구가 작성한 것이었다. 또한 김평묵도 상소문 끝에 「미부소尾附疏」를 써서 유생들의 장렬한 의거를 격려했다. 홍재학은 60여 일간의 격렬한 투쟁에도 불구하고 상소가 받아들여지지 않자 민태호에게 편지를 보내어 개항에 앞장선 노론 집권세력과 이를 알고도 침묵을 지킨 그를 강력히 비판했다. 이 때문에 홍재학은 연행되어 모진 국문을 받았으나 조금도 자신이 한 행동에 대한 소신을 굽히지 않았을 뿐만 아니라 오히려 조정의 개화정책을 통렬히 비난하여 결국 서소문에서 사형을 당했다.

조정이 『조선책략』의 연미론에 근거하여 조미수호조약을 추진하는 과정에서 영남 유생과 각도 유생의 강력한 반발이 일어났고, 이러한 분위기는 재야에 실각해 있던 대원군과 그를 지지하는 남인세력을 고무시켰다. 이에 8월 말 안기영·권정호 등은 국왕을 폐하고 대원군의 서자 이재선을 추대하려고 했다. 이 사건은 바로 대원군 지지 세력이 일으킨 대원군 재집권 쿠데타였다. 그러나 이풍래의 밀고로 이 사건은 수포로 돌아갔고 9월 초 자수한 이재선은 10월 말 처형되었다. 정부에서는 이를 계기로 대원군의 측근세력과 위정척사운동을 철저히 탄압하여 사태를 진정시켰다.

안기영사건 이후 위정척사운동은 수그러들기 시작했다. 이를 기회로 조선 조정은 1882년 4월에 조영조약, 5월에는 조불·조미 조약, 6월에는 조독수호조약 등을 차례로 조인하여 서양과의 본격적인 국제관계에 돌입하게 되었다.

이 무렵 충청도 유생 백낙관白樂寬이 단독으로 남산에 봉화를 올리고 척사소를 올렸다가 체포·투옥되었다. 그 뒤 임오군변을 일으킨 군졸들의 요구로 석방되었으나 군변이 진압된 뒤 다시 체포되어 처형되었다. 이로써 위정척사의 세력은 크게 쇠퇴했고, 정부에서는 임오군변 이후 개화정책의 추진을 분명히 하고, 8월 5일 전국에 세워진 척화비를 모두 철거했다. 이런 와중에도 9월 유중교가 소를 올렸으며, 1884년 갑신의제개혁衣制改革 이후에는 문인들에게 개복령改服令에 대한 의견을 개진했다. 그리고 송병선宋秉璿은 1884년 의제개혁 반대상소를 올렸고, 또 「벽사론闢邪論」을 저술하여 양학을 배척했으나 개화정책의 흐름을 저지시킬 수는 없었다.

한편, 1890년대에 들어서 위정척사사상은 의병운동의 사상적 토대로 작용하고, 위정척사운동에 참여했던 일부 인사들이 의병으로 변신함으로써 위정척사운동은 의병운동이라는 또 다른 모습으로 나타났다.

(4) 반제국주의 자주독립 투쟁 정신 전통 세워

위정척사운동은 역사발전에 역기능을 한 보수적인 운동의 성향이 강하게 내재되어 있었다. 이 운동의 이면에는 신분제를 철저히 고수하고, 사대적 화이론華夷論에 얽매여 국제정세에 어두웠던 측면이 있었다. 그리고 성리학의 이론도 다분히 복고적이고 관념론의 틀을 벗어나지 못했다. 또한 참여계층이 사족층의 인사들로 구성됨으로써 조선조의 전통인 공론의 조성이 사림의 범위를 벗어난 것이 아니었기 때문에 민중을 깨우치거나 참여를 유도해 내지 못했다.

그렇지만 위정척사운동은 일본과 서양의 이질문화에 대응하여 전통적인 문화, 즉 주자학적인 유교사상을 수호하기 위한 위기의식에서 발생했던 것도 엄연한 역사적 사실이다. 19세기 조선의 역사적 상황은 민족적 모순과 계급적 모순이 중첩된 위기에 놓여 있었는데, 위정척사운동은 이러한 위기를 극복하기 위하여 노력하다가 후일 민족모순의 해결책으로 의병투쟁과 그 이후에 전개되는 식민지해방투쟁으로 발전해감으로써 근대 민족운동의 중요한 한 사상적 주류를 이루었다.

이는 위정척사운동의 계열이 1895년 을미사변 이후 의병투쟁에 참가하고 있고, 심지어 3·1운동을 전후하여 유림들도 독립운동에 적극 가담한 이상, 그 정도의 차이는 있을지 모르지만, 분명 위정척사운동도 근대 민족주의의 주요한 흐름을 점하고 있다고 이해해야 할 것이다.

위정척사 사상과 운동이 보수반동적 역할을 했다는 일면만의 지나친 주장은 이 사상과 운동에 내포된 이중적 성격을 잘 파악하지 못한 것이라 할 수 있다. 위정척사운동은 대외적으로 반외세투쟁의 성격이 매우 강했는데, 그 가운데서도 병인양요 때는 반불, 제너럴셔먼호 사건과 신미양요, 그리고 유생 척사운동에서는 반미, 개항당시에는 반일투쟁의 성격이 농후했고, 그 뒤 조선이 일제 식민지로 전락할 위기에 처하자 반일의병투쟁으로 변모하여 더욱 극렬하게 전개되었다.

2. 농민의 반제 · 반봉건 투쟁, 일본군 · 관군 학살로 참패

1) 제국주의와 봉건윤리에 맞선 「인내천」사상 창도

(1) 19세기 조선의 국내외 정세와 근로민중의 참상

조선 후기로 들어오면서 조선왕조의 지배체제는 여러 측면에서 균열이 일어났다. 우선 수백 년 동안 통치이념理念(Ideology)으로 자리매김해 오던 주자학이 경직화 · 공소화空疎化(현실과 동떨어지고 소외된)되면서 지배질서는 한 당파에 의해 좌우되는 파행적인 세도정치勢道政治로 변질되었다. 유능한 관리를 선발하던 과거제도는 형식에 그쳤으며, 매관매직賣官賣職이 성행했다. 이러한 문란한 정치 현실은 특정 가문이 권력을 독점하는 세도정치로 인해, 견제세력이 없는 가운데 수탈과 궁핍이 더욱 기승을 부리게 되었다.

이러한 정치 현실로 인해 조선왕조는 지배체제를 유지할 수 없을 정도의 심각한 위기를 맞게 되었다. 특히 지방에 대한 중앙의 관리가 소홀한 틈을 이용하여 지방 수령들은 백성들에게서 가혹한 세금을 징수하고 수탈을 자행했다. 당시 지방 수령들은 권력가문의 도움을 받아 지방에 부임하는 대가로 막대한 뇌물을 상납했고, 지방에 내려가서는 상납한 돈을 채우기 위해 갖가지 명목의 세금을 거둬들여 착복하곤 했다.(박맹수「19세기 사회변동과 동학의 창도」,『한국근대사 강의』한울아카데미 2008)

그 결과 일반 농민들은 원래 1할 정도에 해당하는 세금을 8~9할까지 납부해야 하는 가혹한 수탈에 시달려야 했으며, 최소한의 생존권마저 위협받는 지경이 되었다. 견디다 못한 농민들은 여기저기서 봉기하여 수탈을 일삼는 수령, 그리고 수령과 한통속으로 농민들을 핍박해 온 향리들을 징치懲治(압박 · 제재 · 벌을 줌)하기에 이르렀고, '민란의 시대'라 일컬을 만큼 수많은 민중봉기가 잇달았다.

조선 후기 백성들은 흔히 삼정三政으로 불린 전세田稅 · 군역 · 환곡還穀(백성에게 봄에 꾸어주었다가 가을에 받아들이는 장리長利 곡식)의 조세 부담을 짊어지고 있었다. 이 조세 부담은 경제적으로는 직접생산자, 사회적으로는 평민층에 집중되는 착취의 모순을 지니고 있었다. 군역의 경우 평민의 부담이 양반에 비해 무거웠으며, 국가 고리대高利貸의 성격을 갖는 환곡 또한 신분 · 권력 · 부력을 가진 자들은 교묘히 빠져나가고 일반 농민들이 고스란히 그 부담을 떠안고 있었다.

한편 중앙정부가 세금을 거둬들이는 방식은 총액제였다. 이는 농민층 분화에 따라 세금부담자가 줄어들자, 중앙정부가 군현 단위로 일정한 액수의 세금을 미리 정해줌으로써 세금수취에 안정을 도모하려는 의도에서 시행된 것이었다. 그러나 이러한 제도는 수세 업무를 개별 납세자의 형편에 따른 기준도 없이 군현의 수령과 향리에게 전적으로 위임함으로써 향촌사회에서의 무제한적이고 자의恣意적인 수탈을 가능케 하는 폐단弊端(귀찮고 해로운 일)을 낳았다.

여기에 더해 유교 이념 아래 왕권과 신권臣權의 세력균형을 이루어오던 중앙정치는 차츰 균형이 깨져 신권이 비대해지는 경향을 보이면서 기형적인 정치 형태인 이른바 세도정치가 출현했다. 세도勢道라는 이름의 비정상적 권력을 잡은 왕실외척 세력은 지배계급 내의 갈등과 대립을 더욱 심화시켰고, 이들의 파행적인 정치 운영은 종국에는 만성적인 국가 재정의 위기를 불러일으켰다. 중앙정부는 부족한 재정을 지방관청의 재정으로 충당했고, 재정이 줄어든 지방관청에서는 각종 잡세의 부과나 환곡·고리대 등을 통해 보충할 수밖에 없었다.

이에 따라 자연히 봉건권력에 의한 농민 수탈은 더욱 강화되었고, 이것은 19세기의 만성적인 삼정 수탈의 계기로 작용했다. 국가재정의 위기를 농민에 대한 수탈을 강화하여 모면하려 한 국가의 정책이 바로 삼정 문란을 야기했으며 그런 가운데 세금 부담은 자꾸만 빈농층에게 집중되어 갔다.

이처럼 19세기 사회 전반의 여건은 한결같이 기층민基層民(근로 서민 대중)들의 삶 자체를 위협하는 것이었다. 농민들은 자신들의 생존을 위해 수탈에 대한 투쟁을 전개했다. 그 형태는 여러 가지로 나타났다. 지주를 상대로 지대의 지불을 조직적으로 체납하거나 거부하는 항조抗租투쟁을 전개하기도 했다. 또 농민들은 그들을 억압하고 수탈한 관리나 지주에 대해 나쁜 소문을 퍼뜨림으로써 그들의 수탈에 저항하는 와언訛言투쟁(와언 : 잘못 전해진 말), 밤에 횃불을 들고 산에 올라가 부정 수탈에 항의하는 내용을 외치는 거화擧火투쟁, 집회를 통해 고을행정의 부당성과 관리들의 부정·비리를 성토하고, 해당 고을 또는 상급관청인 감영에 소지所志를 올리는 정소운동 등을 전개했다.(呈訴 : 소장訴狀을 관부에 바침)

이 밖에도 몰래 마을을 떠나버리는 유리·도망 등 다양한 형태가 있었다. 그러나 수탈에 대한 투쟁의 최고 형태는 '민란'이라고 부르는 바로 농민봉기였다.(民亂·民擾민요 : 백성·국민들이 일으킨 항의 소동. 蜂起 : 떼를 지어 벌떼처럼 일어남)

봉건지배층에 대한 이러한 농민봉기는 19세기에 잇따라 발생했는데, 민중의 항거가 집중적으로 일어난 것은 철종과 고종 연간이었다. 1862년 한 해 동안 무려 37개 지역에서 민란이 일어났는데, 이때의 민란을 「임술민란」이라 한다. 임술민란은 지역별로는 경상도 16개 처, 전라도 9개 처(익산·함평·고산·부안·금구·장흥·순천·강진·제주), 충청도 9개 처, 경기도·황해도·함경도 각 1개 처로 나타나 주로 삼남지방에서 집중적으로 일어났음을 알 수 있다.

민란의 전개 양상은 지방에 따라 조금씩 다르긴 했으나 대체로 머리에 흰 수건을 쓰고 몽둥이와 죽창으로 무장한 수십 수백 또는 수천 명의 농민들이 읍성을 습격하고 동헌東軒을 점령하며 관장인 수령을 축출하고 감옥을 부수어 갇혀 있던 사람들을 풀어주고 관아의 삼정, 즉 세금 장부를 불태웠다. 수탈을 일삼던 향리들을 잡아 죽이거나 그들의 집을 부수거나 불태우고 재물을 탈취하여, 해당 군현에서 자행되던 폐단을 고쳐달라고 주장하는 것이 일반적인 형태였다.(東軒 : 고을 원이나 감사·병사兵使·수사水使 등이 공무를 처리하는 대청이나 집)

민란 중에 지방의 장관인 수령을 내쫓는 일은 있어도 결코 죽이는 일은 없었다. 당시의 농민들은 임금이 파견한 관리를 죽이는 것은 나라에 반역을 도모하는 것으로 여겼기 때문이다. 농민들은 이런 식으로 평소 품어온 불만과 원한을 해소하려 했다. 때로는 자신들의 권익과 직접 관계되는 요구조건을 제시하고 그 조건이 관철될 때까지 집요하게 항거하는 모습을 보이기도 했다.

그런데 당시 지배계층은 민란의 원인이 수령 개인의 잘못으로 인한 삼정의 문란에 있다고 생각하여 해당 수령을 처벌하는 것으로 사태를 수습하려 했다. 그러나 민란이 경상도·전라도뿐만 아니라 충청도로 확대되어 가자 조정에서는 규모의 크고 작음을 가리지 않고 무조건 봉기를 주도한 자를 잡아 효수하는 강압적인 정책을 폈다. 정부의 이러한 대응에도 민란은 그치지 않고 더욱 확대되어갔다.

이에 정부는 민란을 수습하기 위한 근본적인 방안으로 「삼정리정청三政釐整廳」을 설치하고 「삼정리정절목三政釐整節目」을 반포했다. 민란을 불러일으킨 삼정의 문란함을 바로잡겠다는 것이었다.(釐整리정 : 바르게 정리함) 정부의 의도대로 리정청 설치 직후에 민란은 일시 가라앉았다. 그러나 삼정리정절목은 부분적인 개선에 불과했을 뿐이고 그나마도 반포된 지 석 달도 채 지나지 않아 돌연 중단되어 옛 제도로 돌아가 버리고 말았다. 그것은 국가재정의 원천인 삼정을 근본적으로 개혁하게 되면 지배층의 이권을 포기하는 것이었기에 지배층으로서는 결코 바라지 않았던 것이다.

이렇듯 민생을 안정시키기 위한 정부의 의지가 결여된 상황에서 삼정의 폐단은 계속되었다. 1864년부터 민란이 다시 일어나기 시작했고, 1888년부터는 전국으로 확산되었다. 1894년 동학농민전쟁이 일어나기 전까지 고종대의 민란은 전국 46개 처에서 47회에 걸쳐 발생했다. 고종대 민란이 발생한 지역은 경상도(8개 처)·강원도(8개 처)·함경도(8개 처)·전라도(3개 처)·경기도(4개 처)·충청도(2개 처)이고 이외 수원·개성 등이다. 철종대의 민란이 삼남 지방을 중심으로 발생한 것에 비해 고종대의 민란은 전국적인 규모로 확대되어 갔다.

고종대 대부분의 민란은 철종대 임술민란과 같은 일반적 성격의 지방민란으로서 전개 양식 역시 철종대 민란과 같은 형태였다. 그런데 일반 민란과 달리 지방 수령을 살해하고 왕조에 반기를 드는 병란적 성격의 민란이 전개되기도 했다. 광양민란과 이필제난이라고도 알려진 영해민란, 문경 조령관 민란 등이 이에 해당된다.

그렇다면 철종·고종대의 민란은 누구에 의해 전개되었는가? 그 중심세력은 말할 것도 없이 가난한 농민이었다. 이들은 때로는 전직관리, 때로는 몰락양반의 지도력에 힘입어 향촌사회에 일정한 영향력을 행사하는 사람들이나 영세 수공업자·소상인 등에 동조하여 농민봉기를 전개해 갔던 것이다.

민란을 통해 제기된 개혁 내용은 대체로 삼정의 폐단문제와 수세收稅 담당자인 관속들의 부패행위의 근절이었다. 즉 농민들의 요구는 국가의 조세문제에 집중되어 있었다. 이것으로 볼 때에 당시 농민들은 지주와의 문제 즉 자신들의 근본적인 이해가 걸린 토지문제는 제기조차 못한 한계를 보이고 있었다. 또한 19세기 민란은 민란 간에 연계를 맺지 못하고 개별적이었으며, 지도부가 농민층에 뿌리박지 못함으로써 지속적·조직적으로 이뤄지지 못했고, 봉건제 자체를 부정하기보다는 다소 우발적이고 자연발생적 경향을 보여 한계를 드러내고 있었다. 따라서 모든 거사는 필패로 끝났다.

그럼에도 불구하고 19세기 민란은 끝내 실패한 운동이었다고 평가할 수 없다. 왜냐하면 수십 차례에 걸친 민란들은 대규모 농민항쟁이 일어날 수 있는 사회적 분위기를 형성시켰고, 봉기의 실패로 얻은 경험은 마침내 1894년에 반봉건·반외세의 동학농민전쟁을 꽃피워내는 토양이 되었기 때문이다. 역시 참담한 패배의 피눈물을 흘려야 했지만.

(2) 최제우, 「사람이 곧 한울님〔人乃天〕」 사상 창도唱導

19세기 중엽 조선왕조는 정치적으로는 세도정치와 과거제도의 문란으로, 사회·경제적으로는 수취제도의 문란과 지방 수령들의 일반 민중들에 대한 가혹한 수탈이 가중되는 가운데 민중들의 봉기로 인한 지배체제의 모순이 날로 심화되었다. 또한 주기적인 전염병의 유행과 자연재해는 민중을 궁지로 몰아넣었고, 지배체제를 주체적으로 개혁하고자 등장한 실학사상마저 이 시기에는 거의 영향력을 잃고 있었다. 이와 함께 전통적으로 중국을 중심으로 하던 동아시아 문명권은 물밀 듯이 밀려오는 서구 제국주의 열강의 도전에 직면하고 있던 시기였다. 특히 중국에 대한 서구 열강의 침략과 조선 연안의 잦은 이양선異樣船 출몰로 인해 민중들의 위기의식이 고조되었다.

이와 같은 위기의 시대, 왕조 말의 혼란한 사회 속에서도 주목할 만한 움직임이 일고 있었다. 다름 아닌 피지배층의 의식 변화였다. 민중들은 악화된 삶의 환경 개선을 수령들에게 요구하기 시작했고, 그 같은 요구는 점차 조직화되기에 이르렀다. 특히 조선 후기 민중들을 둘러싼 가혹한 삶의 조건들은 민중들에게 위대한 능력을 가진 「진인眞人」의 출현을 기대하도록 만들었다. 민중들은 진인의 출현으로 고통이 가득 찬 현실로부터의 구원이나 해방을 학수고대하기에 이르렀던 것이다.(진인 : 참된 도道를 체득한 사람)

특히 진인을 기다리던 민중들의 소망은 이전부터 널리 유행하던 『정감록鄭鑑錄』과 같은 비기·도참서에 대한 신앙과 결합되어 「정진인鄭眞人 출현설」로 나타났다. 그리하여 정진인 출현설은 빈번히 일어나던 민란과 결합하여 민중들을 결속시키는 이념적 역할을 하기도 했다. 그러나 『정감록』에 의지하거나 미륵불사상을 빌려 봉기한 민란의 조직이념은 근대적 수준으로 정비되지 못했고, 지역성의 한계를 뛰어넘기에는 역부족이었다.

이같은 시대적 배경 아래 1860년 4월 5일 최제우崔濟愚에 의해 동학이 창도唱導(부르짖어 사람을 인도함)되었다. 1824년 경주의 몰락양반 최옥崔鋈의 서자로 태어난 그는 젊은 시절 혼란한 시대 상황에 방황하고 고뇌했다. 이를 극복하기 위해 최제우는 상당 기간 동안 전국을 유랑했고, 유랑기간 동안 수련을 거듭한 끝에 동학을 창도했다. 동학은 조선 후기에 이르러 어느 정도 성숙해진 민중의식을 기반으로 민중들의 요구와 이해를 집약적으로 대변하였다는 데 의의를 찾을 수 있다. 동학은 이중의 모순에 시달리던 민중들에게 이를 극복하도록 한 「조선민중의 자기 확립 사상」이었다.

동학을 창도한 최제우

따라서 최제우는 바로 민중을 대표하여 당시의 민중의식을 조직화한 인물로 평가될 수 있을 것이다.

동학사상의 핵심적 내용은 교조 최제우가 저술한 동학 경전인 『용담유사龍潭遺詞』와 『동경대전東經大全』에 담겨 있다. 이 두 경전은 필사본으로 전해지던 것을 2대 교주인 최시형崔時亨이 집대성하여 1880년과 1881년에 각각 편찬했다.

최제우는 동학을 창도하는 데 종래 유교·불교·선교의 지식 체계와 서적에서 많은 영향을 받았다. 이와 함께 그는 또 민간에 전승되어 온 주술적 신앙이나 도참사상까지 포섭하여 개인의 구제와 새로운 사회질서의 도래를 예언했다. 그에 의해 확립된 이 같은 동학사상은 대체로 후천개벽後天開闢 사상·시천주侍天主와 수심정기守心正氣·치병治病과 유무상자有無相資사상, 그리고 척왜양斥倭洋 사상과 정감록적 민중사상의 수용 등으로 집약할 수 있다.

최제우는 한글경전 『용담유사』에서 자신이 득도하기 이전까지의 시대를 '개벽 후 5만년'·'하원갑'·'전만고'라는 표현을 빌려 표현하고 이 같은 시대는 '각자위심各自爲心(진리로부터 이탈하여 자기 멋대로 행동한다는 뜻)'의 시대로서 모순이 가득한 시대임을 통렬히 비판하고 있다. 그는 그와 대비되는 새로운 시대를 '다시 개벽'·'상원갑'·'후만고'·'오만년지운수'로 표현하여 이 시대는 「동귀일체同歸一體」의 호시절이 될 것이라고 예언하고 있다.

이와 같은 최제우의 사상 속에는 지금까지의 낡고 혼란한 시대는 무너질 것이라는 종말론終末論을 주창하면서도 다가오는 새 시대야말로 '호시절', 즉 이상적인 시대가 될 것이라는 낙관적 종말론을 내포하고 있다. 다시 말하자면 최제우는 자신이 확립한 동학사상을 5만 년 동안 지속되어 온 지금까지의 낡은 시대를 해체시키고 다시 5만 년 동안 지속될 새로운 시대를 여는 데 필요한 「그 무엇에도 비比할 수 없는 도」라고 확신했다.

그는 또 『동경대전』의 「논학문」에서 오심즉여심吾心卽汝心(내 마음이 곧 너의 마음) 천심즉인심天心卽人心(한울님의 마음이 곧 사람 마음)이라 주장하는 한편 『용담유사』의 「교훈가」에서는 "나는 도시 믿지 말고 한울님만 믿었더라 네 몸에 모셨으니 사근취원捨近取遠(가까이 있는 것을 버리고 멀리서 취함)하단 말가"라고 하여 그가 체험한 한울님과 인간이 둘이 아님을 나타냈다. 즉 "한울님은 어떤 초월적 존재로서의 의미가 아니라 바로 자기 안에 모셔져 있다"는 것이다.

따라서 모든 사람은 최제우가 가르치는 수단 방법으로 수련하면 "한울님과 일체화할수 있고 자기 안에 모셔진 한울님을 체험할 수 있다"고 주장했다. 이것이 바로 최제우가 새롭게 드러낸 시천주사상侍天主思想의 본질이다. 동학사상의 핵심을 이루는 시천주사상은 당시 반상班常(양반 상놈)·적서嫡庶(적자와 서자)·남녀 차별 등의 봉건적 지배질서를 전면 부정하는 반계급적 평등사상으로서 중요한 의미를 갖는다.(嫡子 : 정실正室·본처가 낳은 아들, 庶子 : 첩妾에게서 낳은 아들) 시천주사상에 의해 확립되기 시작한 동학의 평등사상은 최시형을 통해 좀 더 실천적으로 전개되어 범천론적凡天論的(인간 각자 모두가 한울님) 평등사상으로 확립되었다.

그렇다면 사람이 한울님과 일체화를 이루는 구체적인 방법은 무엇인가? 최제우는 「수심정기」라는 수행 방법을 통해 "자기 안에 모신 한울님을 체험할 수 있다"고 제시하고 있다. 또 "마음을 닦고 기운을 바르게 하는" 수심정기를 이루는 구체적인 방법으로는 21자 주문呪文 수행과 성誠·경敬·신信을 통한 수행방법을 제시했다.(수심정기守心正氣 : 천도교東學의 수양방법의 하나. 한울님의 마음을 항상 잃지 아니하고 사특한 기운을 버리고 도기道氣를 길러 천인합일天人合一을 목적으로 하는 수련방법. 수심정기의 수련을 통하여 시천주侍天主할 수 있다고 한다. / 시천주 : 내 몸에 한울님을 모시고 있다고, 즉 한울님이 항상 내 마음속에 있다고 믿는 것.)

최제우는 자신이 체득한 도를 동학이라 명명한 까닭은 바로 서학을 제압하고자 한 것이라 말함으로써 동학사상이 민족주체적 성격을 가졌음을 분명히 밝혔다. 그는 또 자신이 제정한 동학의 주요 의식인 검무劍舞와 검가劍歌(군가)를 통해 당시 조선으로 밀려드는 서양 열강에 대항해야 한다는 전투적 의지를 고양시켰다.

그리고 임진왜란 당시 일본의 침략을 상기시키는 '개 같은 왜적 놈들'이라는 직설적인 표현을 통해 민중 사이에 자리한 일본에 대한 경계심을 드러내기도 했다. 이와 같은 내용에는 19세기 조선을 둘러싼 서양 열강의 위협과 일본의 팽창정책을 경계하려는 척왜양사상은 1890년대에 이르러 보은취회의 「척왜양창의斥倭洋唱義」의 반침략사상으로 발전했고, 1894년에는 일본의 침략에 맞서는 반침략 노선으로 이어졌다.

최제우는 1861년부터 동학을 포교하면서 조선 후기 널리 유행하던 콜레라와 같은 전염병에 대한 처방전도 제시했다. 즉 자신의 가르침을 성심으로 믿고 따르게 되면 병도 자연 치유된다고 강조한 것이다. 이때 최제우는 자신이 천주로부터 받은 신령스러운 부적靈符(弓乙符)을 그린 뒤 이를 태워 물에 타서 마시면 효험이 있다고 전파했다. 최제우는 그의 제자들 중 경제적 여력이 있는 자들로 하여금 가난한 자를 돕도록 했다. 이를 동학 교단에서는 유무상자有無相資라 불렀는데, 이 사상은 동학 조직이 창도 초기부터 매우 강력한 공동체로서 민중들 사이에 자리 잡는데 기여했다. 최제우 처형 이후에도 동학 조직이 수십 년 동안 지하조직으로 존립할 수 있었던 것은 바로 이러한 사상적 배경 때문이었다.

동학사상에는 이 밖에도 조선 후기 민중들로부터 폭발적인 지지와 신봉을 받고 있던 『정감록』의 영향을 받았을 것으로 생각된다. 위기의 시대를 초월적 능력으로 일거에 해결해 줄 만한 능력을 가진 인물을 고대하는 진인眞人사상이나 전란에서 목숨을 보전할 수 있는 십승지사상 등이 그것이다. 이와 같은 치병이나 정감록적 사상은, 돌림병에서 벗어나 안정을 보장받기를 원하는 당시 민중들의 절실한 염원과 민중들 사이에 널리 퍼진 민중사상을 흡수함으로써 동학이 대중성을 확보하는 데 핵심이 되었다.(十勝地 : 풍수지리에서, 보신할 수 있는 땅, 착한 정승·장수가 날 땅이 전국에 열 군데가 있다는 것. 풍기·보은·부안·예천 등지의 산·계곡·해변 등지)

1860년 동학 창도 직후 경주 일대를 중심으로 경상도 지역에 급속히 전파된 동학은,

최제우가 1864년 「평세사란 암지취당平世思亂 暗地聚黨」의 혐의로 처형된 이후 불법화되었다. 그러나 동학은 최시형을 중심으로 지하 포교활동을 통해 지속적으로 기반을 넓혀나갔다. 그 결과 동학은 1880년대 후반에는 충청도와 전라도 평야 지대에까지 교세를 확장해 나갔으며, 1890년대 초에 이르면 전라도를 중심으로 비약적인 교세 증가를 이룩했다. 1880년대 전반까지도 경상도와 강원도 산악 지방에 머물던 교세의 근간이 충청도와 전라도 지방으로 바뀌고, 충청도와 전라도 출신 인물들이 동학 교단의 주요 지도자로 성장하기에 이르렀다.

이렇듯 동학의 교세가 급속히 확산되어가자, 이를 법으로 금하고 있던 조정에서는 적극 탄압하였다. 특히 지방 수령들은 동학 금단을 구실삼아 동학도의 재산을 가혹하게 수탈하였다. 이에 동학교도들은 동학의 공인과 지방수령들의 경제수탈 금지를 요구하는 집단적인 시위운동을 전개하였다. 이것이 이른바 1892년부터 1893년에 걸쳐 전개된 「교조신원운동敎祖伸寃運動」이다.(신원 : 무죄인 처벌의 억울함을 호소)

지금까지 살펴본 동학사상은 크게 두 가지 측면으로 구분할 수 있다. 하나는 당시 조선 왕조가 직면한 역사적 과제 즉 조선왕조 내부의 모순을 극복하려 근대민족국가를 이루는 일, 즉 오랫동안의 착취로 인해 생긴 계급간 대립모순을 해결하기 위한 「반봉건 투쟁」이념과 밖으로부터 밀려오는 서양 제국주의 열강의 침략으로부터 국권을 수호하는 일, 즉 제국주의 침략으로 생겨나는 개인과 조국강토의 상실이라는 침략모순을 해결하기 위한 「반제국주의 투쟁」이라는 조선 공동체의 이념적 요소를 제시했다는 점이다.

또 하나는 당시 고난에 처한 조선 민중들의 피난처 내지 도피처로서 초현실적인 종교적 측면을 지닌다는 점이다. 이 같은 두 측면은 최제우에 의해 제시된 초기 동학사상으로부터 동학농민전쟁이 전개되던 1894년까지 지속적으로 계승되었다. 따라서 동학사상이 지닌 두 측면을 고려할 때 지금까지의 연구가 어느 한 측면에 지나치게 집착하여 동학사상을 과대평가하거나 반대로 과소평가하는 오류를 범했다는 지적은 설득력이 있다.

동양사상의 기반 위에서 그리고 조선사상사가 내재적으로 발전해 온 맥락에서 조선 민중의 자기 확립사상으로 동학사상을 올바르게 확립하기 위한 방법론적 반성이 필요하다는 것이다. 예컨대 동학사상은 혁명성을 가졌는가, 혹은 동학농민전쟁의 지도 이념이 동학사상인가 아닌가 하는 식의 연구 수준을 넘어서는, 동학사상에 대한 더욱 깊이 있는 학문적 체계를 세우는 실증적 연구가 필요하다는 의견이 오늘의 학계에서 강하게 대두되고 있다.

◎ 침략자 일본군의 앞잡이가 된 지배계층, 동포 민중의 소망을 학살로 응대

동학東學은 1860년(철종 11) 경주 사람 수운水雲 최제우崔濟愚가 세운 조선말기의 대표적 신흥종교이다. 최수운은 전통적인 유교 가문에서 태어나 어릴 때부터 유교 경전을 배워 성년이 되어서는 지방의 유학자로 이름이 나 있었다. 당시 양반 계급의 부패한 정치와 가혹한 서민 착취로 각처에서 민란이 일어나고, 또한 열강 세력의 간섭으로 사회는 매우 불안한 상황에 있었다. 국민의 정신적 지주支柱(버티어 주는 기둥)라 할 수 있는 유교와 불교는 극도로 퇴색하여 도덕·신앙적 안식처가 되지 못하였고, 여기에 서양에서 새로 들어온 서학西學(천주교)의 세력이 날로 팽창하기 시작하여 그 이질적異質的인 사고와 행동이 전통적인 사고·행동과 서로 충돌을 일으키게 됨으로써 국민들의 정신적인 혼란과 방황은 더욱 심하게 되었다.

이 때 최수운은 서학에 대응하여 민족 고유의 주체성과 도덕관을 바로 세우고, 국권을 튼튼하게 확립하기 위한 새로운 종교가 필요하다고 믿게 되었다. 그리하여 최수운은 구세제민救世濟民(세상과 민생을 구제함)의 큰 뜻을 품고 서학에 대응하여 소박한 민중을 상대로 민족 고유의 종교를 제창하여 동학을 창립하게 되었다. 동학은 서학에 대하여 동토東土 조선의 종교라는 뜻이며, 그 기본 사상은 종래의 풍수사상과 유·불·선儒佛仙의 교리를 토대로 하여 「인내천人乃天」·「천심즉인심天心卽人心」의 사상에 두고 있다.

「인내천의 원리」(사람이 곧 한울님이다)는 인간의 주체성과 창조성을 강조하는 지상천국의 이념과 만민평등의 인권사상을 표현하는 것으로, 종래의 유교적 봉건윤리와 퇴폐한 양반 사회의 부정부패를 비판하는 반봉건적·혁명적·진보적·미래지향적 정신이 들어있다. 동학 교도들은 주문呪文을 많이 외웠는데, 「지기금지 원위대강至氣今至願爲大降」을 강령주降靈呪라 하고, 「시천주조화정 영세불망만사지侍天主造化定永世不忘萬事知」를 본주本呪라 한다.(降靈: 신神의 영이 인간의 몸에 강림하는 일) 이 주문을 외우며 칼춤을 추고 「궁궁을을弓弓乙乙」이라는 부적符籍(弓乙符)을 태워 그 재를 물에 타서 마시면 가난과 고통에서 해방되고, 병자는 병을 고쳐 장수하게 되며 영세무궁한다고 믿었다.(符籍부적 : 불교·도교 등을 믿는 집에서 악귀나 잡신을 쫓기 위해 소망의 글을 써서 붙이는 종이. / 侍天主·養天主 : 내 마음속에 한울님을 모심)

동학은 신분제도와 적서차별 제도에 반기를 들어 비판하였기 때문에 당시 사회적 불안과 질병이 크게 유행하던 삼남지방의 서민 대중으로부터 큰 환영을 받아 교세가 급속히 전파되어 갔다. 이에 조정에서는 동학도 서학과 마찬가지로 불온한 사상적 집단이며 인심을 현혹시키는 사교邪敎라 하여, 마침내 1864년에 최수운을 혹세무민·좌도난정左道亂正의 죄목으로 처형하였다. 최수운을 비롯한 많은 동학교도를 학살한 후에도 조정의 탄압이 계속되자 2세 교주 해월海月 최시형崔時亨은 태백산과 소백산 지역에 숨어들어 은밀히 교세를 정비·강화하였고, 교인들은 탄압을 피해 지하로 숨어들어 신앙생활을 계속하였다.(惑世誣民 : 세상 사람들의 마음을 흐리게 하여 속임. / 左道 : 잘못된 길, 바르지 못한 가르침=邪道)

　최시형은 최수운의 유문遺文인 『동경대전』과 『용담유사』로 교세확장을 꾀했으나, 동학혁명이 실패하자 그도 역시 처형당했다. 3세 교주 의암義菴 손병희孫秉熙는 1905년 12월 1일에 동학을 천도교天道敎로 개칭하였다. 동학은 동학혁명의 주체였고, 천도교는 기독교・불교와 함께 삼일운동을 주도했다. 삼일운동 이후에는 사회개혁운동에 앞장 서 눈부신 활동을 전개하기도 하였다. 조선말기 이후에 발생한 한국의 신흥 민족종교 중에서 동학(천도교)은 그 어느 종교보다도 한국사회에 큰 업적을 남겼다. 그러나 삼일운동 이전에 시천교侍天敎라는 친일종교가 분리되어 나갔고, 삼일운동 이후에는 천도교 자체에서 분파가 나뉘어 교세가 크게 위축되어 차츰 쇠퇴의 길을 걷기 시작하여, 오늘에 와서는 창립초기 같은 교세를 되살리지 못하고 있다.

○ **최수운 崔水雲(1824~1864)** : 동학의 창시자, 천도교의 제1세 교주, 경주사람. 어릴 때의 이름은 복술福述 또는 제선濟宣이라 했다. 이름은 제우濟愚, 호는 수운水雲・수운제水雲齊. 본래 몰락한 양반의 후예로서 어려서 한학을 배웠고 일찍 부모를 잃어 한 때 아내의 고향인 울산에 내려가 무명 행상을 직업으로 전국 각처를 돌아다녔다. 1855년에 금강산 유점사에 있다는 어떤 중으로부터 받은 『을묘천서乙卯天書』로 도를 깨닫고, 1857년에 천성산 적멸궁에서 49일간 기도를 끝내고 도술을 부리기 시작하여 차츰 기인奇人으로 이름이 나기 시작하였다.

　1859년에 경주 용담정에서 보국안민의 대도를 깨치기 위한 수도를 시작하여 1860년에 유・불・선의 동양 삼교를 토착화하고 민간신앙에 융합하여 시천주侍天主의 사상을 핵심으로 한 인내천人乃天의 교리를 완성하고 동학을 창시하였다. 그는 「한울님天과 사람人을 대도大道의 근원根源으로 하고, 성실・존경・믿음誠・敬・信을 도의 본체本體로 하며, 마음수양・바르게 세움修心正氣을 수도修道의 요결要訣로 삼아」 포교를 시작하였다.

　교세가 차츰 퍼져 1863년에는 교인 3천 여명과 접소接所 14개 소를 확보하게 되었다. 이에 조정에서는 동학의 급격한 팽창을 두려워하여 동학을 이단사설異端邪說이라 하여 1864년에 최수운을 체포, 대구에서 혹세무민・좌도난정左道亂正의 죄목으로 처형하였다. 제자 최시형崔時亨이 뒤를 이어 2세 교주가 되었고, 1893년에 그의 신원伸寃을 탄원하는 교조 신원운동은 1894년에 동학혁명이 일어나는 계기가 되었다.

　최시형 역시 1898년에 체포되어 처형되자 3세 교주 손병희가 1905년에 동학을 천도교로 개칭하고 삼일운동을 주도하였다. 최수운의 유문遺文을 뒤에 최시형이 편찬한 것이 『동경대전』으로 천도교의 기본경전이 되었다. 동경대전 이외에도 『용담유사龍潭遺詞』가 있다. 원불교의 소태산 대종사는 최수운을 강증산과 함께 선지자先知者로 높이 평가하였다.

○ **최시형 崔時亨(1827~1898)** : 동학의 2세 교주. 경주의 가난한 집에서 태어나 1861
년 동학에 입문했다. 최수운이 처형되자 숨어 다니면서 남의 집 머슴살이를 하면서 포교에
힘썼다. 동학혁명이 실패하고 1898년 원주에서 체포되어 서울로 압송, 처형되었다. 1907
년에 고종의 특지特旨로 신원伸寃되었다.

○ **『東經大全』** : 천도교의 기본 경전. 교조 최수운의 한문체로 된 저서인데, 1864년 최수
운이 사형당할 때 같이 불태워졌으나 후계자 최해월(海月 : 최시형)이 암송한 부분을 간추려
1880년 처음으로 간행하였다.

중요 내용은 본문과 별집으로 구성되어 있는데, 본문에는 포덕문布德文·논학문論學文·
수덕문修德文·불연기연문不然其然文 등이 수록되어 있고, 별집에는 축문祝文·입춘시立春
詩·절구絶句·강시降詩·좌잠座箴·화결시和訣詩 등이 실려 있다.

천도교에서는 최수운의 『동경대전』·『용담유사』를 『천종법경天宗法經』, 2세교주 최해월
이 설한 것을 『도종법경道宗法經』, 3세교주 손병희가 설한 것을 『교종법경敎宗法經』이라 하
여 세 가지를 합쳐 『천도교 경전』으로 하고 있다.

○ **시천교 侍天敎** : 1906년 이용구李容九가 손병희의 천도교에서 분파하여 창립한 동학의
한 종파. 동학의 지도자들이 조정의 탄압에 의해 수난을 당하고 있을 동안 동학의 기반을 이
용하여 일진회一進會를 조직하여 친일에 앞장섰던 이용구가, 1906년에 일본에 망명 중이던
손병희가 귀국하여 동학을 천도교로 개칭하고 천도교 중앙총부를 설립하자, 김연국金演局 등
과 시천교를 창립하였다. 교리에 있어서 천도교와 별 차이가 없고, 출범 후 얼마동안은 천도
교를 능가할 정도로 교세를 떨치기도 했으나, 일본제국의 조선합병에 앞장서는 등 친일행동
으로 민중의 신망을 잃어 교세가 점차 약화되고 이용구가 죽자 유명무실화 되었다.

2) 피수탈 농민대중의 궐기, 「동학농민전쟁」 참패

(1) 「교주 학살의 억울함」을 호소하는 신원운동 전개

1860년 4월 5일 최제우崔濟愚에 의해 창시된 동학은 지속되는 정치의 부패, 조세 수
탈의 가중, 계급적 모순의 심화, 흉년과 질병 등으로 불안과 고통 속에서 삶을 지탱해 가
던 조선사회의 기층민들에게 큰 반향을 일으켰다. 동학은 기존의 부패한 현실을 부정하
고 이상적인 미래를 제시했기 때문에, 당시 사회 개혁을 바라던 일부 지식인층과 민중들
을 사로잡기에 충분한 사상체계를 갖추고 있었다.

정부는 동학을 이단시했을 뿐만 아니라 점차 동학 교세가 사회질서를 위협할 정도로 급격히 확산되어 가자, 1863년 12월 최제우를 "백성들을 미혹시켰다"는 죄명으로 잡아들인 뒤, 이듬해 3월 10일에 처형했다. 그 후 동학 교세는 일시 위축되기도 했으나, 그의 제자 최시형崔時亨에 의해 되살아났다. 1870년대 후반, 최시형은 동학의 지도체제를 정비하고, 동학의 기본 경전인 『동경대전』과 『용담유사』를 집성했다. 이로써 동학의 주요 종교의식이 확립되었으며 교세가 확장되기 시작했다. 특히 1880년대 단양·괴산·청풍·충주·청주·옥천·보은·공주·목천·예산 등 충청도 지방을 중심으로 교세를 넓혀나갔다.

최제우 사후 동학을 다시 일으켜 세운 최시형.

이렇듯 동학 교세가 확장되어 가자 당시 지배층은 이를 커다란 위협으로 인식했고, 지방 수령들은 동학을 탄압했다. 1880년대 이후 지방수령들은 사학邪學을 금단한다는 명분 아래 동학교도의 재산을 수탈하거나 그들을 잡아 가두기도 했다. 이에 동학교도들은 피신과 도망, 석방금을 내고 풀려내는 소극적인 방법으로 교문教門을 지켜나갔다.

그 뒤 1890년대 초 동학교단은 소극적인 저항에서 벗어나 합법적인 운동을 통해 동학을 공인받고자 했다. 이를 위해 동학교단은 정부로부터 교조 최제우의 억울한 죽음에 대해 신원伸寃(원통한 일을 푸는 것. 敎祖伸寃運動)을 받음으로써 동학 공인과 포교 자유를 동시에 얻기 위해 '교조신원운동'을 전개했다. 먼저 교조신원운동은 『경국대전』에 보장된 신소伸訴제도, 즉 조정에 억울한 사정을 호소하여 공인을 받고자 한 집단적 시위로 나타났다.

교조신원운동은 동학을 창시한 최제우의 억울한 죽음을 풀어달라는 요구(동학포교의 자유를 인정해 달라는 요구와 같은 뜻)와 동학교도의 재산을 함부로 빼앗아가는 각 고을 수령의 부당한 행위를 막아줄 것을 요구했다. (박맹수 「동학농민전쟁」 『한국근대사강의』 한울아카데미 2008)

이러한 교조신원운동은 1892년 10월 서병학·서인주가 주동이 되어 열린 공주취회公州聚會에서 비롯되었다. 종래에는 공주취회가 최시형의 허락을 받지 않고 서병학과 서인주가 중심이 되어 행한 것으로 알려졌으나, 최시형을 비롯한 동학교단 지도부가 깊이 관련된 사실이 밝혀졌다. 공주취회에는 약 1,000여 명의 교도들이 집결하여 충청감사에게 동학탄압을 중지할 것을 요구하는 의송단자議送單子를 올려 감사에게서 긍정적 답

동학농민군을 이끌었던 전봉준.

변을 얻어냈다.(議送 : 백성이 고을 원에게 패소하고 관찰사에게 상소하던 일)

이에 고무된 동학교단 지도부는 1892년 11월 전라도 삼례參禮에서 동학교단 지도부가 직접 참여하는 대대적인 집회를 열었다. 삼례취회가 열린 것이다. 삼례취회에는 동학교단 지도부의 독려에 따라 전라도·충청도 일대의 동학교도 수천여 명이 모여 20일 넘게 집단적인 시위를 벌였다. 그리하여 동학교단은 전라감사 이경직李耕稙에게서 동학교도에 대한 부당한 수탈을 금하도록 조치하겠다는 약속을 받아냈다. 이로부터 전라도 일대 일반 농민들은 고을 수령들의 수탈에서 벗어나기 위해 동학교단에 다투어 입교하기 시작했다. 삼례취회의 성과를 통해 동학과 일반 농민이 결합한 계기가 마련된 것이다.

한편 동학 창시자 최제우의 신설伸雪(伸冤雪恥 신원설치 : 원통함을 풀고 부끄러운 일을 씻어버림)과 동학의 공인과 포교 자유의 문제는 중앙 조정의 권한에 속한다는 충청감사와 전라감사의 입장 표명에 따라 동학교도들은 삼례집회 직후인 11월 말부터 서울에 올라가 국왕에게 집단적으로 호소하려는 계획을 추진했다. 그런데 이 계획은 동학교도들이 서울로 올라와 외국인을 배척할 것이라는 소문으로 번져 당시 조선주재 외국공사관과 외국인들에게 커다란 위기감을 불러일으키기도 했다.

동학교도들의 상경투쟁계획은 해를 바꿔 1893년 2월 9일 이뤄졌다. 그날 40명의 동학 지도자들은 광화문 앞에 엎드려 동학을 공인해 줄 것과 교조 최제우의 억울한 죽음을 풀어달라고 3일 밤낮을 호소했다. 그뿐만 아니라 14일부터는 외국인들을 배척하는 내용을 담은 괘서掛書(이름을 숨기고 게시하는 글)가 교회와 외국공사관·외국인의 집 담에 나붙기 시작하면서 장안에는 긴장된 분위기가 조성되었다.

외국인 배척을 내용으로 한 괘서사건의 주도 세력에 대한 견해는 여러 가지이지만 최근 자료에 의하면 전봉준을 중심으로 한 전라도 출신 동학교도들이 상경하여 주도한 것으로 드러나고 있다. 이것이 이른바 광화문 복소伏訴(엎드려 호소함)와 괘서사건이다. 그러나 광화문 복소와 괘서사건은 외국세력의 간섭과 조정의 강경탄압책으로 실패하고 말았으며 복소를 주도한 동학 지도자들은 모두 체포되거나 수배되었다. 체포를 간신히 모면한 동학교단 지도자들은 동학 본부가 있는 충청도 보은으로 내려와 새로운 대응책을 마련하기 시작했다.

이때 동학교단 지도자들은 당시 동학의 최고지도자 최시형을 찾아가 대응책을 마련할 것을 강력하게 촉구했다. 이에 최시형은 전국의 동학교도들에게 통문을 띄워 1893년 3월 10일 최제우가 처형된 날을 기해, 동학 본부가 있는 보은으로 모일 것을 지시했다. 이렇게 하여 이른바 보은취회聚會(모임·집회)가 열리게 되었다.

보은취회는 3월 10일부터 4월 2일 해산하기까지 20여 일 넘게 지속되었다. 보은에 모인 동학교도 수는 2만 7,000여 명에 이르렀고, 이들은 나라를 혼란시키는 외국세력을 몰아내야 한다고 주장했다. 즉 「척왜양창의斥倭洋倡義」라는 반외세의 깃발을 내건 것이다.

한편 이 시기에 보은취회에 호응하기 위해 또 다른 집회가 전라도 금구 원평院坪에서 열렸다. 이 집회를 금구취회金溝聚會라 부르기도 하는데, 이 집회를 통해 장차 동학농민전쟁을 주도할 전봉준全琫準을 비롯한 지도부가 성장하기 시작한 것으로 보인다. 보은취회와 금구취회는 지향이나 노선에서 서로 대립하는 단계는 아니었다. 다만 보은취회는 동학교단 지도부가 주도했고, 금구취회는 조정에서 파견한 양호선무사兩湖宣撫使 어윤중魚允中의 설득과 회유, 그리고 군대를 동원해 토벌하겠다는 중앙 조정의 강경책으로 해산되고 말았다. 이리하여 약 2년에 걸친 교조신원운동이 표면상으로는 일단 막을 내리게 되었다.

이상과 같은 교조신원운동은 동학농민전쟁의 전 단계에 일어난 집단시위운동으로서 다음과 같은 역사적 의의를 지니고 있다. 첫째로 동학농민 전쟁의 전 단계 투쟁으로서 장차 동학농민전쟁을 주도할 지도부를 형성하는 계기가 되었다. 둘째로 대내·대외적 모순의 심화로 신음하던 민중들의 동향이 폭발 직전의 혁명적 정세에 도달했음을 보여주었다. 보은취회에 시위군중이 참여한 것이 그 예이다. 셋째로 교조신원운동 단계에서 동학 사상과 동학교단이 하나의 혁명적 사상으로서, 또는 혁명적 조직으로서 일반 농민들을 계몽하고 조직화하는 데 크게 기여했다. 즉 교조신원운동 단계부터 동학과 일반 민중이 급격하게 결합하고 있었다는 점이다. 동학과 일반 민중의 결합은, 황현黃玹이 『오하기문梧下記聞』에서 지적한 것처럼, 고부민란 단계부터가 아니라 그 이전인 1892년 11월 삼례취회 전후부터였다.

(2) 고부 농민봉기를 시작으로 전국적 반외세 투쟁

제1차 동학농민전쟁은 1894년 1월 10일에 일어난 고부 농민 봉기를 계기로 촉발되었다. 고부궐기는 1월 10일 전봉준·김도삼·정익서 등의 주도로 고부 농민들이 봉기하여 온갖 폭정을 저지른 고부군수 조병갑을 몰아내고 수탈의 상징인 만석보萬石洑를 허물어버린 사건을 말한다. 그런데 고부봉기는 몇 가지 측면에서 종전의 민란과 커다란 차이를 보인다. 그 하나는 1892년과 1893년에 일어난 동학교단의 교조신원운동(금구취회)과 고부지방 동학교도들이 중심이 된 1893년 11월의 사발통문沙鉢通文 모의계획과 깊이 연관되어 일련의 연속성을 가진다는 점이다.(고부古阜 : 전라북도 정읍군 고부면 지방. 지금의 정읍과 고창 사이 지역으로, 고부봉기에 이어 무장(무송·장사)봉기가 일어났다.)

다음으로 1월 10일에 시작하여 3월 13일 완전 해산하기까지 무려 두 달 동안 지속되는 장기 지속성을 보여준다. 또 전봉준을 비롯한 강력한 봉기의 지도부가 조직되고, 각 마을에서 참여한 농민들을 민군民軍으로 조직하고 무장시키는 등 강력한 조직성을 보여준다는 점이다. 즉 연속성·장기 지속성·조직성의 측면에서 다른 민란과 커다란 차이를 보인다. 고부봉기 단계에서 드러나는 이러한 특징은 고부 일대에 널리 포교된 동학조직과 깊은 관련이 있는 것으로 확인되었으며, 고부봉기는 단순한 민란에 그치지 않고 3월 21일 동학 농민군의 전면 궐기로 발전하였다.

본격적인 동학농민전쟁은 고부봉기를 주도한 전봉준 등 지도부가 고부봉기를 수습하고 진정시키기 위해 파견된 안핵사 이용태李容泰의 가혹한 탄압에서 비롯됐다. 이를 견디지 못한 동학농민군이 3월 13일 무장茂長으로 피신했다가, 무장대접주 손화중의 도움을 받아 3월 21일 전면적으로 봉기하면서 제1차 동학농민전쟁이 시작되었다.(무장 : 고창군 高敞郡의 무송茂松과 장사長沙를 합한 이름) 이를 무장기포起包라고 한다. 오랫동안 무장기포 단계부터 본격적으로 동학농민전쟁이 전개된 것으로 이해하여, 이를 「제1차 동학농민전쟁」이라고 명명했다.(안핵사按覈使 : 지방에 분란紛亂이 생겼을 때 그 일의 실상을 조사·처리하기 위해 보내던 임시 벼슬)

전라도 무장茂長에서 전면적으로 봉기한 동학농민군은 창의문을 발표하고 3월 23일경 고부를 점령했으며, 3월 25일경에는 백산白山으로 이동하여 각지에서 참가한 농민군으로 진영을 확대·개편했다. 또 「호남창의대장소」라는 이름으로 격문을 발표하여 민중들의 봉기와 호응을 촉구했고, 4대 명의名義와 행동강령 12개조를 발표하여 군율을 정했다. 4월 7일 새벽에 황토현에서 전라감영군을 격파한 뒤에는 전라도 서남 해안으로 기수를 돌려 정읍·흥덕·고창·무장·영광·함평 등을 차례로 점령했으며, 4월 23일 장성 황룡촌에서는 홍계훈洪啓薰이 이끄는 경군京軍과 싸워 승리를 거두었다. 4월 27일에는 호남의 수부인 전주성을 점령하고 5월 7일에는 외세(주로 일본)에게 침략의 구실을 주지 않게 하려고 경군과 전주화약을 체결하여 이튿날 자진 해산했다. 이 전주화약을 계기로 동학농민군들은 자신들의 고을로 돌아가 폐정개혁을 단행했다.

동학농민군의 백산 봉기 기록화.

　동학농민군들이 전라도 각 고을로 돌아가 집강소執綱所를 설치하고 폐정개혁을 실시한 시기부터 이른바 집강소통치기라 부르며 이 시기가 바로 동학농민전쟁의 제4단계에 해당한다. 집강소의 설치와 폐정개혁 활동은 새 전라감사로 부임한 김학진金鶴鎭과 전봉준이 담판을 벌이면서 가속화되어 몇 개 고을을 제외한 전라도 전역에 설치되다시피 했다.

　그러나 집강소의 설치와 폐정개혁 활동은 각 고을별로 서로 다른 양상으로 전개되었다. 동학농민군의 영향력이 절대적인 고을에서는 집강소 설치가 수월했을 뿐만 아니라 과감한 폐정개혁 활동이 이루어진 반면에, 그 반대의 경우도 있었다. 나주·운봉·순창의 경우는 집강소 설치를 거부하는 향리鄕吏(지방 관리)와 재지 유생在地 儒生 그리고 지방 포군으로 구성된 수성군守城軍과 동학농민군 사이에 치열한 전투가 벌어지기도 했다. 경상도 예천지방의 경우는 동학농민군을 토벌하기 위한 보수집강소가 설치되어 동학농민군을 체포·처형하기도 했다. 여하튼 집강소통치기에 농민군의 성격이 크게 변했는데, 천민들로 구성된 농민군들은 과감한 폐정弊政개혁 활동에 나서기도 했다.

　한편 전라도 각지를 돌며 집강소 활동과 폐정개혁 활동을 독려하던 전봉준은 6월 21일 일본군이 경복궁을 점령하고 친일정권을 수립하는 쿠데타를 일으켰다는 소식을 접한 뒤, 전라감사 김학진의 협조를 얻어 일본군을 몰아내기 위한 재기포再起包를 준비했다. 재기포는 그해 9월 12일경 전라도 삼례에서 일어났는데, 이로써 집강소 통치기가 사실상 끝나고 동학농민전쟁은 전혀 새로운 단계로 접어들게 되었다.

　○ **집강** : 시비是非(옳고 그름의 판단)에 밝아 기율을 바로잡고(執) 대중을 통솔(綱)할 수 있

는 사람을 말하며, 이런 사람을 통솔자로 하는 지방행정 자치조직을 집강소라 했다.

(3) 농민 연합군 2차 궐기, 북진 중 무장 열세로 참살·분산

동학농민군 지도자 전봉준·김개남金開男·손화중孫化中 등이 일제를 몰아내기 위해 재기한 9월 12일부터 그해 12월 체포되까지의 단계를 2차 기포 또는 「제2차 동학농민 전쟁」이라 부른다. 이 단계는 동학농민전쟁의 마지막 단계에 해당한다. 제2차 기포를 위해 전봉준은 9월 초부터 삼례를 거점으로 동학농민군을 재조직하고, 10월에는 서울을 향해 북상하기 시작했다.

이때 서울에서는 동학농민군을 토벌하기 위한 경군京軍(官軍)과 일본군이 세 길로 나뉘어 내려오기 시작하고, 전국 각 지역에서는 일본군을 몰아내기 위한 동학농민군의 봉기가 잇따랐다. 특히 제1차 무장기포 단계에서 봉기하지 않은 충청도·강원도·경기도·경상도 북부지방에서도 수많은 동학농민군이 반침략항쟁 대열에 동참하기 위해 봉기했으며, 최시형의 영향 아래에 있던 동학 상층 지도자들도 휘하 교도들을 이끌고 봉기하여 10월 14일경에 논산의 전봉준군과 합류했다.(이때부터 조선의 관군은 일본제국 침략군의 앞잡이 군대가 되어 동포 민중의 '자주독립·평등민주'의 요구를 총칼로 막고 「조국의 식민지 노예화」를 향해 나아간다. 따라서 조선 정부의 관리와 관군의 의식은 일본군은 아군我軍으로, 농민군은 적군賊軍/賊徒/敵軍으로 바뀐다.)

동학농민 연합군은 공주를 점령한 뒤 서울로 진격하기 위해 공주로 향했고, 서울에서 내려온 관군과 일본군은 동학농민군을 저지하기 위해 공주 우금치 일대에 방어선을 구축했다. 10월 23일부터 25일까지 1차 대접전이 있은 후 11월 8일부터 11일까지 2차 우금치전투가 치열하게 벌어졌다. 이 두 차례의 대혈전에서 막대한 희생을 치르며 선전분투한 동학농민군은 절대적인 무기의 열세를 극복하지 못해 패하고 말았다.

그리하여 동학농민전쟁은 이 우금치 전투를 고비로 서서히 내리막길로 접어들게 되었다. 물론 11월 15일경 논산 황화대전투나 11월 25일 금구·원평·구미란전투 등과 같이 끈질긴 항전이 계속 이어졌지만, 전세를 뒤집기에는 역부족이었다. 특히 원평전투를 고비로 동학농민군 지도자들은 뿔뿔이 흩어져 재기의 기회를 마련하고자 피신했지만, 관군과 일본군의 완전 토벌작전으로 대부분 체포되고 말았다.

동학농민전쟁이 좌절되고 난 뒤, 봉기의 대열에 참가한 지도자들과 민중들은, 지방유생들을 중심으로 조직된 민보군과 관군·일본군에게 철저히 진압되었다. 그리하여 잔여세력들은 살기 위해 외래종교로 숨어 들어가기도 하고, 1894년 일본군의 경복궁 점령과 이듬해 을미사변을 계기로 일어난 의병 대열로 합류하기도 했다. 일부 세력은 지리산 같은 산골로 숨어들었다가 1900년대 의병으로 다시 조직화되어 등장하기도 했다. 일부는 일진회와 같은 친일단체에 참여하여 친일세력으로 변모하기도 했다.

제2차 동학농민전쟁의 전개 양상 중에서 제1차와 구별되는 가장 두드러진 특징은 전국적인 봉기로 확산되었다는 점이다. 우선 전라도 지방의 경우, 전봉준이 주축이 된 지방을 제외하면 몇 개의 권역圈域으로 봉기지역을 나눌 수 있다. 대표적으로 광주·나주권과 장흥·강진권, 남원·운봉·담양·곡성·구례권, 그리고 순천·광양·하동권 등이 그것이다. 그러나 이 네 권역 외에도 앞으로 연구가 되면 추가할 권역이 나올 것으로 생각된다.

동학농민전쟁의 지방별 또는 지역별 전개양상을 바르게 이해하기 위해서는 먼저 오늘날 행정구역의 개념을 넘어서야 한다. 1894년 당시 행정구역(군현제)은 갑오경장 때 일부 바뀌고, 그 후 1912년부터 일제에 의해 대대적으로 개편되었다. 따라서 오늘날 행정구역의 근간은 일제시대에 이루어진 것이다. 그러므로 1894년 당시의 행정구역을 이해하기 위해서는 조선 후기 군현제도郡縣制度에 대한 지식이 있어야 한다.

그 다음으로 동학농민전쟁의 지역별 실상을 바르게 이해하기 위해서는 당시 동학조직(포접제包接制·연원제淵源制)의 특성에 대한 이해가 있어야 한다. 당시 봉기를 동학교단 측에서는 '기포한다'고 말하는데, 이 경우 포包란 여러 접接이 모인 좀 더 큰 규모의 동학조직을 말하며, 포는 당시의 군현단위와 일치하는 경우도 있으나 그렇지 않은 경우도 있다. 연원제 역시 인맥 중심의 동학조직제도로서 특정한 한 지역에 걸쳐 있지 아니하고 광범위한 지역에 걸쳐 조직이 뿌리내리고 있었다.

또 한 가지 권역의 이해를 위해서는 1894년 당시의 각 지방별로 열린 장시場市를 중심으로 하는 생활권이라든지, 통혼 범위를 고려한 권역을 염두에 두어야 한다. 이상의 세 가지 요소를 고려한다면 동학농민전쟁의 지역별 전개 양상을 살펴야 그 실상에 더욱 가까이 접근할 수 있다고 생각된다.

먼저 경상도 지방은 동학의 발상지로서 동학농민전쟁이 전라도 지방 못지않게 치열하게 전개된 곳이다. 그러나 경상도의 경우는 그동안 제대로 연구되지 않아 공백으로 남아 있다가 1980년대에 들어와 조금씩 그 구체적인 실상이 밝혀지기 시작했다. 종래 동학농민군의 자치기구로서 폐정개혁을 담당한 집강소가 경상도 북서부 지방의 경우는 동학농민군을 토벌하는 보수세력에 의해 설치·운영되었다는 사실과, 이 일대 동학농민군 지도자 대부분이 동학교단의 접주 또는 접사 직책을 가진 양반 출신이라는 점 등이 사례연구를 통해 규명되었다.

경상도 남부의 고성·진주·곤양권과 하동지역도 치열한 항쟁지역으로 아직 본격적인 연구가 이루어지지 않고 있다. 이 지역은 전라도 동학조직과 경상도 동학 조직과의 중간지대로 양측의 실상을 규명하기 위해 필수적으로 검토해야 할 대상이다. 고성은 일찍이 최제우에 의해 접주가 임명되었던 곳이며, 진주의 경우는 동학교도로 행세한 이필제李弼濟가 진주작변을 모의한 덕산과 멀지 않은 곳이다. 또 진주지역에는 변혁지향적인 전라도 동학을 이끈 인물로 신유갑申由甲·권일청權一淸 등의 이야기가 지금까지도 전승되는 지역이다.

다음 충청도의 경우도 여러 권역으로 나뉜다. 목천·천안권(세성산), 예산·홍성·서산·당진·태안권, 충주·단양·제천권, 부여·한산·서천권, 청주·옥천·보은·영동·논산권 등이다. 이 외에도 제1차 기포 직후 기포한 회덕·진잠권이라든지, 갑오년 당시는 전라도에 포함되었던 금산·진산권 등이 있다. 활약한 동학농민군 지도자를 예로 들면, 목천의 경우는 김용희金鏞熙·김성지金成之·김화성金化成 등 이른바 '삼노三老'로 불린 세 동학 지도자들이 1894년 10월 8일부터 약 3일간 이두황李斗璜이 이끈 관군과 치열한 접전을 벌였다.

예산지역의 경우는 박희인朴熙寅·박인호朴寅浩·홍종식洪鍾植 등이 이끈 동학농민군이 신례원·해미·홍성 등에서 역시 치열한 항쟁을 벌였다. 충주에서는 성두환成斗煥이, 청주에서는 임규호任奎鎬·권병덕權秉悳 등이 활약했다. 충청도의 경우는 그동안 전라도 중심으로 진행된 연구 분위기에 밀려 아직까지도 상세히 해명되지 못한 지역이 대부분이라는 점을 지적하는 것으로 그칠 수밖에 없다.

경기도 지방의 경우에도 수원·광주·용인·안성·양평권이라든지, 이천·여주·장호원권 등에서 격렬한 항쟁이 벌어졌다. 일찍이 이 지역은 보은취회에도 활발히 참여할 만큼 동학 교세가 조직화된 지방이었다. 현재는 이 지역 인구가 거의 공백상태이나 『천도교회월보』라든지 『사법품보司法稟報』와 같은 자료를 활용한다면 그 실상의 상당 부분이 밝혀질 것으로 생각된다.

강원도 지방은 1870년대부터 양구·인제·정선·영월·양양 등지를 중심으로 동학이 널리 포교된 지역이다. 이 지방 역시 제1차 기포 당시의 동향은 미미하지만 제2차 기포 후 항쟁은 치열하게 전개되었다. 그중에서도 동학농민군의 강릉부 점령과 홍천군 서석면 풍암리 자작고개에서의 혈전이 대표적이다.

끝으로 황해도와 평안도 지방에서는 일찍이 최제우 활동 당시 이 지방으로 유배된 동학교인들이 동학을 전파했다고 한다. 그러나 본격적인 포교는 1890년대에 접어들면서부터 시작된 것으로 생각된다. 황해도 접주로서 동학농민전쟁에 가담한 김구金九의 이야기는 『백범일지白凡逸志』를 통해 널리 알려졌다.

◎ 일제 침략에 저항한 마지막 무장투쟁

1894년 동학농민전쟁의 의의에 대해서는 대체로 반봉건·반침략투쟁이었다는 점에 견해가 일치되고 있다. 그런데 1970년대까지는 동학농민전쟁의 반봉건·반침략적 성격이 농민전쟁의 전개 과정에 따라 단계적으로 나타나는 것으로 이해되어 왔다. 즉 1894년 동학농민전쟁을 제1단계 고부봉기, 제2단계 제1차 동학농민전쟁(3월 기포), 제3단계 전주화약과 집강소시기, 제4단계 제2차 동학농민전쟁(9월 기포) 등으로 구분하고 고부봉기 단계에서 제1차 동학농민전쟁기까지는 주로 반봉건 투쟁의 성격이었다면, 제2차 동학농민전쟁기부터는 반침략적 성격이 본격적으로 드러났다고 보는 것이다.

그러나 1980년대에 들어서는 반봉건적 성격과 반침략적 성격이 동학농민전쟁의 전개 과정에 따라 단계적으로 나타난다는 이해를 비판하고, 1893년의 보은취회, 즉 고부궐기 이전 단계에서부터 이미 반봉건·반침략적 성격이 드러난다는 견해가 제시되었다.

교조신원운동 단계인 1893년 보은취회 단계에서 한무리의 동학교도들이 보은에 집결하지 않고 전라도 금구현 원평에 집결하여 '척왜양'의 기치를 내걸고 집회를 개최했을 뿐만 아니라(금구취회), 서울에 자기 세력을 파견하여 외국공사관 등에 왜양을 성토·소멸하겠다는 방문을 게시한 내용이 밝혀지면서 기왕의 설이 비판·수정되었다. 물론 금구·원평의 집회를 주도하는 중심 인물로는 전봉준을 지목했다. 또 '척왜양창의' 기치를 내건 보은취회 역시 전봉준 등이 중심이 된 금구취회 세력이 조직적으로 활동한 결과로 파악된다.

이와 같은 척왜양의 반침략적 지향은 1893년 11월 '사발통문' 거사계획으로 이어지며, 이듬해 1월 일어난 고부봉기 역시 이들 금구취당 세력의 조직적이고 계획적인 봉기라는 주장이 제기되었다. 따라서 동학농민전쟁에서의 외세에 대한 반침략적 성격은 제2차 농민전쟁부터 본격적으로 드러나는 것이 아니라 교조신원운동 단계인 1893년 3월의 보은취회와 이와는 별개의 집회인 금구취회 단계에서부터 드러났다고 할 수 있다.

◎ 대한제국大韓帝國 국호의 식민지화用 허명성虛名性

일본이 조선을 무력(폭력)과 모략에 의해 점령해가는 과정을 보노라면 「대한제국」이라는 국호는, 일본 제국주의자들이 조선 강토와 인민을 식민지로 강점하는 것이 절대로 불가능해 보이니까, "대등한 민족적 위치에서 조선측의 합의 또는 간청에 의해 두 나라가 '合邦'된 것처럼" 세계만방에 호의적으로 인식시키기 위한 위장僞裝 모략의 수단으로 일본이 권고하여 생겨난 의도된 허명虛名이었던 것으로 드러났다.

일본 제국주의자들은 조선반도의 실질적 주권자들인 민족공동체의 절대다수 민중들에게는 자신들의 음모에 관한 정보를 철저히 차단시킨 채, 「중국으로부터의 독립」이니 「러시아로부터의 독립」이니 하는, 황당하게 '왜곡된 자주독립의 허세'를 부추기는 「大韓帝國」이라는 허명을 붙여줌으로써 힘센 외세에 눈과 귀를 기웃거리던 관료배들을 속이기 시작했다. 영은문이 독립문으로 바뀐 내력은 일제의 식민지인들에겐 한없는 허탈감을 주었을 것이다.

교활했던 일제 침략자들은 '합방의 맞상대'로 유인하기 위해, 마치 "가마솥 시원한 물 속에 개구리를 집어넣고 뜨거워 튕겨나가지 않도록 점차 서서히 물을 덥혀 죽이는 방법"처럼, 상대방이 조국방위의 갑옷을 다 벗은 채 자기들의 식민지 노예로 떨어질 순간까지 '적절한 협박'과 '적절한 거짓말'로 감쪽같이 모르게 미리 파놓은 '독립국 대한제국'이라는 함정으로 유도하였던 것이다. 일제는 한일합병이 이루어지자(1910년) '조선' '조선인'으로 즉각 호칭을 바꾸어버렸다.

3. 조·미 수교 후 개신교 선교사들 합법적 조선 진출

1) 제국주의 팽창과 기독교 전파의 상호 관련성 드러내

일반적으로 기독교(여기서 기독교라 할 때는 천주교와 개신교를 통칭하는 의미로 사용함)는 서구 제국주의의 해외팽창 과정에서 본국인에게는 제국주의정신을 합리화하고, 식민지인에게는 제국주의 침탈을 문명화의 길로 미화함으로써 민족적 모순(제국주의 침략자와 식민지 민족간의 빼앗고 빼앗기는 모순관계)을 은폐시키는 기능을 담당하였다고 이야기된다. 실제로 아시아·아프리카·중남아메리카 등의 식민지화 과정에서 선교사는 의식적·무의식적으로 본국의 제국주의 침투를 돕는 기능을 하였다.

그러나 한국(남쪽)의 경우 기독교와 제국주의를 서로 분리하여 상관성이 없는 것으로 파악하는 경향이 지배적이었다. 그 이유는 한국(조선)이 비기독교 국가인 일본에 의해 식민지화되었기 때문이다. 따라서 한국인들은 오랜 기간 친기독교의 편향된 세뇌교육에 의해 기독교와 제국주의세력 사이의 관련성에 대해 올바른 인식을 가질 수 없었으며, 오히려 기독교가 한국 민족주의에 공헌하였다는 선善 측면만 강조하고 근로민중의 평등민주화 호소를 '좌익 악마'라는 호칭으로 적대시한 보수파 종교집단의 동포 분열적 저주에는 입을 다물어 왔다. (구미 기독교세력은 봉건타파 및 식민지 독립운동에 일정 정도 공헌도 있었지만 독사에 물린 개구리가 늑대의 접근에 생존에의 기대에 차 있었던 것이라고나 할까.)

과연 기독교 특히 개신교는 제국주의세력의 침략에 직면한 조선사회에서 어떠한 기능을 수행하였는가? 이 문제를 살펴보기 위해서는 당시 개신교 선교사들의 선교 방침과 활동을 고찰하는 것이 선결과제이다. 당시 개신교 선교사들의 대부분은 미국인이었으며 그들의 활동 역시 미국의 동아시아정책, 특히 대조선정책과 밀접한 관련을 맺고 전개되었다. (역사문제연구소 『바로 잡아야할 우리역사 37장면』 이혜석 「초기 미국 선교사들은 무엇을 전파하였나」 역사비평사 1994)

(1) 선교사들의 사상 기반, 진화론적 경쟁주의 · 약육강식 당연시

1870년대 미국에서는 선교 부흥열이 전국교회에 퍼지고 있었다. 그러한 열기의 배경에는 해외시장 진출만이 미국 자본주의의 활로라는 경제적 동기와, 생존경쟁 · 적자생존이 지배하는 세계질서 속에서 세력 진출이 늦으면 그만큼 뒤떨어진다는 사회진화론에 바탕을 둔 사상적 동기가 내재되어 있었다. 선교사들은 이러한 배경을 "이방인에게 돌아올 화禍와 그리스도의 명령"이라는 선교신념으로 전화시켜 외국에 파송되었다.

그런데 선교사들이 내세운 "기독교 선교를 통하여 기독교적 세계질서를 형성해야 한다는 책임의식"은 "후진국 문명화에 대한 선진국의 책임"을 내세우는 제국주의의 논리와 일치하는 것이었다. 해외진출은 국가이익을 증진시키고 후진국 국민들의 생활수준도 높여 전인류의 이익이 된다는 제국주의적 해외팽창론은 선교사들의 전반적인 지지를 얻었으며, 미국정부도 해외시장의 확보와 선교사업을 불가분의 관계에 있는 것으로 파악하였다.

선교사들은 미국의 경제적 이익을 위하여 일하는 것을 당연한 임무라고 생각하였을 뿐만 아니라 이방인들에게 서양문명의 이기利器를 얻게 하는 '봉사'라고 인식하였다. 그리고 그들 자신의 안락한 생활이 기독교 문명의 결실이라는 것을 보여주게 된다는 것을 내세워 자신들의 사치스러운 생활조차도 선교전략의 하나로 합리화시켰다.

① 교육과 의료사업으로 친미 호감 유도

선교사들은 선교의 발판을 마련하기 위하여 공개적인 복음(기독교 교리) 전도는 뒤로 미루고 의료와 교육사업부터 시작하였다. 당시 조선에서는 "미국은 영토적 야심이 없는 강대국이며 다른 열강들을 견제해 줄 수 있는 나라"라는 인식이 일반적이었다. 또한 문명

개화를 위해 서양문명을 도입해야 한다는 의식이 지식인층에 점차 확산되어 가고 있었으므로 선교사들의 의료·교육사업은 우호적인 분위기 속에서 진행될 수 있었다. 문명의 근본이 기독교이므로 진정한 문명개화를 위해서는 기독교를 수용해야 한다는 주장도 나오고 있었다.

그러나 이러한 활동이 선교사들에게는 선교의 초석을 다진다는 의미에 불과했다. 그들은 학교를 "복음으로서의 기독교를 전파하기 위한 힘있고 진취적인 기구"라고 생각하였고, 의료사업은 "복음전파의 시녀로서 소임을 다하는데 가치가 있을 뿐"이라고 하였다. 또한 선교사업을 적극 지원하고 있던 미국정부는 이를 미국의 영향력 강화를 위한 친미 분위기 조성의 수단으로 생각하였다. 실제로 개신교계 학교의 경우 교련시간에 미공사관의 해병대원이 교관으로 동원되고 학교행사 때는 태극기와 성조기가 나란히 게양되기도 하였다. 그들은 조선 청년들의 친미 용병화에 은근한 관심을 쏟기 시작했던 것이다.

선교 초기, 선교사들은 청일전쟁 이전의 청국과 이후의 일본이 조선에 대해 독점적 지배권을 확립하려는데 대해서 비판적인 입장을 견지하고 왕실과 긴밀한 유대관계를 수립하였다. 왕실과의 우호관계는 선교 활동을 위한 좋은 여건을 마련해 주었다. 그 결과 미국인들이 조선의 독립을 위해 애쓰고 있는 것처럼 비치기도 하였다. 그러나 이것은 특정 외세의 독점적 지배권으로 말미암아 미국의 이익신장이 불가능해질 것이라는 우려에서 나온 민심을 얻기 위한 행동일 뿐이었다. 따라서 그들의 태도는 미국의 동아시아정책의 변화에 따라 얼마든지 달라질 수 있었다.

② 교회의 비정치화를 통해 제국주의 형제국 일제에의 순응을 권장

1898년 미국·스페인전쟁美西戰爭을 계기로 미국은 태평양지역에 본격적인 진출을 시도하였다. 그리고 중국에 대한 특정국의 독점적 지배를 막기 위하여 문호개방정책을 내세웠다. 침투에는 동등한 자격으로 참여하자는 것이었다. 이러한 일련의 움직임은 현실적으로 러시아와의 충돌을 야기할 수밖에 없었고 그에 따라 영국·일본과의 연대를 가져왔다. 이제 바야흐로 「종교의 자유」를 앞세워 해양세력과 대륙세력 간의 침략·방어벽이 구축되기 시작하였고 오래지 않아 그 경계선이 조선반도에 그어질 줄은 당시로서는 미처 몰랐다.

이러한 가운데 선교사들은 본국의 외교노선에 따르면서 선교기반을 유지할 수 있는 길을 모색해야 했으며, 그 최선의 길은 정교분리선언에 의한 교회의 비정치화라고 판단하였다. 그리하여 조선 장로회 공의회에서는 1901년 교회의 중립을 선언하고 각 교회에 서신을 보내어 "교회가 나라일 보는 회가 아니요, 또한 나라일을 간섭할 것도 아니요……

교회는 나라일 의논하는 집이 아니요" 등의 내용으로 조선인들에게 민족자주독립운동에 관여하지 말 것을 지시하였다.

그러나 조선인들은 선교사들과 달리 그 입교 동기부터 정치적·사회적 성향을 많이 내포하고 있었다. 즉 기독교를 믿음으로써 조선이 문명개화국이 될 수 있다는 동기가 강하였던 것이다. 조선인들이 개신교와 문명개화를 동일시하였던 것은 선교 초기의 선교전략에 영향받은 것이기도 했다. 선교사들은 '안락과 호사'를 향유하면서 이것이 "서양종교의 결실이라는 것을 보여줌으로써 기독교의 실제적 가치를 매력있게 느끼게" 해줄 수 있다고 믿었다. 그런데 이제 와서 현실에서 눈을 돌린 '순수신앙'만을 강요하고 조선인 신자들 사이의 정치적·민족적 각성을 불순한 것이라고 단죄하니 선교사들과 조선인 신자들 사이의 갈등은 피할 수 없는 일이 되었다.

이러한 취지에서 선교사들은 교육사업에 종교 과목을 점차 늘여가고 예배 참석을 의무화하였으며 언젠가는 제국주의 침략자들의 사악한 의도를 알아낼 수 있는 수단이 될지도 모른다는 의구심에서 영어를 정규 과목에서 빼버렸다. 이러한 교육정책에 대해 학생들은 서명운동·수업거부·동맹휴학 등의 방법으로 항의하였고 학교측은 퇴학·폐교 등의 강경조치로 맞섰다.

개신교 청년들의 모임인 엡워드청년회가 반일 정치운동을 전개할 움직임을 보이자 스크랜턴 선교사는 "엡워드연맹은 본래의 목적을 잃어버리고 완전히 정치적인 목적으로 사용되었다. 불행하게도 연맹은 강력한 애국심을 가지고 있었으며…… 이 말은 반일감정에 잘못 이용될 위험이 있다는 뜻이다"라고 말하면서 이 청년회에 해산명령을 내렸다.

또한 선교사들은 "새 지배자에게 복종하고 보다 나은 사람이 되시오"라고 조언하였으며, 을사늑약이 조인되자 어느 선교사는 조선 교인들에게 일본 통치를 받게 되면 조선에 유익하다고 강조하기까지 하였다. 이렇게 말하는 선교사들의 사고의 기저에는 조선인에 대한 우월감과 경멸감이 깔려 있었다. "더럽고 게으르고 도적 같은" 조선인의 "정신적·사회적·정치적 질병을 치료해 주려고 왔다"는 시혜의식과 우월의식을 가지고 있었던 것이다. 그들은 일본의 지배에 의해서 조선의 문명화가 가능하리라는 믿음을 가지고 있었다.

자강自强의 방편으로 교회를 찾았고, 따라서 조선을 지배하려는 일본에 대해 저항의식을 가졌던 조선의 개신교 신자들은 이러한 선교사들의 언행에 반발하면서 반일운동을 전개하기도 하였다.

선교사들은 이러한 상황에 위기의식을 느끼고 "교회가 영적·종교적 차원을 잃고 정치혁명의 기구적 수단으로 전락해 간다"고 우려하였으며, 교회가 "반일운동에 빠져들어

썩어가고 있다"고 하였다. 그리하여 정치화될 가능성이 있는 교회에서 '불순분자'들을 축출하고 정치에 무관한 교회로 만들기 위하여 1907년 대부흥운동을 계획·전개하였다.

이 부흥운동에서 선교사들은 죄의 고백과 회개의 기도를 중심으로 사랑과 용서를 강조하는 광적인 종교의식을 통해 강한 죄의식을 불어넣었다. 대부흥회 결과에 대해 선교사들은 조선교회가 자신들의 의도대로 "보다 높은 정신적 수준으로 향상되었으며" 그 성격이 "혁명적으로 변경되었다"고 만족해 하였다. 그러나 사회참여를 외면한 교회에 환멸을 느낀 일부 신자들은 교회를 떠났으며, 그 결과 교회가 해산된 경우도 있었다.

반면 대부분의 교회에서는 선교사의 영향력이 더욱 강화되었고, 선교사들은 "죄의식·사랑·용서 등을 유난히 강조하는 설교를 통해 현실참여는 비신앙적인 것이며 일제의 침략은 조선인의 죄 탓이므로 오직 회개와 기도로 내세의 평안을 비는 것만이 바른 신앙"이라는 그릇된 생각을 전파하였다. 이 경우 「적까지도 사랑하라」는 말은 「제국주의 침략자까지도 사랑하라」는 의미의 반자주·반독립적 기도였던 셈이다. 이러한 신앙자세는 조선인 신자들의 「민족모순」에 대한 문제의식을 마비시켰다.("일제의 조선침탈로 조국 공동체가 사라지고 노예적 고통을 받게 되었으니, 이같은 민족간의 모순을 해결하려면 각성·궐기·단결 투쟁해야 하는데…")

"서북지방은 원래 강개가 오히려 남방인보다 더함에도 불구하고 기독교의 전파로 인하여 격렬한 항일투쟁을 어리석은 일로 생각하게 되었다"는 일본 관헌의 기록이나 "내가 예수께 나아오고…… 일본인조차도 사랑할 수 있게 되었다"고 한 어느 조선인 신자의 신앙고백은, 조상과 동포형제로부터 온갖 은혜를 입어온 조국 공동체를 잊고 일·미 두 침략외세의 감언에 거꾸로 세뇌된 대표적인 사례가 되었다. 해방 후 북부의 기독교인들이 남쪽으로 내려와 가장 극단적 반공주의를 부르짖게 된 것도 이상과 같은 종교이념의 영향 하에 공동체 동포형제에 대한 사랑이 없었기 때문이었을 것으로 볼 수도 있다.

하지만 선교사들이 정말로 정치와 종교를 분리해서 파악한 것은 결코 아니었다. 그들은 실은 극히 정치적이었다. 선교사들은 대부분 노골적으로 친일의 태도를 보였다. 감리교 감독 해리스는 "이토伊藤博文의 통치는 상찬을 받기에 마땅하다"고 하였고 존스나 스크랜튼 같은 자는 "선교사는 통감의 선정善政에 성실한 동정同情을 품고 조선인의 도덕적·정신적 개발을 위함에 노력하고, 정치상의 것에 대해서는 초연한 태도를 갖는 것을 상궤常軌로 한다"고 말하였다.

물론 선교사들 가운데 극소수는 개인적으로 조선인의 처지에 동정을 표하기도 하였다. 그러나 그들 역시 무능한 정부 밑에서 신음하는 것보다는 근대화된 국가의 통치를 받는 것이 조선인을 위해 더 좋은 일이라는 생각을 가지고 있었다.

따라서 개신교신자들 가운데 일부가 항일운동에 참여했던 것은 선교사들의 영향이나 그들이 받은 기독교 교육에서 비롯된 것이라기보다는, 그들이 자주독립의식을 가진 조선인이었기 때문이었다고 보는 것이 옳을 것이다. 선교사들 덕택에 조선교회가 자주독립의식과 항일의지를 갖게 되었다고 보는 일부 연구자들의 태도는 선교사들의 우월감과 시혜의식을 합리화시켜 주는 것일 뿐이다. 사실 일본의 식민지배와 미국의 직접·간접 지배 100년 후의 한국인들의 뇌리는 상당 부분 미국 선교사들의 예측과 의도대로 사대매국事大賣國의 자세로 세뇌되어 버렸던 것이다. 오늘날 많은 사람들이 가난한 이웃 동포들의 평등·민주 소망과 노동운동을 경멸하고 맹목적 반공신조를 가지게 된 것도 대개는 교회의 공로로 볼 수 있다.

③ 기독교 선교의 양면성

한국의 경우 비기독교 국가인 일본에 의해 식민지화되었기 때문에 제국주의와 기독교가 무관하다고 생각하는 경우가 대부분이다. 그러나 당시 조선은 미·영·일의 합의하에 일본의 식민지가 되었으며, 따라서 한국의 개신교가 제국주의세력과 무관하다는 논리는 성립될 수 없다. 오히려 그러한 전파경로가 미국의 제국주의적 속성을 인식하지 못하게 함으로써 침략세력에 대한 경계警戒(조심하는 마음)를 늦추고 적절한 대응태세를 갖추지 못하게 했다는 측면이 지적되어야 할 것이다.

예를 들어 조국의 자주독립을 위해 척사·척화비斥邪斥和碑까지 세워가며 싸웠던 대원군의 경우, 후대교육에서 지나치게 「쇄국의 과오」만을 강조하여 세뇌시키게 됨으로써 그 후 후손들은 자주독립의 의지 자체를 죄악으로 생각하게 만들어 놓았다.

물론 선교사에 의한 출판·교육·보건위생사업 등은 한국사회에 일정하게 기여를 하였다. 그러나 그러한 긍정적인 측면과 함께, 그들의 사상과 활동은 기본적으로 서양문명의 팽창과 지배를 전제로 하고 있었기 때문에 국가 공동체의식의 약화를 초래하였으며, 거기에서 형성된 한국인의 의식은 제국주의 침략에 이용되고 때로는 침략전쟁에 적극적으로 협력할 위험성까지도 내포하고 있었다는 점 또한 지적되어야 한다.

선교사 개개인은 복음전파라는 '사명감'을 내세웠지만 사실은 미국의 시장팽창이라는 과제와 밀접한 관련을 맺고 있었음을 자인하고 있다. 따라서 기독교가 제국주의를 합리화하는 이데올로기(理念·理想)의 구실을 하였으며 선교사들 역시 제국주의 국가의 국민이라는 객관적 조건에 규제되어 있는 한, 그들은 의식적·무의식적으로 제국주의 세력에 협력하였다. 사실상 제국주의자들이었다고 할 수도 있다.

그들에 의한 교육사업은 한국인들을 구미 선진제국에 대한 사대주의에 빠지게 하기도

하였고 개화지상주의를 표방하게 하기도 하였다. 또한 신자들의 항일운동을 비종교적이라고 단죄함으로써 자주적 민족주의자들과의 분열을 조장하여, 한국 개신교회가 많은 교인과 전국적인 조직을 가졌음에도 불구하고 민족공동체를 사랑으로 구하는 기구가 되지 못하고 오히려 남북 동포형제자매들에게 분열·증오·전쟁의 불씨를 안겨주는 역기능을 담당하게 되었던 것이다.

(2) 「자본제국」으로 성장한 미국의 아시아 진출

미국 내전(남북전쟁) 중에 자본주의를 강력하게 실시한 북부의 여러 주는 노예 소유제를 실시한 남부의 여러 주와의 전쟁에서 승리하고 미국 자본주의의 신속한 발전을 위한 길을 닦아 놓았다. 미국에는 풍부한 천연 자원이 있고 석탄·철·석유, 나아가서는 금의 매장량이 상당히 많았다. 서부에서는 광대한 새로운 영토를 개척하고 건설을 확대하여 광활한 국내 시장을 제공해 주었다. 유럽과 아시아에서 이주민들이 밀려들었는데, 19세기의 마지막 25년간에는 이주민이 1,000만 명 이상에 달하였다. 그들은 필요한 노동력으로 되었을 뿐만 아니라, 그 가운데는 기술을 익힌 많은 숙련 노동자들도 있었다. 유럽의 잉여 자본도 밀려들었다.

이 모든 것들은 미국의 경제를 비약적으로 발전하게 하였다. 1870년부터 1913년까지 미국의 강철 생산량은 4만 톤으로부터 3,400만 톤으로 늘어났고, 공업 제품은 세계 총액의 23.3%로 늘어났다. 공업 생산량을 말하자면, 미국은 1894년에 이미 기타 자본주의 국가를 능가하여 세계 1위를 차지하였다. 농업 생산, 특히 밀 생산량의 증가 속도는 매우 빨랐다. 19세기 말엽에 미국의 밀이 유럽의 시장으로 끝없이 밀려들었다.

미국이 공업국으로 변하자 이에 동반하여 자본과 생산이 급격하게 집중되었다. 미국은 자본주의로부터 독점 자본주의로 변하였으며, 트러스트 제국주의로 불리었다.

내전이 일어나기 전에 미국에는 두 개의 자산 계급 정당인 공화당과 민주당이 형성되었다. 내전 이후 공화당이 장기간 집권하고 있었는데, 공화당은 점차 소자산 계급 민주주의자들을 배제하고 대공업가와 은행가의 정당으로 되었다. 민주당은 남부 여러 주들의 영향력을 계속 보존하면서 대농장주·부농·남부의 신흥 자산 계급과 북부의 일부 자산계급들에게 의존하였다. 미국이 제국주의 단계로 이행하던 시기에 양당사이의 차별은 없어지기 시작하였고, 그들은 모두 독점 자산 계급의 이익을 대표하였다. 때문에 대외 정책면에서 똑같이 침략 팽창의 경향이 늘어났다.

1898년에 미국은 식민지 재분할을 위한 제국주의 전쟁, 즉 미국-에스파니아 전쟁을 도발하고 에스파니아의 수중으로부터 필리핀·푸에르토리코와 괌 섬을 탈취하였으며, 쿠바를 자기의 보호국으로 만들었다. 1901년부터 1908년까지 공화당의 시어도어 루즈벨트(1858~1919)가 대통령으로 취임하였다. 루즈벨트는 열광적인 팽창주의자였다. 그는 무력을 외교의 배경으로 삼아야 한다고 떠벌이면서 '몽둥이 정책'을 실시하였다. 1903년에 그는 미국이 파나마 지역을 탈취하게 하였다. 미국은 또 중부와 남부 아메리카 각국을 간섭하여 통제를 강화하고 경제를 침투시켰으며 서반구에서의 패권을 장악하였다.

19세기의 마지막 30년간에는 근로민중들의 생활이 곤란하였기 때문에 미국의 계급투쟁은 늘 첨예하였다. 1877년에 미국 철도 노동자들이 처음으로 전국적인 파업을 단행하였기에 주요한 철도선들이 마비 상태에 빠졌다. 파업 노동자들은 또 한때 몇 개 도시를 차지하고 군경들과 무장투쟁을 진행하였다. 80년대에 미국 노동자들이 8시간 노동 제도를 실시하기 위하여 기세 드높은 투쟁을 전개하였다.

1886년 5월 1일에 전국의 30만 노동자들이 시위 행진을 단행하였고 운동 중심인 시카고에서 4만 명의 노동자들이 파업하였다.(5·1 메이데이의 기념일이 된 희생적 노동운동이 격렬하게 벌어졌다) 5월 4일 시카고의 노동자들은 모스광장에 모여 군중 대회를 열다가 무장경찰들의 탄압을 받아 노동자 몇 명이 피살되고 200여 명이 부상을 입었다. 체포된 노동자들 가운데서 후에 4명이 무고하게 사형 판결을 받았다. 노동 운동이 앙양되던 시절에 미국노동당(후에 사회주의 노동당으로 개칭하였음)과 미국 노동 연합회가 차례로 창설되었다.

2) 조선반도에서의 외세 종교, 계몽과 순종 유도 · 강요

허상숭배의 신앙생활은 개인의 이기적인 기복祈福과 고달픈 마음의 의지대상을 잡아나가는 데는 상당한 혜택을 보고 있다고 하겠으나 오늘날과 같은 개인과 민족공동체의 권익 경쟁시대에는 지배집단의 재부 축적 및 통치수단으로 이용될 가능성이 많아졌다. 따라서 일반인들이 2천년 전 원시·봉건시대에 만들어진 성서나 경전을 믿고 따르는 사이, 정작 자신과 자신이 속한 공동체의 다중의 권익을 수탈 지배세력에게 놓치고 만다. 침탈외세와 내부의 영악한 지배세력은 민중 순종·수탈에 의한 불로소득과 무저항 화평을 위해 의도적으로 신앙을 강조하여 현주민들의 권익 주장을 가로막아왔다. 보수적인 종교인들은 자신들의 배타적 이권을 위해 남북동포 형제자매의 피눈물의 이별도 모르는 척 행동하거나 자주독립을 주장하는 사람들을 반미친공의 악마로 몰아 분열·증오·학살을 조장하여 왔다.

(1) 가톨릭교회(천주교)의 전래가 미친 영향력

조선반도에는 18세기에 가톨릭교가 처음으로 전래되고, 19세기에 프로테스탄트교가 들어온 이래, 꾸준히 교세가 확장되었다. 우리나라에서는 가톨릭교를 천주교天主敎, 프로테스탄트교를 개신교改新敎 또는 일반적으로 기독교라 부르는데, 1981년 현재 가톨릭교인은 132만, 프로테스탄트교 교인은 718만에 이른다고 했다.

가톨릭교는 처음에 서학西學이라 하여, 일종의 학문적 지식으로 우리나라에 소개되었으며 그것은 조선 중기의 학자 이수광이 베이징에서 마테오리치의 저서인『천주실의天主實義』를 가지고 돌아와 우리나라에 소개한 데서 비롯된다. 그 후 가톨릭교는 종교로서보다는 서양의 학문으로서 우리나라 학자들에 의하여 연구의 대상이 되었으며, 그 결과 공리공론에 빠진 형식적인 주자학에 반대하고 실사구시를 추구하는 실학운동의 발생에 크게 공헌하였다.

그 후 학자들은 점차 가톨릭교의 종교적인 진리를 깨닫게 되어, 이를 신앙으로 받아들이려는 움직임이 뚜렷하여졌다. 그럴 무렵에 이승훈이 베이징에서 그라몽 신부로부터 세례를 받아 조선 최초의 가톨릭 신자가 되었고, 이로써 우리나라에 가톨릭교의 활동이 시작되었다. 조선에서 가톨릭교가 전래된 것은 당시 조선의 정치·경제 상황과 밀접한 관계가 있었다. 당시 조선은 임진왜란·병자호란 등을 겪으면서, 약소민족으로서의 고난을 받고 있었다. 뿐만 아니라 정치와 경제는 어지러워졌고 사회는 극도로 불안하였다. 이러한 때 사회를 개혁할 수 있는 새 이념과 사상이 절실히 필요하였다. 역사의식이 강한 학자들은 당시 사회를 지배하고 있던 주자학을 배척하고 새 학문인 서학에 접근하게 되었던 것이다. 초기 조선의 가톨릭 교인 가운데 많은 지도자들이 실학자들이었음은 우연이 아니었다.

○ 기독교 복음의「진리개념」의 한계성

당시 서학西學으로 불리던 기독교의 진리관의 지성적 논리 수준은, 조선조의 봉건성(실제 생활 및 개념·사고방식)에서는 훨씬 벗어난 것이었겠지만, 오늘날의 평등·민주·과학 개념 수준에는 이르지 못하고 있었다.「실재하는 존재물이나 활동하는 실체를 정확히 반영하는 개념」으로서의 '진리'가 아니고 막연히 인간 행위에서 유추된 「하나님의 올바른 소리 福音」정도의 '진리 개념'이어서, 인간의 도리로서의 「당위」와 자연현상으로서의 「필연성」을 혼합하여 표현하는 복합적 개념이나 용어로 보면 될 것 같다.

그러니까 행위의 주체가 가상적인 존재虛像일 때 여기에서 출발하는 모든 언론은 진실·진리 여부를 따질 근거가 없다고 할 수 있으며 그런 것을 말로 주고 받는 인간(실체)들끼리의 진실성 여부는 따져볼 수 있다고 말할 수 있다.

1984년에 한국 가톨릭교회는 200주년을 맞이하게 되었는데, 그것은 1784년 이승훈이 베이징에서 세례를 받은 것을 기점으로 한 것이다. 조선반도에서의 가톨릭교회는 서양선교사의 전도 없이 학자들에 의한 자발적인 연구로 성립되어, 세계 교회사상教會史上 커다란 특징을 이루었다. 가톨릭교는 조선반도에 들어온 뒤, 당시 주자학에 지배되고 있던 조정과 충돌하게 되어 많은 박해사건을 초래하였다. 1791년(정조 15)의 신해사옥, 1801년(순조 1)의 신유사옥, 1839년(헌종 5)의 기해사옥 등이 일어나 외국인 선교사를 비롯하여 수많은 교인들이 순교하였다. 이러한 박해 가운데서도 교인들의 활동은 계속되어, 1845년(헌종 11)에는 김대건이 우리 나라 사람으로 최초의 신부가 되었다. 그러나 김대건 신부도 곧 순교하였고, 1866년(고종 3)에는 대원군에 의한 병인대박해丙寅大迫害가 일어나 9명의 프랑스인 선교사를 비롯하여 많은 교인들이 죽음을 당하였다. 1882년(고종 19) 미국과 수호조약을 맺게 되면서, 비로소 가톨릭교는 조선반도에서 신앙의 자유를 얻게 되었다. 그 후 가톨릭교회는 일제시대를 겪으면서도 꾸준히 발전하였다.

(2) 개신교파의 전래와 근로민중 무시, 수탈적 반공체제의 강화

최근에 한 전직 선교사가 조사한 바에 의하면, 1893년에서 1983년까지 한국에서 종사한 선교사는 1,952명으로 그중 1,710명이 미국인인 듯하며, 미국인 가운데 637명이 해방 전에 한국에 입국하였다고 한다. 미국인 선교사는 전체의 약 87.6%에 해당하는 것으로, 여기서 우리는 한국 기독교의 미국과의 관계를 쉽게 엿볼 수 있다.(Allen D. Clark, Protestant Missionaries in Korea, 1893~1983. 이만열 『한국 기독교와 민족의식』 지식산업사 1991)

오늘날 한국 개신교의 주종을 이루고 있는 교파는 미국계의 여러 교파들의 선교에 의해서 이루어졌다. 19세기말에 수용된 장로교·감리교를 비롯하여 해방 후에 도입된 군소 교단에 이르기까지 한국 기독교의 여러 교파는 미국의 다양한 교파교회를 그대로 옮겨놓은 듯 그 외형에서 복잡한 양상을 띠고 있다.

한국에 개신교를 전파하려는 노력은 1832년 귀츨라프K. Gützlaff에 의해서 시도되었다고 일반적으로 이해하고 있다. 그후 신미양요의 구실이 되기도 했던 소위 「제너럴 셔먼General Sherman호 사건」 때는 그 배에 동승한 영국인 선교사 토머스R. J. Thomas 목사가 희생되었다(앞의 해당 항목에서 충분히 설명). 그는 한국 최초의 선교사가 되려고 하여, 스코틀랜드 성서공회The National Bible Society of Scotland의 선교사 윌리엄슨A. Williamson의 지원 하에 복음을 전파하고자 하였으나, 그가 가지고 온 성서의 일부를 전했을 뿐 소기의 목적을 이루지는 못하였다.

미국계 교파교회의 선교가 이루어지기 전에 만주와 중국에서 활약하던 영국계 선교사들에 의해 성경이 한글로 번역되고, 전도문서가 한국인에게 뿌려졌다. 로스J. Ross와 매킨타이어J. MacIntyre의 성경번역과 다우드웨이트A. W. Douthwaite의 문서선교가 그것이다. 이들과 이들을 도왔던 조선인 신자들의 노력에 의해, 미국계 선교사들의 정착 전에 이미 조선에는 적어도 수십명의 조선인들이 복음을 듣고 기독교 신앙을 고백하였던 것이다. 뒷날 "씨를 뿌리러 왔는데 열매를 거두게 되었다"고 고백한 서양선교사의 감격은 바로 이러한 정황을 두고 한 것이었다.

이 땅에 선교사가 정착하기 전에 성경이 먼저 번역·출판되었다는 것은 그 후의 한국교회의 성립·발전을 가늠하는 데에 중요한 의미를 갖는다. 1882년과 그 후에 계속하여 만주에서 번역된 성경은 조선인 협조자들에 의하여 조선에 보급되었다. 또 1882년 일본에 건너가 그 이듬해에 세례를 받은 이수정은 한문성경에 토吐를 다는 작업에 이어 마가복음을 한글로 번역하고 1885년 초에는 그것을 출판하였다. 이해 4월 5일 복음선교사로 조선에 도착한 언더우드H. C. Underwood와 아펜젤러H. G. Appenzeller는 일본에서 출판된 한글본 마가복음을 가지고 조선을 찾았다.

그리고 이수정의 마가복음 번역·출판에는 당시 일본에 와있던 미국계 선교사들과, 미국 성서공회 총무 루미스H. Loomis의 도움이 컸다고 한다.

(조선·한국 호칭 표기 : 연관된 일이 벌어졌던 당시에 국내외에서 일상적으로 사용되던 호칭으로 표기하고자 하였으며, 1945년 이후에는 자연히 북과 남을 구별하는 호칭으로, 또는 통칭으로 표기되었다.)

(3) 미국계 교파들의 선교와 병원·학교 설립

① 의료 표방한 선교사 입국, 교리·사상이념 교육·세뇌

미국계 기독교의 각 교파에서 파견한 선교사가 공식적으로 입국절차를 거쳐 조선 땅을 밟은 것은 1884년이다. 이해 6월 24일에서 7월 8일까지 미 북감리교의 일본주재 선교사 매클레이R. S. Maclay목사는 조선인 수세자受洗者 한 명을 통역인으로 대동하고 조선을 방문, 김옥균을 통하여 조선 정부로부터 조선에서 교육·의료사업을 시작해도 좋다는 허락을 받고 일본으로 돌아갔다. 그의 방문은, 그 전해(1883) 미국을 방문한 바 있는 조선 사절단과 접촉한 가우처J. F. Goucher목사의 간절한 여망과, 일본에서의 이수정의 요청이 일본 현지의 매클레이 목사를 움직였기 때문이다. 매클레이 목사의 조선 방문은 그 이듬해 미 북감리교의 조선 선교사 파견을 가능케 했던 것이다.

한편, 북감리교의 매클레이가 조선을 방문했던 이해 9월에 미 북장로교에서는 의료선교사 알렌H. N. Allen 安連을 파견하였다. 조선정부측에서는 그를, 그 전해에 개설된 미국공사관의 공의公醫로 인정하고 있었지만, 미북장로교에서는 의료선교사로 그를 입국시켰던 것이다.

미국의 선교사들이 조선에 입국 정착한 1880년대에는 미국의 여러 교단들이 중국·인도 등 세계 각지에 해외선교사를 파견하고 있었다. 이렇게 그들의 해외 선교가 활발하게 진행된 데에는 나름대로 몇 가지 배경이 있었다.

첫째로 18세기말부터 일어난 미국의 제2차 대각성Great Awakening운동과 그와 더불어 일어난 일련의 종교적 열정으로서의 선교열을 들지 않을 수 없다. 제2차 대각성운동은 여러 선교회와 대학·신학교의 창립에 큰 자극을 주었다. 19세기에 들어와 장로교와 감리교총회 산하에 전국적인 규모의 선교회가 조직되었다. 이에 뒷받침되어 1880년대에는 선교지에 직접 나아갈 미국 신학교 학생들에게 '선교부흥운동'이 일어나 '전국신학교동맹'이 결성되었는데, 조선에 온 초대선교사들 가운데는 이 대회중 혹은 그후에 선교의 뜻을 세웠던 사람들이 많다.

둘째로는 백인우월주의에 입각한 기독교문화의 전파라는 측면이다. 이것은 유색인종을 향한 백인들의 일종의 민족주의라고 할 수 있었다. 이때 백인 국가에서는 유색인종을 향해 탐험가·선교사·여행가·의사·예술가·시인·과학자들이 "각기 자기 나라의 기독교문화에 대한 해석을 퍼붓고" 있었다. 영국의 '백인의 집'과 프랑스의 '개화사명', 독일의 비스마르크적 '문화'가 서로 맞서는 가운데 1880년대에 미국도 "인류를 자유롭게 하기 위하여 세계를 정복하고 있던 기독교국가"에 참가할 준비를 서두르고 있었다. 여기서 백인우월주의와 기독교문화 전파는 선교라는 미명하에 구미 제국주의의 동양 진출을 합리화할 수 있게 되었던 것이다.(윌리엄 밀러 저, 이보형 외 2인 역 『미국사 요론』 시사영어사 1969쪽)

셋째로 미국의 선교사업의 배경에는 '대아메리카'의 구상에 의한 미국의 해외진출 기도가 깔려 있었다는 것이다. 1860년대 남북전쟁을 겪은 미국은 1868년 알래스카 구입 사업을 완결하는 한편, 산업화를 지향하는 각종 준비작업을 서둘렀다. 곡물과 쇠고기의 수출, 광대한 철도망의 건설과 광물자원의 개발 등이 뒤따랐다. 산업화에 따른 대외팽창은 1898년의 미서美西전쟁으로 치닫게 되지만, 미국은 이에 앞서 세계 각지에 선교사를 파견하게 되었다.

미국의 선교사가 조미수호통상조약의 체결(1882) 직후에 내한할 수 있었다는 것은 흥미롭다. 영국 등 유럽의 선교사들이 그 이전에 입국하지 못했던 것과 비교해 보면 더욱 그렇다. 이것은 말하자면 미국 선교사의 조선 입국이 미국의 외교·통상문제와 깊은 관련이 있음을 시사하는 것이다. 앞서 말한 매클레이의 입국은, 1883년 주한 미국공사관 설치의 대응적인 형식으로 취해진 민영익 일행의 미국 방문과 깊은 관련이 있었다. 그 일행을 목격했던 가우처 목사의 주선이 미 북감리교 선교본부와 일본 선교부를 움직였기 때문에 매클레이의 예비방문이 이뤄졌던 것이다.

유럽계통의 선교사들이 조선 입국에 실패한 후, 주재선교사로서 조선에 온 최초의 사람은 미국 북장로교 소속의 알렌이다. 여기서 우리는 알렌이 의료선교사였음에 먼저 유의한다. 그것은 '복음'이라고 하는 이데올로기서의 전파보다는, '의술'이라고 하는 탈이데올로기적인 물질문화의 수용과 정착이 그를 통하여 쉽게 그리고 먼저 이뤄졌음을 의미하기 때문이다. 바꾸어 말하면, 미국인에 의한 선교는 (중국 등지에서 불신 받은 경험에 비추어) 교리나 신학에 의해서라기보다는 고통의 인간적 치유라고 하는 시혜를 비롯한 기술과 문화에 의해서 먼저 이뤄졌다는 것이다.

알렌이 미국공사관의 '공의'로 자신의 신분을 노출시키지 않은(숨긴) 채 부임한지 얼마 안되어, 다행하게도 자신의 지위와 역할을 드러나게 만드는 사건이 그해(1884) 12월4일에 일어났다. 이른바 갑신정변이다. 그는 밀렌도르프P. G. Möllendorff 穆麟德의 주선에 의해 수구파의 거물 민영익의 치료를 맡게 되었다. 이것은 미국의 의료기술을 선교에 적용, 그 효용을 극대화하는 결과를 가져오게 하였다.

갑신정변으로 알렌이 민영익을 만나게 된 것은 그 뒤 미국의 선교와 미국 세력의 부식에 중대한 영향을 미치게 되었다. 이를 계기로 조선의 지배층이 미국인과 서양의술에 호의와 신뢰를 갖게 되었다. 그 이듬해 알렌은 민영익을 통해 서양식 병원인 제중원(처음엔 광혜원)의 개설을 보게 되었다. 여기에는 물론 조선측의 개화의지의 방향도 고려되어야 한다. 이로 인해 수많은 의료선교사의 입국을 가능케 했을 뿐만 아니라 교육·복음 선교사의 조선 진출도 매우 용이하게 만들어 갔던 것이다. 구체적인 사례의 하나로서 우리는 복음 선교사 언더우드의 입국 자격이, 개설될 서양병원의 「교사」였음을 알고 있다.

의료사업으로 시작된 조선의 선교사업은 그 후 교육·복음사업을 무리 없이 가능하게 만들었다. 그것은 의료선교가 "궁중으로부터 오막살이에 이르기까지" 조선인들과 접촉하여 외국인과 기독교에 대한 조선인의 불신을 제거하고 강력한 지지기반을 확보해 갔기 때문이다. 언더우드는 이 결과를 두고, "반복되고 계속된 정부의 선교단체에 보인 공식적인 호의표시는 위에서 언급한 것과 같이 거의 모두 의료선교에 기인한 것이고 이는 하나님의 복음을 촉진시킨 것이다"라고 지적하였다.

그러니까 초기의 의료선교는, '의료'라는 비교적 탈이데올로기적인 방법을 이용하여 교조적인 성리학을 기반으로 한 조선 사회에 기독교 교리전파가 가져올 마찰을 미리 중화시키는 역할을 담당했던 것이다. 그 결과 1887년까지는 북장로교와 북감리교의 조선 선교사로서는 언더우드와 아펜젤러를 제외하고 대부분 의료선교사였음을 상기할 필요가 있다. 언더우드와 아펜젤러는 처음에 조선측에 알려지기로는, 제중원의 교사(언더우드)로서 또 영어교육을 위한 교사(아펜젤러)로서 입국했다. 금교정책에 대한 위장이었다.

교리선교의 자유가 주어지고 각 선교부가 지방에 선교거점을 확보하였다. 선교거점 확보에는 무엇보다 지방민과의 마찰을 최소화해야 했다. 이때도 각 선교부에서는 의료를 방편으로 사용하였다. 그리하여 1890년대부터는 그 동안 서울에서 활약하던 의료선교사들이 지방으로 내려갔다. 서울에서는 한국정부와 미 북장로교가 공동경영하던 제중원을 조선정부의 재정난을 계기로 미 북장로교가 인수하여 선교병원으로 단독 경영하게 되었다. 이 무렵 미국계 기독교 각파는 그들의 선교거점 지역에 병원 혹은 진료소 사업을 개설하였는데 대강 다음과 같다.(뒤에 나와 있는 「선교구역 분계도」 참조)

A. 미 북장로교 : ·서울의 제중원(Heron, Vinston, Avison, Irvin, Whiting, Arburkle 등) 부인진료소 및 The Walder 진료소.
·부산의 진료소(Brown, Irvin) ·평양(Wells, Fish, Sharroks)
·대구(Johnson-제중원 및 Wright Memorial Hospital)
·선천(Sharroks)
B. 미 북감리교 : ·서울의 시병원(Scraton, Hall, Wiles, Busteed)

보구녀관(Howard, Shewood, Cutler, Harris, Ernsberger, Esther Kim Pak)
- 평양 기홀병원(Douglas Follwell)과 광혜원 (Esther Kim Pak)
- 원산(McGill)

  C. 미 남장로교 : · 전주(Drew, Tate, Ingold, Harrison)
                 · 군산(Drew, Alexander, 오긍선) · 목포(Owen, Whiting)
  D. 미 남감리교 : · 송도(Hardie)와 원산

이 밖의 지역으로 캐나다 장로회 구역의 원산·성진·함흥, 호주 장로회 구역의 부산·진주, 그리고 성공회에서 서울·인천·강화도에 각각 병원 혹은 진료소를 설치했다. 이러한 의료선교는 다음에서 볼 교육기관의 확충과 함께 조선인의 서구세력 및 기독교에 대한 반발을 최소한으로 무마하면서 그들의 문화 내지는 세력을 전국적으로 이식시키는 작업이었다. 그리고 병원과 진료소의 확대는 곧 이들 기관을 전도기관화하는 정책으로 연결되어 교세의 확장으로 직결되었던 것이다.(R. Grierson, "The Medical Situation," Christian Movement in Japan Empire, 1924, 380쪽에 의하면, 1924년 당시 총독부 산하에는 27개의 병원에 1,035명의 의사와 104명의 치과의사가 진료활동을 하고 있었다는 것이다. 여기에다 총독부 통계연보에 보이는 기타 병원 10개까지 추가하면 정부에 의해 운영되는 병원이 37개가 된다. 이에 비해 선교병원은 22개소에 약 32명의 외국인 의사가 있었다.)

1884년 6월에 입국했던 주일 미 북감리회 선교사 매클레이R. S. Maclay가 김옥균을 통하여 미 북감리교회가 조선에서 교육사업과 의료사업을 할 수 있다는 허락을 받아갔다는 것은 이미 언급한 바 있다. 그 이듬해 아펜젤러가 입국하여 배재학당을 건설할 수 있었던 것은 매클레이의 사전작업에 의한 것이었다. 아펜젤러와 같은 날 입국한 미국 북장로교의 언더우드도, 선교본부에서 파송한 복음선교사의 자격으로서보다는, 사실은 그해(1885) 4월 10일에 개설될 서양식 병원인 제중원의 교사자격으로 들어올 수 있었다. 그만큼 조선이 개화를 지향하고 있었고, 선교사들 또한 교육기관을 통해 복음선교를 시도하고 있었다.

조선의 근대학교 효시는 조선인들에 의한 '원산학교'라는 주장이 있으나, 교육의 내용과 추세, 그 영향력에서는 배재학당을 비롯한 선교계통의 근대교육에 비할 바가 못되었다.(신용하 「우리나라 최초의 근대학교」, 『한국근대사와 사회변동』 서울 1980.) 북감리교 선교사 아펜젤러에 의해 1885년 배재학당이 설립된 이래 많은 수의 남·여학교가 미국 선교부에 의해 세워졌는데, 조선 말기에 설립된 학교 중 중요한 것을 교파별로 보면 다음과 같다.

교파	학교명	설립연도	소재지	교파	학교명	설립연도	소재지
북감리교	배재학당	1885	서울	북장로교	경신학교	1886	서울
	이화학당	1886	서울		정신학교	1887	서울
	광성학교	1894	평양		숭실학교	1897	평양
	숭덕학교	1894	평양		명신학교	1898	재령
	정진학교	1896	평양		숭의학교	1903	평양
	공옥학교	1896	서울		계성학교	1906	대구
	맹아학교	1898	평양		신성학교	1906	선천
	영명학교	1905	공주		보성학교	1906	선천
					신명학교	1907	대구
남감리교	배화학교	1898	서울	남장로교	정명학교	1903	목포
	루씨학교	1903	원산		수피아여학교	1907	광주
	호수돈여고	1904	개성		기전여학교	1907	전주
	한영서원	1907	개성		신흥학교	1907	전주

「한일병합」 당시 조선기독교회는 20만 신도, 800 이상의 학교, 3만을 넘는 학생 신도, 900여 개의 교회 집회소가 전국에 있고, 외국인 선교사 270여 명, 조선인 교직 2,300여 명, 기타 병원·고아원 등 다수를 포함한 강대한 조직이 되었다.

그것은 신앙이라는 견고한 유대로 결합되어 전국 구석구석까지 교회라는 공인된 집합 장소를 가지고, 구미의 선교사들에 의하여 세계 여론과 이어지고 있었다. 그것은 또한 단순한 종교에 그치지 않고, 표면적으로는 인간의 존엄과 자유·평등·박애를 들어 부녀자를 해방시키고 미신을 타파하며 병원과 학교를 세워 교과서를 만들고 국문을 보급하며 새로운 음악과 스포츠 등을 전하는 등 때로는 교육과 문화계몽을, 때로는 산업과 위생까지도 지도하는 사회개혁의 중심이 되고, 더욱이 개인의 권리, 재산의 보호, 방위에 힘써서 현세적 이익을 도모하는 등 시대에 밀착한 활동을 펴고 있었다.

그리고 초대교회 이래 국권·민권의 회복을 열망하는 사람들이 많이 모여 "조선 국기인 태극기가 더욱 나부끼고 있는 것은 교회와 그리스도인의 집"이라고 보고되고 있듯이 교회에는 민족적 색채가 농후하였다. 더구나 1907년에는 대부흥회(리바이벌)의 불꽃이 널리 불타올라 매일 저녁 뜨거운 기도가 전국을 휩싸고, 더욱이 「병합」 직후부터 이듬해에 걸쳐 "조선에 백만인 교도가 있으면 조선은 독립한다"를 암묵의 슬로건으로 한 백만인 구령救靈·口슈운동이 맹렬히 전개되었다.

이들은 모두 위험하기 짝이 없는 정치운동으로 보여, 일제 관헌으로서는 무엇인가 강력하고도 적절한 대책의 실시를 통감하고 있었다.

원래 천황제 정부는 일본에서나 조선에서나 기독교를 그 이데올로기의 적으로 보고 있었다. 1911년에 공포된 「조선교육령」 작성에 즈음하여 제출한, 동경제국대학 교수로 당시 천황주권설의 중심인물이었던 호즈미穗積八束의 의견서 가운데 다음과 같은 기술이 있다.

"기탄없이 말하면 소위 예수교의 본의本義는 원래 우리 국체 및 도덕의 근본과는 서로 합일 되는 것이 아니라는 것을 고백하지 않을 수 없다. … 하루아침에 일이 있어 국가적 대의 명분 을 바르게 하고, 한 몸을 바쳐 봉공해야 할 것 같은 경우에 이르면 판연히 그 근본사상이 전혀 서로 용납되지 못함을 발견할 것이다. 충효의 대의를 근본 축으로 하는 도덕과 박애 인도를 대본으로 하는 도덕과는 그 근저根底에 차이가 있다. 인간을 평등이라 하여 존비의 구별을 비 리非理로 하는 교의와 황의를 신성하다 하여 군부를 존경하고 조상을 예배하는 교의와는 전 혀 그 주의를 달리한다.…이 본래의 교의의 정신에 착안하여 상당한 취재가 있기를 간절히 바 라마지 않는다."

41년간의 일본 천황제 정부의 조선 지배에 있어서 기독교회와 그 영향하에 있는 단 체·학교 등의 시설에 대한 근본적 태도는 이미 여기에 명확하게 보이며 일관하고 있다. 그 대책으로는 회유와 탄압이요, 일본 기독교에 의한 조선 기독교의 병합 지배였다. 그 리고 정교분리政教分離라는 미명하에 상호 역할 분담에 의한, 정치식민지와 종교식민지 나눠먹기 또는 식민지 연합통치 전략으로 일본과 미국이 야합했던 것이다.

② 신앙과 함께 체득된 사대주의, 자주독립 정신 약화

구한말 개화세력에는 서북지방의 기독교인이자 신지식층 사람들이 많았다. 안창호· 이승만·윤치호·유길준 등 초기 중산층운동의 주역들은 대개가 기독교인들이었고, 그 가운데서도 안창호는 서북지방의 중심인물로 한국 초기 중산층운동은 서북지방의 기독 교인들이 큰 역할을 하였다.(이광린 「개화기 관서지방과 개신교」, 『한국의 근대화와 기독교』 1983)

한국의 중산층에 기독교 신자가 많은 것은 기독교의 금욕윤리에 의한 교육과 훈련이 작 용하였다는 주장도 있지만, 선진자본주의 국가와의 관계 속에서 설명될 수도 있을 것이 다. 기독교를 전도하러 온 선교사들은 미국 등 선진자본주의 국가에서 온 사람들로, 기독 교를 매개로 선진자본주의에 접할 수 있을 뿐만 아니라 바로 이들 국가의 위력으로 자본 축적과 사업확장에 유리한 지반을 마련할 수도 있었기 때문이다.(해링턴 저, 이광린 역 『개화 기의 한미관계』 1974)

"「야만 미개국가」에 「문명」을 전도하러 온 사도使徒인 선교사들은 세계에서 제일 강하 고 제일 부유하고 제일 문명하고 제일 개화가 되어 하나님의 큰 복음을 입고 사는 나라"

의 출신이었다.(이광린『한국개화상연구』1979) 윤치호는 기독교는 조선의 구원이요 희망이라고 했지만, 안창호가 보건대 기독교는 만국의 통교通敎이기 때문에 기독교를 믿으면 천하에 적이 없었다. 기독교의 위력은 1904년에 집필한 이승만의『독립정신』마지막 구절에도 잘 나타나고 있다.(이승만『독립정신』1946)

기독교의 위력은 선교사와 외국인이 이 땅에서 치외법권의 특권을 누리고 각종 이권에 개입하는 것을 한편으로, 다른 한편으로는 한국인이 기독교를 믿음으로써 선교사 외국인의 등에 기대 특혜를 누릴 수 있다는 것을 의미했다(이만열「한말 기독교인의 민족의식 형성과정」『한국사론』1973). 주한 미국공사까지 지낸 선교사 알렌은 구한말에 이권에 가장 많이 개입한 궁정정치가요 사업가였다. 알렌에게 상업 활동은 기독교의 복음주의와 아주 썩 잘 어울려, 아시아대륙에서 가장 풍부한 금광인 운산雲山금광이 미국인 금융업자의 손에 넘어간 것의 배후에는 알렌이 있었다.(해링턴, 앞의 책, pp.151~174. 그 전에 운산광산에서 채굴하던 조선인들은 보상없이 강제로 채굴권을 탈취당했다. 1898년 알렌은 250만 달러의 차관 대가로 조선의 모든 광산 경영권을 미국인 헌트에게 주어야 한다고 주장했다)

알렌은 제물포-서울간의 철도 부설권도 따내 모오스에게 넘겨주었고, 또한 경부선 부설권은 알렌이 중개인이 되어 일본인에게 넘어갔으며, 조선 최초의 도시발전소, 최초의 상수도, 최초의 전화가설, 최초의 현대식 관청건물 건설에 영향력을 미쳤다. 그리고 미국의 동양무역이 선교사업과 긴밀한 관계 속에 이뤄져, 알렌뿐 아니라 언더우드·빈튼·그레함 리·마페트 등 많은 선교사들이 이권에 개입하여 크게 치부하였다.

선교사들 자신이 양품洋品시장을 갖고 있었으며, 선전과 견본으로 조선인의 호기심을 자극했고, 원산의 한 선교사는 장사를 위한 과수원을 경영했다. 빈튼은 재봉틀 100대를 들여왔고, 언더우드는 석유·석탄·농기구 등을 수입했다. 그레함 리와 마페트는 압록강의 목재를 3천 그루 잘라내 반출하는 데 조선정부가 세금을 요구하자 이를 불법적이라 하였다. 언더우드는 백만장자 선교사란 말을 들었으며, 그의 땅은 미국 공사관에 의하여 3면이 둘러싸여 보호를 받았고, 빈튼은 미국·독일·프랑스의 공사관보다 더 좋은 집을 갖고도 만족해하지 않았다. 조약상 외국인 거주는 개항장에 제한되었으나, 선교사들은 이를 무시하고 조선인 '협력자' 이름으로 땅을 사고는 선교기지를 확보한 다음에 어떠한 위험에서도 그들을 보호해 줄 것을 공사관에 의뢰하였다.(해링턴, 앞의 책 pp.111~118)

마찬가지로 초대 주한 미국공사 푸트를 비롯하여 대리공사 훠오크, 그 뒤를 이은 락힐 공사도 이권에 개입하였고, 상인 타운센드가 축출될 위협을 받았을 때 락힐은 군함을 요청하였다고 한다. 그러한 속에서 선교사가 경영하는 학교에서 공부하고 기독교인이 된 중산층운동의 지도자들은, 통상이란 모든 나라에 이가 된다는 자유무역주의의 입장을 견지하였고(이승만, 앞의 책) 문호를 열지 않으면 부득이 압제하여 공법에 따르게 한다고 하면서 「배외주의」를 비판하였다. 외국인을 원수로 여기는 것이 위태로운 일로, 일본을 믿게 여기면 우리에게 해만 된다는 주장이었다.(이승만은 자신의 책에서, 일제의 침략적인 조약도 정해놓은 대로 시행하라고 권하고, 일본이 권면하는 찬조를 받아야한다고 주장했다)

이러한 입장은 자연스럽게 제국주의 국가는 하나님의 가호 아래 본래 선미善美하여 우리를 해치지 않고 도와주러 왔다는 제국주의 침략에 대한 찬양으로 연결되었다.(같은 책에서 이승만은 제국주의 국가의 침략에 맞서는 나라에 자주권리를 허락하는 것은 철모르는 아이에게 보검을 맡김과 같다고 하였다) 예컨대 러일전쟁의 개시와 함께 1904년 2월 을사5조약의 전단계 조치인 한일의정서가 외무대신 이지용李址鎔과 일본공사 하야시林權助간에 체결되자 이에 반대하는 여론이 높아가고 이지용의 집에 폭발물이 투척되었는데, 이때 이승만은 "아직도 이 조약을 자세히 아는 자 적어서 종시 불평한 생각을 품는 자 불소不少하다"고 개탄했다. 이런 이승만이 독립투사로 모셔지고 대통령까지 된 것도 미국의 가호에 의해 교육받은 독실한 교도였기 때문이었다.

이처럼 선교사들은 한편으로 제국주의 국가의 침략을 침략이 아니라 야만 미개한 나라를 도와주는 것으로 중산층운동의 지도자들이 적극 받아들이게 했으며, 더 나아가 중산층운동을 비정치적인 것으로 전환시켜 반제反帝운동이 벌어질 수 있는 소지를 제거하고, 국가・국권의식을 마비시킨 가운데 지금은 먼 장래에 독립을 가져올 수 있는 기초를 닦아야 한다는 이념을 주입시켜, 제국주의 침략을 감수하도록 유도하였다.(甘受 : 달게 받아들임)

그리고 半식민지화, 식민지화되는 것은 제국주의 침략 때문이 아니라, 조선인들이 제국주의 국가가 도와주는 것에도 불구하고 계속 잘못했기 때문이라는 논리가 함께 포장되어 있었음은 물론이다. 항일독립운동의 불가능성을 굳게 믿고 있던 선교사들은 조선 기독교인들을 비정치화의 세계로 이끌었던 바, 이 비정치화로의 인도引導가 반제투쟁을 하지 못하게 하여 항일독립운동을 불가능하게 만들고 나아가 충성스런 친일파가 되게 한 큰 원인 중의 하나가 되었다.

1901년 9월 장로회 공의회에서는 5개항의 결의안을 채택하였는데, 그 첫항은 정부의 일에 대하여 간섭하지 않는다는 것이었다.(『국가권력과 기독교』 민중사, 1982) 선교사들의 비정치화 작업은 일제의 조선침탈이 심화되는 1907년을 전후하여 강화되어 "이 소망없는 나라의 정황에서 눈을 돌려 주님과의 고고한 영적 교통에 전념할 것"이 강조되었다. 보이지 않고 응답도 없는 신과의 대화만을 강조한 황당하기 짝이 없는 가르침이었다.

이러한 교회의 비정치화는 선교사들의 친일 또는 순응주의에 입각한 탈정치적 입장과, 친일을 표방한 당시 미국정부의 극동정책에의 순응을 보여주는 것이었다.(홍경만 「한국 프로테스탄티즘 형성기(1884~1920)에 있어서의 정치적 성격」 연세대 교육대학원 논문) 미국은 일제의 민비시해閔妃弑害에 열국이 공동으로 일본을 문책하려 할 때 공사관에서 중립을 취하도록 했고, 1902년 일영동맹日英同盟 후 더욱 친일로 기울다가 러일전쟁에서 일제의 조선침략을 적극 방조하였고, 포츠머스조약과 태프트ㆍ가쓰라桂밀약으로 일제의 조선 독점지배를 승인하였다. 루즈벨트 대통령은 미국의 「명백한 운명」과 「문명화의 사명」을 주장하여 제국주의 침략에 열을 올렸다.(홉슨, 신홍범ㆍ김종철 역『제국주의론』1982)

한국 기독교 지도자들의 숭미崇美사상을 볼 때, 미국의 친일적 제국주의정책이 어떤 영향을 끼쳤을지 충분히 짐작할 수 있다. 선교사들은 조선인들이 달가운 마음으로 일본에 복종하는 것이 의무이고, 독립을 위해서 일하지 말며(민경배 『한국 민족교회 형성사론』 1974), 조선 교회가 일본인을 미워하는 생각을 회개하도록 설교하였다.

여기서 일제와 선교사들의 역할분담론이 나온다. 이토伊藤는 해리스 감독에게 "정치상의 일체의 사건은 불초 본인에게 맡기고, 금후 조선에 있어서 정신적 방면의 계몽교화에 관해서는 원컨대 귀하 등이 그 책임을 맡아주시오"라고 했고, 이에 존스 및 스크랜튼은 "선교사들은 정치적인 사건을 떠나 조선인민의 도덕적 및 영적인 고양에 전적으로 힘쓰는 것을 「행동원칙」으로 삼는다"고 확인하였다.(이만열 『한국기독교와 역사의식』 1981)

일제는 교회를 정치에서 분리시키고, 선교사들은 영과 세상사를 분리시켜 각각 조선교회를 비민족화시켰다.(민경배, 앞의 책) 격한 기질과 반일정신을 가졌기 때문에 이토가 위험시하던 평양지방에서 기독교가 급속한 발전을 보인 것은 위와 같은 선교사와 일제와의 관계에도 관련된 것이었다.(강동진 『일본의 조선지배정책사 연구』) 이를 확인이라도 하듯 조선총독부 경시警視 구니토모國友尙謙는 을사조약 이후에 다음과 같이 서북인들의 순종성향을 증언했다.

서북인은 그 강개慷慨가 오히려 남방인보다 더함에도 불구하고 언어나 거동을 조심하여 오로지 광명을 기독교에 의해 발견코자 전심하고 있었다……격문을 배부하여 배일자로 드러나 관헌의 주목을 받게 되고 진리를 구속받아 드디어 무성무위無成無爲로 되고 마는 어리석음을 서북인은 진작부터 깨닫고……보호조약이 성립됨에 민심을 비등케 하여 조약 파기를 부르짖으면서 가두에서 소란을 피우고 각국 공사관에 격문을 보낸 것도 거의가 남방인이었으며, 서북인 특히 평안도인의 맹동은 거의 보기 힘들었다.

배일지도자가 많았던 서울의 상동청년회尙洞靑年會도 이토의 지시를 받은 미국인 선교사의 영향력으로 약체화되고 분열하였다.(강재언『한국근대사 연구』한울, 1983. 클라크는 일제가 조작한 105인 사건[이 사건에 구니토모가 개입]에 대해 "105인 사건은 교회에 하나의 유용한 공헌을 하였다. 그것은 선교사와 교회에 대한 총독부의 의심을 많이 해소시켰다. 이 후 총독부와의 관계가 많이 개선되었다.")

선교사들의 비정치화 작업은 반일 열기가 가장 고조되던 시기인 1907년을 전후하여 있은 대부흥회에서 절정에 달하였다. 평양을 비롯하여 서울 등 각지에서 선교사들의 정치적 의도가 강하게 반영된 대부흥운동이 전개되어 반제항일활동을 내면적인 영적 운동으로 전환시키고자 하였다.(홍경만, 앞의 논문) 이른바 "복음만을 전한다"는 것은 현세도피적인 종교사회를 만들어 조선인을 비정치화로 이끌 뿐만 아니라, 조선교인들을 우민화하여 국가와 사회의 일원으로서의 책임마저도 의식 못하는 바보로 만들게 하였다. 조선인들을 야만시하여 문명을 주기 위해 왔다는 선교사들은 조선 초기 교인들의 대부분을 구성하는 부녀자와 근로대중에게 부흥회 등 가장 비지성적非知性的인 방법을 동원하여, 2천년 전에 특정사회의 정치도덕과 풍습을 정리하여 만들어놓은 성서 교리만을 설교함으로써 또 하나의 미신만을 즐겨 믿는 지적 빈곤상태로 이끌어 선교사들의 지휘 감독에 항거할 수 없게 만들었다. 각성된 조선인 교역자들 중에는 "선교사 제군이 조선교회를 동인시同人視하며 형제시하지 않고, 야만시하며 노예시함이다…… 속히 회개할지어다"라고 까지 했다 한다. 물론 선교사들이 학교를 세워 교육사업을 많이 한 것은 사실이다. 그러나 그 교육이 제국주의적 침략을 미화하고 그리스도교를 흥왕케 하는 데만 초점이 주어졌다면, 그리고 항일반제투쟁을 포기하고 '독립의 기초'가 닦일 때까지 교육에만 전념해야 한다는 교육이라면, 이것은 분명히 조선인으로 하여금 자기 사회를 올바로 근대화할 수 있게 할 지식과 교육으로부터 멀어지게 하고, 현실에 눈멀게 하는 가장 비교육적인 의도된 작업에 지나지 않았다.

선교사들이 유독 실업교육을 강조한 것도, 자본주의 근대화를 달성하기 위한 면도 있었겠지만, 조선인이 반봉건투쟁으로 정치·사회·경제를 근대화하고 반제항일투쟁으로 국권을 지키려는 것에서 눈을 돌리게 하려는 노예화 교육에 다름 아니었다.(안창호의 대성학교와 윤치호의 한영서원이 모두 다 실업교육을 중시했다. 배재학당에는 자조부自助部가 설치되고 인쇄공장이 설치되었으며, 장로교의 예수교 학당도 설립 당시 실업부를 두었고, 평양의 숭실중학은 공작부를 설치하여 실업교육을 시켰다.)

선교사들의 비정치화작업은 조선 기독교도들로 하여금 국가의식을 박약하게 하였다. 선교사들과 외국인이 조선 조정에 대해서 뿐만 아니라 일제에 대해서도 위력을 가진 것이 크게 작용하여 기독교의 신봉자가 급속히 증가했지만, 이렇게 해서 기독교를 신봉하게 된 조선인들은 일진회에 참여한 맹목적 동학교도들과 마찬가지로 민족동포 형제자매를 위한 자주의식이 약화되거나 소멸될 수밖에 없었다.

이미 어린 나이에 일본에 유학중이던 윤치호와 유길준은 임오군인봉기 때 일본정부의 태정관太政官에게 연명상서連名上書하여 「군란」의 진압을 요청함으로써 반민족의식을 잘 보여주었거니와, 이승만·윤치호 등 독립협회와 자강운동의 지도자들이 청일·러일전쟁과 일제의 조선침략에 대해서 보인 구체적인 반응은 그들이 얼마나 민족의식을 제거 당한 기독교적 국제주의자로 세뇌되었는가를 잘 알게 해 주었다.(서중석『한국근현대의 민족문제연구』 1989)

한일합병 후 일제의 중국 본토 침공시기가 되면서 기독교의 친일화가 노골화되던 1938년의 『매일신보』에는, "지나사변은 공산주의를 방지하기 위한 성전인 바, 기독교도는 공산주의에 반대하기 위한 종교보국宗敎報國에 매진하여 사상국방思想國防의 일익을 맡도록 권유하는 글"이 실리기도 했다.(민경배『교회와 민족』) 기독교도는 바로 일본국의 충성스런 신민臣民이었다.

이미 1930년대 들어 친일화의 경향이 두드러지게 나타남으로써 일제로 하여금 기독교는 최근 제국통치를 구가謳歌한다는 평가까지 받게 된 바 있지만, 중일전쟁 이후 일제가 군국파쇼 통치의 주구배로 만들기 위해 검거 선풍을 일으킨 「수양동우회사건」·「청구구락부사건」을 계기로 종교의 친일화 경향은 노골화되었다. 1938년 9월 「흥업구락부」는 해산하면서 단체자금을 국방비로 헌납하고 간부인 윤치호·신흥우·유억겸 등은 기독교 황민화의 중심인물이 되었다. 윤치호와 유억겸은 기독청년회를 세계기독교청년연맹에서 탈퇴시켜 일본기독청년연맹에 가입시켰다. 이와 때를 같이하여 기독교계의 신사참배가 시작되었다. 이들 친일 기독교인들은 8.15후 모두 미군정하에서 정치·교육계의 거물이 되었다.

3) 조선반도 민중을 세뇌·순종시킨 미국 종교의 부정적 영향

제국주의 나라들의 식민지 침탈 방법에는, 폭력과 악법에 의한 인간 살상과 고문, 강토의 초토화가 있었고, 종교·교육·언론 장치에 의한 교활한 설득·세뇌화가 있었다. 앞의 방법으로는 인간의 육신과 의식주 등 생존 환경을 짐승의 경지로까지 몰아쳤고, 후자의 경우는 겁에 질려있는 식민지 근로민중의 도덕적 순진성善性을 악용, 절대신에의 절대순종에 의해 생산노동을 강요하거나 '악마'라는 지칭으로 동족사이를 이간질시켜 수

만년 전통의 공동체 동포형제 자매들로 하여금 증오・분열・복수의 혈투를 끊임없이 반복하게 만들었다.

특히 미국은 19세기 후반 여러차례 조선반도를 무력침공하여 개방을 강요하다가 실패하자 일제와 청나라를 앞세워 수호통상 조약을(1882년) 맺은 후부터는 거침없이 선교사들을 파견하였다. 그들은 조선인들의 종교에 대한 경계심을 호도시키기 위해 병원과 학교설립 등을 핑계삼아 민중의 사회의식을 친미 반공의 세계에로 세뇌시켰다. "공산주의는 악마의 정신"이라는 거꾸로 된 생각을 진리라고 많은 사람이 믿게 할 만큼 그들의 신앙 세뇌기술은 놀라운 것이었다.

결국 미・소에 의해 강제 분단된 남과 북은, 자본주의 경쟁 방임의 (수탈의 자유까지 보장된)자유민주주의 지향의 남측과 자주・평등적 사회주의 지향의 북측이 첨예하게 대결하고 있는데다, 동포형제자매끼리 상호 은혜를 주고받는 사람끼리의 협력관계를 무시하고 허상숭배의 종교적 세뇌로 인한 증오와 저주 때문에 설득과 화해의 동력을 얻지 못하여 왔다.(역사적으로 보면 「공산주의」는 노예제와 봉건제 시기에 이어 자본주의체제 진입시기에 짐승처럼 차별대우를 받으며 상류계층의 의식주와 생활용품까지 생산해야하는 고통스런 노동에 시달리던 사람들이 평등사회를 하소연했던 것으로서, 진정으로 인간사랑을 표방・실천하는 종교라면 서로 지혜를 짜내서 감싸고 양보하며 협력해가야 하겠거늘, 인간 착취에 의해 차지한 사유재산을 빼앗길 것을 두려워한 가진 자들의 보호막이가 된 이기배타利己排他적인 신앙 때문에 불구대천의 원수가 되어 있다.)

그들은 공교롭게도 조선에 대한 일본제국주의의 무력침략과 보조를 맞추어 사실상의 종교식민지를 병행 구축하였다. 이 당시의 조선 민중에 대한 친미세뇌는, 2차대전 후 '해방군'의 기대를 받으며 상륙한 미군이 '점령군'으로서의 정체를 감추고 이 강토를 분단・지배하는데 있어서 원주민이자 피수탈 근로대중의 자발적 협력과 찬양을 이끌어 낼 수 있는 토대를 형성시켜주었다.

그 후 종교는 6・25학살전쟁에서 살아남기 위한 보호막이자 도피처(악마 빨갱이가 아님을 증명해주는 보호자)로서 더욱 강성한 믿음의 성城을 이루어왔다.

(1) 일제 식민지 통치시기 개신교단의 조선반도 전지역 포진

1890년대를 맞으면서 조선반도에는 구미의 여러교단에서 선교사가 파송되었다. 파송된 선교사들은 일차적으로 서울을 찾았다. 미국 북장로교 선교부 총무 엘린우드 F.F.Ellinwood가 언급한 것처럼, 이 무렵 조선에 파송된 선교사들은 특정 지역에 과잉

집중하는 과오를 범하고 있어서, 지리적 분산과 복음의 광포廣布를 기하지 않을 수 없게 되었다. 따라서 여러 선교부에서는 협의과정을 거쳐 선교지역을 조정할 수밖에 없었다. 선교지 분할이란 바로 이를 두고 한 말이었다.

선교지역 조정을 위해 협의기구가 필요하였다. 협의기구는 비교적 여러나라에서 선교사를 파견했던 장로교단에서 먼저 발족되었다. 1889년 호주의 데이비스M.T.Davies 목사가 도착했을 때, 미 북장로교와의 사이에 '연합공의회'를 조직한 바 있었으나, 1890년 데이비스의 사망으로 더 이상 기능을 발휘하지 못하였다. 1892년 미 남장로교 선교사들이 내한하자, 그 이듬해 1월 미 남북장로교 선교부는 '장로교 치리기구보유治理機構保有선교부공의회'Council of Missions Holding the Presbyterian Form of Government를 조직하여 조선에서 하나의 장로교회 조직을 목표로 협력하기로 하였다.

선교지역 조정문제는 이 공의회에서 먼저 논의되었다. 북장로교는 이미 점거한 지역에서 활동하는 반면, 남장로교는 충청·전라 두 도를 새로 점유 개척하기로 하였다. 장로교 각 교단은 미 남북감리교단과도 선교지를 구획하게 되었다. 선교지 분할·조정은 1910년대 초까지 여러 차례에 걸쳐 진행되었는데 최종적인 내용은 다음과 같다.

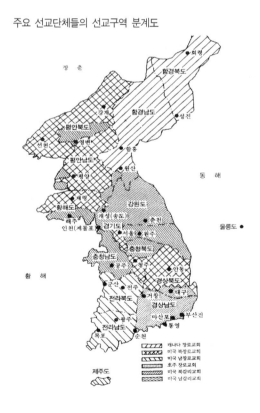

주요 선교단체들의 선교구역 분계도

미 북장로교는 서울·황해도·평안도·경북 그리고 충북 일부를 선교지역으로 하였다. 초기에는 부산과 원산도 포함하였으나, 뒷날 호주 선교부와 캐나다 선교부에 이양하였다. 선교거점Mission Station은 대구·안동·청주·서울·재령·평양·선천·강계의 8지역이었다.

북감리교는 서울·경기(수원·인천)·충남·황해도의 남부와 강원도 남부, 평안도의 평양·영변 등을 점유하였다. 1893년 북장로교와는 공동 점거한 지역 내의 충돌을 없애기 위해, 5천명 이상의 인구가 사는 도시에서는 공동점유하고 그 이하의 지역에서는 선점한 선교부에 양도하기로 합의하였다.

남장로교는 북장로교와의 협의로 처음 충청·전라도를 점유키로 했으나 뒷날 충청지역을 북감리교에 이양하고 호남지역만을 확보하였다. 선교거점은 전주·군산·목포·광주·순천등이었다.

미국 남북 장로·감리의 4개 교단 가운데 가장 늦게 들어온 감리교는 서울에 선교부를 설치하고 처음에 황해도로 진출하였으나 얼마 안 있어 개성·한강이북의 경기·강원도 중 북부를 선교지역으로 확정하였다. 이밖에 호주 장로교가 부산과 낙동강 서쪽의 경남(마산·통영·진주·거창) 일대를, 캐나다 장로교가 함경도와 간도지역을 선교지역으로 삼았는데, 조선장로교단의 경우 뒷날 비록 단일교단을 형성하였지만 이때의 선교지역과 그 인맥은 해방 후 장로교 분열의 중요한 원인이 되었다.

여기서 우리는 미국계 선교사가, 지도에서 보이는 바와 같이, 조선의 영토중에서 함경남북도와 경상남도를 제외한 전영토를 그들이 선교지역으로 분할해 갔음을 알 수 있다. 미국계 선교부들은, 선교본부 등지에서 더러 겹치는 경우도 있었지만 대체로 전국토의 71.2퍼센트에 해당하는 지역(함경남북도와 경상남도를 제외한 지역)을 그들이 선교지역으로 정했고, 당시 전체 인구의 약 77.1퍼센트(1907)와 79.6퍼센트(1910)를 차지하고 있었다. 헌금 소득과 세뇌공작을 위한 세습 영지領地가 확보되었던 것이다.

(2) 일제 식민지통치 시기 천주교 교회의 행태

① 제도적 특수성, 주교 중심 독재체제, 종주국 자세 반영

일제시기 천주교회의 제도적 특수성을 살펴볼 때, 첫 번째 측면은 종교권력과 조직구조의 특성이다. 이러한 일반적인 고찰 위에 일제시기 천주교회의 고유한 측면을 덧붙이면 보다 정확한 이해가 가능하다. 당시의 교계제도는 주교 중심적이고, 성직자 중심적으로 모든 권력이 배분되고 집행되는 성격을 가지고 있었다. 그런데 종교권력이 균형적으로 배분되려면 신자 구성층이 성직층을 견제할 정도의 의식과 세력을 형성해야 하고, 신자와 성직자간의 관계에서도 평신도가 상대적 자율성을 가져야 하며, 사제와 주교의 관계에서는 사제들의 힘이 주교권을 견제할 수 있는 정도여야 한다. 이런 조건을 기준으로 보면 일제시기 천주교회의 종교권력은 주교와 사제계층에게 독점된 형태였다.

이렇게 된 까닭은, 조선의 천주교회는 조선인 신부들이 외국인 신부들에 비해 일제초기에 25~30%정도, 중기엔 35~40%, 말기엔 40% 정도를 차지하여 조선인 신부들이 일정비율을 차지했어도 주교권에는 종속적이었다. 그리고 성직자들 전체가 주교권에 크게 저항하거나 대립하는 관계에 있지 않았고, 그럴 의사도 없었다. 안중근 의사의 장거壯擧로 빌렘 신부가 성사정지 처분을 받은 정도가 예외에 속한다. 그러니 대다수는 종속적인 관계를 유지했다고 볼 수 있다. 조선인 신부들은 민족의 입장에서 정세를 조망하고 교회의 태도를 가늠할 수 있는 눈이 부족해 대부분 자기가 소속된 공동체인 민족의 입장을 관철시키지 못했다.

이러한 조건을 통틀어 보면 조선천주교회는 주교에 복종하는 전통적인 교회의 역할과 전통적인 신앙관에 빠져 있었다는 결론을 내릴 수 있다. 그래서 이러한 유형이 종교조직의 특성을 결정지었다. 그리고 이러한 교회유형은 성직계층의 사고와 그들의 행동양식이 교회 전체를 지배하는 형태로 움직여갈 것이라는 것을 말해준다. 사실 일제시기 조선천주교회는 이런 특성을 강하게 띠고 있었고, 이것이 교회의 일제에 대한 행동 양식을 결정지었다.(21세기 한국에서의 가톨릭교회는 상당히 민주화되어, 근로민중을 신앙의 중심에 두려고 애쓰고 있다. 일부 사제들은 사회정의를 위한 투쟁에서 다른 누구보다 앞서있다. 이 항목에서의 부정적 서술은 식민지 시절의 행태이니까 구별하여 이해하여야 될 것이다.)

두 번째로 종교 지도자집단의 특성을 보아야 하는데, 여기에는 종교지도자의 신앙유형, 사회관, 교육배경, 선교사 본국의 신앙경향, 그 나라의 지배적인 신학풍토, 국가 정책 등의 배경이 포함된다. 이렇게 볼 때 종교 지도자집단인 외국인 선교사들은 서구문명 지향적이고, 초월·경건주의적 신앙관, 성속聖俗이원론, 신도를 무조건 늘리자는 양적 구원관, 계층상 엘리트적 속성을 지녔기 때문에 피선교지의 문화와 생활에 적응하기 어려웠다고 볼 수 있다. 이런 속성은 곧 조선천주교회에 대한 태도와 조선인 성직자들에 대한 태도에서 그대로 나타났다.

세 번째로 평신도층의 사회적 계층 구성상의 특징이다. 일반적으로 어떤 종교든 각 종교 성원들이 자신의 종교에 대한 투신도가 높을수록 그 종교에서 가르치는 교의를 내면화하는 경향이 강하고, 그 종교의 지배적 권위에 순종적인 특징을 지닌다고 한다.(개항 초기에 찍힌 사진에는 수녀복을 곱게 차려입은 서양인 수녀 2명이 각각 조랑말을 타고 있고 조선 여인이 각각 말고삐를 잡고 있는 모습이 보이는데, 이것이 당시 선교 활동의 한 단면이었다.) 그리고 신도들의 사회계층적 속성과 신앙태도는 일종의 함수관계에 있었다고들 한다. 이러한 가정을 기초로 하면 신도들의 교육수준, 소득수준과 정치적 지위에 따라 종교적 투신도와 권위에 대한 순명도에 차이가 난다는 정식을 유도해낼 수 있다. 이는 달리 말하면 일제시기 조선천주교회의 신자계층 구성의 차이에 따라 교회가 일제에 대해 취할 수 있는 태도가 달라질 수 있었다는 것을 의미한다. 그런데 일제시기 조선천주교회의 신자 구성은 엘리트층이 적고, 조선말기의 중인계층과 그 이하의 계층에 속한 이들이 지배적이었다. 그래서 이런 신자 구성층의 사회계층적 속성은 (더구나 유교적 질서의식으로 내면화되어 있어서) 종교권력 상층부에 있는 주교와 성직자들에 대해 비판적이거나 대등한 관계를 유지하는 것이 어려웠다고 할 수 있다.(박문수 「일제하 천주교단의 친일 활동」 『역사비평』 1993 겨울호, 역사비평사)

이러한 세 변인들을 살펴보면, 조선천주교회의 대일 또는 대조선관이 조선천주교회를 지도하고 있는 프랑스 주교와 선교사들에게 달려 있을 수밖에 없었다는 결론이 내려지게 된다. 사실 신도들 가운데 개인적으로 또는 집단적으로 이런 교회의 정책에 반대한 사례들도 많았다. 그러나 지배적인 다수는 침묵과 적극적인 동의로 교회의 입장을 따랐다. 이런 특징들은 외국인 주교와 성직자들의 친일 반조선적인 태도를 견제할 수 없는 조건으로 작용했다. 100년이 지난 지금도 조국과 동포 형제를 배반하고 피수탈 근로민중의 평등·민주화 주장을 모른 척 하면서까지 반공만을 부르짖는 신도들의 맹신하는 모습에서 허상숭배자들의 비인간성과 반공동체의식을 발견하게 된다.

② 정교분리론, 비열한 식민통치 협력·순종 강요

또 하나 일제시기의 교회를 이해하는데 필요한 것은 교회의 이념적 체제이다. 그리스도교가 구원을 선포하는 종교라는 것을 모르는 사람은 없다. 그러나 무엇이 구원의 내용이고 방편인지는 알지 못한다. 그래서 이해를 돕기 위해 해방신학자 구티에레즈가 사용한 양적 구원관과 질적 구원관의 차이를 예로 들어본다. 양적 구원관은 말 그대로 많은 사람을 교회에 불러모으는 것을 말한다. 이른바 백인들이 아메리카대륙을 무력으로 정복하면서 원주민들에게 인권침해가 되든 말든 강제로라도 세례를 주어 신자만 많이 만들려고 했던 것과 같은 생각이다.

그러나 질적 구원관은 절차와 인권이 무시되는 이런 방식에 반대한다. 절차도 옳아야 하고 선교하는 방식이나 내용, 그리고 그것이 전제하는 미래의 내용에까지도 그리스도교의 사랑과 정의의 정신이 바르게 드러나야 한다. 그래서 아무렇게나 세례만 받으면 구원받을 수 있다는 양적인 구원관은 거부된다. 그런데 일제시기 외국 선교사들은 양적인 구원관의 영향을 받은 사람들이었다. 그들은 선교조건만 갖추어지면 어떤 정치체제도 문제 삼지 않겠다는 생각을 쉽게 하였다. 사실 당시의 외국 선교사들은 문명과 비문명의 구분을 선교국과 비선교국의 구분과 동일시했다. 그래서 선교국은 문명국이고 비선교국은 미개한 비문명국이니 이들 나라에 문명의 정수인 그리스도교를 전파해야 하는 것이 자신들의 사명이라고 보았다.(精髓 : 뼈 속의 골. 사물의 중심이 되는 요점) 그리스도화의 정도를 문명화의 척도로 보았던 것이다. 2천년 전에 만들어진 원시·봉건시대의 성서 학습 수준으로 현대인의 문명화 수준을 측정하는 어리석은 짓을 멋대로 저질렀다.

마지막으로 교회가 일제의 지배를 정당화한 태도에 대해서는「침묵은 동의」라는 윤리적 평가기준을 따르고자 한다. 이것은 교회가 정교분리를 주장하면서 일제의 조선강점정책에 침묵을 지킨 조선천주교회의 행동이(침략과 불평등과 노역강제 등을 바로잡지 않는 악의 공조세력이므로) 틀렸다는 것이다. 그래서 교회가 주장하는 두 번째 이념체제인 정교분리론이 기존 지배질서를 정당화하는 이데올로기 역할을 하였으며, 따라서 이는 오히려 식민지통치를 위한「정교일치론」이었다고 규정할 수 있다.

교회에서 영육靈肉이원론은 성속聖俗이원론으로, 성속이원론은 정교분리와 같은 맥락에 있다. 영靈은 거룩하고, 육肉은 속되다는 이원론이 곧바로 영적인 것을 다루는 교회와 성직자, 그리고 속된 세계인 세상과 거기에 살아가는 평신도라는 두 영역과 계급으로의 분화를 정당화한다는 것이다. 또 이분법은 종교는 성스러운 영역을 다루므로 속된 영역을 다루는 타락한 정치와는 구별되어야 한다는 정교분리론으로 이어진다.

그래서 종교가 속된 영역에서 멀어지면 멀어질수록 거룩한 영역에 더 가까워진다는 논리로 발전한다. 그 거룩한 영역을 다루는 분야가 종교이고 그 책임자가 성직자이니 종교와 성직자가 정치에 참여해서는 안 된다는 논리에 당연히 귀착되는 것이다. 그래서 정교분리론은 곧 사회참여에 대한 무관심이며 약소민족의 피수탈 참상을 보고도 모른 체했으니 침략세력을 돕기 위한 교묘한 회피자세가 될 수밖에 없었다.

◎ 봉건적 계급사회에서 만들어진 신숭배 종교의 한계성

영靈은 신성한 것이고 육肉은 속된 것이라는 논리 자체가 애당초 엉터리 주장이다. 인간은 생명체이니 육체가 있고 먹어야 산다. 먹어야 사니까 생산노동을 해야 한다. 육신도 노동도 모두 속물이고 속된 행위들에 속한다. 죽지 않으려고 생산노동을 했으니 죄악인가. 그리고 그 생산노등을 하는 근로자들이 국내외 착취자들로부터 수탈되지 않으려면 의식화·단결·투쟁을 하게 된다. 이것도 죄악인가.

여기서 영이 필요하다면 고통을 가장 많이 느끼게 된 가난한 자 편을 들어주는 정의로운 정신일 것이다. 그 일이 성직자의 마땅한 임무요 사명이 되어야 할 것인데, 영과 육의 위치 설명을 거꾸로 반대로 하고 있으니 불로소득·무위도식 하던 봉건절대주의자들의 낡은 논리로 식민지 백성들을 농락한 가소로운 행위자들이라고 꾸짖을 수밖에 없다.

그런데 정치에 대한 무관심은 현존 지배질서를 옹호하는 이데올로기의 기능을 담당하는 쪽에 더 기울어져왔다는 게 일반적인 역사경험이다. 대부분의 신흥 종파들이 극단적인 반공을 선언하고 정교분리를 선언하는 경우에서 드러나듯이 말이다. 그러나 앞에서 단정했듯이 일제시기 교회의 '정교 분리론'은 현실에서는 정교 일치론이었다. 또한 당시 일제지배에 대한 침묵은 동조, 그것도 적극적인 동조를 의미했다. 그래서 형식상으로는 분리가 원칙인 듯했지만 내용적으로는 종교를 정치와 동일시해 안전을 보장받으려 했다는 점에서, 그리고 침탈세력이 피지배 민족의 근로민중을 함께 수탈하고 억압해갔다는 사실에서 사실상 정교일치론이었다. 대강 교회의 이러한 두 가지 측면을 살펴본 바탕 위에 일제시기 조선천주교회가 가졌던 성격에 접근해본다.

③ 한일합병 이후의 조선천주교회

천주교회는 엄격한 정교분리의 원칙에 따랐기 때문에 조선의 민족해방운동(세력)과 마찰을 일으켰다. 일본은 선교를 허락하는 대신에 선교사들에게 정치참여 유보를 요청하였다. 이 요청은 교황청과 조선에 진출한 해당 선교수도회의 동의로 수락되어 교회의 입장으로 정착되었다. 그래서 조선교회의 실권을 장악하고 있던 선교사들은 조선인 신자들이 정치와 민족해방운동(반침략·반착취·자주독립 투쟁)에 참여하는 것을 노골적으로 반대하였다. 이의 대표적인 사례가 안중근 의사의 이토 사살과 3·1독립운동에 참가한 신도들에게 교회가 보여준 태도였다. 민족해방운동에 대한 교회의 거부감은 이 사건들 이후에도 계속되었다.

> ◎ 안중근 의사와 천주교회
>
> 1909년 10월 26일 안중근 의사는 만주 하얼삔에서 조선침략의 원흉 이토 히로부미를 저격 사살했다. 당시는 일제의 조선침략이 노골화되던 때였다. 이 장거壯擧는 조선인민과 중국인민들에게 커다란 희망을 주었고, 특히 우리 민족에겐 긍지와 반제 민족해방의 의지를 보여준 민족사적으로 중요한 사건이었다. 그러나 천주교회는 안의사의 장거에 부정적인 입장을

취하였다.

　교회는 선교에 막대한 영향을 미칠 수 있는 요인要人 암살을 공공연히 지지하는 것이 그리스도교 정신에 위배되는 태도라고 보았기 때문이다. 그래서 교회는 안의사의 장거를 반교회적이고 반그리스도교적인 시도라고 단죄하였다.

　당시 경성 주교 뮈텔은 빌렘 신부가 자신의 허락을 받지 않고 옥에 갇힌 안중근 의사를 방문하자 그에게 성사정지 처분을 내렸다. 그런데 이 처분은 항명에 대한 벌이라기보다는 천주교가 안의사의 의거에 관련된 사실을 원천적으로 부인하기 위한 시도의 성격이 강했다. 안의사의 장거에서 드러난 천주교회의 태도는 민족의 장거인 3·1운동에 신자들이 참여한 사실을 비난하는 데서도 이어졌다.

◎ 일제 초기의 교회

　1910년에서 1918년간은 일제의 혹독한 무단통치가 계속되면서 민중의 해방운동이 일시 침체에 들어간 암담한 시기였다. 이시기에 교회가 일제에 대해 보여준 태도는, 1912년 7월 30일 일본천황이 죽자 국상을 선포하고 신자된 도리로 주일과 파공첨례罷工瞻禮(대축일에 육체노동을 금하고 미사를 올리는 천주교 예식)에 기도를 바쳐야 한다고 주교가 직접 선언한 사건과 같은 데서 잘 드러났다(『경향잡지』 1911. 8). 이 사건에서 교회는 종종 정교분리의 성서적 근거로 인용하는 "카이사르의 것은 카이사르에게, 하나님의 것은 하나님에게"라는 복음서의 말씀(마태오 22. 15~22)과 로마서 13장 1~7절까지의 "권위에 대한 복종"을 근거로 삼았다.

　일본천황 사후 『경향잡지』 별보別報에 실린 일부 구절을 인용해 당시 교회의 입장을 살펴보자. "우리 천주교인은 마음을 천주께로 들어 바오로 종도의 하신 말씀을 묵상하였으니, 이르시되 무릇 아무 사람이든지 상권上權있는 자에게 복종할지니 대저 아무 권병權柄(권력을 가진 신분)이든지 다 천주께로조차 나지 아니함이 없으니 권병을 잡은 자는 곧 천주의 명하심이라.…우리 천주교인은 양심을 따라 권병을 잡은 자에게 굴복하니…." 이렇듯 선교만 할 수 있다면 어떤 권력이든 상관없고 복종은 곧 신의 명령이 되었다. 이렇게 하는 까닭은 단지 천황이 기독교의 선교 금지를 해제하였다는 사실 단 하나였다. 일본 제국주의 침략의 우두머리로 수백만 명을 죽인 일본왕도 "하나님이 준 권력자"라니 도대체 뭘 어쩌자는 건지.

　또 한가지는 프랑스 선교사들이 일제의 조선강점에 대해 긍정적인 태도를 취했다는 점이다. 특히 천주교회의 최고 수장격인 뮈텔 주교는 일제에 대해 거리를 두면서도 긍정적인 가치를 인정했다. 그의 공적 발언에서 이러한 예들이 발견된다. 이는 곧 "조선은 일본인들의 지도 아래 발전을 향해 나아가고 있습니다" "통감부가 설치되면서 조선에서는 크게 변화가 일고 있는데, 진보적인 것, 과학 등의 문명이 발달하고 있다"라든지, "조선은 일본의 보호령 통치에 대하여 어떠한 적대감도 갖고 있지 않다"라는 식의 표현들이다. 뮈텔 주교의 생각대로라면 조선은 서구사회의 모델로 개화되어야 하는 야만적인 상태에 있는 나라이다. 그래서 프랑스나 서구 열강이 조선에 영향을 미치기에는 너무나 멀고 그럴 힘도 약하므로, 비교적 개화된 일본이 조선을 지배하는 것이 바람직하다고 본 것이다. 뮈텔 주교가 조선의 미래에 대해 가진 이러한 생각은 곧바로 일제의 조선강점을 묵인하고 방조하는 태도로 연결되어, 조선 천주교회의 최고책임자로서 교회의 행동에 영향력을 행사하는 양태로 구체화되었다.

◎ 천주교신자의 3·1운동 참여와 교회의 입장

교회가 이와 같은 입장을 가지고 있었으니 3·1운동에 대해서 좋은 생각을 가졌을 리 없다. 교회는 조선민중의 독립염원을 멀리한 채 3·1운동에 대해서도 안 의사의 장거 때와 같은 입장을 되풀이하였다. 서울교구장 뮈텔 주교는 "우리 천주교 신자들은 이 운동에 가담하지 않음으로써 기존 정부에 대한 충성의 모범을 보였다"고 하였고, 대구교구장 드망 쥐 주교는 "일본정부는 합법적 정부이므로 우리 가톨릭은 카이사르의 것은 카이사르에게 바쳤다"고 하며 3·1운동에 불참한 것을 다행스럽게 여겼다.

그러나 이런 반대와 단죄에도 불구하고 많은 천주교 신자들이 이 운동에 참가하였다. 대구와 서울의 신학생들이 여기에 적극 동참하였다. 서울의 예수성심신학교 학생들은 만세시위가 벌어지자 학교당국의 만류를 뿌리치고 교내에서 만세를 부르러 밖으로 나가 군중과 합세하였다. 대구의 성 유스티노 신학원 학생들도 3월 8일 장날을 기해 독립선언서를 등사하고 태극기를 만들어 만세시위에 합류하기 위한 만반의 준비를 갖추었다. 그러나 한 학생의 배신으로 선언서와 태극기 등을 모두 압수 당하고, 휴교령과 함께 김구정 씨 등이 퇴학 처분을 당했다. 이 사건이 벌어지자 뮈텔 주교는 주동학생들을 퇴학시키고, 징계조치로 그해에 예정되었던 서품식을 연기하였다.

이외에도 안성에서 김충복 씨의 독립만세운동과 해주에서 천도교·개신교의 연합시위, 강화읍내의 천주교인 김용순·조기산의 주동 역할, 경기도 파주 마월리의 만세시위 등에 많은 수의 천주교도들이 가담하였다. 이들의 열렬한 항일민족해방투쟁 참여에도 교회는 정치 불간섭, 정교분리라는 명확한 이원론의 입장에서 민족의 절실한 요구를 외면했다.

(3) 침략세력에 적극 협력한 교회, 똑같은 수탈세력임을 입증

① 일제와 교황청의 상호 협력 협약

3·1운동 이후에 일제는 로마교황청과 협약을 맺는다. 협약의 내용인즉, 일제와 교황청간에 문제가 발생할 경우 동경에 있는 교황청 대표자가 이를 처리한다는 것이었다(『경향잡지』 1919.11). 이 협약에 따라 교황청은 일제와의 채널을 상시화하고, 필요한 조치는

교황청 대사를 통해 전달하기로 결정하였다. 이 사건은 교황청이 조선천주교회의 외교채널을 독점하고(종교 식민지로서) 조선인의 주권을 인정하지 않았다는 것을 의미한다. 결국 외국 선교사들과 교황청은 조선에서 일제의 지배를 인정하고, 그 대가로 선교활동의 자유를 보장받겠다는 것이었다. 그러니까 지배세력 상호협력으로 일본제국내의 소수민족을 순종적인 기독교인이자 일본신민으로 만들면 두 수탈세력에 다 이롭다는 생각이었다.

국가가 교회를 통제하는 방법 가운데 하나는 교회와 친화관계를 유지해 종교의 저항의지를 약화시키는 방식이다. 소위 비종교인 정치가들이 종교행사에 참여하거나 종교지도자들이 정치행사, 국가예식에 참여하는 방식이 이런 수법에 속한다. 그래서 이런 왕래가 자연스러울수록 종교가 정치문제에 대해 발언할 여지는 적어진다는 게 일반적인 결론이다. 최근의 예로 성직자들이 정치가를 초청하는 조찬기도회나, 반대로 청와대에서 종교인들을 초청하여 종교행사를 여는 것이 이런 경우에 속한다.

이런 행사에 참여하는 종교 단체는 기존 질서에 친화적이거나 국가권력에 뒷덜미를 잡혀 있는 경우가 대부분이다. 아니면 국가권력이 종교를 쉽사리 통제할 수 있어서 강제로 종교를 체제정당화의 도구로 동원하는 경우이다.

3·1운동 이후에 전개된 일제의 조선통치방식의 변화는, 종교인들로 하여금 경계심을 누그러뜨리고 일제에 유화적인 태도를 취하게 했다. 교회와 외적인 충돌이 없었으므로 외국 선교사들도 비교적 일제의 정책에 동조하는 입장을 취했다. 물론 이런 배경에는 그동안 천주교회가 보여온 태도가 작용하기도 했다.

천도교나 개신교는 민족주의적인 성격이 강해 탄압을 받은 반면, 천주교와 불교는 일제에 동조적이거나 민족적인 색채가 약해서 일제가 보기엔 다루기 쉬운 상대였기 때문이다. 그래서 천주교회에 대해 일제가 비교족 관용적인 태도를 보인 것은 이미 천주교회를 이런 관점으로 보고 있었기 때문이었다.

이런 조건이었기에 일제는 강도 있는 탄압보다 친화관계를 맺는 것이 더 유리하다고 생각했을 것이다. 그래서 총독부 간부들이 천주교 종교행사에 참여하거나 총독부 행사에 주교들이 참여하였다. 이런 예는 종종 발견된다. 한 예로, 교회에서는 총독부 대표 및 주요 관료들을 주교서품식에 초대하였고(1921.5), 총독부에서는 주요 행사에 주교를 초청했다. 또 교황대사가 조선을 방문했을 때 총독부 고위관료를 보내 환영케 하고, 교황대사는 답례로 가장 먼저 총독부 사절을 만나 예우를 갖추는 것과 같은 방식이 이런 경우였다(1931.9). 이같은 방식으로 국가권력과 교회간에는 일종의 묵계가 이루어졌다.

② 일제말기 전시동원체제와 조선교회

일제의 조선반도에 대한 가혹한 병참기지화와 민족말살정책이 극에 달하는 시기에 교회는 굴욕적인 일제의 강탈적 침략에 부응하는 매국배족행위를 서슴지 않았다. 아마 이 시기에 교회가 범한 오류 중 가장 굴욕적인 것은 신사참배와 함께 전시동원체제에 적극 참여한 일일 것이다. 일제는 1938년부터 국가총동원령을 실시하고 7월 9일에는 국민정신총동원연맹을 조직하였다. 여기에 천주교 경성교구(서울)가 참가했다. 이 총동원연맹 결성식에는 천주교 경성교구장 라리보 주교, 담당자 장면, 시내 각 교회의 본당 신부와 신자대표들이 참석했다(『경향잡지』1940.11). 이 사건 이전인 1937년 8월 15일 서울의 종현(명동) 천주교청년회는 국위선양기원제등과 행사 후 황군皇軍 위문금을 모금하였다. 1938년 5월 11일 괴산에서는 천주교·기독교장로회 양파가 기독교 황도선양皇道宣揚연맹을 결성하고 시국강연회와 신사참배를 시행하였다.

전쟁이 확산되고 정세가 긴박해지자 일제는 전시체제의 확대강화를 위해 국민정신총동원연맹을 국민총력연맹으로 개편하였다. 이때 천주교회는 총력연맹 교구조직을 결성한 뒤, 각 지방조직까지 결성하여 시국강연회와 신사참배를 시작하였다(『경향잡지』1941.1, 1941.4). 이로부터 천주교회는 각 성당에서 교회절기상 중요한 축일행사를 스스로 줄이거나 형식을 바꿔 일제에 협력하였다. 그리고 행사 비용을 절약하여 국방헌금을 내고, 황군무운장구 기원제를 거행하는가 하면 기회가 닿을 때마다 시국강연회를 개최하였다. 또한 일본정신발양 주간에는 궁성요배宮城遙拜, 황국신민서사 제창, 천황폐하만세 봉창과 신사참배를 장려하였다(『경향잡지』 1939.1.28, 2.26, 1941.4).

일제의 강제 때문이기는 하지만, 『경향잡지』는 아예 자발적으로 국민총력연맹 소식란을 신설하고 매번 이 단체의 지시사항과 소식을 실었다(1941.2). 1941년 2월호(제931호)에는 "일억 국민이 한 마음이 되어 국가에 대한 충성을 증진시킬 시기이므로 신자들에게 국가에 대한 의무를 계속해주기 위해서 설치하였다"고 하면서 "종교도 국가의 혜택을 직접·간접으로 받고 있으므로 국가에 충성을 다할 의무가 있다"고 하였고, 1941년 3월호에는 "교회는 내선일체(內鮮一體 : 일본과 조선은 하나)를 실현하며 전시 국민생활을 전면적으로 쇄신하고 국가에 대한 멸사봉공의 정신을 실행해야 한다"고 독려하였다.

경성교구 국민정신총동원연맹은 1937년부터 1940년 2월 1일까지 3년 동안 무수한 매국행사 실적을 쌓았다. 이 수치는 조선천주교회가 얼마나 무력하게 일제의 강압통치를 못이기고 배족행위를 하였는지를 보여준다. 여기엔 각종 기원성제(동양평화·황국무운장구·전몰장병위령) 29,622회/ 기도(동일지향) 55,542회/ 국방헌금 3,624원 23전/ 제일선장병위문헌금 932원 4전/ 병기헌납보조금 412원 39전/ 일선에 보내는 위문주머니691대/ 시국강연회와 좌담회 11,592회/ 출전장병가족위문 151회/ 부상장병 위문 37회/ 기타 각종행사 165회가 포함되어 있다(『경향잡지』 1940.3.12).

그러다가 일제의 침략이 본격화되고 확대 가열되면서 "순교 정신으로 일제의 대륙침략전쟁을 위해 목숨을 바쳐 순국하자고 주장하였다(『경향잡지』 1937.7, 1939.3.9, 1940.3.12). 경성연맹은 1941년 2월 12일부터 매월 제 1주일을 교회 애국일로, 매월 1일은 애국일로 정해 매국행사를 시행하였다. 그 뒤로 1941년 중일전쟁이 4년째를 맞자 군기헌납운동을 벌이고, 매월 1일 1전씩 헌금을 독려하였다. 또한 1941년 6월 12일자 『경향잡지』는 표지에 황국신민서사를 일어로 수록하기 시작했다.

③ 신사참배와 교회의 태도

1932년 만주침략을 계기로 중국대륙에까지 침략의 야망을 품은 일제는 국민의 단결수단으로 일본식 종교인 신도神道를 이용, 신사참배를 권장하였다. 1935년을 전후해서는 조선의 모든 학교, 특히 기독교계통의 학교에 대해서도 참여를 강요했다. 곧 일제는 내선일체와 국체명징國體明徵을 조선에서 실현시켜 나가는 과정에서 신사참배를 강조하였다. 일제는 "경신의 본의에 철저히 한다는 것은 곧 신사참배이고 이것은 국가 제신, 국민의 체이기 때문에 종교행위가 아니며 따라서 어떠한 신앙에도 배치되지 않는다"고 하여 이를 정당화하고자 하였다.

그러나 신사참배는 일제의 조선침략을 위한 조선식민화 이데올로기였으며, 명백히 종교적인 내용과 형식을 가진 종교였다. 이러한 명백한 종교행위인 신사참배를 그리스도교와 같이 창조주를 절대적인 지위에 두고 일체의 다른 신을 믿지 않는 종교에서 마음에 없이 따른 것은 명백한 잘못이었다. 교황청과 일제간의 관계가 그들에게 핍박받는 근로민중 실체들의 고통과 민족자존심보다 앞선다는 것이니, 양쪽 모두 침략 사기꾼이 되고 말았다.

교황청은 1932년 9월 일본천주교회에 "신사참배는 학생들에게 애국심을 고취하기 위한 교육목적으로 실시되는 것이므로 신자들의 신사참배는 정당하다"는 해석을 내렸다. 게다가 그리스도교회의 목적은 현세적·정치적이지 않으므로 종교 이외의 문제에는 상관치 말라고 하는 한편, 국가문제와 종교는 전연 별개의 문제라 하면서 신자들은 이 두 가지를 혼동해서는 안 된다고 덧붙이기까지 하였다(『경향잡지』 1937. 2). 이 결정을 기초로 교황청은 1936년 5월 18일 천주교 신자들이 신사에 참배하여도 좋다는 훈령을 내렸다. 교황청은 이 사실을 일본 주재 로마교황청 사절에 통고하였고, 교황대사 까렐라 주교는 이 통고 외에도 적극적으로 신사참배를 권장하였다(『경향잡지』 1937년 합본, 97~

101쪽; 1936년 합본, 218쪽).

신사참배는 의문의 여지없이 일제의 악랄한 강제와 압박 아래에서 이루어졌다. 그러나 교회와 일반민중은 거세어지는 탄압에 견디지 못하고 결국 거기에 굴복하였다. 게다가 교황청의 신사참배 인준이라는 명목은 천주교회가 이것을 받아들이는 일을 더욱 용이하게 했다. 그러나 신사참배는 결코 단순한 문제가 아니었다. 송건호가 말하듯이 신사참배는 종교냐 아니냐의 문제가 아니라 "첫째는 신앙의 양심문제이고, 둘째는 신사참배 그 자체의 문제라기보다 행위 자체가 일제에 대한 투항, 친일을 약속하는 상징적 행위 라는 점에 문제가 있다."

사실 신사참배 이후 천주교회는 일제에 대해 협조를 아끼지 않았다. 종교계의 친일은 불가피한 것이 아니었다. 일제 말 대부분의 친일행위는 생각만 있었다면(조선동포이든 외세이든) 얼마든지 피할 수 있었던 것이니 이는 자기가 누리고 있는 사회적, 경제적 또는 문화적 지위를 보존하기 위한 민족 반역인 동시에 착취세력의 근로민중 배반행위였다.

특히 일본식민지하 조선반도에서의 구미歐美 열강의 종교지배는, 2차대전이 종결되고 미군이 진주하게 되자 자연히 친미·반공의 자세를 확고하게 정립하게 된다. 8.15후 조선 북부에서는 일제에 결사 항전했던 적극적 독립투사들과 근로자 중심의 사회혁명적 정권을 수립하고 친소·반제국주의 통일전선을 요구하게 되니, 친미·친일적이고 반공·반민중 권위주의적 성향의 그리스도교인들과는 대결이 불가피해질 수밖에 없었다.

해방 당시 종교분야에서는 다음과 같은 이념적 지형地形이 그려졌다. 첫째, 종교부문의 이데올로기 지형은 천주교와 개신교를 막론하고 이른바 '우경' 지형에 가까웠다는 점이다. 천주교와 개신교는 모두 1930년대 초반에 이르면 일제권력의 반공·대륙침략 책동과 병행협력하여 반공주의를 교리수준으로 상승시켜 놓고 있었고, 이는 해방 이후에도 수정되거나 폐기된 적이 없다. 그리고 1930년대 이후 강화된 일제의 (반소·반민중의 의도가 합쳐진) 반공공세, 교회지도부의 전면적인 친일화를 우호적인 배경으로 하면서, 반공주의는 반근로대중적 성향을 보이면서) '교리' 혹은 '신조'라는 종교적 권위에 힘입어 신자대중에게 폭넓게 내면화되었을 가능성이 높다.

이같은 사실은 해방정국에서 기독교 제 분파가 처한 이데올로기적 고립상황을 보여줌과 동시에 국가권력의 성격과 주체를 둘러싼 민족·민중 혁명과 반혁명의 대립, 미군정의 등장과 반공단정노선의 구체화 등 정국의 발전과정에서 기독교세력의 선택과 역할은 분명해졌다. 1930년대 이후 민족해방운동은 수탈적 지위에 있던 우파진영의 개량주의적 민족운동으로의 변질과 변절, 독립운동 참여로 인한 기소자의 90% 이상이 좌익일 정도로 항일 혁명적 좌파운동의 주도성이 두드러진 특징이었고, 따라서 '반일'과 '사회주의'

는 점차 일치 수렴되어갔다. 반면 신간회 해체 이후 개신교 민족주의집단의 민족해방운동으로부터의 이탈과 밀접한 관계를 가지면서 반공주의가 교리화 과정을 거침으로써 "반공은 친일과 동의어로 되었다."(박순경 『민족통일과 기독교』 한길사 1986, 141쪽. 천주교의 경우에는 이 과정이 적어도 10년 이상 빠르게 진행되었다고 볼 수 있다.)

그 후 한국 기독교는 이승만 단독정부 수립과 6.25전쟁을 거치면서 친미·분단이데올로기를 생산·전파하는 강력한 세력이 된다. 더구나 개신교의 경우, 1920년대 이후 교권의 지역성이나 선교회와의 관계, 신학적 지향 등을 고려하여 '서북세력 대 비서북세력'의 대립구조를 이루었고 전자는 교권기능과 보수주의 신앙·선교사 주도로, 후자는 교권도전기능·조선적 주체적 교회 모색·탈보수주의 신앙으로 특징지어지고 있었다.

서북세력은 북쪽에 소련의 강력한 지원을 받는 근로대중 정권이 서면서, 친일의 대가로 보유했던 재산을 버리고 원한을 품은 채 대거 월남, 미국이 지원하는 이승만 정권의 강력한 지지세력이자 주도적인 반공·반민중 세력으로 정착하여 국민의 정신적 물질적 성향을 절대명령식으로 통제하면서 이끌어가게 되었다.(4·3 봉기와 같은 자주독립 지향의 민중의지를 사정없이 꺾어놓은 「서북청년」집단의 잔인한 반공폭력도 월남한 기독교 청년 세력과 관계가 깊었던 것으로 알려졌다.)

4. 서태평양 쟁탈전 때만 빼고 미·일은 제국주의 형제국

1) '하나님 형제'라며 일제의 조선 식민지화 배후 협력·조종

(1) 미국 믿다가 일본 침투에 방심, 식민지화에 속수무책

학교와 병원을 설립하고 조선의 개화와 복지향상이 목적인 것처럼 행동했던 초기 미국 선교사들은 우리의 희망이요 천사였을지도 모른다. 그러한 인식을 가능케 한 것은, "미국은 일본이나 유럽제국주의 나라들에 비해 영토야욕이 전혀 없다"는 선전과 주장이 행동으로 뒷받침되었기 때문이다. 선교사들은 조선의 금교령禁敎令이라는 법적 구속도 있었지만 현실적으로 조선이 시급히 필요로 하는 교육·의료사업과 같은 문화·복지 분야부터 일

을 시작했다. 전통적 가치와의 충돌을 피해 적극적인 기독교 교리 전파라는 이데올로기宗
敎思想 선전을 잠시 접어두고 비非이데올로기적 접근non-ideological approach을 함으
로써 제국주의적 침략자라는 오해를 일정 기간 모면할 수 있었다.

열강의 침략 협박 속에서 겁을 먹고 있던 대한제국의 위급한 상황에서는 개화와 부국
강병의 꿈이 미국을 통해 가능하다는 한 가닥 희망이 고종황제와 상당수의 지배 기득층
이 갖고 있던 분위기였다. 미국이 영토적 야망이 없다는 선입견은 조선의 정권적 안보,
다시 말해 여타餘他 열강에 의한 침략으로부터 방어와 억제력을 미국이 감당해 줄 것으로
지배층을 믿게 했다.

이런 기대와 생각은 "미국은 어떤 국가인가?"라는 본질적 문제에 대한 이해가 부족했
기 때문이었다. 미국에 대한 정확한 이해와 정보의 결핍은 사실을 사실로 보지 못하게 했
다. 허상인 「하나님 숭배 심리」를 교묘히 이용하며 접근한 그들의 감언이설에 속은 순진
한 사람들에 의해 "하나님 나라 사람들로 믿음 받게 된" 미국에 대한 진실된 정보 부족으
로 인한 불완전한 이해와 지식은 위험에서 벗어날 수 있다는 오해와 오판의 근거로 작용
했을 뿐이었다. 미국의 본질에 대한 오해는 "설마 든든한 미국이 있는데"라는 정책적 오
판을 낳으면서 잘못된 처방의 부작용은 "일본에 의한 조선 병탄"이라는 길을, 다른 지혜
로운 대비책을 마련해보지도 않고 아주 쉽게 터주는 꼴이 되었다.

결과론적으로 역사를 분석해보면, 미국의 우유부단한 듯한 이중적 자세는 일본 군국
주의자들로 하여금 조선의 종주국 청淸을 제치고, 최대의 적수 러시아를 전쟁으로 물리
치도록 적극적으로 도와서, 미국에 가장 친근하게 구는 일제의 조선 병탄에 노골적으로
협조하였는데도 불구하고 조선의 지배계층은 당시로서는 미국의 대對조선 거짓외교를
눈치 채지 못했던 것이다.

18세기 말에서 19세기 초의 미국은 군사력, 특히 해군력에서그때까지는 아직 다른 제
국열강들을 제압할 능력이 없었다. 이런 군사력의 제약은 미국으로 하여금 다른 열강의
뒤를 이어 영토 확장보다는 시장 확보와 선교사업의 확대에 힘을 쓰게 했다. 이런 정치적
군사적 제약은 선교 사업에서도 학교를 먼저 세워 교육과 개화 뿐 아니라 병원과 시혜사
업을 우선적으로 펴게 했다. 이런 노력으로 미국인들은 자연스럽게 천사적 이미지를 얻
게 되었다. 즉, 비이데올로기적 접근은 제국주의 열강들의 영토침략에 불안해하던 조선
(한국)의 조정에겐 "미국은 다른 강대국과는 다르다"는 인식을 갖게 했다.

일본·조선·중국 및 필리핀 등 아시아의 여러 나라들의 초기 기독교 입교자들 중의
지식층은 미국교회 선교의 수용이 자국의 정치문화 및 사회의 혁신운동 또는 현대화를
돕는 것이 될 것으로 알았다. 그들은 기독교의 수용과 자국의 내셔널리즘의 랑데부(민족

주의의 결합)를 의도하였고 미국 선교사들도 아시아의 서양 문화 사도使徒로서의 자부심을 가졌는데 이것이 선교하는데에도 유리한 것으로 생각되었다.

그러나 이런 미국의 태도나 정책은 타국의 주권수호가 최우선 과제가 아니었음을 그 후 많은 세월이 지난 현재까지의 그들의 침략성향에 의해 분명히 폭로되었다. 자국의 힘의 한계에서 오는 현실적 대응이었을 뿐이었다. 그것이 미래의 침략을 포함하는 미국의 국가이익을 지키는 최선의 정책이었기 때문이다. 아시아에서 특정 열강이 식민지배자가 될 경우 미국의 이익은 보장되기 어렵다는 판단에서 열강의 영토분할이나 점령에 대해서만은 한사코 반대했다. 이처럼 미국이 외형상 영토확장을 통한 식민지 개척에 나서지 않았던 것처럼 행동한 근본 원인은, 앞서 지적한, 당시로서의 힘의 한계와 미래에 대한 주도면밀성 때문이었다.(이장식 「미국 해외선교와 아시아교회」, 『기독교사상』 제26호, 1982)

미국은 1866년 제너럴 셔먼호사건을 구실로 일으킨 1871년의 신미양요도 조선의 관민들이 보인 치열한 항전으로 소기의 목적을 달성하지 못했다. 조선 침공의 실패도 바로 해군력의 취약성 때문이었다는 평가는 그 후 미국의 대외 정책이 이를 증명하고 있다.(이 시기는 아직 「대한제국」 국호로 바뀌지 않은 봉건 조선왕조朝鮮王朝 후기였으므로 「조선」이라는 명칭이 우선이나 「한국」과 혼용할 때도 있다.)

(2) '불공경모不公輕貌'와 '상조相助'에 속은 고종황제

"대조선국 군주와 대미국 백리이천덕President 및 그 인민은 영원히 화평우호를 지키되 만약 타국이 불공경모不公輕貌하는 일이 있게 되면 알려서 반드시 상조相助하되 거중조정居中調停함으로써 그 우의友誼의 두터움을 표시한다.(조미수호조약 제1조, 若他國有何不公輕貌之事, 一經照知 必須相助 從中善爲調處 以示友誼關切)"

1882년에 체결된 이 조문의 '불공경모不公輕貌'란 문구를 보자. "부당하게 업신여김을 당한다"는 이 말은 어느 나라와의 조약에도 없는 특이한 표현이다. 그러나 이 말이 갖는 해석상의 차이는 엄청나, 조선의 희생이라는 결과를 낳게 되었다. 조선은 이 조약의 문구 때문에 일본의 조선에 대한 주권침해와 조선민에 대한 범죄행위에 미국의 영향력 행사를 열망하고 있었다. 이같은 조선의 대미관과 기대감이 고종과 명성황후를 비롯한 황실의 친親미국선교사 정책으로 기울게 한 원인이 되었다. 뿐만 아니라 이 조문은 미국의 일관된 대한對韓 불개입 정책에도 불구하고 고종과 지배층으로 하여금 처절할 정도로 미국의 개입을 갈망하게 했다. 나아가 이런 기대감은 숭미崇美의식 형성의 진원지가 되게 했다.

조약상의 '필수상조必須相助'란 조문은 현행 고등학교의 국정교과서에 그대로 실려 숭미의식의 전도사로서 한 몫을 단단히 하고 있다고 김정기 교수는 비판한다. 반면에 미국은 외교적 수사修辭(예의상 상대방 듣기 좋게 하는 표현) 이상의 의미를 부여치 않음으로써 조선을 위기에서 배신한 이유를 변명하고 있지만 조선의 입장에선 조약의 불이행이라는 배신행위로 밖에 달리 해석할 수 없었다. 후세 사가들은 한결같이 미국의 배신으로, 야누스적 선과 악의 양면성을 드러낸 미국 외교정책의 도덕적 실패의 대표적 사건으로 비판하고 있다.(김정기 「자본주의 열강의 이권침탈연구」, 『역사비평』 1990)

이 조약문에 대해 고종황제는 신의에 입각한 국제조약이므로 글자 그대로 구속력이 있는 합의로 믿었다. "믿는 도끼에 발등 찍힌다"는 속담의 진리를 고종은 뒤늦게서야 절감하게 되었다. 미국에게 '불공경모' 등의 표현문구는 조약 당사국간의 우의의 표시에 지나지 않았다. 우의友誼라는 말도 외교관례 상의 수사나 허사에 지나지 않았다. 그러나 고종황제와 조정은 미국 측의 불공경모와 '거중조정'이라는 문구에 허황된 기대감을 갖게 되었다. 미국은 조선정부에 상당한 기대감을 갖게 함으로써 더 많은 이권과 이득을 챙기려는 숨은 의도가 있었던 것으로 보인다. 이것은 수호조약체결 후 진행된 조선반도에 대한 미국의 정책에서 극명하게 나타났다.

「가쓰라-태프트 밀약」이 그 대표적 사례다. 이 밀약에 의해 미국은 일관되게 일본의 조선 침략과 식민지화 정책을 변호하고 조선을 자신들의 동아시아 외교 및 침략정책의 희생양으로 삼는데 주저치 않았다는 강만길 교수의 비평이다. 조미조약의 영문英文에는 그 애매모호한 것이 잘 나타나 있다.(강만길 「문호개방을 전후한 상황과 한미수교」, 『기독교사상』 284. 1982.2)

if other powers deal unjustly or oppressively with either Government, the other will exert their good offices, on being informed of the case, to bring about an amicable arrangement, thus showing their friendly feelings.

(만약 다른 강대국들이 부당하게 혹은 억압적으로 어느 한쪽 정부를 취급한다면 다른 한쪽 정부는 그 같은 사건에 대해 통보를 받는 대로 우호적인 합의를 도출할 수 있도록 주선good offices하는 데 진력할 것이다. 그렇게 함으로써 서로의 우정을 표시한다.)

「주선周旋」(good offices)이라는 용어는 당시의 우리나라 관리들로서는 제대로 이해하기가 어려웠다. 국제법상의 용어를 공부할 기회가 없었던 당시로선 어쩔 수 없었던 일이었다. 본 조약의 제12조는 5년 후 반드시 만국공법萬國公法의 통례를 참조하고 대조해 양쪽에 평등하도록 헤아려 맺는다고 명시하고 있다. 이 때문에 고종황제는 미국과의 조약체결을 통해 만국공법 질서에 의해 조선의 주권이 보호 받게 되리라는 기대를 가질 수밖에 없었다. 실제로 고종황제는 청국에 조영하趙寧夏를 보내 외국인 전문가의 파견을 요청하기도 했다. 참고로 니콜선Sir Harold Nicolson의『외교론』의「선의의 주선」해설을 옮겨 보겠다.(니콜선, 신복룡 옮김 Diplomacy 평민사 1988)

두 국가 사이에 논쟁이나 전쟁이 발생하는 경우 논쟁을 완화시킨다든지, 평화협상을 개진시키기 위하여 제3국이 "선의의 주선"을 마련하는 일이 흔히 있다. 이 선의의 주선은 다만 정도에 있어서 중재와 구별된다. 즉 전자는 제3국 정부가 분쟁 중인 두 국가를 위하여 의사 소통의 역할을 하는 것에 지나지 않지만 중재는 보다 공식적인 방법으로 제3국 정부가 중재자가 되어 실제로 협상을 수행하는 것을 뜻한다.

여기서 분명한 것은 고종황제가 믿었던 '거중 조정'은 엄격하게 말해 주선 조항에 지나지 않았다. 그야말로 조약문 그대로 선위조처善爲措處 조항이었을 뿐이다. 그러나 우리가 주목해야 할 것은 조약의 비준 후 미국의 우호적 태도이다. 미국은 영국과 일본의 반대와 방해에도 불구하고 푸트Foote를 북경과 도쿄 주재공사와 급이 같은 특명정권 공사로 임명, 서울에 파견했다. 푸트공사가 부임하자 고종황제는 "기뻐서 춤을 출danced with joy" 정도였다고 한다. 푸트가 비준교환을 한 다음날 고종은 명성황후와 함께 푸트를 접견하고 국서도 친수한 사실이라든가, 궁중에서의 수차례의 만찬연회가 열렸던 것을 보면 미국에 대한 그의 신뢰와 기대가 어느 정도였는지를 알 수 있다. 이는 아마도 미국의 힘을 빌어 러·일의 침투를 저지하고 임오군란 이후 강화된 청의 압력을 극복할 수 있다고 믿었기 때문인 것으로 생각된다.(G.M. MuCune, & J.A. Harrison, ed., Korean-American Relations : Documents Pertaining to the Far Eastern Diplomacy of the United States Vol. I.(Berkeley and Los Angeles : Univ. of California, 1951) 강상규『고종의 외교관에 관한 연구』(석사논문)에서 재인용)

(3) 가쓰라 - 태프트 밀약은 조선에 대한 미국의 음흉한 배신행위

1895년 동학농민혁명으로 청국과 일본이 쳐들어와 조선이 전쟁터가 되었지만 미국은 우의의 표시로 거중조정도 하지 않았다. 이러한 미국의 대한외교정책의 이유는 1905년 7월 29일 미일 간에 이뤄진 가쓰라 - 태프트밀약을 통하여 추적해보면 좀더 명백해진다.

필리핀에 행정관으로 파견되었던 태프트William Howard Taft(후일 필리핀 주재 4대 총독과 27대 미국대통령이 됨. 1903~1913) 육군장관Secretary of war과 일본의 가쓰라桂太郎 수상 간에 장시간에 걸친 비밀회담이 있었다. 이 회합에서 3가지 조항에 합의를 했다. 이것이 가쓰라 - 태프트 밀약이다. 이 협약은 일본의 조선 침략과 지배를 인정하는 미국의 대한對韓정책의 신호탄이 되었다. 실질적으로 회합은 7월 27일에 있었다. 합의 내용은 다음과 같다.

첫째, 미국 내의 친 러시아적 여론은, 러일전쟁에서 일본의 승리가 필리핀군도群島에 대한 침략의 확실한 전주라고 믿고 있다. 이에 대해 태프트 장관은 필리핀에 대한 일본의 관심Interest은 미국과 같은 강력하고도 우호적인 국가에 의해 필리핀군도가 지배되는 것으로만 쏠려주었으면 좋겠다고 말했다.

이에 가쓰라 수상은 필리핀에 대해 일본의 어떤 형태의 침략적 구상도 품고 있지 않다는 것을 적극적으로 표명하고 문제에 대한 태프트 장관의 견해가 정확하다는 점을 가장 강력한 어조로 확인했다.

둘째, 가쓰라는 극동에서 전반적인 평화유지가 일본의 국제정책의 기본적 원칙이라고 표명했다. 그런 사정이므로 상기한 목적을 성취하기 위한 최상의 그리고 현실적으로 유일한 수단은 일본과 미합중국 그리고 대영제국 정부간에 이해가 잘 돼야 한다고 말했다.

셋째, 조선 문제와 관련해 가쓰라는 러일전쟁의 직접적인 원인이 된 것이 조선이기 때문에 조선반도 문제의 완전한 해결을 위해 "전쟁의 논리적 귀결에 따라 이뤄져야한다"(일본이 러일전쟁에서 승리했으니까 일본의 독점 식민지가 되어야 한다)는 것이 일본에겐 절체절명의 문제라 표명했다.

러일전쟁 후 조선에게 문제를 맡겨 둔다면 조선은 과거에도 그랬듯이 전혀 선견지명이 없이 다른 열강들과 협약과 조약을 체결하는 등 과거로 회귀해 전쟁 이전에 존재했던 것과 같은 국제적 분규를 재연시킬 것이다. 앞서 지적한 상황에 비춰볼 때, 조선은 종전의 상태로 빠져 일본으로 하여금 또 다른 외국과의 전쟁을 해야 할 가능성을 배제하기 위해 부득이 명확한 조치(식민지 병합)를 취할 수밖에 없다는 생각이라고 가쓰라는 말했다.

이에 태프트 장관은 가쓰라의 의견의 '공정성'에 십분 동의하고, 자기의 사견임을 전제하여 일본의 동의 없이 외국과의 조약 체결을 할 수 없도록 일본군이 조선에 대해 확립한 "종주권은 현 러일전쟁의 논리적 결과"이며 "아시아에서 영구적 평화정착에 직접적으로 기여할 것"이라는 취지로 말했다.(둘이 앉아 '식민지 학살정복'을 '평화정착'으로 결론 내렸다.)

태프트 장관의 판단은 비록 그가 이 문제에 관한 보증을 줄 만한 권한은 갖지 못했지만 이런 문제와 관련 루즈벨트 대통령도 저와 같은 의견일 것이라는 생각이다.

이 회담과 관련하여 1905년 7월 31일 루즈벨트 대통령은 태프트 장관의 의견과 자신의 의견이 같다는 내용의 전문을 보냈다.

가쓰라 공과 귀하가 나눈 담화는 모든 점에서 절대적으로 정확합니다. 가쓰라 공에게 말한 장관의 한마디 한마디를 모두 확인하고 동의한다고 전해 주시기 바랍니다.

루즈벨트전문은 일본외무성 문서보관소Vol. 38. Part 1. Washington University Far East Libarary에서 복사. 미·일 밀약문 중의 인용부호는 정리자가 붙임. 일제日帝와 미제美帝는 당사국인 조선의 의사는 전적으로 무시한 채 러일전쟁의 승리자인 일본이 승리자의 당연한 논리적 귀결로 식민지로 차지하게 되었음을 남몰래 약속하고 「필리핀식민지 통치」와 「조선 식민지 통치」를 멋대로 흥정했던 것이다. 2차대전 후 조선 남부 점령도 당연히 승리자 미국의 "논리적 귀결"이었던 셈이다. 해방시켜준다는 생각은 애당초 없었다.

그러다보니 미국은 조선의 북쪽은 물론 남쪽에서도 자주독립세력의 저항을 무자비하게 꺾어버리고 친일파 매국배족의 무리들을 앞세워 「한국전쟁」이라는 점령지 확대전쟁까지 벌이면서 분열지배 숫법에 의해 영구 종속화시켜갔던 것이다. 모든 것이 「승리자의 논리적 귀결이고 평화의 정착」이라는 주장이었다.

고종 황제는 일본의 강압에 의해 동의한 이른바 을사보호조약에서 벗어나기 위해 미국의 도움을 요청하는 청원서를 선교사 헐버트H. B Hulbert(미국 버몬트 출신으로 1863년 조선정부의 초청으로 육영학원의 교사를 역임)를 통해 워싱턴에 보냈다. 고종황제의 협조요청은 1882년에 체결된 조미수호통상조약에 근거한 것이었다. 하지만 그는 루즈벨트 대통령에게 서한을 제출할 수 없었다. 그 이유는 일본이 구성한 새로운 조선정부의 신임장이 없다는 것이었다. 미국은 조미수호조약의 이행을 준수하지 못하는 이유를 일본이 세운 새로운 조선정부의 수립과 그 존재에 돌렸다. 이제 고종은 조선의 주권자가 아니니까. 워싱턴에서 헐버트가 조선에서 어떤 일이 일어나고 있는지를 설명하자 미국의 상원의원들은 그에게 이런 질문을 던졌다.

그대는 우리들에게 무엇을 기대하고 있는가? 그대는 정말로 미국이 조선을 위해 일본과 전쟁이라도 해야 한다고 믿고 있는가?

왜 이런 배신행위를 했을까? 미국의 재야 사학자인 짐 엘리어트Jim Eliott는 이렇게 말하고 있다.

"일본의 조선병합 전 조선반도에서 상황은 혼란스런 상태였다고 미국은 말하고 있다. 그러나 미국이 조선 문제에 관해 일본에 반대한다면 일본은 필리핀과 하와이에 있는 미군을 공격할 것이라는 우려 때문일 것이라는 생각을 떨칠 수 없다. 어쨌든 일본은 2차에 걸친 해전에서 러시아를 격파, 혁혁한 승전을 거두었다. 그 당시 미 일간의 해군력을 비교한다면 어느 쪽이 더 우세했었던가는 연구가 필요하다."(미국의 일본 「협력·지원」에는 시치미를 떼고 「불가피했다」고만 변명)

(4) 일본 제국주의세력과 조선 침략의 공범자 미국

일본이 1897년 미국의 하와이귀속을 항의하자, 미국은 일본이 하와이에 대한 미국의 완전한 주권에 대해 의문을 제기할 이유가 없다고 일축했다. 이어 1898년 미국의 태평양함대는 마닐라 주둔 스페인함대를 기습 공격, 필리핀 민족주의자들과 함께 스페인 육군을 패배시켰다. 그러나 미국은 전쟁이 끝나자 필리핀의 독립에 대한 약속을 파기함으로써 1902년까지 필리핀 자주독립군과 전투를 계속, 대량학살을 감행했다.

이런 미국의 태평양지역에서의 팽창주의에 똑같은 침략의 흑심을 품은 일본이 우려를 나타낼 것은 뻔한 일이었다. 하와이와 필리핀에 대한 일본의 공격을 우려한 미국의 입장이 가쓰라-태프트 비밀협약을 낳게 했고 이 협약은 조선에 대한 미국의 배신으로 나타나게 됐다. 미국은 일본의 필리핀과 하와이에 대한 영토침략 의사가 없음을 확인한다는 뜻에서 이 밀약을 승인했다. 상대방의 식민지를 서로 인정해준 것이다.

1905년, 을사보호조약으로 조선이 일본에게 외교권을 박탈당하자 루즈벨트는 주저없이 미국공사관을 철수토록 명령함으로써 조선과의 외교관계를 단절한 첫번째 국가가 되었다. 고종황제의 호소를 외면하였음은 물론 '보호조약'이 체결되자 미국은 어느 나라보다 제일 먼저 일방적으로 수호조약을 폐기하고 공사관도 철수시켰다.(강만길, 앞의 논문, 24쪽, 주한미국공사관의 철수를 목격한 헐버트의 부인은 "미국의 모든 사람들은 4반세기 동안 조선에 대하여 미국의 깃발은 정의와 공평과 정직과 함께 서 있으며 우리는 조금도 이기적인 비굴감을 갖지 않았다고 말하였다. 따라서 우리의 진정한 마음은 어떠한 불의에도 굴하지 않았건만 곤란한 사태에 직면하게 되자 가장 경멸적인 방법으로 한마디 인사도 없이 제일 먼저 철수하였다"고 했다.) 이어 루즈벨트는 주한 미국선교사들의 정치 불개입을 지시하고 선교 업무에만 열중하라고 훈령을 공관에 내렸다. 미국무성이 주한 미공사에게 내린 훈령은 이러했다.

국제적으로 미 정부에 의무로써 지워져 있는, 해당 국가의 국내문제에 참가하는 것에 대한 신중한 자제를 준수할 의무가 있다는 것을 공개적으로 알리라는 명령을 받았다. 어떤 의견을 발표하거나 국정처리에 관해 조언하거나 혹은 그 나라의 정치문제에 간섭하는 것 등은 엄중히 금한다. 고국을 떠나 다른 나라에 체재하고 있는 선량한 미국 시민들은 합법적인 본업, 즉 그것이 선교사업이든 학교에서 가르치는 것이든 혹은 병자를 돌보는 것이든, 그들이 외국에 체재하는 목적인 직업이나 사업에만 국한하는 것이 가장 국가에 충성하는 것이며, 외국에 있는 동안 지속적이고 효과적으로 보호받을 수 있는 권리를 정당화해 주는 것이다.(이만열『아펜젤러, 한국에 온 첫 선교사』연세대학교 출판부. 1985)

알렌의 후임 공사인 모건Morgan에겐 이런 지시를 내리고 있다.

나(루즈벨트)는 일본에 관한 동정을 최대한으로 주기 위해 귀하를 공사로 선임했다. 귀하에게 훈련하건대 조선 재임 중 일본의 관헌과 계속 밀접한 관계를 유지하고 일본의 정책과 일치된 행동을 취해 주기 바란다.

미국무성은 조선에 거주하는 미국시민들(선교사 포함)에게 조선의 정치문제에 대한 개입을 금하는 훈령을 주한 미공사에게 내렸다. 아펜젤러는 미국계 선교사들이나 그들이 세운 학교들이 독립운동에 참가하는 것을 극력 반대했다고 전한다.

결국 루즈벨트의 친일정책은 주한 미국공사였던 알렌Horace N. Allen의 해임에서 잘 나타났다. 알렌은 일본의 조선 지배 야욕이 분명해지자 이에 대한 견제와 미국의 극동정책에 대한 반대 의견을 루즈벨트 대통령에게 건의했다가 해임된 것이다.

(5) "하나님이 정한 권세자 일본에 복종하라" 침략세력의 음모결탁

① 그리스도인은 모든 권세와 제도에 복종하라, 절대자神의 명령이니까

이런 친일정책적 분위기 속에 열린 1901년 9월의 장로회 공의회는 영미계 선교사들이 "정부와 정부 사이에 교제할 몇가지 조건"을 선언했다. 그 내용은 모든 권세는 하나님이 주신 것으로 그리스도인은 모든 권세와 제도에 복종할 것을 전제로 교회(선교사)와 교인(조선인)간의 관계를 규정했다. 제국주의자들은 식민지 탐욕이 절정에 이르면「하나님도 인간 지배세력의 욕망 달성의 도구」에 불과함을 자연스럽게 폭로하고 만다.

교인이 나랏일에 관여하거나 실수함에 대하여 교회가 간섭할 것이 아니며, 교회당과 목사의 사택은 나랏일을 공론하는 곳이 아니라는 것이다. 이 결의는 앞으로 전개될 정교분리政敎分離라는 구실 아래 민족의식의 회석화와 항일투쟁의 의욕상실을 심화시켰다.

아울러 신사참배 등 친일과 부일附日의 명분과 이유를 제공했다. 일본 침략세력과 미국의 기독교 세력은 함께 조선의 노예민중의 주인이자 상전上典이었다. 미국이 해군력의 한계성 때문에 극동에서 다른 열강들의 뒤를 따라 이득을 챙기는 실용주의 노선을 택할 수밖에 없었다는 것은 이미 지적했다. 제국주의와 선교 행위는 일심동체가 되었다.

당시 루즈벨트 대통령은 일본이 만주에서 러시아를 대신해 우월한 권리를 갖고 미국과 영국은 양자강 유역을 장악하여 중국 전 지역에서 문호개방을 기한다는 것이 그들의 동양평화 정책이 되었다. "자신들이 잡은 권세는 하나님이 준 것이고 조선인들이 빼앗긴 자유와 권리도 하나님의 뜻"이라는 식의 강도의 논리를 펼 수 있는 영역이, 바로 침략자들이 허상숭배 기독교를 편리한 침탈도구화했던 이유이며 목적이기도 했다.

이런 노선이 가쓰라-태프트 밀약을 낳게 했다는 주진오 교수의 진단이다. (주진오「미국제국주의의 조선침략과 친미파」, 『역사비평』제3호, 1988) 때문에 미국에겐 광대한 중국시장과 그 전진기지로서의 필리핀이 중요했다. 이 두 가지 목적을 달성하기 위해서 조선의 일본에 의한 식민지화는 큰 문제가 되지 않았다. 철저한 국가이익의 추구라는 미국의 실용주의적 외교정책이었다.(2차대전의 결과로 보아서는 조선을 우선 일제에게 맡겼다가 나중에 자기들의 힘이 더 붙으면 차지한다는 꿍심이 실현된 셈이다.)

이어서 러시아의 패색이 짙은 러일전쟁의 막판에 루즈벨트는 러일간의 강화조약을 체결토록 거중조정을 하고 나섰다. 이것이 포츠머스 조약이다. 러일 간의 이 조약은 일본의 조선 지배를 거듭 보증해 주고 있다. 가쓰라-태프트 밀약의 후속조치였다. 이로써 미국의 대한對韓정책은 '불공경모'에 대한 조치와 거중조정을 사실상 파기하고 조선의 식민지화를 적극 지원한 친일 일변도 정책으로 바뀌었다. 미국의 암묵적 지원을 받고 있던 이 무렵(1905년) 일본은 조선 본토 침략과 함께 조선령이 분명한 동해의 독도(울릉도에서 육안으로 뻔히 보이는)를 점유, 자기네 영토로 등록시켜버리는 침략 행위를 하였다.

② 조선을 버리고 일본을 택한 미국, 전쟁 악마 키워

1905년 9월 5일 미국 뉴햄프셔의 항구 도시인 포츠머스 해군 기지에서 체결된 이 조약 제2조는 조선 문제에 있어서 일본의 확실한 지배를 다음과 같이 규정하고 있다.

러시아 정부는 일본이 조선에서 최대의 정치·군사·경제적 이익의 소유를 인정하며, 일본이 조선에 대해 필요하다고 판단하여 지도 보호 및 감리의 조처를 취하는데 방해하거나 간섭하지 않는다.

The Imperial Russian Government, acknowledging that Japan possesses in

Korea paramount political, military and economical interests, engages neither
to obstruct nor interfere with measures for guidance, protection and control
which the Imperial Government of Japan may find necessary to take in Korea.
(출처 : 인터넷 홈페이지 Brigham Young University, Harold B. Lee Library)

이로써 조선이 일본에 의한 피보호국이 됨을 사실상 인정하고 곧 확실하게 일본의 식민지로 전락시키는 데 미국정부가 보증인이 되었다. 러일전쟁에서 러시아는 전쟁에서의 패배로, 일본은 과대한 전비 지출로 쌍방 모두 전쟁을 지속할 의지를 잃은 상태였다.

이런 상황에서 루즈벨트 대통령이 중재를 했다. 미국과 영국은 조약의 체결에 앞서 일본으로부터 상당한 양보를 끌어냈다. 미국은 일본에게 중국이 채택한 문호개방 정책을 따를 것을 요구했다. 이 요구는 일본이 만주에서 철수, 중국정부에 반환하는 일이었다. 조약의 체결은 동북아시아에서 러시아 세력의 몰락을, 지역 내의 최강대국으로 일본의 부상을 역사에 각인시켰다. 특히 일본의 승리는 역사적으로도 중요한 의미를 던졌다. 동양의 작은 섬나라가 유럽의 제일 큰 나라를 굴복시켰다는 것은 더 이상 인종이나, 종교적 문화적 이유만으로 서구의 제패가 정당화 될 수 없다는 것을 전 세계에 명백하게 증명했다. 서구 열강이 사용한 과학과 기술 그리고 정치와 경영의 방법을 응용함으로써 누구나 똑같은 결과를 얻을 수 있다는 것을 보여 준 역사적 사례가 되었다. 아시아에서 제일 서구화가 잘된 국가와 유럽에서 제일 서구화가 안된 국가 간의 싸움에서 후자의 패배가 국제적으로 공인된 사건이 포츠머스조약이다. 슬라브 러시아의 패배는 전통적으로 적대세력인 英・美 앵글로 색슨 세력에게는 세계제패의 큰 걸림돌이 없어진 셈이었다. 영국과 미국이 일본을 지원한 이유였다.

필리핀에서의 미국의 지배권과 일본의 조선에 대한 지배권의 상호 보증이 가쓰라 - 태프트 협약이라면 포츠머스조약은 재보증의 성격을 띠고 있었다. 때문에 미국의 대조선정책은 일본의 대조선정책을 추종하여, 아니 배후조종하여 조선을 버리고 일본을 택한 것이었다. 이것은 오늘의 조선반도를 둘러싼 미국의 극동정책에서도 미일관계와 한미관계를 살펴보면 역사적 유사성(조선민족은 동포끼리 증오・적대시하게 만들어놓고 日・美가 함께 조선의 통일을 악착같이 방해하는 일)을 쉽게 발견할 수 있다.

러일전쟁에서 러시아의 패전과 조선의 운명은 상당한 유사성을 띠고 있다. 1904년 2월 9일 제물포(인천) 앞 바다에서 러일 해전이 일어났다. 일본해군은 제물포에 기항 중이던 러시아의 바랴그호와 카레예츠호에 대한 공격을 감행했다. 러일전쟁의 서전을 알리는 이 해전에서 러시아 해군은 항복 대신 장렬한 전사를 택했다. 두 척의 함정과 함께 러시아 해군은 모두 수장되고 말았다. 카레예츠란 말은 러시아어로 '고려인'이라는 뜻이다. 러시아의 '고려인 호'가 일본해군에 의해 격침되고 승무원이 모두 전사했다는 것은 조선의 운명과 아주 닮고 말았던 것이다.

소련은 1989년 12월에 바랴그호를 태평양함대 사령부에 배치하면서 제물포에 전쟁추모비를 세우겠다며 한국의 협조를 요청했다. 물론 소련은 이 해전을 '제물포 해전'이라 부른다.

당시의 조선왕조는 조미조약이 규정한 거중조정good office에 미련을 버리지 못하고 있었다. 미국의 배신행위에도 불구하고 조선왕조는 일본의 조선 침략에 적당한 거중조정과 견제를 기대하며 대미교섭을 펴고 있었다. 대미교섭에 대한 기대가 고종황제로 하여금 미국선교사들을 "아름다운 나라의 사람"美國人으로 보고 잘 대하게끔 했다. 그 기대는 1905년 10월 헐버트 선교사에 의한 황제의 친서 전달의 시도로 나타났다. 하지만 그의 임무는 실패로 끝나고 을사보호조약의 체결과 함께 미국은 조선 주재 미국공사관을 제일 먼저 폐쇄해 버렸다.

이런 루즈벨트의 대조선정책을 배신행위Act of treachery라 하는 것은 역시 미국이라는 나라의 제국주의적 속성에 대한 이해 부족과 몰이해沒理解 때문이었다.

물론, 고종황제는 조미수호조약 체결로 미국의 우호적 힘을 빌어 일본과 러시아의 침투를 저지하고 임오군란 후 강화된 청국의 간섭과 압제에서 벗어 날 수 있다는 기대와 희망에 차있었는데도 말이다.

조선의 기대와는 달리 미국의 입장에선 조선과의 교역량이 너무나 미미해 적극적인 개입에 흥미를 잃었던 셈이다. 아시아 진출에서 유럽의 열강보다는 후발주자였던 미국은 각국의 독립이 유지되는 것이 자국의 이익이라는 판단이었다. 이런 정책적 고려는 대중국 문호개방 정책에서 그대로 반영되고 있었다. 하지만 조선반도의 분쟁에서 미국은 조선의 독립을 유지하기 위해 적극적인 개입이 사실상 어려웠다. 이것은 앞서 지적한 미국의 힘의 한계 때문이었다. 때문에 미국은 조선반도에서 유럽 제국의 입지강화나 침투보다는 일본세력을 키워 유럽 제국주의세력을 견제 저지하겠다는 미국판 '이이제이以夷制夷' 정책을 채택했다. 국가이익 제일주의라는 실용주의 외교노선이었다. 이런 대아시아 정책은 곧 바로 조선의 식민지화를 지지하는 친일 정책으로 귀결되었다. 미국의 대외정책과 제국주의적 속성을 몰랐던 고종과 지배층은 사문화된 조약의 조문에 매달리는 어리석음을 보였던 것이다.

하지만 루즈벨트의 이 같은 정책 구상은 곧 이어 잘못된 오산이며 오판임이 판명된다. 일본은 미국의 예상보다 현실적으로 훨씬 더 강력한 군사대국으로 변모했기 때문이다.

미국은 중국시장 특히 만주에 대한 이해에 많은 관심을 가졌고 만주를 강점한 러시아는 미국의 주적에 속했다. 만주는 중국시장 중에서도 미국제품이 가장 많은 시장점유율을 차지하고 있었다. 때문에 만주의 러시아 강점은 미국수출시장의 상실이라는 경제적 측면에서 좌시할 수 없는 상황이었다.

루즈벨트는 일본과 러시아와의 전쟁이 미국의 대리전 정도로 생각했을지도 모른다. 그 까닭은 일본이 미국의 함포외교에 의해서 문호를 개방했기 때문에 일본은 미국의 영향에서 벗어날 수 없으리라 판단했다. 이런 논리는 당시 주일 러시아공사인 로젠에게서 확인되는데, 그는 일본이 러일전쟁을 일으킬 수 있었던 것은 미국이 일본을 지원할 것이라는 점을 확신했기 때문이라고 한 그의 회고담이 이를 잘 뒷받침하고 있다.

청일전쟁에서도 미국은 일본을 지지, 전쟁도발의 촉매제 역할을 함으로써 일본은 영·미의 배경하에 안심하고 청국과의 전쟁을 수행할 수 있었다.

③ 이타주의利他主義를 가장한 미국의 문호개방정책

미국은 1890년 이후 경제력과 군사력에서 급성장을 하게 되자 종래의 국외 중립외교 노선을 수정, 「문호개방정책The Open Door Policy」을 대 중국정책으로 제안했다.

미국의 헤이John Milton Hay국무장관이 1899년에 제안한 이 정책은 청나라의 영토 보전과 열강의 기회균등을 표방하고 있다. 그래서 언뜻 보기에 이 정책은 이타주의적 Altruistic인 것처럼 보이면서도 미국 자체의 정치적 경제적 이익을 어떻게 도모하고 있는지를 잘 반영하고 있는 제국주의의 선언이었다. "모든 국가는 중국 전역에서 동등한 통상 및 개발권을 갖고 제국들의 중국에서의 동등한 지위Footing와 자신들의 영향권 Sphere of influence에 제약을 두자는 것"이었다. 각국의 영향권은 다음의 조계지租界地 관세정책으로 나타났다. 미국은 이런 열강의 영향권지역 내에서 상업과 항해를 위한 완벽한 평등권을 향유할 것을 주장하고 있었다.

첫째, 중국과 체결된 조약이나 항구 혹은 조계지 안에 투자한 이권에 대해 간섭할 수 없다.
둘째, 중국은 조계지 항구를 통한 수출입 상품에 대해 관세를 부과하며 그 상품이 어느 국가에 속하든 간에 모든 상품에 대한 세금은 중국 정부가 부과하고 징수한다.
셋째, 어떤 국가도 입항세를 차별적으로 적용할 수 없다. 조계지를 경유하는 어떤 나라의 물품에도 철도 운임 등에 대해 동일한 요금을 적용한다.

이같은 미국의 정책은 중국 전 지역에서 외국의 동등한 대우와 혜택을 보장하는 조치를 채택하자는 것이었다. 여기서 미국은 중국 정부와 평화적 관계와 자국민의 생산·생명권의 보호, 합법적인 상업의 촉진, 미국의 적법한 이권의 보호, 그리고 중국에서의 소요 확산을 방지한다는 정책을 고수하게 된다.

미국정부의 문호개방 정책은 중국의 영구적 안전과 평화, 중국 영토에 대한 행정권의 실체 보전, 국제법과 조약에 의해 우방들에게 보장된 모든 권리의 보호, 중국 전 지역에서 중국과 동등하고 공평한 무역을 보장할 수 있는 해결책을 추구하는 것이었다.

조미수호조약 제5조는 조선의 관세 자주권을 명시하고 있다. 이것은 파격적이었다. 당시나 지금이나 선·후진국 간의 교섭은 언제나 강대국의 일방통행이 관례가 되고 있었기 때문이다. 미국은 중국과의 협정에서 일용수입품에 10%, 사치수입품에 30%, 수출품에 10%의 관세율을 정했다. 이 같은 파격적인 세율의 책정은 고종과 조정을 현혹시키기에 충분했다. 아름다운 나라로 보였다. 그만큼 신뢰를 줄 수 있는 일이었다. 하지만 미국은 이 세율을 지키지 않았다.(그리고 이 같은 상거래 행위가 강대국내에서는 이루어지지 않는, 약소국내의 일방적 상황이었으므로 실제로는 평등한 교역 조건이 아니었다.) 제14조의 최혜국 대우권 덕택에 1883년에 체결된 조영朝英조약에 규정된 관세율인 수입 7.5%, 수출 5%를 기본으로 하는 관세특권을 균점 받았기 때문이다.

문호개방 정책은 극동에서 다른 열강에 뒤떨어진 미국의 영향력을 보완, 교두보 확보를 위해 내 놓은 잠정적 외교정책이었다. 아울러 자본주의 열강에 의한 중국 분할의 위기를 해소시키려는 노력으로, 미국은 영토적 야심이 없는 선량한 국가라는 이미지도 창출하는 효과를 보았다.

미국은 이 정책을 내걸면서 러시아와 일본의 만주 진출과 일본의 대對중국 21개조 요구(1915년)를 반대했다. 그리고 1921~1922년, 워싱턴 9개국 조약에서 정식으로 각국의 승인을 받았다.

하지만 1931년 일본이 만주사변(침략전쟁)을 일으켜 문호개방 정책에 반대되는 정책을 취하면서 미일 관계는 급속히 악화되었다. 이런 관계 발전은 곧이어 태평양 전쟁의 간접적인 원인이 되었다. 다시 말해 문호개방 정책은 미국의 경제·군사력을 바탕으로 국제문제에 개입하겠다는 의도를 명백히 드러냈다는 점에서 제국주의적 선언이라는 평가가 나오는 것이다. 여기서 미국은 이타주의를 표방한 실용주의 정책의 두 얼굴을 보이고 있다. 중국의 주권 옹호(利他)는 그것이 미국의 입지(이익)를 가장 잘 대변(보장)할 수 있었기 때문이었다.

러시아의 남진정책에 대항하는 세력으로 영미일의 3국 동맹(가쓰라-태프트 밀약)이 등장했다. 그러나 일본의 군사 대국으로의 급성장은 미국의 만주 진출을 봉쇄하기에 이른다. 일본은 만주철도 부설공사에 미국의 참여를 반대함으로써 결국 미래의 적으로 등장하기 시작했다.

④ 미국 극동 정책의 실패는 대일정책 실패에서 비롯

미국의 극동정책의 실패의 원인은 대일본 정책에서 비롯되었다. 일본도 그들의 대동아공영권大東亞共榮圈 건설에 미국의 간섭이나 견제는 껄끄러운 것이었다. 결국 이 불편한 관계는 러일전쟁을 미일충돌의 서곡으로 만들 수밖에 없었다.

이런 열강의 이해 갈등 속에 미국의 비이데올로기적인 듯한 가면을 쓴 접근은 조선 국민들에게 미국은 '우호적'이라는 착각을 심어주는데 크게 기여했다.

미국의 대對한정책은 자국의 힘과 국제상황 속에서 택한 전술이었을 뿐, 제국주의적 속성이 변화된 것은 아니었다. 이런 전술적 변화를 조선은 모르고 개화와 부국강병의 수단으로서 미국과 기독교를 받아들였다. 이것은 분명 본의든 아니든 부분적으로는 속았다는 평가가 설득력을 얻고 있다. 20세기 초 조선이 맞은 비극적 운명은 황사영 백서에서 보였듯이 조선의 지배층이나 지식인들의 국제정세와 열강에 대한 무지가 초래한 자업자득이었다.

이만열은 미국의 대조선 선교의 성격을 다음과 같이 지적하고 있다.

> 미국인에 의한 선교는 교리나 신학에 의해서라기보다는 기술과 문화에 의해서 먼저 이루어졌다는 것이다. 그러나 비판적 학자들은 선교가 미국혁명・프랑스혁명・산업혁명을 불러일으킨 서방에너지의 폭발outburst의 한 모습이며 기독교 전도와 백인의 식민은 항상 어디서나 나란히 실행된다. 통례상 양자는 주창되는 목적과 활동양식은 달리 함에도 불구하고 똑같은 세계관을 가지고 행동한다. 기독교와 미국화는 서로 불가분한 상태에서 서로 이행한다.(이만열 『한국기독교와 민족의식』 지식산업사 2000)

⑤ 미국의 배신행위에 분개한 선교사 헐버트(미국인)

미국의 친일 일변도 정책에 분개한 선교사들이 없었던 것은 아니다. 감리교의 헐버트 Horace B. Hulbert는 『대한제국의 멸망사The Passing of Korea』에서 당시의 워싱턴의 태도와 그의 울분, 미국시민으로서의 도덕적 수치감을 적나라하게 쓰고 있다.

"조약(을사보호조약)이 체결되자 「조선은 자발적으로 일본의 보호 통치를 수락하는 협정에 서명하였다」고 일본 정부는 워싱턴에 통고하였으며, 미국 정부는 이와 같은 통고의 진위에 관하여 조선의 의견을 들어보지도 않고 일본의 주장을 정당화하였으며, 즉시로 서울에 있는 공사관을 철수시킴과 때를 같이하여 앞으로 조선과의 외교 업무는 동경을 통하여 다루어질 것이라고 워싱턴에 있는 조선 공사관에 통고하였다. 미국 정부가 그와 같은 태도를 취하기 전에 황제(고종)의 탄원서한이 워싱턴에 도착했었다. 그러나 서한의 도착이 대통령(26대 Theodore Roosevelt)에게 보고 됐다 해도 미국 정부에 의한 조치가 취해진 다음에도 서한은 접수되지 않아 정작 접수를 하려고 했을 때는 너무 늦었다는 것을 알게 됐다.

대통령의 이런 처사가 오랫동안 조미간에 존속했던 우호관계와 일치하는 것인지의 여부를 논의하는 것은 별개의 문제로 보고 조선인들이 그러한 처사를 명백한 배신행위distinct act of treachery로 간주했다는 점에서는 의심의 여지가 없다. 심지어 온 조선국민이 일본의 고압적 행위에 몸서리를 치고 있을 때, 그리고 많은 조선의 고위관리들이 자살로 조국의 불행wrongs 을 잊으려 하고 있을 때 서울 주재 미국 공사 모건Edwin V. Morgan은 조선이라는 국가를 파괴해 버린 일본인들에게 축하연을 베풀고 있었다.

조선이 미국의 우의에 걸었던 확신감 때문에 급격하고 예리한 반응을 보인 것은 당연한 것이 아니었겠는가. 각계각층의 미국인들은 미국의 국기는 공의와 정직의 상징이며 우리들 미국인은 자신에게 도움이 되는 순전히 이기적인 이해관계만을 추구하지 않고 정의의 편에 섰고, 그 정의가 힘을 수반하든 않든 간에 정의의 편에 섰다고 지난 25년 동안 조선에 말해왔다. 그러나 위급한 상황이 닥쳤을 때 조선을 제일 먼저 버린 것이 미국이었고 안녕이란 작별 인사 한 마디 없이 가장 야비한 방식으로 조선을 버렸다."

고종황제의 호소문엔, 미국정부가 그동안 보여준 많은 선의의 징표를 받았으며 특히 여러 분야의 미국 선교사들이 수행한 값진 일들과 주한 미국공사관원들의 동정적이고 도움이 되었던 점들을 열거하고 있다. 황제는 조선이 일개의 국가로서 국가답지 못했던 점에 회한을 보였다.

그(고종)는 조선 정부가 정부답지 못하고 많은 실책을 저질렀다는 점을 인정했다. 그러나 고종황제는 조선인들이 그들의 정부를 어떻게 생각하였든 그들은 참 모습의 조선Real Korea 에, 그리고 그들이 조선국민Nationality임에 열정적인 애착심을 갖고 있었다.
국민들은 이제 자랑스럽게 여길 것이라곤 별로 없습니다. 그리고 만약 일본에 의해 보장되어 왔던 조선인들의 국가와 독립이 일소돼 버린다면 그들이 전진해 나가기 위한 어떠한 동기유발의 꺼리가 없어질 것입니다.

여기서 고종은 을사보호조약으로 인해 일본인들의 기고만장하고 안하무인격의 행동은 조선인들의 개인적 권리를 경멸하고 짓밟기까지 하게 됐다고 개탄했다. 조약은 일본에 의한 조선의 완전지배를 보장한 것은 아니었음을 은연히 암시하기도 했다.

조선의 독립을 보전하겠다는 일본의 약속을 스스로 파기함으로써 일본은 자해自害를 하는 꼴이 될 것이라고 황제는 주장하고 있었다. 이유는 일본의 약속파기는 극동의 어느 지역에서나 일본의 선의를 강대국들로 하여금 의심케 하기 때문이다. 결론적으로 황제는 다른 분야에서 대통령이 탁월한 업적을 남겼을 때와 같은 안목과 동정심으로 조선 문제를 배려해 줄 것을 루즈벨트 대통령에게 부탁했다.

그리고 만약 사태를 살펴 본 다음에 위에서 언급한 여러 가지의 사실들이나 앞으로 다가올지도 모를 그 밖의 사실에 대하여 황제가 부탁한 대로 행동하는 것이 옳다고 여겨질 때에는 급박한 조선의 비운을 막아내기 위하여 대통령의 우의 깊은 직권을 행사해 줄 것을 황제는 간곡히 부탁했다. 그리고 황제는 대통령이 단순히 풍문에만 귀를 기울이지 말고 모든 일을 주의 깊게 살펴 본 다음에 처신하여 줄 것을 부탁하였다는 것은 주목할 일이다.……

미래의 사가들이 지난날의 일들을 되돌아 볼 때 미국 정부가 조선민족의 사활이 달린 이 같은 중대한 문제에 대하여 공평한 눈으로 볼 때, 능멸적인 태도와 사려 깊지 못한 행동을 취한 것으로 간주할 것이다. 이 사건을 미국민의 역사에 또 하나의 영광으로 기록할 수 있는 사가들은 거의 없을 것이다. 내(헐버트)가 알고 있는 범위 내에서 가장 지성인이었으며 대중의식이 투철했던 민영환은 조선의 독립을 찬탈하는 강제행위를 저지시키려고 갖은 애를 다 쓰다가 결국엔 자결하고 말았다. 그의 공적과 그의 뒤를 따라서 자결한 애국자들의 공적은 그를 비방하는 사람들이 뭐라 험담하든 조선민족의 가슴 속에 움직일 수 없는 역사의 증거로 영원히 남을 것이다. "조국을 위해 죽는 일 보다 더 기꺼운 일은 없다"(dulicit pro patria mori)라는 말이 진리라는 것은 조선이나 그 밖의 어느 나라에서도 다 마찬가지다.(헐버트, 신복룡 옮김『대한제국멸망사』평민사 1984)

헐버트는 일본인 첩자가 고종황제의 서한이 워싱턴에 도착할 정확한 날짜까지 알아냈고 그가 타고 있던 기선에는 일본인 첩자가 동승, 염탐을 하고 있었음을 알리고 있다. 조선의 외무부는 친일파로 포위돼 있었다고 전한다. 헐버트는 "민중들과 관련된 모든 것은 정치적"이라 전제하면서 정치적 중립 주장에 이렇게 반박하고 있다.

그리스도교를 가르치도록 허용하면서 선교사들로 하여금 정치적 의의를 갖지 못하게 하는 모든 노력은 선교사가 그 자신과 자신의 일을 정치로부터 떼어놓을 수 있다고 말하는 것과 마찬가지로 황당하고 비논리적이다.(The Japanese in Korea Extracts, The Korea Review, 1907. 헐버트는 1904년의 러일전쟁에서 일본군의 만행을 직접 목격함으로써, 그 참상을 폭로하고 항의할 수 있는 도덕적 용기를 가지게 되었다. 그는『코리아 리뷰(The Korea Review)지를 발행,

일제의 만행을 폭로했다. 그는 뒤에 기사들을 간추려 한권의 책으로 출판했다.)

⑥ 동도서기東道西器론은 기득권층의 지배권력 안보용

미국이 학교·병원설립을 내세운 것은 조미수호조약에 종교자유나 전교의 자유조항이 없었기 때문에 이를 피해 비종교적인 문화를 먼저 내밀었다. 이런 위장선교는 미국의 경제시장 확보 정책과 궤를 같이 하고 있었다. 병원과 학교의 설립은 미국의 상인과 자본가들의 헌금에 의해 이뤄졌다. 「경제시장 확보」와 「기독교 선교」는 미국의 극동정책을 이룬 두 개의 수레바퀴였다. 결국 제국주의의 마차는 「정치·군사·산업·종교라는 네 바퀴의 협동」으로 굴러가고 있었다.

이런 접근은 열강의 침략에 불안해하던 아시아의 수탈적 지배계급에겐 안도와 위안이 되었다. 특히나, 서구의 문명도입으로 부국강병을 열망하던 기득권층에게 미국은 다른 제국주의 열강과는 다르다는 인상을 심어주었다. 어찌 보면 조선 관리들이 이상적 정책으로 여겼던 이른바 「동도서기론東道西器論」과 맞아떨어진다고 생각했을지 모른다.

그들의 기득권이 왕권의 존재에서 비롯되는 전제군주 국가에서 왕권 유지는 절체절명絶體絶命의 과제였다. 권력안보와 이의 지속적 유지를 열망하던 지배층에게 서기西器라는 서구 문명의 도입은 문제해결의 열쇠나 다름없었다.

중국에서의 중체서용中體西用이나 일본에서 화혼양재和魂洋才와 같은 맥락이다. 동도東道는 막연하게 동양의 정신, 곧 유교의 성리학을 뜻하는 것이 아니었다. 수탈 지배세력의 배경인 왕권 체제의 유지까지 뜻하는 것이었다. 서구의 사상은 개인주의·자유주의·인민주권주의와 시장경제라는 사상에 바탕하고 있었다. 개인주의Individualism가 핵심이었다. 그러나 봉건조선에선 아직 임금의 백성이었을 뿐이다. 현대 서구사상의 시발이라 할 수 있는 「대헌장Magna Carta」이 규정하고 있는 국민, 곧 개인의 자유와 재산권의 보호가 동도사상엔 결여돼 있었다. 도리어 이런 진보적 서구사상의 발달을 봉쇄하고 전제 군주권력을 앞세운 지배계급층의 권력체제를 유지하기 위한 정책이 '동도서기론'이었다.

서구문명의 수용을 통한 근대화西器는 왕권과 이에 기식하는 지배층의 기득권 유지와 보호를 위한 방법론이었을 뿐이었다. 세계사의 흐름과 민중의 의식개화에 맞지 않는, 소수 지배세력만의 권력 유지를 위한 개혁론이었다. 때문에 동도서기의 정책은 실패할 수밖에 없었다.

최제우의 인내천人乃天 사상이 수용될 수 없는 부패한 절대군주제를 포함한 기득권이 그대로 유지되면서 새로운 문명의 도입만으로 부국강병을 이루겠다는 보수 세도가의 바람은 이기적 희망일 뿐이었다. 나무에 올라가 고기를 낚겠다는 연목구어緣木求魚

적 발상이었다. 그것은 그들의 이익을 지켜줄 정권의 안보가 최대의 관심사였으나 국제정세와 세계사의 흐름 그리고 민중의 깨어남이 몰고 오는 사회변혁 속에 조선의 기득권세력인 양반계급이 바라던 동도서기는 잘못된 처방이었다. 이상과 현실의 균열이었다.

이같은 기득권 세력에게 미국의 대한對韓정책은 바로 그들의 동도서기의 꿈과 딱 맞아 떨어진다고 여겼다. 그래서 조미수호조약에 불립교당不立敎堂을 규정하고 전교의 자유를 조문에 넣지 않은 것도 바로 이 동도東道 때문이었을 것이다.

조선의 위정자들이 미국에 대한 호감과 신뢰를 보인 것은 중국외교관 황준헌黃遵憲이 쓴『사의조선책략私擬朝鮮策略』의 영향이 컸던 것으로 보인다. 그가 쓴 책의 내용은 "러시아의 남하정책을 막기 위해 동양 3국이 수호관계를 유지하고 미국과는 연합해야한다"는 취지였다. 여기엔 기독교 도입도 허용해야 하는 것으로 되어있다. 친중국親中國·결일본結日本·연미국聯美國으로 표현되는 이 책략은 엄청난 소란을 야기했다.

1880년(고종 17년) 수신사로 일본에 갔던 김홍집金弘集이 저자인 황준헌으로부터 직접 받아 가지고 와서 고종에게 바쳤다. 고종은 이 책의 내용을 신하들에게 공람시키고 검토한 다음 전국의 유생들에게 배포, 그들의 생각을 넓히도록 했다. 그러나 유생들은 일본은 양이洋夷와 같으며 서양과의 연합이나 수교는 기독교를 퍼뜨리는 결과를 초래한다는 내용의 상소문을 연명으로 올리기도 했다. 이름 하여 만인소萬人疏사건이었다.

『조선책략』은 조선의 지식층에게 기독교(개신교)는 천주교와 다르다는 인식과 함께 개화와 부국강병을 위해 기독교의 도입이 필요하다는 분위기를 조성하는 데 영향을 주었다. 여기에 고종황제의 상황판단이 잘못되었거나 안이했던 점이, 기독교 유입의 원인이 되면서 미국에 의한 배신행위를 자초한 것도 부정할 수 없다.

고종은 부국강병과 왕실의 보존을 위해서라면 기독교의 도입이 안겨 줄 위험부담도 각오하고 있었다. 국제조약에 대한 믿음은 그의 유교적 가치관이 낳은 필연의 소산이었다. 고종은 제국주의적 국제질서 속에서 국가 간의 협약이나 조약의 위험성에 대한 이해가 턱없이 부족했던 것으로 보인다. 아울러 선교사들의 배경과 성격과 기독교라는 종교의 본성과 본질 그리고 제국주의적 속성에 대해 전혀 지식이 없었다. 그는 기독교가 설사 들어온다 해도 유교의 가르침이나 조선의 전통적 가치관들이 양이洋夷의 가치관 보다 우수하다는 자신감에 차 있었다. 노련한 제국주의자들의 위장된 종교 침투정책의 함정에 빠질 수 밖에 없었다.

본래부터 공맹孔孟의 가르침을 익혀왔고 오랫동안 예의의 풍속에 젖어 왔는데 하루아침에 바른 교리를 버리고 그릇된 교리를 따를 수 있겠느냐, 설사 어리석은 사람들이 몰래 그 가르침을 배우고 전한다 해도 나라에 떳떳한 법이 있는 이상 처단하고 용서하지 않으면 되는데 무슨 걱정이 있는가? 숭상하고 물리치는 데는 딴 재간이 있는 것이 아니다.…… 종교를 배척하고 기계를 본 받는 것은 원래 병행하여도 사리에 어그러지지 않는다. 그러나 강하고 약한 형세가 현저한 조건에서 만약 그들의 기계를 본받지 않는다면 무슨 수로 그들의 침략을 막아내며 그들이 넘겨다보는 것을 막겠는가?

이 교지敎旨에서 고종은 국제관계, 특히 조약에 의한 국가간의 약속에 대한 신의를 강조함으로써 살벌한 제국주의 열강들의 냉혹한 정치속성과 현실에 순진함이라 할까 혹은 미숙함을 드러내고 있었다. 무엇보다 기독교의 제국주의적 성격과 세력 부식과 확장을 위해서는 지배 계급과 잘 융합하는 음흉한 속물성을 고종은 모르고 있었다.

신하가 아닌 절대자의 오판이나 실수는 온 민족의 불행으로 이어진다는 것을 새삼스레 우리는 볼 수 있다. 그의 순진한 자신감은 대원군이 1871년에 세운 척양비斥洋碑는 없애면서도 1888년에 반포한 금교령은 폐지하지 않은데서 잘 드러나고 있다.(이 금교령은 선교사의 활동에 상당한 제약을 가져와 얼마동안 선교활동을 주춤하게 하였지만, 그 후 점차 조선 정부의 묵인으로 선교활동을 재개할 수 있었다. 금교령이 그 후 유명무실화되었음에도 불구하고 조선 정부는 결코 이 법령을 철회하지 않았다. 따라서 1886년 조불수호조약으로 조선에서 종교의 자유가 확립되었다고 보는 견해는 잘못이다.) 그는 동도東道가 서도西道보단 우월하다는 생각을 지녔으며 다만 선교사들이 서양의 학문과 기술을 전해 줄 것으로 믿어 조선의 이익이 될 것으로 여겼다.

왜 동양의 사상과 정신이 서양의 것 보다 우월한지에 대한 뚜렷한 답안이 있는 것도 아니었다. 이 물음과 답은 오늘의 우리 시대에도 적용할 수 있다. 그가 의료 및 교육사업만 허락한 것은 그의 선교사에 대한 입장과 희망을 잘 드러내고 있다. 배재학당과 제중원의 이름을 내림으로써 고종은 개화 정책에 대한 그 의도를 잘 표출시키고 있다.

하지만 그의 바램처럼 선교사들은 고종 자신과 왕실의 안전에는 아무런 힘이 되지 못하고 후일 민족의식과 국가의식을 희석화시켜 친미·친일과 부일의 촉매제가 되었다. 고종이 기독교에 걸었던 믿음은 두 가지로 볼 수 있다.

첫째는 선교사의 배후인 미국에 대한 우호적 신뢰, 둘째는 기독교, 특히 선교사를 통해 본 제국주의 성격과 문물의 도입이었다.

그러나 이 두 가지는 서로 상반되는 요소를 가지고 있었다. 미국이나 강대국들이 자국민 보호 차원에서 선교사의 안위를 무엇보다 중요하게 생각했다. 하지만 국제 관계에서 자국의 이익계산 없이 종교적인 이유만으로 식민지 전쟁에 개입하지 않는다는 것을 고종은 이해하지 못하고 있었다. 역설적이긴 하지만 조선반도에 가장 많은 선교사를 파견하고 있던 프랑스나 미국은 조선에서 일어나는 국제적 분쟁에 개입치 않았다. 도리어 조선에서의 분쟁 이해 당사국들은 선교사업과 전혀 관계가 없는 일본과 러시아·중국이었다.

2) 양대인洋大人 선교사, 하나님神의 사자使者 행세

(1) 피점령국 민중, 신과 양대인에게 주인자리 내줘

높은 관리, 세력 있는 토호나 지주. 국어사전에서 풀이한 봉건시대 대인大人의 뜻이다. 그러니까 양대인은 세력 있고 토호나 지주 같은 서양 사람이란 의미가 된다. 서양 선교사의 대인화大人化 과정은 우리의 주체성 상실, 즉 종속화의 과정을 의미했다. 세입자가 집주인 행세를 하게 되어 가는 모습이 선교사의 양대인됨이었다. 기독교의 복음(교리·사상)을 전하겠다고 우리나라에 온 20~30대 미국의 젊은이들이 이 땅에서 어떻게 높은 관리처럼 세력 있는 토호나 지주처럼 되었을까?

가마 타고 전도 다니고 하인 거느리고 유람 다녔다면 미국 상류 사회에서도 보기 드문 호사였다. 치외법권의 특전 속에서 그야말로 법의 울타리 밖에서, 법이 미칠 수 없는 울타리 안에서 살았다면 그것은 대인이다. 왜, 무엇이 젊은 이 미국선교사들을 이 땅의 대인으로 만들었는가? 그들은 고종황제로부터 왕실의 일정한 품계의 벼슬을 받기도 했다. 어의가 되어 황제의 건강을 돌보는 최측근이 되기도 했다. 동학혁명·청일전쟁·명성황후 시해 등을 겪으면서 고종은 극도의 신변위협을 느꼈고 그는 선교사들에게 그의 신변보호를 요청하기까지 했다.

언더우드·에비슨·다이·존스·게일 등은 명성황후 시해 직후 황제의 침실을 2인씩 번갈아 매일 밤 숙위宿衛를 했다. 고종황제에게 드리는 모든 음식물은 미국 선교사와 러시아공관에서 제공되었고 왕실의 어의로 있던 에비슨과 언더우드부인 그리고 러시아공사 웨베르의 부인이 모든 음식물을 감식했다. 최초의 의료선교사로 입국한 알렌Horace N. Allen에게는 왕실의 어의로 3품의 참판직이 제수되었다.

다른 선교사들에게도 준관료직이 제수되고 길안내의 기수가 따르게 됐다. 기수가 수행한다는 것은 선교사나 의사라기보다는 고급 관리의 신분을 의미했다. 고종은 서울의 전차 운전사까지 미국인으로 하라고 지시했다. 이유는 홍릉에 있는 명성황후의 능을 찾아 가는 고종의 경호 때문이었다. 이 정도로 정권과 유착관계를 지닌 사람이면 누구나 대인의 반열에 들 수 있었다.

동양에 오기 이전에는 선교사들은 다른 직업의 경우와 마찬가지로 본국에서 해 먹을 것이 없어서 여기까지 온 쓸모없는 사람들의 비율이 훨씬 많을 것이라고 생각했다.

라이트L. E. Wright(필리핀 총독을 지냄)의 선교사들에 대한 인물평이었다. 알렌도 이런 점에서 미국선교본부에 불만을 표시했다.

훈련이 안되고 신사답지 못한 정신이상의 광신자들, 본국에선 입에 풀칠도 못할 인간들을 너무 많이 파송했다. 미국관리들 눈엔 '괴벽한 녀석들'로 비치었던 그들이 조선에선 대인大人으로 행세하고 있다.

(2) 모화慕華가 지니 모서慕西가 피었다

그리스도의 교를 확실히 하는 나라들은 지금 세계에서 제일 강하고 제일 부유하고 제일 문명하고 제일 개화가 되어 하나님의 큰 복을 입고 살더라.

『독립신문』 1897년 1월 26일자 논설이었다. 이때의 『독립신문』은 온통 「조선의 부국강병과 개화의 길은 기독교화에 있다」는 논설을 펴고 있었다. 우리의 살길은 이른바 서도서기西道西器, 곧 정신도 사상도 기술도 모두가 서구의 것이어야 한다는 것이었다. 그래서 근대화는 서구화요 서구화는 기독교화라는 인식을 갖게 됐다. 중국을 흠모하던 모화(慕華 : 華를 꽃으로 봄) 사상이 지고 서양을 흠모하는 모서慕西사상이 피기 시작한 것이다. 그래서 『독립신문』 등은 앞을 다퉈 선교사와 서구문명의 예찬론에 바빴다. 이처럼 서재필의 『독립신문』은 일본과 미국이 바라던, 중국으로부터의 독립을 지향하면서도 제국주의 독아毒牙로부터의 독립은 생각도 못하고 있었다.

『독립신문』은 선교사들의 조선에서의 활동은 조선을 위한 충정에서라고 강조했다. "선경仙境같은 본국의 부모형제를 떠나 생활환경이 불편하기 짝이 없는 조선에서의 봉사는 조선에 대한 사랑이 없이는 불가능하다"고 말하면서 선교사와 기독교에 대한 감사로 가득 채웠다.

훗날 저명한 친일파로 미국유학을 다녀온 윤치호, 그가 1897년 8월 23일 고종황제 탄신 경축대회에서 행한 연설은 당시 개화파 인사들의 선교사관을 잘 드러내고 있다.

우리나라 당금 긴한 일은 아해 아자, 백성 민자, 충성 충자, 나라 국자, 네 글자의 새 뜻을 배움이라……이전에는 나라 국자가 있으나 남의 나라요 우리나라는 없더니 이제는 우리나라에도 임금이 계시고 우리나라에도 백성이 있고 우리나라에도 정부가 있어서 서로 의지할 줄을 알아야 나라를 사랑할지라. 이 네 글자 새 뜻은 사서삼경이 가르칠 수 없고 각국 장사와 공영사가 가르칠 리도 없거늘 가르친 사람이 있음은 분명하니 누구뇨. 즉 우리가 욕하고 시비하고 업신여기는 그리스도교 교사들이라. 우리가 어찌 그 사람들을 감사 아니하리오. 이 교가 점점 흥왕하여 우리나라 전국 사람들이 이 네 글자 새 뜻을 배우기 바라노라.

『대한매일신보』의 1905년 12월 1일 「신교자강新敎自强」의 글에선 약육강식과 우승열패優勝劣敗의 사회에서 자강自强하려면 새 사회에 알맞은 기독교를 믿어야 한다고 했다.

1908년 3월 5일자부터 18일자까지 연재한 「서호문답西湖問答」에선 단재丹齋 신채호까지도 기독교 예찬론을 폈다.

　문 : 此敎야소교를 독신하면 國이 가이 강하겠오?
　답 : 상제로 대주재를 삼고 기독으로 대원수를 삼고 성신으로 검을 삼고 신信으로 순盾을 삼아 용왕직전勇往直前이면 수誰가 복죄服罪치 아니하며 순명치 아니하리요. 현금 英·美·法(불란서)·德(독일)이 야소교로 종교를 삼는 자 그 國步와 國光이 과여하재果如何哉아. 吾同胞로 羨커든 其 제국의 숭봉하는 바 종교를 從할 지니라.(羨 : 부러워할 선)

1910년 2월 22일부터 3월 9일까지(일제의 조선 병탄 직전 시기) 연재된 "20세기 신국민"이란 제목의 글에서도 같은 취지를 밝히고 있다.

　야소교를 확장하는 동시에 그 정신을 보전함이니 야소교는 각 방면으로 조선종교의 제 1위를 점령하여, 과연 20세기 신국민적 종교의 가치가 유하나니 차此를 확장하는 동시에 그 교도 중 무정신자無精神者 경기警起하며, 우又 외래의 침력侵力을 구제驅除하면 가이 국민전도의 대복음을 작作할 줄로 思하는 고故니라.

① 단재丹齋, 조선인의 노예 성향을 한탄

단재는 초기의 선교사들의 모습과 그들의 배후에 있는 미국이라는 대국의 힘에 대한 동경에서 선교사 예찬과 기독교의 대중화를 강조했다. 하지만 열강의 제국주의적 침탈이 가열되고 기독교의 반민족적 사상, 한민족 고유의 문화를 파괴하는 제국주의적 기독교의 본성을 자각하면서 그는 한민족의 노예근성을 개탄하였다.

우리 조선 사람은 매양 이해利害 이전에 석가가 들어오면 '조선의 석가'가 되지 않고 '석가의 조선'이 되고, 공자가 들어오면 역시 그렇고, 무슨 주의主義가 들어와도 '조선의 主義'가 되지 않고 '主義의 조선'이 되려 한다. 아. 이것이 조선의 특색이냐? 특색이라면 특색이나 노예의 특색이다.

그는 민족을 살리는 조선의 기독교를 열망했지만 이 민족의 노예근성 때문에 민족을 파멸로 이끄는 기독교의 조선으로 되어감을 통탄하게 되었다. 젊은 벽안의 선교사들이 펼치는 의료 행위를 통한 천사 같은 이미지와 학교 설립을 통한 교육에의 열정은 개화파 지도자들의 눈을 멀게 했다. 개화파 지도자들은 선교사의 배경인 미국이라는 신흥국가를 잘 몰랐다. 강대국의 속성이나 성향, 선교의 동기와 원주민을 대량살육하고 세운 미국사회의 토양에 대한 이해가 거의 없다시피 했다. 기독교를 믿으면 서양문명국처럼 우리도 부강해질 수 있다는데 눈이 멀어 주체성은 간 데 없고 생존과 출세를 위한 사대주의만 판을 치게 됐다. 마치 해방 직후 미군이 던져주는 쵸콜렛과 껌을 주우러 따라다녔던 철없는 아이들의 그 시절과 꼭 같았다.

6·25가 끝난 뒤에도 남쪽은 미국의 정치·경제·군사·종교에 의해 사실상 통제되었고 지금도 한국군의 작전지휘권은 주한미군 측에 있다. 대통령이야 있지만 군에 대한 작전명령권이 없는데 무슨 자주며 무슨 주체성을 말할 수 있겠는가. 마음이야 자주국방 자주외교를 꿈꾸겠지만 그것은 한낱 몽상임을 우리는 두 눈으로 똑똑히 보아 왔다.

조선 말기에는 이보다 더 심했다. 주인의 허락도 없이 집안에서 손님들끼리 싸워도(농민봉기와 학살·청일전쟁·러일전쟁) 주인은 힘이 없어 나 몰라라 하며 구경만 하다가 끝내는 처자식 망치고 집까지 빼앗기는 수모를 받았는가 하면 자주독립쪽 편든다고 죽여 효수형까지 당했다. 이런 상황 속에 강대국의 선교사들은 자연스레 기독교의 전파자라기보다는 하나님과 통하는 세력가로 비쳐졌다. 개신교가 서구문명의 "힘"의 상징으로 인식되고 있었던 것이다.

이런 양상은 필연적으로 선교사의 세력에 의존해 문제를 풀어보려는 심리가 생기기 마련이었다. 이 같은 심리와 사회적 경향은 선교사들의 대인 행세를 부채질하게 되었다. 그리고 기독교세력의 급격한 확산도, 6·25전쟁을 치르는 과정에서 교회에 안나오면 '빨갱이' 혐의를 씌워 협박하거나 출세와 사업(정치·경제·유학)에 유리하리라는 언질과 분위기에 휩쓸려 안심하고 생명을 보존하면서 생활의 유익함을 찾아, 보이지 않는 신을 매개로 이용하게 되면서 자연히 신도의 수는 증가하게 되었던 것이다. 기독교는 "그 신앙인은 도덕적으로 훌륭하다"는 좋은 인상의 덕을 보기위해 사업을 하거나 출세하려는 사람들의 보호막이나 문패가 되어준 것은 물론이다.

② 자주성 파괴, 순종 세뇌

이것은 결국 주체성의 결여라는 문제와 직결되었다. 선교사들은 허상인 하나님까지 이용하면서 제국주의의 힘을 실질적으로 대변하고 행사하는 당사자였다. 다시 말해 선교사들은 자신의 의지와는 관계없이(아니, 어떤 면에서는 그들 자신의 의지가 앞서서) 국가권력의 구조와 그 기능에서 자유로울 수 없었다. 이것은 선교사들은 제국주의 침략자의 첨병이 되었다는 것과 같은 맥락에서 볼 수 있다는 말이다. 조선정부를 압도하는 그 힘은 힘없는 사람에게 의지처로 보이고 서양인은 세도가인 양대인으로 자연스레 등장하게 되었다. 신·구교의 선교사나 신부 할 것 없이 서양 사람은 모두가 대인이 될 수밖에 없었다. 보이지 않으며 가까이 할 수도 없는 하나님을 대신하는 힘을 보이는 실권자였으니까.

안중근의 대학설립요구를 묵살하면서 대학교육은 신앙생활에 도움이 되지 않는다는 뮈텔주교의 말은 제국주의와 백인 우월주의를 그대로 드러내었다. 이같은 선교사들의 조선인에 대한 생각과 태도가 빌렘신부의 안중근 의사에 대한 폭행사건으로 표출된 것이다. 마치 양반이 상놈을 패는 것과 다를 바 없었다. 이런 사건은 수많은 선교사 비행가운데 빙산의 일각에 지나지 않았다.

선교사들은 조선인이 일본인을 미워하는 것 까지 회개하라고 요구했다. 그런데도 현재까지 우리는 해방의 은인으로 미국을 존경해 마지않고 있다. 미국이 조선의 독립을 위해 일본과 전쟁을 했다고 믿는 사람도 있을지 모른다. 자국의 이익에 관계없이 분쟁에 뛰어드는 제국주의 강대국은 역사상 존재한 적이 없다. 헌데 미국만이 기독교를 믿는 나라이니 약소국이 부당하게 당하는 고통에 대한 자비심으로 개입했다고 아직도 생각하고 있는 이상한 사람도 없지는 않다.

우리를 배신한 미국이 우리를 지배한 일본과 적이 되어 싸웠다는 것이 우리로 하여금 미국을 우방으로, 해방의 은인으로 착각케 했다. 기독교계가 합동으로 주도한 서울시청 앞 광장에서 보인 주한미군 철수반대 시위가 한미관계에 대한 기독교계의 인식을 선명하게 드러내고 있다. 이런 인식의 연원이 바로 한말의 선교사에서 시작되었다 해도 지나친 말은 아니다. 그러나 부국강병과 조국근대화 수단으로서의 기독교화의 인식에 대한 주강현의 비판은 다음과 같이 날카롭다.

기독교와 미국문화, 기독교와 제국주의에 관한 상호 연관성을 애써 회피하게 만드는 결과를 초래했다. 분명한 일은 조선의 식민지화가 미·영·일의 합의 아래 일본의 식민지로 낙착되었다는 점을 주목해야 하며, 따라서 조선의 기독교가 제국주의 세력과 무관하다는 논리는 성립될 수 없다.

즉 미국이 조선에서의 우월한 지위(조선의 식민지화)를 일본에게 묵인하는 대가로 맺은 가쓰라-태프트 밀약(1905년)을 우리는 상기해야 할 것이다. 이 가증스런 밀약에 대하여 조선인은 당시로서는 알 턱이 없었다. 조선에 들어와 있던 많은 미국인 선교사들은 미국의 이익을 위하여 학교와 병원 등의 사업에 몰두하면서 '식민화된 조선의 비참한 상황'에 대하여 '한민족의 숙명적'인 죄의식原罪을 강조하면서 믿거나 말거나 '사랑과 복음'을 선전하고 있었다.

이만열 역시 미국의 한반도 정책의 야누스적 이중성을 지적하고 있다.

일본이 정치적으로 조선을 강점해 갈 때 미국이 종교적으로 조선을 점거해 갔던 것은 통감부와 선교사들 간에 치외법권이 준수되고 정교분리의 약속(일본제국은 통치, 미제국은 선교)을 충실히 지키려고 했던 점에서 보였던 것처럼 또 하나의 가쓰라-태프트 밀약의 수행 그것이었다고 생각된다.(이만열 『한국기독교와 민족의식』 지식산업사 1991)

일본의 조선 강점 및 식민화가 진행되는 속도와 미국 선교사들의 조선 내의 선교지 분할 작업의 속도가 병행하고 있었다는 점은, (사냥감 얼룩말을 물어 눕혀놓은 사자와 늑대 무리처럼) 두 식민제국이 하나의 식민지 대상국을 탈진시켜 놓고 사이좋게 부위별로 식욕을 채워간 흔적을 소상하게 밝혀주고 있다.

(3) 제국주의 성격의 점령을 신의 은혜로 미화·합리화

개화와 부국강병을 미 선교사의 배후인 미국과 관련지움으로써 미국의 제국주의적 속성에 눈을 멀게 해 결과적으로 일제 식민지 함정에 빠져드는데 대한 적절한 대책을 세울 수 없게 한 책임을 기독교는 면할 길이 없다. 1898년의 『대한그리스도교인회보』는 주한 미국선교사들의 식민지화에 대한 생각이 어떠했는지를 잘 나타내고 있다.

필리핀 섬을 미국에 드림이니……미국이 동양 땅을 점령하는 것을 미워하는 나라가 많이 있을 듯 하나 미국이 동양 섬을 욕심한 것이 아니라 가련한 성령을 위하여 악한 것을 제하는 고로 땅을 널리 차지함이오, 필리핀섬이 아직은 자유하는 나라가 되지 못하였으나 미국이 동양으로

옴은 인민을 교육함과 개명되기를 주장함일러라.

　이런 선교사들의 견해와 시각이 유독 조선에서만 예외라는 착각과 환상을 지녔던 것이 지배층 인사들이었다. 이것은 미국의 접근이 앞서 지적했듯이 복음이라는 이데올로기로 시작되지 않고 시혜施惠로만 보이는 의료와 교육이라는 비非이데올로기를 앞장 세워 왔다는데 그 이유가 있다. 이 같은 문명 선교의 방식과 접근은 조선기독교계의 탈정치화를 가능케 했다. 뿐만 아니라 정교분리와 정치중립이라는 정치적 가면을 쓴 선교사들의 종교적 정치행위가 위장된 침략자로서의 그들의 진면목을 꿰뚫어 볼 수 없게 했다. 그렇다면 과연 그들은 어떤 교육과 사상적 배경을 지녔던가?

　조선에 온 선교사들은 예외 없이 19세기 오설리번(John L. O'sullivan 1813~1895)이 쓴 「명백한 운명Manifest Destiny」이라는 논설의 영향을 받았다. 1845년 미국의 텍서스 병합 당시 『데모크라틱 리뷰Democratic Review』 지誌의 주필이던 오설리번이, 이 잡지의 7·8월호에 게재한 논설의 주제가 "명백한 운명"이었다. 미국의 팽창주의는 하늘이 미국에 내린 섭리이며 미국은 기독교 복음을 세계에 전파할 명백한 운명을 걸머지고 있다는 것이었다.

　아메리카 대륙에서 우리의 영토를 확대해야 할 우리의 명백한 운명Manifest Destiny은 해마다 증가하는 수백만 인구의 자유로운 발전을 위하여 신이 베풀어 주신 것이다. 우리의 미래 역사는 땅 위에 도덕적 위엄Moral Dignity과 인간의 구원(하나님의 불변의 진리와 은혜)을 확립하는 것이다. 세계 만민에 이 진리의 빛을 전하는 복된 사명을 수행하는데 미국이 선택된 것이다. 왕들과 귀족들의 폭정을 부수고 들판의 짐승과 다를 바 없는 삶을 살아가는 수백만의 사람들에게 미국이 보인 훌륭한 모범은 평화와 선의의 복음으로 퍼질 것이다. 그렇다면 우리의 조국(미국)이 미래의 위대한 국가Great Nation of Futurity로 될 수밖에 없다는 것은 신이 내린 운명임을 어느 누가 의심할 수 있겠는가? (집단이기주의와 오만의 극치를 보여주고 있다.)

(4) "선교는 백인의 짐" 신의 뜻으로 포장된 주제넘은 우월의식

　명백한 운명론은 일종의 앵글로 색슨적 선민사상이다. 이 같은 백인, 앵글로 색슨족으로서의 인종적 우월감은 스펜서(Herbert Spencer 1820~1903)의 사회적 다윈주의Social Darwinism 사회진화론)로 나타난다. 이 사상은 "백인의 무거운 짐Whiteman's Burden"이라는 자만심을 낳게 하면서 제국주의적 침략이나 자본가의 지배를 적자생존적 입장에서

정당화하기도 했다.(mission=burden의 뜻으로 용어 사용)

때문에 영어사용 국민 가운데는 이 백인의 무거운 짐이라는 의식이 유행했고, 인도·아프리카·아시아에서 제국주의적 사명을 갖고 있다고 자부하면서 하나님의 불변의 진리와 은혜의 전달자로 자임하여 은둔의 나라에까지 오게 되었다는 것이다. 미개하고 죄 많은 비기독교의 인민들을 문명화시키고 기독교로 개종시키는 것은 백인의 짐, 곧 백인의 도덕적 의무로까지 믿고 있었다. 그런 확신과 우월감이 신앙과 결합되면서 젊은 그들로 하여금 미지의 세계로 모험을 떠나게 할 수 있었다.

그래서 선교사들이 말하는 기독교 문명Christian Civilization엔 백인우월주의와 문화적 우월감과 편견이 내포돼 있었다. 그들이 말하는 문명인은 복음주의적 개신교 Evangelical Protestantism에 속한 자 만을 의미했다. 그래서 기독교 문명은 앵글로 색슨 문명을 지칭하고 있다. 이는 곧바로 우수한 인종에 의한 미개한 인종의 개화, 곧 기독교화라는 사명감(백인의 짐)으로 연결되고 기독교는 그러한 사명에 기여해야한다고 보았던 것이다.

이것은 가치체계의 서구화라는 등식을 가능케 했다. 이런 현상은 초대 선교사들이 우리의 무속과 전통신앙에 대한 우월적 천시태도에서(자기 부모와 조상의 추모식인 제사도 미신으로 사악하게 보는) 뚜렷하게 드러나고 있었음은 물론 미신이 아닌 자주적 주체의식 일체에 대해 적대감을 나타냈던 것으로 실증되었다. 이것을 서구문명의 비서구 문명에 대한 인종주의적 편견의 한 표현이었다는 이화여대 전복희 교수의 견해는 설득력이 있어 보인다.

여기서 우리가 주목할 만한 것은 이러한 인종주의적 편견이 매우 서구 중심적 문명화 모델의 영향을 받고 있다는 것이다. 서구 중심적 문명화 모델은 서구의 문명화와 서구인의 높은 지적 능력 때문에 이루어질 수 있었던 것을 설명하고 서구화와 문명화를 동일시하며 서구적 문명화를 기준으로 다른 나라의 문명을 평가하고 가치화하는 것을 말한다. 이러한 모델은 식민지 확장을 위한 하나의 과학성을 고려하는 강제적 문명화의 전략으로서 식민지에서 서구의 규범과 자본주의적 세계시장을 강제하는 제국주의의 이데올로기적 역할을 담당하였다.(전복희 교수는 멜버Henning Melber의 Eurozentusches Zivilisations Model의 "서구중심 문화모델"의 관찰을 인용, 인종주의를 비판하고 있다. 「19세기말 진보적 지식인의 인종주의적 특성」,『한국정치학회보』 29집, 1995)

이런 고도의 서구문명 창출은 높은 지적 수준을 갖고 있는 문화인종이기에 가능했다는 것이 당시의 구미 지식인들의 사고의 틀이라 하겠다.

문화인종이 비非문명권의 국가들을 개발시키는 일은 이들 비문명권의 인종뿐만이 아니라 세계의 진보를 위한 문화인종의 의무이며 사명이라는 주장을 정당화하기도 하였다.

결국 선교는 백인의 무거운 짐을 덜겠다는 백인 우월주의의 과시 현상이라고 해도 지나치지 않았다. 제국주의적 세계관을 정당화하기 위해 사용된 이 용어Whiteman's burden는 영국의 시인 키플링Rudyard Kipling의 시의 제목에서 비롯되고 있다. 1899년 미서전쟁American-Spanish War의 승리로 미군의 필리핀 점령을 축하하고 격려한 축시로 미국의 월간지 『맥큐어스 매거진McCure's Magazine』(Feb. 1899)에 발표되었다.

백인의 짐을 져라. 너희가 낳은 가장 훌륭한 자손을 내보내라.
(Take up the whiteman's burden. Send forth the best ye breed)

이렇게 시작되는 이 시는, 비서구 문화와 인종은 미개하고 어린애 같으며 미신적인 것이라 백인들이 그들을 다스리고 제자리를 찾을 때까지 가르칠 의무(짐 burden)가 있다는 내용이다. 백인의 짐은 자신의 안방은 정돈된 채 두고 유색인의 집안은 개혁이란 미명 아래 엎어 버리는 만행을 서슴치 않았다.

백인의 취급과 대우에 반항하면 폭력으로 복종을 강요했다. 그야말로 "진짜 테러리스트"의 폭력의 시작이었다. 이런 정서가 조선을 찾은 선교사의 의식을 지배하고 있었다. 과장이 아니라 조선반도・베트남・중동에서 수십・수백만 명씩 죽여가며 침략전쟁을 벌여온 야수의 만용을 키워온 원동력은 바로 이 이기배타적 신앙우월주의였다고 할 수 있다. 그것도 언제나 상대는 "잔인한 테러리스트"이고 자기들은 "정의의 십자군"이라면서….

미국의 선교사 모집은 주로 학생 자원운동Student Volunteer Movement을 통해서 이뤄졌다. 창설 후 2년간에 3천여 명의 해외선교지망 대학생들을 모집했다. 하지만 이들 젊은이들의 선교에 대한 열정과 사명감에도 불구하고 현지에서의 문화적 충돌은 피할 수 없었다. 이유는 인종적 편견과 문화적 우월감이라는 선교사들의 편견에 연유하였다. 자국 문화와 가치 체계에 대한 독선적 우월주의와 인종적 우월감은 선교를 그들의 기준에 따라 일방통행 식으로 몰아갔고, 그 후유증을 오늘의 조선 기독교와 비기독교계(민족진영)와의 갈등에서도 비슷하게 겪고 있다.

우리와 관계가 가장 깊은 미국 선교사들의 조선 진출은 팍스 아메리카나Pax Americana 미국의 지배에 의한 평화)구현이라는 정치적 야망의 선상에서 이해되어야 할 것이다.

남북전쟁(내부 정복전쟁)에서 승리한 북부 자본가들의 기업 확장욕이 미서전쟁으로 치닫게 하고 미국은 이어서 대對중국문호개방 정책 등으로 제국주의 대열에 참가하기 시작했다. 산업화에 따른 시장 확보 때문에 팽창주의는 불가피했다. 미국은 이에 앞서 세계 각처에 선교사를 파견하기 시작했다. 미국선교사들은 조미수호조약이 체결된 1882년 후 조선에 들어오기 시작했다. 1884년의 알렌을 선두로 1885년에 언더우드와 아펜젤러 등이 입국했다. 왜 미국선교사들은 조미수호통상조약이 체결된 다음에야 들어오게 되었을까?

미국의 당시 분위기와 정치적 환경을 고려할 때 미국의 외교·통상문제와 관련이 있다는 시각도 가능해 보인다. 그런 시각의 근거는 미국 상인은 물론 선교사들까지도 조선의 시장에 대한 경제정보를 본국에 보내고 있었다는 점이다. 천주교 박해에 대한 정보는 미국 정부로 하여금 선교사들로 인한 문화충돌이 몰고 올 비극적 사태에 대한 우려를 낳게 했다. 때문에 제도적 안전장치로서 조약이 체결된 다음에야 자국의 선교사들을 파견했다. 그것도 질병의 고통을 덜어주는 의료 봉사와 교육·언론홍보 등의 방법에서부터 시작한 것이다. 계산된 미국의 조선 접근을 모르고 야누스의 두 얼굴에서 하나만을 보는 우愚를 범했던 개화파와 고종이었다. 이는 『독립신문』에서 확인된다.(『독립신문』의 원문은 모음에 점이 있는 고어체이나 여기서는 고쳐졌다.)

세상의 교가 많이 있으되 예수교 같이 참 착하고 참 사랑하고, 참 남을 불쌍히 여기는 교는 세계에 없는지라. 어느 교에서 이 예수교와 같이 사람을 천하만국에 보내어 자기의 돈을 들여가며 남의 나라 사람을 이렇게 간절히 가르치며 도와주리오.(1896년 8월 20일)

서구문명이 어디에 유입되어 뿌리를 내리든지 그곳은 완전히 새로운 나라로 변모했음을 역사는 우리에게 말해 준다. 아메리카 서쪽의 거칠고 파란 록키산맥의 대초원은 행복하게 되었다. 태평양 철도가 록키산맥과 알카리성의 땅 세이지브러쉬를 관통한 후 수백만의 많은 사람들의 집들, 그리고 인도와 아프리카의 열대 해안들의 많은 곳들이 가장 계몽된 인종들의 거처로 변하였다. 우리는 서구문명화가 아시아 대륙의 모든 구석에 침투하여 창조자의 아름다운 땅을 세계 도처의 그의 사람을 위하여 사용될 때가 곧 오게 되기를 희망한다.(영문판 1896년 11월 14일)

기독교 선교 100년이 넘은 오늘날 한반도 남쪽에서는 종사자들의 적극적 신앙과, 어떤 의미에서 극성스러울 정도의 광신적 종교의지와 맹신은 세계에서 유례를 찾을 수 없는 대형교회들을(10만 명 안팎의 신도수를 자랑하는 교회가 5~6곳) 낳았고 선진 서양문명을 배경삼아 정치·경제·교육·언론 영역들에서 막강한 영향력을 행사하고 있다.

군사독재시절 일부 합리적 기독교인들은 천주교회나 개신교회를 막론하고 민주화운동의 선두에서 시민·노동대중의 활동을 보호하며 직접 주장하기도 하는 등 사회정의의 파수꾼 역할을 하여왔다. 반면에 다음 글들에서(光州『시민의 소리』2008년) 비추어졌듯이 부유층 가운데 이기배타적 독점욕과 지배욕을 숨기지 못하는 부류의 신앙집단들은 학원(학교법인) 모리배나 언론 독점의 횡포에 가담하여 등록금과 헌금에 의한 민중수탈(불로소득·납세 거부 등)의 이권을 주고받으며 정치사회의 민주정의 원칙을 암암리에 파괴하고 인간관계를 사대주의적 반자주·반민중·남북동포 이간질의 방향으로 이끌어가려는 공동체 반역의 자세를 강화시켜오기도 하였다.

5. 제국주의 나라 대통령을 '만능의 신' 앞에 선서시켜온 이유

1) 제국주의 전쟁은 「나의 이익을 위해 상대방을 죽이고 빼앗는 일」

(1) 학살전쟁을 승리로 이끈 신을 '만인의 구세주'라면 분명 거짓말

1791년 12월 15일에 비준된 미국의 수정 헌법 제1조에 따르면 미국 의회는 국교를 정할 수 없으며 종교의 자유를 보장하고 있다. 그러므로 미국은 기독교 국가가 아니라고 봐야한다. 하지만 이상하게도 초대 대통령 워싱턴 이후 대통령에 취임하는 모든 미국 대통령은 왼손을 성서 위에 올려놓고 신의 가호를 빌며 선서를 한다. 지난 2009년에 취임한 버락 오바마도 마찬가지였다.

이해할 수 없는 이런 관행에 오바마의 취임식을 앞두고 마이클 뉴다우 등 미국 인본주의협회와 종교자유재단에 소속된 무신론자들은 워싱턴의 한 법원에 미국 헌법에 명시된 정교분리 원칙에 따라 대통령 취임식 선서 끝에 덧붙이는 "신이여 저를 도와주소서help me God"라는 문구는 삭제되어져야 한다며 소송을 제기했다. 또 원고 측은 취임식 시작과 끝에 목사가 시작 기도와 축도를 하는 것에도 반대를 표명했다.

지난 2001년과 2005년, 조지 부시 대통령 취임식 당시에도 이와 비슷한 소송이 제기된 바 있다. 그러나 미국 법원은 대통령에게 취임식에서 "그 어구 so help me God"을 사용하지 말라고 요구할 권한이 자신들에게는 없다면서 대통령 당선인에게는 자유롭게 발언할 권리가 있다고 말했다.

미국 대통령의 취임선서 내용은 미 연방헌법 제 2조 1항에 다음과 같이 규정되어 있다.

"나는 미합중국 대통령의 직무를 성실하게 수행하고 최선을 다해 미합중국의 헌법을 보존하고 보호하며 지킬 것을 엄숙히 선서합니다."

미국은 우리에게 익히 잘 알려진 바와 같이 그들의 헌법·독립선언서·게티즈버그 연설문 등을 통하여 자유·인권·평등을 추구하는 나라라는 왜곡·과장되게 포장된 이미지를 제공하여왔다. 미국이라는 나라의 정체를 정확하게 알기 위해서는 대통령 취임 선서의 예에서 보듯 그들의 숨겨진 의도를 잘 파악해야만 한다.(최천택·김상구『전쟁과 기독교』책과 나무 2013)

취임할 때 성실히 수행하겠다는 미국 대통령의 직무는 과연 무엇일까? 그것은 미국의 전쟁 역사를 살펴보면 답이 나온다. 미국은 1776년에 독립을 선언하고 1959년 8월 21일 하와이를 미국의 50번째 주로 편입하여 현재의 영토가 확정된 이후 자국 내에서 전쟁을 치러본 적이 없다. 타국으로부터 침략을 받은 적이 없다는 뜻이다. 하지만 미국의 대통령은 선출되는 순간, 그때부터 전쟁을 수행해야만 한다.

미국의 세계지배의 독점적 위세는 무지막지하게 고집스럽다. 2017년에도 1년 내내, 아니 한반도 분단점령 후 70년이 넘도록, 초토화 전쟁으로 수백만을 죽이고, 휴전 후에도 철수는 커녕 해마다 두 세 차례씩 휴전선 턱밑 침투훈련에다 1년 내내 비행감시체제를 유지하면서도 '도발했다'는 표현을 상대방에게서 떼지 않고 있다. 자기 나라 영토에는 부근에조차도 타국군 무력의 접근을 용납하지 않으면서 말이다.

사실 한반도 북부의 약자측에선 오래 전부터 미국이 평화적이고 정상적인 외교관계를 맺어준다면 핵무기 같은 것은 안만들겠다는 의사표명을 여러 차례 했음에도 이에 응하지 않아왔다. 쌍방의 반응으로만 보면 미국은 약자의 조건 없는 굴복을 바라고, 약자는 절

대로 맹목적 순종은 안하겠다는 의지를(조선전쟁의 참담했던 경험을 교훈 삼아) 굳히고 있는
것이 분명하다.

(2) 미국의 핵폭탄은 남의 땅과 주민 멸망시키고 기독교인도 죽여

티니안Tinian 섬은 길이가 19km이고 가장 넓은 곳의 너비가 5km, 면적 약 101㎢로
태평양 서남부에 위치한 작은 섬이다. 사이판과 마찬가지로 스페인·독일·일본의 통치
를 거쳐 제2차 세계대전 후 유엔 신탁통치령이 되었다. 그 후 1981년에는 주민투표를
거쳐 「미국 자치령」으로 결정되었으며, 1986년 11월에 정식으로 자치정부 「마리아나
제도 자치령」의 일원이 되었다.

일본은 제1차 세계대전 말에 태평양의 캐롤라인 제도, 마셜 제도, 사이판·티니안을
포함한 마리아나 군도를 독일로부터 빼앗아 식민지로 삼았으나, 1944년 7월 미해병대
가 사이판·티니안 등을 점령하였다. 미군은 이곳에 길이 2.6km 내외의 당시 세계에서
가장 긴 활주로를 건설하여 티니안을 대일본 전략폭격의 중심기지로 삼았다. 미군이 티
니안을 선택한 이유는 당시 전략 폭격기 B-29의 전략 비행거리 1,500마일(2,400km)
때문이다. 일본은 티니안의 정북 쪽 방향으로 2,000km가량 떨어진 곳에 있었다.

에놀라 게이Enola Gay에 탑재된 원자폭탄 리틀보이Little Boy가 135,000명의 사상
자를 낸 사흘 후인 1945년 8월 9일 이른 아침, 벅스카Bock's Car라 불리는 B-29 전략
폭격기는 루터교와 가톨릭 군종의 기도와 축복을 받으며 티니안Tinian 섬을 출발했다.
우선적인 타깃은 고쿠라小倉였고 조종사는 찰스 스위니Charles Sweeeney였다.(미 공병대
의 자료에 의하면 피폭 당시 히로시마의 인구는 255,000명이었고 사망자 66,000명을 포함한 사상자
는 135,000명이었다. 그리고 나가사키의 경우 195,000명의 전체 인구 중 사망 39,000명 부상
25,000명의 인명 피해를 내었다. 『A Bombing of Hiroshima and Nagasaki』 The Manhattan
Engineer District)

탑재된 폭탄은 리틀보이에 사용된 U235가 아닌 플루토늄을 사용한 것이었다. 플루토
늄 폭탄의 코드 명은 당시 영국 수상 윈스턴 처칠Winston Churchill의 모습을 빗대 지은
뚱뚱이Fat Man였다. 벅스카가 투하 지점인 고쿠라에 도착했을 때는 도시 전체가 구름으
로 덮여 있어 육안으로 확인한 후 폭탄을 떨어뜨리라는 지침을 따를 수 없었다. 세 번을
선회했지만 사정은 나아지지 않았다. 연료문제가 심각해질 수밖에 없었다. 하는 수 없이
벅스카는 두 번째 타겟인 나가사키長崎로 향했다.(교토·히로시마·요코하마·고쿠라·니가
타. 다이애나 프레스턴, 류운 역 『원자탄-그빗나간 열정의 역사』 뿌리와 이파리 2006)

어떻게 보면 나가사키 주민들은 억세게 재수 없었다. 1945년 4월 첫 모임을 가진 표적선정위원회 Target Committee가 선정한 다섯 개 도시 중 나가사키는 빠져있었다. 날씨 문제만 아니었으면 팻맨은 고쿠라에 투하되었을 터이다. 게다가 최초 계획에 따르면 두 번째 폭격 날짜는 8월 11일이었으나 기상 상태의 악화를 염려하여 이틀 앞당겨졌다.아무튼 여러 우연이 겹

피폭 후 잔해만 일부 남은 성 마리아 성당의 모습

쳐 나가사키는 두 번째 피폭 도시가 되었다.

나가사키는 일본 기독교의 역사에서 명성이 높은 곳이다. 그곳에는 동양에서 가장 유명했던 성 마리아 대성당St. Mary's Cathedral이 있었고, 일본 내에서 제일 규모가 큰 신앙공동체가 있는 곳이었다. 전설적인 예수회 선교사 프란시스 자비에르Francis Xavier가 1549년, 이곳에 선교교회를 설립한 뒤 여러 세대에 걸쳐 급속히 성장하였다. 하지만 남미·아프리카·아시아 및 기타 새로운 지역이 발견됨에 따라, 자비에르의 선교활동을 지원해오던 포르투갈과 스페인은 일본의 자원 등을 착취하는 것으로 방침을 바꾸었다. 오직 그들의 상업적 이익 때문이었다.

일본 당국으로부터 의심받던 외국인의 종교는 곧 잔인한 박해의 대상이 되었다. 자비에르가 선교교회를 세운지 60년, 기독교는 박해의 대상이 되었고 신앙 고백 행위는 범죄가 되었다. 공포의 종교박해가 끝난 후, 일본에서 기독교는 소멸되었다고 생각하였다.

박해가 시작된 지 약 250년 후인 1850년대에 일본은 미국의 페리Perry제독에 의해 강제로 개항이 되었다. 이 무렵, 나가사키에서 카타콤을 연상케 하는 모습으로 세례신자 수천 명이 신앙을 지키고 있었음이 확인되었다. 이 공동체는 즉시 큰 반향을 불러일으켰다. 국제적인 압력으로 박해는 중단되었고 나가사키 지역의 기독교는 지하에서 나오게 되었다.(catacomb 카타콤 : 초기 그리스도인들이 로마 당국의 박해를 피해 로마 교외에 지하 무덤을 만들어 놓고 그 속에서 생활을 이어가던 곳, 박해 피난처, 영어 발음 캐터콤)

그리고 1917년, 일본 기독교 공동체는 정부의 도움 없이 나가사키의 우라카미 강변 근처에 거대한 세인트 메리 성당을 건립했다. 하지만 건립 이후 20여 년 동안 가톨릭뿐 아니라 일본기독교의 상징이었던 세인트 메리 성당은 이제, 전략폭격기 벅스카 관측병

에게 표적landmarks의 하나로만 인식되는 신세가 되었다.

31,000 피트 상공에서 확실하게 찾을 수 있는 표적은 오직 성당의 첨탑뿐이었다. 그리고 성당을 확인한 그는 폭탄 투하를 명령했다.

1945년 8월 9일 오전 11시 2분, 나가사키 기독교는 태양보다 뜨거운 방사성 불덩어리로 태워졌고 증발해버렸다. 모진 박해를 견디고 역동적인 그리고 충실한 일본 기독교의 상징이자 중심부는 그라운드 제로ground zero(폭탄의 낙하점, 원폭의 폭심지爆心地)가 되어 버렸다. 기독교 박해의 시절, 일본 정부가 200여 년 동안 할 수 없었던 일을 미국의 기독교인들은 단 9초 만에 완수해냈다.

원자폭탄이 터졌을 때 우라카미 지역 신앙공동체에서 살고 있던 12,000여명의 가톨릭 신도 중 8천여 명이 사망했다. 당시 성당에는 2명의 신부(니시다와 다마야)와 30여 명의 신도들이 일주일 후에 있을 성모승천대축일 행사를 준비하다가 모두 사망하였다. 이곳에는 수녀회가 경영하는 준신과 주세이 두 개의 여학교도 있었다. 교장 이하 교원 대부분은 수녀들이었다. 물론 이들도 학생들과 함께 대부분 숨이 끊겨 재가 되었다.(나가이 다카시, 홍성민 역 『사랑하는 아이들을 남겨두고』 대교베텔스만 2003)

나가이 다카시永井隆(1908~1951)는, 27명의 수녀들이 서로 껴안은 채 죽어 있는 것을 치료차 보낸 수련의들에게서 피폭 다음 날 아침에 전해 들었다고 증언한다.

○ 나가이 다카시는 일본의 작가이며 천주교 신자이다. 1945년 8월 나가사키에 원폭이 투하되었을 때 그는 병원에서 X-Ray 필름을 선별하고 있었다. 원폭 피해의 복판에서도 다행히 목숨은 건졌으나 피투성이가 되어 집으로 돌아왔을 때 그의 아내는 이미 죽어있었고 두 아이만 남아있었다. 그후 그는 폐허가 된 집터에서 여기당如己堂이라는 움막을 짓고 아이와 함께 생활하였다. 남을 자기처럼 사랑하겠다는 뜻이다. 이 여기당에서 그는 불편한 몸을 무릅쓰고 집필 활동에 전념하여 5년 반 남짓한 동안에 무려 열네 권의 책을 썼다. 『원자병개론』 『로사리오의 쇠사슬』 『만리무영』 『사랑하는 아이들을 남겨두고』 등 인간애 넘치는 작품들을 남겼다.

우라카미 성당浦上天主堂은 당시 아시아에서 규모가 가장 큰 교회로 로마네스크풍의 아름다운 성당이었지만, 화려한 스테인드글라스는 깨졌으며 벽이 무너지고 제단이 불타고, 쇠종이 녹아내리는 참변을 당했다. 그 와중에도 나무로 만든 성모 마리아 상像의 두상만은 용케 남았다.

신자들이 믿었던 신(하나님)의 권능은 핵무기의 위력 앞에서 어떠한 역할도 발휘하지 못했다. 성당의 꼭대기에 있던 직경 5.5미터 무게 30톤의 종루鐘樓돔이 핵폭풍으로 날아가 35미터 떨어진 흙더미 속에 파묻혔다. 그곳은 하나님 나라와는 동떨어진 지옥도地

獄圖의 모습이었다.

◎ '마리아의 마을'과 '에로스의 거리' 운명의 역전

성 마리아(우라카미) 성당은 마을의 중앙 언덕에 있고 위치도 좋아 250년간 계속된 신앙의 상징적인 장소였다. 1895년에 짓기 시작해 20년간의 근로봉사와 헌금헌납으로 벽돌을 한 장 한 장씩 쌓아올려 1914년 3월, 당시로는 동양에서 가장 크고 6,000명이나 수용이 가능한 적벽돌의 대성당이 완성되었다. 높이가 26미터나 되는 쌍탑이 생긴 것은 1925년인데 착공에서 30년이 지난 후의 일이었다.

나가사키는 '마리아의 마을'과 '에로스의 거리'로 구분된 도시였다. 기독교인을 박해했던 지배층의 자손과 친지 그리고 가톨릭에 일정한 거리를 두었던 상인들은 나가사키 역과 항구 부근에서 살았는데, 기독교인들은 이곳을 '에로스의 거리'로 불렀다. 한편 긴 박해를 견딘 가톨릭 신도들은 자신들의 피나는 노력으로 완공한 우라카미 성당을 중심으로 소위 '기리시탄' 마을을 이루어 살았는데, 그들 스스로 자신들의 마을을 '마리아의 마을'이라고 명명했다.

그런데 '에로스의 거리'로 불리던 구 시가지의 사람들은 피폭을 면했지만, '마리아의 마을' 주민들은 대부분 사망하였다. 뚱뚱이fat man가 폭발한 중심지가 기독교 금교령禁敎令 시대로부터 '7대 250년'에 걸쳐 잠복 기독교 신자들이 살았던 우라카미浦上의 한가운데였기 때문이다.

'에로스의 거리'에 살던 사람들은 피폭된 기독교 신자들을 향해 "당신들이 불교·신도神道를 믿지 않고 기독교를 믿었기 때문에 천벌을 받았다"며 저주했다. 이러한 에로스 거리의 사람들이 저주하는 '천벌'을, 나가이 다카시永井隆를 비롯해 일부 기독인들은 "피폭이라는 천벌을 받았다면 그것도 하나님의 섭리이다"라고 하면서 '피폭=번제'설을 주장하기도 했다. 어느 쪽의 주장이 옳을까? 종교 혹은 신의 섭리가 저주의 한 방편으로 해석되는 자체가 씁쓸하기만 하다.

인간의 상상력으로 만들어낸 미신의 한가지를 천연스럽게 '성스러운 하나님'이라고 믿는 인간들이 무한한 대자연의 변화와 인간 인지능력의 한계를 깨달아, 자기네가 믿는 허황된 미신을 남에게 설득 강요하는 어리석음을 중지하는 성숙한 자세가 절실히 요구된다.

물론 인간행동과 생활의 모범적 상징체로 모시면서 자신의 육신과 마음을 다스려 나가려는 수단의 하나로 위력을 가진 대자연의 상징으로서 신의 존재를 모시는 경우는 공동체의 도덕적 질서를 위한 지혜의 창출로 인정받을 수도 있을 것이다.

(3) 원자폭탄 투하를 축원하던 목사·신부도 있고 참회자도 있고

기이한 역사의 역설이라고 할까? 폭격기 조종사가 가톨릭 신자였고, 그의 안전 귀환을 바라는 미사를 집전한 것도 가톨릭 군종 사제였다. 그리고 그 폭탄이 떨어진 정확한 지점도 일본, 더 나아가 동양의 대표적인 성당이었다. '마리아의 마을' 주민들이 이러한 사실을 알고 난 후의 반응은 어떠했는지 궁금하다.

원자폭탄을 싣고 히로시마·나가사키로 향했던 미군 폭격기(에놀라 게이, 벅스카)가 티니안 섬을 날아오르기 직전에, 그곳에서 근무하던 종군 성직자들(루터파의 종군목사인 윌리엄 다우니William Downey와 가톨릭 사제 죠지 자벨카George Zabelka)는 원폭탑재 폭격기의 출격을 축복해주었다. 먼저 다우니 목사가 히로시마 출격 명령을 받은 '에놀라 게이'호 승무원에게 다음과 같이 축원 기도를 올렸다. 아래는 축원 기도문의 번역문이다.(구리바야시 테루오栗林輝夫『원자폭탄とキリスト敎』동경, 일본キリスト교단출판국 2008)

"전능하신 하나님 아버지, 우리들의 기도를 들어주소서. 지금부터 당신의 하늘天空에 과감하게 올라가서, 적에게 일격을 가하려는 이들과 당신이 함께 하여주시길 바랍니다. 이 비행을 호위해주시고 당신의 힘으로 이들의 승무원들로 하여금 전쟁의 종지부를 빨리 찍는 사람이 되게 하여 주소서. 전쟁이 조기에 종결되어, 평화가 지상에 재현되도록 하여 주십시오. 오늘 밤 비행하는 사람들을 지켜주시고 무사히 우리들의 품으로 귀환하도록 해 주세요. 앞으로 끊임없는 신의 가호를 믿으며 예수 그리스도의 이름으로 기도합니다. 아멘!"

다우니 목사는 2차 대전 종전 이후에 원폭공격을 신의 이름으로 기원해준 것을 크게 후회했다. 자신은 아우구스티누스의 정전론(정의의 전쟁론)에 따라 시민을 공격해서는 안 된다고 배워 익혔는데, 에놀라 게이가 출격할 때 그런 가르침(아우구스티누스의 정전론)이 머리에 떠오르지 않았다고 한다.

이렇게 말한 다우니 목사는 제2차 세계대전 이후에 원폭투하에 대한 정신적 트라우마Trauma(마음의 상처)를 지닌 채 병사들을 상담해주는 사람이 되었으며 어떠한 핵무기도 반대하는 평화주의의 길을 걸었다.

특히 다우니는 국가를 위한 전쟁에 참여하고 난 뒤 살인자라는 고통을 받는 군인들을 위해서 상담을 하였다. 후일 그는 대량 살상 무기든지, 단 한 알의 총알에 의한 것이든지 모든 살인을 비난했다. 그가 가장 중요하게 여긴 책은 다니엘Daniel Hallock의 『지옥, 치유와 저항』이었다.

틱낫한Thich Nhat Hanh은 이 책에서 베트남전쟁 참전 용사들이 경험한 지옥 그리고 이후의 현실에 대하여 대처하는 법을 제시하고 있다.

509혼성부대(원자폭탄을 목표에 성공적으로 명중시키기 위하여 구성된 1,500명의 미 공군 비밀 그룹 멤버)의 군목은 개신교 목사인 다우니 외에 아일랜드계 가톨릭 신부인 조지 자벨카 George Zabelka도 있었다. 당시 그는 원폭투하가 올바르다고 생각했다.

그러나 전쟁이 끝나고 여러 해 뒤, 그는 현대의 육상·공중전을 통하여 행해지고 있는 대량 살육을 종교적으로 합법화하는 것은 심각한 오류임을 깨달았다. 그는 최종적으로 미국의 적이 하나님의 적이 될 수 없다는 것을 인식하게 되었다. 하나님을 사랑하는 하나님의 자녀라면 예수처럼 이웃을 사랑해야하는 것이 진리임을 깨달았다.(허상을 만들어 놓고 인간의 머리로 주거니 받거니 하는 허구虛構의 되풀이를 하고 있다.)

자벨카는 "예수의 가르침과 전쟁은 정반대고 물과 기름인데, 종군사제인 자신은 폭력을 퇴치한 예수의 손에 무리하게 기관총을 안겨주었다. 그러한 모독적인 예수의 모습을 진실이라며 병사들에게 가르쳤고 '주를 극구 칭찬한다' 며 찬미가를 부르고 총탄을 건네주었다. 에놀라 게이와 벅스카의 승무원에게 그러한 모독적인 그리스도의 이미지를 심게 한 것은 자신이었다"고 인터뷰에서 말했다.

아래에 자벨카가 1985년, 원폭 40주년을 맞아 연설한 내용의 일부를 소개한다. 제목은 「원폭을 축하하며Blessing the Bombs」이다. 신부 자벨카는 변하였다. 특히 모든 형태의 군사적 폭력에 저항하는 비폭력 운동에 그는 나머지 삶을 헌신하였다.

"전쟁 중 민간인 학살에 대하여 교회는 늘 절대 불가를 주장해왔다. 만약 한 병사가 나에게 와서 어린아이의 머리에 총을 갖다 대며 어떻게 할 것인가를 물으면 물론 절대 해서는 안 될 행위라고 말했을 것이다. 그것은 용서받을 수 없는 죄악임에 틀림없기 때문이다. 1945년 티니안 섬에는 세계에서 가장 큰 비행장이 있었다. 수많은 비행기가 일본으로 날아가 어린이를 포함한 민간인들에게 폭격을 가하였지만 나는 아무 말도 하지 못했다. 나는 단 한 차례도 민간인 살해에 대하여 설교를 하지 않았다. 나는 세뇌 당했던 것이다. ··· 비행기 공습에 의한 대량 학살에 대하여 미국의 추기경이나 주교 그 누구도 공개적으로 반대 의사를 표명하지 않았다. 침묵은 곧 긍정의 표시라고 봐야 된다. 전쟁 후 민권투쟁 운동을 할 때 나는 루터 킹Martin Luther King, Jr.과 함께 일했다. ···형제자매 여러분, 기독인에 의해 저질러진 잔혹행위를 고백하는 이 기념일에, 나는 정말 끔찍한 실수를 저질렀음을 가장 먼저 고백해야할 죄인이다. 나는 거짓의 아버지였다. 나는 가톨릭·개신교·정교회 등과 함께 세계에서 가장 큰 거짓말 대회에 참가하였다. ··· 공군 군종 사제로서 나는 기관총을 지닌 예수의 손을 그렸고 그것을 진리라고 주장했다. 그리고 주를 찬양하라고 찬송하며 핵병기의 탑제를 못 본 체했다. 509혼성부대의 가톨릭 군종 사제로서 아놀라 게이와 벅스카의 승무원들에게 사기로 만들어진 예수의 이미지를 조작했다. 오늘 내가 말할 수 있는 것은 내가 틀렸다는 사실이다. … 늦었지만 나는 이제 용서를 구한다. … 나가사키의 폭격은 히로시마보다 더욱 큰 의미로 다가선다. 1945년 8월 9일, 그 폭탄이 어떠한 결과를 초래할지 분명하게 알았지만 우리는 그것을 떨어뜨렸다. 일본에서의 가톨릭 중심지인 나가사키에 위치한 우라카미 성당에 가톨릭 신자인 벅스카 조종사에 의해 폭탄이 투하되는 것을 가톨릭 군종 사제로서 나는 그저 바라보기만 하였다. 나는 성 프란시스 자비에르St. Francis Xavier가 일본에 가톨릭을 전파한 역사적 사실을 알고 있다. 하지만 그날, 학교도 교회도 종교적 소명도 모두 소멸되었음도 알고 있었다. 나는 아무 말도 하지 않았다. …

2) 사기 진작 구실의 군목 제도, 살상을 격려 고무하는 공범 행위

(1) 방어전쟁 아니고 침략전쟁일 경우 '성직자' 호칭은 더욱 가당찮아

군종軍宗의 기원은 기관 및 학자에 따라 다소 견해의 차이가 있다.

○군목軍牧은 영미권에서 Military Chaplain으로 호칭되고 있는데 Chaplain은 군목 및 군종 사제 외에 이민자들·망명자·피난민·유랑민·항해민·병원의 병자를 비롯하여 그 종사자들, 교도소에 수감되어 있는 이들과 교도관 등 비정상적인 상황에 처해 있는 신도들을 위하여 목회 활동을 하는 교역자를 뜻한다. 이 책에서는 개신교 군종은 군목, 가톨릭은 군종 사제로 표현하였다.(최천택·김상구『전쟁과 기독교』책과나무 2013년)

캐나다 군종협회Canadian Forces Chaplaincy는 기원전 6세기 경 아시리아 군대에서 군종의 기원을 찾고 있다. 반면 영국 군목협회British Royal Army Chaplains는 로마군대에 초점을 맞추고 있다. 미국의 견해는 또 다르다.

미국군목협회U.S. Chaplain Corps는 성서의 구약, 고대 이집트 그리고 로마제국을 기원으로 본다. 특히 모세의 출정을 축복하는 아론을 최초의 군목으로 주목한다.(Doris Bergen『The Sword Of The Lord』Uuniversity of Notre Dame Press 2010) 하지만 근대적 의미의 군목 제도는 미국에서 그 기원을 찾아야 되리라 본다.(앞에 제시된 개념의 군목)

미국군목협회가 제공하는 군목의 역사에 따르면 최초의 군목은 미국 성공회Episcopal Church(감독 교회, 특히 스코틀랜드 성공회와 미국 성공회를 가리킴)의 사무엘 프로부스트

Samuel Provoost(1742~1815) 주교이다. 1775년 7월 29일, 대륙의회는 군목협의회를 창설했고 프로부스트를 최초의 군목으로 선출했다. 군목에게는 월 10달러의 급여와 말 한 마리 분의 사료를 제공했다.

1778년 5월 2일, 조지 워싱턴 장군은 포쥐Forge마을에서 의회의 명령을 공식화했으며 군인들의 신앙심과 군목의 중요성을 역설했다. 군목의 역사는 미합중국의 시작과 함께 한다. 식민지 전쟁이 일어났을 때 그들에게 지방 장관의 역할이 주어졌다. 육체적으로 강건하고 젊은 성직자 중의 한 명이 보통 선출되었다. 종교가 미국인들의 삶에 대단히 중요한 역할을 하던 시대였기 때문이다.(최천택·김상구『전쟁과 기독교』책과나무 2013년)

당시 아메리카 대륙 이민 사회의 경우, 목회자는 지역사회에서 강력한 권위자였고 또 이들은 보편적으로 최고의 교육을 받은 엘리트였다. 사소한 군사작전의 경우 목회자는 작전을 입안하는데 관여했고, 식민지 쟁탈 전쟁에 참여하는 군인들에게 동기를 부여하기도 했다.

1789년 4월 6일, 뉴욕에서 군목 후보자 선출을 위한 상원회의가 열렸다. 그리고 4월 25일, 사무엘 프로부스트Samuel Provoost 주교가 독립된 미국 상원이 선출한 최초의 군목이 되었고 각 교파별로 후보자를 선정했다. 성공회(19)·감리교(17)·장로교(14)·침례교(6)·유니테리언(20)·루터교(1)·조합교회(1)·가톨릭(1)·제칠일안식 예수재림교(1) 등이었다.

1789년 이후 상원 개최 시 군목이 개회 기도를 보는 전통은 하원 역시 마찬가지로 적용되었다. 즉 미국의 군목은 군대뿐만 아니라 정계에서도 막강한 영향력을 끼쳐왔고 그 전통은 지금까지 계속되고 있다.

남북전쟁 시기에 군목의 중요성과 전문성은 더욱 강조되었다. 남부연합동맹군의 장교와 병사 간에 군목의 영향력을 보여주는 몇 가지 흥미로운 사실이 있다. 150,000명의 군인들이 전쟁 중 개심하거나 세례를 받았다. 남부연합동맹군에 복무했던 남부 지역 대학생의 80%가 전쟁이 그들의 믿음을 돈독하게 하였다고 했다. 13명의 남군 군목은 1892년 주교로 임명되었고, 12명의 군목은 주요 대학의 총장이나 학장이 되었다. 또 하나의 중요한 사건은 남북전쟁 기간에 연방 여성 군목을 선출하였고, 최초의 유대인 군목, 최초의 흑인 그리고 인디언 군목을 배출했다는 점이다.

◎ 군목의 임무

전쟁으로 인간성이 황폐화되는 사례는 너무나 흔하다. 원폭투하를 축원했던 윌리엄 다우니와 조지 자벨카의 예를 보듯 직접 전쟁에 참여하지 않는 비전투원이라도 사정은 마찬가지다. 인간은 폭력적인 동물이지만, 한편으론 폭력자체를 혐오하는 양면성을 가졌기 때문이다.

살인만큼 인간으로서 하기 어려운, 또한 하고 나면 온갖 상처가 생기는 일은 없다. 아무리 "적군을 죽여라!"고 요구해도, 갓 징집된 멀쩡한 남성은 본성상 그 요구를 쉽게 수용하지 못하는 것이 인간이다. 여기에서 등장하는 방패가 신의 뜻 혹은 섭리다.(박노자「기독교, 전쟁 전도의 역사」『한겨레21』 제798호, 2010. 2. 19)

1941년 8월 러시아를 침공한 독일군의 군목이, 모스크바 서남쪽, 리투아니아 동남쪽에 위치한 소련의 스몰렌스크 근교에서 대포들을 축복하고 있다.(Doris Bergen 『The Sword Of The Lord』 Uuniversity of Notre Dame Press 2010)

미국은 "신에 의해 축복받은 나라며 '특별한 사명special mission'을 가졌다. 그러므로 일본같은 악惡의 국가를 핵무기로 징벌할 권리가 있다"는 주장을 정치인들은 태연히 주장한다. 트루먼이 "신에 감사한다"고 언명한 것은, 미국 대통령은 신의 이름으로 핵무기를 사용할 수 있다는 믿음의 결과물이다. 신의 이름을 빙자한 살인의 합법화에 도구로서 등장하는 것이 「군목제도」이다.

하지만 군목(군종)의 사전적 임무는 전혀 다르다. 브리태니커 백과사전에 의하면, 군종의 업무는 장병들의 종교·교육·선도 활동 등으로 되어 있다. 이에 따라 군종 장교들은 대체로 연대급 이상 부대에 배속되어 교회나 법당을 운영하며, 군 장병들의 상담에도 응한다. 그리고 종교생활을 원하는 장병들에게 예배·법회·미사 등 정기 종교의식과 성찬식·영세식·수계식 등의 특별 종교의식을 집전하기도 한다. 물론 각 종파별 선교 활동은 그들의 주요 업무 중의 하나다. 군목의 임무는 대부분의 나라가 비슷한데 주요 내용은 다음과 같다.

① 예배와 성예전(세례·성찬·장례식 등)
② 군 사회에 대한 목회
③ 병원과 수용소 목회
④ 위기관리
⑤ 목회지원과 상담
⑥ 국내 및 국제 작전에 배치
⑦ 도덕 및 윤리 자문
⑧ 심방
⑨ 교육 목회(윤리, 결혼준비, 자살예방 등)
⑩ 사회활동
⑪ 행정 및 감독
⑫ 기타

물론 위의 내용은 명분상의 임무고 실제로는 "단순히 대포들에게 축복을 하는 것(전쟁 승리의 고무) 이상more than just blessing the cannons"이라고 보아야 한다.

(2) 전쟁 때마다 십자군 학살 전쟁 때처럼 「신이 준 사명」이라 격려

신의 이름을 빙자해 정치와 종교 권력자들이 야합하여 많은 인명을 살상하고 더 많은 사람들을 고통으로 몰아넣은 예는 십자군전쟁을 비롯해 수없이 많다. 근본적인 책임은 나중에 다시 따져보기로 하고 2차 세계대전 중 일어난 일을 중심으로 생각해보기로 한다. 이 전쟁 중 미국과 영국을 중심으로 한 연합군과 독일·이탈리아 중심의 추축국 군목들의 당시 상황은 다음과 같다

먼저 연합국 측의 군목 숫자를 보면 1945년 8월 일본이 항복할 당시를 기준으로 할 때 연인원 8,191명이었다. 영국의 경우 정확한 통계치가 없지만 미국과 비슷한 수의 군목이 복무했던 것으로 추정된다. 캐나다는 1,400명이었다.

추축국의 경우, 독일은 560명의 가톨릭 군종신부를 포함해서 미국과 비슷한 수의 군목들이 근무했던 것으로 알려져 있다.이탈리아는 2,600명에서 3,200명 정도로 본다.

이들 중 사상자 통계가 있는 것은 미국뿐인데, 전사 24명, 부상 66명, 포로 8명으로 집계되어 있다. 참고로 미군 군목 중 종전 후 수상자는 246명이다. 교단·종파별 숫자도 미국 측 통계만이 입수가능한데, 가톨릭 2,278명, 유대교 243명, 개신교 5,620명 등이다.

정리를 해보면, 소련과 중국 등 사회주의 국가와 일본을 제외한 대부분의 국가들은 군목제도를 상설화하였고 교파는 가톨릭과 개신교가 중심이었다. 다만 미국의 경우는 유대교의 랍비들도 군목으로 복무하였다. 그들은 직접 전쟁을 수행하는 전투병은 아니었지만 어쨌든 전쟁에 직간접으로 참여한 것이 틀림없다. 그들도 일부는 죽거나 부상을 당했고 포로로 잡히기도 했다는 뜻이다. 군목의 수행 임무를 가장 상징적으로 보여주는 사례는 앞서 설명한 바와 같이 독일 군목이 대포를 축복하는 장면과 미국의 군목이 원자폭탄 투하를 축원하는 모습일 것으로 보인다.

군목이란 제도를 합리화하기 위해선 다음 세 가지 문제점에 대한 답변이 해명되어야만 한다.

첫째, 살인을 하거나 자신이 죽을지도 모르는 상황 아래서 신이 어떠한 역할을 하는지에 대하여 군목은 어떻게 설명해야 하는가?

둘째, 군대와 종단 사이에서 불안정한 위치에 있는 군목의 입장이다. 죽음을 무릅쓰고 용감하게 싸우도록 병사들의 사기를 진작시키길 원하는 통치자와 군 지휘관의 요구에 응하는 것이 군목의 우선적인 임무인지, 아니면 자신들이 강단에서 통상적으로 설파하는 영적인 문제를 거론하는 목회자로서의 임무가 우선인지 결정해야만 한다. 군목들은 목회자로서의 의무와 군대가 요구하는 군목의 입장 사이의 갈등을 어떻게 해결해야 하는가?

셋째, 군목으로서 부딪치게 되는 도덕과 신학적 딜레마이다. 군목들은 도덕적으로 대단히 모호한 상태 즉 폭력, 강제적인 명령, 고통의 한가운데서 갈등을 겪기도 한다. 군복무라는 잔인한 시간 동안, 그들은 자신의 직업을 어떻게 이해하고 근심하며 지낼까? 자신이 수행하고 있는 임무의 윤리적 의무는 과연 무엇일까?

군목의 가장 큰 딜레마는 그들이 속한 종파의 도그마dogma(독단적인 주장, 교리)와 전쟁 수행이라는 국가권력의 횡포와의 괴리이다. 대부분의 종교는 사랑·자비·평화 등을 설파하며 특히 살인을 죄악시한다. 하지만 군대의 목적은 다르다. 군대는 국민의 생명과 재산을 보호하는 임무를 가진 특수집단이다. 그 목적을 위해서 정당방위 차원에서 침략자의 생명을 빼앗을 수도 있다. 그리고 실제로 제3의 땅과 인간을 빼앗으려는 침략의 경우도 많다.

더욱이 한 국가가 자국의 이익을 위해 다른 나라를 침략하는 경우에도 그들은 국가의 명령에 복종해야만 한다. 군목도 군인이기 때문이다. 아무튼 군목이 속한 집단의 고유목적은 살인이다. 전쟁터에서의 군목들은 대포도 원자폭탄도 축복할 수밖에 없는 게 역사적 사실이다.

제2차 세계대전 당시 독일 군목은 독일군을 위하여 축복하였다. 그리고 영미군의 군목은 또한 그들의 군인들을 위하여 축원하였다. 알다시피 미국·영국·독일의 주 종교는 개신교이다. 그렇다면 각 국의 군목들이 기원하는 신의 실체는 무엇일까? 독일의 하나님과 미국의 하나님은 같은 신일까 아니면 서로 경쟁하는 다른 신일까?

(3) 전쟁을 음모·도발하고도 '방어·평화' 위해서라며 신神 동원 정당화

전쟁이란 국가가 자행하는 살육이다. 전투 중 적군을 사살하는 행위는 평화 시의 실정법에 저촉되지 않는 공인된 살인이지만, 그럼에도 살인 후에는 온갖 상처가 남기 마련이다. 대개의 종교는 모든 살인에 단죄를 내린다.

"좋은 무기는 상서롭지 못한 도구다. 전쟁에서 이긴다 해도 기쁜 일이 아니다. 많은 이들의 죽음으로 얻은 전승은 슬픈 일일 뿐이다." 노자의 말이다.

하지만 일부 종교는 정의로운 전쟁이란 미명 하에 자국의 전쟁을 합리화한다. 기독교의 경우 아우구스티누스(Aurelius Augustinus 354~430)의 정전론正戰論 theory of just war이 대표적이다. 정전론이란 "통치권자는 적절한 포고를 거치고 정당한 동기가 있다면, 권리를 보호하고 악을 바로잡으며 범죄를 벌하기 위하여 자신의 통상적인 지배구역 밖에서 무장병력을 동원할 수 있다"는 뜻이다.

「미화・정당화 된 제국주의론」으로, 중세(1096~1270) 174년간 4차에 걸쳐 '예루살렘 성지 탈환'을 빙자하여 이슬람세계를 학살 유린했던, 이른바 「십자군 침략전쟁」의 영구 정당화(정의)론이기도 하다.

그러나 아우구스티누스의 정전론은 십자군 전쟁을 거치면서 많은 문제를 낳게 된다. 그것을 신학적으로 보완한 이가 토마스 아퀴나스Thomas von Aquinas(1224~1274)다.

그는 첫째, 합법적인 당국에 의해 선포되어야 한다. 둘째, 전쟁이 최후의 정당한 수단으로 인정되는 경우라야 한다. 셋째, 평화구현을 목표로 악을 멸한 다음 반드시 선을 세운다는 분명한 의도가 있어야 한다. 넷째, 오직 합법적인 전쟁 수단이 사용되어야 한다 등 정전론을 위한 네 가지 조건을 주장했다.

아우구스티누스와 토마스 아퀴나스를 뒤이어 기독교 도그마의 형성에 큰 영향력을 끼친 루터와 칼뱅의 정전론도 상기 인용한 두 사람의 주장에서 크게 벗어나지 않았다. 특히 루터는 토마스 뮌쳐Thomas Muenzer의 농민반란을 불의한 전쟁으로 규정하여 "농민봉기군을 죽이는 것은 개・돼지를 죽이는 것과 같으니 많이 죽일수록 하나님께 영광을 돌리는 것"이라고 하며 '농민 학살 행위에 면죄부'를 주었다.

기독교 신학자들이 주장한 정의로운 전쟁의 개념에는 전쟁을 절대군주의 일방적인 행위로만 파악하고 양국간의 관계로 파악하려는 관점은 결여되어 있다. 실제로 신학적 정전론은 군주에게 전쟁의 정신적・종교적 정당화를 위한 이론적 근거를 제공하는 한편, 군주 자신이 전쟁범죄를 범했을 때 그것을 비호하는 청죄사적聽罪師的 기능도 가지고 있었다.

역사적 경험에서 보면, 일본과 미국의 침략세력에게는 「절대권력자의 절대 정의 개념」이 공통되게 절대적으로 의식화되어 있는데, 이런 현상은 바로 종교적 신神 절대주의의 집단이기심(근본주의 신앙)에서 발원하는 것으로 볼 수 있다.

신학자들이 주장한 정의로운 전쟁론은, 민간인에 대해서는 살상해서는 안 된다든가 방어적 전투, 그리고 정당방위의 경우만 살상이 허용된다고 하는 근현대의 정전론 개념과 많은 차이가 있다. 그 이유는 기독교 신학자들의 이론적 배경에는 중세 봉건시대의 인간 지혜에서 생겨난 성서를 벗어날 수 없다는 한계 때문으로 보인다. 예를 들면 성서 특히 구약에 자주 등장하는 샬롬의 개념을 들 수 있다.

(4) 제네바 협약, 참혹한 전쟁 희생자 보호하고 대화로 평화 모색

유대교나 기독교인들은 인사를 나눌 때 흔히들 '샬롬'이라고 말한다. 히브리어 '샬롬'은 평화Peace를 뜻한다. 온전한Whole 또는 완전한Complete이라는 뜻을 나타낸다.

복수는 해를 받은 것에 대한 분노를 진정시켜 주는 완화제 작용을 한다. 복수는 얼굴에 미소를 짓게 하고 마음에 희열과 만족감을 안겨준다. 복수는 심장에서 들끓던 뜨거운 피를 식혀주고 마음에 안식과 평안을 안겨준다.

복수는 달콤한 치유다. 적의 공격으로 인한 마음의 상처가 정상적으로 회복된 상태를 아랍문화에서는 온전하고 완전한 것으로 보는데, 이를 히브리말로 샬롬평화라고 한다. 평화란 무엇인가? 복수 혹은 전쟁 후에 얻어지는 쉼과 성취감이다.

2001년 9월 11일, 뉴욕 쌍둥이 빌딩 테러사건의 보복으로 이라크 및 아프가니스탄 전쟁을 일으킨 전 미국 대통령 조지 부시의 얼굴에 달콤한 미소가 흐르고 희열과 만족감이 넘치고 있었음을 우리는 알고 있다. 이러한 경우가 바로 샬롬의 전형적인 예가 된다. 복수를 완료하고 평화를 성취했기 때문이다. 기독인들이 인사말로 사용하는 히브리어 '샬롬'은 "복수했느냐?"는 뜻이다. 복수를 해본 자만이 느낄 수 있는 안식과 평안함, 바로 그것이 샬롬이다. 샬롬의 유래를 알면 신학자들이 주장하는 정전론의 개념이 이해되리라 본다.(뉴욕 빌딩 파괴는 미국측의 무수한 중동 분열·파괴에 대한 대복수극이었다고 보는 것이 타당한데….)

중세시대를 풍미했던 정전론은 18세기 중엽 이후 단순히 관념론에 지나지 않는 것으로 보았고, 따라서 정전론이 국가간의 관행으로 채택되는 일도 없었다. 이와 같이 근세 초기의 정전론 즉 '차별적 전쟁관'은 정전과 부정전의 구별의 곤란성으로 그 현실적 타당성이 일반적으로 부인되고, 대신에 실정법주의의 학설이 대두됨에 따라 '무차별전쟁관'이 18세기부터 제1차 세계대전에 이르기까지 국제법학계의 지배적인 견해가 되었다.

이 '무차별전쟁관'에 따르면 전쟁에는 어느 편이 정당성justa causa를 가졌는가를 판정하기 어렵고, 따라서 어느 측이 정당한 가의 가치판단을 내리기가 어렵다. 그러므로 교전자 쌍방은 똑같게 취급되어야 하며, 모든 전쟁에 동일한 판정을 부여하지 않으면 안 되는 것이다. 이럴 경우 얼핏 보면 공정할 것 같으나 침략하려는 강자와 방어하려는 약자 관계에서는 아주 불공정한 개념(사태)이 된다.

이러한 사회적 요구에 따라 제정된 것이 「제네바협약」이다. 제네바조약(프랑스어 : Conventions de Genève)은 스위스 제네바에서 조인된 네 차례의 조약을 말하며, 인도주의에 입각한 국제법의 기초가 된다.

솔페리노 전투를 목격한 앙리 뒤낭이 전쟁 희생자를 줄이기 위한 노력으로 협정이 이뤄졌다. 그 역사는 다음과 같다.

① 제1차 제네바협약 : 전장에서의 부상자 상태 개선에 관한 제네바협약은 1864년에 처음 체결되었고, 1949년에 개정되었다. 적십자(국제적십자 위원회, ICRC)가 창설된 이듬해에 이 조약이 각국 정부에 의해 조인되었다.

② 제2차 제네바협약 : 바다에서의 부상자와 난파자의 처우 개선에 관한 제네바협약은 제1차 협약을 해전에까지 확장한 것이다. 1907년 헤이그 협약 제10항으로 채택되었고, 1949년에 개정되었다.

③ 제3차 제네바협약 : 전쟁 포로의 대우에 관한 제네바협약은 1929년에 채택되어 1949년에 개정되었다.

④ 제4차 제네바협약 : 전시의 민간인 보호에 대한 제네바 협약은 1907년의 헤이그협약 제4항을 개정하여 1949년에 채택되었다. 그 다음 위의 네 협약에 세 가지 의정서가 추가되었다.

⑤ 제1추가의정서(1977) : 국제적 무력 충돌의 희생자 보호에 대한 제네바협정의 추가의정서

⑥ 제2추가의정서(1977) : 비국제적 무력 충돌의 희생자 보호에 대한 제네바협정의 추가의정서

⑦ 제3추가의정서(2005) : 적십자 표장 추가 등 제네바협정의 추가의정서. 적십자 표장 Red Cross Emblem에 적수정Red Crystal이 추가되었다.

① 전쟁 포로 · 부상자 돌봄에는 군목이 할 일 많아

군목의 창설 배경에는 앞에서 살펴본 바와 같이 '신학적 정전론'이 자리 잡고 있다. 폐기되어야할 정전론이 군목제도란 온상 아래서 지금도 숨쉬고 있다는 뜻이다.

1864년, 앙리 뒤낭에 의해 「전쟁 중 부상자의 처우 개선을 위한 협약」을 체결하는 국제회의가 열렸다. 이 첫 번째 협약은 3년 후 유럽 여러 나라들의 승인을 받았고, 1906년에 체결된 두 번째 제네바협약에서 수정·확충되었다.

그리고 1899, 1907년에 체결된 헤이그조약은 이 제네바협약의 원칙을 해전에도 적용하기로 결정했다. 1929년에 체결된 3번째 제네바협약은 '전쟁포로의 대우에 관한 협

약'으로서 이미 1907년의 헤이그조약에서 다루었던 전쟁포로 보호 조항을 삽입하여 교전국은 상대국의 포로들을 인간적으로 대우하고 그들에 관한 소식을 알려주며, 중립국 대표의 포로수용소 방문을 허용하도록 했다.

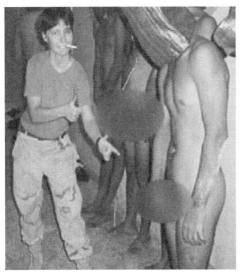 

포로들을 성고문하고 있는 미 여군 린디 잉글랜드.　　목에 개줄을 매어 끌고 다니는 미 여군 린디 잉글랜드

그러나 전쟁기간 중에 제네바협약의 원칙들이 지켜지지 않아 제2차 세계대전 이후 기존 원칙들을 수정·확충하기 위해 1948년 8월 23~30일에 스웨덴의 스톡홀름에서 국제적십자회의를 개최했다. 그 후 위에서 약술한 바와 같이 여러 차례의 개정을 거쳐 오늘에 이르고 있다.

문제는 국제간 협약인 제네바협약을 대부분의 교전 당사국들이 지키지 않는데 있다. 제네바협약에서 크게 중점을 두고 있는 부분은 민간인 학살과 전쟁 포로에 대한 처우 문제다. 하지만 과거의 전쟁뿐 아니라 현재의 어떤 전쟁에서도 이 국제법을 제대로 지켰다는 사례가 거의 없다. 제2차 세계대전 중 가장 대표적인 민간인 학살은 앞장에서 거론한 히로시마·나가사키 원폭 투하다. 이 장에서는 외신 자료를 빌어 최근에 발생한 전쟁 중 이라크·아프간 전쟁 시 미군의 포로 학대 사례 몇 가지를 소개하겠다.

② 미국의 이라크 파멸과 아프간 장기 점령, 포로 학대의 참상

2004년 3월, 미군의 부도덕과 잔인함이 만 천하에 공개된 사건이 터졌다. 이라크 전쟁 포로들이 수감된 아부 그라이브Abu Ghraib 수용소에서 미군이 포로들에게 고문을 자행하고 있다는 충격적인 뉴스였다.

발가벗긴 이라크 포로들을 피라미드처럼 차곡차곡 쌓은 옆에서 만면에 미소를 띤 채 포즈를 취한 미군 병사들, 벌거벗은 포로의 성기를 가리키며 웃는 여군, 맹렬히 짖어대는 군견 앞에서 공포에 질려있는 포로의 모습, 포로의 목에 개 목걸이를 묶어 끌고 있는 장면 등 일련의 끔찍한 사진들이 기사와 함께 잇달아 공개됐다.

포로를 죽도록 구타하는 장면, 여성 포로를 강간하는 장면, 시간屍姦 장면, 남성 포로 간의 성교나 강간 장면 등 공개조차 할 수 없는 사진들이 아직 더 있었다.

세계는 경악했다. 테러의 진원지, 잠재적 안보 위협의 여지가 있는 '악의 축'을 제거하겠다며 자칭 정의의 사도로 나선 미국과 이라크 전쟁의 추잡한 이면이 세상에 고스란히 드러났다.

이 한편의 폭로 기사는 불길처럼 번지던 반전 여론에 기름을 부었다. 인권 선진국임을 자처하던 미국의 이미지를 하루아침에 바꾼 이번 포로 학대 사건의 진실을 보도한 기사의 작성자는 탐사 보도의 최고봉이라 불리는 시모어 허시 기자였고, 그 진상을 최초로 폭로한 사람은 아부 그라이브 교도소에 배치된 제372 헌병중대 소속 조지프 다비 기술 부사관(24세)이었다.

사건 1년 전인 2003년, 이 교도소에 배속된 다비는 교도소 내 포로 학대와 관련해 이런저런 흉흉한 소문을 들었다. 그중에는 동료들이 포로들의 옷을 벗기고 성적 학대를 가했다는 얘기도 포함되어 있었다.

반신반의하던 그는 2003년 1월 13일 동료로부터 관련 내용을 담은 CD를 받아 본 뒤 기절초풍할 뻔했다. 소문으로만 듣던 포로들에 대한 성적 학대 사진들이 적나라하게 펼쳐졌기 때문이다.

그냥 지나칠 수도 있었지만 양심이 용납하지 않았다. 고민을 거듭하던 그는 결국 자신의 이름을 밝히지 않은 채 편지지에 관련 내용을 자세히 적어 부대 선임 병장의 방문 앞에 슬쩍 갖다놓았다. 편지를 확인한 병장은 이 같은 사실을 곧바로 군 당국에 신고했고, 이에 따라 본격적인 내부 조사가 시작되었다.

그러나 일련의 사태 전개 과정을 살펴보면 군 당국은 끝까지 관련 내용을 은폐하려 했던 것 같다. 군 당국은 신고를 접수한 지 몇 시간 만에 헌병중대를 급습해 포로 학대 행위를 담은 병사들의 컴퓨터와 디스켓을 모조리 압수해 이라크 바그다드에 파견된 육군범죄수사대CID에 이첩했다. 아울러 철저한 진상 조사에 착수했다.

조사를 지휘했던 안토니오 타구바 소장은 약 두 달 반 동안 제372 헌병중대를 관할하는 제800 헌병여단의 부대원 3천 2백 명 전원에 대한 광범위한 조사에 들어갔다. 타구

바 소장은 미군 6명이 조직적으로 포로 학대에 가담했다는 내용을 담은 53쪽짜리 비밀 보고서를 상부에 보고했다.

당시 보고서 내용을 접한 사람은 부시 대통령과 럼스펠드 국방장관·리처드 마이어스 합참의장·아비자이드 대장 등 극소수였으며, 관련 내용은 철저히 비밀에 부쳐졌다. 군 수뇌부는 이런 사실을 응당 의회에 알렸어야 옳았지만 계속 함구했다.

보안 유지에 급급하던 군 수뇌부는 4월 중순, 관련 내용을 보도하겠다는 CBS 방송의 방침을 전해 듣고 마이어스 합참의장이 직접 나서 방송을 중단시키려 했던 것으로 밝혀졌다. 그러나 CBS측은 마이어스의 요청을 단호히 거부하고, 2003년 4월 28일 저녁 황금시간대에 방송을 결행했다

CBS 방송의 용감한 보도 이후, 그동안 이라크 전쟁을 지지했던 『워싱턴 포스트』지를 포함하여 대부분의 주류매체들도 미군의 포로학대 관련 동영상과 사진을 공개했다. 하지만 아부 그라이브 사건 보도 후 럼스펠드 미국방장관은 "몇몇 군인들의 잘못일 뿐"이라고 일축했다.

그러나 시간이 지나면서 고문 사건의 배후에 지휘 계통의 최상부가 관여했다는 증거가 속속 드러나기 시작했다. 허시가 폭로한 「타구바 보고서」(아부 그라이브 진상조사 보고서)에는 럼스펠드가 이라크 저항 세력의 정보를 얻기 위해 포로들에게 신체적 강압과 성적 모욕을 안기는 심문 방법을 승인한 사실을 담고 있었다. 「특별접근프로그램」으로 불리는 이 심문 방법은 조지 부시 대통령에게도 보고된 것으로 알려졌다. (시모어 허시, 강주헌 역 『지휘계통』 세종연구원 2004)

군 수뇌부의 은폐로는 이 사건을 덮어둘 수 없게 되었다. 화살은 군 최고 지휘부 뿐 아니라 럼스펠드 국방장관, 라이스 국무장관 그리고 부시 대통령에게까지 불똥이 튀었다. 사실 고문이나 민간인 학살 등 국가권력이 개입된 폭력은 하급 군인들의 실수 혹은 우발적인 행태로는 설명이 되지 않는다.

문서에 의한 명령이 없더라도 지휘자들의 묵인 내지 방조가 없다면 이루어질 수 없다. 과거 베트남의 밀라이 학살, 한국의 노근리 사건 등을 조사하는 과정에서 미 정부는 미군 관련자 모두에게 무죄를 선고한 사례가 미 정부의 기본 방침을 시사해 주고 있다.

이번에 폭로된 아부 그라이브 수용소 사건을 처리하는 과정을 보면 더욱 명확해 진다. 1년에 걸친 '조사' 끝에 발표된 '아부 그라이브' 사건에 대한 미 국방부 감찰실장의 최종보고는 미국이라는 나라의 정체에 대한 확실한 실증을 보여 주고 있다.

책임자들은 여자 준장 하나를 빼고는 문책을 당하지 않았다. 도널드 럼스펠드 국방장관은 유임되었을 뿐 아니라 여전히 부시의 큰 신임을 받았으며, 곤잘레스는 오히려 영전

이 되었고, 은퇴한 조지 테네트 전 CIA 국장은 최고의 훈장을 받기까지 했으니 이슬람권에서는 미 정부의 발표를 회칠한 무덤 정도로 보고 있을 것이 뻔하다.

민주주의다, 투명사회다, 인권의 존중이다 등의 미국 구호들이 아랍권 사람들만이 아니라 양식있는 세계인들에게는 공허하게 들릴 수밖에 없다.

이라크 주둔 총사령관을 포함한 고위 장성들은 다 연루되지 않았다면서 아부 그라이브 감옥의 책임자이던 여성 준장만은 대령으로 강등되었고, 아부 그라이브 사건의 사진들에서 볼 수 있는 7명의 사병들을 포함한 졸병들만 재판을 받았거나 재판에 계류되었다. 그들 중 일부는 상부 지시에 따라 했을 뿐이라고 항변했고, 실형을 받았지만 변호사와 군검찰이 유죄인정 합의를 했던 린디 잉글랜드의 경우는 군법재판 판사가 그 합의서를 인정하지 않아 다시 재판에 회부되었다.

판결 하루 전만 해도 잉글랜드가 미 군법 상 최고 10년형에 처해질 수 있다는 보도가 나왔으나 결국 2005년 9월 27일, '아부 그라이브 만행'의 상징으로 떠오른 미군 병사 린디 잉글랜드 일병(22세)에게 3년형이 선고되었다. 검사의 구형은 6년 형이었다.

미국 텍서스 주 포트 후드 군사 법정에서 열린 이 사건의 첫 번째 공판에서 벌어진, 주범 중 한 명인 찰스 그레이너 상병의 변호인으로 선임된 워맥 변호사의 변론은 이 사건을 바라보는 미국인들의 보편적 인식을 일부 보여주어 아래에 소개한다.

"미국 전역의 치어리더들은 일 년에도 6번에서 8번 피라미드를 쌓지 않냐. 그것이 고문이냐?"

"피라미드는 통제 기술로 사용될 수 있는 것이다."

"사슬은 수감자들을 통제하는 유효한 수단이다."

"부모들은 쇼핑 몰이나 공항 등에서 걸어 다니는 동안 자신들의 아기를 잃어버리지 않기 위해 띠를 묶지 않냐?"

만약 워맥 변호사가 이라크 포로 학대를 저지른 미군 범인들은 원래 악인이어서 그리된 것이라기보다는, 세계 유일의 초강대국 미국 군대의 일원으로 열악한 환경에서 임무수행 중 본의가 아니게 벌어진 불상사였으며, 보다 "근본적인 주범은 석유를 노리고 대이라크 침공을 주도한 미국의 네오콘(신보수주의 전쟁광) 세력들"이라고 지적했어야 그나마 제대로 된 판결이었다고 할 것이다.

이라크 전쟁에도 아프간 전쟁 때도 미군 군목들은 분명히 참전했다. 반인륜적이고 제네바 협약에도 분명히 위반되는 상기 사건들이 일어나는 동안 군목들은 과연 무엇을 했을까? 군목제도는 아직 없어지지 않았다. 그렇다면 그들의 임무는 최소한 제네바협약을 제대로 지키고 있는 지 감시 정도는 해야 하지 않을까? 평소에 군 선교만 열중하다가 전쟁이 일어났을 때 대포나 원자폭탄에 축원하는 것만이 군종의 본연의 역할인지 의문이 들지 않을 수 없게 한다.

(5) 제국주의 전쟁에 동참하게 된 우방국군에도 사기진작 군목 필요

제2차 세계대전 당시 대부분의 참전국들은 전쟁의 합리화 즉 병사들에게 자신들이 정당한 전쟁을 하고 있다는 인식을 심어주기 위해 군목을 이용하였음을 앞장에서 밝혔다. 하지만 사람이 살인자로 태어나지 않는 이상 갓 징집된 멀쩡한 사람이 비록 적군이라도 거리낌 없이 방아쇠를 당기는 것은 그리 쉬운 일이 아니다.

이것은 제2차 세계대전 때 미군의 "적군을 향한 자율적 사살 비율"이 15~20%에 불과했던 사례가 증명한다. 이러한 사실에 눈을 뜬 미군은 실전 투입 이전 「적군 사살의 반사적 반응」을 키우는 집중 훈련을 도입해 한국전쟁 때 '적군 사살률'을 55%까지 끌어올렸다. (박노자 「기독교, 전쟁 전도의 역사」『한겨레21』 제798호, 2010. 2. 19)

문제는 외상 후 스트레스장애, 성격 파탄과 자해, 자살 등 간과할 수 없는 후유증이 현역은 물론 퇴역 군인들에게 끊임없이 발생하고 있다는 점이다. 여기서 미군은 좀 더 적극적인 군 선교의 확대를 택하고 군목의 중요성이 더욱 크게 대두된다. 가장 대표적인 사례가 한국 군내에서의 군목 창설이다.

미군정과 이승만 정권이 신생 한국을 준準 기독교국으로 만들기 위해 어떤 조치를 취했는지에 대한 구체적 사례는 생략하고, 이 글에서는 군목제도의 창설 경위에 한하여 짚어보았다.

한국전쟁 당시, 군목의 필요성을 가장 먼저 제기한 사람은 가톨릭 군종사제인 캐롤Carroll과 북감리교 군목 쇼우Show목사였다. 그들은 전쟁 발발 이틀 후인 1950년 6월 27일, 일본에 주둔 중이던 맥아더 장군의 극동사령부를 방문하여 군종과장 이반 베넷 Ivan Bennet 목사와 존 단John Dahn신부를 만났다.

그 다음 한국의 국방부 장관 겸 국무총리 서리 신성모를 만나 군목제도의 창설에 긍정적인 답변을 이끌어 내었다. 그다음 순서로 이승만 대통령을 방문하여 군목제도의 필요성을 설명한 날이 9월 5일이다. 결국 9월 13일, 한국 정부와 미고문단이 합의하여 한국 군대에 군목을 두기로 최종 결정했다. (윤선자 「6.25 한국전쟁과 군종 활동」『한국기독교와 역

　미군과 한국 정부의 방침에 따라 1950년 9월 18일, 한경직 목사·유형기 목사·캐롤 신부 등을 대표로 한 「군종제도추진위원회」가 결성되었고 참여 교단은 장로교·감리교·구세군·성결교·가톨릭 등이었다. 주목할 것은 처음 군목제도를 논의할 때 위원회의 명칭이 군목이 아닌 군종이었다는 점이다.

　이것은 당시 기독교 신자는 한국 전체 인구의 2%정도인 30만 여명뿐이었고 대다수 국민들은 불교·천도교·대종교·무속 등을 신봉하고 있다는 현실이 추진위원회의 발목을 잡았던 것으로 짐작된다. 1951년 2월 7일, 육본 일반명령 제31호에 의해 육군본부 인사국에 설치된 것도 군승과軍僧課였다.

　따라서 한국에서의 군목·군종 설치 목적은 반공정신 앙양에 있었기 때문에 기독교 인구가 소수인 현실에서는 뜻대로 되기 어려운 형편이었다.

　하지만 추진위원회 자체가 기독교 일색이었고 더욱이 군 통수권자와 작전권자가 모두 개신교인이었음을 고려해보면 군목제도가 어떻게 흘러갈 것인지 그 결과는 너무나 자명했다. 결국 1951년 4월 14일, '군승과'라는 명칭이 '군목과軍牧課'로 개칭되었다. 그 이전 2월 18일, 제1기 군종으로 30여명이 입대했을 때 그들의 교적은 모두 가톨릭 신부와 개신교 목사들뿐이었다. 5월 1일, 제2기 군종 입대시도 마찬가지였다. 18명의 군종 중 7명이 가톨릭 신부였고 나머지는 모두 목사였다. 군목과로 개칭된 이후는 더 이상 말할 것도 없다. 참고로 한국전쟁이 끝난 후 교파별 군목의 숫자는 다음과 같다.

교파별 군목의 숫자(1954년 4월 현재)

교파	장로	감리	성결	천주	기장	구세	기타	계
숫자	142	67	37	36	11	1	3	297

(강인철 『한국기독교회와 국가시민사회』 한국기독교역사연구소 2009)

　이 표에 의하면 가톨릭 12.1%를 제외한 나머지 87.9%가 개신교 목회자로 채워졌음을 알 수 있다. 이러한 편향은 군종제도 창설시 5%정도에 불과했던 국군의 (친미적) 기독교 비율이 1956년도에는 15%까지 상승할 수 있는 배경이 되었다.

　기독교 이외 다른 종파 성직자가 군종으로 복무하게 되는 것은 먼 훗날의 이야기다. 1968년 5월 24일 군종장교요원 선발 규정이 국방부령 제124호로 공포되어, 군법사제도가 마련되었다. 그리고 그 해 8월 10일 제1기 군승후보생을 모집하여 지원자 12명 중 5명이 합격하는데 군종제도 시행 18년 세월이 지난 후에야 최초의 군종법사를 배출하게 된 셈이다. 원불교의 경우 2006년 3월부터 군법사가 임명되기 시작했고 불교계에서는 조계종 외에도 최근에 천태종·진각종 등 제종파가 군승 단독 파송으로 입장을 정리하고 있는 형편이다.

이해가 되지 않는 것은 군종제도를 하나의 특혜로 인식하고 있는 각 종교계의 입장이다. 분명히 이승만 정권은 기독교에 수많은 혜택을 주었다. 적산 불하를 비롯하여 크리스마스 공휴일 제정, 형무소와 경찰전도를 위한 지원, 서울방송을 통한 선교활동 지원, 가톨릭의 경향신문 창간, 기독교 방송과 극동방송의 설립, YMCA를 비롯한 종교단체 지원 등이다. 이승만의 종교정책에 불만과 피해의식을 가질만하다. 하지만 1968년 군승제도가 도입되자마자 월남에 군승을 파견하기도 했다.

아무튼 한국의 경우 종교간 권력으로부터의 시혜에 대한 경쟁심리는 큰 것 같으나 워낙 반공친미 성향의 교육을 잘 받아서인지는 모르겠으나 「전쟁으로 인한 동족살상」에 대한 종교이념과의 갈등에 관해서는 어느 종교집단이든지 별로 고민하고 있는 것 같지는 않아 보인다.

3) 동북아 침략시기에도 자칭 목사들 동참, 비인도적 활동 앞장

19세기 중엽의 조선정부는 청나라가 아편전쟁鴉片戰爭(Anglo-Chinese Wars, 1차 : 1839~1842, 2차 : 1856~1860)에서 영제국에게 참패하여 약 2만 명의 막대한 인명 피해와 더불어 국권을 상실하는 참극을 보면서도 마땅한 대책을 세울 수 없었다. 1842년 8월 체결된 남경조약 또는 장닝조약江寧條約이라고도 하는 조약이 당시 난징에 정박 중인 영국 군함 콘월리스호號상에서 청나라 전권대사 기영耆英·이리포伊里布와 영국 전권대사 포틴저가 조인하였다. 13조로 되어 있고, 1843년 6월 홍콩에서 비준서가 교환된 조약의 주요 내용은 다음과 같다.

① 홍콩을 영국에 할양한다.
② 광저우廣州·샤먼廈門 Amoy·푸저우福州·닝보寧波·상하이上海의 5항港을 개항한다.
③ 개항장에 영사관을 설치한다.
④ 전쟁배상금으로 1,200만 달러와 몰수당한 아편의 보상금으로 600만 달러를 영국에 지불한다.
⑤ 행상行商 즉 공행公行과 같은 독점상인을 폐지한다.

⑥ 수출입 상품에 대한 관세를 제한한다.
⑦ 청나라와 영국 두 나라 관리의 대등한 교섭 등이었다.

청나라의 영향을 크게 받고 있던 조선은 의지할 나라도 없어지고, 자체적으로 외세를 물리칠 능력도 없었다. 할 수 있는 방법이라야 국경을 굳게 닫는 길 밖에 없었다.

미국은 남북전쟁(1861~1865)이 끝났으나 경제는 황폐해지고 무질서가 판을 치고 있었다. 패배한 남군들은 약탈자가 되거나 강도가 되어 떼를 지어 다녔다. 형편은 북군도 비슷해서 실업자가 되거나 마지막 남은 식민지 가능지역인 아시아로 가서 한탕하려는 자들로 넘쳤다. 영국에서도 아편전쟁의 승리를 기회로, 떼돈을 벌려는 자들이 중국으로 몰려들었다. 이런 시점에 발생한 사건이 제너럴셔먼호 사건이었다.

이들 중 일부는 남북전쟁이 끝나자 잉여 선박을 불하받았다. 그들은 이를 개조해 만든 배를 타고 중국을 위시한 아시아지역에서 용병 노릇을 하거나 약탈·강도행위와 유사한 행위를 하였다.

(1) 셔먼호 침투 때엔 국적도 숨긴 채 성경 배포·총질 협박

제너럴셔먼호는 영국 스코틀랜드에서 만들어진 배로 원래 이름은 로열 프린세스Royal Princess호였다. 미국의 면화 수입 가격 인상이 우려되자 남군을 지원하기 위한 무기와 전쟁 물자를 수송하는 것으로 배의 용도가 바뀌었다. 이 과정에서 1863년 1월 29일 북군에 포

제너럴셔먼호의 모습. 상선으로 팔리기 전에는 USS Princess Royal이었다.

획되어 북군의 함정으로 사용된다. 전후 이 배는 민간에 불하되어 상선으로 개조되었다.

그러다가 남북전쟁 당시 가혹하기로 유명한 북군의 셔먼 장군William Sherman (1820~1891)의 이름을 따서 제너럴 셔먼USS General Sherman이라 이름을 바꾸었다. 그런데 이 배를 과연 상선이라 부를 수 있을지 의문스러웠다. 이 배는 포신구경 93.2mm, 포탄 무게 0.91kg, 사정거리 4,000m의 패로트Parrott 포 2대와 총열이 6개 또는 10개로 손잡이를 돌리면 돌아가면서 발사되는 게틀링 기관총 2대로 무장되었으

며 선원들은 모두 소총과 대검으로 무장하고 있었다. 이는 상선이라기보다는 군함 또는 해적선black pirate ship으로 보는 것이 마땅했다.

1866년 8월 21일(고종3년, 음력 7월 12일) 이 배는 허락도 없이 영해를 침범하여 대동강을 거슬러 올라가 평양에서 통상을 요구하며 행패를 부렸다. 이들은 조선 관원을 인질로 삼아 터무니없는 요구를 하는가 하면, 주민들과 관원들을 향해 무단 발포를 해 7명의 주민이 사망하고 5명이 부상당하였다. 그러자 연암 박지원의 손자로 당시 평양감사 박규수와 관원들이 합세하여 셔먼호를 불살랐다. 이 때 영국 무역회사 메도스(Meadows and Co.)의 통역으로 왔던 영국인 토머스Robert Jemain Thomas(1840~1866)는 배에서 탈출하였다. 토머스는 영해를 침범한 이유와 목적을 확인하러 승선했던 중군 이현익의 신분증인 인신印信을 가지고 있었다. 토머스는 이 인신을 창끝에 매달고 살려달라고 애원하였으나 살해당한 백성의 가족들과 관원들에게 참살 당했다.

일부 기독교인들은 이러한 토머스를 순교자라며 우상시 하고 있다. 이 사건은 1871년 6월 10일(고종 8년 음력 4월 23일)에 발생한 신미양요辛未洋擾로 이어져, 미국은 아시아 함대 사령관 로저스John Rodgers에게 콜로라도와 모노카시 전함을 위시해서 대규모 해군 함대를 동원해 조선 원정을 명했다. 어재연 장군 형제를 비롯한 조선군은 장비와 병력의 열세에도 불구하고 불굴의 투지로 저항하였으나 참패하였다. 미국 역시 강압적으로 문호를 개방시키려던 의도는 실패했다.(최천택 · 김상구 『전쟁과 기독교』 책과 나무 2013)

신미양요가 있은지 11년 후인 1882년(고종 19년) 5월 22일(음력 4월 6일) 청국의 중재에 의한 조미수호통상조약朝美修好通商條約으로 미국과 통상조약을 맺는다. 조선의 전권위원 신헌 · 김홍집과 미국의 전권위원 로버트 윌리엄 슈펠트 간에 체결되었다. 이 조약은 조선이 구미 국가와 맺은 최초의 수호 통상 조약이다. 이와 같이 외부의 강압과 권고로 체결된 이 조약은 일방적인 최혜국 조약과 치외법권 등 모순적이고 굴욕적인 조항까지 포함되어 있는 불평등 조약이라 할 수 있다. 이와 같이 미국과의 관계는 강압과 불평등으로 시작되었다.

(2) 선교사들의 감언이설 · 외교교섭으로 미국이 챙긴 각종 이권들

제국주의 미국의 하와이 병탄사건은 우리나라와도 깊은 관계가 있다. 1778년경 하와이의 인구는 약 800,000 명으로 추산되었다. 그런데 하와이가 미국에 병합되는 1893년경 하와이 원주민 수는 백인들이 가져온 독감 · 폐병 · 성병 등으로 1/20인 약 4만 명밖에 남지 않았다.

사탕수수 재배로 막대한 이익을 얻고 있던 선교사의 가족들은 중국·일본·조선 등 아시아에서 노동자들을 데려왔다. 명칭은 노동자이지만 근로 조건이나 임금 수준은 인간 이하의 농노 수준이었다. 당시 아시아에는 엄청난 흉작으로 많은 사람들이 고통을 겪고 있었다.(미국의 하와이 병합에는 선교사들의 활약이 컸다. 해당 항목 참조)

주한 미국공사 알렌Horace N. Allen(安連, 1858~1932, 공사 1887~1907)은 조선으로 귀임하는 도중 샌프란시스코에서 하와이 사탕수수경작자 협회이사인 어윈William G. Irwin을 만나 하와이의 노동력 부족문제를 알게 되었고, 그 후 한국인 이민 계획을 맡게 되었다.

그는 호놀룰루에 직접 가서 관계자들과 협의하였다. 사탕농장주들은 알렌에게 극진한 대접을 했다. 그리고 알렌은 고종황제를 설복해 이민 허락을 받아낸다. 그 다음에 등장하는 인물이 미국인 데쉴러Deshler다. 그는 알렌과 같은 미국 오하이오주 출신으로 은행가 집안의 후손이었는데, 일본 고베에서 활동하다가 1896년 제물포로 건너와 사업을 모색하고 있던 25살의 젊은이였다. 알렌과 친밀했던 그는 인천에 동서개발주식회사 East-West Development Company(내리교회 인근에 있었다고 함)를 차린 후 하와이에서 일할 노무자를 모집했다.

또 하와이 이민에 필요한 재정보증문제를 해결하기 위하여 데쉴러 은행Deshler Bank을 세우고 보증업무를 하였다. 처음에는 낯선 땅에 대한 거부감 탓에 응하는 이들이 없었다. 이 때 인천 내리교회 제2대 담임 존스 목사George Hebert Jones(한국명 조원시, 1867~1919)가 나서 "하와이는 아주 살기 좋은 곳"이라고 설교해 신도 50명과 인천항 부두노동자 20여명이 지원했다고 한다.

알렌은 하와이 사탕수수밭의 근로조건이나 임금이 농노 수준임을 직접 파악하고 있었음이 분명하다. 그럼에도 사탕수수밭의 노동자로 가는 것을 낙원으로 가는 것처럼 속여서 보낸 것이다. 후에 이민자들의 참상이 알려져 문제가 생기자 존스 목사는 미국으로 돌아갔다. 이들이 하와이 이민 주선으로 어느 정도의 이익을 챙겼는지는 구체적으로 알 수 없지만, 알렌이 조선에서 챙긴 이권들로 미루어 상당한 수입을 올렸을 것이다. 알렌이 챙긴 이권들은 대략 아래와 같다

① 운산금광 채굴권
당시 평안북도 운산 금광은 우리나라 최대의 금광으로 조선의 금생산량 중 총생산량의 1/4을 차지하던 대규모 광산이었다. 동양광업주식회사를 세우고 미국인 감독관, 일

본인 기술자, 말레이시아와 중국인 노동자를 고용하여 운산 금광을 본격적으로 개발하였다.

미국은 운산금광에서 막대한 이익을 얻었다. 정확한 자료는 아니지만 당시 미국인 감독관이 밝힌 내용에 따르면, 1897~1915년 사이의 금 생산액만도 약 4,950만 원이었다고 한다. 이 금액은 당시로서는 경이적인 금액으로서 그 무렵, 한강철교 공사에 든 비용이 약 40만 원이었다고 하니 4,950만 원의 가치가 어느 정도인지 가히 짐작할 수 있다.

또한 1910년 당시 조선 정부가 일본에 진 빚이 4,500만 원이었다. 그렇다면 우리가 운산 금광 하나만 미국에게 빼앗기지 않았다면 일본에 진 빚을 갚을 수가 있고, 전국에 걸쳐 일어난 국채보상운동을 할 필요조차도 없었다는 뜻이다. 알렌은 당시 1,500만 달러의 국부를 유출했다.

② 경인철도 부설권

알렌은 경인철도 부설권을 따내 자신의 친구이자 무역 브로커인 모오스에게 부설권을 넘겨주면서 거액의 커미션을 챙기기도 하였다. 그리고 모오스는 미국인 사업가 헌트에게 팔았다. 헌트는 다시 일본인에게 부설권을 팔았다.

③ 알렌은 첫 발전소 계획을 세우고 이권을 챙겼다.

④ 미국 기업체들로부터 전화 및 수도시설을 끌어들이면서 이득을 취했다.

알렌 이외에도, 유명한 선교사였던 언더우드Horace Grant Underwood(1859~1916, 한국명, 원두우, 元杜尤)는 석유와 석탄 등을 미국에서 수입하여 이득을 취했다. 마펫 Samuel A. Moffett(1864~1939)은 압록강 주변의 산림 채벌권을 얻어 거대한 이권을 얻기도 하였다.

(3) 미국과 일본은 한반도 경제이권 놓고도 미친 듯이 경쟁

미국과 영국이 키워 후발 산업국이 된 일본은 점점 더 야심을 키워 1910년 조선을 강점하고, 1931년에는 만주사변을 일으켜 만주를 점령했다. 일본은 그 정도로 만족하지 않고 침략행위를 계속하여 열강들과 갈등을 일으키고 있었다.

일본은 1933년 국제연맹에서 탈퇴했다. 그리고 1937년에 중일전쟁을 일으켜 중국의 동쪽 해안 도시들을 거의 점령하였다. 이 과정에서 남경대학살을 위시한 수많은 만행을 저질렀다. 1940년에는 프랑스 비시 괴뢰 정권의 동의로 프랑스 식민지인 인도차이나(월남·라오스·캄보디아)를 점령하고 추축국(독일·이탈리아·일본)에 가담함으로써 일본은 미국 및 영국과의 긴장을 극도로 고조시켰다.

이에 미국과 영국은 자신들의 식민지가 일본에 침략을 당하자, 일본에 무기 제조에 필요한 고철 수출을 금지했으며, 석유 수출 금지, 미국 내 일본 재산 동결, 일본 선박의 파나마 운하 통과 거부 등으로 일본의 군사행동을 위축시키고자 했다. 미 국무장관 헐 Cordell Hull(1871~1955, 최장수 미 국무장관, 재임 1933~1944)의 1941년 11월 26일자 통지문을 마지막으로 외교적 노력은 절정에 다다랐고, 도죠 히데끼東條英機 수상은 자신의 각료들에게 이것이 최후통첩이라고 설명했다. 특히 석유 봉쇄는 대부분의 석유를 수입하던 일본에게 치명적인 위협이었다. 일본의 지도자들은 세 가지의 선택을 할 수 있었다.

- 미국과 영국의 요구에 응하여 중국에서 철수하는 것.
- 유류 부족이 군사력 약화를 가져올 때까지 기다리는 것.
- 충돌을 확대하여 동남아시아의 자원 획득을 시도하는 것.

결국 일본 군국주의자들은 3안을 채택하고 전쟁을 계속하였다. 1941년 12월 7일 일본은 미국의 영토인 하와이 진주만과 웨이크 섬을 폭격하고 괌을 점령하였다. 필리핀에도 선전포고와 함께 폭격하였다. 또 같은 날 샴(타이)·말레이와 홍콩도 침략하였다. 이리하여 제2차 세계대전은 아시아에서도 확전되었다.

그때까지 미국은 (무기)임대법, 미국중립법안 등의 법을 내세우며 전쟁에 직접 참전하지 않고 있었다. (무기)임대법(Lend-Lease Act 차관법 1941~1945)은 미국이 제2차 세계대전 동안 영국·소련·중국 등 연합국에게 막대한 양의 전쟁 물자를 제공할 수 있게 만든 법이다. 이 법은 미국이 1941년 12월 세계대전에 직접 참전하기 약 9개월 전인 1941년 3월 11일에 발효되었다. 그 동안 미국은 1937년의 「미국중립법안American Neutrality Act」에 따라 전쟁 중인 국가에 무기 수출을 금하였다. 하지만 미국은 1939년 이 법안을 수정하여 중립법안을 시행하였는데 이 법은 무기 수출을 허용하는 대신에 무기 수입국은 현금으로 대금을 지불하고 무기를 구매하는 국가의 선박으로 수송한다고 규정하고 있다. 이 규정 때문에 현금(지불)과 (구매국에 의한)수송이라고 해서 「캐쉬 앤

캐리법Cash and Carry Law」이라고도 불렀다.

이 대여법의 시행은 제1차 세계대전 이후 지속되어온 고립주의 정책을 포기하고 미국이 국제 정세에 개입하는 쪽으로 돌아서게 된 계기가 되었다. 총 501억 달러에 해당하는 무기와 전쟁물자가 소련·영국·프랑스·중국 등 연합국에 제공되었다. 이 막대한 금액은 현재 가치로 약 7천억 달러에 해당되는 금액이다. 주요 참전국들이 받은 전쟁물자 액수는 아래와 같다.

영국 314억 달러(총 78억 달러 상당 상환액 중 영국이 68억 달러 상당 상환)
소련 113억 달러, 프랑스 32억 달러, 중국 16억 달러

이 법안을 시행한 이유는 영국이 전쟁과 독일의 공습으로 경제가 피폐해져 더 이상 무기를 구입하고 운송할 능력이 없었기 때문이었다. 이 법은 대일 승전일인 1945년 9월 2일에 만료되었다. 이 법으로 소련이 미국과 영국으로부터 받은 내역은 아래와 같다.

항공기(14,795대) 탱크(7,056대) 지프차(51,503대) 트럭(375,883대) 모터사이클(35,170대) 트랙터(8,071대) 소총(8,218정) 기관총(131,633정) 폭약(345,735 톤) 건축자재(10,910,000달러 상당 분) 기차,화차(11,155 량) 기관차(1,981 대) 화물선(90 척) 잠수함 추적선(105 척) 어뢰정(197 척) 선박엔진(7,784 대) 식품(4,478,000 톤) 기계 및 장비(1,078,965,000 달러 분) 비철금속(802,000 톤) 석유제품(2,670,000 톤) 화학물품(842,000 톤) 면화(106,893,000 톤) 가죽(49,860 톤) 타이어(3,786,000 개) 군화(15,417,000 켤레)

수치까지 제시하는 이유는 미국이 취하는 정책 또는 정략은 미국의 이익을 위해서는 매우 자의적이고 일관성이 없음을 알리고자 함이다. 미국과 영국은 청일전쟁(1894.7~1895.4)이나 러일전쟁(1904~1905)에서 자국의 식민지의 이권을 지키기 위해서 일본으로 하여금 대리전을 하도록 했다. 그리고 쉬프Jacob Henry Schiff(1847~1920)로 하여금 3천만 파운드의 채권을 발행하도록 하여 일본의 승리를 도와주었다.

게다가 일본에 주요 정보를 제공하고 수에즈 운하를 러시아 함대가 통과하지 못하게 하여 엄청난 먼 거리를 우회하도록 하거나, 심지어 부상당한 군인들에 대한 인도적인 구원조차 거부하였다.(수에즈 운하가 막혀 러시아 함대는 아프리카 서부 대서양을 돌아오느라 수개월이 지체되었으니 일본의 철통같은 해전 대비에 패배할 수밖에 없었다.)

미국과 영국은 채권의 이자로 상당한 액수를 챙겼고, 일본을 이용함으로써 큰 비용이

나 전력戰力을 사용하지 않고 지배력을 확장하려는 러시아를 견제할 수 있었다.

그리고 제2차 세계대전에서는 거꾸로 소련을 시켜 일본을 제압하려했다. 소련은 일본과「불가침조약Pact of Neutrality Between Union of Soviet Republics and Japan」을 맺은 상태였다. 모스크바에서 1941년 4월 13일(소화 16년) 소련 외상 몰로토프Molotov와 일본 외상 마쓰오카Matsuoka가 5년 유효인 이 조약에 서명하였다.

그러나 미국은 1945년 2월 4일부터 2월 11일까지 소련의 크리미아 반도 남쪽에 위치한 얄타에서 회담을 열어 미국·영국과 소련이 나치 독일의 제2차 세계대전의 패전과 그 관리에 대하여 의견을 나누었다. 이 회담에서 미국은 독일이 항복하고 나면 소련이 대일 전쟁을 하도록 권고하였다. 불가침조약 같은 건 전혀 고려 대상이 아니었다. 결국 그동안 무기대여법으로 미국에 의존하던 소련은 독일이 항복하면 대일 선전포고를 하겠다는 약속을 한다.

(4) 2차대전 후엔 일·미 재결합, 함께 한반도 분열 음모 조작 계속

1945년 8월 5일 주 소련 미국대사 해리먼(William Averell Harriman, 1891~1986)이 소련의 대일 참전을 독려하였다. 8월 6일 히로시마에 원자폭탄이 투하되자 주소 일본대사 사토가 8월 8일 소련 외상 몰로토프를 만나 조건부 항복을 주선할 것을 요청하였다. 몰로토프는 1945년 7월 26일자 미국·영국과 중국이 요청한 무조건 항복을 일본이 거부하였으므로 일본정부가 소비에트공화국에 요청한 극동에서의 전쟁 중재 요청은 모든 근거를 상실한다고 선언하고 8월 9일자의 대일 선전포고를 사토에게 전달하였다. 이미 패전이 가까움을 알고 있던 소련은 일본군을 공격한다. 이로써 소련은 승전국이 되어 사할린을 포함한 일본의 북방 4개 도서를 차지하는 등의 이익을 얻게 된다. 하지만 한반도는 소련과 미국에 의하여 남과 북으로 분단되는 비극을 맞게 된다.

이 무렵 원자폭탄을 독점하고 있어서 유리한 조건에 있던 미국은 소련이 한반도 북부를 선점하고도 엉거주춤하는 외교자세를 취하고 있는 동안 발생한 한반도에서의 힘의 공간을 틈타 적극적 자세로 38분단선을 획정한다. 한반도의 분단은, 몹시도 아쉽게 철수한 일본으로서나 미국의 영토 및 지배력 확장에 크나큰 이익이 될 것이므로 음모에 적극 협력하였고 결국 38선은 한반도 남부를 일·미에 붙여 오늘의 3국맹방을 예견하는 의도적인 분단·대결선으로 만들어진 셈이다.

1945년 8월 15일 일본의 항복으로 남쪽에는 미군이, 북쪽에는 소련군이 점령하고 각각 미국과 소련이 후원하는 정권이 들어선다. 미국 외교관이자 정치학자이던 케넌 (George Frost Kennan, 1904~2005)이 익명으로 『포린 어훼어즈Foreign Affairs』라는 잡지에 소련을 봉쇄containment하자는 기사를 게재한다. 이 정책은 냉전시대(Cold War, 1947~1989)에 트루먼 닥트린Truman Doctrine으로 미국의 대 소련정책이 된다.

러일전쟁 때는 일본을 시켜 소련을 견제하다가, 2차 대전 때는 소련을 시켜 일본을 제압한다. 청일 전쟁 때는 일본을 도와 중국을 패배시킨다. 그러나 2차 대전 때는 중국을 도와 일본을 제압한다. 2차 대전이 끝나자 이제는 미국이 직접 중국을 제압하려 한다. 바로 이것이 제국주의 미국의 외교정책이었다.

찾아보기

2018. 11. 22